《光緒丹徒縣志》

編撰人員

主　編

吴海平

副主編

徐　强　楊　兵　王　浩

點　校

趙永源　周　衡　楊貴環

編輯　編務

翁紅霞　蔡樹梅　戴　芸　趙昱霖

光緒丹徒縣志

上

〔清〕何紹章　馮壽鏡　修
〔清〕吕耀斗　等　纂
趙永源　周　衡　楊貴環　點校
鎮江市史志辦公室　編

江蘇大學出版社
JIANGSU UNIVERSITY PRESS
鎮　江

圖書在版編目(CIP)數據

光緒丹徒縣志：全二册 /（清）何紹章,（清）馮壽鏡修；（清）吕耀斗等纂；趙永源，周衡，楊貴環點校；鎮江市史志辦公室編. —鎮江：江蘇大學出版社，2020. 10

ISBN 978-7-5684-1277-3

Ⅰ. ①光… Ⅱ. ①何… ②馮… ③吕… ④趙… ⑤周… ⑥楊… ⑦鎮… Ⅲ. ①丹徒區－地方志－清代 Ⅳ. ①K295. 34

中國版本圖書館 CIP 數據核字(2020)第 205719 號

光緒丹徒縣志
Guangxu Dantu Xian Zhi

著　　者/[清]何紹章　馮壽鏡　修
　　　　 [清]吕耀斗　等　纂
點　　校/趙永源　周　衡　楊貴環
編　　者/鎮江市史志辦公室
責任編輯/米小鴿
出版發行/江蘇大學出版社
地　　址/江蘇省鎮江市夢溪園巷 30 號(郵編：212003)
電　　話/0511-84446464(傳真)
網　　址/http://press. ujs. edu. cn
排　　版/鎮江文苑製版印刷有限責任公司
印　　刷/揚州皓宇圖文印刷有限公司
開　　本/787 mm×1 092 mm　1/16
總 印 張/94. 75
總 字 數/2 085 千字
版　　次/2020 年 10 月第 1 版　2020 年 10 月第 1 次印刷
書　　號/ISBN 978-7-5684-1277-3
總 定 價/598. 00 圓(全二册)

出版説明

鎮江方志始於南朝劉宋時期，如山謙之撰《南徐州記》。至宋有《嘉定鎮江志》，元有《至順鎮江志》。《光緒丹徒縣志》是繼元《至順鎮江志》、宋《嘉定鎮江志》後，鎮江市史志辦組織點校的第三部舊志典籍。

丹徒，作爲鎮江附郭，自明清始即有志書，如：李東、楊琬等修纂《丹徒縣志》四卷，明正德十六年刻本；何世學纂修《丹徒縣志》四卷，明萬曆間刊本；佚名纂《丹徒縣志》五卷，清順治間舊抄本；鮑天鍾、何絜、程世英修纂《丹徒縣志》十卷首一卷，清康熙二十二年刻本；貴中孚、萬承紀、蔣宗海、茅元銘、王文治等修纂《丹徒縣志》四十七卷首四卷，清嘉慶十年刻本。光緒五年重修《丹徒縣志》，凡六十卷并首四卷，卷帙浩繁，“上足以備内外史之采擇，下足以爲長民者之所考鏡”（趙佑宸《重修丹徒縣志序》），其有裨於世者，不容置疑。自此以後，縣志仍有修纂，如陳祺壽纂修《丹徒縣志續志》十卷，清宣統間鈔本；清李恩綬撰，李丙榮續輯《丹徒縣志摭餘》二十一卷，民國七年刊本；張玉藻、翁有成、高覲昌、楊邦彦等修纂《續丹徒縣志》二十卷首一卷，民國十九年刻本。志修不絶，綿延既久。

今逢民族復興之盛世，鎮江市史志辦爲弘揚地方傳統文化，組織對舊志典籍進行整理，於2016年4月，委托江蘇大學文學院趙永源教授、周衡副教授、楊貴環副教授點校《光緒丹徒縣志》。該團隊自承擔此項工作以來，通力合作，對《光緒丹徒縣志》進行録入、標點、校勘、考辨，幾易寒暑，艱辛勞作，順利完成《光緒丹徒縣志》點校任務。具體分工：趙永源點校序言、凡例、首四卷及前三十卷，周衡點校卷三十一至卷四十五，楊貴環點校卷四十六至卷六十及《丹徒縣志後序》《跋》等，趙永源通讀全稿，令有統緒。《光緒丹徒縣志》二百萬餘言，校讎考訂，不勝繁瑣，錯誤疏漏在所難免，務請海内方家批評指正。

笪遠毅先生不辭辛勞，審閲了部分書稿，提出了諸多寶貴意見，并欣然作序。出版社米小鴿女士、張冠碩士等爲本書的編輯付出了辛勤勞動，在此一并致以衷心感謝。

鎮江市史志辦公室

2020年10月12日

點校説明

《光緒丹徒縣志》，清何紹章、馮壽鏡修，吕耀斗等纂，楊履泰等分纂協修，六十卷并首四卷，凡六十四卷，清光緒五年己卯刻本，是現存鎮江方志中一部規模較大的重要志書。本次點校所用底本爲光緒五年己卯所刊《重修丹徒縣志》（下簡稱“己卯刊本”），該本前有清勒方錡所撰《丹徒縣志序》，沈敦蘭、趙佑宸所撰《重修丹徒縣志序》，備述《丹徒縣志》纂修的緣起、演變、特點及其意義，并録有《康熙志序》《嘉慶志序》《嘉慶志後序》等，表明《光緒志》與《康熙志》《嘉慶志》等有着直接的淵源傳承關係。而《光緒志》叙“建置之沿革，制度之損益，户口之消長，風俗之盛衰”尤詳備，它既可幫助我們全面瞭解丹徒乃至鎮江深厚的歷史文化底藴，又有利于推動本地的文化建設，其歷史價值和现实意義自不待言。兹就本次點校情況説明如下：

一、本次點校的底本是光緒五年己卯所刊《重修丹徒縣志》，即己卯刊本。底本中偶有疏漏，間以《鎮江文庫》影印本《丹徒縣志》（簡稱“别本”）參校增補。底本又偶有不知何人手書的批注，如卷六十《雜綴四》所引《静志居詩話》“靳文僖康陵”條：“……嗚呼哀哉，代言嘆息斂手。”“代言”後即有小楷所書“者”字。又如同卷所引《居易録》“陸右丞《蹈海録》一卷”條：“……鰲背舟中國，龍湖水底天……”“湖”字旁有小楷所書“髯”字。因其批注不明何人所爲，故一般不予采用，以仍其舊。底本偶有字迹漫漶難辨處，姑以空格“□”易之。

二、己卯刊本正文外多有解釋性的雙行小字注，整理時一概以小字楷體加括號標示，以别於正文。己卯刊本中的一些長篇引文（多見於前數卷），文獻出處及纂修者的按語，常以雙行小字寓目，整理時亦用小字楷體標示。

三、點校者斟酌比勘，時下按語，概以頁下注的格式置於當頁。

四、己卯刊本存有大量异體字，整理時依據《現代漢語詞典》（第七版）對异體字進行處理，一般都改用正字。如比較常見的异體字：“弦”和“絃”、“异”和“異”、“韵”和“韻”、“弃”和“棄”、“暂”和“蹔”、“煉”和“鍊”、“俯”和“俛”、“仙”和“僊”、“階”和“堦”，等等，均取用前者。不過，爲了保存原貌，或不致引起誤解，以下幾種情況保留异體字：

1. 人名。如王濬，保留“濬”，不取“浚”；王埜，保留“埜”，不取“野”等。己卯刊本中有些人名的用字，或用异體，或用正字，如“傑”和“杰”、“昇”和“升”、“濬”和“浚”等。如果原本用的是正字，則仍舊。如朱廷杰，原作“杰”，不改作“傑”；陳升之，原作“升”，不改作“昇”；張浚，原作“浚”，不改作“濬”等。總之，人名用字不臆改，原本照録。

2. 字號。如米芾，號海嶽外史，保留“嶽”，不取“岳”。與米芾號相關的庵、樓名亦保留“嶽”，如“海嶽庵”“海嶽樓”等。個別地方用“岳”，則仍舊。又如僧名法號，亦保留原字，如寶誌公，保留“誌”，不取“志”。餘類此。

3. 地名。一般指州府縣名。如昇州，保留“昇”，不取“升”；平涼，保留“涼”，不取“凉”；黄巖，保留“巖”，不取“岩”；兰谿，保留“谿”，不取“溪”；崑山，保留“崑”，不取“昆”；等等。

4. 年號。如昇明，保留“昇”，不取“升”。

5. 鐘鼎碑碣中的异體字，一般不輕易改動。如周鼎銘文“以錫汝玄衣、束帶、戈、琱戟”（卷九）中的“琱”，不易作“雕”；《瘞鶴銘》石刻“迺裹以玄黄之幣”（卷九）中的“迺”，不易作“乃”；“唯髣髴事亦微冥”（卷九）中的“髣髴”，不易作“仿佛”；“惟甯後蕩洪波”（卷九）中的“甯”，不易作“寧”。他如石刻“羅漢巖”（卷十），“巖”不作“岩”；石碣“天開海嶽”（卷十），“嶽”不作“岳”；等等。

6. 書名。如叢書名《彊邨叢書》之“彊邨”，不易作“强村”；《資治通鑑》之“鑑”，不易作“鑒”；又如張學仲《雞蹠集詩草》（卷三十二）之“雞蹠”，不易作“鷄跖”；等等。

7. 個别朝代名，如晉朝，保留“晉”，不取“晋”。

五、卷四十五《人物二十三》“方外一”載僧人事迹，其法名多縮略省稱，如“鶴林天樹植禪師”，植即法名行植；“汝山萬壽瑞明震禪師”，震即法名行震；“金山鐵舟海禪師”，海即法名行海；“金山箬庵問禪師”，問即法名通問；“夾山[illegible]夫一禪師”，一即法名元一；“招隱牧庵密禪師”，密即法名超密；等等。此次整理均未作改動，一仍其舊，以存原貌。

六、己卯刊本中多有避諱現象，常見的避諱字有“元”“懸”“宏”“歷”“禺”“玹”“甯”“湻”“暳”“胤”“伫”“紵”“貯”“苎”“邱”等，整理時徑改爲“玄”“弘”“曆”“顒”“琰”“寧”“淳”“曄”“胤”“佇”“紵”“貯”“苧”“丘”等，一般在首見時出校加以説明，復見時則不另出校。如人名桓元，“元”，今改作“玄”；謝懸，“懸”，今改作“玄”；張宏範，“宏”，今改作“弘”；戴禺，“禺”，今改作“顒”；章玹，“玹”，今改作“琰”；丁暳，“暳”，今改作“曄”；王胤祥，“胤”，今改作“胤”。年號宏治，“宏”，今改作“弘”；萬歷，“歷”，今改作“曆”。地名江甯，“甯”，今改作“寧”；人名劉甯止，“甯”，今改作“寧”。地名湻安，“湻”，今改作“淳”；人名查湻，“湻”，今改作“淳”。年號咸湻，“湻”，今改作“淳”。人名王胤，字朝伫，“伫”，今改作“佇”。又“紵絲”，“紵”，今改作“紵”。“貯正統間賜藏”，“貯”，今改作“貯”。“苎麻”，“苎”，今改作“苧”，等等。以上均屬避清諱而改用今字。另有避孔子諱者，如地名雍邱，“邱”，今改作“丘”；山名壽邱，今改作“丘”。“丘”字又作“𠀉”，乃缺筆以避諱，亦徑改爲“丘”。“甯”字和“邱”字當姓字用時不改。其他用字，如“元妙”“元默”“無甯”“湻一”等，則徑改爲“玄妙”“玄默”“無寧”“淳一”，等等。又“寧”字尚有缺筆例，如“獈”“獰”徑改爲“獰”。總之，避諱用字較爲複雜，本志之避清諱似不甚嚴密，如“奕”和“弈”并見，不妨視爲通用字。有關避諱用字，讀者可參閲笪遠毅、喬長富點校《嘉定鎮江志》附録《人物姓名、字號避諱舉略》。

七、已卯刊本中原有的一些簡體字（爲表述方便，此處姑用“簡體字”，有些字并非繁簡關係），如“无”（“無”）、“凭”（“憑”）、“坏”（“壞”）、“据”（“據”）、“洒”（“灑”）、“晒”（“曬”）、“夸”（“誇”）、“回”（“迴”）、“确”（“确”）、“卷”（“捲”）、“舍”（“捨”）、“丰”（“豐”）、“个”（“個”）等等，整理時一般不作改動，均依照原本録入。

八、通用字的處理。如“楊”和“揚”，“泰”“太”和“大”，“記”和“紀”，“奕”和“弈”，等等，一般原本照録，不另出校説明。又“于”和“於”，本志并用，悉依原本録入。

九、特殊用字的處理。如對少數民族的辱稱，“㺯逆”（卷五），“賊首老㺯㺯”（卷八），今改作“回”；“猺洞”（卷二十九），今改作“瑶”。又音譯詞，如英吉利，“英”字，本志多作“暎”，今予保留，以存原貌。

十、按語的“按”字，已卯刊本中時有用“案”字者，今統一改用“按”字。

十一、表格的處理。如卷二十一“職官志”中的《歷代官制表》《宰貳表》《官師表》，卷三十“人物志”中的《忠義表》，卷四十“列女三”中的《義烈表》，卷四十二、四十三、四十四“列女”（五、六、七）中的《完節表》（上、中、下）等，整理時，原本的竪排表格悉改爲横排表格，轉表時不另出表頭，并訂正表中偶有之訛誤。

十二、已卯刊本徵引文獻冗杂，整理時多以正史、筆記、總集、别集、選本、譜牒等參校，若有异文訛誤，或因節引删略以致面目全非、文義不通者，則酌情出校厘正。

十三、已卯刊本卷四十六至卷五十六屬“藝文”，録有書目及歷代與丹徒相涉的辭賦、詩詞、雜文等，内容豐富，瀏覽之餘，尚可領略丹徒一邑之風韵，然猶不免良莠混雜。整理時多采用宋元明清時期的刻本、鈔本、稿本等加以比勘校讎。遇有异文歧義，則下按語。爲方便讀者覆核，所用校本一般都標明版本情况，如曰宋刻本、明刻本、清刻本、明鈔本、清稿本、揚州詩局本、《宋詩鈔》本、《彊邨叢書》本、《四庫》本、《四部叢刊》本等，并標明參校文獻卷數。

十四、“藝文”中的辭賦和雜文部分往往文不分段，整理時不臆分段落，一免支離破碎，二可存其原貌。

十五、已卯刊本多半從《嘉慶丹徒縣志》過録，整理時又以嘉慶十年乙丑梅莽鐵保序本參校，若有明顯不同處或缺漏處，則酌加校補説明。

十六、標點符號的使用。整理時一律采用新式標點。以下幾種情况須作交代：

1. 卷八《輿地十七》“陵墓”記載陵墓，有徑稱“銘”“志”“表”等情况，通常指碑銘、墓志銘、墓表等，且與人名連用。一般加書名號，與人名隔開。如大學士靳貴

《銘》、唐順之《志》、羅洪先《表》等。其他單獨稱“記”“跋”“疏”等，且多與姓氏人名連用的，一般也加書名號。如張《記》（卷九）、壆《跋》（卷九）、陸璣《疏》（卷十七）等。

2. “藝文”中的詩文部分，其標題一概不加標點。

3. “藝文”中的詩詞作品一般不出現書名號。

4. 詩詞、辭賦、銘文等韵文體式，凡用韵處只加句號或分號。

5. 己卯刊本徵引文獻多爲節引或概述大意，故一般不加引號。若是特指引語或人物對話、獨白等，則酌加引號。

6. 卷十《輿地十九》“碑碣”下卷爲碑記目録；又卷四十六《藝文一》所載爲“書目”，均作目録類處理。按照慣例，條目末不加標點。

十七、爲不産生誤解，也爲方便讀者翻檢，書眉偶有與底本不盡相同處，如卷五十二書眉原作“國朝”，今改爲“國朝詩”，等等。

點校者

2020 年 9 月 2 日

點校本《光緒丹徒縣志》序

一個成熟的文明，一定是在豐富的歷史積澱基礎上，傳承借鑒發展而來。歷朝歷代莫不主張“盛世修志”，繼往開來。國家有史，地方有志，故志也稱方志。方志是官修地情資料，重在全方位記録某一時期地方的自然、社會、人文情況，可以“存史”“資治”“教化”“補國史”。

有鑒於此，政府的史志工作職能部門，不僅主持編寫斷代史志，而且厘清歷代地方志書，擇善組織整理出版，以供社會學習、查檢、研究之需。二〇一六年，鎮江市史志辦公室繼整理出版了宋《嘉定鎮江志》、元《至順鎮江志》，又延請江蘇大學文學院教師點校清《光緒丹徒縣志》，以期對弘揚鎮江歷史文化做出新貢獻。

《光緒丹徒縣志》是一部體大思精的重要地方史籍。該書源流有自，上承秦漢唐宋以來古史脈絡，着重記録了清代，特别是《嘉慶志》以來八十年的歷史資料。沿襲前代志書體例，門類設置完整；材料安排，匠心獨運，穿插呼應，井然有序；取材廣泛，不分官私，上自正史、政書，下至筆記、家乘，擇善取用。所選材料，標明出處，視需要加以注解説明，力求信而有徵。其輿地、河渠、食貨、學校、武備、職官、選舉、人物、藝文諸門類，無不搜羅宏富，詳收約取，可讀可用。

該志成書於晚清，歷經鴉片戰争、太平天國運動的戰亂兵燹，社會劇烈動蕩，采集核實材料殊爲不易，錯漏在所難免。叙事立場，有其歷史局限性。讀取該書，宜作合理去取。

慨然承接整理《光緒丹徒縣志》的江蘇大學文學院趙永源教授、周衡副教授、楊貴環副教授，在繁忙的教學科研工作之餘，能抽出五年時間從事整理工作，實屬不易，奉獻精神良可嘉許！全書用手工横版録入，一絲不苟；添加標點符號，煞費苦心；校讎原書，補漏正訛，出具注釋，加以説明。五年功成，全書焕然一新，暢然可讀，可喜可賀！趙永源教授扶病校注，并通讀詳審全書，尤其令人感佩！

值此點校本《光緒丹徒縣志》付梓之際，謹借小序以表賀忱。

笪遠毅

2020 年 9 月 16 日

《丹徒縣志》序

渡大江而南，則鎮江府當其衝。鎮江府之領縣四，而丹徒縣爲之甲。其地形勢雄峻，川原厄塞，上則控引荆襄，下則屏蔽吴會，誠東南鎖鑰也。國家特設滿洲營，駐防其地，領以副都統，豈非以其爲南北往來之夷庚所繫尤重哉？往者粵逆之亂，賊踪傚擾，江介無堅城，獨丹徒一隅支拄。烽火戎馬之間，雖備經蹂躪，猶得以孤軍轉戰，與海上師相掎角，遂以蕩定烟霾。膚公迅奏，其得地利如此。自甲子至今，又十餘年所矣，休養生息，元氣漸蘇。前撫軍丁公有《江蘇通志》之請，檄下郡縣，具新志，備采葺。光緒戊寅，丹徒以稿來上，并徵序於余。夫郡邑之有志，猶國之有史也。史者，一代之事迹，自禮樂制度，以及政治得失，人才盛衰，觀之可以衡鑒而取資；志者，一邑之掌故，凡疆域山川，民風物産，固入境者所必知，即鄉黨賢達，官師治迹，以及巍科畸行，陳迹故居，按籍以求，非志奚屬？况咸、同之際，京口士卒扼賊咽喉，聯南北軍爲一，遂以旋乾轉坤，佐中興不世偉業，後之言兵事者藉以鏡治，忽之微作忠義之氣。然則斯《志》也，豈僅爲朱方舊邑，鐵瓮古城，徵文考獻云爾哉？丹徒舊志訖於乾隆，相距雖未百載，中經兵燹，人文散落，網羅放失，編纂爲難。諸君子之爲是書，當必求其信；今而傳後，後之人取而證曰：某某當法，某某當戒，見於斯《志》不誣也。如是，庶於人心風俗不無少裨矣乎？是爲序。

時光緒五年，歲次己卯閏三月，欽命護理江蘇巡撫、江蘇布政使司布政使勒方錡撰。

重修《丹徒縣志》序

丹徒舊志，修於嘉慶八年。其時民安物阜，海波不驚。視今之丹徒，固有間矣。巡道備兵京口，以揚由關，故常駐維揚，歲僅一二至焉。自咸豐十一年通商以柔遠人，設關稽徵，濱江立租界，中外萃處，巡道遂移駐於是，是固前之所不侔也。道光、咸豐、同治間，疊遭兵火，殺身以成仁者指不勝屈，臺榭而瓦礫者目不忍睹。戰壘碉卡，因時制宜；陸營水軍，因地設險，亦有前所不盡然者。余於光緒元年承乏於此，采風問俗，默計時局，追想多艱。幸際升平，固以修志爲急務。同治癸酉，奉大吏檄飭縣舉行。於是聘吕太史耀斗總其成，擇邑之紳耆分其任，閲七年而告成。於前之所不侔，與不盡然者，固已幽光無不發，而建制無不備矣。至於便民河之復浚，北固山之築堤，余與守若令共成之，將以告後之來者，使無廢也。先大夫手書《鶴銘》一册，刊石焦山，亦登之，竊欲藉是不朽耳。刊既成，守令以序請，於是乎書。

光緒五年十月吉旦，分巡常鎮通海兵備道大興沈敦蘭序。

重修《丹徒縣志》序

鎮江形勢扼要，爲東南之鎖鑰。余以辛未之夏來守是邦，愛其山川風物之壯麗，而邦之人亦安予之拙也。嘗以郡志歷久未修，思欲探纂前記，勒爲一書，輇材膚受未能爲也。倚郭之縣曰丹徒，衝繁倍他邑，號稱緊望。歲在癸酉，仁和何君嘯賡攝縣事。簿書之暇，有志於邑乘，禮聘才俊，設局纂修，歷更數令，始見成緒。會余奉調雲間，觀察大興沈公與陽湖吕庭芷太史裁定之，折衷至當，爰登梨棗。今歲己卯，余重莅鎮江。剞劂適將竣，邑紳徵序於余。余方樂觀厥成，雖不文，又奚辭？古者圖經上於天府，故志以道一方之政事，非可苟焉已也。《丹徒志》，自嘉慶初重修後，迄今八十餘年。其間建置之沿革，制度之損益，户口之消長，風俗之盛衰，既有异於前；况經兵燹之餘，人事歧出，而欲搜羅補苴，罔有遺失，誠非易易。是書爲目十，爲卷六十，門分類别，擇精語詳，上足以備内外史之采擇，下足以爲長民者之所考鏡，可不謂善志與？覽是編也，周知物土之宜，因地因時，次第布之，以仰副聖天子訓俗型方至意，竊願與賢邑宰共勉之也。

光緒五年十月吉旦，知鎮江府事趙佑宸序。

《康熙志》序

聖天子廓靖區宇，累洽重熙，念《一統志》以經晝軍務，未遑成書。兹四方清晏，文教誕宣，宜亟事纂輯，俾各貢俗陳詩，得以周知民隱。爰下令，郡若邑之未有成志者，咸修輯以進。臣天鍾備員丹徒，敢不對揚休命？謹考徒邑舊乘，自故明崇禎初修輯後，仍沿至今。世湮年遠，字蠹魚剥落，不可復辨。先代典故既難稽核，而我朝鼎新創制，數十年來，山川由變而定，規制由廢而興，户口由耗而登，賦役由淆而理，人才政績由衰而盛。倘搜討未盡，考核未精，其何以仰副我皇上徵文考獻至意？臣因博采舊聞，廣稽新典，辟咡諸鄉搢紳賢士大夫，咨諏耆民故老，分類畢搜，俾無遺闕。聘延邑名儒何生絜、程生世英，加意考訂，抒寫翰藻，閱兩月，纂輯成志。竊見京口爲海江門户，北接淮齊，達神京，西扼江楚上游，而下通東南，漕挽數百萬，金錢財賦，咽喉命脉，誠天下重地。車馬絡繹，冠蓋蟬聯，邑是土者，供役奔走，碌碌同牛馬，即欲偷寸晷，爲徵輸計，不可得，又何暇濡豪摛翰？宜乎，邑志數十年勿修也。今天下大定，師行簡少，芻秣供給，得稍偃息。而孔道驅馳，亘古不改，且旗兵重鎮，修築時有，加以頻歲灾祲，歷年逋賦，衣食計艱，易滋宄竊。司牧者催科撫字，均無所展其才力。徒令之苦，實冠江南諸邑。臣自視事來，固無日不望譴責之至也。維念臣既膺爵禄，何敢畏難辟强？苟自容免，以負國負民。思徒邑所最患者，莫如兵車往來，驛遞供應。横索之無藝，惟按額支給，不敢累擾窮黎，以容悦豪强。至若久駐兵厮，多比伍土著奸猾，害我良民。邇來亦稍自戢翼。更思窮民疲困，率由賦役不均，先請禁自運圖甲，使無所規避。然大不利於勢豪巨室，區摘過清，催輸過嚴，則讟謗日滋。顧臣清夜伏思，使果有利於國，有利於民，雖身就鼎鑊，尚不遑恤，區區一官，何足顧戀！惟是分年緩徵，未獲舉行；坍江浮賦，未獲即除。耿耿私懷，日夜靡釋。且徒民最苦者，每歲浚河一事，年寒力役，胼胝碎裂，胥里隳突，婦子無寧①。而歲費資錢數萬千，又其餘者。然大抵皆歷來有司奉行故事，民力雖耗，無補涓埃。臣欲悉從厘剔，兼請協濟。爲計永逸而才力勿勝，徒厪中懷。至於風俗未醇，獄訟譸張，城社狐鼠，時時見告，教化不行，實維職愆。統計臣待罪徒邑，僅歷三時，而勢豪怨焉，胥隸怨焉，城闕之子衿怨焉，駐鎮之兵將怨焉，以至行道之冠蓋、戍還之征人亦咸怨焉。其有一二事，稍稍爲閭閻小民所觀望禱祝者，而又徒托之空言，不克見諸行事。翻閲志乘中所載循臣良吏，業著當時，而聲施迄今，彼獨异人，任乎而克自奮厲若此。用志簡端，以俟觀風問俗知我而罪之者。

時康熙癸亥九月吉旦，江南鎮江府丹徒縣知縣臣鮑天鍾謹序。

① 按："寧"，原作"甯"，避清諱改。兹徑改，下同。

《嘉慶志》序

郡邑之有專志，著自北宋，其前靡聞。《吴郡圖經續記》而後，若陳壽老《赤城志》、袁伯長《四明志》、康德涵《武功志》、韓汝慶《朝邑志》，皆以一邦之耆舊，探群籍之纂記，身兼文獻、義恭、桑梓、用能，詳核謹嚴，比隆史家，垂爲軌式。今《丹徒縣志》，條理精審，不失古法，毋亦由秉筆者爲其邑之士大夫，且歷三十年之久而成，故善而可信歟？然范致能，吴人也，撰《吴郡志》，郡人龔頤、勝茂、周南贊成之。時有求附於籍不得者，相與騰謗，謂書不出范手，遂寢不刊行。夫以鴻文宿望如致能諸公，而不免爲鄉人所疑議，則甚矣作志之難，而是《志》之成，爲可幸也。今年春，余奉恩命，總制兩江，將牒諸府縣，修輯舊志，以備職方氏之掌太史之陳。是《志》既成，余因而覽焉。丹徒在古爲重鎮，或以封國，或以置帥；偏安之代，或於是建都，或僑置北府。今率土一家，聖澤濡洽，在德不在險。然山川峻深，稌喉南戒，親軍戍守，鏁鑰北户，於兩江究爲嚴邑。則夫漕賦之輸運，商貨之輻輳，與夫風俗之良莠，吏治之善敗，户口之豐耗，學校之興替，物産之饒乏，渠堤驛堠之修廢，名區勝迹靈境之存湮，古所以失，今所以得者，皆守令所宜周悉，大吏所宜考鏡而區畫者也。然則是《志》雖成於其邑之士大夫，而責在官司者，其敢或忽？夫郡邑之著，在於人文，人文之盛，由於教化；教化之職，則良有司及其鄉先生任之。余於是願與守土之官，董率於上；著籍之賢，薰誘於下。且因是《志》而講明施設，申畫慎固，補其偏失，而舉其廢墜，以勸人倫，勵民俗，揚地德，制物宜。是一邑之志，實裨一邑之政，福一邑之人，鄰疆遠域，亦有所觀感，有所則效焉。是士大夫真有大造於其鄉，官是邦者亦無忝於其職也。將是《志》之所謂善而可信者，又豈徒備一方之職志，資後來之采覽云爾哉？《志》凡四十七卷，冠以宸翰，次分十門，列目六十，附目五。守令請序而刊之，於是乎書。

嘉慶十年乙丑冬月，太子少保、兵部尚書、都察院右都御史、總督兩江梅莽鐵保序。

《嘉慶志》序

郡邑之有志，猶國之有史也。職司者當事無弗備，備無弗嚴。凡土地、賦役、水利、兵農諸大務有裨於實濟者，固爲首急。他如丁男户口，系民生之盛衰；學校科名，關文運之升降；忠孝節烈，則知爲善者勸，惡者懲；風俗吏治，則知其政之舉，化之行；其餘特附見耳。雖書不勝書，一有闕略，即無以備。朝廷采風經野之資，夫豈細事也哉？所以必掌之於守令，訂之於院司，非一人之私言也。吾徒邑邑志之不修，百二十餘年矣。文獻將湮没無徵，邑之士大夫深悼之。乾隆丙戌歲，乃請於邑宰貴公，并公舉蔣中翰宗海秉其筆，修廢起墜，考核舊志，而詳加厘正焉。銘等亦得與於勷贊之舉。於是蔣公白於邑宰曰："聞昔修志之例，每延他處士君子主之，邑之人不與焉。别嫌疑，絶請托也。是舉也，某得躬逢斯盛，敢不竭其誠，將何以别嫌疑，絶請托乎？失勢者則見其請托不行，必怨，怨則流言布；有力者則見其請托不行，必怒，怒則銜恨深。躍冶反側，其勢不撓。至於無成而不已，雖自許比潔秋霜，又誰予之信也！"邑宰曰："諾。"於是擇日，集闔邑紳耆於明倫堂，矢慎矢公，爲文禱於上蒼，俾得神人共明此心也。迨銘於乾隆庚寅歲領鄉薦後，宦游四方二十餘年。乙卯歲，以終養歸里。適蔣公捐館，詢所修志，其嗣君以未成對，余乃慨然欲終初志。竊計才力疏陋，一難也；工費浩繁，二難也。二難并，余甚憂之。幸鄒君光國勷事不倦，復慷慨捐修費以抒予憂。而又幸王太守文治、張太守明謙、張君崟俱在籍，共匡其不逮，相與旁搜博采，訂譌補闕，始得詮次成帙。雖不敢謂不漏不支，有典有則，亦可謬云意簡而該，言純不雜矣。後之人倘按籍而求山川風物、勝迹人文，瞭然猶示諸掌也。且立言以昭垂來者，所賴酌古始可以準今，信今始得以傳後，兢兢焉，惕惕焉，庶幾得與史乘國典相爲映發可也。况銘備員太史，用敢宣揚聖朝之休烈，豈特"維桑與梓，必恭敬止"而已哉？今書已成，俟詳請院司以付剞劂。此又守令之責，銘不敢聞。第前後秉筆皆係鄉人，而有味於蔣公之言，謹述其顛末以代序。

嘉慶八年，歲次癸亥，八月，邑人茅元銘撰。

《嘉慶志》後序

癸亥之春，予署丹徒篆。既莅事，檢閲舊志，爲康熙癸亥前令鮑公纂輯，距今百二十年。徒屬江南衝要，名山大川，前輩流風，昭然史册；其功紀太常，文勒鐘鼎，代有其人；地邑民居，世有沿革，不有繼舊章修而明之者，缺典也。既而紳士以未刻《續修縣志》進，且語余曰：此鄉前輩蔣春農先生所輯，其法以康熙甲子至乾隆六十年乙卯爲斷，屬辭比事，有條不紊。世風之興降，人物之盛衰，又折衷於宋元諸記載，視舊志加詳焉，未蕆業而卒。王夢樓侍讀、張嘯坡太守續纂成之。其經費出入，則鄉之公正耆紳鄒樸齋偕同志理之，始終其間，而志稿遂定。此新徒志之顛末也，望加之訂證，以付剞劂於戲盛矣。夫莫爲之先，雖美弗彰；莫爲之後，雖盛不傳。春農先生以博洽之學，濡春秋之筆，進退損益，一秉至公。《詩》曰："維桑與梓，必恭敬止。"其先生之謂歟?真無愧於儒林矣。夢樓先生暨嘯坡太守皆文苑之杰出，亦物望所共推服者也。惟是鮑前令序爲康熙癸亥事，隔百二十年而新志之成，予適承乏此邑，遥遥相望，若合符節。雖鮑序之所謂疲於奔走，困於供頓，繁於獄訟者，今變而加厲，所不恤也。他日名賢繼起，徵文考獻，不歸墨吏，此則予可自信，并可信繼春農先生而秉筆者也，爰質言之，以書於後。

嘉慶九年，歲次甲子，春三月，知丹徒縣事、南昌萬承紀撰。

光緒五年重修《丹徒縣志》纂輯銜名

鑒定：欽差大臣頭品頂戴、兵部尚書兼都察院右都御史、管理兩淮鹽政、兩江總督部堂、世襲一等、輕車都尉沈葆楨，兵部侍郎兼都察院右副都御史、江蘇巡撫部院吴元炳，江南蘇松常鎮太倉等處承宣布政使司布政使、升任福建巡撫部院勒方錡，江南蘇松常鎮太倉等處承宣布政使司布政使譚鈞培，江蘇等處提刑按察使司按察使、統轄全省驛傳事務許應鑅，布政使銜、分巡常鎮通海兵備道沈敦蘭，鎮江府知府趙佑宸，江蘇候補知府楊靖，補用府即補直隸州知州、前署丹徒縣知縣何紹章，補用府即補直隸州知州、丹徒縣知縣馮壽鏡

總纂：翰林院編修吕耀斗

總校：鎮江府學教授陸希文

監修：五品銜、丹徒縣學教諭王蘊華，原任丹徒縣學訓導夏均轍，署丹徒縣學訓導周家禄，丹徒縣學訓導唐錫榮

勸捐委員：知府銜、即補直隸州知州、江蘇候補縣知縣馬海曙

分纂協修：候選復設教諭、截取知縣舉人楊履泰，候選訓導、歲貢生顔錫名，五品銜、江西補用知縣、廪貢生羅志讓，溧水縣學訓導、舉人李宗元，舉人唐秀森

分修兼校對：生員鮑上宗

經修：府同知銜、生員柳森霖，同知銜、候選知縣、生員陳秀鍾

采録校對：廪生周伯義，監生解爲幹，生員李恩綬，佾生鮑汝舟，生員趙承廪，生員張景江，生員柳森瑩，廪生唐登廷，廪生趙酉彝，附貢生張炳炎，廪生錢葆森，生員李濬昌，生員李贊猷，生員吴述彬，廪生包祖同，舉人茅同晉，生員趙鍾銓，生員奎照，生員柳泉，六品銜、分省補用鹽知事李遐祥

稽核檔案：書識石潮，書識王永隆

康熙二十二年重修《丹徒縣志》姓氏

纂修：知縣鮑天鍾

校閱：教諭余潛飛、訓導張機

參訂：在籍官紳張九徵、在籍官紳笪重光、在籍官紳卞士宏、在籍官紳張仕可

撰輯：生員何絜、監生程世英

嘉慶八年重修《丹徒縣志》姓氏

總纂：知縣貴中孚、知縣萬承紀

監修：教諭胡曰琇、教諭顧堃、訓導孫露、訓導張大中

纂修：内閣中書蔣宗海、詹事府少詹事茅元銘、雲南臨安府知府王文治、江西吉安府知府張明謙、布政司理問張鋆

協修：江西龍泉縣知縣張廷詠、震澤縣訓導孫焯、安徽寧國府知府魯銓、浙江奉化縣知縣胡培、安徽潁州府教授馮錫宸、候選教諭劉植、舉人韓璟、舉人韓芬、武英殿校録舉人鮑文逵、生員郭恒

校閲：舉人蕭文英、舉人王澐、生員楊哲人、生員張秉鈞、生員何菁、生員蔣穮、童生陳星、布政司理問嚴士榜、生員張深、生員鄒錫純

《丹徒縣志》凡例

《嘉慶志》云："丹徒古稱名地，紀載甚多，如《南徐州記》《京口記》。《丹徒書》、大觀祥符諸《圖經》俱不傳。其後則《潤州類集》《京口集續集》《潤州先賢傳》《耆舊傳》之類，存者亦復寥寥。郡志，自宋元以來屢經修輯；明永樂後，諸刻尚有傳本。至縣志，則正德間知縣事李東集舉人楊琬、諸生潘浩、毛文彙纂，成書四卷，楊文襄一清序之，雖體裁謹嚴，未免太簡。崇禎七年，知縣事張文光僅據舊板增入'選舉題名'，餘如故。國朝康熙二十二年，知縣事鮑天鍾與邑諸生何絜、程世英重修爲十卷，卷帙較加繁富，事迹雖增，未盡典雅，且引書不載書名，無從核實。今博考前聞，重加厘定，缺者補之，訛者正之，搜討之艱同於創始云云。"由今考之，其所定十志各門類中亦有遺漏、訛舛、簡略之處，且事迹載至乾隆六十年止。自嘉慶以來八十餘年，續纂正復不易。茲據其本而訂正增續之，爰發凡起例如左：

一、我朝屢舉巡方盛典，聖祖仁皇帝、高宗純皇帝，翠華所莅，聯額詩章，光昭萬世。《嘉慶志》以"宸翰"冠於卷首，今敬遵之。

一、《江南通志》大目凡十：曰輿地，曰河渠，曰食貨，曰學校，曰武備，曰職官，曰選舉，曰人物，曰藝文，曰雜類。每志又各係以子目。《嘉慶志》因之，惟并"河渠"於"山水"，而分"驛傳"，自爲一志。今按：《會典》"驛傳"隸於兵部，例應并入"武備"；"河渠"則漕運所關，且與大江之發源注海者迥异，是不如一從《通志》爲得。至於子目，不必盡同，亦因地因時而爲之耳。

一、"輿地"，建置沿革，《嘉慶志》酌載盡善，今仍之。"星野"增入"天度"，"疆域"增入"道里"，皆憑實考。

一、"封建"，舊入"輿地"。考歷代各史，皆無此例。今改爲"封爵"，移入"職官志"之前，庶合史例。

一、"山水"，舊合爲一。今分三類：山爲一類，凡嶺、洞、石、岡麓於山者皆係之，其在山之道院、僧庵俱歸"寺觀"，附山之樓、臺、亭、閣，俱歸"宫室"；川爲一類，凡屬大江、沙洲等類皆係之；"河渠"，依《通志》例，別爲一志，凡各水利皆係之。

一、"風俗"一門，附入歲時農諺，蓋古者歲時有記農諺，多入經傳注疏，弗可略也。

一、"城隍"，自古迄今，代有興廢。今詳加考核，遠者紀其原委，近者記其繕修，均增丈尺於下，亦效前賢成法，非好新也。

一、"廨舍"，即舊志"公署"，今昔建置不同，俱歷詳於其下。"橋梁"之名改爲

"關津"，凡關、渡、閘、堰，遠邇各橋，皆入其内，坊表亦有增益。

一、"古迹"一門，皆細加考訂，附以《金石考》，較前爲詳。

一、"陵墓"一門，補其所遺，增其未備，其墓志神道碑文，舊志例不登載，然有古人傳世之作，豈容湮没？今擇其尤，録於其人墓下，以傳不朽。

一、"壇壝""廟祠""寺觀""宫室"諸門，今無所增，但多寖廢，乃依舊志，或詳遷改，或考廢興，各係於下。其近日有沐聖恩敕立專祠者，敬謹登之，以俟興建。

一、"食貨"各目，大關國計民生，而蠲租賑粟仰沐聖恩之歲，尤宜謹志。舊志以"恤政"列於"田賦"之先，允稱敬恪。今踵而書之，間有兵燹後官檔難稽者標於其下，以昭核實。其户口、田賦、徭役、倉儲、蘆政、漕運、鹽法，八十年來各有變易，皆詳稽檔册，照録無訛。

一、"物産"一門，《康熙志》采至五百餘種，《嘉慶志》僅存三十五種，云是徒邑專産。今詳其所録，亦不過引證一書、一詩，以歸美徒邑而已。夫物類雖多各邑所同産，然皆僅志專産，則其共産者當入何志，是無怪乎黍稷稻粱亦滋後人之紛辨也。况吾邑所産多有足資考證者，今仍备録。《康熙志》間有增益，分類辨訂，以備參稽。

一、《嘉慶志》云："學校所以育材，書院之設，相爲表裏。"今仍其舊，而續補其廢興，并增其所未備。

一、兵制，歷代更變，載在史書，詳於舊志。今仍之，而易名"武備"。我朝自八旗駐防及水緑各營泛，《嘉慶志》載至乾隆六十年止。今移牒各營，俱奉覆到，按文續纂。水師城守，俱有遷移，惟旗營無所增損。其營紳纂成《八旗志》，今另刊成册。

一、設官，古今异制。《嘉慶志》撰爲《歷代官制表》，載於"職官"之首，眉目極清。宰貳教職各官，今皆列爲横表，其有政績卓然者，紀入"名宦"，舊載"人物志"中，今改入"職官"之後。

一、"選舉"一門，薦辟最古，故列於"科目"之首。科目文武同載，副貢列入鄉科，亦舊例也。恩拔、優歲各貢，俱列於前。至例貢監人數太多，不勝其録，舊所録者仍之。今惟載其既登仕版，及已分部省者。又舊志無壽榜及重宴、鹿鳴、重游泮水三則，今增於後。

一、《嘉慶志》有"勛衛"一門，循前明舊稱也。今之蔭官，既不隸於衛籍，則與舊目名實不符，故易爲蔭襲，而與"封贈"合爲一卷。

一、壽民、鄉飲，向附"尚義"。今增"五世同堂"一條，别立"耆碩"一門，附"封蔭"後。

一、《嘉慶志》云："'人物'一門，闡發幽潛，激揚品類，關係至重。凡爲立傳，務必采之正史，參以群書。大抵有删節而無增改，仍注書名，以備參考。至近代人物，事迹卓然，尚未臚於典册者，志乘不詳，恐就湮没，秉筆者自應爲之撰録。倘有以私好、私惡妄加軒輊者，上則矢諸神明，下以質諸後世。"按：此論甚允。今循其説，於各門應補者補之，應續者續之。其采自何書者，俱注書名於下。

一、“名賢”，以表前徽；“宦迹”，以昭仕迹。舊志列“名臣”於“名宦”之次，今“名宦”移入“職官”。而《通志》之目則於“名臣”稱“名賢”，今改從之；“宦績”仍從舊例。

一、“儒林”“文苑”等目，舊志皆有之，《通志·人物志》内亦然，是志書本有此例，今仍其舊。

一、“孝義”分爲兩目，“隱逸”止於前明，皆《嘉慶志》舊例，今亦仍之。

一、我朝道光、咸豐、同治年間，本邑頻罹兵革，士民死於義憤者指不勝屈，今爲《傳》《表》各一卷，而更舊志“忠節”爲“忠義”以并入之。

一、“釋道”俱稱“方外”，各録其尤。其文詞可觀者亦得收入“藝文”。

一、《嘉慶志》分“列女”爲三卷，凡婦女之以烈死者，與宫闈、賢孝、守貞同爲上卷；而分“完節”諸婦爲中、下卷；以“才藝”附於下卷之末。兵燹後，婦女之以烈死者甚衆，又自道光朝恩准節婦彙旌，故“完節”亦視前較倍。今重爲厘定，附“才藝”於“賢孝”之後，爲一卷；其烈死者分爲三，則曰節烈、貞烈、義烈，爲一卷；《義烈表》一卷；《完節傳表》四卷，共成七卷。

一、《列女傳》中，《康熙志》所載原不免於繁冗；《嘉慶志》力圖省約，删削過多，或遂没其事迹。此次增修，凡見於《康熙志》者皆首列之，縱有删節，要以不失其實爲主，餘各傳志亦然。

一、“忠義”“節烈”，有人非本邑而事在本邑者，舊有備書之例，但與本邑人物連篇書之，不復爲之别出，眉目未免不清。今并列於各篇之後，而加“附録”字以别之。

一、“藝文”一門，《嘉慶志》列入“碑目”，《康熙志》則以“碑碣”入“輿地”。按：碑碣，必有建立之處，入“輿地”乃允，今改從之。

一、“書目”舊分經、史、子、集四類，今仍之。至續纂詩詞文賦，則略於游覽，而詳於紀事，凡文之足資考證者采擇録之。

一、“雜綴”一門，補全書之未備，史事仍前，無所增改。惟“紀聞”或補或續，而近日尤多事故，爰采擇録之。其見於紀載者，各注書名於下。

一、兵燹以後，邑人散處各方，有應入“人物”各門及“官職”“封典”“蔭襲”各條者，屢經招報登録。其未報者似尚有人，無從核實，刊刻既定，應從闕如。

一、《康熙志》於康熙二十二年付刊，即以本年爲止；《嘉慶志》成於嘉慶八年，紀載則以乾隆六十年爲止。今依《康熙志》例，凡有事實，俱截至光緒五年付刊之日爲止。後有舉報，礙難登録，統俟將來修纂。

《丹徒縣志》圖目

丹徒縣志全圖

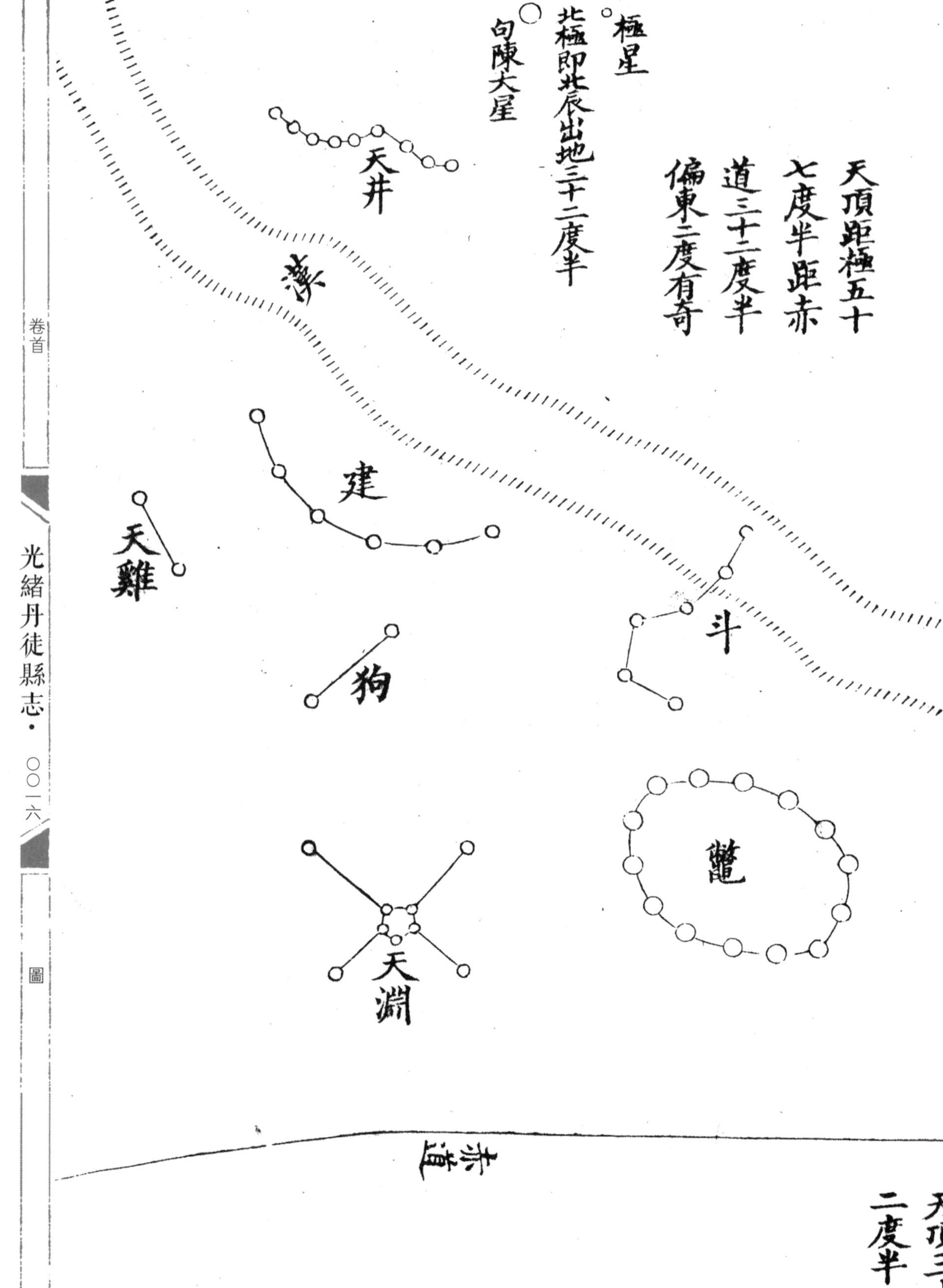
天頂距極五十七度半距赤道三十二度半偏東二度有奇
極星
北極即北辰出地三十二度半
勾陳大星
天井
漢
建
天雞
狗
斗
天淵
鼈
赤道
天頂三十二度半

星野圖

按天漢與列宿時時轉移惟北極不動北極處無星旁東一星相近謂之極星光甚暗旁西一星乃勾陳六星中之第四星光甚明大去北極處僅一度許或二度許此兩星不見其動故天學家皆以之為推步之準

又按鎮地分野在斗十六度星紀之次丑位也其所近諸星悉如圖象但經度繞中宮日日轉移茲僅據斗宿初昏中見時圖之至於北斗七星四時轉運及斗宿前為箕尾後為牛女俱無須詳繪以歸一致

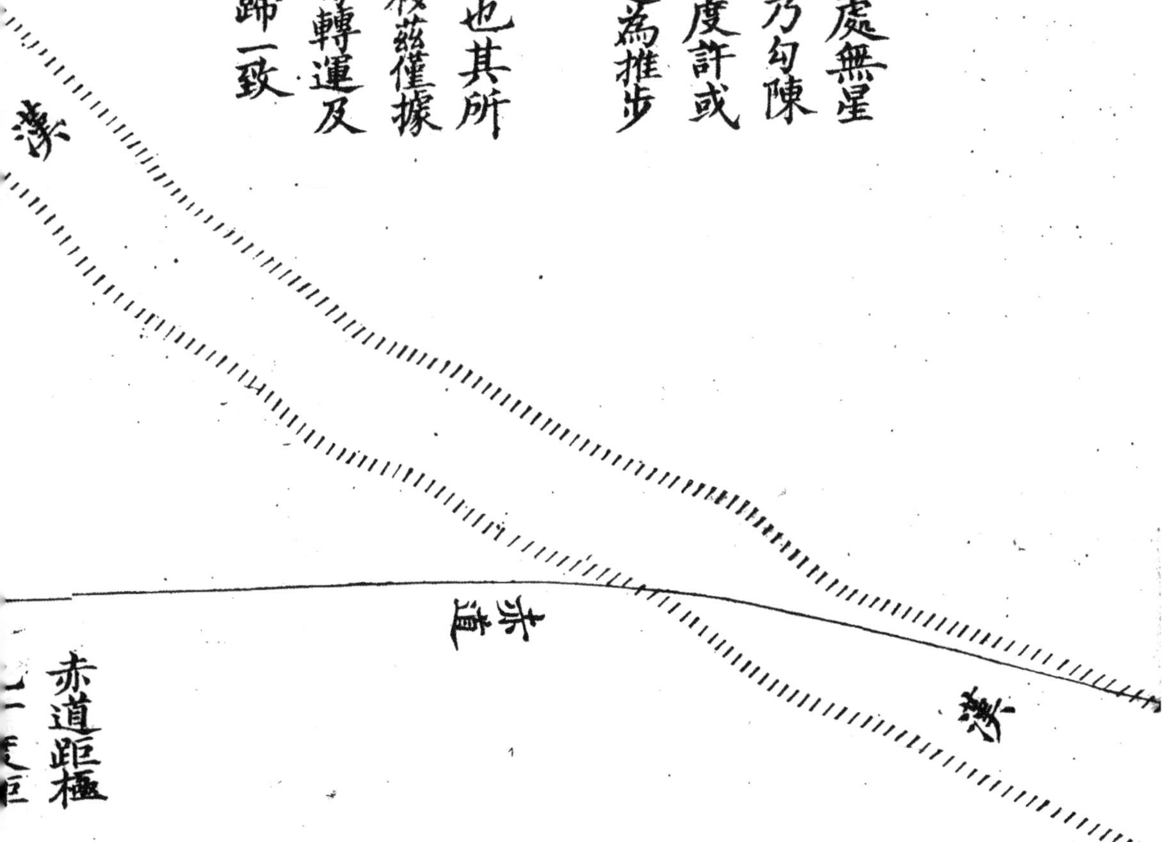

漢

赤道

漢

赤道距極

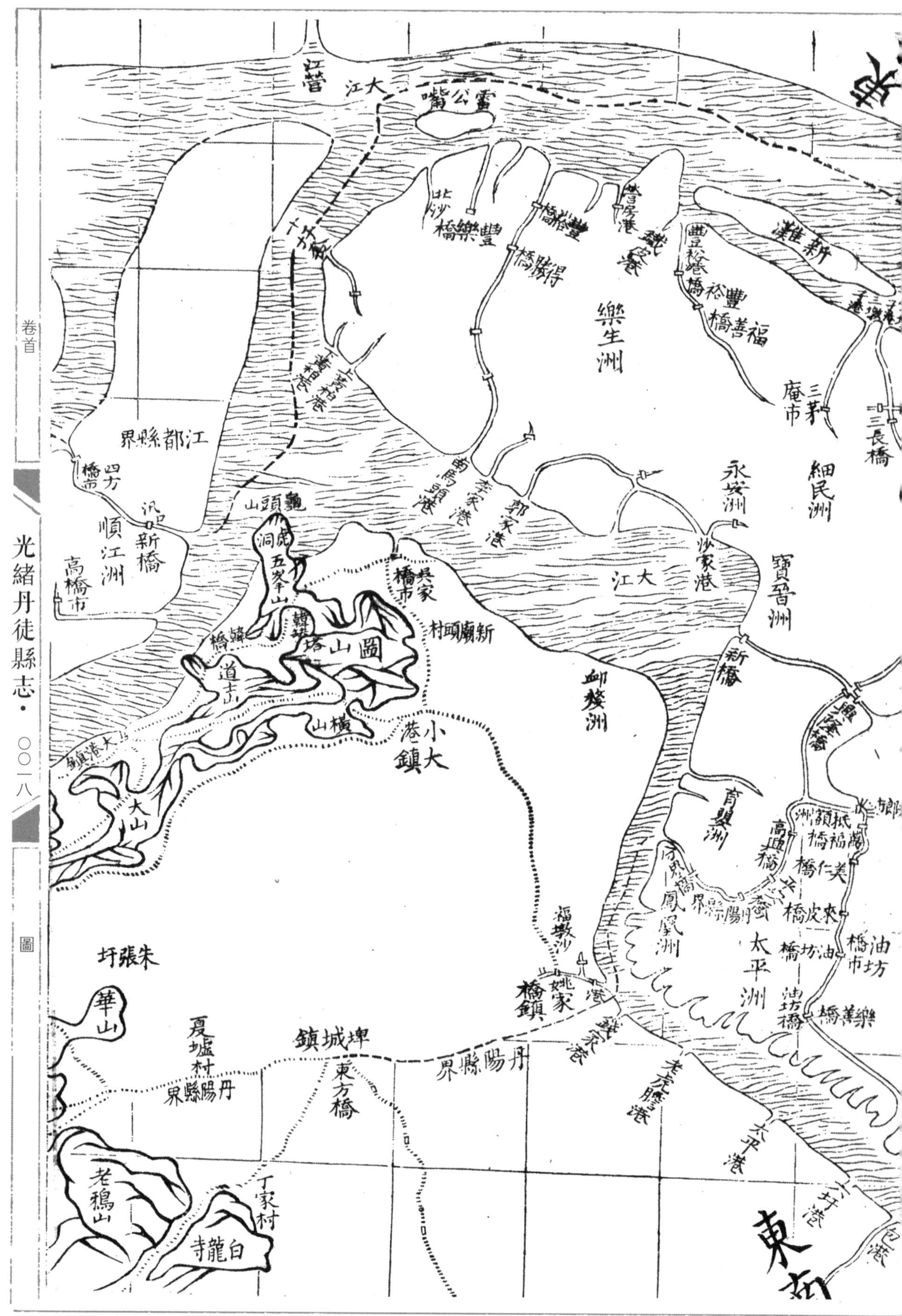
大江
雷公嘴
豐樂橋
得勝橋
樂生洲
福善橋
新灘
三茅庵市
三長橋
細民洲
永安洲
沙家港
寶晉洲
大江
新橋
江都縣界
四方橋
新橋
順江洲
高橋市
龜頭山
五峰山
吳家橋市
新廟頭村
圌山
橫山
小港
大港鎮
大山
育嬰洲
鳳凰洲
太平洲
油坊橋
樂善橋
朱張圩
華山
夏墟村
埤城鎮
東方橋
丹陽縣界
丹陽縣界
姚家橋鎮
錢家港
老鴉山
白龍寺
丁家村
東

縣境全圖

縣境縱橫各六七十里自東北至西南斜袤二百餘里非方幅所能繪今依蘇省所繪輿圖全册分繪六頁其第一頁至第四頁橫接之皆東及西也其第五頁六頁直接第三四頁之下由北及南與東北及西南也全境真形如此加以方格每格五里悉依成法至四至八方山川地道俱詳輿地志

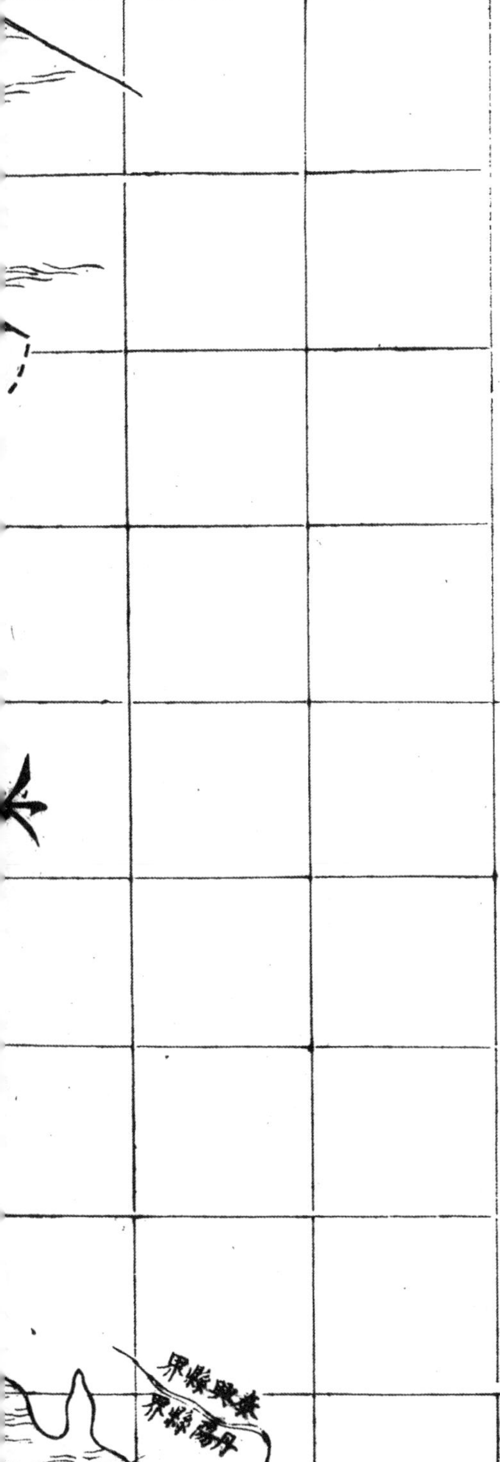

東陽縣界
丹陽縣界

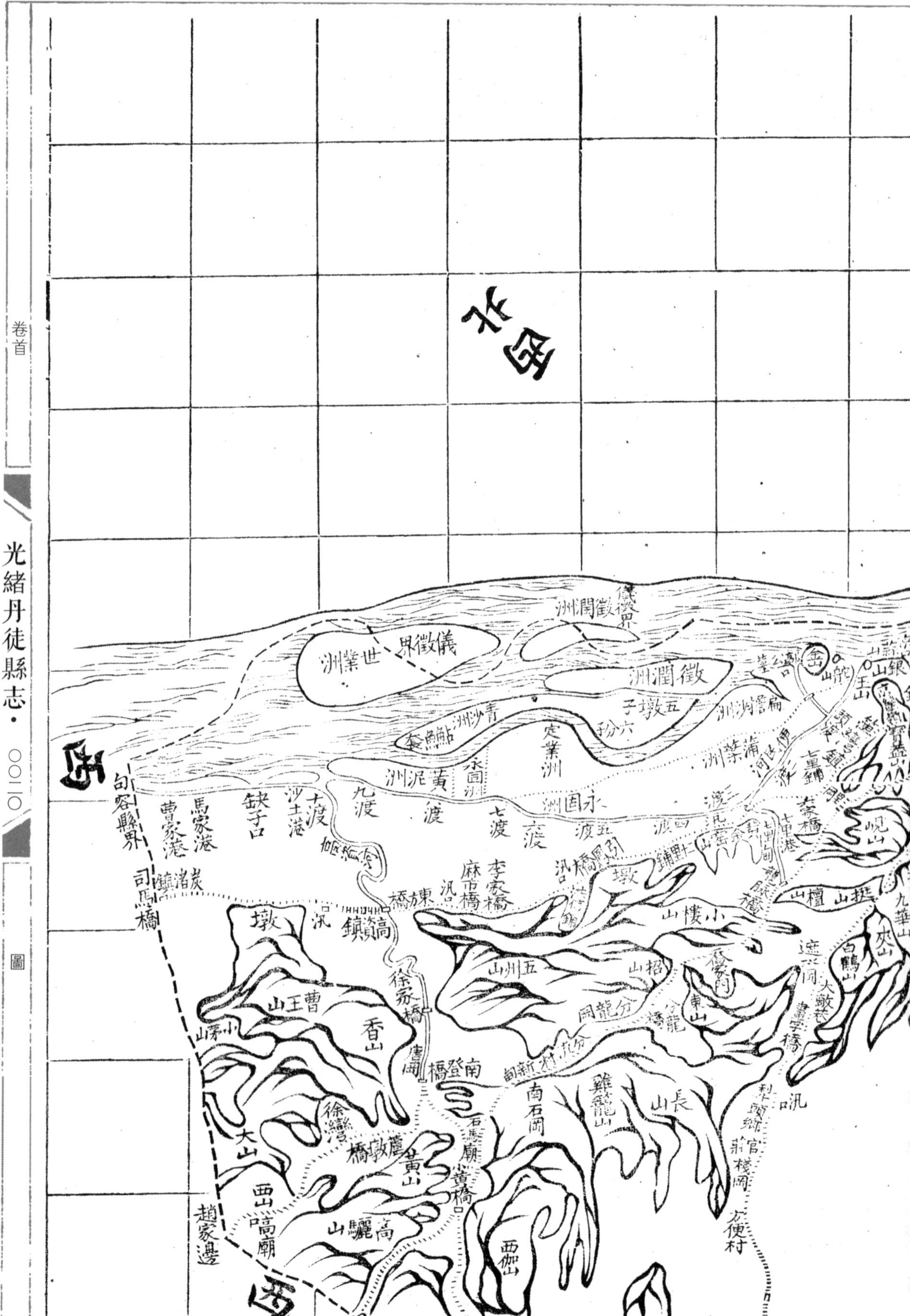
北
西
西
儀徵界
世業洲
徵閏洲
五墩子
六圩
青沙洲
定業洲
永固洲
黃泥洲
蒲葉洲
句容縣界
司馬橋
炭渚鎮
曹家港
馬家港
缺子口
沙土港
十渡
九渡
八渡
七渡
六渡
五渡
四渡
三渡
高資鎮
汛
東旗橋
麻巾橋
李家橋
曹王山
香山
五州山
招山
小樓山
分龍岡
徐家橋
南登橋
南石岡
雞籠山
長山
大山
徐灣
黃山
石馬廟
黃橋
西山
高廟
高驪山
趙家邊
西伽山
方便村
九華山
白鶴山
檀山

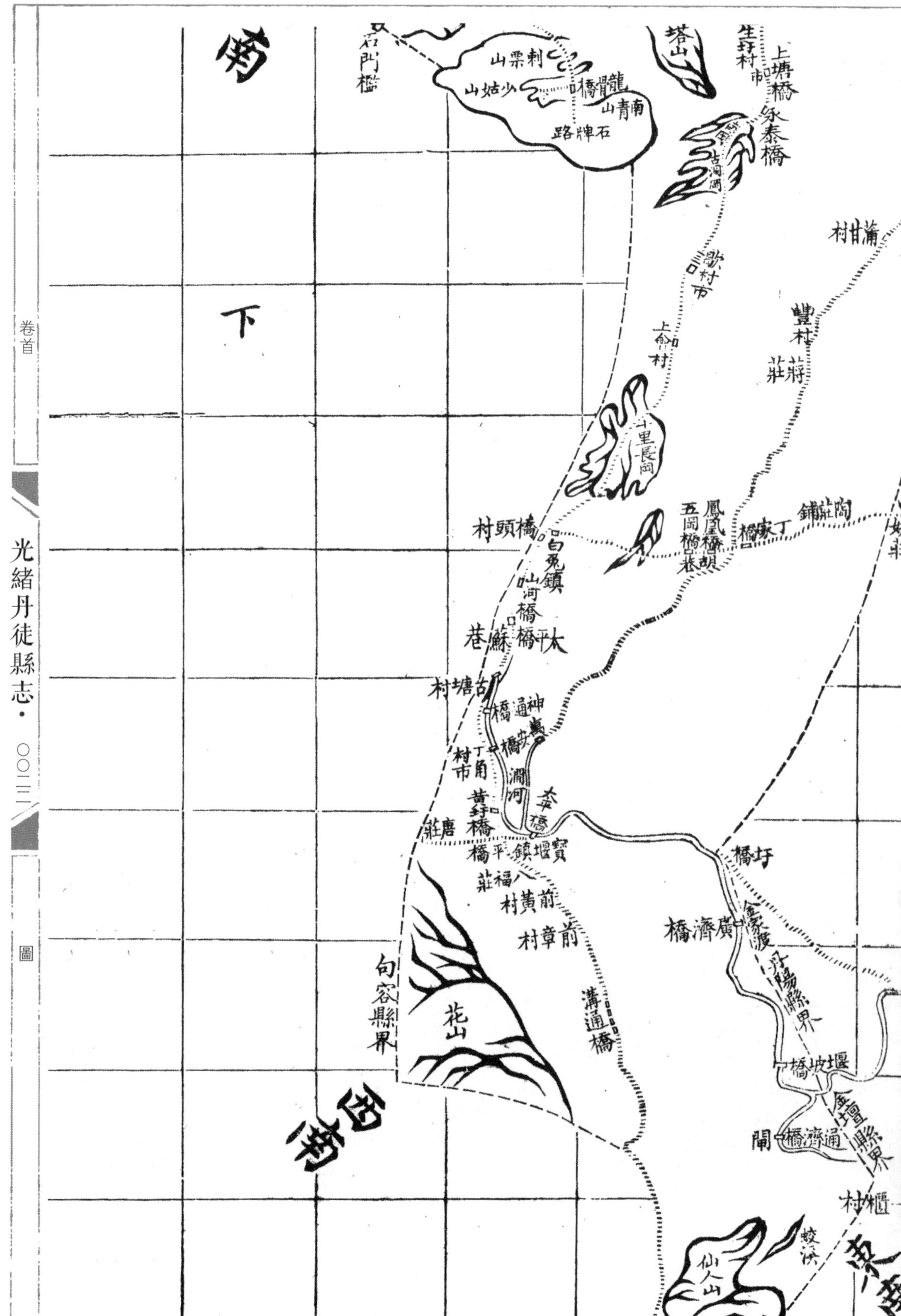
下
句容縣界
花山
仙人山
丹陽縣界
金壇縣界
寶堰鎮
白兔鎮
鳳凰橋
廣濟橋
通濟橋
閘
溝通橋
前章村
前黃村
唐莊
古塘村
丁角村市
上俞村
歇村市
永泰橋
上塘橋
塔山
石牌路
南青山
少姑山
剌栗山
太平橋
蘇巷
橋頭村
丁家橋
堰坡橋
圩橋

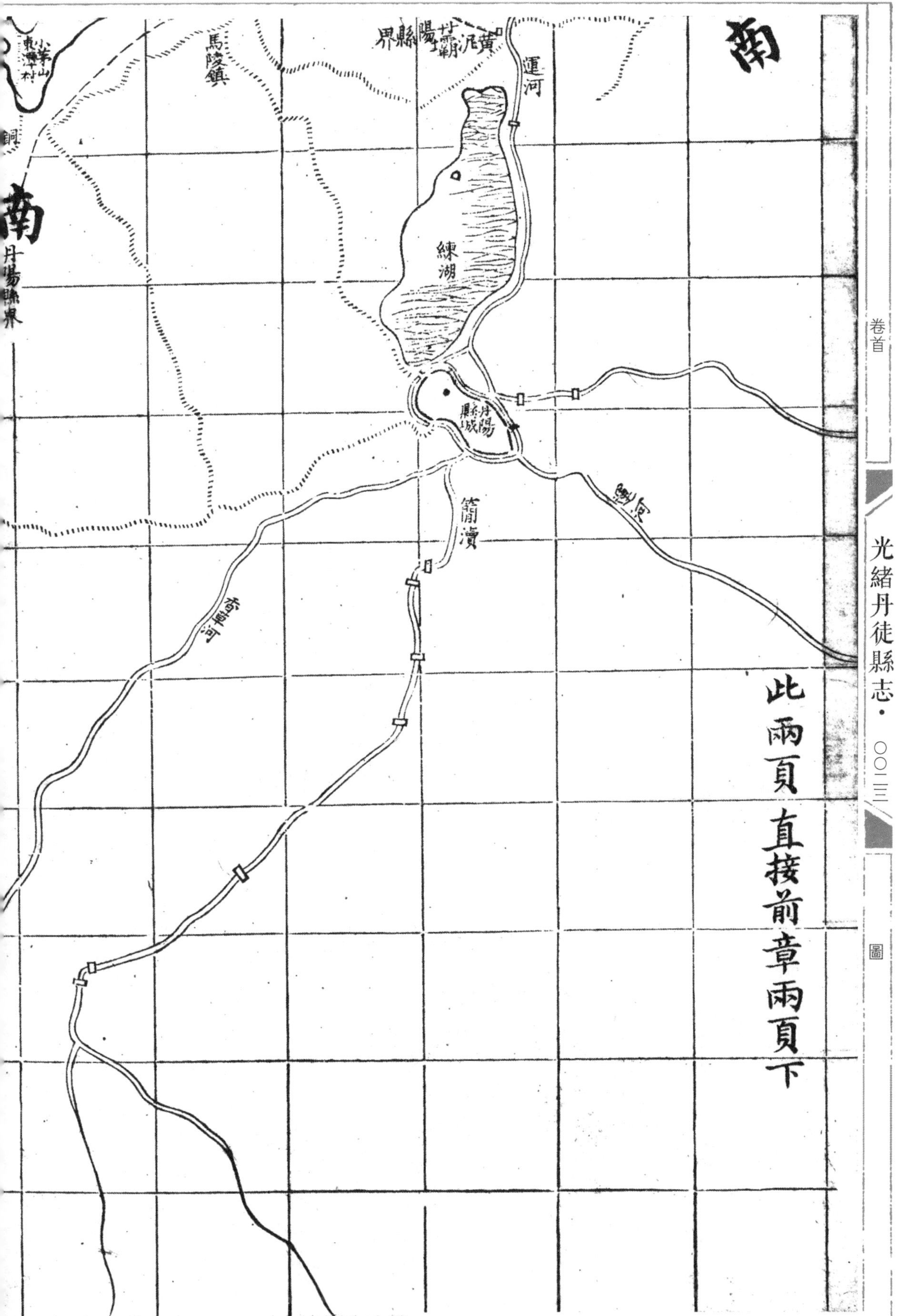
南
此兩頁直接前章兩頁下
黃泥壩丹陽縣界
馬陵鎮
運河
練湖
丹陽縣城
南
丹陽縣界
香草河

西

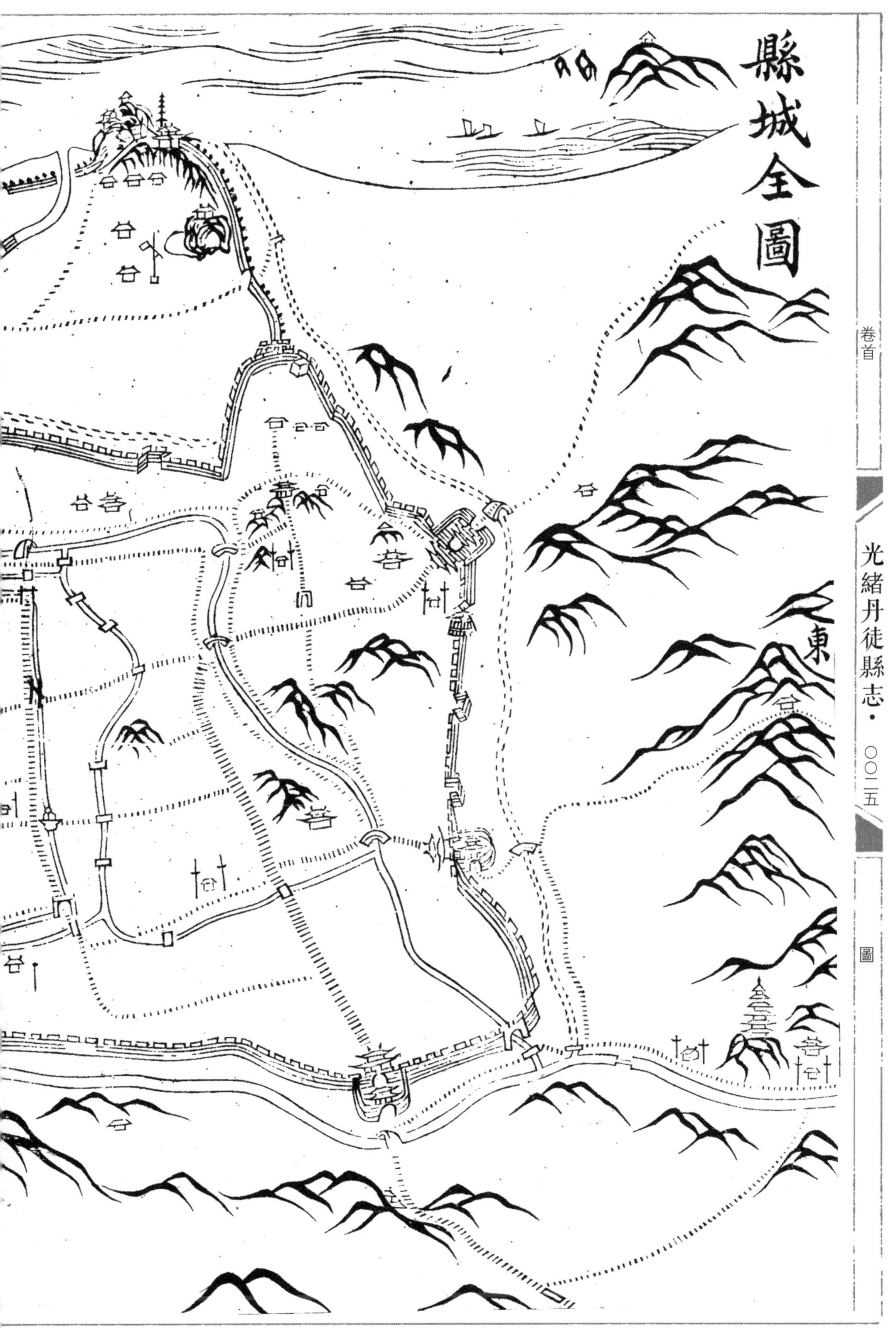
縣城全圖
東

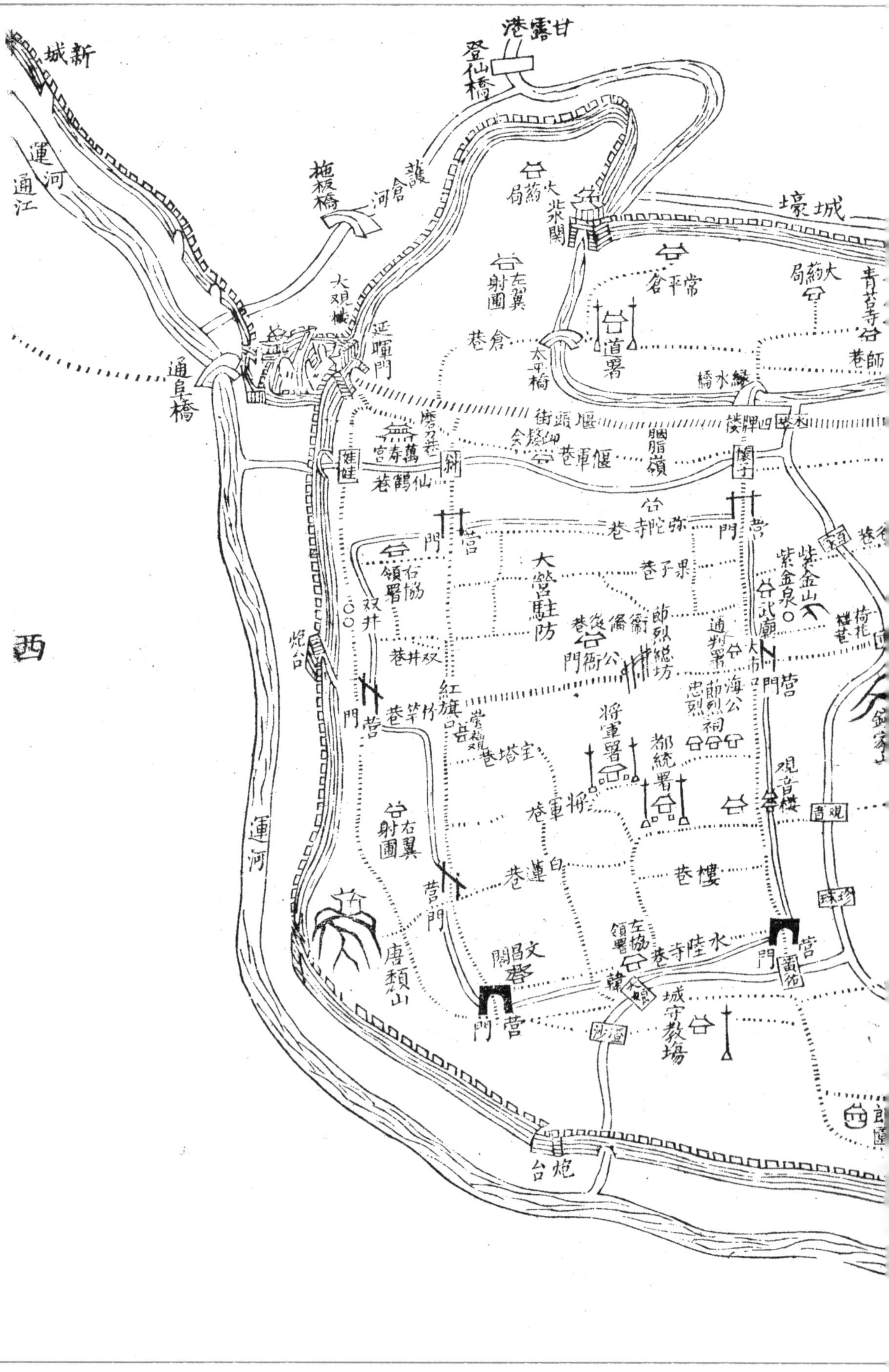
新城
甘露港
登仙橋
運河
通江
護倉河
梅板橋
大觀樓
延暉門
通阜橋
大藥局
左翼射圃
常平倉
倉巷
太平橋
道署
城壕
大藥局
青苔寺
師巷
綠水橋
堰頭街
四牌樓
萬壽宮
仙鶴巷
偃軍巷
胭脂嶺
彌陀寺巷
營門
果子巷
大營駐防
右協領署
双井
双井巷
炮台
西
紫金山
紫金泉
武廟
節烈總坊
公衙門
通判署
大市口
營門
竹竿巷
紅旗口
將軍署
海公祠
都統署
寶塔巷
將軍巷
觀音樓
右翼射圃
白蓮巷
樓巷
營門
唐頹山
文昌閣
左協領署
水陸寺巷
營門
城守教場
炮台
運河

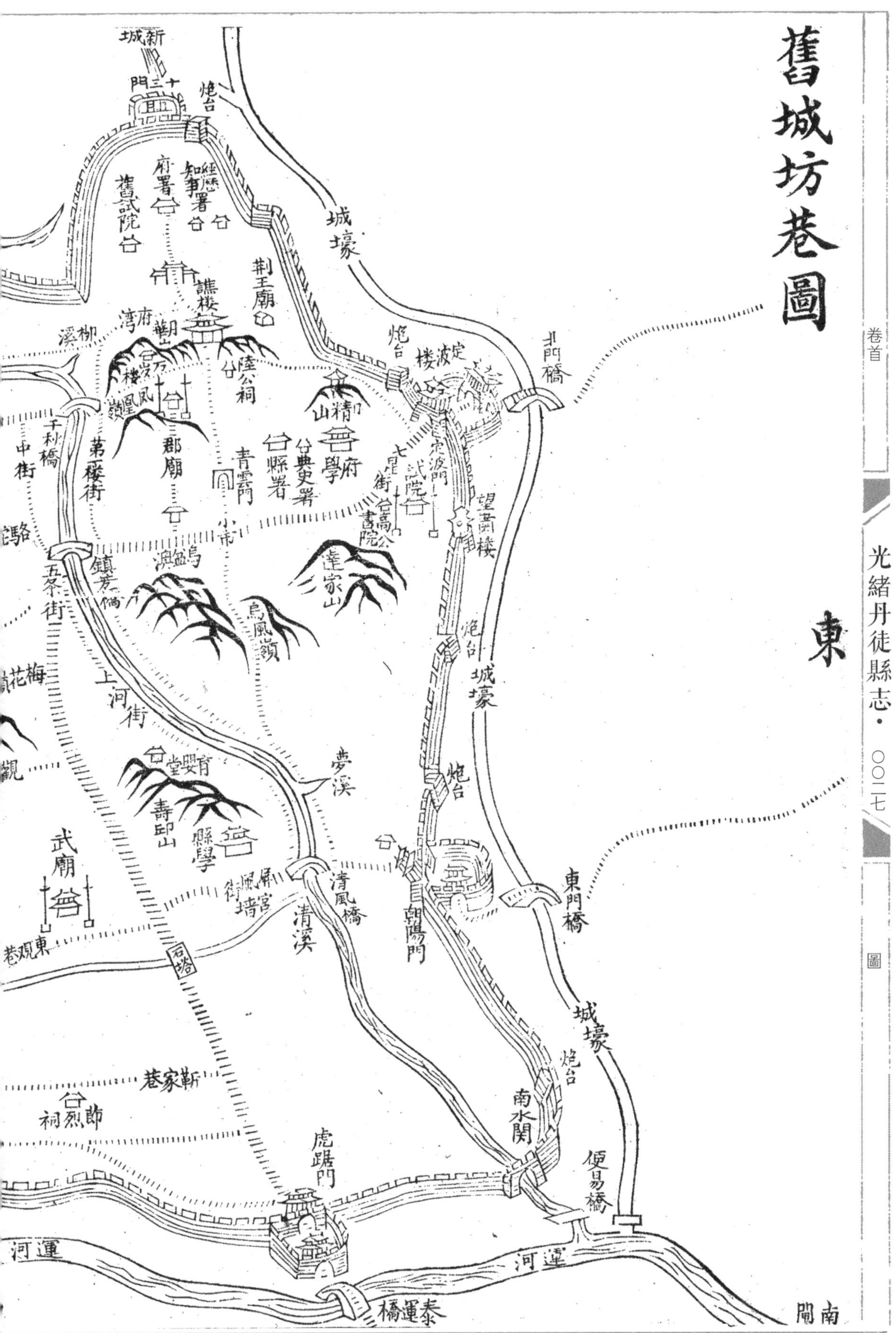
舊城坊巷圖
東
新城
十三門
炮台
城壕
府署
經歷
知事署
舊試院
譙楼
荊王廟
府湾
柳溪
陸公祠
定波楼
北門橋
精山
府學
典史署
縣署
青雲門
郡廟
千秋橋
中街
第一楼街
七星街
武院
定波門
高公書院
望嵩楼
小市
五条街
鎮芳橋
達家山
烏風嶺
梅花嶺
上河街
夢溪
育嬰堂
壽邱山
縣學
武廟
清風橋
清溪
朝陽門
東門橋
東观巷
石橋
斬家巷
節烈祠
城壕
炮台
南水関
虎踞門
便易橋
運河
泰運橋
南閘

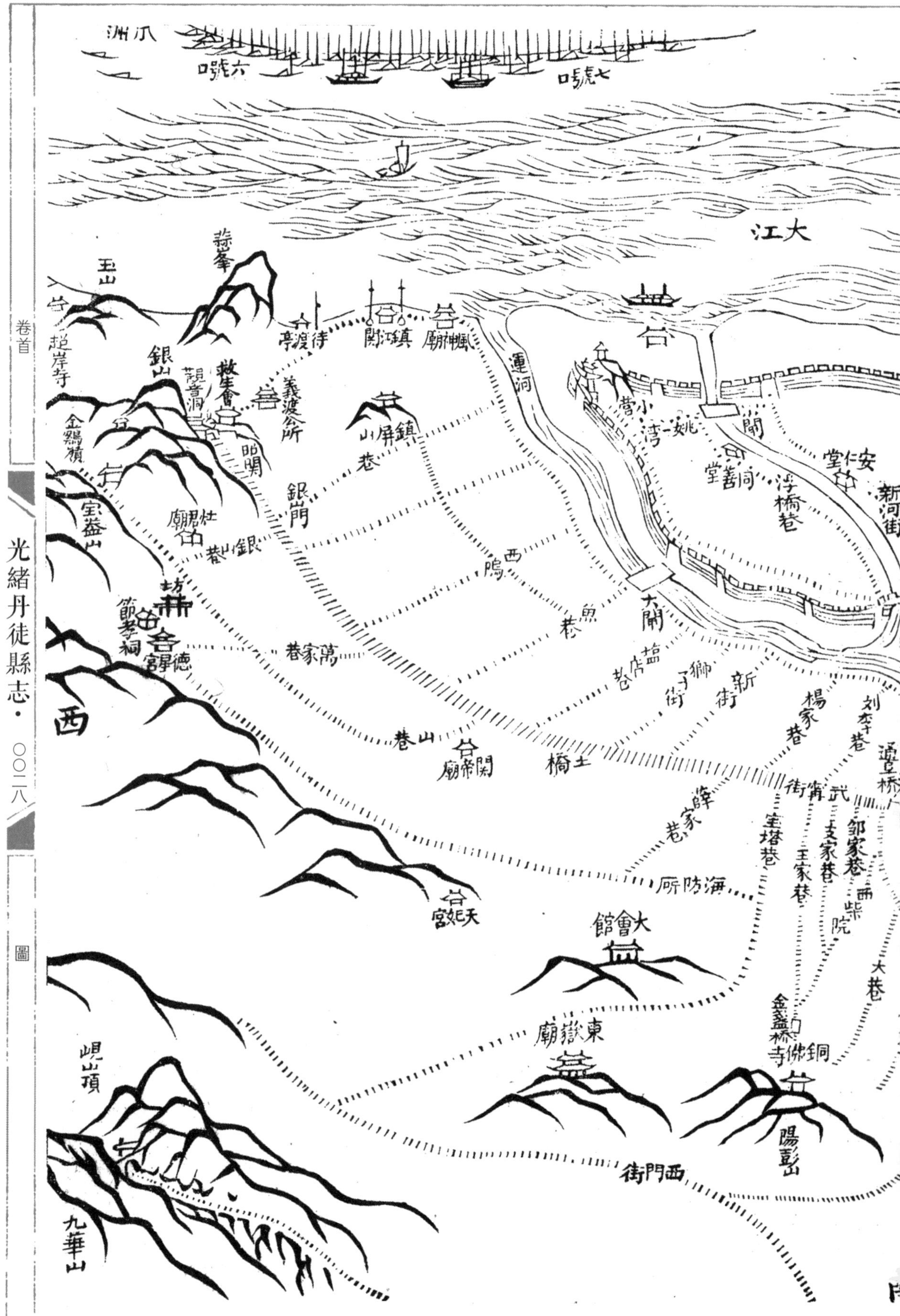
瓜洲
六號
七號
大江
玉山
蒜峯
超岸寺
待渡亭
鎮江關
風神廟
運河
銀山
觀音洞
救生會
義渡公所
鎮屏山
金鷄嶺
巷
照關
銀門
宝蓋山
杜公廟
銀山巷
西鴨
坊
節孝祠
德昇宫
萬家巷
魚巷
大閘
小營
姚灣
閘
同善堂
安仁堂
浮橋巷
新河街
西
巷山
關帝廟
土橋
醋店巷
獅子街
新街
楊家巷
刘李巷
薛家巷
武寧街
宝塔巷
王家巷
支家巷
鄒家巷
西柴院
海防所
天妃宫
大會館
大巷
金鰲橋
銅佛寺
東嶽廟
峴山頂
陽彭山
西門街
九華山

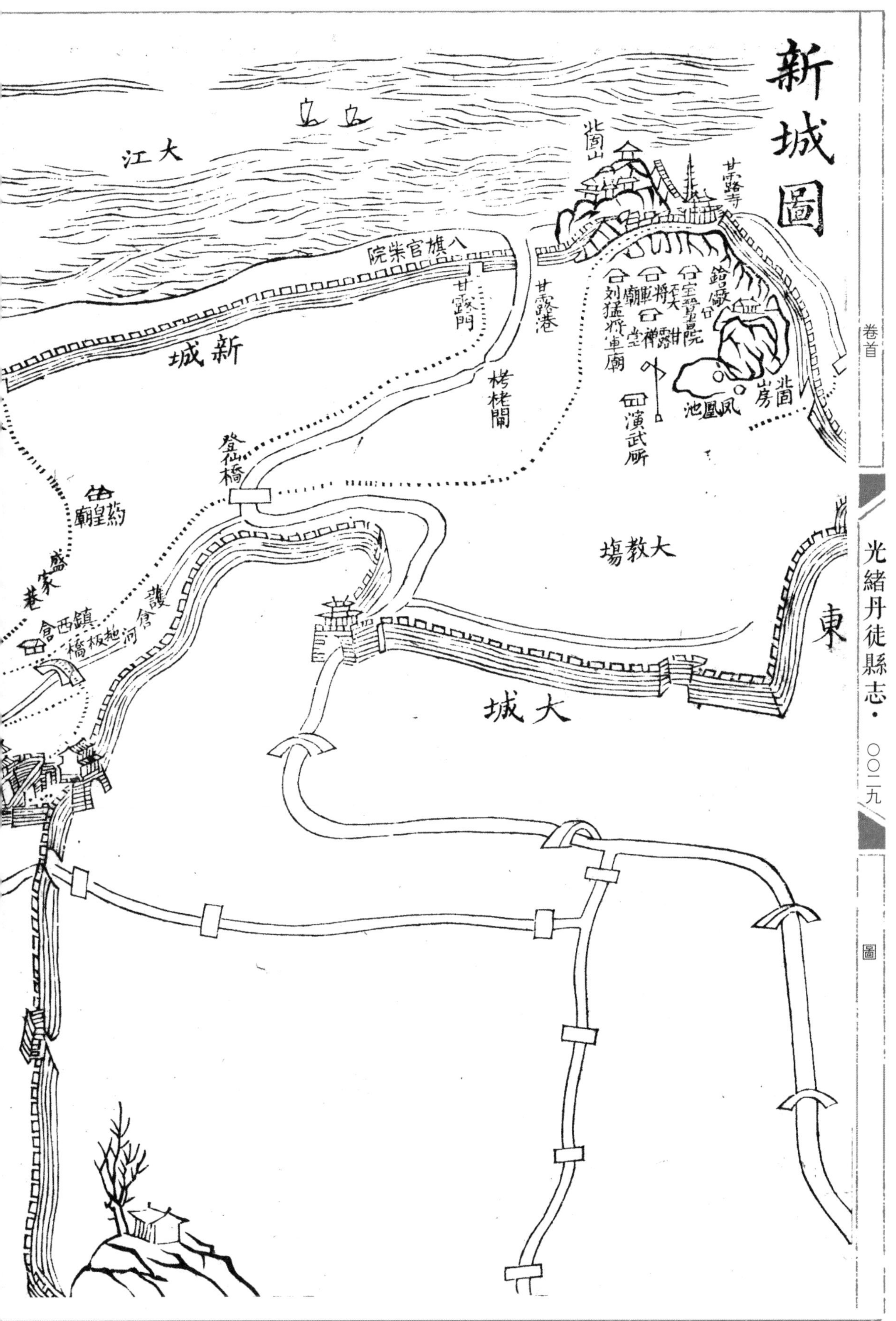
新城圖
大江
北固山
甘露寺
八旗官柴院
甘露門
甘露港
新城
栲栳閘
登仙橋
劉猛將軍廟
演武所
鳳凰池
北固山房
葯皇廟
盛家巷
鎮西倉
拖板橋
護倉河
大教場
東
大城

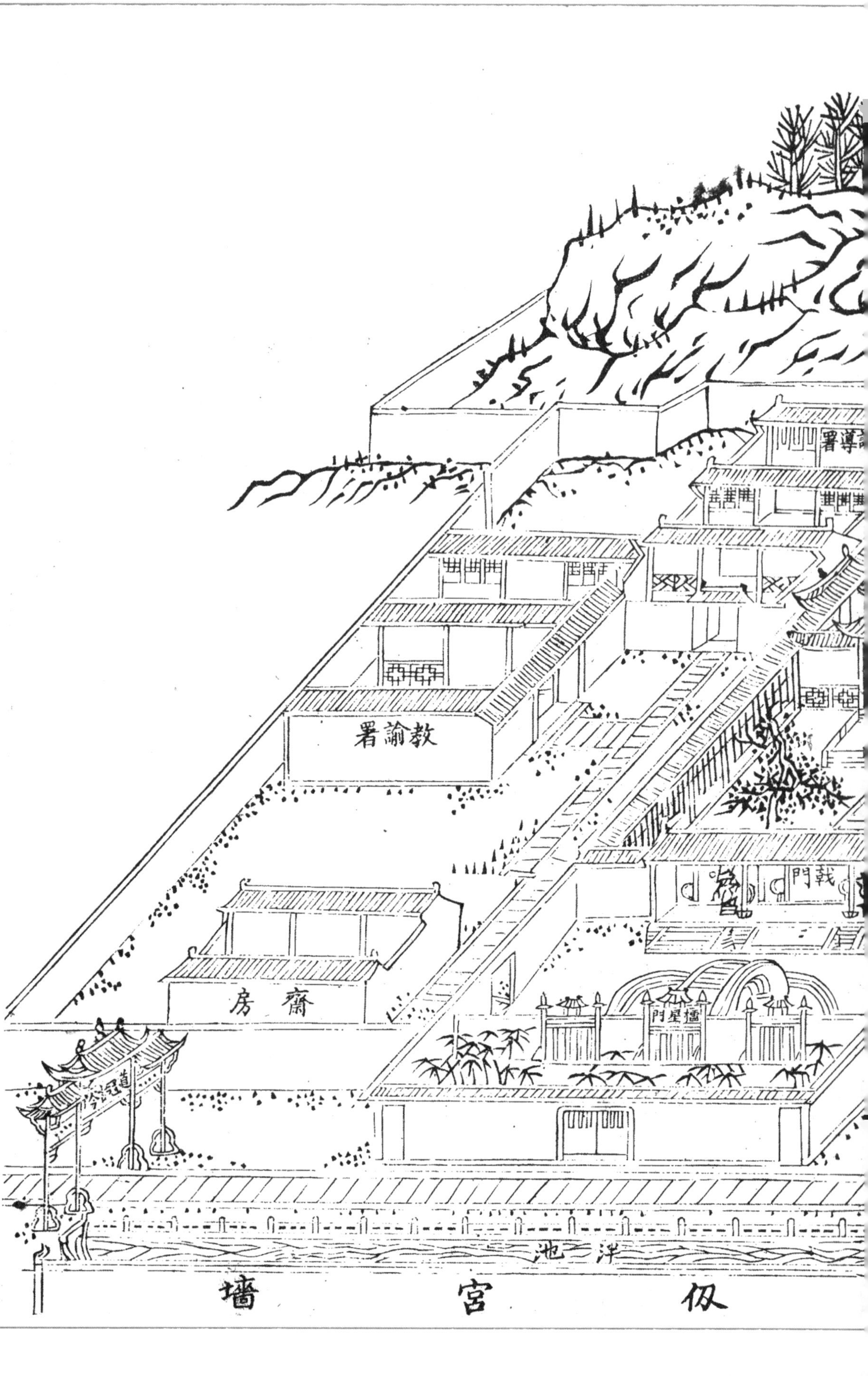

訓導署

教諭署

戟門

齋房

櫺星門

道冠古今

泮池

仞宮墻

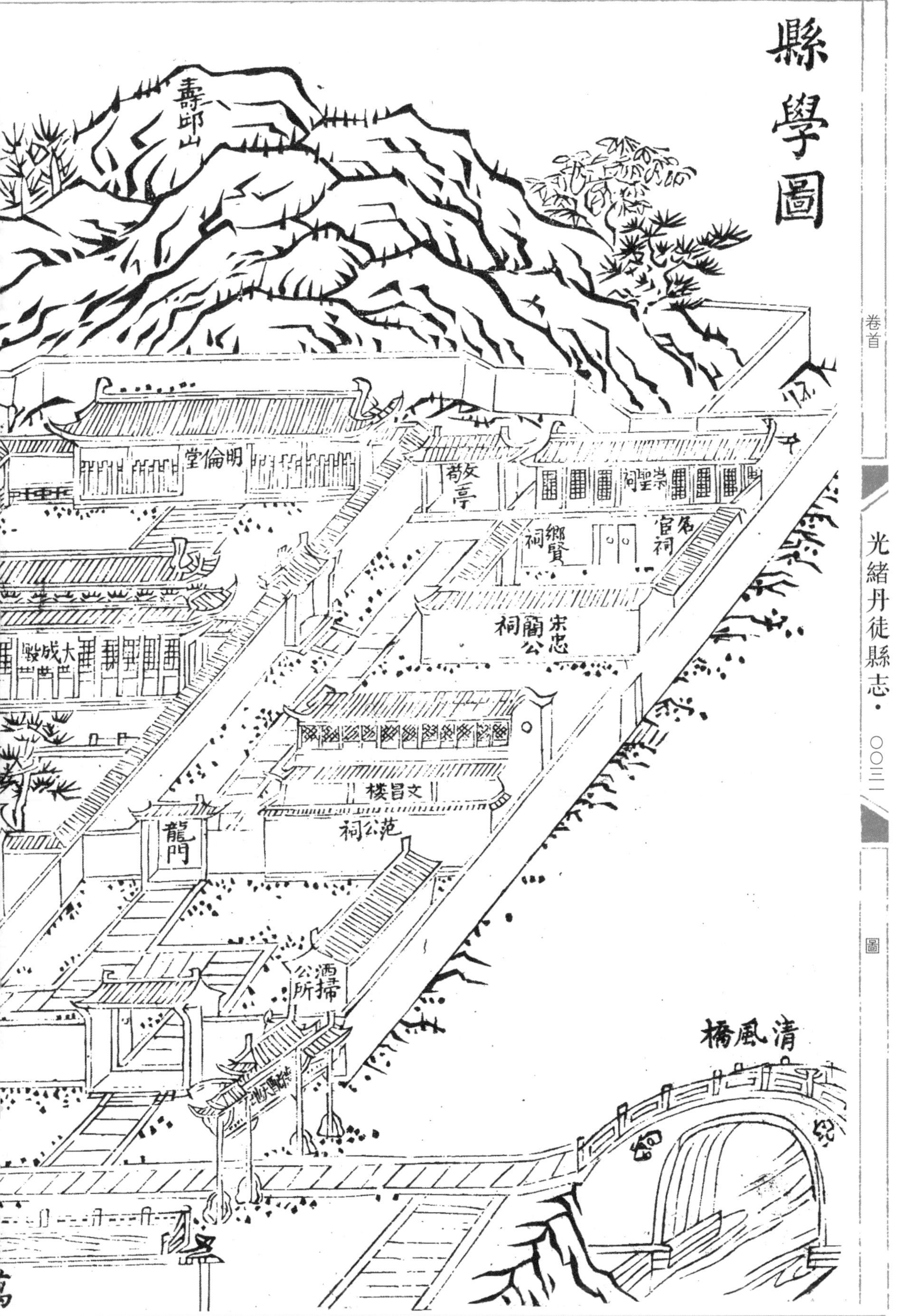

縣學圖
壽邱山
明倫堂
敬一亭
崇聖祠
鄉賢祠
名宦祠
大成殿
宋忠簡公祠
文昌楼
范公祠
龍門
洒掃公所
清風橋

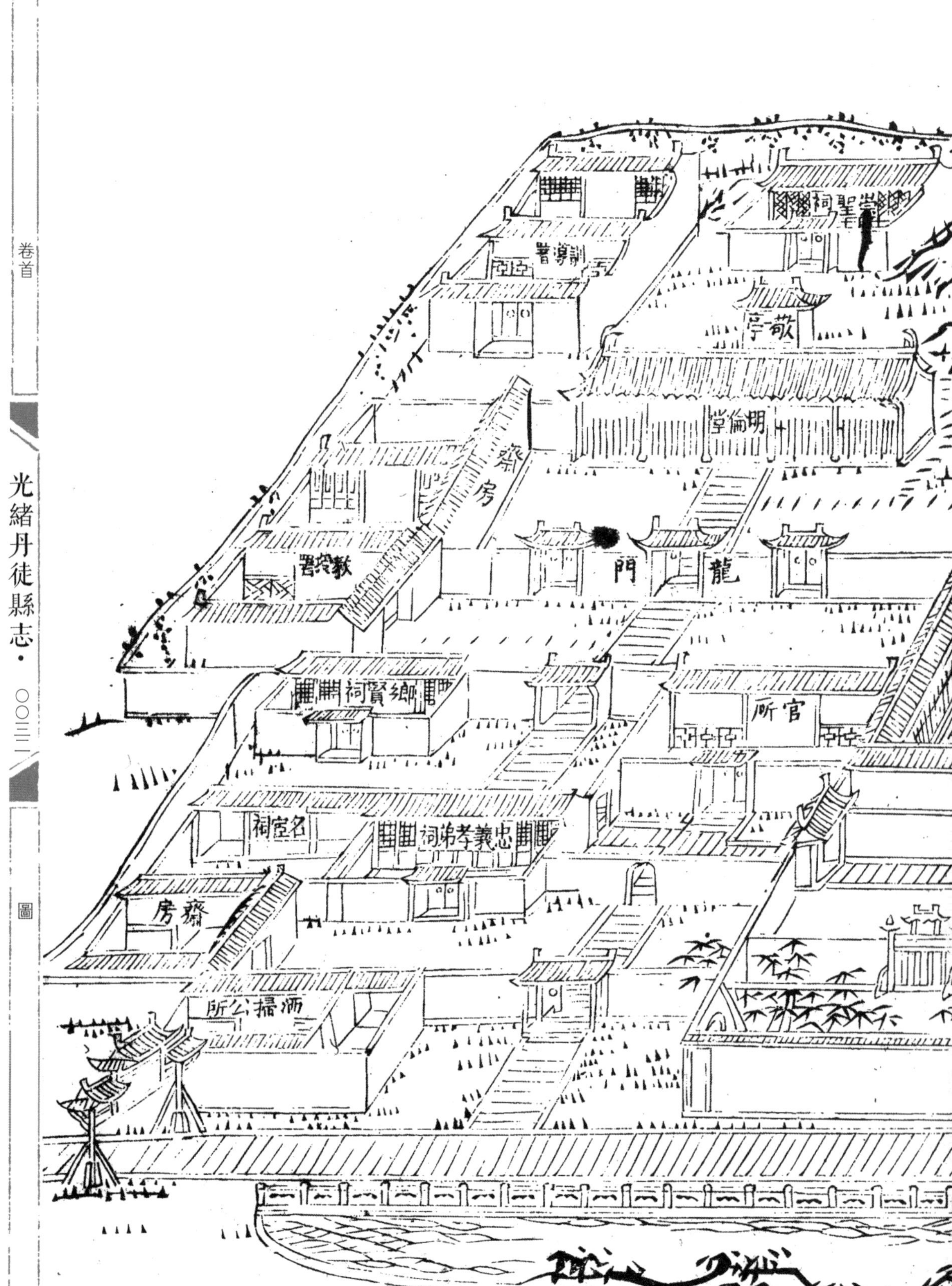
崇聖祠
訓導署
敬一亭
明倫堂
齋房
教諭署
龍門
官所
鄉賢祠
名宦祠
忠義孝弟祠
齋房
洒掃公所

府學圖 附

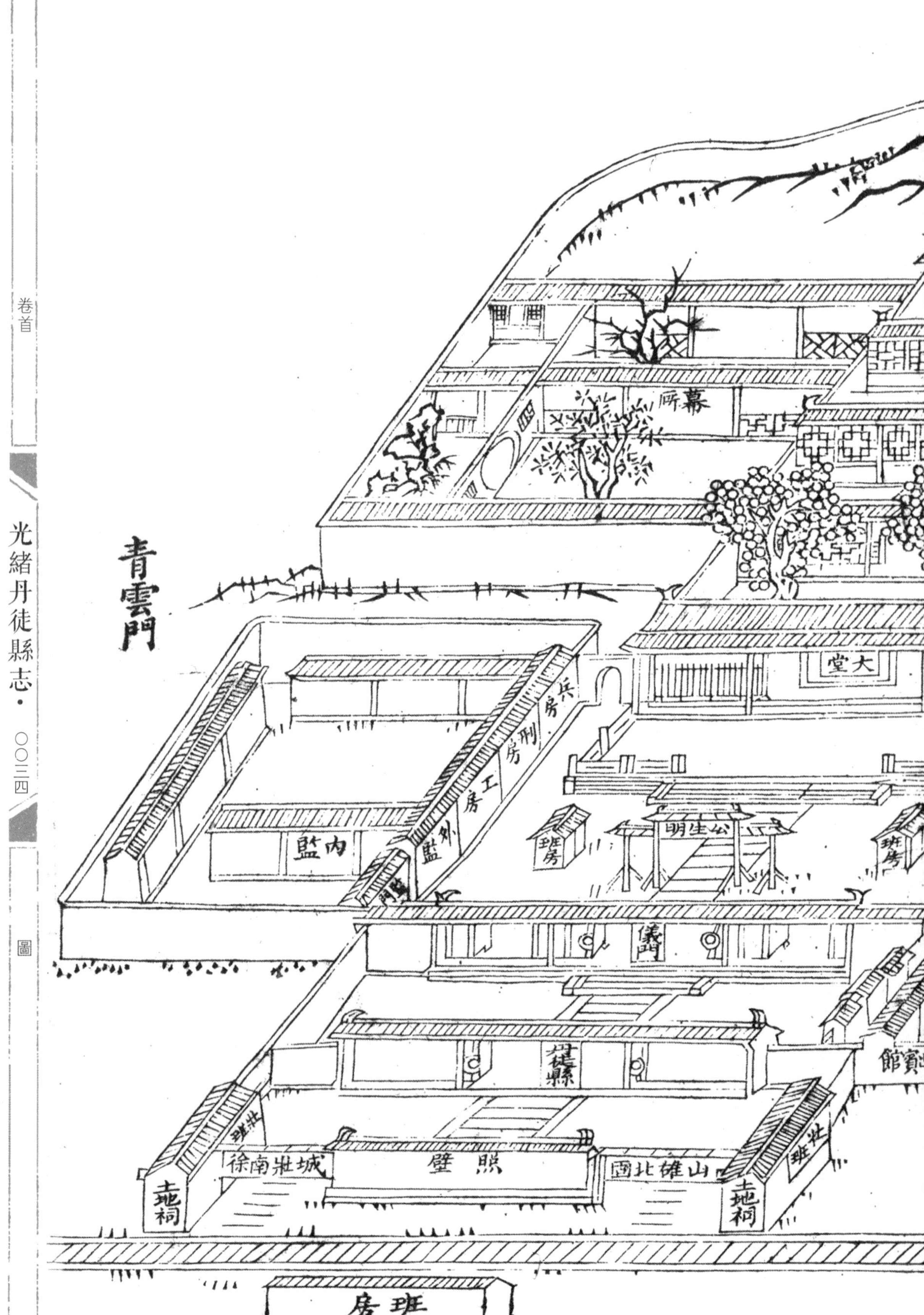
青雲門
大堂
兵房
刑房
工房
外監
内監
公生明
班房
儀門
丹徒縣
賓館
壯班
城壯南徐
照壁
山雄北固
土地祠
土地祠
壯班
班房

縣署圖

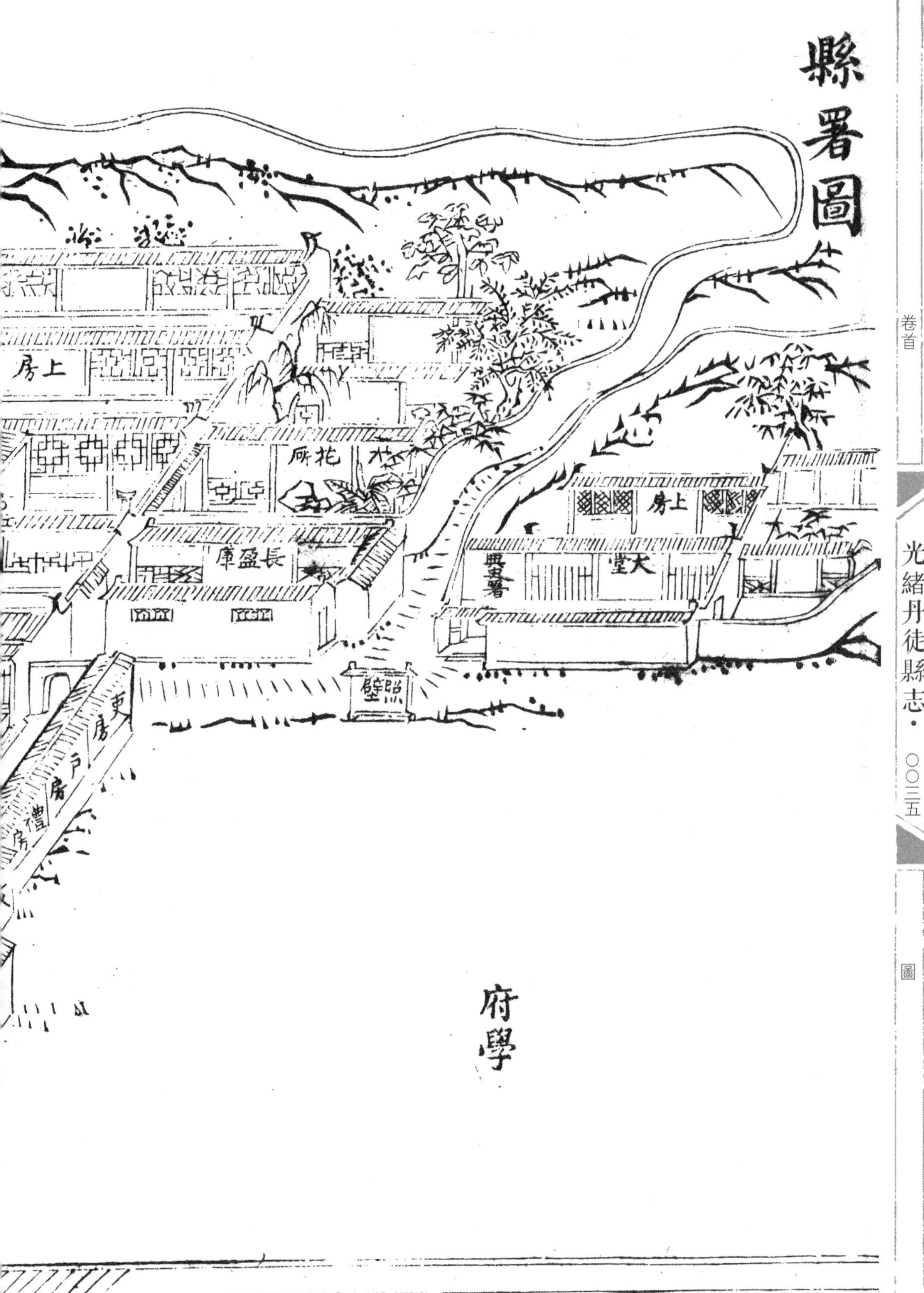

北固山圖

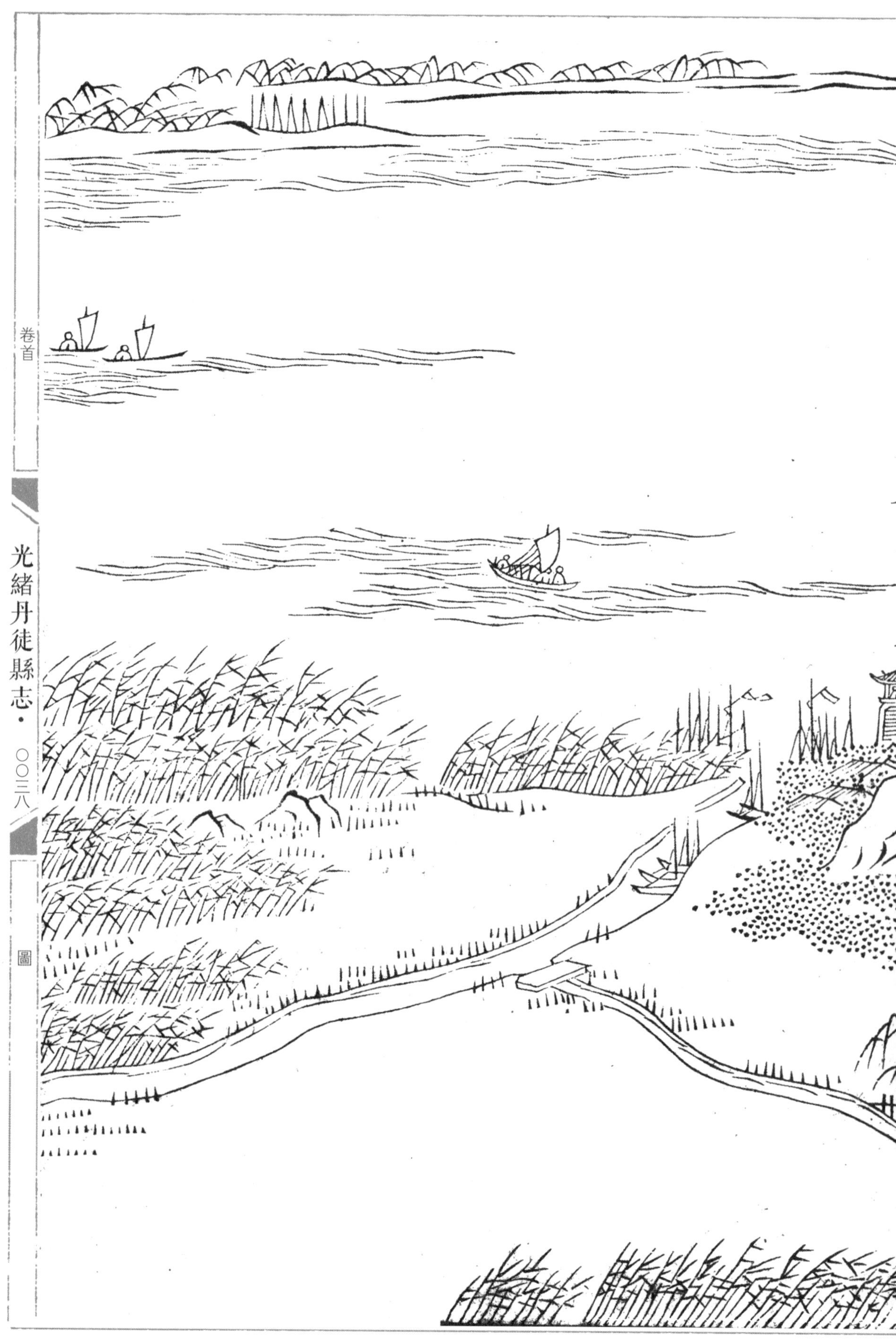

金山圖

焦山圖

《丹徒縣志》原目録

卷五

壇壝　儀制　廟祠

卷六

寺觀

卷七

宫室　古宅　堂　樓閣　亭臺　園　坊表

卷八

陵墓

卷九

古迹　金石考

卷十

碑碣

河渠志

卷十一

運河　各支河　港　澳　塘　湖　溪　池　潭　泉　井　溝　灘

食貨志

卷十二

恤政　户口

卷十三

田賦一

卷十四

田賦二

卷十五

蘆政

卷十六

徭役　漕運　鹽法　倉儲

卷十七

物産一

卷十八

物産二

學校志

卷十九

學校　府學　書院　義學　學中祠祀

目　録

（上）

丹徒縣志卷首一

宸　翰

聖祖仁皇帝
御製詩

由儀真乘巨艦至京口

長江萬里開鴻濛，高檣巨楫乘艨艟。儀真京口路百里，挂帆瞬息凌長風。汀蘆洲樹看歷歷，波恬浪闊光瀜瀜。遄流直下入滄海，遠源上與岷峨通。山川斷續合雲霧，日月照耀浮虛空。舟行迅速疾飛駛，恍聞擊鼓馮夷宫。柂樓高據極觀眺，奇縱豁達舒心胸。年來江漢罷桴鼓，河海清宴絶戰攻。舳艫閑繫沙岸側，水師捲甲懸長弓。羽葆南巡渡揚子，居安更念艱難功。

金山（并序）

金山，在大江中，南眺潤州，北臨瓜步。登陟其上，縱目千里，泱泱乎大觀也。朕率扈從諸臣歷覽諸勝，江山之奇，未有逾於此者。

一覽江天勝，東南勢盡收。帆檣來極浦，臺榭起中流。路出丹崖上，烟同碧漢浮。登臨豁心目，浩蕩俯滄洲。

試中泠泉

緩酌中泠水，曾傳第一泉。如能作霖雨，沾灑遍山川。

妙高臺

臺高絶衆鳥，臨眺暢清襟。渺渺沙洲樹，青青遠岸岑。波濤岩下接，洞壑檻邊深。江水明如鏡，彌徵天地心。

鐵瓮城

萬里晴江擁舳艫，高城鐵瓮接康衢。遺銘欲探華陽迹，舊宅難尋海岳圖。半面烟嵐雄北固，一方形勢控東吴。龍舟漫道巡行盛，多恐深居政未敷。

竹林禪院在潤州城南竹徑數里

一徑入深竹，數里來上方。叢生岩磴密，枝拂雲烟長。華旗出林際，芝蓋停三陽。颯颯吹霜風，碧葉紛翱翔。山齋頗幽寂，萬籟含虚光。觸物感予懷，歌彼淇澳章。

金山江天寺

獨愛江天寺，停橈上碧峰。波瀾聲浩浩，樓閣勢重重。日暖浮雙樹，風微送午鐘。遥看南北岸，春色澹春容。

焦山

焦山何峑嶨，遥與金山峙。草木盡蒙茸，幽偏隔城市。放舟下中流，攀蘿上涯涘。隱士不可招，鶴銘洵足紀。栖鶻驚人飛，暮雲千萬里。

駐蹕金山

烟霧空濛水國昏，夜移鳳舸泊山門。然犀欲照黿鼉窟，卧聽濤聲自吐吞。

上巳日再登金山

晴和逢上巳，况在大江濱。正是回鑾日，揮毫記此辰。

長江夜月

萬里淪漣映，平沙一望收。天光起水色，雲影共波流。隔岸姑蘇遠，臨軒夜月浮。民情咸自得，何必泛龍舟。

渡揚子江

曉霧風初豁，揚帆縱彩舟。危峰真屹立，漩水急洄流。碧轉沿江柳，沙平遠嶼洲。十年巡再至，騁目睇神丘①。

金山寺月夜

江山春物已雍和，萬里晴光月倍多。重倚高樓觀海闊，浩然心鏡更如何。

金山雨望

烟樹重重兩岸間，流雲著水水漫漫。江烟江樹無窮盡，不讓蓬瀛島上山。

---

① 按："丘"，原作"邱"，避孔子諱改。兹徑改，下同。

山中晚霽

返照開澄景，餘霞作綺流。夜深明月出，隔岸見蘆洲。

中泠泉

静飲中泠水，清寒味日新。頓令超象外，爽豁有天真。

望焦山念己巳曾登其上

大江日夜波汪洋，金山焦山兩相望。金山樓閣蕩丹碧，焦山竹樹多鬱蒼。境深流廣人罕至，往來曾一登其岡。頃者放舟仍北渡，壯哉滉瀁雲低昂。青岩翠壁幽且蒨，圖經名著傳焦光。何時瘞鶴在山足，遺銘剥蝕存華陽。（山下有《瘞鶴銘》，爲華陽真逸撰，止存六十餘字。）葭洲白鳥忽飛出，江花冥冥江草芳。是日雨餘氣清淑，夏首晴晝欣舒長。倚艦四顧暢襟抱，好風豁達來天閶。

登金山望長江

烟雲清處曉霞飛，萬里滔滔映紫微。靈液渺茫浮淑氣，孤峰崒嵂照晴暉。花翻浪涌疑天色，風動帆張共德威。晝夜如斯莫間歇，體乾勉己識璇璣。

自江寧至京口

輕綃初霽引江干，隔岸蘆洲映水寒。吴會人文因氣秀，金焦巒勢起宏觀。往來客旅千重艘，上下波濤萬里灘。逝者綿綿無歇息，利名今古視艱難。

登焦山

風帆戰艦入沙洲，不動雲烟一豫游。只見晴光安水面，潮聲静裏卷潭秋。

長江静浪歌

傳來江勢最凶險，萬里長流湍瀲灩。葱嶺分派自岷山，江漢黑水界蜀陝。逶迤東注百川歸，縈帶如駛經諸磯。風波雲霧全渺渺，群峰屼立暝烟微。鐵鎖横江原氣怯，投鞭斷流借蓋威。未若自然順天意，無怠無荒廣川濟。利涉須憑正剛柔，分理全賴作舟枻。仁者如斯稱水德，治人御事先光霽。最喜長江能容物，更羡長江有寬厲。每度無險浪且平，登臨慷慨古今情。未卜始終概難信，願言永静勿紛更。

自龍潭用戰艦頃刻至金山

來往無濤如皎鏡，江干極目遠峰連。昔時血戰君山側，今日平成萬里天。

見龍行（并序）

四月三十日，駐蹕金山。是日申刻，無風雷，惟細雨一陣，既過而西南現龍，横亘數十丈，宛轉移時，遂入雲端。問及土人，非起蛟也，名爲龍，見以爲祥瑞等語，朕亦不以爲异，故援筆漫成《見龍行》，以示隨侍。

在田在天連二五，純陽變化參吞吐。非如起蛟壞田廬，又非密霧傷園圃。雲端前後發祥光，逶迤上下行有矩。而乘六龍以御天，不違施德普時雨。有亢有悔有虧盈，首出庶物用精明。大哉龍德從其類，發揮純粹須經營。長江一派何泱漭，素波萬里盡澄泓。象震凌雲敦元氣，日新顧諟玩無聲。

大學士張玉書挽詩

文章末鹵秉絲綸，舊德凝承近紫宸。瀚海天山同正略，江干河道與嘗新。表賢未及身先没，頤養空談夢後湮。揮泪長歔嘆佐斗，從來傷痛肅雍臣。

御製詩餘

自鎮江之江寧（調寄《臨江仙》）

一路江邊烟景，千般鶯曉園林。夕陽小屋暫容身。松風清習氣，麥浪得甘霖。　夾岸漁歌唱晚，臨流按譜行吟。肩輿遥指石榴陰。怡情援筆録，危坐待知音。

御製賦

竹賦

江南修竹成林，森如緑玉，見輒愛之，昔人所以歌君子也。舟行閑暇，偶作賦曰：攬嘉生之植物，美修竹之嬋娟。振葳蕤以擢地，結蒼翠而參天。吐碧鮮於原隰，含玉潤於山川。拂丹霄以焕采，濯晨露以增妍。爾其體本真堅，性惟高孑。款款虚中，亭亭秀越。居遠俗以無塵，生自然而有列。游必集於鵷鸞，色不渝於霜雪。抱君子之德生，豈凡姿之可埒？至於汗青爲簡，截管成聲。文章彬郁，律吕和鳴。流兩間之元化，開萬古之菁英。亦有篛材敷布，箭括叢生。鏃礪作器，規矩中程。或垂美於九府，或呈能於五兵。斯其爲致用之廣遠，尤不可以一得名也。至若淇澳見稱於衛國，夾池作賦於梁園。咏千畝於渭上，想一葉於湘潭。罔不絶群標杰，意殊態嚴。况爾闕北秋高，江南地潔。見衆茂之咸凋，知孤貞之自結。巨幹凌風，修莖映月。豈徒覽夫清陰，實興感乎勁節！何當植根綺殿，布影彤庭。彩鸞下集，丹鳳載鳴。將曉餐夫珠實，亦暮托於紺莖。乃其峭蒨之容，檀欒之美，繁條綴青，芳筠孕紫。散夏景於瑶林，蔭春華於仙芷。戛素籟以風疏，被青暉而雲委。影入户而窺檐，聲含宫而嚼徵。亦足以怡情適性，娱目賞心。徘徊晨夕，抒寫高吟。響蕭蕭而隱几，飈颯颯以開襟。披十重之緗帙，鼓五弦之雅琴。聊濡毫以成賦，寄予思於遥深。

御製文

恭侍皇太后駕臨金山記

朕臨馭以來，緬維祖宗付托之重，孜孜圖治，宵旰不遑。玆幸中外清平無事，則裕民肅吏以登上理，端在斯時。顧朕身居九重，慮周蔀屋，閭閻疾苦容或壅於上聞。又淮黄浚築務繁，非親行相度亦無由厎績。於是載舉南巡之典，以諮求民瘼。然上念皇太后春秋亦高矣，誠恐違離日久，定省有缺，於心歉然，用是敦請同行。謹擇於今年二月之吉，朕率諸子捧鑾輿，登仙鷁，發自潞河。一路問安視膳，無閑宫闈，朕心少慊。惟皇太后天性仁慈，軫念民隱尤切，每見田家作苦，則指謂諸子曰："稼穡艱難如此，汝輩生長深宫，可勿念乎?"諸子悉受教。惟謹即朕日，祗聆懿訓，所至布德施惠，惟恐一夫不獲。聖慈每聞之，必爲色喜，顧謂諸子曰："汝父皇愛民如是，太平可永保矣。老身爲加一飯，蓋盛德之下逮如此。"河工既閲畢，朕將南由吴會，歷武林，取道建業以歸。乃復奉慈駕南臨，於四月之望，自瓜步渡江。江中有峰聳峙，曰金山，亦名勝也。山椒庭院清幽，齋堂閎邃。爰掖慈帷於斯，駐蹕焉。而是日天氣晴和，江光如鏡，帆檣上下，烟樹氤氲。皇太后隨意矚眺，天懷舒暢。朕率諸子進蔬茗，獻笋芋，即山樱沼芡并荷，親嘗曰："田間味何可弃也?"蓋皇太后秉躬謙抑，雖瞿曇蘭若亦施恩禮。又聖澤所加，首先煢獨。諸凡村嫗、田婦罔不携持童稚，環繞翟車，仰瞻宫扇。一時懿綸温慰，賞賚駢蕃。而臣僚命婦之嫻於禮者，亦皆環珮霞帔，伏迎道左，親炙鑾輿，遠近傳爲盛事。山陬海澨，婦孺旄倪，稱兕觥而祝慈壽者，且數千里，趾相接也，猗與休哉！朕觀從古陰教如省繅、觀穫，載在《禮經》。即前代宣宗亦嘗親奉母帷，巡覽畿甸，賦詩紀事，侈爲美談。朕兹幸際升平，太和豫順，合億兆之歡心以隆尊養，亦庶幾以孝治光海宇之意。而皇太后之徽音懿行，可臚彤管，爲萬世母儀法者，尤亘古罕觀也。朕謹薰沐拜紀，勒諸貞珉，以垂奕禩①云。

金山江天寺碑

大江之中有山，岌峩巀嶪，涌波濤而杰出者，無如金山。山之上高閣飛棟，軒然四列，凡夫日月之蔽虧，風烟之噴薄，帆檣、樓堞、鳬魚之出没隱見於其中者，舉可俯而有也。夫岷山之源，其始濫觴。及乎建瓴而下，近縈巴蜀，遠跨荆揚，數千里而歸墟於大壑，滔滔南紀，昔人目之天塹。當六代時，偏安建業。江之左右遂爲重鎮，是山以卷

① 按：原作"禩"，疑即"禩"，同"祀"。下卷首四《恭奉皇太后駕臨金山記》有句云："用使奕禩子孫臣民藹然親愛於山川。"奕禩，即世代，代代。

石屹乎中流，引淮泗，苞吴會，可不謂天下之雄觀、形勢之極勝者哉？今四海一家，書同軌合，纖塵不揚，斥堠無警。舟車則萬國霧會，筐篚則九域星馳。是山也，信足以爲登臨之美，蓋异夫昔之憑藉江山以爲險者矣。朕南巡過此，停憩山寺。撫長江之安流，見水天之相接，曠焉興懷，書“江天一覽”四字，留之寺中。爰命葺而新之，不以勞吾民。事竣，請額。其瑰壯巨麗，當益足以增江山之奇矣。因憶舊觀，浩淼澄泓，空闊無際，猶可心會，遂名之曰“江天寺”云。

南巡筆記

廿四日，將由儀真幸江寧府。忽遇順風，可以速達京口，遂乘沙船順流而下，波恬浪静，瞬息七十里。沙船，江中戰艦也。自岳州長沙用兵以來，多得其力。今河海清宴，當時戰具僅供渡江之用。然安不忘危，朕於此時未嘗不念艱難用武之際。次早登金山，孤巒隱岫，屹峙大江中。飛閣流丹，金碧照灼。更有一峰離立，曰“善才石”。郭璞墓在其西。上有妙高臺、留雲亭、朝陽洞，下有中泠水，稱“天下第一泉”。朕率扈從諸臣一一探眺，縱目千里，題“江天一覽”四字，并賦二詩。竹林禪院，在鎮江府城南五里，曲徑逶迤，茂林修竹，高者四五丈，大者圍尺。青葉碧枝，陰森崖谷，實北地之所未有。

操舟説

器之利用而致遠者，陸行莫如車，水行莫如舟。舟之爲用也，逸於車而險或過之。若享其逸而不入於險，則恃乎操舟者之有其道也。當夫水石擊撞，波濤怒飛，迴帆如鶩，驟合若離，此非其巧之爲乎？至如浮滄溟，駕虞淵，歷艨艟如衽席，泛浩瀚以洄沿，此非其習之然乎？若或凌萬頃之中流，驚颶風之四集，檣楫欹傾，徒侶失色，巧者不及施，習者不及試。斯時也，惴惴然有胥溺之憂，自非備之以至豫，而持之以至慎，殆鮮克濟事焉。蓋其所爲巧與習者，藝也；而其所爲豫且備者，道也。《易》曰：“濡有衣袽，終日戒。”《詩》曰：“紼纚維之。”言其豫也，言其慎也。朕南巡江淮間，見操舟者苟備之豫，而持之慎矣，雖大舟，罔弗如其意之所欲爲焉。苟備之不豫，而持之不慎，舟雖小，亦不能勝任而愉快也。夫舟，一器；操舟，一藝耳。猶必有道，持之以不至於敗，況居天下之大器者哉！揚子有言：“乘國者，其如乘航乎？航安則民安矣！”此物此志也。

御匾

江山壯觀

水天清映（并御書樓）

江天寺（天王殿）

動静萬古（大雄殿）
江天一覽（留雲亭）
松風石（龍洞上）
雲峰（朝陽洞）
祇樹（以上并金山）
定慧寺（天王殿）
香林
法雲慧日（并大雄殿）
山高水長（處士祠）（以上并焦山）
寶晉遺踪（海嶽庵）
竹林寺
八公洞
忠藎永昭（宗澤祠）
松蔭堂
光輔（并張玉書宅）

御聯

能使無風浪，常存得静安。（御書樓）
僧歸夜船月，龍出曉堂雲。（大雄殿）
溪雲初起日沉閣，山雨欲來風滿樓。（七峰閣）
孤雲自往心同遠，皓月當空性本圓。（以上并金山）

御碑

《操舟説》（禮部左侍郎臣張玉書奉敕書、京口副都統臣張思恭勒石）
臨董其昌書《般若波羅密多心經》（甲子）
金山江天寺碑（禮部左侍郎臣張玉書奉敕書、康熙二十五年）
"江天一覽"四字（鎮海將軍臣楊鳳翔等同勒石、康熙二十六年）
《金山江天寺》詩
臨松雪道人書《般若波羅密多心經》（丁丑）
恩免金山雜派諭旨（康熙三十八年）
《恭侍皇太后駕臨金山記》（康熙三十八年）
《金山月夜》詩（賜大學士臣張玉書、康熙三十八年）
臨趙子昂書《晝錦堂記》（賜金山大徹堂臣僧超樂、康熙三十八年）
臨蘇軾《過金山寺作》
《登金山望長江》詩（康熙四十二年）

《長江静波歌》
“松風石”三字（摩崖）
“雲峰”二字（摩崖）（以上并金山）
《般若波羅密多心經》（康熙十九年）（焦山）
《竹賦》（康熙四十八年）（竹林寺）

丹徒縣志卷首一終

丹徒縣志卷首二

宸　翰

高宗純皇帝
御製詩

渡江駐蹕金山作（辛未）

南巡行慶奉慈寧，晝舸中流瞬息經。浪静風恬賴江若，琳宫福地藉山靈。西瞻瓜渡長烟白，東挹焦山遠樹青。拱讀穹碑欽聖孝，法貽百世慎聰聽。

初登金山得句二首

萬叠銀堆一點青，到來曠若换塵形。奔騰揚子原標勝，突兀金山更效靈。劫外滄桑憑水閲，空中樓閣借雲停。江天無盡心如爾，頓使吟情入杳冥。

亭臺俯瞰真無地，星斗平臨别有天。萬古豪吟誰造極，一時勝覽若登仙。方壺圓嶠逢今日，伊闕轘轅忘去年。而我先憂饒後樂，何能福地久留連。

游金山寺用蘇東坡韵兼效其體

平生不戒游覽興，西浮於洛東觀海。輕舟風利過維揚，此間初識有江在。中流嵂嶸如補陀，八功德水澄無波。精藍信宿可留憩，層樓阿閣何須多。青雀黄龍盡收楫，笳吹笙歌送西日。帆檣遠近挂紅燈，照入江天星點赤。髯翁醉醒風雅魄，奇句孤吟深夜黑。信耶非耶漫强明，律中要使鬼神驚。六百年來人莫識，我偶拈賡答風物。濫觴遠憶巴岷山，土鼓雲門拳石頑。清賞憑高興未已，烹茶更試中泠水。

試中泠泉作

大江西來源接天，流長入海於此成奔川。孕精育秀乃少蓄，結爲波心突兀之金山。五行相生本母義，詎因頭陀裴氏方名傳。互爲其根仍妙合，山腰涌出乳竇中泠泉。古稱第一今試品，松枝拾取文火燃。玉乳印心淡無滓，雲漿入口飄乎仙。飄乎仙風吹袂起，左招浮丘，右赤松子。平山第五拜下風，浮玉中心洵無比，而我巡方喜過此。更慚惟辟作福，惟辟玉食箕疇言，不必高談到斯，衹惟飲其水。

金山寺恭依皇祖詩韵

瓜步登舟風日和，金山景概實堪多。此行詎止尋清賞，繩武思量應若何。

題文徵明金山圖

不到江山寺，安知空闊奇。携將親證取，當鏡固如斯。

登金山塔頂

拾級憑登雁塔尖，北南形勝望中兼。高盤鸛鶴天風勁，下鎮蛟龍江窟恬。造極真教諸慮静，到斯何必百憂添。許多勝概吟無暇，歸棹重臨擬細拈。

江月

水月亦常見，江月見乃初。我來望後夜，娥御來徐徐。坐待破初更，乍覺金波浮（叶）。焦山及象山，對峙海門虚。團團爛銀鏡，高懸只須臾。擊鼓罷馮夷，吹浪戢天吴。鱗昆及甲族，攝仰光明珠。擬欲問纖阿，三山究何如。水仙乘赤鯉，導我親證諸。長揖謝未能，勞逸終殊途。

自金山放船至焦山用東坡韵

東坡材富大厦耽，錢塘通守遵江南。豪詞强韵寄磊落，醉酹江月對影三。我乘陽氣行時令，吴趨越若巡農蠶。黔黎愛戴任瞻就，何德致此翻懷慚。金山泊舟憩信宿，頭陀岩畔窺澄潭。放舟焦山符勝賞，長歌快誦心先酣。興來走筆步其韵，何如唤起髯翁談。底須樓觀壯浮玉，但愛松竹籠虚龕。江山本色乃在此，静寄飽厭山泉甘。從來遠游志士志，豈辭多取貪夫貪。餘杭此去讀奇作，綴辭拙速吾猶堪。江風五兩送征棹，青雲迴望封禪庵。

游焦山作歌

金山似謝安，絲管春風醉華屋。焦山似羲之，偃卧東山坦其腹。此難爲弟彼難兄，元方季方各騰聲。若以本色論山水，我意在此不在彼。微風入江縠紋起，從臣告我游應止。橋安舟險有名言，曉人何不當如是（叶）。須臾風息日纔辰，焦光望幸意已勤。輕舟減從聊攬勝，不教警蹕呼紛紜。三詔祠邊撫遺迹，瘞鶴碑側尋殘文。交枝萬樹蔽白日，造極俯瞰干青雲。江聲澎湃，山色氤氲。東西亘界，南北區分。一條白水無斷續，兩岸青山相吐吞。焦山之游不虚云，詩成用詔聞未聞。

三詔洞

衡泌栖遲風尚清，蝸廬焚後一身輕。千秋洞口傳三詔，遁世微嫌未遁名。

焦山古鼎歌用沈德潛韵

造物精氣屯於屯，周宣石鼓此仲昆。二物不共滄桑變，似與姬氏留乾坤。昔步太學撫十列，今來浮玉瞻獨存。詎嫌梵唄雁堂寂，飽諳世態龍宫蹲。禹疇九鼎象百物，魑魅魍魎褫神魂。周衰楚乃問輕重，定郟沉泗紛迹痕。何以鎸泐傳世澤，明標五字無多言。是時風露正澄霽，昨夜丁甲已揩捫。初如天閶闢虎豹，復如地軸巍昆侖。坐令百慮静一旦，瞥見法器當空門。歊雲吐景耀光采，沕沕穆穆胚渾渾。底須石鼓合豐劍，千秋宜鎮化人園。奸相覆餗何取此，誠哉利足使智昏。韓蘇大筆彼兼擅，德潛長歌此獨論。從來詩人志磊落，要令一發萬氣吞。山頭時見鸞鶴下，江面静閲羲娥奔。德潛强韵我步元，奚用君門排九閽。

甘露寺和蘇軾韵

江曉風始息，山芳春未闌。江山有佳致，助我尋清歡。三詔别隱士，萬騎擁材官。捨舟而遵陸，快控青驄鞍。左右緑麥畦，曲折朱木欄。比日多舟車，乘馬意爲寬。南仰峰㟍㠑，北俯波渺漫。尋筏步初地，參牖標刹竿。涌出宇寫蓮，蹲來石猊貘。蒲牢傳天監，年月精鎸鑽。其西踞算峰，卧龍籌阿瞞。其東接象嶺，鎖鑰壯雄觀。六朝此割據，訓練列卒團。蕭梁更佞佛，云益功德瀾。長廊扶嵲嶫，拾級暫游盤。居然得所思，古殿猶善完。猊鼎噴都梁，鯨牖剪綺紈。莊嚴獲福果，俗僧多誕謾。天人下山節，雲中翔且蹣。忽爲驂者龍，忽爲翥者鸞。如夢幻泡影，一語真不刊。小閣冠峰頂，拂拂天風寒。長烟一空碧，騁目窮江干。衛公柏何在，空傳枝屈蟠。更聞葬舍利，七粒已出棺。當時頗樹黨，布金徒致嘆。地下遇董狐，應悔迹未刓。東坡詩中仙，五字留吟安。豪氣驅雄才，力敵扶摇摶。倚韵成長篇，非欲爲其難。梅花率已發，梅子何時酸。重來應首夏，無何一指彈。

潤州道中作

山染青螺水緑涵，今朝春色識江南。迂途城市觀民俗，暫捨舟行策玉驂。

碧草新蕪接驛樓，金山迴望鏡中浮。詩人月旦非唐突，第一江山果潤州。

到處摩肩户口多，百年休養際熙和。寒衣飢食人人願，足食足衣籌若何。

許渾别墅今何在，猶道詩人丁卯橋。便可進舟行廿里，好乘京口晚來潮。

戴顒①宅作招隱寺，雅合斯人高尚心。玉蕊唐昌自仙品，誰知津逮此中尋。

長江天塹古稱雄，守險何如守德崇。此日往來成坦道，殷殷保泰惕予衷。

北固山

北固當年戰守衝，嶢峰今見有喬松。蘭舟來往纔經月，翠黛新添幾叠濃。

---

① 按："顒"，原作"禺"。避清諱改。兹徑改，下同。

金山行宫即景

句吴於越省方還，解澤何稽載道頒。重舉明禋謁鍾阜，便紆清蹕駐金山。樓臺入水翻紅浪，楊柳當春緑掩關。逾月風光异來往，摩空塔影只閑閑。

高資港

孝陵未讀柳州論，繼世旋看禍亂紛。詎可長江恃天塹，早教高港覆舟軍。金川守禦終無濟，瓜蔓誅夷不忍聞。一死齊黄難贖罪，獨憐氣節在斯文。

長江夕照歌

借問長江源及委，蓋與朱日爲出入。浮玉峥嶸接東西，寅賓寅餞惟中立。是時萬里無微風，鱗雲映江江面紅。鯨宫鮫室朗欲徹，楚山蜀塞渺何窮。布帆來往紛紛者，捩柁不較風上下。北人使馬南人船，各有所長語非假。金波浮沉金彈子，將謂曦輪碾其底。璇璣九萬且莫論，明朝試看扶桑始。

渡江

吴越巡方兩月周，長江迴泛木蘭舟。風恬北指瓜洲渡，天朗西窮巫峽流。花有繁紅識津口，樹成嘉蔭出城頭。金山背擁蒼岩迴，緑字曾題初度游。

自瓜洲放舟至金山（丁丑）

觀民展義狩南邦，瓜步平明挂錦艭。柳緑桃紅春兩岸，風和浪細昔長江。（辛未渡此，亦無風浪。）樓臺四面雲峰矗，簫鼓中流水調摐。西望鳳舟王母降，問安歡喜詣瑶窗。

金山寺恭依皇祖詩韵

從來佳境屬禪和，佛印其人亦豈多。養志延禧遵昔躅，江山介壽慶如何。

登金山塔頂叠舊作韵

定光塔據翠峰尖，登眺祟情暢六兼。百尺凌雲賢劫固，千年入影浩波恬。東西源委因心會，南北風光舉目添。石火春秋纔瞥眼，今來饒是韵重拈。

金山叠舊作韵

瓜步堤楊已窣青，放舟江勢攬全形。好春如繪迎春馭，福地無雙擅地靈。蘿壁峭中尋昔句，松軒勝處得今停。雖然歷歷成今昔，不可分疏理亦冥。

江流山峙千秋境，柳暗花明二月天。煮茗就泉思陸氏，摛辭即景許髯仙。豈能適己真無暇，每爲康民願有年。一帶吴根將越角，惠鮮勤體蹕途連。

江月

烟花玉魄將輪滿，邂逅江閣清無塵。光射海門接近觀，氣連岷山溯遠津。初騰金蛇漾曲渚，乍懸寶鏡涵輕輪。如見古桂斫吴斧，復疑明珠呈鮫巾。離奇變幻莫可狀，溶溶淰淰都入神。此時此景恰逢我，裴公先我千餘春。

游金山寺再叠東坡韵

册府常披輿地圖，西極江源東竟海。中流銀髮能許長，氏父乃如麥米在。獲金名易裴頭陀，祇園高下臨澄波。自兹勝迹擅吴下，騷人禪客游恒多。南國重來命巡楫，風恬浪静韶春日。佳境畢景不能窮，琳宫梵宇層樓赤。石排萬劫埋仙魄（金山前島，世傳郭璞墓），髯翁吟際髯應黑。今來古往熾然明，不遷者存底用驚。福地只宜泯六識，山色江聲定何物。印公留帶可鎮山，當時公案足警頑。蘇公不言言未已，試看衮衮東流水。

自金山放船至焦山再叠蘇軾韵

江赴海意虎視眈，自來天塹限北南。湔氐遥源達溟渤，至此餘十之二三。方壺員嶠誰則到，徒稱火棗將冰蠶。咫尺仙山一帆力，不游可懷日後慚。石排峭拔潮影退，俯欄可以窺深潭。便命黄頭發青雀，江天春物方清酣。忽懷玉局曾游目，中江長老談鄉談。（見東坡詩）豪吟静悟兩寥寂，衹饒松竹籠虚龕。山蔬聊可爲清供，豈必燒猪方覺甘。紙帳困眠明便去，金山留帶還嫌貪。片時攬勝兼望古，幽情暢矣歸云堪。翦波頃刻濟北固，岩端更問蕭公庵。

三詔洞

三詔抗懷却，千秋潜德光。董經曾不顧，滕六詎能殃。隱也真仙耳，山高江水長。至今洞口石，尚是煮餘糧。

游焦山作

我昔金焦互量比，曾云在此不在彼。昨來浮玉憑朱欄，又覺人間鮮并美。東瞻島嶼藐拳石，蓬萊有無只虚擬。順流揚帆忽至之，宛憶前評不差耳。如來轉境故稱佛，被境轉者衆生是。慧禪寺禮調御夫，焦先祠緬隱逸士。鬱葱樹色扶奇峰，倒影盡在江天裏。豚入息風銀月澄，龍出聽講黑雲起。到斯雅合諸慮静，我則萬幾將誰委。江山不改心亦然，返棹吾將勤政理。

甘露寺

江干跋玉馬，雲表謁衹園。不見蕭公鏤，聊參龍祖幡。四雄迹已泯，六代地猶存。獨愛司勛句，因之憩北軒。

甘露寺北軒用杜牧之韵

精藍禮罷試閑行，北首疏軒最暢情。座俯長江拖玉練，窗含清籟颯桃笙。地傳晋代還梁代，鐘是唐聲抑宋聲。故迹千秋率如此，司勛饒得占詩名。

過鎮江府城

焦山穩度紫霞舟，十里鳴鞭過潤州。秀麗江山窮睇盼，喧闐老幼厘咨諏。萬民爾滿瞻依願，一意予勤富教謀。前歲灾荒昨歲熟，既爲慶慰亦爲愁。

潤州道中雜韵

京峴山

鑿京峴命赭衣徒，名象雖存迹久蕪。未及臨洮東屬海，長城築罷竟亡胡。

讀書臺

避迹江湖權遠禍，讀書千載有臺垂。虎賁曾動中郎慕，親切寧知未若斯。

紫府觀

福地稱居四十九，青童馬迹至今垂。洞庭已自毛萇返，知達華陽又阿誰。

招隱寺

義季曾聞舍戴顒，竹林精舍久成空。磨笄咫尺鄰黄鵠，巾幗何妨有父風。

駐蹕金山

楊子乘波换彩舠，定光遥見石排峰。吴頭越角纔經攬，浪静風恬幸每逢。萬古東流目游洽，一時佳景興飛重。往來屈指剛彌月，爾許青山兩岸濃。

渡江至金山駐蹕作（壬午）

昨夜風雄曉静停，祖功一例奉慈寧。心期無忝勵無逸，瀆貺有昭欽有靈。畫舸人情胥悦豫，鏡天景物正薰馨。十年三度事多矣，不改金山幾叠青。

試中泠泉作

一江之水泠分三，古來志乘爲斯談。伯芻中泠稱第一，又新第一又屬南。水與人乃漠然者，猶各阿好甘其甘。究之平流詎有意，南北中豈殊同潭。頭陀近試偶因便，德裕遠取還嫌貪。松枝煮茗月初上，翻聽謖籟鳴方酣。

金山寺再依皇祖詩韵

江山風物慁春和，總爲慈寧祝嘏多。到岸羲碑先拱讀，繼繩自問應如何。

游金山寺三叠東坡詩

趙宋詩人許坡翁，雄才磅礴富似海。創爲險韵再三叠，妙理無在無不在。偶然游戲參伽陁，横江那畏排山波。中江長老一握手，故鄉情誼何其多。伏牛山下重艤楫，風物撩人如昔日。舊編翻讀和蘇章，欲效其爲面先赤。强顔倚檻安吟魄，甲乙寧須較白黑。花紅柳緑春正明，人所習見誰言驚。子瞻磊落頗卓識，飛焰江心見何物。英雄欺人力拔山，設奇蓋欲曉彼頑。歸歟何事不得已，底藉定盟有如水。

遠帆樓觀燈船火戲詞四首

燈船火戲吾常禁，今番緣何翻欲觀。哈薩陪臣扈巡蹕，不妨因示萬民歡。

頭陀山下夜行船，金樹銀花頃刻燃。照入江心霞影艶，東坡先著祖生鞭。

大江東去静無風，畫舫花檠上下紅。如此民情如此景，越殷保泰惕吾衷。

鳳笙水調遏雲罷，鶴焰春明入夜收。顧魄團圞海門出，心燈萬古照當頭。

閲水操因題

奚緣閲水操，哈薩扈巡艘。欲示詰戎制，都爾馭遠韜。千帆殊欠捷，五兩曰非遭。怪底東風便，周郎始破曹。

駐蹕金山再叠舊作韵

春來江瀲鴨頭青，天塹千秋據勝形。祖迹重瞻祝母嘏，乾符丕慶協坤靈。依山蘭殿詢安退，照水花宫取便停。風物美哉還盡善，疇咨有暇合搜冥。

峭壁岩前春似海，迴廊欄下地如天。荒唐見説獲氏賊，疑是猶傳瘞筬仙。此處泯兮芥與蒂，古來紛矣歲和年。視民不改如傷志，脉脉前巡一念連。

登金山塔頂再叠舊韵

塔已山尖又塔尖，竿頭進步那辭兼。寧惟縱望目眸豁，真是入微情性恬。窣堵饒他劫火閲，江波照我鬢霜添。便教險韵賡千度，不外如來一朵拈。

即景題什

崇構觀濤舊所稱，石簾壯觀試臨憑。千尋翠巘天疑近，一道長江波不興。來往布帆嫌力弱，空明玉鏡與心澄。風恬浪静自佳事，何必枚乘賦語徵。

季春駐蹕金山

秣陵將問古，氐父暫浮江。雨不妨兼驛，風全静渡艭。水天凴几席，花鳥列軒窗。衹合蠲諸慮，誰云聲色摐。

暮春之杪駐蹕金山作

百里栖霞曉策驄，金山舟到日方中。又成迴蹕時臨夏，每喜横江静戢風。氣接鴻濛開遠勢，峰連杳靄入高空。精藍寶帶常留鎮，那見蘇公與印公。

遠帆樓

梭織往來衆舳艫，風恬浪静蔽江鋪。遠帆樓上延遥目，太液池頭了不殊。

金山雨望作

細雨飛來箭發弦，江波接上勢如連。須臾雲斂千峰净，綴目晴光會一川。

玉帶上刻詩（并跋）

道母圖中物，頭陁寺裏逢。山門至今鎮，活句覓何從。詎此藍鞓者，愛他白業宗。中郎如何擬，軾也庶幾邕。

玉帶曾遭迴禄，缺數版。爲補足，製匣仍弆，鎮山門，以成佳話。

自金山放舟至焦山三叠前韵

清流亹亹玄蔭耽，山以包屋稱江南。竹徑禪林胥熟路，到此屈指今凡三。玉局杰作重快讀，秘思愛彼抽春蠶。中流豪歌復酣嘯，老僧笑晤心何慚。覩民休助我正務，暇亦延賞窮岩潭。金山佳矣鮮隙地，已嫌樓閣羅峰酣。翦江言造幽絶處，勝以弗飾方可談。乃復稍稍事莊校，貝多羅樹珊瑚龕。踵事增華俗猶厭，質諸佛想非所甘。以言施者雖破悋，以言居者寧非貪。髯翁有知應首肯，但以成事説何堪。瘞鶴真迹惜漫漶，爲臨元本留雲庵。

清寄堂

别業精藍左，名之清寄堂。江山無盡藏，翰墨偶然償。緑草經冬色，紅梅逐日芳。行雲與流水，不住是真常。

游焦山作歌叠舊作韵

金山豈無山，勝在包以屋。焦山亦有屋，勝在山之腹。髯翁爲弟長老兄，至今謦咳聆其聲。君子之交淡如水，每到金焦輒懷彼。長江風静浪不起，青雀片刻旋至止。定慧寺裏金粟身，左首行齋昔無是。無過小憩緣此辰，樓臺位置費太勤。成事不説自排解，後言寧免他紛紜。梅花已開冰玉色，竹枝全寫龍鳳文。梅竹之間得句返，興致亦足標岩雲。槎枒萬樹青氛氲，一條曲徑菁葱分。造極忽豁萬里目，吴顛魏躓氣早吞。百年熙和五載狩，象山迎蹕笙歌聞。

登鏡江樓極目

焦山登極頂，俯暢鏡江樓。是日微風静，當春霽景浮。遥源溯西自，萬古鎮東流。底論南北界，清時此豫游。

竹樓

架竹爲樓竹徑通，山光江瀨攬無窮。黄岡同异何須辨，王禹偁文睪想中。

渡江至金山駐蹕（乙酉）

南巡又奉大安舟，今日金山此重游。昨尚風狂今乍息，每逢浪静信何修。親歡承益愜深願，祖德思維勖遠猷。浮玉底爲新景會，算山對映玉微留。

金山行宫

浮玉大江裹，行齋浮玉中。堯勛遵露冕，禹德慚卑宫。不到塵埃處，真教機象融。省方關治化，淵鏡意何窮。

即景題四絶句

清晨進舫攬焦山，甘露紆臨卓午還。東望青螺涌玉海，畫如我適在其間。

來往帆資一面風，舟師波浪實稱工。忽思駿馬馳山坂，縱控隨人此或同。

舉目雲行與水流，廓然俯仰契神游。大江東去千秋調，多把黄州誤潤州。

重閣同名太液池，織梭帆影鏡中披。即看浮玉原瓊島，外苑何須异視之。

登眺作歌

傍晚大江略作風，逆風者勞順風逸。不如山頂坐層樓，勞逸齊觀泯得失。夔然悔此非我談，談合漆園寥天一。一物逸我爲心愜，一物勞我爲心疾。疾心愜心紛乎中，辭之所吝安猶吉。夫然那免鬢星星，擬藉觀濤滌塵汐。

金山寺再依皇祖詩韵

忽聞江上按雲和，仰首方知天籟多。我切聰聽在軒碣，三年睫眼訝無何。

金山三叠舊作韵

萬頃銀濤百丈青，文章大塊善形形。誠知天地此鍾秀，敢曰山川特效靈。滿月面重瞻相好，如冰壺裏悟流停。妙高臺上游遥目，興寄鳶魚徹洞冥。

近涯南北春盈地，遠派東西水接天。想像繩床參印老，補藏玉帶證坡仙。拱瞻羲碣欽前烈，欣奉任輿悦大年。到處宫花虔祝嘏，誠同蒼赤一心連。

游金山寺四叠蘇東坡韵

大江入中國十分，到此三分已近海。河常有患江無患，偶然亦復有患在。去歲荆楚肆難陀，尾打浪冠須彌波。文泉監利被灾重，賑恤寧靳費帑多。瓜州城下走舟楫，坍沙日甚於一日。茭楗保護那可施，南望心憂爲黔赤。漲退城安定駿魄，民色如前澤而黑。輕艫重蓊江波明，爲思昨夏猶餘驚。我有恒心民盡識，屢巡豈緣攬景物。韶春復駐氏父山，强和蘇韵不避頑。獨愧詀詀言未已，可知既水弗洗水。

登金山塔三叠舊韵

塔頂應須更有尖，碧空在上獨稀兼。看兹卓爾禪明示，到此誰能意不恬。風物江山原弗异，詩篇今昔且由添。了知未似東坡句，却喜依他韵屢拈。

東坡妙高臺詩刻入晚香堂帖中而金山向未鎸壁石於禪喜猶爲欠缺因展臨此幅并兹游和韵詩仿蘇體書之勒碣以示來者玉局既涉言詮亦何妨聊作中郎之慕

先我問誰登，眉山玉局子。仕朝七品官，辭家六千里。屈信往來間，蓋同游戲耳。忽愛浮玉峰，嵬崋江中起。義取華嚴經，名此臺如砥。比丘擬德雲，談禪對棐几。了了契心神，朗朗出口齒。斯誠迥出塵，那更申盟水。獨步妙高間，是是非非是。效之者計愚，似之者法死。

金山夕景

北雨渡江疾似飛，西風捲雲净如掃。江山佳會適於兹，紅樹碧峰輝夕照。博古撫迹胥且置，聊因無欲觀其妙。妙高臺上小徘徊，我與髯翁豈同調。

渡江至金山作

江浙載巡狩，典成清蹕還。觀民胥敬事，問景敢偷閑。烟意桃霞表，晴光麥浪間。南風送五兩，片刻達金山。

金山

玉嶼大江中，蘭堂曠望通。氣連巫峽白，日涌海門紅。何必懷觀水，恒斯遇息風。四巡庥祉叠，益勵慎淵衷。

題留帶圖（并跋）

玉犖猶是子瞻遺，當日禪機竟若爲。山色江聲今妙偈，外州内翰昔威儀。本無此任僧伽敚，非有餘殊人士垂。欲問曾圍肚皮者，經多少不合時宜。

金山留帶，向爲禪宗佳話。崔子忠圖之名迹，同不朽矣。今玉帶尚存寺中，既爲補足版數，鎸篋付藏。而石渠所貯崔圖，亦兹山之不宜少者。乙酉春，南巡，駐浮玉。展行笈所携軸，重題并摹成此幀，録諸上方裝池，留鎮山門，庶幾江天空曠間，仿佛坡印風流，常參四大云。

題玉帶囊裏詩（并跋）

愛帶都緣爲愛人，言之不足命傳神。恍如坡印視予笑，笑是居然未離塵。

東坡玉帶，既貯之以檀匣，復爲錦囊，什襲用示珍重。白綾裏，命金廷標爲圖，因成。是題之。

暮春題金山

玉京一峰秀，浮至水中央。此是最高處，快觀千里長。從來無旱澇，誰説有滄桑。笑失中原者，仍誇天塹强。

題瘞鶴銘

漫漶全文惜湮滅，重書圖駐脆中牢。究誰定論歐還董，徒致訛傳顧與陶。

曠觀堂

構屋古譙尖，曠觀暢六兼。雲開繪春麗，風静寫波恬。天水無邊闊，蛟龍一任潛。述懷誰雅稱，華筆緬江淹。

自丹徒跋馬至象山渡江駐焦山作

三度①駐金未駐焦，隱虞頓置笑松寥。迴鑾得趁一時興，策騎偷消十里遥。信是無雙栖净域，還因有暇陟崇椒。水天俯仰惟空闊，小矣奚稱隱士招。

---

① 按："度"，原作"渡"。下《焦山古鼎歌復用沈德潛韵》詩有"三度此曾未一駐，頓置自謂非温存"句，此句中即作"度"，據改。

鏡江樓

有象皆呈照，無風亦作瀾。何方大圓鏡，遂凭一層欄。雲散高空净，潮來兩岸寬。金山即蓬島，訝却向西看。

自金山放舟至焦山四叠蘇東坡韵

兩岸東江深耽耽，瓜步在北京口南。天塹形勢攬已熟，奚啻曰再與曰三。金山放舟纔片刻，迴視銀海擎黛蠶。山包屋處欠一到，隱慮或致焦先慚。順流鼓枻意甚快，風浪奚礙心澄潭。故知羅巘草木茂，枝姿葉態迎春酣。乃復寺傍構行館，成事不説何勞談。小憩弗宿發青雀，調御月面空花龕。熾然今昔非今昔，中邊食蜜皆甜甘。獨是結習寄吟咏，屢賡蘇韵寧辭貪。八州牧同五斗禄，一長老商七不堪。呼之欲出難想像，但聞其聲留谷庵。

游焦山作歌再叠舊作韵

焦山侵尋亦有屋，難傲金山獨在腹。土爲母子木弟兄，世人慣作響應聲。太古以來大江水，豈知較此與量彼。三詔先生如可起，首肯吾言嘆止止。水流地而雲行空，誰論有是有非是。維舟登岸又斯辰，如來默坐何修勤。無色聲香味觸法，施檀禮足徒紛紜。風幡不動自標偈，龍象變現皆成文。吾方興屬層峰雲，下映江色青氲氲。今新昔故泯芥蒂，南疆北界誰區分。東瞻海門訣蕩蕩，百川虚受胥平吞。蓬萊方丈竟何處，衹餘潮聲朝暮聞。

焦山古鼎歌復用沈德潛韵

焦山初萃羽衛屯，金山西望真弟昆。大江浩浩勢莫并，羅刹奚足稱抹坤。三度此曾未一駐，頓置自謂非温存。丹徒策馬循野路，北固迴望猶高蹲。蒴流片刻達彼岸，眄影已覺清神魂。重書瘞鶴碑宛在，舊碑仍弆屋漏痕。僧庵鎮寶定何是，合屬周鼎寧虚言。龍光鳳文騰駁犖，古色可睹不可捫。咏事義正王銓部，釋文古博程崑崙。後來老沈歌亦好，皆足佳話傳空門。憶我辛未喜創遇，長歌曾和元音渾。丁丑壬午姑舍是，見則見矣仍祇園。玆來勝境任信宿，風恬浪静峰黄昏。登臨興畢憩虚室，洪篇險韵從頭論。聚星孤嶼倒尚在，蓴山京口迹早吞。滄桑有變鼎不變，永同譙阜延高奔。册令世惠衣錫玄，恒看紅影燭紫閽。

清寄堂

别館精藍側，徑幽花木芬。栖遲雖覺適，供奉略嫌勤。古柏虬蟠影，高峰螺皺紋。偶然寄清興，流水與行雲。

竹樓

竹裹書樓架竹爲，拂筵還入戛風枝。恐人强與分賓主，故藉泠然一掃之。

海門庵

倚壁爲庵對海門，絶無塵處閱高奔。山僧不用蓮花漏，自有潮頭報曉昏。

嘗謂設色梅不難於似而難於傳其神焦山别室庭梅正放對之有會輒爲寫生

元章渲染態嫌艷，无咎勾圈格略孤。斟酌濃纖聊寄興，不知神韵得傳無。

甘露寺用張祜韵

心净泯群象，目空無點埃。三乘於以閲，四度底論來。江色翻禪壁，山光落講臺。衛公固扃鑰，舍利也還開。

丹徒縣志卷首二終

丹徒縣志卷首三

宸　翰

高宗純皇帝
御製詩

渡江（庚子）

不藉稱帆利，真如渡鏡空。雲頭霏細雨，江面斂微風。艤岸方知到，得門乃自通。瀆神信昭貺，欣感意何窮。

金山四叠舊作韵

大江洗不盡山青，色匪色還形匪形。萬劫以來天與浄，九州之内地稱靈。仲春月值景方㬢，十五年過蹕重停。爲憶前巡掖輦處，措詞無緒意冥冥。

試看欄外東流水，恰似胸中一片天。魏躓吴顛同是戲，風聲月色自爲仙。鏡呈上下照終古，樓貯圖書始近年。翻笑開函難遍讀，無邊景物遞闗連。

登金山塔頂四叠舊作韵

大江東望玉簪尖，忽到拾登百級兼。無地有天雙目豁，撫今思昔一心恬。十餘五載景重閲，四叠七言韵再添。拙速雖然遜響鉢，亦非鬚短數莖拈。

游金山寺五叠蘇軾韵

觀我莫若觀乎民，浮江即似浮於海。君師責匪道不行，遐想乘桴愧應在。泊舟兹復游頭陀，風恬曾弗揚微波。長流萬里奚啻萬，西源東委興懷多。往來梭織行帆楫，四民赴時争一日。養欲給求其艱哉，省方亦曰厘黎赤。海門涌出玉蟾魄，光耀巨川練非黑。而我夕窗方映明，擬賡蘇句心先驚。欲罷不能羞弗識，險韵依然一體物。流者爲水峙者山，曰流詎巧峙豈頑。峙流祇寓樂而已，何係仁山與知水。

題文宗閣

皇祖圖書集大成，區分五百廿函盛。空前絶後菁華焕，内聖外王模楷呈。秀粹江山稱此地，文宗今古貯層甍。略觀大意那知要，知要仍惟在力行。

觀濤樓作歌

觀水有術必觀瀾，濤實爲瀾之大者。海固最巨江次之，較於湖河更雄也。層樓峙立俯石排，盈川顥氣向東瀉。習習微風略鼓之，滲淚奔騰難狀寫。洞心駭目不可視，萬變千奇幻真假。榜者於中若無事，持心既定任上下。古人於此亦有言，南人之舟北人馬。須臾風定浪亦息，適纔見者都無把。

金山駐蹕作

畫舸長江兹五渡，較前四渡景嫌殊。雲瞻日就情仍彼，游奉歡承感切吾。未可罷巡以民戀，依然安泛賴神扶。金山純粹而精處，秀助吟酬那得無。

題鏡治齋

浮玉中行齋，向曾額鏡治。憩宿每循名，於斯有二義。一曰鏡在民，果得教養遂。一曰鏡在己，屋漏可無愧。自審多未逮，徒言何濟事。返躬每以先，玩景猶其次。

金山寺五依皇祖詩韵

治安端在萬民和，欽仰堯勛自勵多。即此林林迓鑾者，心誠如保中云何。

平風静浪歌

風以浪爲用，浪以風爲鼓。風平浪静宜，浪静風平睹。（一解）我泛揚子亦數渡，無不平静邀神祐。百神受職總天恩，敬天感神銘心所。（二解）昨日微雨今日晴，焦山速客亦已誠。往來畫舫大江渡，何异太液與昆明。（三解）浪自静，風自平，巽二坎六息應聲。布帆弗挂寂五兩，軋軋雙櫓乘波鳴。（四解）中流攬景猶餘事，心恬因亦理解生。大之無極而太極，雖互爲根静肇成。次之物來而順應，爲順應者自静呈。（五解）觀水雖有術，觀瀾亦末矣。不如寥天一，無動契其始。告彼抽秘騁妍者，曷澄其末，返而求諸六經旨。（六解）

舟過揚子至金山駐蹕作

巡鑾將次至金陵，一宿程留浮玉仍。風順而平送舟速，江恬以静不波興。布陰樹葉餞春漲，似繪山花望夏增。拱讀穹碑今溯昔，無心問景憾難勝。

再題文宗閣

四庫全書抄四部，八年未蕆費功勤。集成拔萃石渠者，頒貯思公天下云。今古英華率全薈，江山秀麗與平分。百川於此朝宗海，此地誠應庋此文。

題太古堂

堂據金山陰，磴道頗幽阻。憑高緣俯虛，江景豁入睹。庭中一古梅，因之名太古。我往梅開纔，我來梅謝久。因悟菀與枯，翻掌無定所。枯恒菀每暫，萬事堪絜矩。

庚子清和至金山妙高臺再和蘇東坡韵

乙酉昔登臨，契闊今庚子。今昔誠瞬息，南巡數千里。游豫爲侯度，無非爲民耳。是日渡江迴，風平浪不起。金山仍一宿，拾級登臺砥。曰臺而有屋，甌研潔陳几。因繹妙高義，蘇句香沁齒。上則碧寥天，下則汪洋水。妙高合相觀，借問非乎是。爾時談禪句，非活亦非死。

題留帶圖叠前韵

七百餘年玉帶遺，笑他佳話竟何爲。印公出口隨成偈，坡老圍腰竟失儀。勝在負邊亦知否，匪伊即我底須垂。山僧亘衍誇珍古，問彼古人宜不宜。

庚子清和渡江至金山作

未至攝山駐，省餘廿里程。密雲將作雨，曉日忽開晴。壠麥向暄秀，野花得意榮。金山到卓午，風静翦江平。

庚子清和金山觀日落

夕景於何宜，江天應數最。萬里無蔽遮，一丸浴湍瀨。其初照水紅，其次連天會。赩然復蒼然，冥然泯色界。明曉升扶桑，速睹以爲快。

自金山放舟至焦山五叠蘇軾韵

輿情望幸酬深耽，用是五舉巡江南。金焦兩點矗波翠，何异前三與後三。路便聊以駐信宿，要因省方觀田蠶。懸華結彩稱祝頌，何德被民增作慚。昨日浮玉憩山館，今朝順流漾江潭。西以屋勝東樹勝，敷葉吐蕊春未酣。未酣之意勝酣矣，即斯三勝誰能談。侵尋譙亦有建置，莊嚴定慧輝珠龕。那更峰頂事點綴，譬之食蔗窮其甘。東坡艱韵忽五叠，雖曰逸興寧非貪。黄頭挂檝候已久，清賞既適歸亦堪。佳處無須重繫戀，倩閑雲爲封岩庵。

游焦山作歌三叠舊韵

既是名山那無屋，譬人盎背必有腹。頭陀應弟焦先兄，如氣相求相應聲。東西雙峰秀拔水，在此曰此彼曰彼。其實一脉地根連，何有于行暨夫止。知之而復云來游，斯則鄰非弗鄰是。春和日麗正良辰，山僧速客意甚勤。輕輿減從試攬勝，不教緹騎呼紛紜。

羅漢岩傍得入路，瘗鶴崖畔尋遺文。棧道步步入叢雲，青玉島浮江波氲。由東而南漸夷曠，僧庵民舍相區分。周覽原未消半日，迴舟兩岸景吐吞。江天一色遠莫辨，斷續鐘聲時尚聞。

清寄堂

書堂古寺側，清寄向曾顔。一十六年别，青春片刻間。吟安松竹裏，瞬息昔今間。俯視東流水，何嘗有往還。

海門庵

東向江連大海溶，丸泥那得此門封。扶桑曉旭紅雲涌，泰岱何殊日觀峰。

竹樓

竹樓此日復相過，覺比前遭鳳尾娑。背念王家記中語，灑然高致恐輸他。

甘露寺再用張祜韵

古寺枕江岸，上方絶世埃。春能醒物睡，佛已識予來。徒和張家句，那尋李氏臺。浮雲爲攬景，歸岫一時開。

游金山寺六叠蘇東坡韵（甲辰）

岷峽濫觴詎本源，其源更在剛底海。入中國此近東瀛，涌出砥柱惟斯在。妙足如現兜率陀，德水四繞無雄波。鹿苑雁塔羅高下，包山之屋由來多。爲憶坡翁維桂楫，應是離朝往南日。相於佛印一談禪，不妨飲酒酡顔赤。牢騷志托攄文魄，江心炬火照深黑。深黑片時爲朗明，用遷意耳無須驚。當面率失後始識，蒸民有則亦有物。終古鎮此氐父山，介甫有權難笑頑。青苗新法論不已，衹今亦付東流水。

金山寺六依皇祖詩韵

六臨浮玉又春和，弗少虞巡亦弗多。時邁治河遵舊制，瞠乎莫及愧維何。

金山五叠舊作韵

瓜步遥瞻曉岫青，到時仙境悦神形。甲辰六度巡斯蒇，庚子迴途佑藉靈。昔去今來觀造化，水流雲在孰遷停。奎文贔屭重欽讀，萬古輝輝照紫冥。

萬千劫裏天接水，一大圓中水上天。於此自然能遠俗，到斯誰不曰登仙。抹塗已具十二首，來往忽經卅四年。閣筆合哉興猶勃，還當坡韵重賡連。

題文宗閣叠庚子詩韵

庚子南巡閣已成，香楠爲架列函盛。鈔胥聊待數年閲，數典應看四庫呈。書借一瓻寧酒器，册藏二酉富芸甍。惠嘉南國崇文地，尚勗尊聞知所行。

題留帶圖叠前韵

竟與山僧忽若遺，有爲法却寓無爲。弃如敝屣契真偈，藏以華箱終假儀。印老徒稱其語勝，蘇公應悔此名垂。輾然自笑兹拈句，於不宜中增不宜。

再叠前韵

叠韵法原髯老遺，咏髯老事更應爲。山僧漫説有斯勝，朝士何曾失彼儀。山色江聲真偈演，匣藏囊弆幻名垂。笑予對物猶留句，于是宜中覺未宜。

鏡治齋

昆明有閣曰治鏡，此地有齋曰鏡治。胥以俯澄而得名，治鏡鏡治非二義。鏡之於古誠未逮，鏡之於今實增愧。未逮增愧之不遑，何可腆顔云治遂。然而時存此愧心，庶幾無大隕越致。

太古堂

太古堂前一株梅，步來滿院香風起。斯之幾度致弗一，或逢未開或謝萎。今番所遇實正佳，深白淡紅萬枝委。和而不同具秀野，冶以爲韵非綺靡。或有意博詩與畫，古稀無暇且老矣。

太古堂用庚子詩韵

栖霞此重來，倏已四年久。是我藏詩所，一有無不有。拈花弗關指，掃葉底須帚。胥自太古然，問堂知是否。

甲辰季春禮塔五叠登塔詩韵

此番塔頂弗登尖，年至古稀有四兼。何必陟攀誇勝濟，衹宜安静養生恬。江山概亦全供覽，詩句篇原取次添。一佛名該千億佛，下層禮已悟花拈。

渡江至金山作

金陵巡蹕回，金山行館駐。往還纔月餘，韶光暗中度。落地有紅英，依岩多緑樹。流陰迅若斯，陶侃語弗誤。然自太古來，江天宛如故。

太古堂題梅作

山堂别一區，迥據山之陰。是日有餘暇，因之偶復尋。古梅植中庭，花謝葉已森。我欲寫其貌，惜無粉本臨。咄哉此言失，執象寧知音。試看枯寂中，圈圈點點心。

自金山放舟至焦山六叠蘇東坡韵

弗肯深居九户耽，感言于邁江之南。翕河觀民法聖祖，巡數亦符兩其三。曰耕候未逮浸種，曰織時亦遲育蠶。未妨民務戒坌集，歡欣瞻就憐以慚。昨日金山駐巡楫，今朝焦山問林潭。大江中矗雙玉柱，千古永答吟情酣。順流一舟到頃刻，調御默坐無言談。三乘十二部包括，莊嚴豈在琉璃龕。而况左厢行館麗，質之焦隱應非甘。固知商力非民力，冀檀白足寧辭貪。即景欲咏咏則恧，促賡蘇韵歸棹堪。香箋佳墨懋勤供，書之粘壁留松庵。

游焦山作歌四叠舊作韵

采薪汲水僧兩三，爾時有山未有屋。世忠世傑屯其軍，亦以邀敵伏山腹。南渡稱侄過於兄，金源原自揚靈聲。至今都付東流水，何足甲此而乙彼。孫吴曹魏更小哉，如彼交蘆遞眠起。即境咏古則且置，放舟問景亦莅止。梵寺行館胥熟路，山色江聲故如是。昔來辛未今甲辰，凡兹六度巡蹕勤。卅四年間事已夥，静觀底是紛而紜。古鼎歌，瘞鶴文，何殊流水與行雲。青玉塢尚青林氳，塢出幽僻曲徑分，民居僧舍互吐吞。焦山之游止於此，泐石翠岩，以待千載游客聞其聞。

清寄堂

梵王宫左厢，行館建昔歲。每來實未駐，片時聊息憩。松柏既蒼蒨，庭徑致深邃。乃知天然佳，夫何勞點綴。言忘塵益遠，神謐清自致。五字泐書堂，萬古於斯寄。

竹樓

迤東步步入琳瑯，拾級登樓聊騁望。我有憂民心不了，豈能高致學黄岡。

海門庵

海門東望接扶桑，不擬求仙路渺茫。此地古今無别慮，一心遥繾浙江塘。

甘露寺三用張祜韵

枕嶺有高寺，過江無點埃。徒思庚子别，復此甲辰來。佛鳥窺經册，天花落講臺。清詩讀承吉，心地一時開。

丹徒縣志卷首三終

丹徒縣志卷首四

宸翰

高宗純皇帝
御製文

恭奉皇太后駕臨金山記

朕惟省方觀民先王所重時巡之典，虞夏以來尚已。我皇祖、聖祖仁皇帝撫御九有，匪居匪康，以江浙地遠京畿，其民文而慧，文則知禮義，導之善，可以爲天下倡；慧則鮮堅持入於惡，亦可以爲天下倡，而且財賦所出、國家藏富之地也。是以涉江渡河，不憚數勤清蹕，問風俗，咨疾苦，湛恩汪濊，江鄉父老至於今謳思弗諼。朕臨御以來十有六年，於兹蚤作寤思，宵衣旰食，兢兢懼一夫之不獲，罔敢稍自暇逸。謁盛京，幸三晉，巡齊魯，游河雒，所在周察民隱，廣敷解澤。而東南士民尚未得邀清問，而布愷惠良用殷然。歲辛未，恭遇皇太后六秩萬壽，朕將合億兆望幸之歡心以祝無疆。爰敬循皇祖舊典，躬奉慈輿，届春南幸。上元前二日，發自京師，渡濟、漯、汶、沂。至黄河，覽堤工，遂泛舟逾淮以達於江。采民謡，詢土俗，祇承慈訓，屢沛殊恩，維時遠邇欣愉，殊音同聲。秀眉黄髮，扶杖而觀者，耄期之叟也；摳衣束帶，望清塵而抃舞者，官吏迎而搢紳謁也；掞華摛藻，陳詩而獻頌者，士藹吉而民秀良也；携童稚，挈壺飱，駢肩接踵於輦路之旁者，田夫野老、村嫗里媪之雜遝而笑語也。蓋江國之望朕來已久，而歡欣鼓舞願爲聖母稱萬年之觴者，其積忱非一日矣。二月之望，舟過大江。顧瞻金山，上凌太虚，下瞰洪流，爲江南諸勝之最，遂奉皇太后一登覽焉。迨巡浙迴舟以及江寧，旋蹕，先後凡三登焉。侍輦周歷，敬仰聖祖宸翰，榜署詩篇，貞珉相映，其豐碑屹立於中泠之右者，則康熙三十八年，奉寧壽皇太后駐蹕兹山所爲御製記也。瞻誦之餘，穆然見當日忭喜之情、慈愛之意，與夫士民慶豫之忱，仿佛長在江聲山色間。以今日觀之，雖不敢云後先一轍，《傳》有之曰："豐水有芑，數世之仁也。"洪惟我皇祖詒謀至深且遠，與斯民休養生息，涵育煦嫗於無窮者，如膏之沃浹，而彌融如水之潤濡，而彌廣醖釀醲厚，蒸爲太和，用使奕祀子孫臣民藹然親愛於山川。清晏之餘，即金山一行宫而繞屬車環宫扇者，數十年以前於皇祖見之；數十年以後，又於朕奉聖母皇太后見之，豈非重熙累洽純佑命於日引月長有以得此歟？皇太后聖慈覃被，福德并茂，母儀天下，享尊養之隆，與寧壽前後輝耀，仰見我朝。聖母嗣徽篤祜，其爲宫廷之盛美，寰宇之鴻庥，緊皇古以來所未有，則是舉也，實有足紹美於前徽者焉！若夫江天之浩蕩，風烟雲樹之鬱蒼，與夫鱗昆甲族之神奇而變化，雖遇目賞心，偶一寄興，然朕之所以俯仰而忻愜者，固不在此也。掖輦紀慶頌：金山渡江，於樂南國。望幸有年，載承慈命。來游來觀，濟河涉淮。慰彼傾心，扶携抃躍。緫緫林林，川后静波，屏翳送帆。京江灝汧，浮玉巉岩。兆庶孔愉，伏迓金輿。頂祝佛母，香華載途。

金山佛像贊

大江東去，中流一柱。落伽普陀，是一是二。菩薩神通，真清静觀。廣大智慧，悲觀慈觀。施爲畏力，修智方便。以妙大雲，普澍法雨。利益衆生，福聚無量。

焦山佛贊

佛力遍一切處，衆德悉備，爲毗盧遮那，能於須彌，大香水中。總攝威儀，福德不可思議。白毫所照，遍滿四天下。無有欠缺，即此梵銅，相好可識。月印千潭，不離一法矣。昔孫覿《題焦山吸江亭》詩有“潭潭雲海現毗盧”之句，兹以金容爲此間法供，江光浩渺，仍當於華嚴一滴證之。

重書瘞鶴銘跋

《瘞鶴銘》，不著書人姓氏。昔傳爲右軍龍爪書，因有逸少字耳。要其蒼勁蕭朗，非晉人不能。黄庭堅有“大字無過《瘞鶴銘》”之句，致不虚也。《志》稱原刻乃摩崖書，雷轟入江。或云，石在山麓，爲波濤所蝕，水落乃僅見之。守土者舁置山上，爲亭以覆。丁丑春，南巡。二月之望，重登焦山。摩挲古刻，惜其刓泐過多，因擬書一通，勒之碑。而原刻移置寺中壁間，以存其舊云。

重書妙高臺額跋

臺以妙高峰得名，相傳即坡、印談禪處。舊額已毁於火，詢之，知非坡筆，則有無固不足計。然此巋然獨存，而數典無據，亦一憾也，因仿蘇法題榜識之。

御匾

静瀾堂

太古堂

鏡治齋

壯觀樓

遠帆樓

觀濤樓

更上一層樓

紫金浮玉
春烟海曙（以上并行宫）
文宗閣
江山永秀（文宗閣）
寶帶名藍（大雄殿）
鉢龍珠洞（文殊殿）
天際浮杯（無量殿）
龍藏香嚴（觀音殿）
潮音蓮界（慈壽塔）
寒香古韵（七峰閣）
妙高臺
風恬浪静（山門）
靈隱山迹（黄鶴樓）
德佑安瀾（江神廟）（以上金山）
清寄堂
曠觀堂
鏡江樓
松寥竹塢（御書樓）
海門鷲嶺（大雄殿）
江界慧燈（藏經閣）
高軼群倫（關帝殿）
山高水長（處士祠）
竹樓（海門庵）（以上焦山）
南徐净域（甘露寺）
净因寺（五州山）
會音寺（丹徒鎮海潮庵）
丹忱貫日（宗澤祠）
風度端凝（張玉書祠）

御聯

氣接鴻蒙，中流開遠勢。
山浮杳靄，一柱倚晴空。

日涌輪高海門近，
雲來氣接巫峽長。

瓷碗竹爐皆恰當，
新題舊什各分明。

詩句全從畫間得，
雲山常在鏡中留。

三春麗俯雲巒上，
太古青留水鏡中。

到海春潮漲新碧，
渡江烟樹織遥青。

江澄萬頃净如練，
峰峙一卷高入雲。

喜有清音相問答，
絶無塵意與周旋。

烟霞表裏因心净，
天水空澄觸目新。（遠帆樓）（以上并行宫）

泉冷石爲瘦，
峰高樹與遥。

潮涌西津不斷，天風傳塔語。
山蟠北固遥分，晴籟散爐烟。（大雄殿）

海嶼雲濤天共遠，
梵宫香靄日長新。（無量殿）

甘露長流功德海，
香雲遥映補陀山。（觀音殿）

岫涌白雲飄晻靄，
林開翠柏繞清凉。（文殊殿）

法界静參清净相，
香臺普現妙明心。

真如不動超觀察，
念力常圓普吉祥。

潮音普遍華嚴海，
慈竹常霏妙鬘雲。（以上鏡治齋、西佛堂龕内）

靈源派匯襟三遠，
澄練功符得一寧。（江神廟）（以上金山）

山水足清音，賞尋物表。
雲烟供静寄，妙契天倪。

雲容水態不相厭，
畫意詩情分與投。

四面波光動襟袖，
三山烟靄護壺洲。

到來俯視原無地，
攀陟遥吟恰有樓。

一泓水鏡呈當面，
滿魄冰輪映舉頭。

山色江聲參一合，
花香月影證三摩。

春秋風月因心會，
上下水天與目謀。

波含静渚心同澈，
雲住高峰態自靈。

屏山鏡水皆真綍，
蘿月松風合静觀。

净業江澄鏡，
圓光月印珠。（以上并行宫）

領要得江山，鼎伏恰依仙隱處。
觀空參水月，錫飛還傍鶴銘邊。（大雄殿）（以上焦山）

山削雙青，玉塢潛光高士卧。
潮來一碧，金瀾對峙化人居。（藏經閣）

岷水溯雄圖，神依西蜀。
焦峰冠靈宇，目俯東吴。（關帝廟）

地窄天寬，江山雄楚越。
漚浮浪卷，棟宇自孫吴。（甘露寺）

御碑

恭奉皇太后駕臨金山記（乾隆十六年）
渡江駐蹕金山作
金山寺恭依皇祖詩韵（辛未）
初登金山得句二首（乾隆辛未）
乾隆辛未春仲游金山用蘇東坡韵兼效其體
乾隆辛未春二月試中泠泉作
登金山塔頂（辛未仲春）
長江夕照歌辛未暮春重過金山作
御臨趙孟頫書謝惠連《雪賦》（前題“縱心浩然”四字，乾隆癸酉）
佛像贊（乾隆丙子嘉平月）
自瓜州放舟至金山一律（乾隆丁丑）
丁丑南巡登金山叠舊作韵
登金山塔頂叠舊作韵（丁丑二月）
游金山寺再叠東坡韵詩（乾隆丁丑）
金山寺再依皇祖詩韵（壬午仲春）
登金山塔頂再叠舊韵（壬午仲春望後一日）

壬午仲春望後一日駐蹕金山再叠舊作韵
壬午仲春望後一日即景題什
壬午仲春游金山寺三叠蘇東坡韵
壬午仲春月既望遠帆樓觀燈船火戲詞四首
壬午仲春月閲水操因題
壬午暮春之杪駐蹕金山作
壬午暮春御題一首
壬午暮春御題遠帆樓
壬午暮春之杪金山雨望作
壬午季春駐蹕金山
乙酉仲春渡江至金山駐蹕作
乙酉仲春金山寺再依皇祖詩韵
登金山塔頂三叠舊韵（乙酉仲春月）
乙酉仲春下浣即景題四绝句
乙酉仲春月下浣金山行宫
乙酉仲春游金山寺四叠蘇東坡韵
金山三叠舊作韵（乙酉仲春月）
乙酉仲春中浣登眺作歌
妙高臺詩并書東坡詩（乾隆乙酉仲春）
金山夕景一首（乙酉暮春月上浣）
渡江至金山作（乙酉暮春中浣）
乙酉暮春中浣御畫金山圖并詩（乙酉）
御臨崔子忠留帶圖并詩（乙酉）
御臨蔡襄《即惠山泉煮茶》詩（前題“韵引聽松”四字）
庚子仲春駐金山四叠舊作韵
五叠舊作韵（甲辰春季上浣）
甲辰季春禮塔五叠登塔詩韵
御畫海闊天空圖（以上金山）
自金山放船至焦山用蘇東坡韵詩（辛未）
游焦山歌（乾隆辛未）
御臨米芾《跋殷令名書頭陀寺碑》（前題“寶晉風規”四字，乙亥冬）
丁丑仲春游焦山作
自金山放船至焦山再叠蘇東坡韵詩（丁丑二月）
御臨《瘞鶴銘》并跋（丁丑）
壬午仲春自金山放船至焦山三叠前韵

游焦山作歌叠舊作韵（壬午仲春）

清寄堂（壬午仲春）

登鏡江樓極目一律（壬午仲春月）

竹樓（壬午仲春月）

自金山放舟至焦山四叠東坡韵（乙酉仲春）

乙酉仲春游焦山作歌再叠舊作韵

清寄堂（乙酉仲春月）

海門庵（乙酉仲春）

竹樓（乙酉仲春月）

御筆梅花并詩跋（乙酉仲春月）

乙酉暮春自丹徒跋馬至象山渡江駐焦山作

曠觀堂（乙酉暮春之初）

鏡江樓（乙酉暮春之初）

題《瘞鶴銘》（乙酉暮春之初）

庚子仲春自金山放舟至焦山五叠蘇軾韵

庚子仲春中浣游焦山作歌三叠舊韵

海門庵一絶句（庚子仲春既望）

甲辰季春上浣自金山放舟至焦山六叠蘇東坡韵

甲辰季春上浣游焦山作歌四叠舊作韵

海門庵（甲辰暮春）（以上焦山）

北固山（乾隆辛未二月）

甘露寺和蘇軾韵（乾隆辛未二月）（以上北固山）

《平定臺灣功臣福建巡撫徐嗣曾像贊》：“宣撫之任，守土安民，一應軍務，責成督臣佐之贊之，竭慮攄勤，渡海籌疆，亦可稱勛。”

宣宗成皇帝“印心石屋”四字（道光朝）（賜兩江總督陶澍，澍泐石諸名勝鎮江，置焦山水晶庵廊壁。）

丹徒縣志卷首四終

丹徒縣志卷一

輿地一　建置沿革并表　有考據者增録各條下

建置沿革叙

丹徒名縣始於秦，至宋始隸鎮江府，實爲繁、疲、難要缺，良有司爲朝廷守土，必鏡往紀之治亂，辨封圻之析合，斯端緒瞭然，本末畢見，比於史公之年表而千載可稽也。志建置沿革。

丹徒，在《禹貢·周職方》爲揚州之域，春秋時屬吴，爲朱方。吴亡，屬越；越亡，屬楚，更名谷陽。（杜預《左傳注》：朱方，吴地。羅泌《路史》：潤之丹徒東二十里曰朱方。張勃《吴録》：朱方，後名谷陽。按：《路史》所謂丹徒，指今丹徒鎮也，曰在其東，則朱方非丹徒，可見《朱方辨》。詳見後"藝文"。）

秦始皇三十七年，改谷陽爲丹徒，屬會稽郡。《地理志》言：秦時望氣者云："其地有天子氣。"始皇使赭衣徒三千人（一作"二千"）鑿坑，敗其勢，故更名丹徒。

漢高帝六年，封其從兄子賈爲荆王，丹徒隸焉。賈爲英布所殺，以封沛侯濞爲吴王。景帝四年，濞誅，以其地屬江都國。武帝元封元年，國除，復屬會稽郡，統於揚州。（《漢書·地理志》：會稽郡，秦置。）漢荆王廟。（見"廟祠"）劉賈墓。（見"陵墓"）

後漢，分會稽置吴郡，丹徒爲吴郡地。（《後漢書·順帝紀》：永建四年，分會稽爲吴郡。《續漢書·郡國志》：吴郡丹徒。）

三國時，吴主孫權自吴郡徙京口，號曰京城，又號爲京地，置京督。又曰徐陵，即丹徒縣西鄉之京口里。後遷都秣陵，京城爲京口鎮。嘉禾三年，改丹徒爲武進，仍屬吴郡。（《康熙志》云：《爾雅》：丘絶高曰京。因謂之京口。《吴志》：孫策使孫河領兵屯京地。又魏臧霸以輕船襲徐陵，皆指此地。《嘉慶志》云：《太平御覽》引《後漢書》：建安中，吴大帝自吴徙都於京口。十六年，遷都秣陵。後於京口置京督以統焉。李吉甫《元和郡縣志》：建安十四年，孫權自吴理丹徒，號曰"京城"。十六年，遷都建業，於此爲京口鎮。按：州里或古名京城，説者以爲荆王劉賈嘗都之。或言孫權居之，故名京城。然京、荆字既不同，權又未稱尊號，已名爲京，則二説皆非也。京者，絶高丘也。京上郡城，城前浦口，即是京口。胡三省《通鑑》注：此京取《爾雅》"絶高丘曰京"之義。王應麟《通鑑·地理通釋》：吴築城因京峴，號爲京鎮，在建業之北，因名爲京。《吴志·吴主傳》：魏臧霸襲攻徐陵。山謙之《南徐州記》：京口先爲徐陵，其地蓋丹徒縣之西鄉京口里也。《吴志·宗室傳》：孫河後加領幽州牧，仍屯京地。《吴主傳》：嘉禾三年，詔復丹徒爲武進。又按：《太平御覽》所引《後漢書》，今范書無此文，蓋《後漢》别有謝承、華嶠諸家之書爾。）

晉初，復爲丹徒，爲毗陵郡治，後改毗陵爲晉陵。元帝渡江，僑置兗、徐二州於京口，謂之北府。後爲南東海郡，寄治郯、朐、利城三縣。又祝其等縣亦寄治焉。（《宋書·州郡志》：孫權嘉禾三年，改丹徒曰武進。晉武帝太康三年，復曰丹徒。又吴時分吴郡無錫以西爲毗陵典農校尉。晋武帝太康二年，省校尉，立以爲毗陵郡治，丹徒後復還毗陵。東海王越世子名毗，而東海國故食毗陵。永嘉五年，帝改爲晉陵。始自毗陵徙治丹徒。太興初，郡及丹徒縣悉治京口。郗鑒復徙還丹徒。安帝義熙九年，復還晉陵。《晉書·地理志》：惠帝末，兖州闔境淪没，遺黎南渡。元帝僑置兖州，寄居京口。明帝以郗鑒爲刺史，寄居廣陵。後始割地爲境，常居廣陵，南與京口對岸。又，元帝渡江後，徐州所得惟半，并僑立郡縣，以司牧之，以江乘置南東海等郡，屬南徐州。徐、兖二州，初或居江南，或居江北，或以兖州領州。郗鑒都督青、兖二州諸軍事，兖州刺史加領徐州刺史，鎮廣陵。蘇峻平後，自廣陵還，鎮京口。《元和郡縣志》：昇平二年，徐州刺史北鎮下邳，京口常有留局。顧祖禹《讀史方輿紀要》：時二州移鎮無常，而徐州留局恒置於京口。《晉書·郗愔傳》：愔在北府。《南徐州記》：舊徐州都督以東爲稱。晉氏南遷，徐州刺史王舒加北中郎將，北府之稱自此始也。《讀史方輿紀要》：六朝都建康，每謂姑孰爲南州，歷陽爲西府，而京口則謂之北府。《宋書·州郡志》：晉元帝初割海虞縣之北境爲東海郡，立郯、朐、利城三縣，而祝其、襄賁等縣寄居曲阿。穆帝永和中，郡移出京口，郯等三縣亦寄治於京。）

宋，置南徐州刺史，以南東海爲治下，郡治郯縣，丹徒屬焉。郯、朐、利城三縣并有實土。又太山郡之廣平縣亦寄治丹徒。

齊，仍屬東海郡。

梁，改屬南蘭陵郡①。

陳，復屬東海郡。（按：自晉安帝義熙七年始，分淮北爲北徐，淮南猶爲徐州。武帝永初二年，加徐州曰南徐，而淮北但曰徐。文帝元嘉八年，更以江北爲南兖州，江南爲南徐州，治京口。又文帝立南徐，以東海爲治下郡，以丹徒屬焉。郯、朐、利城并爲實土。郯縣以丹徒之峴西爲境。至宋武帝世，分郯縣西界爲朐縣。宋文帝世，又分爲利城縣，與郡俱爲實土。又永初，郡國有廣平縣，寄治丹徒。齊仍宋舊，省朐縣。梁改南東海郡爲蘭陵郡，陳復爲東海郡，并治郯縣不改。《齊書·州郡志》：南東海郡領縣郯、祝其、襄賁、利城、西隰、丹徒、武進。《梁書·武帝紀》：天監元年夏四月辛未，改南東海爲蘭陵郡。《陳書·武帝紀》：永定二年九月丁亥，改南徐州所領蘭陵郡，復爲東海郡。）

---

① 按：《至順鎮江志》卷首《郡縣表》引《隋書》曰：梁改南東海郡曰蘭陵郡。又原注所引《梁書》《陳書》之《武帝紀》均作“蘭陵郡”，“南蘭陵郡”云者，或誤。

隋平陳，州郡并廢，以故治爲延陵鎮，尋改爲延陵縣，屬揚州江都郡。後置潤州，尋又廢。（《隋書·地理志》：揚州江都郡延陵縣，舊制南徐州東海郡。開皇九年，州郡并廢，又廢丹徒入焉。十五年，置潤州。大業初，州廢。《舊唐書·地理志》：丹徒縣，隋爲延陵鎮，因改爲延陵縣。尋以蔣州之延陵、永年、常州之曲阿三縣置潤州，取潤浦爲名，皆治於丹徒縣。）

唐，改隋延陵縣爲丹徒縣，置潤州，隸江南東道。又改潤州爲丹陽郡，尋復爲潤州。又爲浙江西道節度使治所，尋合東西道爲鎮海軍節度使。時又稱金陵。（《舊唐書·地理志》：江南東道潤州，隋江都郡之延陵縣。武德三年，杜伏威歸國，置潤州於丹陽縣，改隋延陵縣爲丹徒縣，移延陵還治故縣，屬茅州。六年，輔公祏反，復據其地。七年，平公祏，又置潤州，領丹徒縣。天寶元年，改爲丹陽郡。乾元元年，復爲潤州。永泰後，常爲浙江西道觀察使理所，又爲浙江西道節度使治。《新唐書·方鎮表》：建中二年，合浙江東西二道觀察使，治潤州，尋賜號鎮海軍節度。又按：今潤州丹楊，館書從木，其屬縣丹陽，書從阜。考《晉書·地理志》，謂山多赤柳，故名丹楊。《江南地志》謂郡北有赭山，故名丹陽。二説皆有據也。漢丹陽郡，治宛陵。而丹楊縣則今建康，晉移郡治於建康，元帝又徙都焉，於是以建康守爲丹陽尹。至唐天寶初，始以今京口爲丹陽郡，而以曲阿爲丹陽縣。然則今潤之丹陽，正非漢丹陽之故治也。又張氏《行役記》言：甘露寺，在金陵山上。趙德璘①《因話録》言：李勉至金陵，屢贊招隱寺標致，蓋時稱亦曰金陵。）

五代時，縣爲楊行密所據，後屬南唐。（《五代史·吴世家》：龍紀元年，楊行密遣田頵、安仁義、李神福等攻浙西，取蘇、常、潤州。乾寧二年，以安仁義守潤州。）

南唐，復屬潤州。

宋，稱潤州、丹陽郡，置鎮江軍節度。後以徽宗潛邸故，升爲鎮江府，而縣不改。（《宋史·地理志》：鎮江府，唐丹陽郡，鎮江軍節度。開寶八年改。本稱潤州，政和三年，升爲府。建炎三年，置帥。四年，加大使兼沿江安撫，以浙西安撫復還臨安。《徽宗紀》：紹聖三年，以平江、鎮江軍節度使封端王，出就傅。元符三年，入即皇帝位。政和三年八月丁丑，升潤州爲鎮江府。《地理志》：兩浙路，熙寧七年，分爲兩路，尋合爲一。九年，復分。十年，復合。南渡後，復分臨安、平江、鎮江、嘉興四府，安吉、常、嚴三州，江陰一軍，爲西路。）

元，升府爲鎮江路，屬浙江行省、浙西道。丹徒倚郭爲中縣。（《元史·地理志》：宋鎮江府，至元十三年，升爲鎮江路，丹徒縣爲中縣，倚郭。）

明，縣不改，改鎮江路爲江淮府，尋改鎮江府，直隸南京。（《明史·地理志》：鎮江府，元鎮江路，太祖丙申年三月，曰江淮府。十二月，復曰鎮江府。）

① 按：“趙德璘”，誤。《因話録》系唐人筆記，其作者當爲趙璘。

國朝，屬江蘇布政使司。雍正八年，割江寧府屬之。溧陽縣隸鎮江府，而丹徒仍爲首邑。（《康熙志》云：編户二百七十里。）

表

歷代	州	郡國	縣
虞夏商	揚州		
周	揚州	吴（後入越，又爲楚所并。）	朱方邑（後又名谷陽。）
秦		會稽郡	丹徒縣
漢	揚州	會稽郡	丹徒縣（初爲荆王劉賈所封國，後封吴王濞。）
後漢	揚州	吴郡	丹徒縣
吴	揚州	吴郡	丹徒縣（嘉禾三年，改爲武進。）
晉	揚州（又僑置兖、徐二州。）	毘陵郡（永嘉五年，改爲晉陵。）	丹徒縣（寄治郯、朐、利城三縣。）
		南東海郡	
南朝	南徐州	南東海郡（梁改爲蘭陵郡，陳復爲東海郡。）	丹徒縣
			郯縣
			朐縣（齊以後縣省。）
			利城縣
隋	揚州	江都郡（開皇十五年，置潤州。大業初，廢。）	延陵縣
唐	江南東道	丹陽郡（天寶元年，改。乾元元年，復改潤州。）	丹徒縣
	浙江西道		
五代南唐	揚州	潤州	丹徒縣
宋	浙西路	鎮江府	丹徒縣
元	江浙行中書省	鎮江路	丹徒縣
明	直隸南京	鎮江府	丹徒縣
國朝	江蘇布政使司	鎮江府	丹徒縣

輿地二　星野　北極出地度　度分計里

星野叙

古人論歲差有云："日至既差，星躔必易。"以今日郡邑驗古初星次，恐不盡符。然分野之説，掌於周官，見於左氏，雜見於班、劉、費、蔡諸家之言，明智之士以爲占驗不爽。舊志考核綦詳，兹復增入"天度"。《易》不云乎"在天成象，在地成形"？因詳著於篇，以俟知星者考焉。志星野。

《周禮·保章氏》鄭玄[①]注：星紀，吴、越也。賈公彦疏：吴、越在南，齊、魯在東，今歲星或北或西，不依國地所在者，此古之受封之日，歲星所在之辰，國屬焉，故也。吴、越二國同次者，亦謂同年度受封，故同次也。

《周禮疏》：南斗、牽牛，星紀也，吴、越、揚州分野。南斗在雲漢，下流當淮海間，爲吴分。牽牛去南河浸遠，自豫章迄會稽，南逾嶺徼，爲越分。

《史記正義》：南斗、牽牛、須女皆爲星紀，於辰在丑，越之分野，而斗、牛爲吴之分野。班氏云：吴地，斗分野也。

蔡邕《月令章句》：自斗六度至女三度爲星紀，大雪、冬至居之，吴、越分野。

皇甫謐《帝王世紀》：自斗十一度至婺女七度，一名須女，曰星紀之次，於辰在丑，謂之赤奮若，於律爲黄鐘，斗建在子，今越分野。

《晉書·天文志》：自南斗十二度至須女七度爲星紀，於辰在丑，吴、越之分野，屬揚州。

《隋書[②]·地理志》：自斗十二度至須女七度爲星紀，吴、越得其分。

《唐書·天文志》：牽牛，星紀也。初南斗九度，中南斗二十四度，終女四度。自廬江、九江，負淮水，南盡臨淮、廣陵，至東海，又逾南河，得漢丹陽、會稽、豫章。

《唐書[③]·地理志》：潤爲星紀分。

《宋史·天文志》：吴、越當天文南斗、須女之分。

《元史·曆志》：斗四度、三十六分、六十六杪，外入吴、越分，星紀之次，揚州之分，辰在丑。

《明清類天文分野之書》：斗牛在丑，自斗三度至女一度，屬越分，揚州。

以上十二次之分野。

---

① 按："玄"，原作"元"。即漢儒鄭玄。避清諱改。兹徑改，下同。
② 按："書"，原作"史"，或誤，因改。
③ 按："書"，原作"史"，或誤，因改。

《史記·天官書》：斗，江湖；牽牛、婺女，揚州。

《前漢·天文志》：斗，江湖；牽牛、婺女，揚州。吴，北斗分野。今會稽、丹陽諸郡盡吴分野。

《後漢·郡國志》：斗牛一度至婺女十一度，一名須女，爲星紀之次。斗建在子，今吴、越分野。

《漢書·地理志》：吴地，斗分野地。

《吕氏春秋》高誘注：斗，北方宿，吴之分野。

《晉書·天文志》：斗、牽牛、須女，吴、越、揚州、丹陽入斗十六度。

《舊唐書·天文志》：南斗在雲漢，下流殷淮海之間，是爲吴、越。

《宋史·天文志》：北方，南斗六星。石申曰：第三主丹陽。又《地理志》：兩浙路當南斗、須女之分。

《明清類天文分野之書》：鎮江府，斗分吴地。

《明史·天文志》：直隸所屬鎮江府斗分。

以上二十八宿之分野。

《史記·天官書》：吴、楚之疆，候在熒惑，占於鳥衡。

《星經》：熒惑主揚州。（按：見《續漢書·郡國志》劉昭注補。今《星經》無此文，後同。）

《晉書·天文志》：歲星主齊、吴。

《隋書·天文志》：熒惑主楚、吴、越以南。

以上五星之分野。（按：《史記》"占於鳥衡"，兼言列宿分野。）

《史記·天官書》：丙丁，江淮海岱也。（《漢書·天文志》同）

《漢書·天文志》：戌吴、越。

以上干支之分野。

《春秋文耀鈎蒙》：山以東，至江南會稽、震澤、徐揚之州，屬權星。

《星經》：玉衡第六星主揚州，以五巳日候之辛巳，爲丹陽。

《晉書·天文志》：北斗七星，四主吴。（《隋書·天文志》同）

《宋史·天文志》：北斗第四星曰權，其分爲吴。

以上北斗之分野。

《晉書·天文志》：五車者，五帝車舍也，五帝坐也。次東南，星曰司空，主填，星主楚。（《隋書》《宋史·天文志》并同。《通志》云：言楚，則吴、越在其中。）

《隋書·天文志》：九坎東列星，鄭北一星曰越，魏西一星曰楚。（《宋史·天文志》同。《通志》云：并舉楚、越，則吴在其中。）

《宋史·天文志》：三台六星，上台下星，主荆揚。

又天市垣二十二星，在氐房、心尾、箕斗内宫之内，東蕃星南，六曰吴、越。

以上中外宫星之分野。

京師，北極出地三十九度五十五分；江南省，北極出地三十二度零四分；江蘇省，北極出地三十度五十分；鎮江府，北極出地三十三度十八分。（每度六十分）

天頂距北極五十六度四十二分，距赤道亦三十三度十八分。（北極距赤道九十度，爲周天三百六度四分之一。古法以三六五二五有奇入算，今法以三六整齊入算。袁氏、趙氏、梅氏俱嘆爲千古卓見。）

京師較鎮江，北極高出六度三十七分，其天頂距鎮江亦六度三十七分，以一度二百里合地。（古法，地行二百四十餘里過天一度。今法，以縱黍尺較準度之爲二百里而過天一度。）由鎮江鳥道向北直行至京師，爲一千二百里有二百二十二步。（每度六十分，每分當地行六步，三百六十步爲里，每度當地行二百里。）

南省較鎮江，北極低出一度十四分，其天頂距鎮江亦一度十四分。以一度二百里，合地由鳥道向南直行至南省，爲二百有八十四步。

蘇省較鎮江，北極低出二度二十八分，其天頂距鎮江亦二度二十八分。以一度二百里，合地由鳥道向東南直行至蘇省，爲四百里有一百六十八步。（紹興黄炳垕《測地志要》云：江南省，北極出地三十二度零四分，偏東二十八分。按：二十八分，合地僅一百三十六步，鎮江偏東亦如其數。）

以上北極出地度及距赤道度，度分計里之數。（俱準《測地志要》法推之）

輿地三　疆域　各條考核附録於下

疆域叙

分疆之制肇自黄帝九州，《綿》之四章曰："乃疆乃理。"故志始於疆域。丹徒自古爲北府、南徐雄鎮，足資扼要設險。觀志中所載，萬家之邑，如就平準，而左撫右藉，鞏固之基具於此矣。志疆域。

四境東西廣一百二十里，南北袤七十五里。

東至丹陽界七十里，西至句容界六十里。

南至丹陽界五十里，北至江都界二十八里。

東北至泰興界一百里，西北至儀徵界七十里。

東南至丹陽界六十五里，西南至句容界九十里。

自縣達省城一百八十里，北達京師三千二百里。（以上《康熙志》）

《宋書·州郡志》：去京都，水二百四十，陸二百。（按：宋以今江寧府爲京都。）

唐杜佑《通典》：丹陽郡，東至晉陵郡一百七十五里，南至宣城郡四百五十里，西至廣陵郡六合縣四百五十三里，北至廣陵郡六十三里，東南到晉陵郡界一百九十六里，西南到宣城郡界四百五十里，西北到晉陵郡界六十三里，東北到廣陵郡界一十五里；去西京二千六百四十三里，去東京一千七百九十八里。户十萬三千三百六十四，口六十八萬七千三百一十。

李吉甫《元和郡縣圖志》：州境東西三百八里，南北一百九十里，東南至常州一百七十里，北渡江至揚州七十里，正北微西至宣州四百里。（按：唐潤州丹陽郡轄六縣，疆里廣袤，與今不同。）

宋樂史《太平寰宇記》：州境東西一百十里，南北一百六十二里，西北至東京一千四百里，至西京一千八百二十里，至長安二千六百七十里，東至常州一百七十里，南至宣州四百五十里，西至揚州六合縣四百五十三里，北渡江至揚州六十三里，東南至常州一百九十六里，西南至昇州一百八十里，西北隔江至揚州一百八十里，東北至揚州界四十五里。

王存《九域圖志》：州境東西三百八里，南北一百九十里，西北至上都二千六百七十里，至東都一千八百一十里，東南至常州一百七十里，北渡江至揚州七十里，正北微西至宣州四百里。

《明史·地理志》：距南京城二百里。

《明統志》：鎮江府，東至常州府宜興縣界七十五里，西至應天府句容縣界四十五里，南至常州府武進縣界一百一十七里，北至揚子江二里。自府治至南京一百八十里，至京師三千二百里。丹徒縣附郭編户二百七十里。

《永樂府志》：朱方門抵通吴門六百五十丈，沿渠至吕城百二十四里。宋嘉定六年，郡守史彌堅甃至丹陽界。十五年，郡守趙善湘甃至吕城鎮。

《正德縣志》：縣境東西廣一百二十里，南北袤七十五里，東抵丹陽縣界七十里，西抵句容縣界六十里，南抵丹陽縣界五十里，北抵江都縣界二十八里，東南抵丹陽縣界六十五里，東北抵泰興縣界一百里，西南抵句容縣界八十里，西北抵儀真縣界七十里。自縣治達南京一百八十里，達北京三千二百里。（按：康熙《府、縣志》并同，惟“西抵句容縣界六十里”，《府志》作“九十里”；“西南抵句容縣界八十里”，《府、縣志》并作“九十里”，皆誤。）

國朝《大清一統志》：鎮江府，在江蘇布政使司西北三百七十里，江寧府東少北一百八十里，東西距二百二十里，南北距一百三十六里。東至常州府宜興縣界一百六十里，西至江寧府句容縣界六十里，南至常州府武進縣界一百八里，北至揚州府江都縣界二十八里，東南至宜興縣界二百十里，西南至廣德州建平縣治三百七十里，東北至常州府靖江縣界一百二十里，西北至揚州府儀真縣界七十里。自府治至京師二千三百三十五里。丹徒縣附郭，東西距一百十里，南北距七十八里，東至丹陽縣界七十里，西至江寧府句容縣界六十里，南至丹陽縣界五十里，北至揚州府江都縣界二十八里，東南至丹陽縣界六十五里，西南至句容縣界八十里，東北至通州泰興縣界一百里，西北至揚州府儀真縣界七十里。

《江南通志》：鎮江府，由府治上至京師二千三百三十五里，東至常州府宜興縣界一百六十里，西至江寧府句容縣界六十里，南至常州府武進縣界一百八里，北至揚州府江都縣界二十八里。東西廣二百二十里，南北袤一百三十六里。轄縣四，附郭爲丹徒。府南六十五里爲丹陽，一百六十里爲金壇，二百四十里爲溧陽。丹徒縣東七十里至匡家橋，丹陽縣界西六十里至炭渚驛，江寧府句容縣界南五十里至仁壽橋，丹陽縣界北二十八里至揚子江揚州府江都縣界。（以上俱《嘉慶志》。驛見“驛傳”，橋見“津梁”。）

輿地四　形勢

形勢叙

建邦設都，首重形勢，氣運由地脉而興，疆宇恃岩險爲固。徒邑襟帶江山，控制南北，昔人以爲用武之所。考古攬今，扼禦防維之道，可疏乎哉？志形勢。

《宋書·文帝紀》：京口襟帶江山，表裏華甸，經途四達，城邑高明，苞摠形勝，實維名都。

《齊書·州郡志》：京城因山爲壘，望海臨江，緣江爲境，似河内郡内鎮優重。

《隋書·地理志》：京口東通吴會，南接江湖，亦一都會也。

徐鉉《騎省集》：揚州之都會，金陵之重鎮。

曾旼《潤州類集序》：控江流之會，西接漢沔，北拒淮泗。

汪藻《浮溪集》：千山所環，中横巨浸，形勝之雄，控制南北。

《宋史·劉寧止傳》：京口控扼大江，爲浙西門户。

陳亮《龍川集》：京口連岡三面，而大江横陳，江傍極目千里，其勢大約如虎之出穴，而非若穴之藏虎也。昔人以爲京口酒可飲，兵可用，而北府之兵爲天下雄，蓋其地勢然耳。

《咸淳府志序》：京口内蔽日，畿外連天塹。

《讀史方輿紀要》：京口南控江湖，北拒淮泗，山川形勝，自昔用武處也。建業之有京口，猶洛陽之有孟津。自孫吴以來，東南有事，必以京口爲襟要。京口之防或疏，建業之危立至。六朝時，以京口爲臺城，門户鎖鑰不可不重也。説者曰：京口憑江爲險，不知陵谷之變，今昔不同。隋唐以後，南北渡者，皆以京口爲通津。昔人謂采石渡江，江面比瓜洲爲狹，故由采石濟者，常居十之七。夫自唐以來，沙洲日積，相距僅七八里，故昔日之采石比京口爲重，而今日之京口比采石爲切也。

楊棨《京口山水志》：京口，《唐書音訓》：在潤州城東北甘露寺側。《元和郡縣志》：京者，絶高丘也。京上郡城，城前浦口，即是京口。（按：京口，本謂城前浦口，後因以爲鎮江之統名。劉禹錫詩：“氣混京口雲，潮吞海門石。”徐鉉詩：“京口潮來曲岸平，海門風起浪花生。”皆謂城前之浦口也。）

丹徒縣志卷一終

丹徒縣志卷二

輿地五　山 嶺 洞 石 岡

山叙

舊志合“山水”爲子目之一，今析“山川”爲二，且别“河渠”爲一志，考核較詳，而附麗於山之嶺、洞、石、岡，與夫宫室、寺廟、樓臺、亭閣畢具於篇，使人究其支絡，慎其鎖鑰，辨陵谷變遷之故，鑒古今成敗之由，豈特爲登臨吟嘯助哉？志山。

日精山，在府儒學内，明倫堂東，偏近北城下，山面向南。頂寬一丈六尺五寸，其形圓，高三丈三尺有奇。府學（詳見“學校”）。日觀、光風霽月亭（俱見“宫室”）。

月華山，在府治西南，一名萬歲山。下有萬歲嶺，即鳳凰嶺，俗名鳳凰坡。其山由西而東，縱長五十三丈四尺有奇。中斷爲府前鼓樓，故名鼓樓岡，面向西南。頂寬六丈四尺有奇，高二丈，加下連鳳凰嶺，計高七丈七尺有奇。萬歲樓、月觀、月臺、江亭。芙蓉樓，一名千秋樓（以上俱詳見“宫室”）。秦潭，一名緑水潭（詳見“水”）。

壽丘山，一名聖像山，在縣儒學後，今名縣學山。其山由東而北而西，縱長九十九丈七尺有奇，面向西南。頂寬十八丈九尺，高五丈七尺有奇。縣學（詳見“學校”）。丹徒宫（見“宫室”）。慈和寺、普照寺、雲臺寺、龍華寺（俱見“寺觀”）。宋宗忠簡公祠（見“祠廟”）。

城隍山，在郡廟西，與月華山并峙，中夾鳳凰嶺。郡廟本在山上，而山在嶺上，更加高出，其形縱平，縱長三十四丈一尺有奇。山面向西，頂寬二丈五尺有奇，高二丈一尺，加下連鳳凰嶺，計高六丈六尺有奇。城隍忠佑廟（見“祠廟”）。昭忠祠（同上）。

唐頹山，在城西南隅，山與城連，下近旗營。山面向東，頂寬十一丈三尺有奇，縱長五十二丈四尺有奇，高四丈五尺。（《太平御覽》：《京口記》曰：餹頹山，周迴二里餘。餹頹，《嘉定志》作“唐頹”，又作“唐塠”。今僅一阜，上有關廟。）關帝廟（見“祠廟”）。郗鑒宅、積弩堂、戴公園、風漪軒（以上俱見“宫室”）。羅漢寺、乾元萬壽宫（俱見“寺觀”）。旗營（見“兵制”）。

紫金山，在城中大市口。（《嘉定府志》：山當市心，四圍民居。楊棨《山水志》云：今營内關廟後高阜，即山址也。）紫金泉（見“水”）。

錢家山，在紫金山南，錢氏宅内。山面向南，頂寬三丈三尺，長十四丈六尺，高二丈四尺有奇。（紫金山止一阜耳，疑此即紫金山界。）楊文襄公宅及祠在山下（見“宫室”及“廟祠”）。

達家山，在府學前，隔池對岸，山面向北。頂寬三丈八尺，縱長四十丈，高三丈八尺有奇，下至烏風嶺。（按：日精山在府學内，昔有日觀，不應如今僅存小山，疑即與此山連也。）

烏風嶺，由鎮芳橋下河邊，上至嶺背，計長六十七丈三尺有奇，高三丈八尺許。夢溪（見“水”）。宋沈括宅（見“宫室”）。鎮芳橋（見“津梁”）。

駱駝嶺，在城中五條街北，由東向西十丈許。今爲徑路，高不數武。

梅花嶺，在五條街南，久與街平。今爲雨花樓巷。

燕支嶺，在堰頭街南。今演軍巷内民居微高處，是其遺址。

鳳凰嶺，在千秋橋東，月華、城隍兩山之間。嶺脚至山，路長四十九丈五尺有奇，高五丈七尺許。（城内山嶺可資守望，故特詳其高大。同治初，蘇省測量輿圖，較準工部營造尺，發縣測定、繪圖，兹皆準之。）（又舊稱城内有三山五嶺，三山謂日精、月華、壽丘，五嶺即此五嶺。其實鎮江城内之山不止有三，而五嶺則惟烏風、鳳凰可稽其數，餘則密邇市廛，僅得存其名，志其地而已。）千秋橋（見“津梁”）。

北固山，一名北顧，在府治後城北里許。山面向南，山後石壁東西沿江長三十四丈八尺有奇，高十四丈五尺。由山頂迤廊房、龍埂向南，至舊城十三門下，計長一百八十三丈三尺有奇。（山爲郡城倚蔽，且新城上連龍埂，故亦詳其丈尺，亦測繪輿圖時所步。）

杜佑《通典》：丹徒有北固山。

李吉甫《元和郡縣志》：下臨長江，其勢險固，因以爲名。蔡謨、謝安作鎮，并於山上作府庫，儲軍實。

樂史《太平寰宇記》云：城西北有嶺，陡入江，三面臨水，號北固。

劉楨《京口記》曰：回嶺入江，懸水峻壁。

《輿地志》云：天景清明，登之，望見廣陵城，如在青霄中，相去鳥道五十餘里。

劉義慶《世説新語》：荀中郎在京口，登北固，望海云：雖未睹三山，便自使人有凌雲意，若秦漢之君必當褰裳濡足。

一名北顧，《南史·梁宗室臨川王正義傳》：武帝幸朱方，正義修廨宇以待輿駕。初，京城之西有別嶺入江，高數十丈，三面臨水，號曰北固。蔡謨起樓其上，以置軍實。是後崩壞，猶有小亭，登降甚狹，及上升之，下輦步進，正義乃廣其路，傍實欄楯。翌日，上幸，遂通小輿。上悦，登望久之，敕曰：此嶺不足須固守，然京口實乃壯觀。乃改曰北顧。

一名土山，《太平寰宇記》：甘露寺，在城東角土山上。《晉書·蔡謨傳》：謨統七千餘人，所戍東至土山，西至江乘。劉禹錫詩：“土山京口峻，鐵瓮郡城牢。”張萊

《三山志》：土山巃然隆起，晉唐以來，郡治據其上，梁武帝改名北固者是也①。（以上八則并見楊棨《京口山水志》。）（又曰：《嘉定鎮江志》云：北固山，即今府治與甘露寺。是蓋山有三峰，前立郡治，後建甘露寺，中有玄武殿。明萬曆十二年，知府吴撝謙於治後附城築垣，又建虛臺一，與甘露寺對。邑人李一陽《記》云：世廟末，島夷亂，海上突至潤，當事者倉促築斷北固嶺，據城自守。是知北固前峰本與中、後相連，今其勢稍斷者，嘉靖中之所築也。修志者不察，遂謂山止二峰，誤。）（又曰：陸游《入蜀記》云：此山多峭壁如削，然皆土也。國史以爲石壁峭絶，誤矣。按：黄震《乞浚甘露港狀》有曰：北固山純土如粉，獨其北，峭石壁立，奇拔悚人。蓋游觀者所不見，豈北固之所以得名歟？放翁謂峭壁皆土，蓋據山南而言。）

前峰（實即中峰），臨鳳凰池，上有玄武殿（殿詳“寺觀”）。

後峰，枕大江，上有甘露寺（詳見“寺觀”）。

石帆峰，一名鐵柱峰，在山之西北隅，高數丈，遥望之，與風帆相亂，故名。今折。旁有石帆樓（見“宫室”）。

甘露嶺，在山東南，長一百八十三丈有奇，俗名“龍埂”。明萬曆己亥，郡守許國誠捐俸修築，有記。咸豐間，賊沿埂置新城，北達後峰，南連舊城。同治初，重修（詳見“城池”）。

五聖岩，在山正北峭壁上，舊有五聖殿（殿詳“寺觀”）。

走馬磵，在五聖岩西。相傳漢昭烈走馬處，兩壁夾峙，中通一綫。崇禎十二年，太守程峋稍甃治之。崇禎己卯，夜郎朱永熙刻“走馬澗”三字於崖。

觀音洞，在五聖岩下，深約數丈。明縣令龐時雍題曰“雲房風窟”，刻於壁。

蝦蟆石，在山西麓，其形畢肖蝦蟆，下臨小池，如飲水狀。

很石，在甘露寺側（詳見“古迹”）。（以上九則并見釋了璞《北固山志》）

試劍石（舊志載其名，無考）、龍眼二石（在龍埂頭，不詳所始）。

鳳凰池、天津泉、鰻井、秋月潭、京口浦口、海涵河、放生池、北固浦、譚家洲、海鮮河、金綫港、鱔魚港、甘露港（以上并詳見“水”）。

唐石頭五城、古外城（并見“城池”）。

柳青橋、甘露港渡、甘露外閘、甘露内閘、栲栳閘、新閘、甘露壩（并見“津梁”）。

甘露寺（寺内諸殿宇）、舍利塔、笠庵（山下各庵）。（以上并見“寺觀”）

行宫、北固樓、北固山房、石帆樓、木末樓、望海樓、海門樓、長廊、海嶽樓、藏經閣、畫材閣、清暉閣、多景樓、北固亭、臨江亭、凌雲亭、很石亭、釣魚臺、東西北三軒、海嶽庵（以上并見“宫室”）。

---

① 按：“梁武帝”句，明正德刻本《京口三山志》卷一作“梁武帝改名北顧者是也”。“固”，當作“顧”。

宋淮海書院、明香山書院、今寶晉書院（并詳“學校書院”）。

李衛公祠、錢文惠公祠、宇文昭節祠、二賢祠、三賢祠、趙彦逾祠、陳公祠、王公祠、楊公祠、劉公祠、徐公祠、文昌祠、朱文公祠、鄧艾廟、石大將軍祠、三賢祠（又）、劉使君廟、柳如京廟、羅公廟（以上并詳“廟祠”）。

很石、梁武帝鐵鑊、李衛公鐵塔、衛公手植（柏檜）、張僧繇畫、陸探微畫、研山、寶晉齋硯、洞天一品石（以上并詳“古迹”）。

雙麟冢、義蜂冢、人皮鼓（古迹）。記述吟咏各碑（詳“碑碣”及“藝文”）。

丹陽宫，即府治（在北固前峰，詳見“公署”）。

吴孝子建昌都尉太史慈墓、宋征西將軍蕭思話墓、宋屯田郎中柳永墓（并詳“陵墓”）。

晉軍庫、唐兵場、明寨府、國朝鎮海軍營、八旗教場、炮臺（并見“兵制”）。

北固爲鎮江第一名山，亦鎮城第一險要。康熙、乾隆中，車駕南巡，屢幸此山。山上有行宫，歷久傾圮。至道光二十二年，海夷入寇，醜類登山，施炮攻城，山寺殿宇，殘毁過半。夷靖後，邑人戴善之倡首集捐，葺而新之。自佛殿以及長廊、樓臺、亭閣，經營殆遍，焕然改觀。咸豐三年，工尚未竟，粤寇踞城，乃洞府治後十三門，通山往來，又築堞龍埂，一路以資障蔽，而寺宇樓閣全遭毁没。第二峰山房盡成荒墟，今但存長廊一道，及重建山頂一亭以及石帆樓、破屋數椽。山下惟朱文公祠及藏經閣重建有屋，其餘若海嶽樓等諸勝迹、劉使君等各祠廟、寶晉書院之係乎育才，教場、軍廳之關乎閲武，以至各庵佛地均無存。又同治初，鐵塔頂折，亦未復嗣，惟書院、演武廳、石帆樓、劉猛廟漸葺。

金山，在城西七里大江中。自長山西北起爲五州山，至下濞浦突入江起爲此山。又《地理約義》云：金山自銀山過脉。考金山之名，出《華嚴經》。閻浮提外香水，海中有七金山，繞須彌廬，因海水瀠迴，播溢無定，設七大金山以鎮之。此山似之，故名。梵語須彌，華言妙高，故此山又名妙高峰，一名浮玉山。《道經》①：上仙居浮玉山，朝上帝，則山自浮去。故金、焦二山俱借名浮玉。（《山海經》：浮玉之山，北望具區，東望諸畝。東坡云：山名浮玉，隨波出没，潮汐不爽。周必大曰：此山大江環繞，風濤四起，勢若飛動，故云。）

一名金鰲峰，一名伏牛山。（皆以形言。《唐志》：貢伏牛山銅器鰐鲊，古鑄鏡必於江海之上，故鏡背多波浪、水藻、魚鳥之紋。唐時鑄鏡於此山。）

一名獲苻山，晉獲苻堅，俘置山下。又名互父。（想應獲苻之謡。按：苻堅未嘗爲晉獲，所獲者，氐賊也。見《元和志》。“氐父”云者，猶吴人謂中州人爲傖父耳。“氐”，或書作“氏”。舊志因訛作“互”，又訛其音曰“獲苻”，皆誤也。）

---

① 按：《道經》，元陶宗儀《説郛》卷九七引釋惠凱《金山志》作《仙經》。

一名頭陀岩。《九域志》：唐裴頭陀挂錫於此，建伽藍於水際，獲金數鎰，以聞，明皇賜名金山。《頭陀岩記》：李錡奏聞，易名。然建中時，揚州陳少游以甲士臨江，韓滉總兵金山，與少游會，則建中已名金山，非自錡始。《梁書》：天監四年，帝臨金山，修水陸會。則金山之名又非始於建中矣。宋大中祥符五年，真宗夢游其處，改名龍游山。天禧辛酉，復命名金山。

金鰲峰、妙高峰（實一山之統名。今惟以山之巔名之）。（以上并《康熙志》，舊志同。）

金山，高一百九十尺，廣六百二十步。（舊志引胡經説）

金山，萬派東注，一島中立，丹輝碧映，攬數州之奇於俯仰間。而下有蟠龍之宫、神靈之府，實堪輿間一奇葩處也。（舊志引楊氏《洞天記》）

金山，初名氐父山。《元和郡縣志》：晉破苻堅，獲氐賊，置此山下，因以爲名。今土俗亦謂之金山。南唐僧應之《頭陀岩記》：金山，昔名浮玉，因裴頭陀江際獲金，貞元二十一年，節帥李錡奏聞，賜名金山。《圖經》《寰宇記》《九域志》并同。（楊棨《山水志》曰：元和去貞元甚近，錡奏聞，賜名，李吉甫豈不知之？何以云土俗謂之金山？且《唐書·韓滉傳》有"總兵臨金山寺"語，大曆①、建中間已有金山之名，不自貞元始。《三山志》《郡邑志》則謂梁天監四年，帝臨金山，修水陸會，金山之名見於六朝。考《梁書》《南史》，皆無此語。是年，武帝亦并未至京口。《綱目》"天監九年"書"梁主視學發明"云："時梁主清明，尚未溺於寂滅之學。"天監四年，必無金山修水陸會事。可知，從《元和志》説爲是。）

一名伏牛山。《藝文類聚》山謙之《南徐州記》：蒜山北，江中有伏牛山。（《京口山水志》）

日照岩，在山東北。下有朝陽洞，一名觀音洞。（山半巉岩絶磴，洞深丈許，壁有"日照"兩字。明正德丙寅，寺僧構小樓其上，正迎旭照。）

頭陀岩，在山西北。下有裴公洞。（相傳裴頭陀開山得金處。昔有蟒盤踞其中，頭陀驅去之，故又名蟒蛇洞。宋張商英有詩。）

妙空岩，在朝陽洞右。（有宣德八年工部侍郎周忱撰《妙空岩記》，李時勉書。）又名竹岩。（明永樂間，僧善聰赴召纂修，歸山，傍岩作室居之。）

金玉岩，一名竹徑，在山東南江天閣下，即山東一帶石壁，初日照耀，爛若金碧。

善財石，一曰鶻石。（又名鶻峰，常有鶻栖其上。俗名猢猻石，在東麓水中。）

覺岸，在善財石南。

至信磯，在善財石下，一小石，俱以善財得名。

盤陀石（在山東麓，近善財石。東坡常至其上，有詩云："中泠南畔石盤陀，古來出没隨濤波。"）

① 按："曆"，原作"歷"，避清諱改。兹徑改，下同。

龍洞，在山之東北，一名珠洞。（僧靈坦滅毒龍處）

飛雲洞，在山北。

飛龍洞，在七峰閣之後。

三山石，一名筆架山，東曰巧石，奇峭險拔，類斫削而成，雖大水不没，曰石排山，亦曰石簰。其上多昔人鎸刻，水嚙苔侵，悉不可辨。有桂月島、翦濤石、折葦汀、梳羽岩、夢漁墩、夕陽城、舞蛟洞、問龍潭，昔人題其勝者，種種不一。相傳上有郭璞墓。（此山皆巉石，隱出水面，若木簰然。元延祐間，總管張廷珪言："揚子江古號天塹，舟到金山急流處謂之攩簰。"泰定間，臺臣檄云：金山盤渦旋激，號爲大簰。又名龍門，又曰龍渦。相傳水深二百餘丈，最爲險惡。）

龍眼石，在石簰西數丈。（即頭簰也，水大則没，常有覆舟之患，昔僧樹木石表識之。）

雲根島，在筆架山下。（東坡書"碧潭萬丈"四大字，刻其上。今不可辨。）

門限石，在山正南，水底通南岸。（以上舊志）

二島，分峙山之左右。《入蜀記》云：登雄跨閣，觀二島，左曰鶻山，傳有栖鳥，今無有；右曰雲根，島皆特起不附山，俗謂之郭璞墓。雲根島，一稱三島，又名石簰。《方輿勝覽》：金山前有三島，號石簰，俗稱郭璞墓，大水不能没。（《山水志》曰：《太平御覽》：《南徐州記》云：暨陽縣北九里，馬鞍山東有黄山，郭璞葬所。《晉書·郭璞傳》：璞以母憂去職，卜葬地於暨陽，去水百步，人以近水爲言，璞曰：當即爲陸矣。其後沙漲，去墓數十里皆爲桑田。郭《弘①農集》有《題墓》詩曰："北阜烈烈，巨海混混。纍纍三墳，唯母與昆。"璞蓋隨其母與昆俱葬江陰縣北近海，後人因之誤爲揚子江中云。《入蜀記》曰：俗謂郭璞墓。《方輿勝覽》曰：俗稱郭璞墓。明知其誤，以訛傳訛也。宋劉克莊、明沈周及日本使臣中心叟詩，認真嘲諷便迂。）

龍門，一名龍渦，在石簰前，其下爲中泠泉。

中泠泉（詳見"水"。金山，舊在江中，後南岸漲沙，漸與山連。今水涸時可步登石簰，中泠俱入沙中矣）。

金山城，國朝康熙元年建。故明楊文驄以僉都御史監京口軍時，吴浙七府解北糧以路梗存留京口者將百萬石，文驄建議留三萬石，築城金山爲守江計，諸生陳應昌力陳於形勢無補，弗聽。城方告竣，我朝大兵南下，平南伯劉忠鎮京口，令毁金山城，磚石發市上價。己②亥，鎮海大將軍劉之源奉命防海，復於金山築城，命三縣助工城之。（《康熙志》：後海疆安謐，城復撤去。咸豐癸丑，粤寇踞郡城，盡焚金山房屋，以其磚石築城爲負隅計。賊平後，僅存空塔一座，廢壘一圍。同治初，大吏措建寺宇。詳見"寺觀"及"宫室"。）

---

① 按："弘"，原作"宏"，避清諱改。兹徑改，下同。

② 按："己"，原作"巳"，形近而訛，因改。

金山寺，舊名澤心寺。（寺内諸殿宇，并詳“寺觀”。）玉帶橋（見“津梁”）。行宫、妙高臺、楞伽臺、玉鑒堂、浮金堂、迴廊、信庵、水陸堂、至游堂、雄跨閣、奎文閣、萬壽閣、江天閣、留玉閣、七峰閣、大藏閣、慈雲閣、文宗閣、化城閣、操江樓、印月樓、浴日樓、得月樓、海岳樓、浮翠樓、枕流亭、留雲亭、烟宇奇觀亭、吞海亭、雙塔、多寶塔（以上并見“寺觀”及“宫室”）。郭璞墓（辨詳“陵墓”）。

下元水府廟、韓蘄王廟、吉公祠、忠烈祠（并見“廟祠”）。

蘇公玉帶、東坡佛印二像、東坡與佛印手簡、東坡佛印銅像、新獲周鼎（并見“古迹”）。記述吟咏各碑（詳“碑碣”及“藝文”）。

焦山，在城東九里大江中，與金山并峙，相距十里許。（王豫《焦山志》作“十五里”）本名譙山。《通典》：丹徒有譙山戍。《太平寰宇記》：譙山戍，海口戍也。施元之《蘇詩注》：焦山，焦先所隱，故以爲名。《事物記原》：宋大中祥符六年二月四日，詔封焦山大聖祠爲明應公。今山中有大中祥符六年二月四日（《事物記原》年月小誤）《賜漢隱士焦光明應公敕》。（《蔡中郎集》有《焦君贊》，止詳其姓，名字俱不傳。《魏略》《高士傳》《道學傳》皆言焦先隱於魏受禪後。蔡邕於初平三年死獄中，見《後漢書》。邕所贊者决非焦先矣。然中郎未言焦君隱於何所，各傳亦不言焦先隱居譙山。《圖經》所云，不知何據；宋《敕》名焦光更不知何本。）（《山水志》）

山脉接京峴山，自京峴東北至馬鞍山、汝山、石公山（一名“象山”）入江，突起爲此山。嘗有善泅者没而捫之，石閾亘江底，俗呼爲門限石。冬月水落近岸，其石勢可驗。《郡志》稱，焦山兩獅形，石公兩象形，屹然相對。昔謂爲江漢朝宗於海之門户云。（《焦山志》）

雙峰山，有東西兩峰，故稱雙峰。（舊志云：以雙峰指後兩小山者非。）高四十七丈，周三里半。（《焦山志》）

亦名浮玉。（金、焦皆有浮玉之名。宋洪邁《金山佛殿記》云：金、焦兩山，崒然天立，鎮乎中流，皆有大蘭若岧嶢其上，古記謂紫金、浮玉者是已。浮玉處其左，航葦罕至，惟紫金超遥擅勝，是浮玉亦可專稱焦山。）（《山水志》）石刻“浮玉”者二：一在石屏側，一在三詔洞右。（金山祖師岩壁有之）（舊志）

别峰，東西兩峰間别出一峰，故名。（舊志云：或謂即華岩别峰相見處。）

海雲岩，一名獅子岩，在山南。焦仙嶺，在山巔。

觀音岩，一名觀音崖，在山西，下有善財石。（舊志云：在别峰下。）

棧道岩，山西麓達觀音崖之路。（舊志云：三詔洞旁，舊刻“棧道”數字，可睇。）

羅漢岩，在山西。宋理宗書“羅漢巖”三字，刻岩上。又有趙溍題名云：“咸淳①

① 按：“淳”，原作“涫”，避清諱改。兹徑改，下同。

壬申九月二十八日，長沙趙溍與客山陽陸秀夫、潼川袁埴、當塗朱華章、東嘉廉開、達公亮、建業湯德從、金榮、朱壁、蘄春朱玉國自金山來，弟涯、深、浦、侄孫璠侍隕之平章信偕。"

瘞鶴岩，刻《瘞鶴銘》處（《銘》見"碑碣"，詳"古迹"），在羅漢岩右。雷震岩石，墜於江，名"雷轟石"，一名"霹靂石"。岩上有唐丹陽掾王瓚自題所作《冬日游焦山》詩。又宋米芾題名云："仲宣、法芝、米芾，元祐辛未孟夏觀山樵書。"（《山水志》：仲宣，甘露寺僧，見米公《净名齋記》；法芝，金山僧，東坡有《寄法芝上人》詩。）又陸游題名云："陸務觀、何德器、張玉仲、韓无咎，隆興甲申閏月二十九日，踏雪，觀《瘞鶴銘》，置酒上方，烽火未息，望風檣戰艦在烟靄間，慨然盡醉。薄晚泛舟，自甘露寺以歸。明年二月壬午，圜禪師刻之石，務觀書。"

浮玉岩，在瘞鶴岩南。上有宋淳熙甲辰吴琚書《游焦山觀〈瘞鶴銘〉》詩。（以上《山水志》）

獨卧岩，在雙峰閣西。有羽士陳巢雲修真於此。（舊志）

石屏，與浮玉岩對，有宋吴傅朋書，下有醉石。（朱方公書）

石室，在瘞鶴岩下，晉傅先生隱處。（詳見"古迹"）

心經石，在山西側濱江。宋吴琚磨崖書"心經"其上。石裂，僧明湛移其半，置松寥閣中。（詳"碑碣"及"古迹"）

角抵石，在山北水際。二石對立，形似角抵。

陀羅尼經石，在霹靂石旁。（詳見"碑碣"及"古迹"）

鑽丹石，在瘞鶴岩旁。（傅先生遺迹，見"古迹"。）

綜纜石，在霹靂石東北。

釣魚臺石，在霹靂石側。

印石，在焦公洞下。風濤激蕩有聲，一名"音石"。

翠微石，在三詔洞上。

焦公洞，即三詔洞，在山西南。深廣幾二尋，以漢焦先三詔不起，故名。内有焦公像。（《傳贊記》，見"藝文"。）

青玉塢，在山東北隅最幽處。

碧桃灣，在山西北隅最幽處。

柳淤，即山東漲沙，雜生葦柳，故云。

燒丹井、禮斗壇（俱見舊志，不詳所在）。《焦山志》云："在焦仙嶺側。"

東泠泉，在山心經石之上，中泠泉之東，故名。（見"水"）

松寥山，乃山之餘支，東出爲二小峰，亦在江中。又名海門山，舊名海門關。唐時稱松寥、夷山。李白詩："石壁望松寥。"孟浩然詩："夷山近海濱。"皆指此。俗以松寥析而呼之者，誤。舊又稱海門國，蓋《華嚴》有善財參海雲至海門國事。宋釋了元因傅會其説耳。（《焦山志》）

海門、松寥、夷山分峙江中，若雙闕然，劉禹錫《渡揚子江》詩："海闊石門小。"《新唐書·韓滉傳》：滉建節潤州，造樓艦三千，柁以舟師，由海門大閲。馬令《南唐書·盧絳傳》：絳召募無賴少年，便習舟楫水道者，得馬雄、王川等軍數千人，立爲偏裨，使督卒伍，日習水戰，常於海門遮獲越人船舫鹵貨，獻於金陵。又稱海門國，宋釋了元有詩。（《山水志》）山多鷹鶻。（《山水志》云：此山多鷹，而金山前之鶻山反無鶻，亦事變之一也。）

焦山寺，舊名普濟禪院。（寺内諸殿宇及各庵，并詳"寺觀"。）

行宫、海雲堂、瘞鶴銘亭、吸江亭、佳處亭、仰止軒、壯觀亭、不波亭、問渡亭、大悲亭、四面佛亭、寶蓮閣、烟雲閣、觀音閣、伊樓、華嚴閣、留聲閣、木犀閣、月波臺、東升樓、夕陽樓、還石山房、飲江樓、江山偉觀亭、寶墨亭、飛仙亭、俯金亭、碍月亭、一漚亭、詩徵閣、書藏（阮太傅文達公元藏書處）、鎮山塔（以上并詳"宫室"）。焦公祠、忠節祠（二祠詳"廟祠"）。

古鼎、瘞鶴銘、定陶鼎、楊忠愍公墨迹、漢銅鼓（詳"藝文·詩"）。唐石佛（詳"藝文·詩"）、陀羅尼經幢、玉彌勒佛、古磁爐、竹杖、水陸畫軸、刻絲佛像。（以上并詳"古迹"）

京峴山，在城東五里。《通典》：丹徒有京峴山。《太平寰宇記》：《吴録地理》云：朱方（朱方，辨見"藝文"），後名谷陽。秦望氣者云其地有天子氣，始皇使赭衣徒三千人鑿京峴南坑，敗其勢，故云丹徒。王應麟《通鑑·地理通釋》："吴築城，因京峴，號爲京鎮。"乾隆壬午，高宗純皇帝南巡經此山，有御製詩（見卷首）。（山爲東大路，自山脚向東轉南，又轉東，上至山頂，计高七十八丈九尺奇。自山頂向東，至山脚，計二百八十九丈四尺奇，上下計長三百六十八丈四尺有奇，合工步二里十六步奇。其東北南折起爲包家山，又東北爲沙塘缺，其北折爲宗山。）

秦始皇馳道，《江南通志》：《金陵志》云：始皇三十六年，東游至金陵，斷山疏淮，由江東丹徒往會稽。

丹徒故城，在山下，今其地名丹徒鎮。《漢書》注：丹徒，即春秋云朱方。（辨見"藝文"）《括地志》：丹徒故城，在今縣東南十八里。《南徐州記》：秦始皇鑿處，在故縣西北六里，丹徒京峴山東南。（《山水志》）（京峴山南接釜頂山，北接汝山，爲城東險要。咸豐三年，粤寇踞城，至七年冬月收復。時余萬青提督駐軍此山，南北連營二十餘里，卒成克復之功。又鎮城復時，金陵尚未復，總統馮子材守城，分兵守丹徒鎮，就鎮作城。寇平，乃撤去。）

石頭五城，《新唐書·韓滉傳》：滉築石頭五城，自京口（即北固山下江口）至玉山，修塢壁，起建業，抵京峴，樓雉相望。

龍目湖（見"水"）。

夏禹王廟、蕭梁公主廟（見"廟祠"）。（舊志）

宋翰林學士蘇紳墓，在山西北原。（詳見“陵墓”）（《山水志》）

宋宗忠簡公墓，在山東北，夫人陳氏祔。（詳“陵墓”及“藝文”）（《山水志》）

雲臺寺，在花山灣，與宗忠簡公墓近，即公之功德院也。宋紹興間，岳忠武王建。（詳“寺觀”及“廟祠”，并“藝文”。）（《山水志》）

白石峴，《太平御覽》：《京口記》曰：去城九里有白石峴，又曰石峴，東連馬蹄山。（《山水志》曰：白石峴，今無其地，疑即京峴。）

花山，一名東山，在城東三里。

花山寺，在山下。（見“寺觀”）

李衛公園，在山下。（見“宫室”）

沈、王二公祠，在山西厲壇内。（見“廟祠”）

龜山，在北固山旁。（圖山下有巒，似龜形，亦名龜山頭。）汝山之西亦有龜山。（上有明墓，俗稱將軍墳。）（《焦東志》）

汝山，在城東北十里（《山水志》作“九里”）。與焦山對峙，俗呼西汝山，以别雩山。（舊志）《太平御覽》：《南徐州記》曰：丹徒縣東①九里，臨江有女山（同“汝”）。山東，許貢客刺孫策所也。《三國志·孫策傳》注：《江表傳》曰：策軍到丹徒，須待運糧，策性好獵，所乘馬精駿，從騎絶不能及。初，吴郡太守許貢，策殺之。貢奴客潛民間，欲爲報仇。獵日，卒有三人，即貢客也。策問：“何人?”答：“是韓當兵。”策曰：“當兵吾皆識之，未見汝等!”乃射一人倒，餘二人射策，中頰。後騎追至，皆即刺殺之。（《山水志》）其岡，東至丹徒鎮，爲東屏山；西至城，爲西屏山。又分幹有萬壽山、貞烈山、北山、黄葉山、中條山、袁山等名。（《焦東志》）

萬壽寺，在山下。（見“寺觀”）

宋陸忠烈公秀夫宅、趙安撫故宅。（并見“宫室”）

宋知濟州陳豫墓、中書侍郎劉逵墓、郎中俞康直墓、節度使謚忠壯魏勝墓，在山下漩水灣。（廟在蒜山。詳“廟祠”。）（以上并詳“陵墓”）（《嘉定志》）（《山水志》）

石公山，在城北九里濱江。《元史·世祖紀》：宋沿江制置使趙溍、樞密都承旨張世傑、知泰州孫虎臣等，陳舟師於焦山南北，阿术、阿塔海登南岸石公山，指授諸軍。又《阿术傳》：宋兩淮鎮將張世傑、孫虎臣以舟師駐焦山，阿术登石公山，望之，舳艫連接，旌旗蔽江，曰：“可燒而走也。”（《山水志》）

山形如雙象，一名象山，中有普賢洞、峨眉洞；上有韓公墩，相傳韓蕲王屯兵處。

① 按：“東”，中華書局影印本《太平御覽》卷四十六《地部（十一）》“女山”條作“西”。

（《山水志》）

石隱庵，在山下，面江。舊名普賢寺。（詳“寺觀”）

送江亭，在山上。（詳“宫室”）

防江軍營，《嘉定鎮江志》：開禧二年冬，楚州申敵犯清河，宜備江面，令閤門陳焕因、守臣待制宇文紹節募能水一千六百人，充本府防江水軍，於石公山之東置教場以練士卒。又守臣史彌堅創建威輔堂。（《山水志》）（象山下，沿江長一百五十丈，石骨嶙峋，風濤湍悍。冬月，漕河水涸，糧艘由丹徒閘河出口，逆流溯江而上，到此最爲艱險。道光二十一年，奉敕建堤以資牽挽，董其役者爲邑人顔崇禮，躬親相度，鑿其巉岩，平如砥掌。以大方石縱横叠之，不加灰飾，復留水門，以殺水勢。又横繫鐵纜於石，工極堅實，商民船皆賴之。）

小青山，一名我山，俗呼蝦蟆山，在象山東水田中，突起孤峰。

和山，在象山西南。

雩山，在城東三十里，見《南史》。上有昭應廟，俗稱東雩山，以别於汝山也。或傳宋武帝祖陵在焉。今不可考。（舊志）雩山（《山水志》曰：或云即候山陵，是宋武考妣所合葬。然《史》明舉二山，因分志，以仍其舊。詳“陵墓”）。

練壁里，在山下。一作“誎（音‘速’）壁”，一作“諫壁”，一作“澗壁”，一作“練辟聚”。（《宋書·趙皇后傳》：晉哀帝興寧元年，葬晉陵丹徒縣東鄉練壁里雩山。又《南史·宋趙皇后傳》：葬丹徒縣東鄉誎壁里雩山。誎，原注：一作“諫”，一作“練”。又馬令《南唐書·盧絳傳》：絳入金陵，詣後主上書，陳京口至澗壁宜立栅屯戍。又《史記·吴王濞傳》注：《括地志》云：漢吴王濞冢，在潤州丹徒縣東練壁聚北。）（以上俱《山水志》）

晉陵、宋興陵、熙陵、漢吴王濞墓、唐許渾墓。（俱詳“陵墓”）

流水院，在諫壁。有唐大中時所鑄鐘。（見“古迹”）

炮臺，在山下。（舊有二炮臺，馮詠有《東西炮臺記》，見“藝文”。今并爲一，置於此。）

候山，在城東三十五里。（見上“雩山”。《山水志》於“雩山”亦作“三十五里”。）

大瀆山，在城東三十里。

晉謝玄宅。（詳“宫室”）

小瀆山，在大瀆山東苦竹里。

吴横江將軍魯肅墓，在苦竹里。（詳“陵墓”）

華山，在城東六十三里。即樂府所謂《華山畿》者，上有神女冢（詳“陵墓”）。廣惠觀（見“寺觀”）。廣德王廟、張大帝廟。（見“廟祠”）

宋陵山，土人云，上有劉王墳，蓋劉宋之祖陵也。山有洞，曰觀音洞，洞左右壁數仞。右有天然石屋，廣二丈許，深可丈餘。山上有孔道，曰鄧家闕，土人訛稱丁家闕。此山或謂即大山也。

大山，在城東北四十里，大港鎮南。

道士山，在城東北六十里（《山水志》作"五十五里"）。

圌山，在城東北六十里濱江。《宋史·高宗紀》：建炎三年九月，諜報金人治舟師，將由海道窺江浙，遣韓世忠控守圌山。又《張世傑傳》：世傑與劉師勇諸將大出師焦山，敵載彀士以火箭攻之。世傑大敗，奔圌山，上書請濟師，不報。《元史·世祖紀》：十二年七月，張世傑、孫虎臣等遁走，追至圌山，獲黄鵠、白鷂之船數百艘，宋人自是不復能軍。又《明史·兵制①》：嘉靖三十二年，倭患熾，復設副總兵於金山衛，轄海②至鎮江，與狼山副總兵水陸相應。時江北俱被倭，於是量度③九江、安慶官軍守京口圌山等地。久之，給事中范宗吴言：故事操江都御史防江，應、鳳二巡撫防海。後因倭警，遂以④通常狼福諸路隸之。操江以故二巡撫得委⑤其責。操江又以向非本屬兵難遥制，亦漠然視之，非委任責成意，宜以圌山、三江會口爲撫操⑥分界，報可。又：嘉靖中，令鎮江圌山添設游兵，聽金山副總兵調度。吴時來《江防考》曰：京口西接石頭，東至大海，北距廣陵，而金、焦障其中流，實天設之險。江岸之防惟在京口，而江中置防則圌山爲最要。圌山屹立京口江中，有順江、扁擔諸沙爲之外護，舟行其間，僅通一路，矢石可及。况當江流自東而西而北，轉屈之間，層峰峭壁，俯瞰湍波，若屯設重兵，水陸協守，賊必不敢越此而西。今以其地險要，名爲圌山關。（按："圌"字，《唐韵》："市缘切。"《集韵》："淳沿切。"并音"遄"，與"篅"同。《説文》："判竹圌以盛穀也。"又是爲切音"垂"。《集韵》："山名，在吴郡。"此正謂京口圌山，宜讀作"垂"，乃上讀如"除"，或讀如"徐"，蓋轉音之訛耳。）（《山水志》）

山與五峰山相連，爲江口重鎮。有箭洞，南北通照，如箭所穿。山上有塔，明崇禎間吏部郎陳觀陽建。（舊志）

三茅行宫、東霞寺（并見"寺觀"）。横山龍王廟（見"廟祠"）。

明刑部郎中唐侃墓，在山下。（詳見"陵墓"）

五峰山，俗呼五尖山，與圌山接，實一山也。（舊志作兩山，誤。）

山有虎洞。北有紹隆寺（見"寺觀"）。

---

① 按："制"，《明史》卷九十一作"志"。

② 按："轄海"，《明史》卷九十一《兵志三》作"轄沿海"。

③ 按："度"，《明史》卷九十一《兵志三》作"調"。

④ 按：《明史》卷九十一《兵志三》"遂以"下有"鎮江而下"諸字。

⑤ 按："委"，《明史》卷九十一《兵志三》作"諉"。

⑥ 按："撫操"，《明史》卷九十一《兵志三》作"操撫"。

圖山寨，王存《九域志》：丹徒有圖山一寨。《祥符圖經》：圖山寨，在圖山下。《宋史·傅伯成傳》：圖山寨兵，素與海盜爲地，伯成廉知姓名，會郡都試，捕之①，無一逸去。獄具，請貸其死，黥隸諸軍。（《山水志》）

圖山營，雍正四年，江蘇巡撫張楷以圖山一帶爲鹽梟聚集之所，將簰灣駐扎巡江營守備，帶領千總一員、兵二百名，移駐韓橋，留水司營千總一員，駐簰灣，題准咨行。（《山水志》）

龍頭山，王象之《輿地紀勝》：在城東南半里。

鼎石山，在城東南三里。有塔，明季，由壽丘山遷此。

武烈帝廟，在山西。都天廟，在山下。（并詳"廟祠"）

程孝子碑，在山下運河口。（孝子名元德，丹陽人。道光元年四月，隨父行至河口，父失足墮水，孝子驚號赴救，俱死。翼日，抱父尸出，見者感泣。邑令王臺表以石曰：程孝子救父投水處。）（見"碑碣"）

報恩寺，在山西武烈廟側。上方寺，在山西北。（并見"寺觀"）

釜鼎山，在城東南四里。（"鼎"，舊志作"頂"。）

大覺寺，在山西。（詳"寺觀"）

三烈墓，在山下。（詳"陵墓"）

華蓋山，在城東南六里。

南唐吉王李從謙墓，在山南之望城岡。（詳"陵墓"）

焦石山，在城東南九里。（舊志云："在城南三里。"）

萊山，在城東南十里。

明諸生趙弼經墓，在山下。（詳"陵墓"）

白兔山，《太平寰宇記》：在城東南一十五里。

山神廟、報親庵。（并見"廟祠"）

宋集賢校理刁約墓，在山下。（舊志引《明一統志》云：刁約葬此，有白兔躍出，故今以名山，而其名已見《寰宇記》。《明志》、舊志俱誤。墓詳"陵墓"。）

唐山，在白兔山側。下有唐山莊，刁約所居。（見"宫室"）

秀山、娘子山，俱在城東南二十五里。（舊志：娘子山，在城東南三十里諫壁鎮之南，俗呼爲娘山口。）秀山，舊志名禿山。（注云："一作秀山，乃府基來脉。"）

馬迹山，在城東南三十五里。《道書》所謂"四十九福地也"。《咸淳府志》：東海道君參白馬老君傳授《相骨經》之所。（舊志云：上有青童君馬迹。）有黄龍、青龍二洞。《嘉定志》：馬迹山有靈洞，潜通華陽。黄龍洞中舊有石泉一掬，四時不竭，近頗止澀。青龍洞，巉岩嶔嵚。入其中，泠然風生。洞有大小石龍數條，挂石罅中，時出青霧，霧

① 按："捕之"，《宋史》卷四百十五《傅伯成傳》作"捕而鞫之"。

出即雨。一名馬蹄山。《太平御覽》：《京口記》曰：石峴東連馬蹄山，山上有石馬蹄迹①，因以爲名。（唐權德輿有《酬李二十二兄主簿馬迹山見寄》詩。）

葛稚川煉丹井（見“水”）。福地鎮福石（見“古迹”）。

紫府觀（詳見“寺觀”及“碑碣”）。夏禹王廟，在山東。（見“廟祠”）

宋資政殿學士林希墓，在山下。（詳“陵墓”）

後湖居士蘇庠墓，在山下金橋村。（詳“陵墓”）

丫髻山，在城東南三十五里。

明參戎冷之曦墓、遺民冷士嵋墓。（俱在山下，俱詳“陵墓”。）

嘉山，在馬迹山尾，與丫髻山近。龍池（見“水”）。

黄鶴山，在城南三里。《通典》：丹徒有黄鶴山。本名黄鵠山。《太平寰宇記》：宋高祖，丹徒人。潛龍時游竹林寺，每息於此山，常有黄鵠飛舞，因名黄鶴山。（舊志：俗名鴻鵠山。）改竹林寺爲鶴林寺（今竹林寺在夾山）。又《南史·隱逸傳》：戴顒，字仲若。世居剡中。宋國初建，元嘉中，徵并不就。衡陽王義季鎮京口，迎來止黄鵠山。山北有竹林精舍，林澗甚美，顒憩於此。義季亟從之游，顒服其野服，不改常度。爲義季鼓琴，并新聲變曲。文帝每欲見之，嘗謂黄門侍郎張敷曰：“吾東巡之日，當宴戴公山下也。”祝穆《方輿勝覽》：黄鶴山，一名戴公山。陳沂《南畿志》：黄鶴山，今名鴻鶴。

竹林寺，即鶴林寺。古竹院、夾山丈室。（并詳“寺觀”）

杜鵑樓。西園，爲韓蘄王花園，在山西。光霽亭。鴻鶴山莊，爲楊文襄公别墅，在山下。（以上并詳“宫室”）

杜鵑花、十三松。（詳“古迹”及“碑目”“藝文”）

古墨林（詳“宫室”及“碑目”）。寄奴泉、石蓮池。（并見“水”）

米公祠、周濂溪先生祠、尹和靖先生祠、陸忠烈公祠、張文貞公祠。（以上并見“廟祠”）

宋米芾父左武衛將軍、光輔母丹陽縣太君閻氏墓，在山下。（詳見《長山米元章墓志》及“陵墓”）

天鄉寺。雲禪師塔，在鶴林寺西。李華碑（詳“寺觀”及“碑碣”）。勝果寺（詳“寺觀”）。

磨笄山，在黄鶴山東南。戴仲若女磨笄於此，誓不適人，故名。磨笄石，在山頂。（見“古迹”及“列女”）

硯池山，在城南一里。

菊花山，在城南三里。今其上建觀音庵，土稱觀音山。

天福山，與菊花山相對，俗呼虎頭山。

---

① 按：“山上”句，中華書局影印本《太平御覽》卷四十六《地部十一》“馬蹄山”條作“山上石有馬蹄迹”，或是。

鳳凰山，在城南五里。

雲騰山，在鶴林門外。下有西岳廟（見“廟祠”）。

福田山，在城南五里。

洪山，在城南六里。

四望山，在城南十里，見《輿地紀勝》。俗名四面山（又名四瓣山）。宋樞密使高桂墓，在山下。（詳“陵墓”）

靈山，在城南四十里。

阿育王山，在城南六十里。

夾山，在城南六里。西有谷，曰夕陽窩。（舊志云：在城南四里。）

竹林寺，在山下。（《山水志》曰：晉時所建之竹林寺即鶴林寺，在黄鶴山北。此則襲其名耳。）

祖堂、鉗鎚室、卧佛樓、一佛居（并詳“寺觀”）。林公泉（見“水”）。

獸窟山，在城南七里。《元和郡縣志》：獸窟山，一名招隱山。（舊志謂招隱山東有獸窟山，今名獅子窟，是分名爲二。）即隱士戴顒之所居也。《太平寰宇記》：梁昭明太子曾游此山，讀書，因名招隱山。今石案古迹猶存。（《山水志》曰：明都穆《游名山記》：離黄鵠西南，行三里，抵招隱山。山以晉處士戴顒所居得名。或又以爲招隱謂梁昭明太子嘗讀書於此。予觀駱賓王《游寺》詩有云：“共尋招隱寺，初識戴顒家。”張祜《題寺》亦云：“千年戴顒宅。”乃知名山始於戴顒，其曰昭明者，殆非也。）

招隱寺，在山東麓。（初在山上，明時移建。見“寺觀”。）山上有招隱洞。

戴公宅、昭明讀書臺、增華閣、萬松關、玉蕊亭（以上并詳“宫室”及“古迹”“碑碣”“藝文”）。

昭明井、虎跑泉、鹿跑泉、珍珠泉。（并詳見“水”）

梁蕭綸銘、唐李德裕詩刻。（并詳“碑碣”）

獅子窟，在山上，即招隱洞。（《山水志》曰：本與招隱寺相屬，今寺移建，遂分爲二矣。）

宋秘書郎黄伯思墓、虞部豐有孚、駕部豐有亨墓、元都水監羅泌墓。（俱在山下，并見“陵墓”。）

迴龍山，在城南七里。（《山水志》曰：山與招隱山相接，故借淮南八公故事以名洞。）下有八公岩，一名八公洞。（舊志云：俗呼内監爲公，梁武帝太子讀書於招隱寺，有八内監随之。太子殁，八人皆焚修於此，故名。按：山中有八庵，庵有漢隱之名八公故事，當從《山水志》。）

平等寺，即八庵（見“寺觀”）。緑蓋樓（見“宫室”）。金牛池（見“水”）。

白龍岡，山在獸窟、迴龍兩山相夾處，由八公岩左通一徑里許，曰九兒灣。四山環合，石壁嶄然。明萬曆間楚僧奇然結茅其上，入一洞，得龍骨數石，始知有龍潛此中，蜕骨而去，因名白龍洞。山亦曰白龍岡。洞前一石屏，狀若蓮萼，故又名蓮花洞。

黄山，在城西南五里。下有高安寺（見“寺觀”）。

吴季子别廟，在山下。（詳見“廟祠”）

宋知海州陳汝奭墓，在山下之義里鄉。子知建康軍龍輔祔。

明總制繆大亨墓，在山下之經家灣。（兩墓并詳見“陵墓”）

峴山，一名小九華山，在城西南五里。

地藏寺，在山麓（見“寺觀”）。下有峴頂庵（見“寺觀”）。

明少師大學士楊一清墓，在山下。夫人段氏、胡氏祔。（詳“陵墓”）

峴山有東、西二峰，西峰爲大路，名峴山頂。東峰建地藏寺，土人因稱小九華。其峴頂西北隅叠石爲門，蓋昔人藏兵之所。咸豐六年，粤寇踞城，未滅撫軍。吉爾杭阿駐軍此山，連營而西，軍力不繼，死節。

檀山，在峴山北。

檀道濟廟，在山北麓。（詳“廟祠”）

宋湖州長史蘇舜欽墓，在山下之石門村。（詳“陵墓”及“藝文”）

宋尚書左丞鄧潤甫墓，在山下之下漁塘。（詳“陵墓”）

蠹齋先生、真州教授周孚墓，在山下。（詳“陵墓”）

馬鞍山，在城西南十五里。

宋延康殿學士王漢之墓、弟寶文閣學士涣之墓，俱在山下。（詳“陵墓”）

長山，在城西南二十五里。山周四十餘里，其别支諸山曰桃花山、鷄籠山、流山、漲山、東庫山、西庫山（土稱東固、西固）。

山下有分龍岡（亦名分流岡），山上有靈泉（見“水”）。

龍王廟，在山下。（詳“廟祠”）

宋禮部員外郎米芾墓，在山下。（詳“陵墓”及“藝文”）

宋度支郎中葛源墓、子主簿良嗣墓，俱在山下。（詳“陵墓”）

宋右僕射曾布墓，在山下。地名相公灣。（詳“陵墓”）

明太子太保大學士靳貴墓，在山下。（詳“陵墓”）

塔山，在長山南。上有周將軍廟（見“廟祠”）。南曰南塔山。

仙人山，在城西南四十里。

伏牛山，在城西南四十里。（《山水志》曰：《唐書·地理志》：潤州貢伏牛山銅器、鮮鮓。蓋金山亦有伏牛之名，非謂此也。銅器，如李肇《國史補》所云“揚州舊貢江心鏡”之類。）

獨山，在城西南五十里。

横山，在城西南五十里。山麓有横山寺（見“寺觀”）。

宋户部侍郎張顗墓，在山下。（詳“陵墓”）

青山，在城西南五十里。

白石山，在城西南五十里（舊志作“四十里”）。

曲陽山，在城西南六十里。中有曲陽泉（見“水”）。《後漢書·襄楷傳》：順帝時，琅邪宫崇詣闕，上其師于①吉於曲陽泉水上所得神書百七十卷，號《太平清領書》。注：今潤州有曲陽山，有神溪水。②（《山水志》曰：《嘉定鎮江志》云：考方志，京口境内無此山水名。今縣西南與句容接境之處有地名曲陽，以在句曲之陽爲名。其間有山，疑即曲陽山也。）

蒜山，在城西五里（舊志作“二里”）。《太平御覽》：《京口記》曰：蒜山，無峰嶺，臨江。魏文帝南望致嘆。《元和郡縣志》：山臨江絶壁，晉安帝時，海賊孫恩至丹徒，戰卒十萬，率衆登山，鼓噪動地。時宋武帝衆無一旅，率所領横擊，大破之。山多澤蒜，因以爲名。《宋書·武帝紀》：孫恩率衆數萬，鼓噪登蒜山，居民皆負擔而立。高祖奔擊，大破之，投巘赴水死者甚衆。《新唐書·李敬業傳》：敬業兵敗，與李敬猷、駱賓王等奔潤州，潛蒜山下。陸游《南唐書》：徐知諤鎮潤州。一日，游蒜山，除地爲場，連虎皮爲大幄，號虎帳，與賓僚會飲其中。一名算山。《太平寰宇記》：蒜山，陸龜蒙題曰算山，以周瑜、武侯議拒曹操，謀算於此，因以爲名。出《輿地紀勝》。（《山水志》曰：俗以山與金山相望，易名銀山，而别指山下一石迹爲蒜山，沿誤已久。《郡邑志》又以銀山爲土山，其誤滋甚。土山即北固山之稱，非指此。）山下有京畿嶺（舊志亦作“金鷄嶺”）。蒜山亭，一名二翁亭（詳“宫室”）。

沈德潛《游蒜山記》（見“藝文”）。好漢亭（詳“宫室”）。

褒忠廟，在山上（詳“廟祠”）。節孝祠（舊建於山之東北隅，今重建在德星宫左）。

銀山（實即蒜山，但土名已久，而舊志所載亦不可廢，故列之蒜山後），舊志云：在城西江口，舊名土山，以山形壁立，俗呼竪土山。避宋英宗諱，亦呼植土山。劉禹錫詩：“土山京口峻。”即此。（按：以蒜山爲銀山，一誤也；北固山，舊稱土山，而以銀山當之，二誤也；劉禹錫所指京口乃北固山下之浦口，而云即此，三誤也。）元時建寺其上，與金山對峙，易名曰銀山。上有般若院、銀山寺、三元殿（并見“寺觀”）。又名雲臺山，下有紫陽洞、清寧道院（張紫陽真人曾居此）、普陀岩、觀音洞（并見“寺觀”）。

《山水志》曰：雲山寺、聚明寺俱在山上，見《至順鎮江志》。今山巔有銀山寺、雲臺院，即此二寺之址。（詳“寺觀”及“碑碣”）

清寧道院，在山半。舊名西來庵。

玉皇殿，在山前。舊名拱真庵，旁有三元宫、關帝殿、大王廟、凌江閣（俱見

---

① 按：“于”，《後漢書》卷三十《襄楷傳》作“干”。

② 按：《後漢書》卷三十《襄楷傳》唐李賢注又云：“定州有曲陽山，有神溪水；海州有曲陽城，北有羽潭水；壽州有曲陽城，又有北溪水。而干吉、宫崇并琅邪人，蓋東海曲陽是也。”辨干吉得神書之所乃東海曲陽，非潤州之曲陽山。

"寺觀")。山上又有藥王廟、天妃廟、浮玉亭、與同亭。(見"廟祠"及"宫室")

以上各院宇，無論爲蒜山、爲銀山，俱毁於粤寇之亂。今自新立鎮江關，而上俱爲洋商樓宇。

孫楚别墅，在山下第一村。(見"宫室")

宋秘閣校理王介墓。(詳"陵墓")

宋都巡檢營，在山下。《至順鎮江志》：宋《長編》：大觀元年，於杭越之錢唐西興、揚潤之瓜州西津、淮口之盱眙臨淮，各置都巡檢一員，於江淮岸側置營屯守。

水軍營，在山東。《至順志》：宋祥符六年置，見《圖經》。

玉山，在城西江口。舊無玉山之名，以與金、銀兩山鼎列，故名。疑亦古蒜山界也。(舊志)

龍王廟，在山上。《方輿紀要》：玉山臨江聳立，上有龍王廟(見"廟祠")。超岸寺，舊爲玉山寺，在山下。(詳"寺觀")

鎮屏山(一作"正平")，在蒜山東，上有平等寺(見"寺觀")，下有潮音洞。

妙高峰，在陽彭山右山，陜會館後。

陽彭山，在城西一里。

東岳别廟，在山上(詳"廟祠")。招慶報慈寺，在山麓；登雲寺，在山西登雲門外(并詳"寺觀")。麗春臺，在山後。(見"宫室")

以上三山各寺宇，今亦燼於兵燹，但存廢壘數處。

獅子山，在城西二里。

寶蓋山，在城西四里。有三茅道院(見"寺觀")。

小華山，在城西十五里。山麓有白鶴觀(見"寺觀")。

長山、東庫、西庫二山("庫"，俗作"固"，見前城西南)。

五州山，在城西二十五里(舊志作"三十里")。《文選》顔延之《游曲阿後湖》詩①："望幸傾五州。"注："九州之地，宋得其五。或謂山名以此。"② 或云，曾布詩："海門西北起崇丘，絶頂參差見五州。"蔡肇詩："西升崇丘望，培塿見五州。"謂登山望見五州也。舊志云：晉宋之間，淮北遺黎僑寓江左，疑五州之民居此山左右，故名。(山生蘭蕙及茶。見"物産"。)

老人峰，在山巔。天鵝洞，在山上。木棋墩，在山下。

夕溪、卓錫泉、夕聽泉、鹿跑泉、千尺井。(并在山下，見"水"。) 日觀、卧雲二亭(見"宫室")。

梁武帝輦道，相傳武帝游此山，幸山寺。遺迹猶存。

---

① 按：詩題，《文選》卷二十二作《車駕幸京口三月三日侍游曲阿後湖作》。

② 按：《文選》卷二十二李善注："《尚書》有十二州，宋得其七，故謂此境云五州。"

顯慈寺，在山半；因勝寺，在山下（并詳“寺觀”）。翠岩室（詳見“宫室”）。

蘇公題字、笪侍御題額。（見“碑碣”）

宋秀國公陳升之墓，在山下。

京口轉運使蘇舜元墓，在山下。

司空蘇頌墓，在山北阜。

左丞王存墓，在山西之仙風里。

尚書蔣猷墓，在山西阜。（以上并詳“陵墓”）

彭公山，與五州山近。（舊志：在山麓。）

香山，在城西四十里。（山出白石，可爲坊表欄檻。見“物産”。）

香山寺（見“寺觀”）。

鐵爐山，在城西四十里。翟公泉（見“水”及“碑碣”）。

崇聖前、後兩寺（見“寺觀”。久圮）。宋秘書監翟思墓，在山下。（詳“陵墓”）

曹王山，在城西五十里。《嘉定志》作“曹山”。相傳曹武惠曾駐兵於此。舊志云：宋曹彬下江南，駐兵此山，故名。明成祖渡江亦駐山下，爲行朝一日。（同治初，有建議開礦者，府縣通詳永禁，立碑高資鎮。）

高驪山，在城西五十里。《太平寰宇記》：梁武帝《輿駕東行記》云：自覆船山、酒罌山南次高驪山。《名山志》云：昔高驪國女來此，東海神乘船致酒醴聘之，女不肯，海神撥船覆酒，流入曲阿，故曲阿酒美。（舊志云：語似近荒誕。）又《搜神記》云：諸葛恪爲丹陽尹，出獵於兩山之間，忽見小兒，衆慕之，諸參佐問之，曰：此事在白澤圖，曰：兩山之間，其精如小兒，曰傒囊。衆服其博識。（按：形如小兒者，土精也。又名白澤坳，見者益壽。）

一名句驪山，《通典》：丹徒有句驪山。山下有仙人洞，深可二丈。内有天然石、石案、石棋、石枰。東有大、小綉球二山，皆山别支。

覆船山，在城西五十里。（舊志：并高驪均作“城西南”。）一名覆舟山，舊志作“[illegible]船山”，《祥符圖經》謂之“匴船山”，又名酒罌山。《明一統志》亦以爲即酒罌山，然梁武帝《東行記》以覆船山、酒罌、高驪并列，則爲二山無疑。（山出黑石，用以取火。此山與香山相望，而石之黑白迥别。見“物産”。）

酒罌山，《嘉定志》云：亦名覆船山。① 誤。

崙山，在城西六十里。道家所謂三十八福地也。見《名勝志》。舊志云：山與句容交界，形家謂“西總金陵地脉，東發京口諸山，皆以此爲祖”。此山之左乃爲高驪山及長山也。又曰論山。（按：《嘉定志》作“崙山”，《至順志》别作“論山”②。）

---

① 按：《嘉定鎮江志》原謂“覆船山，亦名酒罌山”。

② 按：《至順鎮江志》卷七“山水”載：“丹徒縣，莫山，與崙山相近。”謂别作“論山”，未知何據。

莫山，與論山近。

龍洞、裴公洞、飛雲洞、飛龍洞、朝陽洞。（俱在金山）

象山洞。普賢、峨眉二洞，乾隆二十七年改普賢庵，僧曉庵重修（在象山）。道光間，僧了璞改建石隱精舍。（見“寺觀”）

觀音洞有五（一在金山，一在焦山，一在銀山，一在北固山，一在丁家闕宋陵山）。

三詔洞、焦公洞（俱在焦山）。箭洞、虎洞（俱在圌山）。

招隱洞（在獸窟山）、八公洞（在迴龍山）、蓮花洞（在白龍山）。

紫陽洞（在銀山）、潮音洞（在鎮屏山）、天鵝洞（在五州山）。

仙人洞（在高驪山）。

以上各洞，各見前本山下。

黄泥洞，舊志云：“即福慧寺，在銀山麓。萬曆二十四年建。”（今并寺，不知所在。）

甘露嶺（即龍埂，見“北固山”）。京畿嶺（見“蒜山”）。城内五嶺（見前）。

鼓樓岡（即府治前鼓樓下月華山所開大路，岡下當路方石，日久滑澤，高尺許，係岡石有根，非人所立，疑是鑿路時所留平準）。長岡（在京峴山下、丹徒鎮東一里）。

三里岡（二）：一在城南七里；一在城西六里。

望城岡，在城東南六里。夾岡，在城東南八里。

大塚岡，在城東南十五里。朱灣岡（在雩山下，諫壁鎮東南七里）。

丁岡，在城東南五十里。祖師岡，在城南磨笄山。

詐輸岡，在城西南十五里。（峴山下十里，本名遮水岡。土名詐輸，轉音之訛也。）

包家岡，在城南十里官塘東南。（咸豐三年至七年，粤寇踞城，提督鄧紹良駐軍於此。大帥和春、總統張國梁亦踵接分兵屯此。冬十一月，城復。）

西麓岡，在城南二十五里。古洞岡，在城西南四十里。

南岡，在城西南四十里。十里長岡，在城西南五十里。上有龍王廟（見“廟祠”）。棧岡，在城西南二十五里。

黄墳岡，在城西五里。樂亭岡，在城西三十里。

分流岡，在城西三十里（見前“長山”下）。乃長山過脉入五州山之峽。湯岡，在城西四十五里。

舊志云：邑人嚴元燮通形家言，謂京口形勢自茅山之麓落入平岡，行百餘里，崛起侖山，當句容與丹徒交界之處。自侖山而西行者，所謂建業千峰，龍盤虎踞，前代帝王之都會也。自侖山而東出者，爲高驪山，驪山東出爲趕船山，又爲青山，向東北行而起長山，綿延十數里，爲徒邑諸山之冠。長山出爲馬鞍山，落入平岡，過白馬莊，走冒家店、流水鋪、秀山、萊山。過運河，起釜頂山，至京峴山，臨江東去者，至丹徒鎮，其逆轉而西者爲北固，乃郡城之屏障。北固之陽，則府治立焉。其至京峴山而北者，則汝山、象山及江心之焦山也。又有自白馬莊分支而北者，則爲迴龍山、白龍山、大峴山、黄山、寶蓋山、銀山、玉山以及江心之金山也。又有自大峴山分支而北者，曰黄鶴山、磨笄山、天福山、夾山、菊花山、鳳凰山，諸峰羅列，爲郡邑之朝拱焉。再溯其根，則由長山而北者，爲五州山；由長山而南者，爲塔山、桃花山、東庫山。又其初自青山分出者，爲白石山、仙人山、伏牛山以及丹陽之白鶴山；又其中自白馬莊東行者，有丹徒鎮南之白兔山，諫壁鎮西之雩山，由是而東南行者，爲馬迹山及丹陽之旱經山、黄連山、沈山、管山，以至孟河之巴豆山。又於其東北行者，迤邐及於横山、圌山、五峰山，爲郡城之鎖鑰，所謂圌山關也。附識備考。

按：此條舊志注於“圌山”下。

丹徒縣志卷二終

丹徒縣志卷三

輿地六　川 大江　潮汐并表　洲浦

川叙

京口連岡三面，跨據大江，歷代戰守之策無不恃爲天險，往籍可覆按也。《元和志》載江闊十八里，今則南岸沙漲，江闊止七里半。古今形勢，豈可盡同？潮汐早晚應乎月行。《嘉慶志》主"先至後至"之説，《康熙志》主"寅申卯酉"之説，固未若考之天度，合之道里，以月出月入之時刻，定潮之生長平退，爲可據乎？沿江圩岸至洲浦林立，坍漲靡常，利之藪，亦争之端也。其新舊諸名及官牘之有關係者備列焉。志川。

大江，在縣西北。江心與揚州府江都縣分界，西自炭渚起，上接江寧府句容縣界，下至匡家橋港丹陽縣界，計長一百三十里。（今以工部營造尺步之，由西津渡口上至炭渚，長五十里有奇；下至匡家橋港，長七十二里半，計共長一百二十二里奇。）《元和郡縣志》：京口，江舊闊四十餘里，今闊十八里。（姜宸英《西津義渡記》曰：往時京口與揚子橋對岸。瓜洲，特江中一洲耳。後瓜洲以北淤漲，與揚子橋連，南岸直對潤州，江身益狹。）《蔡寛夫詩話》：潤州大江，本與揚子橋連，瓜洲乃江中一洲耳，故潮水通揚州城中。（李紳詩："鸕鷀山頭片雲晴，揚州城裏見潮生。"）今瓜洲與揚子橋連，自揚子橋距江尚三十里，山川形勢固有時遷易也。（參舊志、《山水志》）（按：今瓜洲坍没而北者數里，而南岸沙漲，直至金山江心。自沙上用句股法遥測之，江闊一千三百五十二丈，是爲七里半有奇。然則瓜洲未坍、南岸未漲時，初闊十八里，既闊十里，今止七里半者，瓜洲數里之坍，不敵南岸漲沙之廣也。）亦名京江，又名丹徒江。徐堅《初學記》：長江有别名，則有京江，江帶郡縣以爲名，則有丹徒江，一名揚子江。《揚州府志》：揚子江，在儀徵縣南。（按：儀徵，唐時爲揚子縣。）《元和志》謂"春秋朔望，有奔濤"。《太平寰宇記》曰"京江水"。干寶《晉紀》：魏文帝臨江嘆曰："固天所以限南北也。"《論衡》：儒書言伍子胥恨吴王，驅水爲濤。今會稽錢塘、丹徒江皆立子胥祠，欲止其濤也。亦稱曲江，枚乘《七發》：客曰：將以八月之望，與諸侯遠方交游兄弟并往觀乎廣陵之曲江。李善注：《漢書》：廣陵國屬吴地。（按：曲江或曰錢塘江，然本文明曰廣陵，《選》注明曰吴地。）一名北江，《初學記》：《漢書·地理志》：江至徐陵爲北江。又《荆州記》云：東北至南徐州，名爲北江而入海也。吴淑《賦注》：《南徐州記》：京江，《禹貢》：北流也，闊漫三十里。有大濤，聲勢駭壯，至江北激赤岸，尤爲迅猛。桑欽《水經》：沔水分爲二：其一東北流，其一又過毗陵縣北，爲北江。酈道元注：《地理志》

曰：毗陵縣，舊會稽之屬縣丹徒縣也。北二百步有故城，本毗陵郡治。去江三里，岸稍毁，遂至城下。城北有揚州刺史劉繇墓（見“陵墓”）。淪於江。江即北江也。江至金山分爲三瀆。《至順鎮江志》：《水記》：揚子江，南零水第一。《太平廣記》：李德裕使取金山中泠水。蔡祐《竹窗雜記》：石簰山北謂之北瀆。（按：此三瀆謂南零、中泠、北瀆，字不同，爲義則一。餘詳後“中泠泉”。）

《史記·吴王濞傳》：吴兵奔條侯壁，大敗。吴王乃與其麾下壯士數千人渡江，走丹徒。

《太平御覽》：謝承《後漢書》曰：吴郡沈豐爲郡主簿，太守第五倫母老，不能之官。倫每至臘節常感戀垂泣，遣豐迎母廣陵，母見大江，畏水，不敢渡。豐祭神，令子孫對母飲酒，因醉卧便渡。

《續漢書》：張禹拜揚州刺史，當過江，行部中土人皆以江有子胥之神，難於濟涉，禹厲聲言曰：“子胥如其有靈，知吾志在理察枉訟，豈危我哉？”遂鼓棹而過①。

《三國志·吴書·孫權傳》：魏文帝出廣陵，望大江曰：“彼有人焉，未可圖也。”裴注：干寶《晉紀》曰：吴人臨江爲疑城，自石頭至於江乘，卓以木楨，衣以葦席，加采飾焉，一夕而成。魏人自江西望，甚憚之，遂退軍。又《徐盛傳》：盛建計從建業築圍，作薄落圍，上設假樓，江中浮船。文帝到廣陵，望圍愕然，彌漫數百里而江水盛長，遂引軍還。又《步騭傳》注：《吴録》曰：步騭表言：“北降人説北人多作布囊，欲以盛沙塞大江。”吴主曰：“此曹必不敢來，若不如孤言，當以牛千頭爲君作主人。”後有吕範、諸葛恪云：“每讀步騭表輒失笑，此江與開闢俱生，豈有可以囊塞理也？”

《晉書·祖逖傳》：逖渡江，中流擊楫而誓曰：“不清中原而復濟者，有如大江！”又《苻堅傳》：堅曰：“吾將薄伐南裔，以吾之衆投鞭於江，足斷其流。”太子宏曰：“晉阻險長江，未可圖也。彼若憑長江以固守，徙江北百姓於江南，增城清野，杜門不戰，我已疲矣。”

《太平御覽》：《三十國春秋》曰：劉裕次山陽，聞何無忌敗績，卷甲兼行。將濟江，而風急，衆咸難之，裕曰：若有天命，風當自息；如天不助②，舟覆溺，何足可怪！即命登舟，舟移而風止。

《宋書·五行志》：文帝元嘉二十六年二月，幸京口，有黑氣暴起，占有兵。明年，魏南寇，至瓜步，飲馬於江。

《南史·陳後主紀》：禎明三年，隋將賀若弼攻下京口，緣江諸戍望風盡走，分兵斷曲阿之衝而入。又《孔範傳》：隋師將濟江，群臣請爲備防，後主未決，範曰：“長江天塹，古來限隔，豈能飛渡？”

① 按：“遂鼓棹”句，中華書局影印本《太平御覽》卷六十《地部二五》“江”條引《續漢書》作“遂鼓而過”。

② 按：“如天”句，中華書局影印本《太平御覽》卷六十《地部二五》“江”條引《三十國春秋》作“如其天不助”。

李肇《國史補》：揚州舊貢江心鏡，五月五日，揚子江中所鑄也。

《通鑑·唐紀》：德宗建中四年，淮南節度使陳少游聞朱泚作亂，修塹壘，繕甲兵。浙江東西節度使韓滉繕館第，修塢壁，以備車駕渡江。少游發兵三千，大閲於江北。滉亦發舟師三千，耀武於京江以應之。又興元二年，議者言韓修石城，陰蓄异志。李泌上章，請以百口保滉。上即下泌章令，韓皋謁告歸覲。皋至潤州，滉感悦，即日自臨水濱，發米百斛，送至江上，冒風濤而遣之。

《宋史·高宗紀》：紹興八年五月，詔鎮江府募横江軍千人。又《劉光世傳》：高宗在揚州，金兵掩至天長，倉卒渡江，命光世爲行在五軍制置使，屯鎮江府，控扼江口。又《王德傳》：劉光世鎮京口，以德爲都統，制金兵復南。光世退保丹陽，德請以死捍江。又《解元傳》：韓世忠治兵於京口，解元隸其麾下。金人攻浙西，世忠邀其歸路，以海艦横截大江。金人出小舟數十，以長鈎扳艦。元在别舸躍入敵舟，以短兵擊殺數十人，擒其千户。又《虞允文傳》：金人趨瓜洲，時楊存中、成閔、邵宏淵諸軍皆聚京口，不下二十萬，惟海鰌船不滿百，戈船半之。允文謂遇風則使戰船，無風則使戰艦。數少，恐不足用，遂聚材冶鐵，改修馬船爲戰艦。命張深守滁河口，扼大江之衝；以苗定駐下蜀爲援。允文與存中臨江按試。又《韓世忠傳》：太乙孛堇軍江北，兀术軍江南。世忠以海艦進泊金山下。明旦，敵舟噪而前，世忠分海舟爲兩道，出其背。兀术謂諸將曰："南軍使船如使馬，奈何?"募人獻破海舟策。閩人王某者，教其舟中載土，平版鋪之，穴船版以擢槳，風息則出，江有風則勿出，海舟無風不可動也。又《劉寧止傳》：寧止言："京口控扼大江，爲浙西門户，請分常州、江陰軍及昆山、常熟二縣隸本司，庶防秋時，沿江號令歸一，可以固守。"又《王埜傳》：埜知鎮江府，以守江尤重於淮。瓜洲一渡甚狹，請免鎮江水軍調發，專一守江，置游兵如吕蒙所言，蔣欽將萬人巡江上，增創水艦於揚子江，習水戰。又《文天祥傳》：元兵至鎮江，天祥與其客杜滸十二人入真州，苗再成出迎曰："今先約淮西兵趨建康，以通、泰兵攻灣頭，以高郵、寶應、淮安兵攻揚子橋，以揚兵攻瓜步。吾以舟師直搗鎮江。同日大舉合攻瓜步之三面，吾自江中一面薄之，瓜步既舉，以東兵入京口，西兵入金陵，要浙歸路，其大帥可坐致也。"天祥大稱善，遺書二淮閫，因間未果。

《長編》：嘉定十五年，知鎮江府趙善湘教浮水軍五百人，以黄金沉之江，使探得者輒予之，於是水藝極精，能潛行水底數里。又製多槳船五百艘，無問風勢逆順，捷疾如飛。赤馬、白鷂二大舟，每舟可載二千人。

《元史·兵志》：至元二十七年，江淮行省平章布連吉岱言："揚州、鎮江、建康三城，跨據大江，士民繁會，置七萬户府。"從之。《順帝紀》：十四年，命平章政事也先帖木兒討沿江賊，立鎮江水軍萬户府，命江浙行省右丞佛家閭領之。

《明史·吴良傳》：良從徐達克鎮江，進鎮撫守丹陽。張士誠兵出馬馱沙侵鎮江，巨艦數百，溯江而上。良戒嚴以待。太祖親督大軍禦之，士誠兵循追至浮子門，良出兵夾擊，獲卒二千。又《楊文驄傳》："以兵備副使分巡常、鎮二府，監大將鄭鴻達、鄭彩軍。及大清兵臨，文驄駐金山，扼大江而守。擢巡撫，兼督沿海諸軍，乃還駐京口，合鴻逵等兵南岸，與大清兵隔岸相持。大清兵編大筏，置燈火，夜放之中流，南岸軍發炮石以爲克敵也，日奏捷。大清兵乘霧潜濟迫岸，諸軍始知，倉皇列陣甘露寺，鐵騎衝之悉潰。文驄走蘇州。（以上《山水志》）

潮汐，舊志云：潮之長落來去，以月爲準。每月初三日哉生明而潮大，十八日哉生魄而潮亦大。每日太陰出地入地之時而一至，故日有早晚二泛也。月出每日漸遲三刻有零，故潮亦每日漸遲。大約月出時一至，月入時又一至，此一定之理。且近海者先至，遠於海者後至。舊志（指《康熙志》）“寅申卯酉”之説未確，今不録。（按：以月爲準及先至後至之説良是。然以鮑《志》之説爲未確，則非鮑《志》時刻與《鎮江府志》同，《府志》載有三説，前後兩説於時刻中雜以更點轉難爲準，中一説詳記時刻，自朔至晦，甚爲可憑。所未加詳者，月行天之度與潮來之遲速遠近耳，故時刻稍有不符。又《江陰縣志》云：“潮之入内，來三時，去三時。”其説精矣。而論潮平之時刻亦太早，蓋由未考天度、未察月行未合道里故也。今以潮汐之應月與其長落平退之時刻度分詳志之，表於後。）

潮汐之來，自朔至晦，每一晝夜兩生兩退，無時或爽，皆準乎月。月出，地平而潮生；中天而潮平，過中而潮退，將入而潮盡。至地平則潮又生，入地而中天，則潮又平，過中則潮又退；出地而平地，則潮又生，逐晝逐夜，循環不息，一隨乎月行之時刻也。月行之時刻奈何？嘗觀虞氏説《易》，以日月爲象，月受日光，盈缺有定，其言曰：“月以三日出，震見庚，謂哉生明見于西方而偏南也；八日，兑象見丁，謂上弦見于南方而偏西也；十五日，乾象盈甲，謂望時見于東方而偏北也。此前半月皆候于初昏者也。十六日，巽象退辛，謂既望見于西方而偏北也；二十三日，艮象消丙，謂下弦見于南方而偏東也；三十日，消乙入坤，謂晦時月在東方而偏南也。此後半月皆候于平旦者也。”又曰：“晦夕朔旦，坎象合戊，離象流巳，謂晦朔之間，月與日同在中央也，蓋即合朔時也。”今準此，以定潮汐，以地合天，以水應月，毫髮不爽，真定則也。夫日月合朔，是爲月之初一，其出而平地也，在東方卯位，其時亦卯時；其入而平地也，在西方酉位，其時亦酉時，故兩潮亦以卯酉應之。（合朔十二時，皆有不拘卯酉。然既合朔，則爲月之初一，而月之出入則必在卯酉時。）此後至望，月行漸遲。其出而平地之時，由卯而辰，而巳，而午，而未，而申；其入而平地之時，由酉而戌，而亥，而子，而丑，而寅，故兩潮亦漸遲，而以諸時應之。（時凡八刻，每刻十五分，每時一百二十分。月行遲日行，每日十二度奇，每一月，則遲三百六十度，又與日會而合朔矣。其每時遲日一度零，合時刻只四分耳，十二時，計四十八分，是爲三刻三分，每日遲三刻三分而出地，故潮來亦遲此數，入地汐至亦同。）既望則爲月之十六，其出而平地也，在東方卯位，與初一同，而其時則爲酉；其入而平地也，在西方酉位，亦與初一同，而其時則爲卯，故兩潮亦以卯酉應之，而與初一同也。此後至晦，月行亦漸遲，其出而平地之時，由酉而戌，而亥，而子，而丑，而寅；其入而平地之時，由卯而辰，而巳，而午，而未，而申，故兩潮亦漸遲，而以諸時應之。自既望至晦，亦皆與由朔至望同也，此定時所以可合表也。故候潮者，可以仰觀而得，如虞氏所謂月初三見庚者，庚在申位，而見于申必入於酉，故潮生酉刻，入於酉必出於卯，故潮又生卯刻也；又如所謂十五日盈甲者，甲在寅位，月出於此，故潮生寅刻，而出於寅必入於申，故潮又生申刻也。餘仿此推之。

潮汐生於海上，若道里距海漸遠，須漸遲刻分，然月行天與水行地俱甚迅疾，梅氏定九曰："地行二百四十餘里，而過天一度（今測以二百里當天一度）。"古以周天三百六十五度，又四分度之一。今整齊入算，定爲三百六十度。（自元曆至今皆如此，梅氏嘆爲千古卓見。）準此，則月上天中，距地平九十度，以今法每度當地二百里算之，潮當行一萬八千里。而鎮江距江陰縣百餘里，江陰距黃浦江海口三百餘里（見《江陰志》），是距海只四百餘里，海潮之至不過月遲二度，每度當時刻四分，不過八分（八分爲半刻許）。海上潮生半刻後即至鎮江矣。又考九江以上漸無海潮，此蓋因地勢漸高，與上流諸水相抵故也，非潮行數千里而遂不往也。況瀛海極東，遼闊莫紀，則又安知潮非來於萬里外乎？兹以鎮江潮汐生長平退應月時刻立表於後：

	月出地平 （潮生）	月上天中 （潮平）	月斜將入 （潮盡）	月入地平 （潮生）	月下地中 （潮平）	月斜將出 （潮盡）
月朔 月既望	卯　酉 初一刻三分	午　子 初一刻三分	申　酉 正一刻三分	酉　卯 初一刻三分	子　午 初一刻三分	寅　申 正一刻三分
月二 月十七	卯　酉 正初刻六分	午　子 正初刻六分	酉　卯 初初刻六分	酉　卯 正初刻六分	子　午 正初刻六分	卯　酉 初初刻六分
月哉生明 月十八	卯　酉 正三刻九分	午　子 正三刻九分	酉　卯 初三刻九分	酉　卯 正三刻九分	子　午 正三刻九分	卯　酉 初三刻九分
月四 月十九	辰　戌 初二刻十二分	未　丑 初二刻十二分	酉　卯 正二刻十二分	戌　辰 初二刻十二分	丑　未 初二刻十二分	卯　酉 正二刻十二分
月五 月二十	辰　戌 正二刻	未　丑 正二刻	戌　辰 初二刻	戌　辰 正二刻	丑　未 正二刻	辰　戌 初二刻
月六 月二十一	己　亥 初一刻三分	申　寅 初一刻三分	戌　辰 正一刻三分	亥　己 初一刻三分	寅　申 初一刻三分	辰　戌 正一刻三分
月七 月二十二	己　亥 正初刻六分	申　寅 正初刻六分	亥　己 初初刻六分	亥　己 正初刻六分	寅　申 正初刻六分	己　亥 初初刻六分
月上弦 月下弦	己　亥 正三刻九分	申　寅 正三刻九分	亥　己 初三刻九分	亥　己 正三刻九分	寅　申 正三刻九分	己　亥 初三刻九分
月九 月二十四	午　子 初二刻十二分	酉　卯 初二刻十二分	亥　己 正二刻十二分	子　午 初二刻十二分	卯　酉 初二刻十二分	己　亥 正二刻十二分
月十 月二十五	午　子 正二刻	酉　卯 正二刻	子　午 初二刻	子　午 正二刻	卯　酉 正二刻	午　子 初二刻
月十一 月二十六	未　丑 初一刻三分	戌　辰 初一刻三分	子　午 正一刻三分	丑　未 初一刻三分	辰　戌 初一刻三分	午　子 正一刻三分

月　十　二 月　二　十　七	未　　丑 正初刻三分	戌　　辰 正初刻六分	丑　　未 初初刻六分	丑　　未 正初刻六分	辰　　戌 正初刻六分	未　　丑 初初刻六分
月　十　三 月　二　十　八	未　　丑 正三刻九分	戌　　辰 正三刻九分	丑　　未 初三刻九分	丑　　未 正三刻九分	辰　　戌 正三刻九分	未　　丑 正三刻九分
月　十　四 月　二　十　九	申　　寅 初二刻十二分	亥　　巳 初二刻十二分	丑　　未 正二刻十二分	寅　　申 初二刻十二分	己　　亥 初二刻十二分	未　　丑 正二刻十二分
月　　望 月　　晦	申　　寅 正　二　刻	亥　　巳 正　二　刻	寅　　申 初　二　刻	寅　　申 正　二　刻	巳　　亥 正　二　刻	申　　寅 初　二　刻
	月出地平 （潮生）	月上天中 （潮平）	月斜將入 （潮盡）	月入地平 （潮生）	月下地中 （潮平）	月斜將出 （潮盡）

右表按刻分候之不爽，欲知汛之大小，但看潮生卯酉之期，其汛最大，逐日而小。至子午則最小，又以次而大，至卯酉又最大也。（初三、十八，潮生卯酉，所以謂之大汛。）

沙洲。（江心及南北岸俱多漲沙，始則栽葦，繼可成田。然坍長無常，屢多遷變，或昔有而今無，或昔無而今有，横斜方直，不一其形；南北東西，不定其處。舊志所載，僅存故名，已難核實。今復年久，彌無考證。楊棨《山水志》曰："沙洲，時没時長，其名無定，多不勝載，祇載有故實者，然亦僅存古事，而今之各洲迄無登記。"兹以古有今無者録於前，以現存者列於後，用昭詳盡。）

（江中多沙，初自水底漲而出水，謂之塗泥地；已而生小黄花，謂之黄花雜草地。自黄花變而生蘆葦，則爲良田。蔡佑《雜記》：京口江中沙田户，每歲旦，收一瓿以秤水。水重，則是年江水大；水輕，則江水小。歲歲不差。見《至順志》。）

中洲，《晉書・蔡謨傳》：領徐州刺史，遣龍驤將軍徐玄等守中洲。洪亮吉《東晉疆域志》云：當即新洲左近洲也。

新洲，《通鑑》：孫恩聞劉牢之已還新洲，不敢進而去。注云：洲在京口西大江中。《南史・宋武帝紀》：帝伐荻新洲，見大蛇長數丈，射之，傷。明日，復至洲裏，聞有杵臼聲，往覘之，見童子數人，皆青衣，擣藥①，問其故，答曰："我王爲劉寄奴所射，合藥②傅之。"帝曰："王神何不殺之?"答曰："劉寄奴王者不死③。"帝叱之，皆散，仍收藥而反。又：桓玄舉兵東下，司馬元顯遣劉牢之拒之。帝參其軍事，玄至，帝請擊之，牢之不許，遣子敬宣請和。玄克建業，以牢之爲會稽内史，牢之懼，竟縊於新洲。（梁武帝詩："新洲花似織。"）

長命洲，《太平御覽》：《郡國志》曰：潤州長命洲，梁武帝放生處。後魏使李諧來

① 按："擣藥"，《南史》卷一《宋本紀上第一》作"於榛中擣藥"。
② 按："藥"，《南史》卷一《宋本紀上第一》作"散"。
③ 按："劉寄奴"句下，《南史》卷一《宋本紀上第一》尚有"不可殺"云云。

聘，武帝問曰："彼國亦放生否?"諧曰："不取，亦不放。"帝大慚。

胡豆洲，鮑《志》及舊志皆云未詳所在。《南史·羊鵾傳》：侯景於松江戰敗，惟餘三舸，下海欲向蒙山。會景晝寢，羊鵾語海師："此中何處有蒙山，汝但聽我處分。"遂直向京口，至胡豆洲，景覺，大驚，問岸上，云："郭元建猶在廣陵。"景大喜，將依之。鵾拔刀叱海師，使向京口。景欲透水，鵾抽刀斫之，景走入船，鯤以矟刺殺。(《至順鎮江志》亦云：丹徒縣，胡豆洲，未詳所在。《山水志》曰：《太平寰宇記》：胡豆洲，在海陵東南二百三十八里，東西八十里，南北三十五里。上多流人，煮鹽爲業。梁太清六年，侯景敗走，將北過此洲，爲王僧辯軍人所獲。據此，此洲在海陵東南海中，不在丹徒，存以俟考。)

貴洲，在樂亭浦北。《太平御覽》：《京口記》曰：嘉子洲西一里得貴洲，周迴四十里許，上多有居民。昔魏文帝伐孫權至此洲，南望曰：彼有人焉。而退，因名曰貴洲。《隋書·郭衍傳》：開皇十年，衍從晉王廣鎮揚州，遇江表構逆，命衍爲總管，領精鋭萬人先屯京口，於貴洲南與賊戰，敗之，生擒魁帥，大獲舟楫、糧儲以充軍實。(駱賓王《渡瓜步江》詩："鳴榔下貴洲。")

嘉子洲(見上)。

譚家洲，在北固山下，海鮮河外。楊陸榮《三藩紀事本末》：鄭成功於順治十六年己亥七月抵焦山，集諸將議曰："瓜鎮爲金陵門户，宜先破之。"乃會僞右提督馬信、前鋒鎮統領余新奪譚家洲。僞材官張亮督善泅者斬斷滚江龍，僞兵侍張煌言會僞水師提督羅蕴章候滚江龍。既斷，進據瓜洲上游，焚奪滿洲木城。成功與甘輝、翁天佑等直搗瓜洲。城破，其譚家洲及滿洲木城俱潰。成功令僞援剿左鎮劉猷守瓜洲，餘皆渡江，趨鎮江。我提督管效忠以步兵駐守銀山，騎兵移當大路。成功以銀山迫府治，爲必争之地，引兵奪之。效忠北鎮江，守將高謙降成功，以周全斌、黄昭守之，屬邑皆下。甘輝進曰："斷瓜洲，則山東之師不下；據北固，則兩浙之路不通。但坐鎮此南都，可不勞定也。"不聽，率師薄金陵。八月，由儀鳳門登陸屯岳廟山。大軍以千騎來薄，僞前鋒鎮余新擊敗之，遂輕敵，不設備。我副將梁化鳳偵知之，由儀鳳門穴城出，薄新營，新不及甲，遂就擒。成功急令翁天佑馳援，已無及大兵，遂以步卒搗其中堅，以騎兵繞山後，出其背，前後夾擊，成功大敗。諸僞將各潰走，甘輝且戰且走。至江，騎能屬者三十人被執。九月，成功還師，攻崇明，不下。十月，還島。

國朝都司羅明昇墓，在譚家洲。今淪於江。(詳"陵墓"及"廟祠")

東浦，亦謂之潤浦。《元和郡縣志》：在縣東二里，北流入江。隋置潤州，取此浦爲名也。

西浦，鮑《志》、舊志均未詳所在。《一統志》：在城西。唐張籍有《西浦》詩。

《太平御覽》:《郡國志》曰：金陵西浦亦云碩[1]口，即張碩捕魚遇杜蘭香處也。《太平寰宇記》:《南徐州記》云：京口舊名碩口。《異苑》云：交州阮郎，晉永和中出都，至西浦泊舟，見一青衣女子，云："杜蘭香遺信，托如君子。"郎愕然，云："蘭香已降，張碩何以敢爾?"女曰："伊命年不修，必遭凶危。敬聞姿德，志相存恤。"郎彎射之，即馳牛奔轂軒，游霄漢。郎尋被害。

北固浦，在北固山下。舊志云：廣一百八十丈，有海涵河、柳溪橋，今廢。(京口本指此浦口而名，後因以京口爲鎮江之統稱。)

下鼻浦，在城西十里[2]。東有憩賓亭。《圖經》云：《輿地志》：吴置刺奸屯。晉郗鑒嘗置兩壘於浦西。(舊志：北入江，以壘爲小墩。)

樂亭浦，在下鼻浦西七里。(舊志云：《吴書》所謂薄落也。王濬爲瀆浦亭，北有貴洲。)

洪信浦，在樂亭浦西。

徒兒浦，在城東二十里。《藝文類聚》:《京口記》：縣城東南大路，過長崗五里，得屠兒浦者，昔諸屠兒居此小浦，因以爲名也。葉廷珪《海録》：徒兒浦，在丹徒。秦始皇將徒人過此，因名。(按：此所謂縣城，即今丹徒鎮，鎮東有長崗，下臨江。)

茅浦，《隋書·吐萬緒傳》：劉元進作亂，江南以兵攻潤州，帝徵緒討之。緒率衆至揚子津，元進至茅浦，將渡江，緒勒兵擊走，因濟江，背水爲栅。明旦，元進來攻，又大挫之，賊解潤州圍而去。(舊志未詳所在)

申浦，《新唐書·韓滉傳》：滉建節潤州，以舟師由海門大閲，至申浦乃還。(《嘉定鎮江志》[3])(按：申浦，在江陰界，以春申所封之地得名。)

徐浦，《方輿紀要》：齊建元初，以魏人入寇，沿江置戍，分置一軍於徐浦，即徐陵也。

夾灘，《元史·董文炳傳》：文炳兵駐鎮江，張世傑等陳大艦碇焦山下。文炳乘輪船突陣，諸將繼進，宋師大敗。世傑走，文炳追至於夾灘。世傑收潰卒，復戰，又破之，遂東走於海。

珠金沙，《元史·本紀》：至元十二年七月，宋趙溍、張世傑、孫虎臣等陳舟於焦山南北，阿术分遣萬户張弘範等，以撥都兵船西掠珠金沙。

以上古有今無之洲。

三江口，在圌山下。(此處江面爲東西沙洲斷處，南北岸相距三十里。北岸，江都境。)明蕭明美請置江南鎮，守海口。疏臣按：鎮之守禦單弱异常，江頭有水兵一營，不

---

① 按："碩"，中華書局影印本《太平御覽》卷七十五《地部四十》"浦"條引《郡國志》作"項"。
② 按："十里"，《至順鎮江志》卷七"浦·下鼻浦"條作"十八里"。
③ 按：《嘉定鎮江志》卷六"地理(山川)"未見有申浦。出處疑有誤。

滿三百；陸營兵不滿千。圌山在本郡之極東，爲三江口。設有把總一員，兵亦不過千數，分汛設防，尚恐支抵不給，一旦强寇擁至，何以應之？且吴越之民儇巧而健悍，善於操舟，當阽危水火之時，爲偷生旦夕之計，賊衆一至，勢必乘機，又何以應之？臣稽，在昔秦璠、王艮爲亂，出没江沙。兵部議置總兵官駐節鎮江剿之，已而盜平，相沿不革。至嘉靖二十九年，始有御史趙錦建言罷設。夫罷以無事，在昔誠不爲過，而設以有事，在今尤不可遲，則總兵之應復，似無容再計矣。然有將必有兵，臣謂宜募土鋭，兼募浙勇，多則三千，少則二千。又於本衛軍按册屯種者，核屯課軍，不但練得軍勇，抑且稽察屯糧，或可以補召募之窮耳。至議設餉，臣按：練餉二百六十餘萬，原爲增兵二十餘萬而設，奈兵已成點鬼，而餉竟付填溪業已有日。今議添兵，即以江南四府之所出者量移而給之，不愈於虚擲之無用乎哉？或又虞添兵未免擾民，不知兵之不戢，衹以將之不良。是在擇一廉勇威望之將以膺其任，令水陸各營將士并歸統轄，新舊操練，壁壘一新，宛爲天塹築一長城矣。

太平洲，在圌山下，三江口東。縱長八十餘里，横闊二十餘里。其東北爲通州泰興縣境，東南爲常州府武進縣境，西北爲揚州府江都縣及甘泉縣境，南爲丹陽縣境。惟西南爲丹徒縣境，中分數洲（詳見後）。其自西至東，從三江口分流，江面窄狹，或三五里，或一二里不等。對岸自大路鎮起，過姚家橋、匡家橋，直與常州孟河口相望，而止六邑連界。（咸豐十年，寇據丹陽時，兩淮轉運使喬松年以太平洲爲江南、江北之閫限，檄令洲人團練，自保身家，兼衛江北。洲人乃互相聯絡，不分畛域，晝夜巡防，一有驚動，闔洲齊至。賊擾南岸，屢窺欲渡。洲人收盡船隻，又潛渡南岸，斬其木筏，如是者數年不倦，至金陵復後乃撤。）

樂生洲（即太平洲首段，爲丹徒官洲）。

寶晉洲（即太平洲次段，爲寶晉書院公洲）。

育嬰洲（即太平洲三段，有頭墩、二墩、三墩、扁担沙數處，爲育嬰堂公洲）。

德興洲（即太平洲裏段，上有八旗官産）。

細民洲、永安洲、復生洲、請佃洲（俱在太平洲）。

蔣家沙（在太平洲東南，爲寶晉書院及金山寺公洲，與丹陽縣界相接，與太平洲隔水）。

新漲輪船沙（與蔣家沙隔水。今議爲寶晉書院、太平洲書院及洲之保嬰局、金山寺四分公産。現可種蘆，尚難成築）。

太平書院（同治初，新設在太平洲龍王廟。詳見“學校”）。

恤嫠洲，在南岸姚家橋東。（爲恤嫠會所公洲）

闢門洲，在南岸丹徒鎮東。

順江洲，在三江口西，圌山下。對岸首段名荷花池，西至鞋溪。對岸中，半爲江都縣境。（解爲榦《事迹詩鈔·白沙詩》注云：白沙，離郡城東北陸程九里，水程九里，計十八里。去丹徒鎮、諫壁、孩溪、大港，俱隔江十餘里不等。又名開沙，以洪荒初闢即有此沙也。又名大沙，以中衡爲二，有大小沙之别也。又名長沙，以計長六十里，横亘三十里而名之也。曰白沙者，相傳隋煬帝幸江都，宫人晾粉於沙，雪練數十里而名之也。自明成、弘間，海若爲灾，日漸淪没，沙尾崩坍，僅存四十餘里。東北對江復增順江洲，周四十餘里。北界南新洲，皆大沙崩土所漲沙之舊。族分徙兩洲，順江屬丹徒，南新屬江都。)

還沙、補沙（二沙昔爲裕隆洲，既坍復長，故名還、補）。其北爲江都境。

小沙，在丹徒鎮西對岸焦山下。坍没已盡，只餘一綫。

連山東洲，即焦山東本山執業之洲，洲有三段。乾隆四十年，咨題捐歸焦山，永作公田以奉香火。嘉慶間，又經詳定，以餘灘歸僧，上價承買，以作香火。

佛感洲，在焦山北對岸。其北爲江都境，中有楊忠愍公祀田六十畝。（以上二條見《焦山志》）

連城洲、益課洲（俱在焦山北對岸，中分爲江都縣境）。

金山新沙，在金山西南兩面。金山舊在江心，南面無沙。今漲沙直連南岸，山南竟不通舟楫。水涸登山，可以徒步。

鮎魚套，在金山西南五里。山西之沙，舊與簰灣江岸相對。其形首大尾小，故名鮎魚套，爲商船往來停泊之所，江闊二三里不等。今西沙漲連南岸，舟不能通，亦難停纜。同治八年，當事開新河一道，上接老鸛河南岸，築堤以資行舟、收泊之便；下接金山河。（金山本無河，近因沙與山連，自山西江水刷沙成河一道，由西而南，而東入於江，因而浚之，亦爲商船艤泊之便。）光緒三年，河漸淤淺。（常鎮道沈敦蘭倡首捐，廉復開。有記。）

永固洲、永豐洲、定業洲（俱在金山西十餘里，俱屬丹徒縣境）。

世業洲，在高資鎮對岸，距金山三十里。（丹徒縣境）

青沙洲，在世業洲西十里。（丹徒縣境，半坍。）

炭渚，在城西五十里，有炭渚驛。（過此而上江洲，爲儀徵縣境；江岸大路，爲句容縣境。）

以上現存各洲，全坍者不載。（按：縣册沙洲分爲三段，曰：上洲、中洲、下洲。自鮎魚套而西，謂之上洲；自焦山至圌山，謂之中洲；自圌山三江口而東，謂之下洲。其中長坍不一，今或存，或不存，兹備録於左存考。）

上洲：永固洲、定業洲、永固邊洲、永新洲、徵人洲、還青洲、青沙洲、連青洲、天生洲、世業洲、世業官洲、新沙官洲、七里港洲、小心厘洲、對屏洲、天凝洲、邊新洲、補業洲、黄泥洲。

中洲：益課洲、廣元洲、補生洲、補生新洲、御隆洲、棗核釘洲、連山東洲、連城洲、草鞋夾洲、廣新洲、天生洲（其二）、還順洲、基沙洲、伏原洲、接界洲、天補洲、順東洲、東城洲、伏順新洲、代糧洲、補額洲、還原洲、連順洲、順江洲、接界官洲、歸公洲、順江新洲、東興洲、順安洲、廣順洲、補順洲、還沙洲、補沙洲、上伏新洲。

下洲：德興洲頭段、德興洲二段、德興洲三段、德興洲四段、補東洲、補壽洲、育嬰洲、德興洲（又）、永安課（上、下）段洲、細民北岸頭二三墩洲、細民南岸四五六墩洲、勝凝洲、永安洲、長凝洲、伏生洲、伏興洲、長生洲、伏新洲、抵額洲、山北港洲、寶晉洲、寶晉官洲、寶晉新洲、樂生洲、樂生民洲、樂生官洲、樂生東西南北四沙洲、和尚洲、請佃洲、老額洲、三茅庵洲、中下沙洲。

明唐順之《洲田記》：古者與天下爲公而泉布其利，然山川林麓天地之産，金石、鉛錫、萑蒲、魚鹽、蜃蛤、鳥獸、翎革之瑣細，莫不爲之厲禁。而名山大澤雖封諸侯而不以及者，非自封殖也，懼夫利孔不窒，而爭獄滋繁，則是以其利人者爲人害也，其慮可謂深矣。丹徒環江爲邑，沿江上下多有蘆洲，其爲利甚巨，而新故之洲時没時長，故不入版籍，而人據以爲私。每一洲出，則大豪宿猾，人人睥睨其間，畢智殫賄，百計求請，或連勢人以摇官府，必得乃已。及不可能，則仇其得者而相與爲私鬥。甚者構亡命，挺矛矟，隱賊公，哄於叢葦高浪之間，相殺或數十人，官司逮捕輒反覆解脱，獄案滿筐篋，積十數年不可結絶，故洲之爭未已，而新洲之爭又起於是。丹徒之視蘆洲，如懸疣枝指之著體，非特其懸與枝而已，且痛連於骨髓而怵於心，畜爲瘇蠱，不治日深。而丹徒綰水陸之口，厨傳日費數十金，謂之班支郡邑；公私筵燕，諸所狼藉，歲費且數千金，謂之坊支。閭里騷然苦焉，不可以已也。莆田林侯既莅郡，日夜問民所利病，除所不便，深知班坊苦民，而未有以處也。適會有洲田之訟，於是慨然諭於衆曰："吾欲祛兩害以興兩利，可乎？且夫古者山澤之利，其權一歸於上，而今擅於下。古有遺人掌客道路委積賓旅廪餼之奉，其費一出於官，而今役乎民。權宜歸於上者而擅於下，則孔漏；孔漏者啓奸而人以殃。費宜出乎官者而役乎民，則斂重；斂重者積蠹而人以貧。今若一切反此二弊，使擅乎下者歸之於上，役乎民者出之於官，塞其漏孔，而蠲其重斂，因天地之贏以濟人事之乏，收豪民之腴以代貧人之瘠，是蘆洲之果爲兹邑利也，而又何病乎？"衆懽然曰："侯議是。"侯又以丹陽水陸之衝與丹徒同而并，練湖田爲豪民所擅，與蘆洲同，思推所以處丹徒者處丹陽也，乃并二議以請於巡撫公，巡撫公是之；請於巡按公，巡按公是之。既得請，於是痛繩其豪之爭洲者與其侵湖者，而歸之官，而兩邑廢寺之田附焉。總洲與湖田、寺田之所入，而勾其贏縮以代班坊，故時之所出，裁其濫而存其不可已者，於是出入之數大略相均。以嘉靖癸卯九月而計籍成，如其籍而行之，遂以爲故事。邑人既深德侯，而恐後之人不能守侯之法也，而又恐豪者惡是之病，已而欲壞之也，相率請於邑令茅君，而鑿石以記。凡洲田與寺田之在丹徒者，爲畝共五千三百九十五，歲入租一千九百擔有奇，易金可若干兩。蘆薪，歲易金可百兩。山薪，歲易金二十六兩，以代故時班坊之所出，定其額，凡爲金四百兩。而羡凡湖田與寺田之在丹陽者，爲畝共三千四百五十有奇，歲入租一千七百擔有奇，易金可若干兩。湖魚，歲易金可二十兩，以代故時班坊之所出，定其額，凡爲金四百兩。而羨藏其羨以待歲收之所不及，而間出其羨以賑凶飢。自癸卯九月至乙巳五月，總羨金九百八十二兩，米千五百九十擔有奇，其纖悉列於碑陰，其區畫出入，則計籍具存。林侯，名華，字廷份。篤志古道，爲政一本經術。余嘗爲序其口義者，其惠愛在民多可書。兹以記洲田也，故不及。

國朝馮詠《蠲免坍江田賦記》（見“恤政”）。

同治八年九月，江蘇巡撫丁公日昌改定丈期，永禁丈費，碑記示爲奏定蘆洲田地變通丈期、嚴禁丈費，出示勒石，永遠遵守事，照得江蘇省沿江、沿海沙洲林立，坍漲靡常，定例五年一丈，坍則報豁，漲則報升，法至善也。無如日久弊生，或望水以升科，或留糧而待補，沙棍因之把持豪强於以兼并。而書差、洲保人等明知此弊，故每屆大丈之期，倡爲丈費名目，隨丈徵解，得規照舊造報，無錢則立限，比追内外上下，各書吏按股均分，地方官亦從而染指，往往前丈之費未已，後丈之費又來，以百姓有限之脂膏，何堪此無窮之朘削！本部院民依念切，是用惻然，即經會同爵閣督部堂，曾附片奏明准部議，復改爲十年一丈，庶爲期較寬，閭閻永免夫騷擾，而因時復勘坍漲，仍有所稽查。第恐吾民四郊散處，未能周知，合行出示勒石，曉諭爲此示，仰各廳州縣沙洲業佃人等知悉。自此次造報後續，屆十年大丈之期，凡舉報坍漲者，照例勘丈，造具圖册，詳咨升除；其無坍漲者不必重行丈量，并不必另造圖册，以免擾累。至丈費名目，永遠革除。如地方官吏、差保董事人等仍藉稽查欺隱爲名，將并無坍漲之地通行丈量及需索丈費者，許即據實稟辦。嗣後如有坍漲，爾等亦須隨時呈報，毋得隱匿影射。自貽伊戚，總期共沾樂利，永絶弊端，毋負本部院與民休息之意。稟遵特示：一、每屆十年大丈之期，如有呈報坍漲者，照例勘丈，造具圖册，詳咨升除。一、腹裏洲地如無坍漲者永免大丈。一、丈費名目，永遠革除。如有仍前索取者，許即據實稟辦。一、望水升科，預埋争占之根，最爲惡習。嗣後如有新漲，必須變成泥草各灘，方許繳價買受。若係水影光灘，不准報買，以杜訟源。一、各洲遇有坍没，應隨時呈報豁糧，不得再有留糧待補名目，以爲影射地步。一、報買新漲若干，務將價銀照數呈繳地方官，以便釘交執業。不准報多繳少，及赴司道府州衙門繳價，以免罩報之弊。

輿地七　城　新城　壕　城及壕各里步

城叙

先王體國經野，築城以衛民，浚池以衛城，雖在僻壤，莫不有崇墉屹如，壯其形勢，矧其爲運河入江之要道乎？按《志》，吴築京城，又於京城内築子城；唐於其外加土城。城凡三重，而夾城之在城内者不與焉。《嘉慶志》參錯書之，苦無端緒。今一一别出其名稱興廢，開卷而秩然在目。金湯之固，其繇此乎？志城。

郡城，《嘉慶志》云：即吴京城，古丹徒西鄉之京口里（詳前建置）。晉僑治徐、兖二州於此，後爲南東海郡城，寄治郯、朐、利城三縣。宋因之，屬南徐州，以郯縣爲附郭，邑有實土。齊仍宋舊。梁爲蘭陵郡城。陳復爲東海郡城，郯縣附郭不改。隋時，州郡并廢，以故郡城爲延陵縣，屬江都，遂廢丹徒入延陵。唐復改隋延陵縣爲丹徒縣，屬潤州丹陽郡，是爲丹陽郡治，丹徒附郭自唐始。《吴志·宗室傳》：孫河屯京城。河被殺，孫韶收餘衆，繕京城，起樓櫓。《晉書·郗鑒傳》：劉徵聚衆抄東南諸縣，鑒城丹徒討平之，齊志京城，因山爲壘，望海臨江。（二條據楊棨《京口山水志》增補）《建康實録》：孫權於朱方築城，因京峴山，謂之京鎮；又因門，謂之京口。《正德志》：城周九里有十三步（按：今測定爲十二里四十八步），高二丈六尺。至正十六年，明太祖以元帥耿再成守鎮江，依舊址重築。洪武元年，指揮宋禮請於朝，甃以磚石。（按：《山水志》引《至順鎮江志》云：元初，凡郡之有城郭者皆撤而去之，以示天下爲公之義。）《府志》：萬曆十二年，知府吴撝謙於府後附城築垣，與城齊，以衛府治。（明李一陽《修夾城記》：吾潤有城，莫詳所始。自吴大帝築子城，控扼南北，號曰鐵瓮。規制宏壯，爲建業藩籬。迨今則已湮没於荒坵斷隴、荆棘草莽間，莫可問矣。高皇帝師入建康，命泗國耿武莊守潤，益樹支輔以遏東兵。武莊請因六朝舊城稍斂之，甃以磚石。自是雉堞巍然，稱江南最，乃府治獨當城東北。世廟末，島夷亂海上，俄突至潤，當事者計無所出，倉卒驅丁壯築斷北固嶺，距城自守，賴國家威靈，賊旋遁去，得無事。癸未夏，臨川吴公自南比部尚書省郎、天子佩以二千石印綬來守潤。甫入境，環城四顧，嘆曰：“王公設險以守國，自古記之。矧潤當南北衝途，襟帶江海，天下一日有事，必先諸郡受兵，奈何使城無屏蔽？府治孤危，爲异日患，且坐令傖人子日夕從高墉窺我虚實，無忌憚心。”即日上書部使者，請得出帑金築内垣以預桑土。部使者大是其議，公遂檢帑中兵費及四府協濟餘資，約以百金召工，指授擘畫。環府治後，因故城垣築石垣，起東西角樓，計長二百一十丈有奇，高可丈計。左右構鈐閣如角樓制，扁其東曰日精，西曰月華，諸守陴邏卒往來行夾道中。外有所憑以拒敵，而内不得以窺府治，遠近望之，若重城然。公名撝謙，字汝亨。登隆慶辛未進士。）二十一年，周圍城垣復加高三尺，迤北附垣增建虚臺，一與北固山相對。（按：虚臺即十三門，見後。）我大清康熙元年，鎮海將軍劉之源修。雍正元年，鎮海將軍王釴重修。（王釴《重修郡城記》：釴欽承簡命，來駐於鎮，遂有督修城垣之役。是役也，承修之員爲原任翰林院侍讀學士惠士奇、原任直隸布政使司楊紹、原任兩淮鹽運使司范廷謀也。三人先後至，而急公趨事以次有加，余忝任督修，得相資贊助者，有副都統朱公廷桂、彭公珠。其監修之員，則常鎮道僉事王之錡、駐防協領王景佩、吕熺、理事同知賈紹聞暨防禦韓文斌、李文榮、勾夢熊也。櫛風曝日，誠不以況瘁辭。至鎮江府知府毛德琦、鍾昭、知丹徒縣事張廷煌、顔紹怡，悉屬守土襄事之員，例得并書。城故周圍十三里，高准二丈九尺，殘缺幾遍。今相度經營，若者拆造，若者補修，自城墻以迄四門月城、北門夾城，合二千八百四十餘丈，而無一可遺。其女墻一千四百一十五座，及内外瓮城十座，樓八座，水關、水門樓各二座，角樓二座，亦折補兼舉而新者倍之。又添置望江樓一座，平臺一座，栅欄二十二座，更鋪四座，尤全城守禦所必資。凡此或垂廢而改築，或既圮而更新，或久湮而復建，不一轍也，而鞏固無殊軌。其城之四門：東曰朝陽，西曰金銀，南曰虎踞，北曰定波，仍舊名也。門各二重，獨於西而三之以重。濱江捍衛，更別立一小門，通其輻輳，而分其雜遝，因舊制，亦宏舊規也。通計力作十六萬，工需資四萬有奇。肇修於雍正己酉之秋，至乙卯夏而城始完備，費無虛冒，役無科派；料不苦窳，工不偸縮，爲時久而程工亦倍密矣。）《康熙府志》：城東門二重，曰朝陽；南門二重，曰虎踞；西門三重，曰金銀，夾城向北增設一小門；北門二重，曰定波。水關二，曰南水關、北水關，各起麗譙於上。（以上除增録二條外，餘俱見《嘉慶志》。）道光二十一年，海疆不靖，紳民請修郡城，高其樓櫓。明年六月，㖞舶突至，毀女墻，焚麗譙而去。越一年，邑令王德茂率邑紳捐金重修。咸豐三年，粤寇據郡城，洞穿府治後垣，沿龍埂築堞，上至山頂。又自山西沿江築城，西至運河口，沿河轉南，至西城外門，爲負隅之計。大帥和春、總統張國樑、提督余萬青築長壕困之。由石公山東起，迤邐而南，而西，至高資港止，彎環數十里，圍而攻之。七年冬，寇退城。復常鎮道喬松年督辦善後，以新城足資西北藩蔽，請仍之。督臣入奏如所議，乃并新舊城修之。同治八年，權郡守蒯德模請修新舊城垣，并通江關河，經常鎮道沈秉成詳定，檄邑令汪坤厚會邑紳士鳩資重修，立石甘露寺。（以上新增）

子城，一名鐵甕城，在郡城内。《嘉慶志》：《方輿勝覽》：鐵瓮城，吴孫權所築。杜牧詩自注：潤州城，孫權築，號鐵瓮。《永樂府志》：唐《圖經》：古謂之鐵瓮者，謂堅固若金城湯池之類。劉禹錫詩云："鐵瓮郡城牢。"注云："潤州城如鐵瓮。"見韓滉《南征記》，其説與《圖經》小异。《讀史方輿紀要》：郡有子城，周六百三十步（《康熙志》云：高三丈一尺），即三國吴所築，内外皆甃以甓，號鐵瓮城。晋郗鑒、王恭鎮此，皆更爲營繕。南唐末，刺史林仁肇復修之。（按：繕修各役應兼郡城言之。）程大昌《演繁露》：潤州城，古號鐵瓮城。人但知其所喻以堅而已。然瓮形神狹，取以喻城，似爲非類。乾道辛卯，予過潤，蔡子平留宴於江亭。亭據郡治前山絶頂，而顧子城雉堞緣岡，灣環四合，州治諸廨在焉。員深之形正如卓瓮，始知喻以爲瓮者，指此城也。（據《山水志》增補）《方輿紀要》：子城，門四：東曰望春（後名東海），南曰鼓角，西曰欽賢。北門在府治後，名未詳，今廢。（以上除增録一條外，餘俱見《嘉慶志》。）

東西夾城，《方輿紀要》：東西夾城，共長十二里有奇。（按：夾城在郡城内，蓋子城之兩翼也。觀門名及"夢溪在朱方門外"之文，則兩夾城内爲地亦自無多，不應長十二里，疑有訛誤。夢溪，見"水"條。）唐太和中觀察使王璠築。《正德志》：高三丈一尺，唐築。（進士桑梓《記》，今不存。按：《康熙志》作"桑華《記》"。）東夾城門：南曰建德，後改曰朱方；西曰清風。西夾城門：東曰千秋，後改曰鐵瓮；西曰崇化，後改曰高橋。今廢。（《嘉慶志》）

土城，一曰羅城，郡城之外郭也。《正德志》：唐土城，周二十六里十七步，高九尺六寸。乾符中，周寶再加修築。（《嘉慶志》）《嘉定志》：《通鑑》：乾符中，周寶爲鎮海節度，築羅城。城周迴二十六里十七步，高九尺六寸。（《山水志》）《永樂府志》：城門舊十有二，東二門：北曰新開，南曰青陽；南三門：東曰德化，正南曰仁和，西曰鶴林；西二門：南曰奉天（《山水志》云：一號"通吴"），北曰朝京（宋淳熙戊申，郡守張子顔改曰還京）；北三門：西曰來遠，東曰利涉，次東曰定波。（按：以上僅十門，各志皆同，未詳其説。）後僅存八門：青陽、登雲、還京、鶴林、仁和、通吴、利涉、定波。宋嘉定甲戌（按：以下見《至順鎮江志》），郡守史彌堅作新門七：曰通津、甘露、跨鼇、東山、虎蹲、放鶴、馬巷。（宋史彌堅《重修土城記》：南徐會府，軍民廬井，星列棋布。子城僅周，府寺而外無羅郭。舊嘗築垣設門，簿示禁防自禦，前分屯七軍，十有七寨。其倚郭者，各爲門以便出入，而居民參錯，千徑萬隧，散無有紀。郡之西北直際大江，無復横草之限，剽劫闤闠，往歲薦有鼠聚鳥散，踪迹易失，爲守者蓋通病之。將大築其城，則役巨費廣，熟視而莫敢議；將補其疏闕而羅絡之，則東罅西隙，漫不得其要領，因循廢弛，以至於今。余來守是邦，深惟重閉之議，目營心度，念之不忘。會有旨開浚漕渠及歸水澳，乃以餘力疏甘露港，鑿轉般，護倉壕，引水環於西北屆水之所，止而立之門，曰通津。循水而東，作門於北固亭之北，曰甘露；亭之南曰跨鼇。於是向之際江而往來者，始有限制，遂周視其餘而經理之。凡舊城之圮者，墻而塞之；因軍民之便，相地勢之宜，作新門於其所必由之塗。其旁軼挺出不可墻者，西南則廢薛家池門，溝斷之而門其兩端，曰東山，曰虎踞；稍南則撤鶴林東籬門，垣屋之而更其名曰放鶴；東南則廢妙喜寺土門，保伍之而移其門於馬巷，因之爲門曰馬巷門。前軍夾刺門及搭材隊門，幽僻特甚，奸宄所囊索也，則又溝之，以絶其所趨；後軍北草門與東土門相比，則塞之以歸於一。蓋新作之門七，廢者五，諸軍穿垣而出，因之以爲城門者十有一。前軍曰東山門，曰東寨門；後軍曰馬軍東土門，曰花山門，曰東寨門，曰南寨門；中軍曰南土門；左軍曰西水門，曰南寨門；右軍曰高山門；游弈軍曰西山門。城之舊門見於《圖經》者八：東曰青陽，南曰通吴，曰仁和，西南曰鶴林，西曰登雲，曰還京，北曰利涉，曰定波。凡門二十有六，悉置州兵司，啓閉以譏何之，然後异户殊轍，涣焉四出，莫不會歸於經涂。雖未能增高浚深，壯金湯之勢，然昭明限閾，使民有所底止，視昔固有間矣。夫申關譏謹封守，守郡之常職也，而廢置之自則不可以不嚴。既以其事聞之於朝，兹庸詳書，俾來者有考。）咸淳中，已廢其五。今所存者仍十有二：東曰青陽（去府治二里），南曰南水、通吴、仁和、中土（并去府治八里），西曰登雲（去府治八里），北曰定波（去府治八里），西南曰鶴林、放鶴（并去府治七里），西北曰還京（去府治七里），東北曰利涉（去府治一里）、通津（去府治四里）。惟登雲、通吴、鶴林、還京舊有樓，今皆廢。（《嘉慶志》）《方輿紀要》：唐周寶築城，其東曰青陽門。光啓三年，寶自青陽門出走常州是也。其西曰登雲，南曰通吴，又東南曰朱方，今烏鳳嶺上有朱方門舊迹，而南水門曰利涉。（《嘉慶志》）（按：此條頗多謬誤，以可見東夾城舊迹存之。）

新城門名。新城，初止西正門（即金銀門，門外橋口别有寨門）及濱江横橋門、得勝門而已。十餘年來，開有多門，緣大江運河往來濟渡及居民取水，因地制宜，不容已也。今除正西門原附郡城外，爲門凡十有八：曰西角灣門，曰東角灣門，曰京口驛門，曰盛家巷門，曰袁公義渡門，曰錢家馬頭門，曰浮橋門，曰鹽店巷門，曰李家渡口門，曰通津門（以上濱運河），曰姚一灣門，曰小營盤門，曰道家巷門，曰横橋門，曰得勝門，曰新城閘水門，曰甘露門（以上濱江），曰中埂門（龍埂上）。

測量新舊城里步。同治四年，蘇省測繪輿圖較準工部營造尺頒發。弓篭及方向度盤，以一百八十丈爲里，以二十四方、一百二十度爲向。城及新城以至城壕、漕河、關河、各支河均準此，測定分寸無訛，方向密合。（詳於下）

城周，計二千一百八十丈。（合四千三百六十八步，計十二里有四十八步。）

北内城門，向艮正。（城高三丈二尺，厚二丈零七寸，門深四丈六尺，堞高五尺四寸。）

北月城門，向艮正。（城高二丈零一寸，厚一丈二尺九寸，門深三丈四尺二寸，堞同裏城。）

北月城周，三十三丈六尺三寸。（城上内外樓二）

從内城樓東，向巽轉午，至東門。（計二百四十四丈四尺一寸）

東内城門，向卯。（一城高二丈八尺九寸，二厚二丈零一寸，門深五丈三尺二寸，堞同北城。）

東月城門，向午。（二城高二丈零一寸，正厚一丈三尺三寸，門深四丈二尺，堞同裏城。）

東月城周，六十六丈九尺。（城上内外樓二）

從内城樓南，向巳轉午，又轉坤，至南水關。（計一百七十八丈三尺）

南水關向。（巽五，關高三丈零一寸及河底。已一，城厚同東城裏城。門深一丈九尺五寸，堞同前。關上樓一。）

從關樓西南，向坤轉庚，至南門。（計一百十一丈九尺七寸）

南内城門，向丙。（一城高二丈二尺四寸，二厚一丈八尺三寸，門深四丈九尺二寸，堞同前。）

南月城門，向丙正。（城高一丈八尺九寸，厚一丈零六寸，門深五丈九尺，蝶同前。）

南月城周，六十八丈三尺二寸。（城上内外樓二）

從内城樓西，向酉轉辛，轉庚，又轉酉辛，至大流水洞。（計二百五十八丈四尺五寸）

又向酉辛轉乾戌，至唐頺山（此山連城頭高四丈五尺）。今名五神廟，内奉關帝。（計二百六十三丈八尺）

轉壬，又轉子，轉癸，至西門。（計二百八十九丈五尺三寸。城門之南城下有小流水洞。）

西内城門，向西正。（城高二丈一尺一寸，厚二丈一尺，門深二丈三尺，堞同前。）

西中月城門，向西正。（城高同内城，厚一丈五尺五寸，連外垣，門深三丈六尺，堞同前。）

西外月城門，向西正。（城高二丈三尺，厚同中月城，門深六丈四尺，堞同前。）

西小城門，向癸一。（城高同内城，厚即月城，門深一丈六尺，堞同前。）

西月城周，一百零七丈一尺。（城上内外樓二，中門無樓。）

從内城樓北，向癸轉丑，轉艮，又轉丑癸，又轉丑，轉卯，轉乙，轉甲，轉寅，又轉丁，轉未，又轉辰，至北水關。（計二百五十丈零一尺五寸）

北水關，向癸一。（關高二丈二尺五寸，下及河底，城厚同西内城，門深二丈七尺五寸，堞同前。關上樓一。）

從關樓東，向辰轉艮，轉卯，轉乙，又轉子，轉癸，轉甲，至府治後十三門。（計三百六十六丈三尺四寸）

十三門外，向壬五，爲城最高處，即北固第三峰也。其地勢上及城堞，較他處城頭高出六丈三尺有奇。其垣依城，另作小城，凸出城外，方圍十五丈四尺五寸，中空如月；城直下深五丈，三面有門，甃以石，中五，左右各四，分上下兩層，凡門十三，門上甃石，俱露隙瞰外。（按：此處由城上轉子，又轉甲，自卑而高；復向甲轉丙，至轉乙，自高而卑，即古之夾城也。古夾城二百十丈，見前李一陽《記》。又東西各有角樓一座，今夾城與角樓俱廢。自角樓舊址東西步之，上下計長一百五十丈有奇。）

從十三門中央，向甲轉巳，又轉甲，轉丙，又轉乙，轉巽，又轉乙，至北門。（計二百二十一丈零五寸）

以上統計，城周二千一百八十四丈四尺二寸。（一百八十丈爲里，合十二里有二十四丈四尺二寸。城上大小炮臺計十四座，北至東三，東至南二，南至西六，西至北三。外有新增數處。此以木爲之，非舊臺，可不詳載。又稱東北隅有望樓一座，俗稱望肅樓，以城外對山有墓，俗謂魯肅墓也。）

新城，自城西門橋口起，沿運河至江口，由江口至北固山下；又自北固第一峰，沿龍埂接十三門城下止，計三面，共長一千一百七十九丈九尺九寸。（合二千三百六十步，計六里有二百步。）

從城西門外橋口，向癸轉子，至京口驛。（計八十丈）

又向子，至袁公義渡。（計八十丈）

轉庚，至浮橋河心。（計二十六丈四尺）

又向庚轉酉，轉辛，轉戌，又轉庚戌，轉乾，至京口閘，土稱大閘。（計一百二十七丈六尺）

又向乾轉子，轉癸，又轉乾，轉壬，又轉乾，至江口運河交處。（計一百零七丈

六尺）

轉乙，轉寅，至浮橋河北口小閘。（計一百二十八丈）

又向寅，至新河街北。（計十丈）

又向寅，至盛家巷後得勝門。（計一百四十丈）

轉甲，至甘露港。（計二百七十三丈）

又向甲，至北固第一峰，山西脚下。（計二十四丈）

從山上東隅，向丙轉午，又轉丙，至北固第二峰前。（計九十九丈二尺九寸）

轉巳，轉乙，又轉丙，至舊城十三門下。（計八十四丈一尺）

以上統計，新城周一千一百七十九丈九尺九寸。（合六里有二百步）

隍，《唐書・王璠傳》：太和中，璠爲浙西觀察使，鑿潤州外隍。徐鉉《稽神録》曰：璠廉問丹陽，因溝其城，鑿深數尺。《府志》：自西門至南水關，通漕河；自北水關至拖板橋，通舟楫。餘蓄水而已。（《嘉慶志》）

按：舊城下，自西門至南水關，以運河爲隍，别無壕引。其自十三門下，係北固山址，近山左右亦無壕引。惟向西沿城下有壕，至西小門外、拖板橋下入運河。今多淤墊，引迹尚存。向東亦有壕，穿北門橋、東門小橋下，至南水關外、便益橋下入運河，亦多淤墊。今尚可步，故兩存之於後。

西舊壕，從十三門下，沿城，向庚轉丁，轉午，轉酉，轉坤，轉申，又轉庚，轉酉，轉未，轉丁，轉坤，轉未，至拖板橋下，又轉庚，入運河，計五百六十三丈四尺。（合一千一百二十六步奇，計三里四十六步零。）

東舊壕，從十三門下，沿城，向甲轉乙，轉巽，又轉乙，至北門橋下（計八十八丈六尺），又轉巽，轉午，至東門小橋下（計二百四十四丈四尺一寸。按：此處壕最深寬，舊名將軍塘），又轉巳，轉午，轉丁，至便益橋下，入運河（計一百八十二丈五尺），計五百十五丈五尺一寸。（合計一千零三十一步奇，計二里三百十一步零。）

以上東、西兩壕，統計長一千零七十八丈九尺一寸。（合計六里少弱）

丹徒故城，《括地志》：丹徒故城，在今縣東南十八里。《南徐州記》：秦始皇鑿處，在故縣西北六里，丹徒京峴東南。以道里考之，即今丹徒鎮也。①（《嘉慶志》）

毗陵故城，酈道元《水經注》：《地理志》曰：毗陵縣，舊會稽之屬縣，丹徒縣也。北二百步有故城，本毗陵郡治也。舊去江三里，岸稍毁，遂至城下。城北有揚州刺史劉繇墓，淪于江。（《山水志》）

---

① 按："以道里考之"兩句，實《嘉慶丹徒縣志》按語，前脱"按"字。又梅莽鐵保序本於"即今丹徒鎮"下尚有"古之朱方也"諸字，此處亦省脱。

小升城，《太平御覽》：《京口記》曰：丹徒有小升城。①（同上）

石頭五城（見“京峴山”）。

金山城（見“金山”）。

輿地八　廨舍

廨舍叙

古者設官置署，以爲聽政退食之所，職思其居，非徒飾觀瞻示尊崇也。丹徒縣署，唐以前在今丹徒鎮。其附郭，自唐始，歷有遷移，志載皆同。至文武諸署及古署，亦備載之。凡厥有位，勿視爲傳舍，則甘棠永頌矣。志廨舍。

縣署（唐以前縣署，在今丹徒鎮，詳見建置及城池。其附郭，自唐始而遷移數處，舊志所載皆同）：

宋在府治東北②，後徙石礎橋南製錦坊。

元在府治西南譙門内，即舊總領基也。延祐三年，達魯花赤尹張希賢等建屋凡三十楹，後廢。

明在府治東南小市街北。洪武初，自舊址遷創於此。正堂南向，堂西爲幕廳，吏舍列於兩廡，立戒石亭於中道（詳“碑碣”）。亭外有儀門，堂外翼以兩軒，延於後堂。令丞簿廨居後堂，典史居東廡。永樂初，知縣奚壽重加修繕。后土祠，舊在儀門内，禱雨屢應，因復新之。（教授、郡人孔惟正《記》）景泰辛未，知縣蔣忠遷幕廳於堂東，改創西軒，儀門左右翼於榜房，作獄舍於儀門東。成化壬寅，知縣楊璉遷獄於西，繪《耕織樂業荷校受刑圖》於壁，以示勸懲。闢四友亭於公廨右。（户部郎中、江陰卞榮《記》）弘治乙丑，知縣許鳳重建大門，外建坊二：曰勤恤，曰保愛。萬曆丁酉，知縣龐時雍重修，增匾曰“江南第一縣”，前立彰善癉惡碑。遷土地祠於儀門外，祠前水利廳改爲迎賓館，署東舊有旁門，巡捕首領俱由東司房後出入，易滋弊竇，時雍塞之。

國朝仍舊制。順治七年，正堂傾圮，知縣李先春重建。十二年，知縣張晉建坊二：曰匡扶，曰保育，再加修繕。（按：此後至嘉慶間亦有小修，多不勝記。）道光二十二年，海寇犯城，屋多傾壞，知縣王德茂率善後局董重加修葺。咸豐三年，粵寇據城。至七年，平署廨，殘毁大半。邑紳善後局於九年夏修繕新之。

---

① 按：此條，中華書局影印本《太平御覽》卷一百九十三《居處部二十一》“城下”引劉楨《京口記》曰：“有小升城。”略异。

② 按：《嘉慶丹徒縣志》卷三《輿地九・公署》“東北”後尚有“夾城”二字。

縣屬：

縣丞署，舊在縣廨左，後移府西、舊水利通判署内。（道光初，缺裁。）

主簿署，舊在縣廨右，後移西城外，京口驛之右。（今僑館城西，而署未修復。）

典史署，在縣廨左。（咸豐三年後，全毁。善後局重修建之。）

姜家嘴巡檢署，在藤料沙。（《康熙志》已云“今裁”。）

高資鎮巡檢署，在城西五十里高資鎮。

丹徒鎮巡檢署，在城東十五里，鎮東港口。

安港巡檢署，在城東北四十里，大港鎮。①

城内文武各署（《嘉慶志》云：附載縣治内文武各署及舊設行臺錢監。又云：倉歸“倉儲”，驛歸“驛傳”，壩港官廳歸“水利”，火藥局歸“兵制”，學署歸“學校”，兹俱不載。按：《康熙志》於公署内載此數條，《嘉慶志》既改歸各志，則舊行臺亦宜改歸“驛傳”，舊錢監宜改歸“食貨”，不應附入於此。又所謂官廳歸水利者，《康熙志》有“水利”一門，《嘉慶志》删之，而并塘、港於“江河”，後亦并無“官廳”之目，今更無考。又所載水師營兩署，今其制已改，宜改歸“兵制”。今俱删改正之）：

常鎮通海兵備道署，在治安坊。（粤寇後全毁，改建於太平橋東。其地宅爲趙氏輸捐所抵，善後局因之修改道署。）

鎮江府署，在忠祐坊北。（按：宋《祥符圖經》：府治在北固山上。蓋此地本爲北固山第三峰，故府署高於他處。粤寇後，署屋全毁。善後局重建之。）

理事同知署，在府東公廨旁。（今未重建，僑館他處。）

府經歷署、知事署、照磨署，并在府東公廨旁。（道光初，照磨缺裁，署廢。其經、知兩署毁於寇，善後局重建之。）

水利通判署，在府灣。（其缺久，裁後權爲縣丞署。嘉慶間，知府鄧炬改建京江試院，縣丞僑館他處。至縣丞缺裁後，其地試院屢加修葺。道光初，添置文場新號。壬寅歲，號舍毁於海寇。邑人復鳩資修之，添置後堂旁屋大門。至咸豐間，粤寇退後，僅餘空堂三楹，難爲試院。邑紳翰林學士李承霖等鳩資創改試院於府學之東靈建寺。故址詳見“學校志”内，而此署遂成荒基矣。）

糧捕通判署，在懷德坊。（今大市旗營口，亦咸豐間寇退後重修。）

將軍署，在黄祐②一坊旗營内。（先爲鎮海將軍署，後爲江寧將軍行臺。咸豐中，旗營、官舍、兵房全毁於寇。同治初，次第請建此署及都統署、協領署，馬棚、兵房俱經請帑建修完善。初，京口駐防設鎮海將軍一，都統二，領漢軍營。營在北固山下。順治十二年海警，以都統石廷柱爲鎮海大將軍，帥八旗官兵屯演武場。十六年，劉之源爲大

---

① 按：“安港巡檢署”，《嘉慶丹徒縣志》卷三《輿地九・公署》作“在城東九十里安港口”。

② 按：“祐”，《嘉慶丹徒縣志》卷三《輿地九・公署》作“佑”，下同。

將軍，移屯城内。康熙十三年，以和碩額駙石華善爲安南將軍，統八旗官兵屯演武場。是時城内設有重鎮，又增設安南軍營，郡民公請捐建營房二千餘間，於北固山西屯駐。又有提督營，順治十四年，以提督漢兵昂邦章京管効忠鎮京口，屯演武場。演武場者，即今八旗教場也。厥後，臺灣事平，二營俱撤，城内駐防如故。至乾隆之季，漢軍營裁以江寧將軍所領，蒙古一營移屯京口，即以江寧掌印副都統帥之，仍轄於江寧，此署遂爲江寧將軍行署。今與都統署并經重建。）

都統署，在黄祐一坊旗營内。

公衙門，在黄祐一坊旗營内。（順治十六年，大將軍劉之源改衙署爲之，今毁於寇，亦經重建。）

城守營參將署，在仁和一坊。（舊志作“二坊”，誤。舊在黄佑二坊，即今衛署。後因改爲衛署移於此。寇擾後，全毁成墟。善後局重建之。）

城守營守備署，在治安坊。（亦經重修）

鎮江衛守備署，在黄祐二坊。（舊在公衙門，此爲參將署。順治十六年，衛署移此，參將署移仁和一坊。今遭寇毁，未經修建。衛守備僑館他處。）

以上今公署，以下附録古公署。

三察院，并在千秋橋西。東察院，明正統中建；中察院，即丹陽舊館，成化丙戌改建；西察院，在其西，即明初帥府。嘉靖間，巡江御史修葺。（《嘉慶志》云：并廢。）

總兵府，在儒林坊，舊縣學址。明嘉靖間建，今爲大營官房。（《康熙志》《嘉慶志》同）

新察院，在北水關前。明巡漕御史建。（《嘉慶志》云：今廢。）

總督察院，順治甲午，操江都御史李日芃建。後操江奉裁改爲總督察院，在京口閘外昭關下。（《嘉慶志》云：今廢。）

丹徒縣志卷三終

丹徒縣志卷四

輿地九　關津 渡 閘 壩 堰 橋 關

關津叙

潤州海防扼險之地，莫如圌山關。近日，鎮江關專理洋商輪船税務，其尤著也。京口渡爲天下最險，救生、義渡之設，古今便之。江潮滿溢，引蓄入渠，堵壩設閘，遂可去急患，保永利，是堤防之不可不講也。古者徒杠輿梁，歲以時置，孰經紀是而鞏固是，在有司按籍董治之耳！志關津。

京口渡，今名甘露港渡。（港見“水”）

西津渡，在城西七里。（舊志云：去縣治九里。）《長編》：大觀元年，於揚潤之瓜洲、西津，各置都巡檢一員，置營廨屯守以備巡察。《老學庵筆記》：徽宗南幸，至潤郡，官迎駕於西津。及御舟抵岸，上御椶頂轎子，一宦者立轎旁，呼曰：“道君傳語，衆官不須遠來。”衛士臚傳以告，遂退。《元史·世祖紀》：十二年七月，阿塔海、董文炳集行院諸翼萬户兵於西津渡。又《阿塔海傳》：諜告揚州人將夜襲丹徒，守將乞援，塔海出扼西津，邀擊之。（《山水志》云：按：《嘉定志》以爲即蒜山渡、金陵渡。）《康熙志》《嘉慶志》皆云，北與瓜洲對岸，舊謂之蒜山渡。（唐李德裕爲浙西觀察使，於蒜山渡嚴勒渡邏，即今西津渡也。）宋乾道中，郡守蔡洸置五艘，以禦風濤之患。（先是，船舫小而多虞。至是，洸置巨艘五，仍采昔遺制，各置旗一，以“利涉大川吉”五字爲識，其受有數，發有序。又别浮輕舸以送郵傳，遂鮮有風波之患。）元延祐中，以總管段廷珪言，增船十五，官收船資以免挾勒。泰定中，革去濫設排岸監渡人吏，尋以船資不便，罷之。明正統間，巡撫侍郎周忱作艦二，僉水工三十餘，以濟渡。又甃以石堤三十餘丈，直抵江皋，人免病涉。萬曆中，知縣龐時雍遇風禁渡。（船各立限，限以人數。懸榜立石，人鮮覆溺。）救生會紅船、新設義渡船（俱詳見“尚義”）。（姜宸英《西津義渡贍産碑記》①：自岷山導江而下，出峽汗漫數千里，至金、焦一束水②，旋行逆折，然後朝宗於海，此曹子桓所爲臨江賦詩，徘徊而不敢進者也。然予考之《史記》“秦始皇登會稽還，從江乘渡”注，其地在句容縣北六十里，不知何時復徙瓜步。梁《庾信集》有《奉命使北始渡瓜步江》詩。至唐開元二十二年，刺史齊澣以舟行繞瓜步，回遠六十

---

① 按：篇名，《四庫》本姜宸英《湛園集》卷二作《京口義渡贍産碑記》。

② 按：“水”，《四庫》本《湛園集》作“外”。

里，始從京口埭下直趨渡江路徑，而免漂溺之患。故自唐至今，瓜步渡者皆徙而至京口。然往時京口與揚子橋對岸，瓜洲特江中一洲耳。後瓜洲以北淤漲，與揚子橋連，南直對潤州，江身益狹。江身狹，則水流益迅急，舟緣金山之麓而行，春秋之間，上流泛漲，山水相搏，觸漩而爲渦，激而成湍，雖恬風霽景，猶懼變生不測，少遇風波，失利一瓠千金，故京口之渡爲天下最險。余六月渡江，登金山，見山足艤舟五六，舟人操楫而坐，若有待者。寺僧深爽進曰："此爲濟渡之舟。自巡撫某公設此後，凡有事於兹土者，及往來行旅，各捐俸及資益造舟，買田，買市租，以贍水手之稍食及其賞格之費焉。然久滋易弛也，某懼斯人之弗脱於險而大隳前功，願得一言以示來者。"余惟《易·既濟》稱"君子思患而預防"，其説在"六四爻"，曰："繻有衣袽，終日戒。"夫涉川者不能戒之於未濟之前，特恃其一舟之無隙，以與彼狂飆駭浪争命於呼吸之頃，固且不可。况於待其既濡然後操舟而拯之，此與夫救火者之焦頭爛額何以异？然而聖人之慮患也遍視夫事之可需者則需之，有需之不能，不得已而濟者，則終日戒之。至不得已而濟，而終日之戒之猶不足以勝。夫所濟者之險既已瀕於死亡矣，乃忽然而得生，彼仁人者之於此，視夫人之脱之死而易之生，其心樂不樂也。自數舟者之設，常歲活人以四五十計，不十年，而得活者四五百人矣。由十年以前觀之，彼四五百人者皆江上之游魂，水府之鬼籙也。然則使自今十年之後之人有一不得濟以淪胥以亡者，於吾心不且有戚戚乎哉！若夫推前人之心以繼於無窮，此則思患預防之道宜如是也。深爽，學佛者也，獨能推廣有司德意，使人之得免於危險，且曰："吾佛之道固然！"其爲世利益多矣，余樂其有是請也而書之。）

蒜山津，一名蒜山渡，在蒜山下。馬令《南唐書·馬仁裕傳》：烈祖鎮潤州，仁裕監蒜山渡，首聞朱瑾之亂，馳白烈祖，即日以州兵渡江定亂，烈祖得政基於此也。

金陵渡（即蒜山渡，唐張祜詩所謂"金陵津渡小山樓"也）。

石公渡，在定波門外，石公山下，去府治九里。（舊志：渡江至開沙。今開沙坍没，渡江過焦山，北至佛感、益課各洲。）土名東馬頭。（其近江水村十九，近山村四，統名焦東。）

焦山渡，在焦山燒丹井下。焦山救生紅船（見"尚義"）。

揚子津，與西津南北相對。《隋書·楊素傳》：江南人李稜等聚衆爲亂，賊朱莫問自稱南徐州刺史，以盛兵據京口。素率舟師入自揚子津，進擊破之。又《吐萬緒傳》：帝幸江都，時劉元進作亂，帝徵緒討之，緒率衆至揚子津。（唐孟浩然有《揚子津望京口》詩，劉禹錫有《北歸渡揚子津》詩，盧綸有《泊揚子津》詩。）

高資東西渡，在縣西四十里①。（舊志云：東達儀真，西至鐵錠橋。②）

丹徒渡、諫壁渡、柳港渡、大港渡、水東堡渡、馬師橋渡、段固渡、莫家港渡、當

---

① 按：《至順鎮江志》卷二《津渡》作"在丹徒縣西三十里"。

② 按：《至順鎮江志》卷二《津渡》注云："東渡至真州瓦廟子，西渡至鐵淀港。"

江渡。（以上見舊志）

沙窑渡，在大港鎮西。（《山水志》）

韓橋渡，在丹徒鄉。（《至順志》：宋朱倬詩："隔溪人喚漁樵動，江上潮平船欲行。"謂此。）（《山水志》）

袁公義渡，在城西向北、漕河之濱。今在新城前。舊爲行人渡河之便，今仍之如故。

南閘義渡，在南閘口，里民公建。

京口閘，俗名大閘，在城西北，距江一里許。唐徙漕路，由京口埭渡江，至伊婁河。（見《唐書·齊瀚傳》）宋嘉定八年，郡守史彌堅《浚渠記》云：沿渠而閘者五：首曰京口閘，次曰腰閘，又其次曰下、中、上閘。視時節次第啓閉，以出納浮江之舟。歲久，木朽石泐，擇美材密石而更葺之。（見《嘉定志》）明，閘廢。轉漕者道新河，出江舟，數敗。郡守劉辰復修。（見《明史·劉辰傳》）《康熙志》《嘉慶志》皆云，閘在城西北京口港口，距江一里許，莫究其所始。唐漕江淮撤閘置堰。開元中，徙漕路由此。（《唐書》：開元二十五年，齊澣遷潤州刺史，州北距瓜步沙尾紆迴①六十里，舟多敗溺，瀚徙漕路由北口埭②治伊婁渠，以達揚子，歲無覆舟，减運錢數十萬。按：伊婁渠，今瓜州北，至揚子運渠，是其地。當時瓜洲隸潤，故澣得以改置。）宋淳化初，廢堰。紹聖、元符間，仍爲閘。（《宋四朝國史志》：元符二年九月，潤州京口澳閘畢工。先是，兩浙轉運判官曾孝藴獻澳閘利害，命孝藴興修，仍相度立啓閉日限之法。至是，閘始告成。）嘉定中，更葺。（見上）寶祐元年二月，淮東總領兼知鎮江府事趙與訔重建。元初，閘廢。天曆二年，復。（是年七月，江浙行省委檢校徐承務，同本路官便宜區畫，車通潮水以濟運河。總管郭珪言：江口元有程公、鱔魚二壩及黄水、石礶。每歲江潮滿溢于此，車灌運河。今歲上流無雨，水源艱澀。潮勢既少，北岸益高，徒步五里，方可登舟。縱欲車水入閘，人力莫爲。達魯花赤明里答失言：京口舊閘久廢，江皋一里皆成淤塞。閘東又作土埭，以蓄河水，江潮雖漲，阻隔不通，莫若掘淤沙，撤去土埭，仍於江口置閘，以時啓閉爲便。是年十月九日，竣事，民甚便之。）明天順己卯，因浚漕河，作閘一，每歲以時啓閉。（詳前"漕河"下）弘治辛亥，都御史侶鍾復修。

腰閘，（舊志云：以下八閘俱久廢。）在京口閘東南。（舊志：嘉定前，河側有石刻云："腰閘至轉般倉前拖板橋，長一百九十丈，河面闊十丈。"）

上閘，在妙覺庵側。（舊志、《嘉定志》云：在程公橋圜樓北。是時橋久廢，樓亦壞矣。今無。）

中閘，在香糯倉後。（舊志：在大軍倉後，河側石刻云："中閘至上閘，長三十九丈，河面闊十七丈。嘉定七年志。"今久無。）

① 按："迴"，《新唐書》卷一百二十八《齊澣傳》作"匯"。

② 按："北口埭"，《新唐書》卷一百二十八《齊澣傳》作"京口埭"。

下閘，在程公下壩東。宋淳祐中，郡守許堪重修。（舊志：閘口石柱刻云：“漕閘敝漏，郡守許堪以石易木，始工於淳祐癸卯之秋。”河側有石刻云：“轉般倉東南墻口至下閘，七十九丈五尺，河面闊九丈。嘉定七年志。”今皆無存。）

栲栳閘，俗誤稱老人閘，在演武場西南。宋淳祐中，郡守何元壽置。（舊志云：此閘係移甘露港石閘爲之。見《黄氏日鈔》。今其址尚存。）

減水閘，在程公下壩之東、下閘之西，上爲石橋。宋咸淳中，郡守趙溍建。（舊志云：閘有石刻，咸淳六年七月十六日立。今久無存。）

甘露港閘二：一木，一石。宋嘉定中，郡守史彌堅置。（舊志云：甘露港閘，一内一外。淳祐間，移外閘石建栲栳閘，遂廢。今内閘改建登仙橋，外閘仍架木其上，以通行旅，無關運道，不復司啓閉矣。按：外閘即今新城，下通江水門；内閘爲登仙橋如舊。）

大瀆山閘，在城南三十五里。（舊志云：閘當水勢旋衝處，舟過，多覆溺。今久廢。）

小閘，在新河。康熙元年重建。（今在新城下）

新閘，在南水關外，即滅渡橋舊址。明天順己卯，浚漕河作閘，以殺水勢。（今其址尚存）

老人閘，即今南閘，在虎踞門外。（今閘存，待修。）

丹徒鎮閘，即今横閘。舊志：元天曆二年，重建漕河，分渠通江，以引蓄江水，最爲便利。（楊棨《京口山水志》曰：故老相傳，此閘舊制，閘門狹而長，西向，閘底高狹而長，則潮來力猛，泥活不淤。西向，則長潮直入，落潮從大閘口出，底高則能蓄水。近改閘門寬而淺，東向，閘底低，長潮無力，落潮勢平，淤積而水不蓄，此因簰木由此入口，閘門狹而底深，則簰木難容口門。西向，則轉折不便，木商於閘圯之時，承任修築，陰改舊制，以故數年一浚之漕渠，今則無歲不浚。志之，以俟當事者察核焉。）

鐵錨港草閘，在諫壁鎮。

越河閘，在越河（一作“月河”）。

象山石堰（見“石公山”注）。

鸕鷀堰，舊志未詳何地。（唐僧皎然《送楊山人往京口》① 詩：“夜驚潮没鸕鷀堰，朝看日出芙蓉樓。”）

程公壩，舊志：上、下二壩，上壩在甘露港，下壩在京口港，相去二里許。宋咸淳六年，郡守趙溍立。（溍以啓閘泄渠水不便，故改立二壩，民甚便之。）明改甘露壩曰新港壩。今俱廢。

---

① 按：《嘉慶丹徒縣志》卷三《輿地十・津梁》“鸕鷀堰”條於詩題下尚有“賣藥歌”三字。揚州詩局本《全唐詩》該詩題作《賣藥歌送楊山人》。

鱔魚壩，在城西北鱔魚港上。今廢。

大塘壩，在洞仙鄉塔山下。

漕河江口埽埂（詳見“漕河”）。

水䃮，在高橋東。漕水溢，則此䃮受之，入市河而達於江。今廢。

黄水䃮，在丹徒鎮江口。宋紹熙間，郡守陳居仁創。（張縉有記，今不存。）

丹徒、諫壁二石䃮，宋慶元二年，總領朱晞顔創。以漕渠乾涸，重創二䃮，引江潮入渠，當時便之。後廢。

丁卯埭，在城南三里。相傳晉元帝子裒鎮廣陵，運糧出京口，爲水涸，請立埭，以丁卯日成，故名①。（舊志云：今廢。）

經函，在城東南四十里。（蔡祐《雜記》：京口漕河西有良田數十頃，地勢低於河底，若不置經函泄水，田即爲湖。經函高數尺，闊亦如之，皆巨石磨琢而成。自運河泄水，東入江。）

風雲路水巷，宋寶祐三年，郡守應印飛築。自上河街至普照寺前沿河一帶，因民居湮塞，舟行阻滯，闢而築之，置水巷，以便防虞，扁曰：“風雲路。”（按：上河街，即今梳兒巷；普照寺，即今縣學。）

郡廟仙橋（宋淳熙元年造。舊志遺，今補）。

千秋橋，在府治西。晉王恭作萬歲樓於城上，其下有橋，因名千秋。宋嘉定間，郡守史彌堅重建。明永樂中，更名永安橋。弘治十四年，與城南虎踞橋俱圮。知府王存中皆新之，大學士楊一清記。今仍名千秋橋。嘉慶間，邑人集資重修。

緑水橋，俗呼高橋，在千秋橋西。唐以來有之。（杜牧之詩：“青苔寺裏無鳥迹②，緑水橋邊多酒樓。”）宋乾道中，郡守蔡洸重建，仍舊名。明洪武初，重修，更名鼎新橋。弘治壬子，知府鄭傑重修。萬曆辛巳圮，知府徐桓重建。

太平橋，在緑水橋西，舊爲板橋。康熙二十一年，僧普睍募建石橋。（《山水志》云：法嘉蓀《養痾譾語》：夏太史沅與丹徒鎮周氏爲中表戚，周氏無子，乞太史幼子爲嗣。太史曰：“吾宅後臨城河對岸預備倉口有小木橋，常溺人。君能爲我建一石橋，當以幼子繼君。”後周故巨富，即日鳩工，橋成，抱太史幼子去。子乳名太平，因以名橋。）

嘉定橋，在千秋橋南。舊名利民橋。宋淳熙間，郡守錢良臣甃以磚，覆以亭，邑人呼爲錢公橋。嘉定初，郡人復甃以石，易今名。俗呼鎮方橋（《嘉定志》作“禁方橋”）。

---

① 按：《嘉慶丹徒縣志》卷三《輿地十·津梁》“丁卯埭”條引《輿地志》曰：“元帝子裒鎮廣陵，運糧出京口，爲水涸，奏請於丁卯港立埭。”載埭名之由稍异。

② 按：“鳥”，揚州詩局本《全唐詩》作“馬”。

康熙初，邑耆民高拱斗重修。（今俗呼爲網兒橋）橋南下有小廟（鐵人執戈指南定方）。光緒三年六月，橋門石圮。五年，重修。

清風橋，在嘉定橋南。一名范公橋。宋景祐間，郡守范仲淹建，一名范橋。蘇子瞻《哭刁景純》詩："傷心范橋水，漾漾空寒藻。"嘉泰、開禧間，郡守辛棄疾復甃以石。（今自粤寇擾後，橋石、橋欄俱被折毁，僅餘門圈，危甚。）

長橋，在清風橋南。宋嘉定乙亥重建。（今無存）

通濟橋，在南水關上。元延祐二年①，守臣太平因水門舊址創建。蜀楊如山記。後圮，至順二年重建。今爲南水關。

以上城内關河跨河之橋。（并南水關，凡六橋。）

烏盆澳橋，在利民橋東，今城隍廟大門外照壁下。

嘉泰橋，在市東紫金坊。宋嘉泰間造，故名。俗名真子橋。後廢。重建，更名中市橋。

張公橋，在中市橋北。舊名湯家橋。

柏家橋，在張公橋北。（即今翦子巷内小橋，其側有道光元年通溝碑記。）

懷德橋，在緑水橋南。

水碓橋，在千秋橋西。

斜橋，在積善坊。元名登瀛橋，在舊縣學東北。俗名娃娃橋。（舊縣學，詳"學校"。）

大圍橋，在乾元萬壽宫北。（宫見"寺觀"）

小圍橋，在大圍橋西。大圍、小圍，以近江圍岸大小爲名。市河之水由此二橋出江。

韓氏橋②，在嘉泰橋南。

染皂橋，在市南旌孝坊刁家巷。上有亭。宋景定中，郡民重建，俗呼觀音橋。後亭廢。明正德六年，楊少保家重建。（今復，久廢。）

社壇橋，在養濟院西。俗名火壇橋。（養濟院，見"恤政"。）

真珠橋，在火壇橋南。

皇祐橋，在市南坊。明初，得斷碑於橋下，乃皇祐間所建，故名。（俗訛呼黄泥橋。）

朝真橋，在皇祐橋東南，以近東觀，故名。（東觀，見"寺觀"。）

石碓橋，在元妙坊口。舊橋下有石碓，今廢。（按：南大街今存其名，無迹。）

壩子橋，在石碓橋東。舊名壩子頭，里人建橋。

石橋，在清風橋側。受漕水折旋而入市河。今名小橋。

新觀橋，在光孝橋西。舊名社壇橋。

---

① 按：建橋時間，《至順鎮江志》卷二《橋梁》"通濟橋"條作"延祐三年"。

② 按：橋名，《至順鎮江志》卷二《橋梁》作"韓大娘橋"。

觀東橋，在光孝橋東。（按：舊志無光孝橋，而“寺觀”內有報恩光孝觀，注云：“即蔣道庵。”此庵在七獅橋南，疑爲舊縣治遺址。兹新觀、觀東二橋當在七獅橋東西。今七獅橋尚有迹。）

七獅橋，在舊丹徒縣治西。上有石狻猊七枚，故名。俗呼道人橋。橋下有石翁仲二，若道士然。（按：此橋正在光孝觀北舊縣治，詳見“公署”。）

圓通橋，在唐頹山後。舊名土橋。

水西橋，在水西門。

夢溪橋，在朱方門外。水源自圓通溝，入漕渠。以沈内翰括居夢溪，故名。嘉泰中，郡守辛棄疾重修。

菜市橋，在市南坊。舊菜市所在，故名。

古老橋，在清風橋東北。

蘇公橋，在清風橋東南。

林太師橋，在蘇公橋南。林仁肇廟在橋東，因名。

通吴橋，在長橋東南。

臭橋①，在通吴橋南。

雙寨門橋，在臭橋東。水源發京峴山，過臭橋，入長②河。

縣橋，在製錦坊。舊縣治在此，故名。

胭脂橋，在縣學西。

小橋，在胭脂橋南。

青龍橋，在雜造局前。（雜造局，不知何在。）

碗盞橋，在鎮方橋西大市口。（今補）

以上三十六橋，皆城内市河跨河之橋。（按：市河有二：其流或入關河，出南、北水關；或出大小流水洞，入運河。水道流通，街衢無漫漶之患。後民居稠密，市河湮塞已久。今自寇擾後，復加墻屋頹積，河幾無迹可尋，一遇雨雪，在在淹阻。舊志所載各橋，本多古名，而所在之地亦係舊處。今大半難以指覓，姑并存之俟考。）

得勝橋，當朝陽門口，跨城壕。順治中，里人重修。

虎踞橋，當虎踞門口，跨運河，爲郡孔道。明萬曆丙子，知府張純易之以木，春運時撤，民大不便。後知府蘇兆民易以石，更名泰運橋。（咸豐三年，粤寇踞城，拆毁此橋。九年，經善後局重修。）

通阜橋，當金銀門口，跨運河。舊爲板橋，因係衝道，明萬曆時易以石橋。

北門橋，當定波門口，跨城壕。（舊志無，今補。）

---

① 按：橋名，《至順鎮江志》卷二《橋梁》作“臭橋子”。

② 按：“長”，《至順鎮江志》卷二《橋梁》“雙寨門橋”條注作“漕”。

便益橋，在南水闕外運河口①。其流通内河，北達甘露港。（其橋下汊河通東城濠）

蘆花橋，在虎踞門外西偏，跨小溝，傍運河之南。（今補）

迎恩橋，在金銀門外。明成化己丑，知府翟敬重建。弘治乙卯，知府鄭傑重修。（今失所在）

鎮西橋，舊名拖板橋，在舊社稷壇前。大曆二年廢。至順二年，重建。明正統中，侍郎周忱、郡守郭濟重建，太常少卿鄭雍言記。康熙初，耆民高拱斗重修。（按：此橋跨通江支河，北達甘露港，西出運河。今橋如故，而橋下土積如丘阜矣。）

程公橋，在上閘南。宋嘉定前已廢。（見“上閘”注）

登仙橋，跨甘露港河。舊爲内閘。（見“甘露閘”注。今補。）

利涉橋，一名浮橋，在城西運河側，跨通江新河。知府潘一桂建，尋易以木，後甃以石，屢修之。今在新城内。

横橋，在新河街北濱江，跨港。（今補）

闕門橋，在登雲坊西。城西舊有西坊門，是橋介二門間，取闕通之義，故名。

三折橋，在闕門橋北。今名洪濟橋。

師古橋，在三折橋西北。

洗馬橋，在京口驛西②。唐太子洗馬陳翌建。

金盞橋，在城西陽彭山下。順治中，里人建。

捲蓬橋，在北固山埂下。

土橋，在金銀門外大街。（今補）

西城橋，在府治西。嘉定十五年，郡守趙善湘建。康熙、嘉慶二《志》皆云久廢。

紅門橋，在紅門子寨内。

龔家橋，在博馬務巷。

西園橋，在放鶴門内。

便民橋，在南水闕外。明弘治中建。今易爲木橋。

升仙橋，在城南鶴林寺。相傳緋衣杜鵑花神自橋騰空去。

柳溪橋，在平等寺前。今廢。

東鴻鶴橋，在仁和門外，俗呼孩兒橋（今南門岡子下半里許）。石欄作孩兒狀，故名。

十五貫橋，在孩兒橋南里許。（今補）

西鴻鶴橋，在放鶴門外。

香花橋，在鶴林寺前。

樂昌橋、程道橋、鮑家橋，并在登雲門外。

---

① 按：橋址，《嘉慶丹徒縣志》卷三《輿地十・津梁》“便益橋”條作“在虎踞大圍坊”。

② 按：橋址，《至順鎮江志》卷二《橋梁》“洗馬橋”條作“在還京門外江口鎮”。

螽斯橋，在南門外土城下。里人爲祈子建。（按：土城即唐所築二十六里之外郭。今考其址，當是從鶴林寺西至南門外岡下，又東至丹徒鎮止。所謂放鶴、仁和、登雲、水西等門，舊志相沿，未之或改。今仍存之。）

雙和橋，在城西運河邊。邑人程可聘建。

官塘橋，在城南十里，爲城南驛路。（今補）

新建石橋，在馬陵北驛路中。（此地當山水之衝，即嚴元燮所謂“長山之南，八十餘港之水總入練湖。夏秋水漲，至不可行。道旁立表以示厲揭”者也。其説見前“水港”下。同治初，邑紳鳩資，倡立石橋。橋之南北并碶大石爲路，往來便之。）

馬陵橋，距城南四十里，接丹陽縣界。（橋北爲丹徒界，南爲丹陽界。）

丁卯橋，在丁卯埭港口。（“埭”，見前。）《方輿勝覽》：許渾居京口，有别墅在丁卯橋。（詳“宫室”）明楊文襄一清亦有别業，曰石淙精舍。（詳“宫室”）

永寧橋，俗名灣子橋，在丹徒鎮，跨運河。康熙十九年重建，後又重修。

北高橋，土稱百家橋，在丹徒鎮，跨横閘河。（今補）

馬公橋，在新豐鎮，跨運河。舊爲明知縣陸夢祖建，名陸公橋。康熙十七年傾圮，里人募重建。巡撫都御史馬公祜捐資以助，因易名馬公橋。（按：今直稱新豐橋，距橋五里入丹陽界。）

觀音橋，在澗壁鎮，跨越閘河，其上有亭。弘治辛酉重建。

東方橋，在高資鎮。又名高資橋。元延祐五年，邑人蔡祀等重建，吏部主事俞庸記。順治戊戌，邑人重建。

丁角鎮上、下二橋（其一見《祥符圖經》）、千秋橋、張部橋（并在丁角）。

大港橋，在大港鎮。

戴港橋（見《祥符圖經》）、柳港橋、夏澤橋、向家橋、韓渡橋、杜家橋。以上六橋并在丹徒東鄉。

徒兒橋（見《祥符圖經》）、樊橋、倒流橋、洩港石橋。以上四橋并在大慈鄉。

炭渚橋、樂亭橋、下濞橋（三橋俱見《祥符圖經》）、七里橋、都里橋、蘆定橋、羅水橋（今訛爲龍脉橋）。以上七橋并在義里鄉。

上會橋、烏莫橋。以上二橋并在高平鄉。

東橋（此橋下内通白兔、高山之水，浚河須高築官壩，以防山水陡發）、顔洲橋、開禧橋、波查橋、車村橋、水碓橋。以上六橋并在崇德鄉。

劉偃橋、都灣橋、曲陽橋、小時橋、蕭子①橋、吕家橋、萬歲橋、卧龍橋。以上八橋并在洞仙鄉。

埤城南、北二橋、寨橋、草村橋。以上四橋并在昌平鄉。

畫字橋、棧岡橋、劉公橋、上塘石橋、彭橋、白露橋、楚墓橋、大敵橋。以上八橋

① 按：“子”，《至順鎮江志》卷二《橋梁》（丹徒縣）“丁角鎮上下二橋”條作“千”。

并在長樂鄉。

玉帶橋，在金山下。

圌山關，在三江口。（自古海防扼險之地，故名。關，非建關也。詳見“圌山”下。）

昭關，在銀山下濱江。大路甃石爲門，上以石瓶爲頂，乃自古邏守之處，不知所始。（或曰：吴韋昭北伐烏林凱旋時，軍士唱《烏林曲》過此，故名昭關。又瓶頂，俗謂取平安之義，想當然耳。）

鎮江關，在運河口，面江。同治四年建。專理洋商輪船税務，常鎮道轄。（初，洋船通商在廣東、澳門。道光間，至于香港，既又請至閩浙江蘇瀕海等處。江蘇則在上海，轄於蘇松太道。咸豐初，有西洋英國、法國、美國同乞入江上，至漢口、九江等處，而會於鎮江。時粤寇未平，常鎮道僑駐焦山，洋商領事亦如之。至是寇滅，乃建此關，稽察輪船上下税務。其基地五畝五分有奇。各洋商擇賃民地，仿照洋式建造樓宇，其領事以救生會地爲館。銀山上下、濱江一帶遂成洋市。）其設教堂之處，乃變名天主街。（按：今領事館遷銀山下，地仍歸救生。）

輿地十　坊巷　鄉都

坊巷叙

《説文》云：“坊者，邑里之名。”古如君子鄉、通德里，皆重其人，因旌其邑也。丹徒，自《康熙志》載二十二坊。《嘉慶志》：城内十四坊，城外并大一都，共十坊。迄今相沿，稱二十四坊。至廛市街巷，或仍其舊，或易其名，條而次之。其間榛莽廢闕之待新者，實繁矣。志坊巷。

各坊（《康熙志》載二十二坊，無簰灣、銀山、大雲、小雲四坊，亦無大一都。《嘉慶志》有此五坊，而無市西、雲山、登雲三坊。今并詳於下）：

仁和坊（二圖）、黄祐坊（二圖）、善濟坊（二圖）、仁安坊、寶城坊、懷德坊、市西坊、儒林坊、治安坊、忠祐坊、文昌坊、白馬坊、大圍坊、雲山坊、西津坊、虎踞坊、登雲坊、岳祠坊、鴻鶴坊。（以上《康熙志》）

《嘉慶志》曰：“城内十四坊，城外并大一都，共十坊。”皆就現在縣册開載，與舊志稍有不同。（按：此二十四坊迄今沿之不改。）

仁和一坊、仁和二坊、善濟一坊、善濟二坊、黄祐一坊、黄祐二坊（按：黄祐，一作“簧祐”，詳“尚義”）、仁安坊、治安坊、忠祐坊、寶城坊、白馬坊、儒林坊、文昌坊、懷德坊（以上城内）。大圍坊、大雲坊、小雲坊、西津坊、簰灣坊、銀山坊、岳祠坊

（以上城西）。虎踞坊、鴻鶴坊（以上城南）。大一都（城北）。

各市（市名凡六，今惟大市、小市仍舊稱，餘皆變名矣）：
大市（仍舊）、小市（仍舊）、馬市、米市、菜市、中市（俱不詳）。

各街（亦多變稱，各詳於下）：
鳳凰街（今稱鳳凰坡）、五條街（仍舊）、十字街（今稱四牌樓街）、第一樓街（仍舊）、屏風街（仍舊）、上河街（今稱梳兒巷）、下河街（今稱下河頭）、中街（今增）、堰頭街（今增）、酒海街（今增）、南大門街（今增）、公衙門街（今增）、七星街（今增）、東門街（今增）、紅旗口街（今增）、黄旗口街（今增）、藍旗街（今增）、東府街（今增）、西府街（今增）。以上城内。

新街（仍舊）、打索街（仍舊）、太平街（仍舊）、西門大街（今增）、新河街（今增）、西門街（今增）、獅子街（今增）、西塢街（今增）、小街（今增，舊爲銀山巷）。以上城西。

九里街（仍舊，在北城外）、青陽街（今增，在東城外）、南岡子街（今增，在南城外）、税務街、通市街、沈公街、武寧街、子午街（以上五街不詳何改，不知所在）。

各巷（大半不詳所在。舊志但列其名，今以衆著者列於前，以無考者列於後，并分城内外）：
丁家巷、彌陀寺巷、東觀巷、廟巷（今增）、城隍廟巷、五聖廟巷、雙廟巷、竹竿巷、饅頭巷、湯團巷（團，今作"圓"）、孔家巷、石灰巷、槐樹巷、樓巷（今增）、惠安寺巷（今增）、倭刀巷（今增）、殺猪巷、褲襠巷（今增）、大爸爸巷（今增）、班巷（今增）、小爸爸巷（今增）、吕副使巷、松花巷、没門樓巷（今增）、嚴家巷、何家巷（今增）、荷花樓巷、雨花樓巷（今增）、曹家巷（今增）、清荷樓巷、卜卦巷、邊兒巷（今增）、珍珠橋巷（今增）、腰帶巷（帶，今作"刀"）、大井巷、鷄鵝巷、井子巷（一名"小井"）、翦子巷（今增）、偃①軍巷（偃，今作"演"）、磨刀巷、仙鶴巷（今增）、梳兒巷（今增）、雙井巷、吴先生巷（今增）、學溝巷（今增）、草巷、花巷、倉巷、更樓巷（今增）、觀音橋巷（今增）、靳家巷、火壇橋巷（今增）、果子巷、吴公巷（今增）、文昌巷、八叉巷（今增）、旗杆巷（今增）、張飯店巷（今增）、獅子巷、水陸寺巷（今增）、將軍巷（今增）、寶塔巷（今增）、石頭巷、石婆婆巷（二，今增）、尤唐巷（今增）、箍桶巷（一名"古通"）、柏家巷、包家巷（今增）、洞賓巷（相傳巷口爲鐵肆，有鐵工，善象棋，與道士弈，負，乃少一子。逾年，鄰修墻屋，於高處得之，有遺帖，曰雙口道人）。以上城内。

---

① 按："偃"，《至順鎮江志》卷二《坊巷》（録事司）"巷八十二"條作"堰"。

琉璃巷（一名劉李）、鄒家巷、更樓巷（其二）、支家巷、王家巷、楊家巷、寶塔巷（其二）、薛家巷（今增）、萬家巷、鎮屏巷、戥兒巷（今增）、魚巷、柴炭巷、山巷、打銅巷（一名大通）、太保巷、銀山巷（今稱小街）、堂子巷（今增）、盛家巷（今增）、大巷（今增）。以上城外。（凡街巷今增，皆舊志所遺，非新立也。或多爲昔名，今改者歟?）

章尚書巷、顧著作巷、雷太尉巷、吴司馬巷、劉巡檢巷、滕八郎巷、張四娘巷、黑哥哥巷、袁郎巷、殷織紗巷、周豆腐巷、烏馬兒巷、湯家巷、洪家巷、封家巷、車家巷、姚家巷、南寺巷、保福寺巷、延慶寺巷、静明寺巷、西觀巷、道堂巷、廟便巷、萬壽宫巷、白馬廟巷、清風樓巷、北陰堂巷、正賜庫巷、三重門巷、糯米倉巷、舊縣衙巷、木場巷、南瓦子巷、北瓦子巷、新瓦子巷、針子橋巷、道人橋巷、花園巷、四[1]花園巷、豆腐巷、西草巷、東山草巷、小竹竿巷、泥巷、水巷、堰巷、市河巷、臭河子巷、烏盆澳巷（今稱没門樓巷，見前）、冠子巷、斗笠巷、木杓巷、布袋巷、蘆藤巷、香餅子巷、搏馬務巷、大馬巷、小馬巷、獅子巷、隆巷、長巷、洪街巷、夾道巷、八摺巷、千石墟巷、高承宣巷。

鄉都叙

鄉黨之制，見於《周禮》。阡陌既開，率不能易其法。丹徒爲鄉八、鎮八，從鄉分都，又分里保，以至於村墅。出入守望，井然見古之遺制，以告遂人，以安我氓。星羅棋布，庶比屋可封哉？志鄉都。

各鄉（《康熙志》云：舊七鄉。熙寧中，益以故延陵縣洞仙一鄉爲八。《嘉慶志》亦云。又《康熙志》載里保村名凡一百有十，《嘉慶志》增其三，今仍之。而其散爲小村及多變名略不勝載）：

崇德鄉，在縣南（南門外，接丹陽一路）。都三，里十五。

五都、六都、七都。

永安里、受遇里、禄城里、崇仁里、寶鏡里、從福里、禮賢里、保經里、明宿里、白兔里、古福里、求仁里、安樂里、辛[2]豐里、居仁里。

大慈鄉，在縣東南（運河之東一路）。都三，里九。

一都、七都、八都。

守信里、烏州[3]里、大慈里、馬迹里、仁太里[4]、謙仁里、丁馬里（《嘉慶志》增）、小闕里（同上）、苦竹里（同上）。

---

① 按："四"字，疑誤。《至順鎮江志》卷二《坊巷》（録事司）"巷八十二"條作"西"。
② 按："辛"，《至順鎮江志》卷二《鄉都》（丹徒縣）"崇德鄉"條作"新"。
③ 按："州"，《至順鎮江志》卷二《鄉都》（丹徒縣）"大慈鄉"條作"洲"。
④ 按："仁太里"，《至順鎮江志》卷二《鄉都》（丹徒縣）"大慈鄉"條作"二本里"。

長樂鄉，在縣西南（長山之南一路）。都二，里十九。

二都、十四都。

萬史①里、擊壤里、長山里、司豐里、黄緒里、村保②里、新安里、支③化里、東廉里、永興里、蜚廉里、長壽里、上時里、奉時里、力莊里、越貢里、修仁里、包莊里、東莊里。

義里鄉，在縣西（五州山西一路）。都二，里十五。

三都、十三都。

石門里、嚴莊里、茆司里、清泉里、仙風里、檀山里、奉天里、招賢里、梅墟里、黄山里、高資里、香山里、湖泉里、唐家里、望仙里。

丹徒鄉，在縣東（大港圌山一路）。都二，里七。

十都、十一都。

洪善里、向善里、崇賢里、洞仙里、袁家里、上營里、下營里④（宋韓世忠屯兵處，故稱。上、下營，《康熙志》作“上令千”“下令千”，土音之誤）。

平昌鄉，在縣東南（華山、丁岡、洒河一路。舊隸丹陽縣，後以練塘鄉易之。《康熙志》《嘉慶志》并同）。都一，里保二十六。

十二都。

唐村里、福善里、永平里、歸政里、建善里、崇孝里、金牛里、宣孝里、市化里、敬順里、會善里、縫城里、長尋里、平昌里、吴村里⑤、厚曌里⑥、東武保、劉村保、嚴村保、譚巷保、馬巷保、戴巷保、長春保、感應保、水西保、連環保。

高平鄉，在縣西南（薛村、丁角一路）。都二，里十一。

十五都、十六都。

高來里、同德里、興業里、憑信里、會奉⑦里、慈⑧仁里、慈子里、時魚里、得仁里、莫村里、風仁里。（今散爲村三十七，皆非故名。）

洞仙鄉，在縣西南（巨村、倪巷一路）。都四，里十一。

十六都、十七都、十八都、十九都。

曲陽里、櫃村里（今稱“巨村”）、塔山里、李莊里、唐莊里、八福里、湯湖里、胡

---

① 按：“史”，《至順鎮江志》卷二《鄉都》（丹徒縣）“長樂鄉”條作“庾”。

② 按：“保”，《至順鎮江志》卷二《鄉都》（丹徒縣）“長樂鄉”條作“堡”。

③ 按：“支”，《至順鎮江志》卷二《鄉都》（丹徒縣）“長樂鄉”條作“友”。

④ 按：“上營里”“下營里”，《至順鎮江志》卷二《鄉都》（丹徒縣）“丹徒鄉”條作“上令千里”“下令千里”。且云“惟上下令千尚襲故名”。

⑤ 按：“吴村里”，《至順鎮江志》卷二《鄉都》（丹徒縣）“平昌鄉”條作“吴村保”。

⑥ 按：“厚曌里”，《至順鎮江志》卷二《鄉都》（丹徒縣）“平昌鄉”條作“後賈保”。

⑦ 按：“奉”，《至順鎮江志》卷二《鄉都》（丹徒縣）“高平鄉”條作“春”。

⑧ 按：“慈”，《至順鎮江志》卷二《鄉都》（丹徒縣）“高平鄉”條作“辭”。

莊里①、赤岸里②、官莊里③、柵田里④。（今散爲村九，尚多故名。）

各鎮（《康熙志》載其六，無諫壁、寶堰二鎮。《嘉慶志》增之。凡八鎮）：

江口鎮，附城。

丹徒鎮，在縣東十五里。（宋雍熙四年置）

諫壁鎮，在縣東二十五里。（古稱“練壁里”，或作“諫壁”，一作“澗壁”。詳“雩山”下。）

大港鎮，在縣東北四十里。（大港，一名“安港”。詳見“水”。）

高資鎮，在縣西四十里。

新豐鎮，在縣南四十五里。（舊志云：新，一作“辛”。又據陸游説曰：“李太白詩：‘南國新豐酒，東山小妓歌。’”又唐人詩：“再入新豐市，猶聞舊酒香。”皆謂此，非長安之新豐也。）

丁角鎮，在縣西南七十里。

寶堰鎮，在縣西南七十三里。（按：此鎮乾隆間增。緣丁角河道不通，鎮移於此。《嘉慶志》故分爲二鎮。）

虎社附。（《太平御覽》：《京口記》曰：虎社中村故老相傳，昔有虎於社中産，因以爲名。）

各沙（江沙長坍無常，乃《康熙志》不載於“江洲”而載於“疆域”，蓋當時固可辨識也。《嘉慶志》仍之，已非其舊。今則七沙全坍，所餘者小沙一綫耳，姑存其名，以備參考。其各洲，詳見“水”）：

開沙，在城東北二十里江中。二十都。（土名大沙，圖凡二十。《嘉慶志》云：今坍没殆盡。現則全無矣。）

藤料沙，在城東北五十里江中。二十一都。（圖凡二十。《嘉慶志》云：今半淪於江。現則全没矣。又云：今名順江洲。按：順江洲猶在，恐誤。）

當江沙，在城東七十里江岸。二十二都⑤。（今無其處）

吴家沙，在城東六十里江岸⑥。（今無）

高家沙，在城東北二十五里江中⑦。（今無）

---

① 按：“胡莊里”，《至順鎮江志》卷二《鄉都》（丹徒縣）“洞仙鄉”條作“胡莊保”。
② 按：“赤岸里”，《至順鎮江志》卷二《鄉都》（丹徒縣）“洞仙鄉”條作“赤岸村”。
③ 按：“官莊里”，《至順鎮江志》卷二《鄉都》（丹徒縣）“洞仙鄉”條作“官莊村”。
④ 按：“柵田里”，《至順鎮江志》卷二《鄉都》（丹徒縣）“洞仙鄉”條作“柵田村”。
⑤ 按：《嘉慶丹徒縣志》卷一《疆域》“當江沙”條“二十二都”下有注：“圖凡十四。”
⑥ 按：《嘉慶丹徒縣志》卷一《疆域》“吴家沙”條有注：“圖凡五。”
⑦ 按：《嘉慶丹徒縣志》卷一《疆域》“高家沙”條有注：“里二，圖二。”

小沙，在城東北二十五里江中①。（今僅餘一綫）

玉團沙，在城東七十五里江岸。（今無）

圍埕（此條《嘉慶志》所增）：

丹徒縣圍埕二十。（按：沙灘始則種蘆，老則圍田。其圍新舊相套，大小參錯，不可以數計。又多坍没無存，舊志略舉其數，今姑存之。）

道路（舊志兩條，存古云爾。今仍之）：

秦始皇馳道，《金陵志》：始皇三十六年，用望氣者言，東游至金陵，斷山疏淮，由江東丹徒往會稽。古志：相傳自江東至鎮江大路是也。王安石有《秦皇馳道》詩。

梁武帝輦道（在五州山）。

輿地十一　風俗 歲時附　農諺附

風俗叙

班、史有言：剛柔緩急，繫水土之風氣，謂之風；好惡取舍，隨君上之情欲，謂之俗。吴承泰伯、季子之澤，禮讓相先。《一統志》所云"丹徒土厚風淳，人物純實"，是其本也。紀歲時，采農諺，類民物之思，循習尚之舊，亦使之操土風，不忘本之意歟？志風俗。

舊《圖經》：本泰伯之化，有謙讓之風。

《宋文帝紀》：土②風淳一。

《通典》：人性輕揚，永嘉後，藝文、儒術斯之爲盛，雖閭閻賤品，處力役之間吟咏不絶，蓋因顔、謝之風扇焉。

《寰宇記》：承泰伯之高踪，存季子之遺意，蓋英賢之舊壤，雜吴夏之語音。

《方輿勝覽》：小人習戰，君子尚禮。

《嘉定志》：士大夫崇靖退，貴氣節；民庶循禮樂，業而不好競。

《咸淳志》：土風質而厚，士風③淳而直。（以上《康熙志》）

《齊書·州郡志》：宋氏以來，桑梓帝宅，江左流寓，多出膏腴。

《隋書·地理志》：京口人并習戰，號爲天下精兵，俗以五月五日爲鬥力之戲，各料强弱相敵，事類講武。川澤沃衍，有海陸之饒，珍异所聚，故商賈并凑；其人君子尚禮，

① 按：《嘉慶丹徒縣志》卷一《疆域》"小沙"條有注："里一，圖一。"
② 按："土"，原作"士"，誤。《宋書》卷五《文帝本紀》作"土風淳壹"，據改。
③ 按："風"，《嘉慶丹徒縣志》卷三《輿地六·風俗》作"氣"。

庸庶敦龐，故風俗澄清，而道教隆洽，亦其風氣所尚也。

徐鉉《騎省集》：六代之風流人物，綜萃於斯；三吴之山川林泉，肇發於此。

《太平寰宇記》：吴越之君皆好勇，故其人至今好用戰，輕死易發。自永嘉南遷，斯爲帝鄉。人性禮讓謙謹，婚假喪葬，雜用周漢之禮。

《永樂府志》："英風澡俗，令德在民"，殷仲堪《季子廟記》之所稱也；"風俗泰伯餘，衣冠永嘉後"，劉夢得《北固山》詩之所美也。鄉黨人士平居習聞先生長者之言，崇道義，尚廉耻，故其立朝致匪躬之節，居閑樂嘉遁之貞。閭閻下庸亦能以孝行節概自見。詳於傳志，信難誣也。封内固無千金之家，然服勤務本，闤闠自足。在官者亦喜其庭訟簡鮮，而無珥筆之譏。四方游宦多寓於此，謂非風俗淳美可乎哉？以京口在昔用武之地，而稱鬥力爲所長者亦淺淺哉？（以上《嘉慶志》）

國朝《大清一統志》：土厚風淳，人物純實。

以上舊志。

元旦，家家食米粉糍團，取歲元意。是日，祀祖相致賀。五日，祀財禄神，謂之破五。七日，爲人日。八日，爲穀日。此二日晴，以卜人壽年豐。十一日，爲上燈節，祀先祖神佛，皆燃紅燈。至二十日止，爲落燈節。上燈，食糍團；落燈，食麥飯。（諺云："上燈團子落燈麵。"）元宵，以香燈安床。早食糍團，夕慶家宴。立春前一日，郡縣官迎春牛芒神，人競觀之，辨色察貌，以卜人歲焉。

驚蟄節，以除夕守歲餘燭繞室照之。（祝曰："百蟲毒螫盡消除，問道有否永也無。"）初二日，謂之龍抬頭日，小兒於是日就傳入塾。驚蟄雷，卜歲稔。（諺曰："驚蟄聞雷米似泥。"）雷則急以手拍卧榻，蚤蝨不生。初八日，家家食餛飩。（諺曰："二月八，吃了餛飩病不發。"）社前掃墓。（諺曰："新墳不過社。"）花朝翦彩，繫百花枝上，以慶生日。

清明日，因寒食後新火未舉，早食餚饊。（市肆以油麵爲之。餚形六角，名京江餚；饊形以油酢麵條，鎖之如扇。）祀祖掃墓，是日奉城隍神詣厲壇祭孤，以桃柳供神佛，女插於髻，兒挂於襟。午舉火，以青菜野蔬作飯，以柳葉七枚淪茗飲之，可以明目。

立夏日，以蠶豆之大小，卜蠶絲之美惡。（是月八新出，謂櫻、笋、茗、麥、蠶豆、莱、菔、鰣魚，石首魚也。）

五月五日，懸鍾馗像，奉以角黍、蒲艾、榴花，女插髻，兒懸襟。午焚蒼术、香蒲，作劍艾爲人，懸於門上。室中挂帖五毒符。修製諸藥，以雄黄浸酒，繞室噴之，云辟毒蟲。女人以蒲艾各草浸水一盂，午刻向門外潑之，謂之送磕睡。以錢編作虎形，飾以彩畫，親戚相餽遺。自午至暮，市閉不開。

夏至日，炒蠶豆食之，謂可辟蚤恐小兒。長夏困疾，使連坐七門檻，則無患。或以犬食器盛物，與食。

六月六日，曝書畫，曬裘服。

立秋日，食瓜。七夕，陳瓜果於庭，祀牛、女。是月，各街市遍設盂蘭盆，中元尤盛。是日，奉城隍神詣厲壇祭孤，家各祀祖。

八月朔，家家祀神，謂之謝平安。中秋夕，貰月餅及菱、藕、葡、榴諸果，又以麵作大餅，謂之團圓餅（俗凡祀神，均用團圓餅），陳中庭拜月。是夕陰，則來年元夜亦陰。（諺曰：“雲暗中秋月，雨打上元燈。”）

九月朔，俗名小重陽，貰餻及小饅首，上插五色紙小旗，謂之重陽旗。早以奉神供祖，九日亦如之。九日，百工停歇一日，晚各設宴。過此則日短，課夜工。（諺曰：“吃了重陽酒，夜作不離手。”）霜降日，武營排隊，詣演武場祀神。

十月朔，以紅豆、糯米作飯，早食之，取温暖團聚之意。午饌菜菠薐（俗謂菠菜生日）。是日，又奉城隍神詣厲壇祭孤，鄉里祭宗，祠祀先祖。下元日，僧寺供佛。

冬至日，民族各祭宗祠。人家亦食糍團如元旦，相致賀。又各追遠祀先。是月也，田家相勸，備輸官糧。

臘月八日，人家效供佛例，以果菜作粥，名臘八粥。家有櫬未葬者，於大寒節後葬之。（大寒無忌，可不用陰陽家言。）二十三日，或二十四日，祀竈。（諺云：“官三民四。”）祀必用餳（俗名竈糖）。

除日，祀祖，懸先人像奉之，以待來年。翦紙作壺盧形帖於室，换桃符及門聯。夕，謝天地，祭五祀，燃燭守歲，家宴相賀，爆竹聲中新萬象矣。

以上歲時。（今增）

但得立春晴一日，農夫不用力耕田。

春雪應時雨。

打春三日，百草排芽。

春霜不過三日雨，三日春霜晴到底。

驚蟄聞雷米似泥。

春無三日晴，春無三日陰。

蠶要温和麥要寒。

尺麥怕寸雨，寸麥不怕尺雨。

宅前不種桑，屋後不植柳。

清明到穀雨，是種都下土。

頭七棉花二七麻，三七看莊家。（謂三月初七、十七、二十七三日也，是日皆宜晴。）

但教初一下，不教初二陰，初三下雨月半晴。

大麥上倉，小麥上場。

芒種到，夏至老少一齊來。（謂此時割麥已遲，無分老幼，俱當助力。）

春寒多雨水，夏寒井底乾。

一龍治水塘塘滿，二龍治水井底乾。

小暑大暑，汗滴如雨。

秋前秋後雨，遍地是黄金。（謂立秋前後）

千澆萬澆，不敵處暑頭一澆。（謂處暑時宜雨）

東虹（音杠，去聲）日頭西虹雨。

一天一暴，高低田兒都得稻。

白露身不露。

麥上倉，稻上場。（麥經曬必有耗，至上倉，斗斛乃定；稻則登場即無耗，故云。）

天河逼直，扁擔星直；天河敵角，老菱豆角；天河東西，要穿冬衣。（逼直，正南北也。扁擔星，河鼓三星也，此七月時也。敵角，西南東北隅也，此八月時也。東西横亘，在霜降時。）

閏年不種九月麥。

割了稻，家家門前多熱鬧；掃了場，家家吃飯曬太陽。

以上農諺。（今增）

按：歲時記，古即有之，而農家諺語亦經注、經疏所不廢，故采録之，附於“風俗”之後。

丹徒縣志卷四終

丹徒縣志卷五

輿地十二　壇壝 儀制

壇壝廟祠叙

古者諸侯祭封内山川，後世郡縣秩祀本諸此。今制自社稷以下皆得祭於有司，以春秋仲月諏日致祭，儀制載在《會典》。而群祀之在境内者，若先賢往哲與夫禦灾捍患，以死勤事，率皆歲時薦饗，作神民依，考諸禮而弗悖。其他叢祠廢廟可以存古、可以從俗者，悉得列焉。志壇壝廟祠。

社稷壇，在金銀門外。宋社稷异壇皆北向，立屋三楹，勾龍配社，后稷配稷。明初，仍其制。已而言土主發生，五穀异壇而祭，是土穀不同生也；又言祭先社，固當乃先奠勾龍，後奠后稷，何居？洪武八年，乃詔天下郡邑罷勾龍、后稷，配一壇，合祀社稷二神。壇不用屋，壇制崇二尺五寸，方廣二丈五尺；繚以周垣，四陛，四門，由北門入。石主長二尺五寸，方二尺，埋壝之南，正中少見圓尖。石主外别爲木主，高二尺，社神左，稷神右，并南向，以春秋仲月上戊日致祭。國朝因之。乾隆二十年，邑令貴中孚以舊壇圮，褻不恭，從紳士請，以簰灣巡江守備衙署廢址改建，儀制如前。

山川、風雲、雷雨壇，在虎踞門外，宋元惟京城得立，明洪武元年，詔天下郡縣祀境内山川。明年，以風雲、雷雨合一壇，用驚蟄日告祭。至雨暘時，若用雷收聲時報祭。六年，以風雲、雷雨、山川合一壇。八年，又合城隍神祭之，壇制與社稷同，惟由南門入爲异。風雲、雷雨之神居中，山川神左，城隍神右，祭日并與社稷同。國朝因之。舊志：明成化甲午，兩壇歲久傾圮，郡守史素因舊址築之，方廣二丈五尺，壇基徑六十二步，闊四十八步；子壇高八尺五寸，作櫺星門四，前門一，神堂、神厨、内外齋房、牲所兩廂畢具，繚以周垣，命僧二人廬其旁，以供灑掃。

里社，明洪武八年定制，每里立社一，命耆老歲以春秋仲月，用羊一，豕一，酒果，祭五土、五穀之神。國朝因之。

厲壇，在定波門外。壇制高一丈五寸，方廣二丈。前立告廟碑，歲以清明、中元、十月朔三次致祭。届期迎城隍神位於壇南，榜無祀鬼神以祭。國朝因之。

鄉厲壇，明洪武八年定制，每里立無祀鬼神壇一，謂之鄉厲。命耆老歲以春秋仲月，用羊一，豕一，酒果致祭。國朝因之。

先農壇，在城北。（歲祭先農，行推耕禮。舊志遺，今補。）

以上壇墠。(其祝文、儀制，舊志俱不載，而各壇亦僅存厲壇。)

迎春儀，歲立春，先期造春牛、芒神於善禧寺（今爲報恩寺）。宋景祐中，頒土牛，以歲之幹色爲頭角耳尾，支色爲身、爲脛，納音色爲蹄。元至正中，頒式，以立春日爲法日，幹爲頭角耳色，支爲身色，納音爲蹄尾肚色。明初，襲元制。正統中，復用歲之幹支納音如宋法。國朝因之。立春前一日，各官公服迎於東郊，輿牛至府前，位南嚮，勾芒神在左，位西嚮。及期昧爽，陳設香燭、酒果。各官朝服，行一跪三叩禮，班首官奠酒三復，行三叩禮畢，各官執彩杖，列土牛兩旁，長官三擊鼓畢，偕各官環擊土牛者三，遂碎之而退。其祭勾芒神文曰："三陽肇泰，萬國回春。盛德在木，斗柄建寅。惟神實司斯民，是戴謹以酒果，用申奠獻，尚享。"

先農壇，歲以仲春吉亥致祭（或用季春），各官朝服，三跪九叩禮。祭畢，行耕耤禮。主祭官率各官易蟒服，即田執鞭秉耒，九推九返。畢序，立田東首，田中具一犁一牛，農夫終畝告畢事，各官補服望闕，行三跪九叩禮。(按：壇爲寇毁，今即舊址行禮。舊志未載，應從《康熙志》補。)

日食儀，明制：遇日食，正印官率僚屬師生僧道官等，於公所廳前露臺行救護禮。官朝服，餘各服其服。先期設香案於露臺上，設金鼓於儀門内，兩旁設各官拜位於露臺上，俱向日立。至期，陰陽官報初食，各官行四拜禮，皆跪。執事者捧鼓詣，班首官擊鼓三聲，衆金鼓齊鳴。候陰陽官報復圓，乃四拜而退。國朝因之。初虧食甚，皆素服；復圓，吉服，均三上香，行三跪九叩首禮。

月食儀，與日食儀同。

以上儀制。(按：各儀制，《府志》及《嘉慶志》皆不載，惟《康熙志》詳之。此外，尚有新官上任儀、鄉飲儀、生員送學儀，而志板既忘，章帙斷缺，竟難搜録。但諸儀惟鄉飲賓之典久廢不行，餘皆至今遵守，登此四條以存典禮。至廟祠祭儀，或守在學校，或案存禮科，兹從略。)

輿地十三　廟祠

文廟及鄉賢名宦各祠俱詳"學校"。文昌宫同。

忠祐城隍廟，在月華山南，舊在府治西。宋紹興七年，移置府治西南。二十七年，里人重建。乾道元年，賜廟額。(郡守方滋奏，城隍廟，潤人相傳漢將軍紀信廟，食此方縣①歷數千載，發露靈德，不可勝紀。請禱雨暘，無不響答。紹興三十一年，金人犯瓜洲，前守臣趙公偁祝於祠下，以求陰相。未幾，其首自斃，詔賜額忠祐。郡丞陸游《記》。)淳熙元年，重造仙橋（學正王康《記》）。元至元中，殿毁，重建。明洪武間，

① 按："縣"，《嘉慶丹徒縣志》卷五《廟祠》"忠祐城隍廟"條作"綿"，是。

都紀吴仁厚重建玄武殿。永樂中，都守羅觀繼葺。景泰己亥，歲歉，遣大臣禱祀。國朝康熙十一年修，乾隆三十二年重修。春秋及十月朔日，有司致祭。五十年，邑人於廟旁增建縣城隍廟。咸豐間，郡廟、邑廟盡毁於寇。邑人措辦善後，重建殿宇。同治十二年，邑令何紹章重建邑廟後殿。

宋陸游《鎮江府城隍忠祐廟記》：漢將軍紀侯以死脱高皇帝於滎陽之圍，而史失其行事，司馬遷、班固作傳弗載也。維宋十一葉天子駐蹕吴會，改元乾道，正月甲子，右中奉大夫、直敷文閣、知鎮江府方滋言："府當江淮之衝，屏衛王室，號稱大邦。自故時祠紀侯爲城隍神，莫知其所以始。然實有靈德，以庇其邦之人。禱祈禳禬，昭答如響。紹興、隆興之間，北兵入塞，金鼓之聲，震於江壖，而吏民不知所爲，則惟神之歸。雖北兵畏天子威德，折北不支，退舍請盟，府以無事。至於流徙蔽野，兵民參錯，而居處弗驚，疾癘以息，則神實陰相之，吏其敢貪神之功以爲己力乎？謹上尚書，願有以褒顯之，以慰父兄子弟之心。"越三月，癸丑，有詔賜廟額曰忠祐。詔下，而方公爲兩浙轉運副使，右朝散大夫、直徽猷閣吕公擢來知府事，侈上之賜。五月癸亥，大合樂，盛服齊莊，恭致上命。神人協心，霧雨澄霽，雲風肅然，來饗來臨。於是吕公以屬某曰："願有紀焉。"某惟紀侯忠奮於一時，而暴名於萬世。功施於漢室，而見褒於聖宋。身隕於滎陽，而血食於是邦。士惟力於爲善而已，豈有有其善而不享其報者乎？吏之仕乎是邦者，必將有事於廟；有事於廟者，必將有考於碑，其尚知所勉焉，毋爲神羞。①

丹徒鎮城隍廟（不在祀典，别登於後）。

武廟，在東觀巷。乾隆八年，知縣宋楚望即東觀改建。三十一年，重修。春秋及五月十三日，各官會祭。嘉慶以來，屢加修葺。咸豐間，半毁於寇。邑人善後重修之。未幾，復圮。今待重修。（按：舊志關帝廟并列十三處，以此廟爲首，蓋春秋丁祭之所在也。然國朝褒號加至十八字，曰護國、佑民、忠義、神武、靈佑、仁勇、威顯、精誠、綏靖。又奉旨各直省縣各一廟，祭以仲丁，并立下馬牌，以示尊崇。本邑舊在此廟，自宜崇祀於此，恪遵如制，志亦只應登此，以符祀典，其他各廟别録於後。）

下元水府廟，在金山。《五代史·吴世家》：乾貞二年正月，封金山下元水府鎮江王。又《會要》：大中祥符二年正月，詔潤州金山下元水府靈肅鎮江王，封昭信泰江王，賜額曰顯濟。元豐中，僧了元移於還京門外。建炎初，廟毁，大帥劉光世重建。紹興丁卯，都統制王勝重修。（黄前②《記》）每年十月十五日致祭③。祝文曰："維神托迹金山，揚靈江海。褒封順濟，實以報功。月吉良辰，下元届候。謹遵國典，常祭是申。尚饗。"（《入蜀記》云：二十五日，早，以一豨、壺酒，謁英靈助順王祠，所謂下元水府

---

① 按：《四庫》本《渭南文集》卷十七於篇末有"六月癸未記"句。

② 按："黄前"，《至順鎮江志》卷八《神廟》"下元水府廟"條作"黄俞"。

③ 按："致祭"，《嘉慶丹徒縣志》卷五《廟祠》"下元水府廟"條作"有司致祭"。

也。祠屬金山寺。初，紹興末，完顏亮入寇，樞密葉公審言督視大軍守江，禱於水府祠，請事平奏加帝號，既而不果。隆興中，敵再入，有近臣申言之，議者謂四瀆止封王，水府不應在四瀆上，乃但加美稱而已。）國朝乾隆四十七年，敕封金山靈區安瀾恒佑弘仁廣濟至德尊神，賜額曰德佑安瀾。春秋，有司致祭。御製祝文曰："維神宅靈净界，作鎮名區。屹砥柱於中流，渟波日麗；奠歸墟於廣瀆，赴壑雲恬。潮迴控九派之遥，風利切千艘之籲。朕巡方舉典展慶停鑾，通舲蠁於高標億萬里，江天静晏；臚懿徽於顯號十六言，星漢昭回。追蹕旋而迅過中泠，值飈送而安逾大纛。揚帆載德，肇崇秩祀於祠官；馭傳函香，敕致精禋於疆吏。孔時孔惠，媲朝宗日夜之流；有報有祈，沛吴會東南之澤。兹當春秋仲，特薦嘉馨，神其鑒焉。"

長山龍王廟①，在長山麓内。有龍泉，長流不竭。《至順志》：宋元豐六年，賜廟額曰"靈濟"②（《山水志》作"靈淵"，恐誤）。宣和中，封惠澤侯。紹興癸酉，加靈應昭濟公。每年四月三日有司致祭，祝文曰："巍巍長山，京口之鎮，興雲致雨，功在黎庶。孟夏之吉，率承懿章。謹以牲醴，用申常祭。尚饗。"

漢荆王廟，在府治前。（《至順鎮江志》：在府治後圃。《山水志》云：今在治東，蓋明時移建。《輿地紀勝》：有唐先天二年碑。）漢高祖從兄賈廟也。賈與黥布戰死，人爲立廟。唐先天二年重修。宋紹興三年，郡守胡世將重建。乾道戊子，陳天麟重修。明正統、弘治間，俱修葺，後傾圮。天啓乙丑，郡守賀仲軾重修，復構前廳三間，外建大門，立漢荆王廟額。每年七月五日，有司致祭。祝文曰："維神漢室宗親，光啓炎祚，封王建國，潤實舊邦。時維孟秋，率承懿典，謹以牲帛，常祭是申。尚饗。"（道光初，是廟并墓俱圮，郡守羅琦重加繕葺。咸豐間，毁於寇。今俱未復。）《記》見"藝文"。

劉猛將軍廟，在北固山下。《徐州府志》：神諱錡，宋淮南江東浙江制置使。景定四年，敕封揚威侯、天曹猛將神。（《敕》有"飛蝗犯境，宵旰懷憂，賴爾神力，掃蕩無遺"等語。）國朝雍正十三年，奉旨祠祀，祝文曰："維神夙昭勇略，懋著靈威，功殄螟蝗，惠周原隰。肅明禋而備物，兆嘉貺於豐年。維兹（誕辰季冬）謹以牲醪，用申虔祭。尚饗。"（按：道光初，復新是廟。咸豐間，毁於寇。按：禮部則列載神劉姓，名承忠。元時官指揮，能驅蝗。元亡，自沉於河，世稱劉猛將軍。國朝雍正二年，詔各直省府州縣均立廟致祭。《大清會典》《通禮》皆同舊志，作劉錡，誤。又按：神誕，據《上海志》，正月十三日誕辰，每歲是日及冬至後第三日均致祭。③又按：光緒三年，飛蝗自北蔽天而來，自夏至秋不止。邑令馮公壽鏡禱於神，蝗乃集於江濱山野，因復建之。）

火神廟，在城西山巷後。乾隆二十七年重修。每歲六月二十三日致祭，祝文曰："維神位正南離，權司長夏。六府修而功成既濟，四序紀而用在明時。佐烹飪以攸資，人安

---

① 按：《至順鎮江志》卷八《神廟》作"白龍廟"。

② 按："靈濟"，《至順鎮江志》卷八《神廟》"白龍廟"條作"靈淵"。

③ 按：自"按：禮部則列載神劉姓"至"每歲是日及冬至後第三日均致祭"，實皆《光緒志》編纂者按語，原攔入正文，兹依例改爲小字注。

耕鑿；斂烟光而無警，户樂恬熙。荷神貺以清平①潔明，禋於牲醴。尚饗。”（咸豐初，廟毁於寇。同治初，寺僧募里人重建。）

都天廟，在鼎石山下。舊在烈帝廟右（烈帝廟，在山之西偏）。明崇禎間，僧若昧建，後移建山之東，臨運河。廟名見《江南志》。歲祲致禱，屢著靈應。國朝乾隆五十年冬，水歸壑，運道阻淺回空，漕艘未入口者五百餘隻。巡漕管幹貞同總漕毓奇肅禱於神。是夕，江潮陡長三尺。翌日，糧艘盡入口南行。幹貞紀事立碑。乾隆六十年奉旨：“本年節氣稍遲，瓜儀水淺，又值西風耗潮頂渡，經總漕管幹貞於都天廟、江神廟齋宿祈禱，即轉順風，重運一百餘隻，得以出口。此皆仰賴神靈默佑，特發大藏香二十枝，著管幹貞虔誠叩祭，分拈以答神貺，欽此。”又於管幹貞奏内硃批“靈貺”二字。管幹貞奉書廟額。嘉慶中，奉旨賜褒語曰：“寧漕助順，顯佑安瀾，春秋予祀。”咸豐中，奉旨賜褒語曰“靈佑”。同治初，奉旨賜褒語曰“彰威”。（按：廟自乾隆以來屢加繕葺。咸豐間，全毁於寇。寇退後，馮公子材督守鎮江，時金陵未復，賊數犯境。同治初，賊夜來襲城，忽見神燈遍野，四山圍合，大驚而遁。我兵民咸見之。子材奏奉褒語，額於廟。）《山水志》曰：神，未詳何神。（按：俗傳謂爲唐睢陽令張公之神，固不足據。然郡廟城隍神傳爲紀侯，博雅如陸放翁作記不改，從俗何傷？）同治初，廟經重建，漸次修復。

以上載在祀典之廟（按：舊志，都天廟不在祀典，蓋其時重修，縣志在嘉慶初，而崇祀在其後也）。

關帝廟（據舊志，除東觀巷武廟外，計十二處）：一在江口竪土山之側，元大德三年，縣尉孫琳建；一在忠祐坊北；一在黄祐坊都統東轅門口；一在營内，順治十七年重建；一在儒林坊西府轅門口，康熙元年建；一在總府前；一在丹徒鎮；一在大港鎮；一在辛豐鎮；一在孩溪；一在寶堰；一在張家村。（按：諸廟惟總府前一廟，今已修建，即緑水橋北，古青苔寺所改也。其餘營内之廟亦經重修，他皆半毁。）

丹徒鎮城隍廟，乾隆十九年建。（咸豐間，毁於兵燹。同治十年，瞽目倪廣泰重建。）

丹徒鎮花神廟（在城隍廟左，毁於兵。同治十三年，蔡清如重建）。

東岳廟（五）：一在陽彭山。唐天祐間，周敬福建，裔孫邦傑重修。宋周必大感神夢，益廓廟制。明巡撫都御史周忱追念祖緒，檄郡邑大加修葺（尚書姜寶撰碑）。廟無道士，今守廟祀者猶周氏子孫也（按：自咸豐兵燹後，盡毁無存。今惟荒山故壘而已）。一在大港鎮之東，或云南唐查丞相宅，故塑其像於廟之左；一在吴沙；一在丹徒鎮；一在諫壁鎮回龍山。（咸豐間，寇毁過半。同治壬申，里人王竹溪叔侄、朱兆友同侄雲瑞捐修正殿。）

---

① 按：“平”，《嘉慶丹徒縣志》卷五《廟祠》“火神廟”條作“寧”。

西岳别廟，在雲騰山下。唐太和中，丹徒令彭彦規建。今久廢。

丹徒鎮大王廟、天后宫。（俱在鎮横閘上河邊。道光十二年，俱林文忠公創建，常鎮道李彦章監造。）

昭惠廟，在雩山。俗稱烏龍王廟。宋紹定四年，郡人韓大倫建，奏賜額。（嘉定五年，夏旱。諫壁農人禱於廟，有人於龍池内捕得一蟹，焚之，隨遭雷震。紹定四年，大倫鼎新，禱雨輒應。見《咸淳志》。）

江神廟，在金山。（今毁）一在城西江岸。乾隆五十七年，重修。六十年，總漕管幹貞摺内奉硃批“靈貺”二字。幹貞奉書廟額。（按：今廟毁，并祀於風神廟。）

韓蘄王廟（在金山龍王廟左，又稱三忠祠）。

風神廟，在城西搜鹽廳旁。乾隆六十年，巡漕謝振定奏建。御賜“翊靈佑順”匾額。（廟毁於寇。同治初，復建於江口，并祀江神。）

金龍四大王廟，在城西西津坊關帝廟左。（王姓謝名緒，宋國戚也。憫宋將亡，隱杭之金龍山，築望雲亭居焉。聞謝太后北行，赴苕水溺死，誓曰：“苕水逆流，是吾爲神時；黄河逆流，是吾報怨時。”尸浮苕而上八十里，土人祀之。明洪武初，驅群蜂助戰河上，封王爵。萬曆末，運軍及商賈建廟江口。兄弟四人，王最少，故稱四。今自寇毁，後未復。）

都土地廟，在郡廟西山下。今毁。

徐偃王别廟（二）：一在崇德鄉大瀆山下、漕河西。宋紹興間創，春秋致祭。元毁於兵。延祐中，復建。一在下鼻塘西南二里，俗稱爲哥兒廟。

漢留侯廟（二）：一在丹徒鎮漕河之東，一名天樞廟，未詳所始。（土人謂之張司徒廟，非。）宋建中靖國初，毁。紹興辛酉，重建。景定四年，隱者徐梅窗新之。元初，廟圮。里人冷德新、胡體仁重建。一在彭城（去城三十里，有彭城），宋嘉定間建。

丹徒鎮文昌閣（在虎頭山巔。明御史蔣拱宸重建。咸豐間，半毁於寇，半皆傾圮。里人華康衢續修）。

武烈帝廟，在朝陽門外。始爲陳府君廟。唐乾符二年，追封忠烈公（校書郎顧雲《記》）。中和四年，加感應。梁開平四年，進福順王，後封忠烈王。南唐寶大十三年，册武烈帝。（《嘉慶志》曰：顧雲《記》及《毗陵舊志》云：公姓陳，諱杲仁，字世威。晉陵人。年十八，舉秀才。對策，拜監察御史。隋大業中，受詔平長白山等寇，授大司徒。公娶沈法興女，法興有异謀，懼公，未發，潜以藥毒之。後法興中神矢斃。郡人以公忠孝、文武、信義、謀辨八絶奏於朝，即公兵仗庫立祠，徐鉉有《廟碑》，見《集》中。《集古録》云：杲仁終始事迹不甚顯，略見於《隋書》。）

宣尼廟，在圌山之陽。《齊書·江祏傳》：祏弟爲南東海太守。治下有宣尼廟，久廢不修。更開掃構立。

河神廟，在城西便民港。

藥王廟（二）：一在銀山頂；一在盛家巷後。（祀神農。今改爲藥王廟。）

白兔山神廟，在縣東南十五里。

句驪山神廟，在縣西南五十里。

仰山廟，在通吴門内。許俊建。（俊藉山神之靈，收洞寇，獲功，遂建廟。）

后土神别廟，在城南。（神號后土皇靈地祇，創始未詳何代。即道冲觀也。）

夏禹王廟（三）：一在馬迹山紫府觀之東（殷士望《記》）；一在京峴山；一在宗張巷。

東平忠靖王别廟，在小沙。久廢。

蕭梁公主廟（二）：一在諫壁港；一在京峴山。（即眼光聖母）

真武廟，在北固山第二峰①上。明弘治戊申建。（又有二廟，見後。）

天王廟，宋諸軍寨皆有之。明僅存其一，在縣學右寨巷頭。（《嘉慶志》云：舊傳唐太宗起兵，有神自號毗沙門天王，願效力定亂，故所向成功。及即位，詔天下公府皆祀之。）

檀道濟廟，在檀山北麓。（《山水志》云：《南史》本傳：道濟，高平金鄉人也。世居京口。）

讓王廟，在城西三十五里之上塘村。（祀吴泰伯）

九里廟，在城南十五里。（祀吴季札）

吴季子别廟（舊志遺，今據《山水志》補），在城西南五里黄山下。

辛王廟，在辛②豐鎮。宋紹興七年立。（舊志：楊大成③《記》略曰：韓國趙侯辛君諱翼，字大鵬，灌陽人也。避秦入閩，以家財求客，爲韓報仇。後居毗陵，葬辛塘之南。至隋，立祠於南岡之東。宋真宗始封王號。紹興七年，遷祀於此。）

張王廟（三）：一在城南，舊名廣德王廟，未詳所始。宋崇寧間，新而廣之（邑人王揚英《記》）。經建炎兵火，元至大三年重修，廟外有石坊、石橋及亭。國朝順治間修，乾隆二十六年重修。一在華山，去城東七十里；一在圌山之東，土人名曰新廟。（舊志：據廣德州濮陽椿《重修祠山事要》云：王姓張，名渤。其先名秉者，夏禹時人，居鼎州武陵郡龍陽洲，事禹治水有功。王生於漢宣帝神爵三年二月十二日。東游會稽，至苕霅之白鶴山，顯迹長興。役陰兵開鑿聖瀆，後隱於廣德之横山。朝斗成功，化身山頂。居民立祠祀之，廟碑係顔魯公書。水旱癘疫，祈禱響應。歷代皆有封爵。）

炳靈公廟，在丁角鎮。

三真君廟，在塔山。奉周、唐、葛三真君，土人多言周爲晉孝侯。《一統志》言：三人乃周厲王諍臣。

晏公廟（三）：一在丹徒鎮；一在江口昭關；一在小沙。

---

① 按："第二峰"，《嘉慶丹徒縣志》卷五《廟祠》"真武廟"條作"南土山"。
② 按："辛"，《至順鎮江志》卷八《神廟》"辛王廟"條作"新"。
③ 按："楊大成"，《至順鎮江志》卷八《神廟》"辛王廟"條作"楊天成"。

壽丘司徒廟，在上河街普照寺。（舊志云：即壽丘山神，南唐時封爲司徒。）今寺廢，廟亦廢。

靈順别廟，在鎮西橋側。舊志未詳何神。宋淳熙二年，郡人成大興創。

白馬司徒廟，在白馬坊、緑水橋西。

張司徒廟，在丹徒鎮官莊口。

水府三官廟，在南閘下、運河岸南。

漢劉使君廟，在城北。創建未詳何代。宋慶元間重修。（海陵主簿黄經《記》）

林仁肇廟（二）：一在五州山因勝寺（僧寶文《記》）；一在朱方門外。（《嘉慶志》云：仁肇宅，在朱方門外一里。後爲蘇丞相頌居第。頌以仁肇忠勇，爲立廟於宅之東側。見《蘇氏談訓》。）今久廢。

柳如京廟，在北固山下。久廢。

肅①練三姑廟，未詳何神。在縣東三十里。

石馬廟，在城西四十里，長山之西。祀張大帝，又稱爲南宫廟。

司馬公廟，在義里鄉炭渚橋。

五神廟（三）：一在唐頹山（今改祀關帝）；一在烏風嶺下（後改興善庵）；一在山北港。

烈帝廟，在山北港。

上林廟，在山北港。

段固廟，在草洲。

上二匡廟，在草洲。

下匡廟，在德興洲。

龍王廟（四）：一在雩山；一在荷葉洲；一在德興洲；一在圌山下横山。

南宫廟，即紅廟，在華山。

三太尉廟，在華山。乾隆二十二年重修。

紫府廟，在辛豐鎮。

眼光聖母廟，在諫壁江口。（即前蕭梁公主廟。咸豐間毁。同治初，里人草創之。）

高王廟，在高家村。乾隆二十五年重修。

高皇廟，在雩山西。（即劉宋陵寢遺迹。咸豐庚申，寇毁過半。同治丁卯，里人王竹溪修之。）

文武帝合廟，在雩山西麓。（乾隆間建成，咸豐間毁於寇，同治戊辰，王竹溪叔侄重建。）

蕭王廟，在黄祐一坊。（舊志云：漢時建。）乾隆十五年重修。

二郎廟，在大一都、三圖。（兵燹後，同治初重修。按：二郎神，見《元史·文宗

---

① 按："肅"，《至順鎮江志》卷八《神廟》"蕭練三姑廟"條作"蕭"。

本紀》：秦時蜀郡太守李冰爲英惠王，其子二郎神爲仁祐王。二郎，蓋李冰之次子也。又按：《成都志》謂冰爲郡守，化牛形入水，戮蛟不勝，見夢於其子。子乃入水，助父殺蛟。又按：范成大《吴舡録》：崇德廟，在永康軍城西門外山上，爲秦太守父子廟食處。）

竈君廟，在城西三都，雍正八年建。

痘神廟，在南城外運河邊，普會寺旁。

痧痲神廟，在痘神廟左。（道光間建，咸豐年毀。）

羅公廟，在南閘。（初在談家洲，後洲没於江，移建南岸觀音庵。雍正間，又移南閘。事迹詳“陵墓”。）

玉山龍王廟，在江口。《方輿紀要》：玉山，臨江聳立，上有龍王廟。（《宋史》：建炎四年，韓世忠屯焦山以邀兀术歸路，謂諸將曰：“是間形勢無如金山對岸龍王廟，寇必登此觀我虚實。”舊志云：俗本作“塗山龍王廟”。誤。）

馬王廟（二）：一在城東外營，康熙三十六年建；一在城南，雍正八年建。

大社廟，在培山村。順治五年建。

南宫廟，在仲家村。康熙五十五年重建。

大帝廟（三）：一在大業村，康熙四十一年重修；一在丁村，康熙二十六年建；一在華山，梁時建，明天啓元年重建。（咸豐十年，寇毁。同治初，復建。）

真武廟（二）：一在城西二區，康熙四年重修；一在辛豐鎮，乾隆十一年重建。

檀王廟，在檀山，明嘉靖二年修。

大王廟（二）：一在高資鎮，康熙四十二年重修；一在寶堰鎮，乾隆十九年建。

司馬廟，在炭渚，順治三年重建。

大南宫廟，明萬曆八年建，後改慈雲庵。

九郎廟，在烏岡，明正德十年建，國朝順治八年修。

北塔山廟，在傅家邊，明崇禎四年建，國朝康熙三十九年重修。

宋帝王廟，在城西南十七區，元至正九年建。

下蘭廟，在城西南三區，康熙二十一年建，乾隆十一年重修。

仙姑廟，在四區南莊村，明萬曆七年建。

東來荆廟，在一區，明萬曆五年建。

西來荆廟，在二區。

巫山廟（二）：一在白路村；一在城南六區。

司徒廟（二）：一在黄序村，明萬曆十三年建（咸豐十年，寇毁。同治初，里人江國治重修）；一在詐輪岡，萬曆十八年建。

三郎廟，在七區金涵口，明崇禎十七年建，國朝順治十四年重修。

朱灣廟，舊志未詳所在。今查，在苦竹村之東，紀莊之西，距諫壁十里。祀南宫大帝。又名昭烈行宫。兵燹後，殿宇尚存。（俗訛稱朱王廟）

蜃溪神亭，在延陵。晏殊《類要》云：吴長沙王遇太史慈處。

雲錦宫，在城南張王廟旁。機業祀織女處。道光初建，毁於寇。同治初，重建。

以上不在祀典之廟（按：城鄉各廟，舊志已多廢圮。咸豐間，寇毁幾盡，十無一二。其修建亦屬僅見，以下各祠壇亦然）。

閔子祠，在銀山巷。祠先賢琅琊公閔子之神，春秋致祭，祝文曰："維公誕育多賢之地，追隨至聖之門。曲意承歡，祗覺雙親之是；忍寒全愛，深愁三子之單。有言本於有德，至今推長府訐謨；能孝信其能忠，孰不仰汶川風節。氣分光岳，行如威鳳之翔；秀發天潢，道比潜龍之固。恭遇聖朝，褒封前哲。虔陳牲品，群瞻岳岳懷方；敬獻椒漿，共仰誾誾道範。尚饗。"

焦公祠，在焦山。宋祥符中，封明應公。（真宗以感夢封明應公，親制詞以告，刻石幢祠内。）隆興中，加封英濟。（郡守方滋以神有庇民之德，請於朝，詔加"英濟"二字。蘇師德《記》，米芾《銘》。）春秋致祭，祝文曰："維神游心太虚，栖迹空谷。人欽隱德，山以姓名。峻節清風，千年百世。季春秋之吉，率承懿章，謹以牲醴，用伸常祭。尚饗。"《山水志》云：祠在佛殿右。康熙中，賜額曰"山高水長"。舊名明應公廟。《文獻通考》：廟在潤州焦山。大中祥符七年，上以京江多覆溺之患，是山在江中，近海門，祈禱有應，詔封山神以公爵，仍製文告之，刻石廟中。（按：石刻久佚，今廟中有墨敕一道，前題"御書之寶"四大字。慶元戊午冬十月甲子，太子少傅、觀文殿學士陳駿書其文，即《祥符中賜漢故隱士焦光明應公詔》，又有米芾自書所作《焦公祠銘碑》。）

漢蔡邕《焦君贊》：猗歟焦君，常此玄默。衡門之下，栖遲偃息。泌之洋洋，樂以忘食。鶴鳴九皋，音亮帝側。乃徵乃用，將授衮職。昊天不吊，賢人遘慝。不遺一老，屏此四國。如何穹蒼，不照斯域。惜哉朝廷，喪兹舊德。恨兹學士，將何法則。按：此《贊》見於《中郎集》。

《三國志·管寧傳》裴注：時有隱者焦先，河東人也。《魏略》曰：先，字孝然。中平末，白波賊起，時先年二十餘，與同郡侯武陽相隨。武陽年小，有母，先與相扶接，避白波，東客揚州，取婦。建安初，來西還，武陽詣太①陽占户，先留陝界。至十六年，關中亂，先失家屬，獨竄於河渚間，食草飲水，無衣履。時太陽長朱南，望見之，謂爲亡士，欲遣船捕取，武陽語縣："此狂癡人耳！"遂注其籍，給廪，日五升。後有疫病，人多死者，縣常使埋葬，童兒豎子皆輕易之。然其行不踐邪徑，必循阡陌。及其捃拾，不取大穗，飢不苟食，寒不苟衣，結草以爲裳，科頭徒跣。每出，見婦人則隱翳，須去乃出。自作一瓜牛廬，净掃其中。營木爲床，布草蓐其上。至天寒時，構火以自炙，呻吟獨語。飢則出，爲人客，作飽食而已，

① 按："太"，《三國志》卷十一《魏書·管寧傳》裴注作"大"。下同。

不取其直。又出於道上①，邂逅與人相遇，輒下道藏匿。或問其故，常言“草茅之人，與狐兔同群”，不肯妄語。太和青龍中，嘗持一杖，南渡淺河水，輒獨云“未可也”。由是人頗疑其不狂。至嘉平中，太守賈穆初之官，故過其廬。先見穆，再拜穆。與語，不應；與食，不食。穆謂之曰：“國家使我來爲卿作君，我食卿，卿不肯食；我與卿語，卿不應我。如是，我不中爲卿作君，當去耳!”先乃曰：“寧有是邪!”遂不復語。其明年，大發卒，將伐吴，有竊問先：“今討吴，何如?”乃謬歌曰②：“祝衄祝衄，非魚非肉，更相追逐。本心爲殺牂羊，更殺其羖䍽耶?”郡人不知何謂。會諸軍敗，好事者乃推其意，疑牂羊謂吴，羖䍽謂魏。於是後人僉謂之隱者也。議郎河東董經特嘉异節，與先非故人，密往觀之。經到，乃奮其白鬚，爲如與之有舊者，謂曰：“阿先闊乎？念共避白波時不?”先熟視而不言，經素知其昔受武陽恩，因復曰：“念武陽不邪?”先乃曰：“已報之矣。”經又復挑，欲與語，遂不肯復應。後歲餘，病亡。時年八十九矣。《高士傳》曰③：世莫知先所出，或言生乎漢末，自陝居大陽，無父母兄弟妻子。見漢室衰，乃自絶不言。及魏受禪，常結草爲廬於河之湄，獨止其中。冬夏恒不著衣，卧不設席。又無草蓐，以身親土，其體垢污皆如泥漆。五形盡露，不行人間。或數日一食，欲食則爲人賃，作人以衣，衣之乃使限功受直，足得一食輒去，人欲多與，終不肯取。亦有數日不食時。行不由邪徑，目不與女子逆視。口未嘗言，雖有驚恐，不與人語。遺以食物，皆不受。河東太守杜恕嘗以衣服迎見，而不與語。司馬景王聞而使安定太守董經因事過視，又不肯語，經以爲大賢。其後野火燒其廬，先因露寢。遭冬雪大至，先袒卧不移，人以爲死，就視如生④，不以爲病，人莫能審其意度，年可百，歲餘乃卒。或問皇甫謐曰：“焦先，何人也?”曰：“吾不足以知之也，考之於表，可略而言矣。夫世之所常趣者，榮味也；形之所不可釋者，衣裳也；身之所不可離者，室宅也；口之所不能已者，言語也；心之所不可絶者，親戚也。今焦先弃榮味，釋衣服，離室宅，絶親戚，閉口不言，曠然以天地爲棟宇，暗然合至道之前，出群形之表，入玄寂之幽；一世之人，不足以挂其意；四海之廣，不能以回其顧。妙夫，與夫三皇之先者同矣。結繩以來，未及其至也，豈群言之所能仿佛，常心之所得測量哉？彼行人所不能行，堪人所不能堪。犯寒暑，不以傷其性；居曠野，不以恐其形；遭驚急，不以迫其慮；離榮愛，不以累其心；損視聽，不以污其耳目。舍足於不損之地；居身於獨立之處。延年歷百，壽越期頤，雖上識，不能尚也。自羲皇以來，一人而已矣。”《魏氏春秋》曰：故梁州刺史耿黼以先爲仙人也，北地傅玄謂之性同禽獸，并爲之傳，而莫能測之。臣松之按：《魏略》云：焦先及楊沛并作瓜牛廬，止其中，

① 按：“上”，《三國志》卷十一《魏書·管寧傳》裴注作“中”。
② 按：“乃謬歌曰”，《三國志》卷十一《魏書·管寧傳》裴注作“先不肯應而謬歌曰”。
③ 按：《高士傳》原單列成段，然實則亦《管寧傳》裴注所引，以故此處不另分段。
④ 按：“生”，《三國志》卷十一《魏書·管寧傳》裴注引《高士傳》作“故”。

以爲瓜當作蝸。蝸牛，螺蟲之有角者也，俗或呼爲黄犢。先等作圜舍，形如蝸牛蔽，故謂之瓜牛廬。①

葛洪《道學傳》：焦先者，字孝然，河東人也。年一百七十歲。常食白石，以分與人，熟煮如芋食之。日日入山伐薪以施人。先自村頭一家起，周而復始，負薪以置人門外。人見之，鋪席與坐。爲設食，先便坐，亦不與人語。負薪來，如不見人，便私置於門間便去。連年如此。及魏受禪，居河之湄，結草爲庵，獨止其中，不設床席，以草襯坐。其身垢污，濁如泥潦。或數日一食。行不由徑，不與女人交游。其衣敝，則賣薪以買故衣著之，冬夏單衣。太守董經因往觀之，又不肯語，經益以爲賢。後遭野火燒其庵，人往視之，見先危坐庵下不動，火過庵燼，先方徐徐而起，衣物悉不焦灼。又更作庵，天忽大雪，人屋多壞，先庵倒，人往不見所在，恐已凍死，乃共折庵求之。見先熟卧於雪下，顔色赫然，氣息休休，如盛暑醉卧之狀。人知其异，多欲從學道，先曰："我無道也。"或忽老忽少，如此二百餘歲。後與人别去，不知所適，所請者竟不得一言也。

陸雲《登遐頌咏焦生一首》云："焦生卜居，在河之東。皓襟解帶，嘉卉結容。頤神太素，淑思元冲。在彼黄堂，明道固窮。"

宋大中祥符六年二月四日，《賜漢隱士焦光明應公敕》：朕臨御天下，賴宗廟之靈；方内乂安，元元蒙福；四海恬然，頗稱隆平之世。適者染疾未瘳，忽夢老人入殿，自謂東南隱者焦光，持丹奉獻，夢覺即愈。詢之近臣，云：光乃漢末高隱，遨游天塹，洞隱譙山，甘貧樂道。昔以三詔不起，廉節自持，雖萬鍾而難移，撫川流以自得，觀泌水以陶情。不但福佑於國，抑且惠及於民。封功報典，理之所宜。凡本山田地差役，一概優免。有司春秋祭奠，以爲永錫之報，無負朕意，副所願焉。

米芾《焦公祠銘》：水清石白，焦公之宅。妙道誰測，能語而默。俟河之清，乃通帝夢。殖殖瑶壇，乃靈是擁。肸蠁遠濁，以道祚宋。公德不革，客必茹素。擁徒駕御，必以風雨。明德感神，神應可呼。勒石津塗，以肅薄夫。

卞忠貞公祠，在城西岳祠坊、金盞橋口。（《晉書》本傳：卞壼，字望之。父粹，字玄仁，世稱"卞氏六龍，玄仁無雙"，相繼爲大臣。明帝時，領尚書令、領軍將軍、給事中、建興縣公、假節、都督大桁東諸軍事、加贈侍中、驃騎將軍、開府儀同三司，卒謚忠貞。受明帝顧命，成帝嗣位，蘇峻犯順，戰死於青溪栅②。二子眕、旴亦力戰死。夫人裴氏撫尸哭曰："父爲忠臣，子③爲孝子，夫何恨乎？"乃與二女春英、春芳俱服毒死。賊平後，封景定侯，謚忠貞。）金陵、廣陵、毗陵皆有專祠，歷唐、宋、元、明，皆

① 按："先等作圜舍"三句，《三國志》卷十一《魏書·管寧傳》裴注按語謂："先等作圜舍，形如蝸牛廬。《莊子》曰：'有國於蝸之左角者曰觸氏，有國於右角者曰蠻氏。時相與争地而戰，伏尸數萬。逐北，旬有五日而後反。'謂此物也。"

② 按：《晉書》卷七十《卞壼傳》謂"峻進攻青溪"，并無"栅"字。

③ 按："子"，《晉書》卷七十《卞壼傳》作"汝"。

載祀典。國朝乾隆十六年，賜額曰“典午孤忠”。遣經筵講官、刑部侍郎錢陳群致祭。御製祝文曰：“惟爾吏局幹才，人間正氣，精勤視事，不敢附於風流；竭蹶奉公，輒自居於鄙吝。當咸和之多難，鎮節横行；值蘇峻之稱兵，歷陽失守。一身血戰，真視死其如歸；二子相隨，實臨難而不苟。慷慨而談忠孝之事，必醴稱此一門。低徊而揚史册之休，永遺芳於典午。朕方行江郡，言邁鍾山，表節烈以維風；牲醪用飭，沛絲綸而展墓。俎豆爲光，爾靈有知，尚其來格。”又二十二年，遣散秩大臣副都統祥泰致祭，御製祝文曰：“惟爾累世榮名，一門亮節。清裁任職，不辭瓦石之譏；正色立朝，足攝駑疴之氣。常力争夫禮教，不拘附於風流。方典午之遭屯，值峻凶之逞逆。昭其果毅，既即戎而忘身；濟以忠貞，遂見危而授命。正氣既萃，義烈攸彰。朕再莅南邦，言經鍾麓，都崇祠之在望；式念遺芳，命秩祭於所司。載申酹奠，靈其歆格，享此苾芬。”又二十七年春，内閣學士兼禮部侍郎雙慶自江寧行在，奉命賚香帛牲酒告祭。又三十年三月三日，高宗四巡江南，特命總督倉場户部侍郎温福致祭。又四十五年，高宗五幸江浙。春三月乙巳，駐蹕江乘，特遣内閣學士兼禮部侍郎嵩貴告祭。（按：三祭經部議，毋庸撰文。）鎮江卞氏分祠圮於雍正間，道光十七年重建。二十一年，循各郡例請祭。自是年秋丁始，郡守祥齡主之。祝文曰：“惟公生當典午，時不逢辰，幹實當官，軌正督世。位居保傅之尊，躬膺顧托之重。統六師以討逆，殺身成仁；偕二子而捐軀，破家爲國。當時隆以顯號，歷代載在明禋。緬想金陵墓祠，永秩仰懷，邗水廟祭常昭。惟此京江鼎祠復建，謹遵恩制，戒司儀而晋謁；敬陳牢醴，率哲裔以駿奔。恭迓淑配裴氏夫人，并奉世子散騎侍郎、介子奉車都尉，同臨配享之班，共鑒蘋蘩之薦。仰祈歆格，曷勝屏營。尚饗。”（按：此祠，舊志所遺，今補。咸豐間，毁於寇，未復。）

濂溪周先生祠，在鶴林寺西。知縣龐時雍增修石蓮池并光霽亭。（亭，後移建日精山。楊一清《記》云：亭蓋取黄庭堅稱先生語而名之也。先生少失父，奉母依舅氏鄭龍圖居潤。母卒，遂葬焉。讀書寺中，旁鑿蓮池。後人即其地建祠祀之。又闢書院以居四方之學者。近時書院廢，其地并與鶴林寺僧。郡守張公巖重建廟學，乃即廟背山之巔構亭，扁曰“光風霽月”。）春秋致祭，祝文曰：“維公有宋真儒，理學倡始。道探千秋，書傳萬世。孔孟上承，程朱後繼。寄迹於兹，讀書斯地。亘古高風，迄今弗替。庭草風光，池蓮月霽。維兹仲春秋，禮宜祀事，神其有知，庶幾來格。尚饗。”

宗忠簡公祠，在壽丘山下縣學内，范公祠後。舊在山北，明正德三年，侍御謝琛請建（靳文僖公貴有記）。崇禎乙亥，邑令張文光改建於此（李長科有記）。國朝康熙四十二年（舊志作“四十四年”），賜額曰“忠藎永昭”。乾隆十六年，賜額曰“丹忱貫日”。春秋致祭，祝文曰：“維公忠義之心，經濟之略，生逢國難，力捍强兵，盡瘁鞠躬，死而後已。人往代改，事往名存。體魄收藏，流風未泯。兹者仲春秋，禮宜告祀。謹以牲醴，用伸常祭。尚饗。”（《山水志》曰：范公、宗公二祠始皆建於府學，見《嘉定鎮江志》，後移於此。）

二程夫子祠，舊在縣學西。明末毀，康熙十九年①，裔孫程炯請建於白馬坊、城河北岸，郡守王燕率屬助工落成。二十五年，學使李振裕題載祀典（總督范承勳、巡撫宋犖各有記）。各官捐俸，鑄有祭器。乾隆四十四年，裔孫程鈞及學源、學海重建。祝文曰："維夫子昆仲，功同孔孟，學啓張朱。表章六經，牖迪多士。儒林咸仰，祀典兼崇。維兹仲春秋，理應禋祀，伏祈靈爽，歆格几筵。尚饗。"

范文正公祠，在縣學内、尊經閣下。春秋致祭，祝文曰："維公敦尚風節，忠孝懋修；身任天下，後樂先憂。人物第一，褒於青史。肄習詩書，譽延兹土；芳躅猶存，景仰如睹。兹者仲春秋，禮宜告祀。謹以牲醴，用伸常祭。尚饗。"

韓、魏、文三公祠，在金山。祀宋韓蘄王世忠、魏右武大夫勝、文丞相天祥。有司致祭，祝文曰："嗚呼！天生忠烈，矢志捐軀，名貫古今。壯哉韓公，褫魄兀朮，中興武功。時維魏公，統制京江，血戰稱雄。仰惟文公，金山遁迹，渡江匡復。高風節義，千古常新。三公忠貞，氣塞乾坤，祀重山岳。（某）等遵守兹土，景仰先烈，合祀兹山。中流砥柱，式陳時薦，統冀居歆。尚饗。"

尹和靖先生祠，在鶴林寺濂溪祠側。（《宋史·道學傳》：先生世爲洛人。今丹徒有專祠，并祀鄉賢祠。舊志云：先生，開封人。建炎中，奉詔赴紹興，經鎮江辛豐鎮，夫人郭氏亡，遂葬焉。及先生殁後，子孫仍家於丹徒。）春秋致祭，祝文曰："維公學承孔孟，敬以持躬。説書崇政，裨益宸聰。力非和議，忠節誰同。辭榮解組，千古高風。注經釋傳，萬世咸宗。仲春秋節届，禋祀攸崇。尚饗。"（按：祠於咸豐間毁於寇。光緒二年，裔孫重建，仍在舊地。）

朱文公祠，舊在儒里鄉。雍正三年，裔孫朱懷慶、敏億等呈請遵例建祠致祭，遂别建於甘露寺前。春秋致祭，祝文曰："維公淵源聖學，承孔孟以繼儒，宗世炙高風，啓後賢而崇正道。注書釋傳，風化仰觀；集解諸經，千秋不朽。朱衣正笏，俾大宋廊廟森嚴；珮玉鳴珂，益宸聰溥恩宇甸。氣蒸山岳，教垂萬世以仰瞻；道範芳流，配享膠庠於哲位。恭遇聖朝②，特頒恩薦。虔陳牲醴，品庶粢盛，敬伸時祀。尚饗。"（舊志云：此祝文與前韓、魏、文三公祠文恐俱有訛誤。按：祠於咸豐間寇毁。同治初，裔孫朱開基、紹基重建，仍在甘露寺前。）

陸忠烈公祠，明洪武初，詔旌忠義，祠建於金山後，移建唐埴山。至萬曆間，追謚忠烈。二十八年，郡守許公國誠移建鶴林寺側。（《山水志》云：乾隆九年，自金山移建。）舊志云：裔孫陸其筠移建。國朝康熙四十四年，賜"忠節不磨"額。咸豐八年，巡撫趙德轍奏請從祀文廟，位在文天祥之次。十一月初八日，奉上諭："禮部議前事一摺，宋丞相陸秀夫精研理學，品誼端純，立朝後事君盡禮，雖當軍旅之時，猶日書《大學章句》進講。及其成仁取義，大節凛然，亮節孤忠，光昭史册，宜膺茂典，俾列宫墻。陸秀夫著照該部

---

① 按："康熙十九年"，《嘉慶丹徒縣志》卷五《廟祠》"二程夫子祠"條前有"國朝"二字。此處疑脱。
② 按："朝"，《嘉慶丹徒縣志》卷五《廟祠》"朱文公祠"條作"明"。

所議，從祀文廟，位在文天祥之次，以獎忠義而激愚頑，欽此。”（按：《宋史·忠義傳》：陸秀夫，字君實，楚州鹽城人。生三歲，其父徙家鎮江之朱方鎮。稍長，從其鄉士孟先生學。孟之徒衆，獨指秀夫曰：“非凡兒也!”景定元年，登進士第。李庭芝鎮淮南，辟置幕中。性沉静，不苟求人知。庭芝器之，三遷至主管機宜文字。咸淳十年，庭芝制置淮東，擢參議官。德祐元年，邊事急，諸僚屬多亡者，庭芝上其名，除司農寺丞，屢擢至宗正少卿，兼權起居舍人。二年正月，以禮部侍郎使軍前，請和，不就而反。二王走温州，秀夫與蘇劉義追從之，使人召陳宜中、張世傑等皆至，遂相與立益王於福州，進端明殿學士，簽書樞密院事。既而與宜中議不合，宜中使言者劾罷之。張世傑讓宜中曰：“此何如時動以臺諫論人耶?”宜中惶恐，亟召秀夫還。時君臣播越海濱，庶事疏略，楊太妃垂簾與群臣語，猶自稱“奴每時節朝會”，秀夫儼然正笏，立如治朝。或時在行中，凄然泪下，以朝衣拭泪盡濕，左右無不悲慟。未幾，王以驚疾殂，群臣欲散去，秀夫曰：“度宗皇帝一子尚在，將焉置之? 古人有以一旅一成中興者，今百官有司皆具，士卒數萬，天若未欲絶宋，此豈不可爲國耶?”乃與衆共立衛王。時陳宜中往占城，以與張世傑不協，屢召不至。秀夫外籌軍旅，内調工役，凡有所述作，又盡出其手。雖匆遽流離中，猶日書《大學章句》以勸講。時秀夫爲左丞相，張世傑駐兵崖山。元至元十六年二月，崖山破，秀夫走衛王舟中。而張世傑、劉義各斷維去，秀夫度不可脱，乃仗劍驅妻子入海，即負王赴海死，年四十四。）舊志：春秋致祭。祝文曰：“維公爲宋名相，遭時播遷。翊戴幼主，身家用捐。志圖恢復，百里周旋。當數之厄，宋不可延。浮海抱尸，死而彌堅。精忠大義，照耀光前。桑梓之邦，垂範儼然。今兹仲春秋，用祭以專。牲醴庶品，罔有弗蠲。尚饗。”（咸豐間，祠毁於寇。同治十二年，裔孫陸長慶、長賡、長生、長恩重建於城内青雲門大街。）

米公祠，在鶴林寺前。（有明米萬鍾書《米公祠碑》。《避暑録話》：“米元章愛鶴林寺松石沉秀，誓來生爲寺伽藍，永護名勝。公没後，鶴林伽藍無故塌下。里人知公欲還宿願於此，乃祠於寺之左隅。”道光中，李觀察彦章更立祠於寺前，對山之麓。今毁。）春秋致祭，祝文曰：“維神少負英資，蜚聲廟廊。愛潤之甚，卜築隱藏。廬墓兹土，後裔永昌。墨迹書畫，久而彌芳。神藉護持，幸賴安康。丰韵千秋，流播無疆。今兹仲春秋，牲帛是將。神鑒微忱，來格來享。尚饗。”

郭、唐二公祠，在京口驛西。舊專祀明侍郎郭任。萬曆丙申，知縣龐時雍建，後增祀郎中唐侃。雍正三年，知縣馮詠重修。祝文曰：“嗚呼！建文臨御，邦家沸騰。靖難兵起，軍儲正殷。維公忠正，調度殫心。遜國之後，風靡搢紳。維公不屈，父子受刑。成仁取義，正氣森森。至今寰宇，瞻仰忠靈。載越嘉靖，唐公嗣興。義堅金石，峻絶私奔。潔操冰玉，固璧遺金。乞代父難，萬備艱辛。楚邑齊郡，化狡爲淳。奄宦肆螯，奮不顧身。舁棺决死，造福蒼生。廿餘宦邸，釜甑生塵。官至郎署，殮乏棺衾。一生清節，萬禩①芳名。配祀郭公，神其居歆。尚饗。”（《明史·郭任傳》：任，丹徒人。建文初，佐

① 按：“禩”，或即“禩”，同“祀”。

户部。燕王兵起，被擒，不屈死之。子經亦論死，少子戍廣西。福王時，贈太子太保、户部尚書，謚清毅。按：祠在城西小門外主簿署，間壁地址三進、一後院，内有“仰止軒”石，額“我朝邑尊馮夔颺重修”。祠宇兵燹後僅存基地。唐公，詳“圖山墓”。）

楊文襄公祠，在觀音橋巷圓通庵傍。春秋致祭，祝文曰：“維公四朝元老，一代偉人。髫年動主，壯歲匡君。關中表异，翰苑蜚聲。鸞坡正笏，龍塞揚旌。才兼文武，謀濟安傾。伊周并烈，韓范齊勛。文章日麗，事業雲蒸。未忘寵辱，投老漁耕。田分白屋，税薄蒼生。邦家柱石，殿陛儀型。敬伸時祀，稍展微忱。綿綿尸祝，百代如新。尚饗。”

沈、王二公祠，在北門厲壇。沈名宗玉，王名世良，明指揮僉事。嘉靖三十九年，禦倭陣亡（詳見“忠節”）。春秋及霜降之日致祭，祝文曰：“維二公忠義同心，死生一致。爲國難而急趨，力衝圍而效命。上繼列侯之忠，下鼓三軍之勇。褒封有祠，禮義略措。今届宜祀之辰，謹以牲醴，用伸常薦。尚饗。”

張文貞公祠，在鶴林寺側。乾隆中，賜額曰“風度端凝”。春秋致祭，祝文曰：“維公陰陽化洽，恩遐布於埏垓；亭毒功成，澤近流於桑梓。贈階加祭，國典攸隆。巷哭路哀，人心不泯。鄉之搢紳人士，爰擇松楸之善地，迎奉冠劍之專祠。兹值仲春秋之時，特行次丁之祭。蓋古有德於鄉者則祀之，公其無愧者矣。嗚呼！生爲碩輔，後爲明神。凄愴焄蒿，懔英爽之如在流風，餘韵仰靈光之獨存。潔紫牲牷，以妥以侑。鑒之冥漠，來格來歆。尚饗。”（公名玉書，字素存。順治辛丑進士，官至文華殿大學士，卒贈太子太保，謚文貞。）

忠義孝弟祠，在府學敬一亭後。今改建在名宦祠之右。内祀宋陸秀夫、元徐鈺、明史記言、張德、陳觀陽、國朝李琚、陳梓、法治朝，春秋致祭，祝文曰：“維靈禀賦貞純，躬行篤實。忠誠奮發，貫金石而不渝；義問宣昭，表鄉閭而共式。祗事懋彝倫之大，性摯莪蒿；克恭念天顯之親，情殷棣萼。模楷咸推夫懿德，綸音特闡其幽光。祠宇維隆，歲時式祀。用陳尊簋，來格几筵。尚饗。”

昭忠祠，在鳳凰嶺郡廟旁（舊志遺）。祀殉難紳宦士民。春秋致祭（祝文闕）。咸豐間，毁於寇。同治初，郡守李公仲良建忠烈祠於金山。

節孝祠（一名“貞節祠”），舊在銀山之麓，雍正元年建（張鷺《碑記》）。乾隆二年，後裔九十七家捐刻貞節姓氏，立有碑記。五十三年，邑人章仲英等重修。嘉慶二十一年，添建石坊二座，上鎸康熙以來得旌姓氏。道光六年，後裔韓開周、陳莘園、顏虚谷等重加修整。二十二年，祠遭寇擾，木主盡毁。陳莘園及子陳次言搜訪録成《祠譜》。又經顏又陶、鄒以南、余醴泉、顏少梅等竭力勸捐，增造樓宇，修補殘缺，至二十八年落成（先後皆有碑記）。咸豐間，祠宇祭器盡毁於寇，僅存石坊三座，而祠基又被英商誤捍，雖未建屋，礙難建祠。經後裔李雨人、顏少梅、劉弼臣、陳菊坡等，請移建於山巷後、德星宫左，同治九年落成。春秋致祭，祝文曰：“維靈純心皎潔，令德柔嘉。矢志完貞，全閨中之亮節；竭誠致敬，彰閫内之芳型。茹冰蘗而彌堅，潔清自勵；奉槃匜而匪懈，篤孝傳徽。絲綸特沛乎殊恩，祠宇永垂於令典。祗循歲序，式薦尊醪。尚饗。”

節烈祠，在靳家巷内。祀殉難婦女，舊爲何氏宅。道光二十二年，海寇陷城，何氏婦女及城内外士民、婦女死以千計。寇退後，士民題入昭忠祠。宅主人何雪樵捨宅爲節烈祠。二十三年落成，題請建坊，春秋致祭（祝文未詳），坊未及建。咸豐三年，粤寇踞城，祠毁。今未復建。（姓氏詳見"列女"及《孝烈録》）

忠烈祠，在金山。先爲吉公祠。同治六年，吉公祠改建山麓。此改忠烈祠，祀殉難紳宦士民，春秋致祭（祝文未詳）。

吉勇烈公祠，在金山南麓。同治六年，郡守李公仲良請建并記。春秋致祭（祝文未詳）。

李仲良《吉公祠碑記》：余自宦游以來，所過名山大川，莫不有瓌瑋特絶，非常之人生而從事其間、殁而尸祝於是者，使後之人流連慨慕。考其遺迹，以想見其爲人，如睢陽之有張巡廟，安慶之有余闕祠是已。中丞吉爾杭阿，字雨三，滿洲鑲黄旗人也。偉軀幹，聲如洪鐘，與余同爲水部郎。時每預燕會，雄辯高談，慨當以慷，謂天下事不可逆料，此志一決，且拼七尺軀，爲國家死。雖一時酒酣耳熱，然觀其意氣激昂，未嘗不爲之傾倒，心竊异焉。咸豐三年，中丞觀察江南。四年，擢蘇撫滬。賊踞城，公於是年除夕克之。復其城，奏入顯廟，賜法施善巴圖魯名號。中丞莅民多惠政，治軍以嚴，令出無敢違者，故所向克捷。五年春，奉命督師京口，駐節九華山。時麾下總兵虎嵩林分屯烟墩山，余萬青分屯京峴山，與中丞爲犄角，屢挫賊鋒。江寧帥臣向榮與中丞協謀，誓滅此朝食。六年，嵩林所部烟墩被圍，中丞率兵往援，禦賊牛馬灣，轉戰至烟墩，賊圍之數重。中丞冒突矢石間，指揮軍士，霆轟雹擊，賊稍却。既而偵知官軍無繼至者，復集其衆以迫我軍，閲三晝夜，圍攻益急。中丞淬勵士卒，激以忠義，軍士無不感憤，誓以死力衛中丞出。而中丞巡至西壘，中賊槍而亡，時四月二十八日也。嗚呼，如中丞者，非所謂殺身成仁者哉！惟時劉守存厚負公尸，思突圍不得出，乃埋尸濠塹間，被重創，歸營亦殁。先是，都統綳公闊於是年春與賊戰於江上，力竭，赴水死。朝廷愍死難之臣，賜吉公，謚勇烈。特命建祠鎮江，綳公、劉公附祀焉。嗚呼，典亦隆已！憶昔水部同官，與今陝撫喬公、常鎮道英公及余稱莫逆，余於九年來吴，不及事吉公。迨來守是邦，訪諸父老，言當年兵事甚悉。嘗登九華山，歷觀舊時營壘，未嘗不憑吊悲涼，慨想流涕。及詢中丞祠於邑紳，則已先建於金山之巔。余登其堂，瞻仰肅拜，低徊留之不能去。客春，皖撫喬公郵書捐廉五百金，爲之倡，并函致當日中丞僚屬前蘇藩吴公煦、前常鎮道許公道身、英公喜及余，各捐資相助。惟舊祠勢欲傾圮，不足妥忠藎之靈，議改建而葺舊宇，爲忠烈祠祀。張文節公錫庚及許公烺、張公振棨乃上書，曾毅勇侯、李肅毅伯皆捐金書額，即命余度地卜日，選材而鳩工焉。形家言：歲行在卯，利向東南。乃更築祠金山之麓。江南諸山爲其屏障，峻宇鬱其特起，廣厦帶乎前楹，左右翼以迴廊，進退遵乎修路。重闥洞開，矗列而深峙；曲房互闢，霞駁而雲飛。平城涌乎烟嵐，丹堊炳乎日月。工既蕆，奉栗主入祠，乃以牲醴庶羞，再拜稽首，告於中丞之神曰：偉公勇烈，河岳誕生。奠公靈爽，山川縱橫。其峰静穆，公之果毅。其水浩瀚，公之正氣。我來致祭，棟宇裔皇。何以陳之，荔丹蕉黄。公其鑒諸誠悃，以祀於萬斯年，錫兹蕃祉。是舉也，經始於丁卯二月，三閲月而告成。有司春秋致祭，而以守祀者供灑掃焉。是爲記。

張文貞公祠，未建。（公諱錫庚，字星白，相國文貞公六世孫。爲嘉慶丁丑進士，由刑部主事知龍巖州。頡雲公長子，登道光丙申進士，由翰林編修歷官至刑部右侍郎。道光庚子、咸豐乙卯兩主考政。咸豐八年冬，視學浙江。九年春，粤賊犯杭州，時公按試湖州。賊入省城，公長子恩然、長媳戴氏及父妾、一妾、一僕婦等俱殉難。復城後，恩然以候補直隸知縣奉旨議恤，加知府銜，世襲雲騎尉。祀昭忠祠，婦女俱祀節烈祠。逾年，賊復陷城，時公在省，與撫臣竭力守禦。城既陷，遂自縊於學政署内。家丁棺斂，舁至上海。蘇撫檢明入奏，奉旨照尚書例議恤，崇祀浙江昭忠祠，并立專祠，謚文貞。諭賜祭葬，蔭一子兩祠，俱春秋致祭。按：文貞，始誤作“文節”，後確訪得實，祖孫同謚，亦盛事也。）

張觀察祠，未建。（公諱振榮，以國學生授山東嶧縣縣丞，署嶧縣事。捻賊犯城，公率鄉兵擊退之，追剿被圍，受戕死。奉旨贈道銜，世襲雲騎尉，并建專祠。）

唐公祠，未建。（公諱植侯，選從九品。殉浙江寇難。奉旨議恤雲騎尉，世職襲次完時，給予恩騎尉罔替，并准其自行建祠立坊。）

陳公祠，未建。（公諱兆元，浙江補用，從九品。殉寇難。奉旨議恤雲騎尉，世職襲次完時，給予恩騎尉罔替，并准其自行建祠立坊。其弟兆榮殉難山東軍營，世襲同。見“紀聞”。）

王公祠，未建。（公諱全福，候選縣丞。咸豐間，在本邑東鄉團練禦賊，陣亡。奉旨贈四品銜，世襲雲騎尉，從祀昭忠祠，并敕建專祠於其鄉。）

宋國子祠，未建。（公諱沂，丹徒縣學增生，其從兄繼昌任甘肅古浪縣事。咸豐六年，公護送眷屬往任，聞回逆梗路，乃僑居平凉府城内。九年三月，回逆圍城，公奉府委督勇守陴，至八月十二日城陷，公隨官兵巷戰殺賊，力竭陣亡。其妻鄒氏、子庚鑑、庚祺、女蘭貞同時殉難。時繼昌眷屬亦寓平凉，城陷後，其庶母王氏、弟媳劉氏、黄氏、妹報官、侄裕、侄女連、弟貴保俱相繼投井殉難。經陝甘督臣開單入奏，同治二年十二月初四日，奉上諭：“著照所請，分别旌表，并准其分别建祠附祀。該部知道單并發，欽此。”原奏請贈訓導，照訓導例從優，議恤得雲騎尉，世襲。三年四月二十六日，加贈國子監學録，照四品以下陣亡例，給雲騎尉，世職襲次完時，給予恩騎尉罔替。）

海昭節公祠，道光二十二年海寇，陷城殉節。初建在黄祐一坊、大市口之北。咸豐間，毁於粤寇。同治初，重建，在將軍巷内。八旗官春秋致祭。（祝文未詳。公諱齡，爲京口掌印副都統。）

旗營節烈祠，在海公祠旁。（祀道光壬寅、咸豐癸丑兩次殉難八旗婦女。）八旗官春秋致祭。（祝文未詳。坊見“坊表”。）又忠烈祠（同在海公祠旁，祀陣亡旗兵）。

青州兵祠，初建在西門月城内，後移建鳳凰嶺上。咸豐間，毁於寇。今未重建。（按：道光二十二年海警，檄調青州兵數百名，入城協守。六月十四日，城陷，青兵大半死難，故建祠受祀之。惟曾入祀典與否，未詳。）

節孝分祠，在東鄉大路鎮。同治十三年建。張燦琪、孫舒五、陶玉波、田榮、孫玉珮、孫玉鳴、馬智、孫丹輔等創立，請入祀典。

以上載在祀典之祠（其間准自行建祠及青州兵祠，未知曾入祀典）。

明靈昭惠祠（二）。舊志云：俗呼皮場廟。一在草巷南；一在京口閘。今久廢。

康王祠，在城隍廟西廡。宋紹興壬午，郡人艾欽文建。（時郡大疫，欽文業醫，夢神授香蘇飲方，乃煮藥於庭，病者飲之，輒瘥，遂建此祠。）元延祐六年，加封威靈①昭惠聖順忠烈王。天曆己巳，重修。今廢。（《康熙志》。按：浮梁景德鎮有宋石刻云：王姓康名保裔，洛陽人。父仕周，以戰功爲東州押班。父死，宋太祖以保裔代之。後與契丹戰，死之。真宗贈侍中，已而靈迹顯著。熙寧中，封英顯侯。慶元間，封威濟善利孚應英烈王。）

李衛公祠，在甘露寺。宋元祐中，郡守林希建。

蘇丞相頌祠，在五州山因勝寺。

林文節公希祠，在紫府觀。

留韵祠，在金山。祀郡守李中行，久廢。②

錢良臣祠，在甘露寺。

趙彦逾祠，在甘露寺。

焦山忠節祠，在水晶庵。祀宋揚州都統制徐芳及夫人王氏。（明南部鄒元標《記》云：公在孝宗朝以名將子居世職，歷寧宗朝。敗寇江中，留鎮此山。紹定三年，李全反。公守揚州，與賊戰，遇害。軍士感德，建此。）

宇文紹節祠，在甘露寺。開禧中建。（陳琪《記》）

石大將軍祠，在北固山房旁。（《嘉慶志》云：國初以石廷柱爲鎮海大將軍，駐③京口。）

王公祠，在銀山麓。祀郡守王燕。祠後有清風亭。

陳修撰祠，在郡學西序。宋慶元中，教授陳德一建。後廢。

吕仙祠，在金山。

以上不在祀典之祠。

丹徒縣志卷五終

① 按："靈"，《至順鎮江志》卷八《神廟》"康王祠"條作"顯"。

② 按：自"在金山"至"久廢"，原爲小字注。兹改爲正文。

③ 按：《嘉慶丹徒縣志》卷五《廟祠》"石大將軍祠"條"駐"下有"防"字。

丹徒縣志卷六

輿地十四　寺觀

寺觀叙

二氏興而琳宫玉壇幾遍天下，然二氏豈能外吾聖人之道而自立哉？丹徒江山雄麗，名藍甲於南省，寺若觀合計三百有奇，而羽士之廬亦盛。今率以得邀駐蹕賜額者爲重教，雖殊也，領於祠部，安知非王制之所及哉？志寺觀。

甘露寺，在北固山第一峰。唐《圖經》《嘉定鎮江志》并云“唐寶曆中李德裕建”。而郡邑舊志乃云“三國時吴王皓所建”，非也。（《山水志》曰：李衛公《祭言禪師文》云：“因甘露之降瑞，建仁祠於高標。”其《瘞舍利石函記》亦云：“余創甘露寺寶刹。”《三山志》《郡邑志》則云：《三國志》：“吴王皓甘露年建。”考《南史》，梁武帝登此山，僅存一小亭，無寺。可知各志之誤，固不待辨。惟寺有梁天監十八年所鑄鐵鑊，或疑寺始於梁，不知武帝幸北固在大同十年，見《南史·本紀》。其時山尚無寺，鐵鑊斷非爲山寺鑄矣。况寺中尚有宋陸探微所畫菩薩獅子，何獨以梁鑊而據爲梁所建也？曾旼《類集》：李衛公鼎建甘露寺，聚境内奇物實之。鑊與畫像，想即衛公自他處遷此。又有據“周繇殿鎖南朝像”句，疑寺非始於唐者，不知像即指陸探微、張僧繇畫像言。若云塑像，何寺無之？以之入詩，成何語耶？）張氏《行役記》謂甘露寺在金陵山上，蓋唐人指京口爲金陵耳。乾符中，毁。鎮海節度使裴據重建。（或云，寺舊在山下，李德裕觀察浙西時，施州宅後地，增拓基宇，亦在山下。毁後重建，亦仍在此。至祥符間，僧祖宣始移建山上。）宋建炎中，毁於兵。嘉定壬戌①，僧祖燈復建。元至元己丑，復毁。大德己亥，僧智本重建。明宣德癸丑，僧玹理重加修創。景泰間，僧惠連②、行詮，成化、弘治間，僧益淵、妙福、體瑢相繼修建。國朝康熙、乾隆中，車駕南巡，屢幸山寺。山上有行宫，又有高宗純皇帝御製詩碑、御書聯扁。（道光二十二年，寺經寇擾，殘毁過半。咸豐元年，邑紳戴善之修復新之。三年後，毁於粤寇，未經建復。）大雄殿（在山上）、天王殿（即今山門）、長廊（舊有梁武帝書“天下第一江山”額，後廢。宋淮東總管、延陵吴琚重書，勒石廊壁。通判程康莊記③。又有明米萬鍾書“宏開鷲嶺”四字，鎸石壁間）、觀音殿（在大雄殿西北）、伽藍殿（在大雄殿左）、關聖殿（在大雄殿前）、

---

① 按“戌”，本志多作“戍”，或形近而訛，因改。下同。

② 按：“連”，《嘉慶丹徒縣志》卷六《寺觀》“甘露寺”條作“璉”。

③ 按：“通判”句，《嘉慶丹徒縣志》卷六《寺觀》“天王殿”條作“國朝通判程康莊臨摹鎸石，有記”。

五聖殿（在觀音殿前）、真武殿（在第二峰北固山房内）、接引大殿（明萬曆間，魯僧孔五峰建）、鐵浮屠（唐李德裕造。在天王殿東北。乾符中，毁。宋元豐中，裴據復建。明萬曆癸未，童謡："風吹鐵寶塔，水淹京口閘。"是年，塔頹。海嘯，没人甚多。僧性成、功淇重建。今同治七年，其頂夜折，未經修復）、跨鰲門、甘露門（并史彌堅立）、法序塔（在接引殿後。宋丹徒令王紀築。縣垣土中得石函，上刻"梁大同五年，道人法序瘞真身舍利於此"。函中銅龕，龕中銀盒，盒内二銀瓶，有舍利七粒。龕後刊唐貞元十一年，再加營奉，役人張遇獲之。遇後投爲慈雲寺僧，易名閔真。端拱元年，遷瘞於此。徐鉉有記）、李德裕重瘞舍利石函處（在鐵塔下。《玉壺清話》：潤州甘露寺，熙寧四年春，江中漁者見神光，累夕起于溷厠間。一旦，其厠無故自圮，長老應夫再營之。方築基墾土，去地數尺，一礎覆土中，刻曰："有唐太和三年正月二十四日，于上元縣禪衆寺舊塔基下獲舍利石函，以其年二月十五日重瘞，藏于丹徒縣甘露寺東塔下。金棺一，銀棺一，錦襆九重，皆余之施也。余創甘露寺寶刹，重瘞舍利，以資穆皇之冥福也。江浙西道觀察等使兼潤州刺史李德裕記。"）、廣照禪師塔（在走馬澗上。《三山志》：應夫，字廣照。熙寧中，主甘露寺）、接引大佛殿（在山下。明天啓中，釋真嶽建。遭粤寇毁。方丈僧智岸、定然先後募修，甫建屋十餘間）、笠庵（在山東麓。崇禎己卯，郡守程珣書額石刻）、大士庵（在山下，其右有大悲庵，今爲劉猛將軍廟）、生生庵（在山後。明崇禎中，郡守程珣建。王士正有《生生庵題名記》，見《集》中。庵今久廢）、蔭竹庵（舊爲妙空閣，在山麓。僧謹訓建庵改名）、垂青庵（在大佛殿西。取"天垂四面青"句意）。

以上甘露寺。（北固山，見前"山"。各樓閣堂亭，見"宫室"。各祠，見"廟祠"。墓，見"陵墓"。餘詳後"古迹"。）

江天①寺，在金山。舊名澤心。《太平寰宇記》：金山澤心寺，在城西北揚子江。（《山水志》云：寺未詳創始。虞集《金山萬壽閣記》謂山有佛祠，始建於晉明帝時。不知所據。《嘉慶志》亦云：趙孟頫又謂創於晉元帝時。未知孰是。）梁天監中，水陸儀成，嘗即寺修設。（《嘉慶志》云：《祥②符圖經》謂始於唐，因頭陀開山。誤也。）《至順鎮江志》：宋祥符五年，改山曰龍游。天禧五年，復名金山③，而以龍游名寺。（咸平初，澤心寺僧幼聰獻山圖，詔遣内侍藍維④宗賜大藏經。祥符五年，詔改山名曰龍游。天禧五年，又遣内侍江德明就飾佛像，給錢三百萬，市木修寺，寺僧求表⑤舊名，詔山曰金山，寺曰龍游。）政和四年，改爲神霄玉清萬壽宫。（時詔天下悉立此宫，鎮江府以

① 按："天"，原作"山"。據《嘉慶丹徒縣志》卷六《寺觀》"江天寺"條改。
② 按："祥"，原作"詳"，形近而訛，因改。
③ 按："復名"句，《至順鎮江志》卷九《僧寺》"龍游寺"條作"復名山曰金"。
④ 按："維"，《至順鎮江志》卷九《僧寺》"龍游寺"條作"繼"。
⑤ 按："求表"，《至順鎮江志》卷九《僧寺》"龍游寺"條作"表求"。

龍游寺改建，徽宗親書殿閣等名賜之，爲天下神霄①第一。郡守毛友及汪藻皆爲記。又藻《記》稱，先唐時，嘗以爲龍游觀，蓋一時逢迎之諛辭，非實也。《嘉定志》：徽宗書殿閣十名。）南渡後，仍爲寺，而毁於火。淳熙中，僧藴衷重加修創（洪邁《記》）。（《山水志》云：陸游《入蜀記》：新作寺門，翟耆年伯壽篆額，長老寶印言：舊額，仁宗皇帝御書。飛白張之，則風波洶涌，蛟鼉出没，遂藏之寺閣。毁於火。）明永樂中，僧道瀾創建兩廊及毗盧閣。洪熙間，葺大悲殿。正統十一年，寺毁。明年，都綱宏霔重建。是歲，敕賜藏經。而萬曆二十一年，賜金山藏經，敕諭猶稱龍游禪寺。惟唐宋元明詩人則通謂之金山寺。國朝康熙二十二年，總督于公過金山，倡行修葺（張九徵《記》）。二十五年，賜額"江天寺"。自康熙甲子聖祖南巡，山中建有行宫，先後駐蹕者六。乾隆辛未至甲辰，高宗亦六次臨幸，俱有御製詩文聯扁。（咸豐三年後，寺遭寇毁。同治十年，重建。《記》録後。江蘇同知、歸安楊溥《監修金山寺記》：金山江天寺，樓閣宏麗，爲長江第一名勝。咸豐癸丑，毁於兵，十餘年未能修復。同治丙寅，湘鄉、合肥兩爵相，後先籌議。因淮商之請，按引捐資，爲興復舊觀之舉。迄今戊辰春，積有成數，方議估計興作。適觀察世香薛公來督瓜棧大府，屬總其成。觀察親詣勘定，檄溥來揚，委以監作，勾稽出入，責綦重，自顧樗庸，深懼弗克勝任。四月至山，周歷審度，按圖索址，昔之琳宫玉宇，綺閣雕甍，布滿四山，費蓋以巨萬計。今醵金十不及一焉，以今之資，舉今之役，竭蹶以圖，其庶幾成得半之功乎？於是陟其巔，芟其蕪，積之丘如，斸之瀏如，鳩工庀材，考極相方。先就山之西面大啓樓觀棟宇，前後一切形制悉循故址，間有因時增損。大殿前拜臺卑隘，舊甃以磚，兹爲加高三尺，易以石，增其式廓，足壯觀瞻。自山門綽楔至後山碑亭，高下七級，殿宇樓閣，迴廊曲榭，周遭沿江，繚垣石岸，壯固悉復前規，共糜銀二萬九千七百兩有奇；土木磚石，丹漆金粉，各材物居十之六；匠作工食，居十之三；薪水雜用，居十之一。是役也，經始於同治八年五月，落成於十年六月，凡二十六閲月。當興作之際，材木林立，日役數百人。時恐懈弛僨事，乃兩年來，材無遺失，匠無嘩縱，工作不苟，經費不虚糜，今得黽勉觀成，固溥曰："夜兢兢，始願不及此者也。"蕆事將行，寺僧觀心上人請爲繪圖勒石，以志香火因緣，爰疏其略如右。同治辛未六月記。）

大雄殿（在山麓西向）、天王殿（在大殿前）、伽藍殿（在大殿後，舊名水府殿）、祖師殿（在大殿後）、藏經殿（明侍郎周忱建，以貯②正統間賜藏）、觀音殿（明永樂間，内侍鄭吉祥建）、文殊殿（舊爲藏經殿，康熙二十五年，賜《道釋全藏》二部。乾隆七年，俱毁。十五年，重建，改今名）、無梁殿（在文殊殿右）、關神勇殿（在咏思堂左）、三官殿（在關神殿右）、真武殿（在關神殿前，久廢）、金鰲門（在寺西北）、慈壽塔（高七級，舊名薦慈塔，在山巔之北。宋元符末，知樞密院曾布建。宋末，毁於兵

① 按：神霄，道教謂九天中之最高者。"霄"，原作"宵"，據前"神霄玉清萬壽宫"改。
② 按："貯"，原作"貯"，避清諱改。兹徑改，下同。

燹。明隆慶三年，僧明了重建，改今名。今遭寇毀，未經修復，僅存秃頂廢垣而已）、多寶塔（在山東妙空岩側，高五層。明萬曆間，僧正性建，今亦毀）、迴廊（在山之四圍。北宋時即有之，蘇舜欽詩"修廊轉峻閣"是也。《明史》：楊文驄監軍京口，以金山控制南北，請築城以資守禦，遂改廊爲城。國朝康熙二十三年，去城爲廊，周以欄楯，仍還舊觀。咸豐三年，毀於寇。今未重建）。

以上江天寺。（金山，見前"山"。樓臺亭閣，見"宫室"。廟，見"廟祠"。餘詳後"古迹·金石考"。）

定慧寺，在焦山。舊名普濟禪院。《嘉定鎮江志》云：《祥符圖經》不載始建歲月，但云宋朝改今名。釋了元《焦山十六題》詩自序云：元祐三年春，普濟庵乏主者，因太守楊公乞退居於此。孫覿詩："昔年與客寄僧龕，敗屋疏籬一草庵。白首重來看修竹，連山樓觀亦耽耽。"蓋元祐後日益恢廓，始成名藍，稱普濟禪寺，又通謂之焦山寺。（寺額，宋吴琚書，今佚。）《嘉慶志》云：寺創自漢興平間，名普濟。唐時僧法寶寂重建。宋，名普濟庵。元祐初，僧了元居此，復名寺。景定癸亥毁，僧德慎復建（郡守陳均《記》）。元，名焦山寺，兵毁。明宣德中，僧覺初心重建。正統間，其徒宏衍拓之。國朝康熙四十二年，賜額定慧寺。山中建有行宫。有聖祖御製詩、御書扁，高宗御製詩文、御書"瘞鶴銘"及聯扁。

大雄殿（唐時建，宋了元、元聞叟、明覺初心、宏衍相繼修葺。弘治中，僧妙福等復葺而新之。康熙二十一年，邑人高拱斗、新安方成可重修）、天王殿（在大雄殿前）、明應殿（即伽藍殿，祀明應公焦處士。宋敕石刻殿中。郡人蘇師德《記》）、真武殿（僧德戒重修）、祖師殿（在大殿右）、三官殿（在寺東）、關神勇殿（在山西南觀音閣右）、洞庭君殿（在自然庵内。道光間，邑人趙氏建）、水晶庵（在寺東）、海門庵、海若庵、香林庵、雲深庵、石壁庵、海雲庵（以上并在寺東）、玉峰庵（在海門庵右）、友竹庵（在玉峰庵右）、碧山庵（在友竹庵右）、海西庵（在天王殿西）、别峰庵（在山頂東北）、自然庵（在山半觀音閣西。明弘治間，移置真武殿之右，在寺東）、海峰庵（在明應殿後，久廢）、朝陽庵（在山之東）、護法庵（在觀音崖下，内有地藏閣，明内監黨存仁建。又别屋供奉沉香關神勇像，仍留玉帶并古爐瓶，主事施浚明爲之記。久廢）、東庵（舊名祖覺庵，在水晶庵東。今廢）、塔（在山巔。寺舊無塔，元大德間，江浙僉省周文英渡江阻風，默禱建塔，有頃，風止。乃捐資創建，歷九年而成。後遭倭毁，塔基尚存）、化僧塔（在寺東北）。

以上定慧寺。（焦山，見前"山"。樓堂亭閣，見"宫室"。祠，見"廟祠"。餘詳後"古迹·金石考"。）

鶴林寺，在磨笄山下。（《山水志》：在黄鶴山北。）舊名竹林，晉大興四年創，宋高祖微時嘗游焉，及即位，改今名。（《山水志》云：《嘉定鎮江志》：竹林精舍，即宋武帝微時所游京口竹林寺。今鶴林寺，是舊志兼引《寰宇記》，以爲宋高祖潛龍時游息竹林寺，黄鶴飛舞其上，因名黄鶴山。却不考《宋·戴顒傳》衡陽王刺京口，時在宋文帝元嘉九年，去宋武帝游息之時已久，猶謂之黄鵠山，是舊志因《寰宇記》而差矣。按：《寰宇記》又云：宋高祖改竹林寺爲鶴林寺。據《嘉定志》，山與寺名皆後人所改。）《至順鎮江志》：鶴林寺，舊名竹林寺。宋永初中，改今名。唐開元、天寶間，法照、玄素主其地，始爲禪寺，又名古竹院。（《山水志》云：竹院，即因竹林以名。唐李涉《題壁》詩："因過竹院逢僧話。"朱放《鶴林寺》詩："殷勤竹林寺，能得幾回過。"許渾《丁卯集》及元薩都剌《雁門集》中，或云"鶴林"，或云"竹林"，或云"竹院"，其實即一寺。）後薛明、劉浩作亂，寺燼。宋紹興中，重建，改名報恩光孝禪寺。咸淳間，僧慶清重修。寺在山南。明永樂中，寺燼。僧得月就古竹院稍葺治之，即今址也。弘治中，了心始建殿宇。萬曆間，郡守秀水鍾庚陽招僧德乘居之。吏部尚書陸光祖捐金，復寺傍侵地重建天王殿及方丈僧寮、連亭、竹院（馬邦良有記）。康熙乙巳，僧淨能、無怠重修，寺有夾山丈室。（《至順志》：繆君瑶《重修寺記》：咸通十一年，善會師①往参船子和尚，故寺有夾山丈室。）杜鵑樓（詳見"宫室"）、古墨林（壁間石刻甚多，有宋高宗書《籍田詔》，蘇軾書所作《鶴林》《招隱》詩、《呈刁景純》詩，米芾書"城市山林"四字。紹興二十六年僧法永書《黑漆光菩薩贊》、嘉定甲申八月岳珂《題古竹院僧房》詩、紹定元年馮多福《次韵》詩、淳祐乙巳三月王埜《鶴林寺》二絶句、景定五年陳均二絶句、明董其昌書玄素禪師《簡友》詩，并在屋中。此外，有唐李華《故徑山大師碑銘》②）。又有密嚴室、米公伽藍殿、天王殿，前有寄奴泉（相傳宋武帝微時所鑿），泉中舊有白龜，人疑爲龍種，又名龍泉，大旱不涸（宋紹興間，有僧禱雨於此，獲甘霖焉）。又有白蓮池，在古竹院東谷中。池上有鬥鷄庵。（蘇軾詩："白蓮池上鬥鷄庵。"）寺外有十三松。（按：自咸豐間寇擾後，寺宇盡毀，碑版全失。同治初，僧錦峰結茅數椽，來守荒址，稍拾舊碣，嵌於壁，然百無二三也。）（山，見前。古墓，見"陵墓"。祠，見"廟祠"。餘詳後"古迹"。）

竹林寺（一名夾山禪院），在城南六里夾山下。寺建自東晉法安大師，頽廢年久。明崇禎中，僧林皋構草廬，獨居二年，創成名藍，名以竹林。（《山水志》云：晉時所建之竹林寺，即鶴林寺，在黄鶴山。此則襲其舊名耳。）上有洛浦基、獅子崖、夾源井、放生池、百尺松、林公泉、普同塔、如來祖師塔，内有祖堂。（王士正詩："祖堂白雲裏。"惠棟注："林公開山竹林，故塔院稱祖堂。"）鉗錘室、卧佛樓、一佛居。康熙己卯，聖祖南巡，御書寺額，御製《竹林詩》《竹賦》，勒石寺中。雍正癸丑，奉敕重建，凡殿宇二百五十九楹。（年希堯有記。咸豐六年，寺毁於寇。八年，寇退。僧雪峰仿舊重建，已構百楹。十年，又毁。同治三年，僧旭雯率徒回山，結草廬守之。今已粗加修建。）

八公洞，在城南七里迴龍山北。内有平等寺，又有庵八，曰：翠淙、深雲、大林、

---

① 按："善會師"，《至順鎮江志》卷九《僧寺》"鶴林寺"條作"夾山會師"。

② 按：篇名，《文苑英華》卷八六二《碑》作《潤州鶴林寺故徑山大師碑銘》。

紫竹、半壑、化城、潮音、遠塵。又有歙人①改陸氏别墅爲漢隱庵，庵有緑蓋樓。（見前“山”及“宫室”。《山水志》云：山與招隱山相接，故借淮南八公故事以名洞，庵名漢隱，亦以此。）康熙三十八年，賜額“靈覺寶寺”，在城東北六十里五峰山，山與圌山相接，舊名紹隆寺。康熙三十八年②，賜額今名。

超岸寺，在西津渡口玉山下，舊爲玉山報恩寺。元至大三年建，即浮玉亭基也。明弘治中，郡守王存忠重修。上有水府殿、觀音殿、觀瀾亭，旁有藏經閣、釣鰲亭。崇禎中，興化李長科③建避風館於山下，僧長鏡主之。其徒達已增造樓宇，往來江上者得憩息待渡焉。又募造救生船十，以拯溺者，利濟甚衆。國朝康熙三十八年，賜額今名，并奉恩諭：金山寺、避風館二處，一切丁銀雜派等項豁免。（按：其後江上立救生會，船歸會所統之。又按：自咸豐間寺毀於寇，止剩荒基，而洋商購江口地甚多，恐寺基無迹矣。又按：江岸沙漲，直連金山。二十年來，此寺故基竟與江遠，即西津渡亦變遷矣。）

招隱寺，在城南七里獸窟山麓。（一名招隱山，以戴仲若所居得名，詳見前“山”。）舊在山上，明時移建，非故址矣。乾隆壬午，高宗南巡，有御製《招隱寺暨讀書臺》詩。《嘉慶志》云：寺爲宋景平元年曇度禪師所創，即戴仲若隱居之地。（見梁晉安王綱《刹銘》。又云：仲若始至京口，嘗居竹林。其後，築館隱於此山。）梁昭明太子嘗讀書於此。（元俞用中《碑》曰：戴女捨宅爲院，昭明石案猶存。）寺有石井（傳爲昭明所開）、珍珠泉及亭（李迪構）、虎跑泉、鹿跑泉（唐學士蔣防爲記，各覆以亭）、玉蕊花（李、沈二公所賦及宋人題咏）、玉蕊亭（岳珂有記）、增華閣、萬松關（李迪創。唐駱賓王、劉禹錫、張祜有詩）。（以上分見“宫室”“山水”及後“古迹”“碑目”“藝文”。墓，詳“陵墓”。按：今寺毀於寇。同治初，僧慧傳結茅故址，以待興復舊觀。）

因勝寺，在城西二十五里五州山麓。晉永熙中建，梁武帝嘗游幸焉。輦道尚存。宋丞相陳升之葬其親於山，建寺曰顯慈。建炎間，徙山下（曾布有詩）。後廢。先是，虎踞門内，唐大中六年，建寺曰妙喜。宋元祐中，蘇右丞頌請爲功德院，遂名爲因勝報親院。（寺内舊有黄庭堅《開堂疏》石刻，米芾跋。）元至正間，毁。僧元炫復建。明洪武間，又毁。成化間，僧戒琇重建（楊一清有記）。尋廢。萬曆間，有僧治淨來山中，結茅獨居，郡人劉、笪、何、曹四姓爲市山創建，因移城中因勝舊額於寺。國朝乾隆十六年，賜額“净因寺”。其登眺之所曰觀日，曰卧雲。蘇子瞻題其亭曰“卧看滄江泉”，曰“夕聽流泉”。又有普同塔院、千尺井、天衣堂、偃月廬、彌勒閣、翠岩室（室内有笪重光讀書樓，樓上有笪書“觀自在”三字）。山上有天鵝洞、鹿跑泉。（以上分見“山水”“宫室”“古迹”。按：今亦毀於寇，惟御書墨寶，寺僧奉之出避，今尚存。同治七年，僧曉初重來結茅，以次建後殿三楹及天衣堂、偃月廬、僧房等屋同住，僧真鑑襄葺。）

---

① 按：《嘉慶丹徒縣志》卷六《寺觀》“八公洞”條“歙人”下有“黄氏”二字。

② 按：《嘉慶丹徒縣志》卷六《寺觀》“靈覺寶寺”條作“康熙二十八年”，或誤。

③ 按：《嘉慶丹徒縣志》卷六《寺觀》“超岸寺”條“興化李長科”下有“憐風濤溺人”云云。

善禧寺，在朝陽門外。舊名南山報恩。隋開皇間，懍禪師建於通吴門外、武烈帝廟側。唐乾符中，慤庵愿師於寺南别創廟，改舊廟爲寺，請“南山報恩”額揭之。元至元中，遷此，額山門曰“南山福地”（即宋安撫使濮氏之故宅）。明洪武中，建觀音殿。永樂初，僧用謙建悠然閣、地藏殿、山門。景泰二年，僧弘慈重建殿宇。三年，德定奏請敕賜今額。弘治十五年，道清建法堂。嘉靖間，僧明琇重修。國朝康熙間，僧雲德復加修建。（按：今東門外禪寺無“善禧”及“南山福地”之名，而有報恩寺。每歲迎春，置奉芒神、春牛於内，府縣出東郊，迎之於此，迄今仍之。其寺在城東之南，或即善禧故址。咸豐兵燹後，寺毁。同治中，僧海寬結茅其地，以待興復舊觀。）

報恩寺，在城東之南（即善禧寺故址）。

上方寺，在城東路北郭家坡下。（漢時建。明萬曆癸丑，重建。談自省有記。國朝乾隆十一年，知縣胡映奎重修。咸豐間，寇毁。今有僧結茅。）

勝果寺，在虎踞門外。宋乾道中建，高宗成肅皇后謝氏功德院也。后父冀王母慶國夫人劉氏墓在焉。寺有石渠，上構流憩亭。又有古綉七佛像及墨竹石刻。又有銀杏一株，相傳創寺時所植。（《嘉慶志》云：今俱不存。）國朝康熙二十年，内閣學士張九徵重修。（邑人程東鼎捐資塑佛像。按：今南門外此寺久廢，而所謂宋冀王及夫人劉氏墓者，亦不載《縣志》“陵墓”條下。兵燹後恐更難覓迹矣。）

雲臺寺，在城東北花山灣①，與宗忠簡公墓近，即公之功德院也。宋紹興間，岳忠武王建。明洪武間，郡守劉辰復立祠復田。（學士王景《記》）《嘉慶志》云：寺今廢。（宗墓、宗祠，詳見各條。）

宋岳珂《重修忠簡宗公功德院碑記》：自古國家之丁厄運者，雖曰天命哉，實亦人爲之弗善有以致之。當其將壞也，率皆憒憒於上，泄泄於下，如波流之東注焉。即有遠識之士逆睹其萌而憂之，爲之大聲疾呼，思以彌縫其闕，而匡救其灾，固無如叔兮伯兮之褎如充耳，何也？及其既壞也，憒憒者益憒憒，泄泄者益泄泄，勢岌岌乎危矣。天不忍遽弃成命，復生一二英才以維持之，俾其返日虞淵，迴瀾溟渤，推其精誠所至，未始不可以奏膚功而成偉烈，乃任之，既不專；信之，又不篤，因而妒之、嫉之、敗之者，遂接踵而起，致其功弗克，成事弗克，就徒竭畢生之力，與其事相終始，貽後人以憑吊之，端爲之惋惜嘆恨而已矣。甚至攖莫大之禍，舉身家性命以殉之，而卒無補於其國，此詎可略人爲而弗咎，盡以歸之於天命哉？我國家靖康之禍釀於熙寧，成於宣和，以致生靈塗炭，鑾輿播遷，大勢已土崩瓦解，不復可收拾。乃有忠簡宗公者，當垂暮之年，弗忍君父之危急，起而肩難支之任，用仁慈以輯安黎庶，丈忠義以鼓舞人心，運智謀以經營征伐。緣其措置得宜，規模由是大定，麾使百萬義師，有如臂指，上下一心，靡不敵王所愾。未幾，而都城固矣。未幾，而國勢張矣。未幾，而敵人望風遁矣。當是時也，譬猶儲萬頃之陂以待决，

① 按：寺址，《嘉慶丹徒縣志》卷六《寺觀》“雲臺寺”條作“在青陽門外烏龜灣之西”。

轂千鈞之弩而待發，所需者高宗赫然一怒爾。夫迎鑾之疏凡二十四上，言之者諄諄，聽之者藐藐，不殊於以水沃石也。由是二聖卒不可還，中原卒不可復，而公亦憤慨而終矣。當公之初受事也，先曾大父武穆公方任秉義郎而罹法。公一見奇之，即授之以兵，使立功自效，果大敗金人，先武穆公由是顯名。於其歿也，奉敕同公子穎扶櫬歸葬於鎮江之京峴山。其後先武穆公功益高，位益崇，感公知遇之隆，而念公不置，乃於塋旁花山灣雲臺寺建功德院以祠祀公。歲久圮壞，適珂以總餉駐節鎮江軍府，睹公栖神之所，遐想其當年竭智殫力，而爲之之事皆付之無用，蓋不禁爲之俯仰欷歔，惋惜而長太息也。爰命重加修葺，部使喬君行簡築僧廬於墓左，創祠堂於龍華寺，屬太守趙君善湘移文義烏，取公曾孫有德至潤主守烝，嘗以無忘先武穆惓惓於公之意。嗚呼！公雖功弗成，事弗就，而身猶幸無恙也。先武穆所遭之時勢，既後於公，而欲爲公之所爲，人心已渙，士氣已隳，較公之難，不啻十倍。既已毅然任之，因而奮然爲之，不意其功垂成而見忌，遂貽禍於身家，致非常之殘酷也。此豈獨珂等爲之後裔者悲哀痛悼？舉凡六合之内，含齒戴髮之民，未有不聞而傷心者。由今以推之，後因二聖之不還，中原之不復，當無不爲我國家慨惜矣。夫豈可徒諉之曰天命使然哉？嘉定十四年，歲次辛巳，某月日，岳珂記。

地藏寺，在城西南九華山，即大峴山。明萬曆二十年，周棟建。山麓有鐘樓，上有靈官殿、藏經樓、九間樓、地藏殿，左有三官殿、觀音閣、水明樓、真武殿、萬竹堂、冬青閣，右有廣化城。壁上有笪重光詩刻及“妙蓮城”三字。旁有吉祥閣、翠微精舍。（按：今皆毁於寇。同治初，有僧結茅。）

羅漢寺，在城内唐頽山下。唐天復中，安王某施果園爲之。宋建安中，毁。隆興中，講僧崇習重建（教授熊克《記》）。明永樂中，楚芳重建。成化末，復毁。弘治十年，惠濬重建。萬曆間，如亮重建，改名通濟毗盧閣，貯《大藏經》。（《嘉慶志》云：今廢。按：自此以下八寺皆城内，俗所稱八大寺也。後或廢，或毁，今皆無存。）

青苔寺（《嘉慶志》遺，今補），在白馬坊緑水橋東，後爲關廟，廟後尚有“古青苔寺”石刻四字嵌於壁上。（杜牧之詩：“青苔寺裏無鳥迹，緑水橋邊多酒樓。”蓋寺在唐時爲人烟聚集之處。）旁有文昌宫（咸豐間，毁。同治初，同學捐資重建，而寺則久廢矣）。

普照寺，在壽丘山巔。宋武帝故宅也（見《類集》及舊志）。至陳，創寺，名慈和（唐張祜有《夜登慈和寺上方》[1] 詩）。宋號延慶。紹興中，改名普照。元僧祖滿創楚山閣（趙孟頫書額）。至正中，西竺僧法喜被命至寺，講梵書，築半山亭。明初，郡守俞净能命僧曉堂大加修飾。正德辛未，監察御史謝琛屬推官史魯分寺後隙地建宗忠簡公祠。《嘉慶志》云：寺今毁。（按：山上寺基後皆入於縣學，忠簡公祠改建於縣學内。詳見“廟祠”及“學校”。咸豐間，學與祠俱毁。今議復建。）

① 按：詩題，揚州詩局本《全唐詩》作《秋夜登潤州慈和寺上方》。

龍華寺，在壽丘山麓。宋紹興十一年，創寺，有大聖殿、正宗閣、慈雲閣、華嚴閣、處士堂（處士趙某，淮南人）。元俱毀。明洪武中，僧雪堂創大雄殿、諸天閣。正德二年，天王殿火。五年，信悦重建。後寺廢，改創縣學（詳“學校”）。

惠安寺，在緑水橋北①，本甘露寺下方浴院。南唐保大中，自維揚迎旃檀瑞像於此。（見《祥符圖經》。初，向文簡公有欽聖皇后賜。功德院，在開封府。南渡後，寺僧負公像至京口，乃創此寺，以舊額揭之，并公像在焉。今寺久廢。又按：《嘉定志》：寺有向敏中祠。今亦久廢。）

水陸寺，在文昌巷羅漢寺南。宋淳祐元年，廣法師建。明洪武中毁。永樂初，僧慧廣、慧詮重修（修撰張益《記》）。國朝康熙中，僧道恒重建。（今久廢）

彌陀寺，在懷德坊車家巷。元至元間，永嘉張氏捨宅建。（道光間，寺基荒址及破宇猶存。咸豐間，盡毁於寇。光緒間，重修。以上三寺，今俱以名巷。）

靈建寺，在定波門内。唐元和六年建。國朝康熙二十年，僧尚旭重修。道光間，復加修葺。咸豐間，全毁於寇。同治初，邑紳議建試院，闢其荒基，以爲後屋（詳“學校”）。

地藏寺（其二），在諫壁龔村。舊志名“團山寺”。（咸豐十年，寇毁。同治初，里人草創之。）

向善寺，在城東五十里、十一都。宋將軍劉氏捨宅爲之（見《祥符圖經》）。唐會昌中，廢。咸通中，復建，曰僧伽禪院。宋改今額。明洪武中毁。永樂中，僧智榮重建。

昭慶報慈寺，在城西。五代吴順義三年置，初名延壽。宋改普慈（蘇軾詩：“普慈寺前千竿竹。”即此）。政和間，中書侍郎劉逵請爲功德院，遂賜今額。明弘治八年，僧清淵重建。（今久廢）

萬壽寺，在城東北汝山麓。宋趙安撫故宅。元大德中，僧志和徙此，後兩毁。明重建。（丁元吉《記》）今毁於寇。（有僧結茅）

紫林寺，在城東郭家坡下上方寺前，舊爲觀音庵。道光間，改建此寺。（邑人顧鶴慶書額）今毁。

普濟禪林，在汝山下二郎廟旁。同治初建。（歲癸酉，里人設樂善堂。）

天王承慶寺，在城西陽彭山麓。初名感慈院。梁天監中建，宋景定初重建。明洪武中，僧從福重修。（今廢）

永業寺，在城西八里登雲門外（古土城門名，見“城池”）。原額“鮮雲寺”。又以祠吴季札，稱“先儒寺”，宋乾道間建。國朝康熙間，僧鐵梅重修。道光中，邑人顔氏新之。（今毁）

妙喜寺，在城南八里通吴門内（亦古土城門名）。宋都統司之功德院也，中有紀忠堂（宋軍帥畢再遇列陣亡將士姓名祀之）。久廢。（按：《羅昭諫集》有《題潤州妙善前石羊》詩，又有錢唐遇默師句云：“石羊妙善街，甘露平泉碑。”《山水志》曰：《嘉定

---

① 按：寺址，《至順鎮江志》卷九《僧寺》“惠安寺”條作“在夾道巷”。

志》載妙喜寺，舊在金壇，宋請廢額建於此。今邑志云“寺有石羊，失所在”，蓋“喜”字形相似，誤以宋妙喜爲唐妙善矣。）

天鄉寺，在鶴林寺西。唐大德雲禪師所居，其塔在焉。乾元初，奏請天下一①十五寺長講戒律，天鄉即其一。見李華《雲禪師碑》。（《山水志》云：寺未詳所在，以塔在鶴林西，姑志之。）

大覺寺，在城南鴻鶴橋北（俗稱孩兒橋）。唐大定中建。宋建炎間，敕賜叢林（《嘉慶志》謂其創建）。寺旁有墳，俗稱萬人墳。（《嘉慶志》云：建炎兵亂，大帥劉光世聚骸瘞此。）明永樂中毀。僧圓瞳②復創。弘治九年，僧雲仙重修。國朝嘉慶以來，僧翠峰率徒問津、問源重加修葺。咸豐間，毀於寇。同治初，僧問源陸續募建。内有妙心精舍、枕岡軒（舊有是額，太守趙佑宸重書）及諸殿宇，旁有三茅行宫（舊在西城外更樓巷後，今移建於此，乃種仁堂義舉故址）。

能仁寺，在洪澤寺西（按：舊志皆無洪澤寺）。舊在城西閘東。宋建炎初建。待制陳桷以金壇廢額揭之。紹興中毀。開禧三年，僧保福重建。元至正七年，又毀。明邑人劉宗璧捨宅創寺於小圍橋西。洪武二十五年，始遷此。成化間，僧湛然重建。（今毀於寇）

海會寺，在丹徒鎮。宋建炎三年創。舊名尊聖，後改今額。明正統三年，重建。（禮部尚書王英《記》）

延慶寺，在城東六十里葛家巷。（舊在壽丘山。宋建炎中毀。地爲軍寨，而額尚存。景定五年，僧祖亮移額建此。）明永樂、成化間，僧慧詮、圓惠重建。

彌陀寺（其二），在城南前北村。明萬曆四十二年建。

法雲寺，在平昌鄉（鄉見“疆域”）埤城鎮北街，唐大中五年建。初名流水院，宋改今額。寺有大中年所鑄鐘。（蘇庠有詩）

洪山寺，在東岳廟西。又名永安寺。（郡人丁禮《記》）乾隆二十七年，邑人韓錦如重修。（咸豐間，毀於兵燹。今始有僧結茅。）

永興寺，在城西經家灣。宋淳熙二年，僧惠隆建。請金壇廢額揭之。

普濟寺，在黄社村。五代吴乾正三年，徐知諫建。舊名資福。宋祥符四年，改今名。

長樂寺，在諫壁鎮。（村鎮，俱詳“疆域”。）宋紹興中建。取金壇廢額揭之。寺有塔，元祐元年建。（咸豐間，寇毁。）

龍興寺，在雩山。俗稱烏龍王廟，即舊志昭惠廟。（咸豐間，寇毀。）

香山寺，在城西二區。元至元乙亥，立碑。香山泉，在寺西。乾隆二十四年，僧碩機修。

昭提寺（二）：一在楊林村；一在城南三區。永樂年建。乾隆二年，知縣胡慎立額。

① 按：“一”，《文苑英華》卷八六一《碑》録李華《潤州天鄉寺故大德雲禪師碑》注：“一作二。”

② 按：“瞳”，《嘉慶丹徒縣志》卷六《寺觀》“大覺寺”條作“曈”。

十年，僧秀峰重修。

登雲寺，在城西陽彭山側。舊名福因智果院。唐貞觀間，僧俱胝建。賜額。宋曾文肅布捨田重建，有登雲臺。明初，僧祖心；景泰中，僧宗璽繼新之。（《嘉慶志》云：今廢。）

東霞寺，在圖山下。舊名顯孝褒親院。唐寶曆間建。

長山寺，在四十都。宋紹聖四年，僧智琦建。

横山寺，在十四都。宋乾道三年，僧道能建。

大聖寺，在辛①豐鎮。宋景定二年，僧祖灝建。

普陀寺，在西津坊大碼頭。唐時建。

東山寺，在陳灣村。唐時建。國朝乾隆十三年重修。

招慶寺，在井字灣。寶祐年建。國朝乾隆二年，僧西珍募修。

幽栖寺，在城南西湖村。明萬曆間，禮部郎中袁思明題額。

保福寺，在城内仁和二坊必先所。（所爲官養鰥獨之地，今毁於寇。）

北山寺，在十區。唐時建。

南山寺，在莊泉。順治十三年，重建。

東山寺（其二），在大港鎮東南。（宋憲宗時創建。寺有"敕建"二字，久廢。道光間，戴樹嘉重建。今毁。）

景靈寺，在官舍。萬曆三十五年建。

高安寺，在黄山。元至元中，薛里吉思②建。（見《至順志·大興國寺記》）

普會寺，在南閘馬公祠。（今廢）

興業寺，在寶堰鎮南。

先儒寺（其二），在莊前。

永慶寺，在山巷後談家山。

聖壽寺，在山巷後木廠。嘉慶間，改爲留養所。（所爲收養殘廢義舉。咸豐間，毁於兵燹。今暫并於城内普仁堂内。）

會音寺，在丹徒鎮河邊。（舊名海潮禪院。乾隆四十二年，敕賜會音寺。）

清净寺，在葛溝里（里在東鄉）。

螺紋寺，在娘山口。（按：娘山，志所不載。今考，在諫壁鎮，其寺又名螺螄庵，今尚存。）

崇慧寺，在丁角鎮。

寶勝寺，在黄序③村。（村在南鄉，距城十八里。咸豐間，寇毁。）

---

① 按："辛"，《嘉慶丹徒縣志》卷六《寺觀》"大聖寺"條作"新"。

② 按："薛里吉思"，《至順鎮江志》卷九《僧寺》"大興國寺"條引儒學教授梁相記作"馬薛里吉思"。

③ 按："序"，《嘉慶丹徒縣志》卷六《寺觀》"寶勝寺"條作"栖"。

大善寺（舊志未詳所在）。

京峴寺（在京峴山，僧心恒募建）。

三山寺（在南鄉華村旁。張文貞公嘗讀書於此。有古桂一株，數百年物，寇屢擾欲斫，僧融智力護獲存）。

以上僧寺，凡七十有四。兵燹後，僅存十之二三。其在城近郭，存毀可考。遠在各鄉，舊志不注存廢，今仍之。

藥師庵，在城内白馬坊河邊①。明崇禎九年建。國朝乾隆二十七年重修。（按：古青苔寺，今改關廟，俗猶稱爲藥師庵，蓋寺改庵，庵改廟，其實一地也。）又一（舊志未詳所在）。

生生庵，在甘露寺旁。林皋大師作（王士正有《生生庵題名并記》）。久廢。

廣惠庵，在鎮江衛署西，俗名觀音堂。（今毀）

興善庵，舊名小五神廟，在烏風嶺下、夢溪北。康熙初，僧元德重修。（今毀。光緒元年，僧燮航結茅。）

圓通庵（二）：一在黄祐坊觀音橋巷，唐李贊皇創，明楊一清重修；（咸豐間毀。同治初，有僧結茅，漸次修復。）一在西門外何家灣。

三教庵，在城西館驛後街。（今存舊額）

法華庵（二）：一在城西岳祠坊，明崇禎間建；一在城南，萬曆癸巳年建。（今俱毀）

净業庵，在西城外。明萬曆中，僧古松建。國朝順治間，僧普祥重修。庵内奉古松法②，俗呼活佛庵。（今毀）

水月庵（二）：一在城西寶塔巷，明崇禎間建；（今毀）一在袁巷村，明萬曆間建。國朝乾隆二十三年重修。（今毀）

祇園庵，在城西大圍坊。明萬曆三十六年建。國朝康熙十年重修。（今毀）

放生庵，在城西大圍坊。萬曆四十二年建。（久廢）

正宗庵，在城西天后宫旁。（久廢）

古觀音庵，在城西山巷後。（今毀）

三茅庵，在城西。宋延祐間建。國朝乾隆二十三年重修。（今毀）

福慧庵，在城西。萬曆二十七年建。（久廢）

延生庵（二）：一在城東，萬曆間建；（今毀）一在南三里岡，明時建。國朝乾隆十七年重修。

太平庵（六）：一在城内儒林坊萬壽宫前；（久廢）一在城西竈君廟前，順治六年建；（今毀）一在城西大圍坊陽彭山之西，康熙初建；（咸豐間，毀於寇。同治初，僧來

---

① 按：庵址，《嘉慶丹徒縣志》卷六《寺觀》“藥師庵”條作“在道署後北河邊”。

② 按：“古松法”，《嘉慶丹徒縣志》卷六《寺觀》“净業庵”條作“古松法身”。當是，此處或脱“身”字。

結茅。今漸次修復矣）一在金涵口，明天啓壬戌年建；一在張家村；一在留村，萬曆年建。

半嶺庵，在城西京畿嶺。（今毁）

清凉庵，在京畿嶺，即地藏庵。萬曆七年建。崇禎四年重修。（今毁）

北極庵，在城西箄灣，即真武廟。萬曆二十一年重修。（今毁）

大悲庵（三）：一在城西大雲坊，順治九年建；（今毁）一在辛①豐鎮，康熙五年，僧炤宏建；一在八公洞，即太山凹。

聽潮庵，在城西江口。萬曆年建。（在鎮屏山北。咸豐間，毁於寇。今移建土橋巷内。）

韋馱庵，在城西大雲坊。順治二年建。（今毁）

雲機庵，在城西大雲坊。康熙二十九年建。（今毁）

便通庵，在西塢街口。（今毁）

福生庵，在城西小閘口。順治二年建。乾隆二十四年重修。（今毁）

三聖庵，在城西小雲坊。順治六年建。（今毁）

楞庵，在城西小雲坊。順治二年建。（今毁）

廣福庵，在城西登仙橋前。乾隆二十四年，僧正徹募建。（今毁）

笠庵，在甘露寺山下濱江。崇禎己卯建。（今毁）

芥庵，在甘露港口。崇禎己卯建。（久廢）

垂青庵，在甘露寺西。天啓元年建。（今毁）

大士庵，在甘露寺南山下。萬曆間建。（今毁）

接引庵（三）：一在北門外郡厲壇前，明崇禎間建②；（今毁）一在城南大冢岡③，崇禎間建；一在大港鎮，宋元祐五年建，明萬曆壬午重修。

普度庵，在城北。康熙癸丑年建。（今毁）

花山庵，在城北。崇禎十二年建。（今毁）

準提庵（四）：一在城北九里街，明天啓六年建（俗稱三和尚庵），國朝道光中，增修之；（咸豐癸丑，毁於寇。同治初，有僧結茅）一在城南天福山麓，崇禎間建，國朝康熙二年重修；一在北門外，康熙間重建；一在唐家莊，康熙丙子年建。（今俱毁）

鎮波庵，在象山麓。明萬曆間建，爲焦山下院。（嘉慶間，無僧住持，尼僧善信居之。道光十一年，重修。二十二年，兵毁。住持妙蓮復建，旁增蓬萊閣。咸豐間，住持妙禪苦守得全。）

報國庵，在何家門。（在汝山北）

---

① 按：“辛”，《嘉慶丹徒縣志》卷六《寺觀》“大悲庵”條作“新”。

② 按：《嘉慶丹徒縣志》卷六《寺觀》“接引庵”條載有建庵者：“僧道行。”

③ 按：“大冢岡”，《嘉慶丹徒縣志》卷六《寺觀》“接引庵”條作“道重岡”。

雨華庵，在東門外。僧堅明重建。（今毀）又一（舊志未詳所在）①。

大善庵，在城東虎踞坊。順治丙申建。（今毀）

直指庵，在城東虎踞坊。（今毀）

長生庵（二），一在城東一區，明時建；（今毀）一在宗莊橋東，康熙乙酉年建。②

觀音庵（舊志七，今增二）：一在酒海街；一在金盞橋；一在銀山下；一在南閘；一在龍窩；一在紅青鋪；（以上或廢或毀）一在定業洲；一在汝山北何家門；（此庵今增。咸豐十年，毀於寇。今有僧結茅。）一在厚畢里（今增。咸豐間，寇毀其半）。又銀山普陀岩下觀音洞（宋時建，今復興）。

碧峰庵，在城東南都天廟後。（今毀）

青蓮庵，在城南虎踞坊。（今毀）

道林庵，在城南盧墳口。康熙二十年建。乾隆二十二年重修。（今毀）

清泉庵，在城南，即淡齋庵。康熙癸未年建。乾隆三十二年重修。（今毀）

慈蔭庵，在城南漕河西岸。（今毀）

峴山庵，在峴山頂。僧古道創爲西鄉通衢庵，僧募緣，夏施茶，冬施湯，夜施燈，雨施杖，鄉人頗賴之。（咸豐間，毀於寇。同治初，僧福增苦募復建，并修補東西大路。）

蓮子庵，在鶴林寺西。明崇禎間，僧蓮子建。（久廢）

銀山庵，在山麓，舊褒忠廟側。（久廢）

梓潼庵，在城内文昌坊梓潼巷。唐時建。順治十一年，僧海曙重修。（今旗營内有文昌宫，無此庵名。）

寶華庵，在東門。康熙初，僧上智建。（今廢）

荷香庵，在城南漕河岸。耆民周棨、周士彦修建。（今毀）

集善庵，在釜頂山側。順治間，僧寂静建。（今毀）

普霖庵，在孟家灣。明萬曆間建，後圮。國朝康熙間，僧明杲重建。（今毀）

普福庵，在北門外。順治十八年，僧海會建。（今毀）

蓮花庵，在陽彭山右。明初，僧養仁建。（今廢）

菩提庵，在鎮西倉後。順治五年，僧如聞建。（今廢）

寶蓮庵（二）：一在北門外龍埂下，順治初，僧元照建；一在朱家村西劉巷山側③，明萬曆五十年建。（今俱毀）

正覺庵，在城北虎踞坊。（今廢）

彌陀庵（三）：一在城内善濟一坊，明季建；一在陶家巷，萬曆三十三年重修；（俱

---

① 按："舊志未詳所在"原攔入正文，兹改爲小字注，與前"藥師庵""又一"一致。

② 按：此句原爲小字注，兹改爲正文。

③ 按：庵址，《嘉慶丹徒縣志》卷六《寺觀》"寶蓮庵"條作"在朱家村黄泥壩"。

久廢）一在丁角鎮，宋咸淳間建。

萬緣庵，在城西西津坊。乾隆二十四年，僧南章募修。（今毁）

净勝庵，在城西放生庵傍。（久廢）

永慶庵，在城西岳祠坊。康熙庚申年建。（今廢）

如意庵，在善濟一坊。（寇毁。今有尼結茅。）

天妃庵（二）：一在城内天妃橋；一在油炭巷。（今俱有尼結茅。油炭巷，或作“尤唐巷”，音訛。）

江照庵，在銀山麓。（今毁）

香廣庵，在北門外桃花塢。（今毁）

竹香庵，在城西桃園。（寇毁。今有尼結茅重修。）

團瓢庵，在城西東岳廟側。（今毁）

九峰庵，在城西南。（今毁）

廣佛庵，在城南盧墳口。（寇毁。今有僧結茅。）

華嚴庵，在城南門外孩兒橋。（寇毁。今有僧結茅。）

會香庵，在京峴山麓。（今毁）

化城庵，在北門外陳家門。（舊志訛作“象山洞”）

夢佛庵，在城北先農壇後。（今毁）

竹隱庵，在城東桃花塢。萬曆二十九年建。（今毁）

草堂庵，在甘露寺西。（寇毁。今有尼結茅。）

福緣庵（二）：一在倉巷後；（寇毁。今有尼修復。）一在城北。（今毁）

地藏庵（五）：一在北門外九里街（今毁）；一在京①畿嶺；一在玉山②；一在圌山下；一在馬迹山。（俱毁）

茅庵（舊志不知其處。今考，在汝山之西，久廢。其下爲汝山灣）。

石隱庵，一名石隱精舍，在象山北濱江。（見“象山”）

福生庵（其二），在汝山之東屏山北。順治十八年，吉氏捨宅爲之。（今毁）

古雲庵，在雩山巔。（舊名雲霞庵，今毁。）

松隱庵，在諫壁焦灣③口。順治七年建。（今毁）

秀峰庵，在城西簰灣。順治十六年建。（今毁）

優曇庵，在南城内卜卦巷。（久廢）

長壽庵（二）：一在城西南，明萬曆間建，國朝康熙二十六年重修；一在城内火壇橋巷。（今俱毁）其城内一庵，光緒二年，僧竹泉募建重修。

---

① 按：“京”，《嘉慶丹徒縣志》卷六《寺觀》“地藏庵”條作“金”。

② 按：庵址，《嘉慶丹徒縣志》卷六《寺觀》“地藏庵”條作“在玉山釣魚臺傍”。

③ 按：“灣”，《嘉慶丹徒縣志》卷六《寺觀》“松隱庵”條作“漢”。

大慈庵，在黄祐坊。（今廢）

多福庵，在西門街。（今毁）

天福庵，在城南虎踞坊。宋開宗（二字，舊志疑誤）三十三年建。（今廢）

慈雲庵，在十六區。乾隆二十六年重修。

普雲庵，在東門外京峴山下。（今毁）

奉聖庵，在丹徒鎮。雍正三年重修。（今毁）

千佛庵，在丹徒鎮孫家村。康熙三十三年建。（今毁）

梵音庵，在丹徒鎮，即文昌庵。康熙四年建。

東茶庵，在十區。乾隆二十二年重修。

三元庵，在車碾口大港南。

朝陽庵，在柳湖①村。

上生庵，在大港鎮。

西來庵，在城西下新店。康熙丙午年建。

龍泉庵，在洪山口。

白雲庵，在小大港鎮。

萬壽庵（二）：在豐城村，明萬曆元年建，康熙五十四年重修；一在大馬頭。（今廢）

茶庵（二）：一在小大港；一在山嘴頭。

净土庵，在十區。萬曆三十九年建。

大士庵（其二），在高資鎮西。

北普照庵，在何家莊。崇禎間建。

清净庵，在馬家蕩。萬曆十六年建。乾隆十九年重修。

陳家庵，在陳家村。順治辛卯年建。

駱家庵，在駱家莊，即永勝庵。萬曆三年建。

黄慶庵，在嚴家莊。

吉祥庵（三）：一在南城内，順治初，僧性明建；一在城西金盞橋；（俱毁）一在大港鎮。

寶塔庵，在九區。康熙丁亥年建。

南普照庵，在九區吴沙。康熙十三年重建。

福慶庵，在姚家橋東。②

九龍庵，在朱家圩。

毗盧庵（二）：一在蔣家村，明崇禎十三年建；一在上會村，康熙癸丑年建。

---

① 按："湖"，《嘉慶丹徒縣志》卷六《寺觀》"朝陽庵"條作"潮"。

② 按：《嘉慶丹徒縣志》卷六《寺觀》"福慶庵"條載有建庵時間："天順間建。"

永慶庵，在東岳廟後。（今毀）

善慶庵，在城内倉巷後，即華光廟。（今毀）

善公庵，在黄村。雍正三年建。

普濟庵（六）：一在城西石馬街，明萬曆間建；（今毀）一在黄村，明天啓四年建；一在葛村，國朝康熙三十年重建；一在城南楊巷，康熙三十九年建；一在西彪村，乾隆十三年建；一在東灘村，乾隆二十六年重修。

松月庵，在小缺口。乾隆十五年重建。

柳泉庵，在柳泉村。天啓四年，僧仁安重建。

盧舍庵，在顯村。乾隆七年建。

南村庵，即兜率庵。

華嚴庵，在天水村。萬曆間建。

洪家庵，在圌山下紅橋。

紀家庵，在天師岡。天啓五年建。

龍華庵（三）：一在八區；一在丁角鎮；一在下馬圩。

圌山庵，在龔家村。（即前諫壁圌山之地藏寺，或庵或寺，初無定稱。）

廣慧庵，在越河。萬曆三十四年修。

蔣家庵，在蔣家橋。

秀雲庵，在城西箪灣。康熙五年建。（今毀）

普會庵，在七里港。順治五年建。

香露庵，在城西。乾隆四年建。（今廢）

小橋庵，在城西二區。崇禎甲戌年建。

草庵，在凌塘。

大井庵，在城西二區。明嘉靖十六年建。國朝康熙四年重修。

香山庵，在城西香山寺傍。雍正三年建。（今廢）

極樂庵，在城西唐岡。康熙三十四年建。

西竹庵，在城西二區。康熙二十七年建。

石馬庵，在石馬廟旁。

黄橋庵，在城西二區。

清净庵（其二），在凌塘村。崇禎間建。

慈雲庵（其二），在上塘村。萬曆十三年建。

德盛庵，在義村。康熙二十五年建。

丁村庵，在丁村。

汝庵，在城西四區、生地村東。

棗樹庵，在寶堰。

通政庵，在城南四區。宋紹興丁卯年建。

奉仙庵，在城南四區。

洞仙庵，在城南四區倪巷。萬曆四十七年建。

鍾秀庵，在巨村。明時建，康熙戊子年重修。

時思庵，在單巷村。康熙五十四年建。

積善庵（二）：一在城南三區，明時建，康熙四十五年重修；一在縣東陸城岡下，康熙八年建。（今廢）

招提庵，在下迴。

黄庵，在東壇。（或名“東潭”，又作“東灘”。）

德勝庵（其二），在永安洲。

銀山庵，在銀山門。（今毀）

勝如庵，在上西麓村。

白露庵，在白露村。

新庵，在馬陵。

大珠庵，在城南三十里。明嘉靖中建。

彌陀庵（其四），在小大港圩。

仁覺庵，在小大港。

北莊庵，在小大港。

肇峰庵，在洪山凹。

福承庵，在包家岡。順治甲午年建。

文殊庵，在莫家港南。

如來庵，在爛石岡。順治三年建。

三聖庵（其二），在城西掘港頭。順治間，僧聚慧建。（今毀）

青泉庵，在官塘橋。

聖源庵，在大敵巷。康熙二十二年建。

湛岡庵，在湛岡村。（湛，一作“跕”。）

桃花庵，在桃花山。

延壽庵，在七里店。康熙八年建。

佛化庵，在城東柳泉。

金聖庵，在十三區。明嘉靖三年建。國朝順治戊戌年，改建三義庵。

洪橋庵，在十區。

寺莊庵，在仲家村。乾隆二十四年，僧修月募建。

榮顯庵，在丁港村。嘉靖三十五年建。

寶真庵，即大業廟。順治十八年建。（按：廟祠內有大帝廟，在大業村，即是廟。）

福生庵，在下莊村。順治間建。（舊志作“順治乙亥①”。按：順治年無乙亥，殊誤，故渾記之。）

甘露庵，在樂亭鋪。乾隆九年建。

延慶庵，在城西三區。康熙甲子年建。

迴龍庵（三）：一在北門外龍埂下；一在城西二區，乾隆元年重修；一在銅巷村。

雙橋庵，在王巷村。乾隆十八年重修。

東鎮庵，在蒲干村。明萬曆三年建。國朝康熙五十四年重修。

廣勝庵，在烏村。乾隆十九年重修。

緑雲庵，在刁巷村。乾隆二十八年重修。

普潤庵，在陶巷鋪。乾隆十六年重修。

紫雲庵，在城南八區。

金如庵，在上西麓村。康熙己酉年重建。

普寧庵，在東湖村。康熙十六年建。

大聖庵，在白露村。康熙庚戌年建。

海雲庵，在方便村。明崇禎三年建。國朝乾隆十九年重修。

柏峰庵，在何兒廟。崇禎二年重修。

海勝庵，在官塘橋。乾隆七年重修。

福慧庵（其二），在城南三都。萬曆二十七年建。

元真庵，在城内七獅橋西，即光孝觀之下院。明正統間，重建三元閣。弘治間，再建玉虛殿。國朝康熙初，重建大殿。（今全毁）

清真庵，在顧著作巷。元至元中，張道淵捨家建，乃三茅元符宫之下院。（久廢）

延壽庵（其二）、笠亭庵、聖聖庵、大通庵、寶塔庵（其二）、王家庵、曉雲庵、法雲庵、大邑庵、寶正庵、大士庵（其三）、延慶庵、華庵、東正庵、南潮庵、鋤雲庵、茅庵、茶庵（其三）。（以上十八庵，舊志未詳所在。今惟茅庵詳前，餘仍無考。）

以上僧尼道各庵，凡二百七十有一，今亦僅存十之一二。其遠鄉廢毁存否，亦難遍考，舊志即缺，今仍之。

玄妙觀，在南城内石磋橋西，俗名東觀，即唐紫極宫老子祠也。明初，爲祝厘之所，舊有宋徽宗所賜“永鎮福地”金牌及趙孟頫《度人經》石刻，今俱不存。國朝乾隆八年，改爲武廟（詳“廟祠”）。

道冲觀，即后土祠（又名后土别廟，見“廟祠”）。在石磋橋北。南唐保大中建。明洪武、永樂間，女冠管師達建諸殿。成化間，巡撫牟公改報親道院入縣學，乃屏出女冠以居報親之衆。後圮。國朝康熙壬子，邑人高拱斗改建此觀。（今久毁）

① 按：清世祖順治年號，凡十八年，干支紀年有“己亥”（1659 年）。“乙亥”，當爲“己亥”之誤。

紫符觀，在大悲鄉①馬迹山。宋永初二年建。舊名福業（唐上元令王中康爲記）。治平元年，賜額。有福地鎮福石（福地方圓丈餘，上有石，雨雪不沾）、玉蘭花、黄龍、青龍二洞、抱朴子丹井、白馬老君石迹，天下第四十九福地也。（《咸淳志》：此乃東海道君參白馬老君傳授《相骨經》之所，故多靈迹，陳輔、蘇庠、朱倬皆有詩。）明宣德九年火。成化十年，住持孫禮恒建玉皇閣、三清殿。弘治十年，孫信輗建山門兩廡。（明王禕有《馬迹山紫府觀碑記》，見"碑碣"及"藝文"。）國朝乾隆壬午，高宗南巡，有御製《紫府觀》詩。（今觀毁）

明真觀，在長樂鄉。邑人吴伯善捨宅爲之。舊名修真②。唐末兵亂，僅存遺址。宋祥符間，吴德銓、德鉉興建。（天聖五年，轉運勸農使刁湛《銘》。）太平興國中，道士黄贇元重建。③（大理寺丞王崇古《記》）宣和中，敕賜田地并勘定房屋一百六十餘間。紹興中毁，既而復建。元皇慶元年，提點住持觀事余慶生增修。明萬曆間，吴氏及郡廟道士吕元福清理觀田，復新之。（此後遂爲郡廟别院。又邑令勸農之所。）國朝順治丙午，更加修葺。乾隆十六年，重修。（其地，土稱小茅山。咸豐間，觀毁於寇。同治初，郡廟都紀夏雲峰偕里人重建。門外舊有石井，極深廣，水能愈病。又有碑亭，碑係唐代人記。按：順治年，無丙午。舊志殊誤。）

報恩光孝觀，在縣治西南三里。舊名天寧萬壽觀（蔡京書匾）。宋紹興間，改今額。中有"景命萬年"之殿。建炎初，兵犯鎮江，以火箭射殿之藻井，而箭端焰滅，迄不能焚。（《嘉慶志》云：觀已廢，元真庵其下院也。按：元真庵，古稱蔣道庵，在七獅橋南，其額仍名報恩光孝觀。咸豐間，寇毁。）

華陽觀，本名仁静觀。宋徽宗改今名，在城東十一都。

悟道觀，在大港鎮南。

崇福觀，在城内大市西南。元至元三十一年建。泰定二年增建。明正統中毁，復建。弘治三年，重建彌羅閣前樓，今僅存山門、正殿，餘俱廢爲牧馬之地。

白鶴觀，在城西小花山麓。

通玄觀，在丹徒鎮。

仙真觀，在華山。

連滄觀，在府治後，即望海樓遺址。（久廢）

三元宫，在城西西津坊。（今毁）

鐵柱宫，在城西西津坊。明崇禎十年建。國朝康熙二十年重修，即紫陽洞。（今毁）

---

① 按：大悲鄉，疑誤。《至順鎮江志》卷十"紫符觀"條謂"在大慈鄉馬迹山"。又《嘉慶丹徒縣志》卷六《寺觀》"紫府觀"條亦作"在大慈鄉馬迹山"。

② 按："修真"，《至順鎮江志》卷十《道觀》"明真觀"條作"修元"。

③ 按：太平興國在前，祥符在後，故此處記載似有顛倒混亂之嫌，且與《至順鎮江志》卷十《道觀》"明真觀"條所載略异："宋太平興國中，道士黄贇元重建。天禧五年賜今額。天聖五年，吴德銓撤而新之。刑部尚書刁湛爲記。"可資比勘。

三茅宫（三）：一在山嘴頭；一在白兔山；一在德興洲。

天后宫（二）：一在山巷後寶蓋山前，康熙間建；① 一在西津坊、大馬頭，乾隆十九年建。②（今俱毁）

斗母宫，在西津坊。（今毁）

清寧道院，在銀山上。明天啓間建。舊名西來庵。國朝康熙四十八年，改爲道院。内有戒壇。（今毁）

奉真道院，在城内花園巷。宋韓蘄王置。（院有鐵爐，銘識“嘉定十二年鑄”。）元至元十九年，道士趙道淵重建。（久廢）

真武道院，在市河岸東。宋季道人韓朴庵創。（久廢）

報親道院，在斜橋南。元至元十八年建。明成化丙申，以其地入縣學，院遂廢。

雲臺仙院，在銀山巔。張真人命道士某來鎮建三官殿，謂之南雲臺。（咸豐間毁。同治初，有道士結茅。）

崇聖院，在城南十一區。明萬曆間建。崇禎五年重修。

崇敬院，在城南四區。明萬曆三年建。國朝雍正二年重修。

瑞桐院，在城南十七區。唐時建。國朝順治六年重修。

澤勝院，在前村。明崇禎三年建。國朝順治八年重修。

慈雲院，在城南虎踞坊。康熙八年建，二十四年重修。（久廢）

寶城院，在城西小雲坊。順治三年建。（今廢）因地建同善堂。

唐竹院，在城南鶴林寺傍。③

芝風院，在城南。（久廢）

鹿野院，在城西箍灣。康熙庚子年建。（今廢）

普門閣，在城西運河邊。（咸豐間，寇毁。）

文昌閣（四）：一在城文昌坊；一在順江洲；一在小大港；一在五墩子。

斗姥閣，在三墩子。

凌江閣，在城西西津坊。本銀山庵址。乾隆三十五年，真州吴尊野葺延崇福觀，道士嚴長春居之。舊有蕭爽閣，後圮。道士募建樓三楹，左有小閣，榜曰“西津第一觀”，前曰衆香院。（今全毁）

樂壽堂，在九里街。萬曆三年建。（堂附帝君閣中。今毁於寇。）

文武帝君閣，一稱文昌宫，即樂壽堂處。嘉慶間，里人重修。道光中，左建壽星殿，設施材局；右又增建大王殿，屋宇甚廣。（咸豐間，并毁於寇。）

玉皇閣，在象山南，土稱山缺口。同治十二年，南隅增樓。

---

① 按：《嘉慶丹徒縣志》卷六《寺觀》“天后宫”條謂其爲“台閩會館”。

② 按：《嘉慶丹徒縣志》卷六《寺觀》“天后宫”條謂其爲“本商會館”。

③ 按：原缺，據《嘉慶丹徒縣志》卷六《寺觀》補。

都天行宫（三）：一在大馬頭；（今毁）一在竈君廟山口；（咸豐間毁，同治初，復建。）一在九里街，李家寶塔旁。（咸豐間毁。今結茅。）

成公堂，在城西大圍坊。天啓間重修。（今毁）

寶安堂，在淩家灣。萬曆間建。（今毁）

會真堂，在馬迹山西。康熙十年建。

春暉堂，在陽彭山下。康熙三十二年建。爲山陝會館。（俗稱大會館。咸豐間，毁於寇。）

玉皇殿，在銀山。舊爲真武殿。唐貞觀中創。宋高宗南渡，改爲拱真庵，後圮。明萬曆初，全真董長清募造山門，有五岳樓，兩翼有三官殿、北極殿、章臺正殿，規模廣大，更名玉皇殿。其旁有大石山房、吐納烟雲閣、春波閣。（咸豐間，遭寇全毁。）

元壇宫，在玉皇殿右。（今毁）

三官殿（四）：一在虎踞坊，順治十年建；（今毁）一在大港鎮；一在丹徒鎮；一在永定洲。

觀音殿，在朱家圩。崇禎年建。（咸豐十一年，毁於兵火。光緒元年，朱肇基、紹基重建。）

石觀音殿，在十區。順治四年建。

海月樓，在城西西津坊。乾隆元年建。（今毁）

乾元萬壽宫，在府治西瓶場巷。（按：舊志"疆域"中無瓶場巷，或即未詳所在之萬壽宫巷。）建自唐肅宗乾元中，因名乾元萬壽宫，即唐紫極宫，老子祠也。（按：紫極宫，老子祠，已見前"玄妙觀"中，兹又複出，疑舊志有誤。）舊址闊六十餘畝，南有園池，宋毁於兵。南園没爲軍營，宫廢。元大德五年，道士余以誠捐資購置宋安撫使葉①再遇故宅，復建殿宇樓閣，改創宫門。南有園池，亦葉氏舊業也。丙午，敕賜今額，尚存。（俞希魯《記》，又有開府儀同三司輔成贊化保運玄教大宗師張上卿畫像并趙孟頫《贊》。舊志云：今俱不存。按：《山水志》引《至順志》云：宫爲宋安撫畢再遇故宅。舊志訛"畢"爲"葉"，殊誤。又按：宫先在唐頹山之西瓶場巷，唐宋時故址也。元大德五年，購宋安撫故宅，乃今之仙鶴巷内。其宫後爲磨刀巷，在西城下，其地距唐頹山已遠。而《山水志》直以道士余以誠所建之宫即爲瓶場巷之宫，此則舊志不訛，而《山水志》誤矣。）明成化間，郡守熊佑命報親道院道士范文澋重建正殿、後殿、兩廊、法堂及門外石橋，自後修建不一。（《嘉慶志》云：已無復舊觀矣。）國朝以來，存有三清殿、亦樂窩、太極閣及大門各樓宇，屢加修葺。（正殿旁有朱竹樓書"文光射斗"四字，門額"亦樂窩"，有笪開泰書元代敕建碑記。咸豐間，寇毁過半。太極閣全廢，惟正殿及亦樂窩屋宇經道士張耕雲次第募修，漸有可觀。又藏有潘真人冠履遺迹，今尚存。又按：眉公《祕笈》云：萬壽宫舊有玉冠、《度人經》石板、古簫及趙孟頫大楷書神牌七

① 按："葉"字誤，當作"畢"。畢再遇，南宋抗金名將，《宋史》卷四百二有傳。下同。

十六位，松江袁履善嘗欲集入子昂《碎金帖》，未果，後遭回禄。今俱不存。)

文昌宫，在今節孝祠左，同治間新建。

以上道觀、道院，凡六十有一。其久廢及今毁者注之，其遠鄉未及知者仍依舊志，不注。

清真寺（附二）：一在城内治安坊翦子巷，唐貞觀二年，始建於仁安坊阜民街，明萬曆三十年，移此；（有李一陽《記》石刻，今存并加修葺。）一在西城外山巷内（始建未詳），國朝康熙間，廓其基宇，皆回民禮拜之所。（咸豐三年，城西寺毁於寇。同治十二年重建。按：回回，本國曰天方，其集成之聖曰穆罕默德。其教於隋開皇七年流入中土，其寺有諷經、禮拜、齋戒諸儀，而不設像。其制惟回民習之，而中土人不與。其經典惟論敬主及倫常日用，初無悖戾。惟天堂、地獄之説，則猶囿於西土之習俗云爾。)

丹徒縣志卷六終

丹徒縣志卷七

輿地十五　宫室　古宅　堂　樓　亭臺　園　閣

宫室叙

丹徒爲劉宋崛興之所，江山之勝，殆甲東南。翠華屢幸，行宫巍然。其他若第宅、園林、臺榭之美，指不勝屈。潤色山川，《洛陽記》之所爲作也。今萃爲一編，覽者庶可攄懷舊之蓄念，發思古之幽情乎？志宫室。

國朝

南巡行宫（三所）：一在北固山第一峰上；一在金山佛殿之東；一在焦山佛殿之東。

宋

丹徒宫，在城南，宋武帝微時故宅也。後改爲太尉留府。受禪後，稱爲丹徒宫。（《輿地志》：武帝耕丹徒，及受命，農具猶有存者，皆命藏之，以留於後。元嘉中，文帝幸舊宅，見而色慚，近侍①進曰："大舜躬耕歷山，伯禹親事水土，陛下不覩列聖之遺物，何以知稼穡之艱難、先帝之至德乎？"《宋書·禮志》：元嘉四年三月甲戌，幸丹徒離宫。《南史·順帝紀》：昇明三年四月辛卯、壬辰，出，帝禪位於齊，居丹徒宫。鮑照有《丹徒故宫頌》，《宋書》作"丹陽"。蘇軾詩云："劉裕宅邊霜竹老，戴公山下野梅香。"）

南唐

丹陽宫，昇元二年，改潤州州治爲丹陽宫，以李建勳爲迎奉使，遷吴主居其中，稱爲讓皇。②（陸游《南唐書》：讓皇屢請徙居。戊午，改潤州州治爲丹陽宫，以平章事李建勳充迎奉讓皇使。甲寅，讓皇徙居丹陽宫。即今府治。）（以上宫）

春秋

齊慶封宅，《輿地紀勝》：在縣城南。（詳見"水·慶封井"注。縣城，今丹徒鎮。）

晉

刁勰宅，在城西南。（近宅有橋，勰因毁橋爲航，號長廣航。）

郗鑒宅，在唐頹山南。（劉楨《京口記》：唐頹山周迴二里餘，得郗鑒宅五十餘畝。）

---

① 按："侍"，原作"待"。《嘉慶丹徒縣志》卷七《宫室》"丹徒宫"條即作"侍"，據改。

② 按：《嘉慶丹徒縣志》卷七《宫室》"丹陽宫"條云"今廢"，并按："州治，《通鑑》作'牙城'。"

謝玄①宅，在大瀆北。(《京口記》：長村東、大瀆北，有謝玄故宅。)

宋

武帝舊宅，在壽丘山。(即前丹徒宫，前云在城南者，府治前古有子城，在子城南也。陳沂《南畿志》：丹徒宫，宋武帝微時宅也。《入蜀記》云：壽丘者，宋高祖宅，有故井，尚存焉。《宋書·文帝紀》：元嘉四年二月，幸丹徒，謁京陵。三月，幸丹徒宫，帝鄉父老咸與焉。二十六年二月己亥，幸丹徒。三月丁巳，宴於丹徒宫。癸亥，使祭晉司空忠肅公何無忌墓。又《順帝紀》：昇平三年四月辛卯，禪位於齊。壬辰，遜於東邸。是日，封帝爲汝陰王，居丹徒宫。②《山水志》云：鶴林寺，相傳亦武帝宅，寺前有井，俗謂之寄奴泉。考《南史》本紀，帝嘗游京口竹林寺。《寰宇記》曰：宋高祖潛龍時，游竹林寺，有黄鶴飛舞，因改爲鶴林寺。寺爲武帝游息之所，非即其宅也。梅聖俞、蘇東坡《鶴林寺》詩皆以寺爲武帝宅，恐别有據。餘見前。)

《宋孝武帝巡幸舊宫頌》：惟皇敬眷，永慕徐京。列裝青野，動軌丹廷。榮和首律，景澤開年。林垧發色，川郊列泉。沿溯遥衍，登陟回旋。踐域負外，即宫臨山。思申陵寢，歡結枌都。渺懷沛濟，勤念宛吾。納壽遺老，設飲先居。堂序朝秀，廷集里閭。

梁沈約《丹徒舊宫頌》：聖祖神杰，堯踪漢烈。岳峻雄圖，天張武節。墜命既升，霸略將騁。清渭走烽，濁河獻警。恃峭劍關，憑深桂嶺。彝章委闕，禮樂沉河。拯壓傾構，引溺危波。盡物稱瑞，窮靈委和。玄精翼日，丹羽巢阿。

《南史·宋武帝紀》：帝諱裕，字德輿，小字寄奴，彭城縣綏里③人。姓劉氏，晉氏東遷，移居丹徒之京口里。(《山水志》云：京口里，《寰宇記》：在縣西鄉。今無其名，亦無武帝居址，疑即在壽丘山。)後代各詩(見"藝文")。

晉戴仲若宅④，在城西南七里招隱寺，即其址。(明都穆《游名山記》：離黄鶴山西南，行三里，抵招隱山。山以晉處士戴仲若所居得名，或又以爲招隱，謂梁昭明太子嘗讀書於此。予觀駱賓王《游寺》詩云："共尋招隱寺，初識戴顒家。"張祜題寺亦云："千年戴顒宅。"乃知名山始於戴顒。其曰昭明者，非也。宋米元章有《紀戴仲若出處碑》，見"碑碣"。)招隱山寺(見"山"及"寺觀")。

唐

許渾宅，在城南三里丁卯橋⑤。《方輿勝覽》：渾居京口，有别墅在丁卯橋。(其詩名

---

① 按："玄"，原作"懸"，避清諱改。兹徑改，下同。

② 按："昇平"，《宋書》卷十《順帝紀》作"昇明"。"東邸"，《宋書》卷十《順帝紀》作"东郊"。"丹徒宫"，《宋書》卷十《順帝紀》作"丹陽宫"。

③ 按："綏里"，《南史》卷一《宋本紀》作"綏輿里"。

④ 按："晉"字或衍，《嘉慶丹徒縣志》卷七《宫室》即列於宋(南朝)"武帝舊宅"條後，并無"晉"字。戴顒，當屬南朝宋。

⑤ 按：《至順鎮江志》卷十二《居宅》"唐許渾宅"條作"在城南二里丁卯澗"。

《丁卯集》，有《夜歸丁卯村舍》詩，見“藝文”。）墓在雩山。

南唐

刺史林仁肇宅。《輿地紀勝》：在丹徒縣朱方門外一里。（《明一統志》：在清風橋東。）

贊善大夫陳翊宅，在京口。（徐鉉有《送翊還鄉序》）

宋

丞相陳升之宅，在范公橋南，後廢爲軍寨及酒庫。今爲民居。（《夢溪筆談》：公治第極宏壯①，池館綿亘數百步。宅成，已疾甚，肩輿一登西樓而已。沈括詩：“丞相旌旗久不歸，虛堂寧止嘆伊威。緑槐樓閣山蟬響，青草池塘野燕飛。”）墓在五州山。

集賢校理判三司刁約宅，在范公橋東，後廢爲前軍寨。（今爲丁家巷。藏春塢，見後。墓在白兔山。）

學士沈括宅，在朱方門外。（詳見“水·夢溪”下）

丞相蘇頌宅，在化隆坊。（《京口集》有頌②《新居》詩云：“版築多遺址，經營信昔緣。”自注：舊址乃林仁肇故宅。林亦温陵人而家此。今予居之，信非偶然。曾肇銘其墓曰：築第京口，僅蔽風雨。《蘇氏談訓》云：頌以客使居隆化③之新第，著百韵詩代家訓，述祖先基業，平生艱勤，訓飭子孫，俾無墜世緒。墓在五州山北。）

左丞王存宅，在登雲門内。（《京口集》有存《閑居》詩云：“族居自買百間屋，月賜官縻六萬錢。”又《却客致假山石》詩云：“乞得林泉④就退閑，誅茅結宇即城灣。閉門自有林巒秀，不用辛勤作假山。”墓在五州山西之仙風里。）

丞相曾布宅，在千石墟之東。（布嘗有詩曰：“家在⑤城南千石泉。”後爲雙望酒庫，又爲道林寺。墓在長山下相公灣。）

知院蔡卞宅，在登雲門。後廢爲右軍寨。（與王左丞宅相近，有閣曰“元儒亨會之閣”，徽宗御書。）

中書侍郎劉逵宅，在長橋之南。建炎末，爲宣撫司。紹興初，爲都督府。後爲毅武王勝宅，今廢。（墓在汝山）

延康殿學士王漢之及其弟寶文閣學士⑥涣之宅，并在放鶴門。今廢。（兩墓俱在馬鞍山下）

尚書蔣猷宅，在放鶴門。後爲大軍寨。（墓在五州山西）

---

① 按：“公治第”句，《夢溪筆談》卷二十五《雜志》作“丞相陳秀公治第于潤州，極爲宏壯。”

② 按：“有頌”，原作“頌有”，據《嘉慶丹徒縣志》卷七《宫室》“丞相蘇頌宅”條改。

③ 按：“隆化”，或爲“化隆”之訛誤。《嘉定鎮江志》卷二《坊巷》“丹徒縣”條曰：“城内有七坊：曰崇德，曰踐教，曰静寧，曰化隆，曰還仁，曰臨津，曰太平，皆仍故號。”化隆坊，城内七坊之一。

④ 按：“林泉”，《至順鎮江志》卷十二《居宅》“左丞王存宅”條作“琳宫”。

⑤ 按：“在”，《至順鎮江志》卷十二《居宅》“故相魯國公曾布宅”條作“住”。

⑥ 按：“學士”，《至順鎮江志》卷十二《居宅》“延康學士王漢之”條作“直學士”。

學士毛友宅，在千秋橋，有齋曰歸與[1]。（友自爲記，删定官陳克有詩，後并入丹陽館。）

米芾宅，《輿地紀勝》：在千秋橋西。（米公自書帖云：敝居在丹徒行衙之西脩閑堂，瀁月亭、佳麗亭在其後，臨運河之闊水，東則月臺，西乃西山，故寶晉齋之西爲致爽軒，環居桐柳椿杉百十本，以藥植之。今十年，皆垂蔭一畝，真一畝之居也。[2]《山水志》云：即今巡道署。墓在長山。）

趙安撫故宅，在汝山下[3]。（《至順志》：大德六年，改建爲萬壽寺。）

陸忠烈公秀夫宅，在汝山下。（祠在鶴林寺，今遷城内。見“廟祠”。）

元

行工部尚書辛仲實宅，在市西。今廢。

雲南憲僉范震宅，在通吴門内。今廢。

明

中山武寧王别墅，在金銀門外。

東甌襄武王第，在善濟坊。今廢。

大學士楊一清第，在黄祐街[4]。宅南有别業，名待隱園。（《明史》本傳：一清請骸骨歸，賜敕褒諭給夫廪如制。帝南征，幸其第，樂飲兩晝夜，賦詩賡和以十數。一清從容諷止，帝遂不爲江浙行。墓在峴山下，事詳“陵墓”。）祠在宅旁。

大學士靳貴第，在虎踞門内。正德庚辰閏八月，武宗南巡，幸京口。時貴已卒，臨其殯，自爲文祭之。（墓在長山下）

尚書范嵩宅，在虎踞門内。今廢。

應天府尹談自省宅，在大學士靳第之西。[5]

都督同知陸萬里宅，在金銀門内街。

國朝

大學士張玉書第，在虎踞門内大街。（祠在鶴林寺右。見“廟祠”。）

江西巡按笪重光宅，在第一樓街。

---

① 按：“與”，《至順鎮江志》卷十二《居宅》“翰林學士毛友宅”條作“歟”。

② 按：此處似有删節，兹據《嘉慶丹徒縣志》卷七《宫室》“米芾宅”條補録之：“四月末，上皇山樵人以异石告，遂視之：八十一穴，大如碗，小容指，製在淮山一品之上，百夫運致寶晉桐杉之間。五月望，甘露滿石次，林木蕉葦莫不沾，潔白如玉珠。又云：西山書院，丹徒私居也。所著文號《寶晉山房集》，有《致雙軒》六首。後爲巡撫公署。又有净名齋，在利涉門内南山上，《寶晉集》有《净名齋記并詩》。海嶽庵在北固山下，嘗自爲賦并書，刻之石，今不存。《京口耆舊傳》：芾喜登覽山川，擇其勝處而居。過潤州，愛其江山，遂定居焉。作寶晉齋，藏法書名畫其中。北固既火，結庵城東，號海嶽，日吟哦其間，爲京口佳絶之觀。今廢。”

③ 按：《至順鎮江志》卷十二《居宅》載曰：“安撫趙紀祥宅，在長橋東南，今爲萬壽寺。”

④ 按：《嘉慶丹徒縣志》卷七《宫室》此句下尚有“正德庚辰閏八月，武宗南巡，過京口，臨幸，宴於茂祉堂，御製詩十二章賜之”云云。

⑤ 按：《嘉慶丹徒縣志》卷七《宫室》此條下尚有“廣西巡按王政新宅，在石礎橋西”。此處似漏載。

吏部侍郎張鵬宅，在寨上街。（以上宅）

晉

伎堂，在郡城東南。晉謝安立。（唐李德裕《題北固山》詩云："班劍出伎堂。"）

射堂、東夏堂，皆謝玄[①]立，未詳所在。（《輿地志》：射堂北有東夏堂，晉謝玄立，爲游餞之所。邵陵王綸重修，陳侯懸[②]都於下堂，創東苑。劉毅在京口，與知識射於東夏堂。庾悦爲司徒，右長史後至，奪其射堂，衆皆避之，毅獨不去。）

宋（南朝）[③]

積弩堂，在唐頽山西二百步。宋武帝作。（《嘉定鎮江志》云：武帝之破盧循也，軍中多萬鈞神弩，所至莫不摧陷。）

唐

衛公堂，在府治後。李德裕爲觀察使時所建，後人因其封爵名之。

宋

淵源堂，在府學内。宋景定中建。

威輔堂，在石公山防江軍教場内。郡守史彌堅立。（嘉定中，防江軍廢，以其器械、營舍歸之州郡。郡守史彌堅按行其營，拓舊閲場，立堂五間，扁以"威輔"，爲春秋搜獮之所。今廢。）

丹陽館脩閑堂，在千秋橋西。（舊志"脩閑"作"蕭閒"，又誤繫於劉宋時。今按：《嘉定鎮江志》：丹陽館，宋紹興中建。北有脩閑堂，後改爲秦潭驛。南有皇華亭，守臣張子顔建。又按：米芾宅，其自記有脩閑堂在其後，此館蓋米芾宅改建也。）今爲巡道署。（咸豐間，毁於寇。道署改建，見前陸秀夫《丹陽館記》。丹陽館之所始無可考。按：郡志：紹興十四年，朝廷命守臣鄭滋建之。於時和議既成，館是用作，中門南向，接送伴使在東館，客使在西館。厥後，凡奉法銜命者，皆館焉。部使者亦如之。在郡國諸邑爲特，巨屋與歲陳，廪廪相壓，於是百二十有六年矣。咸淳五年冬，長沙趙公以外司農典刑顧，謂是邦江淮閩浙之所交也，四海賓客之所合也，軺車驛騎之所會也，而舍於隸人，不亦羞當時之士乎？七年春，乃一大修之。悉撤其舊，而新是圖。木甓瓦石，厥材孔良。孔惠孔時，役不告勞。暨訖工功，與創略等，而其巨也加於昔。落成，馳書秀夫曰："子之居是邦也，盍記諸？"竊嘗稽之周官，里有市，市有候館，館有積。嗟夫，此王者之政也！晉文公崇大諸侯之館，猶汲汲焉。繕修是務，褒城驛，甲天下，才幾何時？庭除蕪，堂廡殘，過者太息。今州縣皆驛也，夫以古人則視館如寢，後世則視州縣如驛。蓋學之不講，而吏道之衰也久矣。公共工於兹，能以達之，廉以奉之，心休

---

① 按："玄"，原作"元"。《嘉慶丹徒縣志》卷七《宫室》"射堂東夏堂"條作"懸"，皆避清諱改。

② 按："懸"，《至順鎮江志》卷十三《宫室》"東夏堂"條作"安"。

③ 按："南朝"，據《嘉慶丹徒縣志》卷七《宫室》補。

而力有餘。兹館固舉廢之一事，於乎！古之所以創，中之所以敝，今之所以修，其可以弗記？公名滑，字元晉，中靖公之子，忠肅公之孫。忠肅師張宣公，淵源所漸，有自來矣。奉議郎宜特差充京湖制置大使司、主管機宜文字陸秀夫記。）

北固山海門堂（即禪堂，在山前。康熙間，僧真覺重加修建）、雷音堂（在護敕堂後，即寺之方丈）、護敕堂（在藏經閣東南。明天順己卯建，以供奉藏經敕諭）、水陸堂（元時建）、法堂（舊在雷音堂後）。

金山大徹堂（在正殿左。圓悟勤住山時，僧堂中一十八人皆大徹，因名）、悟心堂（在妙高臺下）、玉鑒堂（學士蘇紳詩："僧依玉鑒光中住。"本此爲名）、至游堂（宋元祐間，寶覺禪師建，蘇軾題。咸豐間，寺毁。此三堂重建）、浮金堂（徐元用常邀蘇子瞻同游賦詩）、永安堂（在正殿南）、咏思堂（乾隆二十一年，重建。爲救生船泊集之所）、三禁堂（僧别峰建）、雄跨堂（宋乾道初，淮東總領洪适取孝宗詩中語，揭其上）、觀瀾堂（在長廊下）、水陸堂（宋曾鞏《記》。元延祐間，兩建水陸。僧應深撰碑，集賢學士趙孟頫書。又有《募水陸道場疏》，董其昌書，俱見"碑碣"）。

焦山海雲堂（在大雄殿左，即方丈。舊藏有周鼎、玉佛、楊文襄公玉帶各一。鼎久失所在，知縣龐時雍訪得之）、枯木堂（即今之禪堂）、宛在堂（在石壁庵内）、曠觀堂、清寄堂、曉青堂（在水晶庵内）、望雲堂（久廢）、鶴壽堂（僧碧巖建。取《瘞鶴銘》首句"鶴壽不知其紀也"爲名）、石肯堂（在方丈内）。

鶴林寺密岩堂（在杜鵑樓之西）。（以上堂）

晉

萬歲樓，在月華山上。《太平寰宇記》：《京口記》云：晉王恭爲刺史，改創西南樓，名萬歲樓；西北樓，名芙蓉樓，樓之最高者。又《輿地志》云：俗傳此樓飛向江外，以鐵鎖縻之乃已。《潤州類集》：此是今之月臺，後改月觀。《明一統志》云：宋紹興中，太守劉岑新之爲月觀，汪藻爲記。陸游《老學庵筆記》：京口子城西南月觀，在城上，或云即萬歲樓。京口人以爲南唐時節度使每登此樓，西望金陵，嵩呼遥拜，其實非也。（舊志云：月觀在譙樓，西晉爲萬歲樓，今爲朝賀聖壽節公所。）

宋汪藻《月觀記》：京口以江山名天下，其來尚矣。而國家屏蔽尤重於晉宋齊梁之間，觀其千嶂所環，中横巨浸，風濤日夜，駕百川而東之。其形勝之雄，實足以控制南北，豈直爲騒人羈客區區登覽之勝哉？州治之西有樓焉，并城而出，名曰千秋者，考諸圖志，始於晉王恭之時。由樓西南，循城百餘步，忽飛檐曲檻，崒然孤起於城隅之上，望數百里見之者，月觀也。紹興八年，吴興劉岑季高來刺是州，承廢亂之後①，公私掃地，無復故時。季高以精明强敏之才，易民觀瞻於譚笑之頃，

① 按：《四庫》本《浮溪文粹》卷七《鎮江府月觀記》，此句前有"州"字。

既府寺閭井鳩集經營，悉復其初始，遑暇①於游息之地，乃即月觀之地②，葺③而新之。客有登而嘆曰："嗚呼，壯哉！未之見也！前此頹甍圮棟，蕪没於蒼烟灌莽之中，雖江山不與時，變遷者亦莫吾覿。今晨霏夕靄，晴嵐烟翠，復得於几席之上。而風帆浪舶、離鴻落鶩，畢陳於樽俎之前，如客得歸，如蒙得發也。季高於此可謂能矣，非政有餘力能如④是哉？"或曰：是未足言季高之政也！季高勞於侍從之事，出分天子西⑤顧憂，方時艱難。此州實爲襟要，其經理規模必有足大者。嘗與予四顧而望之，其東曰海門，鴟夷子皮之所從游⑥也；其西曰瓜步，魏佛狸之所嘗至也。若其北廣陵，則謝太傅之所築埭；而居江之中流，則祖豫州之所擊楫而誓也。計其一時英雄慷慨，憤中原之未復，反寇⑦之未禽，欲吞之以忠義之氣，雖狹宇宙而隘九州，自其胸中之所積，亦江山有以發之。今攬而納諸數楹之地，使千載之事了然在吾目中，則季高之志可知矣。然自有天地，則有山川，其閲人多矣。而山川勝處，非人不傳：襄陽峴首，以羊叔子傳；武昌南樓，以庾元規傳；蜀人籌筆驛，以諸葛武侯傳。吾知月觀與季高之名籍籍天下矣，姑書其本末⑧，以補京口故事之遺⑨，使後人知此觀復新，自吾季高始，豈不益可喜？季高曰："可哉！"⑩

芙蓉樓（詳見上），一名千秋樓（見上汪藻《記》）。舊志云：或云即蒜山閣。（王昌齡有《芙蓉樓送辛漸》詩，崔峒有《登潤州芙蓉樓》詩。）

北固山北固樓，一作"北顧樓"，晉蔡謨建。（詳見"北固山"。梁改名"北顧"。）又爲北固亭。《嘉定鎮江志》云：北固樓，或名爲亭。《輿地志》：山有亭屋五間，蔡謨以置軍實。劉牢之敗，爲其子敬宣所焚。梁武帝改"固"爲"顧"，有《登北顧樓》詩。（《山水志》曰：《南史·臨川王正義傳》：蔡謨起樓，是後崩壞，猶有小亭。武帝登者此亭，而帝與簡文帝詩皆作《登北顧樓》，則亭即爲樓無疑矣。）

宋乾道己丑，守臣待制陳天麟重建，有記。嘉定甲戌，待制史彌堅命郡吏搜訪得之，碑裂爲三，而失其一。然其後尚可讀也。記曰："北固京口（缺九字）上，至梁樓壞，爲亭，武帝登望（缺字）百餘年，所謂亭者，邈不知何許（缺五字）於《圖經》。耆舊云：甘露即其地，其然（缺五字）載，别嶺入江，高數十丈，三面臨水，號曰北固。予觀京口諸山，起伏繚繞，出入城府，率如瓜蔓旂綴。今甘露最近江，屹立西鄉，而山南

① 按："遑暇"，《四庫》本《浮溪文粹》卷七《鎮江府月觀記》作"暇皇"。
② 按："地"，《四庫》本《浮溪文粹》卷七《鎮江府月觀記》作"址"。
③ 按："葺"，《四庫》本《浮溪文粹》卷七《鎮江府月觀記》作"輯"。
④ 按："如"，《四庫》本《浮溪文粹》卷七《鎮江府月觀記》作"致"。
⑤ 按："西"，《四庫》本《浮溪文粹》卷七《鎮江府月觀記》作"北"。
⑥ 按："游"，《四庫》本《浮溪文粹》卷七《鎮江府月觀記》作"逝"。
⑦ 按："反寇"，《四庫》本《浮溪文粹》卷七《鎮江府月觀記》作"敵人"。
⑧ 按："本末"，《四庫》本《浮溪文粹》卷七《鎮江府月觀記》作"始末"。
⑨ 按：《四庫》本《浮溪文粹》卷七《鎮江府月觀記》此句無"補"字。
⑩ 按：《四庫》本《浮溪文粹》卷七《鎮江府月觀記》於篇末有"紹興八年十一月汪藻記"句。

北皆（缺一字）田，蓋皆江道也，與《南史》所云合矣。予於連滄觀之西爲亭，面之而復其舊名，則甘露之爲北固，其亦安之而不辭矣。六朝之所以名山，蓋自固耳，其君臣厭厭，若九泉下人，寧復有遠略！兹地控楚負吴，襟山帶江，登高北望，使人有焚龍庭、空漠北之志。神州陸沉殆五十年，豈無忠義之士奮然自拔，爲朝廷快宿憤、報不共戴天之仇，而乃甘心恃江爲固乎？則予是亭之復不特爲登覽也。舊亭在郡圃後。紹熙壬子，殿撰趙彦逾徙亭於山，西向，規制狹小。至嘉泰壬戌，閣學黄由增廣之。"（《山水志》曰：樓與亭在山中爲最古，甘露寺爲其故基。郡守陳天麟重建樓於郡圃，又徙於山西，皆非其地。今并廢。邑志載樓與亭於甘露寺内，非是。臨江亭，亦建於未有寺之前。多景樓，即臨江亭。址各見下。）

多景樓，即臨江亭故址。宋熙寧間建。元、明來，屢修屢毁。國朝康熙初，重建。今又圮。（《癸辛雜識》：張于湖知京口，王宣子代之，時多景樓落成，于湖爲書樓扁，公庫送銀二百爲潤筆。于湖却之，但需紅羅百匹。於是大宴合樂，酒酣，于湖製詞，命諸伎合唱甚歡。以紅羅賞之①。《墨莊漫録》：鎮江府甘露寺，在北固山上。江山之勝，烟雲顯晦，萃於目前。舊有多景樓，尤爲登覽之最，蓋取李贊皇《題臨江亭》詩有"多景懸窗牖"之句，以是命名。樓即臨江亭故基也。裴煜守潤日，有詩云："登臨每憶衛公詩，多景惟於此處宜。海岸千艘浮若芥，邦人萬室緯②如棋。江山氣象回環見，宇宙端倪指顧③知。禪老莫辭勤候迓，使君官滿有歸期。"自經兵火，樓遂廢。近雖稍復營繕，而樓半已侵削，殊可惜也。《入蜀記》：登多景樓，樓亦非故址。主僧化昭所築，下臨大江，淮南草木可數，登覽之勝，實過於舊。《山房隨筆》：辛稼軒守京口，時大雪。帥僚佐登多景樓，劉改之敝衣曳履而前。辛令賦雪，以"難"字爲韵，即吟云："功名有分平吴易，貧賤無交訪戴難。"④）一名春秋樓⑤。（康熙中，都督同知侯錫⑥爵復書舊額。）

宋陳天麟《重建多景樓記》：甘露寺多景樓，不知其所始與所以名。寺興於唐，繇李衛公以後，登北固山題咏者，皆不及多景，則樓當建于本朝無疑，獨不知其歲月，初爲樓誰也。今樓中石刻有米元章詩，且云："禪師有建樓意，故書禪師。"不載何名，當元章時尚未樓。東坡先生熙寧甲寅歲自杭過潤，與孫巨源、王正仲會于此，賦《江天斜照》，傳于樂府，不知與元章賦詩時歲月相去幾何，豈有之而中廢耶？或云，熙寧中，主僧應夫爲之，是皆不可知也。考《丹陽類集》，寺凡樓觀四：

---

① 按："以紅羅賞之"，宋周密《癸辛雜識續集下》"多景紅羅纏頭"條作"遂以紅羅百匹犒之"。

② 按："緯"，《墨莊漫録》卷四作"布"。

③ 按："顧"，《墨莊漫録》卷四作"點"。

④ 按：《藕香零拾》本《山房隨筆》於改之所吟詩句下有"自此莫逆云"云云。

⑤ 按：《嘉慶丹徒縣志》卷七《宫室》"多景樓"條此下復有"下有'秋月潭'三字刻於石壁，或傳云張桓侯筆"云云。

⑥ 按："錫"，《嘉慶丹徒縣志》卷七《宫室》"多景樓"條作"襲"。又按：《嘉慶志》謂所書舊額"扁於其上，宋沈括、曾肇、米芾有詩"。此等處似有删略。

曰雨華，曰清暉，曰凝虚。多景，其一也。劫火之餘，踪迹難辨。近歲有言于太守方公滋者，指優婆塞之居爲舊址，公曰："以其所名之，啓窗東鄉，僅得汝、圖、焦山、石公數山，長江一曲，則景固未嘗多也。謂此爲是，是又未可知也。"下臨峭壁，岸稍稍壞，難于立屋。主僧化昭危之，乃相地于寢堂之西，爲屋五楹，榜以元章舊迹，登者以爲盡得江山之勝。蓋東瞰海門，西望浮玉，江流縈帶，海潮騰迅，而維揚城堞、浮圖陳于几席之外；斷山零落，出没于烟雲杳靄之間。至天晴日明，一目千里，使人慨然。則是樓也，安知其非故處？不然亦足以實其名矣。京口氣象雄偉，殆甲東南。北固瀕江，而山聳峙斗絶，在京口爲最勝。而今之建樓之地，又爲北固勝處。昭，蜀人也，胸中不碌碌，故于是舉爲宜，而爲之書。乾道六年，歲在庚寅，三月初五日。

明潘一桂《重修樓記》，其略云：樓建宋熙寧間，至國朝旅廢旅建。弘治癸酉夏，毁於大雨中。樂安李二水郡伯守潤之三年，捐俸更新額，則元宰太史重書；庀材鳩工，則縣尉鄭鳴時之勞可紀也。

清暉樓、雨華樓、凝虚樓。（三樓俱見曾旼《類集》，今廢。）

木末樓、石帆樓（明季建，即木末樓所改）。

海嶽樓，在山南麓。明巡撫周忱建，即米芾海嶽庵。芾以研山與蘇仲恭家易甘露寺園地，營此庵，自題曰："天開海嶽。"見陸游《避暑漫鈔》、蔡絛《鐵圍山叢談》諸書。後毁。岳珂即其址闢爲研山園，馮多福有記。明宣德間，僧玹理重建海嶽庵。萬曆中，邑令趙昌期重修，并建寶晉齋、净名齋於内，昌期有記，陳元素書。國朝康熙中，賜額"寶晉遺踪"。乾隆二十八年，邑令貴中孚改建寶晉書院，内藏寶晉齋硯。（書院，詳"學校"。研山，詳"古迹"。）（米公石刻像、蘇東坡石刻像、研山圖、壁上石刻并銘、洞天一品石，俱詳"古迹"及"碑碣"。）

米芾《净名齋記》：江山萬里，十郡百邑，繞山爲城，臨流爲隍者，惟吾丹徒。重樓參差，巧若圖刓，雲霞出没，而天光不夜，高三景，小萬有者，惟吾甘露。東北極海野，西南朝數山者，謂之多景樓。然臺殿羽張，寶堵中盤，五州之後，與西爲阻。若夫東眺京峴，西極栖霞，平林坡陀。淮海之域，遠岫隱見；滁泗之封，洪流東摺。白沙之雲濤如綫；大磧南絶，中泠之眉贔蔚起。筆山之隙，岧嶢雙聳。五州之外，嶒崚千叠。黄鶴寶勢，珠捧於豆；長山异氣，龍矗於天。晨曦垂虹，時媚於左；長庚纖月，每華於右。千林霜落，萬嶺雪饒。春群於西乳，而秋留於南岩者，惟吾净名。天下名山，水固多矣。在東南則杭以湖山障其境，洪以西山彌其望，潭以岳麓周其區，皆一山也。而望兩邦，逮穹荒，迢遞發周羽皇之嘆者，有之矣。百川匯流而赴北，既浚既淵，亦沃亦蕩也；多山引領而趨東，且列且驅，各群各醜也。吾齋在萬井之中，半天之上，乃右卷而一揖焉，此其所以得江山之多，而甲天下之勝也。至若水天鑒湛，而博望弭槎；葭葦榔鳴，而詹何投餌。法鐘動而飛仙下，疾飈舉而連山涌。地祇聽法，水怪效珍。或鵬雲壓山，海氣吞野；纖雲漏月，清籟韵松。兜羅密而靈光生，陰霧合而大霆走。瑰奇忽恍，又不可得而詳言之。襄陽米元章將卜老丹徒，而仲宜長老以道相契，會内閣蔣公穎叔以詩寄云："京塵汩没興如何，歸棹翩翩返薜蘿。畫室生涯寄京口，滿床圖籍鑠岩阿。六朝人物東流盡，千古江山北固多。爲借文殊方丈地，中間容取病維摩。"於是宜公以其末句命名余居，亦冀公之與余同此樂也。自筆藏爲圖念老矣，無佳句壓其勝，後之登吾齋、覽吾勝者，得不爲吾賦乎？

馮多福《研山園記》：蔡氏《叢談》載，米南宫以研山於蘇學士家易甘露寺地以爲宅，好事者多傳道之。余思欲一至其處，且觀所謂海嶽庵者。米氏已不復存，總領岳公得之，爲崇臺别墅。公好古博雅，晉宋而下，書法名迹，寶珍所藏，而於南宫翰墨尤爲愛玩，悉摘南宫詩中語，名其勝概之處。前直門街堂曰宜之，便坐曰抱雲，以爲賓至税駕之地。右登重岡亭曰陟巘，祠像南宫扁曰英光，西曰小萬有，敻出塵表；東曰彤霞谷，亭曰春漪，冠山爲堂，逸思杳然，大書其扁曰"鵬雲萬里之樓"，盡模所藏真迹。憑高賦咏，樓曰清吟，堂曰二妙；亭以植叢桂，曰灑碧；又以會衆芳，曰静香。得南宫之故石一品，迂步山房，室曰映嵐；灑墨臨流，池曰滌硯。盡得登覽之勝，總名其園曰研山。酣酒適意，撫今懷古，即物寓景，山川草木，皆入題咏。公文彩振耀，一世篇章，脱手争傳。施之有政，談笑辨治，當調度搶攘，羽檄旁午，應酬刻决，動中機會。以其餘才餘智，興舊起廢，自我作新人，汲汲己獨裕如。兹園之成，足以觀政，非徒侈晏游周覽之適也。夫舉世所寶，不必私爲己有，寓意於物，固以適意爲悦。且南宫研山所藏而歸之蘇氏，奇寶在天地間，固非我之所得，私以一卷石之多而易數畝之園，其細大若不侔然。己大而物小，泰山之重可使輕於鴻毛，齊萬物於一指，則晤言一室之内，仰觀宇宙之大，其一致也。此地以晉唐而宋，皆名流所居。南宫營之，以海嶽名庵。復百餘年，公始大復其舊。岳爲公姓，天設而地藏之，以遺其爾乎？予何幸寓目其間！公俾記其顛末，不敢以固陋辭，於是乎書。

明趙昌期《重修海嶽庵記》：往余授經揚州，陳眉公寫"雲山"扇頭贈余曰："元章以研山易蘇氏宅，題曰海嶽庵，庵中有净名、寶晉二齋，所藏晉唐墨迹、法書、名畫無數，而公日嘯咏其中。子瞻非入山訪了元，則渡江訪元章，爲竟日留連乃去。"此庵在北固山下，幸一訪之。余時爲經生，僕僕未有暇，然未嘗不往來胸中。癸丑，由婺源轉令京口間，嘗一登北固。烟濤萬頃，差洗二十年塵土俗情。旋訪海嶽庵故迹，久已竄爲僧寮，獨題額尚存，而公之像已化爲子虛矣。因又訪其遺象於陳處士，從訓家像則元章所自寫，贊則其子元暉友仁所手書。此石雖不盈尺，而米氏父子之風流文采如在目前。公得無於趙生有夙緣乎？於是捐俸寺僧，苐草易蠹，前建堂三楹，謁董元宰太史署，書"海嶽庵"；陳眉公署，書"净名齋"，志公舊也。以蘇子瞻先生并祀，志公友也；以敷文學士友仁配食，志公之家學也。當元豐、熙寧間，京口一時頓有二偉人，非瞻蓋九州，則目射七曜，無論文章氣義，即伉浪而爲諧謔，游戲而爲翰墨，短楮殘煤，往往有摩雲霄、走雹電之勢，上至天子，下至山僧逸民，遠至獠洞蠻鄉、椎髻鴂舌之夷虜，莫不知有兩公。友仁又以敷文學士召入秘殿思陵，至與之評賞古迹，自子瞻以及父書皆有題識。元章名位雖遜子瞻，而遭時遇主，結翰墨之緣，雖蘇氏邁、過，不能望公之友仁也。自兩公騎箕以後，北轅南徙，重兵宿將，半聚京口北固山，往往爲鼓鞞劍戟之場，腥風吹人，而風流頓盡矣。今世際清明，四方高人韵士，登臨吟賞，尚有追訪蘇、米遺迹於荒烟蔓草間者，而余幸以公餘之暇，得爲兩公受役。子瞻爲元章前輩中之龍象，友仁爲元章子弟之醍醐，米氏父子有知，當爲子瞻虛席以待，而子瞻度且笑而點首，恨把臂入林之晚也。同堂共祀，誰曰不宜？庵成，著爲祀典像，勿袍笏祭，勿刑牲瓣香。而外則有戴公斗酒雙柑，郭璞墓前中泠水在。

唐

花樓，在城上。（舊志云：《金華雜編》：唐李郁相國領鹽鐵，嘗駐潤州於此。觀周寶擊球，憑城下瞰。）

千岩樓，刺史王璠創。（舊志俱不詳所在，惟引宋敏求《題刁約藏春塢》詩云："千岩相望蔽松筠。"宜在藏春塢也。塢，見後。）

千叢樓。（舊志亦俱不詳所在，惟云唐天下之名樓五，此乃其一。）

宋

望海樓，在府治後。宋蔡襄題曰"望海"，後改曰"連滄觀"。（舊志云：爲城中最高處，旁視甘露，金山如屏障中畫。米芾、沈括有詩。《方輿勝覽》：楊廷秀有《題連滄觀呈太守張幾仲》詩。）

得江樓。（《康熙志》無，《嘉慶志》所補，不詳所在，惟云《方輿勝覽》：盤州洪适有記。）

喜雨樓，在千秋橋南。宋嘉定中，郡守史彌堅建。一名第一樓，因戴石屏題句以名。（戴復古《京口喜雨樓落成呈史固叔侍郎》詩，其起句云："京口畫樓三百所，第一新樓名喜雨。"今其地猶名第一樓街。）《方輿勝覽》：樓在城中，規模宏壯，占一郡勝處，頗有登覽之快。

譙樓，在府治前。宋端平丙申，郡守吴淵建。（郡志：在子城上。）

元

翔雲樓，在嘉定橋南。元李天祥宅也。丙申三月既望二日，明高帝取鎮江，至其上。

明

丹徒鐘樓，在壽丘山南。明弘治間，郡守王存忠建①。（舊志云：今廢。）

江南偉觀樓，在西津渡石堤上。明景泰壬申，郡守張巖建。（順治中重建，易名大觀。）

---

① 按：《嘉慶丹徒縣志》卷七《宫室》"丹徒鐘樓"條"建"字前有"重"字。

國朝

鐘鼓樓，在府治前。康熙二十年，郡守高重建。耆民高拱斗助工役成之。（郡守高有碑記）

金山水月樓（僧祖鉉建）、善財樓（僧衡適中建）、得月樓（《山水志》：在妙空岩。《嘉慶志》：在精法樓右，旁有小樓，曰聽月樓。後有井，曰白衣井）、涵虚樓（在聽潮軒後）、浮翠樓（在楞伽臺左）、操江樓（在玉帶橋左）、海岳樓（王士正《金山》詩："懷古仍登海岳樓。"今廢）、精法樓（在無梁殿前）、華藏樓（在印月樓右）、浴日樓（在大觀樓右）、友月樓（在浴日樓右）、黄鶴樓（在觀音殿後，一稱純陽閣）、觀濤樓（在黄鶴樓左。乾隆二十一年，賜額）、大觀樓（在得月樓右）、涵清樓（舊廢）、枕江樓（舊廢）、無礙樓（舊廢）、法華樓（舊廢）、漱玉樓（舊廢）、拱都樓（舊廢）、散玉樓（舊廢）、聽江樓（舊廢）、寶光樓（舊廢）、饒益樓（舊廢）。以上諸樓今未重建。印月樓（在大藏閣右。今同治十年，重建）。

焦山鏡江樓（在行宫内）、竹樓（在海門庵内）、月波樓（在水晶庵内）、海門法界樓（僧碧巖建）、華嚴樓（即三峰閣故址，在三詔洞側，僧元湝建）、鳴鶴樓（在玉峰庵内。今廢）、海雲樓（在海雲堂後）、東升樓（在山東江濱）、夕陽樓（在棧道岩半。嚴保庸翰林有楹聯集句云："夕陽無限好，高處不勝寒。"）。

迴龍山緑蓋樓（在八公洞漢隱庵）。

黄鶴山杜鵑樓（在鶴林寺内。以殷七七重陽開杜鵑花得名。乾隆初，歙州進士程峑重修。今毁）。（以上樓）

吴

徐陵亭，《吴志・華覈傳》：覈封徐陵亭侯。《方輿紀要》：在府西。《南徐州記》：京口先爲徐陵鎮，其地蓋丹徒西鄉京口里也。（按：丹徒即今丹徒鎮，京口里在其西，當在郡城東山。《山水志》云：即壽丘山下。）

梁

迴賓亭，舊志未詳所在。（《建康實録》：梁武帝大同末，幸京口，宴帝鄉故老於迴賓亭。）

唐

向吴亭，《方輿勝覽》：在府治。（陸龜蒙詩："秋來懶上向吴亭。"王安石詩："遥約向吴亭下路。"又作"勾吴亭"。杜牧《潤州》詩："勾吴亭東千里秋。"後更號"通吴驛"。見《嘉定鎮江志》。）

玉蕊亭，《明一統志》：在招隱寺。（李德裕詩石刻，見"碑目"；各記，見"古迹"并"藝文"；玉蕊花，詳"物産"。）

宋

浮玉亭，在玉山之址，下臨江，即今釣鰲臺。（宋紹興間，郡守程邁立每肄習水軍，麾節臨閲於此。嘉定間，都統制劉元鼎重建。郡守史彌堅題曰"東南形勝"。今寺即其址。）

鎮海亭、臨江亭、桂亭。（《潤州類集》：三亭爲登臨勝地。今失其故處。）

南山亭，在放生池上。宋紹興癸亥，郡守鄭滋建，後廢。嘉定中，郡守趙善湘重修。

染香亭，在府治後。（陸游《入蜀記》：郡集衛公堂後圃，比舊唯增染香亭。）

需亭，在城西江上。宋乾道己丑，郡守陳天麟重建。①

濟川亭，在湖閘之西南，舊名安流。嘉定中，郡守史彌堅重建（爲重客候偃簿之所）。淳祐中，李迪嘗修。

送江亭，《輿地紀勝》：在石公山上。乾道己丑，郡守陳天麟建。（取東坡詩"宦游直送江入海"之句爲名。）

荷香亭，在荷香池上。

與同亭，在土山下簰灣。宋淳熙中，郡守李迪建。

通津亭、漾月亭，并在丹陽館東北。

明

二翁亭，即蒜山亭。《嘉定鎮江志》：《無爲集》云：浮玉僧（舊志作"淳玉"）建亭蒜山之頂，丹陽新舊太守林子中希、楊次公傑首登之，因名"二翁"。（今久廢）②

好漢亭，在蒜山下。明嘉靖中，土兵死倭難處。（久廢）

日觀亭、卧雲亭，并在五州山。

光風霽月亭，舊在鶴林寺前周濂溪祠，明郡守張巖重建於日精山上，在今府學内。（楊一清《記》，其略云：光風霽月亭，蓋取黄庭堅稱濂溪周先生語而名之者也。先生少失父，奉母太君依舅氏鄭龍圖居潤。母卒，遂葬焉。後人即其地建祠祀之。又闢書院以居四方之學者，有租賦供廪餼事，載郡志。歷宋而元，屢徙其舊。近時書院遂廢，其地并與鶴林寺。明景泰間，郡守張公巖重建文廟郡學，乃構亭於廟背山上，匾以是名。咸豐間，毁於寇。同治十一年，重修。郡學復建於山上。）

江亭，在月華山頂。（見程大昌《演繁露》。今廢。）

憩賓亭，在下鼻浦。樂亭，在樂亭浦。（并見"水・浦"）

艾納亭，在虎踞門内，爲張紹南别業③，前爲依庸堂。

---

① 按：《嘉慶丹徒縣志》卷七《宫室》"需亭"條有按語，兹補録："按：劉備自詣江口見孫權，求荆州。權表備爲荆州牧，自餞備於江上，觀望久之，謂備曰：'孤與公掃清逋穢，迎帝定都，事寧之日，願與公乘舟游滄海耳。'備對曰：'此亦備之志也。'以溯江發棹處考之，正當此地。"又，《嘉定鎮江志》卷十二《宫室》"需亭"條亦有類似載録，故不當删之。

② 按：今檢《嘉定鎮江志》卷十二《宫室》"亭・丹徒縣"條，未見有"二翁亭"。疑出處有誤。又所引《無爲集》乃宋楊傑詩文集，其"浮玉僧建亭……因名二翁"云云，見宋刻本《無爲集》卷五，實五律詩題，題中無"希""傑"字，"二翁"，作"二翁亭"。

③ 按：《嘉慶丹徒縣志》卷七《宫室》"艾納亭"條下有"極古木奇石之勝"云云。

心遠亭，在虎踞門内，爲靳文僖公别墅①。後易張氏，有瑞梅書屋。今歸郎氏，改舊觀矣。（咸豐間，盡毁於寇。）

國朝

古柏亭，在黄鶴山下。（有古柏二株，傳爲楊文襄公手植，蓋公有鴻鶴山莊在其地。）

送舟亭，舊名南新亭。（舊志不詳所在）

皇華亭，在京口驛，爲送迎使客之所。

清風亭，在銀山。康熙間，郡人爲太守王燕建。大學士張玉書有碑記。

鳥外亭，在獸窟山絶頂。（道光中建）

北固山臨江亭，在山絶頂。（《山水志》云：亭未詳創始。唐儲光羲有《臨江亭五咏并序》。儲太祝爲開元時人，甘露寺尚未建，知此亭最古。其詩序曰："建業爲舊都矣②，晉主來此，而禮物盡備。雖云在德，亦云在險，京口其地也。嗚呼！有邦國者，有廢興③焉。自晉迨陳，五世遞嬗④。以今懷古，五篇爲咏，臨江亭得其勝概。寄以興言，雖未及乎辯士，亦其志也。"又劉禹錫有《和浙西李大夫題臨江亭依本韵》⑤詩，并詳"藝文"。）後改建多景樓（詳見前）。

御書亭（在殿前）、凌雲亭（在山嶺，取荀中郎"使人有凌雲意"之語爲名）、鎮海亭（見《潤州集》）、北固山亭（梁武帝臨此，御小輿登覽於上。詳"北固山"）。

金山留雲亭，在山絶頂。（明景泰中，郡守白仲賢重建。正德中，尚書喬宇易名曰馭風，後仍舊曰留雲。今同治十年重建。）

吞海亭，在山巔。（《入蜀記》：山絶頂有吞海亭，取"毛吞巨海"之意，登望尤勝。每北使來聘，例延至此亭烹茶，金山與焦山相望，皆名藍，每争雄長。焦山舊有吸江亭，最爲佳處，故此名吞海以勝之，可笑也。《山水志》云：焦山僧妙福請楊文襄一清留玉帶，又易燒丹井爲東泠泉，亦是與金山争勝。方豪曾作二詩紀事，真可噴飯。）

迴瀾亭，在山西南高阜（遺址尚存）。

烟雨奇觀亭，在迴瀾亭北。（宋紹興間，僧藴衷建。）

江山一覽亭，在迴瀾亭北。（明成化中建）

夕照亭（在觀音殿後）、空碧亭（在山巔）、浮玉亭（在朝陽洞左，後改樓）、萬古亭（一名玩古亭，在金鰲嶺，瀕江）、第一泉亭（乾隆十六年重建）、枕流亭（《山水

① 按：《嘉慶丹徒縣志》卷七《宫室》"心遠亭"條下有"古松怪石，幽趣不亞獅林"云云。

② 按："建業"句，揚州詩局本《全唐詩》作"建業爲都舊矣"。

③ 按："廢興"，揚州詩局本《全唐詩》作"興亡"。

④ 按："遞嬗"，揚州詩局本《全唐詩》作"而滅"。

⑤ 按：詩題，揚州詩局本《全唐詩》作《和浙西李大人晚下北固山喜徑松成陰悵然懷古偶題臨江亭并浙東元相公所和依本韵》。

志》云：宋周紫芝有《金山貫道人跨水作亭余爲名以枕流》詩①）。

以上十亭俱毁於寇，今未重建。

焦山寶墨亭二：（其一覆《瘞鶴銘》，在佛殿東。《銘》舊在山下，刻崖石上。未知何年，雷震石裂，淪没於江。康熙壬辰，長沙陳恪勤公鵬年募工挽出，遷於佛殿之左，建亭覆焉。有《重立瘞鶴銘碑記》，見“碑目”并“古迹”。《山水志》云：宋淳熙己酉，馬子嚴曾請州將張子顔發卒挽出，摹以遺故舊。子嚴有跋，載蔡佑《雜記》，見“古迹”。蓋僅出之於水，以便摹拓，未曾移置他所，故日久仍没於江。按：此則亭建於康熙五十一年。舊志作宋初建，誤甚。其一覆陀羅尼經幢，在海雲庵内。《山水志》云：郡治後有寶墨亭，藏陀羅尼經幢，唐王奂之集宗祖右軍將軍書。《三山志》《焦山志》俱云：宋咸淳八年，郡守趙溍移置焦山。今山中實無此書。考宋僧如玉《瘞鶴銘辨證》，有趙溍題後云：“師示以《瘞鶴銘辨》，因以所得《陀羅尼經》右軍書遺之。”郡志有寶墨二，即此帖之在郡治者與華陽真逸書也。隱而顯，離而合，於是古潤二寶俱萃於焦山，觀此知溍僅遺以《陀羅尼經帖》，未嘗并石而遺之也。按：此則今亭下經幢係摹石重刻，詳“碑目”及“古迹”。道光中，觀察李彦章重修。）

四面佛亭（在山頂）、飛仙亭（在山頂，久廢）、大悲亭（在山頂，久廢）、吸江亭（在山絶頂，見《入蜀記》）、善財亭（在觀音殿後）、望江亭（在山西）、碍月亭（明嘉靖壬子，容城楊繼盛嘗登此，賦詩題壁。久廢。詩見“藝文”）、壯觀亭（在山西。南明天順間，郡守姚堂建，取李白“放懷壯觀天地之間”句。徐有貞《記》。今廢）、佳處亭（在觀音崖。取東坡“爲我佳處留茅庵”句以名。天啓中，郡守王秉鑑改建仰止軒，祀楊忠愍公。軒後移水晶庵，今又移建海西庵。舊志云：亭舊有楊一清碑記。後廢，改建關神勇殿）、不波亭（即寺門臨江有明胡纘宗書“海不揚波”四字刻石）、問渡亭（在山南）、江山偉觀亭（在山頂）、會景亭（舊亦名佳處亭。明萬曆丙申，郡守王應麟建）、一漚亭二（一在山上；一在焦山渡。俱廢）、朝宗亭（在山之東，與海門山對。久廢）。（以上亭）

梁

讀書臺，在招隱山（昭明太子讀書處）。② 增華閣（昭明太子選文其中，見陳景沂書。在招隱寺山麓）。

明

麗春臺，在陽彭山後。（明時仕宦餞客之所。今廢。）

北固山曬經臺（萬曆初，僧如學建）、藏經閣（明正統間，藏敕賜大藏經典。萬曆初，多濕壞。金陵僧如學建閣并曬經臺。唐文獻有記，馮夢禎跋）。

---

① 按：詩題，《四庫》本《太倉稊米集》卷三十七作《金山貫道人跨水作亭余爲名以枕流亭成而僕欲去作二詩因以留别》。

② 按：《嘉慶丹徒縣志》卷七《宫室》“讀書臺”條尚有“今猶有石窟存焉”云云。

畫材閣（在藏經閣右。明陳繼儒題跋，取米芾“指南山堪作畫材”語）。

研山閣（宋米芾故迹）、北軒（杜牧之有詩）、東軒（在甘露寺左。宋郡守方滋建）、西軒（元至正間建）、千佛閣、大悲閣。（以上諸處俱廢，惟藏經閣改建。）

金山妙高臺，一稱“曬經臺”。（在山絶頂。宋元祐間，僧了元建。今同治十年重建。東坡《登妙高臺·水調歌頭》，見“藝文”。）

化城閣（宋王安石、僧①仲殊皆有詩）、毗盧閣（在佛殿後）。

楞伽臺（旁有楞伽室，宋僧寶印建。蘇東坡嘗寫《楞嚴經》於此，故名。東坡有《金山棱伽阿跋》《多羅寶經集注題詞》，見《集》中）、七峰閣（在金鰲嶺。今同治十年重建）。

留玉閣（在妙高臺左。明萬曆中，僧超塵重築妙高臺，得東坡佛印、銅像，建閣奉之。今同治十年重建）。

雄跨閣（即雄跨堂，見前。《入蜀記》云：新作寺門亦甚雄。然不可泊舟，凡至寺中者，皆由雄跨閣）。

奎文閣（宋高宗幸建康，孝宗以元子扈從，道出京口，賦詩有云：“崒然天立鎮中流，雄跨東南百二州。”郡守方滋刻石閣下，有記）、金鰲閣（不詳所載）、西山閣（在妙高臺）。

千佛閣（在大雄殿左。明永樂中，僧道瀾建）、三聖閣（明萬曆中，僧祖鉉建）。

靈觀閣（在山東南。弘治間重建。嘉靖中，郡守滕謐改名江天閣。今俗呼爲財神殿）。

大藏閣（一名蓮花閣。明萬曆癸巳，敕賜《大藏經》一部，僧空滿建閣奉之。翰林檢討、金壇王肯堂有記）。

萬壽閣（在寺右。元至大初，僧應深建。學士虞集《記》）、無邊閣（久廢）。

尉遲寶閣（在山南。唐尉遲敬德修寺，寺僧祀之。玄奘法師嘗至山，因并祀之。考尉遲守揚州，造泰州城，修寺，或有之。玄奘自滇蜀入天竺，途徑金山，亦未可知也）。

平江閣、環虛閣、有聲閣、梵音閣（僧虛谷建）。

紫衣閣（明萬曆間，僧如然得賜紫衣於朝，因建是閣）、西來閣（在祖師殿後）。

司禄閣（舊志：以上七閣俱廢）、慈雲閣（在妙高臺右，舊名德雲樓，一名東坡閣，僧超塵重建）、卧佛閣（在咏思堂左）、華嚴閣（在金鰲門之上）。

文宗閣（乾隆四十七年，奉敕建，以藏繕本《四庫全書》及各墨寶）。

觀音閣（在方丈内）、聽潮軒（在靈觀閣下。明景泰間，僧宏霆建）。

養素軒（在山之東。明成化間，僧智衍建）、鎮濤軒（在山東。成化間，僧永鏡建）。

① 按，“僧”，原作“贈”，形近而訛，因改。

涵清軒（在妙空岩。弘治間，僧理潮建）、雪月軒（在養素軒左，僧古巖建）。

嘯傲軒、涌翠軒、竹院（在妙空岩側。明永樂間，僧聰敏建，僧智和復建，易名菩提庵）、無極院（久廢）、信庵（在無邊閣西。宋理宗御書二大字賜趙葵，創庵揭之）、水雲窩（在玉帶橋左。明正統間，僧寧謖建。久廢）、北庵（在中泠泉北。弘治間，僧慧明建）、玉華館（在觀瀾堂右。久廢）、狎鷗館（久廢）、浄業庵（在慈雲閣右。僧超塵從灰燼中得東坡、佛印二銅像，因建庵奉焉）。

以上諸處，今惟妙高臺及留玉、七峰二閣，於同治十年重建，餘皆未復。

焦山曬經臺（在藏經閣前）、集鳳臺（在觀音崖側。久廢）。

煉丹臺（在山絶頂，相傳焦光遺迹。又云壯觀亭旁有東泠泉，即古焦光煉丹井）。

飛雲室（在觀音閣後，郡人夏禹鼎建）、千佛閣（在大雄殿東。久廢）。

觀音閣（在山畔西南）、雙峰閣（康熙八年，僧照乾建）。

松寥閣（在禪堂前。明萬曆間，僧明湛重建）、烟雲閣（山人郭第建）。

水陸閣（在海雲庵内。明嘉靖間，僧圓瑾摹繪《水陸變像》一百五十二軸，建閣奉之）。

藏經閣（明崇禎壬申，殿毁。康熙乙巳，僧興上重建）、贊善閣（見《唐圖經》。久廢）。

寶蓮閣（在海雲堂東。康熙八年，僧永質重建）、容聽閣（在玉峰庵内。久廢）。

三峰閣（在三詔洞側。久廢）、文殊閣（在寺東）、觀瀾閣（在自然庵。道光二十七年，邑人趙衷建）、文星閣（在山東北隅）、秋屏閣（在石壁庵内）。

江聲閣（舊在香林庵，今廢）、御書閣（藏宋太祖御製《水陸疏文》。久廢）。

華嚴閣（在方丈前）、浮玉山房（在海西庵）。

空翠山房（在觀音閣。久廢）、迴龍軒（在自然庵内。今改建）。

書院（即祖覺庵。改建，祀郡守錢升、邑令尚廷輔）、月波臺（在焦公祠之右。嘉慶四年，僧清恒建）。

木犀軒（在石肯堂後。庭有木犀一株，王文治題其額云“聞木犀香否”）。

仰止軒（舊在水晶庵。久廢。嘉慶十二年，儀徵阮文達公元移置漢隱庵，祀楊忠愍公）。

留聲閣（乾隆四十八年建，僧覺源《記》）、還石山房（在海西庵右。揚州潘景伯建，以藏《五石圖》石刻。洪亮吉書額）、詩徵閣（嘉慶丁卯，阮文達公纂《江蘇詩徵》於此，因名）。

書藏（在漢隱庵。阮太傅文達公元搜采古今書籍，積儲於内。嘉慶十八年，江都丁觀察淮建樓）。

焦山救生會（同治二年，常鎮道趙觀察炳麟創設）。

晉

孫楚别墅，在竪土山下（即今銀山）第一村，人號“牧坡”，有庵曰無極；亭曰水天平遠，曰天根月窟，曰虚白，曰横雲。今不存。

戴公園，在唐頹山下。相傳爲戴仲若别墅。

陳

東苑，陳侯安都創。（舊志未詳所在）

宋

連滄觀（見前“望海樓”下）、月觀（見前“萬歲樓”下）。

日觀，在譙樓東。宋嘉祐中，郡守趙善湘建，與月華山、月觀對峙。

研山園，在靈建寺東，即米南宫故居。宋總領岳珂闢之，以爲燕游之所。（寶晉齋、研山園，見前“海嶽樓”下。）

西園，在縣治西。《明一統志》云：宋韓世忠所創，有飛蓋堂、傳觴亭、覆雲臺、留仙洞。

南園，在仁和門内。宋都統司設酤之所。至明爲楊文襄一清别墅，後又歸曹氏。

風漪軒，在唐頹山上。（蘇庠有詩）

藏春塢①，宋刁約所居。《明一統志》：在城内清風橋東，本南唐林仁肇故宅。陸游《南唐書·刁彦能傳》：彦能子衎，衎孫約，亦名士，久在三館。晚築室潤州，號藏春塢。《京口耆舊傳》：約家世簪纓，所居頗有園池之勝。約更葺藏春塢，塢西臨流爲屋，曰逸老堂。又西有山阜，植松其上，曰萬松岡。②《嘉定志》：今半爲前軍寨。（見前“刁約宅”）

夢溪園，在子城朱方門外。宋沈括所居③。（詳見“水·夢溪”及前“沈括宅”）

孫園，在清風橋東南。宋步帥孫虎臣之後圃。

王園，在謝墳寺東。宋安撫王起宗别業。後廢。

退圃，宋睦州倅俞康直所居。（《京口耆舊傳》：康直通判睦州，秩滿奉祀，時年五十七。暨祠禄再滿，遂請休致，即所居東南爲退圃。終日吟嘯④其間，蘇軾爲四詩。）

元

蛟溪書屋，在巨村歐陽氏之西。元末，劉基初隱此，後歸青田應聘。

---

① 按：《嘉慶丹徒縣志》卷七《宫室》“藏春塢”條謂“在范公橋”。

② 按：《嘉慶丹徒縣志》卷七《宫室》“藏春塢”條尚引宋人咏藏春塢詩句，即刁景純《懷南徐所居》詩：“城南已葺藏春塢，溪側方營逸老堂。嶺上萬松三徑合，江中千稻一丘黄。”司馬光詩云：“藏春在何許，鬱鬱萬松林。”蘇軾詩云：“白首歸來種萬松，待看千尺舞春風。”又謂“當世名能文者皆有詩，故藏春之名聞天下。淳熙末，郡守張子顔嘗築亭三楹于廢址，取歐陽修所題《藏春塢》詩‘水浮花出人間去’之句，榜曰浮花。尋亦廢。”

③ 按：《嘉慶丹徒縣志》卷七《宫室》“夢溪園”條下有“有自志”三字。

④ 按：“吟嘯”，《嘉慶丹徒縣志》卷七《宫室》“退圃”條作“笑傲”。

明

鴻鶴山莊，在黄鶴山下。楊文襄一清别墅。

石淙精舍，在丁卯橋。楊文襄一清别墅①。（李夢陽《記》，見“藝文”。）

培風閣，在城南卜卦巷，爲張覲宸别宅，藏古書畫、彝鼎、匜鬲於其中。②

白雲山莊，在長山。（韋椿詩注）③

國朝

辛園，在黄鶴山下。（冷秋江士嵋有《辛氏園記》）（以上臺閣及軒觀園林）

輿地十六　坊表

坊表叙

《周書》曰：“旌别淑慝，表厥宅里。”後世坊表之名所由始。或褒忠，或旌孝，以至端操有踪，昭我彤管，尤維持風教者，不可以不諗也。志坊表。

《嘉慶志》云：“坊表以示旌勸。舊志所載，歲久傾圮，存者寥寥。今仍繫其名以昭前美。至婦女節孝得旌應建坊者，詳《節孝傳》中，兹不贅録。壽民百歲坊，并同此例。”

紫金坊，在嘉泰橋西。

阜民坊，在税務街。

玄妙坊，在石礎橋北。

製錦坊，在石礎橋南。

福壽坊，在長橋西。

千秋坊，在府治西。

甘棠坊，在范公橋西。

旌孝坊，在冠子巷。

孝感坊，在大市北。

至孝坊，在高橋北。

積善坊，在竹竿巷北。

通津坊，在高橋西。

① 按：“石淙精舍”與前“鴻鶴山莊”，《嘉慶丹徒縣志》卷七《宫室》并作一條，其曰：“鴻鶴山莊，在黄鶴山下。舊爲楊一清石淙别墅，後廢。邑人何辰章就其址築園，遂稱何園。”

② 按：《嘉慶丹徒縣志》卷七《宫室》“培風閣”條尚載曰：“與徐羽泉、董元宰參考辨論，恒至達夜。海内挾書畫鑒定者日以百計。董元宰新安得黄大痴册，迂道就正覲宸。適卧病信宿，三旬必俟一法。陳眉公、丁南羽、黄華、石項氏諸昆仲携秘藏來京口，恒盤桓數日而别。海内稱鑒賞，皆推張氏培風閣焉。”

③ 按：原缺，據《嘉慶丹徒縣志》卷七《宫室》補。

江口坊，在還京門外。
儷孝坊，在洗馬橋西北。
進賢坊、清風坊，俱在府治南。
康熙、嘉慶《志》皆云“以上各坊皆宋元時建，今無存”。

繼天立極、成德達材二坊，在府學東西。
群聖大成、下學上達二坊，在縣學東西。
文會坊，在縣學内。
儒林、文苑二坊，在縣學欞星門外。
貞肅坊，在察院南。
保障畿輔、整飭江淮二坊，在總兵府，後改兵備道署。今并裁廢。
勤恤、保愛二坊，在縣治東西。今改匡扶、保育。
承流、宣化二坊，在府治前。（舊志尚遺“察吏安民”四字）
迎恩、駐節二坊，在京口驛東西。
康熙、嘉慶《志》皆云“以上各坊爲學校、公署建”。

紫極仙宫、蓬萊真境二坊，在石磋橋西。
威靈坊，在城隍廟前。
表忠坊，在壽丘山麓宗忠簡祠之東。
褒忠坊，在雲山街褒忠祠前。
帝道遐昌昭應之坊，在城南張王廟。
惠我斯民坊，在城西東岳廟。
招隱坊，在招隱山下。
康熙、嘉慶《志》皆云“以上各坊爲廟祠建”。

大學士、尚書、宫保三坊，爲大學士靳貴建，在虎踞門内。
都憲、大總制、太宰、大學士、柱國、保傅六坊，爲大學士楊一清建，在黄祐街。
大司成、少宗伯、學士三坊，爲侍郎費誾建，在黄祐橋。
解元、探花二坊，爲編修靳貴建，一在清風橋，一在儒林坊。
亞元、進士二坊，爲御史吴淮建，在虎踞門外。
豸綉、藩憲二坊，爲御史王濟建，在高橋北。
綉衣坊，爲御史曹倣建，在石磋橋南。
大（闕）宗坊，爲御史于（闕）建，在千秋橋。
名御史坊，爲御史李一陽建，在千秋橋西。
進士、五馬二坊，爲知府袁潔建，在上河街。

大魁天下一榜元魁坊①，爲會元曹大章、會魁姜寶、員外郎夏儒建，在京口驛後河街。

登賢坊，爲進士盛祥建，在登雲街。

雙鳳坊，爲進士蔣敷、蔣敞建，在蓮花亭。

進士坊，爲進士甯珍建，在小市街。

世美坊，爲進士胡信建，在小闉橋。

丹桂、進士二坊，爲進士吉惠建，在倉巷。

會元坊，爲進士費誾建，在府學東。

鳳鳴朝陽坊，爲進士趙祥建，在第一樓街。

應奎、進士二坊，爲進士吴宣建，在虎踞門外。

進士坊，爲進士達毅建，在縣治西。

登庸、天衢二坊，爲進士丁璣建，在織染局南②，後改爲儀曹儒憲。

進士坊，爲進士蕭杲建，在城隍廟前。

崇賢、進士二坊，爲進士許完建，在丹徒鎮。

賓賢、進士二坊，爲進士唐鵬建，在金銀門外。

五星聚垣坊，爲進士談自省、李蔚、荆之琦、周廷侍、馮曾櫓建，在中察院前。

梯雲坊，爲舉人張禎建，在登雲坊。

登瀛坊，爲舉人劉銓建，在玄妙觀。

擢桂、步蟾、闕賢三坊，爲舉人丁智建，在市西街。

登科坊，爲舉人管敏建，在懷德橋。

及第坊，爲舉人胡清建，在小闉橋。

進賢坊，爲舉人劉忠建，在洗馬橋。

鍾英坊，爲舉人管禎建，在果子巷。

攀桂坊，爲舉人駱玉建，在織染局街。

進賢坊，爲舉人錢寧建，在菜市巷。

登科坊，爲舉人丁寧建，在織染局街。

興賢坊，爲舉人高寧建，在市東街。

步瀛坊，爲舉人阮政建，在諫壁鎮。

中選房，爲舉人范敏建，在千秋橋東。

攀龍坊（舊志闕名。查范敏同榜，尚有吴山前後數科，皆人各一坊，不應吴獨不建。今查宣德己酉科補）。

解元坊，爲舉人謝琉建，在洗馬橋。

---

① 按："坊"字原缺，據《嘉慶丹徒縣志》卷三《坊表》補。

② 按："南"字原缺，據《嘉慶丹徒縣志》卷三《坊表》補。

榮科坊，爲舉人沈鑑建，在竹竿巷。

登俊坊，爲舉人戴洪建，在五條街。

跨鰲坊，爲舉人祖迪建，在丹徒鎮。

毓秀坊，爲舉人譚文建，在靳家巷。

騰達坊，爲舉人顧祐建，在嘉定橋。

文英坊，爲舉人徐潤建，在觀音橋。

亞元坊，爲舉人胡昇建，在曲陽。

文魁坊，爲舉人畢昇建，在駱駝嶺。

凌雲坊，爲舉人汪鏞建，在高橋。

世桂坊，爲舉人達穎建，在縣治西。

京魁坊，爲舉人王齊建，在府學西。

登庸坊，爲舉人劉鎡建，在懷德橋。

攀龍附鳳坊，爲舉人顔信建，在盧墳口。

得俊坊，爲舉人張縉建，在蓮花亭。

文明坊，爲舉人楊絅建，在上河街。

崇俊坊，爲舉人李時建，在文昌坊。（按：《李氏家乘》“李時”作“李鉉”，以歲貢任福建將樂縣。）

經元坊，爲舉人張激建，在鴻鶴橋南。

康熙、嘉慶《志》皆云“以上各坊爲科第建”。（按：舊志所載皆前明之坊，國朝自順治乙酉鄉科、丙戌會榜以來無建坊者。查乙酉科，係張文貞玉書之父，爲江南解元，連捷進士。其兄玉裁爲順治間榜眼，父子進士，兄弟翰苑。文貞公官至大學士，均不建坊。厥後至今，科第代興，元魁接踵，官階亦多臺省，而各家迄無一坊，惟明倫堂登額志乘列名而已。此固鄉風之崇樸，亦謙德之流傳弗墜云。）

補遺及增改各坊：

德配天地、道冠古今二坊，在府學前。東、西縣學二坊同。（即舊志東、西二坊，嘉慶間改此八字。）

萬古一人、天人咸仰坊，在綠水橋東、關帝廟前。（前明即有之，八字木刻：“萬古一人”在其陽，明季張文光書；“天人咸仰”在其陰，崇禎九年，趙志孟書。字皆古勁。舊志遺。）

京江表率坊，在府治前。（舊志載其東、西二坊，遺此。）

節孝百歲坊，在忠祐坊大街，爲眭成璧妻陳氏建。

清白流芳坊，在銀山麓，舊節孝祠前。

節孝祠總坊二，在銀山麓，舊節孝祠前。（道光間，奉旨建。嘉慶中，尚未定此例，節婦皆人各一坊。舊志故云見《節孝傳》中，不勝詳載。兹爲總坊，合入《坊表志》中。）

又節孝總坊，在京畿嶺，亦道光間建。

孝子坊，在汝山北吕家圩。道光元年，爲吕武聚建。

節烈坊，在黄祐一坊旗營内公衙門街。（道光二十二年夏六月，海寇犯城旗營，婦女被難，請建此坊。其門氏詳勒其上，及載營册。今志《節孝》《節烈傳》中，不復贅列。又此次民間婦女遇難者請坊未建，有節烈祠及孝烈録詳之，見“列女”及“廟祠”。）

急公好義坊，爲支觀察方春建，在能仁寺旁。（道光二十五年，奉旨建。）

百歲坊（三）：一在黄祐一坊營大街，道光八年，爲儔格妻李佳氏建；一在諫壁鎮石墻村路旁，爲周良臣妻夏氏建；一在高資鎮，爲壽民繆朋來建，并五世同堂，賜“七葉衍祥”匾額。

丹徒縣志卷七終

丹徒縣志卷八

輿地十七　陵墓

陵墓叙

陵谷變遷，高深易位，惟賢人碩彦之所藏，往往樵采有禁，封修有恩，彼何傳之若是久哉？丹徒志陵，自劉宋始；志墓，自漢荆王始。後人憑吊流連，當思其何以聞且傳也。志陵墓。

宋（南朝）①

興寧陵，《元和郡縣志》：在縣東南三十五里（舊志作“三十里”）。《南史・宋武帝紀》：皇考翹，字顯宗。初仕郡，爲功曹。墓在丹徒縣②之候山，其地秦史所謂曲阿、丹徒間有天子氣者也。永初元年，追尊皇考爲孝穆皇帝。又《孝懿蕭皇后傳》：后諱文壽，孝皇帝繼室。景平元年崩，年八十一。與興陵③合墳。

又興寧陵，《南史・孝穆趙皇后傳》：后諱安④，以晉升平四年嬪孝皇。興寧元年四月二日，以産武帝殂於丹徒官舍，葬丹徒縣東鄉諫（音“速”，原注一作“諫”，一作“練”）壁里雩山。宋初，追崇號謚，陵曰興寧。（按：舊志以候山、雩山爲一山异名，《山水志》曰：史明舉二山，當分志之，以仍其舊。）

熙寧陵，《南史・后妃傳》：文帝胡太后，諱道女。義熙初，武帝所納，生文帝，被譴賜死，葬丹徒。文帝即位，上尊號曰章皇太后，陵曰熙寧。

漢

荆王劉賈墓，《城冢記》：在郡城内。《府志》：在府治後。《山水志》：在月華山下，府治東，荆王廟後。《太平寰宇記》：潤州，漢初爲荆國，故荆王劉賈所都之地。今郡城中賈墓尚存。（《嘉慶志》曰：今賈廟後封土爲墓⑤，未知孰是。）廟見“廟祠”。

揚州刺史劉繇墓，在城北。今淪於江。（舊志無。《山水志》據《水經注》云：“毗陵縣，舊會稽之屬縣丹徒縣也。城北有劉繇墓，淪於江。”毗陵城，見“城池”及“江”。）

吴王劉濞墓，在雩山下、練壁里北。（《史記》本傳：東越使人鏦殺吴王。《正義》

---

① 按：“南朝”，據《嘉慶丹徒縣志》卷四《陵墓》補。

② 按：《南史》卷一《宋本紀上》無“縣”字。

③ 按：“陵”，《南史》卷十一《后妃列傳上》作“寧”。

④ 按：“諱安”，《南史》卷十一《后妃列傳上》作“諱安宗”。

⑤ 按：“今賈廟後”句，《嘉慶丹徒縣志》卷四《陵墓》“荆王劉賈墓”條此句下有“表以碑”三字。

曰：《括地志》云：吴王濞冢在潤州丹徒縣東練壁聚。今入乎江。《吴録》云：丹徒有吴王冢，在縣北，其處名爲相唐。）

吴

長沙桓王孫策墓，舊志：在城南。（《嘉慶志》曰：孫氏諸陵，堅曰高陵，在曲阿；權曰蔣陵，在中山。惟策在丹徒，追崇未及，故不稱陵。曾旼《類集》謂孫氏陵在城中，復取何遜《行經孫氏陵詩》附之，誤矣，蓋遜所題乃權墓。①）

孝子建昌都尉太史慈墓，在北固第二峰下西南隅。（舊志無。同治十年，重修城垣訪得之。）

横江將軍魯肅墓，在小瀆山下苦竹里。（《太平寰宇記》：《續搜神記》云：王伯陽者，家在京口，東有大冢，傳是魯肅墓。伯陽妻卒，乃平其冢以葬焉。經數年，忽一日，伯陽方在廳事中，見一人乘肩輿，從者數十輩，徑前，怒謂伯陽曰："我魯子敬也，冢在此二百許年矣，君何故輒相毁壞？"因目左右，與之毒手，從者遂牽伯陽下，以刀環築之數百而去，登時即死。良久，乃蘇。其環築處遂皆發疽爛，尋卒。《嘉慶志》云：今墓已平。又北門外直指庵後有魯子敬墓一②碑。）

高陵亭侯侍中韋昭墓，《明一統志》：在城東南七里。

晋

東海王司馬越墓，舊志：在城南一里。《晉書》本傳：越薨，還葬東海。石勒追及於苦縣，命焚越柩，裴妃爲人所略。大興中，得渡江，欲招魂葬越。元帝詔有司詳議，不許。裴妃不奉詔，遂葬越於廣陵。大興末，墓毁，改葬丹徒。（按：越，高密王泰之次子也，永嘉五年薨。）

徐、兖二州刺史贈侍中太傅褚裒墓，舊志：在城南七里。（《晉書》本傳：裒，字季野，康獻皇后父也。）

司空何無忌墓，在丹徒南。《宋書·文帝紀》：元嘉二十六年，幸京口，遣使祭晉司空忠肅公何無忌之墓。（《晉書》本傳：無忌，東海郯人。都督江、荆、八郡軍事③，江州刺史，封安城郡開國公，加鎮南將軍。盧循順流下，率衆拒之。衆敗，無忌厲聲曰："取我蘇武節來！"執以督戰。賊衆雲集，握節死之。贈侍中司空，謚忠肅。）

荆州刺史殷仲堪墓，舊志：在城東。《晉書》本傳：仲堪爲桓玄追兵所獲，逼令自殺，死於柞林④。子簡之載喪下都，葬於丹徒，遂居墓側。

太尉郗鑒墓，舊志：在城東。（《晉書》：鑒，字道徽。高平金鄉人。祖約蘇峻反，

---

① 按：《嘉慶丹徒縣志》卷四《陵墓》"長沙桓王孫策墓"條尚有"《姑蘇志》有高陵，謂堅與策墓"云云。

② 按："一"，《嘉慶丹徒縣志》卷四《陵墓》"横江將軍魯肅墓"條無。"一"字疑爲衍文。

③ 按："都督江、荆、八郡軍事"，《晉書》卷八十五《何无忌傳》作"義熙二年，遷都督江、荆二州、江夏、隨義、陽綏、安豫州、西陽、新蔡、汝南、潁川八郡軍事"。

④ 按："林"，《晉書》卷八十四《殷仲堪傳》作"溪"。

鑒還丹徒，立大業、曲阿、庱亭三壘以拒賊。賊帥劉徵聚衆掠東南諸縣，鑒城京口討平之。進位太尉，謚文成。）

侍中郗愔墓，顧野王《輿地志》①《府志》并在城東。（陳永定中，有人發愔冢，見愔尸如生，得古銅器十餘，有鄭康成所書箴《左氏膏肓》，愔手注其後云“得於廣固鄧伯道，鄧云石勒軍發康成冢得之”。）

北中郎郗曇墓，《府志》：在城東。（《南史·陳始興王伯茂傳》：軍人盗發晉郗曇墓，大獲王右軍羲之書及諸名賢遺迹。事覺，其書并没入②官，具登於朝，藏之秘府。）

宋（南朝）③

衡陽王劉義季墓，舊志：在城東。（宋孝武帝有《拜衡陽王義季墓詩》）

廬陵王劉義真墓，舊志：在城東。（謝靈運有《盧陵王墓下詩》④）（《嘉慶志》云：舊志有滎陽王墓，查宋無滎陽王。《康熙志》相沿，疑誤。）

晉平王劉休祐墓，不詳所在。（《南史·沈文季傳》：休祐爲南徐州，文季爲南東海太守。休祐被殺，雖用薨禮，僚佐多不敢至，文季獨往墓展哀。）

建平王劉景素墓。（《南史》本傳：景素舉兵，臺軍破斬之，即葬京口。）

始平王劉子鸞墓。（《宋史》本傳⑤：廢帝素疾，子鸞有寵，既誅，群公乃遣使賜死，葬京口。）

征西將軍蕭思話墓，舊志：在京口。（《南史》本傳：思話子惠開，性至孝，家素事佛，乃爲父造四寺，曲阿舊鄉曰禪鄉寺，京口墓亭曰禪亭寺。）

唐

唐王墓，舊志：在城南二十五里。（《嘉慶志》云：相傳唐太宗子所葬，名及封國未詳。）

秘書少監權皋墓，不詳所在。（李華《表》：大曆元年四月某日，逝於丹徒，因殯焉。梁肅《權公夫人李氏志》：貞元三年，從子南征，寓於鍾陵。四年秋七月某辰，子德輿奉輤裧至於丹徒，權合祔於先君假葬之域。）

詩人許渾墓，在雩山下諫壁里。⑥（《全唐詩》小傳：渾，字用晦，丹陽人。太和六年進士。大中三年，爲監察御史，歷虞部員外郎，睦、郢二州刺史。姚堂《潤州先賢録》：渾以詩名，居丹徒别墅丁卯橋。有《丁卯集》二卷行於世。）

---

① 按：《輿地志》一卷，梁顧野王撰，清王謨輯。原作“顧野之”，誤。

② 按：“入”，《南史》卷六十五《陳始興王伯茂傳》作“縣”。

③ 按：“南朝”，原缺，據《嘉慶丹徒縣志》卷四《陵墓》補。

④ 按：詩題，逯欽立輯《先秦漢魏晉南北朝詩·宋詩卷三·謝靈運》作《廬陵王墓下作詩》。

⑤ 按：出處《宋史》誤，當爲《宋書》，所引見《宋書》卷八十《列傳》第四十《始平孝敬王子鸞傳》。

⑥ 按：此條，《嘉慶丹徒縣志》卷四《陵墓》稍异：“睦州刺史許渾墓，《家譜》：在諫壁村。”

南唐

徐知諫妻墓，舊志：在黄社村普濟院之左。（知諫有記）

兖王李從謙墓，舊志：在城南華蓋山下之望城岡。（《嘉慶志》云：其石翁仲尚存。《山水志》作“吉王”。陸游《南唐書》：從謙，元宗第九子，歷封鄂國公、宜春王，進吉王。及貶制度，降鄂國公。）

宋

京口轉運使蘇舜元墓，在五州山下。（《宋史·蘇舜欽傳》：兄舜元，字才翁。爲人精悍，任氣節，爲歌詩亦豪健。尤善草書，舜欽不能及。官至尚書度支員外郎、三司度支判官。《東都事略·蘇舜欽傳》：兄舜元，仕至轉運使，亦知名。舊志云：端明殿學士蔡襄《銘》，王安石有挽舜元詞。）

湖州長史蘇舜欽墓，在檀山下①之石門村。（《山水志》曰：舜欽，《宋史》有傳。爵里，詳《墓志》。又曰：自來《輿地志》罕載墓志，此歐陽《墓志銘》，與後米公、二葛公《墓志》俱係傳作，且可備考，故破例載之。兹録於後。）

歐陽修《湖州長史蘇君墓志銘》：故湖州長史蘇君有賢妻杜氏，自君之喪，布衣蔬食。居數歲，提君之孤子，斂其平生文章，走南京，號泣於其父曰：“吾夫屈於生，猶可伸於死。”其父太子太師以告於予。予爲集次其文而序之，以著君之大節，與其所以屈伸得失，以深誚世之君子當爲國家樂育賢才者，且悲君之不幸。其妻卜，以嘉祐元年十月某日，葬君於潤州丹徒縣義里鄉檀山里石門村，又號泣於其父曰：“吾夫屈於人間，猶可伸於地下。”於是杜公及君之子泌，皆以書來乞銘以葬。君諱舜欽，字子美。其上世居蜀，後徙開封，爲開封人。自君之祖諱易簡，以文章有名。太宗時，承旨翰林爲學士，參知政事，官至禮部侍郎。父諱耆，官至工部郎中、直集賢院。君少以父蔭補太廟齋郎，調滎陽尉，非所好也，已而鎖其廳去。舉進士中第，改光禄寺主簿，知蒙城縣。丁父憂，服除，知長垣縣，遷大理評事，監在京樓店務。君狀貌奇偉，慷慨有大志。少好古，工爲文章。所至皆有善政。官於京師，位雖卑，數上疏，論朝廷大事，敢道人之所難言。范文正公薦君，召試，得集賢校理。自元昊反，兵出無功，而天下殆於久安，尤困兵事。天子奮然用三四大臣，欲盡革衆弊以紓民。於是時，范文正公與今富丞相多所設施，而小人不便，顧人主方信用，思有以撼動，未得其根。以君文正公之所薦，而宰相杜公婿也，乃以事中君，坐監進奏院祠神奏用市故紙錢會客爲自盗除名。君名重天下，所會客皆一時賢俊，悉坐貶，然後中君者喜曰：“吾一舉網盡之矣！”其後三四大臣繼罷去，天下事卒不復施爲。君携妻子居蘇州，買水石作滄浪亭。日益讀書，大涵肆於六經，而時發其

① 按：“檀山下”，《嘉慶丹徒縣志》卷四《陵墓》“湖州長史蘇舜欽墓”條作“檀山里”，是。歐陽修《墓志銘》即作“檀山里”。

憤悶於歌詩。至其所激，往往驚絶。又喜行草①書，皆可愛。故其作，雖短章、醉墨，落筆争爲人所傳。天下之士聞其名而慕，見其所傳而喜，往揖其貌而竦，聽其論而驚以服。久與其居而不能捨以去也。居數年，復得湖州長史。慶曆八年十二月某日，以疾卒於蘇州，享年四十有一。君先娶鄭氏，後娶杜氏。三子：長曰泌，將作監主簿；次曰液、曰激。女二：長適前進士陳紘；次尚幼。初，君得罪時，以奏用錢爲盗，無敢辨其冤者。自君卒後，天子感悟，凡所被逐之臣，復召用，皆顯列於朝。而至今無復爲君言者，宜其欲求伸於地下也，宜予述其得罪以死之詳，而使後世知其有以也。既又長言以爲之辭，庶幾并寫予之所以哀君者。其辭曰："謂爲無力兮，孰擊而去之？謂爲有力兮，胡不反子之歸？豈彼能兮此不爲。善百譽而不進兮，一毁終世以顛擠，荒孰問兮杳難知。嗟子之中兮，有韞而無施。文章發耀兮，星日光輝。雖冥冥以掩恨兮，宜昭昭其永垂。"

參軍張知章墓，舊志：在上塘村。

翰林學士蘇紳墓，在京峴山西北原。(《宋史》本傳：紳，字儀甫。泉州晉江人。進士及第，舉賢良方正科，擢祠部員外郎，進史館修撰，知制誥，入翰林爲學士。以侍讀學士知河陽，徙河中，卒。子頌。曾肇《蘇頌墓志》云：父紳，葬潤州，故今爲丹徒人。舊志：端明殿學士李淑《銘》。)

司空②蘇頌墓，在五州山北阜。(《東都事略》本傳：頌，字子容。舉進士，召試，知制誥。元祐初，爲尚書左丞，拜右僕射。紹聖初，除太一宫使。居京口，以太子少師致仕，進太子太保。薨，年八十二。贈司空。《山水志》曰：《宋史》本傳謂頌父紳葬潤州丹陽，因徙居之。而紳墓實在丹徒京峴山。曾肇《頌墓志》亦云：父紳葬潤州，故今爲丹徒人。)

待制蘇攜墓，舊志：在長岡，妻恭人曾氏祔。(内翰汪藻《志》)

通判蘇京墓，舊志：在長岡。(御史游酢《銘》)

集賢校理③刁約墓，在白兔山下。(《京口耆舊傳》：約，字景純。天聖八年進士，爲集賢校理，管當三館秘閣。《山水志》曰：《明一統志》謂刁約葬此山，有白兔躍出，故名。然山名已見《寰宇記》，《明志》殊誤。)

虞部刁某墓，舊志：在樂亭村。(王安石《銘》)

郎中刁總墓，舊志：在繆家山。(按：自來郡志、縣志俱無繆家山，即《嘉慶志》亦無此山，而云舊志不知何指，亦不知所在。)

國子監直講梅堯臣妻、南陽縣君謝氏墓。(歐陽修《志》云：梅氏世葬宛陵，以貧

---

① 按："草"，《四庫》本《歐陽文忠公集》卷三十一《湖州長史蘇君墓志銘并序》作"狎"。
② 按："司空"，《嘉慶丹徒縣志》卷四《陵墓》作"丞相"。
③ 按："集賢校理"，《嘉慶丹徒縣志》卷四《陵墓》作"學士"。

不能歸，葬於潤州之某原①。未詳何地。梅有《托刁經臣覓地葬妻》詩。）

度支郎中葛源墓、子主簿良嗣墓，俱在長山下。（舊志云在顯揚村，并王安石《銘》。）

王安石《葛公墓志銘》：葛，公姓也；源，名也；宗聖，字也。處州之麗水，公所生也；明州之鄞，後所遷也。貫，曾大考也；遇，大考也。旺，累贈都官郎中，考也。進士，公所起也。洪州左司理參軍、吉州太和縣主簿、江州德化縣令、監興國茶場、威武軍節度推官、知廣州四會縣、著作佐郎、知開封府雍丘縣、秘書丞、知泉州同安縣、太常博士、通判建州、屯田員外郎、知慶成軍、都官員外郎、知南劍州、司封員外郎、祠部郎中、江浙荆湖福建廣南提點、銀銅坑冶鑄錢度支郎中、荆湖北提點刑獄，此公之所閱官也。州將之甥與异母兄毆人，而甥殺之，州將脅公曰："兩人者，皆吾甥；而殺人者，乃其兄也。我知之彼大姓也，無爲有司所誤。不然，此獄也將必覆。"公劾，不爲變此。公之爲司理參軍也。州府徙吉水行令事。他日，令始至，大滑吏輒誘民數百訟庭下，設變詐以動令，如此數日，令厭事，則事常在吏矣。公至，立訟者兩廡下，取其狀，視有如吏所爲者，使自書所訴，不能書者，吏授之，往往不能如狀，窮輒曰："我不知爲此，乃某吏教我所爲也。"悉捕劾，致之法訟，以故少吏亦終不得其意。毛氏寡婦告其子，以恩義説之，不得。即使人微捕得之，與間語者驗其對，乃書寡婦告者也。窮治具服，爲私謀誣其子孫。距州溪水惡，而歲租幾千萬石舟，善敗民以輸爲愁。公始議縣置倉以受輸，則官漕之亦便州。不聽，公論之不已。倉成，至今賴其利，此公之爲主簿也。中貴人擊驛吏取所給，過家以言府，府不敢劾。公曰："中貴人何憚？爲吾民而有陵之者，吾亦耻之。"上書論其事，中貴人坐絀，此公之爲縣於雍丘也。屬吏常有隙於公，同進者因讒之。公察其旨，不聽，以爲舉首，此公之爲州於南劍也。鑄錢，歲十六萬，其所施置後以爲法程，此公之爲銀銅坑冶鑄錢也。鄂州崇陽大姓與人妻謀而殺其夫，州受賕出之。公使再劾，劾者又受賕，獄如初，而公終以爲不直。其弟訴之轉運使，雖他任事者亦不以爲冤，復置之獄，卒得其奸賕，狀論如法，此公之爲提點刑獄也。甲子四百三十五，公所享年也。至和元年六月乙未，卒之年月日也。潤州之丹徒縣長樂鄉顯揚村，公所葬也。嘉祐元年十月壬申，葬之年月日也。鄉邑孫氏，今祔以葬者，公元配也。萬年縣君范陽盧氏，公繼配也。良肱、良佐、良嗣，公子也。妻太常博士黄知良，曰金華縣君，公女也。起進士，爲越州、餘姚縣尉；主公之喪，而請銘以葬者，良嗣也。論次其所得於良嗣而爲之銘者，臨川王某也。銘曰：士窾以養交兮，馳官之不忌；維公之所至兮，樂職嗜事；彼能顯聞兮，公則不晰；不銘示後兮，孰勸爲瘁？

① 按："葬於"句，《四庫》本《歐陽文忠公集》卷三十六《南陽縣君謝氏墓志銘》作"某年某月某日葬於潤州之某縣某原"。

又《葛興祖墓志銘》：許州長社縣主簿葛君，諱良嗣，字興祖。其先處州之麗水人，而興祖之公徙居明州之鄞。興祖葬其父潤州之丹徒，故今又爲丹徒人矣。曾大父諱遇，不仕。大父諱旰，贈尚書都官郎中。父諱源，以尚書度支郎中終仁宗時。度支君三子，當天聖、景祐之間，以文有聲，赫然進士中。先人嘗受其贄，閲之終篇而屢嘆。葛氏之多子也，既而三子者仲伯皆蚤死，獨其季在，即興祖。興祖博知多能，數舉進士，角出其上，而刻勵修潔，篤於親友，慨然欲有所爲，以效於世者也。年四十餘，始以進士出仕州縣，餘十年而卒，窮於無所遇以死。嗟乎，命之不可控引，而才之難持以自見蓋久矣！然興祖於仕未嘗苟聞人疾苦，欲去之如在己。其臨視雖細，故人不以屬耳目者，必皆致其心。論者多怪之曰："興祖且老矣，弊於州縣，而服勤如此。"余曰："是乃吾所欲於興祖。夫大仕之則奮；小仕之則怠。忽以不治，非知德者也。"興祖聞之，以余之言爲然。興祖娶胡氏，又娶鄭氏。其卒年五十三，實治平二年三月辛巳。其葬以胡氏祔，在丹徒之長樂鄉顯揚村，即其年十一月某甲子也。興祖三男子，蘩、蘊皆有文學。蘩，許州臨潁縣主簿；蘊，鄧州穰縣主簿。蘋，尚幼也。四女子皆未嫁云。銘曰：蹇於仕，以爲人尤。不慭施以年，孰主孰謀？無大憾於德，又將何求？

虞部豐有孚、駕部豐有章墓，俱在招隱山下。（《京口耆舊傳》：有孚，字寶臣；有章，字漢臣。丹徒人。兄弟相勉以學。有孚，學究出身，虞部員外郎。有章，皇祐八年進士，駕部員外郎。）

屯田郎中柳永墓，舊志：在土山下。（土①山，即北固山。《嘉慶志》云：永，字耆卿，始名三變。好爲淫冶之曲。仁宗臨軒放榜，特絀之。後易名永，登第。永康葛勝仲《丹陽集·陳朝請墓志》云：王安禮守潤，欲葬之。槁殯，久無歸者。朝請市高燥地，親爲處葬具，三變始就窀穸。近歲，水軍統制羊滋命軍兵鑿土，得柳墓志銘，并一玉篦。及搜訪摹本銘，乃其侄所作篆額，曰：宋故郎中柳公墓志銘。文皆磨滅，止百餘字可讀，云：叔父諱永，博學，善屬文，尤精於音律。爲泗州判官，改著作郎。既至闕下，召見仁廟，寵進於廷。授西京靈臺令，後爲太常博士。又云：歸殯，不復有日矣。叔父之卒，迨二十餘年。按：王漁洋《真州》詩："殘月曉風仙掌露，何人爲吊柳屯田。"自注："柳耆卿墓，在城西仙人掌。"今儀徵城西地名仙人掌②，則墓在真州，非丹徒也。《山水志》曰：《避暑録話》：永死，旅殯潤州僧寺。王和甫爲守時求其後不得，乃爲出錢葬之。按：柳耆卿墓，今湮。然葬於京口無疑也。王漁洋《真州雜詩》乃謂墓在儀徵，失考。）

朝儀郎俞希旦墓，舊志：在釜鼎山。（秘閣校理龔原《銘》）

---

① 按："土"，原作"士"，形近而訛，因改。
② 按：《嘉慶丹徒縣志》卷四《陵墓》此句下尚有"有柳墓"云云，疑脱。

秀國公陳升之墓，在五州山下。（《宋史》本傳：升之，字陽①叔。建州建陽人。舉進士，拜鎮江軍節度使，同平章事。封秀國公。卒，贈太保、中書令。謚成肅。升之，初名旭，避神宗嫌，名改焉。《京口耆舊傳》：升之自建來居。二子：閌、閎。閌無子。閎子憬亦早卒，以從侄鎮爲嗣。三世并祔葬。《山水志》曰：升之母亦葬此。升之曾建顯慈寺於山中。）

知濟州陳豫墓，在汝山下。（孫覿撰《神道碑》。觀文殿學士張浚《銘》：初，豫之諸子謀葬地，有夢豫刺汝州者，後得地於此，符於夢，遂葬焉。②）豫子待制桷、孫朝散嶒、朝奉岬、通直峋皆葬此。

孫覿《神道碑③》略曰：豫，字子由。用族父升之恩，任秘書省校書郎，簽書張武軍節度判官。豫善知人，杜大中者豪縱，不治繩檢。一日抵罪，當下吏。豫留不遣，屬鄰帥善御之。大中提梃擊賊，勇冠一軍。韓世忠少年善鬥，數犯法，當伏誅。豫顧屬帥曰："世忠驍悍不畏死，寇至，盍令當前斬捕自贖？"帥從之，始隸兵籍，遷中散大夫。自言於朝，久任邊將，且老矣，乞東方一郡自效。得守濟南，徙萊州。不赴，請祠，得提舉舒州靈山觀。卒年六十八。葬丹徒之汝山。

殿中侍御史陳師錫墓，舊志：在蒽塘灣（一名戲魚灣）。

左丞王存墓，在五州山西之望④風里。（《宋史》本傳：存，字正仲。潤州丹陽人。登進士第。元祐二年，拜尚書右丞，遷左丞，以資政殿學士知揚州。揚、潤相去一水，用故相例，得歲時過家上冢。紹聖初，致仕。靖國⑤元年卒，年九十九⑥。贈左銀青光禄大夫。《至順志》：王存宅，在登雲門内。《京口集》有存《閑居》詩云："旅居自買百間屋，月錫官糜六萬錢。"又云："乞得琳宫就退閑，誅茅結宇郡城彎。"《嘉慶志》：翰林學士曾肇《銘》。又《丹陽志》：莊定公王存墓，在縣後。）

秘閣校理王介墓，在蒜山東。（《宋史·王漢之傳》：父介，舉制科，以直聞。官至秘閣校理。施元之《蘇詩注》：介，字中甫。《嘉慶志》云：蒜山，在黄社村，非西津之蒜山也。王介甫、蘇子瞻皆有挽詩。按：境内不聞有兩蒜山。今之銀山，即古之蒜山。《山水志》登於蒜山下，爲是。）

殿前檢點都太尉錢伯乙墓，舊志：在菊花山祠堂灣。（按：伯乙爲武肅王錢鏐孫。）

延康殿學士王漢之墓、弟寶文閣學士涣之墓，俱在馬鞍山下。（《宋史·王漢之涣之傳》：漢之，字彦昭。衢州常山人。進士甲科，顯謨閣待制、知瀛州、定州、江寧，進延康殿學士。卒年七十。弟涣之，字彦舟。未冠，擢上第。吏部員外郎、中書舍人、寶文

① 按："陽"，《宋史》卷三百十二《陳升之傳》作"暘"。

② 按：《嘉慶丹徒縣志》卷四《陵墓》録張浚《銘》云："始，豫諸子謀葬豫，有夢豫刺汝州者，後得其地，與夢符，遂葬焉。"

③ 按："碑"，原作"牌"，形近而訛，因改。

④ 按："望"，《嘉慶丹徒縣志》卷四《陵墓》"左丞王存墓"條作"仙"。

⑤ 按："靖國"，《宋史》卷三百四十一《王存傳》作"建中靖國"，徽宗年號，是。

⑥ 按："年九十九"，《宋史》卷三百四十一《王存傳》作"年七十九"。

閣待制、知廣州、舒州、中山府，加寶文閣直學士。卒年四十五。王明清《玉照新志》：王介子：沇之、漢之、涣之、溈之，皆近世名卿，家居京口。《嘉慶志》：漢之墓，翰林學士毛友《銘》。涣之墓，中書舍人程俱《銘》。）

光禄卿王罕及妻狄氏、子昭州平樂縣主簿潞墓，并在崇德鄉永安里。（岐國公王珪《銘》）

左武衛將軍贈中散大夫米光輔（元章父）、贈丹陽縣太君閻氏①墓，在黄鶴山下。（《嘉慶志》云：元章好奇，葬親不封、不樹，人②莫知其穴之所在。）

禮部員外郎③米芾墓，在長山下。（《山水志》云：《宋史》本傳：卒年四十九。蔡肇《墓志》：享年五十七。不同，俟考。《嘉慶志》云：芾以大觀三年六月葬丹徒長山下。明吕宦某有墓在黄鶴山。郡奸民因聳憲使米萬鍾與吕構，遷吕墓，立元章墓碑，後遂遞相傳誤。不知蔡《志》與宋僧慶清《跋》、墓碑皆已詳明矣。今特爲正之。乾隆十五年，程鍾修。）

中書舍人蔡肇《米元章墓志銘》：崇寧三年甲子六月，制詔：今四方承平，百揆時叙，小大之政畢舉。增光繼志，曠古絶無。獨書畫之學未有高世絶人之風，殆勸勵之不至也。其議投試簡拔之法，著爲律令，建官養徒，庶幾异時彬彬者有紀焉，於是六藝之學以次開設矣。是時元章名能書，適官太常。一旦，奉詔以黄庭小楷作《千文》以獻，繼進所藏法書、名畫，賜白金縉錢甚腆。方民間競以前代筆迹來上，萃於秘府，號《宣和御覽》，幾百帙，特詔丞相太史、楚國公跋尾。公亦被旨預觀，縉紳以爲榮遇。已而出知常州，不遠改，勾管洞霄宫。未幾，就除知無爲軍。逾年，復召爲書畫學博士。便殿賜對，因上其子友仁所作《楚江清曉圖》。既退，賜御書畫扇各二，遂擢爲禮部員外郎，復以言者罷，知淮安軍。彌年，瘍生其首，上書謝事，不許。以某年月日卒於官廨，享年五十有七。遺命送終，皆有治命。賻其家以百縑，不受官，其子皆特恩也。公諱芾，字元章。世居太原，後徙襄陽。自其高曾以上，多以武幹官，顯父光輔始親儒嗜學。公生秀穎。六歲，日讀律詩百首，一再過目，輒背誦。稍長，博記洽聞，於書務通大略，不喜從科舉學，議論斷以己意，其説踔厲，世儒不能屈也。刻意文詞，不剿襲前人語，經奇蹈險，要必己出，以崖絶魁壘爲工。作字遒勁更沉著，雅有晉唐風流，尤善臨摹，至能亂真。其畫山水人物，自成一家，尺縑寸楮，人以爲玩。四方碑榜，咨請踵至。所著詩文，凡百卷，號《山林集》。《宣己子聖度録》《正韻雜説》，又數十卷。平居退然，若不能事事。至官下，則率職不苟，喜爲教戒吏民。初爲煩，已而安之。時亦越法，縱舍有足多者，家故饒財。既仕，悉以分族人。後貧，不以爲悔。遇古書名畫必極力購取，得

① 按：《嘉慶丹徒縣志》卷四《陵墓》下有注："米芾母。"

② 按："人"，《嘉慶丹徒縣志》卷四《陵墓》作"世"。

③ 按："員外郎"，《嘉慶丹徒縣志》卷四《陵墓》作"郎中"。本志據蔡《銘》，改"郎中"爲"員外郎"。

之乃已。余昔相遇於都城，敗屋僦居，客至烹飲，出諸奇，相與把玩，嘯咏終日。所至喜覽山川，擇其勝處，立字製名，後來莫之廢也。過潤，愛其江山，遂定居焉。作庵城東，號海嶽。日咏哦其中，爲吾州佳絶之觀。平生與游多天下士，蜀劉涇、長安薛紹彭，好奇尚古，相與爲忘形交。風神蕭散，是其一流人也。舉止頡頏，不能與世俯仰，故仕數困躓。冠服用唐人規制，所至，人聚觀之。性好潔，置水其傍，數頮而不悦，未嘗與人同器服。眉宇軒然，進趨襜如，音吐鴻暢，雖不識者，亦知爲米元章也。少與禪人摩詰游，詰以爲得法，其逝作偈語有倫。父佐，左武將軍，贈中散大夫。母閻氏，贈丹陽縣太君。既卒，始葬潤州黄鶴山。以中散祔。初，宣仁聖烈皇后在藩，與丹陽君有舊，故公少長邸中，以后恩入仕。初補秘書省校書郎，授含光尉。七遷入淮南幕，改宣德郎，知雍丘縣。乞監中岳廟，授漣水軍使。除發運司勾當公事、蔡河撥發，入奉常爲博士。三加勛服五品。娶許氏，封寧公縣君，有賢行。五男，長則友仁也，補將仕郎，辭藝能世其家，餘早卒。八女子，適進士喬襄公僖老、南康君教授段拂、承奉郎吴激，餘未嫁。孫男女各一人。以大觀三年六月某日，葬丹徒長山下。余元豐初，謁荆國王文公於金陵，公以詩文贄見。公於人材少所許可，摘取佳句書之，便面余，由是始識公，故爲之銘曰："米胄楚出自鬻分，仍世勇爵史載芬。既極而遷稟不群，生憐野鳩憎家鶤。犇弃韝决習典墳，君纔弱冠藝且文。豪氣激越蕩乾坤，劇談四座寂不喧。冠巾説製傍朝掀，浣衣濯帶肌廖皸。手攀拉頰送飛雲，邈晉千載風流存。鍾王已往楷法紛，後生不復窺完渾。臨池幾年墨練裙，句法甫白相弟昆。造雄設險驚刓昏，文成揮掃千兔髡。蚊蚓著紙尾角騫，尺牘藏去珍瑶琨。一官骯髒諸侯門，熟視試一引手援。南宫坐曹席未温，世間巧語空織文。須淮出守朱兩幡，三仕三已無戚欣。視身蚊蚋何足論，思坐海嶽窮朝曛。暮年消中病文園，逾月止酒不茹葷。却乘泠風反衆薰，西山嶒崚星可捫。其陰大江鬱東奔，噴沙發石漂無垠。氣象歷落宜置君，欲酌中灑采芳蓀。生芻舍奠宿草根，尚書局促駒伏轅。追摘往實詔九原，吾文坐荒失鋤芸。爲歌銘詩下招魂，巫咸上天誰復聞。薄暮雷電歸叫閽，駛雨忽作九河翻。"

宗忠簡公墓①，在京峴山東北②。夫人陳氏祔。（《宋史》本傳：宗澤，字汝霖。婺州義烏人。登元祐六年進士第，調大名館陶尉、衢州龍游令、晉州趙城令，知萊州掖縣，通判登州。靖康元年，知磁州，除河北義兵都總管。康王即位，除龍圖閣學士，知襄陽府，改知青州。尋徙知開封府，除延康殿學士、京城留守，兼開封尹。薨，贈觀文殿學士、通議大夫，謚忠簡。喬行簡《宗忠簡公年譜》：公生嘉祐四年十二月十四日巳時。宣和元年，公年六十一，丐祠得主管南京鴻慶宫。退居東陽，會延昭倖用，訴公改建神霄宫，坐褫職，編置潤州，居丹徒。四年，夫人陳氏卒，葬丹徒京峴山。結廬龍目湖上，

① 按："宗忠簡公墓"，《嘉慶丹徒縣志》卷四《陵墓》作"觀文殿學士宗澤墓"。
② 按：墓址，《嘉慶丹徒縣志》卷四《陵墓》作"在京峴山後陳家灣"。

經郊恩就差監潤州酒税。建炎元年，除京城留守。二年，公年七十。七月十二日未時，薨。子穎素得士心，都人請繼父任。時朝廷已命杜充留守，以穎充留守判。穎乞終喪，與岳飛扶柩歸京口，與夫人合葬於京峴山。顯謨閣學士曾楙爲墓銘，樞密副使岳飛建功德院於雲臺寺，吏部侍郎知鎮江軍府俞烈即墓道建享堂。《山水志》云：公集有《葬妻京峴山結廬龍目湖上》詩云："一對龍湖青眼開，乾坤倚劍獨徘徊。白雲是處堪埋骨，京峴山頭夢未回。"《嘉慶志》云：明郡守劉辰爲復墓田，詳見《潤州先賢録》。）

宋趙善湘《宗忠簡公享堂記》：夫天之大，至無極也；地之厚，至無窮也。乃人則以渺然七尺之身參乎至大至厚者而爲三才，是豈血肉之軀足以配合乎兩間哉？蓋由其忠誠堪泣鬼神，猷略可經邦國。天下而無事則已，天下而有事，上之則邀天之佑，獲人之助，而能扶危使安，撥亂歸正，以成不朽之功；次之則逆天之意、犯人之忌，不計成敗利鈍，鞠躬盡瘁，以孤行其志，而立不刊之節，由是天柱賴之以立地維；賴之以張君臣之義、父子之經；賴之以弗墜其所行事，昭揭乎宇宙，不啻日月之照臨，河山之流峙，蓋終古常存而不毀焉。此其所以克配乎兩間，而堪與至大、至厚者相参也，如我汴京留守忠簡宗公者，非其人耶？獨是天既生公以支拄我國家之顛覆，奈何不使之蚤致通顯，得時行道以保邦於未危；致治於未亂而乃自通籍。後沉淪下僚，韜光掩采，逾三十三載。迨乎國勢已危，大事已去，馴至萬難措手之時，乃始畀之以磁州，任之以軍旅，而責之以勤王。於時公年已六十八，迫於義憤，弗忍以老辭，奮其孤忠，迎敵前進，雖與其别部屢戰皆捷而已，鞭長不及，二聖蒙塵矣。嚮使有一人協力，得遂其據金人歸路、邀還二帝之謀，固不世奇功也。而無如汪伯彦輩從中沮之，致使其獨提一旅，孤軍徘徊，四顧毫無應援，付之無可如何，徒深浩嘆而已。暨乎康王即位，南都用李綱言，以公爲開封尹，俾其綏復舊都，其事之難爲，蓋不啻一髮之引千鈞，而公弗避也，慨然受命，入於郡城，以至誠激勵人心，而百萬之師立具，人人争欲爲公效死。嚮使高宗皇帝允其迎鑾之請，車駕即日啓行，乘忠臣義士朝氣之鋭而用之，以報仇雪耻，光復舊業，此亦不世奇功也。而無如狃偏安之逸者憚於犯危難，睹其疏請，争笑以爲狂計。公之疏凡二十四上，而終不見省，卒使之鬱憤無聊，疽發於背，賫志而薨。此蓋由天未厭亂，弗欲康靖我國家，故使公之功垂成而弗克，就志且沮而不得伸也。雖然，公則已矣。而其所以匡天柱奠地維，明君臣之義、正父子之經者，固已長留於天地之間，與日月共其明、河山同其永矣，謂猶不可以参兩間而并立乎？公之喪，奉敕岳武穆同公子穎扶柩與夫人陳氏合葬於丹徒大慈鄉汝山灣之原，建功德院於雲臺寺，以守公墳祠堂。又别創以藏廟像，是郡黌宫之祀先賢，公亦在列。前守俞君烈以吏部侍郎、集英殿修撰出知鎮江軍府，即公墓道建所歆祀之堂，曰忠武，以公有危身奉上之忠裕，戡定禍亂之武也。善湘來守是邦，展謁公墓，弗勝景仰之思，因仰俞君之意而爲記之如此云。

明鄭濟《重修公墓碑記》：嗚乎！宋運至建康之世，王室再造；謀國之臣，争土地於敵人之手。忠簡宗公尹京握兵之日，在垂老忍死之年，不以敵人之强爲可懾，惟視人心之不去爲可圖，義旗一呼，轉盗賊爲王師，百萬之衆悉集麾下，群凶挫衄，叛亡歸正，中國、北敵之分若可粗安，何天之生才難爲公後繼！天方假北祚未欲一裔夏，當時中外惟知防江守淮爲計，惟議和之恐後，中分之勢隨之而定。公死不可復生，忠魂義魄，不返故鄉，旅葬長江之上。雖横尸地下，公之精誠所感，英靈所集，猶可以捍禦强敵。宋再立國，偏安南服，倚長江以爲天塹者一百五十年，是又豈非天意乎？公薨於建炎二年秋七月，詔贈觀文殿學士，謚忠簡。累加開府儀同三司，立廟於鄉邦，崇祀於邑庠，有司著爲彝典。宋太守趙公《享堂記》云："岳武穆扶柩，同夫人合葬於丹徒大慈鄉汝山灣之原，建功德院於雲臺寺，以守公墳祠堂。又别創以藏廟像。"宋、元以來，更歷既久，墳圮不治，寺屋亦移置他處。今洪武三十四年，公之同里劉侯辰來守兹郡，治民禮神，報政稱最，凡所以樹立名教者，知無不爲，率僚佐，召父老，揖拜墳下，灑掃薦奠。睹祠宇之傾移，考碑碣之湮没，推詳按實，復其山林，伐石重表，神道種樹，加護封域，移文於朝，貽書於家，俾其子孫重至展省，著存孝思。歸以先業，改建祠宇，凡若干楹。環墳之山，凡六十畝零，仍俾寺僧守之，俾其子孫著名以隸於籍焉。侯之景仰先哲，表彰前烈，可謂達忠孝之本，知政治之原矣。嗚乎！公之謀國用武，死於忠憤，而葬江上。岳武穆知遇於公，將兵敵愾，死於仇嫉，而葬江南。趙忠簡出公後，同公謚，身都將相，死於斥逐，而返葬江北。所謂身騎箕尾歸天上，氣作山河壯本朝者，夫人道尚明，神道尚幽。三公謀國，復封疆，不能同列於中外，不得同信其志，後乃共衛社稷於没身，以終宋室三百年之運。嗚乎！何莫非天也！亦何莫非人也！公之勛烈，赫赫乎振耀於其前；公之名義，昭昭乎暴白於其後，又何其愈久而愈無窮也！嗚乎盛哉！侯繕治公墓，且將樹麗牲之碑，補其闕文以濟，亦忝鄉里後學請有所述，學識寡陋，不敢輒諾。侯言至再三，不敢終辭，謹論列而銘之，其辭曰："烈烈宗公，大節英風。誓以生死，與國始終。公自爲州，起應朝聘。使節未降，遏己改命。剛方而斥，擠之北區。單騎就道，出而守磁。民聞公來，遐邇響應。義旅奮起，辭直氣勁。太原不守，兩河阽危。磁當其衝，敵車四馳。親王出質，幾蹈虎口。扣馬請還，公爲殿後。王在行間，危言沸訛。公率義旅，履冰渡河。先驅無援，勤王不集。公來師閫，衆毁構厄。民心可恃，敵心無厭。徒彰國弱，孰究公言。城下行成，宗社之耻。有兵不戰，大難不已。莫匪王土，莫匪王臣。二帝北狩，中原陸沉。敵騎衝突，無所顧惜。横潰不障，乘輿不入。頟頟都城，留守尹京。師徒有統，戰守有兵。播刷聲猷，登翼炎運。公實啓之，以定國命。爰積器備，糗糧槁芻。以守以戰，士爲嘯呼。黔黎輯柔，豪暴震懾。王畿千里，置之衽席。人心不去，天道不違。中外戮力，興復可期。見機乘時，身當其責。朝無成命，公有遺策。梁木其壞，山岳其摧。公不可作，三軍慟哀。明神天游，上籲帝所。英雄在地，下扞邦土。長江浩浩，高冢累累。天塹之外，敵不敢窺。生之不淑，非公之志。死之不忘，惟公之義。長淮大江，天限北南。京口孤冢，爲生死關。時移運遷，宗社己屋。邦人來思，不伐宰木。劉侯守邦，瞻拜幽堂。昭夫遺績，貴兹允藏。故鄉後人，前代先哲。景行仰止，執鞭不及。新祠奕奕，穹碑嚴嚴。松阡鬱鬱，邦人共瞻。公名天壤，公績之偉。江流不息，何千百祀！"

國朝宗文燦《墓圖記》：公墓坐郡城東北京峴山枝。宋高宗敕賜子穎同岳忠武扶柩，與夫人陳氏合葬地也。坐丙向壬，汝山爲案。沙渚環抱，大江遠流。墓前爲陳家灣，陳姓聚族於此，世守松楸，公之享堂在焉。東有土門岡，左保安堂，迤西則萬壽寺也。原賜山六十畝六分七厘二毫，田四十八畝三分二厘四毫，地十四畝三分，草灘十二畝五分，入官民田七畝三分。宋、元革命，子姓散居，命龍華寺僧收其租以供歲祀。明洪武中，郡守劉公辰清復墓田，移文義烏，取八世孫漢中至潤守墓。永樂十三年，寺僧善安盜佃，指揮程德因而占葬。十九世孫德控於官，至國朝順治三年，郡守塗公廓始爲勘斷，除程德所葬三冢外，其餘山地盡歸宗氏，編入會計，召佃看守，追龍華寺僧盜佃山契存庫。康熙二十二年，守墓孫文燦記。

《山水志》曰：程弁盜葬，雖經郡守勘斷，而朽骨未拔，至今仍踞丘首，千古憾事。然岳墓前有頑鐵，公墓前有盜骨，大憝小醜，類而觀之，可也。功德院，見"寺觀"。

資政殿學士①林希墓，在馬迹山下。(《宋史》本傳：希，字子中。福州人。舉進士，以集賢殿修撰知蘇州，更宣、湖、潤、杭、亳五州，遷禮部、吏部尚書，翰林學士，同知樞密院，贈資政殿學士，謚文節。舊志：侍郎許將《銘》。)

尚書左丞鄧潤甫墓，在檀山下下濞塘。(《宋史》本傳：潤甫，字温伯。建昌人。第進士，拜尚書左丞。卒，贈開府儀同三司，謚安惠。)

秘書監翟思墓，在鐵爐山下。(参政翟汝文之父。山後有泉，汝文作銘，名翟公泉，見"水"。)

兵部孫級墓，在鐵爐山東南阜。②

朝散大夫知楚州陳向墓，在長山之白雲岡。(内翰沈括《銘》)

右僕射③曾布墓，在長山下之相公灣。(《宋史》本傳：布，字子宣。南豐人。年十三而孤，學於兄鞏。同登第，拜右僕射，罷爲觀文殿大學士，知潤州。大觀元年，卒於潤州。謚文肅。)

右奉議郎知舒州曾勳墓，舊志：在丹徒鄉。(勳，曾布子，内翰汪藻《志銘》。)

曾正議墓，舊志：在獨市村。

朝散大夫蔡淵墓，舊志：在東霞山。(翰林毛友《銘》。按：境内，舊志無東霞山。)

---

① 按："資政殿學士"，《嘉慶丹徒縣志》卷四《陵墓》作"同知樞密院事"。

② 按：此條，《嘉慶丹徒縣志》卷四《陵墓》載於"秘書監翟思墓"條下，謂"舊志：在鐵爐山。孫兵部級亦葬其山之東南阜"。

③ 按："右僕射"，《嘉慶丹徒縣志》卷四《陵墓》作"丞相"。

秘書郎黄伯思墓，在招隱山麓。(《宋史·文苑傳》：黄伯思，字長睿。紹武人。元符三年，進士高等，河南府户曹參軍，擢秘書郎①。舊志：觀文殿大學士李綱《銘》。)

尚書蔣猷墓，在五州山西阜。(《宋史》本傳：猷，字仲遠。潤州金壇人。舉進士，拜御史中丞，遷兵部尚書。卒，贈特進。《嘉慶志》云：内翰汪藻志猷墓乃云葬明州鄞縣鳳翔鄉隱學山。未知孰是。《山水志》云：邑志載蔣猷宅在放鶴門内，後爲大軍寨，墓當在此。)

中書侍郎劉逵墓，在汝山。(《宋史》本傳：逵，字公路。隨州隨縣人。進士高第，同知樞密院，拜中書侍郎，罷知亳州，再任鎮江節度副使。卒，贈光禄大夫。舊志：其子居實爲志。)

朝散大夫趙子褫墓，在大港鎮南仙慕山。(按：舊志俱無此山。)

資政學士趙野墓，舊志：在圌山。(《嘉慶志》云：靖康初，野過高密，爲賊所害。紹興初，招魂葬此。)

康州防禦使兼太醫院使何公務墓，舊志：在鳳凰山。(兵部侍郎胡銓《銘》)

大中大夫、常鎮蘇湖鈐轄丁曄墓，舊志：在城西寶蓋山。父朝奉、母太君符氏及夫人徐氏、子得西、孫道明、曾孫熙拱皆葬此。

開府儀同三司詹文墓，舊志：在白兔山。妻榮國夫人何氏，敕祔葬。子資政學士度亦葬此。(《嘉慶志》云："其族今居縉雲。")

武顯大夫向子莘墓，舊志：在官塘橋西北長樂山。(按：志無此山。《嘉慶志》云：朝散大夫吴説文碣。)生母永康縣太君夏氏、妻静安縣君曾氏、子義烏丞游、刑曹涂、監酒澂、排岸漳俱葬此。

奉議郎、常德倅向士裴墓，舊志：在長山。母俞氏亦葬此。

户部侍郎張頡墓，在横山下。(《宋史》本傳：頡，字仲舉。其先金陵人，徙鼎州桃源。第進士，江陵推官，知益陽縣，擢江淮制置發運副使，徙廣西轉運使。哲宗立，召爲户部侍郎，以寶文閣待制出爲河北都轉運使，徙知瀛州，復徙荆南，卒。《嘉慶志》云：尚書淩景夏《志》。②)

龍圖學士鄭（闕名）墓，舊志：在謝家灣。(《嘉慶志》云：周濂溪先生母鄭氏嘗葬於其兄龍圖學士鄭向墓側，後徙江州德化。疑此墓爲鄭向墓也。)

尚書郎洪（闕名）墓，舊志：在繆家山。

運使高（闕名）墓，舊志：在官塘橋東。

都督張（闕名）墓，舊志：在圌山北。

知泗州夏皋墓，舊志：在馬迹山。(《嘉慶志》云：皋以淮西義士從事，紹定、嘉熙

---

① 按："秘書郎"，《宋史》卷四百四十三《文苑傳·黄伯思傳》作"秘書省校書郎"。

② 按：《嘉慶丹徒縣志》卷四《陵墓》下有按語："横山有三：其一在城西南四十里；其一在丹徒鎮南；其一在城東六十里圌山之前。"

間屢立奇功。後守泗州，鄰郡有警，出戰而歿。有旨立廟於泗州，其子安國亦以援節歿。）

殿丞周（闕名）墓，舊志：在繆家山南。

節使趙文亮墓，舊志：在朝陽門外轉水灣。（死事，敕葬。）

制使章琰①墓，舊志：在樂亭岡西。父世墓，在登雲寺側。

太卿龔基先及其子司農卿潗墓，舊志：并在五州山車灣。（《嘉慶志》云：舊志"太卿"當有脱字，今無可考，姑仍之。）

鎮江通判范邦彦墓，在崇德鄉石柱灣之原。（《嘉慶志》據劉宰《范大夫行述》）

溧陽令陳景周墓，在五州山。（劉宰《志》：紹定庚寅二月十三日葬。）

艾謙及其子制幹慶洪、教授慶長、知縣汮（初名慶曾，見"進士"）墓②，舊志：并在查澤村。（劉宰《志》：嘉定初元六月庚辰，京口鄉先生澹軒艾公卒。七月庚申，葬於崇德鄉查澤之原。後十九年，當寶慶丙戌，其夫人李氏卒，是歲十月丁酉祔③。）

知海州④陳汝奭墓，在黄山下之義里鄉⑤。子知建康軍（舊志作"建昌軍"）龍輔祔。（《京口耆舊傳》：汝奭，字公武。由泉之晉江來居。景祐中，擢進士第。嘗以文謁范仲淹，奇之，爲遂安令，改知眉山。有能名，監交益子務。益帥張方平薦，通判鄆州。鄆守吴奎薦，知秀州。求省墓，得知紹武軍，除知海州。歲飢，不俟報，發廪賑民，朝廷嘉之。卒，贈大中大夫。柳庭俊《銘》⑥。）

郎中⑦俞康直墓，在汝山下。（《京口耆舊傳》：康直，字之彦。父希言，始自黟縣來居。康直用從祖獻卿恩，補太廟齋郎、杭州觀察推官。范仲淹爲守，以政委之。爲泗州軍事推官，知桐城，簽書武寧軍節度判官所公事，通判睦州，皆有惠政。年八十三終。葬丹徒汝山之側，曰京峴原。《山水志》云：蘇東坡有《監洞霄宫俞康直郎中所居詩四首》⑧，見《集》中。）

知信州孫藎墓，在馬鞍山。（《京口耆舊傳》：紹興甲申，卒，葬此。）

節度使、謚忠壯魏勝墓，在汝山下之漩水灣。（《宋史·魏勝傳》：勝，宿遷人。充山東路忠義軍都統制，兼鎮江府駐扎御前軍統制，知楚州。金人出侵，劉寶救不至，中矢墜馬死。贈保寧軍節度使，謚忠壯。時淮南未平，詔於鎮江府江口⑨立廟，賜號褒忠，且令有司刻木以殮，葬於鎮江。《山水志》云：墓在汝山下，廟在蒜山江口，今移祀金山。）

---

① 按："琰"，原作"琰"，避清諱改。兹徑改，下同。
② 按："墓"字，原脱。據《嘉慶丹徒縣志》卷四《陵墓》補。
③ 按："祔"，《嘉慶丹徒縣志》卷四《陵墓》"艾謙及子……墓"條作"遂合葬焉"。
④ 按："知海州"，《嘉慶丹徒縣志》卷四《陵墓》作"太常少卿"。
⑤ 按：墓址，《嘉慶丹徒縣志》卷四《陵墓》"太常少卿陳汝奭……墓"條作"丹徒縣義里鄉之黄山"。
⑥ 按："柳庭俊《銘》"，原攔入正文，《嘉慶丹徒縣志》卷四《陵墓》作小字注，據改。
⑦ 按："郎中"，《嘉慶丹徒縣志》卷四《陵墓》作"睦州通判"。
⑧ 按：詩題，《四庫》本《東坡全集》卷六《監洞霄宫俞康直郎中所居四咏》。
⑨ 按："江口"，《宋史》卷三百六十八《魏勝傳》作"江口鎮"。

都尉武進士賈演墓，在朝陽門外桃花塢。（紹興元年，敕葬。敕曰：戡亂芟殘，臣工重任。旌賢錫土，國之典常。今有都尉賈演，丹心貫日，壯志吞虹。追朮於金焦，逐賊於淮泗，精忠赫奕，厥績輝煌。正期裂土分茅，何期一疾遽逝。吁，南徐濠東，欽山一曲，造爾佳城，勒石銘功。存芳名於萬祀，爾其欽哉！故玆詔爾。　給事中胡安國題曰：烈哉温繹，賈復之苗。雄藏韜略，志滅金曹。孝繩祖武，忠效君勞。銘斯碑面，譽播皇朝。紹興元年，歲次辛亥孟夏，上浣穀旦。）

檢校高喆墓，舊志：在虎踞門外五里。

通判茅登墓，舊志：在虎踞門①外石井。（兵部侍郎湘之父）

郡守李迪妻葛氏墓，舊志：在城西②。

樞密使高桂墓，舊志：在仁和門外四瓣山。（按：城南十里有四望山，又名四面山，一名四瓣山。又按：《至順鎮江志》：桂，字德芳。嘉熙己丑進士，除廬江主簿，辟兩淮制置司參謀官，遷高郵知府。後扈從之海上，進樞密使，與陸秀夫同死於崖山。又按：邑有茅湘，字清淑。陸秀夫薦於朝，從海上，驟遷兵部侍郎，從秀夫蹈海死。高、茅二公，《宋史》俱失載，而邑志有高墓，無陸、茅墓，殆尸未返歟?）

吉州刺史韓亮及其子黄池巡檢弢墓，舊志：并在虎踞門外③。

左司郎中王己墓，舊志：在白兔山經函口郭村。其父朝請，母何氏，妻吕氏、杜氏，子太杜④令朝孫，并葬此。

知常州孫吴會墓，舊志：在鶴林寺側。

參議史昌卿墓，舊志：在城南鳳凰山。（昌卿仕至提轄文思院處置使同參議。卒，葬錢塘之西山。後其子興⑤孫僑寓於潤，因遷葬焉。）

朝請大夫王元純墓，舊志：在石公山。（元純，字居善。蕭縣人。仕至淮東安撫司參議，自號東山⑥。）

淮西安撫使邢政⑦墓，舊志：在華蓋山。

節使張（闕名）墓，舊志：在查澤下偃村。

勇勝軍統制官詹（闕名）墓，舊志：在峴山。（吴澄表墓、趙孟頫題額。）

進士俞德鄰及其弟西發墓，在鳳凰山下⑧。子吏部主事庸墓，在東北一里許。（見《至順鎮江志》。舊志編入元代，誤甚。《山水志》云：德鄰，字宗大，號大迂山人。永

---

① 按："虎踞門"，《至順鎮江志》卷十二《陵墓》"通判茅登墓"條作"中土門"。

② 按：墓址，《至順鎮江志》卷十二《陵墓》"郡守李迪妻葛夫人墓"條作"在登雲門外新店房"。

③ 按：墓址，《至順鎮江志》卷十二《陵墓》作"并在仁和門外謝家灣鳳凰山"；《嘉慶丹徒縣志》卷四《陵墓》作"并在虎踞門外謝家灣"。

④ 按："杜"，《至順鎮江志》卷十二《陵墓》作"社"，是。

⑤ 按："興"，《至順鎮江志》卷十二《陵墓》作"輿"。

⑥ 按："東山"，《至順鎮江志》卷十二《陵墓》作"泉山居士"。

⑦ 按：墓主，《至順鎮江志》卷十二《陵墓》作"邢子政"。此處或有脱誤。

⑧ 按：墓址，《至順鎮江志》卷十二《陵墓》作"并在仁和門外三里崗之鳳凰山"。

嘉人，徙居京口。舉咸淳癸酉進士。宋亡不仕，遁迹以終。《四庫全書總目》有《佩韋齋集》二十卷①。《提要》云：集首有皇慶壬子熊禾序，稱紫陽方侯嘗序公集，載其遺事如作傳然，且以能保晚節而心服之云云。方侯，即歙人方回，宋末爲睦州守，以州降元，元擢爲總管者也。此本佚去此序，殆後人以德鄰高節，不減陶潛，不欲以回序污之，故黜削歟?)

真州教授蠹齋周孚墓，在檀山下。(舊志遺，今據《山水志》補。按：《京口耆舊傳》：周孚，世濟北將家，避亂南徙。天資穎悟，七歲通《春秋左氏傳》。有鄧氏張書肆，孚日往游焉，因得盡觀天下書。其友陳珙爲孚集序，謂其博聞强記，尤邃於楚騷、遷《史》、唐韓、杜氏之詩文，而博以本朝諸公名世之作。爲詩始以黄、陳爲法，而卒歸於杜。屬思深遠，煉句精穩。少而工，壯而新，晚而平澹。爲文長於叙事，簡潔而峻厲，不喜襞積雕繪，循理而言，理盡而止。辛棄疾少壯時兄事之。擢乾道丙戌進士第，爲真州教授。郡守延璽欲薦之，不可，卒。有《蠹齋集》三十卷。)

元

翰林學士青陽夢炎墓，舊志：在定波門外②鳳凰山。(按：定波門，即今北門。城南有鳳凰山，城北别無此山，舊志疑誤。)

都水監羅璧墓，在招隱山下。妻陳氏、李氏祔。(《元史》本傳：璧，字仲玉。鎮江人。官明威將軍，升都水監。)

明威將軍相鎮墓，舊志：在白兔山。子將樂尹京祔。

亞中大夫孫矩墓，舊志：在汝山。

縣尹朱芜永墓，舊志：在菊花山。妻王氏祔。

堯允恭墓，舊志：在城南謝家灣之鳳凰山。

提舉林桂發墓，舊志：在汝山灣。

福寧州判官邢文英墓，舊志：在華蓋山。

將仕郎徐可庵墓，舊志：在黄山。(翰林學士危素《銘》，學士揭汯篆蓋。)

建康路同知蕭漢傑墓，舊志：在釜鼎山③。

黄巖州判官郭景星墓，舊志：在釜鼎山。

鎮江路録事李士先墓，在西三里岡寶蓋山。

教授楊如山墓，舊志：在華蓋山。

教授徐檜龍墓，舊志：在白兔山。

都司蔡祀墓，舊志：在莫山。

廣東鹽課副提舉焦禮墓，舊志：在京峴山。

贈承德郎、丹徒縣尹顧如松及弟海道運糧千户淙、子推官巖壽墓，舊志：在寶蓋山。

---

① 按：《四庫全書總目》卷一六五《集部·别集類一八》作《佩韋齋文集》十六卷。
② 按：《至順鎮江志》卷十二《陵墓》此下尚有“九里街角南”諸字。
③ 按：墓址，《至順鎮江志》卷十二《陵墓》作“在水西門外”。

都事蔡杞墓，在英山。①

江浙行省、參知政事雷澤墓，舊志：在鴻鶴山。

富春子孫守榮墓，舊志：在招隱山洞之東南。（《嘉慶志》云：富春子未詳。）

明

總制繆大亨墓，在黄山下之經家灣②。（《明史》本傳：大亨，定遠人。爲同僉書行樞密院事，總制揚州、鎮江。卒，太祖過鎮江，嘆曰："繆將軍生平端直，未嘗有過，惜不見矣！"遣使祭其墓。《嘉慶志》云：吏部尚書詹同《銘》。）

武德將軍刁百川墓，舊志：在朝陽門外劉家灣。

昭勇將軍黄寶墓，舊志：在城西南珍珠泉側。

武略將軍韓銘墓，在城南菊花山。

昭信校尉魯（闕名）墓，在京峴山。五世俱葬此。

鎮國將軍孫功妻胡氏墓，舊志：在下滎塘。

龍虎將軍、上護軍童成墓，舊志：在城西。

指揮使程德墓，舊志：在京峴山萬壽寺東南。（《嘉慶志》云：萬壽寺在汝山。按：此即盗葬宋宗忠簡公墓山之程德也，而舊志俱登之，殆著惡意歟？）

明威將軍魯完及妻恭人孫氏墓，在嶂山（按：舊志無嶂山土名）。子驃騎將軍、中都留守邦、夫人丁氏祔（兵科給事中洪瞻祖《銘》）。孫明威將軍師曾恭人楚氏亦葬其側（巡撫王應麟《銘》）。

指揮同知李佐墓，舊志：在丁卯橋側。

山西左布政使徐銘墓，舊志：在鴻鶴山。

雲南左布政使王豫墓，舊志：在黄山。

德州學正唐誠墓，舊志：在夾山下。

太醫、實給太常寺正卿俸何淵墓，舊志：在城南鳳凰山。（少師楊士奇《銘》）

户部郎中吕獻墓，舊志：在磨笄山麓。

贈刑部郎中張震墓，舊志：在馬鞍山枝。（震，雷澤裔，後因姑母得今姓。以子恂，贈本官。）

贈刑部郎中、丹徒縣知縣袁庸墓，舊志：在城西。（大學士劉珝《表》）

贈翰林院編修費昇墓，舊志：在華蓋山。（《嘉慶志》云：有《圖載地理書》曰：京口費侍郎祖墓。）

建寧右衛經歷丁寧墓，舊志：在黄山。妻華氏祔。

保定府同知錢寧墓，舊志：在鳳凰山。

太僕寺少卿蔣敵墓，舊志：在寶蓋山。

---

① 按：原缺，據《至順鎮江志》卷十二《陵墓》補。

② 按：墓址，《嘉慶丹徒縣志》卷四《陵墓》作"在城西永興寺西"。

贈户部主事達顯墓，舊志：在汝山。

贈户部主事趙銓墓，舊志：在菊花山。子郎中祥袝。

廣信府教授畢昇墓，舊志：在黄山。（國子司業費誾《銘》）

化州同知、贈太子少保、户部尚書楊景墓，在城西南大峴山。與其子一清墓同在一隴，碑碣、翁仲坊表尚存①。（御史李東陽《銘》）

參議胡清及其子知府信墓，舊志：在寶蓋山。

禮部侍郎費誾墓，在華蓋山。倪岳《神道碑》：弘治甲寅九月某日，葬於郡之華蓋山。朝廷命工部爲營冢壙，命長貳諭祭於其家②。（《嘉慶志》云：近有奸民惑於堪輿之説，謀起誾柩爲葬地，入山開墓，忽烈風迅雷大作，知縣李先春重懲之。）

太醫院使錢宗嗣墓，舊志：在白兔山。

户部尚書達毅墓，舊志：在花山。（尚書徐子俊《銘》）

廣東副使丁璣墓，舊志：在城西白龍岡。（大學士靳貴《銘》）

應天鄉薦敕建文明坊楊絅墓，在萊山枝、丁卯橋之馬淘灣。（大學士靳貴《銘》）父文林郎傑、兄朝儀大夫、鄉飲大賓綺、侄江南鄉薦、奉政大夫、知荆門州、隰州琬俱葬此。（坊見“坊表”）

刑部郎中張恂墓，舊志：在馬鞍山。

温州府經歷、贈禮部右侍郎靳瑜墓，舊志：在焦石山。太恭人范氏墓，在馬鞍山。（諭葬李東陽《銘》）

黄州府知府吴淮墓，在迴龍山。

淮安府知府袁潔墓，舊志：在寶蓋山。

贈奉直大夫俞桂墓，舊志：在城西長山。

秋山居士韋椿墓，舊志：在丁卯橋東。（大學士靳貴《銘》）

紹興知府吉惠墓（舊志未詳所在）。

太子太保、大學士、謚文僖靳貴墓，在長山下。（《靳貴傳》：貴，字充道。舉鄉試第一，會試第二，廷試第三人及第，授編修，選東宫講官，歷左中允諭德，太常寺少卿，禮部、吏部侍郎，禮部尚書，文淵閣大學士，進太子太保，户部尚書，武英殿大學士。卒，謚文僖。又《明史·毛紀傳》：正德十年，烏思藏入貢，言有活佛能前知，帝遣中官劉允迎之。紀上言：“自京師至烏思藏二萬餘里，公私煩費，不可勝言。”内閣梁儲、靳貴、楊一清皆切諫，不報。）妻贈一品夫人王氏墓，在焦石山。封一品夫人夏氏墓，在白兔山。

少師大學士、謚文襄楊一清墓，在峴山下（一名小九華山）。誥贈一品夫人段氏、誥封一品夫人胡氏袝。（《明史》本傳：一清，字應寧。其先雲南人。年十四，舉鄉試。

① 按：“與其子一清墓”句，原爲小字注，兹據《嘉慶丹徒縣志》卷四《陵墓》并爲正文。

② 按：“倪岳《神道碑》……祭於其家”云云，原爲小字注，兹據《嘉慶丹徒縣志》卷四《陵墓》并爲正文。

成化八年進士。父喪，葬丹徒，遂家焉。以少傅、兵部尚書、左都御史總制陝西三邊。加少師，特進左柱國，華蓋殿大學士。卒，贈太保，謚文襄。）

户部主事張萊墓，在黄山。（靳貴《墓志》：正德丁丑某月日，户部主事、心庵張君卒於位，載櫬歸潤，以仲冬某日葬於黄山之原。）

南京户部尚書高銓墓，在馬鞍山。（靳貴《墓志》：公卒之三年，子兵科給事中滂以恤恩請於朝，贈太子少保，賜祭葬。正德乙亥某月日，奉公與夫人柩，葬於城西馬鞍山之原。）

員外郎夏儒墓，舊志：在大峴山。（姜寶《志》）

副使曹棟墓（舊志未詳所在）。

御史周密墓，舊志：在磨笄山鶴林寺前。

贈雲南布政使①、左參政范曉墓，舊志：在白兔山枝。

刑部郎中唐侃墓，在圌山下。（《明史·循吏傳》：唐侃，字廷直。丹徒人。正德八年，舉於鄉。授永豐知縣，進武定知州，遷刑部主事。《嘉慶志》：唐順之《志》、羅洪先《表》。《山水志》曰：唐順之《墓志銘》云：侃，擢南京刑部員外郎，轉郎中。《明史》誤。）

按察司副使鄔紳墓，舊志：在華蓋山。

知府嚴寬墓，舊志：在雩山枝。②

贈員外郎劉業墓，舊志：在龍鳳山（按：志無此山）。

湖廣道監察御史王（闕名）墓，在圌山之南横山東麓。

山東左參政劉際可墓，舊志：在鳳凰山。

工部尚書范嵩墓。（舊志未詳所在。今考，在丹徒鎮東南羅家湖白兔山枝。）

吏科給事中吴之望墓，舊志：在龍脉橋。

荆州府推官、贈尚寶寺少卿華鈺墓。（舊志未詳所在）

江西按察司副使、御史李一陽墓，在城西桃花山。（談自省《志銘》）

應天府尹談自省墓，在釜鼎山。

武進士、都指揮李承先墓，在白石山枝二村。

諸生趙弼經墓，在萊山下。（《山水志》曰：弼經，字公正。甲申聞變，餓七日不死，赴學。自經死，同邑冷秋江高士吊之以詩，有云："嗚乎公以公正名，如公始不愧斯名。"族孫湧《和題遺像》云："少陽書欲上，皋羽恨無窮。生未趨朝闕，死猶依澤宫。能堅懦夫志，不愧古人風。此日瞻遺像，稜稜氣吐虹。"）

參戎冷之曦墓，在丫髻山下。（《山水志》曰：《冷氏家乘·冷子晉傳》：君名之曦，字子晉。性聰穎，能讀書。明烈皇帝時，見天下大亂，曰："安用是毛錐爲哉?"弃去，習騎射，能取中百步外。年十八，州司聞其名，召總郡兵闖寇逼闕，三晉淪陷，君憤憤有勤王志，縻於職，未果。福王立，入爲閣部史公牙將。未幾，閣部渡江，督四鎮兵進

---

① 按："雲南布政使"，《嘉慶丹徒縣志》卷四《陵墓》作"雲南布政使司"。

② 按：原缺，據《嘉慶丹徒縣志》卷四《陵墓》補。

討，遂移牒興平伯高傑麾下參將右軍。乙酉春，進軍至歸德，總兵許定國舊與傑有隙，設誘害之，傑兵十餘萬衆，分潰南下，君歸曲阿。是年夏，南都不保，遂死於難，時六月十三日也。君生於天啓辛酉十月二十八日，少有大志，不事家人生産。善書，下筆有山崩河决之勢，亦足以觀其概云。冷士嵋《哭子晉兄》詩："吾兄雖弱冠，忠義古人難。憤血千秋碧，操心一寸丹。旌旗落泗水，魂夢繞金壇。痛灑包胥泪，霜飛六月寒。"）

知陝州、贈光禄寺少卿史記言墓，在城東濱江。（《府志》：記言，字司直。丹徒人。萬曆壬子，舉於鄉。知長沙縣，擢陝州知州。陝當賊衝，記言募勇敢士，聘少室僧道清、太和者，練鄉丁。賊屯磁鍾鎮，記言迎擊，斬數十級，生擒二十餘人。賊首老回回、馬守應等衝之部十數萬衆環州城，堅守三月，賊解去。會夜大雪，賊突自靈寶來，緣城上，二僧躍身越城河，瞷賊。賊誘記言降，記言大呼曰："今日有死知州，無降知州也！"身中四矢，刃裂腹洞胸死。時崇禎八年十月也。事聞，贈光禄寺少卿。二僧護其喪，歸居丹徒之沙渚。後太和返少室，道清遇盗死。）（按：以上三墓，舊志遺，今補。）

國朝

都司羅明昇墓，在談家洲，今淪於江。（《府志》：明昇，南陽人。由神木道中軍守備遷鎮江巡江營都司。順治己亥，爲寇所害，家丁趙狗兒亦血戰死。備兵參議胡亶爲文致祭，書其事於石，表江上。舊志：順治十六年，海寇犯鎮江，明昇守談家洲，被害。諸生談枚徵槁葬之，并爲立廟。康熙十四年，南巡，特賜"奮勇致身"額，新其廟。後洲没於江，移祀南岸觀音庵。雍正間，移置南閘口。談家洲，見"江"。羅公廟，見"廟祠"。按：舊志遺此。）

遺民冷士嵋墓，在丫髻山下。（《山水志》：士嵋，字又湄，號秋江。明鼎革時，年未冠，弃諸生，遁居江上。年逾八十乃卒。卒之前有句云："一身江上老，存没義熙年。"論者以爲不愧此言。著有《江泠閣文集》四卷、《詩集》十二卷①，載入《四庫全書存目②》。法嘉蓀《養痾讕語》云：冷秋江先生，吾邑丹徒鎮人也，與張文貞公父九徵友善。明鼎革後不應試，文貞公屢欲薦之於朝，皆力辭。《重逢甲申春日志感》云："燕子飛來柳絮天，人間芳草尚依然。海棠花落東風裏，此事傷心六十年。"先生無子，嘗館於門人周某家，時已八十餘。每晨諸生必向榻前問安，先生皆於帳中應之。一日，忽不應，搴帷視之，已死矣。諸生驚號，周某至，先生忽開目，舉手曰："此事累汝矣！"復瞑目而逝。）按：道光間，里人周寶堂修之。

直隸真定府知府李鏞金墓，在義村。

吏部侍郎張鵬墓，在城西南五十里横山。

都司僉書李琚墓，舊志：在城南薛家灣。（康熙六年，琚以死事奉敕賜葬。）

大中大夫、福建副使蔣應麟墓，舊志：在華蓋山。淑人許氏祔。（汪琬《銘》）

---

① 按：《江泠閣詩集》，凡十四卷，見《四庫全書總目》卷一八二。
② 按："存目"，當作"總目"。

光禄大夫蔣邦偕妻夫人金氏墓，舊志：在城西牌字圩灣山。子榮禄大夫彪、妻封夫人龔氏祔。

昭勇將軍李儀暨妻淑人王氏墓，舊志：在釜鼎山。

昭勇將軍李再新暨妻淑人張氏墓，舊志：在鳳凰山枝。

昭勇將軍李重耀暨妻淑人劉氏墓，舊志：在塔山傅家邊高驪山之原。

資政大夫何應周暨妻夫人周氏墓，舊志：在香山。

資政大夫何金鋌墓，舊志：在香山枝。

户部郎中楊鼎墓，在四瓣山。恭人趙氏、吴氏祔。（鼎，字象九。順治乙酉，舉於鄉。丁亥，登二甲進士。授户部主事，擢河南司郎中，與張九徵鄉、會同登。卒年五十七。九徵《銘》，見“宦績”。）

吏部考功司郎中、贈光禄大夫、文華殿大學士兼户部尚書張九徵墓，在城南黄山倪家場。（見“名宦”）

教諭楊囍暨妻孺人許氏墓，在小華山白鶴觀之東。（兩江總督鄂容安《銘》）子教諭廷鍵妻孺人顧氏祔。（亦鄂容安《銘》）

山東按察使王芥園墓，在雩山。

徵士鮑皋墓，在寶蓋山下濞塘。

福建巡撫徐嗣曾墓，在白石山。（見“名宦”）

廬州松江教授李佩墓，在京峴山東南丁家灣。

昭文訓導楊淮墓，在棧岡西原。孺人田氏祔。（翰林學士王家相《銘》）父贈儒林郎廷釗、母安人許氏、子壽民、鳳臺妻錢氏俱葬此。

四川總督戴三錫墓，在城西留山，奉旨賜葬。

寧洋縣知縣朱廷標及弟工部郎中廷杰墓，在邑東謝家村祖塋。

贈武翼都尉、世襲雲騎尉、縣丞王全福墓，在邑東雩山麓大劉村南。

縣教諭顧堃墓，在城南萊山枝東原。（又有詩文冢在西鄉長山北）

三烈墓，在釜鼎山下。烈婦趙氏、謝氏、烈女龔巧墓。（舊志《節烈傳》：趙氏，瓜洲余有德妻，僦居月觀下。有德出，無賴子入犯，趙自刎，康熙丙辰三月二十九日事，年二十四。邑諸生設祭葬之釜鼎山側。又謝氏，興化人。避水，從夫龔行，携女巧姐移居縣南閘口河干。江寧人田五瞰謝暨女姿，賂其黨何三代主畫，令作行負券索負。行訴官，官弗辨券僞，笞行，飭來日繫謝同質。謝母女哭竟夜，以赤帶繫臂投河死。謝年三十四，女年十七。謝有身，一時實殞三命。行一號，雙尸涌水中立。時戊午夏，殮逾五日，尸無纖微穢氣。邑薦紳及諸生爲詩文往奠，粘河上屋壁累千章。田、何等抵法。謝母女得旌，墓與趙烈婦并列。趙烈婦於道光十一年邑中彙請旌表節烈，亦得補請得旌。）

資政大夫、順天府府尹、通政司通政使、福建提督學政、崇祀鄉賢丹陽吉夢熊墓，在辛豐輞墅灣。

知江寧府事劉存厚墓，在夾山麓竹林寺側。（咸豐六年四月，隨吉勇烈公陣亡，葬此。事見《吉公祠碑記》内。)

知揚州府事世焜墓，在夾山麓竹林寺側。(粤賊踞揚州、鎮江時，被脇至城内，不從，投錢家山下井内死。咸豐七年冬，鎮城克復，淘井得尸，面目如生，訪知爲世公尸，因營葬於此，與劉公存厚墓及林公墓稱“三忠”焉。)

幕僚林曉山墓，在夾山竹林寺側。(其人其事均未詳)

將軍墳，在汝山西龜山上。(墳爲明墳，姓名無考，人但呼爲“將軍墳”。)

神女冢(附)，在華山。(《山水志》云：郭茂倩《樂府詩集·古今樂録》曰：《華山畿》者，宋少帝時“懊惱”一曲，亦變體也。少帝時，南徐一士子從華山畿往雲陽，見客舍有女子，年十八九。悦之，無因，遂感心疾。母問其故，具以啓母，母爲至華山尋訪，見女，具説。聞感之由，因脱蔽膝，令母密置其席下，卧之當已。少日，果差。忽舉席見蔽膝而抱持，遂吞食而死。氣欲絶，謂母曰：“葬時車載從華山度。”母從其意，比至女門，牛不肯前，打拍不動。女曰：“且待須臾!”妝點沐浴，既而出歌曰：“華山畿，君既爲儂死，獨活爲誰施。歡若見憐時，棺木爲儂開。”棺應聲開，女遂入棺。家人叩打，無如之何，乃合葬，呼曰“神女冢”。)

户部郎中鮑之鍾墓，在城南盧墳口、許母橋東菊花山枝。(補遺)

丹徒縣志卷八終

丹徒縣志卷九

輿地十八　古迹 金石考附

古迹叙

古人往矣，而流風餘事足繫人思，其迹之所存，必不同乎俗之廢興也。况徒邑吉金樂石，耆古之士莫不網羅搜剔，據爲環寶。地志雖與金石書异例，亦當一一載其全文，以資辨證焉。志古迹。

周鼎，在焦山，相傳爲鄉宦魏氏物。時分宜嚴相當國，欲之，因陷以罪，鼎遂歸分宜。分宜敗，復入江南民家，懼終不保，送藏焦山海雲堂。鼎高一尺三寸二分，腹徑一尺五寸八分，口徑一尺四寸五分，耳高三寸，闊四寸二分，足六寸一分，深八寸二分。腹有銘十行，凡九十三字，俱古篆文。外爲雲雷之形，古色陸離。考證家斷爲周宣王時物，非無據也。(《康熙志》《嘉慶志》同)

明徐𤊹家藏本《釋文》云：維九月既望甲戌，王格于周廟，探于圖室。嗣徒南仲右䌰專賓立中廷，王呼史友册命䌰專曰："官司空王道則民，以錫汝玄衣、束帶、戈、琱戟，縞韠彤矢，鋚勒鑾旂。"䌰專敢對："揚天子丕顯，睿休用作，尊鼎用享。于（缺一字）烈考，用周簋，壽萬年，子孫永寶用。"（釋"省文"云）維（隹）、格（各）、仲（中）、專（叀）、呼（乎）、命（令）、錫（易）、汝（女）、玄（幺）、韠（必）、彤（彤）、鑾（䜌）、丕（不）、休（㳑）、烈（列）。（其釋"繁文"云）賓（賔）、中（审）、則（𠝣）、揚（揚）、尊（樽）。（其釋"殊文"云）廟（𢊍）、探（𠜜）、空（"𢒸"，本作"功"）、帶（𠁥）、琱（𤥨）、戟（𢧀）、縞（䋄）、矢（𠂉）、勒（"𩊚"、□[1]二字，本"僼"、"革"）、敢（𢽟）、年（秊）。（其釋"异體同文"云）用、周（俱"周"）、嗣、𤔲（俱"司"）、䅇、𠦬、𩃬（俱"䌰"）。

《焦山志》：《古鼎考》曰：此本所載互异諸字，核以原文，殊多乖迕，意當日模拓未工，或得自傳抄之本，未必親見銘文也。

國朝顧炎武《金石文字記》云：鼎銘九十三字，皆古文，蝕一字。外爲雲雷之形，其文曰：維九月既望甲戌，王各（古"格"字）于周。丙子，烝于圖室，司徒南中（古"仲"字）右（古"佑"字）世惠僉立（古"位"字）中廷，王呼史端册令（古"命"字）世惠曰："宣治佐王，頗側弗作，錫女（古'汝'字）玄衣、束帶、戈、琱戟，縞

① 按：原字漫漶難辨，姑用空格易之。

鞞彤矢，鋚勒鑾旂。”世惠敢對：“揚天子不（古‘丕’字）顯，敬休用作，尊鼎用享。于（蝕）烈考，用周簋，壽萬年，子孫永寶用。”

程邃《釋文》云：維九月既望甲戌，王（及還）于周宓（子），□于圖室（治征司徒）。南中佑□惠□立中廷，王呼（史受）册命□惠曰：“官（司治）□王□側□作，錫女玄衣、朿帶、戈、琱戟，縞鞞彤矢，鋚勒鑾旂。”丗惠敢對：“揚天子不顯，（敷）休用作，尊鼎用享。于□烈考，用周（簠簋），壽萬年，子孫永寶用。”

《堯峰文鈔》汪琬《釋文》云：維九月既望甲戌，王還于周□，□于圖室，司徒南仲右□惠□立中廷，王呼史受册命□惠曰：“官司□王，□側□作，錫女玄衣、朿帶、戈、琱戟，縞鞞彤矢，鋚□鑾旂。”丗惠敢對：“揚天子丕顯，敷休用作，尊鼎用享。于□烈考，用周簋，壽萬年，子孫永寶用。”

《古鼎石刻》鄒儀周《釋文》云：維九月既望甲戌，王如于周。丙子，烝于圖室，司徒南仲佑世惠僉立中廷，王呼史端册令世惠曰：“宣治佐王，頗側弗作，錫女玄衣、朿帶、戈、琱戟，縞鞞彤矢，鋚勒鑾旂。”世惠敢對：“揚天子丕顯，敬休用作，尊鼎用享。于□烈考，用周簋，壽萬年，子孫永寶用。”

《金石經眼録》褚峻《釋文》云：維九月既望甲戌，王格于周。丙子，烝于圖室，司徒南仲右世惠僉位中廷，王呼史端册令世惠曰：“宣治佐王，頗側弗作，錫汝玄衣、朿帶、戈、琱戟，縞鞞彤矢，鋚勒鑾旂。”世惠敢對：“揚天子丕顯，敬休用作，尊鼎用享。于□烈考，用周簋，壽萬年，子孫永寶用。”

翁方綱《釋文》云：維九月既望甲戌，王格于周。丙子，烝于圖室，司徒南仲右無專内門立中廷，王呼史友册命無專曰：“官司（缺一字）王（缺一字）側（缺二字），錫女玄衣、朿帶、戈、琱戟，縞鞞彤矢，鋚勒鑾旂。”無專敢對：“揚天子丕顯，敷休用作，尊鼎用享，于朕烈考，用周簋，壽萬年，子孫永寶用。”（按：《嘉慶志》惟録此釋，且云：諸公《釋文》所見互异，近惟翁方綱考證最爲辨博，今從之。）

朱彝尊《吉金貞石志》云：鼎銘其人莫考，曰“王格于周”，曰“司徒南仲”，殆周時器也。其曰“立中廷”，按：毛伯敦銘文亦有之，薛尚功釋爲立，而《周禮·小宗伯》“掌建邦之神位”注：“故書‘位’作‘立’。”鄭司農云：“‘立’讀爲‘位’。”古者“立”“位”同字，古文《春秋經》“公即位”爲“公即立”，則是銘曰“立”，亦當讀“位”也。“右”，古“佑”字。“令”，古“命”字。“不”，古“丕”字。錢大昕《金石文跋尾》：右焦山鼎銘，宋人好辨識鐘鼎文字，此銘獨未著於録，其出於何時、何地，不可得而知矣。古器多用“鋚勒”字，惟石鼓及寅簋文正作“鋚勒”，伯姬鼎則作“攸勒”，宰辟父敦又作“攸革”。薛尚功、王俅諸家皆釋“攸”爲“鋚”，此文亦但作“攸”，蓋古文之“鋚勒”，即《詩》所云“鞗革”也。《詩》“鞗革”，凡四見，鄭氏《箋》或云“轡”，或云“轡首”，或云“轡首垂毛”，公則訓“鞗”爲“轡革”，爲“轡首”。《説文》無“鞗”字，而有“鋚”字，訓爲“轡首銅”，明乎“鋚”之即“鞗”也。《釋器》云：“轡首謂之革。”郭景純曰：“轡，靶勒也。”《詩》：“如鳥斯革。”《韓詩》作“勒”，明乎“勒”之即“革”也。《詩》：“鞗革有鶬。”鄭以“鶬”爲金飾。古文“鞗”，從金，與許重①“轡首銅”合。孔《疏》謂“以‘鞗皮’爲‘轡首’之‘革’，似未達古制矣”，伯姬鼎、師敳敦并有“縞必”字，薛氏釋“必”爲“縪”。按：《考工記》：“天子圭中必。”鄭注：“讀如‘鹿車縪’之‘縪’。”是“必”“縪”古文相通，此銘亦作“必”，與康成注合。

王士禄《古鼎詩序》述韓吏部《如石》語云：鼎，故京口某公家物，當分宜相枋國時聞此鼎，欲之，不即獻，因嫁禍焉，鼎竟入嚴氏。嚴氏敗，復歸江南某公。以禍由鼎作，不祥，舍之焦山。阮元《古鼎考》云：鼎未詳所始，據王西樵《詩序》所述，則山之有鼎當在明世宗末年，而前此黄雲《游焦山》詩已有“僧堂列古鼎，款識成周鑄”之句，則鼎之由來舊矣。至鼎銘在腹，昔人多未之見。新城二王始表章之，同時爲之釋文者數家，侯官林佶因撰《周鼎考》一卷。今據林書稍爲詮次，益以未備，用資好古者辨證焉。

阮氏《焦山采略》云：焦山古鼎，王西樵始據韓吏部《如石》，言爲京口某公家物，嚴分宜奪之。康熙間，人競以爲詩歌故實。然自嘉靖以後，明人詩集從無此説，某公究何公耶？然則爲《如石》臆語耳，《天水冰山録》於分宜家物無所不載，古銅鼎器款中祇有古銅鼎二個，共重一百一十四斤，并未言及款字，且鼎甚重大，非今周鼎明矣。朱竹垞、翁覃溪二君深於考古者，其《焦山周鼎》詩中皆不言此事，爲其無據也。

《焦山舊志》云：鼎傳於吾鄉魏氏，嚴嵩當國，以不得此鼎將罪之。嵩敗，魏氏懼，子孫終不保，送焦山。嘉靖間，倭亂，藏某宦家。兵退，云：“質多金，不復歸之山中矣。”萬曆初，龐令時雍協紳士措金半百贖還山中。阮相國元曰：“此《志》，康熙年間僧行載所輯，傳澤洪所作。傳與二王同時，王西樵所云‘某公’，蓋魏氏也。但據此鼎亦未嘗入嚴氏，鼎自從魏氏家入焦山耳。惜《志》不詳所自出，亦未可深據，然自足證西樵之非。”

周遂啓諆大鼎，在金山，亦周宣王時物也。道光二十四年五月，漢陽葉志詵送藏禪堂，并摹圖作歌及《鼎銘考》，其歌用王西樵《焦山古鼎歌》韵。（歌入“藝文”，其自注鼎之出處云：“壬寅春二月，陝西岐山縣城北棠陽村史姓耕地得之。”又注云：“先是戊戌歲，郿縣禮村田間溝岸中掘得虢季子白盤，是周宣王十二年正月丁亥作，與此鼎銘文極相類。”）其考古文注於銘字下，解釋銘辭亦詳盡。其《題鼎圖》曰：“右大鼎一，體圓，雙耳，三足。鼎口外緣作饕餮文，間以雷篆，足亦列饕餮形。弦文以建初尺度之，高二尺四分，耳高五寸，闊六寸一分，口徑一尺九寸四分，腹圍六尺五寸，重古權二千六百三十一兩二錢五分。文十二行百三十四言，刻腹内墻，居中。銘辭曰：佳（惟）十

① 按：許重，即許叔重。許慎，字叔重。

有三年正月初吉，王在周邵（昭）宫。丁亥，王各（格）于宣榭即立（位）。宰頵遂啓諆（期）入門，立中廷，有（侑）祝秉鄉，王呼史減册命曰：‘予令女帥師，仰有工（功），錫女賴貝。’遂啓諆作廟享祀，朕皇考致叔寶尊彝，不（丕）顯啓揚武于戎工（功），經維四方，博伐玁狁于洛之陽，相刊折首六百，執傒五十，是以先行書史，令錫乘馬彤矢，赤芾朱黄，鑾旂攸勒。其央錫，用伐用政（征），子孫萬年永寶。”（其詩注又曰：“焦山周鼎銘文‘九月既望甲戌’，是宣王十六年戊子之九月十六日。”）

《考》曰：此周宣王北伐酬庸所作器也。先是，五年夏六月，尹吉甫帥師伐玁狁，至十年後始告成功，遂啓諆亦當爲帥師之臣。十有三年正月初吉丁亥，友人鄭君復光本《竹書》周正宣王元年龍吉癸酉，推得十三年乙酉正月庚辰朔初八日爲丁亥。《夏小正》：丁亥，萬傳丁亥，吉日也，禘于太廟，《禮》曰：“日用丁亥少牢饋食曰來日丁亥。”故彝器言祀事者多有之。宣榭，杜預“魯宣公十六年宣榭火”注：“講武屋。”《公羊》《穀梁》皆言藏樂器。《正義》引服虔云：“宣揚威武之處。”凡言“格”者，假廟也。是宣榭亦當爲享祀之地。下言“即位祀畢”，始即位耳。宰頵、史減歷官最久，二十二年作刺敦，二十八年作寰鼎、寰盤，尚有其名。遂氏，著姓。《風俗通》云：“舜後箕伯、直柄伯戲，中衰，商封之於遂。”《路史》云：“嬀姓，後一云遂子國，齊滅之，子孫爲氏。啓諆，與《莊子》‘榮啓諆’同。”侑祝秉鄉，謂詔侑之。《周禮·大宗伯》鄭注：“王將出命，假祖廟立，依前南鄉。儐者進，當命者延之。命使登内史，由王右以策命之，降，再拜稽首，登受册，命以出。”侑者，延之使登之意也。賴貝，賴，羸也。《宣和博古圖》“父乙鼎”注：“言錫貝之多也。”鼎器而言尊彝者，古人銘言皆連及之辭。享祀必飲食備具，尊以該飲器，彝以該食器耳。經維四方，即《詩·江漢》“經營四方”。《淮南·天文訓》注：“維，度也。”《廣雅·釋詁》注：“營，度也。”皆以度訓，其義同。博伐玁狁，《吕覽·上德傳》：“博者，大也。”《毛詩》作“薄”。《傳》：“言逐出之而已。”《正義》曰：“不言與戰，是以‘薄’訓輕。”此則有“折首執傒”之文可以糾經注之誤。于洛之陽，張君穆詳診地理，定爲今甘肅慶陽府合水、安化二縣，義極精確。相刊，相敵也。《説文》：“刊，剟也。”疐鼎有“相刊及身”之辭。折首六百，較多於虢季子白之五百耳。傒，即繫也。《淮南·本經訓》“傒人之子女”注：“與繫囚之‘繫’同。”是以先行，《詩·六月》：“元戎十乘，以先啓行。”薛君《章句》曰：“陷軍之車，所以冒突，先啓敵家之行伍也。”乘馬，馬四匹也。《周禮·夏官·圉師》鄭注云：“四馬爲乘。”彤矢，該弓而言。《説文》：“彤，丹飾也。”《尚書大傳》曰：“以兵屬於得專征伐者，賜弓矢。”赤芾，黄朱芾也。《詩·斯干》鄭箋：“諸侯黄朱，言其淺也。”朱黄，黄，横也，通作“衡”。《玉藻》“赤芾黝衡”，鄭注：“佩玉之衡也。”鑾旂，《廣雅·釋器》：“鑾，鈴也。”《爾雅》：“講武有鈴曰旂。”《詩·載見》：“龍旂陽陽。”傳：“鈴在旂上也。”攸勒，即鞗革。《説文》：“鋚，轡首銅。”《爾雅》：“轡首謂之革。”注：“轡，靶勒也。”其央錫者，盡予之義。《廣雅·釋詁》："央，盡也。""政"與"征"同。《周禮·小司徒》："施其職而平其政。"注："'政'當作'征'。"是矣。余收輯古金石文字卅有餘年，竊幸近今所出較歐、趙見聞爲多，得以徵文考獻，拾遺補藝，獲此寶器，實酬素願。然不敢私有，懼或失墜，因置之金山，以公同好。既作歌紀事，復爲考證於左。漢陽葉志詵識。

西漢定陶鼎，在焦山。嘉慶七年九月，儀徵阮相國元送藏禪堂。道光初，《焦山志》成，增入《圖考》。其鼎有蓋，鼎高七寸三分，身高四寸二分，蓋高一寸六分。蓋上有三環，各高一寸二分。兩耳高二寸二分，三足高二寸。阮氏《考》録於左。（諸家或詩或序，采入"藝文"。）

《考》曰：西漢陶陵鼎，以漢慮傂尺度之，高七寸三分，身高四寸二分，蓋高一寸六分。蓋上有三環，各高一寸二分。兩耳高二寸二分，三足高二寸。銅質，五色斑駁。腹有棱，純素。蓋鑿隸書銘，大字十五，曰："隃麋陶陵，共厨銅斗鼎蓋，并重十一斤。"小字四，曰："汧第卉五。"器鑿隸書銘，大字十七，曰："隃麋陶陵，共厨銅鼎一，合容一斗，并重十斤。"小字十六，曰："汧共厨銅鼎，容一斗，重八斤一兩，第廿一。"按：《漢書·地理志》："隃麋、汧二縣屬右扶風。"《後漢書·耿弇傳》："建武四年，封耿況爲隃麋侯。"《續漢書·郡國志》作"隃麋"，誤也。又《續漢志》："定陶，在濟陰郡，本曹國，後漢屬兖州刺史部。"郭璞曰："城中有陶丘。"《史記》云："穰侯出之，陶即其地。定陶共王，康元帝子、哀帝父。永光八年，自山陽徙封。"《漢書·丁太后傳》："建平二年，上曰：'太后宜起陵恭皇之園。'遣大司馬、驃騎將軍明東送葬於定陶，貴震山東。"《共王傳》："哀帝二年，追尊共王爲共皇帝。"《水經注》："濟水自定陶縣南，又東徑秦相魏冉冢南，又東北徑定陶共王陵。"此鼎云陶陵，是定陶共王陵也。隃麋、汧二邑共此器，故曰"共厨銅鼎"。鐘鼎款識，漢好畤鼎銘云："今好畤共厨金一斗鼎。"汾陰宫鼎銘云："汾陰共官銅鼎。"上林鼎銘云："上林共官銅鼎。"漢器體制如是。漢陵廟皆有厨，《三輔黄圖》：昭帝平陵爲小厨，裁足祠祀款識。漢孝成鼎銘云："長安厨孝成廟銅三斗鼎。"是也。此鼎蓋與器銘辭不相應者，因有二鼎蓋與器互錯也。器銘云："并重十斤。"又云："重八斤一兩。"器重八斤一兩，蓋當重一斤十五兩矣。今除蓋，以庫平法馬稱之，重五十三兩七錢二分。銘云"容一斗"，以今官倉斗較之，得一升八合。定陶故城，在今山東曹州府定陶縣西南。予得此鼎，因思焦山衹有周鼎，若以漢鼎配之，經史引徵，可增詩事。爰以官牘達之鎮江府丹徒縣，付焦山寺僧永守之，并加册於櫝，繪圖拓款鈐印，備録諸詩。嘉慶七年季秋之月，儀徵阮元識。

很[①]石，一名石羊[②]，在甘露寺側。蘇文忠《游甘露寺》[③] 詩云："很石卧庭下，穹窿如伏羱。緬懷卧龍公，挾策事雕鑽。一談收猘子，再説走老瞞。名高有遺[④]想，事往無留觀。"其序云："寺有石似羊，相傳謂之很石。諸葛孔明坐其上，與孫仲謀論拒曹操。"《蔡寬夫詩話》云：潤州甘露寺有塊石，狀如伏羊，形製略具，號"很石"。相傳孫權嘗據其上，與劉備論拒曹操。又施《注》：《輿地志》云：石羊巷在城南，吴孫氏隧道也。劉備詣孫權，與俱出獵，因醉，各據一羊。三説不同。又《蔡寬夫詩話》云：甘露壁間舊有羅隱詩版云："紫髯桑蓋此沉吟，很石猶存事可尋。漢鼎未安聊把手，楚醪雖美[⑤]肯同心。英雄已往時難問，苔蘚何知日漸深。還有市鄽沽酒客，雀喧鳩聚話蹄涔。"時錢鏐、高駢、徐温鼎立三方，潤州處其間，隱此詩婉而有味。元符中，經火，詩版不復存，石亦毁剥矣。按：曾彦和《潤州類集》引羅隱《石羊》詩自注云："在妙喜寺。"（即因勝寺，見"寺觀"。）又隱《寄默師》[⑥] 詩云："石羊妙喜寺[⑦]，甘露平泉碑。"甘露寺殿前有小石似羊，僧因以隱詩揭其旁，蓋非也。或謂李衛公鼎，建甘露寺時聚境内奇物實之，今很石實自妙喜遷置。然羅隱與衛公相去年遠，石羊在妙喜，隱猶及見之，則知非衛公徙置明甚。彦和《類集》作於元豐中，而蘇公過潤亦當元豐時，則當時所見已非舊石矣。明正德間，郡守滕謐建亭立碑於北固山之西南隅，後亭廢碑移，而石弃在蔬圃積土中。知縣龐公時雍請於郡守王公應麟覓得之，乃改置之演武場，建亭立碑，與將臺對，扁曰"武侯遺石"。兼取滕公舊碑樹焉。昔陸游云："石亡已久，僧取别石充數。"今贋者自存，而故名竟在，謂久亡者誤也。（《嘉慶志》《北固山志》并同）

《山水志》曰：羅隱詩，見《昭諫集》。舊在妙喜寺，未知何時移此。石毁於宋，滕、龐二公建亭所覆，疑放翁所謂充數者，今并亡。

瘞鶴銘，在焦山西足，俗傳爲雷轟石（又名霹靂石）。此銘初刻崖上，當江流之衝，怒濤走齧其下，不知何時轟裂没於江，非窮冬水涸不能至其處。宋淳熙中，馬子嚴請於州將張子顔發卒挽出於波間。但不知置之何地，又不知何時復没於江。趙彦衛《雲麓漫鈔》：紹興中，訪舊本，有使者過，命工鑿取之，石頑重不可取，祇得十許字。又以重不能携，但携一兩字去，弃其餘，今通判東廳本是也。（何屺瞻云：此碑殘缺之所由始也。此碑一毁於雷，再毁於人，其携去者已莫可踪迹，而所謂通判東廳本，今又不知何往矣。）《三山志》云：《瘞鶴銘》石刻二：一在霹靂石旁；一在壯觀亭左岩石上。今壯觀亭久廢，尋其舊址於岩西側，得磨崖五十五字，又不全四字，惜其大半磨泐，後人就其下方鑿爲碑形，岩側有米芾題名石刻云："辛未孟夏，觀山樵書。"不題於霹靂石旁，而

---

① 按："很"，《嘉慶丹徒縣志》卷三《古迹》作"狠"，下同。
② 按："石羊"，《嘉慶丹徒縣志》卷三《古迹》作"石羊巷"。
③ 按：詩題，孔凡禮點校《蘇軾詩集》卷七作《甘露寺》。
④ 按："遺"，孔凡禮點校《蘇軾詩集》卷七作"餘"。
⑤ 按："美"，揚州詩局本《全唐詩》羅隱《題潤州妙善前石羊》詩作"滿"。
⑥ 按：詩題，揚州詩局本《全唐詩》作《錢塘遇默師憶潤州舊游》。
⑦ 按："寺"，揚州詩局本《全唐詩》羅隱《錢塘遇默師憶潤州舊游》作"街"。

題於此，所觀必此書也。且孟夏水漲，原石并没於江，米老又曷從觀之？此書未必出於山樵一手，石斷在趙宋以前無疑。國朝康熙壬辰，陳鵬年見石傾陁在山之足，乘江涸沙露，乃募工挽曳，小者腰絚，大者轆轆，盡遷而出之。郡守錢升乃建亭，覆於佛殿之左。相傳爲晉右軍將軍王羲之書。其以"華陽"系號，臆爲顧況書者，歐陽公、沈存中也；臆爲陶弘景書，又臆爲王瓚書者，《東觀餘論》《廣川書跋》《金石録》《格古餘論》也；臆爲隋代書者，蔡君謨也。（按：夏之蓉《跋》又載程南耕説，以《銘》有"逸少"款識，遂謂唐皮日休先字逸少，後字襲美，其詩集内有《悼鶴》詩，又别有瘞鶴詩序，因指《銘》爲日休書。）衆論紛紜，各有所據。其文曰：《瘞鶴銘并序》，華陽真逸撰，上皇山樵人逸少書。（張壆《記》銘文闕"人逸少書"四字。近代流傳刻本文"上皇山樵人逸少書"在銘後。）鶴壽不知其紀也，壬辰歲得於華（闕一字，當爲"亭"，張《記》同。《金山經庋》唐人書文、《輟耕録》文、近代本俱作"亭"字）。甲午歲，化於朱方天，其未遂吾翔（闕一字，當作"寥"。張《記》、唐人書、《輟耕録》、近代本同）廓耶，奚奪（闕一字，張《記》同。唐人書作"余仙鶴之"四字，《輟耕録》、近代本俱作"之"字）遽也？迺裹以玄黄之幣，藏乎兹山之下，仙家無（闕四字，張《記》同。唐人書，無"仙家無"，并闕字。"等"字，《輟耕録》作"隱"字。近代本無"無"字）我⺮（此字不完，張《記》同，餘無此二字）故（近代本作"有"字，《輟耕録》多"我"字）立石旌（張《記》多"其"字）事，篆銘不朽。詞曰：相彼（張《記》、唐人書、《輟耕録》、近代本俱作"此"）胎禽浮丘（闕二字，張《記》同。唐人書作"仙家之真"。《輟耕録》作"著經"。近代本同。《輟耕録》多"迺徵前事，我傳尔銘"。近代本多"迺徵前事，出於上真"），余欲無言尔（闕五字，當有"雷門"二字，張《記》同。唐人書作"山陰降迹"。《輟耕録》作"尔其藏靈"。近代本作"紀尔歲辰"）。去皷（闕一字，當作"華"字，張《記》同。唐人書無二字。《輟耕録》上有"雷門"二字，近代本上有"元門"二字）表留（闕二字，當爲"形義"，張《記》同。"表"作"衺"，唐人書作"華衺留名"，《輟耕録》作"華表留形"，近代本作"華亥留聲"）唯髣髴事亦微冥（唐人書"唯"上多"真"字，《輟耕録》"唯"上作"義"字，近代本"唯"上作"我"字）尔將何之解化（闕五字，張《記》同。唐人書多"西竹法里宰耳歲辰鳴語"十字。《輟耕録》"化"下作"惟甯"，近代本同）厂（此字不完，又闕五字，張《記》作"闕一字"）惟甯後蕩洪波（張《記》"波"作"流"，《輟耕録》、近代本同。唐人書作"浮丘去莘，左取曹國，右割荆門"）前固重扃，右割荆冫丫（五[1]字不完，又闕八字，張《記》同，《輟耕録》、近代本無"冫""丫"不完字。唐人書多"我欲無言尔也何明"八字）華亭（張《記》同，唐人書無。《輟耕録》上多"歷下"二字，近代本多"未下"二字）爰（《輟耕録》作"奚"）集真侣瘞尔（闕二字，或文但止於此，未可知也。張《記》同。唐人書多"作銘宜直示之惟將進甯"十字，《輟耕

① 按："五"，《嘉慶丹徒縣志》卷三《古迹》作"六"，實非。

録》多“作銘”二字，近代本同）丹陽真宰（此四字，不知其次。張《記》同。唐人書多“丹陽僊尉江陰真宰立石”，《輟耕録》多“丹陽外仙尉江陰真宰”，近代本多“夆山徵士丹陽外仙尉江陰真宰立石”）。宋資政邵亢就山下斷石考次其文，缺其不可知者，此宋咸淳間所存者也。（銘文有五本：一邵亢；一張㞦；一《金山經度》唐人書；一《輟耕録》；一近代流傳刻本。序文諸人大同小异，惟銘詞錯异甚多。邵、張二本雖缺字數，尚與原石地位不亂，銘文共二十句，後三本只十八句也。）今陳鵬年出之江中者，現存七十七字，又不全九字，其無字處以空石補之。（以上《嘉慶志》，參《山水志》。）

《嘉慶志》述盧見曾《焦山志》云：焦山《瘞鶴銘》，舊有宋釋如玉《辨證》、明大石山人顧元慶《考》二書，我朝張弨又爲之辨，長沙陳鵬年、長洲汪士鋐又爲之考，遠引博徵，至詳且備。然或以爲晉右軍將軍王羲之書，或以爲梁隱居陶弘景，或以爲唐王瓚、顧況，衆説紛紛，幾成聚訟。我皇上翠華莅止，親灑宸翰，重書舊文，御製跋語，以爲非晉人不能。天語煌煌①，永垂定論，庶後之覽者得至當之折衷矣②。

《山水志》云：宋淳熙己酉，馬子嚴請於州將張子顔發卒挽出，摹以遺故舊。子嚴有跋，載蔡佑《雜記》。蓋僅出之於水，以便摹拓，未曾移置他所，故日久仍沉没於江。

陳恪勤公鵬年《重立〈瘞鶴銘〉碑記》：《瘞鶴銘》，在焦山西麓，不知何人書。書中但載甲子，不列朝代。其後崩墮江中，遂名雷轟石，亦不紀何歲月。宋元以降，傳録傅會，舛訛相仍，莫能考正。蓋歷世既遠，文字殘缺，江濤險阻，摹拓爲難，固其所也。余自庚寅十月再罷郡，羈繫京江，足不逾户庭且三歲。越壬辰冬，蒙天語昭雪，禁網始疏，乃間以扁舟一至山下，尋探崖壁。適雨雪稀少，水落石露，异乎常時，乃命工人是相是伐，巉岩尋丈，力難全舁；是割是剔，不遺餘力，以求遺文。出之重淵，躋之重岡，乃得七十餘字。質體完固，精采飛弈，歸然，焕然，如還舊觀。自冬徂春，凡三閲月，厥工乃成，是爲癸巳二月既望。兹銘在焦山，著稱殆千有餘年；没於江者又七百年。蛟鼉之所盤踞，波浪之所剥蝕，沙泥之所沉埋，此七十餘字，自歐陽文忠公以至今日，宛然猶存，非山川鬼神護之惜之，曷至此？乃遵原刻行次，存者表之，亡者闕之，甃以山石，儼若摩崖。略循故迹，覆以層軒，環以周垣，不事雕鏤，不施丹黄，以速厥成，毋俾散佚。至是書撰造確係何人，傳寫荒唐，與補刻之謬妄，古今人論辨頗詳，余不具論。按：銘字皆從左方起，存者七十七字，又不全者九字。無字處，以空石補之。

辿（不全）上歲㑆（不全）於芉（不全）於朱未遂吾㓝（不全）矣（不全）也迺裹以玄黄之幣藏山之下仙家石旌事篆銘不朽詞曰相此胎禽浮芉（不全）表留唯髣髴事亦䘖（不全）厥土惟宝浚蕩洪流前固䩻（不全）爽塏勢掩華亭爰集真侶瘞爾夅（不全）㵝徵君丹楊

---

① 按：原缺，據《嘉慶丹徒縣志》卷三《古迹》補。

② 按：“庶後”句，《嘉慶丹徒縣志》卷三《古迹》略异：“庶後之覽者知群言混淆之必衷諸聖也。”

外仙尉江陰真宰。（《山水志》曰：陳公出銘於江，用定武蘭亭例，别刻一石護於外，後被徹去，真迹漸漫。）

《東觀餘論》載邵亢（興宗）本（即前《嘉慶志》所載之本）。

《廣川書跋》載張壆（子厚）本（立石旌事，“旌”字下有“其”字。後蕩洪波，“波”作“流”。相彼胎禽，“彼”作“此”。“厂”字下，邵本作“闕五字”，此本作“闕一字”，張、邵兩本不同僅此，餘皆無异。壆《跋》曰：凡銘文字句讀之可識及點畫之僅存者百三十餘言，而所亡失幾五十字，計其完書，蓋九行；行之全者率二十五字，而首尾不預焉。熙寧三年春，予索其遺逸於焦山之陰，偶得十二字於亂石間，“表留唯甯”十字完，餘二字訛缺。其後又有“丹陽外仙江陰真宰”八字，與“華陽真逸上皇山樵”，似是真侣之號。今取其可考者次序之如此，其間缺文雖多，如“華亭寥廓”之類，亦可以意讀也）。

唐人書《金山經庋》本（刁約所得）：鶴壽不知其紀，壬辰歲，得於華亭。甲午歲，化於朱方。天其未遂吾翔寥廓耶？奚奪吾仙鶴之遽也！迺裹以玄黄之幣，藏之兹山之下，故立石旌事，篆銘不朽。詞曰：相此胎禽，仙家之真。山陰降迹，華表留名，真惟彷彿，事亦微冥，西竹法里宰耳。歲辰鳴語，解化浮丘。去莘，左取曹國，右割荆門，後蕩洪流，前固重扃。我欲無言爾也何明？爰集真侣瘞爾，作銘宜直示之，惟將進甯，丹楊仙尉、江陰真宰立石。（《廣川書跋》云：刁景純就《金山經庋》中得唐人於經後書《瘞鶴銘》文，以較興宗、子厚，其字錯雜失序多矣。“宜直示之，惟將進甯”，則不可究。）

陶宗儀《輟耕録》本：《瘞鶴銘》，華陽真逸撰。上皇山樵，鶴壽不知其紀也。壬辰歲，得於華亭。甲午歲，化於朱方。天其未遂吾翔寥廓耶？奚奪之遽也！迺裹以玄黄之幣，藏兹山之下。仙家無隱，故我立石旌事，篆銘不朽。詞曰：相此胎禽，浮丘著經，迺徵前事，我傳爾銘。余欲無言，爾其藏靈。雷門去鼓，華表留形。義惟彷彿，事亦微冥。爾將何之？解化唯甯。後蕩洪流，前固重扃。右割荆門，歷下華亭。爰集真侣，瘞爾作銘。丹楊外仙尉、江陰真宰。（一本“山樵”下有“書”字。“真宰”下有“立石”二字。一本“我傳爾銘”作“出於上真”，“爾其藏靈”作“紀爾歲辰”。）

王士正①《池北偶談》云：門人淮陰張弨力臣，康熙丁未十月至焦山，觀《瘞鶴銘》，得仰石一，凡六行，存二十六字；仆石一，字在石下，存三十字，又二殘字。又一石側立，剥甚，存七字。仆石之背有宋人補刻三行。按圖列見存字：鶴（側石第一行）、上皇（側石第二行）、歲得於華（側石第三行）亭，甲午歲，化於朱方，天其（此宋人補刻石第一行，屬側石第三行）未遂吾翔（仰石第一行）遽也。迺裹以玄黄之幣，藏乎兹（宋人補刻石第二行，屬仰石第一行）山之下。仙家（仰石第二行）立石旌事，篆銘不朽。詞曰（宋人補刻石第三行，屬仰石第二行）：相此胎禽，浮丘（仰石第三行），華表留形。義（仆石第一行）唯髣髴，事亦微（仰石第四行）。厥土惟甯。後蕩（仆石第

① 按：即清人王士禛。死後因避雍正（胤禛）諱，改稱士正。乾隆時，詔命改稱士禛。

二行）洪流，前固重（仰石第五行）。爽塏勢掩華亭，爰集（仆石第三行）真侣，瘞爾（仰石第六行）。夆山徵君（仆石題名第一行，與銘二行斜連）、丹楊外仙尉（仆石題名第二行）、江陰真宰（仆石題名第三行）。（按：此本所云仰石，存二十六字。今計之，乃三十字。其側石三字，仆石三十二字。）

壯觀亭址，宋人别刻本（摩崖），今僅存五十九字。《瘞鶴銘》（并序）：華陽真逸鶴壽不知其紀也壬未遂吾翔寥廓耶奚山之下仙家無相此胎禽浮丘著經唯髣髴事亦微冥洪流前固重扃右真侣瘞爾作銘。（《焦山志》：王士貞《跋》云：《瘞鶴銘》，余往歲游焦山後崖，水落時得之，僅數字耳。今此帖乃一百許字，蓋取舊本刻之。壯觀亭者，刻手精，頗不失初意，可玩也。按：今僅存五十九字，蓋上半截也。下截被明人磨去題名，咄咄怪事。此外，有程康莊重刻玉烟堂本，在方丈前；錢升重刻顧宸家藏本、林企忠重摹本，并在海雲庵；無名氏小字本，在文殊閣，文皆互异。）

歐陽修《集古録》云：《瘞鶴銘》，華陽真逸撰。刻於焦山之足，常爲江水所没，好事者伺水落時摸得之①，往往祇得數字而已②，惟余所得六百餘字③。按：《潤州圖經》以爲王羲之書，字亦奇特，然不類羲之筆法，而類顔魯公，不知何人書也。華陽真逸是顧況道號，今不敢遽以爲況者。碑無年月，不知何時，疑前後有人同斯號也。黄氏《東觀餘論》云：資政邵公亢考次銘文，首尾文全止此百餘字爾，而《集古録》謂得六百餘字，蓋印書者誤以十爲百，當時所得蓋六十餘字。此銘相傳爲王右軍書，故蘇舜欽子美詩云："山陰不見换鵝經，京口新傳瘞鶴銘。"文忠以爲不類王法，而類顔魯公，又疑是顧況，云道號同，又疑是王瓚。僕今審定文格字法，殊類陶弘景。弘景自號華陽隱居，今號真逸者，豈其别號與？又其著《真誥》，但云己卯歲，而不著年名，其他書亦爾。今此銘"壬辰歲""甲午歲"，亦不書年名，此又可證，云"壬辰"者，梁天監十一年也；"甲午"者，十三年也。按：隱居，天監七年，東游海岳，權駐會稽。永嘉十一年，始還茅山。十四年，乙未歲，其弟子周子良仙去，爲之作傳。即十一年、十三年正在華陽矣。後又有題"丹陽尉江陰宰"數字及唐王瓚詩，字畫亦頗似《瘞鶴銘》，但筆勢差弱，當是效陶書，故題於石側也。或以銘即瓚書，誤矣。王逸少以晋惠帝大安二年癸亥歲生，年五十九，至穆帝升平五年辛酉歲卒，則成帝咸和九年甲午歲逸少方三十二，至永和七年辛亥歲，年四十九，始去會稽而閑居，則不應三十二年已自稱真逸也。又未官於朝，及閑居時不在華陽。以是考之，此銘决非右軍也審矣。

董逌《廣川書跋》云：黄伯思學士以《鶴銘》示余，世謂晋右軍將軍王逸少書。歐陽公疑華陽居士唐顧況道號，然逸少遒翁其書，可見不與此類。晋成帝咸和

① 按："摸得之"，《四庫》本《集古録》卷十《瘞鶴銘》作"模而傳之"。

② 按："往往"句，《四庫》本《集古録》卷十《瘞鶴銘》作"往往祇得其數字云'鶴壽不知其幾'而已"。

③ 按："惟余"句，《四庫》本《集古録》卷十《瘞鶴銘》作"惟余所得六百餘字獨爲多也"。

九年，太歲在甲午，逸少當三十二歲。迨四十八年辛亥，始去會稽，其時未嘗至朱方。華陽又非其郡邑所望，不得以此爲稱。顧況卒於貞元末，當元和七年爲壬辰，九年爲甲午，良不及也。上推壬辰歲爲天寶十一載，況當兒稚，其號華陽乎？蓋貞元以後皆不合於此。昔陶弘景以其居華陽觀，故自號華陽隱居，或曰茅山碑前一行“貞白自書”，與今銘甚异，不得爲陶隱居書，然華陽真逸特其撰銘，書者上皇山樵也，四人各以其號自别，固不識其姓名，疑皆隱君子也。又逌自書其後云：余於崖上又得唐人詩，詩在貞觀中已列銘後，則銘之刻非顧況時，可知《集古録》豈又并詩繫之耶？

趙明誠《金石録》云：《集古録》謂華陽真逸是顧況道號，遍檢唐史及況文集，皆無此號。惟況撰《湖州刺史廳記》自稱“華陽山人”爾，不知歐陽公何所據也。

《苕溪漁隱》曰：《集古録》疑前後有人同斯號者，《西清詩話》云：余讀《道藏·陶隱居外傳》，號華陽真人，晚號華陽真逸。此蓋同斯號矣。《集古録》又以字不類羲之筆法，而類顔魯公，不知何人書也。第蘇子美、黄魯直皆以此銘爲右軍書，得非本《潤州圖經》而言之，故魯直云：頃見京口斷崖中《瘞鶴銘》大字，右軍書。以此觀之，《遺教經》良非右軍筆畫也，若《瘞鶴銘》當爲右軍書，使人不疑，如歐陽公評顔、柳數公書最爲端勁，然纔得《瘞鶴銘》仿佛爾。又嘗有詩云：“小字莫作疑凍蠅，樂毅論勝《遺教經》，大字無過《瘞鶴銘》。”劉昌時《蘆浦筆記·瘞鶴銘》：蔡端明以字有楷隸筆，當是隋代書，而山谷乃斷然曰王書不疑，何也？今考《銘》引雷門鼓事，按《臨海記》：昔有鶴晨飛，入會稽雷門鼓中，於是鼓聲聞洛陽，孫恩斫鼓，鶴乃飛去。恩起兵會稽，殺逸少子凝之。蓋在安帝隆安三年。斫鼓必此時，羲之豈肯遽取以爲引證哉？《漁隱》考訂華陽真逸爲陶隱居，推原本末，或庶幾焉。

蔡佑《雜記》：古州馬子嚴題云：余淳熙己酉歲爲丹陽郡文學，訪此石刻。初於佛榻前見斷石，乃其篇首二十餘字，有僧云往年於崖間震而墜者，余不信，遂拿舟觀崖間，尚餘兹山之下二十餘字，波間片石傾側，因請於州將張子顔發卒挽出之，則甲午歲以下二十餘字。偶一卒曰：“此石下枕一小石。”亦覺隱指如是刻畫，遂并出之。文與佛榻所見者同，第闕二字，而筆力頓异，乃知前所見者爲寺僧所紿耳，因摹數本以遺故舊。近觀陶隱居諸刻，反覆詳辨，知此銘真陶所書，前輩所稱者衆矣，惟長睿之説得之。

鄭杓《衍極》：蔡君謨曰：《瘞鶴》文非逸少字，東漢末多善書，惟隸最甚。至於晉魏之分、南北差异，鍾、王楷法爲世所尚。元魏間盡習隸法，自隋平陳，中國多以楷、隸相參，《瘞鶴》文有楷、隸筆，當是隋代書。

曹士冕曰：《瘞鶴銘》筆法之妙爲書家冠冕，前輩慕其字而不知其人，最後雲林子以華陽隱居爲陶弘景，及以句曲所刻隱居《朱陽館帖》参校，然後衆疑釋然，其鑒賞可謂精矣。

周暉《金陵瑣事》云：唐李石①《續博物志》：陶隱居書自奇，世傳畫版帖及焦山②《瘞鶴銘》皆其遺迹。

顧炎武《金石文字記》云：此銘字體與舊館壇碑正同，其爲隱居書無疑。予友淮陰張弨以丁未十月探幽山下，復得七字云："惟甯"之上有"厥土"二字，"華亭"之上有"爽塏勢掩"四字；其右題名"徵"下有"君"字，皆昔人之所未見也。

王澍《竹雲題跋》云：銘就石書，左行題銘一行，撰書姓名一行，序三行，銘四行，後款三行，凡一十二行。當時以就崖書石，故其行之疏密、字之多寡大小皆不整齊。又歲久，磨滅斷續，不可知其字數。《廣川書跋》載南陽張子厚所記，計其完書蓋九行，行之全者率二十五字，而首尾不與焉。余按：首尾既不與，則序三行、銘四行，僅七行耳，九字蓋誤。今如張所記，以二十五字爲準，則序三行，第一行闕一十六字，第二行闕一十一字，第三行末原文短二字，僅闕九字；銘四行，第一行闕一十七字，第二行闕一十三字，第三行闕一十二字，第四行原文僅六字，今存四字，僅闕二字；後款三行，僅存十三字，共存字八十有八。此亦只按其位次約略計之，究竟歲久磨滅未可據以爲定。自宋邵資政亢以來，諸家以意考正，次爲全文，是非莫辨，皆所謂不知而作，吾無取也。

汪士鋐《記〈瘞鶴銘考〉後》云：《瘞鶴銘》書撰姓氏，本無可考，即華陽真逸與華陽隱居，偶同道號，亦衹可懸擬爲弘景之文，不當直定爲弘景之書。其書者固自署上皇山樵，何從知其姓名？而一時道流皆各自別銜，如真宰、仙尉、徵君，即銘詞所謂真侶是也。諸君匿迹逃名，安可强指其人？又其字體參雜篆隸，六代皆然，即南北分界，其書法亦未必互相流傳，何可定爲平陳以後南土始有此結體？諸家議論紛紜，余俱未敢深信。

夏之蓉《跋》云：金陵老友程南耕《寄示張力臣〈瘞鶴銘辨〉書後一首》云：皮日休，先字逸少，後字襲美，見《北夢瑣言》。其詩集内有《悼鶴》詩云："却向人間葬令威。"此瘞鶴之證也。又一詩序云："華亭鶴聞之久③矣，及來吴中，以錢半千得一隻養之。經歲④，不幸爲飲啄所誤而卒⑤，悼之不已，遂繼以詩。"陸魯望和云："更向芝田爲乞銘。"此撰銘之證也。又云：襲美爲唐懿宗咸通八年進士，崔璞守蘇，辟軍事判官，自叙以九年從北固至姑蘇，咸通十三年壬辰、僖宗乾符元年甲午，襲美正在吴中，其年相合。集内《與茅山廣文南陽博士》⑥ 詩皆不書其姓氏，

---

① 按："唐李石"，或誤。李石當爲宋紹興、乾道間人，《四庫全書總目提要》卷一四三《續博物志》十卷辨之甚詳，可參看。

② 按："焦山"，《四庫》本《續博物志》卷八作"焦山下"。

③ 按："久"，揚州詩局本《全唐詩》作"舊"。

④ 按：揚州詩局本《全唐詩》"經歲"前有"殆"字。

⑤ 按："而卒"，揚州詩局本《全唐詩》作"經夕而卒"。

⑥ 按：詩題，揚州詩局本《全唐詩》作《江南道中懷茅山廣文南陽博士》。

又《憶[1]華陽潤卿博士》詩亦不書其姓。魯望亦有《寄華陽山人》詩，與刻“華陽真逸”“上皇山樵”“丹陽仙尉”“江陰真宰”諸稱謂同，所云“得於華陽，經歲卒”，與銘詞合，文筆亦復相類。集内他處稱“丙戌歲”“庚寅歲”，皆不書年號，又非獨貞白爲然也。又云：是《銘》疑爲襲美所作，而華陽、北固之間無上皇山之名，惟會稽有之，南宋北陵奏云：直以上皇青山之雄，翼以紫金、白鹿之秀，豈襲美以右軍遺迹在會稽而已，亦字逸少，遂假其名以傳世與？向傳爲右軍書，亦非無故也。右南耕之説如此，是又黄、董、陶、張之外而别自爲説者，余雖未敢遽信以爲然，然其言亦似可取。《山水志》曰：按皮襲美《顧道士亡弟子乞銘》[2] 詩云：“大椿枯後新爲記，仙鶴亡來始有銘。”正用《瘞鶴銘》事，斷無以己事對《莊子》之理，存此以備一説。

諸葛銅鼓（見“藝文”詩）。

《陀羅尼經幢》石刻，在焦山寶墨亭。雲陽野夫王奐之集宗祖晉右將軍書。（《焦山志》云：今佚。其從郡治後移置焦山事，詳見前“宫室・寶墨亭”下。）

晉傅先生石室，在焦山瘞鶴岩下。有户，有庭，有几，有案。中窈而深，可通岩腹。陶弘景《真誥》云：傅先生，少好道，入焦山石室中，積七年，而太極老君詣之，與之木鑽，使穿一石盤，厚五尺許，云：“穿此石盤，便當得道。”積四十七年，鑽盡，石穿，遂得神丹，乃升太清，爲南岳真人。山有石，名鑽丹者以此。（《山水志》曰：按《真誥》，仙卿黄冠子亦隱焦山。）

晉戴仲若聽鸝處，在招隱山。（戴公宅，見“山”注及“宫室・宅”注。）

磨笄石，在磨笄山。戴仲若女磨笄守貞處。（山因此得名）

梁武帝鐵鑊，在甘露寺。蘇詩自注：“甘露寺有大鐵鑊二，按銘梁武帝時所鑄。”張邦基《墨莊漫録》：京口北固山有二大鐵鑊，梁天監中鑄，蓋有文可讀云。其文曰：天監十八年，太歲已亥。（舊志、《北固山志》俱作“乙亥”。按：梁史“武帝天監元年壬午”，則十八年當爲己亥，作“乙亥”者訛也。）十二月丙午朔，十日乙卯，皇帝親造鐵鑊于解脱仏（古“佛”字。此下《北固山志》增有“殿前”二字，他志無），滿（漫滅一字，《北固山志》作“貯”字）甘露（《北固山志》“露”作“泉”），種以荷蕖[3]，供養十方一切諸仏，以仏神力遍至十方[4]，盡虚空界，窮未來際，令地獄苦鑊，變爲七珍寶池，地獄沸湯，化爲八功德水。一切四生，解脱衆苦，如蓮花在泥，清凈無染，同得安樂，到涅槃城。斯鑊之用，本在亨鮮八珍，興染五味。生纏我皇，静照慈被。無邊法喜，禪悦何取（漫滅一字，《北固山志》作“腥”）檀（《北固山志》“檀”作“羶”）。爰造斯器，因（舊志、《北固山志》俱訛作“回”）成勝緣，如含碧水（又漫一字，《北

① 按：“憶”，揚州詩局本《全唐詩》作“懷”。

② 按：詩題，揚州詩局本《全唐詩》作《顧道士亡弟子以束帛乞銘於余魯望因賦戲贈日休奉和》。

③ 按：“蕖”，孔凡禮點校本作“葉”。

④ 按：“方”，孔凡禮點校本作“分”。

固山志》作“生”)，發金蓮。道場供養，永永無邊。其後又云：帥吴虎子近禁道真概懷於佐陳僧圓丞①宋（又漫，《北固山志》云：漫一字，細審之，未定幾字）令宣令鄭休之，義不可曉，疑當時幹造之人耳。又一行云“五十石鑊”，然形製不能容今之五十石，蓋古之斗斛小也。(按：權量度衡皆古小今大，前定陶鼎銘“容一斗”，阮氏以倉斗較之，得一升八合，是也。)始知二鑊乃當時植蓮供養佛之具耳。(舊志云：今不存，然朱國楨《湧幢小品》尚載之，毁弃固不久也。又《山房隨筆》云：甘露寺有鐵鑊二，其量容百斛。天監中，賜貯水以飲僧衆。元沙門《明本記》謂嘗有碧芙蓉生其中。蘇文忠公詩“蕭公古鐵鑊，相對空團團。坡陀受百斛，積雨生微瀾”，翟公惠②亦有“蕭梁遺巨鑊，仿佛神奸鑄”之句。今按：鐵鑊雖蕭梁所鑄，實非賜甘露寺者。寺創於唐。天監中，尚未有寺。詳見前“甘露寺”下。此鑊當是李衛公從他寺遷來，蓋衛公拓寺宇時嘗聚寶物實其中也，亦見前注。)

梁昭明讀書石案，在招隱山。(見前“宫室”。又增華閣爲昭明選文處，與讀書臺并傳。)

張僧繇畫菩薩像，在甘露寺。蘇東坡詩云：“僧繇六化人，霓衣挂冰紈。隱見十二叠，觀者疑誇謾。”翟忠惠云：“僧繇六化佛，生面行差肩。”米南宫《甘露寺悼古詩序》云：寺壁有張僧繇畫菩薩四。米芾《畫史》云：潤州甘露寺張僧繇四菩薩畫，一版長四尺，一版長八尺許。(今毁)

陸探微畫獅子、畫菩薩。李德裕既興甘露寺，舊所藏陸探微畫獅子一、菩薩二，以授寺僧，故蘇子瞻有詩云：“破版陸生畫，青猊戲盤跚。上有二天人，揮手如翔鸞。”又贊云：“圓其目，仰其鼻，奮髯吐舌。威見齒，舞其足，前其耳，左顧右躑；喜見尾，雖猛而和，蓋其戲嚴嚴高堂，護燕几，啼呼顛沛，走百鬼。嗟乎，妙哉古陸子！瞿③汝文亦云‘奮迅陸子畫，青猊戲芝田’。”(《北固山志》《三山志》并同，今不存。)

鶴林寺杜鵑花，《康熙志》云：花高丈餘，相傳唐貞元年，有外國僧自天台鉢盂中以藥養根來種之。每春末開時，或窺二女子來游花下，俗傳花神也。其後有殷七七者，名文祥，又名道筌，周寶於長安中識之。及寶自涇源移鎮浙西，七七亦至，寶師之，敬益甚。一日，謂七七曰：“鶴林之花，天下奇絶，嘗聞能開非時花。今重九將近，能開此乎？”七七曰：“可。”乃前二日往花所，其夜聞女子來，曰：“妾爲上帝司此花，今與道者開之，然此花不久當歸閬苑矣。”晨起，花漸破蕊。九日，盛開如春。寶驚异，燕賀累日。後因兵火焚寺，根株不存。宋咸淳八年，寺僧慶清乃以躑躅補其舊。迪功郎、光州司户參軍朱國正作記刻石。未幾，枯悴④。元延祐丙辰，里人戈道恭家圃有此花，乃移

---

① 按：“丞”，孔凡禮點校本作“承”。

② 按：翟公惠，或誤。當作“翟公巽”或“翟忠惠”。宋翟汝文，字公巽。忠惠，其私謚也。嘗從蘇軾游。《宋史》卷三七二有傳。又下“張僧繇書菩薩像”條即作“翟忠惠”。

③ 按：“瞿”，“翟”字之訛。詳前注②。

④ 按：“悴”，《嘉慶丹徒縣志》卷三《古迹》作“瘁”。

植故處，蜀郡青陽翼爲記。（其後建杜鵑樓。咸豐間，毁於兵燹。見“宫室”。）

唐鐘，在埤城法雲寺。（唐大中二年鑄，蘇庠有詩。）

玉蕊亭玉蕊樹，在招隱山。《太平寰宇記》：山有玉蕊樹。唐李德裕作記刻石。（《全唐詩》李德裕《招隱山觀玉蕊樹戲書即事奉寄江西沈大夫閣老》詩：“玉蕊天中樹，金閨昔共窺。落英閑舞雪，密葉乍低帷。舊賞烟霄遠，新①歡歲月移。今來想顔色，還似憶瓊枝。”自注：“内署沈大夫所居門前有此樹，每花落空中，回旋久之，方集庭際，大夫草詔之月，皆邀予同玩。”沈傳師和詩云：“曾對金鑾值，同倚玉樹陰。雪英飛舞近，烟樹②動摇深。素萼年年密，衰容日日侵。勞君想華髮，僅③欲不勝簪。”）

《蔡寬夫詩話》云：李衛公《玉蕊》詩注以爲禁林有此木，吴人不識，自予賞玩始得名。此爲潤州招隱山作也，碑今裂爲四段，在通判廳中，而招隱無復此花矣。

陳景沂《群芳備祖》云：招隱寺方丈有閣，號增華，昭明選文於中。左有亭，名虎跑、鹿跑，右有亭，名玉蕊。有玉蕊二株，對峙一架，其株仿佛乎葡萄，而非葡萄之可比；其葉類柘之圓尖、梅之厚薄；其花類梅，而莩瓣縮小，厥心微黄，類小净瓶。暮春初夏盛開，葉獨後凋。其白玉，其香殊，其高丈餘，土人僉言此花自唐迄今，天下只有此二株，亦猶瓊花之於維揚。千餘年來，凡幾遭兵毁，而僅餘此，欲天下皆知此花非礬④非瓊，夐出鮮儔，自成一家也。

胡仔《漁隱叢話》云：晋宋以來，招隱寺名甲京口，古松修竹，清泉幽澗，播在談咏，誇詡絶勝，邇者樵伐童赭，實不副名。其中玉蕊累經兵毁，自普覺師來主法席，頓還三百年舊觀，加以年歲，蒼翠環舍，景物增邃。

《至順鎮江志》：周文忠必大《玉蕊辨證》跋語云：唐人甚重玉蕊，故唐昌觀有之，集賢院有之，翰林院有之，皆非凡境也。往有自鎮江招隱來，遠致一本，條蔓如荼蘼，冬凋春榮，柘葉紫莖⑤。花苞初甚微，經月漸大，暮春方八出鬚如冰絲，上綴金粟，花心復有碧筒，狀類膽瓶，其中别抽一英，出衆鬚上，散爲十餘蕊，猶刻玉然。花名玉蕊，乃在於此。宋子京《筆記》云：維揚后土廟有花，色正白，曰玉蕊。劉原父《移瓊花詩序》云：瓊花，别號八仙花，或謂李衛公所賦玉蕊即此。宋次道《春明退朝録》：后土廟瓊花⑥，或云自唐所植，即衛公所謂玉蕊⑦。三公博洽無比，不知何故疑爲瓊花，甚無謂也。曾端伯《高齋詩話》：廬陵段謙叔有楊汝

---

① 按：“新”，揚州詩局本《全唐詩》作“前”。

② 按：“樹”，揚州詩局本《全唐詩》作“葉”。

③ 按：“僅”，揚州詩局本《全唐詩》作“近”。

④ 按：字當作“礬”，詳見下“山礬”注。

⑤ 按：《至順鎮江志》卷四《土産》“玉蕊”條，“柘葉紫莖”句下尚有“再歲始著花，久當成樹”云云。

⑥ 按：“后土廟”句，《學津討原》本宋敏求《春明退朝録》卷下作“揚州后土廟有花瓊花一株。”

⑦ 按：“即衛公”句，《學津討原》本宋敏求《春明退朝録》卷下作“即李衛公所謂玉蕊花也。”

士《與白廿二帖》云：唐昌玉蕊以少故見貴耳。自來江南，山山有之，土人取以染事①，不甚惜也。則知瑒花爲玉蕊無疑。洪景盧《容齋隨筆》：玉蕊，今瑒花，又名米囊，黄山谷易爲山礬②者，在江東彌山亘野。而唐昌所産，至於神女下游，折花而去，以踐玉峰之期。是不特土俗罕見，雖神仙亦不識也，止因好事者僞作唐人帖，故二公皆信之。山谷訛“棔”作“鄭”，而江南鄉音又呼“鄭”爲“瑒”，復疑未安，於是創“山礬”之名。其實諸公猶未見此花，所謂信耳而不信目者也。③

《嘉慶志》述舊志云：《蔡寬夫詩話》謂招隱無復此花矣，然乾元萬壽宫住持余孟實自招隱山移此花，植於宫前花圃。時紫泉馬克復有詩，里人龔理子中次其韵曰：“山水窟宅江之南，搜奇絶④勝味絶諳。朱方招隱最超絶，樹作玉蕊珠濺潭。”然則招隱未嘗無此花也。

《嘉慶志》又云：唐昌觀舊有玉蕊花，乃明皇女唐昌公主所植也，見《長安志》。其後《蔡寬夫詩話》《容齋隨筆》各有辨證。得周公必大一題，似可無煩聚訟矣。

按：《明一統志》尚有玉蕊亭，今其亭久廢，花久不存。《嘉慶志》述舊志未嘗無此花者，其志蓋《明志》耳。咸豐間，寺毁於寇。山木皆童，安問玉蕊？

鐵塔，在甘露寺。（按：李衛公造此塔，所以鎮水，蛟龍畏鐵，故也。其興廢詳“寺觀”本寺下。）

李衛公手植柏，在甘露寺。（蘇詩自注云：衛公祠堂在寺，手植柏合抱矣。）

李衛公手植檜，在甘露寺。（《潤州類集》：寺有李德裕祠堂畫像及所植檜。）

李衛公瘞舍利石函處，在鐵塔下。（詳前“寺觀”本寺下）

洞天一品石，舊在海嶽庵寶晉齋（今久亡）。米芾《一品石詩序》云：西山書院，丹徒私居也。上皇樵人以异石來告余，凡八十一穴，狀如泗淮山，一品石加秀潤焉。予因題爲“洞天一品石”，以麗其八十一數，令百夫輦至寶晉齋。又七日，甘露下其石，梧桐、柳、竹、椿、杉、蕉、菊無不沾也，自五月望至二十六日猶未已。因思之，作此詩。（詩見“藝文”）

研山圖刻石并銘，在海嶽庵壁。銘曰：五色水，浮昆侖。潭在頂，出黑雲。挂龍怪，爍電痕。極變化，闔道門。跋云：右《研山銘》，先臣芾真迹。臣米友仁鑒定恭跋。（《山水志》曰：米老研山有二：一被薛紹彭易去，詳見《輟耕録》；一與蘇仲恭家易宅基，見《鐵圍山叢談》。諸書此圖與《輟耕録》中所繪圖同，即薛紹彭易去之石也，其下刻《鐵圍山叢談》一則，乃誤作易宅之研山矣，詳見後翁方綱《研山考》。）

---

① 按：“事”，原缺，據《至順鎮江志》卷四《土産》“玉蕊”條補。

② 按：“山礬”，即“山矾”，花名。“礬”，原作“礬”，疑誤。卷十八《物産》作“礬”，當是。

③ 按：自“宋子京《筆記》云”至“所謂信耳而不信目者也”，實皆引自《至順鎮江志》，原分列之，兹據《至順鎮江志》卷四《土産》“玉蕊”條并爲一條。

④ 按：“絶”，《嘉慶丹徒縣志》卷三《古迹》作“抉”。或是。

《北固山志》云：研山有二，皆南唐李後主寶石，後皆歸米元章，見《鐵圍山叢談》《悦生堂隨鈔》及《輟耕録》諸書。郡邑志誤爲一，翁覃溪學士辨之甚詳。

翁方綱《寶晉齋研山考》：朱竹垞集中之米家研山，非米老易甘露寺基之研山也。昔江南李後主買一研山，徑長尺許，前聳三十六峰，皆大如手指，中隔絶闊，合計前後共五十五峰。東南有飛磴横出，方平，可二寸許。鑿以爲研，其左右引兩阜坡陀，而鑿研處在其中央。江南破，流轉數士人家，爲米老元章所得。元章刻其下，述所由來甚詳。及米歸丹陽，老謀菟裘，而蘇仲恭學士之弟者，才翁孫也，號稱好事。有甘露寺下并江一古基，多群木，蓋晉唐人所居。時米欲得宅，而蘇覬得研，于是王彦昭侍郎與登北固，共爲之和會，蘇、米竟相易。米居，號海嶽者是也。研山歸蘇氏，其後入宋禁中。此事見於《避暑漫鈔》《鐵圍山叢談》《秋宜集》《岳氏法書贊語》，皆相合。觀其稱米得宅，而蘇得研，則是中間鑿爲研無疑也。今所見竹垞家研山，則中間初無鑿爲研處，且前後僅六峰，無所謂三十六峰、合前後五十五峰者，且又無所謂元章刻於其下詳述本末者，其非易海嶽庵之石明矣。惟以陶南村《輟耕録》證之，則圖與説悉合。而《輟耕録》所載元章自作記，初無易海嶽之説，其詞曰："此南唐寶石，久爲吾齋研山。今被道祖易去，中美舊有詩云：'研山不易見，移得小翠峰。潤色裛書几，隱約烟朦朧。巉岩自有古，獨立高崧巃。安知無雲霞，造化與天通。立壁照春野，當有千丈松。崎嶇浮波瀾，偃仰蟠蛟龍。蕭蕭生風雨，儼若山林中。塵夢忽不到，觸目萬慮空。公家富奇石，不許常人同。研山出層碧，峥嶸實天工。淋漓山上泉①，滴瀝助毫端。揮成驚世文，立②意皆逢原。江南秋色起，風遠洞庭寬。往往入佳趣，揮灑③出妙言。願公珍此石，莫④與衆物肩。何必嵩少隱，可藏爲地仙。'今每誦此詩，必懷此石。余亦有作云：'研山不復見，哦詩徒嘆息。惟有玉蟾蜍，向余頻泪滴。'此石一入渠手，不得再見，每同友往觀，亦不出示，紹彭公真忍人也。余今筆想成圖，彷彿在目前。此吾齋秀氣猶不復泯矣。崇寧元年八月望，米芾書。余二十年前，嘉興吴仲圭爲畫圖，錢塘吴孟思書文。後携至吴興，毁於兵。偶因清暇，默懷往事，漫記於此。"此陶南村所記，與所繪圖并驗之，則竹垞集注所引《歸田集》語無不符合，曰："此石流傳，爲秀水朱文恪公所藏，長七寸八分，高下凡六峰，其右之第一峰截然突起，微類笋形；頂有竅穴，曰玉笋峰。第二峰曰方壇，下瘦上廣，方平瑩潔，故壇名焉。一小峰附其下，中一峰高四寸餘，聳峙峭拔，勢若卷旗，曰華蓋峰。稍下爲月岩，圓竇相通，似人力而實非人力也。其左之第一峰斜連坡陀，後漫前俯。第二峰隆崇離立，高不及三寸，有數十仞之象，亦有小竇嵌空。其第三峰則與華蓋峰相連，而岡阜樸野，曰翠巒者

① 按："淋漓"句，陶湘影元本《南村輟耕録》卷六作"淋漓上山泉"。

② 按："立"，陶湘影元本《南村輟耕録》卷六作"主"。

③ 按："灑"，陶湘影元本《南村輟耕録》卷六作"掃"。

④ 按："莫"，陶湘影元本《南村輟耕録》卷六作"美"。

是也。龍池在其下，滴水少許，經旬不竭。下洞在方壇之趾，上洞據華蓋之麓。米老云：'下洞三折，可通上洞。'予嘗神游其間，頃以物探之，則格而不通。注以水，則流出下洞，知果曲折相通也。其色黑而有光，巑岏岝峉，無斧鑿痕。望之，蒼翠欲滴，疑有草樹蓊鬱，米老所謂不假雕琢，渾然天成者也。”按：此與《輟耕録》之文極其肖矣。予自壬辰歲，門人謝蘊山出守鎮江，托其訪此石，并覓好手與海嶽庵共寫爲圖，訖未得，遂後晤吴門陸謹庭，知有所藏紹瓜疇海嶽庵圖，諾爲摹本。至今年春，謹庭以摹本寄來，適友人又以孫雪居所臨海嶽庵卷來，予倩兩峰羅君并摹爲軸，而却得見此研山，亦一异也。予乃合諸書考之，始知研山有二，皆出於南唐，歸於米老寶晉齋，而一爲薛紹彭道祖所易，一爲蘇仲恭之弟以庵基相易，二石判然不可强合，是以《鐵圍山叢談》云米老有二石，是其明徵也，其與蘇氏相易者歸宋内府，後又歸於天台戴運使覺民，又歸元大都太乙崇福宫張真人，今不知何存矣。其與薛氏相易者，至前明歸新安許文穆，又歸秀水朱文恪。國朝康熙戊辰猶在朱氏，新城王漁洋觀於古籐書屋，爲賦七言古詩，附以絶句，寄竹垞，謂儻有好手仿梅道人重作一圖，當以吾輩唱和詩附後，蓋此圖亦不果作，然吴仲圭爲圖者實即此石。《居易録》亦云有“寶晉齋”三篆字及米氏印，信漁洋此語不誤也。惟《香祖筆記》云：“南唐研山歸米元章，米與蘇仲恭家易北固甘露寺地。予從朱檢討京邸見之，既爲作長句，又題一絶云：'南唐寶石刼灰餘，長與幽人伴著書。青峭數峰無恙在，不須泪滴玉蟾蜍。'後二年，復入京師，已爲崑山徐司寇購去。今又十五年，不知尚藏徐氏否？”按：漁洋七言古詩并無易海嶽庵語，即其絶句云“青峭數峰”亦正切此高下六峰，而非所謂五十五峰之石明矣。所謂“泪滴蟾蜍”者，本於米詩，亦因此石龍池洞竇而云爾，故其詩又有“滴瀝助毫端，揮灑出妙言”之句，皆因研山之滴水言之，非指石中鑿研而言，是《輟耕録》及漁洋所稱皆確是此石無疑。而何以漁洋誤牽合甘露寺易屋基之事？蓋未詳考米氏有二石，偶見宋人説部，輒以彼石傅會此石，致令後人相傳此即甘露相易之石，深可笑也。漁洋尚不足怪，而竹垞精於考據，其家世相傳之奇石何至漫不加詳，而其詩亦云“以之易園林，絶勝臨江關”，則是竹垞亦不知米氏有二石。若非今日余爲剖析，則必有因諸書不相符合而疑爲贋者。予又嘗見米老《研山詩帖》云：“山研雲時抱，奩書客不傳。北窗多异氣，正對净名天。”後有岳倦翁贊云：“壺嶺九華，訾是一枝。”則是彼石而非此石，是山研亦可名研山，而此研山不得名爲山研，尤當分别者也。然余幸得借留蘇米齋旬日，爲之考辨，俾觀者得釋然不惑。又倩好手補圖，以補仲圭之迹。又邀諸君子爲詩以踵王、朱諸前輩遺韵，米老有知，當亦擊節快賞於九霞空洞中耳。乾隆庚戌秋九月二十五日，北平翁方綱又書後云：蘇氏易研石事，岳倦翁云不能考其何年，而曰老訾莬裘，則必在晚年矣。然以余考米老平生出處，其歸丹陽，蓋在漣水之後、淮陽之前。觀其元符戊寅有《净名齋題記》，崇寧壬午於大江濟川洲亭裝褚書蘭亭，則以研山易居當即在此數年間。《輟耕》所録《研山記》，在崇寧壬午之八月，此必在研山易居之後矣。其一研山與薛氏相易，又不知在何年，而此時獨惓惓於懷，吟諷寫照，則是蘇所易之研山，米既得居，想亦不復置念；而薛所易之研山乃最不忘也。其五十五峰之研山，雖是南唐奇石，而米所極不忘者專在薛所易一研山，則復何必援彼事以增重於此山邪？援彼以增重尚不可，而况牽彼以附會此山之爲大謬邪？既撰考之，明日兩峰來小齋話此，因復及之，并書於考後。

蔣延菖《跋》云：研山有二，昔人誤合爲一，《寶晉書院志》亦未深考。吾祖春農公曾作《研山辨證》，適翁覃溪先生致書，考訂研山，辨别同异，與吾祖《辨證》一一相符，且云刻一小卷呈教。數年來，迄未見寄。歲辛酉，菖再入都門，覃溪先生因將所著《研山考》及羅兩峰所繪圖見贈。菖思先輩汲古精心，足資文獻，因以圖考詩册裝爲一卷。昔吾祖修《丹徒縣志》，未蕆業而卒。邑志舊載《研山考》，未遑厘正。菖朝夕侍先祖側，聞緒論，謹識之，以俟續修邑志者訂正焉。

寶晉齋硯，《寶晉書院志》：康熙年間，何將軍天培治園亭，海嶽庵側工人掘地得硯，携去，莫識爲米氏物也。好古者見有“寶晉齋”字，勸藏之。後其孫貧不能守，轉質他姓，因贖之，藏於書院，以爲襄陽先生遺愛云。硯長七寸，廣四寸，高二寸許，面爲圓圖受墨。襄陽自爲銘曰：“彼美蘭亭，貽自右軍。展卷悠然，如行山陰。江左風流，萬古彌馨。圖之於硯，臨池生雲。其直千緡，寧易鵝群。”硯陰有“寶晉齋”三大字，亦襄陽筆。四圍虚其一，其前、左、右三面刻蘭亭圖，崇岡峻嶺，茂林修竹，景物宛然。其後下端，即虚洞上端，鎸“雲林主藏”四篆字，未知果屬倪公否？惜刓其二足，其右足尚在可粘，左則已失之矣。(《嘉慶志》《北固山志》并同。《山水志》曰：舊藏書院，嘉慶初尚在。今亡。)

米公小像石刻，在寶晉書院壁間。其子友仁贊云：嚴君海嶽戲自寫像，無任臨移，妙出心匠；形容浩然之氣，爲一時之所敬仰；經綸之志，衆嘆曾未得施；青史之名，高出古今之上。(像爲趙昌期摹刻，銘則董其昌重書。)

蘇公小像石刻，亦在書院壁間。公自贊云：心是已灰之木，身如不繫之舟。問汝平生事業，黄州儋州惠州。①（《山水志》云：此係蘇公《自題金山畫像贊》，亦趙昌期摹刻、董其昌書。今并毁於寇。）王士正有《拜蘇米二公像》詩（見“藝文”）。

蘇公玉帶，在金山寺。謹按：玉帶，舊缺數版。乾隆壬午，翠華臨幸山寺，命工補足。乙酉，六飛重莅，復臨内府所藏崔子忠《留帶圖》以賜，并藏寺中。(焦氏《説楛》云：佛印住潤州金山寺，蘇公赴杭過潤，師正挂牌與弟子入室，公便入方丈見之，師曰：“内翰何來？此間無坐處。”公戲曰：“暫借和尚四大用作禪床。”師曰：“山僧有一轉語，内翰言下即答，當從所請。如稍擬議，所繫玉帶留以鎮山門。”公許之，便解置几上。師曰：“山僧四大本無，五蘊非有，内翰欲於何處坐？”公未及答，師急呼侍者云：“收此

① 按：此《贊》又見清王文誥輯注《蘇軾詩集》卷四十八。字句稍有出入，詳見下卷四十九《藝文》蘇軾《自題金山畫像贊》之按語。

玉帶，永鎮山門！”遂取衲裙相報。公有一絶云：“病骨難堪玉帶圍，鈍根仍落箭鋒機。欲教乞食歌姬院，故與雲山舊衲衣。”片語風流，輝映千古。）

東坡、佛印二像，在金山寺。李伯時筆、蘇子由贊。（見《至順志》）

東坡《與佛印手簡》，淳熙戊戌，釋藴良刻石（在金山寺壁）。

東坡、佛印銅像，在金山留玉閣。（明萬曆中，僧超塵重築妙高臺，掘得二像。）

《金剛經》石刻，在焦山石壁庵。宋寶祐①甲寅，張即之書《金剛般若波羅蜜經》，康熙乙巳重摩勒石，邑人笪重光跋尾。（詳“碑碣”）

《心經》石，在焦山江中，宋吴琚書。今半，移庋松寥閣。（《志略》云：琚書《心經》石刻一片，僧明湛移置松寥閣者，祇存“無色聲香味觸法無無明亦無無明盡無苦集滅道”二十字；下截八行存江中石上，可識者“般無有諸佛多是大苦真説咒曰琚敬書”十六字；又“京口盛良輔模刻”七字石，高二丈，字徑五寸，壁立江心，去雷轟石南百步。）

古瓷爐，在焦山。色黝如漆，高六寸許，口徑尺，兩耳，鬔三足，垂乳縮腹，下腹之圍四尺四寸，上有蓋，鏤空，爲“卍”字形。左耳下有小印，篆文：“隆中黄氏供於石肯堂。”《三山志》云：太監黨存仁嘗構護法庵，供沉香關帝像，具爐瓶一席。未幾，庵廢。關帝像移祀觀音岩，爐莫知所在，豈即此爐與？《焦山志略》：山僧云康熙間尚有古瓶，與爐一色，作供堂中。審此，則或爲前明内府流傳之物，未可知也。或云，瓷爲土定窑，嘗拭之，本黄白色云。（《嘉慶志》按：盧見曾云：此爐色黝而質瓦，非瓷也。上有“隆中黄氏”四字小印，用瘦朱文，蓋宋、元間物耳。此云定窑固不確，山僧誇爲漢瓦，則尤妄矣。）

楊文襄公玉帶，在焦山寺。（山僧妙福效蘇公金山事，請於文襄留帶鎮山門，則幾蹈《入蜀記》“名藍争長，吸江吞海，中泠東泠”之誚矣。）

楊忠愍公墨迹六，藏焦山海西庵仰止軒：一、《與王繼津書》（《焦山志·書録》後）。一、《記開煤山稿》。（《稿》曰：“臨洮八十里鎖林峽有煤山二區焉：一在峽之西；一在地竺寺前。先是，開者數爲番民所阻，有司至，不能制。余以諫開馬市謫狄道，尋欲開之而不敢專也。會庠生張子汝言白於府縣，允之，委府相陳言往董其事，乃番民阻之又如昔。余遂偕指揮使李子節門人李維芳、陳恂、宋誥往治之，至則先厲之以威，次惠之以賞，由是煤利以開，番民遂服。余不喜煤利之開，而喜番民之服也，遂記之。”）一、《謫所苦陰雨述懷寄呈繼津兄》詩。（詩曰：“雲黯黯兮鬱愁結，雷隱隱兮哀怨絶。雨潸潸兮血泪下，水泠泠兮悲聲咽。鳥亂啼兮憐人苦，花零落兮誰是主。欲深入兮無永穴，欲高飛兮無翰羽。捫胸問心心轉迷，仰面呼天天不語。混宇宙兮不分，藹烟霧兮氤氲。西風起兮天霽，挂遠樹兮夕曛。聚還散兮暮雲平，晦復明兮日初晴，何時回怒兮天王聖明。”）一、《哀商中丞少峰和徐龍灣韵》詩。（詩曰：“憂時分外闓，何事囚西臺。

① 按：“祐”，原作“佑”，形近而訛，因改。

君爲河山死，誰悲梁木摧。法星仍近月，此日獨憐才。魂魄心猶壯，奸諛骨已灰。夷夏欲交歡，書生虚將壇。可憐當日獄，乃爾借星冠。白晝燕山暮，紅雲渭水寒。他年麟閣上，遺像許誰看。燕囚羞對泣，梁獄共蕭騷。功業半塵土，秋風一羽毛。雲連寃老竹，星借吕虔刀。還憶瀟湘水，悠悠咽楚豪。吁嗟成永隔，生死事相關。氣節雲霄上，勛名宇宙閑。孤魂憂①國泪，萬古鎖愁顔。胡②運將衰絶，燕然未許攀。”）一、《元旦有感寄呈鳳洲年兄謫所苦乏佳楮穎兼意緒頗惡語多不倫幸爲削正》詩。（詩曰：“老天留我報君身，惆悵蹉跎又是春。幾度丹心連血嘔，數莖白髮帶愁新。回思往事真堪笑，自幸更生似有神。璞在不妨重泣獻，踟躕無計達楓宸。”）一、《臨雲麾將軍碑》。（按：《山水志》以墨迹有六，而阮相國《記》中祇云有五，無《臨雲麾碑》一則。）

阮元《送楊忠愍公墨迹歸焦山記》：《楊忠愍公墨迹》一卷，共五幅：一爲《開煤山記》；一爲《謫所苦陰雨述懷》詩；一爲《哀商中丞》詩；一爲《元旦有感》詩；一爲《與王繼津書》。此卷本藏謝東墅少宰師家，師嗣壽紳庶常以贈梁山舟侍講，侍講不欲全留之，但割存《與王繼津》一書而返其四，有跋記事，與翁覃溪學士跋并存卷中。庶常又以此卷贈元，元藏之數年，欲歸之焦山，故於卷中鈐以官印，尚未致送也。焦山仰止軒者，明天啓間建，奉忠愍木主，舊在水晶庵，今圮無存。嘉慶丙寅，僧巨超請改立忠愍公主於焦隱庵後屋中，元稍葺新之，重題木匾，且邀翠屏洲詩人王柳邨歸之焦山軒中，此夙願也。明嘉靖壬子，忠愍約唐荆川至焦山，詩云：“楊子有心渡揚子，椒山無意合焦山。”姜如須先生《垓仰止軒》詩云：“六義風流今不滅，十行疏草未全焚。原因報國成忠愍，翻似完身傍隱君。”今卷中詩文并存。仰止軒，舊與漢隱庵遠，今軒在庵後，一似姜先生詩預爲今日兆者。二公忠義之氣，與江山共千古。兹與漢定陶鼎同置方丈，固其宜也。又元藏宋嘉定、元至順③寫本《鎮江府志》二部，乃翰林學士張慕青先生燾所贈。其間舊聞古迹甚多，極可寶貴，乃謀之鎮江人，無肯刊之者。今亦附忠愍卷同付秋屏暨其師借庵兩詩僧，守之如摹刻墨迹，鈔寫志書，祇可在山爲之，勿令俗夫持去也。嗟夫，卷帙之藏，昔人比之雲烟過眼，若賢忠之遺迹、史志之文獻固未可等量之。惟是子孫少不肖，非飽蟫蠹，即歸鬻失。平泉草木，能終不與人哉？世家秘閣之藏不如名山僧寮之寄，較然明矣。兹送卷歸山寺，元作記存之拙集，且當代賢卿名士亦多題咏，載之各集，海内共知爲焦山物。若他日有不肖僧徒以此貢之他人之手，陳之几，庋之架，人皆能説所從來而賤之，恐世間無此傖父也。揚州阮元書。

忠愍《與王繼津書》。（《書》曰：仰讀手教，足見兄以天下爲己任，敬羡敬羡！宣大係天下安危，弟豈不知？使弟在部必爲兄之所爲者，乃阻抑若此者何？蓋以兄處最嫌

① 按：“憂”，原缺。據清刻本《楊忠愍公集》卷三補。

② 按：“胡”，清刻本《楊忠愍公集》卷三作“敵”。

③ 按：“順”，原作“元”。《至順鎮江志》阮元序“元”作“順”，據改。

疑之故耳！况老賊報復害人之巧入於至神者乎？此弟之所甚慮，而知己溺愛迫切之情如何能已，此事在他人爲之如何不可，在兄爲之則甚不可。兄才尚有大展時節，此時且斂鋒蓄鋭，俟時可爲，則轟烈一場，勿徒惟盡其心而不計事之成否。人皆知致身爲忠，不知爲天下愛其身，尤爲忠之大者，請兄更思之。九月廿又六日，弟繼盛拜，繼津兄賜覽。)

梁同書《書忠愍公札後》云：忠愍此札，蓋與霸州王遴者也。遴，《明史》有傳。按：公自著《年譜》稱其肝膽相許若親兄弟，故嘗有骨肉之托。厥後公以言事下獄且死，周旋終始，惟遴一人。觀札中云云，勸其愛身俟時，或公自爲後日地步未必無意也。予好裒集名賢尺牘，此爲壓卷筆迹，直類《平原争坐帖》，不可多得。穆庵觀察見而慕之，借摹石上，遂爲識數語於後，時乾隆乙卯三月。又《題墨迹卷後》云：余收明人尺牘稍夥，獨無忠愍數行，壽紳館丈以此卷見贈，余不敢盡奪友朋之好，取其一札，餘仍歸之，已不啻獲希有之寶矣。卷中前後兩詩稿尤精，惟主人善藏之，勿輕付人也。

翁方綱《書墨迹後》云：右楊忠愍公手迹四幅爲一卷：《記開煤山》文稿、《謫所苦陰雨述懷》《哀商中丞少峰》《元旦有感》三詩稿也。《陰雨述懷》詩、《寄呈繼津兄》《元旦有感》詩、《寄呈鳳洲年兄》皆在謫所時書。以先生自著《年譜》考之，則此“元旦”是嘉靖三十一年壬子，先生在狄道時也。繼津者，都御史王遴，霸州人。先生在獄時，王官兵部，慨然以其女許婚於先生子，并時爲調護，與鳳洲諸公奔走營救者也。此文與詩既見先生集中，而此卷特以先生手迹，與“疏草”卷并垂天壤，丹心碧血，貫金石而泣鬼神。而繼津、鳳洲二公亦并與此卷彪炳日星，非僅詞翰之傳而已。

忠愍臨《雲麾將軍碑》。(揚州丁研山淮所歸。淮《跋》云：右楊忠愍手迹六，其五爲嘉禾謝氏原藏，謝氏以其一歸之梁山舟學士，爲《與王繼津書》；以其四歸之阮芸臺中丞，爲《開煤山記》及三詩稿。中丞重之而不敢私也，同山舟學士拓本裝池之，而藏之焦山。又其一則淮所藏臨《雲麾將軍碑》也。己巳夏初，淮至焦山，得見中丞藏本，篤棐之忱油然紙上，有令人展卷而不知涕之何從者。竊惟此卷藏之名山固足不朽，孰若勒之貞珉使盡人得見忠愍性情與日月争光乎？且淮所舊藏亦不可久淹篋笥，故均歸之仰止軒中，亟覓良工一并鎸石，願世之得此拓本者勿視爲耳目之近玩。嘉慶己巳夏六月謹識。)

楊忠愍公《訪唐荆川詩》，又書“椒山”二字刻石，在焦山别峰庵。萬曆元年，豫章謝廷傑立。(詩見“藝文”)

《水陸變相》畫軸，在焦山水陸閣。明僧圓瑾募繪。(《水陸變相》一百五十三幅；又《華嚴》五十三參像。)建閣奉之。(《山水志》《焦山志》并同)

玉彌勒佛像，在焦山。明楊邃庵留奉。(《康熙志》)

刻絲明王佛像，在焦山。明丹徒令張文光留奉。(《焦山志》：宋《刻絲明王佛像》

一卷，前有文光題“佛光普照”四大字，後自書《心經》識云：“天中居士張文光沐手敬書，施藏焦山，永佑大衆。崇禎八年四月吉旦。”)

昭關有小石，鎸“鑱銛孝血”四字，款爲“崇禎八年吴爾辰吊伍帥書”。(《焦東閣日記》補)

十三松，在鶴林寺前。古松十三株，樵人將析爲薪，楊文襄一清捐金贖之，并作《十三松記》。(今久廢)

福地鎮福石，在馬迹山。(《康熙志》：福地方圓丈餘，上有鎮福石，雨雪不沾。)

白馬老君石迹、葛稚川煉丹井，俱在馬迹山。(見“山水”)

方竹杖(《唐語林》云：甘露寺某僧道行孤高，李衛公鎮浙西時以方杖贈焉，公所寶也。及再鎮浙右，問杖無恙否？僧曰：“已規圓而漆之矣！”公嗟惋彌日)。

宣聖小影碑，在縣學，吴道子筆。(《康熙志》：今不存。)詳後“碑碣”。

《麟鳳二瑞圖》石，在府學淵源堂。又《四靈圖》石。(今久亡，惟存麟鳳石)《康熙志》：乾道壬辰，教官熊克因閲漢碑，取《麟鳳二瑞圖》勒於學壁。(其麟贊曰：“麟胡爲來？有王者起。曠代一獲，魯狩漢畤。聖賢感之，經絶中止。吁嗟麟兮，維其時矣。”鳳之贊曰：“有道則見，鳳何爲藏？儀韶鳴岐，千載相望。逮時之衰，歌聞楚狂。德備舜文，覽揮其翔。”)慶元四年，教官陳德一易之以石。嘉熙中，教官劉卿月又得《四靈圖》於應天府治，摹刻於大成殿之西廡。“麟鳳二贊”與熊直院所傳同。(其龍贊曰：“或潜或躍，龍稱其神。爰飛在天，利見大人。名師命紀，瑞應昌辰。類孰從之，祥風慶雲。”龜之贊曰：“天下有道，神龜出焉。背書脇文，光昭後先。謂何千歲，游於芳蓮。得氣致和，維以永年。”)龜龍今廢，惟麟鳳石刻在學宫淵源堂。

蘇養直書《心經》及白衣觀音石刻，在金山。(《康熙志》：今亡。)

趙孟頫書《度人經》，明宣德初，玄妙觀道士得之土中，後在縣學。(書係小楷，袁桷跋後，今久亡。)

《七佛畫像》石，在勝果寺。宋高宗成肅皇后父冀王之墓在焉。寺中有高宗所賜《七佛畫像》，名筆也。寺僧摹勒於石。(今久亡)

義女碑，在五州山，久廢。明萬曆中，邑令龐時雍重撰文立石。(以上六則俱《康熙志》)

“天下第一江山”刻石，在甘露寺長廊壁間，梁武帝書，久佚。宋延陵吴琚重書。康熙乙巳，鎮江府通判武鄉程康莊立石。

“宏開鷲嶺”石刻，在甘露寺廊壁，明米萬鍾書。

“與造物游”石刻，在“宏開鷲嶺”之右，無名氏書。

“海不揚波”石刻，在焦山寺門前，明胡纘宗書。(詳“碑碣”)

人皮鼓，在北固山佛院。明嘉靖時，都督湯寬戮海寇王艮皮所鞔，見《廣輿記》。(《湧幢小品》《北固山志》《嘉慶志》并同，今廢。)

義蜂冢，在北固山第一峰。明正德間，北固山下有群蜂，擁蜂王出游，遇鷙鳥攫殺之，群蜂環守不去。數日，俱死。楊公一清聞之，令家童瘞焉，表曰“義蜂”，爲文以祭。（釋了璞《北固山志》云金山有義蜂冢，亦云楊公一清瘞蜂者，未詳孰是。）

雙麟冢，在北固山第一峰二賢祠左、鐵塔西。萬曆二十一年，郡守王應麟命葬，《圖説》立碑冢側。（萬曆二十一年，唐里灣民朱旺一家牛産麟。先是，旺一家每夜有赤光，上騰如火。麟産後，不復見。其狀通體鱗紋，色青黑，玉頂，光潤氤氲，若雲然；口紅色，頷下有髯，項皆細鱗，具九孔，臍以後具六乳，一字排列，腹背皆巨鱗横列，長而稍方，腹下微紅，其腰脊近尾處一巨鱗，上有紋，横三竪一，如王字形，尾皆細鱗，尾梢一全鱗，裹毛。四足亦細鱗，近蹄二寸無鱗，惟直紋二三見而已。甫生，聲如洪鐘，衆咸指爲怪，斃而瘞焉。越日，里人殷士望等聞之，往啓而濯之，傷悼良久，繪爲圖。郡侯王公應麟命葬於此，作《圖説》。二十五年春，朱旺一之族某家牛復産一麟，其牛即産麟者之子也。麟狀大如前麟，微有毛，目赤若流丹，額有紋，如王字。近蹄細鱗，尤整密，餘皆同前。數日死，亦瘞於此，爲雙麟冢。）

石狻猊，在府學戟門左右。康熙間，庠生鄉飲大賓楊廷榮敬立。（狻猊，高七尺許，刻鏤精致，氣象雄偉，久而有靈。小兒疾，禱之輒已。兵燹後，復彩飾新之。）

府學丹墀松柏八十餘株，亦楊廷榮植。（咸豐初，全存。寇擾後，盡遭斬伐。）

秦碣石門刻石，秦李斯篆，宋右散騎常侍徐鉉奉敕臨。嘉慶二十年，金匱錢泳重模并跋，福建巡撫王紹蘭勒石置焦山。（漢隱庵住持借庵囑僧見初釋文并書，其文曰：皇帝建國，德并諸侯。初平泰壹，卅有二年。巡登碣石，照臨四極。從臣群作，上頌高號。爰念休烈，戎臣奮威。遂興師旅，六逆滅息。武殄暴强，文復無罪。庶心咸服，惠論功勞。恩肥土域，賞及牛馬。隳壞城郭，决通川防。夷去險阻，地執既定。黔首無繇，天下咸撫。男樂其壽，女修其業。事各有序，惠被諸産。久并來田，莫不安所。群臣誦略，請刻此石，垂著儀巨。皇帝曰：金石刻盡秦始皇帝所爲也，今襲號而金石刻辭不稱始皇帝，其於久遠也，如後嗣爲之者，不稱成功盛德丞相，臣斯、臣去疾、御史大夫臣得昧死言：臣請具刻詔書。今刻石因明白矣，臣昧死請。制曰可。端拱元年春三月，銀青光禄大夫、守右散騎常侍、上柱國、東海縣開國子食邑五百户臣徐鉉奉敕臨。）

“中流砥柱”刻石，在焦山寺門壁。道光中，越河童子王燮和書。

丹徒縣志卷九終

丹徒縣志卷十

輿地十九　碑碣

碑碣叙

“碑目”一門，志乘家往往列於“藝文”，惟“輿地碑目”見於宋王象之。按：徒邑《康熙志》“碑碣”次於“古迹”；《嘉慶志》改名“碑目”，入於“藝文”。今依王象之例，“輿地”一門以是終焉，并合《嘉慶志》上、下卷爲一卷，增所未備，而體例之次序仍之。志碑碣。

周

《季札廟碑》（《九域志》云：吴季札廟内有唐刺史某刊夫子十字碑。歐陽修《集古録》云：篆書，凡十字，曰“嗚呼有吴延陵君子之墓”。張從申《記》以爲孔子書碑，久湮埋。元宗命殷仲容摹拓。大曆十四年，蕭定重刻於石，并上元二年鄭播《謁孔子廟題名》、建中元年盧國《遷建碑記》及從申書附）。

《嘉慶志》曰：季札碑之屬周，《瘞鶴銘》之屬晉，皆無確據。然流傳既久，必原其始而沿其舊。若以十字碑爲唐人補書而列之唐，《瘞鶴銘》非右軍書而列之梁，以後轉於體例，有礙善考古者，應諒之。後皆仿此。

秦

碣石門刻石（嘉慶二十年，錢泳模，王紹蘭刻石，送置焦山。原爲李斯篆，徐鉉臨。詳“古迹”）。

晉

《贈弘農太守郭璞墓碑》（明豫章謝廷讚撰）。

黄吉士書“晉贈弘農太守郭璞墓”九字（萬曆三十三年立）。

《題石排山郭璞碑陰》（萬曆乙巳，治民顧大猷）。

《瘞鶴銘》（詳“古迹”）。

《陀羅尼經幢》石刻①（詳“宫室·寶墨亭”及“古迹”）。

劉介八分書“傅先生石室”五字②（刻焦山雷轟石之南畔）。

---

① 按：《陀羅尼經幢》，《嘉慶丹徒縣志》卷三十三《碑目上》引《集古録》云：“右《陀羅尼經幢》，唐雲陽野夫王涣之書。字畫頗爲世所珍重，在潤州寶墨亭中。宋咸淳八年，郡守趙縉移置焦山。”并據此列於唐朝。

② 按：此八分書五字，《嘉慶丹徒縣志》卷三十三《碑目上》列於唐朝，未知何據。

梁

《招隱刹銘》(《集古録》云：梁晉安王蕭綱撰，不著書人名氏。《招隱刹銘》，王所建也。王後即位，爲簡文帝碑，以普通三年立)。

“天下第一江山”刻石(舊爲梁武帝書，後爲吴琚書，詳“古迹”)。

《甘露寺觀梁武帝施鑊記》(中峰明本撰，趙子昂書)。

唐

《金剛經》四句偈，刻羅漢岩，僧貞觀書(《焦山志》云：清恒枯《木堂筆記》：羅漢岩有唐人刻《金剛經》四句偈於石壁，名貞觀，詢之故老，罕有知者。偶閲《西湖志》，韜光山後有頭陀石室，即貞觀坐禪處。始知貞觀是唐時僧無疑矣)。

《焦山詩偈》(舊在《瘞鶴銘》側，無名氏書。詩曰：“縱步不知遠，夕陽猶未回。好花隨意發，流水逐人來。”《焦山志》曰：今佚)。

又《焦山詩偈》，丹陽掾王瓚(《焦山志》曰：舊在前碣之旁，今佚。《三山志》：“瓚”，一作“讃”。舊志作晉人。今觀其自稱丹陽掾，又嘗稱功曹、司兵參軍，皆唐官名也。京口自天寶後稱丹陽，而詩亦不類晉人語。詩曰：“江外水不凍，今年寒復遲。衆芳且未歇，近臘仍夾衣。載酒適我情，興來趣漸微。方舟大川上，環酌對落暉。兩片青石棱，波際無因依。三山安可到，欲到風引歸。滄溟壯觀多，心目豁暫時。况得窮日夕，乘槎何所之。”《志略》：《府志》：唐司兵參軍事王瓚，王規裔孫。規，字威明，蕭梁時人，王儉孫也。少舉南徐州秀才，晉安王綱爲徐州，引爲諮議參軍，瓚唐人無疑。今按：唐人詩韵一遵沈約定本，即古體亦然。此詩參用支微兩韵，而《志略》又考其祖王規爲梁人，則王瓚疑爲陳隋間人耳)。

顔真卿《乞米帖》并范仲淹題跋石本(在延陵季札廟中)。

蔣防《鹿跑泉銘》(見《晏公類要》。在招隱寺①)。

李德裕《玉蕊花》詩石刻(見《類要》。在招隱寺②)。

《創甘露寺寶刹重瘞舍利塔記》，太和三年，浙西觀察等使、潤州刺史李德裕撰(《北固山志》云：是碑，宋熙寧四年春，長老應夫修宇築基墾土數尺得之，見《玉壺清話》。今佚。瘞舍利處，見“寺觀”)。

《大坐師碑》(昭陽寺《大坐師碑》，唐貞元中立，後移在普照寺下方前軍寨内。大德五年，颶風仆之，不知所在)。

《明真觀碑亭碑》(唐人撰。不著姓氏、年月。在觀前)。

《鶴林寺法照律師塔銘》(唐李華撰文，明陸光祖重立)。

---

① 按：《嘉慶丹徒縣志》卷三十三《碑目上》引《晏公類要》云：“在丹徒縣西南七里招隱寺。蔣防《銘》現存。”

② 按：《嘉慶丹徒縣志》卷三十三《碑目上》引《類要》云：“在丹徒縣七里招隱寺。寺内李德裕《玉蕊花》詩石刻在焉。”

《天鄉寺雲禪師碑》① （唐李華撰文）。

《太清宫鐘銘》（《集古録》云：唐馮宿撰，柳公權書，太和五年刻。《永興華中允墓志》附，碑石漫滅。咸通八年立。按：《嘉慶志》載此不詳何地、何院。今考“寺觀”内并無太清宫，不知何故入志）。

宋

《封焦光明應公詔文》（《三山志》：焦光，宋祥符間，見夢真廟，封明應公，親製辭以告，刻石幢殿中。《焦山志》云：今佚）。

“羅漢巖”三字，刻岩上（理宗御書）。

《籍田手詔碑》（高宗御書，在鶴林寺。今佚）。

《甘露寺新建舍利塔記》（太平興國五年，徐鉉撰。僧潤真立石。今佚）。

“溪山”二大字（學士歐陽玄贊，太常博士張翥題跋，宣文閣博士楊俊記，在學宫。今佚）。

王安國書“玉鑑堂”三字、“妙高臺”三字（《三山志》：天順間，郡守林鶚得於草莽間，命金山寺僧寧諼砌於留雲亭畔）。

《海嶽庵記》，米芾撰并書（《北固山志》云：久佚）。

《净名齋記》，米芾撰并書（《北固山志》云：久佚。今檢其文，見“宫室”）。

《研山圖銘》（詳“古迹”）。

米元章《甘露寺詩》石刻，在多景樓（《北固山志》云：今佚）。

“天開海嶽”四字石碣，米芾題并書（《北固山志》云：久佚）。

“雷音堂”扁、“雨華堂”扁、“清暉閣”扁、“多景樓”扁（四扁皆米芾書。《北固山志》云：久佚。又曰：四扁皆非石刻。《三山志》載於“碑碣”中，今仍之）。

米元章畫像，子友仁贊并書（詳“古迹”）。

鶴林寺斷碑（相傳爲米芾書，舊存“紀曾游流玉淺沙墻影賒”十字。乾隆戊辰，新安程南崟重修鶴林寺，築墻掘土②，復得“黄鶴寺古僧茂叔蓮陰閑浮細杜冷延有干斜間”十九字，疑即濂溪堂斷碑）。

焦山崖畔，米芾題名曰：仲宣、法芝，米芾元祐辛未孟夏觀山樵書（《焦山志》云：世未知焦山有米刻者，雍正丙午歲，山陰潘寧始於崖薜間剔出。仲宣，甘露寺僧，從佛印游。見葉夢得《避暑録》③。法芝，金山僧，王安石有《和法芝》詩）。

《焦山明應公祠銘》，米芾撰并書（石刻佚，銘詞詳“廟祠”）。

《五州山因勝寺④開堂疏》，黄庭堅書，米芾跋（見《至順志》）。

---

① 按：碑名，《文苑英華》卷八六一“碑”作《潤州天鄉寺故大德雲禪師碑》。

② 按：“土”，原作“士”，形近而訛，因改。

③ 按：《避暑録》，當作《避暑録話》。

④ 按：《至順鎮江志》卷二十一《雜録·考古》“黄山谷疏”條作“因勝報親禪院”。

米芾《戴高士記》斷碑（米友仁書，在招隱寺）。

米芾"城市山林"四字（在鶴林寺古墨林）。

僧法永書《黑漆光菩薩贊》，在鶴林寺（紹興二十六年）。

蘇軾"萬丈碧潭"四字（刻金山石排上）。

蘇軾《與孫巨源相遇》詞石刻（在多景樓，今佚。詞見"藝文"）。

蘇軾《招隱》詩刻（在招隱寺）。

蘇軾《鶴林》詩刻（在鶴林寺古墨林）。

蘇軾《次刁景純》詩刻（在藏春塢。今久佚）。

蘇軾書"卧看滄江"四字（摹刻五州山。今佚。查淳補書石刻）。

《蘇公小像》石刻（海嶽庵、金山皆有之。詳"古迹"）。

"光孝觀石"額，蔡京書（今佚）。

蘇庠書《心經》及《白衣觀音》石刻（在金山）。

吴傅朋草書斷碑（在金山）。

吴琚書《心經》（詳"古迹"）。

吴琚《游焦山觀〈瘞鶴銘〉有作》詩（淳熙甲辰，刻浮玉岩①）。

吴傅朋書"石屏"兩大字（刻焦山岩）。

趙孟奎書"浮玉"兩大字（刻焦山岩）。

"三詔洞"三字，鄱陽左昌時書，紹熙辛未（刻洞壁）。

"中庸"二篆字并贊，王遂書，嘉定壬午（在焦山方丈，石已斷缺）。

趙冰壺《贈僧頑石》詩，咸淳壬申（刻佳處亭址。《焦山志》云：此宋趙滑詩。滑，字元晉，衡山人。少師忠靖公葵之子。冰壺，其别號也。咸淳五年，以外司農典郡事，與釋如玉善，嘗爲《書〈瘞鶴銘〉辨證後》。頑石，即如玉之字）。

冰壺詩左小字"僧如玉書"（《焦山志》云：冰壺詩左方有小楷百餘字，漫滅不可讀，惟"此山之寶僧如玉書"等字尚完。頑石，即如玉字。此其一證）。

何子韶題名旁絶句，嘉熙己亥（刻浮玉岩。《焦山志》曰：何子韶題名旁一絶句云："文昭翰墨此曾題，俯仰書年若有期。地老天荒崖石劃，臨風惆悵立多時。"《志略》云：《三山志》，何子韶題名後即載此詩，則詩中"文昭"想即子韶，但其題名處漫滅耳）。

《太上泰清天童護命妙經幢》（在焦山大雄殿左。《焦山志》曰：此幢無歲月可考，高二尺，方徑七寸，置殿前，今爲施食臺座。書法瘦硬，仿歐陽率更。上繪二十四符及四佛像，形製古樸，宋以後人所能也。經文載《道藏》"是字函"第九卷。"姑射山太玄子"，侯善淵注："宋政和二年降華陽，授梁先生，始傳於世云"）。

草書斷碑，丹陽王建（見《三山志》。在焦山。《焦山志》曰：佚）。

"醉石"二字，朱方公書（刻焦岩石上）。

---

① 按："岩"，《嘉慶丹徒縣志》卷三十三《碑目上》作"山"。

“雲壑”二字（刻棧道岩）。

“浮玉山”三字（刻三詔洞壁）。

“印石”二字（刻岩石上）。

“萬年永康”四字，又一“僧”字（刻浮玉岩）。

“棧道”二字（刻岩壁）。

“佛”字（刻觀音岩。《焦山志》曰：自“醉石”以下七刻，《志略》編爲宋人書，今從之）。

《廣照禪師塔銘》，曾肇撰（《北固山志》云：久佚）。

《金山寺重建水陸堂記》，曾鞏撰（慶曆九年①，住持瑞新）。

《重建多景樓記》，乾道六年三月，陳天麟撰（《北固山志》云：今佚。但其石雖亡，其文可考。詳見“宫室”）。

又《重建北固亭記》（乾道己丑，立石。嘉定甲戌，史彌堅得之。詳見“宫室”）。

“北固山亭”四大字，王埜書（久佚）。

眉山李壆《游鶴林》詩刻（在鶴林寺）。

孫覿手簡及跋語碑（在鶴林寺）。

王埜《鶴林寺》詩（淳祐乙巳三月）。

劉光祖、俞烈詩刻。

馮紹祖《次冰壺先生》詩刻。

深甫《次茶字韵》詩刻。

陳均、趙汝楳《次唐人絶句》詩刻（景定五年）。

趙汝楳《和方逢辰》詩刻。

相臺岳珂詩刻（嘉定甲申八月）。

朱承祖《山行紀咏》詩刻（嘉定甲申）。

馮多福《次勸農》詩刻（紹定元年）。

金華王埜詩刻（淳祐乙巳）。

長沙趙溍②詩刻（咸淳壬申）。

趙溍《天雨寶花隸古》石。

《古竹院隸古碑》③（自眉山李壆詩以下十五刻，舊俱在鶴林寺古墨林。今寺被毁，諸刻難求矣）。

《七佛畫像》石（見“古迹”）。

張即之書《金剛經》（見“古迹”）。

---

① 按：慶曆，北宋仁宗第六個年號，凡八年（1041—1048），此云“九年”，誤。

② 按：“溍”，《嘉慶丹徒縣志》卷三十三《碑目上》作“縉”。下同。

③ 按：《嘉慶丹徒縣志》卷三十三《碑目上》下有“慶元庚申”小字注。

馮多福《研山圖記》（詳“宫室·海嶽樓”下）。

岳珂《宗忠簡公功德院重修記》（在雲臺寺。詳“寺觀”）。

陸游《多景樓》詩刻（《北固山志》云：潤州守張孝祥重書刻石，嵌於樓壁。今佚）。

《宇文昭節祠記》，陳琪撰（《北固山志》云：今佚）。

洪邁《重建金山佛殿記》（紹興丁未秋八月）。

又《重建金山佛殿記》（淳熙丁未，翰林學士洪邁撰。淮東路總管吴琚書并題額，住持淨全立石。按：《三山志》有吴琚行書斷碑，疑即此。又按：紹興丁未有洪邁記，此云“淳熙”①，恐誤）。

“秋月潭”三大字，在北固山後，刻石壁上（《北固山志》曰：是潭爲史彌堅因山址陂澤疏是潭。此三字不著年月及書者姓氏，姑附於宋）。

汪藻《月觀記》（詳“宫室”）。

陸游《城隍忠祐廟記》（詳“廟祠”）。

陸秀夫《丹陽館記》（詳“宫室”）。

元

趙孟頫楷書《度人經》，袁桷跋（明宣德初，玄妙觀道士得之土中，後在縣學）。

趙孟頫書《金山建水陸大會碑記》（延祐三年，佛海慈會禪師、住持應深撰）。

《甘露寺水陸堂記》，趙子昂書（《北固山志》云：中峰明本撰。今佚）。

《重修東岳廟碑記》，海陵陳膺（大德六年，工部尚書辛仲實重修立石）。

明

文徵明書《府縣二學義田碑》，薛應旂撰，在府學（《嘉慶志》云：按②《義田碑》例入下卷，以其爲文氏書，故移置上卷）。

李時勉書《妙空岩記》。宣德八年，工部侍郎廬陵周忱撰，吏部郎中兼翰林院侍書、廣平程南雲篆額。

陳鋭書“玉鑑堂”三字、“妙高峰”三字（成化癸卯）。

李東陽《長江行》。

楊一清《砥柱行》（弘治十四年）。

楊一清《游金山詩》二首（正德己巳）。

胡纘宗“中流砥柱”四字，丹徒令、藍田李東題（正德乙卯）。

楊一清《石排山題名》（嘉靖元年）。

夏言書“游金山寺，作《大江東去》詞”（嘉靖壬寅）。

史褒善《登金山·滿江紅》詞（嘉靖乙卯）。

---

① 按：南宋高宗紹興七年，歲次丁巳（1137）；紹興十七年，歲次丁卯（1147）；紹興二十七年，歲次丁丑（1157）。并無丁未，故“淳熙”當云“紹興”。

② 按：“按”字原脱，據《嘉慶丹徒縣志》卷三十三《碑目上》補。

祝允明書唐張祜詩（萬曆二年，蜀人張佳允跋，郡守甘應雷立石）。

宋儀望書"登金山，次蘇韵，作《大江東去》詞"（萬曆三年，邑令徐一櫄立石）。

三山主人文臺"玉帶橋"三字。

龐時雍題"宋蘇學士留玉帶處"八字。

龐時雍題"中流擊楫"四篆字。

董其昌書《金山募齋僧水陸道場疏》（萬曆三十年）。

董其昌補書《登金山有感》詩，淮南李春芳撰。

"楞伽記"三篆字。

感應智積菩薩像，釋通潤贊（萬曆戊午）。

朝萊仙史《鶺山銘》。

陳元素書《郡伯李公留韵祠記》，賀烺撰（天啓壬戌）。

江應奎書《妙高臺留玉記》，郡守王秉鑑撰（崇禎壬申）。

潘一桂書《金山留玉閣記》，司李周廷鑨撰（崇禎壬申）。

張文光書"苦海岸頭清世界"七字（崇禎甲戌）。

黄輝畫《關神勇像》，張文乾摹①刻（崇禎丙子）（以上《嘉慶志》，皆在金山）。

胡纘宗書"海不揚波"四字，長洲郭波刻石并記（嘉靖元年，郭波記云：先生自南京寄是四字於其兄，吴縣丞紹宗云過焦山時所書，波見而愛之，因摹之石。先生初爲翰林檢討，今爲南京吏部郎，前進士也，號可泉）。

江淹、王瓚二詩，嘉靖癸未，東萊滕謐勒石并跋。

《焦山佳處亭詩》，在寶墨亭，滕謐撰（自注云：佳處亭建於宋咸淳中，圮毁至今。許樊川按節構此，邃翁有記）。

《題焦山詩并序》，少保大學士、永嘉黄淮撰，張文篆額（刻浮玉岩）。

《游焦山》二首，石淙楊一清并跋，在寶墨亭（弘治庚戌）。

《佛印大師了元焦山十六題詩并序》，又蔡邕《焦光徵君贊》，都綱、妙福等重摹元祐碑本立石，俱邑庠生胡紀書，在寶墨亭（弘治丙辰）。

《焦山次諸公韵》詩三首，刑部員外郎廬陵陳鳳梧八分書，在寶墨亭（弘治甲子，自跋云：第一首王守谿，第二首王宣谿，第三首司馬蘭亭也）。

《李石樓約游焦山》詩，右都御史致仕、石淙楊一清作，在明應殿（正德庚午）。

《石樓山人陪邃庵先生登焦山次韵》，邑令淳安吴欽跋（正德庚午，立石山門左廡。跋云：少宰沁水李公先以副都憲奉敕至南畿，與都憲邃庵楊公游焦山，是詩李公所作也。按：《志略》云：李公，名瀚，石樓乃其别號也。吴欽，字敬夫，正德戊戌進士，淳安人）。

《玉帶》《東泠》二歌，棠陵方豪作，僧妙如立石（正德己卯，在寶墨亭）。

---

① 按："摹"，《嘉慶丹徒縣志》卷三十三《碑目上》作"重"。

《游焦山》四首，古筠朱實昌作（嘉靖甲申，在寶墨亭）。

《登焦山》諸作，石龍山人、台南黄綰（嘉靖戊子，在寶墨亭①）。

《焦山次石刻韵》，判揚州府事、平定白鎰。（嘉靖庚寅，在寶墨亭）。

《吸江亭記》，長沙曠宗舜思伯撰，餘姚聞珮篆額（嘉靖十一年。《焦山志》云：佚）。

《九月十一日將從瓜洲渡江阻風作》，甘泉居士（嘉靖乙未，刻方丈）。

又《十二月携諸子游焦山作》（《志略》：右二詩，凡四石，兀立若屏，湛尚書若水書）。

《游焦山偶成》詩，明山姚淶作，半溪陳文譽、默川韓克濟次韵；又《再過焦山》一首，明山作（嘉靖十一年，刻明應殿）。

《登焦山次楊復齋韵》，泉厓山人聶静（刻明應殿）。

《焦山詩》，巡按御史、河中苟汝安（嘉靖丁酉，刻大雄殿西壁）。

《焦山寺賦》，古唐易庵劉乾作，姜齊跋（嘉靖辛丑，刻寶墨亭）。

《游焦山》諸詩，溧陽史繼元（嘉靖乙巳，刻明應殿）。

《焦山寫懷用舊韵》，巡按直隸、御史一泉王言（嘉靖丁未，刻寶墨亭）。

《焦山酌海雲堂詩》，户部郎中、楚龍橋李寵（嘉靖丁未，刻寶墨亭）。

《宿焦山和杜少陵韵》二首，餘姚越望山人悳行（嘉靖己酉）。

《焦山同鶴樓幻海用韵》詩，悟齋吴時來。

《登焦山》詩，鶴樓張翀；又《游焦山》詩，幻海董傳策（以上俱嘉靖戊午，俱刻寶墨亭）。

《焦山避暑圖咏引并詩》，石川張寰作；又《百字令·次東坡韵》四首（俱嘉靖己未，在寶墨亭）。

《游焦山用鄧山韵》，徵川李琦（嘉靖壬戌）。

《同吴少卿林給諫登焦山》諸詩，明石秦淦（嘉靖甲子）。

“觀音巖”三字，陳朗書（嘉靖乙丑）。

《渡江登金山》二首，吴郡王世懋（嘉靖丁卯）。

《春日焦山》二首，吴郡王世貞。

《登焦山不果留題金山寺》詩，長洲沈周；又《次韵》二首。

《登焦山偶成》一首，虞山陳察。

《同錢竹野張龍泉游焦山》諸詩，錢唐周詩（嘉靖己巳）。

《焦山》詩，編修莆陽陳經邦（隆慶辛未）。

以上九刻俱寶墨亭。

《同登焦山水晶庵作》，武昌吴國倫（在水晶庵）。

《焦山》詩，“椒山”二字。（詩見“藝文”。萬曆元年，謝廷傑立石，見“古迹”。

① 按：“在寶墨亭”，原攔入正文，兹依例改爲小字注。

謝《跋》云：容城楊子椒山訪唐子荆川到，因山名與己號音相同也，喜而賦之。①）在别峰庵。

又横石本，楊繼盛書（京口茅溱平仲題四篆書，又書"椒山"二字并跋，俱在寶墨亭。《焦山志》曰：此刻有"楊繼盛書"四字，下云："時嘉靖壬子冬，約會唐荆川於此。"與謝刻跋繁簡不同）。

《避暑焦山》諸詩，祠部郎、餘姚吕元調（萬曆乙亥，在寶墨亭）。

《登焦山》一律，三衢徐一檟（年地同上）。

"人勝坊"三字，"漢隱士焦先生三詔坊"九字，鎮江府知府張純等同立（萬曆丁丑，大雄殿前坊額）。

《游金焦二山》詩，山陰張元忭（萬曆戊寅）。

《趙聯橋邀飲焦山》詩，吉興司馬、范陽張程（萬曆庚辰）。

《約王師竹游焦山》詩，關中雷士楨；又《陪王師竹》詩；又汝南王祖嫡《次雷慕庵韵》，鎮江府同知高偉等立石（萬曆癸未）。

《游焦山》三首，瓊臺王宏誨（萬曆乙酉）。

以上五刻俱寶墨亭。

《焦山和董用興黄季主》二詩，浮玉居士袁應旂（萬曆十五年，刻明應殿）。

《浮玉山銘》，左司馬、新都汪道昆撰，仲弟道貫書，季弟道會勒石（萬曆丙戌，刻浮玉岩）。

《水晶庵聽琴》諸詩，遂州鄭材（萬曆庚寅，刻寶墨亭）。

《尋〈瘞鶴銘〉題壁》詩，鄣郡汪宗尼、黔中陳揚産、歙程應衢、京口茅溱、秦淮女郎馬鳳笙（萬曆庚寅，刻雷轟石）。

《登焦山》二首，大障山人汪宗尼（刻大雄殿右廊壁）。

《八大人覺經》，雪浪比丘洪恩書并跋（萬曆辛卯，刻寶墨亭）。

《心經旨》，雪浪庵比丘洪恩（同上）。

《焦山詩》，王應鵬（萬曆癸巳，刻大雄殿右廊壁）。

《焦處士易服製記》，巡按御史李鳳翔（萬曆甲午。《焦山志》云：佚）。

《焦山寺楞嚴講會小引》，僧洪恩（萬曆丁酉，在方丈）。

《名鼎文》，靈峰山人陳永年撰，僧覺周等立石（丁酉。在方丈。《焦山志》曰：此石六角，徑尺有四寸，舊用承鼎）。

《登焦山紀游》詩，温陵許國誠（萬曆庚子，刻寶墨亭）。

《游焦山》諸詩，劉應秋（萬曆戊戌，刻寶墨亭）。

《游焦山倡和》詩，四餘李延大、羅浮駱應圖（萬曆辛丑）。

《同登焦山次韵》，章巖周鯤巽、峰林華于野、鄭大同（壬寅）。

① 按：謝跋，《嘉慶丹徒縣志》卷三十三《碑目上》不録。又"到"字，疑是衍文。

《和王侍御重游焦山韵》，郡人江峰吕高男克家跋（壬寅）。

《同錢和宇訪焦山隱居二律》，川南何起升（萬曆戊申）。

《游焦山》詩，豫章方堯庚（戊申）。

《焦山》詩，於越王承勳（戊申）。

《觀〈瘞鶴銘〉》詩，方承郁、王思任（萬曆己酉）。

《再過焦山》詩，江陵蘇惟霖（萬曆庚戌）。

《登焦山》二首，南海李孫宸（萬曆庚申）。

以上九刻俱寶墨亭。

“獨往生”三隸字（刻浮玉岩。《焦山志》曰：未詳何人。明曾清有《妙高臺同獨往生夜坐》詩。《志略》載爲宋人，誤）。

“東泠泉”三字（在焦山濱江）。

《焦山》詩，丹徒長、會稽徐桓（在明應殿）。

《吊焦隱君》詩，温陵謝吉卿（在寶墨亭。以下六刻同）。

《焦山》詩，豫章張位。

《游焦山晤正上人》四首，吴門何允濟并跋（跋云：焦處士有丹井，病者飲之輒愈）。

《游焦山訪郭次甫限韵》，巡按御史、嘉陽張一鯤。

《雨霽同鄭潛庵游焦山》二首，南巡使者梁雲構、泰州牧濟南徐日升書。

《游焦山》詩，安溪詹仰庇。

《三詔洞》一首，葛齋湯紹恩。

“漢三詔焦隱士處”七字，東魯古中都龐時雍（隱士祠門額）。

《雪夜渡江》諸詩，依雲居士高鐈（在寶墨亭）。

佛號石柱（在大雄殿右丹墀）。

《焦山飲米友石》詩，太丘練國事（在寶墨亭，下同）。

《練君豫指招游焦山次韵》四首，北地米萬鍾（天啓甲子）。

“宛在水中央”五字，閩仙廬大章立（天啓甲子，刻三詔洞壁）。

《三詔洞》一絶，涇上沈霄（天啓四年，刻寶墨亭）。

《同觀正統敕書及宋敕祭器分韵再和》諸詩，晉陵殷盤、吴陵劉懋賢、晉陵杭岳（崇禎癸酉，刻寶墨亭）。

《仰止軒小記》，關中王秉鑑、新安江應奎書（崇禎八年，刻觀音岩）。

《住焦山比丘問石宏棄述語》，門人濟寧立石，松寥真嗣書丹（崇禎丙子，《焦山志》云：佚）。

《宋未孩招游焦公洞》四首，蜀雷起劍（崇禎乙亥，刻海西庵。今在方丈）。

《焦公洞次雷雨津韵并跋》，未孩熙陽羡、南山逸史陳于鼎（《焦山志》云：佚）。

《焦先生三詔洞小亭引》，貴竹致柔居士宋永熙撰（戊寅）。

《謁焦處士祠》詩，香山鄭一岳。

《游焦山》詩，錢士升。

《宿焦山偶題》，廣陵張元芳。

《金焦二山》詩，張覲宸冢孫孝思書。

《重過焦山有感作歌》，廣陵倪啓祚（以上六刻俱寶墨亭）。

《謁焦隱居祠》，汝南關世運、廣平談明仲自新（在大雄殿右廊壁）。

關神勇像，黄輝畫（金山亦有之），鎮江吴拱宸贊（在雲深庵）。

“覺路”二字（刻海西庵。今在方丈）。（以上焦山。參考舊志及《焦山志》）。

高啓《北固山》詩石刻（今佚）。

《甘露寺興造碑記》，王直撰（正統三年）。

《重修多景樓記》，周忱撰（正統己未）。

《重修海嶽庵記》，周忱撰（正統辛酉）（以上三記俱住持一中刻石，今俱佚）。

《很石記碑》，郡守滕謐撰（正德間立於很石亭，今佚）。

《甘露寺》詩刻，石淙居士楊一清（正德己巳夏六月，立石海嶽樓下①）。

平定白泉山人《游甘露寺》詩（嘉靖庚寅，判揚州府事白鎰刻石，在長廊壁）。

唐王灣、孫魴詩（嘉靖癸未三月，東萊滕謐勒石寶晉齋壁）。

《重書東坡笠屐圖像》石刻（萬曆壬寅，華亭董其昌補書贊，在海嶽樓下）。

《重書米元章自畫像》石刻（萬曆壬寅，董其昌補書。跋云：此米公自畫像。紹興丙寅中秋前三日，子友仁贊。後佚。趙當世宰丹徒，得米虎兒石刻，石泐字漫，屬予重書，壬寅上巳後三日）。

《雨華二樓記》，檇李方澤撰并書（萬曆二十八年，刻石樓壁，今佚）。

《陳公去思碑》，尚書姜寶撰（萬曆間，立於三元殿左壁，今佚）。

《楊公祠碑》，張祥鳶記。

《何公祠碑》，曹楝記。

《徐公祠碑》，曹慎記（《北固山志》云：上三碑，見《三山志》，未詳年月，今俱佚）。

《雙麟冢碑》（萬曆二十一年，郡守王應麟立，在鐵塔西。雙麟冢，詳“古迹”）。

《重修多景樓記》，潘一桂撰并書（泰昌元年，立關聖殿壁。見“宫室”）。

《登北固山》詩刻，巡按御史、新安畢懋康書（在長廊壁）。

“雲房風窟”四字石額（天啓間，邑令龐時雍題并書，在觀音洞）。

“天津泉”三大字（龐時雍書，在泉畔）。

《很石亭記》，龐時雍撰并書（在亭畔，今佚）。

《重修海嶽庵記》②，邑令趙昌期撰（詳“宫室”），陳元素書（在海嶽樓壁。《北固山志》云：此刻大字、細字各一，皆陳書）。

---

① 按：《嘉慶丹徒縣志》卷三十三《碑目上》謂“在寶晉書院”。

② 按：篇名，《嘉慶丹徒縣志》卷三十三《碑目上》作《重修米元章海嶽庵記》，并謂“在寶晉書院”。

《甘露寺記》《出寰上人修葺殿宇鐘樓記》，陳元素書（崇禎元年五月，在大士庵）。

《養疴甘露再逢初度賦謝出寰上人》詩碑，談自新明仲甫題（在寶晉齋）。

《西山書院節録碑》（在寶晉齋。跋云：余愛米老此文，緣書之作書課，非彷效其神形也。背明閲者幸教之，秀先書）。

《登甘露寺三山閣》詩刻，温陵孟葵、許國誠書（在長廊）。

《登北固山用唐孫魴韵》詩刻，巡按御史、蜀嘉陽張一鯤書（在長廊）。

《寓寶晉齋研山閣題壁記》二則，穀雨前一日，賀朗識（在寶晉齋壁）。

《游北固山十咏》詩刻，錢唐胡文蔚撰（崇禎丁丑四月，在寶晉齋壁）。

"宏開鷲嶺"四大字石刻，米萬鍾書（在長廊，見"古迹"。題云：出寰上人修甘露寺，書此贈之）。

"與造物游"四字，無名氏（在"宏開鷲嶺"之右。見"古迹"）。

"走馬澗"三大字（刻澗旁石壁），夜郎朱永熙書（崇禎己卯）。

《生生庵鐘樓記》，林皋豫撰并書（《北固山志》云：今佚。）（以上北固山，參考各志。）

《郡守東來滕侯約游招隱》詩（正德辛巳）。

《重修米公祠碑》，米萬鍾書。

《賢公恢復鶴林寺記碑》，陳繼儒撰并書（天啓元年）。

董其昌《鶴林寺》詩刻。

董其昌書《唐元素禪師簡友》詩刻（以上鶴林寺。今寺毁，碑難求矣）。

《虎跑泉三字碑》，太守程公岣書（在招隱山）。

陳元素書《金剛經偈》，曹廷傑記（在五州山）。

王禕《紫府觀記》（在馬迹山。文見"藝文"，觀詳"寺觀"）。

國朝

《鐵舟和尚塔銘并序》（康熙戊寅，淮南舊史宋曹撰并書，江寧織造曹寅篆額，住山釋超樂等立石）。

《法乳樂禪師塔銘并序》（康熙丙申，泰州牧魏錫祚撰并書，蘇州織造、兩淮巡鹽御史李煦篆額）。

釋憨山書《净土十六觀頌》《金剛經頌》（康熙丁酉）。

憨山《樂道歌》。

張仲質"雲近蓬萊"四字（《嘉慶志》云：據《盧志》，張孕美書有"雪崖冰柱"四字，在金山絶頂，無所爲"雲近蓬萊"者）。

王鐸書"飛巖驚濤"四字，烏延劉紘立石。

文素畫《觀音大士像》、書《陀羅尼經》，李楷贊，烏延劉紘造（以上金山）。

《焦山品泑山》，李楷撰，邗水朱士英書。

《焦山尋〈瘞鶴銘〉》詩，濟北王治邦（順治壬辰）。

《重摹玉烟堂〈瘞鶴銘〉記》，潤州逋客計僑（順治十八年。詳見“古迹”）。

《金山》諸詩，武鄉程康莊（康熙壬寅）。

《焦山》詩，武鄉程康莊（以上五刻俱在寶墨亭）。

《重摹玉烟堂〈瘞鶴銘〉跋》，武鄉程康莊（在方丈）。

周鼎圖、銘、釋文，劍津鄒儀周并跋（在石壁庵）。

《古鼎》詩，西樵王士禄、貽上王士正（同上，俱詳“古迹”，見“藝文”）。

王士正題名二則（在方丈。其題，一則曰：來焦山有四快事：觀返照吸江亭，青山落日，烟水蒼茫中，居然米家父子筆意；晚望月孝然祠外，太虚一碧，長江萬里，無復微雲點綴；聽晚梵聲出松杪，悠然有遺世之想；曉起觀海門日出，始從遠林微露紅暈，倏忽躍起數十丈，映射江水，悉成明霞，演漾不定。《瘞鶴銘》，在雷轟石下，驚濤駭浪，朝夕噴激。予來游以冬月，江水方落，乃得踏危石於潮汐汩没之中，披剔盡致，實天幸也。一則曰：焦山幽冶，金山綺艷；焦山骨勝，金山肉多。惟登妙高臺，拜東坡居士像，想見袁綯歌《水龍吟》，公爲起舞，差强人意①）。

《金剛般若波羅蜜經》（宋寶祐甲寅，張即之書。乙卯，蔣囦子跋。康熙乙巳，鬱岡居士笪重光重摹勒石，在石壁庵。跋云：張即之伏爲嬪恭人湯氏七娘子忌日，以天台教僧宗印所校本手題此經，以資冥福。寶祐二年，歲在甲寅，十二月二十六日謹寫。即之時年六十九。又：樗寮巨筆，當世獨步。囦子得敬義堂西麓深净雲外四扁，又得此經，不啻如獲拱璧，子孫共寶之。寶祐乙卯九月望日，蔣囦子謹識。又：至元甲午歲仲春奉持謹識。又：洪武丙午中秋，陳德甫家藏侍奉。又：樗寮書法，宋四家外自爲標格，其運腕結體，一以道煉爲宗。此書《金剛》一經，用率更寫《聖教》，點畫之間多有异趣，非深於八法不得其旨也。華氏君重構閣，寶奉之有年，惜無摹本行世，同志之士倩茂如朱子齋心於丹徒鎮海會禪林勒，再歲而後成，較墨本無毫髮憾。朱固佳手，亦似有默助者，遂載至焦崖，屬樵公供藏經閣上，蓋將與周鼎、《鶴銘》同不朽於名山矣。見“古迹”）。

《重摹顧修遠家藏〈瘞鶴銘〉跋》（康熙四年。共七跋：錢升、顧宸、孫竑禾、吴偉業、王廣心、吴興祚、馮肇梅）。

又一跋（康熙六年，佟彭年）。

《焦山圖并詩》（康熙庚申，陶淑作）。

《焦山紀游和杜茶村韵》六首，清涼履（康熙甲子仲冬）。

《游焦山》四律，漸岸趙吉士（康熙己巳）。

《焦山》諸詩（錫山顧貞、江村高士奇、白下袁瑝、龍溪黄遠、遂安毛際可、古燕張純修、安陵李樸大。以上六刻俱寶墨亭）。

“石隱”二字，熊賜履書（在方丈）。

---

① 按：蘇軾與客游金山，登金山山頂妙高臺，歌者袁綯歌其詞，所歌非《水龍吟》，乃《水調歌頭》，説詳宋蔡絛《鐵圍山叢談》卷三。王士正題名誤記。

《焦山》二詩，江村高士奇、古燕張純修（在方丈）。

《焦山雜詩》十首，歙邑程鑾（康熙己亥）。

《焦山》諸詩（康熙辛未，平山釋昱撰，晚畊老人周儀書）。

《宿焦岩及三詔洞》詩，江上外史笪重光并跋（康熙辛未仲秋，時年七十跋。以詩作於壬戌，至是年始勒山中）。

《焦山雜咏》，淮南釋元立、白岳老人查士標書，又宋曹、杜首昌二跋（康熙丁丑。以上四刻俱寶墨亭）。

《重修錢尚兩公書院碑記》，黄仁等立（康熙三十六年丁丑，在祖覺庵）。

《游焦山作》，吴門釋然修、蓮泊居士張景蔚跋（康熙辛巳，在寶墨亭）。

《〈江泠閣詩文〉鏤板藏枯木堂》諸詩，秋江冷士嵋撰，檇李盛遠書。（康熙甲申，在方丈）。

《蔣太僕讀書焦山僧院記》，秋江冷士嵋撰。

《京江蔣氏焦岩書院記》，丹陽岑居賀寬撰并書。

《蔣太僕焦山讀書記》，内閣學士兼禮部侍郎宋大業撰并書（以上三刻俱康熙乙酉，俱在石壁庵）。

《游焦山》詩，南徐默居鮑文（乙酉）。

《游焦山》詩，祖應世（康熙四十九年。以上二刻俱寶墨亭）。

《重立〈瘞鶴銘〉記》，蘇州知府陳鵬年撰并書，鎮江守陳士鑛等立石（康熙五十二年，在大雄殿左《瘞鶴銘》陰。詳“古迹”）。

《焦山宴集限韵》，陳鵬年、章性良、余京、楊湞、釋義果。

《游焦山即事》三首，陳鵬年作，章性良、余京、楊湞、張鐘諧（以上二刻俱寶墨亭）。

《焦山雜咏》五首，章性良。

《贈滄洲先生》一首，程煊（以上二刻俱文殊閣）。

《焦山寺救生田記》，歙邑汪守仁（康熙五十六年刻，方丈）。

“截江砥海”四字，新安汪玉樹八分書并跋（康熙辛丑）。

渡海大士像，釋興上贊（以上二刻俱寶墨亭）。

大士像并隸書《白衣咒》，京口蔡嘉作，何修業立（在明應殿）。

《焦公祠紀事》，張恕可等（雍正六年，在方丈）。

《北歸登焦岩》詩，漁陽英廉（乾隆甲子，在寶墨亭）。

“觀音崖”三字，吴禧祖書（閣門額）。

《焦山詩》四首，督鹾使者、長白伊齡阿題并書（嘉慶十三年）。

《陪昭武侯圖益亭方伯增履庵游焦山》詩，藴山謝啓昆。

《焦山倡和詩》，南城曾燠作，王文治跋并書。

《京口三山聯句》（曾燠、吴鼒、蔣知讓、胡森、吴嵩梁、黄郁章、詹肇堂、陳燮八人，王文治跋并書）。

《月波臺看潮同賦》（洪亮吉、石鈞、王豫、季耀南、卞萃文、僧清恒、慧超七人）。

《游焦山作》，鐵保。

《登焦山最高閣》一律，鐵保。

《心經觀音碑》，如亭寧古塔氏書，夢禪居士摹。

《歸去來辭》，成親王書，巡鹺使者額勒布記。

《録坡公語》，劉墉。

《五石圖碑》，揚州潘承炘識。

《楊忠愍公墨迹長卷》石刻（丁淮勒石）。

“永鎮焦山”四字，揚州守、寧化伊秉綬題（謂阮芸臺宫保所歸忠愍公墨迹也，丁淮勒石。見“古迹”）。

“同緘石室”四字，丁研山淮以忠愍公所臨《雲麾將軍碑》墨迹同藏焦山并勒石，貴徵題。

《人日游焦山詩序》（嘉慶乙丑，曾燠撰）。

“横海大航”四篆字，南昌萬承紀（嘉慶丁丑仲春，在天王殿前）。

“河督長白麟公放黿處”二刻（道光丙申六月。一在海門庵，一在放生池上。住持覺詮立）。

《印心石屋題辭》（道光朝諸大臣爲陶澍題辭，凡八十餘家，附刻水晶庵廊壁）。

《焦山紀游》詩，長白麟慶（道光丙申六月，刻石華嚴樓）。

“中流砥柱”四字（童子王燮和書，見“古迹”）。

石坊柱聯篆書，程春海題（道光間，用鮑海門詩句一聯刻其上，曰：“天闢海門容大隱，人從石室得長生。”）（以上在焦山，参《焦山志》）。

《大興沈栗仲道寬背臨〈瘞鶴銘〉》石刻（光緒四年，送焦山，嵌定慧寺壁間。增）。

《游甘露寺及三山課文書院念諸茂才》詩刻，濟北王治邦題（順治壬辰仲春，在長廊壁間）。

《郡伯劉公長生祠堂記》，僧照朗立石（順治壬辰中秋，在三元殿前）。

《重修甘露寺禪堂記》，石廷柱撰（在接引殿前，順治十三年）。

《生生庵題名記》，王士正題（順治十七年，今佚）。

《甘露寺》詩刻，京口别駕程康莊撰（康熙壬寅夏日，在三元殿壁）。

“天下第一江山”六大字（宋吴琚書。康熙乙巳，鎮江府通判、武鄉程康莊勒石）。

《研山圖》木刻，吴（某）摹（康熙庚戌，在寶晉齋，今佚。《北固山志》曰：縣志誤以此爲石刻）。

《研山圖銘》石刻，天都黄明基以昭識（康熙戊辰暮春日，在寶晉齋）。

《偕藩長丁景翁宴集》詩刻，劉衡調（甲子初夏，在長廊）。

《游甘露寺》詩刻，含溪王秉韜書（甲寅秋七月，在長廊壁）。

《秋霽游甘露寺》詩刻，高鐍書（在長廊）。

《趙司諫甘露寺樓》詩刻，梅壑查士標記并書（康熙二十八年閏三月，在長廊）。

《南徐留别》詩刻（乾隆壬辰三月，嘉善錢金殿稿，在寶晉齋①）。

《梅蘭》詩刻（壬辰正月，香樹居士錢陳群作跋云：余祝厘自京師歸里，舟經邗上，春圃觀察以盆梅盆蘭見貽，各賦一首）。

《重修甘露寺記》，觀察袁鑒撰（乾隆三十八年，在接引殿前）。

《甘露寺雜咏》詩刻，江陵蘇惟霖書（在三元殿）。

《甘露寺》詩刻，樂昌李延太書（在藏經樓西廊）。

《重修甘露落成三十六韵》詩刻，芙蓉江謝啓昆（在藏經樓）。

觀音像并《心經》石刻，吴地寫（在觀音閣）。

又觀音像石刻，無名氏（在觀音閣）。

查淳《訪查梅壑墓記》石刻，常鎮通道查淳撰，寶應王嵩高跋，嘉善周升桓書（乾隆五十九年，在北固山房。《嘉慶志》云：梅壑，名士標，墓在揚州蜀岡之北，埋没荆蔓中。淳，其族人也。觀察常鎮時訪得之，表之以志，以丹徒爲觀察所轄，故刻石嵌於北固山房之壁，冀垂永久云）。

《登焦山》詩刻，長白清華書（嘉慶丁巳冬月，在北固山房）。

《鄧葵鄉室人屈氏施田北固山房古觀音堂記》，住持顯震立石（嘉慶十三年）。

"凌雲處"三字，徑尺，在蝦蟆池石岩上。

"欸乃一聲山水緑"七字，在蝦蟆池南石壁上（《北固山志》云：上二刻俱無書者姓氏，其筆畫與"虎跑泉"三字相彷佛，疑即明太守程公峋所書也）。

《改建禪堂記》，住持達性立（道光丙申，在禪堂壁）。（以上在北固山，參《北固志》。按：今兵燹後大半難求矣。）

"翠巖室"石額，邑人笪重光書（在五州山）。

陽彭山《春望》詞跋，湯斌撰（在陽彭山）。

"青雲得路"石額，在府前青雲門上（竹樓朱鏕書）。

《文昌帝君陰隲文碑》，王文治書（乾隆三十六年辛卯春正月書。按：此碑於同治初在小馬頭江邊深泥内挖出。時山巷後新建文昌宫，邑人顔少楣得此，乃嵌於文昌宫壁間）。

《嚴鏡湖還金贊》，王文治撰并書。又《還金圖》詩，隨園袁枚撰（嘉慶三年立石，在嚴氏祠内。《贊》詳"尚義"，詩見"藝文"）。

以上諸碑皆係法書詩記，在《嘉慶志》例入上卷，今仍之。其興廢禁令等碑記例入下卷，詳載於後。第《嘉慶志》尚多遺漏，今皆參考各志搜訪而補續之。

---

① 按："齋"，原作"齊"，形近而訛，因改。

梁

《太祖文皇帝神道碑》(《嘉慶志》曰：在丹徒縣之三城港文帝陵下。《鎮江志》云，歐公《集古録》以爲宋帝碑，非是。蓋宋文帝自葬蔣山，見於沈約《宋書》，明甚。第見此八字與宋文帝謚號偶同，遂指以爲宋帝，而不知其爲①梁武帝父追尊之號亦同也)

《麒麟碑》(《寰宇記》云：梁簡文帝陵有《麒麟碑》，尚存)

唐

《岑植德政碑》(《集古録》云：唐張景毓撰，僧翹微書。碑以景龍元年立潤州)

《祐順王廟碑》(《嘉慶志》云：在府治後圃，即漢荆王劉賈廟也。有唐先天二年石刻。今廟移石存)

《韓晉公春秋通例》刻石(陸龜蒙作《皇甫先生傳》② 云：貞元中，韓晉公嘗進《春秋通例》③，刻之於石。注云：今在文宣王廟④)

《洞虚觀記》(舊在延陵⑤陶村，陶隱居之故廬也，有長慶年間石記存焉)

《武烈帝廟碑》(廟在西南一里，即隋司徒陳杲⑥仁之廟也。唐封爲武烈帝，命徐鉉作碑)

《忠烈公新廟記》(在廟内，顧雲撰)

《焦仙觀記》(在縣東南二十五里。廣明初，士人張彦爲之記)

《魏法師碑》(在仁静觀，胡楚賓撰)

宋

《高宗戒碑》(在府署)

《禹迹圖》(元符三年正月，依長安本刻。紹興十二年，教授俞箎重校立石，在學宫)

《麟鳳二瑞圖》石、《四靈圖》石(乾道壬辰立，在府學淵源堂。詳“古迹”)

《重修府學大成殿碑》(汪藻撰。在學宫)

《府學修造碑》(教授孫繼學撰)

《致廣大》《盡精微》《極高明》《道中庸》石刻四(蔡杭書。在學宫)

陳東《諫草》(在學宫)

《重浚歸水澳記》(嘉定中，史彌堅立。詳見“水”)

《重修土城記》(史彌堅撰。詳“城池”)

---

① 按：“其爲”，原缺，據《嘉慶丹徒縣志》卷三十四《碑目下》補。

② 按：《皇甫先生傳》，《文苑英華》卷七九六“傳”作《甫里先生傳》。

③ 按：“韓晉公”句，《文苑英華》卷七九六陸龜蒙《甫里先生傳》作“韓晉公嘗著《通例》”。

④ 按：注，《文苑英華》卷七九六陸龜蒙《甫里先生傳》作“今在閏州文宣王廟”。“閏州”，即“潤州”。

⑤ 按：“延陵”，《嘉慶丹徒縣志》卷三十四《碑目下》作“延陵縣”。

⑥ 按：“杲”，《嘉慶丹徒縣志》卷三十四《碑目下》作“果”。似不足據。

《宗忠簡公享堂記》（趙善湘撰。詳宗墓後）

《華陽觀記》（政和七年）

《蠲免利民記》（寶祐五年，在大港東岳廟）

元

《告諭師生官吏》石刻（至元二十一年①）

《世祖學校禁約碑》

《加封孔子詔》石刻（大德十一年立）

《宣聖小影碑》（在正殿北壁。唐吴道子筆；宋紹聖二年，四十六代孫孔宗壽記；元延祐四年，新安于泰來勒石）

《儒學復田碑》（延祐四年）

《鎮江路儒學新圍田碑》

《教授題名碑》（教授韓祺撰）

《南徐修學碑》（徐碩記）

《學田碑》（陳友龍撰）

《儒學修造碑》（吏部俞庸撰）

《儒學大成殿碑》（俞德鄰撰）

《儒學丁亥紀實碑》（斷缺，莫識名氏）

《復學田碑》（郡守謝琬置田六頃，謝震記）（以上在學宫，今無存者多矣）

《江淮府興造碑》（俞希魯記。在巡按公署）

《澄清堂碑》（俞希魯記。在巡按公署）

《萬壽閣記》（至順二年，翰林學士虞集撰。在金山）

《焦山重建圜悟接待庵記》（大德三年，住持思修立石寶墨亭）

《招隱寺記》（至正庚寅，松江府判官俞希魯撰）

明

卧碑：

《冠禮圖碑》

《婚禮圖碑》

《發引圖碑》

《祭禮圖碑》

《新遷廟學碑》（魏驥撰）

《鄉賢祠碑》（鄭霦撰）

《重修廟學碑》（周忱撰）

---

① 按："二十一年"，《嘉慶丹徒縣志》卷三十四《碑目下》作"三十一年"。

《重修學碑》（倪岳撰）
《鄉貢題名碑》
《光風霽月亭碑》二（一沈固撰，一楊一清撰）
《府學禮器樂器碑》（周洪謨撰）
《重修儒學碑》（吴寬撰）
《重修儒學碑》（何寬撰）
《重修府學碑》（焦竑撰）
《對山基址栽樹碑》（羅沛撰）（以上在府學）

卧碑：
禮部曉示郡邑學校生員榜（洪武十五年）
《新建宗忠簡祠堂記》（在祠壁。正德中，巡按謝琛建祠於壽丘山北，大學士靳貴撰文）
《程子四箴碑》（在敬一亭。嘉靖五年立）
《重修縣學碑記》（嘉靖元年，學院蕭鳴鳳徙建壽丘山南麓，巡按御史朱實高撰）
《御製敬一箴碑》（在敬一亭。嘉靖五年立）
《聖諭》（計石二方。嘉靖九年刊布）
《御製正孔子祀典説》（在明倫堂北壁之東，計石四方。嘉靖九年刊布）
《御製正孔子祀典記》（計石二方。嘉靖九年刊布）
《重修儒學記》（徐有貞撰）
《修縣學碑記》（太僕卿曹倣撰）
《重建縣儒學記》（張位撰）
《墓田碑》（郡守劉良復立）
《縣儒學科第題名碑記》（萬曆二十一年立）
《壽丘山栽樹碑》（載山基丈尺，并栽樹株數。碑陰刻“范文正公讀書處，萬曆二十六年立”）
《徐中丞分置學田碑記》（御史李一陽撰）
兩廡賢位（東廡四十七位，西廡四十八位。天啓元年，教諭李奇玉立石）
《重修丹徒縣學記》（崇禎十五年，兵部郎中錢志騶撰文，吏部郎中陳觀陽書丹）（以上在縣學）
鄭濟《重修宗忠簡墓記》（洪武三十八年。詳宗墓後）
《城隍廟御祭文碑》（洪武朝）
楊遵《隸書碑》（在巡按公署）
《牧羊野草場碑》（在縣治）
《仕優所碑》（在縣治）

《重修金山順濟龍王廟碑記》（成化元年，工部主事、同安鄭禴撰）

《重建靈觀閣記》（弘治丙辰，陝西布政司參議、葵丘王徽撰，南京太常少卿、雲間沈瑜篆額，東海徐霖書，沙門安賢立石）

《金山觀音閣記》（萬曆丙子，秣陵焦竑撰，金壇王肯堂篆額）

《賜金山龍游寺藏經敕諭碑》（萬曆二十一年，鎮江知府王應麟勒石）

《聖母印施佛藏經贊并序》（大學士申時行等奉敕撰，長洲章藻書）

《敕賜大藏經記》（金壇王肯堂撰）

《重建呑海亭碑記》（萬曆丙申，彭國光撰。長洲令江盈科、丹徒令龐時雍同立石）

《重建楞伽臺記》（萬曆丙午，李植撰）

《重修楞伽臺記》（萬曆壬子，曾鳳儀撰。按察使蕭丁泰等同立石）（以上九刻在金山）

《焦山蠲徭碑文》（嘉靖己未，户部主事、大梁李華魯撰，住持智沂立石）

《飛雲室記》（萬曆乙未，郡人夏禹鼎撰）

《重修觀音閣記》（萬曆二十八年，盧陵王爾康撰）

《重立宋敕賜漢處士焦光明應公詔碑》（邑人魯直跋，釋道存立）（以上四刻在焦山）

《甘露寺免差徭碑》（正德十五年，楊一清立）

《甘露寺藏經閣曬經臺記》（萬曆三十年）

《甘露寺隆慶間免差碑》（萬曆二十一年，住持真嶽立石）

《重修鶴林寺記》（萬曆二十二年，邑令馬邦良撰，郡人范崙書丹）

《重修留侯廟記》（洪武十八年，盧陵黄玉彦撰）

《丹徒鎮西官莊口張司徒别廟記》（永樂年）

《鐵柱宫紫陽洞記》（正統六年）

《下會村招提寺記》（正統七年）

《重修長山靈淵龍王廟記》（正統十四年）

《重修海會寺記》（景泰二年，禮部尚書、太原王英撰，工部尚書周忱書丹）

《海會寺修造佛像記》（景泰二年，尚寶寺丞、郡人宋懷撰，刑科給事中、慈谿劉煒書）

《重修祠山行廟記》（天順元年，福建按察司副使吴之望撰）

《觀音洞碑》（成化年）

《萬壽寺記》（成化十三年，中書丁元吉撰，户部員外郎趙夢麟書丹）

《龍王廟記》（即長山寺，弘治七年）

《草場丈畝記》（弘治十年）

《重修景靈寺記》（正德十二年）

《馬迹山紫府觀記》（嘉靖六年）

《重修招隱寺記》（嘉靖三十二年）

《善禧寺復田記》（嘉靖四十五年，郡守秦淦撰）
《重修留侯廟記》（隆慶五年，茅坤撰）
《吴季子别廟記》（茅坤撰。詳“廟祠”）
《茅鹿門荒政記》（隆慶二年）
《修夾城記》（李一陽撰。詳“城池”）
《重修九里街觀音庵樂善堂記》（萬曆三年）
唐順之《洲田記》（詳見“江洲”）
《重修永業寺記》（萬曆四年）
《優免定額碑》（萬曆十年）
《大港東岳廟記》（萬曆十二年）
《重建徐偃王廟記》（萬曆十三年）
《轉漕皆用民丁交兑設籤記》（萬曆十四年，在大倉）
《靈建寺碑》（萬曆十七年，雲陽姜寶撰，邑人范崙書）
《丹徒縣計派田糧料價碑》（萬曆十八年）
《北極庵記》（萬曆二十一年）
《重修祠山行宫記》（萬曆二十三年，進士胡信撰）
《重建觀音庵記》（在峴山頂。萬曆二十六年）
《長樂寺新建禪堂記》（在諫壁。萬曆二十八年，禮部郎中徐希孟撰）
《東岳廟興建本末記》（在陽彭山。萬曆二十九年）
《關帝廟記》（萬曆三十年）
“讒恬惘衈”四字石（在昭關，萬曆間立）
《香山廟碑》（萬曆年）
《丹徒鎮海潮庵記》（萬曆三十四年）
《重修能仁寺記》（萬曆三十六年）
《重建上方寺記》（萬曆四十一年，吏部郎中談自省撰，直隸山海衛經歷孔良臣書丹）
《辛豐鎮巡兵官役不得擅取民夫記》（在真武廟前①，萬曆四十二年）
《重建奉仙庵記》（萬曆四十二年，嘉興府推官、郡人段鏷撰）
《紹隆寺記》（萬曆四十四年）
《重建因勝寺記》（萬曆四十八年）
《義女碑》［在五州山，久湮。萬曆戊戌夏四月，邑令龐時雍重撰立石。其文曰：《詩》有之：“高山仰止，景行行止。”雖不能至，然心嚮往之。生平無他長，惟是一念

① 按：“真武廟前”，《嘉慶丹徒縣志》卷三十四《碑目下》在碑記篇名中，作《辛豐鎮真武廟前巡兵官役不得擅取民夫記》。

（缺一字）義（缺二字）與詩人嚮往之義合，故受命丹徒，今六載。所每聞有忠孝節義、特立獨行者，輒欣然起，雖世遠人亡，氣勢亳無可依，而不靳表揚頌美，縣乘備載。城西五州山有《義女碑》，輒敬求焉，乃其遺墟與姓字，久已化爲烏有。嗚呼！義女何許人耶？唐宋間人耶？抑我明人耶？其當年行義作何狀耶？而皆不可考。惟是女之概必有振綱常，持風教，磊磊落落，而爲女中丈夫者在也，不然何至今猶有口碑耶？蓋是義之在人心，如日月炳空，江河行地，不以古有，不以今無，不以生存，不以死亡。若必按石而讀之，曰某代、某處、某氏，以某事徇其夫，始謂於世教人心裨焉，則山可（缺一字），石可轉，碑可仆（缺三字），亦焉能爲有，焉能爲亡耶？惟願四封之内，巾櫛而婦人者，追義女之芳躅；鬚眉而男子者，毋甘出女子下，則雖謂碑至今存可矣。五州之麓爲（缺六字），君子（缺三字）稅駕并觀風者采焉］

《華山張王廟記》（天啓元年）

《净因寺記》（天啓元年）

《重修圓通庵記》（天啓三年，邑人朱化孚記）

《重建洞仙庵記》（天啓四年）

《崇敬院大殿香燈田碑》（崇禎六年）

《蓮花洞記》（崇禎七年，笪繼良撰，魯①一寧書）

《建净業庵記》（崇禎八年）

《慈雲庵常明寶燈記》（崇禎八年，郡守王秉鑑撰，邑令張文光書）

《高資鎮大士庵記》（崇禎八年）

《九華山濟川大師禪塔碑》（崇禎八年）

《東岳廟四産記》（崇禎十四年）

《禁革船頭借騙典鋪鐵錨碑》（崇禎十四年）

國朝

禮部題立卧碑（順治十年）

《府學新設樂器記》（乾隆三十二年，郡守李世傑撰）（以上在府學）

《重修縣學記》（順治十五年，張九徵撰）

《重修丹徒縣學記》（乾隆二十八年，邑令貴中孚撰）（以上在縣學）

《韓蘄王廟記》（李楷撰）

《金山大徹堂田記》（康熙五十六年，郡守陳士鑛撰，巡鹽御史李煦篆額，參領景錫爵書）②

《重修玉帶橋記》（雍正九年，邗上周元龍撰，少川張子成書）

---

① 按："魯"，《嘉慶丹徒縣志》卷三十四《碑目下》作"陸"。

② 按：《嘉慶丹徒縣志》卷三十四《碑目下》記官職及里籍等稍詳，陳士鑛謂"知鎮江府事、浙西"，李煦謂"蘇州織造、兩淮巡鹽御史"，景錫爵謂"駐防京口參領"。

《吉勇烈公祠碑記》（同治六年，郡守李仲良撰。詳“廟祠”）
《重建金山寺監修記》（歸安楊溥記，同治十年。詳“寺觀”）（以上在金山）
《謁焦先生祠堂記》（順治十七年，冷士嵋撰）
《焦山寺救生田記》（康熙五十六年，歙邑汪守仁撰）
《焦公祠紀事》（雍正六年，張恕可等立石）
《焦岩後山紅船碑記》（雍正十三年，鎮江府通判陳齊觳撰，李京書）
《焦山忠節祠祭碑》（明刑部郎中鄒元標撰并書。乾隆七年，丹陽十四世孫徐克偉等立）
《敏修禪師賑荒記》（乾隆五年，儲大文撰）
《焦山重建忠節祠碑記》（乾隆七年，莪園彭澤令撰，陽湖史綬書，裔孫徐乾漢等立石）
《玉峰庵紅船檢埋枯骨記》（乾隆十一年，僧照宣立石）
《觀音崖記》（乾隆戊辰，古歙吴禧祖撰）
《重建佳處亭記》（吴禧祖撰）
《焦山東洲接漲洲田記》（乾隆三十六年，洪亮吉撰并書）
《重修天王殿藏經樓記》（嘉慶三年，馮錫宸撰）
《仰止軒記》（揚州阮元撰，金匱錢泳書，嘉慶十二年刊）
《焦山書藏記》（嘉慶十八年，阮元立）
《楊忠愍公祀田記》（嘉慶辛未，總督南河黎世序撰）
《尚公書院復歸救生船田記》（嘉慶間，江漣撰，伊墨卿勒石）（以上在焦山）
《誥贈中憲大夫工部虞衡司郎中陳公奉祀北固山紀略》（康熙十四年，男士鑛恭紀，後學張道後書）
《重修甘露寺禪堂記》（順治十三年，陸枚撰）
《北固山石公祠捐田記》（在北固山房。康熙四十一年，守祠僧通源立石）
《鹿苹陳公祠堂記》（在三元殿壁。康熙五十六年，丹徒令、古潭後學夏炘水撰）
《重修府城記》（在甘露寺長廊。乾隆元年，鎮海將軍王鈇立，南滙楊醇撰。《北固山志》云：此石本在南水關城樓，後移嵌廊壁）。詳見“城池”。
《甘露寺三元殿田碑》（在殿東廂壁。乾隆二十一年，陳公祠勒石）
《重修陳公祠堂記》（在三元殿壁。乾隆二十七年，陳景淳敬立）
《重修甘露寺記》（在接引殿前。乾隆三十八年，觀察袁鑒撰并書）
《北固山房增建樓亭記》（道光間，邑令景壽春建立撰記并書刻石）（以上在北固山，今半毁於寇）
《重建鶴林寺記》（望溪方苞撰，吴楓陸枚書）
《鶴林寺移供藏經記》（乾隆九年）
《鶴林寺禁葷酒記》（乾隆十三年）

《重建鶴林寺記》（乾隆十四年，歙縣程峑撰）（以上在鶴林寺。今寺毁，多沉埋矣）

《竹林寺記》（康熙五年）

《重建竹林寺記》（雍正十二年，廣寧年希堯撰）

《重修竹林寺記》（嘉慶間，副都統、長白賡音蘇撰文，邑人心齋居士顧復祖書，釋達如立）（以上在竹林寺）

《九里廟碑》（順治四年）

《興業寺記》（順治五年）

《瑞相院復田記》（順治六年）

《廬墳口法華庵置田記》（順治六年）

《重修長樂寺記》（順治七年）

《大覺寺記》（順治八年）

《福承庵香火田記》（順治十一年，程夢簡撰）

《重修接引庵記》（順治十五年）

《大業村大帝廟記》（順治十八年）

《重修高資鎮①大士庵記》（康熙元年）

《關帝廟記》（康熙元年）

《羅公廟記》（康熙元年）

《鼎建堰坡橋記》（康熙二年，廣西兵備道楊志遠撰）

《福緣庵記》（康熙三年）

《鎮屏山記》（康熙三年）

《三山寺記》（康熙五年）

《桃花山開山道臨大師塔銘》（康熙五年）

《如來庵記》（康熙七年，李鏞金撰）

《永免重差記》（康熙九年）

《重修祇園庵記》（康熙十年）

《重興招隱鹿泉寺記》（康熙十三年）

《重立大士庵緣起序》（康熙十四年）

《鼎建翠岩禪室記》（康熙十七年，何絜撰）

《修理烽墩馬路百姓豁免丁徭開河修城等項不許派擾記》（康熙十七年）

《重修關帝廟記》（康熙十九年）

《重修鐵柱宫記》（康熙二十年，吴于繽書）

《倉房捐俸修理記》（康熙二十一年）

《宗忠簡公墓圖記》（康熙二十二年，守墓孫文燦立石。詳“陵墓”）

---

① 按：“高資鎮”，《嘉慶丹徒縣志》卷三十四《碑目下》屬小字注：“康熙元年，在高資鎮。”

《槽碾撥貼馬夫渡船水手私派貼折記》（康熙二十三年）

《辛君廟香火田記》（康熙二十四年）

《華嚴庵記》（康熙二十五年）

《分别船行承應差使記》（康熙二十五年）

《禁派差事記》（康熙二十五年）

《高公書院碑記》（高公，名龍光，字紫虹，閩山人。康熙間，進士出身。爲郡守，多惠政，尋升任山西學政按察司副使。郡民思之，立祠於銀山之西，并置祀田奉祀之。祠在瀕江，立石以記。侍郎都御史徐誥武撰文，御史笪重光篆額，御史何金蘭書丹。康熙二十七年建，題額曰高公書院。咸豐間，毁於寇。寇平後，宇基祀田被人盗賣，邑紳訪得此碑，以白府縣，追回售價，移建於新試院之東，以奉木主）

《傾鎔元寶不許攤賠致使銀匠分派記》（康熙二十八年）

《采買禁止差役短扣記》（康熙三十二年）

《毋許佃户揑交醜米碑》（康熙三十三年，在大倉）

《中憲大夫知鎮江府事新除江南按察使宛平王公書院碑記》（張玉書撰，周而衍書。在銀山）

《北山寺記》（康熙三十三年）

《移建石公永墓祠記》（康熙三十五年）

《飭禁牙行滋擾商民碑①記》（康熙三十六年）

《錢糧自封投櫃記》（康熙三十六年）

《超岸寺記》（康熙三十八年）

《重建玉山避風禪院記》（李潛撰，宋曹書）

《五州山因勝寺碑》（康熙三十九年，詹事、崑山徐秉義撰，吏部侍郎、長洲韓菼書）

《都天廟門首八字垣記》（康熙四十年）

《鼎建福緣禪林記》（康熙四十年，在分流岡）

《衙門需用驢駝照民間給價僱用記》（康熙四十年）

《洪山寺行實記》（康熙四十五年）

《救生船普生莊完納錢糧免派差徭記》（康熙四十七年）

《青藍布鋪工匠犯事責在原保碑》（康熙四十八年）

《福生庵田地記》（康熙四十八年）

《修築橋梁道路之圖開河長挑免其水車短挑車泥并免記》（康熙四十九年）

《重建長山白龍神廟記》（康熙五十年，王之瑚記）

《氈鋪免應軍牢大帽記》（康熙五十二年）

---

① 按：《嘉慶丹徒縣志》卷三十四《碑目下》無“碑”字。

《修造沙唬等船毋許派擾記》（康熙五十二年）

《寶真禪院記》（即大業廟，康熙五十八年立）

《禁革開河差役記》（雍正元年）

《生員免夫差記》（雍正元年）

《節孝祠碑記》（雍正元年，張鷺撰立）

《蠲免坍江田賦記》（雍正二年，邑令馮詠記。詳“江洲”）

《木板鋪禁苛派記》（雍正二年）

《黄區大士庵記》（雍正二年）

《文昌市（缺）登雲削除運頭名色記》（雍正二年）

《開荒墾田記》（雍正二年）

《丹徒丹陽河工免役碑記》（雍正二年，邑令馮詠撰。詳見“水”）

《蕪關假充關使違禁來鎮碑》（在西門外玉皇閣，雍正四年）

《錢糧花户自納不得復有運頭記》（雍正五年）

《西津義渡贍産碑記》（姜宸英撰。詳見“津梁”）

《積善庵記》（雍正六年）

《木簰進閘商人自行填簿碑》（雍正九年）

《傾銷元寶不得派貼記》（雍正十二年）

《忠烈行宫碑》（在銀山之麓，雍正十二年）

《重修府城記》（鎮海將軍王釴立，在南水關。楊醇撰文①）

《石馬廟記》（乾隆二年）

《貞節姓氏碑記》（乾隆二年，節孝後裔九十七家公立，在節孝祠）

《句村鍾秀庵記》（乾隆三年）

《重修丁卯橋記》（乾隆三年）

《埤城法雲寺記》（乾隆三年。又一碑，乾隆十年。又一碑，乾隆十八年）

《賑粥記》（在丹徒鎮海潮庵。乾隆四年，邑令李宏儒撰并書）

《糧户完糧禁約規條》（乾隆五年）

《禁革坊長更名現運押催新舊錢糧記》（乾隆五年）

《聖源庵記》（乾隆五年，吴遵時撰）

《罾船記》（在丹徒鎮海潮庵，乾隆五年）

《重建真武殿記》（乾隆五年）

《蘆舍庵記》（乾隆七年）

《重建丹徒鎮通玄觀玉皇殿記》（乾隆八年，休寧程世綏撰）

---

① 按：注與《嘉慶丹徒縣志》卷三十四《碑目下》稍异：“乾隆元年，鎮海將軍王釴立，南滙楊醇撰，在南城水關後。”

《當臟分別取贖碑》（乾隆九年）

《木簰進口兵役閘夫不得借端勒索碑》（乾隆十一年）

《積善庵記》（乾隆十五年）

《示禁倉場高浮横取重價折收記》（在大倉，乾隆十九年）

《法雲寺田碑》（乾隆二十年）

《節孝祠記》（乾隆二十一年）

《重修丹徒鎮城隍廟碑》（乾隆二十一年）

《重浚關河記》（在藥師庵，乾隆二十三年）

《丹徒縣捐賑記》（乾隆二十四年，郡守蘇凌阿撰并書）

《丹徒鎮捐賑記》（同上）

《重修祠山大帝廟碑》（乾隆二十四年）

《重建横塘岸閘記》（乾隆二十六年）

《九華山地藏寺記》（乾隆二十六年，韓錦如獨修）

《普霖庵記》（乾隆二十六年）

《海嶽庵改建寶晉書院并充經費記》（乾隆二十七年，邑令貴中孚立）

《寶晉書院記》（乾隆二十七年，巡道姚成烈撰）

《重浚關河記》（在藥師庵。乾隆二十八年，邑令貴中孚撰，詳見“水”）

《重修西津渡石堤記》（乾隆二十八年，郡守李世傑撰）

《禁革撥夫記》（乾隆三十年，邑令貴中孚撰）

《禁捐彩綢記》（乾隆三十二年）

《江神廟睢陽殿布施香燈碑》（乾隆四十五年，八寨同知馮垂範立）

《捐賑碑》（乾隆五十一年，鎮江府鹿荃撰）

《寶晉書院續增經費碑》（乾隆五十三年，郡守汪志伊撰，邑人王文治書）

《重修節孝祠記》（乾隆五十三年，邑人章仲英等立石）

《鎮江路丁亥紀實》（下半漫滅）

《丹徒縣計派丁田徭里碑》

《重建古觀音寺記》

《公田圖記》

《五州山重建因勝寺記》

《廣惠庵記》（以上五刻，《嘉慶志》不著何年及姓氏）

《鎮江府清華詳准勒石永除民累碑》（《嘉慶志》云：路斃乞丐，江河浮尸，除救生會撈救、留養所病廢仍照詳定章程毋庸報驗外，其無名尸身止許報官驗殮。一切夫馬、船隻、尸場使費名目，永行禁革。又云：此碑勒於本城四門，係嘉慶三年事，然衆紳具呈府縣具詳，俱在乾隆六十年内，且關係功令民風甚巨，誠恐日久遺忘，有失紀載，爰附録碑目之末，以志憲德并安民業云。按：此事至道光初衆紳循照蘇常成例，禀請邑令詳准，於城内設立普仁堂，捐費定章，報收各户，限以驗費，并暫收暴病辛夥僕婦，以免民累。嗣西城外、南城外及丹徒、諫壁、黄區各處皆踵相捐設善堂。詳後“尚義”）

《改建京江試院記》（嘉慶十四年，郡守鄧烜以府治前水利通判奉裁廢署官價承買建立試院，撰記立碑）

《修登仙橋碑記》（嘉慶間，以石更木。里人薛仁治倡修。立治，工人也）

《節孝祠前添建石坊記》（嘉慶二十一年，節孝後裔公立）

程孝子救父投水處（孝子，名元德，丹陽人。道光元年四月，隨父行至運河口，父失足落水，孝子驚號赴救，俱死。翼日，抱父尸出，見者感泣，邑令王臺表以石，在運河岸北）

《重修節孝祠記》（道光六年）

《重修試院添立號舍記》（道光十年，捐修立石）

《通浚市溝碑記》（在翦子巷柏家橋側，道光元年）

《乾元萬壽宫碑記》（元俞希魯撰。道光間，庠生笪開泰重書）

《爲徐全信徐體誠倡捐鄉會試及捐送善舉碑記》（在縣學明倫堂。道光十八年，邑令曾承顯撰）

《增修節孝祠記》（道光二十八年，祠裔捐修立石）

《永廣府縣學額記》（在新建試院堂上東壁。同治四年，李承霖撰）

《新建試院不得借封公館碑》（在試院門首。同治四年，郡守李仲良示勒石）

《重修新舊城垣通浚關河記》（同治八年。詳見“關河”）

《改定丈洲年分永禁丈費碑記》（在郡廟二門首。同治八年，巡撫丁日昌立。詳見“江洲”）

《重修新城碑記》（同治八年，署鎮江府蒯德模立，在甘露寺廊房）

《移建節孝祠碑記》（同治九年，事略見“廟祠”）

《孝女碑》（不詳姓氏、年月，在分流岡）

《守山記》石刻（宫保丁寶楨爲焦山寺僧流長咸豐間守山作，在焦山）

丹徒縣志卷十終

丹徒縣志卷十一

河渠志 運河　各支河　港　澳　塘　湖　溪　池　泉　井　溝　灘　潭

河渠叙

水利之大者，曰轉漕，曰溉田。丹徒爲杭、嘉、湖、蘇、松、常運河入江之道，自金陵至丹徒，内地之勢常高於江，江潮挾沙來速退緩，或漲而淤，或淺而阻，歷代均以爲患。雍正年間，督臣鄂爾泰疏言："江南自劉河、白茆之外，其爲南北之要津者，莫如鎮江之漕河。在丹徒界者四十五里，在丹陽界者九十里。地勢如建瓴，雖有京口、吕城、奔牛諸閘藉以蓄水，一至冬月，漕河水淺，挽運艱難，每年挑浚，隨浚隨淤，歲以爲常。附近各境，凡有可比丹陽之練湖者，皆應開通以助運河，常使流注無窮，不須復浚，爲一勞永逸之計。"旨哉，斯言！願以告後之按行考驗者。若闢河、若支河、若澳、若濠、若塘、若湖、若溪、若池、若潭、若泉、若井、若溝、若港、若灘，悉水利所關，因詳志焉。志河渠。

漕河，自杭州達京師之張家灣，凡三千七百餘里。其在江以南，自杭州至京口七百餘里。杭至蘇，資苕、霅諸溪之水；蘇至常州，地傍太湖，本爲澤國，不患無水；常州以北，資宜、溧諸山之水；至丹陽而山水絶，則資京口所入江潮之水。水之盈涸，視潮之大小，而潮水來急退緩，水挾沙泥，日有停蓄，古有"一日厚一錢"之説。故自江口至丹陽，常患淺澀，歲需挑浚。其最易淤淺者，京口閘爲全河退潮處，沙泥易淤，一也；猪婆灘夾岸，係山基所鑿地，多流沙，二也（詳見後"猪婆灘"下）；丹陽城北地係夾岡，三也。在徒境挑浚尤需加力，若夫横、越二閘之接引江潮、闢河、浮橋，河之隨潮長落及支河小港之蓄泄，田水既利漕艘，亦關農政（詳見後各條下）。

漕河江口，舊築埽埂一道，由北固山下江灘向西起，至蒜山下小馬頭止，長三里許。埂内河口由西北向東長一里許，而後轉南。埂有損塌，即加修補，蓋以攔江潮之衝激，俾漕艘出江無患也。今兵燹後，埽埂坍没過半，自河口向西全無攔蔽，潮汐向東南入河，竟成直勢，各船出入，篷纜難施。且江潮入河，來急退緩，沙泥易墊，埽埂固待修復也。兹於同治四年恪遵省發弓簹盤向，從現在河口步至丹陽境止，計長八千三百三十一丈有奇（合一萬六千立六百六十二步有奇，爲四十六里有一百零二步奇）。逐向逐段備紀於下。（江口入河向巽轉南，又轉巽至大閘口，計一百零七丈六尺。又向巽轉東，向甲至浮橋下河口，計一百二十七丈六尺。又向甲轉辰轉南，至西門橋，計一百八十六丈四尺。又向丁，至西城下小流水洞，計二十丈。又向丁轉丙轉東，向卯至小教場西首城下大流水洞，計五百二十三丈一尺五寸。又向卯至南門橋，計二百五十八丈四尺五寸。又轉寅，至南水關外便益橋通内城河處，計一百零六丈。又向寅轉巽，至南閘，計六十六丈七尺。又轉乙轉己轉丙，至都天廟前，計三百十九丈零六寸。又轉巽轉辰，至丁卯橋港口，計五十八丈。又向辰轉己，復轉辰，向東轉寅轉艮轉丑，復轉艮轉寅，由甲而卯而辰，至猪婆灘，計九百九十四丈。又轉巽轉辰，向東，屢轉向艮，復向東，屢轉，復轉艮，向北，轉丑轉子，復屢轉，由北而東，轉寅，至丹徒鎮灣子橋口，計一千零八十一丈。又轉乙巽，復轉乙，至横閘通江河口，計一百四十丈。又轉丁丙巽巳，屢轉向東，復向辰，至越河通江河口，計一千四百六十四丈三尺。又轉丙午丁未，復轉南，屢向丙午丁未，轉向巳向巽向辰，復轉向巳向丙向午，至徐祠前，俗稱狗兒廟，計九百七十八丈七尺。又轉丁轉未，復轉丁轉午轉丙巳轉巽，復屢轉丙午丁，復轉向午，至辛豐橋，計一千零四十一丈七尺五寸。又轉己轉辰轉乙，復轉巳，由丙午丁未轉向坤，又轉未丁丙巳，復轉丙，向丁至界牌入丹陽縣境，計八百五十八丈五尺。出境向丁，乃丹陽境之小辛村，土名豆腐架，計一百四十四丈七尺。）以上丹徒縣境内漕河，通總計八千三百三十一丈二尺一寸（出境在外）。

各橋閘（見“津梁”）。

猪婆灘（自都天廟前，至此河之轉向最多，蓋緣兩岸高聳，皆係山岡，發脉開河時，循度地勢，讓高就下故也。但至此灘則兩岸忽開，變爲平岸，過此則兩岸又聳，緣此地係山岡過峽，河至此無路可讓，穿峽而過，故河底高於他處，加以兩峽沙泥一遇雨水冲入河中，且兩岸山脉甚旺，歲有增長，故由來挑浚爲吃緊處，亦爲最難處。昔人有因北岸多沙，尋至京峴山南，填其一洞。其洞土名窮坑，言漏土入河也。自填塞後，加高爲墩，名富貴墩，然名色雖改，流沙如故，非填塞所能治矣。又有因河底增長，於挑浚後架柴燒之，以冀斷其旺氣者，乃旋燒旋積，又非烈焰所能魘矣。其名爲猪婆者，乃係北岸脚下沙水匯成兩凹，若猪婆然，而流沙活動又若豕突其間也。此處只能於挑浚時倍加人力，挖之極深，庶無淺澀之患耳）。

舊志云：舊志（指《康熙志》）不載漕渠所自始，今按王恭簡公《府志》參考之。秦鑿丹徒、曲阿（見《吴録·輿地志》）。齊通吴會（《齊志》：丹徒水道，入通吴會）。隋大業六年，敕穿江南河，自京至餘杭八百餘里，廣十餘丈，使可通龍舟。（六朝漕輸由京口泛江以達金陵，則有風濤之險，故開雲陽之瀆以達句容，而京口未嘗無漕渠也，詳諸《實録》。所謂“東郡船艦不復行京江”之語，可見《輿地志》。晉元帝子裒鎮廣陵，運糧出京口，爲水涸，奏請於丁卯港立埭。又《齊志》：丹徒水道，入通吴會。皆六朝時事，是煬帝初非創開此河，不過穿之使寬廣耳。）宋天聖中，開新河。（《宋會要》：天聖七年五月，兩浙轉運副使疏言：潤州新河畢工，降詔奬之。）慶曆中，疏蒜山河。（鄭向爲兩浙轉運副使，疏蒜山漕渠抵於江。）治平中，修夾岡河道。（治平四年，都水監言：兩浙相度到潤州，至常州界開淘運河，廢置堰閘，乞候今年住運，開修夾岡河道。

從之。）政和中，開西舊河。（政和六年，敕鎮江府旁通大河①，舟楫往來，每遇風濤，無港河容泊，以故三年之間溺舟船凡五百餘艘。訪聞西有舊河可以避急，歲久湮廢，宜令發運司計度，深行浚治，委官處畫，早令告功。）乾道中，自丹陽浚至夾岡；自利涉門浚至江岸。（乾道六年，郡守蔡洸自丹陽之南浚河至夾岡。八年，郡守箴瞗自利涉門之北浚至江岸。郡倅陶之真有記。）嘉定中，自江口浚至城南門。（《嘉定志》：嘉定癸酉，郡守史彌堅與運副吴鎧②、總領錢仲彪沿渠按視，通行打量，自江口至南水門，共長一千八百六十九丈，約總用浚渠修閘三十七萬六千五百九十二工。又慮農事將舉，役民非宜，官軍健捷，器用利便，宜委戎司庀其役。規模先定，條列上聞。明年，報可。乃决渠水，立表識，程功作。越四月，連渠底績。禮部侍郎李壆及彌堅皆有記。）元至元、大德間，屢募民淘沙。泰定間，復加浚治。明洪武初，京口閘廢，東南漕運者轉新河、江陰二港以出江，多爲風濤所阻溺。鎮江府劉辰字伯静，乃於京口至吕城百二十里作壩修閘，漕運乃通。永樂間，浚鎮江京口、新港及甘露三港以達於江。漕舟自奔牛溯京口，水涸則改從孟瀆，右趨瓜洲抵白塔以爲常。永樂二年，浚丹徒通潮舊河。景泰元年，築丹陽、甘露等壩。天順中，重浚復鑿社稷壇西隙地，以通濠塹，達於漕河。正德二年，復浚白塔河及江口四閘，自鎮江裏河開浚，漕舟出甘露、新港，徑渡瓜洲，而白塔、北新皆以江路險遠捨而不由矣。崇禎間，張國維巡撫江南。十一年，築鎮江漕渠，報浚。崇禎初，知縣石確重浚漕河，極其深廣。是後，民得休息二十餘年。國朝順治九年開浚。康熙六年重浚。（自是無處不浚，無歲不阻，役工數十萬，用銀一萬八千兩有奇。）二十二年，闔邑紳士張九徵等以六郡之需河一例，徒邑之獨累難支，呈請詳飭蘇、松、常三郡，并移檄浙省杭、嘉、湖量與協助，或幫助人夫，或協濟工米。（原呈及縣詳俱載舊志，但無各憲批准明文。）雍正二年，特諭督撫漕河四臣悉心籌畫，或令地方官支用地丁錢糧，或令河員專司其事，於河帑内開銷。再浙省蘇、松向有協濟之例，或令六郡共襄工費以濟運道，妥議以聞。是年，會議大挑物料人工，動用國帑，其歲修仍令六郡協濟，而責之徒、陽二邑。疏上，敕部議報可。（雍正二年奏議，詳載《恩免開河全書》，其書係前鎮江府知府蘇淩阿刊行。）其浚河人民比照淮河之例，官爲雇募，豁除徒、陽民累。至每年撈浚，動支樂生洲租息。（徒、陽二縣河工向係水利廳經管，雍正二年後，請發司庫匣費，動用報銷。乾隆二十三年，徒邑有樂生洲入官田灘租息，經巡撫莊有恭奏准，抵充撈浚運河之用。五十四年，水利廳奉文裁汰，河工歸鎮江府管理，如租息不敷，仍請司庫撥項湊添辦理。）又江、常、鎮道王璣以先年挑浚京口運河，浙省蘇、松原有協濟之費，後因三藩變亂裁充兵餉，平定之後歸作河工幫項，查維揚河工歲修皆係開銷河帑。今鎮屬縣設水利通判、縣丞等官，皆係河工題補之員，既設專官，工程應與淮揚一例詳請題明確估，每歲疏浚應費若干，責令河員專司其事。（王璣詳稿亦載《恩免開河全

① 按："河"，《宋史》卷九十六《河渠志六》作"江"。
② 按："鎧"，《嘉定鎮江志》卷六《地理（山川）》作"鏜"。

書》，但查無奏准明文。）

《山水志》曰：漕河自常州府武進縣流徑丹陽縣南，又西北徑縣西，又北逾大江，入揚州府界。《太平御覽·吴志》曰：岑昏鑿丹徒至雲陽，而杜野、小辛間皆斬絶陵襲，功力艱辛。（原注：杜野屬丹徒，小辛屬曲阿。）又《吴録》曰：句容縣大皇時，使陳勳鑿開水道，立十二埭以通吴會諸郡，故船行不復由京口。《三國志·孫權傳》：赤烏八年，遣校尉陳勳，將屯田及作士三萬人，鑿句容中道，自小其至雲陽西城，通會市，作邸閣。《齊書·州郡志》：丹徒水道，入通吴會。《入蜀記》：自京口抵錢唐，梁、陳以前不通漕。至隋煬帝始鑿渠八百里，皆闊十丈，夾岡如連山，蓋當時所積之土。朝廷所以能駐蹕錢唐，以有此渠耳。汴與此渠皆假手隋氏而爲吾宋之利，豈亦有數耶？（按：京口漕渠吴以前即有之，觀《御覽》引《吴録》“船行不復由京口”云云，可知至隋則鑿渠益廣，非創始於隋也。）《宋史·王琪傳》：琪知潤州轉運使，欲浚常、潤漕河，琪陳其不便，詔寢役，後議者卒請廢古城埭、破古函管而浚之，河反狹，舟不得方行，公私交病。《明史·劉辰傳》：漕河易涸，仰練湖益水三斗門。久廢，辰修築之。運舟既通湖下，田益稔。　夾岡河道（在丹徒界曰小夾岡，在丹陽界曰大夾岡）。《嘉定鎮江志》云：《會要》：治平四年七月，都水監言（見上舊志注）。

馮詠《丹徒丹陽河工免役碑記》：鎮海將軍署江蘇巡撫部院何公奉上諭移咨總督兩江查公、總漕部院張公、總河部院齊公，以雍正二年十月甲申會於京口。是年八月，上念京口爲杭、嘉、湖、蘇、松、常六郡運河入江之道，而挑浚偏累丹徒、丹陽兩邑百姓，故有是命。明日，四院舟由江口西閘出南閘，次丹徒鎮，登横閘，遣水利廳持水平測潮淺深；分遣屬吏閲沿河廢閘故址。越兩日，至丹陽，周視練湖，然後反次京口，議應修之閘有三：曰江口西閘，曰利涉橋小閘，曰丹徒鎮横閘。重建閘四：曰張官渡，曰陵口，曰吕城，曰越河。開浚則起江口，至丹徒鎮二十里；黄泥壩至張官渡十里；七里廟至尹公橋十里；七里橋至陵口十三里，又至吕城二十里，皆舊阻淺處也。江口之西爲觀音樓，東爲水府廟，并建草壩以拒江流；修築丹陽西壩以蓄練湖之水。所需工料遵諭旨，動用國帑。歲修仍責徒、陽二邑，而以六郡協濟之。議既定，繕摺以聞，奉上諭具疏，來疏奏下部核覆如所議。明年三月，報可，於是兩邑民莫不忭舞喜悦。先是，運河自江口至武進之奔牛百六十里，江潮出入常淤塞爲漕患，有司無以塞責，率派諸民間，五年大浚，用人夫十餘萬，水車千餘部，費白金六七萬兩，小浚亦五六千兩。民貧者至鬻子女以應，至是聞詔旨免役，男婦提携老幼畢至，望闕呼萬歲，歡聲四達，以其狀陳於今巡撫張公，請題建萬壽碑亭。會蘇、松蠲免浮糧，有旨詔免謝恩，事遂寢。兩邑之民以詠爲丹徒令恭荷殊恩，又先備位詞臣，宜有文辭以揚盛德，不敢以淺陋爲解，爰指陳事實，宣布皇仁，昭示無極，辭曰：皇皇帝祐，愷澤覃敷。挽漕東南，萬民其蘇。緬彼京口，洪潮所底。或漲而淤，或壅而圮。自徒及陽，百六十里。既築既浚，民亦勞止。嘉詔自天，眷此南土。爾徒爾陽，厥民殊苦。申命大僚，載歷河滸。相度土宜，指陳旁午。帝曰俞哉，謨猷允藏。亮工熙載，視民如傷。在易之益，民説無疆。飲和食德，如煦春陽。金焦之南，練湖之北。大化滂流，感恩抒力。如彼山河，高深不測。億萬斯年，永戴帝德。

關河（即通江郡城内河），自甘露港江口入北水關，穿城至南水關入運河，計長一千二百二十三丈一尺五寸。（合二千四百四十六步奇，爲六里二百八十六步有奇。同治四年，測繪輿圖，恪遵工部弓尺步定此數。）逐向逐段備紀於下。（江口向午起至甘露閘新城水門，計二十丈零五尺。又向午轉申至栲栳閘，俗稱老人閘，計四十六丈六尺。又向申轉丁至登仙橋，計一百七十五丈二尺。又轉甲轉丙丁未，復轉丁至北水關，計一百六十七丈七尺。又向丁轉未至太平橋，計五十五丈七尺九寸。又轉丙轉向巳辰乙卯至緑水橋，俗稱高橋，計六十四丈八尺。又向卯轉甲轉乙轉丁至千秋橋，計一百六十七丈六尺四寸。又向丁轉午至鎮芳橋，俗稱網兒橋，計九十二丈八尺。又轉己轉辰巽轉丙至清風橋，俗名范公橋，計二百三十一丈三尺二寸。又向丙轉午，復轉丙巳巽辰，復轉巽向巳至南水關，計二百丈零八尺。）以上城河，統計一千二百二十三丈一尺五寸。（出便益橋入運河）各橋（俱見“津梁”）。

舊志云：關河，舊志不詳所始（指《康熙志》）。《山水志》曰：關河自北關達南關（當作“江口達南關”），穿城計千二百丈。順治十六年，因海警閉兩水關，河淤。康熙十一年，知府高得貴、同知孫汝謀募工疏浚，舟楫復通。乾隆二十八年，邑令貴中孚重浚。五十一年，知府鹿荃又浚。嘉慶二十四年，前常鎮道王公率紳士復浚。今兵燹後，兩岸民屋毁塌入河，積如山阜，淤墊不通。同治八年，知府蒯公（德模）詳請開浚。邑令汪公（坤厚）率紳士集捐任事，乃通舟行。（碑記見下）

貴中孚《重浚關河記》：郡志舊有關河一道，貫城之内外，民間薪米所需悉藉此以資轉運。當糧艘擁擠之際，則由江達河，重載又得以間道取濟。其便利之處，邑父老尚能言之。自國初開浚以來，歷年既多久失修治，岸土①崩卸，河形雖在，水不容舠，是以土著者既苦於負戴之勞，而行旅者亦失其津濟之便，一事廢而遠與近交受其病。夫有利弗興，守土之責也，正在籌畫開挑。適士民秦公旦等以公捐疏浚爲請，余喜其有賴於地方，遂亟請於觀察姚公、郡憲李公，咸欣然報可。畚鍤既集，鼛鼓弗勝，不逾月而大工告竣。計由運河入南水關，直抵北水關，出甘露港以達江者，凡一千餘丈；又自登仙閘西行入運河者，凡八百餘丈，一律深通，舟楫四達。而府經歷王君維城、照磨王君樹聲、知事楊君大勳、縣丞陸君景澄、主簿沈君宋良，與董事紳衿張成璧、郭家麟、趙德修、劉金書、李丹實經紀之。其夫工之費，則概出之士民公捐，初非有所徵發期會，而舊制以復水利，以興於以見聖朝同化之隆，草野踴躍向義如此。

《同治八年鎮郡修城浚河碑記》：鎮江郡城内河由北水關至甘露港出江，由南水

---

① 按：“土”，原作“士”，形近而訛，因改。

閘至便益橋通運河，計一千二百餘丈。乾隆二十八年，經前道憲姚、府憲李、縣尊貴開浚，立有碑記，厥後百餘年久成平地。同治八年，前府憲蒯公德模下車之治，以興利除弊爲己任，請於前道憲沈公秉成通詳各大憲，檄令前縣尊汪公坤厚，會董鳩資修城浚河，共捐錢二萬六千餘緡。設局開工不一年，新舊城垣，鐵瓮屹峙，焕然一新。實用錢一萬六千餘緡，以餘資開河。在事者罔弗櫛風沐雨，胼胝手足，費節而工速。城内浚深七尺，城外浚深一丈，復用錢九千餘緡。三月工竣，彙入城工報銷。工既成，商民便之，輿誦翕然。十年春，汪公量移婁縣，恐前功之廢也，爰集紳董會議，各業提厘爲歲修費。接任縣尊鹿公伯元照案詳明，道憲李公常華、府憲趙公佑宸勸諭各業書捐，共得錢一千九百九十五千文，書定存卷。經冬開浚，檄委典史王公振會董督工，加深二尺。至十一年冬，縣尊何公紹章莅任，以歲修經費支絀，會董勸諭推廣捐輸，復捐錢二百五十千文，前後共捐足錢二千二百四十五千文。河身復開寬一二尺不等，又勘千秋橋石底較河身高一尺八寸，行舟殊礙，檄委典史王公會董興工，橋底開深四尺，舟楫通行無阻。内河與運河通流，南北估舶雲集，實百餘年，未有之盛事。是役也，蒙道府縣各憲軫念民情，修城浚河，所以利賴者甚久。經辦紳董亦皆力任勞怨，實事求是，誠盛舉也。恐年久廢弛，爰詳叙顛末，并將捐户姓氏、歲修各業捐數及紳董銜名開列於後，以期久遠不替云爾。同治十二年五月，郡廪生錢恩華撰。　　碑立千秋橋東，各姓氏載其上，兹不具録。

三汊河，舊志云：在大圍雲山坊，通内河，出便益橋（按：便益，誤載）。北通甘露港。《山水志》曰：三汊河，在西小門外，西由鎮西橋（俗名拖板橋）入漕河，北通甘露港。（按：此河即貴中孚《記》中所謂“自登仙閘西行入運河”者也。今積土成路，河身已没八九，僅餘拖板橋石圈數尺而已。近浚關河，惜未兼此。）

舊河（見前“漕渠”舊志注下）。

新河，西城外枝河。《山水志》曰：《明史·劉辰傳》：京口閘廢，轉漕者道新河出江，舟數敗。辰修故閘，公私皆便。（按：此河即利涉橋一名浮橋下支河，向由江口向東，沿埽埂經小閘至橋下，向南入運河，計長二百二十六丈有奇。今新城北沿江岸，南沿運河，此河適處其間，土積沙淤，未經開浚。同治十三年，邑人集資深浚之，北以小閘爲水門，南以浮橋爲門。）　　橋閘（俱見“津梁”）。

市河，舊志云：其一，城西諸山之水匯爲澳，合永興寺聖井泉，由水西門經唐頹山後，至闢門橋、小圍橋，達京口港，入於江；其一，發於真珠泉，由鶴林門經西園橋，過道人橋分流：右折者經社壇橋至右軍寨，與澳水合；左折者經皇祐橋、染皂橋、嘉泰橋、懷德橋、斜橋、大圍橋，亦達京口港，入於江。其自清風橋側，由折橋、石䃮橋至朝真橋，北流與皇祐橋水合者，則漕渠之溢水也。（舊志：折橋受漕水折旋而入於石䃮橋，今石䃮橋廢，漕渠水不復入矣。）宋南渡後，類多湮塞，每加疏導。（慶元四年，守臣萬鍾隨宜浚導，鄱陽洪邁有記。十六年，淤土壅閼。嘉定甲戌，郡守史彌堅嘗募官軍疏導之。）今復淤塞甚矣。（按：自闢門橋以下爲城外市河，自皇祐橋以下爲城内市河。

城下流水洞有二：一在小教場南；一在西城門左。皆所以通達市河之水使入外河者。玆舊志已云淤塞，今遭粤寇後，毁屋頽垣，積壅更甚，河與各橋俱僅存其名矣。）

新河（《山水志》作“新開河”），乾隆四十七年開（《山水志》作“四十五年”），自上元縣栖霞碾駝壩起，由句容縣龍潭至丹徒縣師古灘止。（《山水志》曰：自縣西簰灣達栖霞山下，巡撫吴壇奏開，以避黄天蕩之險。越三年，舟楫始通行。）四十九年，高宗南巡經此，賜名便民港。

光緒四年二月，布政使銜、分巡常鎮通海道、大興沈敦蘭《重浚金山便民河記》：長江之險，波濤極天，當其放乎中流，狂風猝至，舟子叫號，無所施力。斯時苟得一支河可以避泊其中，是不啻出溝壑而衽席之也。即使馮夷不舞，水波不興，而懸泊於無港可收之地，潮汐震蕩，亦且人有戒心。矧鎮江北固横瞰，金焦相望，危峰鬥飈，怒石激浪，其險有甚於他所者；又地爲水陸交會，上通荆襄，下接湖海，亂流而渡，浮淮達濟，綰轂京師，一日之中，帆檣往來，殆以千計。若使行於斯、宿於斯者，聽其惴惴焉，風濤之是懼，而不思一爲之所，於心安乎？此便民河之所以不可不復浚也。河故在金山之東南，今自金山之麓悉爲平壤，涉冬水涸，岸容壁立，浦溆高原，數十里中惟見江流灝瀚而已。同治五年，前道錢塘許公道身嘗設法開浚，今已湮塞。余莅玆土，即知其患，欲踵許公之志，因費艱，未克舉也。光緒三年，陶軍門定昇以合字左營來防京口。其前一年，章軍門其作、彭參戎怡盛先以合字前、右兩營防江於象山。而王觀察之春亦以毅字營來都天廟。四君者於沿江駐兵必擇地開港，以便民船。民船稱頌弗諼。余因以復浚便民河，謀之諸君，皆喜而諾，詣河會勘，則金山之西南又有小港，接三汊河，衆山之水由此達江，僉曰：“浚便民河，兼浚此港，使兩口相通。又在三汊河迤北添開一港，導山水分東、西出口，借湍勢以刷停沙，乃可持久。”即於是年十一月十一日各振隊赴工，分段舉鍤。越明年正月二十六日，兩河皆成，計工作僅五旬又八日耳。便民河自江口起至三汊河止，長一百六十三丈五尺，廣十一丈，深一丈四尺五寸；由便民河接浚之港至江口止，長三百十六丈，廣十三丈，深一丈三尺五寸；添開之港長八十二丈五尺，廣八丈，深一丈二尺。雖水勢極涸，亦重載可容。此役之成，四君之力也。當工作雲興之會，正固陰沍寒之辰，雪厚二尺，冰凝數寸，至以沸湯沃土，土始可開。諸君慮春潮即至，工將中輟，乃親冒凌霰，泥行坎中，以策勵將士。將士雖手皴足僵，亦不敢稍休。嗚呼，紀律之嚴、樂善之勇，於此至矣！其築壩及籌備器械、犒賞之需，余將獨力任之，因正任丹徒縣馮大令壽鏡之請，亦出資助焉。嗣署任鎮江畢太守保釐、譚署令泰來又益之；其置辦料物及往來助理者，爲廖直刺獻廷、馬大令海曙。余於是益服諸君之好善不倦，相與有成。自此上下舟楫即猝遇風濤亦得所止息，行旅如歸，民物自阜。援筆書之，俾後之來者欣然樂、慨然思也。光緒四年二月，布政使銜、分巡常鎮通海道、大興沈敦蘭撰。

丹徒鎮通江河，由江口向南轉西，復轉向南，至横閘入漕河，計三百十九丈二尺。

(其自江口至北高橋，計二百零二丈五尺；自橋至漕河，計一百十六丈七尺，共合六百三十八步有奇，爲一里二百七十八步有奇。)　　橋閘（詳見“津梁”）。

潤壁鎮（“潤”，一作“諫”，見前“雩山”下）通江河（一名鐵錨港），由江口向南轉西，復轉向西南，至越河閘入運河，計一千一百七十丈零九尺。(其自江口至諫壁橋，計五百九十七丈七尺；自橋至漕河，計五百七十三丈二尺，合二千三百四十一步有奇，爲六里半有奇。)　　橋閘（見“津梁”）。(按：自越閘出江，曲折彎轉六里有奇，四倍於丹徒河。而江距瓜洲已遠，向來漕運從不由此，但資潮水濟漕而已。)　　丹徒司（見“公署”）。

高資港，在城西四十里。《明史·黄鉞傳》：建文四年，燕兵渡江，盛庸戰於高資港，敗績。① 港之左右有炭渚、黄泥、樂亭浦、馬步橋、永豐橋諸港。乾隆壬午，高宗南巡經高資港，有御製詩。　　草閘（在江口。見“津梁”）。　　高資營、戰船廠（俱詳“兵制”）。　　高資巡檢司（見“公署”）。

七里港，在城西七里。《明史·林鶚傳》：鎮江漕，故經孟瀆，險甚。巡撫崔恭議鑿河，自七里港引金山上流，通丹陽避之。鶚言：道里遠，多石，且壞民廬墓，請按京口閘、甘露垻浚之，令通舟功力省便。恭從之，遂爲永利。近此有錢家、費家、下鼻、斷妖、洪信諸港。

京口港，在城西北江口、京口閘下。(港口有程公下垻，見“津梁”。)

孩溪（一作“鞵溪”）港，在城東苦竹里。渡泥港、泄港皆近港、小港。

安港，一名大港，在城東大港鎮。《明史紀事本末》：“嘉靖三十五年，江北倭流劫至圌山、山北等港，無爲州同知齊恩率舟師迎戰，敗之。恩長子尚文，次子首②，叔仲實，弟寶榮，侄慎、寅、及良③、大卿，孫嵩④俱在行間。嵩年十八，驍勇善射，獨前追賊至安港，恩等從之。伏發，恩及其家丁錢鳳等二十一人力戰，皆死之。獨嵩、慎、寅三人得脱。賊乘勝至金山，殺鎮江千户沈宗玉、王世良於江中。”近安港有柳黄諸小港。安港司巡檢署（見“公署”）。

韓橋港，在城東六十里。(相傳爲韓蘄王屯兵處)

山北港，在圌山之北。其下郭家、徐府、中新、朱秀、太平、劉仙、莫家諸小港皆平地沙區，無山隴之限，通潮汐，資灌溉而已。(以上自丹徒河至此，古稱九港。舊志載嚴元燮説云：徒邑浚澮距川之水，沿江凡有九港：自鐵爐山之東，及長山、五州山之西，其水皆出香山口高資鎮入江，爲第一港，自此以上皆屬句容入徒邑者，此爲第一；五州、

---

① 按：“盛庸戰於高資港，敗績”事非見於《明史·黄鉞傳》，乃見《明史》卷一百四十四《盛庸傳》，其曰：“明年（建文四年）……燕兵遂渡江，庸倉卒聚海艘出高資港迎戰，復敗。”

② 按：“次子首”，中華書局點校本“首”作“嵩”。

③ 按：“及良”，中華書局點校本“及”作“友”。

④ 按：“孫嵩”，名或誤，中華書局點校本“嵩”作“童”。下“嵩年十八，驍勇善射”云云，當謂齊恩之次子，非其孫也。《明史》卷二百九十《列傳》第一百七十八《朱裒傳》載：“明年倭犯無爲州，同知齊恩率舟師敗倭於圌山北等港，斬首百餘級。子嵩年十八，最驍勇，擊倭至安港。”

長山之東，及大峴山之西，其水皆出七里港，爲第二港；自馬鞍山之東，及禿山、茱山、四面山之西，其水皆入運河，繞出城西京口閘入江，爲第三港；白兔山之北，及長岡以西之水，皆出丹徒鎮閘口，爲第四港；東雩山之北，諸水皆出諫壁之鐵錨港，爲第五港；雩山之東，合馬灣、苦竹諸水出孩溪橋，爲第六港；此外，有泄溝、柳港、黄港，皆濱江小瀆，不足紀，其下則自陳灣、柳湖以及圌山西面諸水入洪溪爲大港，則第七港也；五峰山之西，韓橋港爲第八港；圌山之後，收沙腰之水出江者，爲山北港，乃第九港也。此徒邑九港，亦名九溪，皆有山根磐固，夾送而出。自山北而下，則皆平地沙區，無山隴之隔，有徐府、郭家、太平、姚家橋諸港，皆所以通潮汐，資灌溉者也。至於長山之南，凡有八十餘港之水，總入練湖，而徒、陽接界之地，夏秋水漲，至不可行其道旁，皆立石爲表，凡數十柱以示厲揭者，望表而知涉焉。）

海涵河，在北固山西北（柳青橋在河上）。今沿新城下尚有迹。

海鮮河，在甘露寺西京口閘外。宋嘉定八年，郡守史彌堅浚，以泊防江之舟，有記載。《嘉定志》：《宋史·陳居仁傳》：紹興中，鎮江大旱，移居仁爲守。因饑，治古海鮮界港爲石礎，蓄泄以時，通濟漕運。（按：此河久湮，今無其迹。）

伊婁河，《新唐書·齊澣傳》：澣遷潤州，州北距瓜步沙尾紆匯六十里，舟多敗溺。澣徙漕路，由京口埭治伊婁渠，以達揚子，歲無覆舟，減運錢數十萬。又立伊婁埭，官征其入。《太平寰宇記》：伊婁河，開元二十二年（舊志作“二十七年”），潤州刺史齊澣以潤州北界隔江爲限，每船繞瓜步江迂迴二十里①，多爲風濤所損，臣請於京口埭下直截渡江二十里，開伊婁河二十五里，即達揚子縣，無風水之灾，歲取利百億。并立伊婁埭。自是免漂損之灾。（舊志云：《唐書音訓》：京口在潤州城東北甘露寺側，瓜步在今真州西六十里，距揚州一百二十里，宋文帝餽百牢於魏處也。按：今揚州西南二十里有瓜洲，土人云其洲爲瓜步也。伊婁渠，今無其名，疑今瓜洲至揚子運渠是其地。當時瓜洲遥隸潤州，故澣得以改置。又云：康熙舊志載入軼事，今附録河渠後備考。《山水志》亦曰：按，《嘉定鎮江志》云：當時瓜洲遥隸潤州，故澣得以改置入漕路縣②。　唐李白《題瓜洲新河餞族叔舍人賁渡江》③ 詩：“齊公鑿新河，萬古流不絶。豐功利生人，天地同朽滅。兩橋對雙閣，芳樹有行列。愛此如甘棠，誰云敢攀折。吴關倚北④固，天險自兹設。海水落斗門，潮平見沙汭。我行送季父，弭棹徒流悦。楊花滿江來，疑是龍山雪。惜此林下興，愴爲山陽别。瞻望清路塵，歸來空寂滅⑤。”）

古河，《十國春秋·忠懿王世家》：吴越王俶遣沈承禮等率兵隨宋平潤州，進討金陵。江南平，請入覲宋帝，敕遣供奉官張福貴等開古河一道，自瓜洲口至潤州江口，以

① 按：“二十里”，據前所引《新唐書·齊澣傳》，當作“六十里”。
② 按：“縣”，《嘉定鎮江志》卷六《地理（山川）·河》并無此字，此處或衍。
③ 按：詩題，《李太白全集》清王琦注本無“渡江”二字。
④ 按：“北”，《李太白全集》清王琦注本作“此”。
⑤ 按：“滅”，《李太白全集》清王琦注本作“蔑”，校曰：“蕭本作‘滅’，複第二韵，恐誤。”

待王舟楫。(《山水志》曰：古河，疑即伊婁河也。)

新豐河，在縣東南三十五里。《元和郡縣志》云：晉大興四年，晉陵内史張闓創。

夾岡河道，在縣南。宋慶曆中，嘗置堰，旋罷。(《宋會要》：慶曆中，於夾岡道置堰，功費多而卒無補，旋罷。舊志載，夾岡地勢縈迴歧分，山脊相距曠迥，行者惴惴，熊叔茂詩："僻疑昏有虎，静怪曉無鷄。"謂此地也。嘉祐中，郡守宇文紹彭嘗創六鋪，撥邏卒守之，舟行陸走，乃恃以無恐。)

歸水澳，在中閘("中閘"即"中牐"，見後"津梁")之東，長二百丈，水面廣狹不等，廣至五十丈，狹亦不下十丈，深丈有五尺。宋元符間，曾孝藴置閘。崇寧間，設官管幹。乾道以來浸廢。嘉定中，郡守史彌堅重浚，有記，載《嘉定志》。(其略曰：南徐地高卬，漕渠貫城中，爲西津斗門，達於江，以出納綱運。昔之爲渠謀者，慮斗門之閘而水走下也，則爲積水、歸水二澳以輔乎渠。積水在東，歸水在北，皆有閘。渠滿則閉，耗則啓，以有餘補不足，故渠常通流而無淺淤之患。歷年久，澳廢不治，渠亦告病。父老言二澳不可不復，按行故迹，積水爲居民抵冒，獨歸水澳堤防略存。私念復一澳固足爲渠利，然澳之西南則轉般倉，其東北則甘露港，引而環之倉垣，因以護倉。受者在渠，給者在壕，以便夫綱運之出納；引而接之甘露，别爲斗門，以通於江。亘三水爲之長壕焉。改修歸水故閘以通於渠，且浚而廣之，其護倉壕則取其土以廣倉垣。其北達於甘露港者則爲上、下二閘，候潮登否，以益納上流之舟。且慮二閘之間不足以容多舟也，視北閘之址有陂澤，则又通之以爲秋月潭，以藏舟焉。其下閘之外，則補浚百八十丈，客舟浮江，乘便艤泊，以避夫風濤之害。)　各閘(見"津梁")。

積水澳(詳見上)。

護倉壕，在宋轉般倉後，前臨拖板橋(詳"倉儲")。

烏盆澳，在城内烏風嶺東北。

城壕(詳見前"城池")。

炭渚港，在二區十三都二圖至河馬橋止(橋，見"津梁")。

高資港，在二區十三都三圖至香山口止(考見前)。

黄泥港，在二區十三都一圖。(按：卷中"圖"字舊作"啚"，乃《周禮》"都鄙"之省，今作"圖"，從俗。)

馬步橋港，在二區十三都一圖。

永豐橋港、樂亭鋪港，俱在二區三都七圖。

七里港，在一區三都四圖，通至三都七圖止(考見前)。

錢永港，在一區三都三圖。

費家港，舊名二里港，通下濞塘(塘，詳後)，在一區三都三圖，至四圖止。

下鼻港，在一區三都四圖。

斷妖港，在一區三都七圖。

洪信港，在一區二都七圖。

掘港，在雲山坊。

甘露港，在雲山坊，大一都一圖各半，通城内河，出便益橋運河。（按：此即關河通江之道，詳見前。）宋轉般倉在此，史彌堅嘗浚之。明萬曆初，猶通鳳凰池（池，見後）。春夏船泊石壁下，今漸淤矣。

金綫港，在大一都一圖。宋武帝微時縛荻於此。

斗門港，在大一都一圖。

倒流港，在大一都一圖三圖各半。

青山港、木杓港、侯家港、范家港、楊家港，俱在大一都三圖。

丹徒港，即横閘河，在六區一、五都六圖（詳見前）。

渡泥小溝港，在諫壁鎮，通半舟橋止，係一、五圖地界。

泄港，在十三區八都二圖。

鐵錨港，即越閘河，在十三區八都二圖，歷六圖至崇七圖止，通尤家橋（詳見前）。

孩溪港，在十三區八都七圖，通至十區八都八圖、九圖苦竹里止（詳見前）。

柳港，在十區十一都一圖，至趙家山止。

大港，在十區十一都一、二、三圖，至戴家村止（詳考見前）。

韓橋港，在十區十都二圖，至圌山後止（詳見前）。

單家港，在十區十都七圖、八圖，十一都七圖、八圖，吴沙四圖，俱通沙腰河，南通劉仙港，北通山北港（山北港，詳見前）。

唐家港，在十一區二十二都六圖，通蕭家港。

蔡家港，在十一區二十二都朋七圖，至單家村水洞止。

郭家港，在十一區二十二都二圖、三圖，至南八蕩止。

中新港、蔣家港、何家港，俱在十一區二十二都一、五圖，至向家橋止。

任家港、烟墩港、宗莊港、朱秀港，俱在十一區二十二都九圖。

祁家港，在十一區二十二都十圖，通朱秀港。

莫家港，在十一區二十二都十三圖，通徐府庄。

孟家港、劉仙港，在十一區二十二都十一圖，至丹徒縣界止。

温家港、太平港，在十一區二十二都十二圖，至丹陽縣界止。

羅家港，在十一區二十二都，又十二圖，至丹陽縣陸路界止。

丁卯港，在六區一、五都十一圖。（《京口志》：在城南三里，即晉所立丁卯埭。）丁卯埭、丁卯橋（俱見“津梁”）、許渾宅（見“宫室”）。

車村港，在華家莊六區一、五都十圖，歷十一、十二圖止。

京口港（見前九港）。

新港，在京口、甘露之間。明弘治十二年浚。

鱔魚港，在通津門外、北固山下。（按：通津爲宋城門名。）

澗壁港，在縣東三十里。（《南史》作“諫”，《南唐·盧繹傳》作“澗”。按：此港通越河，非鐵錨港。）

廟瀆港、上朱港、下朱港、沙灰港、寨橋港、汝山港、戴港、黄港、徐港、季港、張港、許港、生港，以上十三港俱在縣東南鄉。

第一漩，在京峴山，係一、五都三圖，水入運河。

第二漩，在凌家灣，係一、五都二圖。

第三漩，在萬壽寺前（寺，見“寺觀”），係大一都二圖，水溉田。三漩俱明季萬曆中知縣龐時雍清出，給價開浚，各立石。

下濞塘，在城西四里。明時爲民間隱占。萬曆中，知縣龐時雍清出，浚深丈餘，可備旱潦，衆民便之，仍爲立石。今半爲田，塘僅存半。

屯塘、古塘、馬塘、對塘、東塘、北塘、官塘、水塘、侯塘、彭塘、職塘、破塘、店塘、前塘、塔塘、繆家塘、康灣塘、上灣塘、顯堽塘、西廟塘、楊樹塘、墓岡塘、黄社塘、鮑村塘、羊栅塘、高莊塘、路西塘、夏侯塘、瞻軍塘、黄社村塘、夏修塘、南塘（二）、新塘（二）、白露塘（二）、東子塘（二），以上俱在二都。

三角塘、塹塘、破塘（其三）、半塘、辛塘、枝塘、波斯塘（二）、徐港新塘、羅木塘（二），以上俱在三都。

許家塘、中漩塘、下漩塘（二），以上俱在五都。

九家塘、皇塘、石塘、凌塘、大塘、新塘（其二）、蔣塘、草塘、漏塘、破塘（其二）、官塘（其二）、雋塘、上塘、趙墳塘、石城塘、張家塘、石市塘、東菰塘、西菰塘、破窑塘、上雙塘、下雙塘、上行塘、劣撒塘、上戴塘、下戴塘、菱子塘、東下戴塘、張花臺塘、阜塘（二）、水塘（三、其二）、基塘（二）、華塘（三）、丁家塘（三）、陳塘（二）、陶莊塘（二），以上俱在六都。

黄塘、吴塘、杜塘、高漩塘，以上俱在七都。

滿塘、鸎塘、茭塘、石灣塘、顔巷塘、鶴頭塘、義莊塘、朱公塘，以上俱在十都。

道士塘、洪鶴塘、和尚塘、黄公塘、官大塘、陳灣塘（二），以上俱在十一都。

大塘（其二）、張田塘、家東塘、東幺塘、郭家塘、楊家塘、吴家塘、大捍塘、張家塘（其二）、坊西塘、謝岸塘、朱家塘、百馬岸塘，以上俱在十二都。

二娘塘、三角塘（其二）、三家塘、聚塘、張塘、談塘、蘇塘、黄塘（其二）、魏塘、崔塘、石塘（其二）、李塘、顔塘、徐塘、焦塘、干塘、丁塘、茆塘、周塘、古塘（其二）、前塘（其二）、花塘、長塘、窑塘、官塘（其三）、閔塘、小塘、上塘（其二）、雙塘、西塘、烏家塘、華家塘、許家塘（其二）、戴家塘、蔡家塘、馬家塘、王家塘、朱公塘（其二）、魏公塘、錢公塘、康公塘、府學塘、人師塘、馬蝗塘、螺螄塘、舊楊塘、浮萍塘、陳上塘、黄沙塘、池子塘、塔山塘、泊林塘、東雙塘、西高塘、中高塘、南廟塘、西灣塘、古劉塘、長堰塘、大堰塘、大南塘、西渡官塘、後地干塘、菱塘（三）、陳塘（二、其二）、劉塘、金山祖塘（二），以上俱在十三都。

溝塘、鹿塘、社塘、柳塘、胡家塘、莫家塘、抱子塘、言水塘、瓦窑塘、高堰塘、木城塘、張南塘、堰溝塘、經山塘、村中塘、後灣道士塘，以上俱在十四都。

徐墓塘、謝灣塘、丁余塘、包莊塘、運河塘、蔣公塘，以上俱在十五都。

龍目湖，在城東京峴山下。《太平御覽》：《郡國志》曰：潤州遏陂有湖，名龍目湖。又《京口記》曰：龍目湖，秦皇東游，觀地勢云："此有天子氣。"使赭衣徒鑿湖中長岡，使斷。因改爲丹徒，令水北注江也。又《梁典》曰：武帝望京峴山盤紆似龍，掘其右爲龍目二湖①。《寰宇記》同。（舊志云：秦、梁二説未知孰是，今失其所在。周孚詩："平湖認龍目，斷嶺記蜂腰。"鶴林寺前山有名胡蜂腰者。）

新豐湖，在新豐鎮。《元和郡縣志》：晉元帝大興四年，晉陵内史張闓所立。舊晉陵地廣人稀，且少陂渠，田多惡穢，闓創湖，成灌溉之利。初以勞役免官，後追紀其功，超爲大司馬②。一作"新豐塘"。《晉書·張闓傳》：立曲阿新豐塘，溉田八萬③餘頃。

芙蓉湖，《太平御覽》：《南徐州記》曰：子英嘗於芙蓉湖捕魚，得赤鯉，持歸，以穀養一年，遂生角翅，云："我來迎汝。"子英騎之，遂乘風雨，騰而上天。芙蓉湖即射貴湖也，又名上湖。

射貴湖、上湖。（并見上。《山水志》云：按，《水經注》：江南東注於具區，謂之五湖口。五湖謂長塘湖、太湖、射貴湖、上湖、滆湖也。射貴湖、上湖，似非一湖。）

杜野湖，在縣東南十五里。舊志作"杜墅湖"，誤。（《山水志》曰：《吴志》所謂"杜野、小辛間"，即此。郡志、邑志訛作"杜墅"。）

寺湖，在縣南十八里。

鄭湖，在縣東南三十八里（舊志作"三十五里"）。

夢溪，在朱方門外（按：朱方門爲唐時城門名，在烏鳳嶺上。《山水志》云：近烏盆澳）子城下，其水流入關河。《方輿勝覽》：沈括嘗夢至一處小山，花如覆錦，喬木蔭其上。山下有水，夢中樂之。後守宣城，有道人無外者爲言京口山川之勝。郡人有地求售，以錢三十萬得之。又六年，坐邊議謫官，廬於潯陽。元祐初，道京口，登所買地，即夢游處，遂築室焉，名曰夢溪。　夢溪園沈括宅（見"宫室"）。

夕溪，在五州山下。

馬林溪，在城南二十五里。《元和郡縣志》：練湖，在丹陽縣北，周迴四十里。晉時

---

① 按：《永樂大典方志輯佚》本《鎮江志》引《寰宇記》作"掘其左右爲龍目二湖"。

② 按："馬"，中華書局點校本作"農"。

③ 按："萬"，《晉書》卷七十六《張闓傳》作"百"。

陳敏爲亂，據有江東，務修耕績，令弟諧遏馬林溪以溉雲陽，亦謂之練塘。《太平寰宇記》：後湖亦名練湖，湖水上承丹徒高驪覆船山馬林溪水，水色白味甘。《輿地志》云：練塘，陳敏所立，遏高陵水，以溪爲後湖。馬林，一稱馬陵。皇甫冉有《馬陵溪遇雨》詩（見“藝文”）。

神溪，在城西南曲陽山下。（《後漢書·襄楷傳》注：潤州有曲陽山神溪水。）

蜃溪，一名辰溪。（舊志云：在縣境，流入金壇。宋人避孝宗嫌名，改爲辰溪。《山水志》曰：《嘉定志》：溪自丹徒經延陵入金壇界①。按：辰溪疑即神溪，故溪上之亭名神亭。）

鳳凰池，在北固山第二峰下。

放生池二：一在北固山下；一在月華山下（即秦潭）。

石蓮池（一名白蓮池），在城南古竹院中。

金牛池，在城南五里，近八公洞。池在石壁下。

龍池，在嘉山上。見《嘉定鎮江志》。②

荷香池，在仁和門内（仁和，爲宋城門名）。今虎踞門外池可二三頃，外縈以山，舊有亭，今廢。

薛家池，在鶴林門外，今城南勝果寺西北（寺，見“寺觀”）。

荷花池，在大雲坊。今没爲民居，存爲地名。

緑水潭，一名秦潭，在千秋橋北、月華山下。（陸龜蒙詩：“松門穿戴寺，荷徑繞秦潭。”自注：“秦潭，始皇所開。”）宋紹興中，改爲放生池。（《嘉定鎮江志》云：其地右直運河，北峙月觀，臨流建亭，榜曰“南山”。今廢。）

秋月潭，在北固山下。宋嘉定中，郡守史彌堅因山址陂澤爲潭，以藏防江軍船（詳見前“歸水澳”下）。崖石間有舊刻“秋月潭”三字。

馬潭，在縣南五十五里。

護軍潭，在丁角鎮。

中泠泉，在金山下江中。《嘉定鎮江志》：蘇軾《游金山》詩：“中泠南畔石盤陀。”又《送金山鄉僧歸蜀開堂》詩：“涪江與中泠，共此一味水。”蔡肇《石排山渡》詩：“中泠之西古石排，狂波悍浪不能摧。”又《烟江叠嶂圖》詩：“中泠之南古浮玉，鐘鼓下震蛟龍川。”并用此“泠”字。《潤州類集》：江水至金山分爲三瀃。又唐竇庠《金

① 按：“溪自丹徒”句，《嘉定鎮江志》卷六《地理·溪》“辰溪”條作“自丹徒縣境經延陵鎮，北流入於金壇境”。

② 按：《嘉定鎮江志》卷六《地理（山川）》“池·丹徒縣”條并無龍池，實見於《至順鎮江志》卷七《山水》“池·丹徒縣”條。

山》詩："西江中灃波四截。"用此"灃"字。歐陽修云：陸羽《茶經·論水》：山水上，江水次，井水下。至張又新始云：劉伯芻謂水之宜茶者有七等，以揚子江南零水第一，丹陽寺井第四。又《新煎茶水記》：代宗朝李秀卿刺湖州，至維揚，逢陸處士鴻漸。李素熟陸名，因赴郡抵揚子驛，將食，李曰："陸君善於茶，蓋天下聞名矣。况揚子南零水又殊絶，二妙千載一遇，可曠之乎？"命軍士挈瓶操舟，深詣南零。陸執器以俟之。俄水至，以杓揚其水曰："江則江矣，非南零者。"既而傾諸盆，至半，陸遽止之曰："此南零者矣。"軍士大駭，跽曰："賫至南零，舟蕩水覆。懼其鮮，浥岸水增之。處士神鑒也，其敢隱焉？"《太平廣記》：李德裕居廊廟日，有親知奉使京口。李曰："還日，金山下中零水可與汲一盎①來。"其人舉棹，日醉而忘之。泛舟至②石城下方憶，乃汲一瓶於江中，歸京獻之。李飲後嘆曰："江表水味有异於頃歲矣，頗似建業石城下水。"其人謝過不隱。并用此"零"字。前志：昔人取中泠泉，用油紙覆瓶，長竿深探，度至泉底，則别用一竿撞破油紙，使水入，瓶滿，然後引出。近歲不復如此取水。寺僧乃指水陸堂下井水爲中泠，非也。舊志云：在郭璞墓下（墓，辨詳"陵墓"下）。山僧憚於行汲，因於大雄殿西鑿井以冒之。蔡祐《竹窗雜記》：石排山北謂之北灃。江最深處，釣者云深三十餘丈。（按：三灃以三石簰分之：在其南者爲南灃；中爲中灃；北爲北灃。泉亦如之。舊志謂中泠泉在郭璞墓下，墓在山之西南，泉在其下，是爲南泠。觀蘇、蔡諸詩，所謂中泠南畔、中泠之西、中泠之南者，可見石簰在中泠南，中泠在石簰北，而最北則爲北泠。北泠第指江言，非更有北泠泉也。求中泠者，正當於石簰北求之，不當在其南。咸豐以來，南岸沙淤接至山西，石簰俱峙沙上，不復見江。同治初，有水涌出沙上，人指爲中泠，取而嘗之，清輕香滑，昔所謂南灃是矣。但甘而不冽，似難當第一之品。辛未五月，常鎮道沈公秉成作記勒石，建亭覆之，然究不在石簰之北，恐非真中泠也。又取水當俟冬涸潮退，否則江水由泉脉倒貫而入，所取仍江水耳。）國朝康熙中，聖祖南巡，幸金山，有御製《試中泠泉》詩。乾隆中，高宗駐蹕金山，試泉，有御製詩。《山水志》載潘介《中泠泉記》及舊志各詩（俱見"藝文"）。

東泠泉，在焦山之西心經石之上。以在中泠東，故名。

天津泉，在甘露寺西南。府志：明太祖臨幸時見山下汲水，題句云："甘露生泉天降津。"既而僧善觀見很石邊有异，掘之得美泉，因取其語名之。

寄奴泉，在鶴林寺前，相傳宋武帝微時鑿。

虎跑泉，在今招隱寺東南，舊在寺内。唐學士蔣防有碑記，今佚。

鹿跑泉，去虎跑泉二十餘丈，有蔣防石刻泉銘，今佚。

珍③珠泉，在招隱寺北。唐李迪構及泉亭於上，宋蘇軾詩"泉底珍珠濺客忙"。

---

① 按："盎"，《嘉定鎮江志》卷六《地理·井泉》"中泠泉"條作"壺"。

② 按："至"，《嘉定鎮江志》卷六《地理·井泉》"中泠泉"條作"止"。

③ 按："珍"，《至順鎮江志》卷七《山水》作"真"。

今佚。

金沙泉，在八公洞上。

獸窟泉，在招隱洞，即今獅子窟山上。

夾源泉，在夾山。龍泉、問泉（同上）。

林公泉，在夾山麓。明崇禎時，僧林皋鑿石得泉，可引至爨下。太守程珣題曰“林公泉”。王士（禄、正）俱有詩（見“藝文”）。

雙樹泉，在夾山。《藝海珠塵》張泫《憶舊録》：夾山雙樹泉，其樹并生連膚，椏中有凹隙如碗，積水寸許，取之不竭，奇矣。能愈目疾。泉爲釋涵中尋出。

卓錫泉，在五州山因勝寺。鹿跑泉（在山半，與招隱山同名）。

夕聽泉，在五洲山。取蘇東坡“夕聽流泉”語以名（舊志作“蘇題”）。

曲陽泉，在曲陽山中。

翟公泉，在鐵爐山。參政翟汝文銘。

靈泉，在長山上。陳沂《南畿志》：長山上有靈泉，其流與練湖通。

紫金泉，在城中紫金山下。舊志：在城中大市。《嘉定志》：紫金山，正當市心，四旁民居。舊時猶隱隱見金①脚，今不復存，而其泉固在。或云爲天下第二泉，久侵於民居。明萬曆戊戌，知縣龐時雍建坊立石，訓導李天培有記，究非真泉也。

古泮泉，在舊府學西（舊學，見“學校”）。宋元祐間，郡守林希鑿井，得石刻“泮泉”二字。教官楊邁爲創亭，榜以篆額。元元貞間，教授徐碩又以“育德”易之。明景泰中遷學，以故學基與井入民間，而篆額猶存。萬曆中，知縣龐時雍清出立石，曰古泮泉。

辛泉，在大港鎮西來門外大路旁。水甘滑而微辛。

寄奴井，在城内壽丘山下。《入蜀記》：壽丘者，宋高祖宅，故井尚存焉。

燒丹井，在焦山禮斗壇下南麓。（《山水志》云：相傳焦公故迹，明方豪易名東泠泉。今淪於江。）

鰻井，在北固山下。（舊志云：僧妙機鑿井得鰻，因名。）

慶封井，在縣治西南白龍岡庵下。其水逆流，又曰逆流泉。齊慶封奔吴，吴與之朱方（按：此所謂縣治即丹徒鎮，古名朱方。然朱方實非丹徒，辨詳“藝文”），聚其族而居此。井在所居之地。（陸龜蒙詩：“今歌此井是吴人，斷綆沉瓶自玆始。”）

義井，在城南。其水甚甘，有疾者禱飲輒愈。

陶氏義井，在丹徒鎮。更名曰二省泉，明知縣龐時雍立石。

城西聖井，在永安寺。（寺，見“寺觀”。）

城南聖井，在南閘下運河南岸水府殿前，深三四尺，四時不竭，甚清甘。

---

① 按：“金”，《至順鎮江志》卷七《山水》作“山”。

明真觀石井，在觀外，廣丈餘，深數丈。（水能却病，見“寺觀”。）

開元寺大井，《續仙傳》：潤州開元寺大井旁生枸杞，歲久，飲其水，甚益人。

千尺井，一名龍湫井，五洲山翠岩室前。（翠岩禪師句云：“門對懸岩千尺井，石橋分水繞松杉。”）

煉丹井，在馬迹山。相傳葛洪煉丹處。

龍井，在長山白龍王廟，禱雨輒應。（《山水志》云：金山西麓亦有龍井，宋釋別峯鑿，亦稱中泠泉，每誤過客。廟，見“廟祠”。）

昭明井，在獸窟山。

府前二井，在郡署大門左右。

雙井，在壽丘山之東，其實一井也，兩其石欄耳（其地名雙井巷）。

青荷井，在青荷樓巷。（《康熙志》“青荷”字作“清和”，見“疆域”。）其深不測，底極寬廣，雖旱不涸，味甚清甘。（或曰此應是紫金泉，此井與錢家山近。錢家山，疑即紫金山。）

節孝祠井，在山巷後新建祠内。水極清洌，祠裔所鑿，議名古心泉。（祠，見“廟祠”。）

城下雙井，亦一井二欄，在西城脚下。

七星街井，在今郡學之東。

胭脂嶺井，在今演軍巷内。（街巷，見“疆域”。）

八棱古井，在城東北隅桃花塢張氏祠旁，水甚甘洌。

丹徒縣志卷十一終

丹徒縣志卷十二

食貨一　恤政

恤政叙

賦額有常，蠲貸無定，徒邑自晉至明，代有寬政。國家每逢水旱，賜予蠲恤，不吝巨帑。同治四年，常、鎮之賦，得與蘇、松、太浮糧一律普減十二年，徒邑雙糧復減，猗歟，盛哉！雖三代之隆不及此。有司牧之任者，其慎審於催科、撫字之間乎？志恤政。

晉

寧康二年四月壬戌，詔晉陵等郡遭水之縣尤甚者，全除一年租布；其次，聽除半年，受賑貸者即以賜之。（《晉書·孝武帝紀》）

義熙九年，時居民未一公表，請依界土斷。惟徐、兖、冀三州居晉陵者不在土斷之例。（《宋書·武帝紀》）

宋（南朝）

元嘉四年三月丙子，詔蠲丹徒今年租布，五歲刑以下皆悉原遣，登城三戰及大將家隨宜隱恤。十七年十一月丁亥，詔前所給揚、南徐二州百姓田糧種子比年所寬應督入者悉除半，今半有不收處都原之。十九年閏五月，京邑雨水。丁亥，遣使巡行賑恤。二十六年三月丁巳，詔復丹徒縣僑舊今歲租布一半。乙丑，又詔募諸州樂移者數十家居京口，給以田宅，并蠲復。（《宋書·文帝紀》）

孝建元年，始課南徐州僑民租。（《孝武帝紀》）

大明八年七月庚辰，原除揚、南徐州。大明七年，逋租。（《前廢帝紀》）

景和元年十一月壬寅，赦揚、南徐二州。

泰始二年三月癸丑，原赦揚、南徐州囚繫，凡逋亡一無所問。四年九月，曲赦揚、南徐等州。（《明帝紀》）

元徽四年七月己丑，曲赦南徐州。（《後廢帝紀》）

齊

永明四年五月癸巳，詔揚、南徐二州今年户租三分二取，見布一分取錢。（《齊書·武帝紀》）

建武二年三月戊申，詔南徐州僑舊民丁多充戍旅，蠲今年三課。（《明帝紀》）

永元二年四月癸酉，詔曲赦揚、南徐二州①。（《東昏侯紀》）

梁

天監元年四月辛未，土斷南徐州諸僑郡縣。大同十年三月壬寅，詔賜蘭陵老少位一階，并加頒賚，所經縣邑毋出今年租賦。（《梁書·武帝紀》）

陳

太建十二年十一月己丑，詔東海等十郡田税各原半，其丁租半申至來歲秋登。（《陳書·宣帝紀》）

唐

元和二年十月己卯，免潤州今歲税。（《新唐書·憲宗紀》）四年十一月，蘇、潤等州旱，賑米二萬石。六年十月己巳，詔潤州鎮海軍等使額宜停，所收使已下俸料，委本道充代百姓闕額兩税。（《舊唐書·憲宗紀》）

宋

大中祥符三年八月辛亥，潤州屢火，遣使存撫。（《宋史·真宗紀》）

天聖六年七月壬子，潤州江水溢壞官民廬舍，遣使安撫賑恤。（《仁宗紀》）

熙寧七年十月戊寅，詔浙西路提舉司出米賑常、潤州饑。八年三月丁酉，賑潤州饑。癸丑，復賑常、潤饑民。（《神宗紀》）

政和三年三月戊申，詔潤州丹徒、丹陽兩縣放税，及七分以上常平賑貸在法。三月終罷，緣今歲有閏，田事必晚，饑民可閔，與賑至四月。（《正德志》）

紹興七年三月甲子，次鎮江。乙丑，蠲駐蹕及經從州縣積年逋賦。（《宋史·高宗紀》）十九年，詔禁止鎮江府預借苗米，支移折變。（《文獻通考》）二十九年三月二十四日，詔鎮江等府實被水第四等以下人户，轉運司委官究見諸實，并依二十八年九月二十七日指揮施行。（《府志》）

乾道六年五月己巳，罷行在至鎮江征税，所比近者十有三。淳熙九年三月癸未，賑濟鎮江。（《宋史·孝宗紀》）

慶元六年，常、潤等州旱，賑之。（《寧宗紀》）嘉定元年，申定二麥折錢。先是三縣合納，大小麥每開場折估歲增一歲。至是守臣趙師睪約以中制，每小麥一斗折錢四百，大麥一斗折錢二百，具申朝省，從之。（《正德志》）

嘉熙元年正月甲子，詔鎮江等境内流民計口給米，期十日竣事以聞。（《宋史·理宗紀》）

元

至元二十八年二月壬戌，鎮江路饑，賑之。二十九年六月甲子，鎮江路水，免二十八年田租。丁亥，鎮江等路大水，免田租。（《元史·世宗紀》）

---

① 按：《南齊書》卷七《東昏侯本紀》載："永元二年四月癸酉，慧景弃衆走，斬首。詔曲赦京邑南徐、兖二州。"謂"曲赦揚、南徐二州"，似誤。

元貞二年六月，鎮江蝗，發粟賑之。（《成宗紀》）

至治三年十一月丁巳，袁州路宜春縣、鎮江路丹徒縣饑，賑糶米四萬九千石。泰定二年四月戊申，鎮江等路饑，賑五萬餘石；七月壬申，鎮江等路饑，賑糶米三萬餘石。四年六月，鎮江等路饑，賑糶有差。（《英宗紀》）

天曆二年四月壬子，江浙行省言鎮江等路饑民六十餘萬户，當賑糧十四萬三千餘石，從之。至順元年二月辛卯朔，鎮江諸路饑，賑糧。一月、六月，鎮江饑，賑糧四萬石。閏七月戊申，鎮江諸路大水，没民田，詔江浙行省以入粟，補官鈔三千錠，及勸率富人出粟十萬石賑之。（《文宗紀》）

元統二年三月庚子，鎮江等路水旱疾疫，敕有司發義倉賑饑民。（《順帝紀》）

明

元至正二十七年正月戊戌，諭免鎮江等田租一年。洪武二年正月庚戌，詔免鎮江等郡今年租税；四年二月，蠲鎮江等府田租；十一年八月，免鎮江等府州秋糧；十四年十月甲寅，免鎮江等府田租。（《明史·太祖紀》）

永樂八年七月辛巳，賑鎮江饑。（《成祖紀》）

正統五年十一月壬子，免鎮江等府水災税糧；十二年四月，免鎮江等府被災秋糧。天順五年三月壬子，免鎮江等府被災税糧。（《英宗紀》）

成化二十一年，詔免丹徒等縣拖欠虧折税糧。（《府志》）

弘治五年十一月，免鎮江等府去年夏税、秋糧。八年五月，以水災免鎮江等府去年糧草子粒有差，又免本年夏麥十之三，以滸墅關課銀留賑。（《江南通志》）

正德七年，以旱免鎮江等府秋糧有差；十四年，以鎮江等府水災免夏税有差。（《通志》）

隆慶三年九月，詔丹徒等縣改折漕糧有差，無糧者停徵租一年。（《續文獻通考》）

萬曆八年十月乙巳，賑鎮江等府饑。（《明史·神宗紀》）十八年，因災改折徒、陽漕糧五分，每石銀五錢；又免十六年扣留三分漕折銀三分之一。十九年，因災免丹徒、南京户部馬草銀十之五。京庫麥折現徵其半，餘則停徵。二十三年，因災漕糧丹徒改折十之三。二十四年，因災漕糧徒、陽二縣并改折十之三。（《府志》）三十六年，鎮江等府水災，詔留税銀五萬兩賑濟。（《明通紀》）

國朝

世祖章皇帝順治四年，南中大祲，設粥賑之。（《江南通志》）

聖祖仁皇帝康熙二年，因順治十八年丹徒、金壇旱災，所有流抵條銀分别極災、次災均派扣免。十年，因災蠲免丹徒縣銀一萬二千九百九十二兩有奇；解南恤孤米五百四十八石有奇。（舊志）十二年，詔江南蘇、松、常、鎮六府連年災荒，免明年地丁錢糧之半。十三年，覆准江南丹徒、金壇二縣田地有坍入大江田址無存者，准予豁免。（《會典》）十七年，丹徒被旱秋災，田地共五千九百（缺）十（缺）頃八十五畝，蠲免夏折條銀十分之三，計銀一萬一千四百三十七兩有奇。十八年，丹徒被旱秋灾，田地共六千五百六十二頃四十六畝，蠲免十分之五，計銀二萬一千七百五十四兩有奇；漕糧停至明年帶徵，本色一半，餘以麥代。（舊志）又十八年，蘇、松、常、鎮四府旱灾，令紅白兼收，不足，以秈米凑兑。（《會典》）十九年，淮、揚、蘇、松、常、鎮等處大水，蠲免被灾錢糧十分之三，漕米緩至次年帶徵。二十年，設廠煮賑。（《通志》）（慕天顔《請設廠賑饑疏略》：江蘇等府州縣，與上江鳳廬地方迥不相侔，蓋鳳廬地廣人稀，即稔熟之年，原覺村墟蕭索，一遇灾而荒凉更甚。若江蘇常、鎮等屬寸地片壤，皆係賦重之産，村落相聯，人民稠密，雖貧家室空如洗，而外觀仍似蕃庶。臣從今春親賑之後，曾遍歷郊野，目擊疾苦情形。今日如此真饑，不即拯救，竊恐老弱空填溝壑，壯健疾貧思逞，不僅弃土逃亡也。然而賑濟之法宜籌至當，若欲每人給米，來春饑民愈多，領者如蟻，拒之不能，一經挨户稽查，反滋冒濫，而外方乞食之人不與焉。況人支斗粟，不數日而食盡，仍復饑傷，更難爲繼。且領米於城，或分給於市鎮，遠近不等，匍匐爲艱。莫若就灾地近區多設粥廠，在道路適均之處煮粥散食，使饑民遠不過十里，便其扶老携幼，則稍可自全者，决不蒙耻食粥，而溷濫之弊一清，所賑之民甚溥，至公至廣，而又甚節省者也。再查臣屬幅員①遼闊如淮、徐，去臣所駐蘇城甚遠河漕，臣靳輔以勘工，時常往來，熟悉其人民困苦真情。臣現在咨商河，臣就近區畫，分任賑濟。江寧一屬應聽督臣查賑，揚州一屬仍藉鹽臣分濟，惟蘇、常、鎮所屬長洲、吴縣、常熟、武進、無錫、江陰、宜興、丹徒、丹陽、金壇，臣已先爲勸捐米石，發往各邑。飭令在城鄉各設廠五六處，公舉好義紳士、誠實耆民董理其事，於臘月十五日爲始煮粥開賑。而江屬之六合、句容二邑、揚屬之江都爲該屬諸邑中被灾尤甚者，臣亦先買米酌發，咨會督、鹽二臣矣。以上應賑各屬煮粥所需柴米，雖臣與司府等官極力設法，但有司無力可捐，紳民值灾難助。現措之米不過供賑數日，將來饑民衆多，務須源源接濟，賑至麥熟始行停止。仰懇皇上准將見展捐輸事例，銀兩動支，買米報銷，則江南數百萬饑黎得慶復生，不致輕去其鄉，委填溝壑。而來歲田畝耕耨有人，仍復可收樂利矣。）二十六年，蠲免江蘇所屬各郡縣。二十七年，應徵地丁各項錢糧。二十六年，未完錢糧亦悉與豁除。二十八年，蠲免全省積年民欠，一應地丁錢糧蘆課米麥豆雜税。三十年，普免各省漕米。自三十一年爲始，以次各蠲免一年。三十二年，江蘇、安徽等處夏旱，免本年漕糧三分之一。三十八年，蠲免江、安等屬舊欠帶徵錢糧，除三十三年已赦外，其三十四、五、六年一應地丁米麥豆雜税，俱與豁免。四十一年，全免江蘇等處地丁錢糧。四十五年，蠲免江蘇等省自康熙四十三年以前未完地丁銀米，其舊欠已完而見年錢糧未完足者，亦准扣抵。（按：以上各款丹徒并在邀恩蠲免數内，後并同。）

康熙四十六年，覆准江、松、常、鎮等府屬被旱漕米不拘紅白兼收，如有不敷，將乾净秈米凑兑（《會典》）。又四十六年，蠲免江蘇各屬四十三年未完民欠漕糧，仍將本

① 按："員"，原作"幀"，疑爲訛字。

年所徵漕糧，各州縣或留八九萬石、十萬石賑給。又全免通省人丁額徵銀兩，其本年被灾州縣應徵地畝銀一概免徵；舊欠帶徵銀米并暫停追取。四十八，全免江南省地丁銀兩，舊欠銀米停追；動常平倉米穀賑濟。五十二年，全免江、安省應徵地畝、人丁銀，舊欠并免徵。五十三年，全免應徵房地租税銀兩，歷年逋欠并免追補。五十五年，蠲免江、常、鎮、淮、揚等府屬旱灾銀米，留漕賑濟。五十六年，蠲免江、安等處帶徵地丁、屯衛銀兩，其帶徵漕項銀米麥豆免徵各半。六十年，賑濟江、蘇、松、常、鎮、揚所屬州縣饑民。六十一年，蠲免江、常、鎮、淮、揚等州縣本年旱灾地丁銀兩有差，緩徵一半漕糧，賑濟饑民。(《通志》)

世宗憲皇帝雍正元年，蠲免江蘇各屬康熙十一年至五十年未完地丁等銀米豆蘆課。又賑濟江、蘇、常、鎮、淮、揚六府屬被灾饑民，應徵錢糧照例豁免。二年，蠲免江南省康熙四十六年至五十年地丁銀米麥，又蠲免蘇、松、常、鎮、淮、揚所屬州縣本年被灾地丁銀米豆，仍賑濟饑民，緩徵漕米。(《通志》)(知縣馮詠《皇恩恤灾記》：雍正二年秋七月，大水。丹徒所屬自大沙、小沙抵圖山關而下百數十里，田廬漂溺，居民率露處於壞堤廢埒之上，號哭聲遍江濱。於是白其事於巡撫，巡撫檄令有司察視被灾田地，計七百九頃六十八畝七分二厘一毫。是歲，沿海及江被灾者數十州縣，浙江、江寧兩巡撫各具疏以聞。天子惻然憫恤，下詔賑灾，緩徵減賦，平糶賑粥，凡救灾之法悉備。徒邑漕米得緩輸四千七百六十七石，免地丁銀以千數。又奉諭發河南、江西、湖廣、江北所積米麥運至灾所，平價予糶。丹徒計糶河南米麥三千石，又分濱江之南北，各設煮廠，自十一月至明年三月，人受米日二，合幼小半之，計壯老廢疾食米一百六十九萬五百七十五人，幼小四十萬一千九百九十四人，總給米爲粥三千七百九十石。今上愛養元元，薄海内外無不休息乂安，而東南之民沐聖恩尤渥，偶一被灾，天子爲之賑恤，委曲纖悉，無所不至，非常之澤從古所未有也。余方令丹徒，推布上恩，人人知得更生者，皆上所賜，咸思紀恩，以志不忘，故爲之記云。)三年，蠲免蘇、松、常、鎮等七府州被灾蘆課銀，又賑濟江、蘇、常、鎮等屬州縣被灾饑民。又三年，覆准江南丹徒縣濱江坍没民屯田地，共一百八十一頃二十三畝零，應輸錢糧，永行豁除。其四十五年以前，每年民欠銀一千六百二十二兩零，米麥一千九百七十七石零，一并蠲免。(《會典》)(户部《疏略》：查得原署理江寧巡撫事務、鎮海將軍何天培以丹徒縣濱江坍没民屯田地，先經勘明，具題請豁，部覆以請蠲。田地皆係沙潮，膏腴而新漲，升科田盡屬泥灘水影，行令親臨確勘，據實造册保題，等因經臣會同總督臣查弼納親詣原報坍没田地，各區圖公同會勘，實因原報坍江田地，係屬額内舊址，悉係上則糧田。其新漲田地，先由水影，繼轉泥灘，迨至成阜，方墾成田，逐漸升增，是以請蠲錢糧，與升科之銀米多寡不同。今原報坍没民屯田地一百八十一頃二十三畝八分七厘零，應蠲銀一千六百二十二兩八錢二分零，米麥一千九百七十七石五斗三升零，所當仰懇聖慈，將坍田本折錢糧。除康熙五十五年以前已奉恩蠲外，自康熙五十一年起，按數豁除，以蘇坍民積困。等因會同總督臣查弼納合詞保題前來，應如該撫等所請，將前項坍没田地應蠲銀米麥石按數准其豁免，其已漲出田地應徵銀米麥石嚴飭該縣據實增科，毋致隱匿云云。)（附康熙四十六年福建道御史王之瑚《請豁坍江疏略》：京口丹徒縣坍江一案，所有濱江沙潮田地已被風濤衝没，原額地丁錢糧，小民毫無出産。原任江寧撫臣馬祐將丹徒縣康熙十三年以前坍没田地題請開豁；又原任江寧撫臣洪之傑將丹徒縣康熙二十七年以前坍没田地題請開豁。叠蒙聖恩，俱各准其蠲除在案。惟是康熙二十八年以後田地坍没復多，錢糧包賠日久，若不亟予軫恤，勢必日就流離。所當仰懇我皇上如天好生之德，行令查明頃畝確數，特賜蠲除，則小民淪肌浹髓，世世子孫，永享樂利於無盡矣。臣又查蘆課田地有五年一丈將升補坍之例，所以雖有坍江而不爲民患。今此項沙潮田地未奉清查，以致坍者自坍，而舊管不除；升者自升，而新增另報。臣請嗣後不獨丹徒一邑，凡有坍江之各府州縣亦照蘆課現行事例，除腹内未經坍卸者不予丈量外，其有坍卸至五年之期，同蘆課田地一體丈量，將升補坍，永爲定例，庶民累除，而國課亦不患於無抵矣。)（馮詠《蠲免坍江田賦記》：今天子即位改元，詔免江南省逋賦數百萬。明年，沿江水災，詔是年漕米緩輸其半，减地丁銀十之三。又明年，部臣按聖祖朝奏銷籍内載丹徒縣坍江田地一百八十一頃二十二畝八分七厘六毫。故侍御王公之瑚於康熙四十六年奏請豁免，至是鎮海將軍署江蘇巡撫何公覆奏如前，下部議如所請，有旨依議，於是歲免銀一千六百二十二兩八錢二分八厘，米麥一千九百七十七石五斗三升二合。始五十一年，至雍正三年，共免舊逋銀二萬二千七百一十七兩八錢八分，米麥二萬七千六百八十五石四斗二升，自是歲除其額徵之數編於令。是邑濱江田地常受洪潮衝没，民無以償其賦，相率逃亡。聖祖惻然憫之，詔免二十八年以前逋賦，及有侍御王公之請，復允所奏，載在部籍。其後部臣行查數四，格於制撫兩臺，遷延不報，至今上二年，復下部檄於是署，巡撫何公會同總督部院查公親詣江濱，具疏聞於上，故降今旨。初聖祖巡幸江南者六，諗民爲重賦累，屢下赦免之詔，故江南民較他省受恩特多。今上御極方新嘉，與大臣議赦、議减，歲下詔旨，多者免數百萬，少亦數萬，江南財賦浩繁之區損國帑以益民生，不獨見聖恩之有加無已，益以彰聖祖之盛德於弗替也已。旨既下，沿江耆老野夫、衛軍屯卒歡呼踴躍，填街塞邪，北向叩頭謝，至於涕流。念無以仰答聖恩，且事屬創典，宜有以示後人，咸來告丹徒令馮詠請爲記，故記之如此。）五年，上元、丹徒二縣秋灾，蠲免四年蘆課銀五百五十餘兩，動用庫銀，於上下兩江被水處散賑。八年，按成灾分數蠲免江南被水州縣漕糧。十一年，江蘇歉收，截留漕米二十萬石平糶。新舊條銀及本年漕米緩徵，動支倉穀賑濟。漕米一半折徵，每石折銀一兩。(《通志》）十三年九月十三日，寬免十二年以前各省民欠錢糧。江南省有官侵吏蝕二項，亦照民欠例寬免。十月初七日，豁免江南全省漕項蘆課及學租雜税等銀。(《通志》）高宗純皇帝乾隆元年，豁免貢鮮折價。（内閣奉上諭：聞江南長江一帶向有貢獻鰣魚之例，至康熙年間停止，因而地方改爲折價向網户徵收，解充地方公用，乃歷年既久，或網户改業，或移徙他方，展轉牽連，又加胥吏借端苛索，遂致沿江捕魚之人代受追呼之累。朕思當年聖祖仁皇帝停止貢鮮，乃愛民力之至意，何用此些須折價煩擾小民？着該督撫查明豁免，永著爲例。）三年，江、常、鎮、淮、揚、通、海七府所屬州縣被旱，折徵漕糧十分之五。四年，蠲免蘇州巡撫所屬地丁錢糧一百萬兩。十一年，全免江蘇省地丁錢糧。十六年，南巡。蠲免江蘇省元年至十三年積欠地丁銀兩。二十二年，南巡。蠲免江蘇省二十一年以前積欠未完地丁銀兩，并經過各州縣地方本年應徵地丁銀兩蠲免十分之三。又江南省十年以前積欠漕項銀米以及地漕耗羡，俱一體豁免。二十七年，南巡。江蘇省二十二年起至二十六年止，積年災田緩征。及未完地丁各欠項，照二十二年例概予蠲免，并水陸經過地方本年應徵額賦蠲免十分之三。三十年，南巡。蠲免積年緩貸未完銀糧，并經過地方本年額賦蠲免十分之三。又江蘇布政司所屬各州縣二十八年以前熟田地丁雜款未完銀兩一體概予豁免。又經過地方本年錢糧照宿遷等縣均免十分之五。三十二年，蠲免江蘇省應輸漕米，又通行曉諭各業户等照每畝應蠲漕米數内，亦令佃户免交一半。三十五年，皇上六十萬壽，明歲恭逢皇太后八旬萬壽，普免各省錢糧，并着該督撫遇輪捐之年，遍以勸諭各業户等照應免糧銀十分之四，令佃户準值減租。四十二年，皇太后升遐，普免各直省錢糧。四十五年，南巡。江蘇之松、常、鎮、太、海六府州屬漕糧輸，四十六年蠲免，并蘇藩司所屬自三十九年至四十三年災緩未完地丁屯折漕項、學租銀兩，未完災緩漕糧、漕項、兵糧米全行豁免。四十九年，江蘇之上元、句容、丹徒三縣濱江水漲偏災，分别給賑，又加賑兩月。又南巡，蠲免蘇藩司所屬地丁漕項等款，未完銀兩、民借籽種口糧銀兩，水陸經過地方本年應徵地丁錢糧，蠲免十分之三，并漕糧、漕項等款未完米豆。五十五年，皇上八旬萬壽，普免各直省錢糧。六十年元旦，日食。上元，月食。普免各省應徵漕糧，并免節年正耗民欠，及因災緩帶徵銀穀。（以上《嘉慶志》）

仁宗睿皇帝、宣宗成皇帝、文宗顯皇帝（謹按：嘉慶、道光、咸豐紀元，恩詔蠲免錢漕。遇有水旱偏災，蠲免貸緩，聖恩疊沛。外省案卷雖失，部籍可稽，應請咨部查明，飭知纂紀。惟奉大府催勘成書，謹以同治年始縣卷所有者恭録）、穆宗毅皇帝（咸豐七年，克復縣城，以流亡未復錢糧漕米，悉未啓徵。同治五年始徵熟田漕米。六年始徵條銀，荒田賦仍未復）。同治四年，江蘇省減賦。案内丹徒縣漕米普減一成。五年，覆准蘇、松等屬，被兵以後民困未蘇，分别蠲緩，内丹徒縣條銀全行蠲免，熟田漕米減免四成，蘆課減免三成，并緩帶徵蘆課。六年，覆准民困未蘇，援案蠲緩，内丹徒縣荒田及墾而無收，錢糧漕米全行蠲免。原熟田條銀及蘆課減免三成。減剩上忙錢糧緩至七年麥熟後酌量帶徵。七年，覆准丹徒縣錢糧減免四成，雜款一律減免，漕米減免三成。八年，丹徒縣被水田地，分别蠲免正雜錢糧四成，漕米三成。九年，丹徒縣被旱田地，分别蠲免正雜錢糧三成，漕米二成。十年，蠲免丹徒縣正雜錢糧三成，漕米二成。十一年，丹徒縣被水、被旱田地，分别蠲免錢糧三成，漕米一成。十二年，丹徒縣被水、被旱田地，分别蠲免錢糧四成，漕米五厘。又十二年，覆准沙潮田地改照蘆岸地則徵米。（户部《疏略》：查江蘇鎮江府屬田賦科則以丹徒爲最重。丹徒沿江沙潮田地賦則，道光年間疊經各督撫臣題請豁減有案。同治四年，江蘇減賦案内，鎮江府屬係普減十分之一，與蘇、松等分别重輕核減三分之一者不同。旋於七年經督臣馬新貽、撫臣丁日昌，將此項沙潮田地六萬餘畝昔腴今瘠、賦重民累緣由奏明立案。此次該撫臣既經委員會勘，由司核詳查明實數，奏請核減，自應分別核議。查道光年間歷次豁減成案，均係銀米并減。同治四年，江浙減賦案，止准減米，不准減銀。此次丹徒沙潮地畝仍係減賦，案内未盡事宜應仿照同治初年減賦章程辦理，方足以昭平允而免歧异。且田地之畝數較多，止准減米，不准減銀，庶於優恤民隱之中仍寓慎重錢糧之意，擬懇天恩將丹徒縣沙潮田地，即自同治十二年爲始，改照該屬蘆岸地則，每畝徵收米石六升八合六勺零，以廣皇仁而舒民力云云。)（知縣馮壽鏡《沙潮田地改科則記》：余奉檄來宰丹徒邑，甫下車，聞父老以普減雙糧一事稱頌不衰。握篆後閲卷，至前宰何紹章詳請奏改沙潮田地科則一宗，而知斯舉之有益於濱江沙户爲不淺也。蓋丹徒户屬沙潮田地六萬五千五百三十三畝零，從前濱臨大江，灌溉既便，宣泄不難，水旱無虞，最爲腴産。是以原定賦額每畝徵米麥一斗五升有奇，銀一錢三分有奇，較常、鎮各屬科則，畝增至倍，俗名雙糧是也。歷年既久，沙灘淤漲，潮汐不通，山水下注，宣泄維艱，旱無引水之方，澇乏泄水之策，旱澇均灾，十難一稔，以磽瘠之産而供加倍之賦，民困奚蘇？承平以還，前後各大憲洞悉民隱，迭次委員查勘，并於查辦墾荒案内奏明減賦情形，得旨俞允，續由紳士稟經前宰何公紹章會同委員、候補知府田太守祚逐細復勘此項。田地坐落東鄉者十之九，西北鄉者十之一，自高資以至圌山百餘里之遥一律普減，查照蘆岸科則完納，以紓倍輸之困。經署兩江督部堂張中丞樹聲會摺奏請，於同治十二年三月二十九日奉旨歸部議奏，旋奉部議，丹徒縣沙潮田地六萬五千五百三十三畝新科應徵米麥，每畝一斗三升有奇之額，即自本年爲始，改照蘆岸地則徵收米石，統共減米四千四百六十餘石，仍實徵米四千五百石零，閏月米一石八斗零。其應徵折色人丁，雜辦正耗銀兩，仍照原額徵收，造報所請減徵銀三千八百餘兩之處，應毋庸議，等因具奏，荷蒙恩准。依議命下之日，歡聲雷動，朝廷之軫念民瘼、大府之爲民除弊、地方官紳之力任其難，皆爲一時之盛，而利普澤長洵足昭兹來許矣。親理斯事者，官爲何公紹章，紳爲楊鴻典、吴學堦、柳森霖、李慎儒，而措資以供紙筆經費者，楊君之力爲多。余有感於官紳之勤恤，而沐聖恩之汪濊，謹志之以垂不朽云。）十三年，蠲免丹徒縣正雜錢糧四成，漕米一成。今上皇帝光緒元年，蠲免丹徒縣被旱田地正雜錢糧四成，漕米三厘。二年，分别蠲免丹徒縣被旱田地正雜錢糧四成五厘。三年，分别蠲免丹徒縣被水、被旱田地正雜錢糧四成五厘，漕米五厘。（凡有蠲免其帶徵者，緩至下年秋成酌量情形辦理。）

食貨二　户口

户口叙

班、史志地理，司馬彪志郡國，户口之盛，後世無出兩漢上矣。徒邑自宋至今，其籍未必盡核，要有增無耗，富庶大校可知。雖然，魚麗之盛多，何莫非羔羊節儉之應乎？

志户口。

宋

真宗時，丹徒户一萬三百七十。(《祥符圖經》)孝宗時，丹徒户一萬八千八百，口三萬二千二百。理宗時，府城五廂，户一萬四千三百，口五萬六千八百；江口鎮，户一千六百，口六千九百；丹徒，户二萬七千，口一十六萬九千六百。(《嘉定府志》)度宗時，在城五隅，户八千六百九十八，口三萬八千三百八十五；丹徒，户一萬四千八十一，口七萬六千三百三十五。(《咸淳府志》)

元

丹徒，户二萬八千四百六十二。(《正德縣志》)(民二萬二千三百八十三，儒三十三，醫六十六，馬站一千一百四，水站二百一十七，遞運站一十三，急遞鋪一百二十六，弓手二百六，財賦一千一百一十七，海道梢水二百七十六，匠一千五百三十三，軍三百六十七，樂人一十二，龍華會善友一。)(按：永樂、成化二《志》皆同，但考之《元史》不相合耳。)

明

永樂十二年，户四萬二千三百七十五。(《正德縣志》)(民三萬四千五百二十九，官七十八，軍五千二十二，儒一，匠一千九百三十九，雜役七百五十二，醫一十四，僧二十六，道一十四。)成化十八年，丹徒，户三萬九百五十九，口一十一萬八千四百四十五。(民户二萬五千五百八十一，軍户三千四百一十五，匠户一千五百八十八，儒户一，官户八十五，生員户一十五，醫户二十一，陰陽户八，雜役户二百四十四，僧户一，道户七。)正德六年，丹徒，户三萬二百九十，口一十萬二千六百。(《萬曆府志》)(民户二萬五千一百六十二，官户一百，軍户三千二百六十五，匠户一千四百一十七，雜役户三百一十一，陰陽户一十二，醫户二十一，儒户一。)(以上舊志所載總數不合)萬曆二十四年，丹徒縣，户二萬九千一十九。(民二萬四千一百八十九，官八，軍三千一百一十一，匠一千四百三十二，醫二十一，儒一，僧一，陰陽一十二，雜役一百四十四。)(按：《縣志》"成化十八年"，《府志》作"二十年"，今從《縣志》。)

國朝

順治初，丹徒縣丁三萬九千八百一十一。十五年，丁四萬五百九十五。康熙元年，丁四萬一千六百四十。六年，丁四萬一千九百十五。十一年，四萬二千二百三十。十二年，户三萬八千三百五十五。(民三萬七千七百一十，儒三百一十八，僧一百五，道二十二。)十三年，户四萬七百八十二。(民三萬九千九百六十，儒七百二十四，僧道八十八。)十四年，户三萬八千三百六十四。(民三萬七千九百十二，儒三百二十五，僧一百五，道二十二。)十五年，户四萬二千五百二十五，丁四萬二千六百三十三。(民户四萬一千九百九，官户五十九，儒户四百六十六，僧道户九十一。)二十年，户四萬二千六百十九，丁四萬二千九百八十八。（民户四萬一千九百九，官户一百一十，道户二十五。）縣册：五十年，人丁四萬三千一百八十二丁。按：五十二年，恭奉恩旨，盛世滋生户口永不加賦。縣册：五十五年，人丁四萬三千三百一丁。六十年，人丁四萬三千三百八十三丁。雍正四年，人丁四萬三千四百六十丁。九年，人丁四萬三千五百三十二丁。乾隆元年，人丁四萬四千九百八丁。丹徒縣原額人丁三萬九千八百一十一丁，節年審增四千四百四十五丁，實在人丁四萬四千二百五十六丁。（《江南通志》）（内優免人丁七百二十四丁，當差人丁四萬三千一百八十二丁，每丁科銀一錢二分一厘八毫，滋生人丁三百五十丁。）三年，丹徒縣人丁四萬三千一百八十二丁，該銀五千二百五十九兩五錢六分七厘六毫。滋生人丁一千七百六十二丁。縣册：六年，人丁四萬六千六百二丁。十一年，四萬七千八百六十丁。十六年，四萬八千八百一十五丁。二十一年，四萬九千三百六十七丁。二十六年，人丁四萬九千八百八十七丁。三十一年，人丁四萬九千九百六十七丁。截至乾隆六十年，審增人丁，共二十五萬六千一百三十丁，仍遵康熙五十二年恩詔永不加賦。（《賦役全書》）

以上《嘉慶志》。（自嘉慶元年至今八十餘年，若得按年書之，必更有增。奈至咸豐間縣册盡毀，久經報明在案，即省册亦無可稽。兹自咸豐八年克復後照册登録。）

咸豐八年，丹徒縣人丁三十三萬一千六百二十四丁。九年，三十三萬一千七百十三丁。（按：咸豐十年春，金陵營潰，省城及江以南諸城俱陷於寇。所未陷者，丹徒及上海兩城而已。迨同治三年，金陵克復，丹徒城鄉户口大半流亡在外。寇平後，漸次回里。至同治六年，始能編次户口。兹照册録之。）同治六年，丹徒縣人丁十萬七千六百十一丁。七年，十萬九千一百五十六丁。八年，十一萬九百四十三丁。九年，十一萬二千二百十八丁。十年，十一萬三千八百九十一丁。十一年，十一萬六千六百五十九丁。十二年，十一萬九千一百八十二丁。十三年，十二萬二千二百二十九丁。光緒元年，丹徒縣人丁十二萬三千六百五十三丁。二年，十二萬七千五百五十三丁。三年，十三萬一百七十六丁。

以上人丁仍遵康熙五十二年恩詔永不加賦。（又按：兵燹後，田多未墾，糧户陸續復業。兹查户屬既征糧户，共計十一萬四千五百餘户。）

丹徒縣志卷十二終

丹徒縣志卷十三

食貨三　田賦一

田賦叙

三征之法，聖王不廢，在用與緩之間耳。節目繁多，小民由之而不知奸猾，因以爲利，由來久矣。我朝自雍正六年丁隨田辦，立法至爲簡易，均田均役，官兑官運，寬仁之政，畫一之規，駕於往代。今徒邑稽《賦役全書》，由額徵起運存留，以至同治四年普減一成，覼縷按扣，備載於篇。十二年，復減徒邑雙糧，俾後之司牧者有所考焉。志田賦。

宋

屯田、營田、軍莊田、職田（郡志僅載三縣租畝總數，丹徒無考）、公田（二萬五千七百六十畝二十六步半）。

《祥符圖經》：夏税絹（八百五十九匹）、羅（三百九十五匹）、紬（二百一十四匹）、綿（一萬八千二百一十七兩）、錢（五百三貫）、大小麥（各一千七百七十九石）、鹽錢（一千五百八十九貫）、鹽絹（九百五十一匹）、鹽脚錢（四貫七百）、秋租粳米（二萬一千六十八石）、鹽米（六千五百六十七石）、蘆蓆（一萬七千四百四十領）、税布（一千三百七十四匹）、折科布（一千一百一十三匹）。

《嘉定志》：税絹（二千一百八十匹。開禧三年，蠲放丁絹八百三十匹，實催一千三百五十匹）、羅（四百三十六匹）、綿（二萬二千六百五十三兩）、絲（五千二百四十九兩）、鹽見脚錢（二千五百九十八貫）、大麥（三千四百三十四石）、小麥（三千二百四十三石）、租錢（一十三貫）、麻皮（二千九十二斤）、粳米（三萬七百九十七石）、糯米（三百八十石）、豆（三百五十九石）、布（一千二百六十四匹）、蓆（二萬二千六百三十八領）、白水灘租錢（一百八貫）。

《咸淳志》：税絹和買絹（三千六百三十四匹五尺餘）、折羅錢（二萬九百七十九貫三百六十五文）、綿（一萬一千三百二十二兩餘）、絲（二千二百九十四兩餘）、大麥（本色一千九百五十七石九斗五升餘，折錢一千二百七十八石六升餘）、小麥（本色一千五百七十八石六斗四升餘，折錢一千三百五十六石四斗餘）、粳米（二萬四千三百七十三石一斗九升餘）、糯米（三百六十二石八斗二升餘）、布豆蘆蓆錢（三千九百九十七貫三百五十文）、公田租米（二萬九百一十六石八斗五升餘）。（以上係文思院斗尺，每一斗五升，準今一斗；每一尺五寸，準今一尺。）

元

有司所管納糧田（三千五百頃六畝六分餘）、地（二千五百八十一頃五十三畝一分餘）、山（一百五頃一十七畝四分餘）、蕩（五頃一十九畝一分餘）、池塘（一十頃一十一畝七分餘）、雜産（五十五頃一畝九分餘）、免糧田（二千三十五頃二十九畝六分餘）、地（一千一百三十五頃七十四畝三分餘）、山（一百三十三頃六十五畝餘）、蕩（一頃三十六畝一分餘）、池塘（六頃一十四畝三分餘）、雜産（一十頃二十六畝九分餘）。

江淮財賦府納糧田（一千五百九十頃五十三畝九分餘）、地（三百二十九頃九十二畝七分餘）、山（三頃九十二畝二分）、蕩（三頃八十九畝六分）、池塘（四畝餘）、雜産（五百八十頃五十七畝九分餘）、免糧田（二百一十五頃四畝九分餘）、地（六十二頃三十七畝四分餘）、蕩（五十三畝二分餘）、池塘（六十六畝五分）、雜産（一百七頃三十一畝四分）。

夏税絲（有司，一千三百九十七斤六兩二錢餘；江淮財賦府，三百六十六斤八錢餘）、綿（有司，一百六十三斤一兩九錢餘；江淮財賦府，六十三斤一十兩九錢餘）、鈔（中統有司，一千五十六兩四錢；江淮財賦府，三貫七錢六分餘、九錢餘）、大麥（有司，一千三百三十二石六斗六升餘；江淮財賦府，一千七百九十八石六斗二升餘）、小麥（有司，一千九十六石三斗二升餘；江淮財賦府，三千八百三十石二斗八升餘）。

秋租粳米（有司正耗，二萬三千九百五十三石二斗五升餘；江淮財賦府，一千二百六十四石六斗九升餘）、白粳米（有司正耗，九百八十石二斗四升餘）、秈米（江淮財賦府，二萬九千九百三十四石四斗九升餘）、白糯米（有司正耗，一百七十四石五斗一升餘）、香糯米（有司正耗，八百七十六石一斗餘）、黄豆（江淮財賦府，二百七十六石四斗七升餘）、鈔（中統有司，五十一貫餘；江淮財賦府，一萬一千五百九十貫餘）。（以上據至順二年數書）

明

洪武十八年，太祖以應天、鎮江等五府州興王之地，特將夏税秋糧不時全免，惟宋元入官田地并籍没之田，民田全免，官田減半徵收，永爲定制。

永樂十二年，官田（三千八十八頃八十二畝二分六厘二毫）、地（一千一百四十九頃四十二畝一分五絲）、山（四百六十七頃九十七畝一分九毫）、塘（二十三頃八十三畝八分六厘九毫）、蕩（六頃一十九畝八分九厘六毫）、灘（九十六頃三十三畝三分九厘四毫）、場（三頃五分）、蘆地（三十九頃八十三畝四分八厘五毫）、草地（五十七畝六分三厘四毫）、雜産（二畝九分七毫）、民田（三千四百六十九頃九十六畝三分一厘七毫）、地（一千八百六十九頃三十四畝九分八厘二毫）、山（一千四百六十五頃六分一厘九毫）、塘（六十四頃一十二畝五分四厘六毫）、蕩（三十一頃七十一畝九分七厘）、灘（五十三頃三十一畝二分八厘三毫）、場（二頃五十一畝八分七厘五毫）、溝（二頃五畝五分一厘一毫）、雜産（八畝五分三厘四毫）。

正德六年，免徵民田土（六千九百六十六頃七畝七分八厘九毫）、實徵官田土（五千一十四頃九十畝四分六毫)、開墾拋荒及量出新生田土(四百一十四頃一十四畝六分九厘四毫)、坍江官田地(八十八頃四十六畝六分七厘六毫)、夏税麥(七萬八千四百二十一石八斗三升九合四勺,實徵三萬二千二百一十七石八斗二升二合三勺)、絲絹(九十九匹一丈八尺三分九厘六毫)、桑絹(四匹五尺二寸三分)、秋糧米(一十五萬三千五百五十石七合三勺,實徵六萬一千五百八十石三斗一合八勺)、開墾田土夏税(四百三十四石五斗八升三合五勺)、秋糧米(八百五十二石一合九勺)、坍江包陪夏税(七百二十七石八斗五升八合二勺)、秋糧包陪(一千四百五十五石五斗二升五合)、隨糧馬草(五萬一千八百八十五包二錢,原額實徵草一萬四千六百八十七包八斤二錢,加添草二萬七千一百九十七包二斤)。

嘉靖十六年,夏税無耗邊江破岸薄收官田地(一萬七千一十七畝三分,正麥一千四百五十四石三斗二升二合,每石徵銀三錢二分)、原起加耗、今不起加耗官田地(五十三萬六千四十五畝三分六厘,正麥二萬四千一百八十四石六斗四升五合,每石徵銀三錢二分)、荒白逃絶人户名下官田地(一萬九千九百九十三畝四分六厘,正麥一千六百九十七石七斗二升三合,每石折銀二錢五分)、秋糧無耗官田地(三萬四千四百三十一畝六分七厘,正米四千二百七十石二斗三升一合)、荒白官田地(一萬九千四百七十四畝一分一厘,正米二千九百三十七石五斗八合,每石折銀三錢)、起耗官田地(三十萬三千五百十五畝八分八厘五毫,耗米每畝六升五合四勺)、山、塘、蕩(四萬九千七百四十五畝八分六厘五毫,耗米每畝四合)、蘆地(二萬三千四十五畝一分五厘一毫,耗米每畝一升五合)、草泥灘(一十四萬九千一百一十九畝九分九厘五毫,耗米每畝二分)、民田地(五十二萬七千五百九十一畝四分五厘,减勸民田地五萬一千四百八十一畝七分二厘,每畝勸米一升;全勸民田地四十七萬六千一百九畝七分一厘,每畝勸米二升。又各料鹽鈔絲價,每畝起米二升一合。除魏國公田地二千一百四十五畝五分四厘,馬草自運,不派各料等,實該田地五十一萬五千四百四十五畝九分一厘)。

萬曆十七年,山、沙、田地、荒白蘆岸地、山、塘、蕩、灘,共一百二十四萬四千二百四十六畝五分八厘三毫,實徵夏麥三萬二千二百一十四石五斗四升四合五勺,每石折銀二錢一分五厘四毫零,秋糧平米九萬三千四百三十六石七斗六升一合六勺九抄零,每石驗派本色米七斗一升三合八勺一抄零,折色銀一錢四分三厘零。

夏税起運(淮安府倉,折正麥二千三百四十五石,每石折銀四錢,每銀一兩,脚銀三厘。鳳陽府倉,折正麥五千八百三十五石四斗五升七合五勺,每石折銀四錢,每兩脚銀三厘。派剩解京象馬房,折正麥二百三十一石五斗四升二合六勺,每石折銀一兩,每兩扛銀一分四厘。京庫絲綿,折絹九十七匹一丈八尺三分九厘二毫,每匹價銀七錢。京庫農桑,折絹四匹五尺二寸三分,每匹價銀七錢。甲丁二庫銀硃等料銀七百一十五兩八錢六分四厘四毫八絲,歲用鋪墊銀二百三十六兩三錢二分二厘,正墊銀九百五十二兩一錢八分七厘八絲,每兩扛銀一分四厘,每兩加脚價銀三厘)。

夏税存留(大軍倉麥,折銀二千三百八十六兩一分九厘)。

秋糧本色起運（兑軍儹運正米三萬六千五百二十三石，每石加耗米四斗，每正米一石，輕賫銀一錢三分。又每正米二石，蘆席一領，每領價銀一分，内本色三分，折色七分。又每正米二千石，楞木一根，價銀五錢。又每正米一石，過江米六升，折銀三分六厘。改兑徐州廣運倉，正米五千四百七十九石，每石加耗米三斗二升。改兑淮安府常盈倉，正米四千五百七十石，每石加耗米三斗二升）。

秋糧本色存留（本縣地方歲用本色米二千三百石，大軍倉米二千三百石）。

秋糧折色起運（南京、江陰衛倉正米，二千二百七十六石一斗六升九合六勺，每石折銀五錢，每兩扛銀一分二厘。派剩解京折銀正米，三石八斗二升四勺，每石折銀六錢，每兩扛銀一分四厘。揚州府倉折銀正米，四千五百六十七石，每石折銀六錢。京庫折銀草，三萬五百包，每包折銀三分，每兩扛銀一分四厘。南京户部定場折銀草，一萬五千八百九十二包，每包折銀一分八厘，每兩扛銀一分四厘。京庫鹽鈔銀，八十兩四錢）。

秋糧折色存留（本府儒學倉折銀正米，七百五十石，每石折銀一兩，派三縣徵辦。本縣儒學倉折銀正米，四百石，每石折徵銀七錢。撫院俸薪銀，十三兩五錢九分九毫四絲。遇閏加銀一兩一錢三分二厘五毫零。本府庫鹽鈔銀，五十兩二錢五分。大軍倉折米，三千六百七十四石二斗四升一合一勺，每石折銀三錢。大軍倉派鎮江衛軍糧銀，四百六十兩八錢。大軍倉折銀馬草，五千五百三十二包四斤二兩，每草一包，折米五升；每米一石，折銀三錢）。

本折款目總數（每夏麥一石，驗派折銀二錢一分五厘四毫零。每平米一石，驗派本色米七斗一升三合八勺一抄零，内起運米四斗九升八合四勺三抄零，歲用米一斗九升七勺六抄零，存留米二升四合六勺一抄零，折色銀一錢四分三厘零。共計該徵麥折銀六千九百四十兩五錢二分六厘五毫，起運銀四千二百九十兩七錢九分九厘一毫零。歲用銀二百六十三兩七錢八厘三毫零。存留銀二千三百八十六兩一分九厘，該徵本色米六萬六千六百九十六石八斗八升。起運米四萬六千五百七十二石。歲用耗脚船米一萬七千八百二十四石八斗八升。存留米二千三百石，該徵折色銀一萬三千三百六十九兩九錢四分八厘四絲八忽二微四纖。起運銀五千一百六十二兩三分九厘四絲。歲用銀五千六百九十三兩二厘三毫三絲八忽二微四纖。存留銀二千五百一十四兩八錢九分九厘四毫七絲）。

萬曆四十八年，加派邊餉銀，每畝五厘五毫，内户部三厘五毫，兵、工二部各一厘，并原派三厘五毫，每畝共九厘。

絲價（歲造緞匹，舊納荒絲，後以民田免糧，每畝議科民糧銀二厘。至成化十七年，定作每石徵銀七分，每年解赴。本府發織染局織造，類解京庫。嘉靖十六年，絲價銀二千六百四十七兩五錢九分一厘。萬曆十七年，絲價銀一千七百一十兩七錢七分六厘八毫）。

諸課（在城税課司、商税酒醋門攤課程歲額鈔一十二萬五千四百四十六貫三百三十七文。丹徒鎮税課局商税酒醋門攤歲額課鈔六萬二千四百五貫二百文。成化二十年，丹徒税課局每歲額解課鈔一萬四千七百一十五錠四貫三百四十文。正德六年，丹徒税課局歲辦課鈔六萬二千四百五貫二百文，商税五萬五千九十七貫二百文，門攤七千三百八貫，歲辦解酒醋課鈔九百五十四錠二貫四百文，房地賃鈔一千七十二錠一貫四百一十文，局院房租鈔三錠四貫九百六十文。樹株課鈔四十四錠一貫七百五十文。茶課引鈔一百五十九錠一貫。茶課芽葉鈔二貫六百二十文。嘉靖十六年賦役册：工部魚油、翎縹、黄麻銀二十八兩九錢一分六厘五毫七絲，遇閏加銀二兩四錢八厘二毫五絲五忽。萬曆十七年經賦册：門攤課税，歲該銀二百五兩六錢一分一厘，遇閏加銀一十七兩一錢三分四厘二毫五絲，每年於城市、鄉鎮凡開張店鋪之家，審其生業，分别等則派徵，各有定額，不得分毫加多徵完，盡留支給鎮江衛官軍并有司官吏俸鈔之用）。

匠班（嘉靖十六年賦役册：人匠一百四名，共該班銀一百九十七兩四錢。萬曆十七年經賦册：京匠四百八名，該銀一百八十三兩六錢）。

里甲軍需（各色皮二千八百八十張。翎毛一十四萬根。雁七十五隻。鵝鴰七十五隻。麂三十隻。麞三隻）。

嘉靖十七年賦役册九款（**一、慶賀**。表箋撰寫賫捧路費銀三十兩六錢六分六厘七毫。**一、料物**。内府本色蜂蜜、蓮肉等銀，一百六兩六錢七分。南京内府本色蜂蜜、黑砂糖等銀，四兩三錢一分八厘九毫。折色芡苗、苕帚銀，三兩一錢七分五厘七毫。太醫院本色藥料銀，二十三兩二錢一分七厘四毫。户頒之式本色黄蠟、芽茶等銀，九十兩一錢八分八厘七毫。禮頒之式折色肥猪、鵝等銀，四百四十四兩九錢九厘七毫。稻皮銀，五兩七錢一分六厘二毫，南京禮部藥料銀，二兩四分九厘九毫。工頒之式本色軍器民七料銀，六十三兩八錢二分二厘九毫。胖衣褲鞋，本色，每副銀一兩；折色，每副銀一兩五錢，共銀三百一十七兩三錢四分三厘五毫。折色箭枝，每枝銀一分九厘五毫，共銀一百八十五兩七錢七分六厘。藍靛，每百斤銀四兩，共銀二百五十四兩五分二厘六毫；麂皮，每張銀六錢，共銀一百二兩一錢二分九厘二毫。金箔，每貼銀五分，共銀三十一兩七錢五分六厘六毫。年例白硝、麂皮等料銀，七百九十三兩九錢一分四厘六毫。供應柁木等料銀，七百九十三兩九錢一分四里六毫。年例成造、修理家伙等料銀，七百九十三兩九錢一分四厘六毫。南京工部折色桐油，每斤銀二分二厘，共銀三十一兩一錢二分四厘七毫。修城夫匠料銀，一百二十兩六錢七分五厘。改造淺船事、修造運船銀，各年數多寡不同，約徵民七料銀三百二十四兩一錢六分一厘一毫。不時坐派工部本色成造婚禮、各色紵①絲紗羅彩織錦綬練鵲并木櫃，扛解奉派不等，約三年一解，每年帶徵銀三百一十九兩二錢六厘六毫。急缺段匹，各色紵絲紗羅并木櫃，扛解奉派不等，約五年一造解，每年帶徵銀二百六十二兩九錢二分八厘七毫。折色毛竹修造兑换軍器等料銀，約三年一解，每年帶徵銀二十一兩一錢一分一厘一毫。生銅料造銃炮等料銀，約三年一解，每年帶徵銀五十兩六分一厘八毫。綾紬等料銀，約三年一解，每年帶徵銀二百六十四兩六錢三分八厘一毫。黄熟銅成造無敵手銃等料銀，約三年一解，每年帶徵銀一十六兩四錢七分二厘

① 按：“紵”，原作“紵”，避清諱改。兹徑改，下同。

二毫。南京工部折色青毛竹供應料物銀，約三年一解，每年帶徵銀二十二兩九錢四分八厘。棕毛，每斤銀三分，約三年一解，每年帶徵銀二十二兩二錢二分九厘六毫。急缺巡江船隻，杉木連二板等料銀，約三年一解，每年帶徵銀七十五兩二錢八分四厘二毫七絲。松木連二板枋料銀，約三年一解，每年帶徵銀九十四兩二分七厘一毫。生漆等料銀，約三年一解，每年帶徵銀五百一十八兩六錢五分二厘八毫六絲六忽。**一、祭祀**。文廟春秋二祭，帛九段，猪八口，每口重一百二十斤；羊三隻，每隻重五十斤；鹿一隻，兔五隻；醢肉十斤，藁魚十斤，醢魚十斤；酒糯米一石，細麴二十斤；黍、稷各一斗，稻、粱各一斗；醬五斤，醋七斤，白砂糖一斤；赤麴一斤，棗、栗各二十斤，榛子三斤；笋葅三斤，菱米五斤，芡三斤，鹽十斤；芹、韭、葅、蔥菜共二十斤；蒔蘿四兩，花椒一斤，茴香四兩；通宵燭八枝，共十六斤；中燭五十枝，共二十五斤；備燭四百枝，共二十五斤；降香十一炷，柏香十炷，牙香三斤，末香二斗，庭燎柴火、柴芸香一斤；炭五十斤，榜紙十張。本府每祭銀三十四兩八錢一分。釋奠帛五段，猪三口，每口重八十斤；羊三隻，每隻重四十斤；兔二隻，藁魚六斤；黍、稷、稻、粱各四升，棗、栗各十五斤，胡桃十斤，每斤銀一分；鹽三斤，青芹韭葅共五斤六兩；柏香二炷，牙香八兩，末香一斗；燭七十枝，共十四斤；酒二十瓶，銀一錢；火柴，銀一錢。本縣學二祭，每祭銀九兩二錢六分。啓聖公祠帛五段，猪二口，每口重八十斤；羊一隻，重四十斤；兔一隻；醢肉三斤，醢魚二斤，鮮鯉魚二尾，重四斤，每斤銀一分二厘；黍、稷、稻、粱各二升，棗、栗各五斤；鹽二斤；榛子一斤，菱米二斤，芡二斤，笋葅三斤，芹、韭、葅菜各四斤；火柴，銀三分；燭十二枝，共三斤；柏香二炷。本府二祭，每祭銀五兩三錢六分二厘，本縣同。風雷雲雨山川壇，城隍廟帛七段，猪三口，每口重一百二十斤；羊三隻，每隻重五十斤；兔二隻；醢肉二斤八兩，藁魚五斤，醢魚三斤；黍、稷、稻、粱各三升，棗、栗各二斤；芹、韭、葅、蔥菜各二斤；鹽、醬各二斤；柏香三炷，牙香八兩，末香一斗，大小燭六十枝，重十斤八兩；酒十二瓶，銀六分；祝版榜紙，銀一分；庭燎柴四個，銀一錢；火柴，銀五分。本府二祭，每祭銀十二兩二錢一分。社稷壇，皂帛二段，猪二口，每口重一百二十斤；羊二隻，每隻重五十斤；鹿一隻，兔二隻；醢肉二斤，藁魚二斤，醢魚二斤；黍、稷各二升，稻、粱各二升；棗、栗各二斤，青韭、葅各二斤；鹽、醬各二斤；柏香二炷，燭五十枝，共十斤；酒十瓶，銀五分；庭燎四個，銀一錢；火柴，銀五分。本府二祭，每祭銀十三兩八錢七分八厘。名宦鄉賢祠，各帛一段，猪一口，重一百斤；羊一隻，重四十斤；醢肉四斤，藁魚四斤；棗、栗、桃各四斤，黍、稷、稻、粱各二升；芹、韭、葅、蔥菜各十斤；柏香一炷，燭四對，重一斤；酒二瓶，銀四分；燎柴祝版，銀二分。本府二祭，每祠一祭，銀三兩三錢九分八厘。郡邑厲壇，猪三口，每口一百二十斤；羊三隻，每隻重五十斤；藁魚一斤；胡桃乾果各三斤，稻、粱各一升，鹽一斤，青芹、韭、葅各一斤；柏香一炷，牙香八兩，末香二升，燭十二枝，共二斤八兩；酒十二瓶，銀六分；紙札，銀一錢；飯米二石，每石銀五錢；木柴一百斤，銀三分。本府二祭，每祭銀十一兩五錢八分二厘。土地祠，猪首一個，銀一錢五分；鵝一隻，銀一錢；棗、栗、桃各八兩；牙香、末香，共銀一分；燭一對，重六兩；麴一斤，銀五厘；酒一瓶，銀二分。本府二祭，每祭銀三錢四分四厘。本府合辦祭漢荆王祠，金山龍王祠，漢隱士焦公祠，宋右武大夫魏公祠，長山龍王祠，以上俱一祭，每祭銀四兩一錢五分，帛一段，猪一口，重一百八十斤；兔一隻；燭一斤，柏香一炷，牙香八兩，末香一升；棗、栗各二斤，黍、稷、稻、粱各二升；藁魚二斤，醢肉二斤，醢魚二斤；鹽二斤；青芹、韭葅五斤；酒一瓶，銀二分；燎柴祝版，銀五分。宗忠簡公祠，宋丞相陸公祠，以上俱春秋二祭，每祭銀三兩三錢五分四厘；帛一段，猪一口，重一百一十斤；羊一隻，重三十斤；兔一隻；柏香一炷，牙香八兩，末香一升；燭一斤；棗、栗各二斤，白果二斤，風菱二斤，桃二斤；金花餅二十四個；醢肉二斤，醢魚二斤，黍、稷、稻、粱各二升；鹽二斤；青芹、韭、葅五斤；酒一瓶；燎柴祝版，銀五分。右魏公合祀於金山，韓公共爲一祠，宋①公、陸公合范、文二公，共爲一祠，俱春秋二祭，其合祭之費亦即往日分祭之費也。萬曆二十四年，知府王應麟改正以上祭祀，本府每年共該銀二百一十五兩七錢一分二厘；本縣每年共自辦銀三十九兩九錢三分二厘。**一、鄉飲**。上桌，每桌銀六錢；中桌，每桌銀三錢三分；下桌，每桌銀二錢。本府原定銀四十三兩六錢。**一、科貢**。應天府場屋。新進士捷報禮物，新舊舉人迎餞，生員科貢花紅酒席。進士牌坊，每名銀九十兩。新中舉人牌坊，盤纏每名銀五十兩。四項，本縣每年約徵銀二百八十兩五錢五分五厘七毫。應天府派取謄録生員，三年一次，每名路費一兩；每名帶徵銀六兩六錢六分六厘七毫。上司府縣學考賞儒學生員，花紅紙筆墨，約用銀九十四兩九錢一分三厘四毫。**一、恤典**。孤老，每名口歲支夏布一匹，折銀一錢五分；冬衣棉花，銀二錢五分，月給柴銀五分，共銀一百二十八兩。**一、公費**。本府應朝造冊紙札、什物、工食、路費，每年帶徵銀一十六兩五錢四分四厘五毫。本府新官到任，合用家伙什物，每歲約解銀二十八兩三錢三分三厘三毫。本府歲差總部運官路費，銀十兩三錢三分三厘三毫。本府冬夏桌帷銀四十五兩。修理城垣民七料銀十七兩。本府各上司循環文簿并六房卷殼銀七兩。本府并儒學修理，每年約用銀四十兩。上司操練官軍，犒賞花紅銀五十兩。本府公堂六房紙札銀六十兩七錢四分九厘六毫六絲七忽。漕運衙門歲取藥餌銀三兩。門神桃符，本府并儒學歲用銀二兩一錢。奏本氈包、夾板、册紙、工食、路費等件及歲繳各部合用紙札、路費，共徵銀五十三兩四錢七分二厘七毫。每年十月差赴南京禮部關領憲書路費銀三兩。各縣應朝造册紙札、工食銀三十三兩。本縣新官到任合用家伙什物銀六十五兩。察院并本縣冬夏桌帷銀八十一兩六錢九分，兵備道桌帷在内。上司循環文簿銀十兩。修理縣學并各衙門料物，共銀四十兩。操賞壯快花紅銀八兩。上司卷箱銀五十兩。本縣支應使客下程、鄉官正禮銀，每年七百二十兩。本縣六房，每年合用紙札筆墨銀一百四兩三錢八分六厘。察院并本縣儒學門神桃符、春牛芒神鞭花等銀二兩五錢。**一、備用**。銀二百一十兩八錢一分五厘四毫。**一、夫役**。同知韓克濟議舊規，人夫俱係丁田，

---

① 按："宋"，《嘉慶丹徒縣志》卷九《食貨三·田賦》作"宗"，當是。

派辦丹徒縣，月以五百名爲率，多寡恐難截定。丹徒縣夫以十差爲率，遠近未必相當，俱照丁田起夫，每差定銀五分，聽民自役自雇，不許徵銀。本縣歲用人夫三萬六千，差原額二百四十八里，照舊除坊廂二十二里，存留起夫，預備進貢船隻，及看守縣監、倉庫，巡更防守地方外，其應編鄉都二百二十六里，十甲丁田，編夫日久，消長不一。今議丁以黄册，成丁爲準止，除免看守烟墩人夫，中有漏報以抵老疾逃故之數。田地則以今造實徵爲準，除坍荒蘆地山塘蕩草泥灘不派，及官宦、舉人、監生、生員、吏典之家照例優免；寺觀查照舊規減半，其餘通融計算，每二丁派夫一差，餘夫攤於官民田地内均差，南至句容縣，準一差五分；北至江都、儀真二縣，各準一差；東至丹陽縣，準一差；西至上元縣，準二差）。

萬曆十七年經賦册料價數（光禄寺绿笋等料，正銀一百四十一兩三錢六分，每兩扛銀一分四厘。供用庫蠟茶，正銀三百一十七兩六錢九分三厘五毫，每兩扛解銀一分四厘。禮部牲口銀五百六十兩四錢，每兩扛銀一分四厘。禮部稻皮，正銀七兩三錢，每兩扛解銀二分。北京禮部本色藥材，正銀一十七兩九錢一分，扛解銀十兩。工部四司料價，正銀六千四百八十五兩八分四厘二毫零，每兩扛解銀一分二厘。工部斧刃磚料銀三百六十兩，每兩扛解銀一分二厘。工部本色胖衣，正銀三百八十四兩，扛解銀三十二兩。工部軍器料銀一百二十四兩四錢五分三厘一毫零，扛解銀九兩三錢二分。工部箭枝料，正銀二百三十四兩，扛解銀二兩八錢八厘。工部鹿皮料，正銀一百二十八兩六錢四分，扛解銀一兩五錢四分三厘七毫。匠班扛解銀二兩二錢三分五厘六毫。南京禮部本色藥料銀二兩五錢八分一厘二毫。南京鰣魚廠銀五十兩八錢。南京户部蜜糖銀五兩四錢四分，每兩扛解銀四分。南京茭苗、笤帚銀四兩。鎮江衛淺船料銀二百七十九兩四錢二分二毫六絲二忽。北京兵部革馬草料，正銀七百九十兩，每兩扛解銀一分三厘）。

馬政。明初牧地二十一處，原牧種馬二千七十七匹，孳生駒六百七十八匹。

正德六年，額養種馬七百九十匹，兒馬一百五十八匹，騍馬六百三十二匹。孳生各年馬駒八十一匹。

嘉靖十六年賦役册：種馬（原額種、兒、騍馬七百九十匹，内兒馬一百五十八匹，騍馬六百三十二匹，該馬丁一萬一千六十丁，不論兒、騍，每匹均定一十四丁；僉丁多爲馬頭，次爲貼户朋養，每丁月出草五束，豆七升。除四月起，至八月終止青草月分，免其出豆，仍出草束。如遇倒死，皮張鬃尾照例賣銀，驗丁朋價買補。孳生馬駒，聽民變賣，輳辦備用馬價）。馬價（歲派備用馬一百五十八匹，每匹徵銀一十八兩，每百兩外徵扛解銀一兩，於山鄉額養馬丁一萬一千六十丁，并沙鄉例不養馬，審編貼辦備用馬價人丁二千四百五十一丁二分，共一萬三千五百一十一丁二分，均派每丁該正銀二錢一分四毫零，扛解銀二厘一毫零）。歲派協辦銀（會同館馬價銀三百七十二兩九錢九分。南京會同館馬價銀二百五十二兩。順天密雲驛馬價銀八十四兩。鳳陽府王莊驛馬價銀九百一十八兩五錢八分。固鎮驛馬價銀三十五兩三錢三分零）。場租（牧馬草場地九百四十九畝一分二厘三毫，内除不堪開墾蓄草養馬荒地二百三十六畝四分六厘四毫。實已開墾成田，佃種上、中、下三等地，共七百一十二畝六分五厘九毫。各料租銀不等，共銀三十七兩四錢七分六厘三毫零）。牧地（小教場草場，在一、五都三圖，計地九十畝三分六厘八毫。車院草場，在大一都三圖，計地一十六畝三分四厘四毫。港西草場，在一、五都五圖，計地八畝六分七厘二毫。黄甸草場，在一、五都十六圖，計地一十九畝二分八厘六毫。三里岡草場，在二都三圖，計地六十二畝四分。樂亭草場，在三都三圖，計地三十四畝三分六厘三毫。高資草場，在十三都二圖，計地三十八畝八分二厘二毫。羊棚草場，在二都八圖，計地二十一畝六分七厘。圓蓋草場，在十四都四圖，計地四十一畝七分二厘一毫。陸城草場，在六都十七圖，計地一十九畝三分九厘一毫。馬踏草場，在崇七都十圖，計地四十畝一分五厘七毫。張莊草場，在六都八圖，計地一十四畝九分六厘。銀杏草場，在十一都一圖，計地七十八畝四毫。東霞草場，在十都三圖，計地三十三畝五分三厘五毫。平昌草場，在十二都十二圖，計地八十畝一分。吴家沙草場，在二十二都八圖，計地三十二畝九分三厘七毫。萬頃草場，在洞十六都一圖，計地五十畝二分三厘六毫。金山草場，在十五都一圖，計地一頃二十三畝四分五厘四毫。永安草場，在十八都五圖，計地四十畝二分一厘一毫。洞仙草場，在十八都五圖，計地七十六畝一分四厘三毫。小洞仙草場，在十八都十一圖，計地九畝三分五厘九毫）。

隆慶二年，太僕寺少卿董傳策、太常寺少卿武金、巡按御史謝廷傑，奏請將鎮江府屬丹徒等三縣種馬變賣一半，以蘇民困。每匹每年折徵草料銀一兩。解部存養種馬一半。

萬曆九年，太僕寺少卿裴應章、南京户部主事于有年，奏請將存養鎮江府屬丹徒等三縣種馬盡行變賣裁革，每匹每年折徵草料銀一兩。本縣原種馬七百九十匹，該銀七百九十兩。

萬曆十五年，南京兵部尚書陰武卿、吏科給事中劉一相、兵科給事中鍾宇淳，奏請將原額鎮江府所屬丹徒等三縣本色騎操上馬五十二匹（本縣一十七匹）盡行裁革，以免賠累。每匹每年徵銀二十四兩，共銀一千二百四十八兩（本縣該銀四百八兩）。解部召商買馬，發營騎操。

兵餉。萬曆十七年賦役册：本縣勇兵工食銀（一千四百九十二兩五錢，遇閏加銀八十三兩一錢九分六厘九毫）。操江軍餉銀（二千七百二兩八錢八厘）。

公莊。萬曆十七年經賦册（本縣税收，公莊夏租，麥二百三十二石三斗三升五合五勺；秋租，米二百三十七石二斗七升四合九勺，内除税糧麥四十六石四斗九升四合八勺，米一百三十三石四斗八升五合一勺，實該麥一百八十五石八斗四升七勺，米一百三石七斗八升九合八勺，豆八十六石五斗九升四合一勺，蘆柴銀八十二兩三錢二分，山租荒白銀一十一兩四錢七分一厘二毫，係善禧、鶴林等處佃户納完米麥，照時價易銀，以充本縣公宴使客下程等用，因本縣路衝均徭内，仍編有公費以佐歲收之不全者。至萬曆二十四年，知縣龐時雍申革而田始廢。銀山柴價，歲該銀二十兩，花果銀二兩二錢九分二厘四毫零，係佃種山地人户納府聽湊補修理衙門之用。橋梁地租，歲該銀一十九兩九錢一分三厘二毫，係嘉定等橋并郡城南門外佃户納府專聽湊補修理衙門之用。鎮江衛地租，歲該銀一百五十四兩七錢六分零，遇閏加銀六兩一錢九分三毫零，係金銀等門附近佃種空地人户每年輸納本衛，以充公堂、六房紙札，并首領官員祗候馬夫貲差等費。至萬曆十五年，掌印指揮陳懋文以公用數多，每兩增銀一錢二分五厘，該銀一十九兩三錢四分七厘五毫）。

國朝

康熙二十二年會計册：實在新升沙潮田地、蘆岸、荒白山、塘、蕩、灘，共一萬一千四百一頃一十四畝六分三厘一毫。原額一斗六升六合四抄零，沙潮田一千六百四十二頃三十八畝三分四毫。（内除遷徙缺額九百六十四頃七十四畝五分八厘一毫；又丈增二百五十一頃二十三畝三分七厘，内除坍江四十三頃六十八畝七分一厘三毫；又原報、續報并丈勘復業遷徙六百三十頃六十八畝二分一厘五毫；又籌餉案内改科一十畝三分；又酌計墾荒案内改升四頃七十四畝九分三厘四毫。）實在一千五百二十頃七十一畝八分二厘九毫（糧田、差田俱全科，每畝科本色麥三合五勺二抄零。科本色米一斗四升二合七勺四抄零。科漕贈伍米六合三勺八抄零。科漕贈拾銀一分二厘七毫零。科折色起存并本色料價銀八分五厘六毫零。科地畝徭里銀二分七厘五毫零。科存留錢六文四分二厘三毫零）。一斗六升六合四抄零，沙潮地三百七十四頃五十畝六分九毫。（内除遷徙缺額七十七頃二十畝四分九厘；又除改科沙潮地二十五頃三十二畝三分四厘七毫；又除坍江九畝六分；又原報、續報并丈勘復業遷徙七十四頃五十六畝九分八厘；又酌計墾荒案内復業改升七畝一厘五毫。）實在三百四十六頃五十二畝一分六厘七毫（糧田一畝準一畝，差田二畝準一畝。每畝科本色麥一合七勺六抄零。科本色米一斗四升二合七勺四抄零。科漕贈伍米六合三勺八抄零。科漕贈拾銀一分二厘七毫零。科折色起存并本色料價銀六分四厘零。科地畝徭里銀一分三厘七毫零。科存留錢三文二分一厘一毫零）。八升三合二抄零，山田四千四百七十一頃六十二畝七厘六毫。（又丈增四十七頃三十二畝一分四厘八毫；又籌餉案内升增，除改科應減抵補外，實增三十五畝三分七厘六毫。）實在四千五百一十九頃二十九畝六分（糧田二畝準一畝，差田一畝準一畝。每畝科本色麥三合五勺二抄零。科本色米七升一合三勺七抄零。科漕贈伍米三合一勺九抄零。科漕贈拾銀六厘三毫零。科折色起存并本色料價銀六分四厘四毫零。科地畝徭里銀二分七厘五毫零。科存留錢六文四分二厘三毫零）。八升三合二抄零，園市地一百一十九頃六十三畝二分五厘八毫。（内除丈減地一十三頃五十八畝七分七厘二毫；又籌餉案内改科升增一畝三分四厘二毫。）實在一百六頃五畝八分二厘八毫（糧田二畝準一畝，差田一畝準一畝。每畝科本色麥三合五勺二抄零。科本色米七升一合三勺七抄零。科漕贈伍米三合一勺九抄零。科漕贈拾銀六厘三毫零。科折色起存并本色料價銀六分四厘四毫零。科地畝徭里銀二分七厘五毫零。科存留錢六文四分二厘三毫零）。八升三合二抄零，蘆岸地四十二頃五十九畝四毫。（内除遷徙缺額三十頃八十二畝二分五厘五毫；又除丈減六頃五十一畝二分六厘九毫；又除坍江八十七畝九分七厘；又原報、續報并丈勘復業遷徙五十二頃二十畝二分二厘六毫；又丈勘續墾七畝三分三厘五毫；又除酌計墾荒案内改科應減二頃二十七畝七分一厘一毫。）實在五十四頃三十七畝三分六厘（糧田、差田俱二畝準一畝。每畝科本色麥一合七勺六抄零。科本色米七升一合三勺七抄零。科漕贈伍米三合一勺九抄零。科漕贈拾銀六厘三毫零。科折色起存并本色料價銀四分二厘八毫零。科地畝徭里銀一分三厘七毫零。科存留錢三文二分一厘一毫零）。四升一合五勺一抄零，山地一千九百七十九頃十九畝一分五毫。（又丈增山地一十三頃三十六畝七分四毫；又籌餉案内改科升增二畝四分四厘五毫，内除改科應減二十三畝九分四毫。）實在一千九百九十二頃三十四畝三分五厘（糧田四畝準一畝，差田二畝準一畝。每畝科本色麥一合七勺六抄零。科本色米三升五合六勺八抄零。科漕贈伍米一合五勺九抄零。科漕贈拾銀三厘一毫零。科折色起存并本色料價銀三分二厘二毫零。科地畝徭里銀一分三厘七毫零。科留存錢三文二分一厘一毫零）。二升七合六勺七抄零，荒白地二百一十頃二畝一分九厘九毫。（内除丈減四頃七十九畝七分三毫；又籌餉案内改科應減一十八畝六分。）實在二百五頃三畝八分九厘六毫（糧田六畝準一畝，差田三畝準一畝。每畝科本色麥一合一勺七抄零。科本色米二升三合七勺九抄零。科漕贈伍米一合六抄零。科漕贈拾銀二厘一毫零。科折色起存并本色料價銀二分一厘四毫零。科地畝徭里銀九厘一毫零。科存留錢二文一分四厘一毫零）。八合三勺二撮零，山、塘、蕩、灘二千六百八十九頃九十七畝八分一厘七毫。（内除遷徙三百四十六頃五十四畝七分六厘二毫；又丈增七頃一十五畝二分五厘九毫；又原報、續報并丈勘復業二百三十九頃六十一畝二分；又籌餉案内升增，除改科應減抵補外，實增一頃八分一厘五毫；又丈勘續墾七頃二畝六分二厘三毫；又除酌計墾荒案内改科應減二頃五十四畝二分三厘八毫。）實在二千五百九十五頃六十八畝七分四厘四毫（糧田二十畝準一畝，差田十畝準一畝。每畝科本色麥三勺五抄零。科本色米七合一勺三抄零。科漕贈伍米三勺一抄零。科漕贈拾銀六毫零。科折色起存并本色料價銀六厘四毫零。科地畝徭里銀二厘七毫零。科存留錢六分四厘二毫零）。一斗六升六合四抄三撮零，金、焦、甘露、鶴林、九華、萬壽宫公莊學田納糧不當差沙潮田九頃八十六畝一分九厘五毫（又丈增三十四畝二厘）。實在一十頃二十畝二分一厘五毫（糧田一畝準一畝。每畝科本色米一斗四升二合七勺四抄零。科漕贈伍米六合三勺八抄零。科漕贈拾銀一分二厘七毫零。科折色起運銀四分二厘四毫零，地畝徭里全免）。八升三合二抄零，山田五十頃七十九畝四分一厘二毫（又丈增一十一畝二分三厘）。實在五十頃九十畝六分四厘二毫（糧田二畝準一畝。每畝科本色米七升一合三勺七抄零。科漕贈伍米三合一勺九抄零。科漕贈拾銀六厘三毫零。科折色起運銀二分一厘二毫零，地畝徭里全免）。以上原額折實差田七千七百七十頃七十八畝五分一厘五毫（内除遷徙缺額差田一千五十三頃四十一畝四分三厘；又丈增差田二百七十四頃八十四畝九分一厘五毫，除坍江差田四十四頃一十七畝四分九厘八毫；又原報、續報并丈勘復業升科差田七百一十八頃二畝九分三厘八毫；又續墾升科差田七十三畝九分三厘；又籌餉案内改科升增差田四十畝一分七厘；又酌計墾荒案内改科升增三頃三十九畝一分六厘二毫）。實在差田七千六百七十頃六十畝七分二毫（該本色麥二千七百六石三斗六合五勺七抄零。本色米六萬九千九百八十三石二斗四升一合二勺六抄零。漕贈伍米三千一百三十一石五斗四合五勺四抄零。漕贈拾銀六千二百六十三兩九厘一毫零。折色起存并本色料價銀五萬三千五百六十四兩三錢八分六厘一毫零，遇閏加銀三百九十六兩七錢一分五厘一毫零。地畝傜里銀二萬五千一百四十九兩三錢三分三厘二毫零。内徵錢四百六十一萬八千七百二十六文八毫零，遇閏加銀一千二十九兩三錢九分八厘六毫零，内錢三十萬八千八百一十九文五分八厘六毫零）。原額人丁三萬九千八百一十一丁，内除鄉紳舉貢生員，優免一千八百九十九丁，續奉部文止免本身一丁，今照現在實免七百二十四丁，餘一千一百七十五丁；又屢年審增人丁三千一百七十七丁，實在當差人丁四萬二千二百六十四丁，每丁徵銀一錢二分一厘八毫，該銀五千一百四十七兩七錢五分五厘二毫。

起運：

户部項下折色銀數（派剩象馬房麥，折銀二百三十一兩五錢四分二厘六毫，每兩扛銀一分四厘，解費二分，今裁。京庫絲綿絹，折銀六十八兩二錢九分四厘七毫，每兩扛銀一分四厘，解費二分，今裁。京庫農桑絹，折銀二兩九錢一分四厘四毫，每兩扛銀一分四厘，解費二分，今裁。派剩解京米，折銀二兩二錢九分八厘二毫四絲，每兩扛銀一分四厘，解費二分，今裁。京庫馬草，折銀九百一十五兩，每兩扛銀一分四厘，解費二分，今裁。京庫鹽，抄銀八十兩四錢，每兩扛銀一分四厘，解費二分。富户銀，一十兩，每兩扛銀一分六厘，解費二分。供用庫折色黄蠟銀，八十四兩八錢九分三厘五毫，每兩扛銀一分四厘，解費二分。折色銀硃銀，八百九兩七錢三分三厘六毫零，鋪墊銀二十九兩六錢九分二毫零，每兩扛銀一分四厘，解費二分。折色膩硃銀，四兩六錢七分七厘九毫零，鋪墊銀二兩七錢二分四厘九毫零，每兩扛銀一分四厘，解費二分。折色烏梅銀，十四兩六錢七分一厘二毫零，鋪墊銀四兩三分四厘五毫零，每兩扛銀一分四厘，解費二分。折色靛花青銀，三十五兩三錢五分二厘九毫零，鋪墊銀六十四兩八錢一分三厘六毫零，每兩扛銀一分四厘，解費二分。折色桐油銀，三十二兩五分一厘四毫零，鋪墊銀三兩二錢五厘一毫零，每兩扛銀一分四厘，解費二分。折色黄熟銅銀，八兩三錢五分三厘三毫零，鋪墊銀一兩二錢一分五厘零，每兩扛銀一分四厘，解費二分。折色紅熟銅銀，四十四兩四錢八分一厘五毫零，鋪墊銀五兩四錢七分四厘六毫零，每兩扛銀一分四厘，解費二分。折色錫銀，三十五兩五分七厘八毫零，鋪墊銀四兩四錢八分七厘四毫零，每兩扛銀一分四厘，解費二分。折色生漆銀，三百八兩九錢四分八厘八毫零，鋪墊銀二十四兩七錢一分五厘九毫零，每兩扛銀一分四厘，解費二分。折色生銅銀，二十八兩四錢八分，鋪墊銀五兩六錢九分六厘，每兩扛銀一分四厘，解費二分。折色水牛角銀，五十兩，鋪墊銀一兩五錢，每兩扛銀一分四厘，解費二分。折色黄蠟銀，二百八十二兩四錢四厘零，每兩扛銀二分五厘，解費二分。折色芽茶銀，二十八兩四錢六分四厘三毫零，每兩扛銀二分五厘，解費二分。折色葉茶銀，一十七兩六錢，每兩扛銀二分五厘，解費二分）。以上二十三款①，原額正銀三千七百二兩一錢三分七厘零，内除弃沙、坍江，加原報、續報丈勘復沙，酌計墾荒升科，實徵銀三千五百八兩九錢三分七厘一毫零，扛銀五十四兩三錢一分九厘三毫零，解費銀七十四兩四分二厘八毫零，奉裁充餉。又九厘地畝正銀，原額一萬六百一十三兩九錢八厘零，内除弃沙、坍江，加原報、續報復沙酌計等案内升增，實徵正銀一萬六十兩八厘二毫零，内撥給驛站銀七千三百四十二兩七錢五分八厘五毫零，扛銀一百四十八兩五錢九分四厘七毫零，解費銀二百一十二兩二錢七分八厘一毫零，奉裁充餉。

禮部項下折色銀數（光禄寺緑笋、蓮肉等項折銀，一百四十一兩三錢六分，每兩扛銀一分四厘，解費二分。猪鵝折銀，五百六十兩四錢，每兩扛銀一分四厘，解費二分。稻皮折銀，七兩二錢，每兩扛銀二分，解費二分。藥材折銀，一十九兩五錢四分五厘六毫零，每兩扛銀二分，解費二分）。以上四款，原額正銀七百二十八兩五錢五厘六毫零，内除弃沙、坍江，加原報、續報丈勘續墾酌計等案内升增，實徵銀六百九十兩四錢八分七厘四毫零，扛銀一十兩三錢五分九厘五毫零，解費銀一十四兩五錢七分一毫零，奉裁充餉。

兵部項下折色銀數（會同館馬價銀，二百九十五兩一錢六分二厘，每兩扛銀七厘，解費二分。備用馬價銀，三千四百三十九兩四錢三分七厘，每兩扛銀一分三厘，解費二分。革馬草料銀，七百九十兩，每兩扛銀一分三厘，解費二分）。以上三款原額正銀四千五百二十四兩五錢九分九厘，内除弃沙、坍江，加原報、續報丈勘復沙酌計等案内升增，實徵銀四千二百八十八兩四錢七分五厘七毫零，扛銀五十七兩四分八厘八毫零，解費銀九十兩四錢九分一厘九毫零，奉裁充餉。

工部項下折色銀數（營繕司斧刃磚料銀，三百六十兩，每兩扛銀一分二厘，解費二分。營繕司料銀，二千七十五兩二錢二分六厘九毫零，每兩扛銀一分二厘，解費二分。虞衡司胖襖折銀，八百六十四兩，扛銀三十二兩，每兩解費二分。虞衡司軍器折銀，六百一十五兩三錢九分一毫零，每兩扛銀一分四厘，解費二分。虞衡司箭枝折銀，一千二百兩，每兩扛銀一分四厘，解費二分。虞衡司料銀，一千三十七兩六錢一分三厘四毫零，每兩扛銀一分二厘，解費二分。都水司御用描金填漆人匠衣糧銀，三十七兩八錢，每兩加費二分，遇閏加銀三兩一錢五分。都水司料銀，一千八百一十五兩八錢二分三厘六毫，每兩扛銀一分二厘，解費二分。都水司絲價銀，二千三百五十三兩四錢二分七厘七毫零，每兩解費二分，遇閏加銀一百二十七兩五厘一毫零。屯田司料銀，一千五百五十六兩四錢二分二毫零，每兩扛銀一分二厘，解費二分。麂皮價銀，一百二十八兩六錢四分，每兩扛銀一分二厘，解費二分。折弓牛角價銀，一百三十四兩四錢，每兩解費二分）。以上十二款原額正銀一萬二千一百七十八兩七錢四分二厘一毫零，内除弃沙、坍江，加原報、續報丈勘復沙酌計案内升增，實徵銀一萬一千五百四十三兩一錢七分五厘四毫零，閏月

① 按："二十三款"，實二十二款。

加銀一百三十兩一錢五分五厘一毫零，扛銀一百四十一兩一錢一毫零，解費銀二百四十三兩五錢七分四厘八毫零，奉裁充餉。又丈增正銀一千三百二十二兩三分七厘二毫零，内除坍江缺額，實徵銀一千三百一十四兩六分四厘二毫零，籌餉案内升增正銀一兩四錢七分五厘一毫零。

以上四部起運折色銀，原額三萬三千七十一兩四錢四厘二毫零，内除弃沙、坍江撥給驛站銀數，加復沙丈增籌餉酌計等案内升增，實徵銀二萬四千六十三兩八錢六分四厘八毫零。

户部項下本色料數（甲子庫本色銀硃，原額八十九斤一十四兩四錢二分五厘零，内除弃沙、坍江，加復沙酌計等案内升增，實徵銀硃八十五斤三兩三錢五分八厘六毫零，每斤編價銀九錢。本色膩硃，原額一百二十三斤一十兩六錢七分一厘一毫零，内除弃沙、坍江，加復沙酌計等案内升增，實徵膩硃一百一十七斤三兩四錢一分八厘一毫零，每斤編價銀八分。本色光粉，原額七十九斤六兩五錢五分九厘六毫零，内除弃沙、坍江，加復沙酌計等案内升增，實徵光粉七十五斤四兩二錢五分三厘四毫零，每斤編價銀一錢三分。本色烏梅，原額四十二斤九分一厘八毫零，内除弃沙、坍江，加復沙酌計等案内升增，實徵烏梅三十九斤十二兩九錢一分六厘零，每斤編價銀三①分。本色靛花青，原額一百三十七斤六錢五分三厘四毫零，内除弃沙、坍江，加復沙酌計等案内升增，實徵靛花青一百二十九斤一十四兩二錢二分六厘三毫零，每斤編價銀三錢。丁字庫本色桐油，原額三百八十六斤七分九厘六毫零，内除弃沙、坍江，加復沙酌計等案内升增，實徵桐油三百六十五斤十三兩七錢七分一厘七毫零，每斤編價銀四分。本色黄熟銅，原額一百八斤一兩三錢五分六厘五毫零，内除弃沙、坍江，加復沙酌計等案内升增，實徵黄熟銅一百二斤七兩九分一厘二毫零，每斤編價銀一錢三分。本色紅熟銅，原額九十四斤二兩一錢五分一毫零，内除弃沙、坍江，加復沙酌計等案内升增，實徵紅熟銅八十九斤三兩五錢四分九厘二毫零，每斤編價銀一錢三分。本色錫，原額一百一十八斤八兩一錢二分八毫零，内除弃沙、坍江，加復沙酌計等案内升增，實徵錫一百一十二斤五兩一錢七分零，每斤編價銀一錢一分。供用庫本色黄蠟，原額三百三十四斤三兩九錢二分七毫零，内除弃沙、坍江，加復沙酌計等案内升增，實徵黄蠟三百一十六斤一十二兩八錢四分四厘零，每斤編價銀二錢三分。本色芽茶，原額二百三十六斤二兩四錢一分二厘一毫零，内除弃沙、坍江，加復沙酌計等案内升增，實徵芽茶二百二十三斤十三兩八分四厘四毫零，每斤編價銀一錢五分）。以上甲丁供三庫，實徵本色料物銀二百九十三兩九錢五分七厘二毫零，鋪墊銀四十五兩六錢一分九毫零，扛銀三兩四錢九分一厘四毫零。

禮部項下本色藥材物料數（黄香，原額四十斤，内除弃沙、坍江，加復沙酌計等案内升增，實該黄香三十七斤一十四兩六錢六毫零，每斤編價銀一分五厘。半夏，原額一百二十斤，内除弃沙、坍江，加復沙酌計等案内升增，實該半夏一百一十三斤一十兩八

① 按："三"，《嘉慶丹徒縣志》卷九《食貨三·田賦》作"二"。

錢七分六厘八毫零，每斤編價銀五分五厘。千金草，原額八斤，内除弃沙、坍江，加復沙酌計等案内升增，實該千金草七斤九兩二錢七分一毫零，每斤編價銀一分七厘。蜈蚣，原額一十八條，内除弃沙、坍江，加復沙酌計等案内升增，實該一十六條九分九厘五毫零，每條編價銀一厘五毫）。以上解禮部料物，實該銀六兩九錢七分八厘八毫零，扛銀一十一兩四厘三毫零。

以上兩部本色料物正墊扛銀，共實徵三百六十一兩四分二厘八毫零，奉裁充餉，續於請旨案内復辦本色黄蠟、桐油、黄熟銅、紅熟銅、錫、靛花、光粉、芽茶、烏梅九項起解，餘仍停辦充餉。

雜課（牧馬草場地九頃三十九畝二分一厘二毫，該租銀五十三兩二錢二分九厘九毫，扛銀六錢九分一厘九毫零。漁課銀三十兩七錢七厘，此項存留。匠班銀一百二十九兩六錢。檾麻銀三兩三分三厘。麻膠漁課銀一十四兩五錢五分三厘一毫零）。以上雜課實徵正墊銀二百三十一兩一錢二分三厘零，扛銀奉裁充餉。

存留（解南省倉米，原額三千五十石六升七合二勺六抄零，内除弃沙、坍江缺額，加復沙丈增籌餉酌計等案内升增，實徵米二千九百七十五石六斗七升二合六勺四抄零。存恤孤貧口糧米，原額三百六十石，内除弃沙、坍江缺額，加復沙丈增籌餉酌計等案内升增，實徵米三百五十一石一斗九升三抄零，遇閏加米三十石）。以上二款，實徵米三千三百二十六石八斗六升二合九勺七抄零。

本縣協濟驛站銀數（順天府密雲驛馬價銀，八十一兩四分三厘，每兩扛銀七厘，解費二分。鳳陽府王莊、固鎮二驛馬價銀，二百六兩二錢三分二厘，每兩扛銀一分。南會同館馬價銀，今改金陵驛馬價銀，八十七兩二錢七分九厘，每兩扛銀五厘。南備用馬價，今改金陵驛馬價銀，四百二十八兩一錢八分，每兩扛銀一分二厘。南會同館館夫，今改金陵驛館夫二十三名，每名工食銀一十二兩，每兩扛銀一分二厘）。以上五款，原額正銀一千七十八兩七錢三分四厘，扛銀一十一兩五錢一分六厘一毫零，解費銀一兩六錢二分八毫零，内除弃沙、坍江，加原報、續報丈勘復沙酌計等案内增銀，實徵正銀一千二十二兩四錢三分八厘五毫零，内密雲驛馬價撥抵炭渚驛馬價，奉裁充餉，銀六十八兩五錢四厘零，扛銀解費，俱奉裁充餉。

本縣解給各衙門兵餉銀數（解南省會兵糧銀，三百七十六兩七錢七分二厘零，每兩解費二分。南款撥抵撫鎮道標兵餉銀，一千八十九兩七錢二分八厘七毫，每兩解費二分。鎮江衛京操班軍口糧銀，三百五十二兩二錢三分四厘八毫，每兩①解費二分。折色蘆席等項銀，五十三兩一錢四分八厘五毫零，每兩解費二分）。以上四款，原額正銀一千八百七十一兩八錢八分四厘一毫零，解費銀三十七兩四錢三分七厘六毫零，内除弃沙、坍江，加原報、續報丈勘復沙酌計等案内增銀，實徵正銀一千七百七十四兩一錢九分九厘八毫零，解費奉裁充餉。

---

① 按："兩"，原作"五"，誤。據《嘉慶丹徒縣志》卷九《食貨三・田賦》改。

撫餉項下（撫鎮道標兵餉，共銀七千三百一十三兩一錢七厘八毫零，每兩解費二分）。

操餉項下（操餉，共銀五千三百四十五兩八錢四分八厘，每兩解費二分）。

以上二款，原額正銀一萬二千六百五十八兩九錢五分五厘八毫零，解費銀二百五十三兩一錢七分九厘一毫零，内除弃沙、坍江，加原報、續報丈勘復沙酌計等案内增銀，實徵正銀一萬一千九百九十八兩三錢二分八厘一毫零，解費奉裁充餉。

漕運項下（支給各款，原額正銀一萬五千一十二兩六錢九毫零，水脚銀二百四十六兩三錢三分七厘三毫，扛銀五十六兩一錢七厘三毫零，内除弃沙、坍江，加復沙等案内升增，實徵正銀一萬四千五百八十三兩六錢三厘二毫零，水脚銀二百四十兩五錢六分一毫零，扛銀五十五兩四錢六分九厘三毫零）。

驛傳項下（支給各款，原額銀四千一百二十一兩四錢七分四厘五毫零，内除弃沙、坍江，加復沙等案内升增，實該銀三千九百六兩三錢八分六厘二毫零）。

新定各衙門俸工（原額銀一千七百五十四兩六錢一分二厘，内除弃沙、坍江，加復沙酌計等案内升增，實徵銀一千六百六十六兩二錢三分八厘三毫零）。

存留支給（原額銀四千一十四兩七錢五厘七毫零，内除弃沙、坍江，加復沙酌計等案内升增，實徵銀三千八百二十二兩三錢三分八厘七毫零）。（以上舊志）

乾隆四十四年《賦役全書》：原額充餉當差人丁四萬三千一百八十二丁，每丁徵銀一錢二分一厘八毫，共徵銀五千二百五十九兩五錢六分七厘，節年滋生二十三萬五千五百一十六丁，欽遵康熙五十二年恩詔，永不加賦。田地、山、塘、蕩、灘，通共一萬五百五十五頃六十九畝五分一毫，共科不等平米七萬六十石四斗八升二合二勺五抄零，應徵本色米麥六萬五千三百七十八石一斗七升六合九勺，折色銀七萬五千七百九十八兩九錢六分，内除公莊租抵編銀一百五兩三錢九分一厘，實於田畝項下編徵銀七萬五千六百九十三兩五錢六分九厘，閏月米二十六石八斗三升一合八勺，折色銀一千三百三十四兩四錢四分一厘。

一斗六升六合四抄三撮四圭三粟二稞一粒，沙潮田九百四十九頃一十二畝二分二厘六毫八絲八忽，共科平米一萬五千七百五十九石五斗五升一合八勺九抄零，糧田、差田俱全科。（每畝科本色米麥一斗五升二合五勺九抄零，共該米麥一萬四千四百八十三石二斗八合，遇閏加編米六抄三撮五圭零，共該米六石三升五合六勺；每畝科折色銀一錢二分九厘八絲七忽零，共該銀一萬二千二百五十一兩九錢八分七厘，遇閏加編銀一厘九毫八絲六忽零，共該銀一百八十八兩五錢八分三厘；每畝攤徵人丁銀八厘九毫六絲九忽零，共該銀八百五十一兩三錢二分九厘；每畝攤徵雜辦銀二毫二絲一忽零，共該銀二十兩九錢七分七厘。）

一斗六升六合四抄三撮四圭三粟二稞一粒，沙潮地二百五十二頃二畝七分七厘三毫二絲二忽，共科平米四千一百八十四石七斗五升四合九勺六抄零，糧田一畝準一畝，差田二畝準一畝。（每畝科本色米麥一斗五升八勺三抄零，共該米麥三千八百一石三斗七升八合，遇閏加編米六抄三撮零，共該米一石六斗二合七勺；每畝科折色銀九分一厘三毫三絲二忽零，共該銀二千三百一兩八錢四分四厘，遇閏加編銀一厘一毫四忽零，共該銀二十七兩八錢三分八厘；每畝攤徵人丁銀六厘三毫四絲六忽零，共該銀一百五十九兩九錢四分四厘；每畝攤徵雜辦銀一毫五絲六忽零，共該銀三兩九錢四分一厘。）

八升三合二抄一撮七圭一粟六稞，山田四千五百二十四頃八十四畝九分三厘七毫二絲一忽，共科平米三萬七千五百六十六石七升五合九勺五抄零，糧田二畝準一畝，差田一畝準一畝。（每畝科本色米麥七升八合六抄零，共該米麥三萬五千三百二十一石八斗七升三勺，遇閏加編米三抄一撮零，共該米一十四石三斗八升七合一勺；每畝科折色銀一錢二厘二毫九絲八忽零，共該銀四萬六千二百八十八兩四錢六分二厘，遇閏加編銀一厘八毫零，共該銀八百四十八兩七錢八分一厘；每畝攤徵人丁銀七厘一毫八忽零，共該銀三千二百一十六兩三錢五分三厘；每畝攤徵雜辦銀一毫七絲五忽零，共該銀七十九兩二錢五分三厘。）

八升三合二抄一撮七圭一粟六稞，園市地九十五頃七畝九分九毫，共科平米七百八十九石三斗六升二合九勺二抄零，糧田二畝準一畝，差田一畝準一畝。（每畝科本色米麥七升八合六抄零，共該米麥七百四十二石二斗六合二勺，遇閏加編米三抄一揚零，共該米三斗二合三勺；每畝科折色銀一錢二厘二毫九絲零，共該銀九百七十二兩六錢四分三厘，遇閏加編銀一厘八毫零，共該銀一十七兩八錢三分五厘；每畝攤徵人丁銀七厘一毫八忽零，共該銀六十七兩五錢八分四厘；每兩攤徵雜辦銀一毫七絲零，該銀一兩六錢六分五厘。）

八升三合二抄一撮七圭一粟六稞，蘆岸地五十二頃七十八畝九分二厘四毫零，共科平米四百三十八石二斗六升五合三勺三抄零，糧田、差田俱二畝準一畝。（每畝科本色米麥七升六合二勺九抄零，共該米麥四百二石七斗七升九勺，遇閏加編米三抄一撮零，共該米一斗六升七合八勺；每畝科折色銀六分四厘五毫四絲三忽零，共該銀三百四十兩七錢二分二厘，遇閏加編銀九毫三絲三忽零，共該銀五兩二錢四分四厘；每畝攤徵人丁銀四厘四毫零，共該銀二十三兩六錢七分五厘；每畝攤徵雜辦銀一毫一絲零，共該銀五錢八分三厘。）

四升一合五勺一抄八圭五粟八稞，山地一千九百九十頃八十六畝五分一厘四毫零，共科平米八千二百六十四石二斗五升二合四抄零，糧田四畝準一畝，差田二畝準一畝。（每畝科本色米麥三升九合三抄零，共該米麥七千七百七十石五斗四升三合八勺，遇閏加編米一抄五撮零，共該米三石一斗六升五合；每畝科折色銀五分一厘一毫零，共該銀一萬一百八十三兩一錢一分一厘，遇閏加編銀九毫三絲七忽零，共該銀一百八十六兩七錢二分五厘；每畝攤徵人丁銀三厘五毫零，共該銀七百七兩五錢七分三厘；每畝攤徵雜辦銀八絲七忽零，共該銀一十七兩四錢三分六厘。）

二升七合六勺七抄三撮九圭五粟三粒，荒白地二百一十三頃五十五畝六分五厘一毫零，共科平米五百九十石九斗九升五合二勺零，糧田六畝準一畝，差田三畝準一畝。（每畝科本色米麥二升六合二抄零，共該米麥五百五十五石六斗八升九合，遇閏加編米一抄五圭零，共該米二斗二升六合零；每畝科折色銀三分四厘九絲零，共該銀七百二十八兩二錢一分六厘，遇閏加編銀六毫二絲五忽零，共該銀一十三兩三錢五分三厘；每畝攤徵人丁銀二厘三毫六絲零，共該銀五十兩六錢；每畝攤徵雜辦銀五絲八忽零，共該銀一兩二錢四分七厘。）

八合三勺二撮一圭七粟一稞六粒，山、塘、蕩、灘二千四百二十四頃一十六畝五分六厘三毫零，共該平米二千一十二石五斗八升三合九勺零，糧田二十畝準一畝，差田十畝準一畝。（每畝科本色米麥七合八勺零，共該米麥一千八百九十二石三斗五升一合七勺，遇閏加編米三撮一圭零，共該米七斗七升八勺；每畝科折色銀一分二毫二絲零，共該銀二千四百七十九兩八錢八分二厘，遇閏加編銀一毫八絲七忽零，共該銀四十五兩四錢七分三厘；每畝攤徵人丁銀七毫一絲零，共該銀一百七十二兩三錢一分五厘；每畝攤徵雜辦銀一絲七忽零，共該銀四兩二錢四分七厘。）

一斗六升六合四抄三撮四圭三粟四稞二粒，金、焦、甘露、鶴林、九華、萬壽宮公莊學田、沙潮田地一頃五十二畝一分五厘五毫零，共科平米二十五石二斗六升四合四勺六抄零，糧田一畝準一畝，地徭全免。（每畝科本色米一斗四升九合六抄零，共該米二十二石六斗八升一合五勺，遇閏加編米六抄三撮零，共該米九合七勺；每畝科折色銀五分三厘五毫零，共該銀八兩一錢五分二厘，遇閏加編銀二毫二絲二忽零，共該銀三分四厘；每畝攤徵人丁銀三厘七毫二絲二忽零，共該銀五錢六分七厘；每畝攤徵雜辦銀九絲一忽零，共該銀一分四厘。）

八升三合二抄一撮七圭一粟六稞，山田五十一頃七十一畝八分四厘零，共科平米四百二十九石三斗七升五合五勺一抄零，糧田二畝準一畝，地徭全免。（每畝科本色米七升四合五勺三抄零，共該米三百八十五石四斗七升七合五勺，遇閏加編米三抄一撮零，共該米一斗六升四合五勺；每畝科折色銀二分六厘七毫零，共該銀一百三十八兩五錢五分，遇閏加編銀一毫一絲一忽零，共該銀五錢七分五厘；每畝攤徵人丁銀一厘八毫六絲一忽零，共該銀九兩六錢二分七厘；每畝攤徵雜辦銀四絲五忽零，共該銀二錢三分七厘。）

牧馬草場地（九頃二十八畝八分六毫五絲，該徵租銀五十二兩五錢九厘，扛銀六錢八分三厘，共銀五十三兩一錢九分二厘）。

漁課（銀三十兩七錢七厘）。

雜辦銀（一百二十九兩六錢，此項於雍正七年統歸田畝徵收）。

檾麻銀（三兩三分三厘）。

麻膠漁課銀（一十四兩八錢七分三厘）。

以上人丁、田地、雜辦，通共額徵本色米麥八萬四千一百七十一石七斗六升一合七勺，内除原、續報弃沙、坍江、圈廢、義冢、坍山、壓廢蠲缺，共米麥一萬八千七百九十三石五斗八升四合八勺，實徵米麥六萬五千三百七十八石一斗七升六合九勺，遇閏加徵米三十一石一斗五合三勺，内除原、續報坍江、義冢、坍山、壓廢等項蠲缺米四石二斗七升三合五勺，實徵米二十六石八斗三升一合八勺，額徵丁田、雜辦等項，共銀九萬七千四百五十五兩九錢九分五厘，内除原、續報弃沙、坍江、圈廢、義冢、坍山、壓廢斸缺銀一萬六千一百六十六兩六分三厘，實徵銀八萬一千二百八十九兩九錢三分二厘，遇閏加徵銀一千四百六十二兩八錢五分六厘，内除原、續報坍江、義冢、坍山、壓廢斸缺銀一百二十八兩三錢二分二厘，實徵銀一千三百三十四兩五錢三分四厘。

起運：

蘇松糧道衙門（正兑米二萬八千一百二十六石四斗七升六合六勺，加四耗米一萬一千二百五十石五斗九升七勺。改兑正米九千四百二石八斗八合八勺。加三耗米二千八百二十石八斗四升二合六勺。漕贈伍米二千五百八十石一合一勺）。以上共米五萬四千一百八十石七斗一升九合八勺。

各倉項下（大軍倉行月米，一千七百七十四石三斗六升八合八勺。揚州倉并南糙等款丈增撥補米，一千二百九十四石八斗九升九合三勺。淮安倉麥改米，九百五十三石一斗五合六勺。鎮江倉麥改米，一千六百八十三石九斗四升八合六勺）。以上共米五千七百六石三斗二升二合三勺（内有淮安、鎮江二倉麥於乾隆二年奏定改米，隨漕并徵，解支各款悉行照舊，如有餘剩，每石易銀九錢，解户部充餉）。

江安糧道衙門（南糙項下隨漕行月米，八百七十五石八升二合四勺）。

解給各營兵糧項下（南糙兵糧米，又恤孤餘剩充餉米，共一千六百七十二石一斗六升七合五勺。又餘剩閏月恤孤充餉米，一石八斗七升六合五勺。又乾隆三年以後升科米，二千六百五十七石六斗八升四合九勺，閏月米一石一斗五合三勺）。以上共米四千三百二十九石八斗五升二合四勺。遇閏增徵閏月恤孤餘剩并升科米，二石九斗八升一合八勺。

存留項下（恤孤口糧米，三百六十一石三升三合一勺，内除均給孤貧案内裁歸充餉米七十四石八斗三升三合一勺，歸於南糧項下，分别扣荒造報外，實徵米二百八十六石二斗；閏月米三十石，内除均給孤貧案内裁歸充餉米六石一斗五升，歸於南糧項下，分别扣荒造報外，實徵米二十三石八斗五升）。

折色起解：

布政司衙門（起存地丁并節年丈增改墾新升充餉，共銀四萬三千五百八十七兩五錢五厘，閏月銀一百三十兩二錢四分八厘。優免丁田增丁充餉，并節年編審人丁優免餘丁，共銀一千八百九兩九錢三分六厘。另徵漁課銀三十兩七錢七厘，乾隆三年，考訂以前各案裁扣充餉銀，一萬二千一百五十五兩五錢六分八厘，閏月銀四百九十二兩二錢三分八厘。今訂續裁、均給孤貧柴布，餘剩原編閏月銀一兩八錢七分一厘。文廟各壇祠祭祀香燭，餘剩原編銀八十六兩七錢四分九厘，閏月銀三錢四分。祇應項下館夫等銀六百五兩八錢九分，閏月銀一十八兩三錢一分八厘。俸工項下號船水手工食銀一百九十兩八錢，閏月銀一十五兩三錢。驛丞皂隸俸工銀八十七兩四分，閏月銀二兩。上司聽用官吏工食裁減原荒銀六兩七錢八分。河工正費歸入地丁銀八百三十二兩三錢九分一厘，乾隆三年以後升科充餉銀二千三百二十七兩二錢八分八厘，閏月銀三十六兩六錢四分九厘。抽撥東臺縣民壯工食器械銀四十兩）。以上起存地丁原裁、續裁、升科充餉各款，共銀六萬一千七百六十兩六錢五分四厘，閏月銀六百九十六兩九錢六分四厘。（增編均給孤貧柴布不敷銀二十九兩三錢四分三厘。添設船政，今改糧捕通判俸工銀二百三十四兩，閏月銀一十四兩五錢。移駐横、越二閘閘官俸工銀四十三兩五錢二分。以上增編銀三百六兩八錢六分三厘，閏月銀一十四兩五錢。）以上實共銀六萬一千四百五十三兩七錢九分一厘，内除原、續報坍江、圈廢等項蠲缺銀一萬一千九百七十二兩九錢三分。又額撥漕項銀四百五十五兩八錢一分四厘，歸入江安糧道項下造報，實徵銀四萬九千二十五兩四分七厘，閏月銀六百八十二兩四錢六分四厘，内除原、續報坍江、壓廢等項蠲缺銀一百四兩三錢三分八厘，實徵銀五百七十八兩一錢二分六厘，遇閏應於實徵起運地丁正銀内撥抵驛站，閏月銀四百二十三兩一錢二分五厘。（乾隆三年《考訂全書》，内有撥辦本色顔料銀硃、桐油、烏梅、鐵銅等料價脚鋪墊銀，續於乾隆二十年奉文，統歸司庫地丁銀内動辦。起存地丁扛銀四百二十八兩六錢二分一厘，内除坍江、圈廢蠲缺銀三十三兩九分三厘，實徵銀三百九十五兩五錢二分八厘。）

漕河項下。

蘇松糧道衙門（輕賫正銀四千五百九十六兩五錢四分四厘，扛銀四十五兩九錢六分五厘，解費銀九十一兩九錢三分一厘。二升米折銀九十七兩二錢八分四厘。解費銀一兩九錢四分六厘。七分折色席木板銀二百一十四兩七錢二分九厘。解費銀四兩二錢九分五厘。三分本色席木板銀九十二兩二分七厘。解費銀一兩八錢四分。漕贈拾銀六千六兩七錢一分六厘。淮安倉麥折銀四百九十八兩八錢一分二厘。扛銀一兩四錢九分九厘。解費銀九兩九錢七分六厘。揚州倉米折正銀二百六十二兩七錢二分九厘。解費銀三十八兩六錢八分七厘。大軍倉麥折改編鎮江衛折色月糧銀七百二十八兩三錢六分六厘，閏月銀二百四十二兩五錢七分六厘。大軍倉米折改編鎮江衛折色月糧并减存等銀一百二十五兩二錢一分三厘。大軍倉運軍行月折色銀一千三百五十八兩一分七厘。鎮江衛漕船料銀二百七十兩九錢八分三厘）。以上一萬四千四百四十七兩五錢五分九厘，閏月二百四十二兩五錢七分六厘。

江安糧道衙門（過江六升米折并鳳陽倉麥折正扛費，共銀三千二百七兩五錢七分三厘。額撥漕項銀四百五十五兩八錢一分四厘，此銀於地丁銀内撥出。如遇田畝被災，將應蠲之。銀於地丁項下統扣，照額撥解）。以上共銀三千六百六十三兩三錢八分七厘。

河庫道衙門（修河米折銀七百五十三兩二錢二分五厘，水脚銀一十五兩八分九厘，此銀於乾隆二十八年動支，司庫地丁銀照數彙解河庫，所有前項原編銀統歸地丁項下，解司充餉）。

驛站（徵銀九千二百五十兩六錢五分三厘，閏月銀二百三十三兩五分六厘。又遇閏之年於起運地丁銀内撥抵，閏月銀四百二十三兩一錢二分五厘）。

各衙門官役俸工并祭祀雜支等項（徵銀四千五百七兩七錢五分八厘，閏月銀二百八十兩七錢七分六厘）。

乾隆六十年止，新訂《賦役全書》，升增坍減外，實共田地、山、塘、蕩、灘一萬四百六十八頃七十九畝一分四厘零，内一斗六升六合四抄三撮四圭三粟二稞一粒，沙潮田八百七十六頃九十四畝六分二厘三毫八絲八忽。

一斗六升六合四抄三撮四圭三粟二稞一粒，沙潮地二百四十七頃六十畝三分三厘二毫二絲二忽。

八升三合二抄一撮七圭一粟六稞，山田四千五百二十四頃十三畝四分一厘七毫零。

八升三合二抄一撮七圭一粟六稞，園市地九十五頃八十八畝九分七厘一毫。

八升三合二抄一撮七圭一粟六稞，蘆岸地五十二頃一十六畝四厘二毫八絲九忽。

四升一合五勺一抄八圭五粟八稞，山地一千九百八十九頃六十四畝四分一厘一毫八絲八忽。

二升七合六勺七抄三撮九圭五粟三粒，荒白地二百十三頃五十五畝六分五厘一毫七絲。

八合三勺二撮一圭七粟一稞六粒，山、塘、蕩、灘二千四百十五頃六十一畝六分九厘四毫五絲九忽。

一斗六升六合四抄三撮四圭三粟四稞二粒，金、焦、甘露、鶴林、九華、萬壽公莊學田、沙潮田一頃五十二畝一分五厘五毫七絲五忽。

八升三合二抄一撮七圭一粟六稞，山田五十一頃七十一畝八分四厘五毫九絲，共科不等平米六萬八千七百七十一石九斗八升八合七抄零，應徵本色米麥六萬四千一百九十四石五斗七升四合九勺，閏月米二十六石三斗三升八合二勺。

本色起運：

蘇松糧道項下，米五萬三百六十二石六斗五升六合五勺。伍米，二千五百一十八石九升八合。大軍、揚州、鎮江等倉行月應徵米并麥改米，五千五百七十一石四斗二升九合二勺。

江糧道項下，南糧給軍行月米，八百七十五石八升二合四勺。

蘇州布政司項下，南糙兵糧米，四千五百八十一石一斗八合八勺。閏月米，二石四斗八升八合二勺。

恤孤貧口糧米，二百八十六石二斗。閏月米，二十三石八斗五升。

共應徵銀七萬四千六百九兩四錢三分六厘，又攤徵人丁銀五千二百五十九兩五錢六分七厘，又攤徵匠班銀一百二十九兩六錢，又公莊租抵銀一百五兩三錢九分一厘，又草場、漁課等銀一百一兩八錢五厘。實徵地漕雜辦，共銀八萬二百五兩七錢九分九厘，閏月銀一千三百一十九兩三錢九分二厘。

折色起解：

蘇州布政司項下，地丁銀四萬八千二百九十一兩四錢四分五厘，遇閏加徵銀五百六十八兩六錢三分六厘，又扛脚銀三百九十五兩五錢二分八厘，又支給俸工歸司銀四千四百六十三兩七分九厘，遇閏加徵銀二百七十八兩七錢七分六厘，又支給驛站歸司銀九千二百五十兩六錢五分三厘，遇閏加銀二百三十三兩五分六厘。

蘇松糧道項下，漕項銀一萬四千一百九十七兩二錢七分五厘，遇閏加銀二百三十八兩九錢二分四厘。

江安糧道項下，過江六升米折并鳳陽倉麥折銀三千一百五十二兩五厘，額撥漕項銀四百五十五兩八錢一分四厘。（以上新增）

省衛屯田項下。

乾隆四十四年考訂《賦役全書》：原額軍丁一百五十丁五分，内除屯丁七十九丁領田納糧不納丁銀外，實在納銀各丁七十一丁五分，共科銀二十五兩二分五厘，於康熙四十三年奉恩旨豁訖，計蠲缺江糧道協濟漕項支用銀三兩五錢七分五厘，驛傳道貢舫支用銀二十一兩四錢五分。

乾隆四十四年考訂《賦役全書》：原額實在田地，共二十四頃五畝六分八厘八毫零，應徵本色米一百八十石四斗六升五合二勺，折色銀一十七兩七錢八分三厘，内除乾隆五十八年便民港開河挖壓廢田七十畝九分三厘五毫，應蠲本色米六石一斗二升八合八勺，折色銀六錢五分五厘，今訂實在徵糧熟田二十三頃三十四畝七分五厘三毫零，應徵本色米一百七十四石三斗三升六合四勺，折色銀一十七兩一錢二分八厘，内比田一十五頃二十二畝六分九毫，内除奉豁乾隆五十八年便民港開河挖壓廢田七十畝九分三厘五毫，實該田一十四頃五十一畝六分七厘四毫。（每畝徵漕項銀九厘二毫，共徵銀一十三兩四錢二厘，每畝科本色米八升六合四勺，共徵米一百二十五石四斗二升四合六勺。）

科田二頃四十七畝七分一厘三毫，内升科田一十四畝。（每畝徵折色充餉銀六厘七毫，共徵銀九分四厘；每畝徵本色米五升八合三勺二抄，共徵米八斗一升六合五勺。原額田二頃三十三畝七分一厘三毫，每畝徵漕項銀六厘七毫，共徵銀一兩五錢七分七厘；每畝徵本色米五升八合三勺，共徵米一十三石六斗三升二合。）

增田一頃五十一畝六厘一毫（每畝徵漕項銀一厘七毫，共徵銀二錢六分四厘；每畝徵本色米五升八合三勺二抄，共徵米八石八斗九合九勺）。

餘田四頃三十九畝九分三毫（每畝徵漕項銀一厘七毫，共徵銀七錢七分；每畝徵本色米五升八合三勺二抄，共徵米二十五石六斗五升五合二勺）。

久荒折糧比田三十畝七分二厘一毫（每畝徵漕項銀二分五厘，共徵銀七錢六分八厘）。

久荒折科田一十三畝六分七厘八毫（每畝徵漕項銀一分八厘五毫，共徵銀二錢五分三厘）。

以上通共實徵田地本色米一百七十四石三斗三升六合四勺，内起解省倉兵米一百四十六石四斗六升七勺，江安糧道漕項米二十七石八斗七升五合七勺，實徵折色銀一十七兩一錢二分八厘，内起解蘇藩司升科銀九分四厘，江安糧道漕項銀一十七兩三分四厘。又省衛屯田另徵新津貼銀一十九兩一錢四分六厘，江安糧道給丁濟運。

丹徒縣志卷十三終

丹徒縣志卷十四

食貨四　田賦二

同治四年止，修纂《賦役全書》：原額充餉人丁四萬三千一百八十二丁，每丁徵銀一錢二分一厘八毫，共該徵銀五千二百五十九兩五錢六分七厘，隨正七分，耗羡銀三百六十八兩一錢七分。

節年滋生人丁六萬二千三百七十八丁，欽遵康熙五十二年恩詔，永不加賦。今訂自道光十年以後，至同治四年止，以增抵減外，實該坍没田地二十七頃二十四畝三分六厘，實減原料平米二千五百八十八石三斗二合三勺四抄七撮五圭三粿二粒七黍八稷九糠，共蠲本色米麥二千三百七十四石二斗八升一合八勺，除普減外，實蠲米麥二千一百三十六石八斗五升三合六勺，折色銀二千五十二兩三錢二分八厘，隨正應蠲七分，耗羡銀一百四十三兩六錢六分三厘。遇閏增蠲本色米九斗九升二合一勺，除普減外，實蠲米八斗九升二合九勺，應蠲折色銀二十八兩七錢七分七厘，隨正應蠲七分，耗羡銀二兩一分四厘。

同治四年，奉准普減一成漕額米麥，六千二百九十一石一斗三升一合七勺。遇閏之年，加減米二石五斗九升二合四勺。（查此案派定之時，因册檔淪陷，無憑照，道光十年止，訂定上届《全書》原額，核辦其自道光十年以後升轉坍減，各案增除米數均未計及，是以現於各本案米款項下按成驗額，仍照分款原册纂記。）

以上原編、續編、今訂，實共田地、山、塘、蕩、灘一萬四百七十頃一十三畝五分四厘一毫二忽，共原科不等平米六萬四千七百八十九石七斗三升二合一勺四抄三撮七圭二粟五稞三粒二黍二稷五糠六秕四粞，減科平米五萬八千三百一十石七斗五升八合九勺二抄九撮三圭五粟二稞七粒九黍三糠七粞六禾，實應徵本色米麥五萬四千四百八十三石三斗三升二合七勺，折色銀七萬一千三百九十二兩一分八厘，隨正七分，耗羡銀四千九百九十七兩四錢三分九厘。又上届少造零尾銀貳厘，共該耗羡銀四千九百九十七兩四錢四分一厘，内除公莊租抵編銀一百五兩三錢九分一厘，隨正七分，耗羡銀七兩三錢七分八厘，内除上尾多造零尾銀一厘，實該耗羡銀七兩三錢七分七厘，實於田地項下編徵銀七萬一千二百八十六兩六錢二分七厘，隨正七分，耗羡銀四千九百九十兩六分四厘。遇閏加編本色米二十二石四斗三升八合八勺，折色銀一千二百七十二兩七錢四分四厘，隨正七分，耗羡銀八十九兩九分七厘，内除上届多造銀五厘，實該耗羡銀八十九兩九分二厘（查前項正銀内有編審人丁解費銀六錢六分六厘）。内一斗六升六合四抄三撮四圭三粟二稞一粒，沙潮田六百九十頃九十三畝六分八厘二毫七絲八忽。道光十五年，轉科田七十八畝七分六厘，共田六百九十一頃七十二畝四分四厘二毫七絲八忽，内除道光十三年五月奉文，道光十一年被淹，准改蘆地應除田二十一頃六畝六分。道光十四年三月奉文，十三年被淹，准改蘆地應除田一十八頃九十五畝六分。道光十四年十二月奉文，十三年被淹，准改蘆地應除田六頃九十八畝七分。道光十五年三月奉文，十四年被淹，准改蘆地應除田一十一頃五十二畝四分一厘。又續報被淹，改蘆應除田三頃六十九畝八分五厘。道光十五年五月奉文，十四年勘報坍没田四十九畝二分，又被淹改蘆應除田五頃八十九畝三分二厘。道光十六年四月奉文，十三年被淹，准改蘆地應除田九十七畝三分七厘五毫。道光十六年六月奉文，十四年勘報坍没田一頃七十一畝六分。又續報被淹，准改蘆地應除田五頃三十九畝七分。又續報坍没田一十六畝四分，被淹准改蘆地應除田五頃九十四畝二分一厘九毫。道光十六年九月奉文，十四年被淹，准改蘆地應除田九頃二十四畝九分三厘。道光十七年三月奉文，十五年勘報坍没十一區沿江沙潮田一十四畝五分，又被淹准改蘆地應除田二十九頃八十二畝七分七厘。道光十七年四月奉文，十五年勘報九、十、十一區坍没田八畝五分，又被淹准改蘆地應除田五頃二十六畝四分。道光十七年四月奉文，十五年續報，被淹准改蘆地應除田七頃一十六畝八分七厘五毫。道光十九年五月奉文，十五年勘報十一區坍没田四十八畝二分，又被淹准改蘆地應除田三十六頃一十畝六分六厘。道光十九年五月奉文，十七年勘報九、十、十一、十六區坍没田五十一畝一分九厘，又被淹准改蘆地應除田一十三頃八十八畝一分一厘。道光二十年七月奉文，十八年勘報坍没田三十三畝五分四厘，又被淹准改蘆地應除田一十一頃（闕）畝四分九厘二毫。道光二十六年二月奉文，二十一年勘報十、十三、十五等區坍没田三頃二十一畝三分三厘。道光二十六年閏五月奉文，二十四年勘報吴沙等圖坍没田三十畝五厘八毫，又臨江常受圖山海口被淹，准改蘆地應除田二頃六十五畝三分九厘七毫。又續報坍没田二頃三十八畝六分。道光二十七年五月奉文，二十四年勘報十二、十四區沿江被淹，准改蘆地應除田八頃六十七畝八分五厘。道光二十九年四月奉文，二十四年勘報十區被淹，准改蘆地應除田九十畝九分一厘六毫。道光二十九年閏四月奉文，二十四年被淹，准改蘆地應除田一頃二十八畝一分。道光二十四年，請豁坍没田四十二畝二分五厘，又被淹准改蘆地應除田一頃五十六畝四分五厘（此案奉文年月無案可稽）。道光二十七年六月奉文，二十五年勘報十二、十四區被淹，准改蘆地應除田一十五頃八十二畝五分。道光二十五年，請豁圖山南沿江一帶坍没田二十一畝五分八厘一毫，又被淹准改蘆地應除田二頃六十五畝一厘九毫。道光二十五年，請豁焦山以下坍没田七十二畝七分，又被淹准改蘆地應除田三頃五十二畝九分六厘（以上二案奉文年月無案可稽）。道光二十八年九月奉文，二十六年勘報坍没田六十四畝一分，又被淹准改蘆地應除田二頃六十四畝二分七厘。道光二十八年九月奉文，二十六年建築炮堤、兵房占廢田六十九畝四分一厘四毫。道光二十八年九月奉文，二十六年續報二、九、十、十一、十六區坍没田四十七畝，又被淹准改蘆地應除田四頃一十一畝九分五厘八毫。道光二十八年六月奉文，二十七年勘報坍没田七十畝七厘，又被淹准改蘆地應除田二頃六十三畝一分七厘二毫。道光二十八年，請豁九、十、十一區沿江坍没田一頃七畝七分，又被淹准改蘆地應除田二頃四十八畝二毫。道光三十年，請豁十三、十五區高小沙坍没田二頃七十五畝一分（以上三案奉文年月無案可稽）。實在田四百三十二頃二十八畝八分三毫七絲八忽，共原科平米七千一百七十七石八斗五升八合九勺四抄五撮二圭八粿六粒五黍三稷三糠三秕八粞，糧田、差田俱全科。今減爲一斗四升九合四勺三抄九撮八粟八粿八粒九黍，則減科平米六千四百六十石七升三合五抄六圭八粟七粿七粒八黍八稷四粞二禾。每畝科本色米一斗三升七合三勺三抄六撮二圭八粿五粒六黍一稷九糠六粞三禾，共米五千九百三十六石八斗八升。遇閏加編米五抄七撮五圭六粿二粒六黍二稷八糠一秕二粞四禾，共米二石四斗八升五合九勺。每畝科折色銀一錢二分八厘一毫四絲四忽二微一纖八沙一塵九漠一埃六逡六巡，共銀五千五百三十九兩五錢二分一厘，隨正七分，耗羨銀三百八十七兩七錢六分七厘。遇閏加編銀一厘九毫八絲六忽九微二纖二沙一渺六漠六埃八逡二巡，共銀八十五兩八錢九分二厘，隨正七分，耗羨銀六兩一分二厘。每畝攤徵人丁銀九厘四毫五絲四忽五微五纖一沙七塵四漠五逡六巡，共銀四百八兩七錢九厘，隨正七分，耗羨銀二十八兩六錢一分。每畝攤徵雜辦銀二毫三絲二忽九微六纖七沙八塵二渺八漠一埃三逡，共銀一十兩七分一厘，隨正七分，耗羨銀七錢五厘。

一斗六升六合四抄三撮四圭三粟二粿一粒，沙潮地二百四十九頃二十一畝八分九厘二絲二忽，内除道光十六年四月奉文，十三年勘報坍没地一十九畝九分五厘。道光十六年六月奉文，十四年勘報坍没地五十三畝六分。又續報坍没地二十八畝五分。道光十六年九月奉文，勘報坍没地二十二畝九分六厘。道光十七年四月奉文，十五年勘報九、十、十一區坍没地四畝六分。又續報被淹改蘆應除地一頃四十七畝二分二厘五毫。道光十九年五月奉文，十五年勘報十一區坍没地二十七畝一分。道光十九年五月奉文，十七年九、十、十一、十六區坍没地三十八畝五分四厘，又被淹改蘆應除地四頃五十六畝六分二厘。道光二十年七月奉文，十八年勘報坍没地二十六畝三分三厘，又被淹改蘆應除地四頃二十四畝七分八厘。道光二十六年二月奉文，二十一年勘報十、十三、十五等區坍没地四十四畝八分五厘八毫。道光二十六年閏五月奉文，二十四年勘報吴沙等圖坍没地二十畝九分一厘五毫，又臨江常受圖山海口被淹改蘆應除地九十七畝五分三厘。又續報坍没地四十畝六分四厘。道光二十七年五月奉文，二十四年勘報十二、十四區沿江被淹改蘆應除地一頃六十九畝一分。道光二十四年，請豁坍没地三十四畝五分五厘，又被淹准改蘆地一頃四十六畝四分（此案奉文年月無案可稽）。道光二十七年六月奉文，二十五年勘報十二、十四區被淹改蘆應除地一頃一十三畝二分。道光二十五年，請豁圖山南沿江一帶坍没地一十二畝七分，又被淹准改蘆地一頃二十五畝。道光二十五年，請豁焦山以下坍没地一十二畝一分八厘，又被淹准改蘆地八十一畝九分四厘（以上二案奉文年月無案可稽）。道光二十八年九月奉文，二十六年勘報坍没地三十四畝六分，又被淹改蘆應除地五十六畝七分。道光二十八年九月奉文，二十六年勘報建築炮堤、兵房占廢地一畝五分六毫。道光二十八年九月奉文，二十六年續報二、九、十、十一、十六區坍没地一十一畝，又被淹准改蘆地五十九畝。道光二十八年六月奉文，二十七年勘報坍没地二十四畝一分二厘八毫，又被淹改蘆應除地六十一畝五分八厘。道光二十八年，請豁九、十、十一區沿江坍没地六十二畝二分，又被淹准改蘆地一頃三十二畝。道光三十年，請豁十三、十五區高小沙坍没地二十五畝一分（以上二案奉文年月無案可稽）。實在地二百二十三頃四畝八分五厘八毫二絲二忽，共原科平米三千七百三石五斗七升五合二勺一抄一撮三圭五粟二稞六粒九黍六稷八糠六粃二粞，糧田一畝準一畝，差田二畝準一畝。今減爲一斗四升九合四勺三抄九撮八粟八稞八粒九黍，則減科平米三千三百三十三石二斗一升七合六勺九抄二圭一粟七稞四粒二黍七稷一糠七粃五粞八禾。每畝科本色米一斗三升五合七勺四抄八撮五圭四粟二粒五黍一稷九糠六粞三禾，共米三千二十七石八斗五升二合。遇閏加編米五抄七撮五圭六稞二粒六黍二稷八糠一粃二粞四禾，共米一石二斗八升二合七勺。每畝科折色銀九分三毫八絲九忽六微四纖三沙一塵四漠八埃二逡三巡，共銀二千一十六兩一錢二分八厘，隨正七分，耗羨銀一百四十一兩一錢二分九厘。遇閏加編銀一厘一毫四忽五微六纖二沙四塵三渺七漠六埃六逡二巡，共銀二十四兩六錢三分七厘，隨正七分，耗羨銀一兩七錢二分五厘。每畝攤徵人丁銀六厘六毫六絲八忽九微九纖八沙一塵五渺六漠七逡六巡，共銀一百四十八兩七錢五分一厘，隨正七分，耗羨銀一十兩四錢一分三厘。每畝攤徵雜辦銀一毫六絲四忽三微二纖九沙五塵二渺七漠七埃二巡，共銀三兩六錢六分五厘，隨正七分，耗羨銀二錢五分七厘。

八升三合二抄一撮七圭一粟六稞，山田四千五百一十六頃九畝八分一厘三毫二絲一忽，内除道光二十八年九月内奉文，道光二十六年建築炮堤、兵房占廢山田七十八畝一分九厘八毫。道光三十年，請豁十三、十五區高小沙坍没山田二十九畝四分（此案奉文年月無案可稽），實在山田四千五百一十五頃二畝二分一厘五毫二絲一忽，共原科平米三萬七千四百八十四石四斗八升八合六勺八抄四撮五圭三粟五稞五粒三糠六粃，糧田二畝準一畝，差田一畝準一畝。今減爲七升四合七勺一抄九撮五圭四粟四稞四粒，則減科平米三萬三千七百三十六石三升九合八勺一抄六撮八粟一稞九粒五黍三糠二粃四粞。每畝科本色米七升二勺五抄五撮七圭七粟二稞五粒五黍五糠五粃四粞四禾，共米三萬一千七百二十石六斗三升七合。遇閏加編米二抄八撮七圭五粟三稞一粒三黍一稷三糠八粃八粞九禾，共米一十二石九斗八升二合一勺。每畝科折色銀一錢一厘八毫二絲六忽六微八纖四沙四渺三漠七逡六巡，共銀四萬五千九百七十四兩九錢七分三厘，隨正七分，耗羨銀三千二百一十八兩二錢四分八厘。遇閏加編銀一厘八毫七絲五忽八微二纖五塵八渺七漠二埃九逡四巡，共銀八百四十六兩九錢三分七厘，隨正七分，耗羨銀五十九兩二錢八分六厘。每畝攤徵人丁銀七厘五毫一絲二忽八微二纖九沙三塵九渺九漠四埃三逡八巡，共銀三千三百九十二兩五分九厘，隨正七分，耗羨銀二百三十七兩四錢四分四厘。每畝攤徵雜辦銀一毫八絲五忽一微二纖二沙二塵一渺四漠四埃六逡五巡，共銀八十三兩五錢八分三厘，隨正七分，耗羨銀五兩八錢五分一厘。

八升三合二抄一撮七圭一粟六稞，園市地九十五頃八十八畝九分七厘一毫，共原科平米七百九十六石九升二合八勺二抄七撮九粟四稞二粒三黍六稷，糧田二畝準一畝，差田一畝準一畝。今減爲七升四合七勺一抄九撮五圭四粟四稞四粒，則減科平米七百一十六石四斗八升三合五勺四抄四撮三圭八粟四稞八粒一黍二稷四糠。每畝科本色米七升二勺五抄五撮七圭七粟二稞五粒五黍五糠五秕四粞四禾，共米六百七十三石六斗八升六勺。遇閏加編米二抄八撮七圭五粟三稞一粒三黍一稷三糠八秕八粞九禾，共米二斗七升五合七勺。每畝科折色銀一錢一厘八毫二絲六忽六微八纖四沙四渺三漠七逡六巡，共銀九百七十六兩四錢一分三厘，隨正七分，耗羡銀六十八兩三錢四分九厘。遇閏加編銀一厘八毫七絲五忽八微二纖五塵八渺七漠二埃九逡四巡，共銀一十七兩九錢八分七厘，隨正七分，耗羡銀一兩二錢五分九厘。每畝攤徵人丁銀七厘五毫一絲二忽八微二纖九沙三塵九渺九漠四埃三逡八巡，共銀七十二兩四分，隨正七分，耗羡銀五兩四分三厘。每畝攤徵雜辦銀一毫八絲五忽一微二纖二沙二塵一渺四漠四埃六逡五巡，共銀一兩七錢七分五厘，隨正七分，耗羡銀一錢二分四厘。

八升三合二抄一撮七圭一粟六稞，蘆岸地二百六十四頃七十一畝二分六厘七絲九忽。道光十三年五月奉文，十一年沙潮改則蘆地二十一頃六畝六分。道光十四年三月奉文，十三年沙潮改則蘆地一十八頃九十五畝六分。道光十四年十二月奉文，十三年沙潮改則蘆地六頃九十八畝七分。道光十五年三月奉文，十四年沙潮改則蘆地一十一頃五十二畝四分一厘。又續報沙潮改則蘆地三頃六十九畝八分五厘。道光十五年五月奉文，十四年沙潮改則蘆地五頃八十九畝三分二厘。道光十六年四月奉文，十三年沙潮改則蘆地九十七畝三分七厘五毫。道光十六年六月奉文，十四年續報兩案沙潮改則，共蘆地一十一頃三十三畝九分一厘九毫。道光十六年九月奉文，十四年沙潮改則蘆地九頃二十四畝九分三厘。道光十七年三月奉文，十五年沙潮改則蘆地二十九頃八十二畝七分七厘。道光十七年四月奉文，十五年沙潮改則蘆地五頃二十六畝四分。又續報沙潮改則蘆地八頃六十四畝一分。道光十九年五月奉文，十五年沙潮改則蘆地三十六頃一十畝六分六厘。道光十九年五月奉文，十七年沙潮改則蘆地一十八頃四十四畝七分三厘。道光二十年七月奉文，十八年沙潮改則蘆地一十五頃二十五畝二分七厘三毫。道光二十六年閏五月奉文，二十四年沙潮改則蘆地三頃六十二畝九分二厘七毫。道光二十七年五月奉文，二十四年沙潮改則蘆地一十頃三十六畝九分五厘。道光二十九年四月奉文，二十四年沙潮改則蘆地九十畝九分一厘六毫。道光二十九年閏四月奉文，二十四年沙潮改則蘆地一頃二十八畝一分。道光二十四年，沙潮改則蘆地三頃二畝八分五厘（此案奉文年月無案可稽）。道光二十七年六月奉文，二十五年沙潮改則蘆地一十六頃九十五畝七分。道光二十五年，沙潮改則蘆地三頃九十畝一厘九毫。又續報沙潮改則蘆地四頃三十四畝九分（以上兩案奉文年月無案可稽）。道光二十八年九月奉文，二十六年沙潮改則蘆地三頃二十畝九分七厘。又續報沙潮改則蘆地四頃七十畝九分五厘八毫。道光二十八年六月奉文，二十七年沙潮改則蘆地三頃二十四畝七分五厘二毫。道光二十八年，沙潮改則蘆地三頃八十畝二毫（此案奉文年月無案可稽）。道光二十六年，轉科蘆地一頃五十八畝七分，共地五百二十八頃九十一畝六分四厘一毫七絲九忽，内除道光十六年四月奉文，十三年坍没蘆地八十二畝三分。道光十六年六月奉文，十四年坍没蘆地三十七畝六分。道光二十六年二月奉文，二十一年坍没蘆地二頃四十六畝七分九厘九毫。道光二十六年閏五月奉文，二十四年坍没蘆地三十五畝二分。道光二十八年九月奉文，二十六年建築炮堤、兵房占廢蘆地九十三畝七分八厘五毫，實在地五百二十三頃九十五畝九分五厘七毫七絲九忽，共原科平米四千三百五十石二合三勺二抄七撮一圭八粟九粺三粒六黍七稷六糠四秕，舊志：糧田、差田俱兩畝準一畝。今減爲七升四合七勺一抄九撮五圭四粟四粺四粒，則減科平米三千九百一十五石二合九抄四撮四圭七粟四粒三黍八糠七秕六粞。每畝科本色米六升八合六勺六抄八撮一圭四粺二粒四黍五糠五秕四粞四禾，共米三千五百九十七石九斗二升一合一勺。遇閏加編米二抄八撮七圭五粟三粺一粒三黍一稷三糠八秕八粞九禾，共米一石五斗六合六勺。每畝科折色銀六分四厘七絲二忽一微九沙三渺八漠七埃三逡三巡，共銀三千三百五十七兩一錢一分九厘，隨正七分，耗羡銀二百三十四兩九錢九分八厘。遇閏加編銀九毫九絲三忽四微六纖一沙八漠二埃七逡四巡，共銀五十二兩五分四厘，隨正七分，耗羡銀三兩六錢四分四厘。每畝攤徵人丁銀四厘七毫二絲七忽二微七纖五沙八塵五渺一漠五逡八巡，共銀二百四十七兩六錢九分，隨正七分，耗羡銀一十七兩三錢三分八厘。每畝攤徵雜辦銀一毫一絲六忽四微八纖三沙九塵一渺四漠三逡六巡，共銀六兩一錢三厘，隨正七分，耗羡銀四錢二分七厘。

四升一合五勺一抄八圭五粟八粺，山地一千九百七十九頃四十九畝一厘八絲八忽，内除道光二十八年九月奉文，二十六年建築炮堤、兵房占廢山地四十三畝八分三毫，實在山地一千九百七十九頃五畝二分七毫八絲八忽，共原科平米八千二百一十五石二斗一升四合九勺八抄一撮七圭六粟七粺一粒六黍一稷四秕，粮田四畝準一畝，差田二畝準一畝。今減爲三升七合三勺五抄九撮七圭七粟二粺二粒，則減科平米七千三百九十三石六斗九升三合四勺八抄三撮五圭九粟四粒四黍四稷九糠三秕六粞。每畝科本色米三升五合一勺二抄七撮八圭八粟六粺二粒七黍五稷二糠七秕七粞二禾，共米六千九百五十一石九斗九升一合六勺。遇閏加編米一抄四撮三圭七粟六粺五粒六黍五稷六糠九秕四粞四禾，共米二石八斗四升五合二勺。每畝科折色銀五分九毫一絲三忽三微四纖二沙二渺一漠五埃三逡七巡，共銀一萬七十六兩一分六厘，隨正七分，耗羡銀七百五兩三錢二分一厘。遇閏加編銀九毫三絲七忽九微一纖二塵九渺三漠六埃四逡七巡，共銀一百八十五兩六錢一分七厘，隨正七分，耗羡銀一十二兩九錢九分三厘。每畝攤徵人丁銀三厘七毫五絲六忽四微一纖四沙六塵九渺九漠七埃一逡九巡，共銀七百四十三兩四錢一分四厘，隨正七分，耗羡銀五十二兩三分九厘。每畝攤徵雜辦銀九絲二忽五微六纖一沙一塵七漠二埃三逡二巡，共銀一十八兩三錢一分八厘，隨正七分，耗羡銀一兩二錢八分二厘。

二升七合六勺七抄三撮九圭五粟三粒，荒白地二百一十三頃五十五畝六分五厘一毫七絲，共原科平米五百九十石九斗九升五合二勺四抄三撮七圭六粟九粺九粒一黍五糠一秕，糧田六畝準一畝，差田三畝準一畝。今減爲二升四合九勺六撮五圭五粟五粺二粒七黍，則減科平米五百三十一石八斗九升五合七勺一抄九撮三圭九粟二粺九粒一黍九稷四糠五秕九粞。每畝科本色米二升三合四勺一抄八撮六圭二粟七稞一粒八黍二稷六糠四秕九粞九禾，共米五百石一斗二升一勺。遇閏加編米九撮五圭八粟四稞三粒九黍二稷六糠九秕九粞八禾，共米二斗四合七勺。每畝科折色銀三分三厘九毫四絲二忽二微四纖二沙二塵六渺八漠六埃三巡，共銀七百二十四兩八錢五分九厘，隨正七分，秏羡銀五十兩七錢四分。遇閏加編銀六毫二絲五忽二微七纖三沙五塵八渺九漠二埃七逡三巡，共銀一十三兩三錢五分三厘，隨正七分，秏羡銀九錢三分五厘。每畝攤徵人丁銀二厘五毫四忽二微七纖七沙五塵一渺八漠一埃六逡五巡，共銀五十三兩四錢八分一厘，隨正七分，秏羡銀三兩七錢四分四厘。每畝攤征雜辦銀六絲一忽七微七沙四塵三渺七埃三逡六巡，共銀一兩三錢一分八厘，隨正七分，秏羡銀九分二厘。

八合三勺二撮一圭七粟一稞六粒，山、塘、蕩、灘二千四百三十四頃四十五畝四分九厘六毫七絲九忽。道光十五年，入額、新升兩案泥灘二頃九十一畝四分四厘二毫。咸豐八年，入額、報升泥灘三頃一十九畝五分（此案升科册檔毁失，係憑該年奏銷核辦），共山、塘、蕩、灘二千四百四十頃五十六畝四分三厘八毫七絲九忽，内除道光十六年六月奉文，十四年勘報坍没泥灘一頃四十八畝六分。道光十五年，轉則改科應除灘七十八畝七分六厘。道光二十六年二月奉文，二十一年勘報十、十三、十五區坍没灘七十三畝六厘。道光二十六年閏五月奉文，二十四年續報坍没泥灘三十三畝一分六厘。道光二十八年九月奉文，二十六年建築炮堤、兵房占廢泥灘一頃三十一畝二分四厘四毫。道光二十六年，轉則改科應除灘一頃五十八畝七分，實在山、塘、蕩、灘二千四百三十四頃三十二畝九分一厘四毫七絲九忽，共原科平米二千二十一石二升一合八勺三抄一撮六圭七粟四稞七粒五黍七稷九糠六秕四粞，糧田二十畝準一畝，差田一十畝準一畝。今減爲七合四勺七抄一撮九圭五粟四稞四粒四黍，則減科平米一千八百一十八石九斗一升九合六勺四抄八撮五圭七稞二粒八黍二稷一糠六秕七粞六禾。每畝科本色米麥七合二抄五撮五圭七粟七稞二粒五黍五稷五秕四粞九禾，共該米麥一千七百一十石二斗五升六合八勺。遇閏加編米二撮八圭七粟五稞三粒一黍三稷一糠三秕八粞八禾六斗九升九合九勺。每畝科折色銀一分一毫八絲二忽六微六纖八沙四塵四漠三埃八巡，共銀二千四百七十八兩七錢九分七厘，隨正七分，秏羡銀一百七十三兩五錢一分六厘。遇閏加編銀一毫八絲七忽五微八纖二沙五渺八漠七埃二逡九巡，共銀四十五兩六錢六分四厘，隨正七分，秏羡銀三兩一錢九分六厘。每畝攤徵人丁銀七毫五絲一忽二微八纖二沙九塵三渺九漠九埃四逡三巡，共銀一百八十二兩八錢八分七厘，隨正七分，秏羡銀一十二兩八錢二厘。每畝攤徵雜辦銀一絲八忽五微一纖二沙二塵二渺一漠四埃四逡六巡，共銀四兩五錢七厘，隨正七分，秏羡銀三錢一分六厘。

一斗六升六合四抄三撮四圭三粟四稞二粒，金、焦、甘露、鶴林、九華、萬壽公莊學田、沙潮田地一頃三十畝二分七厘七毫七絲五忽，内除道光二十八年九月奉文，二十六年建築炮堤、兵房占廢沙田三畝一分六厘三毫，實在地一頃二十七畝一分一厘四毫七絲五忽，共原科平米二十一石一斗六合五勺六抄九撮六圭二粟七稞四粒七黍四稷四糠五秕，糧田一畝準一畝，地徭全免。今減爲一斗四升九合四勺三抄九撮九粟七粒八黍，則減科平米一十八石九斗九升五合九勺一抄二撮六圭六粟四稞七粒二黍七稷五糲。每畝科本色米一斗三升四合一勺六抄八圭七粟三稞六粒三黍八稷六糠七秕八糲一禾，共米一十七石五升三合八勺。遇閏加編米五抄七撮五圭六稞二粒六黍三稷五糠三秕九糲七禾，共米七合三勺。每畝科折色銀五分二厘六毫三絲五忽六纖八沙七塵六渺六漠一埃七逡二巡，共銀六兩六錢九分一厘，隨正七分，耗羨銀四錢六分八厘。遇閏加編銀二毫二絲二忽二微二沙八塵六渺一漠四埃五逡二巡，共銀二分八厘，隨正七分，耗羨銀二厘。每畝攤徵人丁銀三厘八毫八絲三忽四微四纖四沙六塵五渺六漠八埃一逡二巡，共銀四錢九分四厘，隨正七分，耗羨銀三分四厘。每畝攤徵雜辦銀九絲五忽六微九纖一沙二塵二渺八漠四埃八逡四巡，共銀一分二厘，隨正七分，耗羨銀一厘。

八升三合二抄一撮七圭一粟六稞，公莊山田五十一頃七十一畝八分四厘五毫九絲，共原科平米四百二十九石三斗七升五合五勺二抄一撮五圭五稞五粒六黍四稷四糠，糧田二畝準一畝，地徭全免。今減爲七升四合七勺一抄九撮五圭四粟四稞四粒，則減科平米三百八十六石四斗三升七合九勺六抄九撮三圭五粟五稞七稷九糠六秕。每畝科本色米六升七合八抄四圭三粟五稞九粒三黍五糠五秕四糲四禾，共該米三百四十六石九斗二升九合七勺。遇閏加編米二抄八撮七圭五粟三稞一粒三黍一稷三糠八秕八糲九禾，共米一斗四升八合七勺。每畝科折色銀二分六厘三毫一絲七忽五微三纖四沙三渺四漠三埃九逡一巡，共銀一百三十六兩一錢一分，隨正七分，耗羨銀九兩五錢二分八厘。遇閏加編銀一毫一絲一忽一微一沙四塵二渺九漠二埃五逡四巡，共銀五錢七分五厘，隨正七分，耗羨銀四分。每畝攤徵人丁銀一厘九毫四絲一忽七微二纖二沙三塵二漠六埃七逡九巡，共銀一十兩四分二厘，隨正七分，耗羨銀七錢三厘。每畝攤徵雜辦銀四絲七忽八微四纖五沙六塵一渺三漠六埃八巡，共銀二錢四分八厘，隨正七分，耗羨銀一分七厘。

同治十二年六月，覆准沙潮田地六萬五千五百三十三畝零，改照蘆岸地則徵收米石，統共減米四千四百六十四石零，實徵米四千五百石零，閏月米一石八斗零，正雜銀兩仍照原額徵收。（詳見“恤政”）

一、雜辦：

乾隆六十年考訂，牧馬草場地、山塘九頃二十八畝八分六毫五絲，該徵租銀五十二兩五錢九厘，扛銀六錢八分三厘，共銀五十三兩一錢九分二厘，隨正七分，耗羨銀三兩七錢二分三厘，內：

一錢七厘起科地，六十一畝六分六厘二毫，應徵銀六兩五錢九分八厘，隨正七分，耗羨銀四錢六分二厘。

一錢起科地，二頃二十三畝九分一厘五毫，應徵銀二十二兩三錢九分二厘，隨正七分，耗羨銀一兩五錢六分七厘。

五分三厘三毫起科地，三十三畝五分八厘七毫，應徵銀一兩七錢九分，隨正七分，耗羨銀一錢二分五厘。

五分三厘起科地，一十九畝三分，應徵銀一兩二分三厘，隨正七分，秏羨銀七分二厘。

五分二厘九毫起科地，一十四畝九分六厘五毫，應徵銀七錢九分二厘，隨正七分，秏羨銀五分五厘。

五分起科地，六十畝一分四厘三毫，應徵銀三兩七厘，隨正七分，秏羨銀二錢一分一厘。

三分九厘起科地，七十八畝一分七厘三毫五絲，應徵銀三兩四分九厘，隨正七分，秏羨銀二錢一分三厘。

三分二厘起科地，七十八畝三分三厘二毫，應徵銀二兩五錢七厘，隨正七分，秏羨銀一錢七分六厘。

二分三厘起科地，四十畝六分七厘一毫，應徵銀九錢三分五厘，隨正七分，秏羨銀六分五厘。

五分起科山，五十七畝一分五厘一毫，應徵銀二兩八錢五分八厘，隨正七分，秏羨銀二錢。

三分二厘起科山，一頃二十二畝八分五厘，應徵銀三兩九錢三分一厘，隨正七分，秏羨銀二錢七分五厘。

三分一厘五毫起科山，二十一畝六分五厘七毫，應徵銀六錢八分二厘，隨正七分，秏羨銀四分八厘。

三分起科山，三十八畝八分六厘七毫，應徵銀一兩一錢六分六厘，隨正七分，秏羨銀八分二厘。

二分九厘六毫一絲八忽四微一纖起科山，九畝九分一厘六毫，應徵銀二錢九分四厘，隨正七分，秏羨銀二分一厘。

二分八厘起科山，五十六畝二厘，應徵銀一兩五錢六分八厘，隨正七分，秏羨銀一錢一分。

六分八厘八毫起科荒白，六畝八分九厘，應徵銀四錢七分四厘，隨正七分，秏羨銀三分三厘。

二分六厘起科荒白，三畝五分五厘八毫，應徵銀九分二厘，隨正七分，秏羨銀六厘。

二分九厘六毫起科塘，一畝一分四厘九毫，應徵銀三分四厘，隨正七分，秏羨銀二厘。

雜辦銀一百二十九兩六錢，隨正七分，秏羨銀九兩七分二厘。（查此雜辦銀兩，於援例詳請等事案内題准部覆，雍正七年爲始，統歸該縣田畝徵收在案。）

漁課銀三十兩七錢七厘，隨正七分，秏羨銀二兩一錢五分。

檾麻銀三兩三分三厘，隨正七分，秏羨銀二錢一分二厘。

麻膠漁課銀一十四兩五錢五分三厘，隨正七分，秏羨銀一兩一分九厘。又照康熙十二年題定時價，應增編銀三錢二分，隨正七分，秏羨銀二分二厘。

以上草場租起，至麻膠漁課止，共銀二百三十一兩四錢五厘，隨正七分，耗羡銀一十六兩一錢九分八厘，内除雜辦銀一百二十九兩六錢，隨正七分，耗羡銀九兩七分二厘，攤於田畝征輸外，實徵銀一百一兩八錢五厘，隨正七分，耗羡銀七兩一錢二分六厘。遇閏加本色麻膠銀九分三厘，隨正七分，耗羡銀七厘。

通共人丁、田地、雜辦等項額，徵本色米麥八萬五千五百一十二石四斗六升三勺，内除原、續報弃沙、坍江、圈廢、義冢、坍山、壓廢、開河、公占、減則等項蠲缺米麥二萬四千七百三十七石九斗九升五合九勺。又同治四年普減漕額米六千二百九十一石一斗三升一合七勺，實徵米麥五萬四千四百八十三石三斗三升二合七勺。遇閏之年加徵米三十一石七斗八升三合，内除原、續報坍江、圈廢、義冢、坍山、壓廢、開河、公占、減則等項蠲缺米六石七斗五升一合八勺。又同治四年普減漕額米二石五斗九升二合四勺，實徵米二十二石四斗三升八合八勺。

通共額徵丁田雜辦等項銀九萬八千六百一十八兩八錢一分一厘，内除原、續報弃沙、坍江、圈廢、義冢、坍山、壓廢、開河、公占、減則等項蠲缺銀二萬一千七百三十五兩八錢二分一厘，實徵銀七萬六千八百八十二兩九錢九分，隨正七分，耗羡銀五千三百八十一兩八錢九厘。遇閏之年加徵銀一千四百八十一兩，内除原、續報坍江、圈廢、義冢、坍山、壓廢、開河、公占、減則等項蠲缺銀二百八兩一錢六分三厘，實徵銀一千二百七十二兩八錢三分七厘，隨正七分，耗羡銀八十九兩九分九厘，内解支各衙門起存實徵大款。

一、本色：

蘇松糧道衙門漕糧正改兑正耗并漕贈等項，除減賦外，實徵米四萬三千八百五石五斗六升六合七勺。

大軍、揚州、鎮江等倉行月并麥改等項，除減賦外，實徵米五千一十四石二斗八升六合五勺。

江安糧道衙門給軍行月，除減賦外，實徵米七百八十七石五斗七升四合二勺。

解給各標營兵糧，除減賦外，實徵米四千六百一十八石三斗二升五合三勺。遇閏增徵米九斗七升三合八勺。

存給孤貧口糧，除減賦外，實徵米二百五十七石五斗八升。閏月米二十一石四斗六升五合。

一、折色：

布政司衙門起存地丁并驛站等項，實徵銀五萬五千二百二十一兩三錢一分二厘，隨正七分，耗羡銀三千八百六十五兩四錢九分一厘。閏月銀七百七十兩九錢六分四厘，隨正七分，耗羡銀五十三兩九錢六分八厘。

扛脚實徵銀三百九十五兩五錢二分八厘，隨正七分，耗羡銀二十七兩六錢八分七厘。

蘇松糧道衙門隨漕輕賫等項，實徵銀一萬三千四百五十九兩五分九厘，隨正七分，耗羡銀九百四十二兩一錢三分四厘。閏月銀二百二十八兩九分七厘，隨正七分，耗羡銀一十五兩九錢六分七厘。

江安糧道衙門，六升米折鳳陽倉麥折并額撥漕項，實徵銀三千四百四十三兩九錢二分六厘，隨正七分，耗羨銀二百四十一兩七分五厘。

存給各衙門官役俸工等項，實徵銀四千三百六十三兩一錢六分五厘，内除匀攤豐碭縣丞并阜寧縣丞、主簿俸工應由縣徑解江藩庫銀六兩八錢二厘，實該銀四千三百五十六兩三錢六分三厘，隨正七分，耗羨銀三百五兩四錢二分二厘。閏月銀二百七十三兩七錢七分六厘，隨正七分，耗羨銀一十九兩一錢六分四厘。

解支各衙門起存實徵細款：

一、本色：

起存項下：

蘇松糧道衙門，正兑米三萬八千二百九十五石四斗四升八合，内除原、續報弃沙、坍江、圈廢、減則等項蠲缺米一萬二千九百五十六石二斗四升九合四勺，又同治四年普減米二千六百二十六石八斗八升六合七勺，實徵米二萬二千七百一十二石三斗一升一合九勺。加四耗米一萬五千三百一十八石一斗七升九合二勺，内除原、續報弃沙、坍江、圈廢、開河、減則等項蠲缺米五千一百八十二石四斗九升九合五勺，又同治四年普減米一千五十石七斗五升四合九勺，實徵米九千八十四石九斗二升四合八勺。改兑正米一萬五百三十六石六斗七升四合三勺，内除原、續報弃沙、坍江、圈廢、開河、減則等項蠲缺米二千八石三斗六升八合五勺，又同治四年普減米八百九十五石七斗二升八合四勺，實徵米七千六百三十二石五斗七升七合四勺。加三耗米三千一百六十一石二合四勺，内除原、續報弃沙、坍江、圈廢、減則蠲缺米六百二石五斗一升一勺，又同治四年普減米二百六十八石七斗一升九合，實徵米二千二百八十九石七斗七升三合三勺。漕贈伍米三千一百六十一石三斗八升三合二勺，内除原、續報坍江、圈廢、開河、減則等項蠲缺米八百三十三石三斗三升四合一勺，又同治四年普減米二百四十二石六升九合八勺，實徵米二千八十五石九斗七升九合三勺。

以上正兑漕糧起，至贈伍米止，共米七萬四百七十二石六斗八升七合一勺，内除原、續報弃沙、坍江、圈廢、坍山、壓廢、開河、公占、減則等項蠲缺米二萬一千五百八十二石九斗六升一合六勺，又同治四年普減米五千八十四石一斗五升八合八勺，實徵米四萬三千八百五石五斗六升六合七勺。

各倉項下：

大軍倉行月米，一千九百九十九石一斗四合七勺，内除弃沙、坍江、圈廢、蠲缺米二百二十四石七斗三升五合九勺，又同治四年普減米一百七十七石四斗三升六合九勺，實徵米一千五百九十六石九斗三升一合九勺。

揚州倉并南糙等款丈增撥補米，二千四百八十五石七斗三升八合五勺，内除原、續報弃沙、坍江、圈廢、義冢、坍山、壓廢、開河等項蠲缺米一千三百二十五石七斗三升二合一勺，又同治四年普減米一百一十六石六勺，實徵米一千四十四石五合八勺。（查此款，上届《全書》載明，糧道奏銷册列，共額米一千二百四十三石二斗五升四合，内除靖江、丹陽兩縣撥補缺額米八十三石二斗四升七合六勺，實該本縣編徵米一千一百六十石六合四勺在案，今核扣普減一成米數外，仍該實徵前數。）

淮安倉麥改米，一千二十六石三斗五升五合五勺，内除弃沙、坍江、圈廢蠲缺米七十三石二斗四升九合九勺，又同治四年普減米九十五石三斗一升六勺，實徵米八百五十七石七斗九升五合。

鎮江倉麥改米，一千八百一十三石三斗六升六合六勺，内除弃沙、坍江、圈廢蠲缺米一百二十九石四斗一升八合，又同治四年普減米一百六十八石三斗九升四合八勺，實徵米一千五百一十五石五斗五升三合八勺。

以上大軍倉行月起，至鎮江倉麥改米止，共米七千三百二十四石五斗六升五合三勺，内除原、續報弃沙、坍江、圈廢、開河、公占等項蠲缺米一千七百五十三石一斗三升五合九勺，又同治四年普減米五百五十七石一斗四升二合九勺，實徵米五千一十四石二斗八升六合五勺。（内有淮安、鎮江二倉麥石，於乾隆二年經前督院慶奏明改米，隨漕并徵，解支各款悉應照舊，如有餘剩，每石易銀九錢，解户部充餉。）

江安糧道衙門：

南糙項下，隨漕行月米，九百八十五石九斗一升七合五勺，内除弃沙、坍江、圈廢蠲缺米一百一十石八斗三升五合一勺，又同治四年普減米八十七石五斗八合二勺，實徵米七百八十七石五斗七升四合二勺。

解給各標營兵糧項下：

南糙兵糧米，二千三百六十九石八斗七升四合一勺，又恤孤餘剩充餉米七十四石八斗三升三合一勺，共米二千四百四十四石七斗七合二勺，内除原、續報弃沙、坍江、圈廢、開河、公占、減則等項蠲缺米一千二百九十一石六升三合三勺，又同治四年普減米一百三十六石二斗九升七合三勺，實徵米一千一十七石三斗四升六合六勺。餘剩閏月恤孤充餉米六石一斗五升，内除原、續報坍江、開河、減則等項蠲缺米五石八斗四升八合七勺，又同治四年普減米三升一勺，實徵米二斗七升一合一勺。

乾隆三年以後升科米，二千六百五十七石六斗八升四合九勺。閏月米一石一斗五合三勺。乾隆四十年以後升科轉則米，三百六十七石三斗七升九合七勺。閏月米一斗五升二合七勺。乾隆六十年以後升科轉則米，二百九十一石七斗五升八合。閏月米一斗二升一合五勺。嘉慶十五年以後升科轉則米，六百五十七石二斗二升二合四勺。閏月米三斗九升三合三勺。以上共升科米三千九百七十四石四升五合，内除同治四年普減米三百九十七石四斗四合五勺，實徵米三千五百七十六石六斗四升五勺。閏月共米一石七斗七升二合八勺，内除原、續報坍江、減則蠲缺米九斗三合一勺，又同治四年普減米一斗七升七合三勺，實徵米六斗九升二合四勺。

今訂道光十五年、二十八年、咸豐八年升科轉則，除普減外，該徵米二十四石三斗三升八合二勺。閏月米一升二勺。（查該三年升科，原該共米二十七石四升二合四勺，閏月米一升一合三勺，内除辦理減賦，應扣減一成米二石七斗四合二勺，又閏月米一合一勺，實徵前數。)

以上自解南兵糧起，至今訂升科止，共米六千四百四十三石九升四勺，内除原、續報坍江、弃沙、圈廢、開河、公占、減則等項蠲缺米一千二百九十一石六升三合三勺，又同治四年普減米五百三十三石七斗一合八勺，實徵米四千六百一十八石三斗二升五合三勺。遇閏增徵閏月恤孤餘剩并升科米七石九斗三升三合，内除原、續報坍江、開河、減則等項蠲缺米六石七斗五升一合八勺，又同治四年普減米二斗七合四勺，實徵米九斗七升三合八勺。

存留項下：

恤孤口糧，除裁歸、充餉入於南糧項下扣荒造報外，該米二百八十六石二斗，内除同治四年普減米二十八石六斗二升，實徵米二百五十七石五斗八升。閏月除充餉外，該米二十三石八斗五升，内除同治四年普減米二石三斗八升五合，實徵米二十一石四斗六升五合。(查此正、閏米石，於乾隆二年奉文通省均結，如遇災蠲在，於南糧款内撥補。同治四年辦理減賦米數較多，詳請奏明，各歸本款注扣在案。)

一、折色：

起解項下：

布政司衙門：

起存地丁并節年丈增改墾新升充餉，共銀四萬三千五百八十七兩五錢五厘。閏月銀一百三十兩二錢四分八厘。

優免丁田、增丁充餉并節年編審人丁、優免餘丁，共銀一千八百九兩九錢三分六厘。

另徵漁課銀三十兩七錢七厘。

乾隆三年考訂，以前各案裁扣、充餉銀，一萬二千一百五十五兩五錢六分八厘。閏月銀四百九十二兩二錢三分八厘。

續裁、均給孤貧柴布，餘剩原編閏月銀，一兩八錢七分一厘。

均編，文廟各壇祠祭祀香燭，餘剩原編銀，八十六兩七錢四分九厘。閏月銀三錢四分。

祗應項下館夫等銀，六百五兩八錢九分。閏月銀一十八兩三錢一分八厘。

俸工項下號船水手工食銀，一百九十兩八錢。閏月銀一十五兩三錢。

驛丞皂隸俸工銀，八十七兩四分。閏月銀二兩。

上司聽用官吏工食裁減原荒銀，六兩七錢八分。

河工正費歸入地丁銀，八百三十二兩三錢九分一厘。

抽撥東臺縣民壯工食器械銀，四十兩。

乾隆三年以後升科充餉銀，二千三百二十七兩二錢八分八厘。閏月銀三十六兩六錢四分九厘。

乾隆六十年考訂，奉裁鎮江水利通判俸銀并轎傘扇夫工食，共銀四十八兩五錢四分。

閏月銀二兩。

乾隆四十年以後升科、轉科充餉銀，三百一十二兩七錢五分。閏月銀四兩八錢二分二厘。

乾隆六十年以後升科、轉則充餉銀，二百五十三兩八錢三分四厘。閏月銀三兩九錢六分七厘。

嘉慶十五年以後升科、轉則充餉銀，五百七十二兩九分七厘。閏月銀八兩九錢七分一厘。

今訂道光十五年、二十八年、咸豐八年升科、轉則充餉銀，二十四兩一錢三分五厘。閏月銀三錢八分四厘。

奉裁本府照磨、本縣縣丞俸工，共銀九十九兩九錢一分四厘。閏月銀五兩。

同治三年，奏明原編驛站夫馬等項解司支給，共銀九千二百五十兩六錢五分三厘。閏月銀二百三十三兩五分六厘。（查驛站錢糧，如係由縣徑支，遇閏之年應於現徵地丁項下撥抵驛站，閏月銀四百二十三兩一錢二分五厘。）

以上起存地丁，原裁、續裁、升科充餉等款，共銀七萬二千三百二十二兩五錢七分七厘。閏月銀九百五十五兩一錢六分四厘。應除、撥抵、增編、均給孤貧柴布不敷銀，二十九兩三錢四分三厘。又除添設船政，今改糧捕通判俸工銀，二百三十四兩。閏月銀一十四兩五錢。又除移駐横、越二閘閘官俸工銀，四十三兩五錢二分，彙入俸工總款開列。

實該銀七萬二千一十五兩七錢一分四厘，内除原、續報坍江、圈廢、開河、公占、減則等項蠲缺銀一萬六千三百三十八兩五錢八分八厘，又額撥漕項銀四百五十五兩八錢一分四厘，歸入江安糧道項下造報外，實徵銀五萬五千二百二十一兩三錢一分二厘，隨正七分，耗羡銀三千八百六十五兩四錢九分一厘。閏月銀九百四十兩六錢六分四厘，内除原、續報坍江、壓廢、開河、公占、減則等項蠲缺銀一百六十九兩七錢，實徵銀七百七十兩九錢六分四厘，隨正七分，耗羡銀五十三兩九錢六分八厘。（查乾隆三年考訂《全書》，内有撥辦本色顔料銀硃、桐油、烏梅、鐵鋼等料價脚鋪墊銀兩，續於乾隆二十年奉文，統歸司庫地丁銀内動辦。再查耗羡項下，該縣正、佐各官養廉，向係由縣徑支，今州縣養廉，奉文於道光五年起，歸司支放；佐雜養廉，仍由屬徑支。）

起存地丁扛脚銀，四百二十八兩六錢二分一厘，内除坍江、圈廢蠲缺銀三十三兩九分三厘，實徵銀三百九十五兩五錢二分八厘，隨正七分，耗羡銀二十七兩六錢八分七厘。

漕河項下：

蘇松糧道衙門：

輕賫正銀，四千九百七十九兩八錢九分六厘，内除弃沙、坍江、圈廢蠲缺銀三百八十三兩三錢五分二厘，實徵銀四千五百九十六兩五錢四分四厘。

扛銀，四十九兩七錢九分九厘，内除弃沙、坍江、圈廢蠲缺銀三兩八錢三分四厘，實徵銀四十五兩九錢六分五厘。

解費銀，九十九兩五錢九分八厘，内除弃沙、坍江、圈廢蠲缺銀七兩六錢六分七厘，實徵銀九十一兩九錢三分一厘。

二升米折銀，一百五兩三錢九分八厘，内除弃沙、坍江、圈廢蠲缺銀八兩一錢一分四厘，實徵銀九十七兩二錢八分四厘。

解費銀，二兩一錢八厘，内除弃沙、坍江、圈廢蠲缺銀一錢六分二厘，實徵銀一兩九錢四分六厘。

七分折色席木板銀，二百三十二兩六錢三分七厘，内除弃沙、坍江、圈廢蠲缺銀一十七兩九錢八厘，實徵銀二百一十四兩七錢二分九厘。

解費銀，四兩六錢五分三厘，内除弃沙、坍江、圈廢蠲缺銀三錢五分八厘，實徵銀四兩二錢九分五厘。（以上額徵輕賫等項，正銀四千九百八兩五錢五分七厘，扛解費銀一百四十四兩一錢三分七厘，准蘇糧道册報，有閏之年銀數相符，無閏之年應於後開揚倉米折銀内劃入，輕賫正銀一厘，以符奏額。）

三分本色席木板銀，九十九兩七錢二厘，内除弃沙、坍江、圈廢蠲缺銀七兩六錢七分五厘，實徵銀九十二兩二分七厘。

解費銀，一兩九錢九分四厘，内除弃沙、坍江、圈廢蠲缺銀一錢五分四厘，實徵銀一兩八錢四分。

漕贈拾銀，六千三百二十二兩七錢六分七厘，内除弃沙、坍江、圈廢蠲缺銀三百一十六兩五分一厘，實徵銀六千六兩七錢一分六厘。（查此款，准蘇糧道册報，有閏之年應於後款鎮倉麥折銀内劃入銀五分八厘，共銀六千六兩七錢七分四厘；無閏之年應於後開揚倉米折銀内劃入銀五分九厘，共銀六千六兩七錢七分五厘，以符奏額。）

淮安倉麥折銀，五百四十一兩六錢四分二厘，内除原、續報弃沙、坍江、圈廢、減則等項蠲缺銀五百八兩三分二厘，實徵銀三十三兩六錢一分。

扛銀，一兩六錢二分五厘，内除弃沙、坍江、圈廢蠲缺銀一錢二分六厘，實徵銀一兩四錢九分九厘。

解費銀，一十兩八錢三分三厘，内除弃沙、坍江、圈廢蠲缺銀八錢五分七厘，實徵銀九兩九錢七分六厘。

揚州倉米折正銀，二千一百兩四錢七分五厘，内除原、續報弃沙、坍江、圈廢、開河、公占等項蠲缺銀二千八十一兩四錢一分五厘，實徵銀一十九兩六分。（查此款，准蘇糧道册報，有閏之年應劃作後款軍倉行月折色銀五分九厘，實徵銀一十九兩一厘；無閏之年應劃作本款解費銀一厘，前款輕賫正銀一厘，漕贈拾銀五分九厘，實該銀一十八兩九錢九分九厘，以符奏額。）

解費銀，四十二兩九厘，内除弃沙、坍江、圈廢、減則蠲缺銀三十六兩一分七厘，實徵銀五兩九錢九分二厘。（查此款，准蘇糧道册報，有閏之年銀數相符，無閏之年應於前款正銀内劃入銀一厘，共銀五兩九錢九分三厘，以符奏額。）

大軍倉米麥折改編鎮江衛折色月糧并減存等銀，九百二十六兩八錢六分七厘，内除原、續報弃沙、坍江、圈廢、減則等項蠲缺銀三百二十兩二錢二分二厘，實徵銀六百六兩六錢四分五厘。（查此款，准蘇糧道册報，有閏之年應劃作漕贈拾銀五分八厘，軍倉行月折色銀三分，實該銀六百六兩五錢五分七厘；無閏之年應劃作軍倉行月折色銀八分九厘，實該銀六百六兩五錢五分六厘，以符奏額。）閏月銀二百六十六兩五錢六分，内除原、續報坍江、義冢、坍山、壓廢、開河、公占、減則等項蠲缺銀三十八兩四錢六分三厘，實徵銀二百二十八兩九分七厘。

大軍倉運軍行月折色銀，一千四百七十四兩六錢一分六厘，内除弃沙、坍江、圈廢蠲缺銀一百一十六兩五錢九分九厘，實徵銀一千三百五十八兩一分七厘。（查此款，准蘇糧道册報，有閏之年應於揚倉麥折銀内劃入銀五分九厘，鎮倉麥折銀内劃入銀三分，共銀一千三百五十八兩一錢六厘；無閏之年應於鎮倉麥折銀内劃入銀八分九厘，共銀一千三百五十八兩一錢六厘，以符奏額。）

鎮江衛漕船料銀，二百九十四兩二錢四分九厘，内除弃沙、坍江、圈廢蠲缺銀二十三兩二錢六分六厘，實徵銀二百七十兩九錢八分三厘。

以上自輕賚起，至鎮江衛造船料價止，共銀一萬七千二百九十兩八錢六分八厘，内除原、續報弃沙、坍江、圈廢、義冢、坍山、壓廢、開河、公占、減則等項蠲缺銀三千八百三十一兩八錢九厘，實徵銀一萬三千四百五十九兩五分九厘，隨正七分，耗羨銀九百四十二兩一錢三分四厘。閏月銀二百六十六兩五錢六分，内除原、續報坍江、義冢、坍山、壓廢、開河、公占、減則等項蠲缺銀三十八兩四錢六分三厘，實徵銀二百二十八兩九分七厘，隨正七分，耗羨銀一十五兩九錢六分七厘。

江安糧道衙門：

過江六升米折并鳳陽倉麥折正扛費，共銀三千八百八十二兩五錢七分九厘，内除原、續報弃沙、坍江、圈廢、開河、公占、減則等項蠲缺銀八百九十四兩四錢六分七厘，實徵銀二千九百八十八兩一錢一分二厘。

額撥漕項銀，四百五十五兩八錢一分四厘。（此項原於地丁銀内撥出，如遇田畝被災，將應蠲之銀統歸地丁項下，核扣仍行，照額撥解。）以上二款，共銀四千三百三十八兩三錢九分三厘，内除原、續報弃沙、坍江、圈廢、開河、公占、減則等項蠲缺銀八百九十四兩四錢六分七厘，實徵銀三千四百四十三兩九錢二分六厘，隨正七分，耗羨銀二百四十一兩七分五厘。

河庫道衙門：

修河米折銀，八百一十六兩六分九厘，内除弃沙、坍江、圈廢蠲缺銀六十二兩八錢四分四厘，實徵銀七百五十三兩二錢二分五厘。水脚銀，一十六兩三錢二分二厘，内除弃沙、坍江、圈廢蠲缺銀一兩二錢三分三厘，實徵銀一十五兩八分九厘。（查此款，河工正費銀兩已於乾隆二十八年奉文動支，司庫地丁銀兩照數彙解河庫交收，所有前項原編銀兩統歸地丁項下解司充餉，隨正七分、耗羨銀兩亦彙入地丁項下開列。）

原編驛站項下：

額編驛站夫馬銀，九千五百二十兩七錢，内除弃沙、坍江、圈廢蠲缺銀二百七十兩四分七厘，實徵銀九千二百五十兩六錢五分三厘，隨正七分，耗羨銀六百四十七兩五錢四分六厘。閏月銀二百三十三兩五分六厘，隨正七分，耗羨銀一十六兩三錢一分四厘。又遇閏之年，於起運地丁正銀内撥抵閏月銀四百二十三兩一錢二分五厘，隨正七分，耗羨銀二十九兩六錢一分九厘。（查此款，先於乾隆五十二年奉文統歸地丁解司赴司支給。嗣奉文，嘉慶五年起仍在縣徑支。今於同治三年奏明歸司核實支給，原編驛站銀兩彙入地丁解司，完欠各數隨同地丁合計分數并疏具題，其支給各數仍由臬司按年造册題銷。）

存留項下：

各衙門官役俸工、祭祀雜支等項銀，四千八百三十兩八錢九分六厘，内除弃沙、坍江、圈廢蠲缺銀三百六十七兩八錢一分七厘，實該銀四千四百六十三兩七分九厘，内有縣丞、閘官員下匀攤添設豐碭縣丞俸工銀三兩五錢五分六厘，又匀攤添設阜寧北岸縣丞、主簿俸工銀三兩二錢四分六厘，應聽該縣徑解江藩司衙門支給造報。又除續奉裁汰本府照磨、本縣縣丞俸工銀九十九兩九錢一分四厘，歸入地丁項下充餉外，實徵銀四千三百五十六兩三錢六分三厘，隨正七分，耗羨銀三百五兩四錢二分二厘。閏月銀二百七十八兩七錢七分六厘，内除奉裁本府照磨、本縣縣丞俸工銀五兩，實徵銀二百七十三兩七錢七分六厘，隨正七分，耗羨銀一十九兩一錢六分四厘。（查此款，先於乾隆五十二年奉文統歸地丁解司，赴司支給。嗣奉文，於嘉慶五年起，仍在縣徑支，完欠各數同隨正徵收耗羨銀兩彙入地丁正耗項下，合計分數并疏具題，其支給細數另造款册，按年隨奏，報部核銷。）

右新增田賦，悉照縣册纂録，沙潮田地米石，近年已覆准改照蘆岸地則徵收，實徵米麥總數内，核計減米四千四百六十四石零，閏月米一石八斗零。

丹徒縣志卷十四終

丹徒縣志卷十五

食貨五　蘆政

蘆政叙

沿江蘆洲之利，始屬於民。至明嘉靖籍於官，以代班支、坊支之費，詳唐順之《洲田記》中。我朝定例：五年一丈，坍則除豁，漲則升科。同治八年，奏改十年一丈，積久弊生，變通盡利，是在熟識時務者。志蘆政。

明萬曆十七年經賦册，南京工部蘆課。（本縣歲辦銀一千九百五十一兩五錢五分八厘一毫零，内蘆課銀一千一百三十五兩九錢九分二厘零，泥灘銀八百一十五兩五錢六分六厘一毫零。）

沿江蘆洲之利，以其時没時長，故不隸於官，而專於民，往往争訟累歲不已。明嘉靖中，知府事林華始請於巡撫都御史籍於官，較歲所入，以代班支、坊支之費。蓋水陸舟車往來厨傳之費，名曰班支；公私燕會之費，名曰坊支，舊皆取於民，民深苦之。是舉也，既絶争訟之原，又省無藝之徵，害去而利興矣。是時蘆洲之在籍者計五千餘畝。武進唐順之爲之記（唐《記》，見“藝文”）。

國朝康熙二十二年數：高資埸（田、地、蘆地、埂、塘、草泥灘、水影、下水影，共七千七畝五分三厘五毫零，該銀四百一十五兩三錢六分五厘二毫零）。青沙洲（田埂划、蘆地、草泥灘、水影、下水影，共四萬三千四百五十七畝三分八厘五毫零，該銀八百六十二兩四錢一分四厘二毫零）。天生洲（蘆地、下水影，共九百七十畝二分七厘五毫，該銀一十八兩八錢一分一厘）。永固洲（蘆地、草泥灘、水影、下水影，共六千二百六十四畝七分三厘零，該銀五十一兩一錢七分八厘零）。七里港（田、蘆地、泥灘、水影，共二百一十二畝二厘零，該銀九兩四厘八毫零）。對屏洲（田、埂、塘、蘆草泥灘、水影，共四千七十畝六分零，該銀八十八兩四分九厘一毫）。單府套（田、蘆地、埂、塘、泥灘，共一千七百二畝一分六厘零，該銀一百一十一兩六錢六分六厘八毫零）。孫林岸（田、埂、塘、蘆地、泥灘，共四百九十五畝四分八厘零，該銀三十四兩四錢三分零）。順沙洲（蘆地、泥灘、水影，共二百二十九畝，該銀五兩三錢五分九厘六毫零）。補生洲（田、埂、塘、蘆地、草灘、水影、下水影，共五千五百七十畝三分七厘零，該銀一百七十八兩七錢八分八厘一毫零）。中興洲（田、蘆地、草灘、岸埂、水塘，共一千八百五十二畝六分九厘，該銀一百二十五兩八分一厘九毫零）。北生洲①（田、地，共二百九十八畝五分九厘零，該銀二百一兩三錢八分七厘五毫零）。補惠洲（田埂划，共四百九十九畝二分六厘八毫零，該銀三十五兩九錢六分二厘零）。固沙洲（田、埂、塘、蘆地、草灘，共八百一十二畝七分二厘零，該銀五十七兩三錢五分八厘六毫零）。守業洲（田埂划、草灘，共二百二十畝二厘零，該銀十四兩五分九毫）。草鞋夾（田、埂、蘆地、草泥灘，共六百十四畝七分一毫，該銀三十四兩六錢二分五厘九毫零）。上伏新洲（田、蘆地、草泥灘、水影、下水影，共一千三百四十九畝七分四厘零，該銀一十八兩三錢二分八厘八毫）。補額洲（田划、蘆地、草泥灘、水影，共三千六百八十九畝八分四厘零，該銀四十兩三分四厘四毫零）。順江洲（田埂划，共三千八十四畝一分七厘零，該銀二百一十五兩八錢五分四厘四毫零）。東興洲（田、埂、塘、蘆地、草灘，共七百九十七畝四分六厘零，該銀四十四兩六分五厘六毫零）。裕課洲（田埂划、泥灘、水影，共四百六十六畝四分八厘零，該銀一十六兩一錢四分一厘九毫零）。復順新洲（水影、下水影，共一千四百畝，該銀二兩二錢八分）。補順洲（泥灘、水影、下水影，共五千四百畝，該銀一十四兩二錢五厘七毫零）。南耳洲（泥灘、水影，共一千二百畝，該銀九兩六錢二分四厘）。東成洲（草泥灘、水影，共三千一十六畝，該銀一十五兩九錢五分四厘九毫）。萬壽洲（田埂划、草泥灘、水影、下水影，共七千五百三畝六分八厘零，該銀二十八兩八錢四分二厘五毫零）。永安課洲（泥灘、水影、下水影，共一萬七千四十畝，該銀二十八兩三錢五分七厘三毫）。德興洲（田、蘆草泥灘、埂划、滀②路、水影、下水影，共二萬三千九百五十三畝一分四厘零，該銀二百二十兩二錢八分三厘六毫零）。細民洲（田、埂、蘆草泥灘、水影，共二萬二千八百四十二畝一分七厘零，該銀七百五十一兩二錢五厘五毫零）。復新洲（田、埂、蘆地、泥灘、水影，共一千七十一畝七分八厘零，該銀三十三兩六分七厘四毫零）。長生補額洲（田埂、蘆草泥灘、水影、下水影，共一千五百二十七畝四分五厘，該銀一十七兩五錢二厘一毫零）。補原洲（草泥灘、水影、下水影，共七千三百畝，該銀二十四兩一錢六分八厘五毫）。蕩網洲（田埂划、泥灘、水影、下水影，共二千八百八十二畝九分八厘零，該銀二十九兩四錢八分八毫零）。外新六十分洲（田、地、埂划、蘆草泥灘、水影、下水影，共一萬一千四百六十九畝一分零，該銀一百一十四兩三錢八分五厘六毫零）。還原洲（泥灘、水影、下水影，共二千一百畝，該銀一十兩八錢）。以上蘆課田地一十九萬二千三百五十八畝六分二厘零，各則不等，共徵銀三千六百九十七兩九錢三分七厘零。徐府莊（田、地、溝塘，共二千一百六十七畝六分六厘零，該銀二百九十九兩七錢二分七厘四毫零）。李府莊（田、地、塘，共六千九百一十七畝四分五厘零，該銀九百七十六兩四錢六分八厘一毫零）。胡府莊（山、田、地、塘，共一千一百五十七畝三分四厘，該銀九十三兩

① 按："洲"，《嘉慶丹徒縣志》卷十《食貨五·蘆政》作"岸"。
② 按："滀"，《嘉慶丹徒縣志》卷十《食貨五·蘆政》作"滔"。下同。

二錢五厘三毫）。湯府莊（山、潮田、地、塘，共一千三百一十六畝八厘零，該銀一百八兩五錢二分五厘二毫零）。以上勛莊田地一萬一千五百五十八畝五分三厘，各則不等，共徵銀一千四百七十七兩九錢二分六厘二毫零。焦山駱家洲（田、蘆地、草泥灘，共一百六十八畝八分零，該銀七兩八錢一分七厘六毫零）。胡村灘（田、草灘，共一百五畝九厘零，該銀九兩二厘五毫零）。永定洲（田、埂、塘、水影，共四千五百九十二畝九分四厘零，該銀三百四十八兩七錢二分一厘零）。永定開洲（田、埂、蘆草灘，共一千六百三十二畝六分五厘零，該銀一百二十九兩五錢五分一厘一毫零）。永業中洲（田、埂、蘆地、泥灘，共一千四百三畝七分五厘零，該銀七十三兩三分九厘四毫零）。寶定中開洲（田、埂、塘、泥灘、水影，共九百九十六畝八分零，該銀六十五兩五錢八分五厘九毫零）。復原三案中興洲（田、蘆地、埂、塘，共一千八百九十畝三分九厘零，該銀一百五十四兩六錢六分五厘三毫零）。大成洲（田、埂、草泥灘、水影，共三千三百六十七畝四分，該銀八十一兩五錢一分八厘五毫零）。復勝洲（田、埂、蘆草泥灘、水影，共六百九十畝九分三厘，該銀二十七兩五錢八分五毫零）。工部接新洲（田、埂、蘆草泥灘、水影、下水影，共四千一百六十九畝三分一厘零，該銀五百六十兩九錢九厘九毫零）。補課洲（田、蘆地、埂、塘、水影，共四百五十九畝六分，該銀一十九兩三錢二厘七毫零）。新生蘆課洲（田、埂、洋灘，共八十八畝一分二厘零，該銀六兩二錢六分一厘六毫零）。上補業洲（蘆地、泥灘、水影，共一百八十四畝九分四厘，該銀二兩三錢九分二厘九毫零）。山北港（蘆地、草泥灘，共四十四畝四分五厘，該銀一兩五分二厘一毫零）。下補業洲（田、地、埂划、草泥灘、水影、下水影，共二千九百二十二畝七分四厘零，該銀三十九兩二錢六分六厘八毫零）。復生洲（田、埂、蘆泥灘、水影，共七百一十二畝一分四厘零，該銀二十兩四分四厘一毫零）。復興洲（田、埂、蘆草泥灘、水影，共三千一百五十七畝六厘，該銀五十八兩二分三厘一毫零）。勝寧洲（田、埂、泥灘、水影，共一千四百四十三畝八分三厘，該銀二十四兩三分一厘一毫零）。永安粒洲（田、埂、蘆灘，共三百九十五畝五分，該銀二十二兩三錢三分一厘九毫零）。以上籽粒田地二萬八千四百二十六畝四分九厘零，各則不等，共徵銀一千三百五十一兩九分七厘七毫零。

通計田地二十三萬二千三百四十三畝六分五厘零，科銀六千五百二十六兩九錢六分一厘零，舊設主事一員於江寧，專司蘆政。康熙元年奉裁，并歸藩司衙門。其田畝坍漲不常，照例五年一丈，升科、除豁以是爲準。（以上康熙舊志）

按：國朝自康熙二十二年修志以來，歷雍正、乾隆百有餘年，沙洲坍漲遷變靡常，致蘆課之高資場、單府套、孫林岸、順沙洲、中興洲、北生岸、補惠洲、固沙洲、守業洲、裕課洲、南耳洲、補原洲、籽粒之焦山駱家洲、永定洲、永安開洲、永業中洲、寶定中開洲、復勝洲、工部接新洲、補課洲、上補業洲、下補業洲、永安粒洲均坍没入江豁課。又清查疆域蘆課，萬壽洲歸并江都縣，隸蕩網洲；外新六十分洲歸并丹陽縣，屬勛莊之徐府莊、李府莊、胡府莊，於乾隆三十五年一并遵旨議奏事案内改則歸漕。其續漲及清疆歸來儀徵、丹陽、句容、上元縣各洲，均仍照例五年一丈，升科、除豁。

乾隆六十年詳定沙洲魚鱗垣册：邊新洲（田埂划、蘆草泥灘、水影、下水影，共九千七百四十五畝七分五厘零，該銀二百四十一兩二錢一分七厘七毫零）。青沙世業洲（田埂划、蘆草泥灘，共二萬六千六百八十八畝七厘零，該銀一千三百六十六兩九分六厘三毫零）。連青洲（田埂划、滔蘆地，共四百六十六畝五分，該銀二十九兩四錢三分九毫零）。天生洲（蘆草泥灘、下水影，共一千二百九十五畝，該銀三十一兩八錢五分三厘四毫零）。永固洲（田埂划、滔蘆草泥灘、上、下水影，共二萬三千一百七十四畝九分二厘零，該銀一千六十二兩三錢六分九厘四毫零）。永固邊洲（田、地、泥灘，共四百五十二畝七分七厘零，該銀三十五兩四錢二分九厘九毫零）。定業洲（田埂划、蘆地泥灘、上、下水影，共九千四十八畝九分六厘零，該銀四百二十一兩二錢七分四厘二毫零）。七里港（田、埂、蘆泥灘、水影，共四百九十一畝一厘，該銀一十五兩二錢三分二厘六毫零）。對屏洲（田埂划、蘆地泥灘，共一百九十五畝七厘零，該銀九兩九錢六分四厘八毫零）。補生洲（田埂划、泥灘，共三百四十畝一分五厘，該銀一十二兩四錢四分七毫零）。順江洲（田埂划，共一千八百五畝八分六厘零，該銀一百二十六兩三錢一分六厘三毫零）。代糧洲（田埂划、蘆草泥灘，共五百七十六畝，該銀二十兩八錢九分四厘五毫零）。還青洲（田埂划、蘆草泥灘、水影，共六千二十一畝四分六厘零，該銀七十五兩三錢四分五厘七毫零）。廣興洲（蘆草泥灘、水影，共一千九百一十畝，該銀四十四兩三錢三分九厘二毫）。天補順東洲（田埂划、草泥灘、下水影，共三千五百五十九畝五分三厘，該銀三十七兩四錢五厘一毫零）。草鞋夾（蘆草泥灘、水影，共二千八百七畝，該銀八十六兩六錢二分六厘零）。上復新洲（田埂划、滔蘆地泥灘，共九百四十三畝八分九厘零，該銀五十四兩四分六厘八毫零）。補額洲（田埂划、蘆地泥灘、上、下水影，共二千二百四十二畝七分零，該銀二十三兩五錢三分七厘七毫零）。東興洲（田埂划、蘆草泥灘、水影，共三千一百六十四畝一分七厘，該銀一百六十五兩八錢七分一厘一毫零）。廣順洲（田埂划、蘆草泥灘、水影，共二千一百八十畝九分一厘，該銀八十四兩一錢一分七厘四毫零）。接界大成洲（田埂划、蘆草泥灘、水影，共一千一百五十畝七分零，該銀五十三兩六錢六厘四毫零）。復順新洲（田埂划、蘆地泥灘、上、下水影，共三千四百九十三畝七分七厘零，該銀一百二十兩一錢六分九厘六毫零）。補順洲（田埂划、滔蘆地泥灘、水影，共五千二百八十二畝零，該銀二百三十一兩三錢七分一厘五毫零）。東成洲（田埂划、蘆地泥灘、上、下水影，共五千一百七畝三分七厘零，該銀一百五十一兩四錢三分七厘零）。永安課洲（田埂划、滔蘆草泥灘、水影，共二萬八千九百六十二畝六分五厘零，該銀六百五十六兩六錢四分一厘四毫零）。德興洲（田埂划、塘、滔蘆草泥灘、上、下水影，共二萬八千七百七十九畝七分九厘零，該銀一千三百六十六兩二錢四分一毫零）。細民洲（田埂划、塘、滔蘆草泥灘、水影，共三萬六千五百六十一畝八分六厘零，該銀一千八百四十兩九錢八分七厘九毫零）。復新洲（田埂划、蘆地泥灘、水影，共三千七百八十八畝九分五厘零，該銀一百七十六兩五錢一厘二毫零）。長生補額洲（田埂划、泥灘、水影、下水影，共一千三百八十九畝二分二厘，該銀四十七兩六錢一分五厘一毫零）。還原洲（田埂划、蘆地泥灘、上、下水影，共四千四百二十六畝七厘零，該銀一百一兩五錢五厘七毫零）。連順洲（田埂划、蘆地泥灘、上水影，共二千六百四畝四分，該銀三十五兩九錢九分八厘四毫零）。補壽洲（田埂划、蘆草泥灘、上、下水影，共四千九百二十六畝八分九厘零，該銀一百六十四兩一錢四分八厘八毫零）。樂生洲（田埂划、泥灘，共一千畝，該銀五十七兩五錢一分五厘零）。樂生官洲（田埂划、塘、滀蘆地泥灘、水影，共一萬九千四百五十四畝五分五厘，該銀六百四十六兩九錢五分四厘九毫零）。寶晉洲（田埂划、蘆泥灘、水影，共二千五百五十八畝三分一厘零，該銀一百一十一兩九錢九分三厘三毫零）。順安洲（田埂划、蘆草泥灘、水影，共一千六百九十五畝四分，該銀八十七兩三錢四分六厘八毫零）。益課洲（田埂划、蘆草泥灘、水影，共八千二百四十二畝九分八厘零，該銀三百四十二兩九錢一分八厘六毫零）。永興洲（田埂划、蘆草泥灘，共七百七十四畝二分，該銀三十五兩五錢九厘七毫零）。請佃復興洲（田埂划、滀蘆草泥灘、上、下水影，共六千四百六十一畝一分九厘零，該銀三百二十六兩四錢五分二厘七毫零）。育嬰洲（蘆地、草泥灘，共三千八百八十畝，該銀九十七兩一錢三分）。廣元洲（田埂划、蘆地、草泥灘，共一千八百三畝，該銀五十七兩三錢三分二厘八毫零）。天生還順洲（蘆地泥灘，共七百八十九畝五分，該銀一十兩五錢六分八厘二毫零）。連城洲（田埂划、蘆地泥灘，共一萬三十六畝七分五厘，該銀四百八十九兩二錢九分七厘二毫零）。新沙官洲（蘆草泥灘，共一千三百一十一畝五分三厘零，該銀三十一兩八錢八分四厘七毫零）。御隆補沙洲（蘆地、草泥灘、水影，共二萬四千六百七十畝三分零，該銀四百二十兩五錢六厘五毫零）。連山東洲（蘆地泥灘，共一千五百八十九畝三分七厘零，該銀二十四兩六錢七分二厘五毫）。以上蘆課田地三十萬七千八百五十一畝五厘零，共徵銀一萬一千六百三十兩一錢三分六厘七毫零。復原三案中興洲（蘆地、草泥灘，共二百四十畝，該銀三兩九錢五分七厘九毫）。大成洲（田埂划、蘆地泥灘，共二百二十四畝八分三厘零，該銀四兩六錢三分二厘七毫零）。山北港洲（蘆地、水影、下水影，共四百一十三畝，該銀二兩三錢一分三厘一毫零）。復生洲（田埂划、泥灘、水影，共一千九畝九分四厘零，該銀六十兩四錢一分七厘四毫零）。復興洲（田埂划、滀塘、草泥灘、水影、下水影，共一千八百八十五畝一分二厘，該銀九十六兩三錢五分九厘四毫零）。勝寧洲（田埂划、草泥灘、水影、下水影，共一千二百八十八畝二分零，該銀五十六兩六錢一分八毫零）。湖村灘（田、地，一百五畝九厘零，該銀九兩二厘五毫零）。以上籽粒田地五千一百六十六畝二分零，共徵銀二百三十三兩二錢九分四厘一毫零。補生新洲（田埂划、蘆草泥灘、上、下水影，共五千一百二十畝八分三厘零，該銀二百九十兩七錢一分二厘六毫零）。基沙洲（蘆地泥灘，共二百九十畝八分，該銀四兩一錢六分六厘八毫）。以上江都歸并田地五千四百一十一畝六分三厘零，共徵銀二百九十四兩八錢七分九厘四毫零。小心厘門砍洲（蘆地泥光灘，共七百九十九畝六分五厘，該銀二十一兩九錢七分六厘）。天補徵人洲（田埂划、蘆草泥光灘，共五千五十一畝六分零，該銀九十五兩四錢八分八厘五毫零）。以上儀徵歸并田地五千八百五十一畝二分五厘零，共徵銀一百一十七兩四錢六分四厘五毫零。抵額洲（田埂划、蘆草泥、白水光灘，共一萬一千七畝九分零，該銀四百六十一兩二錢四分五厘九毫零）。天寧洲（田埂划、蘆泥灘，共四萬二千八百三十六畝八分六厘零，該銀三百二十九兩六錢一分一厘七毫零）。以上丹陽歸并田地五萬三千八百四十四畝七分七厘零，共徵銀七百九十兩八錢五分七厘六毫零。西復新洲（田埂划、蘆地泥灘，共一千四百二十八畝，該銀七十五兩四錢四分六毫零）。句容縣歸并。長寧洲（田埂划、地、草泥灘，共一千九百三十九畝五分六厘零，該銀七十九兩四錢七分五厘一毫零）。上元縣歸并。

通計田地三十八萬一千四百九十二畝四分二厘零，各科則不等，計銀一萬三千二百二十一兩五錢四分八厘三毫零，按年壓徵入，於奏銷案内解司充餉。

以上《嘉慶志》，截至乾隆六十年止。自嘉慶元年至今八十餘年，洲之坍長屢有更變。迨咸豐三年寇陷鎮城，縣册盡毁，無從查核，即省城藩册亦散失難稽。至同治八年奉憲清查，始定清册，載明各洲坍没及現在田埂、蘆草泥水各灘。兹謹照詳報印册登録無訛。其以前各洲及官佃改章上價情形，則概從闕。

同治八年詳定沙洲清册：青沙洲、世業洲，舊共田埂、蘆草泥。（二萬二千五百二十九畝四分八厘，共該課銀一千零五十五兩二錢一分八厘二毫七絲五忽七微零三沙九塵四渺，共坍没三千四百九十七畝四分七厘四毫，共豁除課銀二百三十七兩九錢八分二厘三毫二絲五忽二微，實共存一萬九千零三十二畝零零七毫零四忽三微一纖二沙，共該課銀八百十七兩二錢三分五厘九毫五絲零五微零三沙九塵四渺。）天生洲，舊共田埂、蘆草泥水。（一千六百二十五畝，共該課銀四十兩七錢二分九厘四毫三絲二忽，共坍没六百四十八畝六分二厘七毫，共豁除課銀二十三兩九錢四分零八毫九絲六忽，實共存九百七十六畝三分七厘三毫，共該課銀十六兩七錢八分八厘五毫三絲六忽。）益課洲，舊共田埂、蘆草泥水。（六千六百八十五畝三分五厘九毫七絲，共該課銀三百七十二兩九錢四分三厘八毫五絲六忽，共坍没一千五百五十二畝，共豁除課銀七十六兩五錢零四厘，實共存五千一百三十三畝三分五厘九毫七絲，共該課銀二百九十六兩四錢三分九厘八毫五絲六忽。）御隆還補沙洲，舊共田埂、蘆草泥水。（七萬五千九百八十三畝一分五厘三毫八絲六忽，共該課銀二千七百七十一兩九錢三分六厘四毫八絲一忽二微一沙七塵四渺，共坍没三萬二千四百六十三畝九分九厘一毫三絲八忽二微五纖，共豁除課銀一千四百四十八兩一錢四分三厘八毫三絲七忽二微八纖一沙二塵四渺七漠七埃，實共存四萬三千五百十九畝一分六厘二毫四絲七忽七微五纖，共該課銀一千三百二十三兩七錢九分二厘六毫四絲三忽九微二纖零四塵九渺二漠三埃。）廣興洲，舊共蘆草泥水。（六百五十二畝二分七厘九毫，共該課銀十二兩七錢四分九厘四毫五絲九忽，全行坍没，課全豁。）草鞋夾洲，舊共蘆草泥水。（八百九十八畝四分七厘二毫，共該課銀二十四兩四錢九分七厘一毫四絲九忽五微，全行坍没，課全豁。）新順江洲，舊共田埂、蘆泥。（二千一百八十一畝七分三厘五毫，共該課銀一百零七兩五錢二分二厘二毫七絲七忽五微七沙，共坍没一千零九十八畝五分二厘一毫，共豁除課銀五十六兩一錢二分二厘七毫三絲一忽二微八纖七沙，實共存一千零八十三畝二分一厘四毫，共該課銀五十一兩三錢九分九厘五毫四絲六忽二微二纖。）永安洲，舊共田埂、蘆草泥水。（二萬零六百十四畝六分二厘八毫七絲九忽五微，共該課銀八百六十兩零四錢七分五厘八毫四絲六微九纖八沙七塵七渺五漠，共坍没三百六十九畝三分八厘二毫，共豁除課銀二十二兩七錢六分六厘二毫六絲六忽九微四纖二沙，實共存二萬零二百四十五畝二分四厘六毫七絲九忽五微，共該課銀八百三十七兩七錢零九厘五毫七絲三忽七微五纖四沙七塵七渺五漠。）復新洲，舊共田埂、水影。（三千五百二十八畝四分一厘二毫一絲八忽七微五纖，共該課銀一百七十兩零五錢三分九厘七毫一絲四忽九微一沙一塵，共坍没三百二十五畝八分三厘，共豁除課銀二十兩零一錢八分二厘四毫八絲六忽四微三纖二沙，實共存三千二百零二畝五分八厘二毫一絲八忽七微五纖，共該課銀一百五十兩零三錢五分七厘二毫二絲八忽四微七纖九沙。）細民洲，舊共田埂、蘆草泥水。（三萬六千六百三十六畝九分八厘一毫七絲八忽二微，共該課銀一千九百三十四兩零五分三厘一毫四絲一忽一微六纖八沙八塵二渺八漠，共坍没八百二十五畝一分七厘四毫，共豁除課銀四十五兩四錢三分七厘四毫六絲二忽八微零六沙，實共存三萬五千七百四十一畝八分零六毫七絲八忽二微，共該課銀一千八百八十八兩六錢一分五厘六毫七絲八忽三微六纖二沙八塵二渺八漠。）抵額洲，舊共田埂、蘆草泥。（七千一百三十一畝四分零五毫，共該課銀四百六十七兩九錢四分一厘七毫一絲九忽九微四纖四沙，共坍没二十五畝零三厘三毫，共豁除課銀一兩七錢八分六厘七毫九絲八忽五微七纖二沙，實共存七千一百零六畝三分七厘二毫，共該課銀四百六十六兩一錢五分四厘九毫二絲一忽三微七纖。）請佃洲，舊共田埂、蘆草泥水。（六千七百零九畝七分四毫五絲，共該課銀三百五十三兩四錢九分四厘五毫三絲三忽五纖七沙三塵，共坍没四百零二畝六分六厘二毫，共豁除課銀二十五兩八錢二分零五毫，實共存六千三百零七畝零四厘二毫五絲，共該課銀三百二十七兩六錢七分四厘零三絲三忽零五纖七沙三塵。）按：此以上十三洲係有坍没之洲。（坍没共計四萬二千七百五十九畝四分四厘五毫三絲八忽二微五纖，共豁除課銀一千九百九十五兩九錢三分三厘九毫一絲三忽零二纖零二塵四渺七漠七埃，實共存十四萬二千三百四十七畝一分六厘六毫四絲八忽五微一纖二沙，共課銀六千一百七十六兩一錢六分七厘九毫六絲三忽六微六纖八沙二塵三渺五漠三埃。）以下係無坍没之洲，分上、中、下三段：（上洲）永固洲，田埂、蘆草泥水。（計共二萬二千七百七十四畝九分二厘零一絲一忽五微，共計課銀一千零六十八兩九錢九分六厘一毫二絲零三微六纖二沙四塵五渺。）連青州，田埂、蘆地。（計共四百六十九畝四分一厘，共計課銀二十九兩五錢八分九厘七毫四絲三忽九微。）湖村灘洲，田、草。（計共一百零五畝零九厘八毫九絲，共計課銀九兩零零二厘五毫三絲七忽二微四纖九沙二塵五渺。）對屏洲，田埂、蘆泥地。（計共一百九十五畝二分八厘四毫六絲，共計課銀九兩九錢七分五厘七毫一絲五忽二微九纖七沙。）永新洲，田埂、蘆草泥。（計共七百七十四畝二分，計共課銀三十六兩七錢四分七厘八毫八絲五忽七微五纖三沙一塵二渺五漠。）定業洲，田埂、蘆泥、水影。（共計八千三百九十八畝九分六厘八毫七絲五忽，計共課銀四百六十六兩三錢八分二厘六毫四絲一忽四微零。）小心厘洲，蘆地、草泥。（共計七百九十九畝六分五厘，計共課銀二十三兩零六分九厘五毫。）天寧洲，田埂、蘆泥。（共計二千零九十二畝六分八厘九毫七絲八忽，計共課銀五十九兩零七分七厘四毫四絲零一微二纖二沙四塵。）七里港洲，田埂、蘆泥、水。（共計四百四十三畝零一厘七毫，計共課銀十四兩六錢六分六厘九毫七絲四忽四微五沙。）天生洲，田埂、蘆草泥。（共計九百六十五畝，計共課銀四十兩零七錢二分九厘四毫三絲二忽。）徵人洲，田、地、蘆泥草、水影。（共計四千四百四十六畝三分九厘零五絲，計共課銀一百四十四兩九錢九分五厘七毫二絲八忽一微。）還青州，田埂、蘆泥。（共計二千六百五十四畝五分五厘五毫二絲，計共課銀一百零八兩八錢五分八厘九毫八絲九忽三微九纖二沙。）新沙官洲，蘆草泥。（共計一千八百三十一畝五分三厘八毫，計共課銀三十八兩二錢五分二厘一毫四絲五忽零五纖五沙。）永固邊洲，田、地、泥。（共計四百五十二畝七分七厘四毫二絲五忽，計共課銀三十五兩四錢二分九厘零七絲零八微一纖五沙。）（中洲）連城洲，田埂、蘆泥。（共計一萬一千八百八十三畝九分五厘零零七忽，計共課銀七百二十三兩九錢五分六厘五毫六絲零四微六纖九沙四塵。）補生新洲，田埂、蘆草泥、水。（共計五千三百零四畝一分六厘七毫二絲六忽，計共課銀三百七十七兩七錢一分二厘四毫七絲七忽二微四纖五沙。）補生洲，田埂、蘆草泥。（共計三百七十五畝四分九厘六毫，計共課銀十二兩四錢八分三厘零八絲三忽七微二纖五沙。）接界洲，田埂、蘆草泥。（共計六千八百五十三畝六分八厘七毫，計共課銀三百九十四兩一錢二分二厘一毫五絲六忽二微五纖二沙四塵。）上伏新洲，田埂、蘆泥。（共計三百八十九畝七分九厘八毫五絲，計共課銀十二兩七錢四分二厘七毫零四忽四微。）基沙洲，田埂、蘆泥。（共計八百九十七畝，計共課銀六十二兩二錢四分一厘七毫零四忽六微二纖五沙。）連山東洲，田埂、蘆泥、地。（共計三千三百七十畝零零二厘一毫，計共課銀二百六十五兩七錢三分一厘二毫九絲零四微。）廣元洲，田埂、蘆泥。（共計三千二百六十九畝二分八厘零三絲，計共課銀一百八十兩零五錢一厘一毫零六忽零三纖二沙六塵八渺二漠。）復原洲，田埂、蘆泥。（共計八百八十八畝零四厘二毫七絲五忽，計共課銀六十七兩三錢零八厘六毫二絲一忽四微三纖零一塵二渺五漠。）天生還順洲，田埂、蘆泥、水影。（共計三千三百零零二分七厘七毫三絲，計共課銀一百四十八兩八錢一分五厘四毫零三忽九微八纖八沙五塵。）東城洲，田埂、蘆泥、水影。（共計三千一百畝零零二分七厘七毫三絲，計共課銀一百四十八兩八錢一分五厘四毫零二忽九微八纖八沙五塵。）還原洲，田埂、蘆泥。（共計一千三百六十八畝一分一厘二毫五絲，計共課銀二十八兩九錢五分四厘二毫一絲八忽四微。）復順新洲，田埂、蘆泥、水。（共計二千六百五十四畝五分二厘七毫，計共課銀一百十三兩零九分六厘五毫六絲零四微六纖二沙五塵。）廣順洲，田埂、蘆草泥、水。（共計一千四百十五畝四分零零七絲零二微五纖，計共課銀七十九兩一錢七分二厘二毫一絲四忽五微七纖九沙九塵二渺五漠。）東興洲，田埂、蘆草泥、水。（共計二千八百六十五畝六分九厘二毫，計共課銀一百六十四兩零二分九厘二毫二絲三忽九微九纖四沙。）補額洲，田埂、蘆。（共計一百八十畝零六分二厘，計共課銀九兩八錢三分三厘一毫五絲七忽二微二纖六沙。）補順洲，田埂、蘆泥、水。（共計四千三百三十一畝六分一厘八毫二絲，計共課銀二百兩零零九錢一分零四毫九絲五忽五微五纖□①沙零五渺。）代糧洲，田埂、蘆泥。（共計三百三十四畝九分五厘，計共課銀十七兩四錢九分零零七絲二忽四微。）順安洲，田埂、蘆草泥、水。（共計一千四百七十一畝八分一厘九毫五絲，計共課銀八十三兩八錢七分三厘五毫三絲四忽七微九纖七沙。）連順洲，田埂、蘆泥、水。（共計一千一百零四畝四分，計共課銀三十七兩四錢零一厘三毫五絲四忽二微六纖八沙。）天補東洲，田埂、草泥。（共計五百五十九畝五分三厘，計共課銀三十七兩四錢零五厘三毫六絲零一微。）（下洲）德興洲，計四段，田埂、蘆草泥。（共計三萬五千零六十二畝六分五厘七毫五絲三忽，計共課銀一千七百六十四兩九錢九分二厘六毫七絲八忽三微五纖三沙二塵九渺六漠。）伏興洲，田埂、泥水。（共計一千六百八十五畝一分，計共課銀一百零一兩八錢五分一厘四毫五絲五忽九微九纖五沙。）長生洲，田埂、泥水。（共計一千一百十九畝二分二厘，計共課銀五十兩零六錢五分九厘五毫五絲三忽八微八纖二沙五塵。）伏生洲，田埂、水。（共計一千零零九畝九分四厘零五絲，計共課銀六十一兩零四分零六毫九絲零五微二纖四沙。）勝寧洲，田埂、水。（共計一千一百五十八畝②二分零七毫，計共課銀六十一兩零七分七厘六毫九絲三忽零三纖七沙五塵。）長寧洲，田埂、岸划。（共計一千二百四十八畝六分零一毫，計共課銀七十八兩六錢一分四厘五毫九絲二忽八微四纖。）山北港洲，田埂、泥（共計二百三十七畝，計共課銀八兩九錢四分六厘一毫八絲七忽二微四纖零五塵。）樂生官洲，田埂、蘆泥、水。（共計一萬六千零五十九畝五分四厘四毫，計共課銀八百二十一兩零三分三厘三毫一絲三忽三微九纖九沙三塵七渺。）樂生民洲，田埂、泥。（共計一千畝，計共課銀五十七兩八錢五分八厘三毫五絲四忽一微一纖九沙五塵。）補壽洲，田埂、蘆草泥、水。（共計四千八百五十五畝二分一厘八毫六絲七忽，計共課銀二百二十兩零八錢三分二厘六毫八絲二忽八微四纖三沙七塵八渺。）育嬰洲，田埂、蘆泥。（共計九千三百五十畝，計共課銀四百六十四兩九錢五分四厘四毫四絲八忽。）寶晉官洲，田埂、蘆泥。（共計四千三百四十五畝九分二厘四毫二絲五忽九微，計共課銀一百七十七兩二錢六分四厘四毫六絲零四微五纖六沙九塵七渺二漠。）外金家嘴，泥灘。（共計一百七十八畝五分九厘一毫六絲六忽，計共課銀二兩一錢四分三厘零九絲九忽九微二纖。）寶晉新洲，蘆草泥、水。（共計四千一百五十四畝三分一厘三毫五絲，計共課銀六十四兩九錢四分三厘四毫八絲五忽三微六纖五沙。）廣興洲，蘆草泥、水。（共計六百五十二畝六分九厘，現坍未定，科則無稽。）以上五十洲係無坍没之洲。（計共十八萬三千四百二十九畝二分三厘

① 按：此處有脱字。
② 按："畝"原作"兩"，或誤，據意改。

二毫零九忽六微五纖，計共課銀九千一百八十八兩五錢八分三厘三毫三絲三忽一微六纖三沙七塵二渺五漠。）

總計有坍、無坍各洲，實存田埂岸划蘆草泥水，共三十二萬五千七百七十六畝三分九厘八毫五絲八忽一微六纖二沙，總計課銀一萬五千三百六十四兩七錢五分一厘二毫九絲六忽八微三纖一沙九塵六渺零三埃。統計六十三洲，均照印册登録。

各洲科則不等，湖村灘洲、復原洲、伏興洲、伏生洲、勝寧洲、山北港洲：田，每畝課銀九分二厘五毫五絲七忽五微；埂划塘，每畝課銀一分四厘八毫八絲；蘆地，每畝課銀四分四厘五毫；草灘，每畝課銀二分三厘三毫七絲；泥灘，每畝課銀一分四厘九毫二絲六忽；上水影，每畝課銀四厘五毫一絲。天寧洲、抵額洲：田，每畝課銀九分；埂划塘，每畝課銀一分二厘零八絲四忽；蘆地，每畝科銀二分九厘四毫三絲；草灘，每畝課銀二分一厘八毫；泥灘，每畝課銀一分零九毫。補生新洲、基沙洲：田，每畝課銀八分五厘五毫；埂划塘，每畝課銀二分；蘆地，每畝課銀三分五厘二毫；草灘，每畝課銀二分三厘一毫；泥灘，每畝課銀一分一厘；上水影，每畝課銀三厘三毫。青沙洲、世業洲、定業洲、天生洲、永固邊洲、益課洲、連山東洲、還原洲、天補東洲、請佃洲、育嬰洲：田，每畝課銀八分；埂划塘，每畝課銀二分；地，每畝課銀六分一厘四毫四絲五忽；蘆地，每畝課銀四分；草灘，每畝課銀二分三厘三毫七絲；泥灘，每畝課銀一分二厘；歸公泥灘，每畝課銀三分；上水影，每畝課銀四厘。永固洲、連青洲、對屏洲、還青洲、補生洲、接界洲、上伏興洲、東城洲、復順新洲、代糧洲、順安洲、連順洲、德興洲、伏新洲、長寧洲、樂生官洲、樂生民洲、寶晉官洲、寶晉洲、歸公項下寶晉新洲、永新洲、七里港洲、連城洲、御隆洲、廣元洲、新順江洲、天生還順洲、廣順洲、東興洲、補額洲、補順洲、永安洲、細民洲（補東洲附）、長生洲、補壽洲：田，每畝課銀七分二厘七毫七絲；地，每畝課銀六分一厘四毫四絲五忽；埂划塘，每畝課銀一分二厘零八絲四忽；蘆地，每畝課銀四分二厘七毫八絲三忽（内連青洲、對屏洲、還青洲、寶晉官洲：蘆地，每畝科銀四分）；草灘，每畝課銀二分三厘三毫七絲；泥灘，每畝課銀一分二厘（内寶晉新洲以下十六洲：泥灘，每畝課銀一分二厘二毫四絲五忽）；上水影，每畝課銀三厘八毫（内永固洲、御隆洲、連順洲、樂生官洲：上水影，每畝課銀四厘）。徵人洲：田，每畝課銀七分；埂划塘，每畝課銀一分；蘆地，每畝課銀四分；泥灘，每畝課銀一分；上水影，每畝課銀一厘。小心厘洲、御隆洲、歸公棗核釘：蘆地，每畝課銀四分；稀蘆地，每畝課銀三分；草灘，每畝課銀二分；泥灘，每畝課銀一分。新沙官洲：蘆地，每畝課銀四分；草灘，每畝課銀二分三厘三毫七絲；泥灘，每畝課銀一分二厘二毫四絲五忽；上水影，每畝課銀四厘。各洲下水影例不升科。廣興洲、草鞋夾洲均已坍没。

丹徒縣志卷十五終

丹徒縣志卷十六

食貨六　徭役

徭役叙

明代役法最繁。我朝均田之後，户不分等，役盡歸田，按田編銀，以銀雇役，民困固已蘇矣。丹徒自康熙年間有自運圖甲諸弊，已永禁革。後之編審者其知所考鏡哉？志徭役。

明

嘉靖十六年賦役册（**一、銀差：**南京户部，該司收候轉發後湖册夫二名，每名銀八兩，徵銀解府轉解。南京兵部，該司收候轉撥各部柴薪皂隸三十九名，每名銀一十二兩，閏月每名加銀一兩，徵銀解府轉解。各部直堂皂隸四十名，每名銀一十兩，徵銀解府轉解。五城兵馬司弓兵二十一名，每名銀八兩五錢，徵銀連人解府轉解。會同館館夫二十三名，每名銀八兩，徵銀連人解府轉解。順天府收候轉發富户三十名，每名銀三兩，徵銀解府轉解。應天府收候雇役操江，都察院派取操江水手九名，每名銀六兩，徵銀解府轉解。本府柴薪皂隸十名，每名銀一十二兩，閏月每名加銀一兩，徵銀解府收候。本縣柴薪皂隸十一名，每名銀一十二兩，閏月每名加銀一兩，本縣徵銀支用。本府馬夫三名，每名銀四十兩，徵銀解府按季收候支散。本縣馬夫五名，每名銀四十兩。本府儒學齋夫三名，每名銀一十二兩。本縣儒學齋夫六名，每名銀一十二兩，閏月每名加銀一兩。本府儒學膳夫二名，每名銀四十兩。本縣儒學膳夫二名，每名銀四十兩。京科①扛解銀，七百一十五兩二錢五分三厘零。**一、力差：**都察院門子四名，每名銀四兩。察院門子四名，每名銀四兩。巡江察院門子四名，每名銀四兩。兵備道門子一名，銀四兩。皂隸二名，每名銀八兩。道宗書院門子一名，銀二兩。本府門子十一名，每名銀三兩。府館門子一名，銀三兩。直堂皂隸十二名，每名銀六兩。司獄司皂隸一名，銀六兩。禁卒十三名，每名工食銀七兩二錢，加油燭銀五錢。廣盈庫庫子六名，每名銀七兩二錢。架閣庫庫子一名，銀四兩。軍器局庫子二名，每名銀三兩。鐘鼓夫二名，每名銀三兩。操江巡船水手二十四名，每名銀五兩。巡江座營船水手三名，每名銀五兩。戰船水手三名，每名銀五兩。馬船水手五名，每名銀五兩。巡船水手九名，每名銀五兩。江船水手四名，每名銀五兩。本縣門子八名，每名銀三兩。皂隸三十七名，每名銀六兩。禁卒十名，每

---

① 按："科"，《嘉慶丹徒縣志》卷十《食貨四·徭役》作"料"。

名工食銀七兩二錢，加油燭銀五錢。庫子二名，每名銀四兩。巡鹽巡捕快手三十一名，每名銀六兩五錢。走遞皂隸二百名，每名銀六兩。本府儒學門子三名，每名銀五兩。庫子二名，每名銀五兩。斗級二名，每名銀五兩。本縣儒學門子五名，每名銀五兩。庫子三名，每名銀五兩。斗級二名，每名銀五兩。本府預備倉斗級六名，每名銀十五兩七錢。本縣預備倉斗級一名。本府大軍倉斗級三名，每名銀五兩。本縣鎮西倉收糧斗級二名，每名銀三兩。巡攔三名，每名銀四兩。本府税課司五名。壩夫四十名，每名銀三兩。瀕江新港壩十八名，每名銀三兩。丹徒壩二十二名，每名銀三兩。巡檢司弓兵二百四十名，每名銀八兩。本府急遞鋪兵十名，本縣西門鋪兵六名，西津鋪兵四名，七里鋪兵六名，樂亭鋪兵六名，洪信鋪兵六名，高資鋪兵六名，炭渚鋪兵六名，三里鋪兵六名，流水鋪兵六名，陸城鋪兵六名，陶港鋪兵八名，共七十六名，每名工食銀四兩。京口驛館夫十二名，每名銀五兩。炭渚驛館夫五名，每名銀五兩。本府操練民快四十八名，每名銀十二兩。本縣民壯二百四十名，工食不等，共銀一千八百五兩五錢）。

萬曆二十二年，兩院革去預備倉斗級、本縣編募倉夫二名。（每名工食銀七兩二錢，修倉銀十二兩八錢，共銀二十兩，其造册之費，每倉銀五兩。）

國朝

撫院項下（心紅紙張銀一百一十八兩二錢八分，遇閏加銀九兩八錢五分六厘六毫零，今裁。按：衣家伙銀六十兩，今裁）。

按院項下（心紅紙張銀六十八兩六錢，遇閏加銀五兩七錢一分六厘六毫零，今裁）。

學道項下（心紅紙張銀五十七兩一錢二厘，遇閏加銀四兩七錢五分八厘五毫，今裁）。

鹽院項下（蔬菜、油燭銀七十二兩，遇閏加銀六兩，今裁）。

漕院項下（心紅紙張銀三十兩，遇閏加銀二兩五錢，今裁）。

江鎮常道項下（吏書一十名，每名工食銀六兩，遇閏加銀五兩，今裁）。

督糧道項下（皂隸一十二名，每名工食銀六兩，共銀七十二兩，遇閏加銀六兩）。

本府知府員下（俸銀一百五兩，遇閏加銀八兩七錢五分。薪銀二十九兩四分四厘，今裁。心紅紙張、油燭銀五十兩，遇閏加銀四兩一錢六分六厘六毫零，今裁。修宅家伙銀五十兩，今裁。書辦二十四名，每名工食銀六兩，共銀一百四十四兩，遇閏加銀一十二兩，今裁）。

本府同知員下（俸銀八十兩，遇閏加銀六兩六錢六分六厘六毫零。薪銀一十兩五錢五分六厘，今裁。心紅紙張銀二十兩，遇閏加銀一兩六錢六分六厘七毫零，今裁。書辦六名，每名工食銀六兩，共銀三十六兩，遇閏加銀三兩，今裁）。

本府通判員下（俸銀二十四兩五錢四分，遇閏加銀二兩四分五厘。薪銀二十三兩四錢六分，今裁。心紅紙張銀二十兩，遇閏加銀一兩六錢六分六厘七毫，今裁。書辦六名，每名工食銀六兩，共銀三十六兩，遇閏加銀三兩，今裁。轎傘扇夫四名，每名工食銀七兩二錢）。

本府管馬通判員下（俸銀六十兩。薪銀二十三兩四錢六分。心紅紙張銀二十兩，書辦六名，工食銀六十四兩八錢，以上俱裁）。

本府推官員下（俸銀一十七兩五錢一分，遇閏加銀一兩四錢五分九厘一毫七絲。薪銀一十八兩四錢九分。心紅紙張銀二十兩，遇閏加銀一兩六錢六分六厘七毫，桌圍傘扇銀一十兩。書辦八名，每名工食銀六兩，以上俱裁）。

本府經歷員下（俸銀一十五兩七錢九分八厘，遇閏加銀一兩三錢一分六厘五毫。薪銀八兩二錢二厘，今裁。書辦一名，工食銀六兩，遇閏加銀五錢，今裁）。

本府照磨員下（俸銀一十二兩，遇閏加銀一兩。皂隸四名，每名工食銀七兩二錢）。

本府司獄司員下（俸銀一十二兩，遇閏加銀一兩。書辦一名，工食銀六兩，遇閏加銀五錢，今裁。皂隸二名，每名工食銀七兩二錢）。

本府織染局大使員下（書辦一名，工食銀六兩，遇閏加銀五錢，今裁。皂隸二名，每名工食銀六兩，共銀一十二兩，遇閏加銀一兩，今裁）。

本府儒學教官員下（教授一員，訓導二員，每員俸銀一十九兩五錢二分，共銀五十八兩五錢六分，遇閏加銀四兩八錢八分，内訓導二員俸銀今裁。廩生一十六名，每名廩糧銀四兩，共銀六十四兩，遇閏加銀五兩三錢三分三厘三毫三絲。膳夫工食銀四十兩，遇閏加銀三兩三錢三分三厘三毫三絲。香燭銀一兩四錢四分，遇閏加銀一錢二分，今裁）。

本縣知縣員下（俸銀四十五兩，遇閏加銀三兩七錢五分。薪銀一十八兩四錢九分，今裁。心紅紙張銀二十兩，遇閏加銀一兩六錢六分六毫零，今裁。修宅家伙銀二十兩，今裁。迎送上司傘扇銀十兩，今裁。書辦一十二名，每名工食銀六兩，共銀七十二兩，遇閏加銀六兩，今裁。門子二名，每名工食銀七兩二錢。皂隸一十六名，每名工食銀七兩二錢。馬快八名，每名工食、草料銀一十八兩。民壯五十名，每名工食銀七兩二錢。燈夫四名，每名工食銀七兩二錢。看監禁卒八名，每名工食銀七兩二錢。修理倉監五兩。轎傘扇夫七名，每名工食銀七兩二錢。庫書一名，工食銀六兩，遇閏加銀五錢，今裁。倉書一名，工食銀六兩，遇閏加銀五錢，今裁。庫子四名，每名工食銀七兩二錢。斗級四名，每名工食銀七兩二錢）。

本縣縣丞員下（俸銀四十兩，遇閏加銀三兩三錢三分三厘三毫三絲三忽。薪銀八兩二錢二厘，今裁。書辦一名，工食銀六兩，遇閏加銀五錢，今裁。門子一名，工食銀七兩二錢。皂隸四名，每名工食銀七兩二錢。馬夫一名，工食銀七兩二錢）。

本縣主簿員下（俸銀三十三兩一錢一分四厘，遇閏加銀二兩七錢五分九厘五毫。書辦一名，工食銀六兩，遇閏加銀五錢，今裁。門子一名，工食銀六兩，遇閏加銀五錢。皂隸四名，每名工食銀七兩二錢。馬夫一名，工食銀七兩二錢）。

本縣典史員下（俸銀三十一兩五錢二分，遇閏加銀二兩六錢二分六厘六毫零。書辦一名，工食銀六兩，遇閏加銀五錢，今裁。門子一名，工食銀七兩二錢。皂隸四名，每名工食銀七兩二錢。馬夫一名，工食銀七兩二錢）。

本縣儒學員下（教諭一員，訓導一員，每員俸銀三十一兩五錢二分，共銀六十三兩四分，遇閏共加銀五兩二錢五分三厘三毫零，内訓導俸銀今裁。廪生二十名，每名廪糧銀四兩，共銀八十兩，遇閏共加銀六兩六錢六分六厘六毫七絲。學書一名，工食銀七兩二錢，今裁。門子三名，每名工食銀七兩二錢。齋夫六名，每名工食銀六兩。膳夫二名，每名工食銀二十兩，共銀四十兩，遇閏共加銀三兩三錢三分三厘三毫三絲三忽。教官二員，每員喂馬草料銀一十二兩，共銀二十四兩，遇閏共加銀二兩，今裁。香燭銀三兩六錢，遇閏加銀三錢，今裁）。

本縣四巡檢（每員俸銀三十一兩四錢二分，共銀一百二十六兩八分，遇閏加銀一十兩五錢六厘六毫零，内姜家司巡檢俸銀今裁。書辦各一名，每名工食銀六兩，共銀二十四兩，遇閏共加銀二兩，今裁。皂隸各二名，每名工食銀六兩）。

本縣二驛丞（每員俸銀三十一兩五錢二分，共銀六十三兩四分，遇閏加銀五兩二錢五分三厘三毫零。書辦各一名，每名工食銀六兩，共銀十二兩，遇閏共加銀一兩，今裁。皂隸各二名，共四名，每名工食銀七兩二錢）。

以上各款，除扣裁充餉外，實給銀一千七百五十四兩六錢一分二厘，内除弃沙、坍江，加復沙改墾升科，實給銀一千六百六十六兩二錢三分八厘三毫零。

本縣存留支解銀數（撫院供應銀一百一十兩七錢七分八厘，全裁解部，每兩解費二分。按院公費銀一百三十七兩五錢，全裁解部，每兩解費二分。學院供應銀二十三兩三錢六分八厘三毫四絲，全裁解部，解費銀四錢六分七厘三毫零。漕院公費銀三十兩，全裁解部，解費銀六錢。常鎮道公費銀一百六十一兩六錢一分二厘六毫，全裁解部，解費銀三兩二錢三分二厘二毫零。修理龍衣船銀六十九兩二錢九分二厘，請旨案内奉裁銀二十三兩九分七厘三毫零，存四十六兩一錢九分四厘六毫零，協解蘇州府交納。操江巡船水手三十三名，每名工食銀一十兩八錢，共銀三百五十六兩四錢，遇閏加銀二十九兩七錢。馬仙船水手一十九名，工食不等并修船，共銀一百五十一兩二錢，内裁銀三十二兩四錢，解部，每兩解費二分，實給銀一百一十八兩八錢，遇閏加銀五兩四錢。本府急遞鋪司兵一十名，工食銀共七十二兩，遇閏加銀六兩。巡鹽巡捕民壯一十八名，工食銀共一百二十九兩六錢，遇閏加銀一十兩八錢。譙樓鼓夫二名，工食銀共八兩，遇閏加銀六錢六分六厘六毫零。本縣鋪司兵四十二名，每名工食銀七兩二錢。巡鹽巡捕民壯二十名，工食銀共一百四十四兩，今裁解部，每兩解費二分。巡檢司弓兵一百三十名，工食銀共四百五十九兩。走遞皂隸一百二十一名，工食不等，共銀八百一十五兩四錢，遇閏加銀六十七兩九錢五分。河下吹手五十名，工食銀共三百六十兩，遇閏加銀三十兩。上司聽用官吏五十名，工食銀共一百八十兩。沿江墩夫一十九名，工食銀共六十八兩四錢，遇閏加銀五兩七錢。四察院門子十四名，工食銀共五十兩四錢，遇閏加銀四兩二錢。看守察院家伙門子四名，工食銀共二十一兩六錢，遇閏加銀一兩八錢。修理搬運打掃夫一十八名，工食銀共六十四兩八錢。看守各衙門公館鋪設挑擔等夫八名，工食銀共五十七兩六錢，遇閏加銀四兩八錢。閘夫一十二名，工食不等，共銀五十二兩，遇閏加銀四兩三錢三分三厘三毫零。本府賫進。萬壽、正旦、長至、表箋、什物、撰書、路費等銀二十兩。府縣慶賀、習儀、拜牌、接敕、救護、香燭、紙馬等銀二兩五錢，今裁。府縣儒學文廟祠壇祭祀等銀一百七十六兩六錢四分四厘。本縣祈晴禱雨香燭、猪羊等銀四兩，今裁。府縣鄉飲酒席銀一十七兩五錢，今裁。本府供應雜支、下程小飯等費銀三百四十二兩三錢三分三厘四毫，遇閏加銀二十八兩五錢二分七厘零，今裁。本府新官到任公宴等銀三十一兩，今裁。本府關領時憲書、路費等銀三兩。本縣供應過往各上司下程小飯、中火等銀八百七十兩，遇閏加銀七十二兩五錢，今裁。本縣新官到任公宴等銀二十七兩，今裁。本縣備用銀五百八兩八錢七分，全裁解部，解費銀一十兩一錢七分七厘四毫。本縣關領時憲書、路費等銀八兩。府縣各衙門彩畫門神春牛、桃符等銀三兩三錢五分，今裁。本縣歲終新書、節炭等銀三十兩。按院觀風考賞、府縣學優等生員花紅供給等銀七十兩，今裁。學道考試科舉并上司應用卷箱、牌面等項，每年帶徵銀五兩三錢三分三厘四毫。學道并府縣考試生童供給等銀二十兩。學道歲科考試、府縣學生員花紅供給等項，三年二次，每年帶徵銀九十三兩三錢三分。本府季考生員供給等銀一十七兩二錢一分五厘零。本縣季考生員花紅、考卷等銀四十兩。本縣迎送新進府縣學生員花紅等銀二十兩。學道考試武生供給等項銀一十五兩。府縣儒學歲貢盤纏、花紅、旗匾、牌坊等銀一百兩。上司按臨、行香、講書、給賞生員紙筆銀二十兩。上司按臨出本取用夾板、包袱、箱扛等銀二十兩，全裁解部，每兩解費銀二分。上司按臨查盤柴米等銀四十兩，全裁解部，每兩解費二分。上司按臨操賞水陸官兵銀一百五十兩，全裁解部，每兩解費二分。上司按臨刑具銀一十兩，全裁。上司按臨審録决囚血光酒席銀四兩，全裁。察院冬夏桌圍銀一十五兩，今裁。本縣修理察院租賃家伙銀五十兩，今裁。本縣修理各衙門公館銀八十五兩，今裁。本縣稅徭算書二名，每名膳書紙札銀一十五兩，今裁。本縣青油造册紙札銀四十兩，今裁。本縣養濟院孤貧一百名口，每名口歲給柴布銀一兩。布政司應朝官吏造册路費等銀一十兩六錢六分六厘六毫零，今裁。按察司應朝官吏造册路費等銀二兩六錢六分六厘六毫零，今裁。本府應朝官吏造册路費等銀二十四兩八錢零，今裁。本縣應朝官吏造册路費等銀四十九兩六錢六分六厘六毫零，今裁。江南省科場席舍供應等銀一十二兩三錢四分二厘二毫零。鄉試謄録農民路費等銀八兩六錢六分六厘六毫零，今裁。協濟武場供應銀六兩六錢六分六厘六毫零。府縣應試生員花紅、酒席、卷資、盤纏銀八十八兩一分八厘八毫零。新中式舉人牌坊、盤纏、長夫等項銀一百三十七兩九錢五分五厘五毫零。新中式進士行賀酒席、牌坊等項銀二十七兩五錢五分五厘五毫零。新中式武進士牌坊銀五兩五錢五分五厘五毫零。會試舊舉人盤纏七十三兩三錢三分三厘三毫零）。

以上各款，除扣裁充餉外，實給銀四千一十四兩七錢五厘七毫零，内除弃沙、坍江，加復沙改墾升科，實給銀三千八百二十二兩三錢三分八厘七毫零，遇閏加銀二百五十五兩九錢九分九厘九毫零。（康熙二十二年，知縣鮑天鍾詳請均田、均役，略云：各府州縣編定賦役黄册，以一百一十户爲里，推丁多者十人爲長，餘百户爲十甲，歲役里長一人，輪年應役，催辦錢糧，此普天率土定例也。乃丹徒則不然，通縣都圖，共計二百四十里，户口、田賦均編額設，歷有一定舊制，詎豪强有力人户於二百四十里之外借名自運户，巧立上圖、下圖，又圖東、西等圖以及自甲名色，不遵舊制，不由里長管攝，每年輸納錢糧遲早任意，徵比難施，從中更有隱蔽，飛詭者不知凡幾，以致年來額解之數逋欠難清。其各都圖舊編里長因此輩另立圖甲，本圖丁田原額多有虧缺，每遇力役差徭，一時奉行購募，若輩安然局外，盡累貧民支值，因此里遞困疲日深，漸至流離莫保，此無力糧里又受其害，應行禁革。凡係巧立自運圖甲，盡著歸入原編圖内，不得更張、紊亂版圖，庶賦役得均，糧里獲免偏枯之累。）（以上舊志）

乾隆四十四年《賦役全書》：各衙門官役、俸工并祭祀、雜支等項銀四千八百七十九兩四錢三分六厘，内除弃沙、坍江、圈廢蠲缺銀三百七十一兩六錢七分八厘，實徵銀四千五百七兩七錢五分八厘，閏月銀二百八十兩七錢七分六厘（今裁歸解司）。

督糧道項下（皂隸一十二名，每名工食銀六兩，共銀七十二兩，内除荒缺銀五兩七錢二分八厘，實徵銀六十六兩二錢七分二厘，閏月銀六兩）。

本府知府員下（俸銀一百五兩，内除荒缺銀八兩三錢五分三厘，實徵銀九十六兩六錢四分七厘。鋪兵一十名，每名工食銀七兩二錢，共銀七十二兩，内除荒缺銀五兩七錢二分八厘，實徵銀六十六兩二錢七分二厘，閏月銀六兩。巡鹽民壯一十八名，每名工食銀七兩二錢，共銀一百二十九兩六錢，内除荒缺銀一十兩三錢一分，實徵銀一百一十九兩二錢九分，閏月銀一十兩八錢。譙樓鼓夫二名，每名工食銀四兩，共銀八兩，内除荒缺銀六錢三分六厘，實徵銀七兩三錢六分四厘，閏月銀六錢六分七厘。以上知府員下歲給俸工銀三百一十四兩六錢，内除荒缺銀二十五兩二分七厘，實徵銀二百八十九兩五錢七分三厘，閏月銀一十七兩四錢六分七厘）。

本府同知員下（俸銀八十兩，内除荒缺銀六兩三錢六分四厘，實徵銀七十三兩六錢三分六厘）。

本府通判員下（俸銀二十四兩五錢四分，内除荒缺銀一兩九錢五分二厘，實徵銀二十二兩五錢八分八厘。轎傘扇夫四名，每名工食銀六兩，共銀二十四兩，内除荒缺銀一兩九錢九厘，實徵銀二十二兩九分一厘，閏月銀二兩。以上通判員下歲給俸工銀四十八兩五錢四分，内除荒缺銀三兩八錢六分一厘，實徵銀四十四兩六錢七分九厘，閏月銀二兩）。

新設船政，今改糧捕通判員下。（俸銀六十兩，内除荒缺銀四兩八錢四分一厘，實徵銀五十五兩一錢五分九厘。門子二名，每名工食銀六兩，共銀一十二兩，内除荒缺銀九錢六分八厘，實徵銀一十一兩三分二厘，閏月銀一兩。皂隸一十二名，每名工食銀六兩，共銀七十二兩，内除荒缺銀五兩八錢九厘，實徵銀六十六兩一錢九分一厘，閏月銀六兩。快手八名，每名工食銀六兩，共銀四十八兩，内除荒缺銀三兩八錢七分三厘，實徵銀四十四兩一錢二分七厘，閏月銀四兩。轎傘扇夫七名，每名工食銀六兩，共銀四十二兩，内除荒缺銀三兩三錢八分九厘，實徵銀三十八兩六錢一分一厘，閏月銀三兩五錢。以上通判員下歲給俸工銀二百三十四兩，内除荒缺銀一十八兩八錢八分，實徵銀二百一十五兩一錢二分，閏月銀一十四兩五錢。)

本府經歷員下（俸銀一十五兩七錢九分八厘，内除荒缺銀一兩二錢五分七厘，實徵銀一十四兩五錢四分一厘)。

本府照磨員下（俸銀一十二兩，内除荒缺銀九錢五分五厘，實徵銀一十一兩四分五厘。皂隸四名，每名工食銀六兩，共銀二十四兩，内除荒缺銀一兩九錢九厘，實徵銀二十二兩九分一厘，閏月銀二兩。以上照磨員下歲給俸工銀三十六兩，内除荒缺銀二兩八錢六分四厘，實徵銀三十三兩一錢三分六厘，閏月銀二兩)。

本縣知縣員下（俸銀四十五兩，内除荒缺銀三兩五錢四分四厘，實徵銀四十一兩四錢四分六厘。門子二名，每名工食銀六兩，共銀一十二兩，内除荒缺銀九錢五分五厘，實徵銀一十一兩四分五厘，閏月銀一兩。皂隸一十六名，每名工食銀六兩，共銀九十六兩，内除荒缺銀七兩六錢三分七厘，實徵銀八十八兩三錢六分三厘，閏月銀八兩。此項於雍正七年裁四名，抵給仵作工食。馬快八名，每名工食并草料銀一十六兩八錢，共銀一百三十四兩四錢，内除荒缺銀一十兩三錢五分二厘，實徵銀一百二十四兩四分八厘，閏月銀一十一兩二錢。轎傘扇夫七名，每名工食銀六兩，共銀四十二兩，内除荒缺銀三兩三錢四分一厘，實徵銀三十八兩六錢五分九厘，閏月銀三兩五錢。庫子四名，每名工食銀六兩，共銀二十四兩，内除荒缺銀一兩九錢九厘，實徵銀二十二兩九分一厘，閏月銀二兩。斗級四名，每名工食銀六兩，共銀二十四兩，内除荒缺銀一兩九錢九厘，實徵銀二十二兩九分一厘，閏月銀二兩。禁卒八名，每名工食銀六兩，共銀四十八兩，内除荒缺銀三兩八錢一分八厘，實徵銀四十四兩一錢八分二厘，閏月銀四兩。此禁卒尚有加給工食，雍正九年奉文於各役工食銀内扣給。民壯四十五名，每名工食加增器械銀八兩，共銀三百六十兩，内除荒缺銀二十九兩四分六厘，實徵銀三百三十兩九錢五分四厘。鋪兵四十二名，每名工食銀七兩二錢，共銀三百二兩四錢，内除荒缺銀二十四兩五分六厘，實徵銀二百七十八兩三錢四分四厘，閏月銀二十五兩二錢。修理倉監銀五兩，内除荒缺銀三錢九分八厘，實徵銀四兩六錢二厘。以上知縣員下歲給俸工銀一千九十二兩八錢，内除荒缺銀八十六兩九錢七分五厘，實徵銀一千五兩八錢二分五厘，閏月銀五十六兩九錢)。

本府儒學員下（俸銀八十五兩，内除荒缺銀六兩八錢三分六厘，實徵銀七十八兩一錢六分四厘。廪生一十六名，每名廪糧銀四兩，共銀六十四兩，内除荒缺銀五兩九分一厘，實徵銀五十八兩九錢九厘，閏月銀五兩三錢三分三厘。膳夫二名，每名工食銀二十兩，共銀四十兩，内除荒缺銀三兩一錢八分二厘，實徵銀三十六兩八錢一分八厘，閏月銀三兩三錢三分三厘。以上本府儒學員下歲給俸廪膳銀一百八十九兩，内除荒缺銀一十五兩一錢九厘，實徵銀一百七十三兩八錢九分一厘，閏月銀八兩六錢六分六厘。)

本縣儒學員下（俸銀八十兩，内除荒缺銀六兩四錢一分九厘，實徵銀七十三兩五錢八分一厘。廪生二十名，每名廪糧銀四兩，共銀八十兩，内除荒缺銀六兩三錢六分四厘，實徵銀七十三兩六錢三分六厘，閏月銀六兩六錢六分七厘。膳夫二名，每名工食銀二十兩，共銀四十兩，内除荒缺銀三兩一錢八分二厘，實徵銀三十六兩八錢一分八厘，閏月銀三兩三錢三分四厘。齋夫三名，每名工食銀一十二兩，共銀三十六兩，内除荒缺銀二兩八錢六分四厘，實徵銀三十三兩一錢三分六厘，閏月銀三兩。門子三名，每名工食銀七兩二錢，共銀二十一兩六錢，内除荒缺銀一兩七錢一分八厘，實徵銀一十九兩八錢八分二厘，閏月銀一兩八錢。以上本縣儒學員下歲給俸工銀二百五十七兩六錢，内除荒缺銀二十兩五錢四分七厘，實徵銀二百三十七兩五分三厘，閏月銀一十四兩八錢一厘）。

本縣縣丞員下（俸銀四十兩，内除荒缺銀三兩一錢八分二厘，實徵銀三十六兩八錢一分八厘。門子一名，工食銀六兩，内除荒缺銀四錢七分七厘，實徵銀五兩五錢二分三厘，閏月銀五錢。皂隸四名，每名工食銀六兩，共銀二十四兩，内除荒缺銀一兩九錢九厘，實徵銀二十二兩九分一厘，閏月銀二兩。馬夫一名，工食銀六兩，内除荒缺銀四錢七分七厘，實徵銀五兩五錢二分三厘，閏月銀五錢。以上縣丞員下歲給俸工銀七十六兩，内除荒缺銀六兩四分五厘，實徵銀六十九兩九錢五分五厘，閏月銀三兩）。

本縣主簿員下（俸銀三十三兩一錢一分四厘，内除荒缺銀一兩一錢三分三厘，實徵銀三十一兩九錢八分一厘。門子一名，工食銀六兩，内除荒缺銀二錢五厘，實徵銀五兩七錢九分五厘，閏月銀五錢。皂隸四名，每名工食銀六兩，共銀二十四兩，内除荒缺銀八錢二分一厘，實徵銀二十三兩一錢七分九厘，閏月銀二兩。馬夫一名，工食銀六兩，内除荒缺銀二錢五厘，實徵銀五兩七錢九分五厘，閏月銀五錢。以上主簿員下歲給俸工銀六十九兩一錢一分四厘，内除荒缺銀二兩三錢六分四厘，實徵銀六十六兩七錢五分，閏月銀三兩）。

本縣典史員下（俸銀三十一兩五錢二分，内除荒缺銀二兩五錢七厘，實徵銀二十九兩一分三厘。門子一名，工食銀六兩，内除荒缺銀四錢七分七厘，實徵銀五兩五錢二分三厘，閏月銀五錢。皂隸四名，每名工食銀六兩，共銀二十四兩，内除荒缺銀一兩九錢九厘，實徵銀二十二兩九分一厘，閏月銀二兩。馬夫一名，工食銀六兩，内除荒缺銀四錢七分七厘，實徵銀五兩五錢二分三厘，閏月銀五錢。以上典史員下歲給俸工銀六十七兩五錢二分，内除荒缺銀五兩三錢七分，實徵銀六十二兩一錢五分，閏月銀三兩）。

本縣丹徒巡檢司員下（俸銀三十一兩五錢二分，内除荒缺銀二兩五錢七厘，實徵銀二十九兩一分三厘。皂隸二名，每名工食銀六兩，共銀一十二兩，内除荒缺銀九錢五分五厘，實徵銀一十一兩四分五厘，閏月銀一兩。弓兵二十名，每名工食銀七兩六錢五分，共銀一百五十三兩，内除荒缺銀一十二兩一錢七分一厘，實徵銀一百四十兩八錢二分九厘，閏月銀一十二兩七錢五分。以上丹徒巡檢司員下歲給俸工銀一百九十六兩五錢二分，内除荒缺銀一十五兩六錢三分三厘，實徵銀一百八十兩八錢八分七厘，閏月銀一十三兩七錢五分）。

本縣安港巡檢司員下（俸銀三十一兩五錢二分，内除荒缺銀二兩五錢七厘，實徵銀二十九兩一分三厘。皂隸二名，每名工食銀六兩，共銀一十二兩，内除荒缺銀九錢五分五厘，實徵銀一十一兩四分五厘，閏月銀一兩。弓兵二十名，每名工食銀七兩六錢五分，共銀一百五十三兩，内除荒缺銀一十二兩一錢七分一厘，實徵銀一百四十兩八錢二分九厘，閏月銀一十二兩七錢五分。以上安港巡檢司員下歲給俸工銀一百九十六兩五錢二分，内除荒缺銀一十五兩六錢三分三厘，實徵銀一百八十兩八錢八分七厘，閏月銀一十三兩七錢五分。）

本縣高資巡檢司員下（俸銀三十一兩五錢二分，内除荒缺銀二兩五錢七厘，實徵銀二十九兩一分三厘。皂隸二名，每名工食銀六兩，共銀一十二兩，内除荒缺銀九錢五分五厘，實徵銀一十一兩四分五厘，閏月銀一兩。弓兵二十名，每名工食銀七兩六錢五分，共銀一百五十三兩，内除荒缺銀一十二兩一錢七分一厘，實徵銀一百四十兩八錢二分九厘，閏月銀一十二兩七錢五分。以上高資巡檢司員下歲給俸工銀一百九十六兩五錢二分，内除荒缺銀一十五兩六錢三分三厘，實徵銀一百八十兩八錢八分七厘，閏月銀一十三兩七錢五分）。

移設横、越二閘官員下。（俸銀三十一兩五錢二分，内除荒缺銀二兩五錢七厘，實徵銀二十九兩一分三厘。皂隸二名，每名工食銀六兩，共銀一十二兩，内除荒缺銀九錢六分八厘，實徵銀一十一兩三分二厘。以上横、越閘官員下歲給俸工銀四十三兩五錢二分，内除荒缺銀三兩四錢七分五厘，實徵銀四十兩四分五厘。）

文廟各壇祠春秋祭祀并香燭等銀，九十四兩九錢三分五厘，閏月銀八分。（府學春秋祭祀銀一十六兩三分四厘。縣學春秋祭祀銀四十八兩一錢二厘。火神廟常雩禮祭祀銀二兩一錢八分九厘。社稷等壇祭祀銀一十兩九錢四分七厘。專祠祭祀銀一十兩九錢四分七厘。厲壇祭祀銀三兩二錢八分四厘。府學香燭銀八錢五分八厘，閏月銀二分。縣學香燭銀二兩五錢七分四厘，閏月銀六分。）

雜支各款，共銀一千五百九十八兩四錢四分九厘，内除荒缺銀一百二十兩九錢一分三厘，實徵銀一千四百七十七兩五錢三分六厘，閏月銀一百八兩一錢一分二厘。（走遞皂隸一百二十一名，工食不等，共銀八百一十五兩四錢，内除荒缺銀六十四兩八錢六分四厘，實徵銀七百五十兩五錢三分六厘，閏月銀六十七兩九錢五分。上司聽用官吏銀一百三十七兩二錢二分，内除荒缺銀四兩六錢七分五厘，實徵銀一百三十二兩五錢四分五厘，閏月銀一十二兩。沿江墩夫一十九名，每名工食銀三兩六錢，共銀六十八兩四錢，内除荒缺銀五兩四錢四分一厘，實徵銀六十二兩九錢五分九厘，閏月銀五兩七錢。看守察院傢伙門子四名，每名工食銀五兩四錢，共銀二十一兩六錢，内除荒缺銀一兩七錢一分八厘，實徵銀一十九兩八錢八分二厘，閏月銀一兩八錢。看守四察院門子一十四名，每名工食銀三兩六錢，共銀五十兩四錢，内除荒缺銀四兩九厘，實徵銀四十六兩三錢九分一厘，閏月銀四兩二錢。修理、搬運、打掃夫一十四名，每名工食銀三兩六錢，共銀五十兩四錢，内除荒缺銀四兩九厘，實徵銀四十六兩三錢九分一厘，閏月銀四兩二錢。看守各衙門、公館、鋪設挑擔夫八名，每名工食銀七兩二錢，共銀五十七兩六錢，内除荒缺銀四兩五錢八分二厘，實徵銀五十三兩一分八厘，閏月銀四兩八錢。閘夫一十二名，每名工食銀不等，共銀五十二兩，内除荒缺銀四兩一錢三分七厘，實徵銀四十七兩八錢六分三厘，閏月銀四兩三錢三分三厘。江南省科場席舍銀一十二兩三錢四分二厘，内除荒缺銀九錢八分二厘，實徵銀一十一兩三錢六分。協濟武場供應銀六兩六錢六分七厘，内除荒缺銀五錢三分，實徵銀六兩一錢三分七厘。歲貢牌坊銀四十六兩六錢六分六厘，内除荒缺銀三兩七錢一分二厘，實徵銀四十二兩九錢五分四厘，此款於乾隆二年奏定均給，六年統算，周而復始。本府關領時憲書路費銀三兩，内除荒缺銀二錢三分九厘，實徵銀二兩七錢六分一厘。本縣關領時憲書路費銀八兩，内除荒缺銀六錢三分六厘，實徵銀七兩三錢六分四厘。本縣歲底新書節炭銀一十八兩，内除荒缺銀一兩四錢三分二厘，實徵銀一十六兩五錢六分八厘。府縣鄉飲酒席銀一十七兩五錢，内除荒缺銀一兩三錢九分二厘，實徵銀一十六兩一錢八厘。舊舉人會試盤纏銀七十七兩四錢一分一厘，内除荒缺銀六兩一錢五分八厘，實徵銀七十一兩二錢五分三厘，此款於雍正九年照廣督奏定，以各州縣三年均編之銀，於會試之年照通省赴試文武舉人名數統算，均匀驗派支給。上司按臨、行香銀二十兩，内除荒缺銀一兩五錢九分一厘，實徵銀一十八兩四錢九厘。府縣慶賀、習儀、拜牌、接敕、救護、香燭等項銀二兩五錢，内除荒缺銀一錢九分九厘，實徵銀二兩三錢一厘。本縣祈晴禱雨銀四兩，内除荒缺銀三錢一分八厘，實徵銀三兩六錢八分二厘。本縣養濟院孤貧一百名，每名均給銀一兩二錢九分三厘零，共銀一百二十九兩三錢四分三厘，内除荒缺銀一十兩二錢八分九厘，實徵銀一百一十九兩五分四厘，閏月銀三兩一錢二分九厘。以上俸工、荒缺、正閏銀内，廩生廩糧、膳夫、民壯、孤貧及有役當差一切工食，先後奉文於地丁内撥補，佐雜員下俸銀於通省大員俸銀項下撥補，每年統於撥補案内分晰造報。）（以上舊增）

同治四年《賦役全書》：各衙門官役、俸工、祭祀、雜支等項銀四千八百三十兩八錢九分六厘，内除弃沙、坍江、圈廢豁缺銀三百六十七兩八錢一分七厘；又裁汰本府照磨、本縣縣丞俸工，除荒缺并解寧俸工外，該銀九十九兩九錢一分四厘，歸入地丁充餉外，實徵銀四千三百六十三兩一錢六分五厘，内有奉裁縣丞員下匀攤豐碭縣丞俸工銀一兩六錢七分；又閒官員下匀攤前款銀一兩八錢八分六厘，共銀三兩五錢五分六厘；又奉裁縣丞員下匀攤阜寧北岸縣丞、主簿俸工銀一兩五錢七厘；又閒官員下匀攤前款銀一兩七錢三分九厘，共銀三兩二錢四分六厘，均應徑解江藩庫支給造報，實該銀四千三百五十六兩三錢六分三厘，隨正七分，耗羨銀三百五兩四錢二分二厘，閏月銀二百七十八兩七錢七分六厘，内除奉裁本府照磨、本縣縣丞俸工銀五兩，實徵銀二百七十三兩七錢七分六厘，隨正七分，耗羨銀一十九兩一錢六分四厘。（查此款，先於乾隆五十二年奉文統歸地丁解司、赴司支給，嗣奉文於嘉慶五年起仍在縣徑支完欠各數，同隨正徵收耗羨銀兩彙入地丁正耗項下，合計分數并疏具題，其支給細數另造款册，按年隨奏，報部核銷在案。）

各衙門官役、俸工等銀三千一百八十九兩五錢一分二厘，内除荒缺銀二百五十一兩四分一厘；又裁汰本府照磨、本縣縣丞俸工，除荒缺并解寧俸工外，該銀九十九兩九錢一分四厘歸入地丁充餉外，實徵銀二千八百三十八兩五錢五分七厘，内有奉裁縣丞員下匀攤豐碭縣縣丞并阜寧北岸縣丞、主簿俸工銀三兩一錢七分七厘，應俟下屆列入雜支各款項下解寧支給；又未裁閘官員下匀攤前款銀三兩六錢二分五厘，亦應徑解江藩庫支給造報，實該銀二千八百三十一兩七錢五分五厘，閏月銀一百七十四兩九錢一分七厘，内除奉裁本府照磨、本縣縣丞銀五兩，歸入地丁項下充餉外，實徵銀一百六十九兩九錢一分七厘。（查縣丞、閘官員下匀攤添設豐碭縣丞俸工銀兩，係於嘉慶八年奉文攤給，每年由縣徑解江藩司衙門支給造報。）

督糧道項下（皂隸一十二名，每名工食銀六兩，共銀七十二兩，内除荒缺銀五兩七錢二分八厘，實徵銀六十六兩二錢七分二厘，閏月銀六兩，於雍正二年奉文分撥松太道衙門一半，供役在案）。

本府知府員下（俸銀一百五兩，内除荒缺銀八兩三錢五分三厘，實徵銀九十六兩六錢四分七厘。鋪兵一十名，每名工食銀七兩二錢，共銀七十二兩，内除荒缺銀五兩七錢二分八厘，實徵銀六十六兩二錢七分二厘，閏月銀六兩。巡鹽民壯一十八名，每名工食銀七兩二錢，共銀一百二十九兩六錢，内除荒缺銀一十兩三錢一分，實徵銀一百一十九兩二錢九分，閏月銀一十兩八錢。譙樓夫二名，每名工食銀四兩，共銀八兩，内除荒缺銀六錢三分六厘，實徵銀七兩三錢六分四厘，閏月銀六錢六分七厘。以上知府員下歲給俸工銀三百一十四兩六錢，内除荒缺銀二十五兩二分七厘，實徵銀二百八十九兩五錢七分三厘，閏月銀一十七兩四錢六分七厘）。

本府同知員下（俸銀八十兩，内除荒缺銀六兩三錢六分四厘，實徵銀七十三兩六錢三分六厘）。

本府糧捕通判員下（俸銀六十兩，内除荒缺銀四兩八錢四分一厘，實徵銀五十五兩一錢五分九厘。門子二名，每名工食銀六兩，共銀一十二兩，内除荒缺銀九錢六分八厘，實徵銀一十一兩三分二厘，閏月銀一兩。皂隸一十二名，每名工食銀六兩，共銀七十二兩，内除荒缺銀五兩八錢九厘，實徵銀六十六兩一錢九分一厘，閏月銀六兩。快手八名，每名工食銀六兩，共銀四十八兩，内除荒缺銀三兩八錢七分三厘，實徵銀四十四兩一錢二分七厘，閏月銀四兩。轎傘扇夫七名，每名工食銀六兩，共銀四十二兩，内除荒缺銀三兩三錢八分九厘，實徵銀三十八兩六錢一分一厘，閏月銀三兩五錢。以上通判員下歲給俸工銀二百三十四兩，内除荒缺銀一十八兩八錢八分，實徵銀二百一十五兩一錢二分，閏月銀一十四兩五錢）。

本府經歷員下（俸銀一十五兩七錢九分八厘，内除荒缺銀一兩二錢五分七厘，實徵銀一十四兩五錢四分一厘）。

本縣知縣員下（俸銀四十五兩，内除荒缺銀三兩五錢五分四厘，實徵銀四十一兩四錢四分六厘。門子二名，每名工食銀六兩，共銀一十二兩，内除荒缺銀九錢五分五厘，實徵銀一十一兩四分五厘，閏月銀一兩。皂隸一十六名，每名工食銀六兩，共銀九十六兩，内除荒缺銀七兩六錢三分七厘，實徵銀八十八兩三錢六分三厘，閏月銀八兩，查此工食，於雍正七年奉文酌裁四名，抵給仵作工食。馬快八名，每名工食并草料銀一十六兩八錢，共銀一百三十四兩四錢，内除荒缺銀一十兩三錢五分二厘，實徵銀一百二十四兩四分八厘，閏月銀一十一兩二錢。轎傘扇夫七名，每名工食銀六兩，共銀四十二兩，内除荒缺銀三兩三錢四分一厘，實徵銀三十八兩六錢五分九厘，閏月銀三兩五錢。庫子四名，每名工食銀六兩，共銀二十四兩，内除荒缺銀一兩九錢九厘，實徵銀二十二兩九分一厘，又閏月銀二兩。斗級四名，每名工食銀六兩，共銀二十四兩，内除荒缺銀一兩九錢九厘，實徵銀二十二兩九分一厘，閏月銀二兩。禁卒八名，每名工食銀六兩，共銀四十八兩，内除荒缺銀三兩八錢一分八厘，實徵銀四十四兩一錢八分二厘，閏月銀四兩，查此禁卒尚有加給工食銀兩，係於雍正九年奉文，於各役工食銀内扣給。民壯四十五名，每名工食并加增器械銀八兩，共銀三百六十兩，内除荒缺銀二十九兩四分六厘，實徵銀三百三十兩九錢五分四厘。鋪兵四十二名，每名工食銀七兩二錢，共銀三百二兩四錢，内除荒缺銀二十四兩五分六厘，實徵銀二百七十八兩三錢四分四厘，閏月銀二十五兩二錢。修理倉監銀五兩，内除荒缺銀三錢九分八厘，實徵銀四兩六錢二厘。以上知縣員下歲給俸工銀一千九十二兩八錢，内除荒缺銀八十六兩九錢七分五厘，實徵銀一千五兩八錢二分五厘，閏月銀五十六兩九錢）。

本府儒學員下（俸銀八十五兩，内除荒缺銀六兩八錢三分六厘，實徵銀七十八兩一錢六分四厘。廪生一十六名，每名廪糧銀四兩，共銀六十四兩，内除荒缺銀五兩九分一厘，實徵銀五十八兩九錢九厘，閏月銀五兩三錢三分三厘。膳夫二名，每名工食銀二十兩，共銀四十兩，内除荒缺銀三兩一錢八分二厘，實徵銀三十六兩八錢一分八厘，閏月銀三兩三錢三厘。以上本府儒學員下歲給俸廪膳銀一百八十九兩，内除荒缺銀一十五兩一錢九厘，實徵銀一百七十三兩八錢九分一厘，閏月銀八兩六錢六分六厘。）

本縣儒學員下（俸銀八十兩，内除荒缺銀六兩四錢一分九厘，實徵銀七十三兩五錢八分一厘。廪生二十名，每名廪糧銀四兩，共銀八十兩，内除荒缺銀六兩三錢六分四厘，實徵銀七十三兩六錢三分六厘，閏月銀六兩六錢六分七厘。膳夫二名，每名工食銀二十兩，共銀四十兩，内除荒缺銀三兩一錢八分二厘，實徵銀三十六兩八錢一分八厘，閏月銀三兩三錢三分四厘。齋夫三名，每名工食銀一十二兩，共銀三十六兩，内除荒缺銀二兩八錢六分四厘，實徵銀三十三兩一錢三分六厘，閏月銀三兩。門子三名，每名工食銀七兩二錢，共銀二十一兩六錢，内除荒缺銀一兩七錢一分八厘，實徵銀一十九兩八錢八分二厘，閏月銀一兩八錢。以上本縣儒學員下歲給俸工銀二百五十七兩六錢，内除荒缺銀二十兩五錢四分七厘，實徵銀二百三十七兩五分三厘，閏月銀一十四兩八錢一厘）。

本縣主簿員下（俸銀三十①三兩一錢一分四厘，内除荒缺銀一兩一錢三分三厘，實徵銀三十一兩九錢八分一厘。門子一名，工食銀六兩，内除荒缺銀二錢五厘，實徵銀五兩七錢九分五厘，閏月銀五錢。皂隸四名，每名工食銀六兩，共銀二十四兩，内除荒缺

① 按："三十"，原作"卅"，依本志計數慣例，徑改"卅"爲"三十"。

銀八錢二分一厘，實徵銀二十三兩一錢七分九厘，閏月銀二兩。馬夫一名，工食銀六兩，內除荒缺銀二錢五厘，實徵銀五兩七錢九分五厘，閏月銀五錢。以上主簿員下歲給俸工銀六十九兩一錢一分四厘，內除荒缺銀二兩三錢六分四厘，實徵銀六十六兩七錢五分，閏月銀三兩）。

本縣典史員下（俸銀三十一兩五錢二分，內除荒缺銀二兩五錢七厘，實徵銀二十九兩一分三厘。門子一名，工食銀六兩，內除荒缺銀四錢七分七厘，實徵銀五兩五錢二分三厘，閏月銀五錢。皂隸四名，每名工食銀六兩，共銀二十四兩，內除荒缺銀一兩九錢九厘，實徵銀二十二兩九分一厘，閏月銀二兩。馬夫一名，工食銀六兩，內除荒缺銀四錢七分七厘，實徵銀五兩五錢二分三厘，閏月銀五錢。以上典史員下歲給俸工銀六十七兩五錢二分，內除荒缺銀五兩三錢七分，實徵銀六十二兩一錢五分，閏月銀三兩）。

本縣丹徒巡檢司員下（俸銀三十一兩五錢二分，內除荒缺銀二兩五錢七厘，實徵銀二十九兩一分三厘。皂隸二名，每名工食銀六兩，共銀一十二兩，內除荒缺銀九錢五分五厘，實徵銀一十一兩四分五厘，閏月銀一兩。弓兵二十名，每名工食銀七兩六錢五分，共銀一百五十三兩，內除荒缺銀一十二兩一錢七分一厘，實徵銀一百四十兩八錢二分九厘，閏月銀一十二兩七錢五分。以上丹徒巡檢司員下歲給俸工銀一百九十六兩五錢二分，內除荒缺銀一十五兩六錢三分三厘，實徵銀一百八十兩八錢八分七厘，閏月銀一十三兩七錢五分）。

本縣安港巡檢司員下（俸銀三十一兩五錢二分，內除荒缺銀二兩五錢七厘，實徵銀二十九兩一分三厘。皂隸二名，每名工食銀六兩，共銀一十二兩，內除荒缺銀九錢五分五厘，實徵銀一十一兩四分五厘，閏月銀一兩。弓兵二十名，每名工食銀七兩六錢五分，共銀一百五十三兩，內除荒缺銀一十二兩一錢七分一厘，實徵銀一百四十兩八錢二分九厘，閏月銀一十二兩七錢五分。以上安港巡檢司員下歲給俸工銀一百九十六兩五錢二分，內除荒缺銀一十五兩六錢三分三厘，實徵銀一百八十兩八錢八分七厘，閏月銀一十三兩七錢五分）。

本縣高資巡檢司員下（俸銀三十一兩五錢二分，內除荒缺銀二兩五錢七厘，實徵銀二十九兩一分三厘。皂隸二名，每名工食銀六兩，共銀一十二兩，內除荒缺銀九錢五分五厘，實徵銀一十一兩四分五厘，閏月銀一兩。弓兵二十名，每名工食銀七兩六錢五分，共銀一百五十三兩，內除荒缺銀一十二兩一錢七分一厘，實徵銀一百四十兩八錢二分九厘，閏月銀一十二兩七錢五分。以上高資巡檢司員下歲給俸工銀一百九十六兩五錢二分，內除荒缺銀一十五兩六錢三分三厘，實徵銀一百八十兩八錢八分七厘，閏月銀一十三兩七錢五分）。

移設横、越二閘官員下（俸銀三十一兩五錢二分，內除荒缺銀二兩五錢七厘，實徵銀二十九兩一分三厘，內匀攤添設豐碭縣丞俸銀八錢六分二厘，又匀攤添設阜寧北岸縣丞、主簿銀七錢四分七厘，實徵銀二十七兩四錢四厘。皂隸二名，每名工食銀六兩，共銀一十二兩，內除荒缺銀九錢六分八厘，實徵銀一十一兩三分二厘，內匀攤添設豐碭縣丞銀一錢九分二厘，又匀攤添設阜寧北岸縣丞、主簿銀一錢八分六厘，實該銀一十兩六錢五分四厘。閘夫一十二名，每名工食不等，共銀五十二兩，内除荒缺銀四兩一錢三分七厘，實徵銀四十七兩八錢六分三厘，内匀攤添設豐碭縣丞銀八錢三分二厘，又匀攤添設阜寧北岸縣丞、主簿銀八錢六厘，實該銀四十六兩二錢二分五厘，閏月銀四兩三錢三分三厘。以上横、越閘官員下歲給俸工銀九十五兩五錢二分，内除荒缺銀七兩六錢一分二厘，實徵銀八十七兩九錢八厘，内匀攤添設豐碭縣丞銀一兩八錢八分六厘，又匀攤添設阜寧北岸縣丞、主簿銀一兩七錢三分九厘，實該銀八十四兩二錢八分三厘，閏月銀四兩三錢三分三厘）。

（裁缺）本府照磨員下（俸銀一十二兩，内除荒缺銀九錢五分五厘，實徵銀一十一兩四分五厘。皂隸四名，每名工食銀六兩，共銀二十四兩，内除荒缺銀一兩九錢九厘，實徵銀二十二兩九分一厘，閏月銀二兩。以上照磨員下歲給俸工銀三十六兩，内除荒缺銀二兩八錢六分四厘，實徵銀三十三兩一錢三分六厘，閏月銀二兩。查照磨一缺，已於道光中年奉裁，所有原編俸工銀兩歸入地丁項下充餉）。

（裁缺）本縣縣丞員下（俸銀四十兩，内除荒缺銀三兩一錢八分二厘，實徵銀三十六兩八錢一分八厘，内匀攤添設豐碭縣丞銀一兩九分四厘，又匀攤添設阜寧北岸縣丞、主簿銀九錢四分九厘，實該銀三十四兩七錢七分五厘。門子一名，工食銀六兩，内除荒缺銀四錢七分七厘，實徵銀五兩五錢二分三厘，内匀攤添設豐碭縣丞銀九分六厘，又匀攤添設阜寧北岸縣丞、主簿銀九分三厘，實該銀五兩三錢三分四厘，閏月銀五錢。皂隸四名，每名工食銀六兩，共銀二十四兩，内除荒缺銀一兩九錢九厘，實徵銀二十二兩九分一厘，内匀攤添設豐碭縣丞銀三錢八分四厘，又匀攤添設阜寧北岸縣丞、主簿銀三錢七分二厘，實該銀二十一兩三錢三分五厘，閏月銀二兩。馬夫一名，工食銀六兩，内除荒缺銀四錢七分七厘，實徵銀五兩五錢二分三厘，内匀攤添設豐碭縣丞銀九分六厘，又匀攤添設阜寧北岸縣丞、主簿銀九分三厘，實該銀五兩三錢三分四厘，閏月銀五錢。以上縣丞員下歲給俸工銀七十六兩，内除荒缺銀六兩四分五厘，實徵銀六十九兩九錢五分五厘，内匀攤添設豐碭縣丞銀一兩六錢七分，又匀攤添設阜寧北岸縣丞、主簿銀一兩五錢七厘，實該銀六十六兩七錢七分八厘，閏月銀三兩。查縣丞一缺，已於道光中年奉裁，所有原編俸工銀兩歸入地丁項下充餉）。

文廟各壇祠春秋祭祀并香燭等銀，九十四兩九錢三分五厘，閏月銀八分。（府學：文廟春秋祭祀銀一十六兩三分四厘。縣學：文廟春秋祭祀銀四十八兩一錢二厘。火神廟常雩禮祭祀銀二兩一錢八分九厘。社稷等壇祭祀銀一十兩九錢四分七厘。專祠祭祀銀一十兩九錢四分七厘。厲壇祭祀銀三兩二錢八分四厘。府學：香燭銀八錢五分八厘，閏月銀二分。縣學：香燭銀二兩五錢七分四厘，閏月銀六分。）

雜支各款，共銀一千五百四十六兩四錢四分九厘，内除荒缺銀一百一十六兩七錢七分六厘，實徵銀一千四百二十九兩六錢七分三厘，閏月銀一百三兩七錢七分九厘。（走遞皂隸一百二十一名，工食不等，共銀八百一十五兩四錢，内除荒缺銀六十四兩八錢六分四厘，實徵銀七百五十兩五錢三分六厘，閏月銀六十七兩九錢五分。上司聽用官吏銀一百三十七兩二錢二分，内除荒缺銀四兩六錢七分五厘，實徵銀一百三十二兩五錢四分五厘，閏月銀一十二兩。沿江墩夫一十九名，每名工食銀三兩六錢，共銀六十八兩四錢，内除荒缺銀五兩四錢四分一厘，實徵銀六十二兩九錢五分九厘，閏月銀五兩七厘。看守察院傢伙門子四名，每名工食銀五兩四錢，共銀二十一兩六錢，内除荒缺銀一兩七錢一分八厘，實徵銀一十九兩八錢八分二厘，閏月銀一兩八錢。看守四察院門子一十四名，每名工食銀三兩六錢，共銀五十兩四錢，内除荒缺銀四兩九厘，實徵銀四十六兩三錢九分一厘，閏月銀四兩二錢。修理搬運打掃夫一十四名，每名工食銀三兩六錢，共銀五十兩四錢，内除荒缺銀四兩九厘，實徵銀四十六兩三錢九分一厘，閏月銀四兩二錢。看守各衙門、公館、鋪設挑擔夫八名，每名工食銀七兩二錢，共銀五十七兩六錢，内除荒缺銀四兩五錢八分二厘，實徵銀五十三兩一分八厘，閏月銀四兩八錢。江南省科場席舍銀一十二兩三錢四分二厘，内除荒缺銀九錢八分二厘，實徵銀一十一兩三錢六分。協濟武場供應銀六兩六錢六分七厘，内除荒缺銀五錢三分，實徵銀六兩一錢三分七厘。歲貢牌坊銀四十六兩六錢六分六厘，内除荒缺銀三兩七錢一分二厘，實徵銀四十二兩九錢五分四厘。查此款，於乾隆二年奏定均給，六年統算，周而復始。本府關領時憲書路費銀三兩，内除荒缺銀二錢三分九厘，實徵銀二兩七錢六分一厘。本縣關領時憲書路費銀八兩，内除荒缺銀六錢三分六厘，實徵銀七兩三錢六分四厘。本縣歲底新書節炭銀一十八兩，内除荒缺銀一兩四錢三分二厘，實徵銀一十六兩五錢六分八厘。府縣鄉飲酒席銀一十七兩五錢，内除荒缺銀一兩三錢九分二厘，實徵銀一十六兩一錢八厘。舊舉人會試盤纏銀七十七兩四錢一分一厘，内除荒缺銀六兩一錢五分八厘，實徵銀七十一兩二錢五分三厘。查此款，於雍正九年奉文照廣督鄂奏定，以各州縣三年均編之年，於會試之年照通省赴試文武舉人名數統算，均匀驗派支給。上司按臨行香銀二十兩，内除荒缺銀一兩五錢九分一厘，實徵銀一十八兩四錢九厘。府縣慶賀、習儀、拜牌、接敕、救護、香燭等項銀二兩五錢，内除荒缺銀一錢九分九厘，實徵銀二兩二錢一厘。本縣祈晴禱雨銀四兩，内除荒缺銀三錢一分八厘，實徵銀三兩六錢八分二厘。本縣養濟院孤貧一百名，每名均給銀一兩二錢九分三厘四毫二絲五忽七微六纖，共銀一百二十九兩三錢四分三厘，内除荒缺銀一十兩二錢八分九厘，實徵銀一百一十九兩五分四厘，閏月銀三兩一錢二分九厘。以上俸工、荒缺、正閏銀兩，内廪膳、孤貧、民壯及一切有役當差工食，向於地丁銀内撥補，佐雜、官俸、荒缺銀兩，向於通省大員俸内攤補，續於乾隆五十五年奉文，統於地丁銀内支給，正印大員俸銀仍照除攤實支之數支扣。）

（以上新增）

食貨七　漕運

漕運叙

京口自唐爲漕挽咽喉之所，《嘉慶志》載歷代徒邑漕運事及國朝鎮衛諸制甚晰。咸豐初改海運後，亦於蘇、太、鎮、金、松五衛提款濟用。兹以存其梗概云。志漕運。

唐

《唐書·食貨志》：廣德二年，劉晏領諸道租庸觀察使，凡漕事皆决於晏，故時轉運船由潤州陸運至揚子，斗米費錢十九。晏命囊米而載以舟，减錢十五。《舊唐書·食貨志》：貞元五年，度支轉運鹽鐵奏，比年自揚子運米，皆分配緣路觀察使，差長綱發遣，運路既遠，實謂勞人，請當使諸院自差綱節級般運，以救邊食，從之。《文獻通考》：唐時漕運最重者京口，江淮之粟所會，是諸郡咽喉處。

元

《元史·世祖紀》：至元二十八年正月辛酉，罷江淮漕運司，并於海船萬户府，由海道漕運。

明

《明史·食貨志》：太祖都金陵，四方貢賦由江以達京師，道近而易。自成祖遷燕，道里遼遠，法凡三變，初支運，次兑運、支運相參，至支運悉變爲長運而制定漕運則例。明初都金陵，則漕於江，餉遼卒猶漕於海。永樂初，海陸兼運後，用平江伯陳瑄策，始罷海運，別令官軍接運，由會通河以達北京。

國朝悉照舊制，概由河運，歷二百餘年，運費繁劇。咸豐元年冬，漕改行海運，嗣因粵逆竄擾，河道梗塞，未能規復河運。

一、官制。《會典》：衛指揮使一員（正三品）、指揮同知二員（從三品）、指揮僉事四員（正四品）、衛鎮撫二員（從四品）、所正千户一員（正五品）、副千户二員（從五品）、所鎮撫二員（從六品）、百户一十員（正六品）。（按：明改元帥府爲鎮江衛指揮使，轄左右中前後中右六千户，所共正千户六員，副千户十二員，所鎮撫十二員，百户六十員。）《續文獻通考》：江南把總官二員，鎮江衛係下江把總所轄。（按：漕運則例，通漕十三把總，儹護漕船，名爲運總，明季皆屬世職。順治二年，各衛改設守備千百總，把總職銜不便統束提調，改運總爲都司僉書，嗣於順治十二年裁汰。今總漕歲報起運册籍，猶按總分派坐糧廳給發，羨銀亦按總支給。）

一、屯田。《萬曆府志》：六所四十八營（左所：丁、邱、魯、文、杜、蔡六營，坐落甘泉；秦、金二營，坐落丹陽。右所：黄、耿二營，坐落江都；周、桑、張、薛、李五營，坐落甘泉；南薛營，坐落丹陽。中所：王、朱、吴、曹、李、管、楊、翟八營，坐落泰興。前所：東王、西王、朱、李四營，坐落泰興；楚、貫二營，坐落甘泉；康、谷二營，坐落甘泉。丹陽後所：王、董、郭、劉、顧、黄、南蔣七營，坐落江都；北蔣營，坐落甘泉。中右所：毛營，坐落泰州；林、胡、楊、馬四營，坐落甘泉；王營，坐落丹陽；張、蔡二營，坐落江都、丹陽）。

一、屯納之數（本衛左右中前後中右六①千户，所屯田四十八百户，所共軍舍餘丁三千九百三名，共種田地一十一萬七千二百二十一畝五分七厘七毫，額該辦納夏秋籽粒八千九百六十六石一斗六升六合八勺五抄。比較軍舍餘丁八百名，共種田地四萬畝，每畝科糧一斗二升，該辦夏秋籽粒四千八百石。公差運糧等項軍餘二千八百五十八名，共種田地七萬一千一百一十九畝八分一厘七毫，每畝科糧五升，該辦秋糧米豆三千五百五十五石九斗九升八勺五抄。續奉例清出起科軍餘二百四十五名，共種田地六千一百一畝七分六厘，每畝科糧一斗，該辦秋糧米豆六百一十石一斗七升六合）。修城之數（本衛城垣、門關、窩鋪并教場、纓頭、旗號、響器，遇有損壞傾頽應該修理者，臨時估計舊規，三十兩以下，本衛於軍辦銀内徑支，以上申詳，照例軍三民七，出備料銀）。歲徵之數（一本衛所轄六千户，所見在食糧軍餘三千三百二十九名，每名徵料差銀一錢一分八毫六絲，共該銀三百六十九兩五分二厘，有出幼勾到新軍，則照數遞減；如有逃亡事故，則遞加。一本衛所轄金銀等門，共徵地租銀一百五十五兩二錢三分八厘。一本衛淺船二百一十七隻，每隻該軍三料銀三十三兩六錢，共銀七千二百九十一兩二錢，均作十年帶徵，每年照例均攤本衛屯田一十一萬七千二百二十一畝五分七厘七毫，内每畝派徵銀六厘二毫二絲，共銀七百二十九兩一錢二分。以上三項共歲徵銀一千二百五十三兩四錢一分）。萬曆十七年數（鎮江衛屯田籽粒，歲該夏麥銀七百二十兩一錢四分四厘，秋糧銀二千一百一十六兩一錢二分一毫有奇，額係該衛各營屯田軍人完納，解府支給官軍俸月糧銀之用）。

國朝

官制。《漕運則例》：鎮江衛掌印守備一員（繁缺），前幫千總二員（繁缺），後幫千總二員（繁缺）。（前明皆係指揮等員世職。順治二年始改設守備等員，原制千總五員，徵屯領運。康熙六年裁一員，前後兩幫，每年二員輪運。雍正四年添設中幫，增二員，乾隆十五年復裁。）隨幫百總二員（舊志：俱用前明世職，雍正二年改用揀選武舉，鎮江衛原額隨幫四員，趲押回空。康熙十二年裁二員，改爲押空千總②）。監兑押運官一員，鎮江府糧捕通判專辦。因海運行久，幫官虚設，同治初年奉文全行裁汰，衹留衛守備一員，經徵錢糧，查辦屯務，監兑通判有督捕之責，仍辦地方事宜。

一、屯運軍丁。《賦役全書》：乾隆四十年奏報，實在男丁七千三百二十三丁，乾隆六十年編册二千五百一十四户，男丁一萬九千八百一十二口。道光十年奏報，實在男丁二萬四千九百六十三丁。咸豐七年奏報，實在男丁二萬八千八百七十四丁。（内原額清出

① 按："六"，原作"陸"，惟此處作"陸"，甚不侔，因改。
② 按：《嘉慶丹徒縣志》卷十《食貨六・漕運》無"改爲押空千總"諸字。

閑丁四百丁，共徵銀一百兩，隨正七分，耗羡銀七兩①，節年滋生并不納銀軍丁二萬八千四百七十四丁，遵康熙五十二年例永不加賦。兵燹時逃亡故絶甚多。）光緒三年，僅册報男丁一萬八千六百四十八丁。《大清會典》：康熙二十五年，覆准各省運丁，每船多寡不一：江寧等衛，每船十二名；蘇、太、鎮、金、松五衛所，每船十一名；鎮江衛，每船十二名不等。今畫一裁減。江南、浙江運丁，俱照江西、湖廣、山東例，每船額設十名。（按：此丁數係屬朋運鎮衛，情形有别，每船運丁派正副各一名管駕，應支行月照朋運軍丁額數支領。）

一、屯田。《漕運則例》：鎮江衛屯田一千七百一十五頃四十七畝零，坐落丹陽縣境内。（三百二十八頃八十八畝六分五厘二毫六忽，久被奸民頑佃隱占。兵燹後，縣衛設局查辦，已清屯田一百頃七十六畝七分五厘，未清田二百二十八頃十一畝九分二毫六忽，現仍督丁陸續清理，尚未歸額。）江都縣境内（三百七十三頃一十五畝四分四厘一毫②）。甘泉縣境内（七百五頃二十二畝五分四厘四毫九絲③）。泰州境内（三十一頃八十三畝三分七厘）。泰興縣境内（二百七十四頃五十六畝九分四厘八毫八絲四忽④）。乾隆二十年，查明該衛減船屯田坐落甘泉、泰州二處者田簿不議津外，其在丹陽者，每畝津銀六分；在江都者，每畝四分；在泰興者，每畝二分，現丁收取贍運。惟丹陽屯田内有縣民胡孝三占去、重報民田二百七十三畝，久編民額完糧，每畝津貼銀一錢五分。濟運鎮屬漕米截充京口兵糧，各衛裁船俱歸現運之丁，惟鎮江衛各減丁每船原出屯田墾⑤價二三百兩，仍歸減丁執業。乾隆二十四年，議令現運之丁歸還墾價，其田悉歸現運，日後倘有增運丁船，屯田即於現運各丁名下均扣歸出，而以現在各丁所出墾價即令新丁按數清還。順治十三年定例，鎮衛屯田照民田租額減半收取，每畝納米麥豆租六七斗不等，無論荒熟，一例輸交本色，以期豐歉不缺，漕運有資。嗣因奸佃短價勒折，旗丁辦運不敷。乾隆三十八年，清厘丁田案内，司道委員履勘，得甘泉北蔣營、泰州毛營、泰興之中所王、翟、吴、曹四營，田土稍薄，每畝酌減一斗，實交五斗。泰興之中所朱、管、李、楊四營，田土更薄，每畝酌減二斗，實交四斗。其餘各營田地悉屬膏腴，仍照舊額輸租，詳明督漕撫會奏，經户部覆議准行。嗣因年久，佃仍藉口不遵完納。兵燹後，更屬刁頑，任意欺隱，加以年荒歲歉，積欠甚多。現在停運已久，難以清理，丁情極苦。《賦役全書》：原額比較田（三百九十九頃八十八畝八分⑥，每畝徵銀四分一厘九毫六絲九忽七微八纖九沙五塵五渺七漠一埃⑦，共徵銀一千六百七十八兩三錢二分二厘⑧，隨正七分，耗羡銀

---

① 按：《嘉慶丹徒縣志》卷十《食貨六・漕運》無隨正耗羡銀數。
② 按：《嘉慶丹徒縣志》卷十《食貨六・漕運》無“一毫”。
③ 按：《嘉慶丹徒縣志》卷十《食貨六・漕運》無“四毫九絲”。
④ 按：《嘉慶丹徒縣志》卷十《食貨六・漕運》無“八毫八絲四忽”。
⑤ 按：“墾”，《嘉慶丹徒縣志》卷十《食貨六・漕運》作“懇”，疑非。
⑥ 按：《嘉慶丹徒縣志》卷十《食貨六・漕運》作“四百頃”。
⑦ 按：《嘉慶丹徒縣志》卷十《食貨六・漕運》無“六絲九忽七微八纖九沙五塵五渺七漠一埃”。
⑧ 按：“三錢二分二厘”，《嘉慶丹徒縣志》卷十《食貨六・漕運》作“八錢一分六厘二毫零”。

一百一十七兩四錢八分三厘①，每畝攤丁銀五毫八絲三忽五微四纖三沙六渺九漠六埃②，共徵銀二十三兩三錢三分五厘③，隨正七分，耗羨銀一兩六錢三分三厘）。公差田（七百三十頃④九畝⑤五分六厘七毫⑥，每畝徵銀一分九厘九毫七絲四忽九微八纖九沙五塵五渺七漠一埃⑦，共徵銀一千四百五十八兩⑧三錢六分五厘⑨，隨正七分，耗羨銀一百二兩八分六厘，每畝攤丁銀五毫八絲三忽五微四纖三沙六渺九漠六埃⑩，共徵銀四十二兩六錢四厘⑪，隨正七分，耗羨銀二兩九錢八分二厘）。改科田（五十八頃九十畝七分⑫，每畝徵銀三分五厘七毫三絲一忽七微八纖五沙五塵六渺五漠六埃⑬，共徵銀二百一十兩四錢八分五厘⑭，隨正七分，耗羨銀一十四兩七錢三分四厘，每畝攤丁銀五毫八絲三忽五微四纖三沙六渺九漠六埃⑮，共徵銀三兩四錢三分八厘⑯，隨正七分，耗羨銀二錢四分一厘）。開墾餘田（二百九十三頃八十三畝七分七厘九毫⑰，每畝徵銀二分八毫一忽三微四纖九沙七埃⑱，共徵銀六百一十一兩二錢二分二厘⑲，隨正七分，耗羨銀四十二兩七錢八分六厘，每畝攤丁銀五毫八絲三忽五微四纖三沙六渺九漠六埃⑳，共徵銀一十七兩一錢四分七厘㉑，隨正七分，耗羨銀一兩二錢）。康熙五年清出比較田（七頃二十五畝三分六厘二毫八絲，每畝徵銀三分七厘八毫五絲五忽三微八纖四沙一塵五渺四埃㉒，共徵銀二十七兩四錢五分九厘㉓，隨正七分，耗羨銀一兩九錢二分二厘，每畝攤丁銀五毫八絲三

---

① 按：《嘉慶丹徒縣志》卷十《食貨六·漕運》無隨正耗羨銀數。下同。
② 按：《嘉慶丹徒縣志》卷十《食貨六·漕運》無“三忽五微四纖三沙六渺九漠六埃”。
③ 按：“三分五厘”，《嘉慶丹徒縣志》卷十《食貨六·漕運》作“一分七厘零”。
④ 按：“三十頃”，《嘉慶丹徒縣志》卷十《食貨六·漕運》作“三十一頃”。
⑤ 按：“九畝”，《嘉慶丹徒縣志》卷十《食貨六·漕運》作“二十五畝”。
⑥ 按：《嘉慶丹徒縣志》卷十《食貨六·漕運》無“五分六厘七毫”。
⑦ 按：《嘉慶丹徒縣志》卷十《食貨六·漕運》無“七絲四忽九微八纖九沙五塵五渺七漠一埃”。
⑧ 按：“五十八兩”，《嘉慶丹徒縣志》卷十《食貨六·漕運》作“六十兩”。
⑨ 按：“三錢六分五厘”，《嘉慶丹徒縣志》卷十《食貨六·漕運》作“七錢一分六厘一毫零”。
⑩ 按：《嘉慶丹徒縣志》卷十《食貨六·漕運》無“三忽五微四纖三沙六渺九漠六埃”。
⑪ 按：“四厘”，《嘉慶丹徒縣志》卷十《食貨六·漕運》作“二分六厘五毫零”。
⑫ 按：《嘉慶丹徒縣志》卷十《食貨六·漕運》作“五十九頃一十二畝五分”。
⑬ 按：《嘉慶丹徒縣志》卷十《食貨六·漕運》無“三絲一忽七微八纖五沙五塵六渺五漠六埃”。
⑭ 按：“一十兩四錢八分五厘”，《嘉慶丹徒縣志》卷十《食貨六·漕運》作“一十一兩二錢六分七厘八毫零”。
⑮ 按：《嘉慶丹徒縣志》卷十《食貨六·漕運》無“三忽五微四纖三沙六渺九漠六埃”。
⑯ 按：“三分八厘”，《嘉慶丹徒縣志》卷十《食貨六·漕運》作“四分六厘五毫零”。
⑰ 按：《嘉慶丹徒縣志》卷十《食貨六·漕運》作“二百九十四頃一十六畝三分八厘九毫”。
⑱ 按：《嘉慶丹徒縣志》卷十《食貨六·漕運》無“一忽三微四纖九沙七埃”。
⑲ 按：“二錢二分二厘”，《嘉慶丹徒縣志》卷十《食貨六·漕運》作“九錢一分八厘六毫零”。
⑳ 按：《嘉慶丹徒縣志》卷十《食貨六·漕運》無“三忽五微四纖三沙六渺九漠六埃”。
㉑ 按：《嘉慶丹徒縣志》卷十《食貨六·漕運》“七厘”下有“六毫零”。
㉒ 按：《嘉慶丹徒縣志》卷十《食貨六·漕運》無“五絲五忽三微八纖四沙一塵五渺四埃”。
㉓ 按：《嘉慶丹徒縣志》卷十《食貨六·漕運》“九厘”下有“三毫零”。

忽五微四纖三沙六渺九漠六埃①，共徵銀四錢二分三厘②，隨正七分，耗羨銀三分）。公差田（二十五頃一十二畝三分六厘七毫，每畝徵銀一分五厘八毫六絲五微八纖四沙一塵五渺四埃③，共徵銀三十九兩八錢四分八厘④，隨正七分，耗羨銀二兩七錢九分，每畝攤丁銀五毫八絲三忽五微四纖三沙六渺九漠六埃⑤，共徵銀一兩四錢六分六厘⑥，隨正七分，耗羨銀一錢三厘）。改科田（二頃九十一畝四分三厘三毫，每畝徵銀三分一厘六毫一絲七忽三微八纖一塵五渺八漠九埃⑦，共徵銀九兩二錢一分五厘⑧，隨正七分，耗羨銀六錢四分五厘，每畝攤丁銀五毫八絲三忽五微四纖三沙六渺九漠六埃⑨，共徵銀一錢七分⑩，隨正七分，耗羨銀一分二厘⑪）。康熙十五年清出公差田（一頃四十四畝，每畝徵銀一分九厘九毫七絲四忽九微八纖九沙五塵五渺七漠一埃⑫，共徵銀二兩八錢七分六厘⑬，隨正七分，耗羨銀二錢一厘，每畝攤丁銀五毫八絲三忽五微四纖三沙六渺九漠六埃⑭，共徵銀八分四厘⑮，隨正七分，耗羨銀六厘）。康熙十六年清出比較田（一十三頃八十四畝四厘，每畝徵銀四分一厘九毫六絲九忽七微八纖九沙五塵五渺七漠一埃⑯，共徵銀五十八兩八分八厘⑰，隨正七分，耗羨銀四兩六分六厘，每畝攤丁銀五毫八絲三忽五微四纖三沙六渺九漠六埃⑱，共徵銀八錢八厘⑲，隨正七分，耗羨銀五分六厘）。公差田（五十五頃七十三畝五分，每畝徵銀一分九厘九毫七絲四忽九微八纖九沙五塵五渺七漠一埃⑳，共徵銀一百一十一兩三錢三分一厘㉑，隨正七分，耗羨銀七兩七錢九分三厘，每畝攤丁銀五毫八絲三忽五微四纖三沙六渺九漠六埃㉒，共徵銀三兩二錢五分二厘㉓，

---

① 按：《嘉慶丹徒縣志》卷十《食貨六·漕運》無“三忽五微四纖三沙六渺九漠六埃”。
② 按：“三厘”，《嘉慶丹徒縣志》卷十《食貨六·漕運》作“二厘”，且下有“八毫零”。
③ 按：《嘉慶丹徒縣志》卷十《食貨六·漕運》無“六絲五微八纖四沙一塵五渺四埃”。
④ 按：“八厘”，《嘉慶丹徒縣志》卷十《食貨六·漕運》作“九厘”。
⑤ 按：《嘉慶丹徒縣志》卷十《食貨六·漕運》無“三忽五微四纖三沙六渺九漠六埃”。
⑥ 按：“六厘”，《嘉慶丹徒縣志》卷十《食貨六·漕運》作“四厘五毫零”。
⑦ 按：《嘉慶丹徒縣志》卷十《食貨六·漕運》無“一絲七忽三微八纖一塵五渺八漠九埃”。
⑧ 按：“五厘”，《嘉慶丹徒縣志》卷十《食貨六·漕運》作“四厘五毫零”。
⑨ 按：《嘉慶丹徒縣志》卷十《食貨六·漕運》無“三忽五微四纖三沙六渺九漠六埃”。
⑩ 按：“七分”，《嘉慶丹徒縣志》卷十《食貨六·漕運》作“六分九厘八毫零”。
⑪ 按：《嘉慶丹徒縣志》卷十《食貨六·漕運》無隨正耗羨銀數，下同。
⑫ 按：《嘉慶丹徒縣志》卷十《食貨六·漕運》無“七絲四忽九微八纖九沙五塵五渺七漠一埃”。
⑬ 按：《嘉慶丹徒縣志》卷十《食貨六·漕運》“六厘”下有“四毫零”。
⑭ 按：《嘉慶丹徒縣志》卷十《食貨六·漕運》無“三忽五微四纖三沙六渺九漠六埃”。
⑮ 按：“四厘”，《嘉慶丹徒縣志》卷十《食貨六·漕運》作“三厘”。
⑯ 按：《嘉慶丹徒縣志》卷十《食貨六·漕運》無“六絲九忽七微八纖九沙五塵五渺七漠一埃”。
⑰ 按：《嘉慶丹徒縣志》卷十《食貨六·漕運》“八厘”下有“七毫零”。
⑱ 按：《嘉慶丹徒縣志》卷十《食貨六·漕運》無“三忽五微四纖三沙六渺九漠六埃”。
⑲ 按：“八厘”，《嘉慶丹徒縣志》卷十《食貨六·漕運》作“六厘七毫零”。
⑳ 按：《嘉慶丹徒縣志》無計量“七絲四忽九微八纖九沙五塵五渺七漠一埃”。
㉑ 按：“一厘”，《嘉慶丹徒縣志》卷十《食貨六·漕運》作“四厘零”。
㉒ 按：《嘉慶丹徒縣志》卷十《食貨六·漕運》無“三忽五微四纖三沙六渺九漠六埃”。
㉓ 按：“五分二厘”，《嘉慶丹徒縣志》卷十《食貨六·漕運》作“四分八厘九毫零”。

隨正七分，耗羨銀二錢二分八厘）。倉基様田（五頃二十七畝九分三厘，每畝徵銀一分九厘九毫七絲四忽九微八纖九沙五塵五渺七漠一埃①，共徵銀一十兩五錢四分六厘②，隨正七分，耗羨銀七錢三分八厘，每畝攤丁銀五毫八絲三忽五微四纖三沙六渺九漠六埃③，共徵銀三錢八厘④，隨正七分，耗羨銀二分一厘）。改科田（一頃三十七畝二分，每畝徵銀三分五厘七毫三絲一忽七微八纖五沙五塵六渺五漠六埃⑤，共徵銀四兩九錢二厘⑥，隨正七分，耗羨銀三錢四分三厘，每畝攤丁銀五毫八絲三忽五微四纖三沙六渺九漠六埃⑦，共徵銀八分⑧，隨正七分，耗羨銀六厘）。開墾餘田（五十一頃七畝，每畝徵銀二分八毫一忽三微四纖九沙七埃⑨，共徵銀一百六兩二錢三分三厘⑩，隨正七分，耗羨銀七兩四錢三分六厘，每畝攤丁銀五毫八絲三忽五微四纖三沙六渺九漠六埃⑪，共徵銀二兩九錢八分⑫，隨正七分，耗羨銀二錢九厘）。康熙十九年清出開墾餘田（一頃四十三畝五分六厘，每畝徵銀二分八毫一忽三微四纖九沙七埃，共徵銀二兩九錢八分六厘，隨正七分，耗羨銀二錢九厘，每畝攤丁銀五毫八絲三忽五微四纖三沙六渺九漠六埃，共徵銀八分四厘，隨正七分，耗羨銀六厘）。康熙三十年清出開墾田⑬（六十五頃四十七畝七分一厘八毫，每畝徵銀二分八毫一忽三微四纖九沙七埃⑭，共徵銀一百三十六兩二錢一厘⑮，隨正七分，耗羨銀九兩五錢三分四厘，每畝攤丁銀五毫八絲三忽五微四纖三沙六渺九漠六埃⑯，共徵銀三兩八錢二分一厘⑰，隨正七分，耗羨銀二錢六分七厘）。⑱以上通共田地一千七百一十五頃四十七畝九分九厘零，共徵銀四千五⑲百七十二兩四錢一分七厘零。乾隆二十九年三月豁免乾隆二十六年水利案内開挑金灣河挖廢田三十九畝二分一厘，蠲免銀八錢三分三厘。乾隆三十五年四月，豁免乾隆八年興修水利挑河築堤挖廢

① 按：《嘉慶丹徒縣志》卷十《食貨六·漕運》無“七絲四忽九微八纖九沙五塵五渺七漠一埃”。
② 按：“六厘”，《嘉慶丹徒縣志》卷十《食貨六·漕運》作“五厘七毫零”。
③ 按：《嘉慶丹徒縣志》卷十《食貨六·漕運》無“三忽五微四纖三沙六渺九漠六埃”。
④ 按：“八厘”，《嘉慶丹徒縣志》卷十《食貨六·漕運》作“七厘七毫零”。
⑤ 按：《嘉慶丹徒縣志》卷十《食貨六·漕運》無“三絲一忽七微八纖五沙五塵六渺五漠六埃”。
⑥ 按：《嘉慶丹徒縣志》卷十《食貨六·漕運》“二厘”下有“四毫零”。
⑦ 按：《嘉慶丹徒縣志》卷十《食貨六·漕運》無“三忽五微四纖三沙六渺九漠六埃”。
⑧ 按：“八分”，《嘉慶丹徒縣志》卷十《食貨六·漕運》作“七分九厘九毫零”。
⑨ 按：《嘉慶丹徒縣志》卷十《食貨六·漕運》無“一忽三微四纖九沙七埃”。
⑩ 按：“三厘”，《嘉慶丹徒縣志》卷十《食貨六·漕運》作“五厘六毫零”。
⑪ 按：《嘉慶丹徒縣志》卷十《食貨六·漕運》無“三忽五微四纖三沙六渺九漠六埃”。
⑫ 按：“八分”，《嘉慶丹徒縣志》卷十《食貨六·漕運》作“七分七厘零”。
⑬ 按：“開墾田”，《嘉慶丹徒縣志》卷十《食貨六·漕運》作“開墾餘田”。
⑭ 按：每畝徵銀數，《嘉慶丹徒縣志》卷十《食貨六·漕運》作“二分八毫零”。
⑮ 按：共徵銀數，《嘉慶丹徒縣志》卷十《食貨六·漕運》作“一百三十六兩二錢五厘三毫零”，無隨正耗羨銀數。
⑯ 按：每畝攤丁銀數，《嘉慶丹徒縣志》卷十《食貨六·漕運》作“五毫八絲零”。
⑰ 按：共徵銀數，《嘉慶丹徒縣志》卷十《食貨六·漕運》作“三兩八錢一分六厘八絲零”，無隨正耗羨銀數。
⑱ 按：《嘉慶丹徒縣志》卷十《食貨六·漕運》有按語：“康熙三十年以後無報升田畝。”
⑲ 按：“五”，《嘉慶丹徒縣志》卷十《食貨六·漕運》作“四”。

田一頃四十一畝八分三厘三毫，蠲免銀三兩五錢五厘，實共田地一千七百一十三頃六十六畝九分五厘六毫八絲，共徵銀四千五①百六十八兩七分九厘，隨正七分，耗羨銀三百一十九兩七錢六分六厘。

一、起運項下布政司衙門（起運地丁銀三千三百五十兩七錢三分六厘，隨正七分，耗羨銀二百三十四兩五錢五分二厘②）。江安糧道衙門（裁扣工食銀六十四兩七錢三分八厘，隨正七分，耗羨銀四兩五錢三分二厘）。蘇松糧道衙門（裁扣漕項廪工銀一百七兩八錢九分九厘，隨正七分，耗羨銀七兩五錢五分三厘）。存留支給項下興化所門軍口糧銀（四百三十二兩，隨正七分，耗羨銀三十兩二錢四分）。本衛守備員下（俸銀一十八兩七錢六厘。薪銀四十八兩。門子二名，每名工食銀六兩，共銀一十二兩。快手二名，每名工食銀六兩，共銀一十二兩。軍牢六名，每名工食銀六兩，共銀三十六兩。傘夫二名，每名工食銀六兩，共銀一十二兩。馬夫一名，工食銀六兩。以上共支銀一百四十四兩七錢六厘，隨正七分，耗羨銀一十兩一錢二分九厘）。千總四員（每員俸銀一十四兩九錢六分五厘，共銀五十九兩八錢六分。每員薪銀三十三兩三分五厘，共銀一百三十二兩一錢四分。門子四名，每名工食銀六兩，共銀二十四兩。軍牢十六名，每名工食銀六兩，共銀九十六兩。傘夫四名，每名工食銀六兩，共銀二十四兩。馬夫四名，每名工食銀六兩，共銀二十四兩。以上共支銀三百六十兩，隨正七分，耗羨銀二十五兩二錢）。隨幫百總二員（每員廪膳銀三十六兩，共銀七十二兩。軍牢四名，每名工食銀六兩，共銀二十四兩。馬夫二名，每名工食銀六兩，共銀一十二兩。以上共支銀一百八兩，隨正七分，耗羨銀七兩五錢六分）。以上共支銀一千零四十四兩七錢六厘，由衛徑支，隨正七分，耗羨銀七十三兩一錢二分九厘（解司充餉）。（按：乾隆五十二年，停止徑支全數解司門軍口糧，本衛俸工赴司請領。嘉慶五年起仍在衛徑支，千總、百總俸工，乾隆五十四年，改歸蘇糧道庫漕項内撥給，原編銀兩統歸屯折解司充餉。署事住俸應扣空缺，同隨正耗羨一并解司。嗣因兵燹，錢糧停徵。同治初年，軍務肅清，坐落丹陽屯田未經清理，應完錢糧隨同民賦蠲免，至今尚未開徵。江、甘、興、泰四州縣境内應完銀兩俱係因地制宜，議請減成徵收。現今未能照額全徵，所有蠲緩銀兩，除俸薪例不請撥外，其工食由衛隨時詳請撥補支給。）

一、船額。《漕運則例》：鎮江衛前幫（原運船一百一隻，坍江裁船三隻。雍正七年，撥入中幫船四十三隻。乾隆五年，後幫撥進船六隻，實船六十一隻。乾隆十五年，中幫裁歸船三十一隻。乾隆十七年，京口兵糧裁船四隻，實現運船八十八隻）。後幫（原運船八十五隻，雍正四年、乾隆五年，先後撥歸前幫、中幫船二十四隻。乾隆十五年，中幫裁并三十隻。乾隆十七年，京口兵糧裁船四隻，實現運船八十七隻）。按：本衛兩幫漕船自停河運以來全行減歇，年久失修，正在奉文拆變。又遭粵逆猖獗，丁舵星散，

① 按："五"，《嘉慶丹徒縣志》卷十《食貨六·漕運》作"四"。
② 按：《嘉慶丹徒縣志》無隨正耗羨銀數。下同。

無人看守，以致船皆被毁無存，應繳底板銀兩悉數邀免。

一、軍三料價。舊制：鎮江衛每年徵解蘇糧道庫軍三漕項正銀五百五十二兩，隨正七分，耗羡銀三十八兩六錢四分。（按：此項銀兩，向係前、後兩幫各丁隨船應完之款，不在田畝内徵收，是以《賦役全書》内并無此項編款，嗣因該丁等屢遭兵劫，無力完納，歷蒙全數蠲免。）《漕運則例》：康熙二十六年，題定通漕一例，每船給料價銀二百八兩七錢七分二厘，俟漕船十年滿號輪造由衛給文①，各丁赴蘇糧道庫照數領回，自行購料成造駕運，現因海運停止。

一、兑運水次。舊制：鎮江衛前後兩幫派兑丹徒、丹陽、金壇三縣漕糧，乾隆十六年，京口駐防兵糧全支本色，截留鎮府漕糧六萬六千四百二石，於蘇、松、常、鎮、太五府州屬起運，各幫内裁汰漕船一百一十六隻，將原兑鎮江府屬漕船撥兑常府，其常府餘船撥兑蘇、太，蘇、太餘船撥兑松府，遞相撥兑。乾隆二十八、九②年，京口漢軍官兵出旗爲民并裁，隨旗兩營復行起運米三萬七千一百三十一石零，題准於常、鎮二屬各幫内加裝起運。（鎮江前後兩幫，每船攤給加裝行月本折銀八兩四錢八分零。）鎮衛兩幫起運船一百七十五隻③，内派兑丹徒水次船二十一隻，丹陽水次船四十八隻，金壇水次船六十六隻，其餘船四十隻④，遵照部文就近找兑。常府之武進、陽湖等縣照例三年一次，兩幫互相更調。道光二十二年，夷擾之後，叠遭灾歉，歷辦蠲緩，徒次運船全行減歇，陽、壇及武、陽各次船隻亦有灾減，其後未有全船出運。

一、兑運米數。舊制：每船均裝正改兑正米四百石，連耗約五百石有奇，嗣因京口裁汰旗營官兵，復行起運漕糧，題准於常、鎮兩屬各幫内加裝酌定，鎮府漕船正耗米以六百石爲率，常府漕船正耗米以七百石爲率，如遇灑帶，隨時酌派⑤。

一、軍丁行月。《漕運則例》：鎮江衛千百總不支行糧，前幫現運船八十八隻，屯丁八百八十名；後幫現運船八十七隻，屯丁八百七十名，每丁行糧二石九斗七升五合。前幫應支二千六百一十八石，後幫應支二千五百八十八石二斗五升，每丁月糧九石五斗四合。前幫應支八千三百六十三石五斗二升，後幫應支八千二百六十八石四斗八升。照例半本半折，行糧每石折銀八錢，月糧每石折銀五錢，在蘇松糧道鎮倉項下支給。乾隆四十九年，總漕毓奇以鎮江衛兩幫支領行月折色不敷買食，奏請月糧每石五錢，改爲一兩；行糧每石八錢，改爲一兩二錢。欽奉特恩俞允，現因海運停支。

一、舵水身工。《漕運則例》：鎮江幫重運頭舵，每名銀四兩五錢；水手，每名銀二兩四錢。回空頭舵，每名銀一兩二錢，又加添銀六錢；水手，每名銀一兩二錢，又加添銀六錢。

---

① 按："文"，疑作"支"，形近而訛。

② 按：《嘉慶丹徒縣志》卷十《食貨六·漕運》"九"字下有"等"字。

③ 按：《嘉慶丹徒縣志》卷十《食貨六·漕運》"鎮衛"前有"現在"二字。

④ 按：《嘉慶丹徒縣志》卷十《食貨六·漕運》"其餘"後有"本府不敷"四字。

⑤ 按：《嘉慶丹徒縣志》卷十《食貨六·漕運》無"如遇灑帶，隨時酌派"句。

一、催趲防護。《漕運則例》：京口一帶乃江浙咽喉，漕船多有擁擠。康熙元年題定，照淮北之例，嚴檄沿河鎮道等官，遇糧船入境出境，各分汛地催趲。康熙十七年例，漕船至鎮江過江，倘有因風守候，俱令地方官報明，免其議處。京口、瓜洲，江岸相對，康熙二十六年題准，責令江鎮道督率文武官催趲漕船，酌看風色令渡，如有弁役勒索，將道員一并題參，并令京口總兵官巡視河干，催護過江。如遇大風，督令標兵操舟預備。如①有江心船隻不能進岸收口者，設法挽救。康熙三十六年，京口總兵奉裁催趲護漕，改隸京口協副將管理。京口渡江，民間向有捐造救生船。康熙二十六年題准，仿其成式，動帑官造護漕船十隻，分泊南北兩岸。漕船遇風，并出救護。每船募設善水舵水十名，每名月給工食一兩，止給冬春三個月。漕船過完，聽其渡載商民，自行覓食。或過往客商偶遭風患，一體協救，毋許居奇坐視勒措，違者地方官拿究所需工食、修葺銀兩，准其於六升米折項下支銷。（此項船隻向係瓜洲營兵管押，既不實心護漕，又多苦累船户。乾隆三十一年，議歸丹徒、江都兩縣管理。至重運渡江時不必令營弁坐押，歸於京口、瓜洲兩岸催漕委員調派督護。其歲修工食銀兩照舊具領，赴道請支。）舊例，總督、提督各委標下候補守備一員駐鎮催漕，往往任意需索。乾隆三十一年奏准，嗣後督、提二臣不必派委守備，即於鎮江文武各官内揀派一員，令其就近催趲。歷委鎮江衛守備，親駐河干，往來催提。（以上數條均係河運定制，現在糧由海運一概停止。）

按：舊志“漕挽”首列衛員，次臚正兑、改兑、輕賫、折色各名目，次載部覆各科道，條陳并縷述糧道、諭漕之十禁，既嫌瑣屑，亦病泛濫，且不分時代，無從辨舊例新規。今考歷代漕運，事關徒邑者録數條，以備參稽。至國朝則悉遵《漕運則例》，簡明摘叙，惟志鎮衛梗概，不敢泛涉云。《嘉慶志》後注，今將兵燹後停運、清屯續於各目之下，餘仍舊。

食貨八　鹽法

鹽法叙

徒境與揚接壤，爲浙鹽門户，故堵緝宜力，四方豪商大賈麕至鱗集，僑户寄居者尤衆，固水陸一都會也。志鹽法。

宋

《宋史·食貨志》：在淮南曰楚州鹽城監，通州豐利監，泰州海陵監如皋倉小海場，各給本州及淮南之廬、和等州軍，江南之江寧等府州軍，兩浙之常、潤、湖、睦州，荆湖之江陵等府州軍，海州板浦、惠澤、洛要三場，漣水軍海口場，各給本州軍及京東之

① 按：“如”，《嘉慶丹徒縣志》卷十《食貨六·漕運》作“遇”。

徐州，淮南之光、泗、濠、壽，兩浙之杭、蘇、湖、常、潤州、江陰軍。

元

《元史·食貨志》：太宗庚寅年，始行鹽法。既取宋，而江南之鹽所入尤廣，行鹽各有郡邑。（《兩浙鹽法志考》：唐宋時東南末鹽皆兼淮浙而言，總曰江淮鹽。自元至元中始立都轉運鹽司於浙江，而淮浙各有分土。）

明

《明史·食貨志》：浙鹽行鎮江，洪武時制。《萬曆府志》：萬曆十七年經賦册，起運京庫鹽鈔銀二百二十四兩六錢五分八厘，此項照萬曆九年定例，每兩給扛解銀一分四厘，計該銀三兩一錢四分五厘二毫一絲二忽。查得鹽鈔銀兩，丹徒縣原於秋糧折銀内出辦，丹陽、金壇二縣俱照田派徵，本當畫一。但相沿已久，相應照舊，以免更動，存留府庫鹽鈔銀一百四十一兩四錢四分二厘。查得前銀，丹徒縣於秋糧折色銀内徵納，丹陽、金壇二縣俱照田派徵支放，府縣官吏并鎮江衛官軍俸鈔支用相應照舊。

國朝

《鹽法志》：丹徒北二十里，即達江都界，行淮鹽。揚子江爲浙鹽門户，設搜鹽廳，彼此不得越境。順治三年，兩浙巡鹽御史王顯疏稱，私鹽不止，則商鹽不通。鎮江府北爲長江，江北則淮揚境也，淮鹽過江，即爲私鹽，往來船隻，保無夾帶；沿江棍徒，保無興販，必於該府廳官擇其廉幹事簡者專司捕緝，細心嚴防。十六年，兩浙巡鹽御史遲日選疏稱，浙鹽全賴括濱海之土淋滷煎燒，工力不易，較之淮鹽，價相懸殊，所以淮浙接壤之人争趨，賤值利食，淮鹽往往回空糧艘，官座兵差船隻悉帶淮鹽，由江至常鎮蘇各屬貨賣，以致官鹽阻滯，官引壅銷，請責成鎮江府海防同知并協守鎮江副將躬親巡綽，遇有前項船隻進閘，即行盤驗，如有夾帶，許即嚴拿究辦。倘本官疏於覺察，并行糾處。（按：乾隆三十三年，副將奉裁後，責成參將。）

《大清會典》：康熙三十六年覆准，浙西與江南之常鎮連界，淮鹽越販，督緝責之鎮江海防官。雍正五年覆准，常鎮二府所屬就近責成常鎮道督緝（今仍委海防），該撫仍不時稽查，如有督緝疏縱，即行指名題參。舊志：歲額行浙鹽四千七十二引，每引納銀五錢二分二厘二毫四絲，共課銀二千一百二十六兩五錢六分一厘二毫八絲。①

《鹽法志》：雍正二年，兩江總督查弼納請將鎮江改食淮鹽，議未准行。六年定例：丹徒每年額銷正引四千四百七十二引（嘉所正掣銷四千二百引，杭所副掣銷二百七十二引），每引在浙運庫完正課銀四錢零三厘五毫五絲，部掣每引重三百三十五斤。九年，浙閩總督李衛以丹徒丁角地方逼近茅山，官引寥寥，照埤城等處之例，隨程減免外輸，改銷輕課帑鹽，以充巡緝運脚，設立四店，每年額派四千引，水程注明"丁角"字樣，毋許衝犯正引。乾隆十三年，定以上塘爲界，上塘以南銷帑鹽，上塘以北銷正引。二十九

① 按：《嘉慶丹徒縣志》卷十《食貨七·鹽法》此下有按語"以上舊志"。

年，兩浙土滷不起，鹽政熊學鵬奏請借撥閩鹽以資民食，奉旨就近改借淮鹽十萬石，丹徒正帑各商共領淮鹽二千石。三十三年，各商遵奉兩浙鹽院設棧歸公，每年丹徒正引各商認銷六千四百四引，丁角帑鹽認銷六千引，頒給執照，永以爲例（共計一萬二千四百四引）。三十六年，丹徒知縣徐天球以徒境接壤淮揚，水陸隘口繁多，巡費不資，詳准兩浙鹽院循照金壇西薛、江陰七鎮成例，一體免輸引雜等費，以資各商添巡堵禦淮私之用。三十七年，兩浙鹽院富勒渾以徒邑所隸沙洲居民就近食私，飭令各商於丹徒鎮、辛豐、大港、丁卯橋、高資等處設立公棧，發販額銷二千引，責令各巡檢就近稽查。（乾隆三十三年定例，歲銷一萬二千四百四引，是年增銷二千引，通計丹徒正帑各商每年額銷共一萬四千四百四引。）五十九年，鹽政全德以浙鹽稀少，疏請借撥淮鹽三萬引，丹徒正帑各商承領淮鹽一千一百引。

以上《嘉慶志》，截至乾隆六十年止。自嘉慶元年至今八十餘年，銷引多寡及借撥淮鹽之歲，均因咸豐間兵燹後册毁無稽。兹自同治三年浙鹽改票，同治八年復改綱運，照浙省所纂《鹽法備考》，及徒邑所運引數，志其大略。

同治三年，兩浙鹽運使詳請浙撫左宗棠以兵燹後舊商星散，私販充斥，銷數大減，課餉支絀，宜變通成法，改行票運。是年十月入奏。四年三月，經户部議令，試辦一年。五年八月，浙撫馬新貽查報銷數，奏請多辦數年，徒邑亦遵照辦理。

同治八年，浙撫李瀚章以票商并無限制，奏請仍復綱運。是年，按府招商，經甲商認運，鎮江府屬丹徒認九百引，又丁角鎮認六百引，計共一千五百引。（外丹陽認一千八百引，又埤、圩認六百引，金壇認一千七百引，溧陽認四千引。）每引納正課銀四錢零三厘五毫四絲二忽，又雜款銀每引共計一兩三錢二分四厘一毫七絲九忽，兩款每銀共計銀一兩七錢二分七厘七毫二絲一忽，以一千五百引計之，該共納銀二千五百九十一兩五錢八分一厘五毫。

同治十一年，浙撫楊昌濬遵照部議，厘定引額、課額，浙西每引正鹽三百三十五斤，加斤四十斤，課額如前。又飭地方官嚴緝淮私，以免滯銷。俱見《鹽法續纂備考》。

食貨九　倉儲

倉儲叙

自來重根本者必富峙儲，我朝加意民食，各州縣設立社倉，以補常平倉之不及，有備無患，可苟乎哉？志倉儲。

宋

轉般倉，紹興七年建，在鎮西橋西北，旋易名大軍倉。孝宗朝，度地於舊倉之西復建，與大軍倉夾河而立。景定元年重修，黄震作記（見“藝文”）。

大軍倉（據黄震《重修轉般倉記》，即轉般倉易名。元、明仍其地爲倉廒，國朝更名鎮西倉）。（以上新增）

國朝

常平倉，在白馬坊。雍正八年，知縣郝大倫建。頭門三間，土穀祠三間，二門二間，官廳幕友房四間，廒板房七十二間，共額貯穀三萬石，以備緩急之需。又附貯社倉穀一千七百八十二石三斗一升三合，每逢春初傳社長借領，秋收按照年歲豐歉加免息穀還倉。

鎮西倉，在西城外小雲坊。廒房一百七間，係民間自建。又板廒房六十七間，貯存兵米，係乾隆二十一、二等年知縣徐名標、貴中孚先後動項起建。又乾隆二十五年，知府蘇凌阿建府倉廒一座并官廳，計七間。廒前建收放米亭二座，亦在鎮西倉門内。咸豐三年，粵寇踞城，兩倉均毁。七年復城後，至同治十一年，邑令鹿伯元諭令鄉民建復鎮西倉，鄉耆馬汝良、殷夑堂等董率民間捐資，按照舊址建復。冬間收漕以儲兵米，其常平倉尚未議建，今仍荒廢。

丹徒縣志卷十六終

丹徒縣志卷十七

食貨十　物産一

物産叙

《禮》曰："天時有生，地利有宜，則物宜尚焉。"丹徒舊志，物産五百餘種，《嘉慶志》删存三十五種，云皆徒邑專産，似失之簡。今取切於民用者，宗《康熙志》而參以群書，重爲訂證。舊志原文皆於各條注明，間有增益，亦《尚書》"不貴异物賤用物"之旨歟？志物産。

穀屬：

稻，《詩·周頌·豐年》：多黍多稌。《爾雅》云：稌，稻也。《嘉慶志》引《淮南子》云：江水肥而宜稻。稻種各殊，名稱亦夥。《康熙志》云：大稻之種十六，小稻之種六，糯之種九。今約而計之，凡有四等：一曰籼（一作"秈"），其熟最早，八月即刈，土人謂之早實，又曰小稻。一曰秔（"稉"同，作"粳"者，俗字），九月始刈，土人通謂之籼，又曰晚稻，或稱大稻，米色青白而粒尖長，故有"長腰秔米"之稱。其粒圜長而色或白或赤者，沙土之所産也。一曰香稻，亦晚實，米色淺碧，粒小而香氣馥郁，异於他種。以上三種昔人通謂之秔，皆稻之不黏者，以爲飯食。一曰稬（"糯"同），稻之黏者，以爲酒及糕餌粢粽之屬。《嘉慶志》云：黄省曾《理生玉鏡》：京口大稻謂之粳，小稻謂之籼。其粒細長而白，味甘而香。九月而熟，是謂稻之上品①。

黄粟，《康熙志》云：《唐·地理志》：潤州土貢黄粟。今無此種。按：穀之未去殼者，古人通謂之粟，不必爲粱、秫專稱。今馬迹山下所産之稻，色黄，米極香美，他土所無，土人亦甚重之，云是貢品，《唐志》所稱蓋謂此也。

麥，《詩》曰：貽我來牟。來，小麥；牟，大麥也。大麥二種：曰芒，曰圓。圓者又曰淮麥。《康熙志》云：大麥之種二：曰春（即芒麥），自十月至正月皆可種，早熟（道光朝，江潮頻漲，濱江居民或以正月種麥，皆獲豐收）；曰黄秆（即圓麥），後熟。小麥之種三：曰赤殼，曰白殼，曰宣州。又有蕎麥，秋花冬實，亦堪食，旱歲種之。

豆（《康熙志》），菽也。大豆有青、黑、黄、紫、褐諸種，小豆有紅、緑、黑、白諸種，其蠶豆、刀豆、豌豆、絳白豇豆、紫白扁豆之屬，皆可充蔬。

胡麻，俗呼脂麻，一曰油麻，葉曰青蘘，莖曰麻藍，有遲、早二種，黑、白、赤三

---

① 按：《嘉慶丹徒縣志》卷十《食貨九·物産》此句下尚有"曰箭子"云云。

色，黑者曰巨勝，其莖皆方，故亦名方莖。道家有胡麻飯，即此。(《康熙志》)

按：稷（俗呼蘆穄，結子，疏散成枝，而實不黏者）、黍（俗呼黍黍，與稷相似，結子，叢聚攢簇而實黏者）、粱（俗呼小米，粟之不黏者）、秫（粟之黏者）、玉蜀黍（俗呼玉米）、薏苡仁（俗呼菩提珠）之屬，土人亦間植之，但不以爲日用常品，故不備列。

蔬屬：

菘，《康熙志》云：以其凌冬不凋，有松之操，故名。按：菘四時常有，而種類各殊，今土人通呼爲青菜，以本邑所産者色青、味美，异於他處之白菜也。一種大者，秋種冬刈，一本至七八斤，或十餘斤，名曰大菜。小雪入市，色白者佳，土人腌以爲菹，以爲禦冬旨蓄。《嘉慶志》引《通雅》云：京口菘爲上，曰箭竿白。（以下園蔬）

芥，青芥，似菘，有毛；紫芥，莖葉紫，子芳辛，研末可和食。(《康熙志》）花芥，葉多刻缺，茸茸如蒿，土人謂之猱獅芥。孫真人云：芥同兔肉食，成惡邪病，同鯽魚食，發水腫。

諸葛菜，葉如虎耳，莖葉皆有細毛，叢生如盤。二月起薹，則葉尖，開紫碧花，結角如蘿菔，根無大頭，味苦。徒邑人嗜之，用薦春盤。野生者亦食之，他處弗食也。此菜於古無考，不知正作何名。《康熙志》以爲即諸葛所種之蕪菁，則誤也。（蕪菁，見“根實”屬。）

菠薐，劉禹錫《嘉話録》云：種出西域頗陵國，訛爲菠薐。土人呼爲菠菜。(《康熙志》)

莧，有家莧、野莧、馬齒莧，不可與鱉同食。（同上）

茼蒿，葉類蒿，花如黄菊。(《康熙志》）花罷吐絮，春秋皆可種。

茄，一名落蘇（《康熙志》。按：五代《貽子録》作“酪酥”），有紫、白二色：紫者有長、有團；白者有團、有扁，老則俱黄。一種小如鳥卵，嫩白老黄，名曰天茄，土人植以供玩，不之食也。根入藥用，莖用馬溲浸三日，燒存性，點齒即落。

萵苣（《康熙志》），似苦菜而大，色青，三月抽薹，高二三尺，其圓徑寸。土人腌晒糟醬，以備方物，謂之萵笋。《嘉慶志》引王世懋《瓜蔬疏》云：萵苣絶勝於京口，鹹食脆美，即旋摘烹之亦佳。

苦菜，一名荼，一名蕒，一名游冬，《詩》謂之“芑”。葉似萵苣，色白，味苦。土人旋旋剥其葉食之，謂之剥菜。其白汁塗疔腫拔根，《康熙志》謂之“芳蕒”（蕒，原誤作“藚”。按：藚，音續，《爾雅》曰：牛唇也。《詩》疏云：今澤舃）。云敷蛇蟲咬傷。

生菜，葉似萵苣而闊，宋嘉祐《本草》謂之“白苣”。《康熙志》云有二種，葉（原誤作“菜”）多者謂之盤生，極脆嫩，不勝烹瀹，止可生茹，土人用薦春盤。

莙蓬，土名甜菜，一曰光菜（按：甜，一作“菾”，音同。光，言其葉光滑也。原作“先”，誤），莖灰，淋汁洗衣，白如玉色。(《康熙志》）按：甜菜，狀似菠薐，味亦略同。

芹，一名水英，三月八日不可食。(《康熙志》) 按：芹，《爾雅》謂之“楚葵”。又有野芹，微有藥氣，土人以清明或三月三日采腌暴乾，端午日食之，云能辟惡，考之《本草》，蓋馬蘄也。

韭，一名草鐘乳（《康熙志》)，《爾雅翼》云：物老則變，故老韭爲莧。鄭康成云：久道得利，陰物變爲陽，故葱變爲韭。

葱，有數種，有實而秧蒔者，謂之青葱；無實而分種者，謂之科葱；抽莖長二尺許，歧生而作花者，謂之樓子葱。(《康熙志》) 按：青葱，一名冬葱，又曰大葱，曰木葱、科葱，葱葉細小；一名慈葱，又曰蒜葱，以其本類小蒜也。樓子葱，又曰龍爪葱，其野生者名茖，一曰山葱（本《爾雅》)；水生者曰水葱，長六七尺，而細如龍鬚也。

蒜（《康熙志》)，小蒜曰蒜，《爾雅》“蒚山蒜”是也；大蒜曰葫，孫愐《唐韻》“張騫使西域始得大蒜種歸”是也；李時珍《本草綱目》云：家蒜有二種：根莖俱小而瓣少，辣甚者，蒜也，小蒜也；根莖俱大而瓣多，味辛而帶甘者，葫也，大蒜也。小蒜之種自蒚移栽。《嘉慶志》引王禎《農書》云：京口有蒜山，多出蒜。

薤，《綱目》云：葉似水仙花，葉中空，外光滑，不留露氣，味如葱，根如小蒜，一本數顆，相依而生，菜之最益人者，故有菜芝之稱。野生者曰山薤。《康熙志》云：一名蕎子。(按：蕎，當作“藠”，音叫。作“蕎”者，非。) 舊志以爲小蒜，誤也。

胡荽，土人曰羗（舊作“芫”，誤）荽，道家五葷之一。小兒禿瘡，煎油敷之。(《康熙志》) 能辟一切不正之氣，出痘，家床帳左右宜懸之。

茭菰（“苽”同)，土音呼高瓜。葉如蒲葦，八月，中心結實，如小兒臂，曰菰，昔人謂之菰手（一作“首”)。《爾雅》：出隧蘧蔬。郭璞注云：生菰草中，狀似土菌。即此物也。嫩時肥白，生熟皆甘脆香美。漸老則有黑點，不甚中啖。黑點者，其子也。再老則中空而外成殼，若罌粟然。子在其中，是爲雕菰（一作“胡”）米，秋深殼綻，粟浮水上，如一片黑雲，杜子美詩“波漂菰米沉雲黑”，斯之謂矣。一曰茭白。(茭菰，《康熙志》作“茭白”，云《爾雅》謂之“蒟茭”，結實爲雕胡米。按：《爾雅》注云：今江東呼藕，經緒如指，空中可啖者爲茇茭。茭，胡巧切。疏云：笋類也。非一種，則蒟茭非菰，審矣。)

香菜，《康熙志》云：似薄荷，土人采葉以配黄瓜，食之香美。按：《本草》：香菜，原名羅勒掌，禹錫曰：羅勒有三種：一種似紫蘇葉；一種葉大，二十步内即聞香；一種堪作生菜子，可安入目中去翳，少頃，濕脹，與物俱出。陶隱居云：術家取羊角、馬蹄燒作灰，撒濕地，遍踏之即生。又按：香薷，一名香菜，潤地人家頗蒔之。《康熙志》云似薄荷者，蓋是此種，見“草部”。但香薷辛散太甚，不宜多食，近人亦罕食之。

落葵，一名蔠葵。《爾雅》：蔠葵，繁露。是也。藤生，故俗謂之藤菜，葉如荇葉，子可染紫及作燕支，故又云燕支菜。《考工記》：大圭，長三尺，終葵首，言形如其葉也。(以下新增園蔬)

蕹菜，水陸皆可種，嵇含《南方草木狀》云：蕹菜，葉如落葵而小。性冷味甘，南人編葦爲筏，作小孔浮水上。種子於水中，則如萍根浮水面。及長成莖，葉皆出葦筏孔中，隨水上下。南方之奇蔬也。治冶（《本草》作“野”）葛毒，以汁滴其苗則萎死。世傳魏武啖冶葛至一尺，云先食此菜也。

豆，諸豆之可以充蔬者，已見“穀屬”。蠶豆食子，豌豆食葉，餘豆則并子莢食之。

笋，《爾雅》曰：竹萌也。春初出者曰燕笋，三、四月出者曰牙笋。諸竹之笋皆不如也。李時珍《本草綱目》云：痘瘡大不宜飲笋湯，暗受俗醫之害者，不知若干人。戒之，戒之。

川芎菜，芎，藭苗也。大葉似芹者曰江蘺，細葉似蛇床者曰蘼蕪。入藥，以蜀産者爲勝。土人因通呼爲川芎菜。

雪裏蕻，芥類，味尤辛辣，冬月生，故名。一曰麻菜。

蒔蘿，一名小茴香。《本草》：花實大類蛇床而簇生，辛香。今人多用和五味。

番椒，一曰大椒，又名辣子。方莖緑葉，似野莧菜，兩頭皆尖。夏秋開小白花，結實如蘿藦，赤而有光，味極辛烈，性至熱。嗜之者能啖嚼數枚，不常食者入口唇且焮腫，入腹腸胃燥裂以致便血，而嗜者乃謂能清大腸之火也。一種小者，纖細如婦人小指，有紅、黄二色，俗謂之佛手椒；一種圓扁有棱，狀如小柿，色亦正赤，俗謂之柿子椒，其赤而正圓者名櫻桃椒。此物不聞於古，蓋種出自北番，而近世始流播於中土也。

薺（《康熙志》），按：薺有二種：小者味甘美；大而有毛者曰菥蓂（見《爾雅》），味遜，其子曰蒫，其莖作挑燈杖，可辟蚊蛾，故又曰護生草。（以下野蔬）

馬蘭，一名紫菊。李時珍曰：其葉似蘭而大，其花似菊而紫，故名。俗稱物之大者曰馬也。《康熙志》云：舊志誤作“馬藍”。

蔞蒿，生水澤中，葉似艾，青白色。（《康熙志》）一曰白蒿，言白於衆蒿也；一曰蘩，《爾雅》云：蘩，皤蒿。皤，亦白也。一曰由（《雅》疏作“游”）胡，《夏小正》謂之“旁勃”。

蕨（《康熙志》），一名虌，初生無葉，狀如鼈脚，又如小兒拳，灰白色；長則展開如鳳尾。此物不甚宜人，土人亦不多食。①

山花菜，生岩石間，紅瑩可愛，味辛爽。（《康熙志》）

菌，一名地蕈，大者曰中馗，見《爾雅》及注。生山中草木根及牛糞上，雨後鬱蒸之氣所發也。五色俱備，土人隨其形色而爲之名，惟松根生者謂之松菌，雷雨後生者謂之天雷，味皆甘鮮。生楊樹頂上者，大可斤許，謂之天花，尤美。但諸菌之中，間有大毒，食之不審，或至殺人。煮時投以薑屑飯粒，或燈心，或以銀器探之，若色黑，是有

① 按：此條，本志未見徵引《嘉慶丹徒縣志》卷十《食貨九・物産》，兹録之，以資參看：“《搜神記》：郗鑒鎮丹徒，二月出獵，有甲士折一枝食之，覺心中淡淡成病，後生一小蛇，懸之屋前，漸乾成蕨，蓋此物不可生食也。儉歲爲粉，亦可療饑。”

毒也。即無毒者，亦不宜人。陳藏器云：菌夜中有光者，欲爛無蟲者，煮之不熟者，煮訖照人無影者，上有毛下無紋者，仰卷赤色者，并有毒殺人，地漿及糞汁解之。李時珍曰：中其毒者，必笑不止，解之以苦茗、白礬，勺新水并咽之，無不立愈。生木上者名蕈，《康熙志》云：香蕈生於冬，别是一種。

枸杞菜（《康熙志》），即枸杞初生之嫩芽也。徒人嗜之。子名枸杞子，根名地骨皮，俱入藥用。《嘉慶志》云：《續仙傳》：潤州開元寺大井旁生枸杞，歲久，飲其水甚益人。

茭兒菜，茭亦音高，野菰也。春末，中心白薹香脆，可生啖，潤地茭白之名當謂是耳。（《康熙志》以茭菰爲菰白，入於"蔬屬"，以此爲菰，入於"草屬"。）其花曰蓬，《康熙志》云：《爾雅》：齧，雕蓬，薦黍蓬。雕蓬者，米茭也。秋結實，謂之雕胡米，故曰齧。黍蓬者，野茭也，不能結實，惟堪作薦，故曰薦。（按：謂之黍蓬，蓋以其葉似黍也。以上所引，見鄭樵《通志》。）《廣志》云：菰可以爲席，温於蒲。

苜蓿，一曰黄花菜，俗呼爲三葉菜，沙洲人蒔以壅田，謂之秧草。（以下新增野蔬）

阿藍菜，一莖直上，葉附莖而生，色青。三月，開小白花，氣葷。

灰藋，俗作"灰滌"，《爾雅》云：蓧蓨。蓋謂此也。一曰藜，一曰萊。《詩》：北山有萊。陸璣云：萊，即藜。是也。大者名拜，又曰蔏藋（亦見《爾雅》），即今之紅心灰藋也，亦通稱爲藜，其莖可以爲杖，故曰藜杖。葉并可茹，昔人所謂藜藿（豆葉）之食是也。

薇，一名野豌豆，以其莖葉氣味皆相似也。一曰巢菜，東坡云：菜之美者，蜀鄉之巢。故人巢元修嗜之，因謂之元修菜。李時珍以爲即《爾雅》之"柱夫摇車"也。

鵝腸菜，一名蘩縷，葉似落葵而小，如指頂。有二種：莖青葉稍大者爲鵝腸，作蔬甘滑；莖紫葉小者爲鷄腸，作蔬不如鵝腸。其莖斷之中空，皆有一縷如絲。或以有絲者爲鵝腸，無絲者爲鷄腸，非是。

葵，葉似蜀葵，小而光滑。秋生者經冬歷春，開小花，紫黄色。結子，名冬葵子，入藥用。一曰露葵，古人種爲常食之品，今人不復蒔之。其野生者，人或采以爲葅，呼爲棋盤菜。

地踏菰，一名地耳，生丘陵地上，狀如木耳，雨過即采，見日不堪食矣。

根實屬（凡根實之屬皆可以代糧，可以充蔬）：

蘿菔，一名雹突，一名温菘，形有圓、長，色有紅、白及紫，制豆腐麵毒。《康熙志》云：《本草》名萊菔，帶露勿鋤，鋤則生蟲。

胡蘿菔（《康熙志》），其種相傳元時來自胡地，今遍地有之，葉似蛇床。家種者，根長近尺，色黄而圓，土人呼爲黄蘿菔，味甘而不中啖。凶年，人以代糧。

芋，一名土芝，一名蹲鴟（《康熙志》），爲畦種之，不可脱水。當心出苗者曰芋魁，俗呼芋頭；四旁附生者曰芋嬭，一曰芋子。别有野芋，不由種植而生，有大毒，食之殺人。

蕪菁（《康熙志》），一名九菘英①，子曰蔓菁，入藥用。劉禹錫《嘉話録》：諸葛武侯將軍所止，必令軍士皆種蕪菁，故蜀人呼蔓菁爲諸葛菜。按：《本草》：蕪菁，是芥類，葉類菘芥，根如蘿菔。《詩》：采葑采菲。陸璣《疏》云：葑，蕪菁也。幽州人謂之芥，趙魏謂之大芥。蓋即今土人呼爲大頭芥者是矣。

山藥，本名薯蕷，初避唐代宗諱豫，改名薯藥；後避宋英宗諱曙，改名山藥，一名玉延。（《康熙志》）子生葉間，大小不一，《本草》謂之“零餘子”，亦可食，味如其根。

山丹，一名紅百合，根苗俱似百合，但實小而瓣短，味苦。土人通呼百合花，色紅。采得晒乾，名紅花菜。（按：百合非潤產，所產者惟此。《康熙志》百合、山丹并見“花卉部”，蓋未審也。）

黄獨，莖、蔓、花、實絶類山藥，葉大而稍圓，根如芋而有鬚，味微苦。（《康熙志》）按：《本草》：黄獨，名土芋。解藥毒，生研，水服，當吐出惡物。

甘露子，莖、葉如薄荷而纖弱，根如蠶，一名地蠶。（《康熙志》）

龍芽，根如小指大，長寸許，潔白生脆，醋淪作茹。（同上）

薑，三、四月種，五、六月發芽，嫩如指，名子薑；發生後仍攢其旁土，取出原種，名母薑。（《康熙志》）

山芋，種宜山土，藤生，葉似山藥，根如芋而微長，赤黄色，味甘，生熟皆可啖。最能療飢，歉歲代糧，勝胡蘿菔十倍。（增）

瓜瓠屬：

甜瓜，種類各殊，形色亦异，土俗以黄者爲金瓜，青者爲淮瓜，白者爲梨瓜，餘總呼爲香瓜。蒂入藥用，方書瓜蒂散用，此瓜之蒂也。《康熙志》云：夏月食之，不中暑氣，但不可多食（深秋作痢，最爲難治）。落水沉者、雙頂雙蒂者皆有毒，不可食。

西瓜，皮有深碧、淺碧，深淺間作棱形諸色；瓤有深紅、淺紅、黄、白諸色，形皆正圓（江寧有長如枕者）。食之解暑，有“天生白虎湯”之號。然亦不宜多食。《康熙志》云：《五代史》：胡嶠隨蕭翰入西夏，得其種，故名。

筲瓜（筲，一作“稍”），皮青，長尺餘，觩然如角。（《康熙志》）一名越瓜，俗呼菜瓜。

黄瓜，原名胡瓜，北人避石勒諱，稱黄瓜，因而不改。（《康熙志》）

冬瓜，一名白瓜，爲其皮上有白霜也。《康熙志》云：熱者食之佳，冷者食之瘦。

絲瓜，一名天羅，長五六尺，其狀似蛇，老則團縮，筋絲羅織，故有絲羅諸名。六月，采葉，刷去毛，陰乾，爲極細末，治刀石湯火傷極佳，愈後略無斑痕。《康熙志》云：老者皮筋子燒存性，研末，蜜調服三錢，治男女惡瘡、乳疽、疔瘡等病。

---

① 按：“九菘英”，或作“九英菘”，見《食療本草》。

南瓜，一蔓十餘丈，實如甜瓜，稍扁，有棱，色紅，肉黄，《本草》不載。(《康熙志》）大者可二三斤，土人惟以供玩，不入食品。花似苦瓜花。按：此瓜南北皆謂之北瓜。

番瓜，一曰飯瓜，爲其甘美可當飯也。種有遲早，實有小大，色有青赤，棱則或有或無，皮則或光或癩，形則有圓有扁，有極扁（土名榼子瓜），有下圓上殺，有長頸大腹諸狀，亦有長如枕者。花葉皆似南瓜而大，早者六月已熟，遲則九、十月方成。其至大者重可至二十斤，其蔓上嫩頭亦可充蔬。《康熙志》稱爲北瓜，云：一名飯瓜。按：此瓜他處皆稱南瓜，李時珍《本草綱目》“南瓜”條下云：種出南番，二月下種，宜沙沃地。四月生苗，引蔓甚繁，一蔓可延十餘丈，節節有根，近地即着。其莖中空，其葉狀如蜀葵而大如荷葉。八、九月開黄花（此遲者），如西瓜花。結瓜正圓，大如西瓜，皮上有棱如甜瓜。一本可結數十顆，其色或緑、或黄、或紅。其子如冬瓜子，肉厚色黄，不可同羊肉食，令人氣壅。詳李氏所説，南瓜與今俗所謂番瓜正同種，出南番，亦與番名相合，然則呼北瓜者非矣。惟謂花如西瓜花（西瓜花類甜瓜花，小如指頂而五出），結實正圓，亦如西瓜，則與今番瓜不類，即與潤地所謂南瓜者亦不類耳。南瓜之名，明見《綱目》，而《康熙志》云《本草》不載，豈亦有所疑邪?《學圃雜疏》云：南瓜有奇狀殊色。則南瓜爲今之番瓜無疑。潤地南、北二瓜，名稱似宜互易。

笋瓜，形如胡瓜，而色黄赤，縷切微炒，脆如笋也。此瓜原出江北，避寇者携其種來種之，但味同嚼蠟，嗜者亦無多也。(增）

苦瓜，一名錦荔枝，俗呼癩葡萄，以其葉似葡萄而實多疿磊也。(增）

瓠（《康熙志》)，《正字通》云：瓜類也。其類有瓠、有匏、有壺，古訓初無分别。近人以長如胡瓜者爲瓠，長柄大腹者爲匏，剖之爲瓢，小而無長柄者爲壺，通稱匏，一曰壺盧。其兩頭大，中央細者爲細腰壺盧。瓠甘可食，人以充蔬，然亦有苦如膽者。(《物類相感志》云：牛踏土則苦，或云鷄糞壅之則苦。）餘皆味苦，僅以供用，不堪食也。

果屬：

梅（《康熙志》)。(以下山園果）

杏（同上)。

桃，實有先後，種類各殊，名則隨時隨色稱之。《康熙志》云：服术人忌之，又不可與鼈同食。

李，邑中所出者品目亦多，其麥熟李最早，圓小而美。(《康熙志》）陶弘景《本草》：京口有麥李，麥秀時熟，小而甜美，核不入藥，今無此種①。(《嘉慶志》)

櫻桃，《禮》曰：含桃。注作“鶯桃”，謂鶯之所含也。《爾雅》謂之“荆桃”。《康

---

① 按：“今無此種”，《嘉慶丹徒縣志》卷十《食貨九·物産》爲小字注按語。

熙志》云：多食令人吐。

來禽，一名林禽（字或作“檎”），《康熙志》云：俗呼花紅。劉稹[1]《京口記》：荆[2]國多林禽。

柿（《康熙志》），有方柿、火珠柿、牛奶柿、烏椑柿諸種。《吴都賦》：平仲君遷。君遷，即牛奶柿也。烏椑柿，雖熟亦青，食之，脆如梨，搗漚爲汁，染紙不漏，故又名漆柿，汁曰柿漆。

銀杏，土名白果，同鰻魚食，令人軟。花夜開晝落。（《康熙志》）一曰鴨脚子，以葉之形似名也。

梨（《康熙志》），先熟而小者曰落花梨，大者曰秋梨。

棗，有馬牙棗、酸棗二種，《康熙志》云：酸棗，所謂樲棘也。

栗，《康熙志》云：有社栗、獨顆栗。（按：《本草》：栗之大者曰板栗、錐栗。疑此二種是也。社栗、獨顆，乃俗名耳。）一種極小，土人謂之糠栗，亦曰茅栗，（《本草》：茅栗似板栗，而細如橡栗。）即《爾雅》所謂“栭栗”也。

枇杷，秋蕊冬花，春實夏熟。（《康熙志》）一名盧橘。按：《本草綱目》“金橘”條下注云：此橘生時青盧色（青黑曰盧），故名盧橘。注《文選》者以枇杷爲盧橘，誤矣。司馬相如《上林賦》云：盧橘夏熟，枇杷橪柿。以二物并列，則非一物明矣。此物冬夏相繼（金橘在樹，隔年至夏乃熟，色轉青黑，皮瓤皆甜），故云夏熟。裴淵《廣州志》謂之“夏橘”。

葡萄（《康熙志》），按：本邑無葡萄，所謂葡萄，乃蘡薁也。《詩》曰：六月食鬱及薁。即此是矣。《本草》：蘡薁，生江東。蔓葉花實，與葡萄無异。但實小而酸，亦有青、紫二色，土人直稱葡萄。其青者爲水晶葡萄，或以爲是瑣瑣葡萄者，誤。瑣瑣葡萄，出西方，大如五味子，無核。

石榴（《康熙志》[3]）陸機《與弟雲書》云：張騫使外國，得金林安石榴。《酉陽雜俎》云：甜者謂之天漿，酸者入藥。

梧桐子（《康熙志》）。

橙，橘類也，有大、小二種。（見《本草》）今土人以扁而小者爲橙，以圓而大者爲香櫞。香櫞又有二種：一種皮細而光，土人呼爲文櫞；一種皮粗而皺，土人呼爲癩櫞。供玩則文櫞爲佳，供食則癩櫞爲美。《綱目》云：橙葉有刻缺，如兩段。《事類合璧》：橙樹高枝，葉不甚類橘（橘葉兩頭尖），亦有刺。其實大者如碗，頗類朱欒（柚别名）。皮厚蹙衄如沸，香氣馥郁。其皮可以薰衣，可以芼鮮，可以和葅醢，可以爲醬齏，可以蜜煎。可以糖製，爲橙丁；可以蜜製，爲橙膏。按：《合璧》所言橙狀即是今之香櫞，

---

① 按：“稹”，《藝文類聚》卷八十七《果部下》“林檎”條作“楨”。
② 按：“荆”，《藝文類聚》卷八十七《果部下》“林檎”條作“南”。
③ 按：“《康熙志》”，原攔入正文，似誤。兹改爲小字注。

其云蹙衄如沸，即所謂癩櫞也；其皮云云，今製亦然。其主治消痰、下氣、利膈、寬中、解酒，則橙、櫞并同。然則土人分橙、櫞爲二，而《康熙志》因之者，非矣。又香櫞當作“香圓”，蓋合形與氣名之，俗書作“櫞”，《康熙志》亦曰“枸櫞”，疑亦非是。按：《本草》：枸櫞乃佛手，柑也。《康熙志》“橙”條下又云：一種大徑三寸許，理粗而皮厚硬者，名木橙，不堪食。此種今未之見。

木瓜，《爾雅》：楙，木瓜。實如小瓜。禀得木之正，故入肝，利筋骨。以蜜與糖煎之，或作糕，俱可食。（《康熙志》）

樝子，一曰和圓子。《埤雅》以爲木桃。李時珍曰：樝子乃木瓜之短小而味酢澀者也。王禎《農書》云：狀似小梨，味劣於梨與木瓜，而入蜜煮湯則香美過之。《莊子》云：樝梨橘柚皆可於口。土人通呼木瓜。劉言史有《王侍御莊看山木瓜》詩，見《潤州類集》。《康熙志》云：《本草圖經》：榠樝，木葉花實酷類木瓜，大而黄。欲辨之，看蒂間別有重蒂如乳者爲木瓜，無此者爲榠樝也。似樝子而小者爲榅桲，味尤甘。凡食樝子須拭净去毛，不爾損肺。

山樝（《康熙志》），一名朹。《爾雅》：朹，檕梅。是也。《圖經》作“棠梂子”，土名山裏紅，今亦曰棠梂。樝，俗作“查”，誤也。

枳（音已）椇，一名白石李。以味言之，則曰木蜜；以形言之，則曰木珊瑚。或稱“鷄距”，土人開口讀“椇”，音若“家”也。其木及果俱能敗酒，中酒者宜之，釀者雖鄰家亦不可有此木也。椇，一作“枸”，見《詩》“南山有枸”疏。（以下新增山園果）

楊梅。

何首烏，此別一種果。烏非藥烏也，根細而長，冬月以爲果，味甘，微苦。

雙果，生麥田中，葉如老韭，一科僅二三葉，花略似蕙，色白，根下有雙果，似慈姑而小。村童掘食之，云單者有毒。

向日葵，二月下種，一莖直上，高近丈，粗細如竹，葉似蜀葵而大。莖端着黄花一朵，如盤，其大徑尺，向日而傾。盤中子數百粒，炒食香美。子有黑、白、褐三色。黑者，莢可染皂。

蓮子（《康熙志》），有紅、白二種：花紅者蓮多藕劣；花白者蓮少藕佳。蓮者，實也。同房各子，俗呼蓮蓬。其子曰菂，俗曰蓮子。子中青心曰薏，俗曰蓮心。（以下水果）

藕（同上），芙蕖根也，冬月至春皆可掘取，土人於六、七月即掘而市之，曰花香藕。藕凡三四節，每節生蒻，長丈餘，曰蔤節。生二莖：一爲藕荷，其葉貼水，其下旁行生藕；一爲芰荷，其葉出水，其旁莖生花。

菱、芰，一名水栗，三角、四角者爲芰，兩角者爲菱。一種大菱，兩角彎卷如弓，冬月取之，風戾爲果，名曰烏菱，俗曰風菱。其野生者，實小，角有硬刺，亦可食，俗曰鬼菱。《康熙志》云：菱花晝合宵炕，隨月轉移。

芡，一名鷄頭，《管子》謂之“卯菱”，《莊子》謂之“鷄壅”。《康熙志》引《爾雅翼》云：芡花向日，菱花避日，蒸曝作粉，老人食之延年。

葧臍（《康熙志》），一名烏芋，《爾雅》謂之“梟茈”，或謂之“地栗”，苗似龍鬚，根大如慈姑，圓扁而黑。其腹有臍，臍有短鬚勃勃然，故名。皮色正黑者肉硬，赤黑者佳。野生者小如指頂，能消銅爲水。

慈姑（《康熙志》作“茨菰”），種水田中，葉有椏，狀如錍箭鏃；根似芋子而小，黄黑色。（《康熙志》）按：慈姑，色青黄，《綱目》云：一根歲生十二子，如慈姑之乳諸子，故以名之。作“茨菰”者非矣。邑人喜食之，謂能滋陰。據《本草》，則甚不益人。惟主治百毒，其葉搗爛，塗小兒游瘤，丹毒即消退，甚佳。亦治諸惡瘡及蛇咬，搗爛封之。

木屬（凡已見“果屬”者不復重出）：

松，種有三。紹聖間，通判夏侯元《栽松記》刻長山白龍王廟中。（《康熙志》）其花曰松花粉。

柏，側柏也，俗呼扁柏。《康熙志》云：種有二。

檜，俗呼圓柏，亦有二種。《康熙志》云：唐李衛公手植雙檜於北固山，火後不存。又《京口集》載梅聖俞《刁經臣綿檜》詩云：“翠色凌寒豈易衰，柔條勘結更葳蕤。松身柏葉能相似，勁拔緣何不自持。”

桑（《康熙志》），本邑産者向惟野桑及柘。道光朝雖有植湖桑者，傳亦未廣。同治初，觀察沈公秉成始設課桑局，購湖桑，教民種之，而桑園、桑田遂遍境内。

梓、楸，木理白者爲梓，赤者爲楸。梓結角細長如箸，楸不結實。又梓之美文者爲椅，楸之小者爲榎（“檟”同）。《埤雅》云：梓爲木王，屋室以爲梁，則餘材皆不震。《康熙志》云：俗以立秋日采其葉戴之，又煎湯洗浴。今不復爾矣。

柳，《晉志》云：山多赤柳，故名丹陽。非潤之丹陽，舊志引之，誤也。俗名楊柳。一種枝弱而下垂者，名垂楊柳（《康熙志》）；一種蒲柳，似柳而小，好生水旁，一名水楊。其粗枝勁韌，可爲箭笴，《左傳》所謂“董澤之蒲”是也。又曰萑苻，其細枝可編爲笆斗，故又名笆斗柳。

楮（《康熙志》），《詩》曰：無集于穀。謂此木也。一曰構，《酉陽雜俎》云：葉有瓣曰楮，無曰構。其皮斫之有白汁出，名曰構膠，可粘物。子似楊梅，本曰楮桃，土音訛爲苦桃，因名其樹爲苦桃，一曰朴樹。

冬青（同上），即蠟樹也，其實曰女貞子，色黑。别有一種凍青，其子色紅爲异。

椿、樗（并見《康熙志》），一類二種：香者名椿，初生嫩葉，可食；臭者名樗，樗最無用。其生於山者曰栲，見《爾雅》。

合歡，一名青裳（一作“青棠”），一名合昏，一名夜合。葉如皂莢，葉至昏則合，故名。其花如敗筆頭，紫色；亦如馬纓，唐人詩云：“門前一樹馬纓花”。謂此花也。爲末，和酒飲之，可除抑鬱，故嵇①康《養生論》云：合歡蠲忿，萱草忘憂。《康熙志》云：俗名檂樹。

榆，白者名枌，先生莢，後生葉。莢狀似小錢成串，故曰榆錢。其白皮可以爲麵，儉歲人亦食之。濕搗爲糊，用粘瓦石，甚有力也。《康熙志》云：取莢與皮合漬之，即蕪荑。《物志》云：食枌榆，則眠不欲覺。

棠梨，本梨樹所生梨，一核有十餘子，種之，惟一二子生梨，餘皆生杜。杜即棠梨，不結實，可鏤書板，製梳。（《康熙志》）按：《爾雅》：杜有赤、白二種，通名曰棠。疏云：子白者爲白棠，甘棠也；赤棠，子澀而酢，無味。其木理韌，可作弓幹。花類林禽、木瓜，或以之爲海棠，誤也。

櫟，土人以充薪，實曰橡。（《康熙志》）陸璣②《詩》疏云：即柞櫟也。或謂之栩，其子有斗，可以染皂。一種不結子而心赤者爲柞棫。

槲，櫟類也。一名大葉櫟，實亦有斗，木雖堅，不堪充材，止宜作薪。《康熙志》云：土人呼爲孛落。

棕閭，本高一二丈，無枝條，葉大如扇而條條分析，萃於樹杪。其下有皮，重重裹之，絲毛如織，可以作繩。及薦，每歲必二三剥之，否則樹死，或不長也。花有毒，然治之得法，亦可食。《康熙志》云：花黄白色，未出時，剖皮得之，狀如魚子，東坡謂之木魚。

枳（《康熙志》），木似橘，高而多刺，可爲籬落，即藥家枳殼也。

枸骨，葉有五刺，俗名猫兒刺，木皮可煎膏。（《康熙志》）陳藏器曰：《詩》云：南山有枸。皮健腰脚，枝葉治白癜。今土人取其葉治勞力、咳嗽、吐血，名十大功勞。”

接骨木，以功言也。花葉都類蒴藋（草名），一名木蒴藋。木輕虚而無心，斫枝扦之便生。《康熙志》云：俗名扦扦活。

烏臼木（《康熙志》），葉如小杏，葉可以染皂，子可以壓油，然燈甚明，土人謂之油樹。

皂莢（同上），俗以四月一日采其葉戴之。

柜（“欅”同）柳（《康熙志》），一名杞③柳，俗音訛爲鬼柳。木理頗細，然不耐濕，以爲几案面，亦可觀也。

槐、檀、楝、桐、杉、楓、樟、石楠、黄楊、黄荆、吴茱萸。（以上諸名亦見《康熙志》）

茶，一名檟，《爾雅》謂之“苦荼”。古無“茶”字，茶即荼耳。郭璞云：早采者爲荼，晚取者爲茗。一曰荈，徒邑迤西諸山皆有之，五州出者尤佳，名雲霧茶。但土人不

---

① 按：“嵇”，原作“稽”，誤。
② 按：“璣”，原作“機”，誤。兹改。下同。
③ 按：“杞”，原作“杞”，形近而訛，因改。

善焙，故名不聞耳。（以下新增）

沙棠，樹大而壽，枝極扶疏，葉類榆葉。三月開碎黄花，結子似冬青子而味甘。土人以其葉擦錫，色白如銀；擦竹器，其光如鏡。其木不中器物，而古人乃以之造舟，李白詩云："木蘭之枻沙棠舟。"是矣。

椐，按：《漢書》：孔光年老，賜靈壽杖。顔師古注云：木似竹，有節，長不過八九尺，圍三四寸。自然有合杖制，不須削理。陸璣《詩》疏云：椐即靈壽。今徒邑所産及他處所出皆是大木，堪爲器物者，不知在古作何名也。

枸橘，一曰臭橘。結實正圓，形如枳實而殻薄不香。市儈或收小實，僞充枳殻青橘皮售之。

檉，《爾雅》曰：河柳。俗呼爲觀音柳。《群芳譜》云：一名三眠柳。

海桐，一名刺桐，葉如梧桐，皮有巨刺，如鼉甲之刺。然此木人第知産於嶺南，而不知潤州大山中實有之也。

椒。

苞屬：

毛竹，李大澄詩："毛竹岩深藏羽客，柯山日晷更舒長。"李清叟詩："雲藏毛竹深深洞，烟起香爐裊裊風。"字皆作"毛"，今作"茅"及"猫"者非。

慈竹，任昉《述異記》：南中生子母竹，慈竹是也。《酉陽雜俎》：慈竹，夏雨滴汁入地而生。（按：此竹夏生，放梢而不放葉，至來春始解籜而生笋。此種今尚見之。）

象牙竹，笋味至美，而質白如象牙，故名。

筀竹，有早竹、晚竹、綿竹。

斑竹，陳輔之有《咏慈雲院斑竹》詩，注：慈雲，因此謂之斑竹院。見《京口集》。

筋竹，羅浮山，疏曰：筋竹堅利，南土以爲矛。笋未竹時，堪爲弩弦。

紫竹、水竹、候竹、石竹、苦竹、淡竹、燕竹、灰竹、閂竹、鳳尾竹、瀟湘竹。（以上俱見《康熙志》，其間多所未見，姑備録之，以俟考證。）

箬（一作"篛"），根莖皆似小竹，節籜與葉皆似蘆荻，其葉可作笠及裹鹽茶諸物。

蘆荻，按：《爾雅》蘆有葭、葦、蒹、薕、菼、薍諸名。《綱目》云：長丈許，中空皮薄色白者，葭也，蘆也，葦也；短小於葦而中空皮厚色青蒼者，菼也，薍也，荻也，萑也；其最短小而中實者，蒹也，薕也，皆以初生已成得名。其根入藥，性味皆同。今按：短小而實者，徒邑所産無多，人家以爲簾箔者皆來自海濱，味鹹，雨從箔上淋下，草木沾之皆枯死。此種應不入藥用，其笋名虇，其秀名荼。《夏小正》云：萑未秀爲菼，葦未秀爲蘆。（以上二名亦見《康熙志》"草屬"。）

仙人杖竹，小竹也，高不過五六尺，近根二節天然屈曲，山行用以爲杖，甚韵，焦山、南山俱有之。（增）

按：諸竹上粉點，《本草》謂之"竹虱"，云久便能動，百十成簇，形大如虱，蒼灰色，取之陰乾，可治中風。竹根餘氣生雷丸，浮土上，如葡萄顆，無枝葉。附識於此。

草屬（《康熙志》有“草屬”，有“藥屬”。檢“草屬”，止二十餘種，除采入他屬外，僅剩數種，按之《本草》無不可以入藥。又“藥屬”，如蛇蟲之類已有專條；桃李、杏仁、旋覆、青葙之類，又重花木，餘所謂藥無非草也。今依《爾雅·釋草》之例并爲一條，題爲“草屬”。至於主療，自有專門之學，兹第志吾邑之所有者而已。若夫《草經》所無而爲吾邑所有，近人或以之治病者，則略著其功效，以待後人之考訂焉）：

芝，《康熙志》引《太玄内傳》云：有神芝五種。然潤地未聞，所見皆木芝耳。生大山朽木根上，有黄、紫諸色，人家但以之點綴花卉，弗之服也。（以下山草）

沙參（《康熙志》），苗葉如初生小葵葉，而團扁不光；莖葉則尖長如枸杞葉，而小有細齒。秋開小紫花，如鈴鐸，五出。一名鈴兒草，亦有白花者。

薺苨（同上），《爾雅》：苨，莀苨。注云：薺，苨也。一名杏葉沙參，一名甜桔梗。明周憲王《救荒本草》云：葉似杏葉而小，微尖，背白，邊有叉牙，杪間開五瓣白碗子花，亦有碧色者。《嘉慶志》云：《明一統志》：汝山出薺苨。蘇頌《本草圖經》云：根苗俱似人參而葉小异，根似桔梗而無心。潤州無多，人家收以爲果菜，或作脯啖，味甚甘美。按：今汝山出一種藥材，味甘淡而無心，生曝乾，絶類高麗參，煤過去皮，則似桔梗，俗稱爲明黨參，以爲補益之品，并行遠方，其實即薺苨也。昔人云：薺苨亂人參。信不誣矣。

桔梗（同上），花葉俱似薺苨，但薺苨葉下光明滑澤，無毛，爲异根有心而味苦。此草處處皆有，并非珍品，而藥市所用者多是薺苨，殊爲難解。

貫衆（同上），生山陰近水處，一名鳳尾草，以葉之形似也。莖多涎滑，根曲而有尖黑鬚，叢簇，狀如伏鴟。

地榆（同上），葉似榆而狹，有細齒，子如桑椹，而長似棗。

丹參（同上），一名逐馬，言治風軟脚可逐奔馬也。方莖對節，一枝五葉。葉如薄荷而尖，有毛。開花成穗，紅紫色。

茈（俗作“柴”）胡（同上），似韭而短，春時采藥者來收，多是此種。

白茅（《康熙志》），初生曰茅針，其根曰茹。

苦參（同上），一名地槐，苗高三四尺，葉極似槐葉，花黄，子作莢，根味至苦惡。

山慈姑，生山中濕地。冬生，葉如水仙葉而狹。二月中，枯一莖如箭簳，高尺許，莖端開花，白色，亦有黄色、紅色者，上有黑點。其花乃衆花簇成一朵，如絲紐成。《康熙志》謂之“金燈花”，根如慈姑，有毛殼包裹。此物花葉不相見，謂之無義草。

龍膽草（同上），苗高尺餘，四月生，葉如嫩蒜，細莖如小竹枝；七月開花，作鈴鐸狀，青碧色。有山草二種，蘇頌云：山龍膽，葉經霜雪不凋，山人用治四肢疼痛。與此同類而别種，今潤之采藥者云山産者佳，但二種功效不同，用之似宜分别。

白鮮（《康熙志》），一作“白膻”，又曰白羊鮮，以根白色而作羊膻氣也。其子累累如椒，故又名金雀兒椒。《圖經》云①：潤州有之。苗高尺許，莖青，葉稍白如槐，亦似茱萸。四月開花，淡紫色，似小蜀葵，花、根似小蔓青。

玉竹，一名葳蕤，《爾雅》曰：熒，委萎。是矣。莖幹强直似竹，箭簳有節，節間多鬚。葉狹長如薑，對生，亦似竹葉，葉尖處有小黄點。三月開小青花，香如蘭蕙。（以下新增山草）

淫羊藿，一名仙靈脾（柳子厚文作"仙靈毗"。毗，人臍也），又曰三枝九葉草。生大山中，一根數莖，高一二尺。一莖三椏，一椏三葉，葉如杏葉及豆藿，薄而有細齒，齒有微刺。

白頭翁，一名野丈人，一名胡王使者，一曰奈何草。蘇恭《唐本草》云：葉似芍藥而大，抽一莖，莖頭開花，紫色，似木槿花。實大者如鷄子，白毛寸餘，皆披下似纛頭，正似白頭老翁，故名。陶言近根有白茸，似不識也，根似續斷而扁。蘇頌云：叢生狀，似白微而柔細。稍長，葉生莖頭，如杏葉，上有細毛而不滑澤，近根有白茸，根紫色。今按：蘇恭所説形狀，潤地山中固常見之。取像命名，當如恭説。

白芨，一科一莖，莖葉如生薑，花長寸許，紅紫色，中心如舌，根似菱米，白色，有臍三角。

三七，一名金不换，本出番峒中。近來邑人蒔一種，苗高二三尺，葉似菊而長大，有歧尖，莖有赤棱，花蕊如金絲盤紐，花罷吐絮，根如牛蒡。根、葉味皆甘，云是三七，亦曰金不换，亦治上下血病及金瘡、折傷、出血等症，甚效。

貝母，《詩》曰：言采其莔。《爾雅》云：莔，貝母也。《唐本草》云②：出潤州者最③佳。《圖經》云：潤州有之，葉青似蕎麥葉，七月開花，碧緑色，形如鼓子花。子在根下，如羊④子正白。四方連累相着，有分解。《爾雅》注言：白花，葉似韭，此種罕復見之。

石蒜，苗葉花根俱類山慈姑，花葉亦不相見，但春初生葉，七月而枯，然後抽莖作花爾。花色鮮紅，亦如紐，成玲瓏，可玩，俗名龍爪花。其根類水仙花根，而有小毒。

芒，《爾雅》曰：莣。又曰：杜榮。似茅，叢生，葉闊而長，捋之傷人如鋒刃。

鬼督郵，生山中，有必叢生，一莖一葉，葉生莖端，團團若傘而有花歧。花生葉心，黄白色，無風自動。一名獨摇草，土人呼爲天篷草，根横生，黄白色，無鬚。

白微，《圖經》云：潤州有之。莖葉俱青，頗類柳葉。六、七月開紅花，八月結實。根黄白色，似牛膝而短小，柔軟能彎。

白前，苗高尺許，葉似柳，或似芫；花、根似牛膝，粗長，堅直易斷。

---

① 按："《圖經》云"，《嘉慶丹徒縣志》卷十《食貨九·物産》謂"蘇頌曰"，且下有云："四、五月間采根陰乾。"

② 按："《唐本草》云"，《嘉慶丹徒縣志》卷十《食貨九·物産》作"舊志蘇恭曰"。

③ 按：《嘉慶丹徒縣志》卷十《食貨九·物産》無"最"字。

④ 按："羊"，清郝懿行《爾雅義疏》作"芋"，一曰薏苡子。此處作"羊"，或訛。

孩兒參，一名太子參，出嵛山、高麗山①。

馬蹄香（《康熙志》），即杜衡，《爾雅》謂之“土鹵”。生山陰水澤下濕地。葉似葯，圓而有缺，狀如馬蹄之下貼地生花，似見不見。根似細辛，色黄卷曲，乾則作團。（以下芳草）

蛇床（同上），《爾雅》曰：盱。又曰：虺床。葉青，碎作叢，似小葉芎藭。四、五月開白花，如傘，數百粒同一窠，若碎米攢簇而成。子兩片相合，似蒔蘿子而細長，至輕虚，亦有細棱。李時珍《本草綱目》云：凡花實似蛇床者，當歸、芎藭、水芹、藁本、胡蘿菔是也。

蘭（同上），《詩》謂之“蕑”。又名都梁香，見《荆州記》。俗名孩兒菊，今藥市又稱佩蘭，以别於澤蘭。與澤蘭一類二種，俱生下濕處，紫莖，素枝，赤節，緑葉。葉對節生，似菊葉而光潤，其臭甚香，八、九月開花成穗，紅白色，一曰薰草。

澤蘭（同上），狀似蘭而葉尖，微有毛；莖微方，節短，花白。

荆芥（同上），原名假蘇，方莖細葉，似獨帚葉而狹小，淡黄緑色，八月開小花，作穗成房。食黄顙（即黄鰭鱤）及一切無鱗魚者忌服，與蟹同食動風。

薄荷（同上），原名茇葀（一作“苦”），見楊雄《甘泉賦》；或作“茇藺”。方莖，赤色。其葉對生，初圓而長，抽莖則尖，子皆在葉間，如荆芥子而不成穗。

積雪草，一名地錢草，一名連錢草（《康熙志》），又名胡薄荷。多生宫院寺廟磚石間，葉圓似錢，引蔓搏地，香如細辛。

蘇（《康熙志》），莖方，葉圓而有尖，四面有刻齒。面背皆紫者爲紫蘇，《爾雅》謂之“桂荏”；其面背皆白者爲白蘇，即荏也。花皆作穗成房，白而不香者名野蘇；其生水旁而葉稍長，氣如蘇者爲水蘇。一曰鷄蘇，又曰龍腦薄荷，似水蘇而葉長有毛、氣臭者爲薺薴。《康熙志》云：紫蘇煎汁飲之，治蟹毒。

莎草，根名香附子，一名雀頭香，葉如老韭而硬，光澤，有劍脊棱。五、六月，中抽一莖，三棱中空，莖端復出數葉，開青花成穗，大體皆如荆，三棱但短小耳。根鬚下結子一二枚，轉相延生。子有細黑毛。（增）

艾（《康熙志》），《爾雅》謂之“冰臺”。（以下隰草）

茵陳（同上），《綱目》：二月生苗，莖如艾，葉如淡色青蒿而背白，葉歧緊細而扁整，花實與菴蕳相似。

益母草（同上），《爾雅》“萑蓷”注云：今茺蔚也。葉似荏，方莖，白華，華生節間，又名益母。《雅》又云：藬，牛蘈。注云：方莖，葉長而鋭，有穗，穗間有華，華紫縹色。今按：益母草，邑中多有之，方莖對節，葉似艾，背面皆青。四、五月開花，有紅、白二色，《綱目》謂“紅者入血分，白者入氣分”。萑、藬，即紅、白花之别，其云葉似荏者誤。其子每萼四粒，大如茼蒿子，有三棱，褐色，《圖經》謂其子黑色似鷄

---

① 按：“高麗山”，或當作“高驪山”。見前卷二《輿地五》“高驪山”條。

頭子者亦誤。其草生時有臭氣，夏至後即枯，故又有鬱臭草、夏枯草諸名。

劉寄奴（同上），寄奴，宋高祖劉裕小字也。伐荻新洲，因射蛇得此草以敷金瘡，良驗（詳見《人物志》“宋系”條），因以名之。《綱目》云：劉寄奴，一莖直上，葉似蒼术（蘇頌云“似柳”），尖長糙澀。九月，莖端分開數枝，攢簇十朵小花，白瓣黃蕊，如小菊花狀，花罷有白絮，如苦賈花之絮。《嘉慶志》：鄭樵曰：江東謂之烏藤菜。

（大小）薊（同上），其莖有刺，故名鷄項草，又曰千針草。其花紫色如髻，大薊高三四尺，葉皺；小薊高一尺許，葉不皺。

漏盧（《康熙志》），飛廉。飛廉，一名漏盧。諸家所説花葉俱不同。李時珍云：二物氣味、功用俱不相遠，似可通用，豈或一類有數種，而古今名稱各處不同乎？按：今潤地所産漏盧亦有二種：一種莖下如葱，輕有皮起，根下多鬚，名葱管漏盧（此與大明所謂類葱本者合）；一種根多歧而無鬚，直名漏盧（疑即飛廉）。然其根皆不如玄參之黑，惜未得其花葉辨之。（《唐本草》：漏盧，莖葉似白蒿，花黄。生莢，類油麻葉莢而小。陶隱居云：飛廉似苦芙。按：苦芙葉如地黄。）

大麻（同上），即黄麻，一曰火麻，有子者爲苴，無者爲枲。其子曰賁，葉如益母。五、六月開細黄花，成穗。葉及子之入土者并有毒，殺人。花曰麻勃，疔腫人見之即死。

苧①麻（同上），苗高七八尺，葉如荏而大，有短毛。夏、秋抽細穗，作花，青白色。

苘麻（苘，一作“璜”，《康熙志》作“檾”），即白麻，苗高五六尺，葉似杏葉而大。六、七月開黄花，五出，結實如半磨形。

牛蒡子（《康熙志》），一名惡實，又名鼠粘子。術人隱其名曰大力子，或呼爲夜叉頭。葉大如芋葉而長，四月開淡紫花，成叢。實多鈎刺，似栗梂而小，一梂凡數十子。根大者如臂，長近尺。

蒼耳，《康熙志》云：俗名野茄棵，即《詩》之“卷耳”也，《爾雅》謂之“苓耳”。大葉如猪耳，亦似茄葉。子如婦人耳璫而多刺，故又有羊負來、道人頭諸名。

豨薟（《康熙志》），氣臭如猪而味薟螫，故名。一曰火枕草，又曰猪膏母。此草與地菘（即天名精）相似，故沈括《筆談》云：世人妄認地菘爲火枕。《綱目》云：猪膏草，素莖有直棱，兼有斑點。葉似蒼耳而微長，似地菘而稍薄。對節而生，莖葉皆有細毛。八、九月開小花，深黄色。中有長子如茼蒿子，外萼有細刺粘人。地菘則青莖，圓而無棱，無斑，無毛，葉皺不對節。

木賊（同上），近水之地皆有之，叢生直上，長者二三尺，每莖一幹，無花葉，寸寸有節，色青，凌冬不凋。土名竹節草。

牛膝（《康熙志》），苗高二三尺，方莖暴節，葉皆對生，頗似莧葉而長，且尖艄，秋月開花作穗，結子，尖如小鼠負蟲。

① 按：“苧”，原作“苎”，避清諱改。兹徑改，下同。

淡竹葉，根名碎骨子，生原野，苗高數寸，細莖緑葉，儼如細竹根，鬚上結子，似麥門冬而堅硬。八、九月抽莖，結小長穗。（按：此草與鴨跖草相似而不同，《康熙志》誤合爲一。）

鴨跖草，亦名淡竹葉，又名碧蟬花，生平地，葉如竹，高一二尺。六月開花，深碧如蛾形。畫家取爲碧色。

車前（《康熙志》），《詩》曰芣苢，一名馬舄，《爾雅》注云：江東呼爲蝦蟆衣。春初，苗葉布地，叢生如盤。葉如匙頭，穗如鼠尾。

地膚（同上），一科數十枝，團團攢簇，莖赤葉青，大似荊芥，其子極繁。老堪爲帚，故有落帚、獨帚諸名，《爾雅》謂之“王蔧①”，蔧亦帚也，俗呼爲鐵掃帚。因其枝繁而頭多，故又號千心妓女。

王不留行，一名禁宫花，葉尖如小匙頭，亦有似槐葉者。四月開花，黄紫色，狀如鈴鐸，結實如燈籠草狀，生白熟黑。《康熙志》云：俗名金盞銀臺，亦曰翦金花。

馬鞭草（《康熙志》），方莖，葉似益母，對節生。夏秋開細紫花，作穗如車前穗而長，歧出，一莖凡四五穗。

旱蓮草（同上），葉似柳，青黑色。五月開細白花，實若小蓮房。斷其莖，有汁出，須臾而黑，故又有鱧腸之名。

連翹，本名連，又名异翹，見《爾雅》。後人乃合稱連翹。葉狹長如榆葉、水蘇輩，赤莖獨上，梢間開花，黄色，結實似蓮。《康熙志》引《本草圖經》云：生澤，潤、菑、兖等州有大翹、小翹二種。

蒲公英（《康熙志》），一名黄花地丁，葉似苦苣，有細刺，貼地四散而生。四月抽莖，高六七寸，中空，莖端開黄花一朵，狀如甘菊。莖葉斷之皆有白汁，花罷吐絮，成球，圓而中空，一絮一子，隨風飛散，着地即生。

藍（同上），作畦種之，葉如蓼者曰蓼藍，土人謂之小藍；葉如菘者曰菘藍，土人謂之大藍。又曰板藍，其根曰板根。《康熙志》云：菘藍可爲澱，蓼藍可爲碧。又有紅藍（即紅蕉），土人謂之紅花，可染紅。李時珍云：木藍如决明，高者三四尺，分枝布葉，葉如槐葉。七月開淡紅花，結角，長寸許。其子亦如馬蹄、决明子而微小，迥與諸藍不同，而作澱則一。按：今有草如上狀，土人以其實治小兒驚風，謂之驚豆，其即此藍也歟？

虎杖（同上），《爾雅》謂之“蒤”，莖似紅蓼，葉圓似杏，皆有淡墨斑，枝黄似柳，花似菊，色紅如桃。

穀精草（同上），生刈稻後荒田中，葉似嫩秧，細莖，開小白花，點點如亂星。

紫花地丁（同上），葉似柳而微細，夏開紫花，結角。平地生者起莖，溝壑邊生者起蔓。《康熙志》云：俗名米布袋。

---

① 按：“蔧”，原作“篲”。清郝懿行《爾雅義疏》“釋草”謂“葥，王蔧”。據改。

佛耳草，見《康熙志》，今未詳。

菴蕳，莖白似艾而粗，葉似菊葉而薄，多細丫，面背皆青。八、九月開淡黄細花，藝花者以之接菊。（以下新增隰草）

青蒿，《爾雅》謂之“菣”，一曰香蒿，一曰邪蒿，無子者曰牡菣，《詩》謂之“蔚”，似青蒿。而葉淡黄，氣辛臭者曰黄花蒿；其白色而生水旁者爲蔞蒿（已見“蔬屬”）。《詩》曰：食野之苹。苹即陸生之蔞蒿也，《爾雅》謂之“藾蕭”，注云：即今藾蒿是也。

莪蒿，《爾雅》“莪蘿”注云：一名蘪蒿。陸璣云：生澤田沮[①]洳之處，似邪蒿而細[②]，莖可生食，亦可蒸茹，香美，味頗似蔞蒿。一曰抱娘蒿，言其抱根而叢生也。

角蒿，葉似蒿，歧少而末微圓，色淡，四月開淡紅花，似胡麻花，結角，長寸許，微彎。

牛尾蒿，一莖直上，葉細如絲，狀似牛尾，色深青。

齊頭蒿，葉扁而小，抱莖而生，本狹末奓，有禿歧，秋開細黄花，李時珍以此爲牡蒿，云其子微細不可見，故人以爲牡蒿也。

馬先蒿，按：《本草綱目》：先，當作“矢”，謂其氣如馬矢也。又曰：馬新，音之訛也。花葉并類茺蔚，但茺蔚短小，四、五月花，其子夏中熟。馬先蒿長大，七月始花，八、九月乃熟，且結角耳。

夏枯草，《神農經》謂之“夕句”，又曰乃東。莖微方，葉對節生，似旋覆葉而長大，有細齒，莖端作穗，長寸許，開紫淡小花，每房有細子四粒。冬至後生，夏至即枯，蓋稟純陽之氣也。

天名精，貼地而生，葉似皺葉菘芥，故有天蔓菁、地菘、蚵蚾草諸稱。微有狐氣，故《爾雅》謂之“豕首”。長則起莖，開小黄花，如小野菊花，結實如茼蒿，子亦相似，最粘人衣，狐氣尤甚，名曰鶴虱，其根曰土牛膝。

龍常草，《爾雅》“蓾鼠莞”注云：纖細似龍鬚，可爲席。即此草也。俗以之繫角黍，呼爲粽心草。《綱目》云：蓋龍鬚之小者。龍鬚，一名石龍芻，蘇、揚諸郡蒔以織席。

菟葵，一名天葵，生下澤田間。《爾雅》注云：頗似葵而小，葉狀如藜，有毛。寇宗奭曰：葉如蜀葵，花似拒霜，其形至小。劉夢得所謂“菟葵、燕麥，摇動春風者也”。其面青背微赤者，名紫背天葵，生於崖石。

雀麥，即燕麥，苗似小麥而弱穗，細長而疏，每穗又分小叉，其實微細，隨風動摇。又有一種鬼麥，生麥田中，穗長而尤疏，每穗僅十餘粒，粒皆作三角形，大四五分，有弱梗繫之，其實亦至微細。

---

① 按：“沮”，清郝懿行《爾雅義疏》作“漸”。

② 按：此句，清郝懿行《爾雅義疏》作“葉似邪蒿而細”。

龍葵，其曰天茄，以葉名；一曰老鴉眼睛草，以子名。《綱目》云：子數顆同綴，味酸。生青熟黑者爲龍葵，赤者爲龍珠。一種生陰濕地，葉似菊花而紫，子類枸杞者名蜀羊泉，一曰漆姑草。

燈籠草，《神農經》謂之“酸漿”，《爾雅》曰葴，又曰寒漿。葉似茄而小，實五棱而合爲一泡，生青熟紅，形如撮袋，極似古人皮弁，中空，内藏一子，其色亦赤，其圓如珠，故又有皮弁草、王母珠、洛神珠諸名。

敗醬，初生布地，葉狹長，有鋸齒。夏秋莖高二三尺，數寸一節，節間生葉，葉似水莨，四散如傘，顛頂開白花成簇，如蛇床花，結小實成簇。陶隱居云：根作陳敗豆醬氣。故以爲名。

葶藶，《圖經》：春初生，苗葉高六七寸，似薺。根白色，枝莖俱青，三月開花，微黄，結角。又《爾雅》“蕈葶藶”注云：實葉皆似芥，一名狗薺。李時珍云：甜葶藶也。

莠，一名狗尾草，象穗形也。方士稱爲阿羅漢草，土俗乃呼爲狗阿羅，合二名稱之也。原野垣墻多有之。苗葉似粟而小，穗亦似粟而無實，撚於掌中乃有小黑蟲出。其莖可治目疾，故又稱光明草。

蒴藋，一名接骨草，每枝五葉，葉似水芹，花白，子初青如緑豆顆，每朵如盞而大又平，凡一二百子，十月方熟而紅。

三白草，生水旁，葉似青葙，開花成穗，如蓼而色白微香。四月至五月，莖端三葉以次變白如粉，餘葉仍青，農人伺之，以爲時雨之候。

萹蓄，一曰竹，見《爾雅》，陶隱居謂之扁竹。布地而生，苗似瞿麥，葉如竹及落帚葉而不尖，赤莖，如釵股，節間有粉。三月開細紅花，如藍蓼花，結細子。《詩·衛風》：緑竹猗猗。説者曰：緑，王芻竹，扁蓄也。

緑，《爾雅》曰：王芻。注云：緑，蓐也。今呼鴨脚莎①。一曰藎草，生平澤溪澗側，葉似竹而細薄，莖亦圓小，以染黄色，極鮮好。

地蜈蚣草，生村落塍野間，左蔓延右，右蔓延左，其葉密而對生，如蜈蚣形，其穗亦長，俗呼過路蜈蚣。其延上樹者，呼飛天蜈蚣。

棉，草木棉也，一曰終古，狀如小樹，葉有三尖，似楓。入秋開花，如黄蜀葵花而小。結實，大如小桃，老則綻裂，綿滿其中，曰綿花。綿亦分瓣，中有子，可榨油，燃燈損目，痘家尤忌之。有紫、白二種。（按：棉之根莖能斷鴉片烟癮，葉青背紫者良，無，即用青者亦效。方士隱其名，謂之紫背金牛草。取得，不着水洗。曝乾，椎去泥土，截爲碎段。每用二三錢，沸湯沃以代茗。吸烟之前先服一碗，如常照吸，毫無所苦，久則自減。一二月後，不欲吸矣。戒烟簡便之方無過於此，無如溺於烟者甘趨死路，雖知是方，不肯照服，且造爲致病致死諸説以惑世人，殊堪痛恨。）

菸（音烟），一莖直上，高四五尺，葉似商陸而大，面背皆淺青色，味辛。六月，

① 按：“鴨脚莎”，清郝懿行《爾雅義疏》作“�櫆脚沙”。

莖端抽穗，開紅紫花。采葉曝乾，切作絲，以竹木爲管，安銅斗於其端，納草於内，火燃之而吸其烟，以代古人膳薰之義，謂之烟草。一曰相思草，言既吸之，則不能離也。此風始於明季，而盛於今。其草已采入《本草備要》，邑中東北鄉多蒔之。

八棱麻，葉似苧麻而大，莖有八棱，莖端作穗，花淡黄色，結子成簇，赤而圓，堅如南天燭子。土人用其莖葉治撲跌傷甚效，諺云："打得着地爬，須用八棱麻。"

荔枝草，苗葉俱似車前，而葉面蹙衄，似荔枝殼狀，故名。按：《本草綱目》：荔枝草，治蛇、犬咬傷及破傷風。而不言其形狀，不知即此草否？土人取其莖葉煎湯，薰洗濕熱潰爛。

小桃紅，生小麥田中，葉似鵝腸，入夏開小黄花，結實類桃，大如椒實，内有生蟲一枚，芒種前采之，蓋早則蟲未生，遲則蜕而飛去。土人以治跌打内傷甚效，云功用在蟲，酒服良。

骨牌草，葉似大薺而無刻缺，面青背白，背多圓點，疏密不一，儼若戲具内之骨牌。但全副者難得，土人謂産北固山下者得全。云能治鬼魅，一云能治産後血證。

菟絲（《康熙志》），生荒園古道及田野墟落中，夏生苗，如細黄絲，不能自起，得他草梗則纏繞而生，其根漸絶於地而寄空中。無葉有花，白色微紅，香亦襲人，結實如粃豆而細，色黄。按：《詩》：爰采唐矣。《傳》云：唐，蒙也。《爾雅》：唐，蒙女蘿。女蘿，菟絲。注云：别四名。是也。又《爾雅》"蒙玉女①"注云：女蘿别名。是此草有五名也。陸佃云：在木爲女蘿，在草爲菟絲。（以下蔓草）

覆盆子，苗曰蓬虆，子曰覆盆。《爾雅》"茥葐蒀"注云：覆盆，實似莓而小。《康熙志》云：以二麥收時采之，因有大、小麥莓之名。大麥莓尤鮮肥，可啖。别有一種蛇莓，不堪用。今按：小麥莓一名插田藨，土人呼爲栽秧果，色烏赤，似葚而扁，是覆盆也。大麥莓，色紅，子如櫻桃，爲薅田藨，不入藥用。蛇莓，圓大，色鮮紅，皮有黑刺，有毒，不可食。葉大小并如白蘇，一枝五葉。若三葉，莖俱有鈎刺。

馬兜鈴（《康熙志》），繞樹而生，葉如山蕷葉而厚大，背白。六月，開黄紫花，結實如馬項之鈴。根名青木香，一曰獨行根。有毒，能吐，利人。嶺南人用以治蠱，隱其名爲三百兩銀藥。

旋花，一名鼓子花（《康熙志》），逐節蔓延，葉類菠薐而狹小，頗似劍形，花紅色，不作瓣，正如軍中所吹鼓子。一曰旋葍，與金沸草同名异實。一種千葉者，《康熙志》云：俗名纏枝牡丹。

瓜蔞（《康熙志》），一名栝樓，果蠃之實也。葉似甜瓜而窄，作叉。花似壺盧花，淺黄色，實大如拳，生青熟黄赤。根曰天花粉。

土瓜（同上），即《月令》"王瓜"，《爾雅》謂之"藈姑"。其蔓多鬚，葉如馬蹄而

---

① 按："蒙玉女"，清郝懿行《爾雅義疏》作"蒙王女"。郝《疏》引錢大昕《養新録》云："女蘿之大者名王女，猶王彗王芻也。今本訛'王'爲'玉'，唯唐石經不誤。"

有尖，瓜長二寸許，圓而尖長，熟時色黄赤。

葛，其蔓延長，取治可作絺綌。葉有三尖，如楓葉而長，其花成穗，紅紫色，結莢如小黄豆莢，根長七八尺。《康熙志》云：掘而蒸之，以登俎豆，謂之麵葛。

百部（《康熙志》），葉似竹葉，亦有似茴香者，根多至五六十莖。

何首烏（同上），一名交籐，一名夜合，葉如桃、柳，有光澤，莖黄白者爲雄，黄赤者爲雌。根并入藥用，土人謂之藥烏。一種莖青而根細長者，土人謂之果烏。已見"果屬"。

威靈仙（同上），方莖，如釵股，數葉對生。七月開花，六出，淺紫或碧白色，作穗。實青，九月采。根色黑者良，名鐵脚威靈仙。黄白者不可用。

茜草（茜，一作"倩"），《詩》曰茹藘。一曰茅蒐，見《爾雅》。十二月生，苗蔓延數尺，中空，有筋，外有細刺，數寸一節，每節五葉，葉似棗葉，頭尖下闊，莖葉俱濇，實如椒，根可染絳。《康熙志》云：俗名過山龍，亦曰血見愁。

蒴草（《康熙志》），《圖經》云：出潤州。陳藏器曰：葉如茗而細。[1] 此草久無識者，或云即茜草也。

蘿藦，《詩》曰芄蘭。葉似落葵，長大而厚，莖葉斷之俱有白汁。結實，長二寸許，一頭尖嫩，時有漿，故有"羊婆奶"之稱。老則滿腹皆白絨，一絨一子，故俗名婆婆針綫包，土人呼爲婆婆英。其子能合金瘡，故又名斫合子。《康熙志》云：以敷丹毒，赤腫、蛇蟲毒即消，蜘蛛傷，治不愈者，搗封二三度，能爛絲毒爲膿。一種莖葉頗相似而氣臭，子圓大如豆，生青熟紅者，爲女青。

五加（《康熙志》），一曰五佳，《仙經》謂之"金鹽"，《圖經》云：江淮所生者，根類地骨，皮輕脆芬香，苗莖有刺，類薔薇。長者至丈餘，葉五出（五枚作簇，亦有三四葉者），香氣如橄欖，結實如豆粒，青色，得霜乃紫黑，俗名爲追風，使以爲藩籬，不知其爲真五加也。

烏蘞莓，《詩》曰：蘞蔓于野。即此草也。葉似榆而色淡，一枝五葉，對節生鬚，葉左右互生，鬚亦左右互出，一名五爪龍。（增）

柴豆，生蘆葦中，附莖纏繞而上，葉如扁豆葉而薄。秋結角，長二寸許，子扁而黑，小於黍粒。古方不見用此，時醫以爲補腎之品。（增）

商陸（《康熙志》），一名蓫薚（一作"募"），一名馬尾（俱見《爾雅》），《圖經》謂之"章柳"。多生人家廢圃中，粗莖大葉，莖似鷄冠，微有綫棱，葉如牛舌而大。夏秋開紫白花成簇，根如大芋而長，色白者佳，土人謂之抱母鷄。赤黄者有毒，但可貼腫。《本草》云：赤花者根赤，白花者根白。（以下毒草）

蓖麻（同上），莖赤，有節，如甘蔗，高丈餘。葉大如瓠葉，每葉五尖。夏秋間椏

---

[1] 按：《嘉慶丹徒縣志》卷十《食貨九·物産》謂："《本草》：出潤州山澤間，葉如茗而細。二月、三月采，曝乾用。"

裏抽出花穗累累，黄色，結實成球，外有軟刺，攢簇如小栗狀，内有子三四粒，扁而有斑點，狀如牛螕（牛螕，牛虱也）。

藜蘆（同上），一名山葱，根下極似葱而多毛，其蘆有黑皮裹之，故名黎黑色也。苗葉似初出棕心，又似車前。莖似葱白，青紫色，高五六寸，花肉紅色。

半夏（同上），二月生苗，一莖，莖端三葉，頗似竹葉。蘇恭云：亦有似芍藥葉者，根如珠，白色。《月令》：仲夏之月，半夏生。謂其根也。

羊躑躅，一名黄杜鵑，一名鬧羊，花小，樹高二尺，葉似桃葉，花黄，似瓜花，氣味俱惡。《康熙志》引《本草》云：出潤州。

芫花（《康熙志》），俗名老鼠花，紫色，成穗。花落葉生，葉小而尖，似楊柳枝葉，小人取其葉，挼擦皮膚，輒作赤腫如被傷狀以誣人。

甘遂（《嘉慶志》），苗似澤漆，莖短小而葉有汁，根皮赤，肉白，作連珠，大如指頭。《嘉慶志》引陶弘景《本草》云：本出太山江東，比來用京口者大不相似，赤皮者勝白皮者。

狼毒，葉似商陸及大黄，莖葉上有毛，根皮黄，肉白，以實重者爲良。按：狼毒出秦晉地，不出近道。今藥市所收本地之狼毒，蓋草蔄茹也。李時珍云：今人往往以草蔄茹爲狼毒。是矣，草蔄茹亦毒草。時珍云：處處有之，生山原中，苗高二三尺，根長大，如蘿菔、蔓菁狀。或有歧出者，皮黄赤，肉白色，汁黄。（蔄茹斷時汁出，凝黑如漆。近人以燒鐵烙草蔄茹頭，令黑以當漆。）莖葉如大戟，而葉長微闊，不甚尖（大戟葉如柳葉），折之有白汁。抱莖有短葉相對，團而出尖。葉中出莖，莖中分二三小枝。二、三月開細花，結實如豆大，一顆三粒相合，生青熟黑。（以下新增毒草）

澤漆，生原澤平陸，一科分枝成叢，莖如馬齒莧，葉如苜蓿葉，色黄緑，莖頭凡五葉，團布，中抽小莖五枝，每枝開青緑細花，恍如猫睛花，下復有五小葉承之，齊整如一，故有緑花、緑葉、五鳳、猫兒眼睛草諸名。折其莖有白汁，粘人，故又名爲澤漆。

雲實，《綱目》云：山原甚多，赤莖中空，有刺，其葉如槐。三月開黄花，累然滿枝。莢長三寸許，如肥皂莢。

天南星，《神農本草經》謂之“虎掌”，以葉之形似也。一窠生七八莖，每莖一葉，兩枝相抱，歧爲八九尖，形似虎爪。中起一莖，頗似蛇頭，内藏一穗，則其花也。年久者根大，新者根小；大者爲南星，小者爲由跋。一種苗葉極相似，但多斑點而花紫者爲蒟蒻，其根亦似南星，家種者大如芋也。

蚤休，一名紫河車，一名金綫重樓，又曰七葉一枝花。生深山陰濕地。一莖獨上，莖當葉心，葉緑色，似芍藥。凡二三層，每層七葉。莖頭夏月開紫花一朵，七瓣，有金綫蕊，長三四寸。根如尺二蜈蚣，大如肥紫菖蒲。

石龍芮，一名水堇，一名堇葵，一名胡椒菜，以其葉如芹而作蔬，辛滑也。寇宗奭曰：有兩種：水中生者，葉光而子圓；陸地生者，葉毛而子鋭。兩種者，一石龍芮，一毛茛也。李時珍曰：石龍芮，生近水下濕地。三月生苗，一枝三葉，葉青而光滑，有三尖，多細缺。四、五月開細黄花，結小實，如初生桑葚，青緑色。搓散則子甚細，如葶藶。毛茛，一名毛堇，山人截瘧采葉，挼貼寸口，一夜作泡如火燎，故又呼爲天灸、自灸。下濕處即多，與石龍芮苗葉一樣，但有細毛爲别，黄花五出，甚光艷。結實，狀如欲綻青桑葚，如有尖峭。按：古以石龍芮爲蔬，而毛茛則有大毒，不可食。今則并以爲有毒，概不之食，惟取其葉挼貼寸口，取泡以截瘧及治齒痛。五月五日，婦女采其實戴之，謂之渴睡果。

羊蹄大黄（《康熙志》），苗名牛舌，一曰蓄。《爾雅》“藚牛蘈”疏引《詩》“言采其蓫”箋云：蓫，牛蘈。陸璣云：蓫，即蓄字，今之羊蹄也。葉似萵苣而色深青，節間紫赤，開青白花成穗，結子三棱，名金蕎麥。其生山岡平陸者，根葉花形并同，但小而味酸爲异（水生者味苦），名曰酸模（模，一作“母”），《爾雅》謂之“蕵蕪”，蓋酸模之轉音也。治河豚毒。（以下水草）

水萍（同上），字一作“蓱”，《爾雅》“萍蓱”郭注云：去水中浮萍是也。一葉經宿即生數葉，葉下微鬚，則其根也。《月令》：季春之月萍始生。或云楊花所化，入藥。紫背者良。

蘋，《爾雅》所謂“大萍”也，生止水中，葉浮水面，莖連水底，其大如錢，四葉合成，中拆十字，如田字形。夏秋開小白花，故曰白蘋。其生於稻田沮洳處者曰青蘋。《康熙志》云：土人呼爲田字草，亦曰四葉蘋。

莕（《詩》作“荇”），一名接余，其葉曰荇，俱見《爾雅》，楚詞謂之“屏風”，俗呼荇絲。葉似蒓而微尖長，與蒓并生池澤中，俱葉浮水面，根連水底。夏秋俱花，花俱有黄、白二色。結子，俱如棠梨。

蓴（一作“蒓”），葉似莕而圓厚光澤，叢生如盤。《康熙志》云：葉似馬蹄而圓者蒓，微尖長者荇。

藻，生水中，有二種：一種葉如鷄蘇，兩兩對生，莖如箸，長四五尺者，《爾雅》謂之“莙牛藻”也；一種細葉蒙茸如絲可愛，節節連生，每節長數寸者，聚藻也。舊説《左傳》“蘋蘩藴藻”之“藴”，即此藻也。《康熙志》云：水藻，一名馬藻、聚藻，一名水藴，俗名鰓草（言其狀類魚鰓也），又名牛尾藴。

香蒲、蒲黄，蒲水中之蒲草，黄花中之蕊屑也。春初生嫩葉，出水時紅白色，其中心入地，白蒻可生啖，甘脆。亦可漬以爲葅，《周禮》曰：蒲葅。《詩》曰：其蔌維何？維笋及蒲。謂此蒲也。夏抽莖於叢葉中，花附莖端，長可六七寸，狀如棒杵。醮油燃之，可以代燭，故土人呼爲水燭。其花捋散，有類蘆花，可以褚薦。其草亦可爲薦，軟滑而温。（增）

萍蓬草，一曰水粟，根名水粟子。生池澤中，葉似莕葉而大，如初生荷葉。夏秋開黄花，結實如角黍，長二寸許，内有細子，若罌粟。根大如栗，食之，作藕香味，如栗。（增）

石葫荽，俗名鵝不食草，《康熙志》：生陰濕處石縫中小草也，高二三寸，冬月生

苗，宛如嫩葫荽。其氣辛薰，鵝亦不食，故名。夏開細黄花，結細子，極易繁衍，僻地則鋪滿也。（以下石草）

酸漿（《康熙志》），一名三葉酸，生墻陰石縫及花盎中。一莖三葉，一葉兩片，頗似苜蓿，但弱小耳。向夕葉皆自合。四月開小黄花，結小角，長一二分。味酸，野行嚼之，可以止渴。其葉擦銅色，白如銀，土人呼爲擦銅草。

地錦（同上），《本草綱目》：一名醬瓣草，一名猢猻頭草。以其治諸血證，故又名血見愁。生階砌間。莖葉細弱，就地而生。赤莖，黄花，黑實，狀如蒺藜之朵，斷莖有汁。按：以此草命名及實如蒺藜朵之語詳之，蓋即土人所謂如意草也（如意草，見“花卉”）。

絡石，帖石而生，其蔓折之有白汁，葉似細橘葉，亦有圓葉者，凌冬不凋，一名耐冬。（以下新增石草）

螺靨草，一名鏡面草，蔓生石上，狀似螺靨，微帶赤色，而光如鏡，背有少毛，小草也。

卷柏，生山中石上，高三五寸，似柏葉而細，拳攣如鷄足。其生石上而葉如松者曰玉柏，高一二尺者曰石松，其生屋上而葉肥大、作灰褐色者曰瓦松，《唐本草》謂之“乍葉何草”。似瓦松而生石上者曰石花，一曰烏韭，一曰石馬鬃，生墻上者曰土馬鬃。

地豇豆，生石縫陰地，葉似薺而近本處有刻缺。夏月抽莖，開淡紫花，結角，高寸許，四向槎枒，狀似鹿角，土人以之搗敷金瘡及湯火傷。按：《本草拾遺》有金瘡小草，亦治血證。陳藏器述其花葉略與此同，但不言其結角，疑正是一物也。

苔（《康熙志》），水中石上生者名陟厘（一作“側理”），一曰石髮，《爾雅》曰藫，又曰石衣。生水中如綿者曰水衣，一曰水綿；在地者曰地衣，一曰莓。其點點如錢者曰澤葵，一曰地錢；在陰墻者曰垣衣，一曰昔邪；在屋上者曰屋游，一曰蘚；在石上者曰石濡，亦曰石髮。

馬勃，生濕地及腐木上，紫色，虛軟，狀如狗肝，彈之粉出。（增。按：菌内有一種灰菌，亦謂之馬勃，人不之食，今藥市所市馬勃皆是物也。）

丹徒縣志卷十七終

丹徒縣志卷十八

食貨十一　物産二

花卉屬：

梅花，有水紅、硃砂、玉蝶、緑萼諸種。其花紅白而瓣單者，俗名山梅，結實者也。（以下木本）

文杏，花色嬌艷，頗類海棠。

桃紅，有紅、白、淺紅三色。其千葉者，土人統謂之碧桃，植之庭除，灼灼可玩。

梨花，一蒂凡數十枝，攢聚成球，似玉綉球。（按：以上四種，《康熙志》俱列“果部”，今因其花爲人共賞，故重出於此。）

榴花，有紅、黄、白諸種，又有諸色相間者，名瑪瑙石榴；冬花者，名海榴，見唐李德裕詩（詩見“藝文”）。《康熙志》云：榴，一名丹若。

杜鵑，有紅、白二種。近人又以羊躑躅爲黄杜鵑。唐時鶴林寺杜鵑稱爲天下奇絶，後毁於兵火（詳見“人物”）。後人即其地建樓，曰杜鵑樓。《康熙志》云：按樂天、東坡詩注，并《容齋隨筆》所載，皆云山石榴、映山紅、山躑躅，即此花也。（餘詳“古迹”）

玉蘭，《花疏》：玉蘭早於辛夷，千幹萬蕊，不葉而花，當其盛時可稱玉樹。《康熙志》云：出馬迹山紫府觀，其花表裏瑩白如玉，香如蘭，不根而植，不蓓而花。開時多於春暮，遇者以爲瑞。宋淳祐間忽開，郡守李迪作詩歌之，見《咸淳志》。陳輔之有《玉蘭》詩二首，見《京口集》。（按：馬迹山玉蘭，據土人云，花是草本，開無定處，歲不常有，有則其方以爲瑞兆。如是乃與所謂不根而植，不蓓而花者合。）

辛夷（《康熙志》），一名木筆，花似玉蘭而色紫。土人呼爲紫玉蘭，又名木末芙蓉花，見王右丞詩。

山茶，紅、白二種，有千葉者，名寶珠。（《康熙志》）按：此花一名都勝，一名曼陀羅樹。往時上河街楊宅有五色山茶一株，遠近罕靚。咸豐間毁於兵火。

海棠，鐵梗、垂絲、西府、祝家棠，凡四種。（《康熙志》）

岩桂，一名木犀（一作“樨”），有黄、白二色。（《康熙志》）黄者曰金桂，亦曰丹桂，白者曰銀桂。銀山舊有二株，大可合抱，高及十尋，爲闔邑之冠。土人建雙桂閣護之。今亦毁於兵火。

水木犀，其花大類木犀，頗香而不甚遠。（《康熙志》。按：此花近人不知，不辨爲草爲木。《群芳譜》云：水木犀，四月開花。今江岸有一種草，狀似落帚而葉稍大，每枝三葉如豆葉。霜降始抽莖，開細黄花，一莖數十朵，絶似木犀。嗅之甚香，而不及遠。疑即此種。但花時與《群芳譜》不合耳。）

蠟（一作“臘”）梅（《康熙志》），凡三種：色淺黄、瓣尖香淡者爲狗蠅；色深黄、瓣圓向内、香濃者爲磬口；類磬口而素心者爲檀香，品之至佳者也。

玉綉球，一蒂而衆花攢聚，圓白如流酥，故名。俞德鄰《佩韋集》有《賦楊提舉南園玉綉球花》詩。（《康熙志》）

郁（一作“奥”）李，《康熙志》云：即《詩》之“唐棣”，《爾雅》謂之“移”。其花或赤或白，反而後合（《群芳譜》云“先開後合”）。按：《爾雅》：唐棣移，常棣棣。陸璣《詩》疏：唐棣，郁李也。一名雀梅①，一名車下李。六月中熟，大如李。常棣，白棣也。子如李而小，如櫻桃，色正白。又有赤棣子，正赤如郁李而小。蓋一類數種，大略皆相似耳。

娑羅，《康熙志》云：七葉并生，一名七葉樹。府治内舊有娑羅亭。按：《彙苑》“娑羅”作“莎羅”，云：其木大小不常，與凡木全别。每七葉、九葉叢生，苞如人面，眉目宛然。花似牡丹，相倚而生。色似拒霜，香如菡萏。

紫薇，俗名怕癢花，又名百日紅。（《康熙志》）由六月開花直至深秋，故名。花亦成球，搔其本則枝葉摇顫，故又有怕癢之名。

木槿，一名日及花，似蜀葵，朝開暮落。土人多以編籬，謂之籬槿。其子謂之朝天子。《康熙志》云：一種花瑩白如荼蘼者名蕣。《爾雅》：蕣，木槿。《詩》曰：顔如蕣英。是也。

梔子，其花六出，其實七棱，可爲藥。《草經》謂之木丹，方書謂之越桃，釋氏謂之薝蔔。（《康熙志》）一種千葉而花大者，土人謂之荷花梔子。

迎春柳（《康熙志》），小黄花，四出，迎春而開，故名。詞家所謂“小桃”，即此花也。

瑞香，蘇文忠公有《刁景純家賞瑞香憶先朝侍宴》詩，見《京口集》。其花黄、紫二色，有紫瓣而緣金者，其大者名錦薰籠。（《康熙志》）《清異録》：廬山一比丘晝寢盤石上，夢中聞花香酷烈，不可名。既覺，尋香求之，因名睡香。四方奇之，謂乃花中祥瑞，遂以“瑞”易“睡”。王十朋詩：“真是花中瑞，本朝名始聞。江南一夢後，天下仰清芬。”《群芳譜》：一名風流樹。冬春之交開花成簇。

紫荆（《康熙志》），一名滿條紅。叢生，春開紫花，甚細碎，數朵一簇。

南天竹（《康熙志》），一名闌天竹（“竹”字，或并作“燭”）。有二種：矮者子多而垂；高者子稀而硬。垂者品勝，凡花皆賞其花，此獨賞其子，以其凌冬不凋不落，數百子累累成聚，而色鮮紅如珊瑚珠也。

夾竹桃，花幹皆似桃而葉如竹。（增）

---

① 按：“梅”，清郝懿行《爾雅義疏》作“李”。

金絲桃，葉似桃，花黄，心有黄鬚四散，花外若金絲然。（增）

玉蕊，舊在招隱寺方丈庭中。唐李衛公德裕有《招隱山觀玉蕊①奉寄沈（傳師）大夫閣老》詩（見“古迹”），自注（以下見《康熙志》）：此花②吴人不識，因予賞玩乃得此名。内院沈大夫閣前有此花③，每花落空中，回旋久之，方積庭砌，暇嘗邀予同賞。宋《蔡寬夫詩話》載此詩，云：碑今裂爲四段，在通判廳中，而招隱無復此花矣。（餘詳“古迹”。以下蔓花。）

八仙花，狀如瓊花，八蝶簇一心，有簇聚如碧玉者曰玉蝴蝶。（《康熙志》）按：此花與周文忠公必大《玉蕊辨證》（詳“古迹”）所云“玉蕊花”大略相同，頗疑即是玉蕊，惜今亦未之見。

山礬，《康熙志》云：一名鄭（當作“椗”）花，一名七里香。黄魯直《山礬花》詩序云：江南野中有一種小白花，本高數尺。春開，極香。野人謂之鄭花。王荆公嘗欲作詩而陋其名，予請名曰山礬，謂其可以染也。（《韵語陽秋》：野人取其葉以染黄，不借礬而成色。）按：周益公《玉蕊花辨證跋》引《南史・劉杳傳》云：杳在任昉坐，有人餉昉椗酒而作“榐”字，昉問杳此字是否，答曰：“葛洪字苑，作木旁着。”音“陣”字，嘗得醸法，芳烈异常，山谷似不以《杳傳》爲據，而徇俗訛“椗”作“鄭”，於是創“山礬”之名。今按：山礬本名瑒（音帳）花（《容齋隨筆》：玉蕊即瑒花。黄魯直易爲山礬者。詳見“古迹”）。瑒者，玉名，言其白也。音轉爲“椗”，爲“鄭”，蓋即土人所謂野薔薇也，花類梅而檀心。山谷《咏水仙花》詩有“山礬是弟梅是兄”之語，益知山礬即此花矣。其花甚香，可以醸酒，今溧陽猶有此品，亦可以蒸露漬粉。多生村墟籬落間，不知者乃誤以爲玉蕊，殊可哂也。

月季，一名長春花。《康熙志》云：俗名月月紅。按：近又有一種月季，稱爲細種，具黄、白、水紅諸色，亦月月開花。

薔薇，有紅、紫、黄、白數色，名有醉西施、倚欄嬌、紅木香，又有野者（即瑒花），生籬落間，采蒸露可爲粉澤。（《康熙志》）按：《群芳譜》：薔薇，一名刺紅，一名山棘，粉紅者名粉團，他如寶相、金鉢盂、佛見笑、七姊妹、十姊妹，體態相類。又“月桂”一種，花應月圓缺。又按：《康熙志》有“紫笑”一種，云舊丹徒縣圃中有紫笑花，春開。亭名紫香，取此。見《咸淳志》。蓋亦薔薇之類也。

玫瑰，花艷香濃，可以製食，可以蒸露、熏茶、入酒，無所不宜。近人又以之入藥，云治肝疾。《康熙志》云：有紅、白二種。

木香，有黄、白二色，白而紫心者尤香。（《康熙志》）按：城西東岳廟黄木香最盛，土人爲建木香亭。今毁於兵火。

---

① 按：揚州詩局本《全唐詩》“玉蕊”下尚有“樹”字，并有“戲書即事”諸字。

② 按：“花”，揚州詩局本《全唐詩》作“樹”。

③ 按：“内院”句，揚州詩局本《全唐詩》作“内署沈大夫所居門前有此樹”。

酴縻，《康熙志》云：有白色、蜜色二種。按：酴縻，本酒名，世以花色似之，故名。花白而微碧，香微而清。

金銀花（《康熙志》），初開色白，將萎則黄，香亦清烈。其藤左纏，有鴛鴦、鷺鷥諸名。其葉凌冬不凋，故又有忍冬之號。

素馨，一名耶悉茗花，或作"野悉蜜"。來自西域。枝幹裊娜，似茉莉而小。《康熙志》引《龜山志》云：劉王（南漢劉隱）有侍女名素馨，其冢上生此花，因名。按：此花色青，似他花之蒂，入夜轉香，故俗名夜來香。

紫藤（《康熙志》），即朱藤。

凌霄，《詩》謂之"苕"，一曰紫葳。《康熙志》云：附喬木直上，高數丈。色紅，花盛開時紛如列錦，花氣觸鼻，易於傷人。

錦帶，花如海棠、木瓜而枝長蕊密，繁麗裊裊若錦帶然。一名文官花，見杜詩注。《康熙志》云：王元之（禹偁）易名海仙。又云：文官花，鎮江范氏所植，唐時惟學士院有之，胡翰有贊，見《文衡》。按：《華夷花木考》：邛州有弄色木芙蓉，一日白，次日淺紅，三日黄，四日深紅，比落紫色，人號文官花。范氏所植，不知孰是。志既出錦帶，又出文官花，亦不知其是一是二也。

棣棠，《康熙志》作"地棠"。四月開黄花，花類酴醾而小，單瓣者名金碗。

金雀花，叢生，有柔刺。一簇數葉，花生葉旁。色黄，形尖，旁開兩瓣，勢如飛雀。《康熙志》謂之黄雀兒，云土人用以編籬落，花可薦茶。

牽牛花（《康熙志》），葉有三尖，花如軍中鼓子，深碧色，見日則紅而萎。野生，纏於籬落，大助秋色。子入藥用。

茉莉，北人名柰花，原出波斯，移植南海。今潤地亦蒔之。花六出，白而香，對之可以銷暑。（增）

子午花，蔓生，花淡紫色，六出。午開子合，故名。（增）

牡丹，一名鼠姑，又曰木芍藥。人家園亭多植之，品色不一，而緑花者最奇。曩時下河街胡宅有二本，今則不復睹矣。（以下草本）

芍藥，一名可離，又曰將離。崔豹《古今注》：古人相贈以芍藥，相招以文無。文無，一名當歸；芍藥，一名將離，故也。又曰：婪尾春，言其殿春也。有黄、紅、白、紫諸色，略如牡丹。《康熙志》云：府治舊有芍藥亭。

蘭蕙，山谷中多有之，春花者爲蘭，夏花者爲蕙。（《康熙志》）按：蘭本香草之名，其狀與艾相似。今之葉如麥門冬而花開五出、心作卷舌狀者自是一物，與蘭無關，故美之者謂之幽蘭，而譏之者且謂之盜蘭，但其本名則昔人終莫之定。今據《離騷》以正之。《騷》曰：昔日芳草，今爲蕭艾。芳草謂蘭，言其以形似而化也。又曰：荃蕙化茅，豈非以荃蕙爲一類而謂與茅形似而化歟？舊以一幹數花而夏開者爲蕙，則一幹一花而春開者爲荃，其義應無疑惑。

菊（《康熙志》），甘菊，色黄，瓣長，蕊小，味甘氣香，服食宜之。野菊，一名苦蕙，形色類菊，而瓣短，蕊大，味苦氣惡，治癰腫疔毒瘰癧，土人通謂之黄菊。一種藍菊，花大如盞，有藍、白、紅、紫諸色，并又有雜色者，人家植以爲玩及簪。近時又尚洋菊，花大如盤，形色詭异，其類近百，單瓣者爲粗種，瓣作鵝翎管者爲細種，人力不至則花不奇，所謂人巧奪天工者也。邑人所蒔甲於諸郡矣。

僧鞋菊（同上），葉類菊，花似僧鞋，紫色。

荷，《詩》疏云：花未發爲菡萏，已發爲芙蕖。《爾雅》注：江東呼荷花爲芙蓉。有紅、白二種。《康熙志》：唐李德裕《白芙蓉賦序》云：金陵城西池有白芙蓉，漾舟渌潭，不覺隆暑。金陵謂潤州，渌潭即秦潭也。

木芙蓉（《康熙志》），葉有五尖，花似緋色牡丹，朝開暮落，性不畏霜，故蘇子瞻易名“拒霜”。

罌粟，一名米囊花，有雙葉、單葉二種。（《康熙志》）備紅、白、紫、黑諸色，花罷結實，如罌，長寸許。西洋人刺取其汁，和之以土，雜以毒物爲藥治疾，曰阿芙蓉，一曰鴉片。每服不過一分，中病即止。其物流入内地，中土人乃以吸烟之法吸之，且能如法置造，而鴉片之害遂流毒於天下矣。（治烟癮方，見“草屬・木棉”條。）

麗春，罌粟别種也，一名虞美人。根苗止一類，而色種種不同。高濂《藝花譜》云：單瓣飛舞，儼如蝶翅扇動，草花中妙品。《康熙志》云：土人呼爲百般嬌。

玉簪，一名白鶴，又一種花葉小，色淺紫者名紫鶴。（《康熙志》）妊婦忌之。

萱（通作“諼”，一作“藼”），一名忘憂，妊婦佩其花生男，故又名宜男。草曬乾爲茹，名黄花菜（《康熙志》），一曰金針菜。（《康熙志》：萱草，一名鹿葱。《留青日札》云：萱葉緑而尖長，鹿葱圓而翠緑；萱葉與花同茂，鹿葱葉枯而後花。萱莖實而花五六朵，節開；鹿葱莖虚而花五六朵，并開於頂。萱六瓣而光，鹿葱七八瓣而斑。《本草》注：萱即鹿葱。誤。今按：二種邑皆有之。貨金針菜者僉言有斑紋者食之殺人。《宋氏種植書》亦言，萱千葉者，食之殺人。然則《綱目》謂萱生肥土，則花厚色深，有斑文起重臺；瘠土所生則否者，蓋考之欠審矣。）

水仙，本自南方來，冬深始芳菲，非培植之勤則不花。（《康熙志》）按：此花有單瓣、雙瓣兩種。單瓣者勝，檀心素蕊，名金盞銀臺。

蜀葵（《康熙志》），《爾雅》“菺戎葵”注：即今蜀葵，花如木槿。有黄、白、紅、紫諸色，土名淑氣花。端午日，婦女配蒲艾、榴、萱、燕麥、毛茛子及彩勝、長命縷諸物戴之。千葉者尤可玩。

扁竹（《康熙志》），一名蝴蝶花，以形似名也。其葉横張如鳥翅狀，故一名烏翣花，有紫碧、赤黄二色。瓣皆有點及斑文，其根即射干也。或曰花紅黄而莖高者爲鳳翼，是爲射干紫碧者，名鳶尾，不入藥用。《古今注》：通名萬蓮。

旋覆①花，俗名金錢花（《康熙志》），花類菊，開以六月，故又名六月菊。《爾雅》

① 按：“覆”，清郝懿行《爾雅義疏》作“葍”。

謂之“盗庚”。一曰金沸草。土人又呼爲滴滴金。

長春，花似甘菊，金黄色，四圍簇起如盂。四季俱開。(《康熙志》）一名金盞花。

金鳳，一名鳳仙，又曰鳳兒，宋避光宗李后諱，宮中呼爲好女兒花，子名急性子。(《康熙志》）

鷄冠，以其形似得名。(《康熙志》）有紫、白、黄諸色，其一朵而紫黄各半者名鴛鴦鷄冠。一種矮者，高不及尺，名壽星鷄冠，土人呼爲波斯鷄冠。一種花穗尖長如兔尾者爲野鷄冠，一曰鷄冠莧。其子入藥，名青葙子。

石竹，《康熙志》又謂之“石菊”，青節絳花、枝柔葉細、千瓣者，名洛陽花，子頗似麥，故有瞿（一作“蘧”）麥之稱。《爾雅》謂之“大菊”。《康熙志》云：一名綿竹。(按：《志》“芭屬”内已有石竹、綿竹二名，與此不知是一是二?)

翦春羅（《康熙志》)，一名翦紅紗。花大於錢，六出，每瓣刻缺細碎，有若翦成，故名。一種秋花者，名翦秋羅（羅，《康熙志》作“紗”)，一曰漢宮秋緋色。

蓼花，《詩》曰游龍，《爾雅》曰紅、曰龍①，古大者曰蘬，陸璣云：一名馬蓼。今謂之水紅花，亦植於園亭以爲玩。《本草圖經》：馬蓼，每葉中間有墨點，一名墨記草。水蓼生於水旁。穗短，色淡，葉狹，是爲虞蓼，亦可點綴陂塘秋景。一曰辣蓼，以其子味辛也，古人用以和食，故《康熙志》列入“蔬部”。今土人惟取以製細麵，不入食品。

金沙，花萼有大、小二種：大者開遲而色鮮明；小者開早而色殷重。(《康熙志》)

珍珠，一名玉屑。(《康熙志》)《農圃書》云：葉如金雀。三月開細白花，綴枝上，繁密如孛婁狀，俗名孛婁花。

笑靨（《康熙志》)，《藝花譜》：一名御馬鞭，花細如豆，一條千花，望之若堆雪。

蜜友，紅黄色，千葉。歐陽公《牡丹記》作“櫍”字。(《康熙志》)

結香、金梅，名俱見《康熙志》，今未詳。

荷苞牡丹，葉類牡丹，一莖綴花數朵，小如指頂，絶類緋色荷包，因以名之。(以下新增)

萬壽菊，蒂有長鼻，花類棣棠，赤黄色。《康熙志》有番菊，或謂此也。

倭緞菊，花似長春而小，五瓣，中有墨圈，瓣茸茸如倭絨。

草綉球，花似綉球而小，色青紫。

秋葵，一名黄蜀葵，葉如鷄距，故又名鷄脚葵，花黄色，極嬌艷。開時用箸夾下，浸入麻油，可治湯火傷。其皮如麻，可絞繩索。

秋海棠，《採蘭雜志》：舊傳有女子懷人不至，泪灑地，遂生此花。如美婦面，甚媚，故又名斷腸花。有紅、白二種，白者不可與紅者并植，并則改色。

草茉莉，花類鼓子，大如指頂，有紫、黄、白三色，亦有各色相間者。子似梧子，而紋如鏤刻。皮黑肉白，搗粉傅面，勝於鉛粉。

① 按：“龍”，清郝懿行《爾雅義疏》作“蘢”。

萬年紅，本高二三尺，葉似番椒，葉莖多歧頭。夏秋之交，每莖開小紫花數朵，大如指頂，碎瓣攢簇若球，間以黄蕊。折下乾之，瓣不脱落。常以燒酒噀之，經冬歷春，顔色如故，好事者戲名之曰醉楊妃。

景天，一名辟火草，俗云盆置屋上，可以辟火。葉似蠶豆葉，作層而上。秋開淡紫花，如毛成片，勢若火焰，故又名火焰草。

洋花，按：自通商後，洋人携來洋花數種，植於洋房，其花皆類剪彩所爲，無生動之致。邑人或分其種蒔之，統謂之洋花。至其名目功用，則有不暇詳考者矣。

翠羅，亦洋花也。弱蔓延長可至數丈，細葉如毛，青翠可玩。能因物以賦形，故又名獅子草，然皆内地之名稱也。秋開小紫花，如草茉莉花而六出，子如鼠矢。

芭蕉（《康熙志》），一名芭苴，即甘蕉也。一種美人蕉，類甘蕉而小，夏開紅花如蘭，俗因通呼芭蕉爲美人蕉，而轉謂美人蕉爲紅蕉，染家所用紅花即此蕉之花也。（以下園亭諸卉）

菖蒲（《康熙志》作“蓀”），一名昌陽，《離騷》曰蓀。生池沼者，葉長三四尺，曰白菖，一曰泥蒲；生溪澗者，葉長及尺，曰溪蓀，一曰水蒲；生水石間、葉細如韭葉而有劍脊者，石菖蒲也。一種錢蒲，一曰虎鬚蒲，葉長寸許，以瓷石器盛水養之，不令着土，置之几案，云能收燈烟，不令薰眼，亦曰石菖蒲。

雁來紅，俗名老少年。（《康熙志》）其黄者曰雁來黄，白者曰雁來白，紅紫黄緑相雜者，曰錦西風。

天門（《爾雅》作“虋”）冬（《康熙志》），《爾雅》曰髦，曰顛蕀，一曰天棘。蔓生，長可丈餘。葉如絲，莖滑，有柔刺，俗名獅子草。亦有澀而無刺者，莖短而葉稍大，土人呼爲文竹。天門冬，其根也。

薜荔，緣樹木、墻垣而生，不花而實，實名木蓮。《康熙志》云：土人呼爲木饅頭。夏月取以爲粉，貨之曰凉粉。

虎耳草（《康熙志》），一名金絲荷葉，莖間有紅絲繚繞之，生陰濕地。葉圓而有白紋，莖葉皆有白毛。

鳳尾草（同上），生墻陰及古井内。其葉離披，下豐上殺，儼如鳳尾。

吉祥草（同上），叢生如蕙，抽莖數寸，綴細碎淡紫花，花不歲有，有則以爲吉祥，故名。

萬年青（同上），葉長近尺，闊二寸許，面背皆深緑色，潤而光滑，經冬不枯。春末生花，長一二寸，形如蜀玉黍，凡數十粒，粒類人齒。氣壯者結實成簇，生青熟紅。《農圃六書》云：一名千年蒀。潤俗，出痘之家，則懸其葉於門，示外人知所避云。

麥門冬，一名忍冬，一名禹韭，俗名綉墩草。根入藥用。（以下新增）

虎刺，細葉繁枝，多刺。結子，紅如丹砂，經冬不落。

含羞草，狀類夜合，人偶觸之，其葉自合，再觸之，枝皆下垂，萎頓若死。俄頃視之，已枝起葉炕，風流如故矣。

翠雲草，長莖細葉，其根遇土即生，可延至數丈。性喜陰，畏日，見日即萎。

如意草，生陰地，葉色仿佛虎耳而形尖。抽莖高二三寸，開紫白花，結實宛似如意。

惡豫，凡花皆畏麝，牡丹尤甚。此草一莖直上寸許，一葉附莖而生。葉似商陸葉而小。臭惡遠聞，足禦麝氣，故蒔牡丹者多并植之。《傳》曰：一薰一蕕，十年尚猶有臭。薰爲澤蘭，此草即蕕。蕕豫，一聲之轉耳。

羽屬：

鷄（《康熙志》），人家常畜之品。一種脚矮身小而彩色可愛或純白者，曰廣鷄，云種出自廣東也。一種雌雄羽毛皆純白，而反卷冠，紫色，狀如荔枝，耳碧而肉及骨俱黑者，曰烏骨鷄。俗云，畜之，小兒不患驚風。黑舌者尤良。

鴨（同上），一曰鶩，一曰舒鳧（俱見《爾雅》），一曰鳴。《禮記》説鳴爲鶩，是也。

鵝，《爾雅》謂之"舒鳧①"。《康熙志》：羅隱《京口送楊子蒙東歸》詩云："東吴送客樓船後，拋擲子鵝離京口。"刁景純《懷南徐所居寄二弟》詩云："京口子鵝宜薦酒，壩頭醇酒（'酒'字疑'釀'字之訛）可飛觥。"見《京口集》。

雉，俗呼野鷄。《化書》云：雉不自合，信也。陸佃云：雉飛不越分界，一界之内以一雉爲長。江淮而南，青質五彩皆備成章，曰鷂。（《康熙志》。按："江淮"以下見《爾雅》。）

鶖，俗呼鵚鶖。似鶴，色青蒼。性貪惡，毛辟水毒。（《康熙志》）按：《綱目》云：凡鳥至秋毛脱，獨此鳥頭常禿如秋，故名禿鶖。

鵜鶘，俗呼淘鵝，亦曰淘河，一名搠向，一名鴮。（《康熙志》）《爾雅》曰鵜鴮鸅，即此鳥也。陸璣《詩》疏云：形如鶚而大，喙長尺餘②，口中正赤，頷下胡③大如數升囊。小澤中有魚，共抒水，滿④而弃之。水竭魚出⑤，乃食之。按：今所見淘河大於鵝數倍，羽純白色。

鳧，俗呼野鴨，亦名鶩。小而好没水者名鸊鵜（《康熙志》），蓋即《爾雅》所謂"鷉，沉鳧"也。（鵜，一作"鷉"。）

鷗（《康熙志》），白鳥也。《詩》謂之"鷖"，一曰水鴞，形似白鴿，長喙，長脚，群浮水上。將乳則結小巢，亦浮水上。

鷺，林栖水食，潔白如雪，頂有長毛十數莖，毵毵如絲，欲取魚則弭之。《爾雅》謂之"舂鋤"。《禽經》云：步於淺水，好自低昂，如舂如鋤也。一種似鷺而頭無絲，脚

---

① 按："鳧"，清郝懿行《爾雅義疏》作"鴈"。

② 按：此句下，清郝懿行《爾雅義疏》尚有"直而廣"三字。

③ 按："胡"字原缺，據清郝懿行《爾雅義疏》補。

④ 按："滿"字下，清郝懿行《爾雅義疏》有"其胡"二字。

⑤ 按："魚出"，清郝懿行《爾雅義疏》作"魚在陸地"。

黄色者，俗名白鶴子。《康熙志》引《蔡邕傳》云：鷺啄則絲偃，鷹捕則角弭，藏殺機也。《桂萱録》云：鷺，一名碧繼翁。東坡呼鷺爲雪衣兒，李昉名曰雲（一作“雪”）客。

鴛鴦，一名匹鳥（《康熙志》），大如小鴨，雌雄不相離，并游溪湖，栖於土穴。質杏黄色，有文彩，紅頭翠鬣，黑翅黑尾，紅掌，頭有白長毛，垂之至尾。

鸂鶒，五色，尾有毛，如船舵，小於鴨，能食短狐，以其溪中刺邪逐惡，故名。（《康熙志》）按：鸂鶒，五色而多紫，首有纓，亦好并游，左雄右雌，群伍不亂，故一稱紫鴛鴦。

鸕鷀（《康熙志》①），《爾雅》：鷀鷧。《埤雅》云：鸕鷀，水鳥，似鶂而黑（鶂，色白），一名烏鬼，土人謂之水老鴉。按：杜詩云：“家家養烏鬼，頓頓食黄魚。”所謂“烏鬼”，即此鳥也，俗呼魚鴉。

魚狗（《康熙志》），《爾雅》之“鴗，天狗”也，一曰魚虎，一曰魚師。大如燕，喙尖而長，足紅而短，背毛翠色，翅亦帶翠，土人取爲婦人首飾，呼爲翠雀。

蘆虎，《爾雅》：鳭鷯，剖葦。郭注云：好剖葦皮，食其中蟲，故名。江東呼爲蘆虎，似雀，青斑，長尾。《康熙志》謂之“蘆蔦”。

鵓鴿（《康熙志》），有家鴿、野鴿。家鴿，人作房飼之；野鴿，則栖於古寺。唐張九齡以鴿傳書，名曰飛奴。

燕（《康熙志》），《禮》曰玄鳥，《爾雅》曰鳦（“乙”同）。小而臆白者爲越燕，俗呼草燕；大而臆斑者爲胡燕，俗訛爲蘆燕。常以春社來，秋社去。其來也，銜泥而巢於人家；其去也，蟄於窟穴、塘坳、泥土中。俗謂其去而渡海者，謬也。一種巢於岩穴者，曰石燕。燕巢有艾則不居，凡狐貉皮見燕則毛脱。陶隱居云：胡燕巢能容二匹絹者，人家富。故俗以其來巢爲喜，其營巢必於樓閣之下，或兩椽之間，有長至尺餘者。宋元嘉時，白燕兩産丹徒，見“祥异”條。

烏（《康熙志》），有數種：純黑、嘴小者，慈烏也，反哺之烏也，一曰寒鴉（“鵶”同，本作“雅”）；大嘴、腹下白而性貪者，鴉烏也，《詩》謂之“鸒斯”，《爾雅》謂之“鵯鶋”；白項者，燕烏也，一曰白脰烏；其冬月千百爲群者，風烏也，土人云是大蚌所化，而總謂之老鴉，聞其聲則以爲不祥。《廣雅》云：南人喜鵲惡鴉，北人反之。師曠以白項者爲不祥也。

鵲（《康熙志》），性惡濕，故稱乾鵲，俗以其鳴爲報喜，呼爲喜鵲。

斑鳩（斑，一作“鳻”），鳥之謹愿孝順者。一曰鶉鳩，見《爾雅》“隹（一作‘鵻’）其鳺鴀”注：《左傳》：祝鳩氏司徒。即此鳩也。將雨則逐其婦，晴則呼之，語云“天將雨，鳩逐婦”。其性不噎，故杖端肖其形以扶老。《埤雅》云：斑鳩，項有綉文斑然。無綉者謂之鵓鳩。《康熙志》云：土人呼爲鵓鴣，拙於爲巢者也。

鶺鴒，《爾雅》作“鵰鴒”，云：雝渠也。注云：雀屬，飛則鳴，行則摇。按：鶺

---

① 按：“《康熙志》”，原攔入正文，兹改爲小字注。

鴿，色蒼似雪，鳴則天當大雪，故《物類相感志》云：鵓鴿，一名雪姑。《禽經》云：鵓鴿，共母者飛鳴不相離。詩人取以喻兄弟相友之道也。俗云，人取其一，則其類皆死。《康熙志》云：《爾雅》：戴鵟，鵓鴿。郭璞云：鵟即頭上勝，今亦呼爲戴勝。土人名雪姑。按：《爾雅》：鵖鴔，戴鵟。字從皀、從乏，音如必、匹，即《月令》所謂戴勝，降於桑者非鵓鴿也。

鸜（"鴝"同）鵒，俗名八哥。身首俱黑，兩翼下各有白點，頭上有幘，嫩則口黄，老則口白。其鳥不自爲巢，或居鵲之成巢，或居樹穴及人家屋脊中。其鳴自呼，食桑葚則醉，亦鳩類也。《考工記》云：鸜鵒不逾濟，故《春秋》以其來巢爲异。《康熙志》云：五月五日，用蒲酒撚其舌則能語。

鵶舅（《康熙志》），《爾雅》曰：鷑鳩，鵧鷑。郭云：小黑鳥，鳴自呼。江東名爲烏臼①。（按：《爾雅》注作"烏鵙"。羅願《爾雅翼》云：江東謂之烏臼，音匊。又曰鵶鵙，小於烏。三月即鳴，今俗謂之駕犁，農人以爲候。五更輒鳴曰"架架格格"，至曙乃止。古有催明之鳥曰喚起者，蓋即此也。）按：此鳥似鸜鵒，無冠而長尾，（羅願云：大如燕，黑色，長尾有歧，頭上戴勝。）多在山寺樹楹間，亦名鵯鶋。今按：此鳥曰鵙、曰鶪，皆與伯勞之名相同，疑是一物。（《月令》：仲夏之月，鵙始鳴。《爾雅》曰：鵙，伯勞也。《夏小正》：五月鶪則鳴。《傳》曰：鶪，百鷯也。張華注：《禽經》云：伯勞似鸜鵒，鸜鵒喙黄，伯勞喙黑。按：伯鷯即伯勞，一曰博勞，一曰博趙。）但始鳴之時不同，或據《爾雅翼》之文，以爲是即"戴勝"義，亦通也。

山鵲（《康熙志》），《爾雅》曰鷽（音五覺反），狀如鵲而烏色，有文彩，赤嘴，赤足，長尾，俗名鷽子。諺云："朝鷽叫晴，晚鷽叫陰。"《説文》以爲知來事鳥也。一種似山鵲而小，短尾，青黑色，多聲者，《爾雅》之"鶌鳩，鶻鵃"。《埤雅》云：鶻鳩，春來秋去，故《左傳》以爲司事。又曰：一名鳴鳩。

郭公（《康熙志》），即鳲鳩，《爾雅》注云：一名布穀，一名穫穀。《埤雅》云：一名搏黍，江東呼爲郭公。按：此鳥四月始鳴，本自呼"布穀布穀"，聞者疑似，因有郭公、郭婆、割麥、插禾、脱却布褲諸稱。《月令》：鷹化爲鳩。即此鳩也。《禽經》及《方言》并謂鳲鳩，即戴勝。按之《爾雅》乃二物也，或曰鳲鳩即鳴鳩。

桑扈，郭璞云：俗謂之青雀。今名蠟嘴，性慧可教。（《康熙志》）

百舌，反舌也。小於鴝鵒，蒼毛。一云色黑如鴝鵒，尖嘴。一名望春，一名喚起，江南謂之喚春，聲圓轉如絡絲（見《山堂肆考》），能變易其聲，仿百鳥之音。《康熙志》引《汲冢周書》云：芒種之節，反舌無聲，反舌有聲，佞人在側。

姑惡，俗名苦鸜，水鳥，類鷺（按：此鳥如小白鷄，首有赤冠，背有赤毛）。哀鳴終夜不息，俗傳婦被姑虐而死，化爲此鳥。東坡有《姑惡》詩，《字書》有"鵟鸜"，皆水鳥，當是此種。（《康熙志》）按：昔人多以鵙爲姑惡，云如鳩，黑色，以四月鳴，其

---

① 按："臼"，清郝懿行《爾雅義疏》作"鴭"。

鳴曰“苦苦”，今姑惡哀鳴正曰“苦苦”，但非黑色，志以備考。

鶯（《康熙志》），《詩》曰黄鳥，曰倉庚（亦作“鶬鶊”），《雅》曰鵹（一作“黧”“離”）黄，曰楚雀，曰商庚，注疏家又有摶黍、黄鸝鶹（一作“栗留”）諸名。明皇呼爲“金衣公子”。今曰黄鸝，曰黄鶯。

畫眉，梅聖俞詩：“山鳥本無名，兩眉如粉畫。”（《康熙志》）此鳥能效各物之音，今人常籠畜之。

練鵲，似鴝鵒而小，黑褐色，尾長而白，如練帶然。《康熙志》云：土人謂之拖白練，亦曰喜相逢。

啄木鳥，《爾雅》“鴷斫木”注云：口如錐，長數寸。常斫樹食蟲，因名。即啄木也。《康熙志》引《聞見後録》云：啄木巢木穴中，人或塞之，以嘴書符於地，其塞自開。

桃蟲，即鷦鷯也，俗呼黄脰（《康熙志》），一名桑飛。《詩》：肇允彼桃蟲，拚飛維鳥。《傳》云：桃蟲，鷦也，鳥之始小終大者。陸璣《疏》云：今鷦鷯是也，微小於黄雀，其雛化而爲雕，故俗謂鷦鷯生雕。按：此鳥取茅秀爲巢，以麻紩之，精密完好，類人所作小筐，故又有巧婦、工雀、襪雀諸名。以其雛化爲雕，故又有鸋鴂之號（諸名并見《爾雅》及《疏》）。鸋鴂，鴟類也。

竹鷄，形如烏鵲，帶紅色，鳴則雨。《本草》：竹鷄，一名山菌子，狀如小鷄，無尾，鳴音“泥滑滑”，又是一種。（《康熙志》）

鷚，《爾雅》曰“天鸙”（《康熙志》），注云：大如鷃雀，色似鶉，好高飛作聲。俗呼告天，或曰叫天。

金翅（《康熙志》），似雀，雄者翅間有黄翎，能鳴。九月成群而至，相傳以爲蝟蛤所化，俗呼花鵐。春時亦有之，謂之菜花鵐，因呼秋至者爲菊花鵐。

偷倉，似雀而差小，籠蓄易馴，雌雄遞放不失。土人相傳橙樹未實者，此鳥來巢，則是年著花必實，驗之果然。（《康熙志》）按：此鳥飛集成群，俗呼爲十姊妹。

鵪，《康熙志》：似鶉而小，羽足俱黄。按：《夏小正》云：三月，田鼠化爲鴽；八月，鴽爲鼠。《傳》云：鴽，鵪（“鵪”同）也。一曰鴳，一曰鷃。《月令》注云：鴽，關東謂之鶉。《爾雅》“鷯鶉”注云：鵪屬。又曰：鶉子鳼，鴽子鸋。是鵪與鶉一類二種。今統呼爲鵪鶉，性善鬥。

白頭翁，羽毛微緑，而顛有白毛，故名。（《康熙志》）

十二紅，翅尾各十二翎，翎間各有朱點，又有十二黄，亦然。（同上）

婆餅焦，梅聖俞詩：“婆餅焦，兒不食。爾又向何之。爾母山頭化爲石，山頭化石可奈何，遂作微禽啼不息。”土人呼爲山裏鬼。（同上）

餓鳥，相傳至海上來，嗉中有砂如黍粒，名金剛鑽。（同上）

蝙蝠（《康熙志》），《爾雅》曰伏翼，一曰飛鼠，一曰仙鼠，狀如鼠，腋下有肉翅。晝伏夜飛，集則倒挂梁間。食蚊蚋，屎曰夜明砂。夜值庚申乃伏。

鷂（《康熙志》），鷹類，鷙鳥也。《爾雅》謂之“鷣”，又曰負雀。《左傳》謂之“鶆鳩”。一曰鴟，一曰鳶，一曰隼。或曰隼者，鷙鳥之總稱也。其曰鸇，曰晨風，亦其類，故《列子》云：鷂爲鸇，鸇爲布穀，布穀爲鷂，其尾上白者名鷺。《綱目》云：鷂似鷹而稍小，其尾如舵，極善高翔。土人謂之鷂鷹，其大者曰鶆鷹。（《爾雅》：鷹，鶆鳩。郭從《左傳》作“鷞”，謂《雅》誤也。然《左傳》誤“鶆”作“鷞”，亦未可知。）

雕，《詩》曰鶉（音團），鷹類，鵰鷚之子所化也。其一名鷲者，北土所産，非潤地所有。《康熙志》以此雕爲鷲，恐非。

鶚，亦鷂類也。《詩》曰雎[①]鳩，一曰鶚，一曰魚鷹。《康熙志》云：土人謂之呀（當作“鴉”）鶚，金山之東有石山，鶚常栖息其上，因名鶚山[②]。按：鶚山即善才石，其上久無鶚栖（詳見“金山”）。而焦山東北之松寥山乃常有鷹栖止，土人謂之鷹山。山色純白，皆鷹糞也，相傳鷹吐，能治膈。

鴟鵂（《康熙志》），一名怪鴟，一名鵋鵙，一名鉤（一作“鴝”）鵅（皆見《爾雅》及注），一名角鴟。身似鴟，頭目如猫，其耳則兩毛角也，俗呼爲猫兒臉，一曰恨呼。舊云鳴作笑聲，當有人死。今病家聽其恨聲，則云當死，頗有驗也。又有一種鵂鶹，即《爾雅》之“萑，老兔[③]”，頭目相似而小，鳴聲連轉如云“休留”，鳴則有風，俗謂之轂轆鴟，亦不祥之鳥也。其鳴皆以夜。

鴞，字一作“梟”，《爾雅》之“梟鴟”也。一名鵩，惡聲之鳥，狀如母鷄，有斑文，頭如鴝鵒，目如猫目，其名自呼，古云長則食母。今土人目驗者云：梟，胎生，在腹食母，其母忍痛，口銜樹枝而死。及子出，骨肉俱盡，惟頭懸於樹上，故懸惡人首以警衆謂之梟示，取此義也。《康熙志》以爲“王雎”，蓋誤。

鬼車，俗名九頭鳥（《康熙志》）。暝晦則飛，鳴聲如轉車。陳藏器云：能入人家，收人魂氣。相傳此鳥舊有十首，犬噛其一。常滴血，血着人家則凶。荆楚人聞其聲俱滅燈（見火光則集也），打門、捩狗耳以厭之，言其畏狗也。潤俗亦然。

鸛、雁、鵁鶄（鳩。按：以鵁鶄爲鳩，其説未詳）。

油蠟、提葫盧、山和尚、山楝子、烏頭白頰（諸名并見《康熙志》）。

雀，古作“爵”字，俗曰麻雀，小而口黄者爲黄雀，巢人家瓦縫中，一曰瓦雀，一曰賓雀。（以下新增）

黄褐侯，一曰青鶬，狀如鵓鳩而緑褐色。長其聲如小兒吹竽，而尾音二字極清脆，有若人語。

鷓鴣，其鳴曰“格磔”“鉤輈”，誤之者曰“行不得哥哥”。今潤州山中頗聞其聲，

---

① 按：“雎”，原作“睢”，形近而訛，因改。下同。

② 按：《嘉慶丹徒縣志》卷十《食貨九・物産》按語云：“金山恐是焦山。”

③ 按：“兔”，清郝懿行《爾雅義疏》作“鵵”。

但未睹其狀耳。《圖經》云：形似母鷄，頭如鶉，臆前有白圓點，如珍珠，背毛有紫赤浪文。

毛屬：

牛，牡曰牯；牝曰㸶，曰牸。去勢曰犍，其子曰犢。有犦牛、水牛二種。犦牛，土人不問何色，統呼之爲黄牛。其牯、犍諸名則無异也。

羊，牡曰羖，曰羝；牝曰牂。毛多者曰羖䍽，去勢曰羯，其子曰羔。土人以直毛小尾者爲山羊（此是家畜之羊，非野生之山羊也），拳毛大尾者爲綿羊。

豕，一曰豨，牡曰豭，曰牙；牝曰彘，曰豝。求孕者曰䝏，去勢者曰豶。其子曰猪（"豬"同），曰豚。土人統呼曰猪，小者曰秧猪。

犬，一名尨①，《爾雅》云"狗也"。有獵犬、守犬二種。其充饌者曰食犬，潤人弗畜。

驢，李時珍云：馬力在膊，驢力在臚。臚，腹前也。

猫，一名家狸。《格古論》：一名烏圓。

狸，俗呼野猫。《正字通》云：狸有數種：毛色似猫、圓頭大尾者爲猫狸；斑如貙虎、鋭頭方口者爲虎狸；似虎狸、尾黑白、錢文相間者爲九節狸；文如豹而作麝香氣者爲香狸，即靈狸也。一種面白而尾似牛、專上樹食百果者爲牛尾狸，亦曰玉面狸，又稱果子狸。香狸、果子狸，潤地不産也。

鹿，馬身、羊尾、頭側而長、高脚而行速、毛雜黄白、有斑有角者牡，無者牝。山林中間有之，不可多得。

麞（"獐"同），一曰麇，似鹿而小，無角，黄黑色。牡者有牙出口外。

狼，豺類，大如狗，鋭頭，尖喙，白頰，色黄黑，亦有蒼褐色者。豺體細瘦而健猛，黄褐色（《康熙志》有豺無狼）。

兔，似鼠而大，尾短耳長，上唇缺而無腮，長鬚而前足短，色蒼褐。一種類兔而色潔白，或純黑，或黑白間者，土人名爲麃子，然非《爾雅》"麃，大麇"之麃也。一曰銀鼠，孕二月而生，一歲凡五六孕，人家畜以爲玩，且以充饌。性畏猫。

野豕，似猪而大，牙出口外，毛色似水牛。能銜草木作室而居。此物及後條"貙虎"，往昔俱不常有。粤寇蹂躪以後，各鄉人迹希疏，二物乃蕃，并爲人害，蓋暴戾之氣所感也。（以上諸名俱見《康熙志》，原無論説，今并增之。《志》又有馬、騾二名，以非土産，故不録。）

貛，有猪貛、狗貛（《康熙志》），皆以形似名也。猪貛，一名貒，《爾雅》"貒子貗"注云：貗②，豚也。一名貛。狗貛，一名天狗。

---

① 按："尨"，清郝懿行《爾雅義疏》作"尨"。

② 按："貗"，清郝懿行《爾雅義疏》作"貒"。

獭，水居，食魚。(《康熙志》)一名水狗，似狐而長尾，足短，身褊，毛色青黑，若故紫帛，俗呼爲水獭猫。其肝可治肝疾。

鼠，厥類甚多，邑所産者則有鼷鼠，即人家常鼠，一曰老鼠，以其善穴而壽最大也。(《抱樸子》云：鼠壽三百歲。)地鼠，一名鼩鼱，小鼠穴地中者，李巡曰：即鼷鼠。水鼠，在水中食菱芡魚蝦者；田鼠，在田野地中，一名鼸鼠，一名鼢鼠，一名隱鼠，一名鼸鼠。《夏小正》：鼸鼠化鴽。《説文》云：伯勞所作也。鯽魚（即鯽魚）亦化之，見《本草綱目》。鼬鼠，一名鼪鼠，俗呼黄鼠狼，尾毛可以製筆。《康熙志》云：善攘鷄而漁船畜之，云能致梟。栗鼠，一名松鼠，《爾雅》謂之“鼰鼠”，注云：如鼠而大（尾大如鼬），蒼色，在樹上。即此鼠也。性頗馴，土人常畜之以爲玩。尾毫亦可製筆。東坡詩所謂“栗尾書溪藤”者是也①。鼲鼶（音離丈）鼠，孫愐云：小鼠也，相銜尾而行。(《蟫史》云：目瞀氣臭。)李時珍云：按：《秦記》及《草木子》皆載群鼠數萬相銜而行，以爲鼠妖者。即此。今按：《康熙志》“祥异”條有“崇禎十七年，北來鼠數萬，銜尾渡江”之語。咸豐三年，粤寇之亂，東鄉群鼠亦銜尾渡江。亂平，又銜尾而歸。此事雖异，然以《唐韻》言之，則世間固自有此一種鼠也。

狐，形似小黄狗，鼻尖尾大。許慎云：妖獸鬼所乘也。(以下新增)

貙虎，《爾雅》：貙似狸。郭注云：今貙虎也。大如狗，文如狸。是即今之所謂狗頭虎也。

猬（古作“彙”，一作“蝟”），狀如鼠而尾脚俱短，蒼白色，毛粗硬如針，《爾雅》謂之“毛刺”，人犯之，則藏頭足而伏如栗房也。

鱗屬：

鼉，《博物志》謂之“土龍”。《康熙志》云：圓首利牙，值陰霧輒騰起丈餘。《詩》疏：鼉似蜥蜴，長丈餘，其甲如鎧，皮堅厚，可冒鼓。《本草》：鼉性能横飛，不能上騰。其聲如鼓，夜鳴應更，謂之鼉更。道光朝河帥麟慶嘗放鼉於焦山，作窟栖之，常游江中，亦能遠去，然久之必還其所。兵燹後，乃不知其所往。今山之東麓有麟公放鼉處。

鯉，出江中者肥美。《正字通》引《神農書》曰：鯉爲魚王，無大小，脊旁皆三十有六鱗，上有小黑點，文有赤、白、黄三色。《康熙志》云：出江中者謂之赤梢。

鰣，《雨航雜録》：鰣魚者夏以時至，故名。(《嘉慶志》)《康熙志》云：本海魚，季春出揚子江中游，至漢陽，生子化魚而復還海。鱗細白如銀，多骨而速腐。按：《爾雅》：鯦，當魱。郭璞注云：海魚也，似鯿而大，鱗肥美，多鯁。即此魚也。有兩長鱗，可以治疔，麻油浸收。

魛②（“刀”同），《嘉慶志》云：《爾雅》：鮤，鱴刀。郭璞注：今之鮆（同“鱭”）

① 按：東坡詩句出《孫莘老求墨妙亭詩》，原作“書來乞詩要自寫，爲把栗尾書溪藤”。

② 按：“魛”，《嘉慶丹徒縣志》卷十《食貨九·物産》作“鮆”。

魚也，亦呼爲刀①魚（《雨航雜録》又作“鮤魚”）。《養魚經》：鮆魚，狹薄而首大，長者盈尺。朱彜尊詩“京口刀魚尺半肥”。一名望魚（見《魏武食志》）。按：刀魚，産揚子江中，至清明始肥大。春初者形小味薄，土人謂之風鱭，或以爲别是一種，恐非。曝乾可以代燭。

鱘，出揚子江中，大者長丈餘（《康熙志》），背青腹白，無鱗，目小，如豆粒，口在頷下。鼻端有脊骨，形如鸛嘴，下廣，上鋭長，等其身，色白而明，土人名曰鱘槍，又曰鱘衝骨。上肉肥美如粉，外有細刺，點點作梅花形，曰梅花粉。骨亦甘肥，中啖。兩頰有肉，曰鹿頭，又曰鱘龐（讀普蠻切）。《爾雅・釋魚》疏引《字林》云：鱏（音鱘），長鼻魚也，重千斤。傳云伯牙鼓琴，鱏魚出聽（見《説文》）。鱘、鱏，古今字也。《康熙志》云：作“鮓”，舊以充貢。（《嘉慶志》云：見《唐書・地理志》。）②

鱣，《爾雅》注：大魚，似鱏而短。鼻口在頷下，體有邪行甲，無鱗，肉黄。大者長二三丈。今江東呼爲黄魚（黄，一作“鱑”，通作“鰉”）。陸璣《詩》疏：鱣身形似龍，背上腹下皆有甲，縱廣四五尺，大者千餘斤。”按：此魚膏肉相間，黄者其脂也，俗稱鱘鰉。《嘉慶志》引《京口録》云：鱘、鰉是兩種，鱘肉色白，鰉肉色黄。

鮪，《詩》疏：鮪，似鱣而青黑（腹白），頭小而尖，似鐵兜鍪。口在頷下。大者名王鮪，小者名鮇鮪。按：鮪形色類鱘而無長鼻，其頭尖處，土人謂之道士冠，猶鐵兜鍪之遺語也。四時常有，三、九月爲盛，故有菜花鮪、菊花鮪之稱，今俗呼爲鮰魚，音之訛也。（按：《字書》無“鮰”字。《蘇東坡集》有《戲作鮰魚一絶》，爲“鮰”字始見。）《本草綱目》以鮠魚爲鮰魚（按：《類篇》云：鮠，鳀之小者。《本草圖經》：鮧魚，口小，背黄，腹白，名鮠。鳀、鮧皆鮎魚别名，是鮠乃鮎之别種，非鮰魚也。《正字通》云：鮠似鮎而大，白色。與郭注《爾雅》“鱯魚”同，然鮰與鮎固迥不相類），而指鱘魚爲鮪魚。焦氏《筆乘》又以鱖魚爲鮰魚。《康熙志》從《綱目》作“鮠”（《嘉慶志》同），且謂四月鰣魚盡則入市（鰣魚盡則石首入市。石首，海魚，俗呼黄魚。四、五月之交繼鰣魚而入市者，僅此），并誤。

魴，一名魾，即鯿也。《爾雅》注：江東呼魴魚爲鯿魚③。陸璣《詩》疏：魴，廣而博，肥恬而小④力，細鱗，魚之美者。《正字通》：鯿魚，小頭縮項，闊腹穹脊，細鱗，色青白，腹内肪甚美。按：江魴有蒼、赤二種，大者長二三尺，土人呼蒼色者爲蒼鯿，一曰鶬鯿（鶬即“蒼”之訛音）；赤色者爲火燒鯿。蒼者味美，《康熙志》引習鑿齒《襄陽耆舊傳》云：漢水中鯿魚甚美，禁人捕以槎斷水，謂之槎頭鯿。今揚子江中鯿絶清美，當不殊漢上耳。

---

① 按：“刀”，清郝懿行《爾雅義疏》作“魛”。

② 按：《嘉慶丹徒縣志》卷十《食貨九・物産》未見有此按語。於“鱘”條下有所引《京口録》區分鱘、鰉是兩種之語，見下“鱣”條。

③ 按：“鯿魚”，清郝懿行《爾雅義疏》無“魚”字。

④ 按：“小”，清郝懿行《爾雅義疏》作“少”。

鰱（《康熙志》），郭璞《江賦》：鯪鯉鰩鰱。一名鱮。陸璣云：似魴，厚而頭大。魚之不美者，故里語曰："網魚得鱮，不如啖茹。"徐州人謂之鰱，或謂之鱅。按：江中大鰱，頭及腹腴，至爲肥美，土人頗重之。池畜者多土氣，里語云云，蓋爲池畜者言之。有赤、白二種：白者曰銀鰱，赤者尤勝，謂之血鰱。《嘉慶志》引《京口録》云：巨首細鱗，池塘中多畜之。

黄頰魚，《詩》謂之"鱨"，一謂之"䱽"，陸璣曰：䱽，一名黄頰魚。是也。魚形似鰋，頭尖，色黄，兩頰及鰭尤勝。一名鰄魚，《山海經》"减水多鰄魚"注：鰄魚，一名黄頰魚。今曰黄䱽（土音轉讀若"脊"），亦曰鰄子，最善食魚，畜魚者多惡之，故《本草》云：鰄魚，一名鮥魚，又名鱤魚。鰄，敢也；鮥，脂也。食而無厭也，吞脂同類，力敢而脂物者也。其性獨行（蓋衆魚避之，非其性也），故曰鱤。《康熙志》以黄鱓當之，誤。其云"與荆芥同食殺人"，則《本草》之説也。

青魚（《康熙志》），《本草圖經》：青魚，古作"鯖"字。《正字通》：鯖魚，形似鯇，青色，即青魚。今江中出者色青赤，尤肥美。李時珍云：頭有枕骨，蒸令氣通，曝乾，狀如琥珀，作酒器、梳篦甚佳。

鯇（同上），狀似鯖而鱗色類鯉，《爾雅》"鯇"注云：今鯶魚，似鱒而大。又云：鱒似鯶子，赤眼。今出塘溪者謂之草鯶，餘則鯇、鯶通稱，而鱒之名隱焉。

鰷（"儵"同），《詩》傳曰：白鰷也。《爾雅》"鮂，黑鰦"注：今白鰷。俗亦曰白鰷，其赤尾者曰紅苗，《康熙志》云：赤尾者名䲨。按：《字書》無"䲨"字，蓋"魟"之誤也。魟，音"公"，不音"紅"。魚形似鱟，非白鰷類也。

鮎（《康熙志》），《爾雅》注云：别名鳀，江東通呼鮎爲鮧。《爾雅翼》：鮧魚偃額（言其額扁），兩目上陳，口方，頭大，尾小，身滑無鱗，謂之鮎魚，言黏滑也。按：《翼》狀鮎之形可謂曲盡，惟口旁有二肉鬚未載。背上色青，大者出江中。一種口小背黄腹白者，名鮠魚，亦常見之品也。

鱧（同上），一名鮦，見《爾雅》注。《正字通》云：今烏魚，字又作"蠡"，或曰烏蠡。大頭圓尾，青質黑章。首常向北，奉道者忌食之，以爲水厭。

鯽，似鯉而小，脊黑者佳。《爾雅翼》：鮒，鰿也。今作"鯽"。陸佃《埤雅》：此魚好旅行，吹沫如星，以相即謂之鯽，以相附謂之鮒。《康熙志》云：産江中者味甘美。《本草》：諸魚皆屬火，惟鯽性屬土，食之能健人脾。（按：《嘉慶志》有土附魚，引《養魚經》云：似黑鯉而短小，附土而行①，故名。詳此形狀，即鯽魚也，名以土附，亦猶昔人之稱鮒耳，乃又引《京口録》云：首大而身小謂之吐魰，則混"渡父"爲"土附"矣。"渡父"見後。）

杜父魚，一作"渡父"，又曰船矴魚。《本草》：生溪澗中，長二三寸，狀如吹沙而短其尾歧，大頭闊口（按：此魚頭鋭，口有短肉鬚），色黄黑，有斑文，脊上有鬐刺，

① 按：《嘉慶丹徒縣志》卷十《食貨九·物産》於此句下尚有"不似他魚浮水"云云。

螫人。李時珍云：杜父，當作“渡父”，言渡父所食也（言其味劣），見人則以喙插入泥中，如船矴也。《嘉慶志》引《京口録》云：頭大而身小，謂之吐鮫。正此魚耳。今土俗名爲矴師魚，亦曰矴公魚，猶昔言渡父耳。

鱖，《爾雅》謂之“鯞”。扁形，闊腹大口，細鱗，形似鱸魚而斑彩特甚。一名鯚魚，又稱桂魚（鱖，本姑衛反，稱桂，以音同也）。《康熙志》云：仙人劉憑常食石桂魚。即此。（按：《志》説，見《本草》。）《延壽書》云：鬐刺凡十二，以應十二月。誤鯁害人，惟橄欖核磨水可解。（亦見《本草》。又云：諸魚皆畏橄欖，無則用核。）俗曰鯚花，又曰鯚婆。

鱸（《康熙志》），産江中，形似鱖而稍狹，色白而有黑點。《嘉慶志》云：《京口録》：鱸有二種：曰脆鱸；曰爛鱸。謝玄《與兄書》：北固山下大有鱸魚出，一手釣得四十九枚。

鮤（同上），形類白鰷，長四五寸，産南閘（即老人閘）河中者佳。俗曰烙魚，言宜烙而食也。

河豚（豚，一作“魨”），《正字通》：河豚，别名鯸鮐。鮐，又作“鮔”。一曰胡夷，又曰鮭魚。鮭，又作“鯢”，皆一物也。《吴都賦》注：鯸鮐魚，如科斗，大者尺餘，腹下白（有芒刺，能鼓氣作脬），背上青黑，有黄文（尾翠），性有毒。即今之河豚也。其出有時，東坡詩：“蔞蒿滿地蘆芽短，正是河豚欲上時。”是矣。《嘉慶志》引《養魚經》云：河豚出於江海，有大毒，能殺人。（按：河豚之毒，曰血，曰子，曰眼。諺云：“血麻子脹眼睛酸。”然子與眼人知去之，血藏肪内，肪至肥美，有西施乳之稱，食者必不肯弃，苟治不如法則危矣。羊蹄菜，俗云牛舌頭根，極解其毒。潤有估人舟行，見舟人食河豚，治不如法，甚爲憂慮。閱日，竟無恙。他日，復食。舟人詣岸，采羊蹄菜一握，入魚同煮，問之，云：“所以食之無妨者，賴有此也。”估人遂同食之，亦無恙。又橄欖、甘蔗、蘆根、糞汁并解其毒。又方：槐花微炒，與乾胭脂等分，同擣粉，水調灌之。又，鮫魚皮，即沙魚皮，燒研水服。俱見《本草》。）無頰，無鱗，目與口能開闔作聲①。《康熙志》云：食後服藥，有荆芥、附子必死。（按：菊花、甘草、桔梗、烏頭并與河豚相反。）過清明不可食，諺云：“蘆青長一尺，莫與河豚作主客。”則其時毒尤甚矣。

鰻鱺，似鱓而腹微粗，鋭首，背青，腹白，一曰白鱓。《康熙志》云：出江中（按：河池水中皆有之，但瘦小耳），秋時遇風雨則出。

鱓（“鱔”同），《本草圖經》：鱓似鰻鱺而細長，亦似蛇而無鱗。有青、黄二色，生水岸泥窟中。按：今潤俗呼爲長魚，以其形也。《康熙志》誤讀《詩》疏，乃以鱓之黄色者爲黄頰魚，以當《詩》之鱨魚，誤甚。鱓，一作“䱇”，見《山海經》注。又通作

---

① 按：“目與口”，《嘉慶丹徒縣志》卷十《食貨九·物産》作“與口目”。又此句下有“是鱗中之毒品也”云云。

“鱣”，見《顏氏家訓》。

鰌（《康熙志》），《爾雅》“鰼鰌”注：今泥鰌（或作“鰍”字）。《正字通》：生下田淺淖中，似鱓而短，首鋭，色黄黑，有漦濡，滑難握，穴泥中，與他魚牝牡。

鯔，《本草》：似鯉，身圓頭扁骨軟，謂之蛇頭鯔。《康熙志》：生江中，味埒鰣魚，謂之鰣舅。《嘉慶志》引《吴都賦》注：鯔魚形如鯢，長七尺。今京口之鯔纔尺許。按：《吴都賦》之鯔别是一物，今海魚有名鯔者，不應與江鯔較長短也。

橋丁魚，圓身細鱗，其大如拇，長不盈尺，然皆肉也。（《康熙志》）

針魚，首戴針芒，身長五六寸許。舊出揚子江蒜山下，今遍他所。（《康熙志》）按：針魚長儘三四寸，其針黑色。

銀魚，長一二寸，無骨無鱗，目如點漆，身明瑩如銀，杜子美詩所謂“天然二寸魚”者也。又名白小。《康熙志》云：舊出石公山渡頭，多暴爲脯，及作鮝，晶瑩可愛。

膾殘魚①，長七八寸，身圓而白，無骨無鱗，《康熙志》云：俗名鮀（當從《嘉慶志》作“鮀”）魚，亦曰麵條魚。《博物志》：吴王江行，食膾有餘，弃於中流，化爲魚，名吴王鱠餘，又曰膾殘。（按：膾殘與銀魚雖極相似，而種類不同，舊皆誤合爲一，今正之。）

金魚，小魚也。初生色黑，久則變紅、白、黑諸色，亦有諸色相間成斑文者，然皆帶金色。其類有單尾（如常魚之歧尾）、雙尾（二歧尾也）、鳳尾（身短而二歧，尾極長）、龍眼（眼暴於外）、蛋魚（無脊鬐，身短而圓）諸名，人畜以供玩，不入食品。畜於寬水，亦可重至一二斤。《康熙志》云：有鯽鯉鰌鯊（一作“鼈”）數種，鰌鯊最難得，獨金鯽耐久。據此文，則昔之金魚其皆單尾歟？（間有藍色）

海鷂，《康熙志》云：生江中，亦名邵陽魚。形圓如扇笠，無鱗，色黄，眼生腹下，尾細而長，浙東人呼爲魟魚。按：此魚即俗所稱鍋蓋魚也，本海族，江中亦時有之。

江豚，《本草》：江豚大如豬，數枚同行，一浮一没，謂之拜風。（《嘉慶志》）生江中，狀如豚，黑色，出没波濤間，鼻中作聲。其出必有大風，土人以此占候。許渾詩：“江豚吹浪夜還風。”燃其脂，能逆風延熾。明萬曆間，兵部檄取以爲火攻具，而黠甚，竟不可餌。（《康熙志》）《説文》：江豚，一名鱄魣。俗曰江豬。

蛇，《康熙志》云：不甚毒者曰（闕）縵（疑是水蛇别名，水蛇一名“公蠣”），曰烏；稍毒者曰赤練（當作“楝”，象其色也，一作“蝀”），曰黄風，曰菜花；毒甚者曰青竹，曰土虺。亦有兩頭蛇，常有人見之，不死也。按：潤地山中有一種野鷄項蛇，頭類野鷄，身潛草中而昂其首，昔有獵者誤以火槍擊之，迎烟疾馳，嚙之立斃。《本草》所謂“鷄冠蛇”，最毒者也。

望板歸，《康熙志》按《字林》云：睩聽，形如蜥蜴，居樹上，見人則跳下嚙之，嚙已還樹，垂頭聽聞哭聲乃去。即此也。俗傳嚙已則升木而望棺，入乃歸，故得此名。

① 按：《嘉慶丹徒縣志》卷十《食貨九·物産》作“王餘魚”。

《本草》名千歲蝮，野翁方名斫木蛇，以升木時作聲云"博叔博叔"者猶可治，若云"斫木斫木"者不可救也，舊傳無藥可療。今按：用嫩黄荆葉搗爛敷之。又方：用細辛、雄黄等分爲末，内瘡中，日三四易。又方：以栝樓根、桂枝著管中密塞，勿令走氣，佩之。中毒急敷之，緩即不救。今古屋深山往往有之，不可不知此方。按：此物亦蛇類也，俗誤歸爲龜，乃謂龜脱甲則化此物，殊謬。

白魚，《詩》：鰷鱨鰋鯉。郭璞《爾雅》注：鰋，今偃額白魚。偃額，言其額微陷也。大目細鱗，身狹而肉厚，味至純美。（以下新增）

比目魚，《爾雅》：東方有比目魚焉，不比不行，其名謂之鰈。注：狀似牛脾，細鱗（惟一面有之），紫黑色。一眼兩片，相合乃得行。左太沖《吴都賦》云：雙則比目，片則王餘。是也。《異物志》：一名箬魚，俗呼鞋底魚。《臨海志》曰：婢屣魚。《風土記》曰：奴屩魚。今潤人亦呼爲草鞋底。

斑魚，似河豚而小，大者不過四五寸，腹下白，有芒刺，能鼓氣作脝，皆與河豚同。惟背上斑文如瑇瑁，一名瑇瑁魚。《食物本草》謂之"鯯魚"，有小毒，不至殺人。秋出江中。風痺肝病人忌食之。或以爲即河豚苗，則謬矣。

鯊，一名鮀，《通雅》：鯊，吹沙小魚，黄皮黑斑。正月先至，身前半闊而扁，後方而狹。即此種也。鬐刺甚硬，其尾不歧，俗名虎頭鯊，以其味美如斑子，故又號曰春斑。

婢妾魚，《釣磯立談》：婢妾魚，游必三，一前二後。《爾雅》"鱊鮬鱖鯞"注：小魚也，似鮒子而黑，俗呼爲魚婢，江東呼爲妾魚。《爾雅翼》：又名旁皮。按：今俗亦稱旁皮，大不過二寸許，絶類鯿魚，脊黑而腹紺碧。（《爾雅》"鱊鮬"，蓋旁皮；"鱖鯞"，則鱖魚也，宜分釋，郭注似誤。）

人面魚，面似人形，魚身無鱗而尖尾，色殷赤，見者不祥。俗呼美人魚，出江中。

魚苗，俗名魚秧，一曰魚花，出高資孩溪江中。三、四月間，諸魚哺子，於是漁人結小方囊，連綴數十，置沿江淺水中取之。市者千里争集，以盞取水視之，纔如蚊芒，輒能辨其種類多寡，船載肩挑，雲屯霧散。然須晝夜摇動，瞬息不敢稍休，於是貧民無賴在於出處，及沿途勒索，所費不貲。同治初年，漁人控諸撫憲，丁公日昌揭示通衢，令所屬文武佐貳各官在在彈壓，由是費減，而苗亦漸稀矣。

鯪鯉，即穿山甲，《本草》：狀如鼉而小，背如鯉而闊，首如鼠而無牙，腹無鱗而有毛。長舌尖喙，尾與身等。尾鱗尖厚，有三角。常吐舌誘蟻食之。此物非潤州常産，然間亦有之。咸豐六年，曾見於汝山下。

介屬：

黿，《爾雅翼》云：介蟲之元也。《本草》：如鼈而大，背有臑䑋。青黄色，大頭，黄頸，腸屬於首，以鼈爲雌，卵生思化。《康熙志》云：出江中，俗呼癩頭黿。

龜，《康熙志》：有山龜、水龜、攝龜，俗名呷蛇龜。永安寺聖井中産緑毛金綫龜。《齊志》：永明八年，延陵縣前澤畔獲毫龜一枚。按：長山白龍王廟池中産白龜。

鼈（《康熙志》），一名團魚，又曰神守，俗呼脚魚。《本草》云：《禮記》：食鼈去醜，謂頸下有軟骨如龜形者也，食之令人患水病。凡鼈之三足者、赤足者、獨目者、頭足不縮者（其鼈無裙，謂之納鼈）、目四陷者、腹下有王字、卜字者、腹有蛇文者，是蛇化也；在山上者，名旱鼈，并有毒，殺人，不可食。又不可合鷄子、莧菜食。以赤莧同包，置濕地，經旬皆成生鼈也。

蟹（同上），生江河水中，亦有陸居者。其生沙港者，不入涵洞。九、十月，結隊越堤而過，以入於江，有數十百枚。互相箝結成球者，此蓋入海輸稻之説所由起也。是物本地雖産，但苦不多。近年以來焦山門忽然大出，日可得數石，或一二十石不等，惟味少遜於湖蟹耳。《本草》：獨螯獨目、兩目相向、六足四足、腹下有毛（臍團者沿臍皆有毛，不在此列）、腹中有骨、頭背有星點、足斑目赤者并有毒，害人。又云：未被霜，甚有毒。今人除所忌外，有則食之，未見有恙。即所忌者亦不經見也。凡蟹螯鉗人，捺其目則釋。一種石蟹，生山澗水中，大如錢，治久疽瘡，解漆毒尤良。

鰕（同上），江河溝池皆有之，色青爲上，出南閘者佳。一種色白而殼軟者，曰白米鰕，亦可充饌；一種類青鰕而極小、色黑而殼硬者，謂之風鰕，不堪食。

蚌（同上），江河池澤皆有之，大者至六七寸，老則含珠，殼堪爲粉，俗曰河鮭。一種似蚌而小，形狹而兩頭尖鋭，則《本草》所謂“馬刀”也，俗并稱爲蜆子，色黑。

蜆（同上），似蛤，大如拇指，有黑、白兩色。《隋書·劉臻傳》：臻好啖蜆，以父諱顯，因呼蜆爲扁螺。

螺（同上，一作“蠃”），有數種：田螺，生田野池澤中，春初生子，土人鬻而食之；尖螺，小而尖長，殼堅有棱，生陰濕地上，《别録》謂之“蝸螺”，蘇、常人嗜之，潤人弗食也；蝸牛，生草樹間及人家陰地，類田螺而扁小，殼薄而色青白，負殼而行，狀如蜒蚰，四角，一名蜒蚰螺，《爾雅》謂之“蚹蠃”，又曰“螔蝓”，土人謂之旱螺，性喜升高，涎盡則死。東坡詩云：“升高不知危①，竟作粘壁枯。”謂此螺也。其生草間者大數倍，牛食之脹死，土人謂之脹螺。

蟶，蚌屬，圓而色青，頗似蘆管，首尾皆見甲外。本屬海，錯而邑之，丁角河中乃常有之。（增）

昆蟲：

蠶（《康熙志》），陽物也，惡水，濕而不飲，三眠三起，二十七日而老。《周禮》：禁原蠶。“原，再也。”② 京口向無湖桑，民家不以育蠶爲事。自觀察沈公秉成設局課桑，而繭絲之利遂溥。

---

① 按：“危”，《蘇軾詩集》卷二十四《雍秀才畫草蟲八物·蝸牛》作“回”。

② 按：鄭玄注語。

蟾蜍（同上），《爾雅》曰：蟾諸。又曰：鼁鼀。郭注：似蝦蟆，居陸地。①《埤雅》云：蟾蜍，吐生，腹大背黑，皮上多痱磊，跳行舒遲。此即今之癩蛤蟆也，一名蚵蚾，居濕地而不解鳴，眉間有白汁，謂之蟾酥。一種三足蟾，相似而小，兩足在前，一足在尾。間一見之，不多有也。

蝦蟆、鼃（"蛙"同），其類甚繁，名亦不一，凡所謂田鷄、水鷄、土鴨、坐魚、蛤魚皆其類也。似蟾蜍而小，無痱磊，治蝮蛇螫毒，其肝尤良。一種嘴尖、腹細、背作純青色，或間有金綫者，則《爾雅》所謂"黽"、《禮記》所謂"螻蟈"。而今之所謂青蛙也，皆居水田、陂澤、溝渠中，跳行捷疾，善以脰鳴，其聲蛙蛙蛤蛤，竟夜不休。以其能跳食蟊蟘，有功於稼，故禁食之。三月，生子水中，鳴以聒之，則蝌蚪出，所謂以聲抱也。其子頭大尾細，色正黑，狀如古文科斗形，一曰活東。《康熙志》云：俗呼蝦蟆扈。

守宫，《爾雅》：蠑螈，蜥蜴；蜥蜴，蝘蜓；蝘蜓，守宫。② 注云：轉相解，别四名。③《通雅》：蜥蜴總曰螭。大者曰山龍子（《康熙志》曰"石龍子"），緣木曰蝘蜓，在草曰蠑螈，在屋曰守宫。按：守宫，形小，身闊腹白，背灰褐色，好緣人家墻壁間，俗呼壁虎（《康熙志》曰"蝎虎"）；其在山間草際者，長而色黄，《説文》曰蛇，醫以注鳴者也，俗呼四脚蛇，亦曰蝘蜓子。《本草》言蜥蜴有五色，昔人又謂蜥蜴能致冰雹，興雲雨。今潤之嘉山、句容之茅山、空青山諸池中咸有物，如守宫而長，腹青，背金黑，或紺碧，有靈异，人以爲龍，即蜥蜴也。

螽（《康熙志》題"蚱蜢"），凡螽之屬皆類蝗，昔人謂之蚱蜢，土人總呼爲螞蚱。其短翅而以翅鳴者，《詩》謂之"草蟲"，《爾雅》謂之"負蠜"。其長翅長股，股斑似瑇瑁，能飛不能鳴者，則阜螽也。《詩》疏：斯螽，長而青，長角長股，股鳴者也。又云：五月中，以兩股相切作聲，聞數十步。此種蓋即負蠜，而謂翅鳴爲股鳴也。《爾雅》"負螽、蜤（'斯'同）螽、草螽"别訓，蓋亦廣异名耳。《雅》又有"土螽"，謂之"蠰蟀"，此即今之一種小螽，形似初生小蝗，而色如土者也。《拾遺記》：石蟹，形如蚱蜢而小，身長，兩股如蟹，在草頭，能飛，螽之類也。今有一種秋生蚱蜢，小而頭鋭，腹下赤，能飛入人家，其初生者搦而嗅之，氣如蘭蕙，俗呼胭脂婆，一曰尖頭婆，蓋其類。《爾雅》曰：蟿螽，螇蚸④。注云：細長，飛翅作聲者。疑即此物，但不能作聲耳。

蟋蟀（《康熙志》），一曰蛩，一曰促織，《爾雅》曰蛬，《方言》曰蜻蛚，一曰王孫，小蟲也。《詩》傳以爲蝗屬，正黑，有光澤如漆，有角，有翅，翅有文而能鳴，善鬥者爲雄，反是爲雌。雄者尾二歧，雌者尾三歧。處暑後則夜鳴，故古諺云："蟋蟀鳴，懶婦驚。"

---

① 按：蟾蜍，《爾雅》附於《釋魚》。

② 按：守宫，《爾雅》附於《釋魚》。

③ 按：此注，清郝懿行《爾雅義疏》作"轉相解博异語，别四名也"。

④ 按："蚸"，字又作"蟧"。見清郝懿行《爾雅義疏》。

螳螂，《説文》：一名蚚父。俗呼刀螂（《康熙志》曰“斫螂”）。《爾雅》之“不過蟷蠰也，其子曰蜱蛸”，蜱蛸，今謂之螵蛸。

蜂（《康熙志》。蜂，一作“蠭”），有數類。一曰蜜蜂，《禮》謂之“范”，能釀蜜，人家作房畜之，《化書》云：蜂有君臣之禮。謂是蜂也。京口有義蜂冢，詳見“古迹”。一曰黄蜂，又曰胡蜂，俗呼“胡”，音若“吴”，作房於人家屋宇及竹木山石間，狀若倒垂蓮房。一曰穿木蜂（名見《山堂肆考》），似蜜蜂而大，身黑背黄，穴人家檐椽，作房如刀錐所穿者，土人呼爲鋼蜂，《雅》有“木蜂”之名，疑即此也。一曰細腰蜂，又名蠮螉，類胡蜂而小，色黑，腰極纖細，《詩》謂之“蜾蠃”，《爾雅》謂之“蒲盧”，能穴地作房，或在竹管中育子，俗呼土蜂。此數種皆不作蜜。凡蜂螫人，皆以尾，《五雜俎》：蜂螫人，皆復引其芒去，惟蜜蜂螫人，芒入人肉，不可復出，蜂亦尋死。今俗云蜂王，驗其無芒，則殺之也。

蟬（同上），腐朽木根所化，在土曰腹育。蜕殻而出（殼曰蟬退，一曰蟬衣），曰蟬，曰蜩，曰螗，曰蝘，亦有數種：其以小暑候鳴，色黑而音“咋咋”者，馬蜩（《爾雅》）也，良蜩（《夏小正》）也，咋蟬也；小於咋蟬而色青緑，白露始鳴，聲接續而急疾，音作“蜘蟟蜘蟟”者，寒蜩（《爾雅》）也，寒蟬也，寒螿也；其色青紫者，蟪蛄也，《爾雅》之“蜓蚞螇螰”也；一種音類咋蟬而形細小，四月鳴“咋咋”者，蠕蟬也，即《詩》所謂“蜯”，《夏小正》所謂“札”，而《爾雅》所謂“蜻蜻”也（此種惟有槲櫟之山有之，疑即其根所化）。今總謂之蜘蟟。

蝴蝶，一名蛺蝶，《采蘭雜志》：又號春駒。《康熙志》云：種類繁多，要皆草木蠹蟲所化。其大如蝙蝠，或黑色，或青斑如瑇瑁者，名鳳子，又名鳳車，俗名梁山伯。

蜻蜓（《康熙志》），一名蜻蛉，或作青亭。《爾雅》謂之“虰蛵”，又曰“負勞”，黄色者、多赤者，《古今注》謂之“赤卒”，亦曰“天鷄”。其大而色蒼碧、目若青琉璃者，土人呼爲琉璃釭。一種類蜻蜓而純黑、息而翼能斂者，俗謂之鬼蛺蝶。一種似鬼蛺蝶、色黄而小者，俗謂之豆娘，皆水中蟲及蝦子之類所化。豆娘則目驗其爲水蠆之所化也。蜻蜓溺禾上則生蟲。

螢，《月令》：季夏之月，腐草爲螢。《爾雅》謂之“即炤”，《夏小正》謂之“丹鳥”，傳曰“丹良”。一種四、五月間生陰濕地，狀如蛆，腹下有光者，宵行也，久亦蜕爲小螢，意秋螢亦由蜕而化也，食蚊蚋。《康熙志》引《古今注》云：螢，一名耀夜，一名燐，一名夜光，一名宵燭。《鬼谷子》云：螢名照夜。

蜘蛛（《康熙志》），《爾雅》作“鼅鼄”，結網空中如罾，其絲右繞，遺尿着人，令人生瘡，畏雄黄。治病，用此種。其在草上者曰草蜘蛛，有數種。花者最毒，絲能纏斷牛尾。

蠨蛸，一曰喜子，一曰喜母，《爾雅》云：長踦也。一名長脚。布網空中，一如蜘蛛，但身狹而脚長，觸之，則前後脚皆直并，形如一莖草也。《康熙志》云：俗名喜珠。

顛當，即《康熙志》所引《爾雅》之土蜘蛛也，形似蜘蛛，穴地而居，《雅》又謂之"蛈蝪"。《酉陽雜俎》：顛當，巢深如蚓穴，網絲其中，土蓋與地平，大如榆莢。常仰捭其蓋，伺蠅蠖過輒翻蓋捕之。纔入復閉，與地一色，無隙可尋，而蜂復食之。秦中兒謡云："顛當顛當牢守門，蠮螉寇汝無處奔。"

壁鏡（《康熙志》），一曰壁繭，一曰壁錢，類蜘蛛而極扁，白質而黑章，作繭壁間，其大如錢，其光如鏡，封子於内而自外抱之，俗呼蟢子，云來着人衣則有喜，若昔人之喜蛸蠨也。

蠅虎（同上），形似小蜘蛛，色灰白，能躍而捕蠅，一曰蠅豹。

蠅，有青、蒼、麻三種，生於積灰，子爲蛆，蛆復爲蠅。青者善亂色，蒼者善亂聲。其生狗身上者，形似牛虻，謂之狗蠅，冬月則藏狗耳中。《爾雅》曰：蠅，醜扇。蠅醜，謂蠅類也。《康熙志》云：《爾雅》名蠅爲醜扇，誤甚。

蜈蚣，土人呼爲百脚，赤頭足者良。陶隱居云：赤頭足者多出京口①，於腐爛積草處得之。（《康熙志》）《爾雅》謂之"蝍蛆"，能制蛇。《莊子》：蝍蛆甘帶。帶，蛇也。一種背赤黄、足金黄色者，土人呼爲金絲百脚，入夜有光，如火而碧。《嘉慶志》引《續文獻通考》云：天下歲辦藥材，鎮江府赤頭②蜈蚣四十五條。（相傳京峴山出飛蜈蚣，廣客歲來收之，以制叫蛇。土人咸知其説，然卒未之睹也。）

蟻，《爾雅》：蚍蜉，大螘（同"蟻"）。小者螘，蠪朾螘（注：赤駁蚍蜉），蠹飛螘，其子蚳。《夏小正》謂之"玄駒"，今統呼馬蟻。其絶大者曰山蟻，或曰風蟻。一種白者，曰白蟻，生濕地，穴土而居，蠹木而食，大爲宫室棺槨之害。《康熙志》云：畏烰炭桐油。

蚯蚓，一曰螾，《爾雅》曰螼，注曰：蜸蟺，即曲蟺也。善長吟於地中，江東謂之歌女。《蟫史》：蚓與阜螽同穴而爲雌雄。陶隱居云：入藥用，白頸是其老者。《康熙志》云：今小兒陰腫，多以爲此物所吹，以鹽湯浸洗則愈。

馬陸，形似蚯蚓，赤黑色，其足比比至百，而皮極硬，節節有横紋如金綫，觸之即側卧，蜷曲如環，鷄食之，醉悶至死，此即古所謂百足也。（《康熙志》）按：此蟲死亦蜷曲，故魯連子謂"百足之蟲，死而不僵"。一名刀環蟲，《爾雅》謂之"馬蠲"，又稱"馬蚿"。《莊子》：夔憐蚿，蚿憐蛇。注云：夔，一足；蚿，多足。謂是蟲也。俗呼爲秤杆蟲。

蚰蜒，一曰螾衔，類馬陸而細小，長纔寸餘，色黄，有節而無金綫，其側卧蜷曲諸狀一如馬陸，故亦名刀環蟲。《爾雅》：螾衔入耳。《本草》云：是蟲好脂油香，故入人耳及諸竅中。以其身有酒氣，故俗名燒酒娘。（《康熙志》）：《淮南子》云：昌羊去蚤虱而來蛉窮（一作"蛩"）。即此。按：李氏《本草》所云"搜夾子"（見後），相傳亦能入人耳中。

---

① 按：《嘉慶丹徒縣志》卷十《食貨九・物産》此下尚有"長山、高驪、茅山"等地名。
② 按：《嘉慶丹徒縣志》卷十《食貨九・物産》"赤頭"下有"足"字。

水蛭，一曰馬蟥（蟥，《志》作“蝗”），大者長尺許，頭尖，腰粗，色赤。咂牛馬人血成瘡。其在深山草間者曰草蛭，又有泥蛭、石蛭諸稱，着人脛股不覺，入於肉中，產育爲害。《爾雅》“蛭蟣”① 注：今江東呼水蛭蟲②，入人肉者爲蟣。是也。《康熙志》云：歲貢二斤，多取之河渠中。

蠷（一作“蠼”）螋，一曰蛷螋，陳藏器曰：狀如小蜈蚣，色青黑，長足，能溺人，令人發瘡如熱疿而大，若繞腰匝，不可療。山中者毒更猛，惟扁豆葉傅之即瘥。（《康熙志》用此説）李時珍曰：《周禮·赤犮氏》：凡隙屋，除其狸蟲蛷螋之屬，乃求而搜之也。其蟲隱居墻壁及器物下，長不及寸，狀如小蜈蚣，青黑色，二鬚六足，足在腹前，尾有叉歧，能夾人物，俗名搜夾子。其溺射人影，令人生瘡，身作寒熱。古方用犀角汁、鷄腸草汁、馬鞭草汁、梨葉汁、茶葉末、紫草末、羊髭灰、鹿角末、燕巢土，但得一品，塗之皆效。按：陳、李二説，形狀不同。陳氏所説，今之蓑衣蟲也（《康熙志》亦用此名），長角多足，頗類蜈蚣，而足長於身，足凡三節，每節皆有倒刺，能刺人成瘡。踏之死，足離體，猶能伸縮，吱吱作聲。李氏所説，今之夾子蟲，亦曰草鞋蟲者也，小不及寸，色黑，身扁，腹微闊，不似蜈蚣，行則自蹺其尾，尾有夾子，俗云能夾人。二蟲邑俱有之，不聞溺射人影之説，但畏蜘蛛溺耳。然有一種蛇窠瘡，初起如暑疿，漸乃成泡，若生於腰，繞匝則不可療，一曰蛇纏瘡，俗謂之火村嫗，能以術收之，豈即此蟲射影之所致歟?

蜒蚰（蚰，一作“蝣”），一名蛞蝓，俗呼鼻涕蟲，生陰濕地，狀如蝸牛螺，二角而無殼，大者可二寸許，小者纔二三分。《説文》云：負殼者蝸牛，無殼者蛞蝓。是矣。昔人以爲一物，且云蛞蝓是蝸牛之老者，誤矣。此蟲以火逼之則化爲水。《康熙志》云：身有涎，能制蜈蚣。

蜣蜋，《爾雅》曰蛣蜣，注：黑甲蟲，啖糞土。《莊子》云：蛣蜣之智，在於轉丸。李氏《本草》：蜣蜋以土包糞，轉而成丸。雄曳雌推，置於坎中，覆之而去。數日，有小蜣蜋出，蓋孚乳於中也。《康熙志》云：俗名滚矢蟲，今俗又曰推矢蜣蜋。

螻蛄（《康熙志》），《爾雅》“螜天螻”注：螻蛄也。《疏》云：《夏小正》：三月螜則鳴。螜天螻是也，俗曰土狗。李氏曰：此蟲曰螻蛄，同蟬名；螻蟈，同蛙名；石鼠，同碩鼠名；梧鼠，同飛生名，皆名同物异也。蘇頌曰：荀子所謂梧鼠五技而窮，蔡邕所謂碩鼠五能不成一技者，皆指此也。寇宗奭曰：此蟲立夏後至夜則鳴，聲如蚯蚓。

蠐螬，《爾雅》注云：在糞土中。《康熙志》：俗名土蠶。《爾雅》又有蝤蠐、蛣蝠諸名，注云：木中蠹蟲。其在朽桑中者，曰桑蠹。

天牛，一名天水牛。李氏云：諸樹蠹所化也。夏至後則有之，出則主雨。按：此蟲狀類蜉蝣，甲黑而有白點，翅在甲下，兩角極長，白節蹩蹩，其在桑者爲齧桑，蒼黄色，

① 按：“蛭蟣”，《爾雅》附於《釋魚》。
② 按：“水蛭蟲”，清郝懿行《爾雅義疏》作“水中蛭蟲”。

專食桑皮，匝則桑枯，植桑者惡之。《康熙志》引《爾雅》“蠰嚙桑”注云：狀似天牛。東坡詩云：“兩角徒自長，空飛不服箱。爲牛竟何益①，利吻穴枯桑。”則所謂天牛即嚙桑也。

樗鷄，《爾雅》“螒天鷄”注：小蟲，黑身，赤頭，一曰莎鷄，又曰樗鷄。按：此蟲生樗樹（即臭椿樹）上，故曰樗鷄。其曰莎鷄，音之訛耳。《雅》疏引《詩》“六月莎鷄振羽”之疏以釋天鷄，則誤合二蟲爲一。《康熙志》云：俗呼紅娘子。

水黽，俗呼水馬（《康熙志》），寸許，小黑蟲也。四脚，有翼，群躍水上，疾捷如馬，水日奔流而步不移寸。嗜蠅，以髮繫蠅，餌之即獲。

虻（眉耕切），《康熙志》有牛虻，有木虻，有水虻。按：牛虻，生牛身上者是。木虻從木葉中蜕化而出，緑色，如小蟬，在林木中飛，薨薨作聲者是。

蚊（《康熙志》。蚊，同“蟁”），一名蚋，一名黍民。《夏小正》謂之“白鳥”。色黄者，腐草中蟲所化。一種翅有紋、芒尤利者，土人謂之白蛉。其色黑而有白章者，水中孑孓蟲所化，昔人謂之豹脚。孑孓，一作“蛣蟩”，《爾雅》謂之“蜎蠉”，《蟫史》謂之“水蛆”。

䖂（音“刺”），《康熙志》：俗呼刺毛，其房名雀瓮。毛螫人，最毒。以淡豆豉清油拌搗，厚敷之，或鍋底黄土爲末，醋和捏成團，於患處滚之，皆能出其毛，亦可用蒲公英根莖白汁敷之。按：《爾雅》“蛅毛蠹”注云：即䖂。《本草》：此蟲好在果樹上，背上有五色斑毛，有毒，能刺螫人。俗呼爲楊瘌子，是也。似蠶而色黄。

芫青，青黑色，二、三月在芫花上者。《康熙志》云：俗呼青娘子。其身黑頭赤，六、七月在葛花上者，曰葛上亭長；其黄黑斑點，八、九月在豆花上者，曰斑蝥；冬月在地中者，曰地膽。

䗪，俗呼地鼈（《康熙志》），一曰地蜱，陸師農云：逢申日則過街，故又名過街蟲。

鼠負（負，一作“婦”），生瓮器底及磚石上，形似衣魚（衣魚，生衣物、書籍中，《爾雅》曰蟫，一曰白魚，今訛爲“辟魚”）而多足，背有横文蹙起，觸之則蜷曲如球。《康熙志》云：俗呼爲蒲鞋蟲。今亦呼爲濕生蟲。《詩》“伊威在室”，鄭《箋》以爲即此蟲。伊威，《爾雅》又曰委黍。

竈馬，俗呼竈鷄，《酉陽雜俎》云：俗言竈有馬，足食之兆。（《康熙志》）

蜚蠊（《康熙志》）。

絡緯，崔豹《古今注》：絡緯，一名莎鷄。陸璣《詩》疏云：如蝗，斑色，毛翅數重，其翅正赤。六月中，飛而振羽，索索作聲。《兼明書》：莎鷄，狀如蚱蜢，其羽晝合不鳴，夜則氣從背出，吹其羽振振然，其聲有上有下，正似紡車。是也。此蟲身小而翅長大，色青，内翅微赤，潤人呼爲紡織娘。（以下新增）

油胡盧，狀如雌蟋蟀，能飛能鳴，鳴聲啾啾然。兩翅尖長，其中尾即兩翅之合也。

---

① 按：“益”，《蘇軾詩集》卷二十四《雍秀才畫草蟲八物》之《天水牛》作“事”。

《事物紺珠》：亦曰油胡盧。

度古，一曰水蠱蟲，一曰土蠱。《酉陽雜俎》：土蠱，形似衣帶，色類蚯蚓，長一尺餘，首如鏟，背上有黄黑襇，稍觸即斷。常趁蚯蚓掩之，則蚓化爲水。有毒，鷄食之則死。按：此蟲今俗謂之馬帶，亦曰馬蟥。

蜉蝣，《爾雅》曰渠略，注云：似蛣蜣，身狹而長，有角，黄黑色。叢生糞土中，朝生暮死，猪好啖之。按：此蟲狀類天牛，角短而身長，甲亦光澤如漆而無斑點，甲下有翅，雨後群飛。今人亦以飼猪，但所見者皆暮出而朝死，與古所云异也。

尺蠖，細黑蟲也，土名量天尺，《爾雅》注曰：蝍蝛。又曰：步屈。形如粗髪，長寸許，其行以尾就首，曲身若環，屈而後伸，《易》曰：尺蠖之屈，以求信也。《埤雅》：今人布指求尺，一縮一伸，如蠖之步，得其狀矣。又云：尺蠖似蠶，食葉，老亦吐絲作室。此種未獲見之。今樹上一種黑蟲，狀如蠶頭，有金綫，自小即能吐絲，雜樹上梗葉爲室，潛身其中，行則負之，前伸後縮，俗謂之懶婦蟲，但非以尾就首。《爾雅》云：螺蛅蟴，注云：蛓屬。疑此是也。

黄蟲，《名醫别録》云：生地上，赤頭，長足，有角，群居。按：此蟲好群居人家房屋幽暗處，曲躬如蝦，黄色，善躍；長角，尾如蟋蟀，亦有三歧、二歧之异，俗呼跎蟲。

金龜子，一曰金花蟲。鄭樵《通志》云：《爾雅》：蚾，蟦蛢。甲蟲，大如虎豆，緑色，似金。李時珍曰：頭面似鬼，其甲黑硬如龜狀，四足二角，身首皆如泥金，俗謂之金娘子。

叩首蟲，狀似蜉蝣而小，李氏曰：大如斑蝥，黑色。按其後，則叩頭有聲。能入人耳，灌以生油則出。

材用屬：

黑石，出覆舟山，以鐵擊之則火出，人多取以爲用。（《康熙志》）今曰火石，《府志》云：出圌山。蓋二山俱産也。

無名异，石類藥材也。《康熙志》有此名而未詳其所産。

白石，一名礬石，出香山，用爲坊表欄檻，甚光潔。（《嘉慶志》）①

翠羽，即魚狗羽，詳見“羽屬”。（增）

絲（增）。

制造：

江心鏡，《唐志》：貢伏牛山（即金山）銅器。按：古鑄鏡，必於江海之上，故鏡背作波浪、水藻、魚鳥之紋，唐時鑄鏡於此山。（《康熙志》，餘見“紀聞”。）

① 按：《嘉慶丹徒縣志》卷十《食貨九·物産》未見有此條。

文綾，土名紫薇緞，又曰亮花。（以下新增）

紅緞、縑、京縐、絲綫、帽緯、頭繩。

豆豉，《褎中錦》：金山法豉①，爲天下第一，他處效之，不及。東坡詩：“誰能斗酒博西凉，最②愛齋厨法豉香。”（《嘉慶志》）

酒，《南宋市肆記》：第一江山、北府兵厨、錦波春、浮玉春，皆酒名。《晉書·郗愔傳》：京口酒可飲。《輿地志》：京口出酒，號曰京清。今土人以江水造酒，黄者爲百花，黑者爲墨露。（同上）

醋，古謂之醯。京口黑醋，味極香美，四方争來貨之。（增）

京江鰿，餅類也。和油麵雜椒鹽爲六角形，入爐火中炙透，藏器中勿令風戾，可以致遠。此物原非珍品，然是徒邑土人專能，與百花、墨露二酒同爲他邑之所不能學步也。鰿，《集韻》同“餈”，今讀若“齊”。（增）

丹徒縣志卷十八終

---

① 按：“法豉”，清刻本《袖中錦》作“鹹豉”。

② 按：“最”，《蘇軾詩集》卷十八《余去金山五年而復至次舊詩韵贈寶覺長老》作“但”。

丹徒縣志卷十九

學校志　名宦祠　鄉賢祠　府學　小學　試院　書院　義學

學校叙

荀子曰：君師者，治之本也。漢始爲廟以祀孔子，歷魏晉隋唐而祀遍天下。宋仁宗命郡邑皆得立學以祀孔子，而其事遂迄於今。丹徒學自咸豐三年粤寇據城毁於火。同治十一年，府學告成。閲二年而修葺縣學，殿廡祀位及各祠祀行以次告成。舊有書院、義學、社學，亦古者聯以師儒之遺，又有試院，以作士氣。邑之人庶幾喁喁向學知所本乎？志學校。

學宫：

舊學：《康熙志》云：《祥符圖經》：縣西二里舊有夫子廟，宋寶元以前縣未有學，慶曆中始議建學，奉聖像崇祀。學宫舊在縣治西儒林里淮海書院旁，崇寧以後傾圮，附於郡學東隅成德堂後。建炎中兵火，與郡學俱焚。紹興十七年，邑令趙學老復建。乾道七年，邑令韓元老重修。

元延祐六年，教授朱天珍建議仍建學於儒林坊。（《康熙志》原注：今舊總兵府。按：即今右翼協領衙門，在斜橋西南。）至正乙酉，監邑答察兒作明倫堂於聖殿後，旁立兩齋（東曰成德，西曰育材①），作杏壇亭、膳堂於堂後，前爲儀門。

明洪武初，以淮海書院入學地②，（書院舊在北固山，元元貞元年改建儒林里③。）遂築觀德亭於射圃東，建學倉於儀門内。正統乙丑，毁於火，聖殿獨存。教諭鄧宜等請於巡撫周忱重建。天順壬午，郡守姚堂鑿泮池，設門廡，東立儒林坊，訓導徐安經理告竣（徐有貞《記》）。景泰甲戌，復加修葺。成化十二年丙申，巡撫牟奉撤報親道院，以其地建尊經閣，構房二十間。弘治癸亥，郡守王存忠擴地立門，置坊牌二座（一曰德配田地，一曰道冠古今）。正德戊辰，大成殿將傾，郡守邱經撤而新之。庚辰，知縣李東建明倫堂兩齋，益培基址。此儒林坊舊學之沿革也。

改建：嘉靖元年壬午，提學御史蕭鳴鳳念舊學湫隘，廟祀弗稱，因大學士楊、靳二公議，特遷於朝陽門仁安坊壽丘山南麓，即龍華寺故址。堂齋門制如前，堂之東建先聖殿，兩廡欞星門外爲石池，殿後爲尊經閣，閣後爲啓聖祠，作廨舍於堂西。四年乙酉，

---

① 按："材"，《嘉慶丹徒縣志》卷十一《學校》作"賢"。

② 按：此句前，《嘉慶丹徒縣志》卷十一《學校》有"仍舊學，繼"諸字。

③ 按：《嘉慶丹徒縣志》卷十一《學校》原注於此句下，尚有"明初并入儒學"句。

訖工（朱實昌《記》）。後復創敬一亭於堂北。庚寅，更設木主，瘞聖像於壽丘山。（按：是舉從張璁議也。康熙十一年，教諭談志避聖諱，改壽丘山爲聖像山，有《辨》二篇，今佚。）二十二年，知縣趙河修葺（曹倣《記》），巡按御史尚維持於欞星門外，設門屏一座，（扁曰"太和元氣"。按：此扁後勒於欞星門之陰。）分列東、西爲二坊（一曰成德，一曰育材）。萬曆九年，知縣鍾庚揚將罰鍰新之。越二年，知縣徐桓謂自遷學以來垂六十年，科第人文迴不逮昔，乃請於前後郡守及學使者，移聖廟於明倫堂之前，位置中央，廟向始正。（按：殿内北壁舊有石刻、唐吴道子畫、宣聖小影、十弟子從像。同治朝重建，細爲檢尋，竟不可得。）兩廡、戟門、欞星門、太和元氣坊屏俱隨廟改置。鑿泮池於欞星門内，跨以石橋，遷啓聖祠、尊經閣、敬一亭於廟之舊基，闢儒學門於左，而明倫堂廨圃、齋房、庖湢悉如舊制（張位《記》）。癸巳，遷學後浮屠於城東鼎石山，學制益整。崇禎五年壬申，知縣張文光從訓導馮夢龍等議，用堪輿家言，高大巽方建龍門，遷尊經閣，移置敬一亭。九年丙子，縉紳僉謀自壽丘山移宗公祠於廟左尊經閣後。十五年壬午，知縣鄭一岳同訓導陳爾善等復修繕，有碑刻（錢志騶《記》）。十六年，教諭高應虛移學門於東首數武。此仁安坊今學之沿革也。

國朝順治十三年丙申，提學僉事張能鱗允知縣張晉請倡助修學，各官紳捐助外，得諸生復身免役銀若干。殿廡堂祠去舊從新，又增築石池外屏墻一座（扁曰"萬仞宫墻"）。訓導朱臣率耆民戴世榮、盛有道督工成之（吏部郎張九徵《記》）。康熙八年己酉，教諭王天璧修尊經閣。十一年①壬子，教諭談志甃石築垣，重加修葺。（以上俱見《康熙志》，《嘉慶志》同。但兩志俱分學廟爲二，今合并之。）二十一年壬戌，知府高龍光允教諭余濳飛、訓導張機請學前設朱柵，學後山崖累石築墻以杜登踐（《府志》）。甲申，京口防禦張景仲捐修（見《嘉慶志》"名宦祠"下）。乾隆二十七年，知縣徐名標重修。五十三年，知縣張振綱重修（《嘉慶志》）。道光二年，闔邑紳士捐資大修。二十二年壬寅，海疆不靖。六月十四日，郡城失守。二十三年癸卯，知縣王德茂辦理善後事宜，復加修葺。甲辰，教諭阮師龍以罰鍰重築山後圍墻，甃以磚石，益臻完固。咸豐三年癸丑，厄於兵火。

學制②：

大成殿（五間，在明倫堂南）、兩廡（殿東西各十間）、戟門（五間，在兩廡南）、泮池（在戟門外）、石橋（跨泮池上）、欞星門（三座，在泮池南外，舊有朱木護柵，後改"亞"字短墻，中爲柵門。重建時楣楔門閾皆易以石，舉人趙增之所送也）、下馬牌（二座，在"亞"字墻東西。康熙二十九年，鎮海將軍張思恭疏請建立，見《嘉慶志》）、

① 按："十一年"，《嘉慶丹徒縣志》卷十一《學校》作"十年"。康熙十年，歲次辛亥；十一年，歲次壬子。《嘉慶志》誤。

② 按："學制"，《嘉慶丹徒縣志》卷十一《學校》作"廟制"。

牌坊（二座，一曰德配天地，一曰道冠古今。按：《康熙志》東曰德配天地，西曰道冠古今，後改曰儒林文苑。今俱廢。《嘉慶志》云云，蓋乾隆中復建也）、石池（在官街南，東、西兩坊牌外，周以石欄，亦曰泮池。《康熙志》云：池西有市河，自石磋橋疏浚，引城内溝渠諸水，迤邐至萬仞宫墻外，入内河。今其址尚存。池之東有石圈小橋，納内河水於石池。内河自北關引江流入城，紆折而東，與石橋水合，左交右織，吐濁納清，秀氣所鍾也。明崇禎間，居民侵占橋址，湮塞自此，而江河之水不復入石池矣。）、萬仞宫墻（在石池南）、明倫堂（五間，在大成殿後，坐壽丘山麓）、兩齋（堂東西各十五間，東曰成德，西曰育材）、禮門（東齋房之一。按：此門舊稱儀門）、義路（西齋房之一）、祭器庫（西齋房之一）、學門（三間，在欞星門東）、龍門（在戟門東）、敬一亭（在禮門東，内有魁星像）、崇聖祠（三間，在明倫堂東。按：祠原名啓聖，雍正元年詔改今名）、名宦祠（三間，在崇聖祠左）、鄉賢祠（三間，在崇聖祠右）、宗忠簡公祠（三間，在崇聖祠前①）、尊經閣（三間，在宗公祠前。上祀文昌，下祀范文正公）、灑掃公所（對合六小間，在尊經閣東。按：舊二間係乾隆庚子何之蕙、章睿創建）、地靈祠（三間，在灑掃會南）、射圃（原在學門西南隅，後移壽丘山上）、學倉（在射圃東，久廢）、（清風、杏壇）兩書院（詳見“書院”）、廨舍（在堂殿西南，爲教諭署，北爲訓導署）、聖像冢（在壽丘山上）。

以上殿宇俱見《康熙志》及《嘉慶志》。咸豐三年，粵寇據城之日，焚毁無存。同治四年，諸生議建縣學，未果，乃公同集資，先依崇聖祠故址建屋三楹，奉至聖。是年秋，訓導夏均轍請於知縣唐守道得丁祭如例。六年，又請於知府李仲良、同府學教授吴自徵各勸捐草屋十二間，以爲兩學學書齋夫栖息之所。十年，兩學紳士合辭禀請提捐擬撥鎮江下游厘捐一成，以作修繕府學、重建縣學之用，由府申詳各大憲批准，遂於十一年修建府學，是歲蕆事。十二年，先將縣學圍墻周築完固。光緒元年，正殿告成，餘悉照舊制次第興作。

殿廡祀位（新纂）：

正殿：至聖先師孔子。

東配：

復聖顔子（漢永平十五年，祀七十二弟子，顔子位第一；魏晉祀孔子，均以顔子配；唐貞觀二年，以孔子爲先聖，顔子配饗）。

述聖子思子（宋大觀二年從祀，端平三年升列哲位，咸淳三年配饗）。

西配：

宗聖曾子（唐開元八年從祀，宋咸淳三年配饗）。

亞聖孟子（宋元豐七年配饗）。

---

① 按：祠址，《嘉慶丹徒縣志》卷十一《學校》作“在廡東尊經閣後”。

以上配位，宋以前皆稱封爵。元至順元年，贈顏子兖國復聖公、曾子郕國宗聖公、子思子沂國述聖公、孟子鄒國亞聖公。明嘉靖九年，改稱復聖顏子、宗聖曾子、述聖子思子、亞聖孟子。國朝因之。

東哲：

先賢閔子（唐開元八年從祀）。

先賢冉子（唐開元八年從祀）。

先賢端木子（唐開元八年從祀）。

先賢仲子（唐開元八年從祀）。

先賢卜子（唐貞觀二十一年以經師從祀，開元八年以十哲從祀）。

先賢有子（唐開元八年從祀，國朝乾隆三年升列哲位）。

西哲：

先賢冉子（唐開元八年從祀）。

先賢宰子（唐開元八年從祀）。

先賢言子（唐開元八年從祀）。

先賢顓孫子（唐開元八年從祀，宋咸淳三年升列哲位）。

先賢朱子（宋淳祐元年從祀，國朝康熙五十一年升列哲位）。

以上哲位，宋以前皆稱封爵，明嘉靖九年改稱先賢某子，國朝因之。有子、朱子升列哲位，從一例。

東廡先賢（四十位）：

先賢公孫僑（國朝咸豐七年從祀）、先賢林放（唐開元二十七年從祀，明嘉靖九年改祀於鄉，國朝雍正二年復祀）、先賢原憲、先賢南宫适、先賢商瞿、先賢漆雕開、先賢司馬耕、先賢梁鱣、先賢冉孺、先賢伯虔、先賢冉季、先賢漆雕徒父、先賢漆雕哆、先賢公西赤、先賢任不齊、先賢公良孺、先賢公肩定、先賢鄡單、先賢罕父黑、先賢榮旂、先賢左人郢、先賢鄭國、先賢原亢、先賢廉潔、先賢叔仲會、先賢公西輿如、先賢邽巽、先賢陳亢、先賢琴張、先賢步叔乘、先賢秦非、先賢顏噲（以上俱唐開元二十七年從祀）、先賢顏何（唐開元二十七年從祀，明嘉靖九年罷，國朝雍正二年復祀）、先賢縣亶、先賢牧皮、先賢樂正克、先賢萬章（以上俱國朝雍正二年從祀）、先賢周敦頤（宋淳祐元年從祀）、先賢程顥（宋淳祐元年從祀）、先賢邵雍（宋咸淳三年從祀）。

西廡先賢（三十九位）：

先賢蘧瑗（唐開元二十七年從祀，明嘉靖九年改祀於鄉，國朝雍正二年復祀）、先賢澹臺滅明、先賢宓不齊、先賢公冶長、先賢公晳哀、先賢高柴、先賢樊須、先賢商澤、先賢巫馬施、先賢顏辛、先賢曹卹、先賢公孫龍、先賢秦商、先賢顏高、先賢壤駟赤、先賢石作蜀、先賢公夏首、先賢后處、先賢奚容蒧、先賢顏祖、先賢句井疆、先賢秦祖、先賢縣成、先賢公祖句茲、先賢燕伋、先賢樂欬、先賢狄黑、先賢孔忠、先賢公西蒧、先賢顏之僕、先賢施之常、先賢申棖（以上俱唐開元二十七年從祀）、先賢左丘明（唐貞觀二十一年以經師從祀）、先賢秦冉（唐開元二十七年從祀，明嘉靖九年罷，國朝雍正二年復祀）、先賢公明儀、先賢公都子、先賢公孫丑（以上俱國朝雍正二年從祀）、先賢張載（宋淳祐元年從祀）、先賢程頤（宋淳祐元年從祀）。

以上先賢位，宋以前從祀者皆稱封爵，明嘉靖九年改稱先賢某子，周、張、程、邵五子，嘉靖時稱先儒，崇禎十五年改稱先賢，位在七十子之下，漢唐諸儒之上。國朝俱稱先賢不稱子。

東廡先儒（三十四位）：

先儒公羊高（唐貞觀二十一年從祀）、先儒伏勝（唐貞觀二十一年從祀）、先儒毛亨（國朝同治二年從祀）、先儒孔安國（唐貞觀二十一年從祀）、先儒后蒼（明嘉靖九年從祀）、先儒許慎（國朝光緒二年從祀）、先儒鄭康成（唐貞觀二十一年從祀，明嘉靖九年改祀於鄉，國朝雍正二年復祀）、先儒范甯（同上）、先儒陸贄（國朝道光六年從祀）、先儒范仲淹（國朝康熙五十四年從祀）、先儒歐陽修（明嘉靖九年從祀）、先儒司馬光（宋咸淳三年從祀）、先儒謝良佐（國朝道光二十九年從祀）、先儒羅從彦（明萬曆四十二年從祀）、先儒李綱（國朝咸豐元年從祀）、先儒張栻（宋景定二年從祀）、先儒陸九淵（明嘉靖九年從祀）、先儒陳淳（國朝雍正二年從祀）、先儒真德秀（明正統二年從祀）、先儒何基（國朝雍正二年從祀）、先儒文天祥（國朝道光二十三年從祀）、先儒趙復（國朝雍正二年從祀）、先儒金履祥（國朝雍正二年從祀）、先儒陳澔（國朝雍正二年從祀）、先儒方孝孺（國朝同治二年從祀）、先儒薛瑄（明隆慶五年從祀）、先儒胡居仁（明萬曆十二年從祀）、先儒羅欽順（國朝雍正二年從祀）、先儒吕柟（國朝同治二年從祀）、先儒劉宗周（國朝道光二年從祀）、先儒孫奇逢（國朝道光八年從祀）、先儒張履祥（國朝同治十一年從祀）、先儒陸隴其（國朝雍正二年從祀）、先儒張伯行（國朝光緒四年從祀）。

西廡先儒（三十三位）：

先儒穀梁赤（唐貞觀二十一年從祀）、先儒高堂生（唐貞觀二十一年從祀）、先儒董仲舒（元至順元年從祀）、先儒劉德（國朝光緒三年從祀）、先儒毛萇（唐貞觀二十一年從祀）、先儒杜子春（唐貞觀二十一年從祀）、先儒諸葛亮（國朝雍正二年從祀）、先儒王通（明嘉靖九年從祀）、先儒韓愈（宋元豐七年從祀）、先儒胡瑗（明嘉靖九年從祀）、先儒韓琦（國朝咸豐二年從祀）、先儒楊時（明弘治八年從祀）、先儒尹焞（國朝雍正二年從祀）、先儒胡安國（明正統二年從祀）、先儒李侗（明萬曆四十二年從祀）、先儒吕祖謙（宋景定二年從祀）、先儒黄幹（國朝雍正二年從祀）、先儒袁燮（國朝同治七年從祀）、先儒蔡沈（明正統二年從祀）、先儒魏了翁（國朝雍正二年從祀）、先儒王柏（國朝雍正二年從祀）、先儒陸秀夫（國朝咸豐九年從祀）、先儒許衡（元皇慶二年從祀）、先儒吴澄（明正統八年從祀，嘉靖九年罷，國朝乾隆二年復祀）、先儒許謙（國朝雍正二年從祀）、先儒曹端（國朝咸豐十年從祀）、先儒陳獻章（明萬曆十二年從祀）、先儒蔡清（國朝雍正二年從祀）、先儒王守仁（明萬曆十二年從祀）、先儒吕坤（國朝道光六年從祀)、先儒黄道周(國朝道光五年從祀)、先儒陸世儀(國朝光緒元年從祀)、先儒湯斌(國朝道光三年從祀)。

以上先儒位，明嘉靖以前從祀者皆稱封爵，嘉靖九年改稱先儒某子。國朝稱先儒不稱子。(按：從祀先儒除復祀外，尚有申黨、公伯寮、荀況、戴聖、劉向、賈逵、馬融、何休、王肅、王弼十人，俱於嘉靖九年從張璁議罷黜；鄭衆、盧植、服虔俱改祀於其鄉，見《府志》。)

崇聖祠祀位：

正殿：

肇聖王木金父公(中)。

裕聖王祈父公(左)。

詒聖王防叔公(右)。

昌聖王伯夏公(左)。

啓聖王叔梁公(右)。

以上正位，明嘉靖九年於大成殿後立啓聖祠，祀叔梁公。國朝雍正元年，詔封孔子先世王爵，合祀五代，更名啓聖祠爲崇聖祠。

東配：

先賢孔氏孟皮(國朝咸豐七年配饗)。

先賢顔氏(名無繇，唐開元二十七年從祀，明嘉靖九年配饗)。

先賢孔氏(名鯉，宋咸淳三年從祀，明嘉靖九年配饗)。

西配：

先賢曾氏(名晳，唐開元二十七年從祀，明嘉靖九年配饗)。

先賢孟孫氏(名激，明嘉靖九年配饗)。

東廡先儒：

先儒周氏(名輔成，明萬曆二十三年從祀)。

先儒程氏(名珦，明嘉靖九年從祀)。

先儒蔡氏(名元定，明嘉靖九年從祀)。

西廡先儒：

先儒張氏(名迪，國朝雍正二年從祀)。

先儒朱氏(名松明，明嘉靖九年從祀)。

凡殿廡祀位名稱悉遵同治二年六月欽定頒發刊本，其同治二年以後從祀位次悉據公牘補入。

名宦祠姓氏(《府志》云：丹徒縣名宦祠與府學同。按：《府志》自晉紀瞻至故明翁爲樞入祀者共七十人，《縣志》至翁君止六十七人，而唤助、李成大、繆大亨三人不列，考之列傳，唤助係丹陽主簿，李成大係金壇令，自應别出；繆則明洪武中鎮江名帥，是宜依《府志》補入。又按：明天啓中，有黄子滔爲府教授，府縣兩志皆注明祀“名宦”字，而名宦祠則無其人，是或當時私祀，抑或編者遺漏，不可得而知矣）：

晉

紀瞻、祖逖、顧和、郗鑒、周顗、張闓、吴隱之、謝懸①（“懸”字，避改）、桓沖、王龕、江夷（夷，《府志》作“彝”）。

宋（南朝）

袁淑、江湛、袁粲、沈巑之②（有傳）。

梁

江子一。

唐

蕭定、韓滉、崔鄾、李德裕、丁公署（署，《府志》作“著”）、韋損。

宋

柳開、范仲淹（從祀文廟）、葉適、孫正節（正，《府志》作“立”）、葉夢得（有傳）、王覿、張耒、張珦（張，《府志》作“程”，當從之。程珦，從祀崇聖祠）、劉寧止、韓世忠、陶居仁、汪藻、胡唐老、張浚、梅執禮、劉子羽、辛棄疾、李迪、傅伯成、吴淵、吴潛、董槐、熊克、倪思、王萬、陳炤（有傳）、汪立信。

明

繆大亨（補）、薛岩（《嘉慶志》作“張岩”，《康熙志》及《府志》并作“薛岩”。按：薛岩守鎮江在建文時，張岩守鎮江在景泰時，不知孰誤）、劉辰、姚堂、林鶚、林福（林，《府志》作“黎”）、楊浚（浚，《府志》作“峻”，有傳）、熊佑、劉儲秀、羅循、劉可、林華、萬善（有傳）、海瑞、葉詔、茅坤（有傳）、周起元、徐一檟（有傳）、翁爲樞。

國朝（以下《嘉慶志》續）

王之鼎、張思恭、董元卿、張伯行、于成龍、楊（《嘉慶志》原注：“名無考。”）、周繼新、陸隴其（從祀文廟）、楊嘉、石珍、白允明、張景仲、黎世序（新增）、李聯琇（新增）。

按：名宦向與鄉賢合祠，康熙甲申，京口防禦張景仲捐修文廟，復捐俸，於崇聖祠左建屋三楹，另祀名宦，見《嘉慶志》。

---

① 按：“懸”，當作“玄”，此處屬避清諱改。

② 按：沈巑之，《嘉慶丹徒縣志》卷十一《學校》列在梁朝，誤。

鄉賢祠姓氏（《府志》云：丹徒鄉賢祠祀，凡丹陽、金壇者不入，本學計三十九位。按：府學鄉賢起吴公子季札，終周泰峙，凡六十五人。除陽、壇《志》所載外，尚餘四十七人。《康熙志》起徐邈，終張洪典，僅列三十四人。《嘉慶志》續入十三人，自張洪典而上，并與《康熙志》同，皆與《府志》所謂三十九人者不合，應補入五人。又唐桓彦範，據《府志》本傳，係丹陽人，《縣志》列在晉下而無其傳，應是誤入，宜更一人，乃符《府志》三十九人之數。今詳考兩志各條，重爲訂正）：

漢

焦先（補，見"隱逸"）。

晉

劉惔（補，見"名賢"）、徐邈（見"儒林"）。

宋（南朝）

戴顒（見"隱逸"）、關康之（見"隱逸"）、劉琨之。

梁

江革（補，見"名賢"）。

唐

馬懷素（見"名賢"）、權皋（見"名賢"）、權德輿（見"名賢"）、李紳（補）、許渾（補，見"文苑"）。

宋

焦千之（見"儒林"）、石延之①、曾肇（見"名賢"）、尹焞（從祀文廟，見"廟祠"）、宗澤（見"名賢"）、龔基先（《府志》脱"先"字）、陸秀夫（從祀文廟，見"廟祠"）、高桂（見"忠義"）、茅湘（見"忠義"）。

明

郭任（見"忠義"）、盛祥（見"宦績"）、畢昇（見"儒林"）、丁璣（見"名賢"）、楊一清（見"名賢"）、費闇（見"名賢"）、靳貴（見"名賢"）、唐侃（見"宦績"）、吴淮（見"名賢"）、王濟（補，見"名賢"）、金玥（見"宦績"）、萬木（見"宦績"）、嚴寬（見"宦績"）、吴之望、華鈺（見"宦績"）、范崙（見"名賢"）、張繼東、張洪典（見"宦績"）、蔣拱宸（見"名賢"）。（以下《嘉慶志》續）

國朝

張九徵（見"名賢"）、笪重光（見"名賢"）、蔣寅（見"名賢"）、何淙（見"宦績"）、錢邦達、王之瑚（見"名賢"）、韓豫（見"名賢"）、張玉書（見"名賢"）、何

---

① 按："石延之"，《嘉慶丹徒縣志》卷十一《學校》作"石延年"，當是。

應仕、何金蘭、張仕可（見“名賢”）、盛思明、魯銓（新增，見“名賢”）、何佳玫（新增，見“儒林”）。

祭品：

正殿：

祝版（高九寸、廣一尺二寸，有架，白紙、黄緣、墨書）、帛五端、全蠟大燭四枝（重四斤）、中蠟燭七十枝（重十斤）、大降香一炷、小降香八炷、柏香二炷、牙香八兩、芸香二兩、末香二斗、鹿一隻（如無鹿，以牡牛代）、猪三口（每口牡猪七十斤，共重二百一十斤）、羊三隻（每隻牡羊三十斤，共重九十斤）、兔三隻、藁魚四斤、醢肉四斤、醢魚四斤、栗子十斤、棗子十斤、核桃七斤、芡實三斤、菱米二升、筍菹一斤、香料八兩、小茴香二兩、蒔蘿四兩、花椒八兩、梔子二兩、赤麵八兩、黍稷稻粱各二升、青芹葱韭各五斤、大酒一罎（重五十斤）、小酒二十四尊（各三斤）、油三斤、鹽三斤、醬五斤、醋五斤、蘆柴三百斤、木柴二百斤、炭二十斤、庭燎二束。

康熙壬戌，增設樂舞生三十六人，如府學之例。

崇聖祠：

祝版（制同正殿）、帛五端、蠟燭二十枝（重四斤）、中降香一炷、柏香五炷、牙香八兩、猪二口（每口牡猪六十斤，共重一百二十斤）、羊一隻（牡羊重二十斤）、兔一隻、藁魚二斤、醢肉二斤、醢魚一斤、栗子一斤、棗子一斤、榛子二斤、芡實一斤、菱米一升、筍菹一斤、鹽一斤、黍稷稻粱各一升、青芹葱韭各一斤、酒一罎、庭燎二束。

名宦、鄉賢二祠：

祝版、帛二端、蠟燭四對、柏香二炷、牙香四兩、猪二口（每口牡猪五十斤，重一百斤）、羊二隻（每隻牡羊二十斤，共重四十斤）、藁魚二斤、醢肉二斤、醢魚二斤、栗子二斤、棗子三斤、核桃二斤、黍稷稻粱各一升、青芹葱韭各一斤、酒二罎。

祝辭：

《會典》：直省文廟祝辭曰：

維□□□□□年歲次□□（二、八）月□□朔越□日，丁□某官某致祭於至聖先師孔子曰：惟先師德隆千聖，道冠百王。揭日月以常行，自生民所未有。屬文教昌明之會，正禮樂和節之時。辟雍鐘鼓咸恪薦於馨香，泮水膠庠益致嚴於籩豆。兹當仲（春秋）祇，率彝章肅展微忱，聿將祀典，謹以復聖顔子、宗聖曾子、述聖子思子、亞聖孟子配，尚饗。（格式準此）

崇聖祠祝辭：

維某年、月、日，某官（與正殿同）某致祭於肇聖王、裕聖王、詒聖王、昌聖王、啓聖王，曰：惟王奕葉鍾祥光，開聖緒盛德之後，積久彌昌，凡聲教所覃敷，率循源而溯本，宜肅明禋之典，用申守土之忱。兹届仲（春秋），聿修祀事，配以先賢顔氏、先賢曾氏、先賢孔氏、先賢孟孫氏，尚饗。

名宦祠祝辭：（《會典》：祭名宦、鄉賢，以教諭主之。）

維某年、月、日（與正殿同），江蘇鎮江府丹徒縣學教諭某致祭於丹徒縣名宦之神，曰：惟神迭起前朝，守官兹土，德業既崇，惠澤斯溥，簡册具存，光昭於古。惟予小子，勉率餘緒，兹承國典，敬修烝祀，載拜仰瞻，庶賴伊佑，尚饗。（《康熙志》）

鄉賢祠祝辭：

維某年、月、日，某官某（俱同上）致祭於丹徒縣鄉賢之神，曰：惟神有窮者焉，高風可炙；有達者焉，元功赫赫。望重當時，光昭簡册。顧予小子，時維感激，式承明詔，祀事既敕，神其有知，庶幾來格，尚饗。（同上）

祭器：

銅香爐八（大爐二、中爐二、小爐四）、銅花瓶二對（有座）、銅燭臺一對、銅簠七副（有蓋）、銅簋七副（有蓋，另有蓋四件）、銅籩豆十七、銅奠盤七、銅爵一百隻、鐵香爐八。

以上係舊製。康熙戊申，同知吴洪訂正修補。

錫大香爐一、錫燭臺十三對（大一、中六、小六）、錫花瓶一對、錫酒尊三、錫籩豆六十副、帛匣十、幔帳一。

以上係順治丙申知縣張晉續製。

龍璋一、莎盤一、宫燈二、錫提爐二、龍鳳燈牌二、銅盥盤一、巾架一、公服二十領、上丁儀注版一塊。

以上係道光十四年（教諭王恩注、訓導曹樹杏）捐置，咸豐三年均毁於寇。

古銅爵一（本丹陽學祭器，同治六年，增生趙邦壽購得送學）、錫爵九、錫簠四、錫簋四、木豆十六、龍璋一、錫莎盤一、錫提爐二、宫燈二、祝版一座、帛匣五、竹箱一、牲架三。

以上係同治七年訓導夏均轍捐俸置辦。

頒發書籍：

《大誥》《周易大全》《書經大全》《詩經大全》《春秋大全》《禮記大全》《四書大全》《性理大全》《二十一史》《爲善陰隲》《孝順事實》《資世通訓》《五倫書》《玉海》《文獻通考》《女教書》。

《康熙志》云：以上係明初頒發，今散失無存。

國朝頒發書籍：

《御纂易經》《御纂書經》《御纂詩經》《御纂春秋四經》《御纂周易述義》《御纂詩義折中》《御纂春秋直解》《御纂日講四書》《御纂性理精義》《聖諭廣訓》《訓飭士子文》《上諭二部》《欽定三禮義疏》《御製文初集》《御製文二集》《御製詩集》《御製經筵論》《御製萬言朋黨論》《御製盛京賦》《御製文廟碑文》《御製平定兩金川碑文》《御製改教詩帖》《御選唐宋詩醇》《南巡盛典》《大清律》《清漢對音字式》《十三經注疏》《孝經衍義》《大學衍義》《近思録》《朱子全書》《學政全書》《新修學政全書》《科場

條例》《磨勘則例》。

以上《嘉慶志》所載，均毁於咸豐三年粤寇據城之亂。

《昭忠録》。

頒發條例：

明洪武十五年，令建卧碑於明倫堂東壁，南向。二十五年，定禮、射、書、數之法。

國朝順治八年，禮部申學政六條於天下學校：

一、學臣考核；

一、學臣新舊交代不許代署；

一、定磨勘罰例；

一、生員不許糾黨；

一、教官、生員與武職兵丁以事有争，教官、生員聽學臣處置，武臣不許擅責；

一、教職不許濫委。

順治九年二月，頒卧碑於天下學宫，文曰：朝廷建立學校，選取生員，免其丁糧，厚以廪膳，設學院、學道、學官以教之，各衙門官以禮相待，全要養成賢才，以供朝廷之用。諸生皆當上報國恩，下立人品，所有教條開列於後：

一、生員之家父母賢智者，子當受教，父母愚魯或有非爲者，子既讀書明理，當再三懇告，使父母不陷於危亡。

一、生員立志當學爲忠臣清官，書史所載忠清之事迹務期互相講究，凡利國愛民之事更宜留心。

一、生員居心忠厚正直，讀書方有實用，出仕必作良吏；若心術邪刻，讀書必無成就，爲官必取禍患，行害人之事者，往往自殺其身，常宜思省。

一、生員不可干求官長，交結勢要，希圖進身。若果心善德全，上天知之，必加以福。

一、生員當愛身忍性，凡有司官衙門不可輕入，即有切己之事，只許家人代告；不許干與他人詞訟，他人亦不許牽連生員作證。

一、爲學當尊敬先生，若講説皆須誠心聽受。如有未明，從容再問，毋妄行辨難；爲師亦當盡心教訓，勿致怠惰。

一、軍民一切利病不許生員上書陳言，如有一言建白，以違制論，黜革治罪。

一、生員不許糾黨多人立盟結社，把持官府，武斷鄉曲，所作文字不許妄行刊刻，違者聽提調官治罪。

康熙九年，翰林院修撰、提督順天學政蔣超疏請有司不得褫辱生員。（其略曰：順治八年三月，《欽敕學政全書》明載，有府州縣提調官員宜嚴束生徒，除干謁瀆擾外，俱宜以禮相待，勿得横肆凌侮令甲，昭然仰見國家待士之重如此。近見有司視士子如仇，士子見有司如虎，尋常鼠雀之事不待申報，輒行捶楚。臣每閲一申請，有泪在喉，挽救無術，切念書生係聖賢子弟，以皇上如天好生之仁視之，决不忍其無辜受辱也。請嗣今以後果有真正抗糧窩盗、不公不法者，地方官先行報學臣衙門褫革，然後審理。疏上報可。）

以上俱見《康熙志》及《嘉慶志》，惟卧碑未録教條，今爲增入。

學額（新纂）：

丹徒縣學廩生二十缺，增生二十缺。每試入學二十五名，歲試入武學十五名。咸豐初，粵寇煽亂，毁家紓難者所在多有。顯皇帝加惠士林，恩准各州縣捐銀助餉至二千兩者，暫廣文武學額各一名；一萬兩者，永廣文武學額各一名。每萬遞加一名，至十名而極。各直省捐銀至三十萬兩者，永廣鄉試中額一名。我邑歲貢生戴棠經理其事，於同治五年補行四年歲試爲始，除暫廣四十二名歷試分廣外，丹徒縣學廣文武永遠學額各十名，又撥府永遠學額各四名。邑紳翰林學士李承霖有記，石刻督學試院講堂東壁。

學基：

東至梳兒巷民房，長九十七步。

西至寨上民房，長八十六步。

南至萬仞宫墻市河前，廣五十六步。

北至壽丘山下，廣七十一步。

壽丘山基：

東至本山脚民墻，一百四十六步。

西至本山脚，二百四十六步。

中廣五十九步。

南至明倫堂剥岸，三十九步。

北至官街，二十二步。

以上載在《栽樹碑》（《康熙志》。按：此碑今毁於寇）。

學田：

元至正庚申，郡守謝琬置田六頃（謝震《記》）。今不存。

明嘉靖己巳，郡守林華因、尚寶卿、楊紹芳捐族人訟田一千二百（“百”後作“十”）九畝有奇，分給府縣兩學師生公費，勒石郡學（吏部郎薛應旂《記》）。後被侵隱，申請①歸丹徒徵比，以充别項。萬曆四十一年，巡撫徐②、御史房（名原缺）捐銀二百五十兩，委官買六都民人豐偉田三十五畝，每年税外額折米麥租銀一十三兩六厘五毫，又置六都民人薛應良田四十四畝，每年税外額折米麥租銀九兩零八分。各本人子孫世佃，每年徵收租銀給散貧生及會課供給之用。至國朝康熙元年十月，内奉學道行提本年租銀二十二兩八分六厘五毫，解道振給；又因佃户侵占抗糧，隨將前項具詳本府，轉詳本道，歸丹徒縣一例徵比。嗣後楊尚寶田一千二十（“十”前作“百”，不知孰是）九

① 按：《嘉慶丹徒縣志》卷十一《學校》“申請”下有“悉”字。

② 按：“徐”，《嘉慶丹徒縣志》卷十一《學校》作“徐某”，其名亦缺。

畝、撫按置田七十九畝，盡歸縣徵解（并見康熙、嘉慶二《志》）。

學宫官洲：嘉慶某年，民人姚耀軒捐送上價承買永安洲灘地五百八十七畝，以爲修理學宫之用，迄今由學徵收。（增）

附府學（《嘉慶志》云：府學應詳《府志》，舊志所以不載也。然既在縣境，似未可缺，謹將歷代建置修①葺并學②制附於縣學之后。其名宦、鄉賢姓氏、祭器、祭品、書籍、學田，兹不備録，仍詳《府志》。今依用之，而續其廢興於後）。

府舊學：楊棨《京口山水志》：鎮江有學，始於宋太平興國五年冬。柳開自常移潤，八年秋，乃發舊創新，告遷夫子之廟。（原注見《嘉定志》張扶《重修學記》。按：文曰“發舊”，曰“告遷”，是舊本有夫子之廟，今未能詳其所在。）又云：《至順鎮江志》：學在州子城東南隅，即今日精山南。（按：舊府學基在今小市南坡子上，學内泮泉尚存。日精山，土名達家山，此山舊應與府學内之日精山相接，詳見“山水”。南，當作“西”。）《康熙府志》：學在府東南朱方門内（朱方門東夾城南門）。廟在學西（汪藻有《重修州學大成殿記》）。寶元初，范仲淹守郡，新而廣之，請賜閑田，具經史、傳疏、諸子書，聘處士李覯以教士子。元祐中，郡守林希建成德堂五間，三鱣堂六間，在成德堂後。宣和中，郡守毛友新之（友自爲記）。紹興九年，廟學俱厄於火。郡守程邁復建（汪藻《記》）。廟門列戟二十四（門榜：至聖文宣王廟，徐兢篆書。按：此榜今不存）。十年，作學門。十一年，郡守劉子羽重建二堂。十二年，作後殿三間，以藏高宗賜書（凡五十四軸，又名御書殿）。嘉熙三年，郡守劉卿月復建新殿廡。元延祐初修，至正中復修。明郡守楊遵修成德堂，從時制，改曰明倫堂，立四齋曰：志道、據德、依仁、游藝。

改建：明景泰中，師生咸以學地前逼山嶺，後阻通衢，外高中下③，雨輒沮洳，請諸郡守張岩，遂於壬申之歲購買民地，改建於縣治之東，立大成殿於日精山南（此學内後山，今目爲日精山者），岩以憂去。明年，同知俞端繼終其役，立兩廡戟門，建明倫堂及四齋於山之西，設儀門、外門於堂之南。郡守白仲賢至，更建膳堂於明倫堂北，號房於儀門右。天順元年，郡守林鶚作櫺星門、泮池、石梁，成尊經閣公廨。七年，復修。立《新遷學碑》（尚書魏驥《記》）。郡守姚堂建鍾秀門、育材坊。成化十八年，郡守熊佑④重作學門，移公廨於前，遷號房於後。弘治八年，郡守鄭傑移射圃於大成殿後，樹石表於門外，作會講樓於號房北，建學倉於明倫堂左，通加修葺，規制完好（學士吴寬《記》）。正德五年，櫺星門壞，郡守邱經復修立之。嘉靖元年，重修文廟（大學士楊一清《記》）。九年，更塑像，易木主。十四年，郡守滕謐重修學宫（楊一清《記》）。辛

---

① 按：“修”，《嘉慶丹徒縣志》卷十一《學校》作“改”。
② 按：“學”，《嘉慶丹徒縣志》卷十一《學校》作“廟”。
③ 按：“下”，《嘉慶丹徒縣志》卷十一《學校》作“卑”。
④ 按：“佑”，《嘉慶丹徒縣志》卷十一《學校》作“祐”。

西，教授徐邦佐改廨舍於饌堂舊址後，又改建啓聖祠於日精山東，改依仁齋廨於尊經閣右。四十二年癸亥，郡守秦淦於學之正南因岡增土，名曰對山，以宏其規（羅沛有記，詳其畝數、步尺，以防侵占，立石學門之右）。隆慶四年庚午，郡守胡維新重修（曹棟《記》）。萬曆九年辛巳，郡守鍾庚陽重修（何寬《記》）。乙酉，郡守吴撝謙重修（周鳳來《記》）。丙申，郡守王應麟重修。又從訓導李天培議，神主俱用柏木，高廣其制，鎸名主，陰以辨之。丁酉，邑令龐時雍以對山三面久爲民居所侵，撤其藩垣，請復故址，仍植松柏二千餘株。三十九年，郡守霍正方重修文廟（焦竑《記》）。天啓五年乙丑，聖廟火。崇禎八年乙亥，巡按御史陸（名原缺）捐千金重建。國朝明倫堂圮，郡守塗廓捐資買楊文襄一清御書樓改建。順治十四年，殿廡及内外垣牖幾近傾圮，諸生願以優免地丁銀捐助修葺，一時丹雘復新（張九徵《記》）。康熙十一年壬子，兩廡傾圮，郡守高得貴修葺文廟九間、大門及圍墻傾廢者，并重建泮水、石梁，又於明倫堂南清華所故址立龍門一座。二十年，江鎮道參議孔興洪、知府高龍光從教授范勰議，復修兩廡。（以上俱見《康熙府志》，但舊分廟學爲二，《嘉慶志》合爲一，今仍之。）二十七年，郡守王燕重修（據敬一亭内碑志增入）。乾隆二十六年，邑人左梓捐資重修。五十八年，殿廡門墻復就傾圮，觀察梁群英與闔邑官吏紳士倡議捐修，即延鄒光國、趙德修、李華甲、左然、趙瑄、嚴士林、張鉉、鄒衍慶、袁廷桂董其役，殿廡、戟門、祠宇、堂署[①]重整一新。崇聖祠（即啓聖祠，雍正元年改今名）舊在戟門右，改建明倫堂後，其址改官廳。忠孝祠舊在訓導署内，改建署外（據此文，則今日之教授署乃昔日之訓導署也，不知何時互易），并見灑掃所於學門右。周圍舊係土墻，改築磚墻，計二百二十餘丈。邑令楊兆鶴捐廉重建光風霽月亭於日精山，仍植梅桃數百株，又於龍門前設護竹朱欄數十丈[②]（常鎮通海道查淳《記》）。（以上見《嘉慶志》）道光二年，闔邑紳士捐資大修。二十二年壬寅，海疆不靖，郡城失守。二十三年，邑令王德茂辦理善後事宜，復加修葺。

學制（按：府學規制中間頗有改易，其可知者已見舊志，然猶多未盡。《嘉慶志》所載學制與今制略相彷佛，今依録之。間有不同，附注於下）：

大成殿（五間，在學内日精山南，外副屋二間）、兩廡（在殿東、西，各十八間，外副屋二間）、祭器庫（西廡上，二間）、戟門（五間，在兩廡南）、東西角門（在戟門外、露庭左右，東達舊學門，西達新學門）、泮池（在戟門外）、石梁（三座，跨泮池上）、欞星門（三座，在泮池南）、萬仞宫墻（在欞星門外，中及兩角設栅門）、下馬牌（東、西各一座，在萬仞宫墻外）、牌坊（二座，東曰德配天地，西曰道冠古今）、石池（亦曰泮池，周以石欄，在官道外，兩牌坊南）、對山（在石池南，土名達家山，即《至順志》所謂日精山也）、崇聖祠（三間，在學内日精山西）、敬一亭（在崇聖祠南）、明倫堂（五間，在敬一亭南）、龍門（在明倫堂南）、兩齋（舊爲志道、據德、依仁、游

---

① 按：《嘉慶丹徒縣志》卷十一《學校》在“堂署”後有“悉如舊制”云云。

② 按：《嘉慶丹徒縣志》卷十一《學校》在“又於龍門前”句後有“觀瞻頗壯”云云。

藝，在明倫堂下，東、西各九間；今制龍門内外各十二間，皆東向）、儀門（在龍門南）、育材門（在儀門東，與戟門外之西角門相對）、官廳（三間，在育材門外戟門之西）、鍾秀門（在官廳南）、改建學門（在鍾秀門南、欞星門西首，今曰紅門）、忠義孝弟祠（三間，在鍾秀門外西首）、名宦祠（三間，在忠義孝弟祠西）、鄉賢祠（三間，在儀門外西首）、尊經閣（三間，下祀文昌，對面爲小閣，以祀魁星。舊在敬一亭後，今在東角門外、戟門之東）、地靈祠（三間，在尊經閣外東首，西向）、文光門（在地靈祠南）、舊學門（在文光門南，今曰黑門。按：此門係初改建時學門也，路繞大成殿後，達明倫堂，今則爲虛設矣）、門房（二間，在紅門東）、灑掃公所（共四間一廂，在紅門西）、射圃（在明倫堂後）、光風霽月亭（在日精山上，詳見“古迹”）、教授署（在明倫堂下西首）、訓導署（在崇聖祠右，内有淵源堂，匾額尚存，麟鳳石亦尚完好）、清風大節祠（舊不詳所在，疑即忠孝祠）、會講樓（今廢）、育材坊①（不詳所在，今以名門）、學倉（今廢）、號房（今廢）、膳堂（今廢）。

按：咸豐三年粵寇據城時，府學殘毁過半。七年冬，賊乃遁去。八年，善後稍加修葺，未臻完善。十年，江寧營潰，郡以寇警閉城，在城兵勇復加殘毁，先聖先賢幾有露處之憂，學師學夫絶無栖止之地。同治四年，督建試院。紳董以捐項餘款添補殿瓦，清除水道，并修葺門廡垣墻。十年，兩學紳士合詞稟請提撥畝厘兩捐，以爲修建府縣學之用。十一年，遂重修府學正殿、戟門、明倫堂三處，均一律换料，翻蓋完固，祠宇殘毁者逐加修治，并添建學署、齋房、山亭。郡守趙佑宸督同縣學教諭王藴華及兩學紳士輪值監修，而府學規模遂復其舊。

新置祭器（光緒三年，教授陸希文念學無祭器，乃捐置大鼓一面，以爲之倡。於是衆舉人公捐寶晉書院、孝廉堂錢二百二千五百文，常鎮道沈公敦蘭捐英洋三百圓，前句容教諭柳興恩捐闈銀一百兩八錢九分，英洋五圓，錢三千八百文，置辦以下各件）：

戟門大鼓一面、戟門鐵鐘一架、供案八張（又舊二張）、小方几一隻、尊祝案二張、篚几十張、仿銅漆爐臺一副、銅登一個、鐵爐臺（大、小）十一副、銅鉶十二件、銅簠十四件、銅簋十四件、銅爵三十八隻、銅勺三具、銅樽三件、錫鉶二件（舊祭器改製）、錫（簠、簋）各四件（舊存）、錫爵二十九隻（舊祭器改製）、點錫卺杯一隻（外柄）、銅提爐一對（雕龍柄）、提燈一對（雕龍柄）、燈爐架一對、祝版一座、朱漆竹篚十副（外箱一隻）、朱漆竹籩豆（各六十副，外箱六隻）、朱漆方盤十塊、朱漆（大、小）圓盤（共二十二塊）、洗濯盆二面、紅花小碗六十隻、青花大碗十二隻、青花六寸碟二十八隻、庭燎鐵架四座（鐵叉兩個）、鐵燎爐一架（有座）、矗燈三對（又舊一對）、俎架（十二副，計二十四件，又舊俎架一副，計三件）、梯凳共十四張、大呢拜墊十一件、各色棹圍共十八件、幂三方、巾一條、燭翦、銅祭器板箱四隻、誓戒牌兩面、擡箱一隻、祭器厨一張、鎖五把、明倫堂銅鐘一座、大鼓一架、小齋戒牌四十面。

---

① 按：“坊”，《嘉慶丹徒縣志》卷十一《學校》作“門”。

府、徒兩學灑掃經費（新纂）：

此項係道光二年大修兩學餘款，計河元銀二千兩。四年，經郡守羅琦撥歸府學六成，縣學四成，均存典生息以備歲修之用。十五年，《立石府學灑掃公所碑》載，結至十三年止，共存本利銀三千二百兩。迨咸豐三年粵賊擾亂之後，各典盡歸浩劫，此項大半化爲烏有，經故董嚴葆如、吴慕莊等提得息本若干，典置西門小越城内坐南朝北門面市房一所。嗣於同治五年又經經董提得息本若干，加價絶賣於灑掃會名下，計門面二間、樓屋上下四間、披屋三厦，契存府卷。

又縣學灑掃舊有草巷口市房一間，毁於兵燹。今改爲樓，上、下二間，采租備用；花巷口市房前、後二間，花巷南首原典韓姓地二間，俱坐東朝西；南門外原置吴姓市房四間，坐西朝東。（花巷二處均未建屋，南門外止采地租。）

府、徒兩學賓興公款（新纂）：

此項係道光二十年前升任撫憲裕（諱謙）勸捐本邑河元銀一萬兩以助賓興。道光二十三年，縣令王德茂又續勸捐河元銀一萬兩，均歸紳富生息。每届鄉會之年提息銀四六成，分撥給散。兵興之後，或提以作軍需，或提以贍學校，或竟無力繳還。同治五年，經郡守李仲良委董擇提，共得錢二千三百餘串，價典買市房八所，稍給公車。所有房間坐落及現存銀開列於後，以備稽查。其契據公交府教授執掌。

一、典五條街胡姓坐西朝東門面樓房上、下十二間，厢樓上、下兩間；

一、典五條街胡姓坐西朝東門面樓房上、下四間；

一、典西越城余姓坐南朝北門面平屋前、後共四間；

一、倚押西城外姚一灣恤嫠會市房平屋三間，厢屋四厦；

一、典堰頭街胡姓坐北朝南門面市房一間；

一、典高橋蔣姓坐東朝西門面市房一間；

一、絶買南大街靳家巷口陳姓坐西朝東門面市房一間；

一、絶買南城口李姓坐西朝東門面市房一間；

一、存治順接典生息河元銀五百兩；

一、光緒四年，本城紳富共捐錢二千串（稟明暫存吉盈豐棧生息）。

小學：

蒙古字學，元至元二十一年建。初在正賜庫巷。至順二年，移置范公橋南，今廢。

社學，明建。初在虎踞門内通衢，正德（舊誤作“正統”）九年，知縣桂蕚移建於舊朱方門外、内河之東善濟二坊，今廢。

試院：

貢院，在進賢坊東。宋淳熙丁酉，郡守沈復建（八十八間）。紹興中（紹興，疑“紹熙”之訛），郡守居仁廣之（百一十五間），解額十七人，今廢。（并見《康熙志》）

京江試院，在府治西南。國朝嘉慶十四年建，本水利通判署之故址也。丹徒府、縣兩試皆在府、縣署中，人多屋少，坐次不敷。丹陽就郡試者亦然。郡守鄧暄即其址創建試院，集徒、陽兩邑紳士成之，試曰屏障府。儀門正中爲唱名授卷之所，試者由西角門入試院門，門北鄉，榜曰闢門；論秀内門，東鄉，額曰龍門。門内爲露庭，上構講堂，下爲號舍，東西各十二間，繚以周垣。垣外南臨官道，建屋十間，租賃居民，月取其值，以爲歲修之費。道光十年，兩邑紳士復加修葺。又闢堂西隙地，建新號六間。二十三年，邑令王德茂改租屋爲正門，榜曰京江試院。又闢堂後餘地，建上房五間，東西廊各三間，爲退食辦公之所。粵寇之亂，號舍周垣俱歸浩劫，惟講堂上房僅存。相傳鄧君精於堪輿家言，門向皆其手定，謂南面不宜開門，而堂後不宜建高屋也。（增）

提督學院（後改“京江試院”），在定波門左。同治三年甲子，粵寇以次削平，郡守金以誠念金壇試院已毁，考試久停，詳准以善後餘款及高公書院、超岸寺兩處永租充公地價，在郡城靈建寺故址并陳廉捐送住基創建督學試院。甫經相度，即以道員開缺，乃委其事於縣學教諭聞維堉。郡守周輯瑞至，復經營之，以經費不足，擬僅建府縣試院。適撫軍宫保李公鴻章因公過境，與在籍翰林學士李承霖語及考試，公曰：“金沙試院非十年不能復也，郡城棚地既寬，曷不籌款助建以作士氣而育人材?”學士深以爲然，而慮試院故在壇邑，壇、溧之人將議其後，或徒勞而鮮功。公曰：“無慮，此改建之由吾代爲入奏可耳!”是時，爵督憲曾公國藩方議善後江寧，令各郡縣協助而暫緩本地諸善後事，學士往謁，告以宫保之論。比已開工，勢難中輟，公愕然曰：“吾不知也!”遽然允撥捐户十二以助成之，并委前邑令田祚督同勸諭。四年，聞教諭以松江教授升任改委府教授，吴自徵督董辦理。是年春，成頭門、儀門、講堂、號舍，遂開府、縣兩試。八月，試院落成，計房間八十有九，東西號舍各十四間。會周郡尊卒部郎李仲良繼典斯郡，遂稟請學憲按臨。十一月，督學宜振合四邑士人試之，得士凡若干人。於時壇、溧兩邑果以復舊爲言，且以道遠、民貧諸辭達諸宸聽。宫保哀之，准撥開墾新穀項下錢一萬串，趕造金壇試院。五年丙寅，四邑仍同試於壇邑，而徒邑試院乃僅爲府、縣試之用。七年，郡守李君以病回籍。諸生請於新守，易其額，復爲京江試院。（增）

試院歲修采租市房一所。

坐落堰頭街、坐北朝南門面二間（此係陳姓助公之産。同治四年，郡守李君撥歸試院），契存府卷。

書院：

淮海書院①，初在北固山鳳凰池。宋淳熙中（淳熙，當是“嘉熙”之訛），太常少卿高郵龔基先肇議創立，以居淮士之游學者。秘書修撰張琰、工部王大亨、郡守王埜、李迪、總領徐梟相與協成。理宗御書四字賜爲額。元至元中，并入甘露寺。元貞元年，

① 按：《嘉慶丹徒縣志》卷十一《學校》“淮海書院”前有朝代名“宋”。

教授黄一龍重建於儒林里。明初并入縣學。嘉靖甲申，遷學於壽丘山麓，以其地爲總軍府①。

濂溪書院，初在黄鶴山下。宋元公周濂溪先生讀書處也。公奉母依舅氏鄭龍圖居潤，母卒，遂葬焉。讀書鶴林寺旁。寶祐②中，郡守徐㮚即其地建書院奉之。有堂三、齋二、亭二，元初并入鶴林寺。山長徐蘇孫再創於皇③祐橋南。大德九年，廉訪使命改置於利涉門（故東北外城門名）内花山下，有元公祠、燕居堂，後圮。明萬曆間，知縣龐時雍復祠公於鶴林寺西。

清風書院④，在壽丘山上。宋范文正公嘗讀書於山寺。明正德庚辰，知縣李東即其地建書院以祀之。後并入縣學，而祀文正公於尊經閣。

香山書院，明崇禎辛巳，知縣鄭一岳仍淮海書院舊址創建。國朝順治五年戊子，知府趙士冕增修樓舍，更其名爲"三山書院"，集諸生校試，時修文宴。甲午後，爲駐鎮軍府。

杏壇書院，在壽丘山。順治丙申，知縣張晉創建，繚垣植杏樹數百株，召諸生居之，後圮。（以上見《康熙志》，《嘉慶志》同。）

去思書院，在昭關下濱江。康熙二十七年戊辰，邑紳徐詰武、笪重光、何金蘭等爲郡守高龍光建，有碑志。（按《碑》：公，閩山人，號紫虹，賜進士出身，特簡知鎮江府事，升任山西學政按察使司副使。初，朝廷念京口爲東南咽喉，又禁旅錯處，最爲難理，特簡公來莅斯郡。三年政，最以漕糧寬限，部議降調。百姓相率罷市，如失慈父母，争奔籲於督撫。時總督于公特重公廉能，會疏以保題賢守入告，報可。公爲政略苛細，總大體，束濕薪於吏胥，而解網於甿庶。又其性和而介，絶苞苴，息奔競，豪門貴族不得干之以私。而文雅儒素，則作禮獎就之，是以民怡士熙，文彩蔚然，云云。）當時士民又爲之捐資置香火田地若干畝。咸豐三年，祠毁於寇。同治初，西洋人永租其地，得歸公銀千兩，協建試院。邑人不忘其德，仍爲之建祠於試院之西。其原碑久碎裂，不可移置，仍在銀山之麓。（增）

鶴林書院，乾隆癸亥，邑令宋楚望建，在南門内善濟一坊，後廢。（以下見《嘉慶志》）

寶晉書院，乾隆癸未，邑令貴中孚以北固山麓米元章海嶽庵舊址改建。甲辰，郡守周樽增修，另有志。

寶晉書院經費：

邑令貴中孚撥歸寶晉書院采租各洲田數目：

樂生洲（高泥灘五百畝零，下泥灘一千一百七十二畝零，上水影三百三十畝零。按：

---

① 按：此句似脱一"改"字，《嘉慶丹徒縣志》卷十一《學校》作"以其地改爲總鎮府"。
② 按："祐"，原作"佑"，形近而訛，因改。
③ 按："皇"，《嘉慶丹徒縣志》卷十一《學校》作"黄"。
④ 按：《嘉慶丹徒縣志》卷十一《學校》"清風書院"前有朝代名"明"。

此洲田灘久經湮没。同治七年，府、徒兩學生員據《志》所載，公禀府憲撥還，以充經費。同治十年定案，撥入書院共二千八百二畝零，内新升田一千四百九十二畝零，蘆地九百七十畝零，柴地三百四十畝零）、補生新洲（永興圩一號田二十一畝零，蘆灘十五畝零，水影五畝零，二號蘆灘二十四畝零，上水影八畝零。又永興圩外灘十五畝，新墾田洌六畝零。按：乾隆五十年，復勘補生洲田計六十八畝七分一毫，今照舊定額徵租）、天補徵人洲（東興圩田四十六畝零，北挂圩田二百十四畝零，埂四十二畝零）、世業洲（入官田七十二畝。按：徵人、世業二洲田畝現在清查，未定）。

郡守周樽續增洲田數目：

寶晉洲（下段母子圩内埂洌挑平增田四百二十七畝零，下段蘆地可成田一百六十畝，上段蘆地田二百四十畝。又寶晉洲下段泥灘勘以布蘆二百五十畝，寶晉洲接漲勘以布蘆二百五十畝，壩北接漲勘以布蘆三百餘畝。按：乾隆四十六年，勘丈寶晉原灘二千三畝，今增長至七千餘畝，内老額田二千八百二十五畝零，中下沙田四千四百十七畝零，蘆灘三百五十五畝零）、古塘村（田七十三畝零。按：此田現在清查，未定）。

又存典生息本銀二千五百兩，又復漕沙①充公項下息銀每年一百兩。

郡守汪志伊將捐輸公項撥存各典生息銀五千兩（有碑記）。（按：以上三項兵燹後均無從查究。）

新增：

蔣家沙（即中興沙。此沙坍而復漲，畝數尚未能定，所有租籽援照舊章與金山寺對撥）、新漲輪船沙（此沙於同治初因火輪船沉陷積漲而成。同治十二年，詳定歸寶晉書院、太平書院太平洲、保嬰局、金山寺四分分租，現在漲沙約計六千餘畝，如有續漲，四分照派）、御隆洲（田五十畝零）、定業洲（田一百十八畝零）、黄泥洲（田三十五畝零）、金家嘴（田一百六十四畝零）、金綫港篷地（舊長至八十餘畝。兵燹後，篷户盗賣幾盡。同治七年，陸續追還。光緒元年，勘定除坍没外，存地四十八畝，續有增長，仍歸書院充費）。

太平書院，權設太平洲徒邑之龍王廟。同治五年，郡守李仲良建。（太平洲在大江之中，袤延九十餘里，毗連徒、陽、江、甘、武進、泰興六邑之境，地窵民頑，夙稱强悍。咸豐十年，江南諸郡縣相繼淪陷，洲人恃其險阻，團練禦賊，賊不敢窺江北，而强悍之名益彰。賊既平，大憲思有以化之，議欲設官，未果。李君乃請立書院以教導之。議起於同治四年，成於五年。始賴勸捐以供師生膏火之費，今則饒有恒産，足爲經久之計矣。院有匾額三：一曰“太平書院”，巡撫李鴻章書；一曰“學海觀瀾”，總督曾國藩書；一曰“六邑觀摩”，郡守李仲良書。）

太平書院經費：

圩田共二千二百七十四畝零，坐落太平洲，内（丹徒一百三十七畝零、丹陽一千一

① 按：“沙”，《嘉慶丹徒縣志》卷十一《學校》作“洲”。

百七十四畝零、泰興六百二十一畝零、武進二百六十八畝零、江都七十二畝零)、灘地共一千四百四畝零,内(丹陽六十二畝零、泰興三百四十二畝零、江都同興洲一千畝。以上各田灘均於光緒二年截數)、輪船沙灘地(詳“寶晉書院”下)。

各書院山長題名:

元(按:淮海、濂溪兩書院皆盛於元,而廢於明。兩院山長皆元人,故《康熙志》總題其代曰元。)

淮海書院:

龔璪(高郵人)、商衮(泗州人)、程國輔(高郵人)、郭景星(字元德,見“孝友”)、鄭參(泗州人)、田德剛(東平人)、馬應龍(彰德人)、李桂子(金壇人)、劉向榮(郡人)、王天覺、郭麟孫①(杭州人)、楊如山(閬州人,字師尹,延祐中任)、趙彦鐸(汴梁人)、曹鑑(宛平人,見“名宦”)、趙辰孫(四川人)、包國華(江陰人)、胡天與(婺州人)、朱翔龍(杭州人)、于泰來(徽州人)、貢師仁(寧國人)、張汝玉(平陰人)、夏子雲(平江人)、王士雲(信州人)、邱公佐(濮州人)、徐俊明(杭州人)、黄國用(永嘉人)、楊訓文(潼川人。明初歷官户部尚書,出爲河南行省參知政事。《嘉慶志》補)。

濂溪書院:

徐蘇孫(温州人)、繆進德(福州人)、堯允恭(泰州人,徙居丹徒,見“隱逸”)、陰德隆(句容人)、杜文岡(江陰人)、趙友光(金壇人)、韋昇(金壇人)、趙困(福州人)、沈天佑②(杭州人)、李侯諮(婺州人)、郭登龍(徽州人)、張矩(廣東人)、苗從舜(汴梁人)、吴熙(宜興人)、王翥(東平人)、王璧③(宜興人)、張炎發(蕭山人)、汪炳(温州人)、湯植翁(字茂叔,廣德人)、戴昌宗(江都人)、岑俊卿(餘姚人)。

國朝

鶴林書院(自此至侯學詩,并見《嘉慶志》):

莊煥(本邑鄉舉)、趙秉義(江都進士,鎮江府學教授)。

寶晉書院:

魯晉(安慶人,進士,鎮江府學教授)、張芳桂(浙江人,進士)、余安策(江西人,優貢)、馮秉忠(金壇人,進士④)、朱海容(山東人,鄉舉)、光立聲(桐城人,鄉舉)、戴心亨(江西人,編修)、莊選曾(浙江人,進士)、許士煌(廬江人,進士,

---

① 按:“郭麟孫”,《嘉慶丹徒縣志》卷十一《學校》作“郭麟”。《至順鎮江志》卷十七《學職》即作“郭麟孫”,《嘉慶志》或脱“孫”字。

② 按:“佑”,《嘉慶丹徒縣志》卷十一《學校》作“祐”。

③ 按:“璧”,《至順鎮江志》卷十七《學職》作“壁”。

④ 按:《嘉慶丹徒縣志》卷十一《學校》又録其“國子監學録”一職。

鎮江府學教授）、張炳（浙江人，鄉舉）、衛克堉（山西人，鄉舉，始興縣知縣）、王樂（浙江人，鄉舉）、蔡之定（浙江人，編修）、鄧夢禹（桐城人，鄉舉）、侯學詩（江寧人，進士，撫州府知府）、費士璣（吴江人，鄉舉）、陳鴻墀（浙江人，翰林）、陳□①（字雪樓，安徽人，進士）、馬□②（字東橋，四川人，鄉舉）、張頡雲（邑人，丁丑進士）、汪喜孫（揚州人，鄉舉，户部郎中）、徐玉立（揚州人，内閣中書）、冷□③（字慕秋，陝西人，鄉舉）、黄樹封（無錫人，鄉舉）、張肇辰（蘇州人，鄉舉）、王煜（安徽人，翰林）、魏茂林（福建人，進士，直隸霸昌道）、劉書雲（寶應人，進士，内閣中書）。

義學：

京江義學，雍正二年，邑令馮詠擇學宫東偏宋范文正公讀書處爲義學，後廢，今改建縣治後④。（《嘉慶志》）咸豐朝，毀於兵燹。同治五年，郡守李仲良復設於南大街。脩脯，歲八十千；賃屋，歲二十千，在寶晉書院經費項下撥給；錢，六十千，救生會餘款項下撥給錢四十千。

朋來義學，舊設府學忠孝祠。同治八年，巡道蔡世俊改設西門外大街。脩脯，歲一百千，在鎮江關經費節省項下支給；館地由道借設。（以下新增）

大覺義學，舊設南城外大覺寺。同治八年，邑令祁德昌改設城北試院左側。餘屋、脩脯，歲六十千；飯食，二十千，在救生會入款項内支給。

存仁義學，舊設辛豐鎮辛君廟内存仁堂。同治五年，該鎮士民請改設於本鎮重建之武廟。脩脯，民捐民辦。

誠正義學，同治八年，南門街士民稟請增設於南岡子之三茅庵。九年，改設於尤唐巷之觀音庵。脩脯，歲三十千，由縣捐廉暫給。

丹徒鎮義學，同治八年，該鎮紳士稟請增設於本鎮之海會寺。脩脯，歲三十千，由縣捐廉暫給。

安仁義學，同治八年，安仁堂董事稟請增設於西城外新河街安仁堂左側。脩脯、房租，皆由該堂董事在各行棧捐辦。

諫壁鎮義學，同治八年，該鎮董事稟請增設於本鎮之增善堂。脩脯，歲三十千，由縣捐廉暫給。

持恒義學，原名“養正義塾”，舊設惠安寺巷文昌宫。邑紳李、趙、張諸君所募立也。兵燹後，復設於邑廟，嗣因經費不充，議廢斯舉。是時拾遺社、惜字會諸生於同治十二年募建文昌宫，因并議募款，仍設宫内，名曰“持恒”，期永久也。塾師、脩脯、

① 按：名原缺。
② 按：同上。
③ 按：同上。
④ 按：此處有脱文，《嘉慶丹徒縣志》卷十一《學校》“後”字下有“名京江書院”諸字。

飯食、學徒書墨紙筆，皆由社内籌備。

繼撫塾，此塾專爲本籍孤貧嫠婦之子而設。同治十二年，文生柳旭仿照揚州、如皋章程募款稟設，以經費未充，猝難擇地建造，暫借考棚右首高公書院及提調署爲塾地，延方正經師二人，分教幼童四十名。凡嫠婦之子自八歲以上准其入塾肄業，十六歲出塾。能讀書者留之，以冀上進，餘各代覓生理。教養兼施，醫藥悉備，視家人之教養子弟殆有甚焉。其條例俱見本塾所刊規則中。

焦東義塾，亦爲貧嫠之子而設。同治十三年，柳旭與東馬頭紳士稟請暫借北門外陳家門化成庵開塾，學徒給飯一餐，書墨紙筆、脩脯由塾籌備。

丹徒縣志卷十九終

丹徒縣志卷二十

武備志 兵制　旗營　江防　城守　炮臺　驛傳

武備叙

京口在三國時已爲要害，自晉至元屯軍置府，屹若重鎮。明改爲衛所，國朝於城守營水師外，特設八旗屯駐控御之方，於是乎在舊志無“江防”。同治元年，設長江水師，視舊制加密。今增“江防志”，俾綢繆桑户者有考焉。“驛傳”，《會典》隸於“兵部”，因附録之。志武備。

吴

京督，《太平御覽》引《吴志》：京督所統繁猾尤要，是以吴爲重鎮。（《嘉慶志》曰：今《吴志》無此文。）《吴志·宗室傳》：孫楷代弟越爲京下督。胡三省《通鑑》注：吴保江南，其邊要之地皆置督，京下督鎮京口。

徐陵督，《孫皓傳》：徐陵督陶濬。《通鑑》注：徐陵，蓋亭名。吴以其臨江津，置督守之。

京口戍，《舊唐書·地理志》：丹徒縣，吴爲京口戍。

東武闕屯，《輿地志》：沿江烽燧臺基，吴置，并在丹徒境。

刺奸屯，《輿地志》：刺奸屯，在城西十八里。吴置，幽州牧屯兵在此。《南齊書·州郡志》：南徐州，鎮京口，吴置，幽州牧屯兵在焉。

晉

浦西兩壘，《與地志》：下鼻浦，在城西十八里北入江。郗鑒於浦西築兩壘。（《嘉慶志》曰：《郗鑒傳》有大業、曲阿、庱亭三壘，俱在今丹陽縣界内，故不録。）

北府兵，《晉書·劉牢之傳》：謝玄以牢之爲參軍，領精鋭爲前鋒，百戰百勝，號爲北府兵。

中軍，《晉書·桓沖傳》：沖以北中郎將并中軍鎮京口。

齊

徐浦戍，《方輿紀要》：齊建元初，以魏人入寇，沿江置戍，分置一軍於徐浦，即徐陵也。

唐

丹陽軍，《新唐書·地理志》：潤州丹陽軍，乾元二年置，元和二年廢。

鎮海軍，《舊唐書·德宗紀》：建中二年五月，以浙江西道爲鎮海軍。《憲宗紀》：元和五年十一月，浙西奏常①鎮舊有丹陽軍，今請并爲鎮海軍，從之。《昭宗紀》：景福二年九月，移鎮海軍額於杭州。(《嘉慶志》曰：《五代史》作“光化元年”。)

焦山戍，杜佑《通典》：潤州有譙山戍。《寰宇記》：譙山戍即海口戍。

江淮弩士，《新唐書·王栖曜傳》：李希烈陷汴，次寧陵②，將襲宋州。浙西節度使韓滉使栖曜以强弩三千涉水夜入寧陵，矢集帳前，希烈驚曰：“江淮弩士入矣。”遂不敢東。(《嘉慶志》曰：《通鑑》作“宣潤弩手”。)

後樓都，《周寶傳》：寶遷鎮海軍節度，以京師陷，募兵，號後樓都。

北固兵場，《方輿紀要》：上元初，劉展作亂，江淮都統李峘屯京口，闢北固爲兵場，插木塞江口，尋爲展所敗。

南唐

鎮海軍，馬令《南唐書》：潤州鎮海軍。

凌波軍，《嘉定鎮江志》：南唐竊據，每歲五月許民競渡，籍其姓名，盡搜以爲兵，號凌波軍。

京口澗壁屯戍，龍衮《江南野史》：盧絳疏言，京口至澗壁宜立栅屯戍，召募士卒狎習水道者，得馬雄、王川等數十人，立爲偏裨校，累於海門，遮獲越人船舫。③

宋

鎮海軍節度，《宋史·太祖紀》：開寶八年十月，改潤州鎮江軍節度爲鎮海軍節度。

都督府，《高宗紀》：紹興三年四月，徙都督府於鎮江。

總領，《職官志》：紹興十一年，收諸軍帥軍④改爲御前軍，分屯諸處，仍置三總領。鎮江諸軍錢糧，淮東總領掌之。

禁軍，《續通鑑長編》：大觀元年十一月，兩浙東路增置禁軍。(又《長編》：大觀元年，江淮岸側各置都巡檢一員，各置營廨屯守。潤之營在西津。⑤ 見《至順志》。)

屯駐大軍，《宋史·兵志》：建炎後，諸大將兵寖盛，屯無常所，如劉光世軍，或在

---

① 按：“常”，《舊唐書·本紀》卷十四《憲宗（上）》作“當”。《嘉慶丹徒縣志》卷十二《兵制》同。

② 按：“陵”，原作“陸”，形近而訛，據《新唐書》卷一百七十《王栖曜傳》改，下同。寧陵，今河南省寧陵縣。

③ 按：引文删略過甚，以致面目全非。兹據《四庫》本《江南野史》卷十補録之：“……入金陵畫策，詣後主上疏，陳京口至壁澗數處要衝之地，宜立栅屯戍，廣設備禦，并條利害數十事。絳素有口辨敏捷，候數日不報，復爲書詣光政陳喬。見之，與語數日，遂大奇之，因表署爲本院承旨，使督百卒於任所。陳利便，經營制度，頗見幹績，尋就轉沿江諸屯兵馬監押兼巡檢。於是召募亡賴少年便於舟楫狎習水道者，得馬雄、王川軍、張三十四等數十人，立馬偏裨將校，俾督卒伍，號令日嚴。……時有一艘應命稍稽，遂斬其長，復試之，可使蹈巨浪，累於海門，遮獲越人船舫百餘艘，鹽數萬石，獻之。”

④ 按：“諸軍帥軍”，《嘉慶丹徒縣志》卷十二《兵制》作“諸帥軍”。

⑤ 按：所引與《至順鎮江志》頗异，兹録《至順鎮江志》卷十一所引《長編》，以資參看：“大觀元年，於杭越之錢塘兩興、揚潤之瓜州西津、淮口之盱眙臨淮，各置都巡檢一員，於江淮岸側置營廨屯守，分部地界，爲沿淮巡检悉隸之，以時巡察奸盗。”

鎮江、池州、太平。又建炎後諸屯駐大軍，鎮江左軍。又建炎後鄉兵、鎮淮軍數至十萬。嘉定後，選汰歸農，僅存八千餘人，以供效用，餘補鎮江大軍。

鎮江兩軍，《張浚傳》：孝宗二年，詔浚行視江淮。時浚所招徠山東、淮北忠義之士以實建康、鎮江兩軍，凡萬二千餘人。

都統司，《宋史・兵志》：乾道末，各州有都統司領兵，鎮江四萬七千。

制勝軍，《高宗紀》：紹興三十年九月，命鎮江都統制招制勝軍千人。

神勁右軍，《長編》：隆興三年三月，以神勁右軍隸鎮江都統司。

忠順軍，《長編》：隆興三年四月，以鎮江爲忠順軍。

水軍，《長編》：建炎初，李綱請於沿江、淮河帥府置水兵二軍。

横江軍，《長編》：紹興四年，令臨安、鎮江等處招置水軍，以横江爲名，五百人爲額。《高宗紀》：紹興八年五月，詔鎮江募横江軍千人。《職官志》：紹興十一年，鎮江等水軍皆除都統制。

御前水軍，《宋史・兵志》：鎮江駐扎御前水軍。乾道二年，招三百人。淳熙五年，招千五百人。

游兵水艦，《王埜傳》：埜爲兩浙轉運判官，以察訪使出視江防，首嘉興至京口增修官民兵船，以守江尤重於淮。① 瓜洲一渡甚狹，請免鎮江水軍調發，專一守江。置游兵如吕蒙所言“蔣欽將萬人巡江上”，增創水艦，就揚子江習水戰，登金山指揮②之。是冬，揚子橋有警，急調湯孝信所領游兵救之而退。(《嘉慶志》曰：《孝宗紀》：淳熙十年正月壬辰，罷江東、浙西寄招鎮江諸軍。)

厢兵，《兵志》：建隆以來之制，京口堰軍，潤州鼓角將。(《嘉慶志》曰：熙寧以後兩浙路步軍制同。)

建炎後禁厢兵，《兵志》：鎮江威果，全捷雄節武衛。(《嘉慶志》曰：慶曆中，置宣毅指揮步軍。熙寧三年，改威果指揮。)

建炎後厢兵，《兵志》：鎮江崇節。(《嘉慶志》曰：舊志所載禁軍、厢兵彼此互誤，今據《宋史》及《長編》諸書正之。)

鄉兵。(《嘉慶志》曰：詳見《宋史・兵志》，丹徒無專設，故不録。又曰：按：《宋史》：宋之兵制大概有三：天子之衛兵以守京師；備征戍曰禁軍；諸州之鎮兵，以分給役使，曰厢軍。選於户籍，或應募使之。團結訓練以爲在所防守，則曰鄉兵。”)

屯田兵，《宋史・食貨志》：乾道三年八月，詔鎮江都統司及武鋒軍三處屯田兵，并拘收入隊教閲。《孝宗紀》：紹興三十二年十二月，罷鎮江營田官兵。

浮水軍，《長編》：嘉定十五年，郡守趙善湘教浮水軍五百人，以黄金沉之江，使探

① 按：“首嘉興至京口增修官民兵船……尤重於淮”，多有删減，致意不完整，《宋史》卷四百二十《王埜傳》云：“首嘉興至京口增修官民兵船，守險備具。爲江西轉運副使、知隆興府，繼有它命。時以米綱不便，就湖口造轉般倉，請事畢受代。知鎮江府，兼都大提舉浙西兵船。江面幾千里，調兵捍禦，以守江尤重於淮。”

② 按：“揮”，《宋史》卷四百二十《王埜傳》作“麾”。

得者輒予之。於是水藝極精，能潛行水底數里。有制多槳船五百艘，無問風勢逆順，捷疾如飛。赤馬、白鷁二大舟，每舟可載二千人。

赤心、奇兵兩軍，《文獻通考》：紹興元年，金人留承楚、浙西大帥劉光世守鎮江，欲携貳之，乃以金銀爲三色泉，其文曰："招納信寶。"獲金人則燕錢而遣之。未幾踵至，得數千衆，皆給良馬利器，因創赤心、奇兵兩軍，頗得其用。

弩手，《宋史·兵志》：淳熙九年，淮東總領朱佺言：鎮江一軍乃韓世忠部曲，世忠造克敵弓以當敵騎衝突，其發可至百步，其勁可穿重甲①。往歲調發，弓不免損失，存者歲久亦漸弛壞。今考諸軍見弩手八千八百四十二人，人合用兩弓，一弓一日上教，一弓備出戰，合用弓萬七千六百八十有四，僅存六千五百七十有四，餘皆不堪施教，乞下鎮江都統司足其額。

包港寨，《傅伯成傳》：伯成知鎮江府制置司，欲移焦山防江軍於圌山石碑，伯成謂：虚此實彼，利害等耳。包港在焦、圌之中，不若兩寨之兵迭戍焉。

圌山寨，《地理志》：丹徒有圌山寨。

練習之制，《畢再遇傳》：開禧三年，再遇知揚州，有北軍二千五百人，再遇請隸建康、鎮江軍，每隊不過數人，使不得爲變。更造輕甲，長不過膝，披不過肘，兜鍪亦殺重爲輕，馬甲易以皮，車牌易以木，而設轉軸其下，使一人之力可推可擊，務便捷，不使遲重。

營寨，《祥符圖經》：水軍營二：一南唐故迹；一祥符六年置，并在城西北三里。禁軍營在府治西，廣固營在西夾城内，都巡檢營在西津。（《長編》：大觀元年，於揚、潤之瓜州、西津各置都巡檢一員，置營廨屯守，以備巡察。）前軍寨四：一在范公橋東；一在普照寺後；一在石頭巷；一在東觀巷北。後軍寨二：一在長橋東；一在東海門。左軍寨三：一在唐頹山下；二在鶴林寺門外。右軍寨五：一在閘門橋；一在西門外牛家坡；一在經家灣；二在施水坊。中軍寨五：一在仁和門内；一在鶴林門；一在通吴門外東河村。二在仁和門外。水軍寨三：一在洗馬橋；一在西津西倉門；一在金鷄嶺。游奕軍寨七：一在光孝觀前；一在八角井前；一在鶴林門内；一在西花園前；一在鶴林門外；一在製錦坊；一在仁和門内雙望庫後。雄江軍寨三：左軍在定波門内；右軍在鶴林門外南。後軍寨在斜橋竹竿巷西；游擊軍寨在前門小寨門内；策應軍寨在府治東；策勝軍寨在鶴林門外游奕軍教場；防江軍寨在登雲門外七里店；拱衛軍寨在還京門内；西津寨在大江岸上；圌山寨在圌山下。（又《嘉定鎮江志》：開禧二年，置防江水軍營，在象山之東。）

教場，《永樂府志》：府教場在府治後；禁軍教場在夾城西長巷内；防江軍教場在石公山下；中軍教場在仁和門；水軍教場在竪土山東；右軍教場在東岳廟側；雄江左軍教場在日觀東；雄江右軍教場在招隱山北；游奕軍教場在道人橋北；游擊軍教場在小寨東。俱廢。

---

① 按：《宋史》卷一百九十七《兵志十一》"其勁"句下尚有"最爲利器"云云。

斥堠，《永樂府志》：登雲門至炭渚四十里，五里一堠，十里雙堠。宋嘉定中，郡守趙善湘置。

元

七萬户府、水軍萬户，《元史·兵志》：至元二十二年，詔改江淮、江西元帥招討司爲上、中、下三萬户府，蒙古、漢人新附諸軍相參作三十七翼，下萬户鎮江一翼，又鎮江水軍一翼，翼設達魯花赤萬户、副萬户各一人，以隸所在行院。二十七年十一月，江淮行省平章布連吉岱言：揚州、建康、鎮江三城跨據大江，士民繁會，置七萬户府。從之。《順帝紀》：至正十四年二月，立鎮江水軍萬户，命江浙行省右丞佛家閭領之。

教場，《府志》：即宋雄江左軍教場。

明

元帥府，《府志》：太祖取鎮江，改元上萬户府，置元帥府。建元後，乃築今城及樓櫓營鋪。未幾，元帥府設守禦千户所，既而又改爲衛。

衛所，《明史·兵志》：太祖度要害地係一郡者設所，連郡者設衛，大率五千六百人爲衛，千一百二十人爲所。鎮江衛添設屬中軍府。《府志》：鎮江衛指揮使一轄左右中前後中右六千户所。《兵志》：成化間，守備定西侯蔣琬奏調鎮江諸衛軍補江兵缺。（《嘉慶志》曰：别詳"漕運"。）

總兵官，《明會典》：江南副總兵舊係總兵官，駐扎福山港，復移駐鎮江，後復駐鎮江、儀真兩處。嘉靖八年裁革，十九年仍設，二十九年仍革，三十二年又設爲副總兵，駐金山衛。《府志》：嘉靖九年，江洋多盗，特設提督沿江總兵官，駐節鎮江，統攝九江、安慶、蘇松海口軍衛，有司悉聽節制。事寧，罷去。十九年，海寇秦璠、王艮竊據崇明、南沙，勢甚猖獗，復設提督江淮總兵官。《明史·兵志》：嘉靖三十二年，倭患熾，復設副總兵於金山衛，轄海至鎮江，與狼山副總兵水陸相應。時江北俱被倭，於是量調九江、安慶官軍守京口、圌山等地。久之，給事中范宗吴言：故事操江都御史、防江應鳳二巡撫防海，後因倭警，遂以鎮江而下，通、常、狼、福諸處隸之操江，以故二撫臣得委其責。操江又以向非本屬兵難遥制，亦漠然視之。非委任責成意，宜以圌山三江會口爲撫操分界，報可。萬曆二十年倭警，言者請復設京口總兵，南京兵部尚書衷貞吉等謂，既有吴淞總兵，不宜兩設，乃設兵備使者。每春汛，調備倭都督統衛所水陸軍赴鎮江。《府志》：萬曆二十三年倭警，復以南京都督總浙兵守鎮江。

圌山營把總，《明會典》：嘉靖三十五年添設。《明史·兵志》：嘉靖中，令鎮江圌山添設游兵，聽金山副總兵調度。《府志》：圌山營，額設大、小戰船四十七隻，官兵八百一十員名。吴時來《江防考》：京口西接石頭，東至大海，北距廣陵，而金、焦障其中流，實天設之險。由京口抵石頭，凡二百里，高岡逼岸，宛如長城，未易登犯。由京口而東至孟瀆七十餘里，或高峰横亘，或江泥沙淖，或洲渚錯列，所謂二十八港者皆淺澀短狹，難以通行，故江岸之防惟在京口。而江中置防則圌山爲最要。圌山屹立京口江中，有順江、扁擔諸沙動亘數里，爲之外護。舟行其間，僅通一路，矢石可及。况當江流自東而西而北，轉屈之間，層峰峭壁，俯瞰湍波，若屯設重兵，水陸協守，賊必不敢越此而西。嘉靖三十二年，以倭寇充斥，議設圌山營把總一員。上自府西高資鎮，下至安港百五十里，皆其汛地。山西里許曰大港口，萬曆四年，建把總公署於此，爲控扼要地。

巡江營指揮，《府志》：巡江營，額設大、小戰船七隻，官兵九十三員名，并聽孟河總練官統轄。

蕩網洲水兵，《府志》：防守蕩網洲水兵四十名，沙船二隻。

海風船，《明史·兵志》：永樂初，命鎮江諸府衛造海風船。

教場，《府志》：在北固山下。弘治十三年，巡按御史王約拓建演武廳，修築將臺於舊所，户部郎中趙祥記。

圌山營演武場，《府志》：濱江。

國朝（《嘉慶志》所載至乾隆六十年止，今備録之。其時旗營已改蒙古，至今仍之。所有官員兵丁額數俱如前，惟自道光二十二年及咸豐三年兩次被寇，其陣亡殉難盡節各員、兵丁男女各口皆宜詳記。又自嘉慶七年以後設立學額，二十三年以後定考鄉科，道光間改試翻譯，同治初復改鄉科，亦宜詳記。同治十三年，蒙古舉人、候選直隸州春元輯《京口八旗志》一卷，諸事悉備，兹附刻邑志後。所録《嘉慶志》，後不贅續。其水師營制歷有遷改，城守營制亦有小异，今續於舊志後。）

鎮海大將軍都統八旗大營。順治十二年，以海警命都統伯石廷柱挂鎮海大將軍印，統率八旗官兵駐防京口，屯演武場，左右都統居三山書院。

鎮海將軍都統八旗大營。順治十六年九月，因海警焚陷南北郡縣，復設重鎮，命都統劉之源挂鎮海大將軍印，統八旗官兵，共甲二千。副左右二路水師隨八旗駐鎮江，鎮守沿江、沿海地方。城内圈西南文昌、儒林、黄祐、懷德等坊、居民房屋，分派八旗屯駐。（按：至乾隆二十八年，改漢軍爲蒙古營地如故，新輯《八旗志》云：周圍約二三里，同治四年，蘇省測繪輿圖測得營地縱五百五十六步有八，由南而北横三百三十三步有二，由西而東，其方圍計四里有三百四十步零，内容拾捌萬五千五百二十五步有奇。至其官署、兵房額數以及重建，詳《八旗志》。）

安南將軍八旗大營。康熙十三年五月，命内大臣和碩額駙石華善挂安南將軍印，統八旗官兵，共甲二千，駐京口。丹徒縣紳士請於督撫，郡縣捐建營房一千五百間，於北固山下演武場左右屯駐。

鎮海將軍一員，副都統二員，協領八員，參領八員，防禦四十員，驍騎校四十員（以上俱漢軍缺，額設兵三千名）。乾隆二十八年，裁汰漢軍，將江寧駐防蒙古兵内改撥兵一千六百九十二名，駐防京口。副都統一員（歸江寧將軍管轄），協領二員，佐領十四員，防禦十六員，驍騎校十六員（以上俱蒙古缺。按：惟副都統係由簡放，詳見《八旗新志》）。

隨旗營。順治十六年九月，調防各路緑旗兵馬四千，游擊守備八員，隨八旗，圈城西、北、東三門外民房屯駐。

前後左右四營。康熙十八年，鎮海將軍柯永蓁請改隨旗爲左右前後四營，仍隨旗屯駐。康熙二十二年，以四營兵歸并提督管轄。二十三年，裁前、後二營。

左營中軍副將一員（原設左營副將，康熙三十八年，改設中軍副將，兼管左營事），守備一員，千總二員，把總四員。

右營游擊一員，守備一員，千總二員，把總二員。（按：此左、右二營於乾隆三十三年裁。）

提督營。順治十四年，以提督漢兵昂邦章京管効忠鎮京口，屯演武場。

八旗炮臺，坐落雩山，内置紅彝大炮十八位，子母炮八位，每年演放。（按：至咸豐間被寇後，炮臺、房屋俱毁，炮亦散失。《八旗志》内失載。）

八旗教軍場，在北固山下，即明教場。康熙七年，重建官廳，築將臺。（按：咸豐間毁於寇。同治四年，測得教場全地計縱長貳百五十二步，横闊二百二十七步零，方圍四百七十九步零，内容得五萬七千六百九十步。《八旗志》亦失載。）

以上《嘉慶志》所載八旗各營諸制（此後俱詳附刻《八旗志》中）。

京口水師協①，原設左路水師總兵官，屬京口將軍管轄。康熙二十一年，改爲京口水師總兵官，歸提督管轄。標下設中、左、右三營。三十六年，裁總兵官，改設副將，仍屬京口將軍管轄。其三營内裁右營，改中、左二營爲左、右二營。

副將一員，駐扎江陰縣，標下左、右二營。

左營，順治十六年九月，左路兵二千，圈西城外陽彭山左右民房屯駐，後移駐右路。康熙十年，移駐江陰縣，游擊一員，守備一員，千總二員，把總四員。

右營，順治十六年九月，右路兵二千，圈城外西北演武場左右民房與舊營房屯駐，後移駐左路。康熙十年，移鎮瓜洲。游擊一員，守備一員，千總二員，把總四員。其守備一員留屯大港鎮，兵五百名。

圖山營。雍正四年，江蘇巡撫張楷以鎮江府圖山一帶爲鹽梟聚集之所，將簰灣駐扎巡江營守備帶領千總一員、兵二百名移駐韓橋，留撥水師營千總一員駐簰灣，題准咨行署將軍張可用以簰灣緊要，千總一員難以彈壓，請將親標右營守備帶兵一百名移駐簰灣。

巡江營。順治初，與圖山營并隸提督操江標下，後裁。操江改隸總督標下都司衙門。康熙四年，商民捐建，今傾圮。

戰船。京口戰船爲防海而設，原係江寧、蘇、松、常、鎮、揚六府、三十六州縣承造承修。緣修造多弊，康熙十年，工科給事中李宗孔請於六府府佐及八旗官員，内各委廉能官一員，在鎮江駐防之地修造，督撫保舉蘇州府海防同知魯超駐京口專理船政。康熙二十年，總督阿善、鎮海將軍楊奉祥合疏請裁。（《嘉慶志》曰：今船政改爲糧捕通

① 按："協"，原脱，據《嘉慶丹徒縣志》卷十二《兵制》補。

判，戰船歸常鎮通①修造。）

左營，原設海哨船十八隻，乾隆五十八年裁十隻，現存八隻。又吧唬船四隻，快哨船六隻，分派各汛口巡緝。

右營，原設海哨船十隻，乾隆五十八年裁二隻，現存八隻。又吧唬船四隻，快哨船六隻。

高資營，官六員，艍艚船八隻，外洋快哨船八隻。原設海哨船十二隻，乾隆五十八年裁六隻，現存六隻。

以上《嘉慶志》所載水師營制（按：嘉慶以後，其制無改。至道光二十二年海疆不靖，寇入長江，後所設副將、游擊等員略有遷改。迨同治元年議設長江水師，以提督一員專統之，視舊制加密）。

長江水師，添設提督一員，總兵官四員，内有總兵官一員駐扎瓜洲，統轄瓜洲、三江、孟河、江陰四營，其瓜洲一營中軍游擊一員，左右兩領哨都司二員，均駐瓜洲。其前後兩領哨守備二員及前後左右各哨千總六員，把總九員，外委二員，均分駐江南、江北各汛、各口。各領哨船各帶巡兵。同治元年二月，兩江總督曾、安徽巡撫彭、江西巡撫毓奏請添設水師提督。是年五月，奉旨依議。四年十二月，又經湖廣總督官、兩江總督曾、江蘇巡撫李、兵部右堂彭會奏，擬定水師事宜營制各條。五年六月，部議覆准。七年三月，又經爵閣兩江總督曾、署湖廣總督郭、兵部右堂彭會奏，擬補水師各缺并續陳未盡事宜。是年五月，部議覆准。其制：提督一員，總兵官四員，以一員駐瓜洲，專轄上至江寧，下至江陰各汛及巡哨。各舟師員弁，其分駐丹徒縣江面者五：總汛守備一員，分汛千總二員，外委二員。

前領哨守備一員，分駐鮎魚套。領哨巡防所管江面，上與金陵營石埠橋以東張口分界，下與本營左哨京口汛以新開河分界，計管江程一百二十五里。

左哨一隊千總一員，分駐京口汛，專管江面，上與金山汛以新開河分界，下與孟河營丹徒口汛以胡家溝分界，計管江面五十里。

前哨一隊千總一員，分駐金山汛，專管江面，上與世業洲②汛以江心之三江口分界，下與京口汛以新開河口分界，計管江面十五里。

前哨五隊外委一員，分駐鮎魚套汛，江面上與高資港汛以倒口分界，下與金山汛以王家套口分界，計管江面十八里。

前哨六隊外委一員，分駐高資港汛，江面上與螺螄溝汛以坎潭河口分界，下與鮎魚套汛以倒口分界，計管江面四十五里。

戰船，總兵官督陣大舢板炮船二號，每船舵兵各一名，頭兵各一名，炮兵各二名，

---

① 按："通"，《嘉慶丹徒縣志》卷十二《兵制》作"道"。
② 按："洲"，原作"州"。

槳兵各十六名，每船各二十名，共四十名；游擊督陣大舢板炮船一號，舵兵一名，頭兵一名，炮兵二名，槳兵十六名，共二十名；左右哨都司舢板船三號，船皆無兵，又長龍戰船二號，每船舵兵各一名，管艙兵各一名，頭兵各一名，炮兵各四名，槳兵各十八名，每船各二十五名，共五十名；守備以下哨隊舢板炮船二十六號，每船舵兵各一名，頭兵各一名，炮兵各二名，槳兵各十名，每船各十四名，共三百六十四名。以上共設舢板船三十一號，長龍船二號，共計額兵四百七十四名。又添造飛划二十六號，分發守備以下各汛巡緝之用。

丹徒縣江面五汛，各撥舢板船一號，兵十四名，共船五號，兵七十名。其京口汛千總歸左領哨都司管轄，其金山汛千總、高資港汛外委、鮎魚套汛外委均歸駐鮎魚套汛之前領哨守備管轄。（及每汛，各撥飛划一號。）

調汛期限續議新章，各汛員弁半年調汛一次。遇有更調，隨時通報。

書識、稿書總兵官衙署，稿書二名，書識六名；游擊衙署稿書二名，書識四名；左右兩領哨都司稿書各一名，書識各二名；前後兩領哨守備書識各二名；各隊千總、把總十五員，書識各一名。以上共設稿書六名，書識三十三名。又外委各船於額兵内改募字識一名，不另開設。

鎮游親兵，同治十一年正月，奉續議章程，鎮游兩署各添設親兵十二名。

糧餉軍火津貼等費，自同治八年正月初一日，歸標所需之項，悉歸江南暨巡道衙門按季支領應用。其招添親兵、飛划津貼之款亦歸巡道庫支領。

以上照録《水師游擊開送新章》。

水師新設炮臺，焦山七座，象山十一座。同治十三年秋，督帶老湘合字前營提督銜、江西九江鎮總鎮章合才奉檄督飭營勇創建，光緒二年秋告竣。

焦山北岸都天廟新設炮臺六座，藥彈庫一座。同治十三年七月，統帶毅字營楚軍三品銜、分省補用道王之春奉檄建造，候補知縣黎光旦督勇興築，統帶利用營貴州威寧鎮總鎮萬化林、管帶利用右營鎮軍龍藻琦合力營建，光緒二年冬告竣。

城守營參將一員，守備一員，千總三員，把總五員。順治二年五月，設總兵官。四年，改爲副總兵。康熙四年，又改爲城守參將。其始住民間房屋，順治七年，在城各坊居民照房派銀買總兵府，前後民房不足，又于倉基空地建造營房，與兵居住。總兵官初居總領府。十六年，八旗圈坊，副總兵楊廷機遂移署大市口。（按：康熙四年，仍改參將，遂爲參將署，至今不改。）

城守教軍場，在城内西南隅。

墩臺：

銀山墩，坐落銀山頂。

寶蓋墩，坐落費家港。

七里墩，坐落錢家港。

窑灣墩，坐落七里港。

欒亭墩，坐落欒亭鋪。

永豐墩，坐落破橋。

洪信墩，坐落洪信鋪。

吴山墩，坐落馬步橋。

炭渚墩，坐落炭渚鎮。

劉灣墩，坐落大凹口。

化山墩，坐落高資營。

木烽樓一座，坐落二十二都二圖郭家港前。

郭家墩，坐落郭家港。

蕭連墩，坐落蕭家港。

新匡墩，坐落蔡家港。

新字墩，坐落烟墩港。

朱秀墩，坐落祈家港。

木烽樓一座，坐落劉綫港。

金壈墩，坐落劉綫港。

三聖墩，坐落蕩網洲羅家港。

趙家墩，坐落趙家港。（丹徒縣半座，丹陽縣半座。）

化升墩，坐落莫家港。

船篷木樓：

浮橋船篷一座，在雲山坊。

南閘下船篷一座，木樓一座，在虎踞坊。

猪婆灘船篷一座，木樓一座，在一、五都十二圖。

上皇窑灣船篷一座，木樓一座，在六都一圖。

陶莊村船篷一座，木樓一座，在六都二圖。

辛豐鎮船篷一座，木樓一座，在崇七都四圖。

靳家墳船篷一座，木樓一座，在崇七都一圖。

以上《嘉慶志》所載城守營制。（按：此後惟裁千總一員，餘制如舊。至道光壬寅、咸豐癸丑，兩遭寇擾，所有墩樓、船篷等處盡毀無存。參將、守備兩署亦毁，後復建，詳“公署”。）

城守營，額設參將一員，中軍守備一員，千總二員，把總五員，外委八員，額外六員。又先後添設額外四員，又協防候補額外一員，共官弁二十八員。參將署仍在仁和一坊大市口，守備署仍在治安坊鈔庫街。

馬步戰守兵，額設馬戰兵八十七名（連同外委、額外、協防額外，計十九名），步戰兵一百五十七名，守兵六百十四名，共兵八百五十八名（外委、額外在内）。咸豐十年閏三月，内河、丹陽、金壇各汛俱被寇，潰散馬兵五名，戰兵二十二名，守兵一百二十三名，共一百五十名。同治二年七月，奉查裁退老弱戰兵二名，守兵二十九名，共三十一名。以上總共缺額兵一百八十一名，於同治十一年十二月奉裁，撥補上海、太湖等處本營，計存馬步戰守兵六百七十七名（外委、額外十九名在内），又前於同治八年十月奉調兵二百名，赴江寧填扎新兵後營，在省操練，未奉撤回本營，計存兵四百七十七名（外委、額外在内）。

城内駐扎參將、守備及右哨千總各一員，外委一員，又額外八員（係隨營差遣，向不承管汛地），馬步戰兵三百四名。同治五年，派兵一百名，在城外鎮屏、瓦子兩山，分扎兩營以資巡防。城内存兵二百四名，分守四城門、兩水關，并派設三卡，晝夜巡防。

分防各汛本營，管轄丹徒、丹陽、金壇三縣水陸各汛地，其陽、壇兩縣守汛千總、把總各一員，外委三員，額外一員，協防候補額外一員，兩汛兵共六十三名。其丹徒縣各汛共把總四員，外委四員，額外一員，共兵九十一名。

分防東關廂汛把總一員，外委一員，汛兵二十一名，經管墩房三汛：丹徒汛營房三間，烟墩三座，木樓一座（咸豐間毀於寇，餘汛同）；楊巷汛營房三間，烟墩三座，木樓一座；盧坟口汛營房三間，烟墩三座，木樓一座。

分防西關廂汛把總一員，外委一員，額外一員，汛兵二十八名，經管墩房十一汛：浮橋汛卡房一所，例無墩臺；葛家橋汛營房三間，烟墩五座，木樓一座；竈王廟汛官廳一間，營房三間，烟墩五座，木樓一座；香露巷汛官廳一間，營房三間，烟墩五座，木樓一座；永豐橋汛官廳一間，營房三間，烟墩五座，木樓一座；馬步橋汛官廳一間，營房三間，烟墩五座，木樓一座；雙石碑汛官廳一間，營房三間，烟墩五座，木樓一座；石馬廟汛營房三間，烟墩三座，木樓一座；寶堰汛營房三間，烟墩三座，木樓一座；木井欄汛營房三間，烟墩三座，木樓一座；長山巷汛營房三間，烟墩三座，木樓一座。

分防内河汛把總一員，外委一員，汛兵二十三名，經管運河沿河墩房汛地（外委駐守辛豐），計六汛：南閘汛營房三間，烟墩五座，木樓一座；猪婆灘汛營房三間，烟墩五座，木樓一座；窑灣汛營房三間，烟墩五座，木樓一座；桃莊汛營房三間，烟墩五座，木樓一座；辛豐汛營房三間，烟墩五座，木樓一座；黄莊汛營房三間，烟墩五座，木樓一座。

以上二十汛，計共官廳、卡房五處，營房五十七間，烟墩八十一座，木樓十九座，舊係丹徒縣承管建修。咸豐十年賊寇，盡毀無存，未經修復。

分防朱張圩汛把總一員，外委一員，汛兵十九名，派扎東鄉一帶，專緝私梟。

象山炮堤安設大小銅鐵炮六十位，係道光二十五年江防案内設立，咸豐三年賊寇竄擾，被毁無存。

象山濱江修堤田地一百七十六畝七分五厘三毫，賊擾後荒蕪未墾。（以上東關廂經管）

北固山炮堤安設大小銅鐵炮二十五位，亦江防案内設立，賊擾後亦被毁無存。

北固山濱江修堤田地五十八畝五分二厘二毫，賊擾後亦荒蕪未墾。（以上西關廂經管）

水師汛地撥歸陸汛，京口水師三營已奉裁，改其淞南、淞北兩營移駐裏河。所有遺出南岸陸汛及京右營原管圌山關之大二磯頭炮堤，并修堤田畝、兵房、衙署、教場、基地等項，於同治十一年九月奉歸城守暫行承管，其圌山炮堤等項飭派就近朱張圩汛把總撥兵駐守。至高資營房教場、基地、田畝、義冢、官山，并沿江接壤陸汛境地，派西關廂汛撥兵看管。各江面承緝俱歸長江水師各專責成。

驛傳：

明（《嘉慶志》曰：前明各款久經革除，今姑存其舊。）

京口驛，嘉靖十六年賦役册：站船（每年徵銀五十二兩）、鋪陳（每年徵銀二十九兩九錢六分）、廩給（歲用銀一百四十一兩二分二厘），水夫五百二十名（共銀九百三十六兩，内停造船隻、不革夫，均撥幫差），館夫十二名。本縣歲辦馬驢除鋪陳支應銀（八十八兩三錢）、馬驢價銀（六十四兩）。

炭渚驛，嘉靖十六年賦役册：館夫五名，通津遞運所摇船什物銀（五十六兩），水夫二百四十名（該銀四百三十二兩），防夫八十四名（該銀一百二十六兩），鋪陳銀（九兩五錢三分，每年帶徵銀二兩二錢二分八厘）。

國朝

京口驛（《嘉慶志》：京口驛原設驛丞一員，於乾隆十九年奉裁。），順治十五年《賦役全書》：祗應廩給米銀（三百四十七兩八分六厘，遇閏加銀二十八兩九錢二分三厘三毫零），雇水夫一百二十名（共工食銀一千二百九十六兩，遇閏加工食銀一百八兩），雇旱轎夫八十三名（每名工食不等，共該銀七百五兩六錢，遇閏加銀五十八兩八錢），走遞差馬二十六匹（每匹工食不等，并除陽、壇二縣代編外，實該銀一千六百七十四兩六錢，遇閏加銀一百三十九兩五錢五分），龍袍大差銀（五十五兩，《嘉慶志》云：此項係從前蘇織造解京過境水脚，今已奉裁），鋪陳轎傘銀（五十兩，内裁銀二十兩解部，每兩解費二分，該銀四錢，實給銀三十兩），河下聽事、報事官吏二名（共工食銀十四兩四錢，遇閏加銀一兩二錢），館夫八名（共工食銀七十二兩，遇閏加銀六兩），買辦夫并役占夫一名（工食銀七兩二錢，遇閏加銀六錢），修船銀（一百九十九兩三錢五分一厘八毫），站座船水手五十七名，并各院座船水手分派（工食不等，共銀三百九十五兩二錢九分，遇閏加銀三十二兩九錢四分八毫零），天字三號座船水手工食銀（十二兩六錢，遇閏加銀一兩五分），專值河下聽事、報事馬夫三名（共工食銀二十一兩六錢，遇閏加銀一兩八錢）。康熙二十二年支給數，原額編夫馬工料、祗應并快船料價、水手工食等項銀一萬五百九十九兩九錢九分，奉文裁減抄牌、鞍轡等項及水旱夫、站船水手工料，共銀四千四百六十一兩九錢九分，内除留支各款、内弃沙缺額，共銀七百二十四兩九分五釐四毫零，又除坍江蠲停銀九十四兩七錢五分五釐五毫零，實該留支銀六千一百三十八兩，外司發銀七百十四兩。原設水夫一百五十名（每名日支工食銀四分），旱夫四十名（每名日支工食銀四分），差馬五十匹（每匹日支草料銀八分），馬夫五十名（每名日支工食銀四分），買馬銀（七百五十兩）。每歲置鞍轡、籠頭嚼、環汗屜布、槽刀、藥材、燈油、柴薪、修理馬房各項（共需銀五十二兩五錢，錢二萬二千五百文）；每歲應付勘合火派廪給口糧支應等項（銀四百二十兩，錢十八萬文）。飛捷快船十隻，共水手六十名（每名日支工食銀二分），修理快船銀（每歲九十九兩）。（《嘉慶志》云：以上各款俱銀七錢三支付，炭渚驛并同。）於欽奉恩詔事内奉復水夫九十名（每名日支工食銀四分），旱夫十名（每名日支工食銀四分），差馬二十匹（每匹日支草料銀八分），買馬銀（每歲三百兩），馬夫二十名（每名日支工食銀四分），添馬二十匹，鞍轡、棚廠、藥材等項（每匹銀一兩八錢，又於此案加添原馬五十匹，每匹加添鞍轡等銀三錢），原奉司發新增夫馬工料銀（七百十四兩）。（《嘉慶志》云：以上舊志。）乾隆四十四年《賦役全書》：馬七十匹（每匹日支草料銀六分，歲共支銀一千五百十二兩，遇閏加銀一百二十六兩，鞍轡、槽鍘等銀九十九兩四錢），買馬價銀（九百七十七兩九錢），馬夫四十三名（每名日支工食銀四分，共銀六百十九兩二錢，遇閏加銀五十一兩六錢），長養水夫九十名（每名日支工食銀四分，共銀一千二百九十六兩，遇閏加銀一百八兩），長養旱夫三十名（每名日支工食銀四分，共銀四百三十二兩，遇閏加銀三十六兩），站船十五隻，水手四十五名（每名日支工食銀二分，共銀三百二十四兩，遇閏加銀二十七兩），扣留水夫一百三十五名（工食、大差雇募銀一千九百四十四兩，遇閏加銀一百六十二兩），扣留旱夫二十名（工食、大差雇募銀二百八十八兩，遇閏加銀二十四兩），修船銀（九十九兩），祇應廪糧銀（六百兩，遇閏加銀五十兩）。（《嘉慶志》云：以上新增。又云：《賦役全書》内額編之數歷經裁減，兹不備載。此係現設實支之數，所有核减餘剩銀兩報部撥用，炭渚驛所增并同。）

炭渚驛，順治十五年《賦役全書》：馬價銀（九十八兩一錢八分八釐五毫零，遇閏加銀八兩一錢八分二釐三毫零），館夫二名（共工食銀十四兩四錢，遇閏加銀一兩二錢）。康熙二十二年支給數，原額編夫馬工料、支應廪糧等項，共銀二千二百六十兩，内除弃沙缺額銀三十九兩四錢九分三釐八毫零，又除坍江蠲徵缺額銀九兩六錢七分六釐九毫零，奉文敬陳減差案内撥補本驛廪糧外，該裁并應扣銷買馬銀，共該裁扣銀六百六十三兩，内除留支各款内弃沙缺額銀二十兩三錢七分八毫零，實徵留支銀一千五百六十八兩二錢，原設差馬三十匹（每匹日支草料銀八分，歲共需銀六百四兩八錢，錢二十五萬七錢二百文），馬夫二十四名（每名日支工食銀三分，歲共需銀一百八十一兩四錢四分，錢七萬七千七百六十文），每歲置鞍轡、籠頭嚼、環汗屜布、槽刀、藥材、燈油、柴薪、修理馬房、鍋缸水桶等項（共需銀三十一兩五錢，錢一萬三千五百文），每歲應付勘合火牌、廪給口糧支應等項（銀七十兩，錢三萬文）。於欽奉恩詔事内奉復差馬三十匹（每匹加添歲置鞍轡、棚廠、藥材等項銀三錢），馬夫二十四名（每名每日加添工食銀一分）。（以上《康熙志》）乾隆四十四年《賦役全書》：馬三十匹（每匹日支草料銀六分，歲共支銀六百四十八兩，遇閏加銀五十四兩），鞍屜槽鍘等項（歲支銀四十二兩六錢），買馬價銀（二百七十九兩四錢，該驛馬三十匹，每匹價銀十三兩九錢七分。該驛係次衝地方，應年半倒弊，每年該編二十匹），馬夫十八名（每名日支工食銀四分，共銀二百五十九兩二錢，遇閏加銀二十一兩六錢），祇應廩糧銀（一百兩，遇閏加銀八兩三錢三分三厘）。（《嘉慶志》云：京口、炭渚二驛祇應廩糧銀兩係應付馳驛勘合火牌，欽差官員過境并各省賫奏差承跟役口糧飯食①。）（以上《嘉慶志》）

同治初年，田賦未復，軍需孔亟，雖差事絡繹，驛務仍舊，而額設之馬匹、船隻、人夫等俱事撙節裁減，京口驛差馬六十匹（每匹每日草料銀六分），炭渚驛差馬二十五匹（每匹每日草料銀六分），兩驛馬夫共五十三名（每名每日工食銀四分），水夫一百三十名（每名每日工食銀四分），旱夫二十五名（每名每日工食銀四分），抄牌、傳差、禁卒、買辦、厨役、水火夫等，共八名（每名每日工食銀四分。此款新增），修理棚廠、買備油燈茶炭、添置什物等項（每月大建，共銀三十四兩六錢七分一厘五毫。按：此款即乾隆間鞍屜槽鍘等項），復造馬船一隻，暫應本驛要差，餘未照額設立，工食由縣捐廉暫給（按：自嘉慶以後，驛制必有增減，惟至咸豐間寇擾，案卷全毀，無從稽核），常雇八槳、報船一隻（以防風急，馬船不能行駛，即用報船渡送文報，工食與馬船同），祇應廩糧（現係按月造册申報，年終彙册詳請奏銷一次，亦與舊章不同），買補馬價（每年買補三十四匹，每匹請領司銀十三兩九錢八分，共銀四百七十五兩三錢二分，每年呈繳倒馬皮張銀十七兩）。

京口驛，在大西門外北首，舊制：濱河朝西大石碼頭一座，左右小碼頭二座，左右吹亭二座，東西轅門石獅二個。第一進：頭門（左首轎班房一間，右首夫頭房一間，八字墻）；第二進：儀門（東西角門）；第三進：皇華亭三間，捲棚三間（左首文書房二間，差頭房一間，旁有差廳三間，跟隨房三間，什物房三間，厨房二間，役房一間）。朝南馬王殿三間，戲臺三間（東西耳臺二間），東西馬棚十八間，草料房二間，獸醫房一間，過道二間，驛卒房二間，蕭王堂一間，從犯房三間。外瓜洲腰站馬房三間，另設揚州槽房三間。（以上房屋盡毀於寇，今僅建馬棚十間，其餘辦公之所俱暫賃民房。其皇華亭係於善後案内另在新城外建立，正房三間，捲棚三間，群房二間，吹亭二座。同治十年，邑令鹿請於蘇撫批准擇要建復待行。）

炭渚驛，在城西五十里。（亦被全毁，今僅建馬棚三間，其辦公之所亦係暫賃民房。）

丹徒縣志卷二十終

---

① 按：《嘉慶丹徒縣志》卷十二《兵制》此句下有"及支給在驛差役驛卒人等工食，每年造册報部請銷"云云。

丹徒縣志卷二十一

職官一　歷代封爵

職官叙

舊志録漢劉賈以下至宋宗室，列“封建”門，繫“輿地志”内。考唐之方鎮，史官不録於地理之書，今改爲“歷代封爵”，仿《五代史》“職方考”例也。“官制表”一循舊志，官師姓氏改列爲表。兵燹後，歷官年分、佐貳各職，無册可稽，稍稍補苴，遺漏多有，著其可知者而已。附以“名宦”，志遺愛也，亦以考鏡賢否得失，示法戒於將來云。志職官。

《史記·荆王世家》：劉賈，漢六年春，立爲荆王，王淮東五十二城。

《太平寰宇記》：潤州，漢初爲荆國，故荆王劉賈所都地。

《吴志·宗室傳》：孫河從子韶權拜丞相，列校尉，食曲阿、丹徒二縣，自置長史，一如河舊。

又：孫桓以功拜建武將軍，封丹徒侯。

《吴志·華覈傳》：孫皓即位，封徐陵亭侯。

《晉書·武帝紀》：太康十年，以始平王子儀爲毗陵王。

《晉書·武十三王傳》：毗陵悼王司馬軌，軌嗣子義。軌年二歲而夭。太康十年，追封謚，以楚王瑋子義嗣。

《晉①·孔坦傳》：坦遷吴興内史，封晉陵男②，子混嗣。

《南史·宗室傳》：宋廬陵王劉禕，元嘉二十二年，封東海王。

《唐書·李客師傳》：客師以右武衛將軍累戰功，封丹陽郡公。子嘉，隰川令，襲公。

《唐書·宗室世系表》：李莊紀王慎子，丹陽郡公、宋州刺史；子行禕襲公，汴州節度使；孫良，桂府都督。

《唐書·劉晏傳》：包佶充諸道鹽鐵使，後改秘書監，封丹陽郡公。

《唐書·朱忠亮傳》：封東陽郡王，築潘城有勞，改封丹陽。

《五代史·吴世家》：徐溥、楊隆演建國，封丹陽郡公。

---

① 按：“晉”，即《晉書》，此處脱“書”字。

② 按：此處徵引孔坦封爵似有疏漏：一、“陵”，《晉書》卷七十八《孔坦傳》作“安”；二、爵名後，《晉書·孔坦傳》尚有“加建威將軍”句。

《宋史·宗室傳》：趙守節燕懿王孫，追封丹陽郡公。（《胡宿集》云：贈鎮江軍節度，追封丹陽郡王。）

《東都事略·宗室傳》：趙顔，英宗子，早卒。徽宗追賜名，贈潤王。

又：趙樅，徽宗子，以宣和七年封潤國公。

《宋史·宗室表》：趙世堯，太祖子，秦王房，封潤國公。

又：趙世著，太宗子，燕王房，封潤國公。

又：趙宗隱，太宗子，商王房，贈太師潤王。

又：趙仲微，太宗子，漢王房，封潤國公。

又：趙仲淑，太宗子，鎮王房，封潤國公。

以上封建，《康熙志》僅載五人，《嘉慶志》增至二十三人，删漢劉濞一人，蓋以濞雖王荆舊地，而建國在江都，不應載入。

職官二　歷代官制表

按：此表係《嘉慶志》所創，今仍其舊。

秦

令	佐無考			

漢

令	丞	主簿	尉	諸曹掾
五百				

後漢

令	丞		尉	功曹（又五官爲廷掾，監鄉五部，春夏爲勸農掾，秋冬爲制度掾）
五百				

吴

令	佐無考			

晉

令		主簿	尉	功曹 法曹
廷掾 金倉賊曹掾 兵曹賊捕掾 五百				

南朝

令			尉	

隋

令	丞	主簿	尉 （煬帝改縣尉爲縣正，尋改正爲户曹法曹）	

唐

令	丞	主簿	尉 （唐初因隋制爲法曹；武德中，復改爲正；七年，復改爲尉）	

南唐

令	佐無考			

宋

知縣事	丞	主簿	尉	
教諭				
巡檢司 （巡檢掌土軍禦盜，雖總都巡檢，然聽縣令節制本寨事，并申取縣令指揮）				

元

達魯花赤	丞	主簿	尉	典史（二員）
尹 教諭 訓導 巡檢司				

明

知縣	縣丞	主簿		典史
教諭 訓導				
丹徒司巡檢 高資司巡檢 安港司巡檢 姜家司巡檢 京口驛驛丞 炭渚驛驛丞 僧綱司 道紀司		鎮西倉大使 税課局大使 織染局大使 司獄司司獄		
				醫學 陰陽學

國朝

知縣	縣丞（道光年裁）	主簿		典史
教諭 訓導				
丹徒司巡檢 高資司巡檢 安港司巡檢 驛丞 （京口驛一員，炭渚驛一員，今裁）		閘官 （兼管橫、越二閘）		醫學 陰陽學
僧綱司 道紀司				

《嘉慶志》原注："丹徒在秦漢前屬吴，吴之職官無考。自秦漢以至明代，職官皆稽諸正史，并詳稽歷代鄉官以備参考。秦制十里一亭，亭有長；十亭一鄉，鄉有三老：有秩、嗇夫、游徼。漢因秦制，高后元年，置孝悌力田二千石者一人，後廢。文帝時又置三老及孝悌力田，平帝又置外史閭師官。後漢鄉官與漢同，又置里魁。晉以縣治分户之多寡置鄉，一鄉至四鄉不等，鄉置嗇夫一人；縣率百户，置里吏一人，又隨宜置校官掾一人，方略吏四人。南朝置伍長、什長、里魁、亭長、鄉佐，其三老有秩、嗇夫、游徼與秦漢同。隋開皇十五年，罷州縣鄉官。唐制，置里正，耆老，父老。貞觀間，又置鄉長一人，佐二人。太極元年初，令老人年九十以上板授下州刺史，朱衣，執象笏；八十以上板授上州司馬，緑衣，執木笏。天寶間，詔父老六十板授本縣丞，七十以上授縣令。三十里一驛，驛各有將，以州里富强主之。宋元廢鄉官，或有土員，亦無從考據。惟明代去今未遠，土員可得而詳，且舊志亦已備載，故醫學等四員仍臚列縣佐之下。我朝澄序官方監古立職，故土員亦多沿明制，至於武職已見'兵制'，兹不復載。"

職官三　宰貳表

按："職官""科目"等志，《康熙志》一用大書，《嘉慶志》改爲夾注，今列爲表，以省簡帙。《康熙志》云：内臣之重在相，外臣之重在令，二者得人，天下可坐，理也。夫令與相尊卑殊矣，而其行政之易及於民則一。長一奸，而民受其弊；鋤一惡，而民受其利。豈弟君子，民之父母，父老子弟仰膏雨焉。丞簿以下，職各有司，克勝厥職，俱得自表見，毋自諉也。

縣令

漢	元	明（時稱知縣）	國朝（亦稱知縣）	
（《康熙志》原注："時屬會稽郡，爲丹徒縣，稱丹徒令。"） 陸　肅（吴郡吴人） **宋（南朝）** （《康熙志》原注：晉永嘉五年，改晉陵郡，徙治丹徒，歷宋永初，改丹徒	（《嘉慶志》云：時稱達魯花赤。又云：《元史》：至正三年，分縣爲上、中、下。上縣，秩從六品，達魯花赤一員，尹一員；中縣，秩正七品；下縣，秩從七品。達魯花赤及尹悉如上縣之制。） 達魯花赤	吕敬天（洪武中，由中書掾任） 陸宗古 王秉彝（洪武中任，見"名宦"） 吕　熙（河南人，累官吏部尚書，洪武中任） 胡孟通（洪武中任，見"名宦"） 劉　墉（江西人，洪武中任）	唐虞世（大興人，順治二年任，升台州府知府） 劉自清（遼東人，順治四年任） 李先春（昌黎人，副貢，八年任） 陳經筵（河間人，拔貢，十年任） 張　晉（陝西狄道人，壬辰進士，十二年任）	邱　鑑（漢陽人，乾隆四十一年任） 蔡　封（浙江桐鄉縣進士，四十二年任） 何啓秀（湖北東湖縣廪貢，四十九年署） 蔣　梗（廣西灌陽人，五十年任） 張振綱（金鄉縣舉人，五十二年任）

爲晉陵，稱晉陵令。元嘉八年，分屬南東海郡，復爲丹徒。自徐道懸以下至南唐皆稱丹徒令。）
蕭赤斧（大明中，除車騎行參軍，補晉陵令）
徐道懸（永初元年任）
賈　淵（襄陵人，泰始中，辟安成王撫軍行參軍，出爲丹徒令）
沈巑之（見“名宦”）

梁

虞　某

唐

王宏道
李　某
温　某
彭彦規（太和中任）

南唐

段　某
顧彦回

宋（時稱知縣事）

王　紀（太平興國五年任）
李　韶（八年，由殿中丞任）
陳知奇（慶曆四年任，見“名宦”）
王　國
張子方（邑人，寶元元年進士，歷知臨潁、丹徒諸縣）
黄　某

（按：《嘉慶志》無此四字，據《康熙志》補入。又按：舊志各人下有歷任年分，而均不次世代先後，今考正之）
瑪奥剌悠也里（“瑪”，康熙舊志作“馬”，可温人，元貞二年任）
蘇羅阿迪密什（舊作“速羅阿的迷失”，別失八里人，大德二年任）
阿　依（“伊”，舊作“異”，三年任）
塔海阿（剌温人，九年任）
扎瑪剌丁（“瑪”，舊作“馬”，回回人，至大元年任）
添受唐元（至大四年任）
吐魯密什特穆爾（舊作“秃魯迷失帖木兒”，衛烏爾人，皇慶二年任）
伊迪不花（舊作“亦的不花”，衛烏爾人，延祐五年任）
阿都赤（河西人，至治元年任）
萬家奴（乃瑪岱人，三年任。乃瑪岱，舊作“乃麻歹”）
穆瑚畢（舊作“木忽必”，回回人，泰定四年任）
薩都剌（天曆元年任，見“名宦”）

戴　珵
冀從善
李思迪
傅景哲
段　觀（見“名宦”，後復姓羅）
奚　壽（見“名宦”）
袁　庸（見“名宦”）
蔣　忠（正統中任，見“名宦”）
賴　正（天順中任）
楊　峻（成化中進士，見“名宦”）
耿　昇
楊　璡（進士，成化中任，見“名宦”）
趙　昱（滑縣人，貢士，成化十年任）
王　溥（進士，成化中任，見“名宦”。按：自此至明末任丹徒者無非進士，前志并載其科分，今略。其有因其爲人而欲詳其科分者，俱見“名宦”）
晁進孝（弘治中任，見“名宦”）
郭　浹（弘治中任，見“名宦”）
李　滘（弘治五年任，見“名宦”）
栗　銘（山西潞州人，十三年任）
許　鳳（山東章丘人，十八年任，擢御史）

趙奮霄（鹽山人，乙未進士，十五年任）
蕭維樞（遼東人，官生，十六年任）
鄒儀周（福建延平人，戊子舉人，十八年任，見“名宦”）
尚輔廷①（遼東蓋州人，恩蔭生，康熙三年任）
陳　彪（保定安肅人，歲貢，六年由南豐縣丞升任）
倪庚先（福建侯官人，丁酉舉人，十年任②）
馮開運（四川順慶人，丁酉舉人，十年任）
王子京（陝西咸寧人，辛丑進士，十一年任）
姚祖顓（陝西人，貢監，教習，十五年任）
李　晛（湖北潛江人，戊子舉人，康熙十六年任）
徐煒仁（浙江會稽人，吏員，十八年任）
鮑天鍾（遼東人，官生，二十二年任，見“名宦”）（以上見《康熙志》）
李鎮國（三十七年任）
趙聯捷（陝西人，四十二年以本縣縣丞署）

楊世綬（安徽宿松人，五十五年署）
潘　熉（大興人，五十七年署）
楊世綬（乾隆五十七年復署）
楊兆鶴（陝西郿縣人，五十七年，以寶山縣丞署，見“名宦”）
林大權（江西浮梁人，五十九年任）
楊兆鶴（六十年復署）（以上見《嘉慶志》）
黎誕登（嘉慶三年任）
萬承紀（江西南昌舉人，九年署，見“名宦”）
靳金鼎（河南延津人，丙辰進士）
萬　臺（江西人）
趙日煦
李宗穎
（并嘉慶中任）
周以勳（舉人，嘉慶十九年任，見“名宦”）
劉　圭（山西人，辛酉拔貢，道光元年任）
王　臺（浙江人，三年任）
蔡維新（五年任）
謝肇瀛（七年任）
吴　浚（浙江歸安人，壬午進士，八年任，見“名宦”）
劉大烈（十年任）

---

① 按：“尚輔廷”，《嘉慶丹徒縣志》卷十三《職官二》作“尚廷輔”。
② 按：“十年任”，《嘉慶丹徒縣志》卷十三《職官二》作“康熙九年任”。

侯道濟（由儒學中科）
陳安止（元祐四年任）
章　綰（浦城人，熙寧九年進士）
蘇行沖（紹興元年任）
錢　覺（三年任）
竇　詢（六年任）
向　渡（九年任）
劉覺民（紹興十二年任）
柳　材（十三年任）
趙學老（十六年任）
竇公邁（十八年任）
郭堂老（二十一年任）
魏之基（二十四年任）
歐陽并（二十七年任）
徐　宅（三十一年任）
吕　廣（隆興二年任）
謝　傑（乾道二年任）
章　樾（浦城人，丙辰進士，乾道二年任）
韓元老
何　建（五年任）
周　翊（淳熙二年任）
高　畯（四年任）
孟致康（七年任）
蔡　戩（十年任）
田　橡（十四年任）
仲慶遠（紹熙元年任）

斡忽斯也里（“斯”，舊作“思”，可温人，二年任）
哲里菓臺（“菓”，舊作“野”，蒙古人，登進士第，至順三年任）
蒼博都察察（可温人，至元十二年任）
伯雅兀岱（舊作“伯牙兀歹”，河西人，十四年任）
阿老瓦丁（回回人，十四年任）
伊蘇福特直（舊作“亦速福鐵直”，回回人，至元二十一年任）
特穆海牙（舊作“帖木海牙”，衛烏爾人，二十五年任）
苫速丁（回回人，二十九年任。《嘉慶志》脱）
吐干特穆爾（舊作“秃干帖木兒”，衛烏爾人，三十一年任。衛烏爾，舊并作“畏吾兒”）
和斯别（“和”，舊作“合思别”）
尹（據《康熙志》補）
張希賢（延祐三年任）

吴　欽（浙江淳安人，正德三年任）
馬朝卿（山東信陽人，六年任）
桂　萼（見“名宦”）
習　鎜（湖北隨州人，正德十二年任）
李　東（陝西藍田人，十三年任）
吴　寶（湖北江夏人，十五年任）
方　瀾（福建莆田人，嘉靖元年任）
蔡文魁（江西德化人，五年任）
白世卿（陝西秦州人，八年任）
馮　亮（浙江金華人，十一年任）
聶　静（江西永豐人，十七年任）
李　楝（湖南瀘溪人，十九年任）
茅　坤（見“名宦”）
萬　善（嘉靖二十五年任，見“名宦”）
趙　河（陝西長安人，二十九年任）
郭士髦（山東掖縣人，三十二年任）
樊　儆（江西南昌人，三十四年任）
王同倫（河南輝縣人，三十七年任）
劉士階（江西南昌人，四十年任）

陳　敦（浙江山陰人，四十三年任）
施世驊（漢軍，歲貢，四十五年以本府同知署）
李成樑（漢軍，監生，康熙四十六年任）
夏炘永（湖南益陽縣舉人，五十二年任）
武廷輔（漢軍，歲貢，五十八年署）
任作舟（山西河津縣拔貢，五十九年任）
赫勝額（旗籍，雍正二年，以江寧同知署）
馮　詠（江西金雞縣人，二年，以庶吉士出任，見“名宦”）
魏化麟（江西南昌縣進士，三年署）
張廷煌（福建晋江縣進士，雍正四年任）
徐國理（八年，以通州州判署）
繆　遠（江西新喻縣監生，八年署）
方士堯（湖北孝感縣進士，九年任）
陳昌宗（順天人，十年署）
郝大倫（河間人，十一年署）
胡　慎（十二年任，見“名宦”）
顔紹怡（宛平縣舉人，十五年任）
胡　慎（乾隆元年復任）

景壽春（貴州興義人，庚午舉人，十二年任）
陳增稔（順天大興人，己卯進士，十四年任）
張寬培（道光十四年任）
熊傅栗（河南商城人，壬午進士，十五年任，見“名宦”）
曾承顯（江西人，十六年任）
金　咸（浙江人，附生，十七年任）
王德茂（河南光州人，舉人，十九年任，見“名宦”）
鄧秉乾（二十年任）
龔潤森（湖北監利人，乙酉拔貢，二十年任）
錢燕桂（浙江人，二十一年任）
王德茂（二十二年復任）
沈則可（浙江人，道光二十四年任）
莫　載（二十六年署）
張元揆（安徽桐城人，二十七年任）
陳培之（二十九年署）
張元揆（二十九年復任）
周　樸（舉人，咸豐元年署）
翟榮觀（貴州舉人，元年署）

高得居 張思忠（紹熙中任） 李時升（慶元二年任） 王若水（六年任） 史宜之（嘉泰四年任） 强　迴（四年任） 林　昌（開禧三年任） 趙善漣（嘉定三年任） 高惟月（五年任） 莫　焕（八年任） 倪祖義（十年任） 林　楷（嘉定十四年任） 姚元特①（十四年任） 史齊卿（嘉熙二年任） 沈　壑（嘉定中任，按："定"，當作"熙"） 田文虎②（儀徵人，居京口，寶慶進士，淳祐元年任） 范　郯（淳祐中任） 王世傑（淳祐五年任） 麋　弇（六年任） 邱　烈（七年任） 貝良金（八年任） 吴祖文（寶祐三年任） 程國輔（五年任） 程繩翁（景定元年任）		陳廷芝（山東黄縣人，四十三年任） 張　磐（直隸平谷人，隆慶元年任） 何世學（浙江蕭山人，三年任，見"名宦"） 徐一檟（見"名宦"） 楊廷相（福建晉江人，萬曆三年任，累官南通政使） 徐　桓（浙江山陰人，八年任） 馬邦良（見"名宦"） 張集義（浙江餘姚人，十九年任） 龐時雍（見"名宦"） 陸夢祖（見"名宦"） 張　孝（巴陵人，萬曆三十二年甲辰科，終雲南左布政使） 荆時薦（靈寶人，三十八年庚戌科） 趙昌期（浙江慈谿人，庚戌科） 向日昇（鍾祥人，四十一年癸丑科） 楊金通（孝感人，四十七年己丑科） 鄭之尹（會稽人，天啓五年乙丑科） 張文光（祥符人，崇禎元年戊辰科）	金允彝（鑲白旗漢軍，乾隆三年，以本府同知署） 李宏儒（順天府宛平縣廪貢，三年任） 丁　湜（河南永城縣人，六年署） 丁元正（湖南衡陽人，七年署） 宋楚望（湖北當陽人，進士，七年任，見"名宦"） 胡映奎（河南息縣拔貢，十年任） 熊會玢（安徽潛山人，十一年任） 姚立德（浙江仁和人，廕生，十七年任） 熊會玢（乾隆十九年復任） 熊　晉（江西南昌人，十九年署） 馬鵬飛（安徽桐城人，二十一年任） 周　綸（直隸河間人，二十四年署） 徐名標（二十五年任） 貴中孚（二十七年任，見"名宦"） 李鳳翔（江西建昌人，三十一年署） 錢汝恭（浙江嘉興縣舉人，三十一年任） 韓運鴻（安徽天長縣舉人，三十一年任）	張印坦（直隸人，元年任，見"名宦"） 陳懋霦（三年任） 湯維鋭（五年署） 蔡　琳（五年任） 吴謙吉（河南温縣人，六年署） 陳士棻（浙江仁和人，七年任） 周紹濂（浙江鄞縣人，癸卯舉人，八年任） 田　祚（浙江山陰人，甲辰舉人，咸豐九年任，見"名宦"） 馮　渭（浙江仁和人，同治元年代理） 張　熙（浙江山陰人，二年署） 徐　錕（浙江德清人，四年代理） 唐守道（廣西靈川人，甲辰進士，四年署） 王崇濂（浙江山陰人，六年署） 祁德昌（直隸永年人，癸亥進士，七年任） 汪坤厚（浙江蕭山縣人，附監，九年署） 鹿伯元（河南鹿邑人，己酉舉人，同治十年任） 何紹章（浙江仁和人，十一年署，見"名宦"）

① 按："姚元特"後，《嘉慶丹徒縣志》卷十三《职官二》尚有張叔通（寶慶元年任）、倪仲常（紹定元年任）、朱恪（紹定三年任）、石孝該（紹定三年任）、趙密甫（紹定四年任）、許池（紹定五年任）、林元（端平二年任）諸人。

② 按："田文虎"，原作"田虎文"，誤。據《至順鎮江志》卷十六《宰貳》、《嘉慶丹徒縣志》卷十三《職官二》改。

方　烈(三年任) 錢　模(咸淳中任) 葉　翥(淳熙中任)		石　碓(黄梅人,四年辛未科) 陳豐項(晉江人,七年甲戌科) 鄭一岳(廣東香山人,十年丁丑科) 關　鍵(錢塘人,十六年癸未科。十七年任,見"名宦"。按:前志自馬邦良、龐時雍以下止,載科分而無履任年歲,蓋即以榜下補授者,然無可考,姑爲之注明其年,觀者庶可彷彿得之)	戈　濟(直隸獻縣舉人,乾隆三十二年任) 徐天球(湖北廣濟縣進士,三十五年任) 李逢春 趙秉鍾 吴　瑍(并四十年署)	周作鎔(浙江烏程人,附貢,十三年署) 張朝珍(直隸磁州任,光緒元年署) 馮壽鏡(浙江德清人,辛未進士,二年任) 譚泰來(江西人,三年署) 馮壽鏡(四年復任)

縣丞	主簿		尉、典史	巡檢
宋	宋	國朝	唐(尉)	國朝
陸安民 (見"名宦") 張　晉	王　深(見"名宦") 陳　沂	徐翔仞 倪祥焜(浙江鄞縣人,吏員) 魯維肅(直隸人,監生) 許爾爵(大興人) 樓應宿(宛平人,吏員) 何超龍(會稽人,吏員)(以上見《康熙志》) 李之起(直隸人) 方　捷(順天人) 常日新(山東人) 杜維藩(直隸人) 陶有成(順天人) 朱嗣隆(浙江人) 駱　兆(浙江人,歲貢)	項　斯 (會昌中進士,見"名宦")	(按:"巡檢"一缺,《康熙志》不列名氏,《嘉慶志》始備録之。國朝以前無可考矣) 胡士虬(直隸人) 顧　曝(大興人) 何毓英(山西人) 崔含英(山西人) 孫　謀(大興人) 錢景昌(浙江人) 王　昺(大興人) 張國正(河南人) 范　浩(大興人) 牛　丙(山西人) 顧勝受(浙江人) 高　宏(雲南人) 徐象文(江西人) 徐永千(浙江人)
明	元		宋(尉)	
王質彬 郭伯高 紀　綱(邑庠生,見"名宦") 劉　彬(直隸昌平人) 郭　永(浙江錢塘人) 周　珏(福州人) 劉　重 鄭　義 秦　亮 蔣　英 郭　通(濟寧州人)	廖子通(邑人) 朱　富(通州人) 張允恭(真定人) 張　鎔(常州人) 李　恪(南陽人) 秦憲文(真定人) 李　浩(大都人) 劉伯牙兀歹(河西人) 范夢魁(廬州人) 楊夢高(溧陽人) 高　謙(真定人) 符　珍(邳州人) 靖　惠(西川人)		葉夢得(吴縣人,紹聖四年進士) 陳　炤(常州人,進士,并見"名宦")	
			元(尉)	
			孫　琳 蔣忠崇(德州人)① 張　振 黄　興 劉　敬 王彦深 李　昇 王　誠	

① 按:"德州人",原缺,據《嘉慶丹徒縣志》卷十三《職官二》補。

程　勝（江西南昌人，監生）
閻　臻
哀　文
王　壽
趙　鑑
吴　絅
韋廷理（均州人，升營山縣）
杜　翰
楊文寶
傅　昇
王尚忠
羅　墀（桂東人①，監生）
陳王道（彭水人）
孫應溪（博興人，監生，累官重慶府通判）
李　治（醴陵人）
張德謙（平遥人，選貢）

國朝

吕允昌（四川夔州人，歲貢）
胡來聘（大興人，由内院辦事官任）
沈洪猷（浙江仁和人，歲貢）
陳焕新（山西太原府人，生員）
褚　建（直隸交河人，吏員）

張　翼（邳州人）
教　化（南陽人）
馬榮祖（順德人）
蕭士寧（廣平人）
王文祥（濟南人）
葉　杞（據"名宦"增入）

明

劉　述（華州人）
潘　志②（廣西蒼梧人）
彭守信（黄岡人）
黎　明（崑山人）
張孝先（海州人）
張　敏（山東益都人）
王　禧（山東東平州人）
索　進
鄒　飛（汀州人）
蔡仲仁（北平人）
孫　琳
曹　謙（山東沂州人）
趙　霖（泗州人）
馬納忽（回回人）
王天眆（河南人）
劉　敬（曹州人）
伊布剌金（回回人）
康也先不花（山東益都人）
侯天祐（山東東平州人）

樊周祚（大興人）
余來學（直隸人）
葛文英（宛平人）
胡　濬（湖北人，附生）
倪國縉（雲南人，拔貢）
楊　權（山東人，附生）
朱　源（浙江人，附生）
王作霖（浙江人，附生）
馬士憲（山東人）
王夢叶（河南人）
許　吉（河南人）
連襄山（安徽人）
利　綱（廣東人）
劉錫鉞（直隸人）
沈宗良（浙江人）
魏隆暉（福建人）
田大受（湖北人）
路佩炎（山西人，"炎"，原從"王"）
王蘭璧（山東人）
林上春（浙江人）
陳迪曜（廣東人）
周守仁（山東人，拔貢）
王士泰（四川人）
許　堃（浙江人）
喻榮疆（江西人）
王毓琦（直隸人）
譚士俊（廣東人）
吴　倫（浙江人）

孫繼榮
衛　祐
和弼闍赤（益都人）
韓思聰
趙　明
梁　澤（東平人）
趙孝祖（真定人）
張希賢（真定人）
衛良弼（大都人）
張　斌（廣平人）
田　偕
董仲良（真定人）③
游德宣（湖州人）
劉祺受
樊　樞（大都人）④
趙文諤（晉陵人）⑤

元（典史）
（按：此後惟典史一職不復設尉）

趙之才

明

朱　珍（紹興人）⑥
金　鏞（湖州人）⑦
胡文斌
郝伯逵
潘　恕
寇　某
王　麟（陝西扶風人）⑧
李　廞
何　恭
李　秀

羅位育（江西人）
楊　青（江西人）
白光照（四川人）
王裕猷（浙江人）
陳仕青（四川人）
邢大運（山東人）⑨（以上見《嘉慶志》，下闕）
盧恭壽（咸豐五年署）
趙邦千
徐心培
王再增
許檢身
顧子禹
吴慶瀚
趙景愷
張文源
周道深
虞在璣
高清巖（并署事）
許吉雲（同治十二年任）（右丹徒司）
胡　昇
何秉治（直隸人）
黄　升（河南人）
繆毓禎（大興人）
朱嗣隆（浙江人）
方旭昇（安徽人）
李天福（大興人）⑩
趙⑪鵬（四川沿州舉人，由知縣降）
胡文萌（大興人）
俞大楙（浙江人）
劉廷元（浙江人）

---

① 按："桂東人"，原缺，據《嘉慶丹徒縣志》卷十三《職官二》補。
② 按："志"，《嘉慶丹徒縣志》卷十三《職官二》作"智"。
③ 按：以上自"梁澤"至"董仲良"官員之里籍原均缺，據《嘉慶丹徒縣志》卷十三《職官二》補。
④ 按："大都人"，原缺，據《嘉慶丹徒縣志》卷十三《職官二》補。
⑤ 按："晉陵人"，原缺，據《嘉慶丹徒縣志》卷十三《職官二》補。
⑥ 按："紹興人"，原缺，據《嘉慶丹徒縣志》卷十三《職官二》補。
⑦ 按："湖州人"，原缺，據《嘉慶丹徒縣志》卷十三《職官二》補。
⑧ 按："陝西扶風人"，原缺，據《嘉慶丹徒縣志》卷十三《職官二》補。
⑨ 按：以上自"胡士虬"至"邢大運"官員之里籍原均缺，據《嘉慶丹徒縣志》卷十三《職官二》補。
⑩ 按：以上自"何秉治"至"李天福"官員之里籍原均缺，據《嘉慶丹徒縣志》卷十三《職官二》補。
⑪ 按："趙"，原作"起"，誤。據《嘉慶丹徒縣志》卷十三《職官二》改。

徐建德（大同府威遠衛人，歲貢，升知縣）
朱曰高（浦城人，貢監，應山縣降調）
朱運衡（陝西涇陽人，吏員）
李鵬衢（山西寧武①人，由訓導升任。）
安　珍（湖北黄陂人，貢監）
袁　慧（浙江錢塘人）
（以上見《康熙志》）
趙聯捷（陝西咸寧人）
金　瓚（鑲藍旗，筆帖式）
張　暄（鑲藍旗，監生）
林孟文
蔣永式（鑲白旗漢軍）
南應心（雲南人）
朱禹功（宿遷人）
黄大有（江寧人）
張　河（吴縣人）
朱奎襄（浙江人）
陸景澄（江皋人）
董　源（浙江嘉興縣舉人，以試用知縣借補。）
況纘緒（上元人）
白　明（正白旗漢軍）

元天福（福建邵武人）
張立大（彰德府人）
王　諒（濮州人）
王　艮（浙江金華人，監生）
龔　信（荆州人）
劉　達
初　深
劉　鳳
段　欽
王　震
張　毅（直隸柏鄉人）
孟　龍（山東平原人）
張　宗（見“名宦”）
剌　吉（江西南康人）
胡伯驤
王嘉吉②
曲　揖
劉　臣
王宗魯
渠　清
高　嵩
李　金
郭　傳
張　紀
王　釗
王　憲
靖　邊（直隸大名人，監生）
杜　敏（雲南太和人，知印）

許　模（浙江人）
邱時雍（福建人）
宋　瑇（山西人，附生）
（以上見《嘉慶志》，以後無考）
孫　瑾
王慶瑞（并道光中任）
趙秉佶（南豐人，道光二十九年任，同治五年卸事）
姚曾誥（錢塘人，監生）
韓濬川（貴池人，監生）
汪廷幹（錢塘人，監生，世襲雲騎尉）
程光煒（浙江嘉善人）
童毓昌（會稽人，吏員）
朱　煌（錢塘人，監生）
張煜城（浙江富陽人）（以上并署事）
熊　錚（安徽潛山人，監生，同治十二年任）

康　寧（直隸興濟人）③
翟　理
王　珪
侯　賢
史　鐸（浙江山陰人）④
桑　某
吴啓思（平汀人，吏員）⑤
鄭思忠（浙江上虞人，吏員）⑥

國朝

李萬春（宛平人，吏員）
林士仁
劉友直
陶峻齡
孫景淳
王國璋
金光顯
張　沛（大興人，吏員）
茹　璣（山陰人，吏員）
童承乾（吏員）
袁　瑜（富平人，吏員）（以上見《康熙志》）
李　璘（山東人）
婁士逵（直隸人）
喻　鐸（江西人）
葛文英（宛平人）
王　緒（大興人）
倪宏昌（直隸人）
馮鶴翔（浙江人）
陳士樞（安徽人）

舒元灝（浙江人）
邱君用（福建人）
萬思誠（湖南人）
邱時雍（福建人）
鄒德鳳（廣東人）
沈題柱（浙江人）⑦
（以上見《嘉慶志》，下缺）
孫可銘（咸豐七年任）
俞文藻
姚繩階
葉景雲
吴緝曾
孫元堃
周　鏞
丁振基（自吴緝曾外，餘并署事）
錢繼武（光緒二年任）
（右高家司）
劉　焕（浙江人）
徐　奇（直隸人）
許名世（大興人）
陳紹軨（宛平人）
焦繼訓（大興人）
陳瑞彪（浙江人）
馮紹堯（浙江人）
陳昌炎（大興人）⑧
尹文淵（江西人）
吴化被（江西人）
程汝楠（浙江人）
曹鴻文（安徽人）
汪　釗（浙江人）
李學明（浙江人）
朱仁聲（浙江人）
王祖慶（浙江人）⑨
（以上見《嘉慶志》）

---

① 按：“寧武”，《嘉慶丹徒縣志》卷十三《職官二》作“榮河”。
② 按：“王嘉吉”，《嘉慶丹徒縣志》卷十三《職官二》作“王嘉”。
③ 按：“直隸興濟人”，原缺，據《嘉慶丹徒縣志》卷十三《職官二》補。
④ 按：“浙江山陰人”，原缺，據《嘉慶丹徒縣志》卷十三《職官二》補。
⑤ 按：里籍，官職，原缺，據《嘉慶丹徒縣志》卷十三《職官二》補。
⑥ 按：里籍，官職，原缺，據《嘉慶丹徒縣志》卷十三《職官二》補。
⑦ 按：以上自“胡文萌”至“沈題柱”官員之里籍原均缺，據《嘉慶丹徒縣志》卷十三《職官二》補。
⑧ 按：以上自“劉焕”至“陳昌炎”官員之里籍原均缺，據《嘉慶丹徒縣志》卷十三《職官二》補。
⑨ 按：以上自“尹文淵”至“王祖慶”官員之里籍原均缺，據《嘉慶丹徒縣志》卷十三《職官二》補。

文學思(湖南人) 勵守訓(直隸静海縣舉人) 汪朝鑾(浙江人) 于穎發(山東人,拔貢。) (以上見《嘉慶志》。按:丹徒縣丞一缺,道光初年奉裁)	殷　相(陝西乾州人,監生) 張懋頊(四川人①) 鄧　鍊(大同人) 朱紹顔(萬全人,選貢。) 張文緒(懷柔人) 鄧　校(山陰人)		周　嶧(直隸人) 塗寧嵩(江西人) 周國樑(浙江人) 李業峻(廣東人) 胡　璋(浙江人) (以上見《嘉慶志》,以後無考) 方蘭石(桐城人,道光間任) 王　振(甘肅中衛縣人,字識,咸豐四年任) 沈史震(浙江山陰人,監生,同治四年署) 林傳馨(福建侯官人,監生,同治五年署) 王　振(同治六年復任) 陳　燾(浙江山陰人,監生,同治八年署) 王　振(同治九年復任)(按:舊志凡土員名氏均不詳列,今亦仍之)	舒維順(道光二十五年任,咸豐十年病故) 趙承恩 丁國慶 王壽椿 婁　泉 萬庭樾 段廷獻 湯瀛江 沈宗昉 陸桐華 盛金鑑(并署事) 陳銘勳(同治十二年任) (右安港司) 閘官② 龔大章(江西人) 藍鍾英(清河人) 何　照(長洲人) 蔣攸鎣(鑲藍旗漢軍) 劉　凱(安徽人) 施　雲(浙江人) 陳雄猷(廣東人)③ (以上見《嘉慶志》,下缺) 徐志涵(咸豐六年借補) 朱繼游 繆振烜 夏　渭 張文泗 錢步墀 劉　瀚 包希范 倪　晉 周　斌 吴耀春 周禧林 張恩榮(并署事)

① 按:“四川人”,《嘉慶丹徒縣志》卷十三《職官二》作“四川叠溪守禦所人”。
② 按:“閘官”,《嘉慶丹徒縣志》作“横越閘閘官”。
③ 按:以上自“龔大章”至“陳雄猷”官員之里籍原均缺,據《嘉慶丹徒縣志》卷十三《職官二》補。

職官四　官師表

宋	明		國朝	
教諭	(《康熙志》:明設教諭一員,訓導一員。)		(《康熙志》:順治二年,設教諭一員,訓導二員。三年,裁訓導一員。康熙三年,又裁訓導一員。十七年,又復訓導一員。)	
吴武陵(紹興十七年任) 孫繼學(迪功郎,寶祐①中任)	教諭	訓導	教諭	訓導
元 教諭 (《康熙志》云:舊志書"訓導附",今無從別。) 華文焕(邑人) 朱天珍(延祐六年任) 翟友直(慶元人) 潘　鑄(至正五年任) 陳遠實②(吴興人,至正十年任) 余時獻 陳允道(太平人)(以上見《康熙志》) 舒　頔(績溪人,據《名宦傳》補)	陳民初 劉　銓(湖廣人,"名宦"作"慈谿人,官訓導") 程思本(江西饒州人) 陳　豐(福建閩縣人) 袁　昇 阮　益(江西撫州人,洪武中任) 唐　誠 孔　純 湯文顯(三并邑人。湯,永樂中任) 林　震 柯　祐(漳州人) 周　焕(嚴州人) 王　謐(寧波人,正統中任) 趙　鎡(莆田人,正統中任) 鄧　宜(正統十年任)	秦　豫(河南祥符人) 盧　璧 陳秉文(浙江上虞人) 晏　然(江西萬載人) 徐本源(撫州人) 姜邦昌(衢州人) 趙思成(廣東廣州人) 董　鵬(台州人) 湯用賓(撫州人) 何　茂 謝　毅(邑人) 蔣　鑄 胡　瀟 趙　恭(福建晉江人) 徐　安(直隸南皮人,天順中任③。) 彭　禄(江西泰和人)	李宗道(遼東人,順治二年任,升鎮平知縣) 錢　穀(江寧鄉舉,順治六年任,升國子監助教、禮部主事) 陳紹思(太平人,歲貢,順治十一年任) 吴敬修(常州恩貢) 于德成(泰興歲貢) 王天璧(桐城鄉舉,康熙七年任,升陽穀知縣) 談　志(武進歲貢,十年任,升曲江知縣) 余濬飛(歙縣歲貢,十九年任)(以上見《康熙志》)	吴邦卿(雲和選貢,順治二年任,升廣寧知縣) 朱　臣(太倉歲貢,見"名宦") 畢　翰(徐州歲貢,順治十六年任) 張　機(蕪湖歲貢,康熙十六年任)(以上見《康熙志》) 彭　汝(康熙三十三年任) 秦華焆(無錫歲貢,四十一年任) 朱維章(舒城歲貢,四十四年任) 孔興觀(吴縣歲貢,雍正八年任。按:此處年分錯誤) 胡奎齡(涇縣歲貢,雍正元年任)

① 按:"祐",原作"佑"。

② 按:"實",《嘉慶丹徒縣志》卷十三《職官三》作"實"。

③ 按:"天順中任",原缺,據《嘉慶丹徒縣志》卷十三《職官三》補。

<table>
<tr>
<td></td>
<td>傅　性（山東恩縣人）
游　理
張　潞（廣東人，弘治中任，見"名宦"）
吕廷簡（新昌人）
夏　福
林　同（福建人）
歐　齡（廣西樂平人）
康　宣（朔州人）
裴　椿（湖北①安陸人）
倪鳳翔（雲南人）
雷　逵
尹　彦
劉祖修
梁　寵
葉應山（浙江慈谿人，萬曆十年任）
周希旦
劉一儒
盧性愚（福建人，萬曆十八年任）
施大經（直隸華亭貢士，萬曆二十三年任）
伍大義
彭汝諧（鄉舉，萬曆中任，後成進士）
應朝王（鄉舉，萬曆中任，後成進士）
李奇玉（鄉舉，萬曆中任，天啓中進士，見"名宦"）
朱應達（鄉舉，天啓中任，升國子監助教）</td>
<td>鄭　琳（福建莆田人，見"名宦②"。）
張　希（江西人，成化中任，見"名宦"）
陳公惠
馮　梅
劉　銓（浙江慈谿人，弘治中任，見"名宦"）
韓　華（浙江人）③
劉　資
毛　鵬
王　敷（陝西人，升上蔡知縣。）
朱　某（福建建寧人）
林　玭（莆田人）
黄純仁（浙江黄巖人，正德九年任。）
范　錡（江西豐城人，正德十年任。）
高　山
趙　府
李應祺
戴　珪
唐一夔
吕良佐（萬曆中任）
周中立（江陰人）
李東明（江西臨川人，萬曆十九年任，見"名宦"）
徐慎思（贛榆人，萬曆二十二年任）
黄繼芳（臨淮人）
鄭應龍（懷寧人）
張益謙</td>
<td>阮　樫（江寧鄉舉，康熙三十八年任）
王　煜（長洲鄉舉，五十四年任）
林　燾（儀徵鄉舉，雍正五年任）
胡正家（歙縣鄉舉，六年任）
華　謙（華亭舉人，雍正十一年任）④
陳其音（宿松歲貢，乾隆七年任）
張若本（桐城鄉舉，十年任）
陳啓佑（桐城鄉舉，十八年任）
趙　楠（震澤鄉舉，二十五年任）
楊士模
蔣之萇（甘泉鄉舉，二十六年任）
胡曰琇（太平縣鄉舉，三十一年任）
曹仁鳳（嘉定鄉舉，四十六年任）
高來泰（金匱廪貢，四十七年任）
范學醇（寶山廪貢，五十年任）
顧　堃（吴縣舉人，五十一年任，見"名宦"）（以上見《嘉慶志》，下闕）
陶貴鑑（常熟人，嘉慶乙卯舉人）
王恩注（婺源人，進士，見"名宦"）</td>
<td>張士俊（霍山歲貢，雍正八年任）
姚之嗣（亳州歲貢，乾隆四年任）
李嗣膺（碭山歲貢，八年任）
謝宏宗（鹽城歲貢，十一年任）
顧思照（婁縣廪貢，十五年任）
葛　枚（蒙城廪貢，二十一年任）
王倣寶（阜陽廪貢，二十二年任）
李方靖（崑山人，二十四年任）
楊士模（陽湖廪貢，二十五年任）
孫　露（泰州廪貢，二十八年任）
徐祖鎏（金山廪貢，四十九年任）
劉台拱（寶應鄉舉，乾隆五十年任，見"名宦"）（以上見《嘉慶志》，下闕）
趙　楷
曹樹杏
王繼曾
沈錫慶（鄉舉）
程爾亨
周載榮（并道光中任）
方其洪（江寧舉人，咸豐四年三月任）
謝恒祥（咸豐四年五月署）
郭鴻飛（咸豐四年十月署）</td>
</tr>
</table>

① 按："湖北"，《嘉慶丹徒縣志》卷十三《職官三》作"湖廣"。
② 按："宦"，原作"臣"，疑誤。
③ 按："浙江人"，原缺，據《嘉慶丹徒縣志》卷十三《職官三》補。
④ 按："華謙"條原缺，據《嘉慶丹徒縣誌》卷十三《職官三》補。

	卜萬連（浙江秀水鄉舉，天啓中任，升國子監助教） 吴永澄（浙江歸安鄉舉，崇禎中任，升英德知縣） 張爾芳（升安慶教授） 高應虚（四川成都鄉舉，崇禎中任） （以上見《康熙志》）	顧　麟（萬曆中任） 汪　某 王崇爵（升峨眉教諭） 莊景曜（升清河教諭） 馮夢龍（吴縣人，天啓中任，崇禎中①升壽寧縣知縣） 劉繼魯 陳爾善（崇禎中任） 吴士鼇 白汝純（升清源教諭） 甯宇昆（崇禎中任） 袁崇道（崇禎中任） （以上見《康熙志》）	阮師龍（鹽城鄉舉，并道光中任） 張志鴻（太倉廪貢，咸豐二年任） 吴謙吉（咸豐六年九月任） 聞維堉（鎮洋鄉舉，咸豐七年任，升松江府教授） 董啓文（昭文廪貢，同治四年署） 徐斗文（宜興拔貢，同治五年署） 錢家駿（吴江鄉舉，同治八年署） 柳光薰（吴江副貢，同治九年署） 王藴華（鎮洋鄉舉，同治十年任）	董在鎔（元和附生，咸豐五年任） 周焕階（太倉舉人，咸豐九年任） 李麟書 夏均轍（江陰廪貢，同治三年任） 屈校曾（常熟歲貢，光緒三年署） 周家禄（海門優貢，光緒四年署） 唐錫榮（上海附貢，光緒五年任）

職官五　名宦

按：《嘉慶志》載名宦四十二人，自南朝劉宋至乾隆間止，皆官莅丹徒有聲之員，不皆崇祀名宦祠者也。今依其例續之，而列其篇目於此，以從職官。

宋（南朝）②

沈巑之爲丹徒令，以廉自守，不事權要，浸潤日至，遂逮繫尚方，嘆曰：“一見天子足矣。”上召問之，巑之曰：“臣坐清，所以獲罪。”上曰：“清何以獲罪？”曰：“無以奉要人。”上曰：“要人爲誰？”巑之以手版四面指曰：“此赤衣諸賢皆是。”上知其無罪，復除丹徒令。（《康熙志》）

唐

項斯，會昌中進士，尉丹徒，有文學。楊敬之甚愛重焉。（《康熙志》）

---

① 按：“崇禎中”，原缺，據《嘉慶丹徒縣志》卷十三《職官三》補。
② 按：“南朝”，原缺，據《嘉慶丹徒縣志》卷十七《人物二・名宦》補。

宋

陳知奇，字虞卿。慶曆四年，任丹徒令。爲政主於愛民，而民亦愛之。(《康熙志》)

陸安民，爲丹徒丞，常以愛民爲念。(《康熙志》)

王深，熙寧間任丹徒主簿，有文行。(《康熙志》)

葉夢得，字少蘊，吴縣人。紹興四年進士，調丹徒尉。有文學，蔡京雅知之。既拜相，亟召用，旬歲間歷清要，遂入翰林爲學士。時年方壯，文華清麗，一時欽重。(《康熙志》)

陳炤，字伯光，常州人。登進士第，爲丹徒尉，徙①常州通判。元兵破城，死之。(《康熙志》)

元

薩都剌，即漢言濟善，字天錫，號直齋。祖父世著勛伐，留鎮雲代，生天錫於雁門，故爲雁門人。幼岐痴不群。弱冠，登丁卯進士第，應奉翰林文字，除燕南經歷，升侍御史於南臺。以彈劾權貴，左遷鎮江録事宣差，後陟官閩縣幕。(于文傳《雁門集序》)天曆元年，任録事司達魯花赤，設闤闠，制權衡，俾市物者各得其平。己巳歲大祲，白太守盡發倉廩以濟，所全活八十餘萬人。民居有逼近官廩者，太守議徙居他所，都剌以銀壺質錢，給使僦屋，太守愧而止。有嫗訟其子，都剌盡誠開諭，卒化嫗爲慈母，而子爲孝子。太守有豪奴，裁抑之。俗尚巫，以禍福惑愚民，悉捕治，俗爲變。都剌負才工詩，於京口山水多題咏焉。(《府志》)(《嘉慶志》曰：按：《正德志》云：都剌官録事司達魯花赤，轉丹徒縣達魯花赤。考都剌集《溪行中秋玩月詩序》云：余始以進士入官，爲京口録事、長南行臺，辟爲掾②，繼而御史臺奏爲燕南架閣官；歲餘，遷閩海廉訪知事；又歲餘，詔進河北廉訪經歷。其自序如此，并無官丹徒縣達魯花赤事。元鎮江府轄一司三縣，録事司與丹徒縣并治郡城，載入邑志"名宦"，非有所嫌，不必附會也。按：所謂"非有所嫌"者，以邑志衹載一邑名宦，都剌爲録事司，恐嫌於宜入府志也，故明其并治無嫌。)

葉杞，字南有。先世京口宦族，有别業在淞之吴匯。讀書負材諝，前太史楊瑀守建德，辟掾，辭。兵興，會進士及第，李國鳳經略南土，杞密陳時事十條，李嘉納之，授鎮江路丹徒縣主簿，將别任之，而柄移藩鎮矣。築草堂魚鱗涇上，扁曰"淞南"。(王逢撰《淞南草堂辭序》)

曹鑑，字克明，宛平人。郝彬薦爲淮海書院山長。天性孝廉，親族貧乏者周恤恐後。歷宦三十餘年，僦屋以居，臨終無餘資，惟書數千卷而已。(《康熙志》)

舒頔，字道原，績溪人。幼有志操，篤學好義，淹貫經史，工詩文。後至元丁丑江東憲使燕只不花辟爲池陽貴池教諭，秩滿，調京口丹徒校官，館於平章秦元之之門。先

---

① 按："徙"，原作"陡"，據《嘉慶丹徒縣志》卷十七《人物二·名宦》改。

② 按："掾"，原作"椽"，據《嘉慶丹徒縣志》卷十七《人物二·名宦》改。

是，邑學無恒産，廩禄仰給郡學。黌舍卑隘，僅三楹，門廡悉缺。先生出己帑，鳩度財用，闢建禮殿，創齋廡櫺星門，生徒從游者日益衆。松江府判俞用中爲文刻石以記。轉台州路儒學正，遭時多艱，不仕。歸，結廬爲讀書所，曰貞素齋。有《古淡稿》《華陽貞素》諸集。工篆隸，人多慕求之。洪武丁巳，終於家，年七十四。（張梓撰《貞素先生行狀》）

明

胡孟通，知丹徒。洪武十八年六月，與縣丞郭伯高以事同就逮。民數十人詣闕，訴其撫民有方。特命釋之，仍遣使勞以酒。（《康熙志》）

紀綱，字廷榦，丹徒諸生，有才略。文帝渡江，擢本縣縣丞。（《康熙志》）

王秉彝，河南人。洪武中，知丹徒。先是，邑民倪遵道等十餘人專主案牘，倚法害衆。秉彝至，首革之。凡獄訟科差，無不平允，民咸德之。尋升本府同知。（《正德志》）

羅觀，字彦賓，江西南昌人。初爲丹徒令，治稱最。永樂初，擢守本郡，聲績益著。學宫及城隍祠頽圮，悉加完輯。郡志久散佚，纂輯梓行。（《康熙志》）（按：《職官志》：本姓段。）①

奚壽，字宗仁，四川成都人。知丹徒縣，有才調，恤民下士。秩滿，家於郡中。（《康熙志》）

袁庸，字宗常，滿城人。貢士。初知海門縣，以治最，加六品俸。調丹徒，督民開墾，野無荒土。有蝗入境，庸禱曰："令無狀，責在我，民何罪焉？"蝗悉飛去。時閩寇起，至廑王師軍餉夫役，一呼而集，民不知擾。卒葬丹徒。（《正德志》）

蔣忠，字尚功，錢塘人。進士。有才調，能撫字。正統間，知丹徒。閩浙有警，邑當要衝，軍需旁午，措置有法，民賴之。徙知嘉定，後守常州。（《正德志》）

王溥，字公濟，武昌人。成化甲辰進士。時賈補庵爲國子祭酒，爲鄉縣求良尹，薦於吏部。乙巳，來知丹徒，蓋補庵門下士也。事至輒斷，庭無留案，屢爲撫按所旌。居六年，徵爲太僕丞，上《安邊十策》。洛陽劉晦庵在内閣，亦以門生知，薦守河南府。能聲益著，改守南康。致仕，歸，八年乃卒。（《康熙志》）

楊峻，字惟高，進賢人。成化進士，授丹徒知縣。鎮守方横取於民，督及有司，峻面數其罪，且欲與共拘攣詣京師，其勢稍戢。後升南京光禄寺卿，尋引年乞休。峻爲人嚴毅剛介，其於政事勤敏，自始仕時已然，居官所守始終如一。親喪，廬墓，至老不宴飲云。所著有《豐川集》。（舒芬《梓溪集》）

鄭琳，字元珍，莆田人。成化中，由舉人任丹徒訓導。精於書，旁通各經，横經高講，士類賴以啓發者甚衆。（《康熙志》）

張希，字士賢，江西人。成化中，由舉人任丹徒訓導。教法嚴明，士類悦服。有藻

① 按：按語原攔入正文，兹依例改爲小字注。

鑒識，大學士靳貴於諸生中决其爲遠大之器。遷國子監丞。(《康熙志》)

楊璡，字用璋，祥符人。進士。成化中，知丹徒。性慎密温厚，篤意愛民。水壞民田，成巨浸，力請於上官，蠲其租税。時中貴以事構巡撫辭，連璡，毅然不爲動，卒自直，擢監察御史。(《正德志》)(《嘉慶志》曰：按：趙吉士《寄園寄所寄》：璡知丹徒縣，會中使如浙，所至縛守令置舟中，得賂始釋。將至丹徒，璡選泅水者二人，各著耆老衣冠先往，中使怒令左右執之。二人即躍於江中，潛遁去。璡徐至，紿曰："聞公驅二人溺死江中，方今聖明之世，法令森嚴，如人命何?"中使懼，禮謝而去。)

張宗，字繼祖，陝西高陵人。監生。成化十七年，任丹徒主簿司馬。政廉介自守，縣令楊璡倚重之。撫按使者交薦，擢縣丞。性恬退，不樂仕進，遂致仕。(《康熙志》)

晁盡孝，字克仁，高陽人。進士。弘治中，知丹徒。廉明仁愛，厘剔隱弊，雖黠吏不能少逞善。病，設一榻堂後，卧而治事，至無弗理者。未久，以疾調靖江。既去，民益懷之。(《正德志》)

張潞，廣東人。弘治中，授丹徒縣學教諭，升鎮江府學教授。勤於督課，士林尊敬之。(《嘉慶志》"職官(下)""見'名宦'"而漏載之，今補。)

劉銓，浙江慈谿人。弘治中，任丹徒縣學訓導。當時士林欽佩，傳誦不衰。(舊志亦注而漏載，今補。)

郭浹，字崇仁，湖廣興國州人。弘治癸丑進士，初知靖江縣，以才勘治劇，改任丹徒，多善政。(《康熙志》)

李咨，字汝弼，直隸故城人。進士。弘治五年，令丹徒。寬雅尚文，不事苛察。有母告其子不孝者，委曲諭遣之，母子感化。民犯細故，多宥①貸。豪强蹀法，及奸吏舞文，必痛治之。内擢御史。(《康熙志》)

桂萼，字子實，安仁人。正德六年辛未進士，除丹徒知縣。性剛使氣，屢忤上官。調青田，不赴。(《明史》本傳)萼知丹徒，民間利病詢訪，不遺下賤所言。善温言降體，如待賓友，以是無隱不知，知無不爲。除奸剔弊，豪右斂迹，胥吏至不敢出縣門。後以議大禮，官至大學士。(《康熙志》)

茅坤，字順甫，歸安人。嘉靖十七年進士，歷知青陽、丹徒二縣。母憂，服闋。遷禮部主事，移吏部稽勛司。坐累，謫廣平通判，屢遷廣西兵備僉事，轄府江道。坤雅好談兵，瑶賊據鬼子諸寨，殺陽朔令。總督應檟以兵事委之，坤連破十七寨，晋秩二等。民立祠祀之。遷大名兵備副使。坤善古文，選《八大家文鈔》，盛行海内，鄉里小生無不知茅鹿門者。鹿門，坤别號也。(《明史·文苑傳》)坤知丹徒縣，會歲祲，多方賑恤，民賴以生。丹陽姜寶爲之記。(《康熙志》)

萬善，江西臨川人。甲辰進士。嘉靖二十五年，知丹徒縣。性純厚愛民，每訊訟必開誠勸諭，不輕用刑罰，訟者多感悟自咎而止。以憂去官。(《康熙志》)

---

① 按："宥"，《嘉慶丹徒縣志》卷十七《人物二·名宦》作"貰"。

何世學，字道甫。隆慶戊辰進士。知丹徒縣，縣當南北之衝，漕渠江防，百費雜出。又更①大水，民多逋賦。世學節用緩征，公私兩裕。擢都察院經歷。（《蕭山縣志》）

徐一檟，字汝材，西安人。隆慶戊辰進士。知寧國、大治，調丹徒。築長堤以捍江。縣有官、民田二則，官田糧重差輕，民田糧輕差重。一檟减官糧於民，推民力於官。又山鄉瘠壤，沙鄉沃壤，請以山鄉二畝抵沙鄉一畝，民甚便之。擢吏部稽勛主事。（《獻徵録》）

馬邦良，浙江富陽人。萬曆丙戌進士。任丹徒縣。洞察民隱，决獄如神。擢給事中。（《嘉慶志》"職官（下）"注"見'名宦'"而漏載之，今補。）

龐時雍爲主事時直攻沈一貫欺罔者十，誤國者十，且曰："一貫之富貴日崇，陛下之社稷日壞。"帝得疏，怒，命并元珍等貶三秩，調極邊。時雍，汶上人。萬曆二十年戊戌進士②，知丹徒縣，歷户、兵二部主事。既除名，未及起用而卒。（《明史·劉元珍傳》）時雍，字景和。知丹徒，性嚴介，果於有爲，治邑事如家事。四郊立義冢，修學校，搜訪古迹，有得輒立碑表之。設館，聘名儒纂修郡志。公餘輒至館討論，夜分弗輟。性至孝，升主事，在途中聞母喪，徒跣號呼，至家居喪盡禮。癸卯，主廣東試，尋以劾沈一貫罷職。没，與丹徒華鈺同贈官。（《康熙志》）

陸夢祖，字啓述，浙江山陰人。萬曆戊戌進士。知丹徒，以平易爲治，獨事上官無加禮，一時有"强項"之目。擢監察御史，巡按福建，丰裁赫然。升南光禄卿，歷官應天府尹。（《康熙志》）

黄子淳，號帶溪，山東曲阜人。以明經除鎮江府學教授。時魏璫勢焰，生祠遍海内。子淳逆知必及京口，預集諸生，勉以忠義，誡勿建言，倡始諸生奉教事，遂得寢。他如捐俸修學，清豪强占地，賙助貧儒婚喪，祭必齋宿，課士維勤。在任六載，未嘗濫受人③贄，多士誦，德不衰，祀名宦。（《康熙志》）

李奇玉，字元美。少舉於鄉，研精《易》學，造東林就正高攀龍，龍曰："發吾藴者，子也。"署教丹徒，以自課者課士。天啓壬戌成進士後，歷官汝寧知府。告歸，《易義注》成，學者稱"荆楊先生"。（《康熙志》）

關鍵，字六鈐。與錢肅樂讀書勝果寺，錢引繩墨合規矩，而鍵馳騁上下，汪洋恣肆，談者心悸。東汝艾南英亟稱之，而雲間陳子龍獨首推鍵，於是有"關錢之學"。癸未，成進士，知丹徒縣。不半年，弃官歸家。居以名德自重，絶口不言世事，子真、君平之亞也。（《錢塘縣志》）

---

① 按："更"，原缺，據《嘉慶丹徒縣志》卷十七《人物二·名宦》補。

② 按："萬曆"句，萬曆二十年，歲次壬辰，非戊戌。此句，《明史》卷二百三十一《劉元珍傳》作"萬曆二十年進士"。

③ 按："人"，《嘉慶丹徒縣志》卷十七《人物二·名宦》作"一"。

國朝（按：名宦，舊惟列丹徒宰貳、教官，其於郡守以下概弗之載。若以爲府志所有，縣志無須闌入，則前明黄子淳爲府學教授，亦嘗載之，何體例之不密也？况丹徒附在郡城，郡守、縣宰不容偏録，縣志即府志之根，名宦之有郡守，烏可略歟？所惜歷朝至明末由徵考府志久失，纂修亦無依據，今惟於國朝名宦補列"郡守"一官，以見聞所及、耆舊所傳各爲之傳，其"同知""通判"以下仍皆從略。）

鄒儀周，字西齋，福建南平舉人。順治十八年，任丹徒縣。康熙初，請建營房，兵民不擾，士民勒石焦山紀之。歸後，死耿逆之難。（《嘉慶志》）

高龍光，字紫虹，閩山人。康熙初進士。知鎮江府，多惠政，尤能諭勸兵民，使不相擾（西津江干曾獲其諭禁斷碑）。尋升任山西學政按察副使。去之日，士民立書院生祀之。（詳"輿地"《高公書院碑記》）

鮑天鍾，字惠伯，遼東官生，由筆帖式於康熙二十二年任丹徒縣。鋤强扶弱，綽著政聲。邑志失修，與邑人何絜等討論纂修，之後又聘修府志。（今補）

朱臣，字來賓，蘇州太倉人。以歲貢授丹徒縣學訓導。月會課諸生，具酒饌，論文評題，無不得當。學廟將傾圮，請於令張晉上督學使者鳩工修築，凡數月，朝夕勞瘁，竟以獲疾卒。諸生多爲詩哭之。（《康熙志》）

馮詠，字夔颺，江西金谿人。雍正二年，以庶吉士出宰丹徒。剛介廉潔，胥吏憚之，士民悦之。善政不可枚舉，如恤灾，修學皇華驛館東西炮臺，設立義學、義倉、義冢。河工之不便於民者，詳請免役；育嬰救生之有益於民者，皆所創始。濱江坍田，免逋二萬二千七百餘兩；劉巷、薛村墾荒一千七百六十餘畝，皆有碑記。罷官後，清苦儉約，寄居城隍廟之帝君書院。卒後邑中①士民踴躍助喪，以其②餘資建屋三楹，爲"桐村書院"，立木主祀之。（《嘉慶志》）（按：公殁後，民思公不置，即於書院肖公像，祠以爲縣城隍。）

胡慎，貴州餘慶人。康熙癸巳解元。雍正十二年四月，莅丹徒任。明年二月，以病卸事。乾隆元年五月，復任。三年四月，丁艱回籍。居官清慎有聲，士民感仰。（《嘉慶志》）

貴中孚，湖南武陵人。以舉人於乾隆二十七年調任丹徒。嚴明清慎，胥吏畏法。將海嶽庵改建寶晉書院，一切課士規條經費詳《書院志》，頗收造士之效。累升廣東高廉道。子逄③甲亦登第。（《嘉慶志》）

汪志伊，字稼門，安徽桐城人。由舉人升任鎮江知府，嚴明公正，恤士愛民，屬吏憚之。加意書院，增膏火之産，定督課之條。民間利弊，舉革明决。後調任蘇州府，累升至江蘇巡撫。名聞於廷，純皇帝嘉之，陛見時温語褒美，特賜進士出身。（以下新纂）

---

① 按："邑中"，原缺，據《嘉慶丹徒縣志》卷十七《人物二・名宦》補。
② 按："其"，原缺，據《嘉慶丹徒縣志》卷十七《人物二・名宦》補。
③ 按："逄"，《嘉慶丹徒縣志》卷十七《人物二・名宦》作"逢"。

劉台拱，字端臨，寶應人。乾隆五十年，以舉人授丹徒訓導。性篤孝，六歲失母，哀毀如成人。事父及繼母，孺慕終身。居官課諸生，嚴核甲乙，言坊行矩，率以身教。素精研程朱之學，以慎獨爲入道之門，以主敬爲躬行之本，故諸生以時進見，必以廉恥氣節相敦勉。經學湛深，尤精“三禮”，嘗取《儀禮》十七篇繪爲圖，與諸生習。禮容士子，得所師承；潛心實學，故所成就多鴻儒碩彦，如前寧國府學教授何佳玫，尤爲翹楚。時重建府學，上吏檄令勸捐督修，捐廉倡始。又設立灑掃公所，率諸生敬謹泛掃，蠲潔宫墻。至整飭祭器，修明佾舞，悉遵古制，秩然可觀。邑志歲久失修，創定規模，搜羅文獻，頗見精詳。甫莅任，適邑大饑，即贊襄長吏查灾勸捐，杜絶侵蝕。又請於明倫堂，設立麥廠，散給貧儒，盡心竭力，惠澤尤溥。生平律己最嚴，惟殫心著述，一切世故俗情絶口弗及。邑中紳士無敢干以私，而德盛禮恭，藹然有道，有令人抑然自下者。文宗韓柳，徒邑碑志多其手筆。在任十七年，以丁艱去職，服闋，病故。道光十年，奉旨祀鄉賢，迹載國史《儒林傳》。子桂棨，官銅山訓導，旌表孝子。孫書雲，咸豐丙辰進士，官内閣中書，主講寶晉書院。

顧堃，字堯峻，號思亭，蘇州長洲縣學諸生。初名陶尊，改名堃。入都，應京兆試。入順天府學，有聲。乾隆三十八年，純皇帝巡視天津，周燮堂制府、李郁齋學使薦堃，恭應召試，詩題爲《春水船如天上坐》。先是，御製擬作，謂天津一名“析木津”，諭諸臣和詩，皆知引用，迄難屬對。堃詩有“分明析木津前過，最是桃花漲後宜”二語，上閲其卷，大加嘆賞，擢第一，賜舉人。蓋時爲上巳後二日也。後入蔣時庵江西學幕，又主講大名府天雄書院。歲戊戌，改歸長洲原籍。乾隆五十年冬，銓授丹徒縣學教諭。嘉慶十二年，推升常州府學教授，卒於官。其子鎮生卜葬於丹徒萊山（見“輿地①·陵墓”）。堃在丹徒任二十二年，訓士有方，不索脩贄，不受饋贈，不與紳富往來，不附和地方官俗見。或以事昏暮進金，立揮斥之。生平惟樂讀書，耽吟咏，然深自韜晦，不逐聲華。所著有《思亭詩鈔》八卷、《文鈔》二卷、《覺非庵筆記》八卷、《時藝》一卷、《賦鈔》二卷，生前不肯付梓。六十年後，始校刊之。其子鎮生又瘞其手稿於長山北麓，題曰“詩冢”。

鄧暄，字葵薌，江西人。嘉慶初，知鎮江府，加意育士，捐廉俸入官，購水利通判奉裁廢署，爲童試考棚，添置寶晉書院恒産。以清理洲務太急，坐累免官。迄今士林猶稱誦焉。

萬承紀，字廉山，江西南昌舉人。嘉慶八年，授丹徒縣。父廷蘭，乾隆壬申進士，有“廉吏”之目。時已致仕，承紀迎養於署，凡事禀承，愛士恤民，闔境歌誦。邑志自康熙間鮑令修後百二十年失纂，邑紳蔣宗海藏有《續輯》成稿，承紀與王文治、張明謙、鄒光國等本之成《志》，討論付梓。蔣與其父拔貢鄉會，皆同年。《志》既成，廷蘭作傳，承紀爲後序。

① 按：“輿地”，原作“地輿”，或“輿地”之倒誤。

黎世序，廣東人。嘉慶中，知鎮江府。讀法勸農，察吏課士，實心實政，四邑誦之。升任南河淮海道，旋升河督。晝夜巡防，無河患者二十餘年。卒，謚襄勤，奉旨祠祀河上。

周以勳，字亦次，舉人。明敏，有幹局。入督撫幕，掌箋奏。既仕督撫，有要摺，時咨詢之。爲令，所至有聲，以才望調丹徒育嬰洲，歲租活嬰甚衆。丹陽奸民恃衆攘占，以勳獲其魁，置之法，洲永爲育嬰利。時川、楚教匪未盡，邑回民爲其仇，誣以習教，揭帖遍子①都城，奉欽差查辦，以勳知其皆良民也，力白於大府，事得解。嘉慶甲戌，歲大旱，以勳捐廉倡賑，集紳富，懇切勸諭，邑人輸銀至二十二萬之多，大吏嘆爲未有，交章上聞。去任後，士民稱之不置。

吴浚，浙江歸安人。道光壬午進士，甫逾冠，以知縣分發江蘇。旋丁母憂，家居，延名幕，習治術。三年，服闋。補丹徒，年二十八。邑最繁劇，浚從容優裕，案無留牘，獄無屈抑，胥役莫能欺，民受其惠。漕河在丹徒者歲一浚，浚舁金錢置河干，斛水畚土，躬自巡歷。勤者賞，惰者笞。京口閘底舊設鐵檻，爲河深之度，顢頇者久不知，惟浚浚至此，嗣後不待浚者數年。漕艘阻淺在境輒生事，爲民累。浚不論晝夜，伺東風起，雖四五鼓，立躬往催趲。縣試日，坐堂皇諄諄勉諸童如師弟，論者以爲能吏而有儒風，在州牧中爲難覯云。任滿，遷秩高郵州。

熊傳栗，字民懷，河南商城人。道光壬午進士。十五年，任丹徒。周知民隱，敏於聽斷，鞫訊日，坐外堂閱民辭，一目了了，決讞必中窾竅。遷蘇州府船政同知。去任之前夕，斷七十餘案，釋累繫者數十人。

竇欲浚，字松溪，雲南人。道光初，由拔貢京官授知鎮江府。下車日，即策訪民間利病及善堂義舉，各務并采，舉名山勝迹，虚衷下問。於書院課士，厘定章程，擇其尤者延入署中。加課論文，亹亹不倦。後升四川鹽法道。

王恩注，字芑泉，號二癡，徽州婺源人。嘉慶丙辰進士，授内閣中書，因丁艱起復，稽延月日，謫授浙江金華知縣，緣事揭參丞佐，降授縣丞，改教職。道光十二年，授丹徒縣學教諭。督葺文廟，於春秋丁祭。添置祭器，敬謹演禮，躬率多士無倦容。月課諸生，必召至明倫堂，親加指示。學宗新安，《述學要》三十三篇以繼《中庸章句》，梓授諸生。年七十三，卒於官。著有《芑泉詩鈔》二卷。卒之日，家無斗儲，其生徒集金送之歸葬。

王德茂，字亥坪，河南光山舉人。道光中，授丹徒縣。明察勇決，案無留牘。逾年，調任他邑。二十二年，復任。時值海寇甫退，諸不逞猶肆搶掠，德茂廉知其實，一一拘訊，懲治如律，民得安堵。邑紳所捐鄉會公車款項存質庫生息，兵燹後，質庫俱被掠，存本皆空。德茂極意勸捐，復得興舉，倍於前款，士人賴之。二十五年，秩滿告歸。

陸嵩，字希孫，號方山，蘇州元和人。以優貢生授鎮江府學訓導。道光戊戌莅任，

① 按："子"，疑當作"于"。

至咸豐戊午引疾去，凡二十年。勸學課士，力行不倦。逢學使取送生徒，從無計脩贄多寡。道光間，徒邑水灾，迭見嵩襄理賑務，實心實力。監寶晉書院事，洲田被水，往往停課。嵩言於郡守及縣令，每於田無穫時先期開課，并籌膏火等費。咸豐癸丑，粵寇據城，嵩奉府諭，在鄉勸督鄉民團練義勇。至丁巳寇退，復任。明年，以疾歸蘇州，卒於家。嵩通經博學，爲人和易，而風骨崚嶒，一應世情俗夫，概不與接。著有《意苕山館詩集》十六卷、《醫門辨證引方》二卷。孫潤庠。

吴自徵，字月耕，晚號拙泠老人，常州武進人。道光丁酉舉於鄉。甲辰，以大挑選授鹽城縣學教諭，多美政。同治二年，擢鎮江府學教授。時粵寇甫退，文廟頽弛，士多避地未歸。自徵首議牘籲上官修復，招徠并請書院開課。然性方鯁，每與上官不合，遂於同治八年乞休。家貧如昔，常州舊屋已圮於兵，不得歸，乃僑寓城中。十二年冬，以疾卒。其鬱勃慷慨之氣一寓於著作，著有《瓢城吟草》《京江吟草》若干卷，又《古文》若干卷，《蹋跡叢譚》若干卷，俱待梓。

何紹章，字嘯賡，浙江仁和人。以監生佐軍幕，加叙知府，授知縣。同治十二年，權丹徒縣事。留心民瘼，加惠士林。邑東北各鄉有民田萬餘畝，素係倍科納糧，民苦累，往往逃業。紹章爲力請上官，改納單糧，得允。邑志自乾隆後八十年失修，紹章設立志局，捐廉爲局費，延品學之士纂修之，以憑刊刻報省采入《通志》。明年秋，去任。光緒元年，卒於蘇省旅邸。

丹徒縣志卷二十一終

丹徒縣志卷二十二

選舉一　召辟

選舉叙

選舉之志昉自《周禮》，歷代更其法，不易其名。丹徒一邑，魁人杰士，接踵代興。鄉會兩科，彬彬日盛，甲於東南，豈科名足以重人歟？抑人自足爲科名重也。《會典》所著特科有三：曰博學鴻詞，曰經學，曰孝廉方正。博學鴻詞兩開，經學一開，得人最盛。而孝廉方正之科，登極屢開，由之以踐歷顯仕者獨少。歲貢仍前明制，加以恩選副優。或有循卜式故事，亦得致身通顯。至若挽强命中，上備干城，抑又六郡良家之選也。今都其姓名，并著於篇外，此貤封恩蔭，國典存焉，例得附見。志選舉。

吴

華覈（見“名賢”）

晉

祖逖（見“名賢”）
劉惔（見“名賢”）
徐邈（見“儒林”）
徐廣（見“名賢”）
檀憑之（見“忠義”）
何無忌（見“忠義”）
劉毅（見“名賢”）
劉穆之（見“名賢”）
臧燾（見“名賢”）

宋（南朝）

劉簡之（見“名賢”）
劉粹（見“名賢”）
劉延孫（見“名賢”）
劉琨之（見“國系”）
邱巨源

齊

臧嚴（歷官義陽、武寧郡守，見“文苑”）

梁

徐勉（見“名賢”）

江革（見“名賢”）

劉緦（見“文苑”）

臧盾（見“名賢”）

唐

蕭德言（見“儒林”）

孫處玄（見“儒林”）

宋

米芾（見“文苑”）

焦千之（見“儒林”）

湯克昭（見“尚義”）

朱峯（孝宗淳熙間薦舉，任著作郎。據《開沙志》增）

茅湘（見“忠義”）

許蒼野（乾道五年，以進士登博學宏詞科，見“進士”并“名賢”《許暘傳》）

元

雷澤（大德四年，以賢良方正薦，官至同平章事①，見“名賢”）

王垚（見“文苑”）

湯炳龍（見“儒林”）

陳子方（見“尚義”）

俞希魯（見“文苑”）

郭景星（見“孝友”）

郭畀（見“文苑”）

王昌（《開沙志》作“王福昌”，至元甲申，由税户茂才薦，授英德州判官）

王福隆（大德間，由賢良方正薦，任無錫州判。據《開沙志》增）

王仕斌（至元乙亥，應求賢辟，授湖州税課司大使。據《開沙志》增）

明

秦從龍（見“名賢”）

余文昇（官至工部尚書，見“官績”）

① 按：小字注與《嘉慶丹徒縣志》卷十四《選舉一·召辟》略异，姑移録於此：“大德四年，以賢良方正薦，官中書省左司員外郎，尋擢中奉大夫，出爲浙西行中書省參知政事，升通奉大夫，同平章事。”

陳繼善（舉高年，洪武二十三年任御史）
徐銘（官至兵部右侍郎）
戈鎬（見“文苑”）
俞圭（見“文苑”）
費誾（見“名賢”）
儲懋（官至南京户部尚書）
滕毅（見“名賢”）
李遜（見“宦績”）
束清（見“宦績”）
張德（見“忠義”）
郭任（見“忠義”）
丁禮（見“儒林”）
裴俊（見“名賢”）
何淵（見“儒林”）
鄭靈（見“文苑”）
顔希賢（以人才薦，官至工部尚書）
楊文訓（官至參政）
沈經（官至參政）
楊一清（以奇童薦，又見“進士”“名賢”）
茅潤（邑庠生。正德間，以邊功薦，叙五軍都督府都事，賜三品銜，見“隱逸”）
王潮（見“進士”）
鄔暹（舉賢良方正，任訓導）
湯應勣（見“忠義”）
張縉（見“名賢”）
張祚（諸生①，正德間，舉高年，給六品章服）
孫禄（以人才薦，仕至參政）
劉顯（以人才薦，任知府）
朱真（以懷才薦，任同知）
薛恭（以人才薦，任知府）
潘宴（以懷才薦）
趙諭（以人才薦，任高州府同知）
歐陽士振（見“孝友”）
周鑑（任監紀同知）

① 按：“諸生”，《嘉慶丹徒縣志》卷十四《選舉一・召辟》作“郡庠生”。

趙元亮（洪武間，舉賢才，任長沙府同知）
王信（洪武丁丑，詔求賢，授黎城知縣，轉静寧州）
趙勉（永樂初，以舉辟任南京户部侍郎）
朱元（永樂間，應求賢詔，任四川安樂縣）
丁榮（宣德間，以薦辟授浙江慈谿縣丞）
朱彬（宣德間，薦舉任路南州同知）（以上六人據《開沙志》增）
卞進（選貢，史閣部薦舉賢才，授河南商邱縣。增）

國朝

張九徵（薦舉博學鴻詞，見"名賢"）
何鵬雲（新城縣縣丞）
張宏敏（薦舉博學鴻詞，又考取康熙乙酉南巡召試）
劉上騆（康熙乙酉南巡召試，授四川富順知縣，升湖北安陸府同知，見"宦績"）
鄔維新（康熙乙酉南巡召試，授廣東新寧知縣，見"宦績"）
范聖文（康熙乙酉南巡召試，授貴州安南知縣，升廣西柳州府同知，見"宦績"）
李穎合（雍正間以優行貢成均，試用工部都水司主事）①
韓嘉禾（康熙乙酉召試詩字，充明史館纂修。增）
張德林（安東教諭，薦舉孝廉方正，給六品頂帶。後凡舉孝廉方正者同）
鮑臯（薦舉博學鴻詞，見"文苑"）
李紹膺（縣丞。雍正十三年，保舉賢良方正，知廣東曲江縣，升理瑶同知。增）
錢志睦（薦舉孝廉方正）
鮑之鍾（乾隆乙酉南巡召試第一，欽賜舉人，授内閣中書，見"進士"及"文苑"）
劉荐芳（歲貢生，乾隆己亥，以高年恩賜舉人，庚子會試後，賞光禄寺署正銜）②
吴北海（監生，薦舉孝廉方正，見"尚義"）
劉濤（嘉慶元年，薦舉孝廉方正）
馮豫福（附監生，道光元年，薦舉孝廉方正）
錢爲震（道光元年，薦舉孝廉方正）
戴楫（諸生，咸豐元年，薦舉孝廉方正，見"文苑"）
劉炳勳（諸生，同治元年，薦舉孝廉方正）

選舉二　科目

進士（按：《康熙志》凡邑人以外籍中式鄉會試者，皆不録；又鄉試副榜均列貢士，

① 按："李穎合"條，原缺，據《嘉慶丹徒縣志》卷十四《選舉一·召辟》補。
② 按："劉荐芳"條，原缺，據《嘉慶丹徒縣志》卷十四《選舉一·召辟》補。

而無其科。今悉依《嘉慶志》，其有見進士，不見舉人，或舉人下亦不見，而別有所見者，蓋皆以外籍中式故也。）

唐（《康熙志》原注：自隋建進士科。又云：唐初進士試未屬禮部，以考功員外主之。天子自詔曰：制舉以聲韵爲學。及武后策問於殿前，始有廷試。）

調露元年（《康熙志》原注：高宗己卯，改調露元年。庚辰，又改永隆。舊志：調露二年。疑誤。）

馬懷素（户部侍郎，封常山縣公，拜秘書監，後贈潤州刺史，見"名賢"）

開元十八年

陶翰（禮部員外郎，見"文苑"）

開元二十二年

申堂構（武進尉）

天寶（闕）載①

權皋（以著作郎召，不就，見"名賢"）

天寶六年

包佶（以國子祭酒知禮部貢舉，見"文苑"）

天寶七年

包何（起居舍人，見《佶傳》）

元和元年

李紳（《嘉慶志》脱）

宋（《康熙志》：宋設進士，有一甲至五甲，有一舉至十五舉者，雖同五經、學究、明經，而禮數輕重特异。）

咸平三年

刁湛（刑部郎中，見"名賢"及"孝友"）

（闕）年

刁湜（屯田員外郎）

大中祥符元年（姚煜榜）

刁渭（太常博士）

大中祥符五年（徐奭榜）

顧祥

天聖二年（宋郊榜）

刁繹

---

① 按："載"，原作年。天寶，唐玄宗李隆基年號。天寶三載正月朔改"年"爲"載"。《嘉慶丹徒縣志》卷十四《選舉二·科目》作"年"。《光緒志》襲《嘉慶志》之誤。兹改爲"載"，下同。

天聖八年（王拱辰榜）

刁約（館閣校理、直史館，見“名賢”）

景祐元年（張唐卿榜）

陳浚

寶元元年（吕溱榜）

張子方（遷金壇，官至太常少卿）

陳諫（光禄寺丞）

陳汝奭（知海州，見“宦績”）

慶曆二年（楊寘榜）

章嶙

洪洞

郭震

慶曆六年（賈黯榜）

陳涣

柳涚（陝西司户參軍，改大理寺丞，見“宦績”）

張奕

譚釁

張知章（學究及第，桂陽尉，終慶州司理參軍）

（闕）年

蘇頌（右僕射兼侍中門下侍郎、太子太保、趙郡公，見“名賢”）

皇祐元年（馮京榜）

豐有章（駕部員外郎，見“文苑”）

皇祐五年（鄭獬榜）

雷豫

嘉祐二年（章衡榜）

刁璹（見“宦績”）

陳龍輔（知建昌軍，見“文苑”）

嘉祐六年（王俊民榜）

姚震

楊照（承議郎、慶成軍使、贈朝散大夫）

洪民師

周伯玉

俞希旦（自歙遷丹徒，終朝議大夫、上國柱，知澶州）

嘉祐八年（許將榜）

陳列

葛藴（鄧州穰縣簿）
治平二年（彭汝礪榜）
張行古
治平四年（許安世榜）
路復貫（開封人，徙居丹徒）
熙寧六年（俞中榜）
紀孫求
顧林宗
曾旼（監潤州倉曹，見“文苑”。增）
熙寧九年（徐鐸榜）
孔端彦
元豐二年（時彦榜）
劉鋭
顧章
元豐五年（黄裳榜）
葛思漸
元豐八年（焦蹈榜）
儲公桓
詹輔
元祐三年（李常寧榜）
張大忠
沈濟
高述
元祐六年（馬涓榜）
蔣琳
宗澤（贈觀文殿學士、通議大夫，謚忠簡，見“名賢”）
紹聖元年（畢漸榜）
房察
蔡居厚
路喬年
吴中起
虞沇
崇寧二年（霍端友榜）
洪遘
洪遇

崇寧五年（蔡薿榜）

紀敘

曹文

杜充

劉將

大觀三年（賈安宅榜）

鄧翰

葛處厚

政和二年（莫儔榜）

李覺

杭濟

陳哲

王汝霖

陳孝友（終奉議郎）

政和四年

許暘（大理少卿，見“名賢”）

政和五年（何卓榜）

馮晉

蔣洵

劉無極（尚書郎）

張頡（兵部員外郎，見“文苑”）

孫藎（淮南運判兼提刑，又知信州、嚴州，見“宦績”及“尚義”）

張端衡（據《畫史》增，見“書畫”）

政和八年（王嘉榜）

李舜卿

周端禮

劉丕

丁儁

周端虛

譚處恭

宣和三年（何渙榜）

湯果

陳孝恭（膠水主簿，累官國子監丞、知岳州）

杜友

宣和六年（沈晦榜）

楊鎬（奉議郎、知常州晉陵縣）
陳元巽
陳克舉
章驤
蘇振
都潔（太府少卿，見“儒林”《都郁傳》）
建炎三年（李易榜）
陳叶
紹興二年（張九成榜）
虞惟幾
顧時中
陳孝威（終選調）
紹興五年（汪應辰榜）
郭珣瑜（揚州教授）
紹興八年（黄公度榜）
豐淵（吴縣令）
巫孝立
紹興十二年（陳誠之榜）
范卣
張扶（國子監祭酒，見“文苑”）
施士衡
張瑾（信州司理）
紹興十五年（劉章榜）
豐漸（海陵簿，附見“文苑”）
紹興十八年（王佐榜）
柳仲永
紹興二十一年（趙逵榜）
張大允（揚州僉判兼宗丞，見“宦績”）
紹興二十七年（王十朋榜）
張樗年
紹興三十年（梁克家榜）
崔耕（知江州德化縣）
隆興元年（木待問榜）

許蒼野（由廣德軍教授召試，仕至倉部郎，見“名賢”《許暘傳》并“召辟[1]”）
霍篪（成都府路運判，見“宦績”及“尚義”“文苑”）
乾道二年（蕭國梁榜）
杜士英
徐玠
周孚（真州教授，見“文苑”）
乾道八年（黄定榜）
許開（淳熙十年，又試教官科）
顧時大（池州縣丞）
周吕齡
淳熙八年（黄由榜）
陳珙（歷崇德尉、真州司法、湖州教授）
田曉（建康府教授，見“文苑”。增）
李紳
丁允叔（洛陽籍，任兩淮經略使。據《開沙志》增）
淳熙十一年（衛涇榜）
葛師心
淳熙十四年（王容榜）
徐栻
紹熙四年（陳亮榜）
許閎
慶元二年（鄒應龍榜）
蘇漢（開州守）
嘉泰二年（傅行簡榜）
張焕文
曹焕
嘉定元年（鄭自誠榜）
高炎
衛价
嘉定四年（趙健大榜）
孫沂
戴宗德
何閎

① 按：“召辟”，《嘉慶丹徒縣志》卷十四《選舉二·科目》作“辟召”。

嘉定十年（吴潛榜）

邱岳（海州人，淪於金，南歸，自高郵徙潤。累官至工部尚書、沿江制置使兼知建康府）

嘉定十三年（劉渭榜）

錢績

陳景周（溧陽尉，見“宦績”）

王爚（歷仕至左丞相。據《開沙志》增）

嘉定十六年（蔣重珍榜）

葛文昌

丁曄（禮部尚書兼觀文殿大學士。據《開沙志》增）

寶慶二年（王會龍榜）

李倫

艾慶長（衢州教授）

田文虎（知常州，見“宦績”）

章琰（右文殿修撰，見“文苑”）

紹定二年（黄朴榜）

劉桂高

紹定五年（徐元杰榜）

茅莽（通判）

端平二年（吴叔吉榜）

蔣孚（饒州教授）

嘉熙二年（周坦榜）

潘大有

朱南杰

高桂（樞密院使，見“忠義”）

淳祐元年（徐儼夫榜）

譚龍光

高嘉

（闕）年

王己（兵部右司郎中，見“名賢”）

淳祐四年（劉夢炎榜）

王文端

潘巋之

米景炎

丁式中

孫應鳳（將作監簿、知江陰軍）

蘇龜明

淳祐七年（張淵微榜）

艾汭（初名慶曾，蕪湖縣令）

胡用存（再中教官科，官至吏部侍郎）

淳祐十年（方逢辰榜）

胡宗偉

孫附鳳（端明殿學士、參知政事，兼知樞密院事、太子賓客）

寶祐元年（姚勉榜）

王良臣

楊道濟

王西發（静海縣令，見“隱逸”）

寶祐四年（文天祥榜）

陸秀夫（端明殿學士、僉樞密院。國朝咸豐九年從祀文廟，見“儒林”）

石介（自洺水徙丹徒，仕通判，見“文苑”）

蘇景瑋（太府寺丞，見“隱逸”）

蕭漢傑（仕元，至建康路總管、府同知，見“文苑”）

景定三年（方山京榜）

潘文振

咸淳元年

朱焱（據《隱逸傳》增）

咸淳四年（陳文龍榜）

莫崙（自江都徙丹徒，見“隱逸”）

王應嘉（自莆田徙丹徒）

梁棟（仁和尉，見“隱逸”）

咸淳七年

袁秀發（自嘉州徙丹徒，爲固始主簿、汀州録事參軍）

咸淳十年（王龍澤榜）

修謹（通州①教授，見“隱逸”）

胡傳心

林桂發（仕元，淮東學提舉，見“文苑”）

（闕）年

---

① 按：“州”，原作“判”。《至順鎮江志》卷十九“修謹”條載：“宋咸淳十年登進士第，授迪功郎、鎮巢縣主簿，再調通州教授。”又《嘉慶丹徒縣志》卷十四《選舉二・科目》亦作“州”。據改。

青陽夢炎（仕元，至吏部尚書、翰林學士，見“名賢”）

元（《康熙志》：元科場分左右榜，右榜兩場，第蒙古、色目人；左榜三場，第漢人、南人。進士，三年一舉，不及百人；鄉貢，江浙行省額：取蒙古五人，色目十人，南人二十八人。）

至順元年

何水（洛陽縣令，見“名賢”）

明（《康熙志》：洪武三年，舉鄉試；四年辛亥，會試天下舉人；五年壬子，罷科舉，令有司察舉賢才；十七年甲子，乃頒行科舉，式定以三年一大比。）

洪武十八年乙丑科（丁顯榜）

陳迪（二甲十一名，監察御史。按：甲數、名數皆《嘉慶志》補）

盛安（二甲一百名，國子監學正）

盛思明（三甲十一名，累官按察司副使。“明”，《康熙志》作“民”）

永樂二年甲申科（曾棨榜）

杜春（三甲三百九名，監察御史、山西按察司僉事）

永樂十六年戊戌科（李騏榜）

陸坦（二甲四十九名，江西按察司知事）

盛祥（三甲一百三名，知道州，見“宦績”）

永樂二十二年甲辰科（邢寬榜）

殷時（二甲七名）

正統十三年戊辰科（彭時榜）

蔣敷（三甲二名，江寧醫籍，工部郎中，見“宦績”）

景泰五年甲戌科（孫賢榜）

甯珍（三甲十五名，兵科給事中，見“宦績”）

蔣敞（三甲八十四名，江寧縣籍，兵科給事中）

天順元年丁丑科（黎淳榜）

胡信（二甲七十三名，户部員外郎，見“宦績”）

吉惠（三甲三十一名，知紹興府）

天順四年庚辰科（王一夔榜）

吴宣（二甲二十一名，監察御史）

成化二年丙戌科（羅倫榜）

余瓚（三甲一百五十六名，武功中衛軍籍）

張念劬（江西連城知縣，見“宦績”。增）

成化五年己丑科（張昇榜）

費誾（二甲二名，官至禮部侍郎兼侍讀學士，見“名賢”）

趙祥（二甲五十名，户部郎中，見“文苑”）
成化八年壬辰科（吴寬榜）
達毅（二甲五十六名，南京①户部郎中，見“宦績”）
楊一清（三甲九十五名，官至大學士，謚文襄，見“名賢”）
成化十四年戊戌科（曾彦榜）
丁璣（三甲八名，南京②儀制郎中、廣東提學副使，見“名賢”）
成化十七年辛丑科（王華榜）
章啓（二甲六十四名，武功中衛軍籍）
楊綸（二甲六十一名，丹陽縣匠籍，見“宦績”）
成化二十三年丁未科（費宏榜）
滕櫝（二甲二十七名，雲南金齒司軍籍）
弘治三年庚戌科（錢福榜）
靳貴（一甲三名，官至大學士，謚文僖，見“名賢”）
楊成（知山東邱縣，據《家乘》增）
弘治九年丙辰科（朱希周榜）
袁陽（三甲八十七名，滿城縣軍籍，上元縣令）
弘治十五年壬戌科（康海榜）
蕭杲（三甲一百五十二名，江西安福縣令）
弘治十八年乙丑科（顧鼎臣榜）
許完（三甲五十八名，監察御史，見“文苑”）
曹倣（三甲一百九十七名，太僕寺少卿）
正德三年戊辰科（吕柟榜）
唐鵬（三甲三十五名，禮部員外郎）
王潮（三甲二百十七名，武功中衛籍，官至户部侍郎）
正德九年甲戌科（唐皋榜）
張萊（二甲四十二名，户部主事，見“儒林”）
戴仲綸（三甲七名，騰驤左衛勇士籍，山東鹽運司運同）
正德十二年丁丑科（舒芬榜）
丁瓚（三甲一百二十四名，按察司副使）
正德十六年辛巳科（楊維聰榜）
繆宗周（三甲二百十一名，雲南臨安衛軍籍）
嘉靖二年癸未科（姚淶榜）

① 按：“京”，據《嘉慶丹徒縣志》卷十四《選舉二·科目》補。
② 按：“京”，據《嘉慶丹徒县志》卷十四《選舉二·科目》補。

吴淮（二甲九十五名，監察御史、知黄州府，見“名賢”）

鄔紳（三甲九十七名，四川按察副使，見“名賢”）

嘉靖八年己丑科（羅洪先榜）

吕高（二甲八十六名，太僕卿，見“文苑”）

嘉靖十一年壬辰科（林大欽榜）

茅鑾（二甲十七名，浙江布政司右參政，見“名賢”）

錢亮（二甲四十五名，官太僕少卿，謫外任，升參議）

嚴寬（三甲一百九名，知杭州府，見“宦績”）

嘉靖二十六年丁未科（李春芳榜）

沈晃（三甲一百五十九名，知河南歸德府）

嘉靖三十二年癸丑科（陳謹榜）

夏儒（三甲一百八十二名，户部員外郎，見“宦績”）

嘉靖三十五年丙辰科（諸大綬榜）

戴廷忞（三甲五十一名，湖廣長沙衛籍）

嘉靖三十八年己未科（丁士美榜）

曹楝（三甲一百二十名，兵科給事中、按察副使，見“名賢”）

嘉靖四十四年乙丑科（范應期榜）

范崙（三甲八十八名，官至南京工部尚書，見“名賢”）

曹慎（三甲一百三十五名，湖廣提學副使，鎮江衛軍籍）

隆慶五年辛未科（張元忭①榜）

王胤②祥（三甲二百三十名，直隸武寧衛軍籍）

楊維新（三甲二百六十九名，按察副使參政。按：“楊”，《康熙志》作“卜”，《嘉慶志》作“楊”，《題名碑録》亦作“楊”，“舉人”條，兩《志》并作“卜”）

萬曆五年丁丑科（沈懋學榜）

劉際可（二甲五十一名，山東參議，見“名賢”）

李一陽（三甲六十九名，江西按察副使，見“名賢”。錦衣衛校籍）

浦卿（三甲一百四十七名，錦衣衛籍，户部郎中）

萬曆八年庚辰科（張懋修榜）

茅崇本（三甲一百五十三名，江西吉安府推官、刑部主事，見“宦績”）

朱運昌（三甲一百九十一名，按察副使參政，雲南前衛軍籍）

萬曆十四年丙戌科（唐文獻榜）

---

① 按：“忭”，《嘉慶丹徒縣志》卷十四《選舉二·科目》作“汴”。

② 按：“胤”，原作“胤”，又《嘉慶丹徒縣志》卷十四《選舉二·科目》作“允”，皆避清諱改。兹徑改，下同。

吴之望（三甲二百五十五名，監察御史、福建參議、按察副使）
萬曆十七年己丑科（焦竑榜）
朱思明（二甲六十二名，刑部主事，雲南前衛軍籍）
萬曆二十年壬辰科（翁正春榜）
朱化孚（三甲五名，雲南安寧州軍籍，行人司行人）
萬曆二十三年乙未科（朱之蕃榜）
徐希孟（二甲三名，禮部郎中）
劉覲文（二甲八名，禮部員外，見“名賢”）
華鈺（三甲二百三名，推官、贈尚寶少卿，見“宦績”）
萬曆二十九年辛丑科（張以誠榜）
徐大用（二甲七名，吏部主事）
萬曆三十二年甲辰科（楊守勤榜）
談自省（三甲九十五名，應天府尹，見“名賢”）
李尉（三甲一百五十八名，福府右長史。按：《開沙志》作“李蔚，字豹懸”。今據《題名碑》，從“尉”）
萬曆四十四年丙辰科（錢士升榜）
王政新（三甲五十六名，江西布政司參政，見“名賢”）
周良材（三甲二百五十三名，雲南永昌衛軍籍）
萬曆四十七年己未科（莊際昌榜）
吴淑（二甲二十五名，山西蒲州知州）
茅崇修（二甲五十名，刑部郎中）
天啓二年壬戌科（文震孟榜）
倪嘉慶（二甲三十二名，江寧縣籍，户科給事中，見“隱逸”）
天啓五年乙丑科（余煌榜）
陳觀陽（三甲一百八十四名，吏部主事，見“名賢”，又見“孝友”）
崇禎元年戊辰科（劉若宰榜）
管紹寧（一甲三名，武進縣籍）
吴起龍（二甲十八名，兵備副使，見“宦績”）
王驥（三甲一百四十七名，左右布政使）
崇禎四年辛未科（陳于泰榜）
卞應聘（三甲六十七名，知新會縣，見“宦績”）
崇禎七年甲戌科（劉理順榜）
夏雨金（三甲十名，湖廣江陵縣籍）

張星煒（三甲一百六十九名①，知湖廣湘鄉縣）

蔣拱辰②（三甲二百四名，監察御史，見“名賢”）

崇禎十三年庚辰科（魏藻德榜）

錢志騶（二甲三十二名，歷官浙江參議，謫運判，升九江同知，見“儒林”）

舊志已載而《題名碑録》無“丹徒”字樣者四人（《嘉慶志》）：

天順元年丁丑科（黎淳榜）

袁潔（二甲七十名，滿城縣軍籍，知淮安府）

天順四年庚辰科（王一夔榜）

陳峻（二甲二十四名，順天府錦衣衛籍，給事中、陝西僉事）

弘治六年癸丑科（毛澄榜）

居達（三甲一百七十一名，順天大興縣匠籍，江西參議）

萬曆十一年癸未科（朱國祚榜）

張宗載（三甲二百二十名，雲南鶴慶籍，監察御史）

舊志已載而《題名碑録》并無其名者二人（《嘉慶志》）：

洪武二十一年戊辰科（任亨泰榜）

任有常（湖廣按察副使）

崇禎七年甲戌科（劉理順榜）

殷宜中（兵部主事）

國朝（按：明代會試有明通副榜，至國朝乾隆五十五年庚戌榜後奉裁，而舊志均未之録，蓋久已難稽考矣。兹於各《家乘》中得國朝數人附録之，以備掌故。）

順治四年丁亥科（吕宫榜）

楊鼎（二甲二十二名，户部郎中，見“宦績”）

張九徵（三甲二名，河南提學僉事，見“名賢”）

顧仁（三甲二十八名，推官，擢御史，巡按直隸）

王際有（三甲七十五名，河南提學道僉事，見“宦績”）

馮旦（三甲一百二名，知陝西長垣縣）

陳廷樞（三甲一百九十三名，歷知海澄、餘姚二縣）

順治六年己丑科（劉子壯榜）

韓豫（三甲二百五十二名，吏部員外郎，見“名賢”）

順治九年壬辰科（鄒忠倚榜）

笪重光（二甲十八名，以御史巡按江西，句容籍，見“名賢”）

羅漢章（三甲一百二十八名，知淳安縣）

① 按：“一百六十九名”，《嘉慶丹徒縣志》卷十四《選舉二·科目》作“一百七十九名”。

② 按：“辰”，《嘉慶丹徒縣志》卷十四《選舉二·科目》作“宸”。

吴璞（三甲二百六十八名，福建南平籍，知唐縣）

順治十二年乙未科（史大成榜）

李鏞金（二甲二十五名，户部郎中、知直隸真定府，見“名賢”）

蔣寅（三甲一百五十七名，官至太僕卿，見“名賢”）

陳炌（三甲二百四十一名，歷知濟寧、昆陽二州）

順治十五年戊戌科（孫承恩榜）

鄔昕（二甲五名，廣東惠州府推官）

錢志進（二甲五十五名，山東濟南府推官）

順治十八年辛丑科（馬世俊榜）

張玉書（二甲十二名，官至大學士，謚文貞，見“名賢”）

程夢簡（二甲四十名，知廣東鎮平縣）

張鵬（三甲一名，官至山東巡撫、吏部侍郎，見“名賢”）

范紹淳（三甲四十五名）

康熙六年丁未科（繆彤榜）

張玉裁（一甲二名，翰林院編修，見“名賢”）

夏沅（二甲一名，翰林院編修，見“宦績”）

康熙九年庚戌科（蔡啓僔榜）

何金蘭（二甲一名，知桐鄉縣，充辛酉鄉試同考官，卓异行取，升工科給事中，丁卯山西正主考，升户科掌印給事中）

康熙十二年癸丑科（韓菼榜）

沈復崑（三甲七十七名，知江西金谿縣）

歐陽旭（三甲九十名，知湖廣黄梅縣，軍功行取，官至工部郎中，充陝西鄉試副主考，雲南學政、雲南按察使司）

康熙十五年丙辰科（彭定求榜）

張仕可（二甲十八名，湖南衡永郴道，見“名賢”）

劉鑣（三甲七十七名）

康熙十八年己未科（歸允肅榜）

卞士宏（三甲十二名，知廣西融縣，充庚午鄉試同考官，升山西代州知州）

康熙二十一年壬戌科（蔡升元榜）

王之瑚（三甲九十九名，官御史，見“名賢”）

康熙二十七年戊辰科①（沈廷文榜）

張恕可（二甲十八名，由内閣中書升户部郎中，知杭州府事）

① 按：原作“康熙三十七年戊辰科”，誤。康熙三十七年，歲次戊寅（1698）。兹據《嘉慶丹徒縣志》卷十四《選舉二·科目》改。

康熙三十三年甲戌科（胡任輿榜）

裴之仙（會試一名，殿試二甲四名，翰林院編修，見“儒林”）

張逸少（二甲十名，官至翰林院侍讀學士①，見“儒林”）

康熙四十五年丙戌科（王雲錦榜）

錢志彤（二甲五十六名，知湖廣慈利縣）

何如栻（二甲一百九十七名，知湖南酃縣）

張鳴皋（三甲二百二十六名）

康熙四十八年己丑科（趙熊詔榜）

錢甫生（榜姓劉，三甲十九名，順天武清縣籍）

康熙五十一年壬辰科（王世琛榜）

夏慎樞（三甲十二名，翰林院檢討，見“文苑”）

康熙五十四年乙未科（徐陶璋榜）

姜朝俊（三甲五十五名，舊志列壬辰科，據《題名碑録》改列）

康熙六十年辛丑科（鄧鍾岳榜）

楊夢炎（三甲六名，翰林。炎，本從玉）

雍正八年庚戌科（周澍榜）

劉宏緒（三甲六十三名②，漢軍籍，官至兵部郎中、陝西西寧道，見“宦績”）

錢志遥（三甲一名）

徐起巖（三甲③十三名，知龍游縣，見“宦績”）

何樹蕚（三甲二百八十八名，知浙江仙居、永嘉二縣，見“宦績”）

雍正十一年癸丑科（陳倓榜）

王芥園（三甲六十五名，官至山東按察使司，見“宦績”）

張光祺（三甲一百四十一名，知廣東永安、增城、新寧等縣）

乾隆二年丁巳恩科（于敏中榜）

明通副榜：

何鵬九（滁州學正）

乾隆七年壬戌科（金甡榜）

王延（三甲一百三十五名，知福建建安縣）

乾隆十年乙丑科

明通副榜：

何之薰（盧江教諭）

---

① 按：其仕歷，《嘉慶丹徒縣志》卷十四《選舉二·科目》作“由庶吉士知甘肅秦州，特旨召授編修，升侍讀學士，提督順天學政”。

② 按：“三甲六十三名”，《嘉慶丹徒縣志》卷十四《選舉二·科目》作“二甲六十名”。

③ 按：“三甲”，《嘉慶丹徒縣志》卷十四《選舉二·科目》作“二甲”。

顧崗（黟縣教諭）

乾隆十三年戊辰科（梁國治榜）

錢爲光（三甲二十名，知貴州貴定縣，見“儒林”）

乾隆十七年壬申恩科（秦大士榜）

蔣宗海（二甲六十二名，内閣中書、軍機處行走，見“儒林”）

嚴元爕（三甲五十名，池州府學教授，見“文苑”）

乾隆十九年甲戌科（莊培因榜）

明通副榜：

何融（六安州學正）

乾隆二十二年丁丑科（蔡以臺榜）

朱敬（三甲一百五十七名，蘇州府學教授）

乾隆二十五年庚辰科（畢沅榜）

王文治（一甲三名，大考第一①，由翰林院侍讀知雲南臨安府，見“文苑”）

乾隆二十八年癸未科（秦大成榜）

楊嗣曾（又姓徐，二甲二十四名，浙江海寧籍，官至福建巡撫，見“名賢”）

華允彝（丙戌殿試，三甲七十二名，知陝西高陵縣）

乾隆三十四年己丑科（陳初哲榜）

鮑之鍾（二甲三名，户部郎中②，見“文苑”）

嚴本（二甲四十五名，知廣西思恩縣）

程沅（二甲四十六名，山西張蘭鎮同知）

柳蓁（三甲九十名，知廣東和平縣，見“儒林”）

乾隆三十六年辛卯科（黄軒榜）

張明謙（二甲七名，庶吉士③，由户部郎中知江西吉安府，見“宦績”）

沈沆（三甲二十三名，知福建光澤縣，見“宦績”）

蕭永庚（三甲六十名，知直隸清河縣）

乾隆三十七年壬辰科（金榜榜）

茅元銘（二甲六名，由編修考升侍讀，入直上書房，充丁酉浙江副主考、戊申廣東正主考④、河南學正，歷左右庶子、内閣學士兼禮部侍郎、廣東學政，以侍講學士省覲告歸）

張潮普（三甲二十四名⑤，知四川名山縣）

---

① 按：“大考第一”，原缺，據《嘉慶丹徒縣志》卷十四《選舉二·科目》補。

② 按：《嘉慶丹徒縣志》卷十四《選舉二·科目》述其仕歷稍詳：“由内閣中書歷户部郎中，充癸卯貴州副主考，丙午廣東副主考。”

③ 按：“庶吉士”，原缺，據《嘉慶丹徒縣志》卷十四《選舉二·科目》補。

④ 按：“戊申廣東正主考”，原缺，據《嘉慶丹徒縣志》卷十四《選舉二·科目》補。

⑤ 按：“二十四名”，《嘉慶丹徒縣志》卷十四《選舉二·科目》作“十四名”。

乾隆四十三年戊戌科（戴衢亨榜）

王天禄（二甲十八名，順天籍，御史、知福建建寧府）

江元謙（三甲二名，直隸大名府通判，升知州）

韓慎（三甲六十九名，知浙江麗水縣，充己酉鄉試同考官）

乾隆五十二年丁未科（史致光榜）

馮錫宸（二甲二十三名，截取知縣①，潁州府教授，升國子監監丞）

乾隆五十四年己酉科（胡長齡榜）

錢佳楠（三甲十六名，國子監學正）

張秉鋭（三甲六十名，知山東恩縣）

乾隆五十五年庚戌科（石韞玉榜）

魯銓（三甲十二名，由河南西華縣仕至直隸清河道署布政使，見“名賢”）

明通副榜（是科後裁革）：

戴三錫（未就職）

乾隆五十八年癸丑科（潘世恩榜）

戴三錫（二甲十五名，直隸籍，由山西臨縣知縣仕至四川總督，見“名賢”）

趙佩湘（二甲十七名，内閣中書、軍機處行走、四川學政、監察御史）

乾隆六十年乙卯恩科（王以銜榜）

何荇芳②（三甲八十八名③，知河南濟源縣，見“宦績”）

嘉慶六年辛酉恩科（顧皋榜）

何佳玫（三甲八十八名，寧國府教授，見“儒林”）

嘉慶七年壬戌科（吴廷琛榜）

周焜（三甲一百三十四名，廣東即用知縣）

嘉慶十三年戊辰科（吴信中榜）

戴屺（二甲七十九名，膠州知州，見“宦績”）

茅潤之（二甲一百一名，内閣中書、協辦侍讀。鄉榜名棟）

王椝曽（三甲三十六名，大興籍，改庶吉士，散館知縣，降調縣丞，改教職）

嘉慶十九年甲戌科（龍汝言榜）

戴於義（二甲三十五名，由庶吉士官至吏部文選司郎中、記名知府）

談素敦（三甲十七名，知山東堂邑縣）

劉禮奎（三甲四十九名，改庶吉士，知聞喜縣，捐升知府，補河南衛輝府）

嘉慶二十二年丁丑科（吴其濬榜）

---

① 按：“截取知縣”，原缺，據《嘉慶丹徒縣志》卷十四《選舉二・科目》補。

② 按：“芳”，原作“芬”，據《嘉慶丹徒縣志》卷十四《選舉二・科目》改。下舉人乾隆三十九年甲午科（章道鴻榜）即作“何荇芳”，不誤。

③ 按：“八十八名”，《嘉慶丹徒縣志》卷十四《選舉二・科目》作“八十四名”。

張顗雲（二甲二名，户部主事，官至福建龍巖州，見“儒林”）
汪琳（二甲五十五名，由編修官至長蘆鹽運使）
嘉慶二十四年己卯恩科（陳沆榜）
張署（三甲九十名，知廣東惠來縣，升用知州）
嘉慶二十五年庚辰科（陳繼昌榜）
張啓圖（三甲三十名，太平府學教授）
姚金符（三甲三十八名，選直隸南皮縣）
道光六年丙戌科（朱昌頤榜）
華濬（二甲二十名，官至薊州知州，見“宦績”）
道光九年己丑科（李振鈞榜）
嚴保庸（三甲二十名，庶吉士，知山東棲霞縣，見“文苑”）
道光十二年壬辰恩科（吴鍾駿榜）
周銘恩（二甲五十名，大興籍，由編修充乙未湖北主考，官至陜西道監察御史）
趙霖（二甲五十一名，户部主事，官至福建興泉永道，見“宦績”）
陳書曾（二甲七十五名，由内閣中書官至監察御史，乙未順天鄉試、丙申會試同考官，見“宦績”）
道光十三年癸巳科（汪鳴相榜）
談素勳（三甲二十五名，知山西某縣）
王紹曾（三甲九十六名，由知縣改吏部郎中）
道光十五年乙未科（劉繹榜）
周恩綬（二甲十六名，翰林院編修）
朱龍光（二甲五十五名，刑部郎中）
顔于鎬（三甲三十名，歷山西平遥、曲沃等縣，升中書科中書，見“宦績”）
陳崑玉（三甲九十名，上元籍，山西知縣）
道光十六年丙申恩科（林鴻年榜）
張錫庚（二甲一名，官至刑部左侍郎，在浙江學政任所殉難，見“名賢”）
趙楫（二甲十名，由編修官至直隸天津道，見“宦績”）
道光二十年庚子恩科（李承霖榜）
李承霖（一甲一名，授職修撰，洊升翰林院侍講學士、上書房行走、廣西正主考、廣西學政）
吴台朗（二甲六十一名，官至禮部郎中、軍機處行走、山東濟東道）
道光二十一年辛丑科（龍啓瑞榜）
張振金（二甲五十五名，庶吉士，改工部主事）
徐楊文保（二甲七十六名，四川知縣）
張彦雲（三甲三十二名，北籍，保定府學教授）

道光二十四年甲辰科（孫毓溎榜）

趙元模（二甲四十六名，由吏部主事歷御史、知廣西思恩、桂林等府，補用道加鹽運使銜，賞戴花翎，署左江道）

程祖潤（三甲八十四名，河南籍，由四川新繁縣仕至成龍潼綿茂道，見“宦績”）

道光三十年庚戌科（陸增祥榜）

吴台壽（二甲三十名，工部主事、山東道監察御史）

丁紹周（二甲三十六名，由編修累官光禄寺正卿、廣西、福建、四川主考、浙江學政，見“名賢”）

劉傳祺（二甲七十名，順天籍，由編修知安慶府，官徽寧池太道）

咸豐二年壬子科（章鋆榜）

劉成忠（二甲三十五名，由編修歷京畿道監察御史、知河南歸德等府、河南汝光道）

韓弼元（二甲七十六名，刑部主事）

蔡逢年（二甲九十六名，兵部主事，歷員外郎中、湖北主考，現官四川鹽茶道）

咸豐三年癸丑科（孫如僅榜）

顧敦敏（二甲三十七名，兵部員外郎，見“宦績”）

咸豐九年己未科（孫家鼐榜）

楊鴻吉（二甲十六名，吏部主事，累官内閣侍讀學士、順天府府丞、大理寺少卿、安徽學政）

同治四年乙丑科（崇綺榜）

王錫元（吏部主事、南河候補同知，盱眙籍）

同治七年戊辰科（洪鈞榜）

丁立幹（二甲□□①名，翰林院編修）

戴恒（二甲□□②名，翰林院編修）

同治十年辛未科（梁燿樞榜）

袁善（二甲□□③名，翰林院編修）

丁立瀛（二甲□□④名，翰林院庶吉士）

光緒二年丙子恩科（曹鴻勛榜）

趙樹禾（二甲一百二名，翰林院庶吉士）

光緒三年丁丑科（王仁堪榜）

支恒榮（二甲十五名，翰林院庶吉士）

吴保齡

---

① 按：原缺名數。
② 按：原缺名數。
③ 按：原缺名數。
④ 按：原缺名數。

舉人（《康熙志》原注：鄉貢，今稱舉人。《嘉慶志》亦曰舉人。）

宋（《康熙志》云：省試舉者，稱鄉貢進士。又云：舊志闕年，所舉者當亦不僅此數人①。今無所考，姑仍之。按：有宋一代鄉舉，《康熙志》原列六人，《嘉慶志》增入五人，今增入一人。）

艾謙（見“儒林”）

宋郭（見“儒林”）

陳應�（見“儒林”）

堯允恭（見“儒林”）

俞德隣（見“儒林”）

楊如山②（見“儒林”）（以上《康熙志》）

艾慶洪

艾慶遠

艾慶長

陳岍

孫沂（以上《嘉慶志》）

陳景周（溧陽尉，見“宦績”。增）

明（《康熙志》原注：洪武三年始舉鄉試，得舉者稱舉人。至五年罷，十七年定制，三年一試。）

洪武十七年甲子科（廖孟瞻榜）

盛思明（見“進士”）

陳迪（見“進士”）

盛安（見“進士”）

洪武二十年丁卯科（施顯榜）

任有常（見“進士”）

李遜（官四川重慶府，見“宦績”。增）

洪武二十三年庚午科（黄文史榜）

楊懸

洪武二十六年癸酉科（王恩榜）

袁昇（湖北武昌教授）

洪武二十九年丙子科（尹昌隆榜）

湯文顯（通州教諭）

---

① 按：“所舉者”句，《嘉慶丹徒縣志》卷十四《選舉二·科目》作“且舉鄉貢者亦不僅此”。

② 按：《嘉慶丹徒縣志》卷十四《選舉二·科目》尚載其“元時爲淮海書院山長”。

郎祐（刑科給事中）

建文元年己卯科（劉政榜）

倪敬（廣東參議）

唐誠（山東德州學正，見“忠義”）

建文四年壬午科（《康熙志》云：是年未舉鄉試，舊志疑誤。）

婁誠（浙江永康學教諭）

杜春（見“進士”）

永樂三年乙酉科（朱璚榜）

范怡（知常山縣）

王斌（刑部郎中）

永樂六年戊子科（黄壽生榜）

强善（新喻學教諭）

永樂九年辛卯科（徐則甯榜）

張默（荆溪①知縣，升廣州同知）

張禎（瑞州府學教授）

朱瑾（知桂陽縣）

吕獻（户部郎中）

劉銓（訓導）

永樂十二年甲午科（謝瑶榜）

劉善（新昌學教諭）

永樂十五年丁酉科（楊琪榜）

陸坦（見“進士”）

盛祥（見“進士”）

永樂十八年庚子科（劉鉉榜）

丁智（知山東館陶縣）

管敏（四川成都府學教授）

胡清（浙江右參政，見“名賢”）

永樂二十一年癸卯科（錢浩榜）

劉忠（福建興化府同知，見“宦績”）

管禎（河南内黄縣教諭）

駱玉（山東博興縣教諭）

宣德元年丙午科（潘延榜）

錢寧（直隸保定府同知，見“宦績”）

---

① 按：“荆溪”，《嘉慶丹徒縣志》卷十四《選舉二·科目》作“剡溪”。

丁寧（建寧右衛經歷）
高寧（郴州知州）
阮政（鎮海衛經歷）
宣德四年己酉科（沈譓榜）
范敏（浙江桐鄉縣教諭）
吴山（直隸廣平府同知）
宣德七年壬子科（謝琺榜）
謝琺（山東青州府學教授，見“文苑”）
戴洪（惠安縣訓導）
沈鑑
宣德十年乙卯科（郭綸榜）
祖迪（訓導。“祖”，《康熙志》作“俎”）
譚文
正統三年戊午科（徐瑄榜）
顧祐（由教授歷任山東同知、户部員外郎）
徐潤（思南府學教授）
正統九年甲子科（劉昌榜）
胡昇（湖南岳州府同知，見“宦績”及“孝友”）
正統十二年丁卯科（周輿榜）
畢昇（江西廣信府學教授，見“儒林”）
莊容（光禄寺署正）
景泰元年庚午科（章表榜）
吴宣（見“進士”）
胡信（見“進士”）
景泰四年癸酉科（葉琦榜）
甯連（懷慶府同知。連，本從玉）
吉惠（見“進士”）
劉貴（訓導）
袁道（直隸商河訓導）
天順三年己卯科（張文榜）
汪鏞（襄府教授）
天順六年壬午科（任彦常榜）
達毅（見“進士”）
費闓（見“進士”）
成化元年乙酉科（金簡榜）

達穎（國子監學録、江西瑞州府通判）
成化四年戊子科（賀恩榜）
趙祥（見“進士”）
成化七年辛卯科（濮晉榜）
王齊
成化十年甲午科（王鏊榜）
劉鎡
丁璣（見“進士”）
顔信（華容教諭）
成化十九年癸卯科（儲巏榜）
張縉（知江西廣信府）
弘治二年己酉科（靳貴榜）
靳貴（見“進士”）
楊絅（見“文苑”）
弘治五年壬子科（顧清榜）
王濟（湖廣參議，見“名賢”）
王瓚（浙江衢州府同知，升温州府）
張萊（見“進士”）
居達（北榜，見“進士”）
弘治十一年戊午科（唐寅榜）
李時（直隸真定府通判，見“宦績”）
李懋（知浙江會稽縣）
弘治十四年辛酉科（陸深榜）
蕭杲（見“進士”）
許完（見“進士”）
趙應宗（江西南安府通判）
弘治十七年甲子科（眭紱榜）
儲連（知河南盧氏縣。連，本從玉）
張瑩（知浙江桐廬縣）
曹倣（見“進士”）
王潮（北榜，見“進士”）
戴仲綸（北榜，見“進士”）
正德二年丁卯科（吴仕榜）
吴鑄（河南府同知）
蕭佐

俞燦（浙江台州府同知、魯府長史）
唐鵬（見“進士”）
史鸞
正德八年癸酉科（王大化榜）
丁瓚（見“進士”）
唐侃（南京①刑部員外郎，見“宦績”）
正德十一年丙子科（崔桐榜）
達忠（知江西龍泉縣）
鄔紳（見“進士”）
許寰（知山東武定州）
正德十四年己卯科（潘潢榜）
楊琬（知山西隰州，見“宦績”）
吴淮（見“進士”）
潘楷（知浙江平陽縣）
嘉靖元年壬午科（華鑰榜）
張激（見“儒林”）
陳鳳（知通州②）
盛廷蘭（南京③刑部司務）
嘉靖七年戊子科（許仁卿榜）
吕高（見“進士”）
潘相（知湖南新寧縣）
嘉靖十年辛卯科（趙汴榜）
錢亮（見“進士”）
嚴寬（見“進士”）
茅鑿（見“進士”）
顧進（知浙江松陽縣）
張珍
嘉靖十三年甲午科（鄭維城榜）
李末（知直隸隆平縣，見“宦績”）
王相（知福建龍溪縣）
沈棠

① 按：“京”，據《嘉慶丹徒縣志》卷十四《選舉二·科目》補。
② 按：“通州”，《嘉慶丹徒縣志》卷十四《選舉二·科目》作“連州”。
③ 按：“京”，據《嘉慶丹徒縣志》卷十四《選舉二·科目》補。

嘉靖十六年丁酉科（王諷榜）

王廂（知浙江象山縣，見“宦績”）

嘉靖十九年庚子科（趙釴榜）

徐縉

曹悦（知浙江黄巖縣）

陳佐（知浙江於潛縣）

夏儒（見“進士”）

嘉靖二十二年癸卯科（尤瑛榜）

沈晃（見“進士”）

嘉靖二十五年丙午科（袁洪愈榜）

萬木（廣西太平府左州知州，見“宦績”）

王燧（知山東夏津縣，見“宦績”）

冉性（知縣，改嘉興府學教授）

嘉靖三十一年壬子科（孫溥榜）

鄔仁卿（知湖南龍陽縣，見“文苑”）

許成仁

陳金（山東青州府同知）

曹恬（北榜，東川府通判）

嘉靖三十四年乙卯科（張士熙榜）

林萬春（福建建寧府通判）

曹楝（見“進士”）

范昕（知湖南武陵縣、雲南府通判）

周柱（知河南南陽縣，見“宦績”）

嘉靖三十七年戊午科（余毅中榜）

徐得禎（江西撫州府推官、福建汀州府同知、益府長史）

范崙（見“進士”）

嘉靖四十年辛酉科（許國誠榜）

法暟（以教官中式河南鄉試，歷藁城縣知縣、保定府通判、廣西南寧府同知、周府長史①）

喜僉（饒州府判）

嘉靖四十三年甲子科（沈位榜）

陳文（鄧州知州、浙江寧波府同知，見“宦績”）

沈文淵（知廣東長寧縣，見“宦績”）

① 按：“周府長史”，原缺，據《嘉慶丹徒縣志》卷十四《選舉二·科目》補。

曹慎（見“進士”）
孟津（知湖北黄岡縣，見“宦績”。增）
隆慶元年丁卯科（周汝礪榜）
姜克昌（知浙江嵊縣）
阮時升（知江西泰和縣，見“宦績”）
姚宋（北榜，饒州府推官）
隆慶四年庚午科（吴汝倫榜）
張雲漢（“漢”，《嘉慶志》作“溪”）
卜維新（見“進士”）
萬曆元年癸酉科（江文明榜）
劉際可（見“進士”）
萬曆四年丙子科（顧憲成榜）
李一陽（見“進士”）
茅崇本（見“進士”）
萬曆七年己卯科（陸大成榜）
曹良貴
湯熙載（知山西榆社縣）
萬曆十年壬午科（王士騏榜）
史載道（知四川德陽縣）
張繼東（浙江嚴州府推官）
吕克家（知江西永豐縣）
華鈺（見“進士”）
萬曆十三年乙酉科（周繼昌榜）
吴之望（見“進士”）
張洪典（廣西潯州府同知，見“宦績”）
夏禹鼎
錢邦偉（知福建汀州府，見“宦績”）
萬曆十九年辛卯科（汪鳴鸞榜）
徐希孟（見“進士”）
徐大用（見“進士”）
談自省（見“進士”）
笪繼良（句容籍，累官按察使司副使，見“名賢”）
萬曆二十二年甲午科（龔三益榜）
張拱極
劉覲文（見“進士”）

萬曆二十五年丁酉科（吕克孝榜）

李尉（見“進士”。“尉”，《開沙志》作“蔚”）

萬編（遵義同知，升僉事）

萬曆三十一年癸卯科（王納諫榜）

王政新（見“進士”）

魯崇禮

張履素

萬曆三十四年丙午科（鄒之麟榜）

莊鳴謙（知浙江武義縣，見“宦績”）

萬曆三十七年己酉科（尹嘉賓榜）

俞鴻漸

茅崇修（見“進士”）

萬曆四十年壬子科（張瑋榜）

史記言（知河南陜州，見“忠義”）

曹一夔

萬曆四十三年乙卯科（葉有聲榜）

吴淑（見“進士”）

卞應聘（見“進士”）

莊撝謙（工部主事，見“宦績”）

萬曆四十六年戊午科（盛文球①榜）

吴起龍（見“進士”）

天啓元年辛酉科（陳組綬榜）

王之珽（吴江學教諭）

陳觀陽（見“進士”）

倪嘉慶（江寧籍，見“進士”）

阮天淵（廣東肇慶府推官、知浙江台州府）

施有恒（知廣東和平縣）

蕭鳴美（御史，調户部主事，見“名賢”）

馮泰年

天啓四年甲子科（周鑣榜）

孫振先（知山東清平縣，謫江西建昌府經歷，見“儒林”）

天啓七年丁卯科（沈幾榜）

王驥（見“進士”）

---

① 按：“球”，《嘉慶丹徒縣志》卷十四《選舉二·科目》作“琳”。

孫時偉（浙江右布政使）

崇禎三年庚午科（楊廷樞榜）

張星偉（見"進士"）

殷宜中（見"進士"）

崇禎六年癸酉科（桂伸榜）

蔣拱辰①（見"進士"）

趙鏡

崇禎九年丙子科（章曠榜）

錢志騶（見"進士"）

吴拱宸

崇禎十二年己卯科（湯斯祐榜）

范紹淳（見"進士"）

崇禎十五年壬午科（盧象觀榜）

管絃②（武進人，以丹徒籍中式）

羅漢章（國朝進士）

何金城（知浙江杭州府③，見"宦績"）

國朝

順治二年乙酉科（張九徵榜）

張九徵（見"進士"）

顧仁（見"進士"）

王際有（見"進士"）

楊鼎（見"進士"）

韓豫（見"進士"）

陳廷楹（見"進士"）

馮旦（見"進士"）

順治三年丙戌科（范龍榜）

周培

順治五年戊子科（袁大受榜）

錢志進（見"進士"）

萬一鷫（興化學教諭、知直隸永清縣）

---

① 按："辰"，《嘉慶丹徒縣志》卷十四《選舉二・科目》作"宸"。

② 按："絃"，《嘉慶丹徒縣志》卷十四《選舉二・科目》作"鉉"。

③ 按："杭州府"，《嘉慶丹徒縣志》卷十四《選舉二・科目》作"湖州府"。本志卷二十八《人物五・宦績二・何金城傳》云："崇禎壬午舉人，國朝授安東教諭，擢西安府推官，歷升鞏昌府同知、湖州府知府。"可證作"湖州府"，或是。

順治八年辛卯科（袁孟義榜）
袁孟義
何鏗
徐開（安徽來安學教諭）
孫繼先
盛士熊
笪祖齡（句容籍）
羅家祚（北榜，泰州學正，升知縣）
吴璞（福建籍，見“進士”）
笪重光（句容籍，見“進士”）
柳映奎（北榜）
副榜：
吴調陽（雷州府同知）
順治十一年甲午科（朱朝幹榜）
李鏞金（見“進士”）
蔣寅（見“進士”）
鄔昕（見“進士”）
陳灯（北榜，見“進士”）
副榜：
何金序（北榜，知奉天開原縣，升兵部職方司主事）
順治十四年丁酉科（蔣欽宸榜）
蔣欽宸（見“進士”）
張玉書（見“進士”）
夏沅（見“進士”）
謝金章
張明薦
順治十七年庚子科（申檖榜）
張鵬（見“進士”）
程夢簡（見“進士”）
康熙二年癸卯科（馮晉錫榜）
劉鏕（見“進士”）
康熙五年丙午科（儲方慶榜）
顧智（由教諭升知縣，行取考授給事中）
周如濂（亳州學正）
錢瀛登（知浙江武康縣）

張玉裁（北榜，見“進士”）
康熙八年己酉科（牛奎諸榜）
何金蘭（見“進士”）
沈復崑（見“進士”）
王愷
卞士宏（見“進士”）
康熙十一年壬子科（陸輿榜）
王之瑚（見“進士”）
歐陽旭（見“進士”）
張仕可（北榜，見“進士”）
吴然（據《家乘》增）
副榜：
顧畏（知陜西褒城縣）
張銓（常熟學訓導）
康熙十四年乙卯科（施震銓榜）
樊致一
康熙十七年戊午科（宋衡榜）
駱士鵬
吴穀（全椒教諭）
李衍恒（内閣中書，增）
張恕可（北榜，見“進士”）
康熙二十年辛酉科（胡仁①輿榜）
霍乘②仁
康熙二十三年甲子科（潘宗洛榜）
吴鴻章
顧爲楝（知湖北遠安縣）③
康熙二十六年丁卯科（張兆鵬榜）
張逸少（見“進士”）
朱兆（北榜，據《家乘》增）
副榜：
張廣居（北榜）

① 按：“仁”，《嘉慶丹徒縣志》卷十四《選舉二·科目》作“任”。
② 按：“乘”，《嘉慶丹徒縣志》卷十四《選舉二·科目》作“秉”。
③ 按：顧爲楝，《嘉慶丹徒縣志》卷十四《選舉二·科目》列爲副榜。

康熙二十九年庚午科（劉輝祖榜）

裴之仙（見“進士”）

蔣昺

副榜：

楊永清

康熙三十二年癸酉科（盛度榜）

何如栻（見“進士”）

康熙三十五年丙子科（朱士履榜）

張思默（内閣中書，見“尚義”）

錢志彤（見“進士”）

康熙三十八年己卯科（方苞榜）

何如梓

張鳴皋（見“進士”）

康熙四十一年壬午科（吴楚奇榜）

副榜：

夏慎樞

霍秉義

康熙四十四年乙酉科（趙音榜）

張機（内閣中書）

康熙四十七年戊子科（惠士奇榜）

楊夢炎（見“進士”。炎，本從玉）

夏慎樞（見“進士”）

錢甫生（北榜，榜姓劉，見“進士”）

康熙五十年辛卯科（劉捷榜）

徐起巖（見“進士”）

歐陽荔（内閣中書）

副榜：

張宏敏

康熙五十二年癸巳恩科（許邀中榜）

林夢麟

張迪（河東鹽運司同知）

康熙五十三年甲午科（方炳榜）

吴飛九（知安徽宣城縣）

夏裕姒

張宏敏（知湖北孝感縣，見“宦績”）

康熙五十六年丁酉科（嚴文在榜）
江啓迪
錢華（兩淮鹽大使）
張光裕（知湖北興山縣，充戊午鄉試同考官，見“儒林”）
殷士濂
真乾行
康熙五十九年庚子科（施陛錦榜）
周炳
何染（江浦學教諭）
何啓焜
余元楫（儀徵籍）
副榜：
馮國柱（北榜，考取教習）
雍正元年癸卯恩科（王晉原榜）
錢志遥（見“進士”）
馮恕
何如樞
顧惟舟（豐縣籍）
副榜：
錢于壽
雍正二年甲辰科（吴紱榜）
江毓起（知陝西伏羌縣）
雍正四年丙午科（黄淮榜）
樊紹仕
何樹蕚（見“進士”）
雍正七年己酉科（沈戌開榜）
宋應麟（中河廳同知）
姜士①楫
何鵬九（見“進士”②）
劉宏緒（漢軍，見“進士”）
雍正十年壬子科（鄭長源榜）
張光祺（見“進士”）

① 按：“士”，《嘉慶丹徒縣志》卷十四《選舉二・科目》作“世”。
② 按：“見‘進士’”，《嘉慶丹徒縣志》卷十四《選舉二・科目》作“丁巳明通榜進士，滁州學正”。

王芥園（見“進士”）
王廷鈞
卞梓貞
劉鵬南（漢軍）
副榜：
韓嘉恒
雍正十三年乙卯科（吴鎮充榜）
林鐸
趙琮
張子肅（北榜，内閣中書）
副榜：
錢于壽
乾隆元年丙辰恩科（梅理榜）
何熙載（咸安宫教習、亳州學正）
盧景
王延（見“進士”）
張懷金
張嘉慶（知江西興安縣）
副榜：
張成璧
錢爲光
乾隆三年戊午科（陶紹景榜）
黄杲
吴行健
吴嘉善（知安徽祁門縣）
方嘉奕①
顧崗（見“進士”②）
陳之鑒（知四川榮昌縣。增）
副榜：
劉際升
王新簡
乾隆六年辛酉科（龔錫純榜）

① 按：“奕”，《嘉慶丹徒縣志》卷十四《選舉二·科目》作“弈”。
② 按：“見‘進士’”，《嘉慶丹徒縣志》卷十四《選舉二·科目》作“乙丑明通榜進士，安徽黟縣教諭”。

何之薰（見“進士”）
顧澍
莊煥
乾隆九年甲子科（薛觀光榜）
楊秉鑑
劉翀
趙天馝
王新簡（北榜）
乾隆十二年丁卯科（徐步蟾榜）
錢爲光（見“進士”）
歐陽棫
劉萬清
戴純（北榜，浙江鳴鶴場鹽大使，見“文苑”）
乾隆十五年庚午科（梅戭榜）
汪之濬
張成璧
顧陳常
乾隆十七年壬申恩科（仲鶴慶榜）（是科春鄉秋會）
洪紹泗（知山東嘉祥縣）
陳篤（湖北漢陽府同知）
蔣宗海（見“進士”）
張鼎鈺
尤士選
嚴元燮（見“進士”）
姚家令（知雲南鶴峰州）
姚丙（知湖北長樂縣，見“宦績”。增）
李畹（北榜，增）
副榜：
王鏡
王心鑑（北榜）
乾隆十八年癸酉科（胡溶榜）
楊志淑
何融（北榜，榜姓趙。六安州學正）
副榜：
何玉麟（沛縣學教諭）

乾隆二十一年丙子科（柳蓁榜）
柳蓁（見“進士”）
樊汝翊（安徽和州學正）
陳杲（知廣東封川縣）
朱敬（見“進士”）
汪坤（增）
徐嗣曾（浙江籍，見“進士”）
張虞（北榜，知直隸威縣）
乾隆二十四年己卯科（孫仝敞榜）
柳加長（見“儒林”）
左杰
耿之藩
王文治（北榜，見“進士”）
副榜：
柳誼
唐雲龍
乾隆二十五年庚辰恩科（仲嘉德榜）
張朝鼐（吴江學教諭）
韓恪（安徽休寧學教諭）
張軸（安徽懷遠學教諭）
姚之韶（安徽虹縣學教諭，附見“宦績”）
李銓（知浙江桐鄉等縣，歷署通判、同知，知甲午鄉試同考官，見“宦績”）
袁乾（内閣中書）
戴錕（北榜，截取知縣）
副榜：
高從龍
乾隆二十七年壬午科（吴鈺榜）
程沅（見“進士”）
華允彝（見“進士”）
陳尚志（江寧籍，盧州府學訓導，見“文苑”。增）
副榜：
李華甲（議叙州同）
乾隆三十年乙酉科（孫登標榜）
蕭永庚（見“進士”）
張明謙（見“進士”）

張榜（知四川丹棱縣①）
馮垂範（北榜，貴州都匀府八寨同知）
郭晉（北榜，内閣中書）
鮑之鍾（見“召辟”及“進士”“文苑”）
乾隆三十三年戊子科（張曾敭榜）
嚴本（見“進士”）
柳仙根
副榜：
王朝鼎
李志點
乾隆三十五年庚寅恩科（張潮普榜）
張潮普（見“進士”）
趙立忠（知四川資州）
沈沆（見“進士”）
張廷俊（安徽貴池學教諭）
郎居廣（銅山學教諭）
茅元銘（見“進士”）
王天禄（北榜，見“進士”）
副榜：
卜宗智（北榜）
乾隆三十六年辛卯科（李景訢榜）
臧本端（分發直隸試用知縣）
韓慎（見“進士”）
何南英（知山西臨汾縣）
張護（北榜，安徽池州府同知）
副榜：
殷林
乾隆三十九年甲午科（章道鴻榜）
李鍠
樊翼
何荇芳（見“進士”）
王朝鼎

① 按：“知四川丹棱縣”，《嘉慶丹徒縣志》卷十四《選舉二·科目》作“四川丹縣知縣”。丹棱縣，今屬四川眉州市。《嘉慶志》所謂“丹縣”，似不足據。

楊元盛
江元謙（見“進士”）
錢佳楠（見“進士”）
乾隆四十二年丁酉科（吴檟榜）
陳崧（泗州學正）
蕭文瑛
潘江
汪廷楷（知山東金鄉縣，見“宦績”）
張京（北榜，知山東萊陽、金鄉等縣，署德州知州，見“宦績”）
徐彬（北榜，由教諭①洊升知州，重赴鹿鳴，見“儒林”）
副榜：
殷荃
乾隆四十四年己亥恩科（錢棨榜）
張明泰（景山教習）
王文源
顧麟仁
劉文培
王雅南（分發湖北試用知縣）
副榜：
柳克家
乾隆四十五年庚子科（顧問榜）
韓怡（國子監學正）
張廷詠（知江西②龍泉縣）
華應春
劉行芳（欽賜舉人，會試加光禄寺署正銜）③
乾隆四十八年癸卯科（沈清瑞榜）
馮錫宸（見“進士”）
胡永湛（知直隸新城縣）
顧紹鼎
張秉銳（見“進士”）
李鴻（景山教習）

① 按：“教諭”，《嘉慶丹徒縣志》卷十四《選舉二·科目》作“句容學教諭”。
② 按：“江西”，原作“山西”，據《嘉慶丹徒縣志》卷十四《選舉二·科目》改。
③ 按：原脱，據《嘉慶丹徒縣志》卷十四《選舉二·科目》補。

趙佩湘（見“進士”）
副榜：
王元昕
乾隆五十一年丙午科（張肇煐榜）
韓芬（宿松學教諭）
戴三錫（北榜，見“進士”）
乾隆五十三年戊申恩科（季惇大榜）
何堅光（句容學教諭）
茅元輅（見“文苑”）
魯銓（見“進士”）
副榜：
劉樞元
胡培（北榜，正藍旗教習、浙江知縣，升海寧州知州）
乾隆五十四年己酉科（張祖勳榜）
副榜：
王元昕
乾隆五十七年壬子科（陳洪緒榜）
馮佩事
何孫錦（北榜，署昌邑、德平等縣。增）
副榜：
王民皞
乾隆五十九年甲寅恩科（陸仁虎榜）
張以懷
韓璟
劉榜元（蒙城學訓導）
張燮（北榜，山東知縣）
副榜：
袁廷樞（北榜）
乾隆六十年乙卯科（李賓榜）
張學坦
唐文燾
副榜：
畢永琮
嘉慶三年戊午科（黄承吉榜）
顧復（見“書畫”）

程連（大挑一等，改授安徽宿州學正。連，原從玉）
顏于鉉（安徽五河學訓導）
周烺（見“進士”）
錢京（北榜，景山官學教諭）
陳鏊（江寧籍，淮安府學訓導）
嘉慶五年庚申恩科（崔瑄榜）
茅枝（句容、武進等學教諭）
劉文福（大挑一等，署河南通許、遂平、堰城等縣）
劉榛
茅楝（見“進士”。更名“潤之”）
韓琅（南陵縣學訓導）
何佳玟（見“進士”）
姚金鼎（北榜，祁門、宣城學教諭）
副榜：
郭堃
嘉慶六年辛酉科（崔錫華榜）
解櫰
戴岑（沭陽學訓導，升江寧府學教授，見“文苑”）
張筠
郭堃
汪芬（國子監學正、盧州通判，降改教職）
張濂（北榜）
張步雲（北榜，河南新鄭、光山等縣知縣，署光州直隸州）
副榜：
蔡澧（見“儒林”）
嘉慶九年甲子科（李兆洛榜）
何佳珣
左增堉（溧水學教諭，截取知縣）
柳渤
李承枅
鮑文逵（北榜，武英殿校録、知山東海陽縣，見“文苑”）
嚴學淦（北榜，候補内閣中書，大挑一等，知湖南湘鄉縣，見“文苑”）
王椝曾（北榜，見“進士”）
副榜：
朱德施

嘉慶十二年丁卯科（毛松齡榜）

戴屺（見“進士”）

張學仁（安徽宣城學教諭，見“文苑”）

張學説

陳疇

副榜：

趙念祖（新陽訓導，青浦、常熟教諭）

嘉慶十三年戊辰恩科（顧元熙榜）

姚溥

張啓圖（見“進士”）

趙允泰（内閣中書）

姚潢（北榜）

鄒錫淳（北榜，由國子監學正仕至江南淮揚道，見“宦績”）

副榜：

蔡之洤（豐縣教諭）

嘉慶十五年庚午科（張深榜）

張深（咸安宫教習，歷官山東、湖南、四川、廣東知縣，見“忠義”及“宦績”“文苑”）

柳希直（就職國子監學正）

錢之鼎（見“文苑”）

張署（北榜，見“進士”）

戴於禮（北榜，歷任湖南臨湘、四川筠連知縣）

戴於義（北榜，見“進士”）

嘉慶十八年癸酉科（沈巍階榜）

洪爲光

魯長庚（内閣中書）

王蔭槐（貴池學訓導，見“文苑”）

汪如增

汪琳（見“進士”）

陳書曾（北榜，見“進士”）

劉禮奎（北榜，見“進士”）

范傳曾（北榜）

嘉慶二十一年丙子科（林端榜）

張頡雲（二名，見“進士”）

徐元佐

張振先（大挑一等，知山西陽城縣）
劉禮淞（北榜，大挑一等，知縣，署河南歸德府）
袁俊升（北榜，正藍旗覺羅官學教習）
嘉慶二十三年戊寅恩科（馮雲路榜）
張光奎（豐縣訓導）
顔于鎬（見“進士”）
法鳴球（見“孝友”）
張負圖
張澈（安徽繁昌學教諭）
俞逢辰（由陝西知縣升潼關、寧陝同知）
趙佩琳（北榜，知山東肥城縣、雲南補用鹽提舉）
嘉慶二十四年己卯科（嚴保庸榜）
嚴保庸（見“進士”）
朱龍光（見“進士”）
姚金符（見“進士”）
李金生（原名文甲，沛縣教諭）
郭湘（見“文苑”）
陳啓蘭（廣東陽山知縣）
殷煒（奉賢、全椒學教諭）
宋咸（北榜，新陽學訓導）
副榜：
李嵩翰
趙允恒（安徽績溪學教諭）
李敦曾（由教習分發河南知縣）
道光元年辛巳恩科（張海珊榜）
趙霖（見“進士”）
張國藩
錢文偉
陸獻（北榜，知山東蓬萊縣，改發安徽，見“宦績”）
徐楊緒（北榜）
副榜：
李復曾（江浦學教諭）
道光二年壬午科（胡國樑榜）
楊文鼎（江寧學教諭）
華濬（見“進士”）

談素勳（見“進士”）
劉世泰
趙志彤（北榜）
朱廷杰（北榜，工部屯田司郎中，見“宦績”）
朱廷彦（北榜）

副榜：
左圻
張永新（正紅旗教習）
畢賡言（北榜）

道光五年乙酉科（張培壽榜）
張培壽
錢鑽（興化學教諭）
茅本泉（太和、桃源學訓導）
趙楫（北榜，見“進士”）
張維翰（北榜，奉天教諭）
何衍宗（北榜）

副榜：
李嵩翰（北榜，由校録議叙同知河南遂平縣，署鄭州、裕州知州）

道光八年戊子科（潘德輿榜）
趙增
顔懷宗（更名“懷景”，又更“光裕”，候補知府）
包國璋
張彦雲（北榜，見“進士”）
徐勳（北榜）
汪銓（北榜，由教習知安徽祁門縣）
宋鉞（北榜）

副榜：
嚴文茂

道光十一年辛卯恩科（汪立權榜）
左焱森（二名，大挑一等，知四川新寧縣）
劉國華
謝連堃（知四川合江縣，己酉鄉試同考官）
鮑迴（見“儒林”）
張樹深
李順祥（北榜，見“文苑”）

周銘恩（北榜，見“進士”）
張錫庚（北榜，見“進士”）
王植（更名“紹曾”，北榜，見“進士”）

副榜：

張遴第（揚州府學訓導）

道光十二年壬辰科（潘鍾榜）（上年以正作恩，是年行正科）

柳興宗（更名“興恩”，句容學教諭）
鄒錫九
趙邦彦（長蘆歸化場鹽大使同知銜、華亭學教諭，見“宦績”）
周恩綬（北榜，見“進士”）
戴拱辰（北榜，元和學教諭）
徐楊文保（北榜，見“進士”）

副榜：

畢賡言（北榜，鑲黄旗教習，分發陝西知縣）
眭詮（北榜）

道光十四年甲午科（徐元達榜）

嚴城（河南開封府清軍同知）
張振金（見“進士”）
顧振清（宜興學教諭）
顧彭庚（大挑一等，知山西寧鄉縣）
徐維城（北榜，知貴州貴筑縣）

道光十五年乙未恩科（吴家楣榜。按：是科南榜止副榜一人）

趙元模（北榜，見“進士”）
程祖潤（河南籍，見“進士”）

副榜：

吴溶

道光十七年丁酉科（鄭經榜）

夏文翰（奉賢、華亭學教諭）
張淦（北榜）

副榜：

鄒衍泰（知雲南尋甸州）
趙書田（六合學教諭、内閣中書銜）
茅本惠

道光十九年己亥科（趙士遲榜，是年預行正科）

李承霖（見“進士”）

茅向榮
吴台朗（北榜，見“進士”）
吴台壽（北榜，見“進士”）

副榜：

戴士楷
韓兆元（北榜，高淳學教諭）

道光二十年庚子恩科（朱桀實榜）

閔炳榮（署奉天廣寧縣）
楊履泰
劉懷祖（見“文苑”）
丁紹周（見“進士”）
蔡嵩年（歷官刑部郎中，分發江西知府）
談金典
楊鴻吉（北榜，見“進士”）
趙爾猷（北榜，直隸藁城學教諭）
趙彦修（北榜，江寧府學教授）
高青選（北榜，豐縣學教諭，見“忠義”）
周藩（北榜）

道光二十三年癸卯科（陳時升榜）

孫奎光
周善祥
尤英
韓朝元（改名“弼元”，見“進士”）
戴槼（知浙江桐鄉縣，補嚴州府候補道）
顧敦敏（見“進士”）
趙立城（宜興籍）
宋克昌（北榜，知廣西崇善縣）
王錫麟（盱眙籍，實録館謄録、甘肅知縣）
周芝（湖北榜）

道光二十四年甲辰恩科（林之望榜）

邱全瑜
張多第（知福建政和縣、己未鄉試同考官）
王堃（浙江榜）

副榜：

何金鑑

道光二十六年丙午科（汪應麟榜）
李佩沅
程延齡
蔡逢年（見“進士”）
劉成忠（見“進士”）
洪江保
包森
茅本鍾（武進學教諭）
趙丹禾（北榜）
道光二十九年己酉科（祝椿年榜）
何鼎鈺
劉傳祺（北榜，見“進士”）
徐金城（北榜，知山西虞鄉縣）
張維崧（北榜，山東寧海州州同）
吴台章（北榜）
咸豐元年辛亥恩科（汪達元榜）
錢青選（無錫、句容學教諭）
李聯桂（泰興學教諭）
王繼增
高櫞
趙應璜
喬家銑（大挑一等，分發廣東知縣）
何森榮（北榜，景山宫教習，分發河南知縣）
宋繼昌（任甘肅古浪縣，殉難，見“忠義”）
咸豐二年壬子科（薛春藜榜）
殷元善（新陽學教諭）
宋淇
楊鴻典（冀州、直隸州知州）
陳祺齡
陳夔齡（由教諭升常州府學教授）
朱覲光（六合籍）
王蔭樾（盱眙籍，由謄録捐升刑部郎中、浙江候補道）
馬錫恩（北榜，改名“錫光”）
朱琛（北榜）
咸豐五年乙卯科（是科南闈未開）

高鳳翔（北榜）
高雲翔（北榜）
王蔭棠（北榜，盱眙籍，户部郎中、署浙江金衢嚴道）
咸豐八年戊午科（是科南闈未開）
談起清（四川榜，兵部候補主事）
副榜：
趙書禾（北榜，興化、甘泉學訓導）
咸豐九年己未恩科并補行乙卯科（余鑑榜。是科借浙闈鄉試）
胡紹安（武進教諭）
李慶永
嚴思忠（知浙江嵊縣，在任被戕，入祀嵊縣名宦祠）
戴燮元（北榜，内閣中書、户部郎中，加三品銜）
王起（浙江榜，商籍，改名“彦起”）
咸豐十一年辛酉科（是科南闈未開）
顧敦義（北榜，户部主事、候選郎中，加三品銜）
同治元年壬戌恩科（是科南闈未開）
李鼎銘（北榜）
顧衍高（北榜，國史館謄録、兵部主事）
唐林（北榜）
同治三年甲子并補行咸豐戊午科（江璧榜）
劉用賓
李慎儒（刑部郎中）
丁立中（靖江學教諭）
吴麗生
姚增鈺
唐奎發
楊保貞（句容學教諭）
李宗元
茅鹿鳴（見“書畫”）
余文鳳（儀徵籍）
王錫元（盱眙籍）
丁立幹（北榜，見“進士”）
丁立瀛（北榜，見“進士”）
賈鑑（北榜）

副榜：

戴恒

同治六年丁卯科并補行咸豐辛酉科（顔馴榜）

唐保寅

李承衡（安東學教諭）

嚴桂馨

丁紹昌

顔振復

袁善（見“進士”）

王國賓

王肇豐

周夢田

團昌第

陳克劭

殷公黻

唐沐（吴縣籍）

吴求貢（儀徵籍）

戴恒（北榜，見“進士”）

蔡銓年（北榜，内閣撰文中書）

副榜：

張錫辰

同治九年庚午科并補行壬戌恩科（許時中榜）

尹恭保（内閣中書、湖北候補同知）

鄒寶樹

趙亨

李慎傳（江寧學訓導、國子監學正）

吴艭

李黼猷

陳世偉

劉世恭

嚴允升

趙樹禾（見“進士”）

支恒榮（見“進士”）

張榕（北榜，蕭縣學教諭，保舉知縣，分發雲南）

丁立鈞（北榜）

副榜：

張汝陽

柳堃元

趙炳榮

王德本（盱眙籍）

同治十二年癸酉科（汪昌鼒榜）

趙鼎臣

茅同晉

唐鴻發

何士俊

趙繼和

唐秀森

楊熙

戴怡

楊奎綬（北榜，内閣中書）

劉家蔭（北榜）

光緒元年乙亥恩科（萬人傑榜）

汪慶生

錢恩華

包昌祺

顧敦彝

高樾生（江都籍）

王焯（江都籍）

朱恩誥（北榜）

副榜：

潘汝霖

李步青

光緒二年丙子科（楊徽榮榜）

張思再（三名）

吴保齡（見"進士"）

包鳳章

郭長年

趙臣翼（北榜）

唐桂（北榜）

尹德坤（北榜，儀徵籍）

副榜：

趙文琳

徐兆鵬

按：科目有見“進士”而舉人未録者，以進士有《題名碑録》可稽，舉人則憑采報，科分未確，從闕。

嘉慶（闕）年

曹鏞（知浙江武義縣）

徐楊炳（歷任直隸、滄州、順天東路捕盗同知）

副榜：

袁懋修（歷任刑部郎中、四川龍安、湖南沅州等府，署辰沅永靖道）

壽榜（鄉試三場完畢，未經中式，年届九十，與年届八十之教職及恩拔副歲優貢生，均請旨賞給舉人；年届八十之廪增附貢監生賞給副榜如前科，已給副榜者，毋庸再行加給；年届八十以上之舉人、賞給學正銜者，准其會試；給檢討銜者，不必會試；如前科已有賞銜，下科仍在八十以上，亦毋庸再賞；其九十五歲以上者，給編修銜；百歲以上者，給司業銜。邑士邀恩者輩出，舊志以人少附列召辟，兹悉録於舉人之後，附以重宴鹿鳴、重游泮水以紀國恩，以徵人瑞焉）：

劉行芳（歲貢生，乾隆己亥鄉試，以高年賞給舉人；庚子會試後，賞給光禄寺署正銜）

朱宗海（嘉慶戊辰鄉試，以高年賞給舉人；己巳會試後，賞翰林院檢討銜）

殷藻（歲貢生，嘉慶庚午鄉試，以高年賞給舉人；辛未會試後，賞國子監學正銜）

薛夢麟（諸生，嘉慶辛酉鄉試，賜副榜；丁卯，賜舉人；戊辰會試，賞國子監學正銜）

步望灝（諸生，咸豐己未科，賜副榜）

蔣國安（諸生，同治丁卯科，賜副榜）

徐仰恩

趙正恒

張式金（并諸生，同治庚午科，賜副榜）

趙祥霖（諸生，同治癸酉科，賜副榜）

趙寅清（諸生，光緒丙子科，賜副榜）

重宴鹿鳴：

徐彬（乾隆丁酉科，北榜中式，年十九歲；道光丁酉科，重宴鹿鳴，年七十九歲。時主講順天通州書院，八十五歲卒，見“儒林”）

重游泮水：

茅元輅（見“科目”）

蔣是之

楊逢泰

戴清漣（見“貢監”）

陳宗聯（學使彭案入泮，年十八歲；道光二十年，重游泮水，見“尚義”）

李文榮（廩貢生，乾隆庚戌，學使胡案入泮；道光三十年庚戌，重游泮水，時年七十九歲，見“方技”）

韓珉（字佩林，嘉慶十九年，學使王案入泮；同治十二年，重游泮水，時年八十三歲，卒年八十九歲）

茅桐（廩監生，嘉慶丙子，學使王案入泮；光緒二年，重游泮水，時年八十五歲，見“書畫”）

柳興恩（原名興宗，嘉慶丙子，學使王案入泮；光緒二年，重游泮水，時年八十二歲，現年八十五歲，見“科目”）

武進士

宋

寶祐四年

蕭漢傑（仕元，溧陽總管、府同知，見“文苑”。增）

明（《康熙志》明進士九人，《嘉慶志》增二人，今增三人）

洪武開科

田顯三（由南京丞守禦，調福建右指揮。增）

嘉靖二十六年丁未科

耿文光（南京錦衣衛掌印、都指揮）

嘉靖四十一年壬戌科

丁堯臣（柘林把總）

隆慶五年辛未科

朱正色（福建副總兵）

陸邦彦（游擊）

萬曆二年甲戌科

郭惟完（南埠吴淞把總）

萬曆十一年癸未科

李似枚（《開沙志》作“士校”，鎮江衛鎮撫）

萬曆十四年丙戌科

韓良貴

萬曆二十年壬辰科

曹良策

曹廷訓

萬曆四十四年丙辰科

唐文純（江陰守備）

崇禎四年辛未科（增）

李名先

李承先（鎮江衛百户，以僉書行都指揮事鎮守中平鎮，見“宦績”）

崇禎六年癸酉科（按：當作“七年甲戌”）

王濾（都司）

國朝

順治六年己丑科

李重耀（福建中營副將，管參將事）

順治九年壬辰科

周曰庠（副將）

王基

順治十五年戊戌科

張慎先

王啓

康熙十八年己未科

楊天培

張晟（甘肅撫標守備）

康熙二十四年乙丑科

周之楨

康熙三十三年甲戌科

李奉威

康熙四十二年癸未科

李熿（侍衛）

康熙四十五年丙戌科

張玉文（浙江寧波營游擊）

康熙四十八年己丑科

戎彬

雍正二年甲辰科

耿蕙

乾隆元年丙辰恩科

杜詢禮（官至陝西興漢鎮標左營游擊）

乾隆二年丁巳科

張拓（由侍衛官至福建建寧鎮游擊）

乾隆四年己未科

金鑾

王義

乾隆十六年辛未科

李鑾（候選衛守備）

乾隆二十五年庚辰恩科

蔡鵬（由侍衛官至雲南開化鎮總兵，從征緬甸大、小金川，屢次得功，賞戴花翎，升貴州提督）

乾隆三十一年丙戌科

趙攀龍（由侍衛官至廣東肇慶協副將，見“宦績”）

乾隆四十五年庚子科

蔡廷標（荆州安陸營都司，升廣東連陽營游擊）

乾隆四十六年辛丑科

蔡廷樑（由侍衛歷官安慶營都司、浙江寧波營游擊①）

道光十三年癸巳科

趙慶恩（候選守備，見“忠義”）

武舉

明（《康熙志》注：武舉，無可考。《嘉慶志》查補八人。今又查補六人，其已見進士而不録者，科分闕也。）

萬曆十年壬午科

韓良貴（見“進士”）

吴鑛（增）

萬曆二十二年甲午科

王成身（增）

萬曆二十五年丁酉科

李自奇（增）

萬曆二十八年庚子科

宋楠

萬曆四十三年乙卯科

① 按：“浙江寧波營游擊”，《嘉慶丹徒縣志》卷十四《選舉二·科目》作“浙江衢州游擊”。

唐文純（見“進士”）

天啓元年辛酉科

韓行道

天啓四年甲子科

王恭先（增）

天啓七年丁卯科

夏九牧

崇禎三年庚午科

李名先（見“進士”）

李承先（見“進士”）

崇禎六年癸酉科

王濾（見“進士”）

崇禎九年丙子科

錢治

崇禎十三年庚辰科

王武（神武營參將）

國朝

順治三年丙戌科

張慎先（見“進士”）

李琚（福建福州守備，見“忠義”）

順治五年戊子科

李重耀（見“進士”）

徐自長

順治八年辛卯科

周曰庠（見“進士”）

王基（見“進士”）

順治十四年丁酉科

謝大勝（湖南①道州守備）

王啓（見“進士”）

王昌齡

康熙八年己酉科

胡見龍

① 按：“湖南”，《嘉慶丹徒縣志》卷十四《選舉二·科目》作“湖廣”。

柳可法（衛千總）
康熙十四年乙卯科
張晟（見“進士”）
康熙十七年戊午科
周之楨[1]（見“進士”）
楊天培（見“進士”）
康熙二十年辛酉科
陳世英
張宗良
康熙二十六年丁卯科
丁坦
蔣鼎
錢壽軫
康熙二十九年庚午科
李奉威（見“進士”）
康熙三十八年己卯科
李煌[2]（見“進士”）
康熙四十一年壬午科
張九畹（京口水師營守備）
康熙四十四年乙酉科
戎彬（見“進士”）
張玉文（見“進士”）
尤著（京口協右營千總）
康熙五十二年癸巳科
董敞
徐堅
戚揚
康熙五十六年丁酉科
丁焕
康熙五十九年庚子科
程維震
何啓焜

① 按：“楨”，《嘉慶丹徒縣志》卷十四《選舉二·科目》作“禎”。
② 按：“煌”，《嘉慶丹徒縣志》卷十四《選舉二·科目》作“熿”。

雍正元年癸卯科

耿蕙（見“進士”）

雍正四年丙午科

吴元

耿瑋

雍正七年己酉科

蕭鵬南

雍正十年壬子科

杜詢禮（見“進士”①）

雍正十三年乙卯科

程興佐

乾隆元年丙辰恩科

張拓（見“進士”）

王義（見“進士”）

乾隆三年戊午科

金鑾（見“進士”）

李紹恭（湖北守備）

乾隆六年辛酉科

張之鉦

殷錫九

吴錦章

乾隆九年甲子科

杜性仁（寧海營千總）

乾隆十二年丁卯科

王新沐

朱元（山東德州衛守備）

張華（北榜，大河衛守備，升陸路都司）

乾隆十五年庚午科

李鑾（見“進士”）

蔡鵬（見“進士”）

乾隆十七年壬申恩科

吴雙

戴綸（新安衛、池州幫千總）

---

① 按：《嘉慶丹徒縣志》卷十四《選舉二·科目》載其武職謂“甘肅馬墩營都司”。

乾隆十八年癸酉科

程浩

馬鼐鼎

乾隆二十一年丙子科

吴同（山東濟寧州①千總）

乾隆二十四年己卯科

王元

乾隆二十五年庚辰恩科

查本（千總）

金城（千總）

王墥

趙麟

乾隆三十年乙酉科

趙攀龍（見“進士”）

嚴鏊

陳鴻（廣東東莞營都司）

乾隆三十三年戊子科

蔡鸞（貴州安籠營守備）

乾隆三十五年庚寅恩科

黄剛（衛千總）

乾隆三十六年辛卯科

楊經邦

乾隆三十九年甲午科

蔡廷樑（見“進士”）

乾隆四十二年丁酉科

曹麟

乾隆四十四年己亥恩科

王鵬

蔡廷標（見“進士”）

乾隆四十五年庚子科

趙鑣②

乾隆四十八年癸卯科

① 按：“州”，《嘉慶丹徒縣志》卷十四《選舉二・科目》作“衛”。
② 按：“鑣”，《嘉慶丹徒縣志》卷十四《選舉二・科目》作“彪”。

王禮
乾隆五十一年丙午科
蔡廷瑞（衛千總）
乾隆五十三年戊申恩科
蔡廷元（安徽宣州衛守備①）
乾隆五十四年己酉科
王夢元
乾隆五十九年甲寅恩科
王夢熊
乾隆六十年乙卯科
王慶元
嘉慶三年戊午科
趙益清（署大沙汛千總）
嘉慶九年甲子科
李海（一名）
魯錦
嘉慶十二年丁卯科
趙宇清
趙雲凌（福山千總）
嘉慶十三年戊辰恩科
趙雲炳（由福山營千總仕至福山游擊）
許承甲（金壇千總）
嘉慶十五年庚午科
趙雲標（官至廣東海門營參將）
嘉慶十八年癸酉科
何金標（三江營千總）
趙雲璧（見“忠義”）
嘉慶二十一年丙子科
趙淮
嘉慶二十三年戊寅恩科
趙雲鑾（大沙汛千總）
嘉慶二十四年己卯科
許承謙

① 按：“安徽宣州衛守備”，《嘉慶丹徒縣志》卷十四《選舉二·科目》作“衛千總”。

崔大同（仕至廣西副將，見“忠義”）
道光元年辛巳恩科
許承鼎
道光二年壬午科
蔡長恩（安徽鳳陽衛守備）
周占鼇
道光五年乙酉科
李澄（一名）
殷兆熊（仕至三江營守備）
道光十二年壬辰科
許承晉
殷壤（衛守備）
道光十四年甲午科
趙式祖（劉河營千總，見“忠義表”）
道光十九年己亥科
吕承銘（兵部揀選衛千總，任山東濮州、江西鉛山、沿谿等所）
道光二十三年癸卯科
童金鼎
道光二十四年甲辰恩科
田慶榮
童德魁（由泗州千總寧國軍營打仗殉難）
咸豐元年辛亥恩科
徐登恩（督標候補千總）
同治九年庚午科并補行咸豐戊午科
張昌化
趙恩慶
光緒元年乙亥恩科
韋攀桂
光緒二年丙子科
解景浦
王永成
於德成
嘉慶（闕）年
紀長春

朱嗣璣（據《家乘》，順治乙酉武舉，戊子進士，任江寧豹韜衛千總。查康熙、嘉慶二《志》俱無其人，附增於後）

道光八年戊子科

趙慶恩（見“進士”）

道光二十九年己酉科

於長清

丹徒縣志卷二十二終

丹徒縣志卷二十三

選舉三　貢監

宋

許暘（見“進士”）

張頡（見“進士”）

王伯道（紹興己丑歲貢，任越江正提舉）

顧奎（縣尉，見“儒林”）

蘇景瑋（見“進士”）

郭景星（黄巖州判官，見“孝友”）

林桂發

青陽夢炎（見“進士”）

俞酉發（見“高隱”）

元

茅福（廣西鬱林州宣議）

明

豐藻（工部司務）

王世芳（任宜興縣主簿，升山東邱縣尹）

丁恒（監察御史）

錢汝敬（太醫院御醫）

錢濟美（鎮江衛鎮撫）

姚思恭（河南都司經歷）

孫怡（見“方技”）

盛恭（主事）

張縉（刑科給事中）

王豫（雲南左布政使，見“名臣”）

魏忠（南雄府知事）

徐銘（兵部侍郎，改左布政使，見“名臣”）

朱忠（推官）

陳達（郎中）

丁富（工部主事，歷河渠提舉）
張進（監察御史）
戚勳（蕭山典史）
袁立（主事）
楊永清（工部主事）
李潤（河南懷慶府通判）
順寧（户部主事）
周鎬（後府都事）
張中（國子監助教）
劉全（訓導）
葉蕙（知華陽縣）
張宏（員外）
吴禎（瑞州府照磨）
周密（御史、知廣信府）
徐用（監察御史）
張瑛（歷知南昌、真定二府）
吴瑞（國子監丞）
王振（監察御史）
張禺（留守衛經歷）
闞魯（户部主事）
秦恕（温州府檢校）
高翥（檢校）
潘進（知桂陽縣）
甯復（登州府同知）
費寧（晉州知州）
劉鎮
顧寧（知縉雲縣）
俞琳（崖州學訓導）
陰仲明（照磨）
朱忠（户部郎中）
嚴禎（莒州學正）
孔鎮（夔州府經歷）
朱彧（刑部主事）
臧遠（永州府同知）
曹孟（知光澤縣）

劉瑛（登州府通判）
吴淵（知桂陽縣）
秦智
李鎡
潘序
王昇（曹縣縣丞）
袁銓（知盧龍縣）
王浦（天順選貢，授鴻臚寺序班，升行軍司馬）
張文（訓導）
杜景（州判）
潘晟（壽光縣主簿）
張恂（刑部郎中，見“尚義”）
張遜（汝州判官）
張斌（朝城主簿）
吴祐（太僕寺少卿）
劉銓（主簿）
王憲（萊州府推官）
宋哲（開州知州）
袁謙（深州判官）
倪迪（豐縣主簿）
沈理（梧州府知事）
沈翀（訓導）
仲英（雲南鹽井提舉）
彭鎰（福建市舶提舉）
張洪（知永城縣）
吴煜（兖州府推官）
朱耀（知襄陵縣）
靳瑜（温州府經歷）
何源（郴州府訓導）
劉儀（楚府教授）
陳理（京衛經歷）
張寅（知平江縣）
陳禎（縣丞）
徐澄（縣丞）
郭忠（知壽光縣）

王宏（知縣）
王環（漳州府經歷）
丁誠（國子監典簿）
王鉉（選貢，任河南府學訓導，升新泰縣學教諭）
陳隆（遼陽衛經歷）
杜晟（臨江府推官）
秦魁（縣丞）
丁信（訓導）
湯自新（永豐縣訓導）
張旻（教諭）
王誼（道州判官）
吕淵（知内邱縣）
顧連（衛知事。連，原從玉）
龔鎬（景州吏目）
殷禮（興化府知事）
丁釗（知奉節縣）
錢輝（知宛平縣）
吴鉞（主簿）
謝敘（訓導）
湯恕
張祥（建寧府經歷）
吴永泰（知石泉縣）
劉倫（布政司經歷）
馬驤（織染局副使）
吴鼎（武陵縣主簿）
湯璥（汝寧府通判）
張纓（訓導）
何鑑（知光化縣）
孫益（隨州判官）
孫振（衛經歷）
孫鎮（鐵嶺衛經歷）
宋澍（訓導）
張永（黄巖縣縣丞）
戴倫（臨海縣主簿）
陶懋（鄭州判官）

戈賢（零陵縣縣丞）
袁溥（平湖學教諭）
張暹（知射洪縣）
俞懋（饒州府通判）
薛寔（太常典簿）
嚴儀（知弋陽縣）
吴紳（訓導）
茅震（鴻臚寺丞）
王玠（廣安州判）
范楨（禹城縣縣丞）
梁銓
周肅
盛廣
徐英（知應山縣）
湯明
許政
王麟
李倫（萬載學訓導）
茅觀（知陝西葭州）
張玘（知分水縣）
鄭謹（訓導）
湯浩（嵊縣學訓導）
鄒浩（知縣）
王玘（王府引禮舍人）
茅深（布政司右參議）
吴璽（莒州學訓導）
胡紀（豐城學教諭）
黄繼宗（新城學訓導）
陳惟善（河間學訓導）
劉琪（玉田學訓導）
周永禄（雲南知縣）
張瀹（新淦學訓導）
程裳（鄧州學訓導）
蔣永和（訓導）
楊寶（泗水學訓導）

張軒（衛經歷）
高山（知襄陽縣）
靳儼（南皮縣縣丞）
解瑾（通州學訓導）
吴琳（魯府教授）
吴瑞（縣丞）
王佐
俎高（崇府教授）
茅浩（知廣西古田縣）
莊肅（縣丞）
吕瓚（知縣）
盛鑑
盛時聘
周鳳（雄縣學訓導）
許珵
聶鎔（江州判官）
鄒晟
范旭（衡府伴讀）
范柞（東昌府州判）
魏源（訓導）
陳立（任金鄉縣教諭）
胡佑（訓導）
艾桂
孔倫
達冕
張銑①
宗瓛
戴欽（教諭）
吴琬
耿光
盛英
王琮
陶傳

① 按："銑"，《嘉慶丹徒縣志》卷十五《選舉三·貢監》作"鋭"。

夏寅（任訓導）
吴鐸
張定純（訓導）
趙珵
達賓
曹澍
趙誾
陳鑑
裴俊
茅玹（工部虞衡司郎中）
姚讓（江西按察司經歷）
楊榮
金亮
倪文
張彔
徐俊（江寧學教諭）
張表（漢州學教諭）
竇璡（田州府經歷）
蘇順（主簿）
程崯
沈啓宗（曹縣縣丞）
孫琮（漢陽府推官）
茅瑞（辰州府同知）
陳忠（泉州府經歷）
王貴顯
趙愈
盛益（曹州判官）
茅連（太常寺提點。連，原從玉）
嚴鼈（臨江學訓導）
楊繒（龍泉教諭，升鄭府教授）
金玥（瑞州學訓導）
孫瑶
范堂
費衡
湯滋

劉珊
李麟
韋謙
李林
張瀾（公安學教諭）
宋清（六安學教諭）
朱英
吴蘭（德清學訓導）
喜壽（貴溪學訓導）
胡延年（經歷）
司政（天台學訓導）
沈魯（泉州學訓導）
茅顯祖（襄陽府同知）
殷麟（知樂城縣）
毛文
茅光祖（中書科中書）
茅鑒（知安定縣）
朱紳
歐陽佐
王諫（知雲南霑益州）
王誠
歐陽璣（姚州知州）
歐陽理（知武義縣）
王孫雲（訓導）
王西鈺（知長陽縣）
陳元振（安福學訓導）
歐陽瑭（知鹿邑縣）
歐陽連（深州判官。連，原從玉）
丁冕
凌鑾
楊暉
王釴（九江府通判）
潘椿
陳鉞（福州學訓導）
賀紘

嚴賓（澧州學正）
盛恩（湖州府通判）
唐文中（南城兵馬司指揮）
茅萼（倉庫大使）
王士驥（永寧衛經歷）
錢可教
嚴容（知縣）
陳鉞（教授）
趙鉞
朱錫
唐鸞（岳州府通判）
魏潤（寧陽學訓導）
姜文義（訓導）
趙宗祏（知羅城縣，見“鄉飲賓”）
劉士賢
王佐①
俞坦
林棐
童紀（主簿）
許宸（訓導）
鄔縉
孫璣（主簿）
許守（知縣）
吴槐
劉東
朱禮
李伋
薛清
王詢
余愷
吴闓（海豐學教諭）
丁梅
謝貫

① 按：“王佐”，原缺，據《嘉慶丹徒縣志》卷十五《選舉三·貢監》補。

姜濟（長河學訓導）
周儒
冷傑（知上猶縣）
沈文禮（會昌學教諭）
張軼
高軒
曹恬（見“鄉貢”）
李杉
王諶（見“尚義”）
丁邦寧（教授）
吴大經（教諭）
張集
朱節（知通城縣）
吴臣（青州府學教授）
谷廷恩
杜河（臨壽學教諭）
喜會（國子監典籍）
田禾
夏昭（烏城縣縣丞）
法愷（見“鄉貢”。“愷”，鄉榜作“暟”）
魏如英
王儲（吉府教授）
薛旂
秦紋（太平府學教授）
李迎
胡渠
吕元聲（知上猶縣）
居官（東陽學訓導）
夏汝恩（山東兖州府學教授）
殷士望（衢州府學教授，見“孝友”）
盛德
王三槐
任思
沈聞政（浦城學訓導）
王亮采

宋鈺
紀光訓（知安順州）
楊茂春
王惠
孟璋
蕭璜
鄔綱
茅崇本（見“進士”）
吕中聲
張易
沈聞詩
茅溉（平湖縣丞）
朱朝元（温州府經歷）
邵忠
周邦新（教授）
金明
劉玉
錢大猷（知江華縣）
周邦奇（知夏邑縣）
謝賢（和州學訓導）
張可任（知陸川縣）
陳九疇
金恕（句容學訓導）
吴之望（見“進士”）
張鵾（靖州學正）
喬景新
周曰庠（霍山學教諭）
吴模（祁門教諭）
傅良弼（主簿）
茅崇采（縣丞）
陶采
郭維翰（知仁和縣）
王之道（泰興學訓導）
王之夔（江陰學教諭）
潘文陞

華衣
王學益（杭州府學訓導）
程世奇
茅濡（句容學教諭）
張大光
嚴瀚
范岱（知武義縣，升知州）
魏士英
吴芊（海寧學訓導，見“文苑”）
茅湞（曹州州判）
鄔悦
張拱昌（順寧府通判，見“儒林”）
張國華（蕪湖學訓導，見“儒林”）
李賓（知廣東封川縣）
王西鉦
陳琦
錢應昌（陝西鞏昌府通判）
何羹弼（知陽江縣）
姜尚絅（通判）
王脅（靖江學教諭）
魯直（教諭）
王承冠（揚州府學訓導）
吴調陽（副貢，雷州府同知）
錢應旂（藍田學教諭）
顧世倫（楚府教授）
徐希曾（廣德州教諭）
吴良金（武進學訓導）
趙應宸（常熟學訓導）
張美中（廣西潯州府推官）
陳繼鼎（宜興學教諭）
劉從先（曲阜學教諭）
趙璧球（恩貢，雲南通判）
張崇儒（知武宣縣，見“孝友”）
潘文先（江陰學訓導，見“忠義”“宦績”）
茅大經（萊陽學教諭）

談兆隆（南國子監博士）
談兆行（翰林院待詔）
王有維（長興學訓導）
馮泰交（溧水學訓導）
魯如松（蒙城學訓導）
冷大章
龔應奎（選貢，任績溪訓導、德安府教授）
趙世卿（訓導）
王錫命（選貢，任辰州府通判）
劉彔
陳三德（考授通判）
卞時欽
徐學古
莊寶璐
錢邦獻（贛州學訓導）
夏楷（遼東三萬衛經歷）
夏椿（浙江餘姚縣倉大使）
錢壽世（知順天寶坻縣）
楊伏寬
何蒸（據《家乘》增）
萬秉（平樂府通判）

（以下例監）
曹文顯（府經歷）
朱振（知衡陽縣）
袁賢（東安王府教授）
錢可勤（台州府經歷）
杜昂（漳州府通判）
陸梓（鴻臚寺丞）
錢迥（建昌府經歷）
費忱（漳州府經歷）
嚴勝宗（都司斷事）
潘沂（崖州吏目）
劉爍（萬年縣縣丞）
丁同（嘉善縣主簿）

錢遜（達州州同）
朱璋（上蔡縣主簿）
張模（理問）
沈恒（汝寧府經歷）
劉蔡（新建縣縣丞）
錢逸（鴻臚寺序班）
袁思忠（東平州州同）
劉行可（江西都司斷事）
李鵠（莒州州同）
曹恕（寧海州州同①，見《寧海州志》）
尤同（蘭溪縣主簿）
李松（長興縣縣丞）
趙倖（杭州府經歷）
趙光洵（臨川縣主簿）
王應元（主簿）
錢應詔（武義縣主簿）
陳春生（府經歷）
張杲（邵武府經歷）
趙來儀（延平府知事）
丁禹臣（同安縣縣丞）
吕克念（道安縣縣丞）
莊有威（崇安縣縣丞）
吕克家
陳紹文（會稽縣縣丞）
袁尚忠（墊江縣主簿）
沈寀（道安縣縣丞）
朱亨（寧海州吏目，見《寧海州志》）
林應詔（零陵縣縣丞）
李鋐（延平府將樂縣）
李增（潯甸府經歷）
李培（青州府寧海州州判）
夏詰卿（錢塘縣主簿）
夏禹卿（麗水縣主簿）

① 按：《嘉慶丹徒縣志》卷十五《選舉三・貢監》所載爲“武定州州同”。

林應乾（貴池縣主簿）
李蕃先（黄州府蘄水縣縣丞）
錢適（絳州吏目）
李漢（兵馬司指揮）
管應（布政司經歷）
陳大烈（西安府經歷）
劉汝章（鴻臚寺序班）
王應（按察司經歷）
王希賢（布政司經歷）
李勳（慶陽府照磨）
徐鍵（通判）
徐嘉會（霸州州判）
周應達（光禄寺署丞）
陳三益（考授縣丞）

按：貢監自宋迄明俱照舊志編録，其先後次第依時代而不序官階，且有名無官者較多，無從考訂排次，故姑仍其舊，間有增入數人，亦第約略其時以附之，不能如國朝諸人之條分縷晰也。

國朝（凡副貢俱依《嘉慶志》例列入各科之後，此不復載。）

恩貢：

何應仕（知浙江永嘉縣）
卜震（知臨川縣）
李金枝（嘉善縣縣丞）
嚴有蔭（州同）
歐陽魁（靖江學訓導）
陳志泰（"志"，《康熙志》作"嘉"）
朱昌緒（中書，隨征貴州，署平遠府事）
盛廷美（江西廣信府通判）
王世梅
錢琛
王銘旂
楊廷鍵
錢于璋
蕭之雲
張瑗
吴崇

吴鏞
韋啓禄
姚敏
姚家鉉
周楨
黄嘉穀
嚴旭（以下新增）
宋成
李桂林
戴清濂
柳丞宗
顔瀛
李焱榮
李桂枝
趙炳奎
錢辰
汪融
茅榛
張錫琳
張正廉
何金生
沈煇
李慎僡

拔貢：
張士望（知化州）
錢國璽（大理寺寺副）
張玉裁（見“進士”）
陳灯（見“進士”）
張鯤（歙縣學教諭，見“孝友”）
包斌（知江西萬年縣）
何淙（旌德學教諭、知直隸撫寧縣）
張廣居（知江西安仁縣）

蔣曰廣（江西督糧道）①
蔣爾倫（據《開沙志》增）
蔣爾庸（知陝西褒城縣，《開沙志》作“恩貢”）
何菏
歐陽苓
吴飛九（康熙乙酉，據《家乘》增，見“科目”）
顧惟楫（豐縣籍，宜興學教諭）
顔棠（揀選知縣）
顧奎（豐縣籍，知江西德安縣）
吴一麒
王濟師（山東菏澤縣丞）
陳鵬程（教習）
王文治（見“進士”）
戴縉（知山西太谷縣）
鮑之鍾（見“進士”）
程夢湘（知湖南清泉縣）
袁肅（和州學正）
嚴士鋐（四川川東道署布政使司②，賞戴花翎）
茅奎光（懷遠縣教諭）
劉梓（盱眙學教諭）
劉植
蔣延昌（以上《嘉慶志》）
袁渭鍾（吏部郎中、知嘉興府，改廣西梧州府）
鮑文逵（見“舉人”，二并嘉慶辛酉科）
張灝（監察御史、知廣西潯州府）
劉懷祖（見“文苑”）
張負圖（三并嘉慶癸酉科）
陳宗起（見“儒林”）
嚴城（見“舉人”）
楊棨（三并道光乙酉科，見“儒林”）
韓兆元（高淳訓導）
韓掄元（鳳陽府學訓導）

① 按：“蔣曰廣”條，原缺，據《嘉慶丹徒縣志》卷十五《選舉三·貢監》補。
② 按：《嘉慶丹徒縣志》卷十五《選舉三·貢監》所載爲“四川寧遠府加道銜”。

吴台文（三并道光丁酉科）
莊兆曾（署溧水學訓導）
汪琪
李承銜（見“舉人”，三并道光己酉科）
吴春齡
茅國安
莊羨曾（三并咸豐辛酉科）
趙鼎臣（見“舉人”）
陳鳳藻
張寶森（三并同治癸酉科）

歲貢：
顧世倫（高郵學訓導，升漢陽教授）
臧遠
孫應宗（博羅知縣）
趙士脩（知縣）
顧言（豐縣學教諭，見“儒林”）
何金友
李曾
李碩
李紹弇
楊克孝
丁如琦
高文炳（歙縣教諭）
朱捷慶（武進教諭）
朱懷慶
朱敏億
吴一鷺（知浪穹縣）
鄔繼白（溧陽教諭）
喜驥（亳州學正）
張朝雄
李時蕃（桃源訓導）
劉寅祖
陳世彝
張宗鑑（沛縣教諭）

陳檀裕（訓導）
殷輅
張之奇
吉兆
孫允嗣（休寧訓導）
王聞晉
趙甡
劉觀
錢邦達（宣城訓導）
張昊（鳳陽訓導）
臧披雲
韓穀（國子監學正）
錢壽世（寧國訓導）
馬泰
張玉禾
茅國祚（泰興訓導）
李珮（當塗訓導）
李聯（知山西汾陽縣）
蔣寧（《開沙志》作“恩貢”）
李大濩（知四川東鄉縣）
韓楨（宿州學正）
朱用載
張宏載（海州學正）
程登麟
吴宏謨
吴延弼
何宏濟
李試（知介休縣）
李吉
劉暹（知江西南豐縣）
劉閶
劉一鳴
江佩（崇明訓導）
湯震（刑部郎中、知福建邵武府）
卞士觀

卞啓翥
卞楠貞
楊髒
楊士宏
楊即翀
李宏潞（刑部郎中）
柳加蔚
李應元（霍丘教諭）
吴喆（廬州訓導）
孔衍祺（碭山訓導）
童昊（南陵訓導）
錢爲眉（宿遷訓導）
程士琳（沛縣訓導）
薛鉉
韓炡
顧宏基（睢寧教諭）
趙鴻寶（績溪訓導）
吴之寅
陳恂（山陽訓導）
朱大受
陳常
曹廷襄
周宜（溧水縣訓導）
吴之書
解煓
朱采明
朱麟
張鴻寶
李民輿
李之栻
徐時沐
張翥
劉匯
王道（婺源訓導）
范錫琛

殷綬
王紳
何金蘭
何湟
蕭懋嘉
張和載
張德林（安東教諭）
柳加恂（高淳教諭）
王進取
莊幅（祁門教諭）
馮晉鏕
何廷旃
張汝連（連，原從玉）
陶思任
何康
盛本澄
盛藻
凌鼇（儀徵訓導）
夏朝楹（贛榆訓導）
趙晉（無爲州訓導）
盛鎮（懷遠教諭）
殷廣（寧國訓導）
何樹言
陶思孝
趙鴻俊
錢于邁
張孺
卞惕貞
談於澄
戴學摶（宿州訓導）
趙廷璽
張文吉
趙敦畣
張路（英山訓導）
王熉

吴士雄
楊淮（昭文訓導）
徐清（六合訓導）
柳誼
張廷樑
張潮普（見“進士”）
居紹祖
劉行芳（見“壽榜”）
王鈞
顔文煜（青陽訓導）
凌麟
韓彦安
錢爲騮
趙廷鑣
李惠山
吕應鯤
顧潤
李錞
柳棽
高欣
吴崔里
張岱
黄甲
眭志書
孫焯（震澤訓導）
蔡致雲
王吴脩
張家彧
華景韓
王道淇
朱宗海
張林皋
笪自培（以上《嘉慶志》）
左圻
汪光炳

卞文光
劉恭訓
何恭
何之煌
何參
茅元美
高元龍（祁門訓導）
茅杓
居邦德
居邦直
趙彝鼎
何家榮
柳加敏
張以憏
柳尹
張廣
吴柏材（松江教授）
卞鋐（署陽湖訓導）
何之煇
戴綺
何堅實（著有《鋤經堂文稿》行世）
何之煒
何佳琪
李文昭（碭山訓導）
何務滋
歐陽謙
任承敬
張斆
戴洵
韓琮
張振功
劉文光
李昌齡
余燮
李承澤

茅貽遠
張榮圖
張祥圖
張振名（蕭縣訓導，升吴縣教諭）
戴溓
沈懋
道元梓
余炯
陳濬
張崇蘭
張步麟
陳壽彭
王守恒
道常英
殷奎光
曹丙榮
李枝
鄒增元
章烜（碭山訓導）
柳焱烇
范紹德
殷宗洛
戴棠
潘汝霖（見“副榜”）
趙彦傳
茅邦彦
尹玉清
茅京生
顔錫名
田榮
蔣汝霖（署高郵學正）
莊寅曾
馬尚詢
劉維均
李永恒

周壽鏡
陳嘉猷（補列）
吴一鶴
宋其吉
宋之良
殷調鼎
宋鈞元
李登瀛
錢于炯
朱汝衡
姚金典
錢元祺（長洲訓導、上元教諭）
錢元福（建平訓導）

優貢：
李穎合（雍正間優貢，工部都水司主事）
郭堃
席元辰（嘉慶甲子科）
章炳蘭
錢之鼎（見“舉人”）
趙楫（道光壬午科，見“進士”）
李承霖（道光辛卯科，見“進士”）
李壽彭（道光甲午科，宿遷教諭）
張遴第（道光辛卯科，署甘泉訓導）
趙樹禾（同治甲子科，見“進士”）
張春第（道光丙午科）
趙曾望（同治庚午科）
趙蒔禾（光緒丙子科）
張祥書（光緒己卯科）

例貢監（吏員及武職并附）：

按：《嘉慶志》於明代例貢監惟擇其已仕者録之，體例甚正。至國朝乃變其例目，今虚銜益多，勢更不能備載，故此條謹依《嘉慶志》録明代之例録之。

又按：新增内外各官職，除恩拔、優貢確有可考外，即歲貢亦難次第分明，至例貢監各職先後次第愈難詳考，今姑以來報之先後爲次。

李蓮（户部浙江司郎中）
袁恭（户部四川司員外郎）
左然（刑部廣東司員外郎）
韓嘉言（光禄寺署正）
蕭東穀（大理寺寺丞）
李本立（詹事府主簿）
張玉禾（行人司司正）
蕭椿（鴻臚寺司賓館序班）
茅蘭枝（刑部司獄）
余山（西城兵馬司指揮）
嚴士林（郎中）
鄒文瑍(工部虞衡司員外郎)
劉汝章（中書科中書）
劉汝弼（中書科中書）
笪晉佑（中書科中書）
左煥（中書科中書）
張乃馨（行人司行人）
程士連（光禄寺典簿。連，原從玉）
姚宗洛（翰林院待詔）
姚士藟（翰林院待詔）
陳國柱（刑部司獄）
劉沆（刑部司獄）
劉湛（刑部司獄）
李溱（翰林院孔目）（以上《嘉慶志》）
張宏裕（兵馬司副指揮）
支昭升（中書科中書，即用員外郎，以知府用）
張天錫（鴻臚寺鳴贊）
顧敦和（吏部司務，以知府用，加道銜，見“宦績”）
尹立常（知府用，截取同知，光禄寺署正）
趙連鈺（刑部郎中，賞戴藍翎）
王祖蔭（兵部候補主事）
趙連淦（刑部廣東司主事，賞戴藍翎）
吴葆曾（廩貢，户部候補主事）
周毓俊（詹事府主簿）
袁慶綬（刑部貴州司郎中）

趙鸞翔（刑部河南司主事）
周天麟（户部主事）
趙祖培（刑部安徽司主事）
陳士傑（廪貢，户部主事）
李培德（刑部郎中、山東司行走）
錢曰謀（刑部司獄）
魯湘（兵馬司正指揮）
趙祖培（刑部主事、安徽司行走，員外郎銜）
袁崇（廪貢，教習、光禄寺署正）（以上新增）

右京職

張适（户部員外①，升直隸布政使）
蔣曰廣（江西督糧道）
張學林（知廣西桂林府，升河南陜汝道）
蔣調元（知廣西鎮安府）
蔣宜（知廣東雷州府，《開沙志》"宜"作"寀"）
徐而泰（知河南開封府）
包赤（福建鹽運司運同）
何雨（浙江杭州府同知）
張宏章（兵馬司指揮②、福建汀州府同知）
蔣潤元（德安府同知）
姜之松（雲南開化府同知）
汪遴（廣西潯州府同知）
程履益（慶陽府同知）
汪廷樞（直隸河間府同知）
李應蓮（知山東泗水③縣，署曹州府同知）
張成德（知山西绛州）
張邃（知雲南昆明州）
陳洪緒（知安徽靈璧縣，升宿州知州）
汪亮卿（浙江嘉興府通判）
張乃文（浙江寧波府通判）
魯士祺（浙江安吉州州同）

---

① 按：《嘉慶丹徒縣志》卷十五《選舉三·貢監》於"户部員外"下有"轉陜西糧鹽道"云云。
② 按：《嘉慶丹徒縣志》卷十五《選舉三·貢監》在"兵馬"前有"中城"二字。
③ 按："泗水"，《嘉慶丹徒縣志》卷十五《選舉三·貢監》作"泗州"，似不足據。

張成器（知四川滎縣）
蔣載元（知浙江浦江縣）
馮爲桐（知山東郯城縣）
張宗艮（知山西静樂縣）
張其昺（知山西河津縣）
劉翼（浙江知縣）
包自厚（知浙江諸暨縣）
冷守信（知浙江青田縣）
許思緯（知廣東陽江縣）
何鵬雲（知廣東新安縣）
張達善（知四川綦江縣）
李斌（知江西南豐縣）
劉旦（知桃源縣）
劉書（知山東昌邑縣）
王允性（知四川大寧縣）
盛學孟（江西布政司經歷）
盛之芳（知直隸永清縣）
李衍易（贛州府會昌縣）
李式金（廣西潯州府通判）
李景弼（山東雄縣縣丞）
錢毓崧（浙江嘉興府經歷）
張晁（廣東按察司經歷）
高拱宸（甘肅寧夏府經歷）
章秉懿（山東登州府經歷）
居念祖（浙江場大使）
劉象梅（湖北宜昌府經歷）
李應鶴（安徽廬州府訓導）
趙晉（無爲州訓導）
陳崧（泗州訓導）
顧本（無爲州訓導）
張潮觀（靖江訓導）
何滿（績溪訓導）
何如桐（福建長汀縣縣丞）
張維寧（知山東鄒縣）
錢于泉（江西都昌縣縣丞）

張士標（陝西郃陽縣縣丞）
許思言（貴州施秉縣縣丞）
焦作新（直隸河間縣縣丞）
茅國璽（山東長山縣縣丞）
夏雲（浙江餘姚縣縣丞）
楊湞（河南内黄縣縣丞）
蔣舜（山西縣丞）
王紹元（湖北長樂縣縣丞）
程晉錫（湖南沅陵縣縣丞）
茅楷（福建閩縣縣丞）
劉澍（江西浮梁縣縣丞）
茅琳（州同，借補安徽涇縣縣丞）
黄堂（江西南城縣縣丞）
茅蘭枝（江西德興縣丞）
陳瑞枝（山東縣丞）
錢之震（岳州府經歷）
余由（四川叙永廳照磨）
錢爲儀（安徽靈壁縣主簿）
盛淮（山東泰安府司獄）
張裕（銅山縣主簿）
王文明（湖北漢陽縣主簿）
張世焕（奉天吏目）
陳全（浙江主簿）
戴緗（上思州吏目）
李懷邦（廣西永寧州吏目）
高懿龍（雲南吏目）
郁相（廣西吏目）
陳之芩（内閣供事、濟源縣典史、光州吏目）
劉金錫（四庫館謄録，就職府經，借補山西吏目，官至奉天遼陽州知州。增）
江元（湖南巡檢）
張達（四川吏目）
李嘉楫（浙江巡檢）
蔣鳳儀（安徽巡檢）
郁峙中（甘肅巡檢）
吴鴻（浙江巡檢）

胡浩（廣東巡檢）
茅國臣（安徽巡檢）
史紀年（福建巡檢）
郁桐（廣西巡檢）
眭國璋（山西巡檢）
徐釗（直隸巡檢）
夏朝柱（安徽定遠縣典史、桐城縣巡檢）
王厚（廣東巡檢）
顧惟堅（浙江巡檢）
趙汝芾（廣東巡檢）
杜鵬程（廣西巡檢）
章用鏞（湖北巡檢）
孫泰交（湖北巡檢）
李曙（直隸巡檢）
王世懋（廣東巡檢）
朱世維（安徽巡檢）
秦世廉（江西巡檢）
祝應瑞（揚州巡檢）
祝其葑（順天巡檢）
徐佩元（浙江巡檢）
程銘（江西巡檢）
戎辰（雲南巡檢）
朱禮（安徽婺源縣項村巡檢）
錢璽（湖南巡檢）
蔡廷章（江西巡檢）
蕭繼業（廣東巡檢）
顔士傳（江西新淦縣巡檢）
夏召棠（四川典史）
錢以仁（河南商丘縣典史）
張衍仁（山西典史）
蔡邦御（直隸典史）
沈御金（直隸典史）
凌得希（山西典史）
孫泰學（雲南典史）
朱廷元（浙江典史）

王志（山西典史）
李思澣（雲南典史）
王士俊（廣西典史）
顧惟鑑（順天保定縣典史）
夏朝棟（安徽建平縣典史）
錢爲嵩（安徽典史）
李瀛（陝西典史）
孫大儒（廣西典史）
王惠（河南典史）
朱涵（直隸典史）
張托（江西興國縣典史）
茅煜宗（安徽霍山縣典史）
顔謹（四川隣水縣典史，官至涪州知州）
郭之梁（福建典史）
盛濂（湖南典史）
顧繡（四川典史）
蔡鶴（雲南典史）
包遐宣（山西武寨縣典史）
張其景（雲南思宗州吏目）
道玉琳（雲南會澤縣典史）
道玉琨（湖北竹谿縣典史）
道友植（山東齊河縣典史）
錢佳棟（安徽典史）
姚廷弼（浙江典史）
夏霖（直隸典史）
唐樹聲（順天慶豐閘閘官）
徐壽堂（順天閘官）
朱秋魁（浙江湖州所千總）
錢以忠（沔州千總）
嚴士杰（運同議叙道）
鄒文琦（道員）
左梓（知府）
鄒文琳（山西寧武府知府）
程鏞（同知）
鄒文瑗（同知）

鄒衍慶（同知，議叙知府）
趙瑄（通判，議叙同知）
陳蔭棠（布政司經歷）
嚴玉泠（理問）
嚴玉淞（理問）
李可仕（理問）
程文炌（理問）
鄒文璜（理問）
姚家鎮（理問）
包遐齡（理問）
鄒文琮（理問）
胡標（理問）
戴叔鏞（理問）
曹光福（理問）
駱肇昆（理問）
李士銘（理問）
尹宏疇（理問）
張鉉（理問）
汪兆元（理問）
胡永謙（理問）
張鉉（理問）
吴昭普（理問）
鄒文玢（理問）
張鐸（理問）
嚴士杞（理問）
陳光焕（理問）
陳光燦（理問，議叙通判）
曹元達（理問）
嚴士楹（理問）
嚴應奎（理問）
趙瑛（理問）
李畬（理問）
錢兆晉（理問）
汪榮祐（理問）
李蟠根（理問）

嚴士相（理問）
嚴士柱（理問）
朱友爕（理問）
陳明時（理問）
劉直舉（理問）
嚴文佐（理問）
殷健（理問）
尤鶴（理問）
嚴士榜（理問）
殷松（理問）
郎居敬（理問）
袁廷植（理問）
王殿鼇（布政司經歷）
朱邦順（布政司經歷）
茅大任（考授州同）
茅大煜（考授州同）
李豐玉（考授州同）
程文熼（考授州同）
張岱（考授州同）
魯復（考授州同）
錢志奇（州同）
李覲（考授州同）
程文煜（州同）
蔣曰良（州同）
郭葵（州同）
程文煌（州同）
冷映祥（州同）
夏濟（州同）
程道正（州同）
李灝倫（州同）
汪國相（州同）
柳加忱（州同）
姚時倬（州同）
余士脩（州同）
法堯章（州同）

真乾立（州同）
錢邦球（州同）
蔣復元（州同）
錢志聖（州同）
錢志高（州同）
張旭（州同）
錢志驌（州同）
程大賓（州同）
錢開錦（州同）
虞應龍（州同）
趙士麟（州同）
章況（州同）
王啓蕙（州同）
裴時紳（州同）
章泓（州同）
徐璟（州同）
滕萬玉（州同）
戴汝論（州同）
章寬（州同）
楊湑（州同）
姚士禮（州同）
程之鳳（州同）
王廷鍾（州同）
汪紹卿（州同）
俞允信（州同）
焦沛芳（州同）
陳其垐（州同）
程道高（州同）
錢于倬（州同）
祝應瑞（州同）
祝君平（州同）
吴宗璜（州同）
朱家慶（州同）
姚士哲（州同）
姚宗虞（州同）

嚴金珍（州同）
尹承祖（州同）
程枚（州同）
嚴金玖（州同）
程弈①（州同）
閔宏輯（州同）
胡年（州同）
馮恒益（州同）
冉玉文（州同）
冉韜（州同）
韓紹琦（州同）
蔣清（州同）
錢于姚（州同）
馮焜（州同）
錢志位（州同）
宋紹基（州同）
錢志奇（州同）
錢志義（州同）
李肇圻（州同）
錢元龍（州同）
華岱（州同）
蔣振元（州同）
柳樹德（州同）
柳嘉學（州同）
笪自名（州同）
何樹堅（州同）
笪自岱（州同）
笪自存（州同）
章士良（州同）
唐豫（州同）
包兆宗（州同）
陳國棟（州同）
劉灝（州同）

① 按："弈"，《嘉慶丹徒縣志》卷十五《選舉三·貢監》作"奕"。

左槼（州同）
吴必壽（州同）
汪承緒（州同）
趙德修（州同）
袁亨（州同）
嚴玉湘（州同）
郭家珍（州同）
嚴玉潭（州同）
張廣澄（州同）
李崑（州同）
李士堯（州同）
汪兆祥（州同）
李學奎（州同）
李澂（州同）
眭泰交（州同）
高士珩（州同）
陳衍嵩（州同）
王訓（州同，議叙提舉）
孫泰來（州同）
戴士悌（州同）
姚家相（州同）
曹詔①（州同）
耿金琳（州同）
曹岱（州同）
曹晉（州同）
李義誠（州同）
李義正（州同）
程鑛（州同）
李義興（州同）
汪有經（州同）
鄒光裕（州同）
馮士煜（州同）
姚宗載（州同）

① 按：“詔”，《嘉慶丹徒縣志》卷十五《選舉三·貢監》作“詒”。

蔡鵠（州同）
笪立祥（州同）
丁有餘（州同）
殷昌祖（州同）
黄鑾（州同）
郭振宗（州同）
黄啓宗（州同）
朱紫富（州同）
鄒文瑞（州同）
李相（州同）
程大賓（州同）
楊煜（州同）
程道明（州同）
張雷（州同）
何汸（州判）
張鷺（州同）
楊國勳（州判）
胡桐（州判）
馮之清（教諭）
蔣宗元（教諭）
眭宏濬（教諭）
余圖（教諭）
周隨（訓導）
茅浹（訓導）
劉金輅（訓導）
左志訓（訓導）
鄒紹孔（府經歷）
黄景周（府經歷）
何林（縣丞）
茅瑞（議叙縣丞）
趙士驥（縣丞）
朱懷慶（縣丞）
顔采（縣丞）
錢于節（縣丞）
錢于夏（縣丞）

孫大鋐（縣丞）
紀紳（縣丞）
王周尹（縣丞）
唐岱（縣丞）
劉連（縣丞。連，原從玉）
錢志斆（縣丞）
金大魁（縣丞）
韓師愈（縣丞）
錢鶴皋（縣丞）
楊天錫（縣丞）
王襄周（縣丞）
吴懿（縣丞）
章泓（縣丞）
吴鉉（縣丞）
蔣理（縣丞）
顔維垣（縣丞）
劉湛（縣丞）
史金愈（考授縣丞）
何鵬雲（縣丞）
查世進（主簿）
卞士標（主簿）
李申錫（主簿）
朱敏億（主簿）
姜書元（主簿）
程士奎（主簿）
徐莘（主簿）
戎政（主簿）
高鑛（主簿）
錢爲輔（主簿）
高源（主簿）
李宏浹（主簿）
宋友文（議叙主簿）
蔣璠（主簿）
胡培（考授主簿，見“副榜”）
何鈞（考授主簿）

李釗（吏目）
馮錫宸（考授吏目，見“進士”）
李鑑①（吏目）
張覺斯（吏目）
戴廷棟（按察司照磨）
蔡鵾（守禦所千總）
曹宏詞（千總）（以上《嘉慶志》）
陳椿齡（浙江黄巖縣巡檢）
嚴春海（山西遼州知州）
陳廷榮（河南試用照磨，署滑濬縣縣丞）
陳世元（浙江試用，從九品）
陳壬齡（浙江黄岩場大使）
陳世源（浙江候補鹽大使）
陳堯齡（安徽池州府通判，升雲南同知）
陳長淳（湖南候補直隸州）
陳棨（浙江候補通判）
陳長吉（江西試用，從九品）
吴學堂（供事，選授山東仲淺閘官）
吴廷鑣（四川鹽源縣典史）
吴堃（供事，四川廣安州吏目）
吴廷鉅（供事，直隸通州通流閘官）
吴學璧（供事，湖南候補，從九品）
吴士傑（浙江候補縣丞）
吴淇（供事，安徽池州府知府）
張開勳（福建候補通判）
張福鑚（州同，署荆門、直隸州州同）
張墉（江西試用府照磨）
支清雋（鹽大使）
劉廷鏞（浙江試用府經歷）
趙臣弼（供事，署奉天巡檢）
趙定邦（知浙江長興縣）
喬福齡（廣東候補鹽知事）
趙連弼（知浙江奉化縣）

① 按：“李鑑”，《嘉慶丹徒縣志》卷十五《選舉三·貢監》作“李秉鑑”。

張賡第（浙江候補，從九品）
嚴寶齡（湖北試用，從九品）
謝恩浩（知陝西臨潼縣）
徐璜（安徽候補通判）
虞國柱（江西候補，從九品）
程天麟（四川候補同知）
陸長生（知四川合江縣）
何聯芳（浙江候補，從九品）
陸堃（知陝西郃陽縣，候補府道銜）
俞錫麟（廣東候補鹽知事）
陸長年（安徽候補縣丞）
戴繩祖（山東候補典史）
戴肇辰（廉州府知府，捐升原省候補道）
丁立鋆（浙江試用鹽經歷）
何仁壽（浙江試用府經歷）
趙烺（署贛州府經歷，補用知州）
陸昀（廣東試用巡檢）
顔承宗（四川試用，未入流）
吴在錞（安徽候補縣丞）
丁紹伊（浙江試用巡檢）
張文霖（二品恩蔭生，户部廣西司主事）
李慶康（安徽候補，從九品）
俞志敬（知陝西懷遠縣）
俞文元（知廣東徐聞縣）
道傳學（浙江候補，從九品）
包蕙生（浙江壽昌縣典史）
張植（浙江分司税課大使）
李炳森（福建試用縣丞，署漳浦知縣）
鄒寶善（浙江候補通判）
戴文耀（浙江候補縣丞）
王春澤（浙江海鹽、東陽縣丞）
周應麟（河南候補知縣）
嚴承曾（湖北試用府經歷①、縣丞）

① 按："歷"，原脱，兹補。

袁榮慶（貴州安順府經歷）
鄒寶禾（湖南候補直隸州）
袁慶恩（安徽池州府通判）
鄒寅亮（直隸涿州州判）
唐銑（浙江布政司經歷）
朱鳴壎（湖南武岡州吏目）
李開勳（浙江候補鹽大使）
張寶書（浙江升用知縣）
朱覲陽（安徽六安州巡檢）
陳書疇（湖南長沙通判，升鳳凰廳同知）
尹詔勳（貴州册亨州州同，見“忠義表”）
劉澍（知江西浮梁縣）
戴純（浙江鳴鶴場大使）
汪厚圻（署安徽廬江縣）
蔣廷瓚（寧紹台道）
張少湖（河南滎澤縣巡檢）
史慶芬（福建台灣府通判）
張尚賢（廣西鬱林州巡檢）
張言敞（雲南鹽課司提舉）
周耿光（鹽城教諭）
卞森（江西瑞州府同知）
周宜書（泰州學正）
嚴學淳（四川雙流縣典史、安徽和州巡檢）
張澐（訓導）
羅煜（供事，陝西洋縣典史，見“宦迹”）
林樹勳（湖北漢陽縣典史）
朱廷標（考取謄録，知福建寧洋縣）
陳書勳（雅州府署建昌道，賞戴花翎）
鄒衍宗（湖南便水巡檢）
包良丞（四川永寧道，賞戴花翎）
趙克寬（四川永寧道，賞戴花翎）
趙克宜（候補直隸州，賞戴花翎）
包國泰（浙江鹽運副使、柳州知府）
章體仁（山東文登縣典史）
胡樹槦（署浙江鮑郎場大使）

張振奎（甘泉訓導，升陝西山陽知縣）
張慰祖（景德鎮同知，補用知府）
鄭榮祺（邳州學正）
郭寶青（江西試用同知）
戴天錫（廣西象州吏目）
顔懷德（阜寧、溧水訓導）
陳長樂（浙江知海寧州）
陳國華（江西候補知縣）
茅本蕙（署廣西永安知府）
唐秀鍾（上元訓導）
虞光祖（江西布政司經歷）
陳長春（湖南鳳凰廳同知，升用知府）
錢萬選（署江寧縣訓導）
陳長清（分發湖北知府）
支方廉（温處道按察使銜）
陳懋采（江西候補同知）
趙家鉉（四川平武縣主簿）
戴熙芠（浙江烏程縣巡檢）
鄒兆元（兩淮鹽知事，署梁垛場大使）
萬承恩（署陝西咸陽知縣）
顔錫金（江西贛州府經歷，賞戴藍翎）
趙國璽（四川漢州吏目）
茅光嶽（署山東泗水知縣、同知銜）
許遂生（湖北蒲圻縣縣丞）
茅國熙（分發安徽知縣）
戴士鵬（湖北嘉魚縣典史）
茅春綬（分發山東場大使）
戴紀（無錫縣丞，署金匱知縣）
茅恩綬（山東候補知州）
戴崧（福建尤溪縣典史，署縣丞，見“忠義表”）
顔汝霖（知甌寧縣、同知銜）
戴椿年（浙江平湖縣典史）
周廣德（睢州知州、加府銜，賞戴花翎）
戴榮（章丘縣典史）
周祐（知羅山縣、同知銜）

戴榮桂（知江西德化縣）
支昭辰（知肇昌府，保舉道員）
戴枚（知新昌縣）
張棟（知樂平縣，以知府用）
戴勉（山東滕縣典史，補用縣）
程宗潤（知四川安縣、同知銜，賞戴花翎）
戴昌發（四川儀隴縣典史，署巡檢）
戴麟昭（稅課大使）
戴百川（浙江江山縣典史，升用縣，六品銜）
戴杰（知山東陵縣，五品銜）
戴煇（署河南中牟縣典史）
高鋆（湖北鶴峰州吏目，署州判）
陳普泰（運同銜、四川候補同知）
張廷梁（署浙江長興縣丞，捐升通判）
趙興宗（四川永川縣典史）
包汝楫（貴溪縣丞、提舉銜）
宋庚長（河南典史，世襲恩騎尉）
李召猷（沭陽學教諭）
包桂生（蘇州府學訓導）
李慎佳（興化學訓導）
戴榮（江寧府訓導）
支恒椿（浙江同知，署德清縣）
陳森齡（江寧縣訓導）
支昭訓（永春、直隸州補用府）
趙允咸（荆溪訓導）
蔣寶（禹州知州）
趙克容（阜寧訓導）
鄒增翰（安徽候補府，花翎、揆勇巴圖魯）
趙克恭（嘉定教諭）
趙慶祺（浙江候補知府）
趙克如（靖江訓導）
鄒炳榮（碭山學教諭）
李克猷（署雲南太和縣、提舉銜）
趙凌漢（杭州府總捕、同知）
趙克俊（吴縣訓導）

趙連城（崇明教諭，賞戴藍翎）
趙廷楨（鎮洋訓導）
趙克昌（阜寧訓導）
陳祁齡（署常州府教授）
趙連標（金衢嚴道、運使銜）
陳桂齡（廣西候補府經歷）
嚴沛（知嘉祥縣、運同銜）
郭鏞（署高郵訓導）
嚴浚（華亭教諭、孔目銜）
繆之鎔（浙江試用同知）
丁壬（高郵訓導）
戴德元（山東候補縣丞）
許烺（浙江補用道，見“忠義”）
戴啓文（浙江候補同知）
戴惠元（浙江候補運副）
姚金誥（山東候補知州、四品銜，賞戴花翎）
高厚滋（浙江候補知府）
羅志讓（江西補用縣、五品銜）
陳世和（浙江候補知府）
尹樹棠（貴州候補直隸州，署永寧州，升用府）
李栩（浙江候補知府）
尹元亮（他郎通判，署崇明州）
包良訓（直隸州、三品銜，賞戴花翎）
葉淮（湖南候補典史）
鄒道林（知大城縣）
鄒寶琛（湖北候補巡檢）
吴紹信（高郵州訓導）
鄒葆生（浙江知縣，署湖州經歷，賞戴花翎）
鄒全節（寧海縣知縣，見“忠義”）
鄒壽齡（高淳教諭）
鄒梓生（知蘭谿縣、同知銜）
鄒衍昌（湖南雙江司巡檢）
鄒衍本（大同府司獄、提舉銜）
胡保和（常州府學訓導）
鄒培林（浙江漁浦司巡檢）

鄒蘭生（浙江西路場大使）
鄒祖蔭（杭州税課大使）
徐守和（供事，廣東陽江縣丞）
趙長和（四川酆都縣丞）
趙夢祥（四川通判，署大足等縣）
解鴻儀（署海州學正）
陸以耕（供事，山西平陸縣丞）
顔振禄（浙江德清縣主簿）
劉履泰（直隸廣盈庫大使）
趙湧嵐（四川雜谷廳同知）
張楷（陝西汧陽縣典史）
張承緒（山東蓬萊縣丞、濟南府經歷）
朱梓（教職中書，銜五品，藍翎）
戎德甲（吏員，雲南鎮雄州分防州判）
戎瑾（吏員，浙江杭州府知事）
戎繼祖（供事，四川德陽縣典史）
包國琪（浙江候補道，賞戴花翎）
包邦泰（附貢，兵部車駕司郎中，藍翎）
包恒培（光禄寺署正，兼典簿廳行走）
唐元齡（署山西歸化縣巡檢、同知銜）
李瑞生（五品銜，湖北補用道庫大使）
范中耀（浙江錢塘縣丞）
嚴辛桂（浙江巡檢）
陳大鐀（直隸阜平典史）
高世坦（四川候補知縣）
許貴生（浙江象山縣典史）
周榮庚（浙江象山縣巡檢）
程天龍（四川候補知縣）（以上新增）
包桂芬（南匯訓導，候選知縣、五品銜）

右外職

程煊
程道源（附生）
徐文鑾
顧惟祺（附生）
孫越（增生）

錢志音（附生）
何恭（附生）
喜涫（附生）
康文彦（附生）
張徐（附生）
尹世泰（附生）
倪應襄（附生）
李準儔（附生）
笪錦麟（附生）
郭炎（附生）
何宏濟（附生）
蔣紹琰
張美欽
程士瑞（附生）
李應朝（附生）
章惟良（附生）
柳加惲（附生）
柳如金（增生）
錢于炯（附生）①
錢于煜（附生）
馮爲榕（附生）
李崇（附生）
王啓芬（附生）
蔣曰鍾
王廷鉉（附生）
汪世埏
夏喬松
孫恒道
程星翼
李駒
卞啓翱
高培
郭家麟

① 按："錢于炯"，原缺，據《嘉慶丹徒縣志》卷十五《選舉三·貢監》補。

姚志濂
卞啓翼（增生）
柳加敏（附生）
馮志熙（附生）
尹世際（增生）
錢天敘（附生）
尹紹勳
凌瑜
姚宗臨
汪承緒
李杜（附生）
虞宗賢
吴宗琇
何家榮
李豫（附生）
吴溶
邱應魁
胡璧
袁文
殷周
吴光表
李時騰（附生）
李光裕
顔文炷（附生）
汪啓宇
汪紱麟
朱文衛
丁燕
柳菁
趙鵬飛
高山（增生）
吴嘉元
卞九皋
高念劬
程兆懷

周汝源
吴嶠
何之輝
何之煜
胡樟
嚴玉溪
李廷獻
笪自高
湯采
笪壽
宋豹文（附生）
姚宗洙
錢圖南
田霦
李沂
馮士煌
許鵬飛
茅永淑（附生）
周尚尊
姜之瀛
吴淞
高德昌
夏永年（附生）
卞履貞
趙廷玢
周范梅
王純
李志源
吴鐘（附生）
朱蓴（附生）
田澍（附生）
李士銑（附生）
孫朝佐（附生）
李崑（附生）
劉彬（附生）

趙沖霄
殷光烈（附生）
陳志學
黄永綸（附生）
王紹
劉濤（附生）
張暄（附生）
趙珣（附生）
張堂
張自坤（議叙鹽運司知事）
何夢熊（廪生）
王元佐（廪生）
嚴中砥（附生）
夏時（廪生）
茅楝（附生）
郭鳳苞（廪生）
郭昇（附生）
宋之良（廪生）
范凱（廪生）
李蕙（浙江批驗所鹽課大使）
李椿（附生）
李庚甲（附生）
李光劍
王琦
戴銓
姚之言
左煌
郭元謙
茅濟之（山東兖州府通判）
嚴士森
張方淮（山西歸化城巡檢）
李之銘（附生）
嚴士樸
袁廷植
吴玉姚（廪生）

孔繼治（附生）
張若筠（廪生）
趙文玉
鄒衍章（附生）
陳定祥（附生）
吴近思（附生）（以上《嘉慶志》）
右捐貢

至聖廟官：
殷汝爲（林廟守衛，管百户事）
曹豐（林廟管勾廳）
戴錦（司書）
程廷桂（司書）
道常寅（管勾廳）
戴杏（掌書廳）

附議叙（乾隆五十一年捐賑）：
郭晉（内閣中書，加四級，又議叙加二級）
左然（刑部員外，加六級）
李溱（翰林院孔目，議叙待詔）
左焕（中書科中書，加二級）
王文治（知府，加一級）
嚴士杰（運同，議叙道員）
鄒衍慶（同知，議叙知府）
趙瑄（通判，議叙同知）
韓慎（知縣，加一級）
王訓（理問，議叙提舉）
陳光燦（理問，議叙通判）
嚴士楹（理問，加二級）
嚴應奎（理問，加一級）
汪兆元（理問，加二級，又議叙加二級）
郎居敬（理問，加一級）
吴照普（理問，加一級）
姚家鎮（理問，加一級）
趙德修（州同，加三級）

李華甲（副榜，議敘州同）
鄒文瑗（附貢生，議敘通判）
曹相文（附貢生，議敘吏目）
王吴修（歲貢生，議敘吏目）
趙理和（貢生，議敘吏目）
張自坤（貢生，議敘鹽知事）
李弼（貢生，議敘吏目）
吴元輅（生員，議敘吏目）
李寅（生員，議敘吏目）
李英（監生，議敘鹽知事）
馮士煌（監生，議敘吏目）
包祥趾（監生，議敘吏目）
張明暄（監生，議敘吏目）
汪榮禮（監生，議敘吏目）
趙宏奎（監生，議敘吏目）
徐煜（監生，議敘吏目）
丁天柏（監生，議敘吏目）
張懋功（監生，議敘吏目）
李增（監生，議敘吏目）
周儀（監生，議敘吏目）
盧宗瑚（監生，議敘吏目）
李士錡（監生，議敘吏目）
程學洙（監生，議敘吏目）
何鏞（監生，議敘吏目）
武惟臣（監生，議敘吏目）
蔣廷珍（監生，議敘鹽知事）
吴德裕（監生，議敘吏目）
姚宗邵（監生，議敘吏目）
曹元通（監生，議敘吏目）
周正陽（監生，議敘吏目）
周勳（監生，議敘吏目）
周仁培（監生，議敘吏目）
郭豐（監生，議敘吏目）
朱紫富（監生，議敘吏目）
陳宗舜（監生，議敘吏目）

王文斗（監生，議叙吏目）
殷璋（從九品，加二級）
黄嘉順（議叙，未入流）
侯太和（議叙，未入流）
朱恒川（議叙，未入流）
邊天澤（議叙，未入流）
宋公範（議叙，未入流）
趙鵬舉（武生，議叙外委）
包祥風（監生，議叙提舉，加二級，賞戴藍翎）

按：嘉慶至今，賑務軍需議叙之多，録不勝録，且俱無全案可稽。《嘉慶志》舊録此案，存之以見好義急公之舊，兹不續録。

外职續纂：

吕之樸（知雲南通海縣，署白鹽井提舉司，候補知府，賞戴花翎。見“宦績”）
吕增（補用，從九，賞戴藍翎）
吕熙（浙江試用鹽課大使，賞戴藍翎）
吕慕超（補用千總，匡家橋汛外委，調補淞南營外委，五品銜，賞戴花翎）
吕承堯（候補，從九）
吕燾（安徽試用縣丞，六品銜）
徐振先（江西候補巡檢，五品銜）
王詩俊（候選，從九）
吴文煛（即選縣丞，六品銜）
吴學榮（候選，從九）

丹徒縣志卷二十三終

丹徒縣志卷二十四

選舉四　封贈　蔭恤

封贈（《嘉慶志》云：舊志體例未能畫一，有封秩、官銜并載者，有獨載封秩、獨載官銜者，有父母并載者，有獨載父、獨載母者，年遠無從查補而仍其舊。按：《嘉慶志》與今所載亦各不齊，由官階名氏非報驗，不能臆録也。）

宋

丁曄父素，贈通議大夫、吏部侍郎。（咸淳時，加贈禮部尚書，兼觀文殿大學士。增）

明

徐銘父子垕，贈監察御史。

王豫父仲（闕），贈監察御史。

裴俊父謙，封監察御史。

張恂父震，贈刑部郎中。

甯瓚父孚，贈太醫院院判。

甯珍父得，贈兵科給事中。

胡清父德原，封禮科都給事中。

袁潔父庸，贈刑部郎中。

余懋父仲安，贈都司斷事。

顧祐父元道，贈奉議大夫；母王氏，贈宜人。

顧世倫父漢，贈文林郎；母滕氏、范氏，俱贈孺人。

顧進父銘，贈文林郎；母沈氏，贈孺人。

王政新祖合節，贈中順大夫、江西參政；父西鉦，封江西參政。

顧濱父延，贈登仕佐郎；母眭氏，贈孺人。

費誾父昇，贈翰林院編修。

達毅父顯，贈户部員外郎。

趙祥父銓，贈户部主事。

錢宗嗣父斌，封太醫院院判。

丁璣父元吉，封中書舍人。

楊一清曾祖情、祖福山、父景，并贈光禄大夫、柱國少保、太子太保、吏部尚書。

靳貴曾祖實、祖榮、父瑜，并贈光禄大夫、柱國太子太保、户部尚書、武英殿大學士。

王濟父連（原從玉），封監察御史（舊志）；母嚴氏，封孺人。（《家乘》，增）

張縉父英，贈户部員外郎。

居達父福，贈户部員外郎。

曹倣父綬，贈監察御史。

錢邦偉父應禎，贈中憲大夫、户部郎中。

錢邦達父應位，贈文林郎、河南河陰縣知縣。

錢甫生父邦定，贈文林郎、山西猗氏縣知縣。

錢志進父邦賓，贈文林郎、山東濟南府推官。

許完父顯，封監察御史。

唐鵬父隆，封禮部主事。

戴仲綸父惠，封行人司行人。

丁瓚父元貞，封工部主事。

吴淮父鎮，封江西道御史。

俞燦父桂，贈奉直大夫、易州知州。

鄔紳父榮，封户部郎中。

錢亮父雲，封工科右給事中。

茅鋆父堅，封户部郎中。

嚴寬父繼宗，封刑部主事。

沈晃父瑀，贈大理寺右評事。

夏儒父鸞，封户部主事。

曹楝父沂，封江西鄱陽縣知縣。

茅瑞父浹，贈奉政大夫、湖廣辰州府同知。

唐侃父漢，封户部員外郎。

吕高父美，封兵部員外郎。

陳金父憲，封福建長汀縣知縣。

法皚父譽，封承德郎、保定府通判；母趙氏，封安人。

周柱父元育，封贊皇縣知縣。

徐得禎父綱，封福建汀州府同知。

范崙祖桀、父曉，并贈太常寺卿。

陳文父傑，贈鄧州知州。

阮時昇父元齡，贈萬安縣知縣。

卜維新父春光，贈吉安府知府。

曹慎父倣，封提學副使、晋中憲大夫。

李一陽父熊，封西安縣知縣；母錢氏，封孺人。（錢氏，據《家乘》增）

劉際可父嶝，贈户部員外郎。

茅崇本父治，贈吉安府推官。

陳學父錦，贈盧龍衛經歷。

歐陽璣父錤，贈姚州知州。

茅崇修父溉，贈刑部主事。

談自省祖恩、父一貫，并贈通奉大夫、江西布政使司左布政。

張洪典父坤，贈葭州知州。

吴淑（按：舊志僅存其名，未詳其職，并未載其父母，今無可考，姑仍之。《嘉慶志》）

吴起龍父良貴，封奉直大夫，贈中憲大夫。

莊鳴謙父元，封文林郎、武義縣知縣。

茅顯祖父珙，贈奉政大夫、襄陽府同知。

陳觀陽父肖，贈承德郎、户部主事。

劉汝章父行可，贈承德郎。

劉覲父士賢，贈禮部員外郎。

劉鑣父彔，贈文林郎。

孫時偉祖浩、父禎，并贈浙江按察使司副使。

何應載父烈，贈承德郎、太醫院院判；母顧氏，贈安人。

錢輝父敏安，贈京衛經歷、宛平縣尹。（增）

李尉父現，贈刑部員外郎。（增）

蕭鳴美父可仕，贈蘭溪縣知縣。（增）

楊伏寬父應椿，封奉直大夫、貴州安順州知州。

國朝

張九徵父鳳儀，封行人司行人，贈奉政大夫、吏部考功司郎中。

何應仕父廉，贈文林郎、永嘉縣知縣；母嚴氏，贈孺人。

韓豫祖良貴，贈奉政大夫、吏部文選司員外；父維道，封文林郎、壽張縣知縣，晋奉政大夫、吏部文選司員外；母卞氏，封孺人，晋宜人。

蔣寅祖棟、父應麟，封大中大夫、福建巡海道按察司副使，贈資政大夫、貴州等處承宣布政使司布政使；祖母丁氏、母許氏，封淑人，贈夫人。

夏沅父民儀，封文林郎、内秘書院編修。

陳灴父孚樞，封奉直大夫、濟寧州知州。

張鵬父士梅，贈吏科給事中。

錢國璽父志鵠，贈文林郎、壺關縣知縣。

夏慎樞父溶，封文林郎、翰林院庶吉士。

程履益父可聘，封奉直大夫、慶陽府同知。

何濱祖應周、父金斑，并贈資政大夫。

何金蘭父應仕，贈奉政大夫、户科掌印給事中；母張氏，封宜人。

何金城祖照，贈中憲大夫、浙江湖州府知州，祖母張氏，贈恭人；父應奎，贈中憲大夫，母張氏，贈恭人，繼母范氏，封恭人。

張玉書曾祖柏、祖鳳儀、父九徵，并贈光禄大夫、文華殿大學士，兼户部尚書；曾祖母陳氏、嚴氏，祖母錢氏，贈一品夫人，母何氏，封一品夫人。

張成德祖宏載、父宗艮，并贈奉直大夫、陝西邠州知州；祖母陳氏、繼祖母蔡氏、母李氏，并贈宜人。

張學林父恕可，贈中憲大夫、河南陜汝道；母于氏、繼母鄭氏、徐氏，俱贈恭人。

張宏章父與可，封儒林郎；母何氏，贈安人；繼母周氏，封安人。

張迪父逸少，贈朝議大夫；母史氏，封恭人。

張晃祖思默，贈承德郎、江南淮安府山盱通判，祖母鄭氏，贈安人；父邃，封奉政大夫，母宋氏，封宜人。

錢爲青父國璽，贈中憲大夫、山東青州府知府。

錢瀛登父志説，贈文林郎、武康縣知縣。

何灦父金珙，封儒林郎；母錢氏，封安人。

何淙父金鉉，贈文林郎、直隸撫寧縣知縣；母陳氏，贈孺人。

夏朝柱父雲，贈登仕郎；母韓氏，贈孺人。

顧爲楝父驊，贈文林郎、湖廣安遠縣知縣；母張氏、李氏，俱贈孺人。

顧惟堅父濬，贈登仕佐郎；母周氏，贈孺人。

何染父漳，贈修職郎、江浦縣教諭；母姜氏，贈孺人。

何如桐父溋，贈修職郎、福建長汀縣丞。

何鵬九父學洙，贈修職郎、安徽滁州學正；母姚氏，贈孺人。

錢壽世父志思，贈文林郎、寶坻縣知縣。

姜之松祖尚傑、父應璜，并贈奉政大夫；祖母吴氏、母卜氏，并贈宜人。

顧畏父邑，贈文林郎；母湯氏，贈孺人。

何之薰父棻，贈修職郎、安徽廬江縣教諭；母殷氏，贈孺人。

錢志遥父默，贈文林郎、江西新昌縣知縣。

錢之震父爲竑，贈修職郎、湖南岳州府經歷。

劉上騆父長明，贈文林郎。

耿天葆父兆紳，贈奉直大夫、山西平陽府通判。

柳樹德父加蔚，封儒林郎；母卞氏、李氏，封安人。

王廷鈞祖光國、父之珩，并贈文林郎、江西上高縣知縣；祖母許氏、母張氏、生母劉氏，并贈孺人。

李曙父應仁，贈登仕佐郎；母袁氏、周氏，封孺人。

唐聯蕙祖應霖、父之麒，并贈儒林郎、布政司理問；祖母臧氏、母顧氏，并贈安人。

何融父象炳，贈修職郎、安徽六安州學正；母馬氏，贈孺人。

王濟師父袁培，封修職郎、山東菏澤縣丞；母（闕）氏，封孺人。

殷琛父繼夏，贈登仕佐郎。

殷菘祖繼夏，贈儒林郎；父令聞，封儒林郎。

陳國棟祖應慎，贈儒林郎，祖母顧氏，贈安人；父紹，封儒林郎，母毛氏，封安人。

蔣宗海祖應鳳、父豫，并贈文林郎、内閣中書；祖母喬氏、母殷氏，并贈孺人。

嚴金玖父德章，贈儒林郎；母張氏，贈安人。

嚴金珍父象鯉，封儒林郎、州同；母顧氏，封安人。

戴縉祖京鸞，贈文林郎、唐縣知縣，祖母李氏，贈孺人；父士雄，封文林郎、唐縣知縣，母羅氏，封孺人。

殷健祖瓚，贈奉直大夫；父苑，贈奉直大夫，本生父芳，封奉直大夫。

王文治祖元盛、父士閎，并贈儒林郎、翰林院編修；祖母吴氏、母陳氏、生母秦氏，并贈安人。

左梓祖瑞、父志敏，并贈中憲大夫、候選知府；祖母吕氏、母謝氏，并贈恭人。

郭荄父杰，贈儒林郎。

李銓祖爛、父基，并贈儒林郎；祖母莊氏、母陳氏，并贈安人，母王氏，封安人。

劉灝祖奎、父金書，并贈儒林郎、州同；祖母張氏、母法氏，并贈安人。

茅元銘祖華，贈儒林郎、翰林院編修，晋奉直大夫、左春坊庶子，祖母張氏，贈安人，晋宜人；伯父永澍，贈儒林郎、翰林院編修，伯母孫氏，封安人；父永淑，封儒林郎、翰林院編修，贈奉直大夫、左春坊庶子，母何氏，封安人，晋宜人。

張潮普父光裕，贈文林郎、四川名山縣知縣；母魏氏，贈孺人，繼母鄔氏，封孺人。

張明謙祖怡、父耀，并贈儒林郎、翰林院庶吉士，晋奉直大夫、户部主事、奉政大夫、户部員外郎、朝議大夫、江西吉安府知府；祖母鄔氏，贈安人，晋宜人、恭人，母李氏，封安人，晋宜人、恭人。

郭晉祖炎，贈奉直大夫、内閣中書，祖母趙氏，贈宜人；父家麟，封奉直大夫、内閣中書，母蔣氏，封宜人。

徐嗣曾曾祖貽，贈資政大夫、福建布政使司布政使，晋兵部侍郎，兼都察院右副都御史、福建巡撫，曾祖母張氏，贈淑人，晋夫人；祖沂，贈中憲大夫、户部福建司郎中、陝甘學政，晋資政大夫、兵部侍郎，兼都察院右副都御史、福建巡撫，祖母蔣氏，贈恭人，晋夫人；父震，贈資政大夫、福建布政使司布政使，晋兵部侍郎，兼都察院右副都御史、福建巡撫，母王氏，贈淑人，晋夫人。

鮑之鍾祖彝、父皋，并贈徵士郎，内閣中書，晋朝議大夫、户部河南司郎中；祖母胡氏、張氏，并贈孺人，晋恭人，母陳氏，封孺人，贈恭人。

韓慎祖嘉士、父曾，并贈文林郎、麗水縣知縣；祖母林氏、母王氏，并贈孺人；李氏，封孺人。

樊致一父醇（醇，本從水），贈儒林郎、内閣典籍、中書舍人；母張氏，贈安人。

趙德修祖士麟、父遐齡，并贈儒林郎；祖母胡氏、楊氏、楊氏，母劉氏、楊氏，并贈安人。

程沅祖宗孔、父炳，并贈奉政大夫；祖母卞氏，母陳氏、陳氏，并贈宜人。

左然曾祖端、祖志敏，并贈儒林郎、州同，晋中憲大夫、候選知府，曾祖母吕氏，封安人，贈恭人，祖母謝氏，贈安人，晋恭人；父楘，贈朝議大夫、刑部廣東司員外郎，母蕭氏，封恭人。

袁恭祖士鑒，贈朝議大夫、同知，祖母孫氏、道氏，贈恭人；父文（《家譜》作“文溥”），贈朝議大夫、同知，晋中憲大夫、户部四川司員外郎，母姚氏，贈恭人；李氏，封恭人。

袁亨生母鄭氏，封安人。

張鉉祖槱、父堂，并贈奉直大夫；祖母吴氏、母薛氏，并封宜人。

嚴本祖金印、父玉廣，并贈文林郎、思恩縣知縣。

蕭永庚祖東漢、父蕙，并贈文林郎、直隸清河縣知縣。

沈沆祖咸慶、父鈞，并贈文林郎、福建光澤縣知縣；祖母吴氏、母丁氏，并贈孺人。

何南英祖康、父玉柱，并贈文林郎；祖母趙氏、母程氏，并贈孺人。

袁肅父淮，贈修職佐郎；母徐氏，贈孺人。

趙立忠祖偉、父廷鑣，并贈文林郎、成都縣知縣。

嚴士鋐祖榮德、父璟，并贈文林郎；祖母陳氏、嫡母華氏、生母曹氏，并贈孺人。

嚴士杰父玉湘，贈朝議大夫；母楊氏，封恭人。

嚴士楹父玉藻，封儒林郎；母湯氏，封安人。

嚴士相祖金玖，贈奉直大夫，父玉泠，封奉直大夫；祖母范氏，贈宜人，母道氏、生母孫氏，并封宜人。

嚴士柱父玉淞，贈奉直大夫；母袁氏、生母劉氏，并封宜人。

嚴士林祖金玖，贈朝議大夫，祖母范氏，贈恭人；父玉潭，封朝議大夫，母管氏，封恭人。

李溱父鏞，贈登仕佐郎、翰林院孔目，晋登仕郎、翰林院待詔；母畢氏，封孺人，生母沈氏，贈孺人。

鄒文璜祖敏，贈儒林郎，父光國，封儒林郎；祖母沈氏、母丁氏，并贈安人。

鄒文瑗祖敏，贈中憲大夫，父光國，封中憲大夫；祖母沈氏、母丁氏，并贈恭人。

鄒文瑞生母李氏，封安人，妻周氏，封安人。

鄒文琳祖敏、父光祖，并贈朝議大夫、鹽運司運同；祖母沈氏，贈恭人，母包氏，封恭人。

鄒文琦父光裕，贈中憲大夫、道員；母李氏，贈恭人，妻吴氏，封恭人。

鄒文瑍父光國，封奉直大夫、工部虞衡司員外郎；母丁氏，贈宜人，生母李氏，封宜人；兄文璜，封奉直大夫、工部虞衡司員外郎，嫂戴氏，封宜人。

鄒衍慶祖光裕、父文球，并贈朝議大夫、知府；祖母李氏、母楊氏，并贈恭人。

王允性父岳升，贈修職郎；母李氏，贈孺人。

李崑父豫，贈儒林郎、州同；母笪氏，封安人。

樊汝翊父學重，贈修職郎、安徽直隸和州學正；母張氏，贈孺人。

胡標父湘，贈奉直大夫；母仲氏，贈宜人；妻戴氏，封宜人。

劉沅生母王氏，封孺人。

汪兆元曾祖高進、祖應瑗、父承紳，并贈奉直大夫；曾祖母尹氏、祖母梅氏、母張氏，并贈宜人；繼母程氏，封宜人。

汪兆祥曾祖高進、祖應瑗、父承純，并贈儒林郎、州同；曾祖母尹氏、祖母梅氏，并贈安人；母鄭氏，封安人。

陳洪緒祖國祥，贈文林郎、靈璧縣知縣，累晋朝議大夫，父嘉金，封文林郎，晋朝議大夫；祖母張氏、謝氏、程氏、楊氏，并贈孺人，晋恭人，母李氏，贈孺人，晋恭人。

趙佩湘父珣，贈儒林郎、内閣中書；母嚴氏，封孺人。

錢爲光父于璋，贈文林郎、貴州貴定縣知縣；母趙氏，贈孺人（趙氏，增）。

錢佳楠祖于煜、父允，贈文林郎、國子監學正。

趙瑛祖祖齡，贈儒林郎，祖母朱氏，贈安人；父宏載，贈儒林郎，晋奉政大夫，母何氏，封安人，晋宜人。

李學奎祖士傑，贈奉直大夫，父之彦，封奉直大夫；祖母田氏，贈宜人，母陳氏，封宜人。

戎辰父兆驤，封登仕佐郎；母何氏，封孺人。

茅奎光父實，封修職郎；母韋氏，贈孺人，繼母程氏，封孺人。

曹元達祖昌弼，贈儒林郎，祖母于氏，贈安人；父士雄，封儒林郎，母周氏，封安人。

高郁父錞，封登仕佐郎；母王氏，封孺人。

王厚父萬鑑，封登仕佐郎、廣東連平州巡檢；母盧氏、生母何氏，并封孺人。

章用鏞父秉忠，贈登仕佐郎；母董氏，贈孺人。

李釗父繼芳，贈登仕佐郎；母高氏，贈孺人。

居慶餘父文思，贈登仕佐郎；母姚氏，贈孺人。

居國祈祖一貞、父廷讀，并贈中憲大夫。

汪榮祜父玉燕，贈奉直大夫；母朱氏，贈宜人。

李畬父浚，封奉直大夫；母嚴氏，封宜人。

陳明時祖維芳，贈儒林郎，父文忠，封儒林郎；祖母錢氏、賈氏，并贈安人，母徐氏，封安人。

趙松祖南齡，贈儒林郎，祖母姜氏，贈安人；父宏奎，封儒林郎，母嚴氏，封安人。

戴錦祖士雄、父經，贈文林郎；祖母羅氏、母劉氏，贈孺人。（以上《嘉慶志》）

魯銓祖廷暹，贈通奉大夫、寧國府知府，加四級，父時霖，封通奉大夫；祖母徐氏，贈夫人，母孫氏，封夫人。

楊鼎父世藎，封朝議大夫、户部河南司正郎。

李鏞金父邦瑞，贈奉直大夫、户部主事；母劉氏，封宜人。

王世嗣父思卿，贈南城兵馬司吏目。

王之瑚父朝國，贈監察御史。

李珮父國昌，贈文林郎、廬州府學教授。

楊淮父廷釗，封文林郎、昭文縣學訓導。

李峻德父師祖，贈儒林郎、州同；母戈氏，贈安人，陳氏，封安人。

李紹膺父衍易，贈文林郎、廣東曲江縣知縣；母史氏，贈孺人。

張達父輝，贈徵仕郎、奉天府經歷；母卞氏，封孺人。

李本立祖席珍、父廷標，贈文林郎、詹事府主簿；祖母尹氏、周氏，母茅氏，贈孺人。

顔士傳父震，贈登仕佐郎、江西新淦縣巡檢；母李氏，贈孺人。

李英之祖心祖、父長松，贈儒林郎、布政司理問；祖母余氏、程氏、韓氏，生祖母錢氏、母高氏，并贈安人。

鄒文琳父光祖，贈通奉大夫、山西寧武府知府；母包氏，贈夫人。

顔謹祖文灴、父維垣，贈文林郎、四川青神縣知縣；祖母虞氏、母蕭氏，贈孺人。

裴榛父淦，贈奉直大夫、州同；母向氏，贈宜人。

顔于鋐父維培，贈修職郎；母馬氏，贈孺人。

袁渭鍾曾祖士鑑、祖文溥、父亨，贈朝議大夫、浙江嘉興府知府；曾祖母孫氏、祖母姚氏、李氏、生祖母鄭氏，贈恭人，母劉氏，封恭人；胞伯乾，貤贈朝議大夫。

張學仁父明漸，贈修職郎、宣城縣學教諭；母馮氏，贈孺人。

顔士信父謹，封奉直大夫；母茅氏，贈宜人。

戴三錫曾祖京鸞、祖士鵬、父紀，累贈榮禄大夫、四川總督；曾祖母李氏、祖母蔡氏、母張氏、凌氏，累贈一品夫人。

顔士位父于鈞，封奉直大夫；母鄒氏，封宜人。

王紹曾祖雅堂、父（闕）煦，封奉政大夫、直隸州州同；祖母楊氏，封宜人，母周氏，贈宜人。

戴於義叔父天錫，貤贈朝議大夫、吏部文選司郎中，叔母陸氏、王氏，贈恭人；叔父祖錫，貤封朝議大夫，叔母莊氏，贈恭人。

戴屺祖綸，贈奉直大夫、山東膠州知州，祖母曹氏，贈宜人；父銑，封奉直大夫，母汪氏，贈宜人。

戴岑父銑，贈修職郎、沭陽縣學訓導；母汪氏，贈孺人。

戴屺胞兄巖，貤贈奉直大夫、山東膠州知州，嫂張氏，貤贈宜人，嫂何氏，封宜人。

周恩綬祖靖職，贈儒林郎、翰林院庶吉士，父棠，封儒林郎；祖母王氏、孫氏、王氏、潘氏，贈安人，母王氏，贈安人；戴氏，封安人。

吴之執祖應泌，贈奉直大夫、州同，父杰，封奉直大夫；祖母程氏，贈宜人，繼祖母程氏、母黄氏，封宜人。

王彦槐祖聖禮、父純，贈奉直大夫、中書科中書；祖母尹氏、母徐氏，贈宜人。

張振先父學良，贈文林郎、山西陽城縣知縣；母何氏，贈孺人。

余景瀚祖受、父寬，贈儒林郎、布政司理問；祖母笪氏，贈安人，母姚氏，封安人。

高厚滋祖明謙、父學連、胞兄厚昌，贈中議大夫、鹽運司運同銜；祖母汪氏、汪氏、徐氏，贈淑人，母道氏、嫂李氏，封淑人。

胡椿祖永升，贈朝議大夫、同知，父文珖，封朝議大夫；祖母朱氏、盧氏、母馮氏，贈恭人。

汪璐祖承縉，贈奉直大夫，祖母胡氏，贈宜人；父鎮鉉，封奉直大夫、布政司經歷，母周氏，封宜人。

錢乃溶祖之珍、父以謙，贈奉政大夫、同知；祖母戴氏、母吴氏，贈宜人。

楊秉祥父逢泰，贈儒林郎、布政司經歷；母張氏，贈安人。

戴槼曾祖經、祖錦、父瀧，贈通奉大夫、浙江補用知府；曾祖母劉氏、祖母居氏、母閔氏，贈夫人，繼母陳氏，封夫人。

戴肇辰胞兄榘，貤贈朝議大夫，嫂陳氏，贈恭人，趙氏，封恭人；胞兄樸，貤封朝議大夫，嫂道氏，封恭人。

戴樽父漳，封奉直大夫、布政司理問；母蔡氏，封安人。

顔于鎬父維壎，贈文林郎、山西曲沃縣知縣；母柳氏、柳氏，贈孺人。

顔光裕祖文爔，贈通奉大夫，父崇禮，封通奉大夫；祖母陳氏、母何氏，贈夫人。

顔懷成父崇敬，贈奉直大夫、布政司理問、加二級；母李氏，贈宜人。

張天錫父霈，贈文林郎、鴻臚寺序班，母汪氏，贈孺人；胞叔霄，貤贈登仕郎，叔母戴氏，贈孺人；胞兄傑，貤贈文林郎，嫂謝氏，贈孺人；胞兄勳，貤封修職郎，嫂汪氏，封孺人。

張福鑽祖松源、父舜理，贈奉直大夫、同知銜，署荆門、直隸州州同；祖母朱氏，贈宜人，母沈氏，封宜人。

楊文鼎祖大鵬、父試貴，贈文林郎、江寧縣學教諭；祖母黄氏、母蔣氏、李氏，贈孺人。

顔汝霖父于鑰，封承德郎；母馮氏，贈安人。

錢以圭祖爲臯、父之灼，贈儒林郎、州同；祖母吴氏、劉氏，贈安人，母張氏，封安人。

錢乃忠父以圭，封奉政大夫、同知；母嚴氏，贈宜人；許氏，封宜人。

謝連堃祖楷，貤贈奉政大夫、同知銜、四川合江縣知縣，父文炤，封奉政大夫；祖母張氏，貤贈宜人，母陳氏，封宜人。

錢乃滄父以信，贈儒林郎、州同；母陳氏，贈安人。

趙家鉉父士林，貤贈登仕郎、四川平武縣主簿；母周氏，贈孺人。

顔錫桂父士佑，贈奉直大夫；母萬氏，贈宜人。

許烺曾祖文熊、祖士達，贈資政大夫、浙江補用道、加四級，父聚昭，封資政大夫；曾祖母蔣氏，贈夫人，祖母賈氏、母魏氏，封夫人。

馬錫恩父雲巖、胞兄錫康，贈朝議大夫、户部主事，母韓氏、嫂趙氏、張氏，贈恭人；錫元，貤封奉直大夫、户部主事、加一級，嫂鄒氏，贈宜人，王氏，封宜人。

張振金父敦，封工部虞衡司主事；母何氏，贈（闕）人，陳氏，封（闕）人。

吕之璞祖旭和、父元貴，贈奉政大夫、同知銜、候選知縣；祖母王氏、張氏、母紀氏，贈宜人。

周亮采祖鉽，贈奉直大夫，父之湜，封奉直大夫、六品銜、加二級；祖母張氏、吴氏、母顧氏，贈宜人。

戴啓文胞伯榮，贈承德郎、光禄寺署正；伯母丁氏、道氏，贈安人。

吴紹億祖文珩、父學圻，贈奉直大夫、中書科中書；祖母謝氏，贈宜人，母萬氏，封宜人。

錢正墉祖實穎、父曰修，贈儒林郎、州同；祖母馮氏、母譚氏，贈安人。

繆之鎔曾祖文彪、祖朝選，贈通奉大夫，父啓麟，封通奉大夫、浙江試用同知、加五級；曾祖母華氏、祖母袁氏，贈夫人，母余氏，封夫人。

繆之鈞父趾麟，封奉直大夫、布政司經歷；母周氏，贈宜人。

王全鈞祖仁功、父其佩，贈奉政大夫、同知；祖母朱氏、任氏、母嚴氏，贈宜人。

李聯桂父蔭祥，贈徵仕郎、内閣中書銜、泰興縣學教諭；母蔡氏，贈孺人。

姚金誥祖宗伊、父家棋，贈中議大夫、山東候補知州、加四級；祖母卞氏、母周氏、張氏、李氏，贈淑人。

蕭世祥祖禮堂、父贊元，贈朝議大夫、同知；祖母王氏，贈恭人，繼祖母錢氏、母王氏，封恭人。

王紀祥曾祖令德、祖林宗、叔壽益，俱貤贈奉直大夫；曾祖母吴氏、祖母卜氏、霍氏、嬸母趙氏、丁氏，俱貤贈宜人；父智功，贈奉直大夫，母許氏，贈宜人。

王全錫祖友功、伯父志，俱貤贈儒林郎、中書科中書銜；祖母李氏、伯母劉氏，貤贈安人；父筠，封儒林郎，母朱氏、左氏，贈安人，朱氏，封安人。

王全鏻祖友功、叔筠，俱貤贈奉直大夫、光禄寺署正銜；祖母李氏，嬸母朱氏、左氏，貤贈宜人；父志，封奉直大夫，母劉氏，封宜人。

王全鍾祖義功、父其元，贈奉政大夫、同知銜；祖母蔣氏、母徐氏，贈宜人；兄全鈺，貤封奉政大夫，嫂嚴氏，封宜人。

殷宗洛父焯，封修職郎、候選教諭；母朱氏，封孺人。

顧敦敏祖廷瑞、父彭庚，贈承德郎、兵部主事；祖母汪氏、汪氏，贈安人，母戴氏，封安人。

顧敦義曾祖麟仁、祖廷瑞、父彭庚，累贈榮禄大夫、三品銜、候選郎中；曾祖母眭氏，祖母汪氏、汪氏，母戴氏，累贈一品夫人。

顧敦和母舅戴元辰，貤贈奉政大夫、記名同知、大通橋監督、吏部司務；舅母郭氏，貤贈宜人。

顧敦義伯父金源，貤贈朝議大夫、户部主事、加三級；伯母吴氏，貤贈恭人，胞姊顧氏（張大亶妻），貤封宜人。

顧敦義外祖戴潞，貤贈中憲大夫、户部主事、加四級；外祖母汪氏、閔氏，貤贈恭人。

李承霖曾祖士銑、祖溶，贈朝議大夫、翰林院修撰、加四級；曾祖母高氏、祖母阮氏，贈恭人；父繼曾，封朝議大夫，母蔣氏，封恭人。

李承衔伯父錦林，貤封文林郎、内閣中書銜、安東教諭。

李慎儒伯祖錦林、叔承霈，俱貤封朝議大夫、刑部郎中。

王光杰祖其慶、父全錦，贈奉政大夫、同知銜；祖母夏氏、母殷氏，贈宜人；胞兄光綸，貤封奉政大夫，嫂陳氏，封宜人。

張崇勛祖裕昌，貤贈奉直大夫、光禄寺署正；祖母周氏，贈宜人，錢氏，封宜人；父文揆，封奉直大夫，母楊氏，封宜人。

唐掄元祖豫，贈奉直大夫、州同，祖母徐氏，贈宜人；父宫銓，封奉直大夫，母蔣氏，封宜人。

吴國楨祖其德、父華，封贈奉政大夫、同知銜；祖母張氏，贈宜人，母陳氏，封宜人。

錢萬選祖乃蓁、父曰裕，贈朝議大夫、候選同知、加一級；祖母曹氏，母張氏、阮氏，贈恭人。

錢青選父曰裕，貤封修職郎、句容教諭；母張氏，贈孺人，阮氏，封孺人。

孫大章祖父家琪、父奎光，贈中議大夫、同知銜、加三級；祖母金氏，母李氏、姚氏，贈淑人。

趙增祖瑄，贈朝議大夫、知府，祖母楊氏，贈恭人；父湧牲，封朝議大夫，母劉氏，封恭人。

趙如城祖堃，貤贈奉直大夫、布政司理問，祖母嚴氏，贈宜人；父庚葆，封奉直大夫，母殷氏，封宜人。

顧敦和祖廷瑞、父彭庚，累贈資政大夫、道銜、知府；祖母汪氏、汪氏，母戴氏，累贈夫人。

戴肇辰祖錦、父瀧，贈朝議大夫、山東登州府知府；祖母居氏、母閔氏，贈恭人，陳氏，封恭人。

趙邦彦祖東輝、父朝瑞，贈奉政大夫、同知銜、截取知縣、海州學正。

趙書田祖焕然、父文瀚，貤贈徵仕郎、内閣中書銜、六合縣教諭。

趙金殿父邦選，贈奉直大夫、太常寺博士、加三級；胞兄金華，貤封奉直大夫。

趙寅祖雲鼎、父慶棠，贈奉政大夫、同知銜。

趙謙祖雲龍，贈奉直大夫、州同銜、加二級；父慶壽，封奉直大夫；胞兄泰，貤封奉直大夫。

羅志讓祖煜、父廷樞，贈奉政大夫、五品銜、知縣用、即選府經歷；祖母孫氏、母陳氏，贈宜人。

唐開明父松元，封奉直大夫、州同銜、加二級；母應氏，贈宜人，張氏，奉宜人。

陳世和祖効曾、父春甲，贈資政大夫、浙江候補知府、道銜、加四級；祖母茅氏、母祝氏，贈夫人。

盧世恩父家桂，封朝議大夫、同知銜、加一級；母張氏，封恭人。

朱順聰父兆友，封中議大夫、同知銜、加三級；母王氏，封淑人。

賈森祖元鳴、父錦江，贈奉政大夫；祖母朱氏、郭氏、母巢氏，俱贈宜人。

金全貴父天喜，封奉直大夫、州同銜、加二級；母楊氏，封宜人。

裴榛父淦，贈奉直大夫、州同、加二級；母向氏，贈宜人。

俞在勤祖之綱、父道善，贈奉直大夫、州同、加二級；祖母曹氏、母曹氏，封宜人。

王國楨祖廣義、父鵬年，贈奉直大夫、理問銜、加二級。

楊鴻吉曾祖士虞、祖泌，累贈資政大夫、大理寺少卿、加四級，父棨，累封中憲大夫、内閣侍讀學士，贈資政大夫；曾祖母嚴氏、祖母吴氏、母凌氏，累贈夫人，凌氏，累封夫人；胞兄懋勳，貤封資政大夫，嫂朱氏、韓氏，贈夫人，汪氏，封夫人。

趙元模胞伯椿，貤贈中憲大夫、吏部考功司主事、加四級，伯母吴氏，贈恭人；梓，贈中憲大夫，王氏，贈恭人；胞兄雲錦，貤封朝議大夫、吏部主事、加三級，嫂劉氏，贈恭人；外祖殷琛，貤贈中憲大夫，外祖母徐氏，贈恭人。

趙元模曾祖本璋、祖聯飛、父榕，累贈中議大夫、鹽運使銜、補用道、廣西桂林府知府；曾祖母吴氏、孫氏，祖母王氏、朱氏，母殷氏，贈恭人。

趙祖培生母劉氏，封宜人；胞叔元朗，貤封奉直大夫、刑部安徽司主事、加一級，嬸母朱氏，贈宜人。

繆之鉉父應麟，贈儒林郎、光禄寺署正。

裴紹恒曾祖淦、祖彬、父焴，贈中議大夫、候選同知、加三級；曾祖母向氏、祖母道氏、母趙氏，贈淑人。

朱楠祖世俊，貤贈奉政大夫，祖母鄭氏，貤贈宜人；父坦，贈朝議大夫、同知銜、加一級，母楊氏，贈恭人，趙氏，封恭人；胞兄梓，貤封朝議大夫，嫂趙氏，貤贈恭人，陳氏，封恭人。

包良丞曾祖兆宗、祖遐宣，贈通奉大夫，父祥麟，封通奉大夫、議叙知府、加四級；曾祖母唐氏、祖母唐氏，贈夫人，母唐氏，封夫人。

李承霖胞伯桂林，貤封奉直大夫、右春坊右中允、加一級；伯母陳氏，封宜人。

唐秀鍾父長齡，封修職郎、上元縣學訓導、加一級；母胡氏，封八品孺人。

包祥高祖兆宗、父遐宣，贈中議大夫、候選同知、加三級；祖母唐氏，贈淑人，母唐氏，封淑人。

包良翰父祥發，贈奉直大夫、州同、加二級；母楊氏，贈宜人，高氏，封宜人。

包國祺父良丞，封朝議大夫、理問、加四級；母丁氏，贈恭人，張氏，封恭人。

蔡嵩年祖澧，贈朝議大夫、刑部員外郎、加二級，父樹嘉，封朝議大夫；祖母趙氏，贈恭人，母法氏，封恭人。

蔡逢年曾祖元科，贈光禄大夫、四川鹽茶道、二品銜、加二級，祖澧，贈光禄大夫，父樹嘉，贈光禄大夫；曾祖母盧氏、張氏，祖母趙氏，贈夫人，母法氏，贈夫人。

丁蔭洵祖元貴，貤贈儒林郎、州同銜，父天樺，贈儒林郎；祖母王氏、母王氏，贈安人。

丁兆有祖天柏，貤封奉直大夫、布政司理問、加二級，父蔭洤，封奉直大夫；祖母戴氏、汪氏，贈宜人，母李氏，封宜人。

丁紹周曾祖天樺，貤贈資政大夫、太僕寺少卿、加四級，祖蔭洵、父兆勳，累贈資政大夫；曾祖母王氏、祖母張氏、母顧氏、顧氏，并累贈夫人。本生祖蔭浩，貤贈中憲大夫、湖廣道御史、加五級；本生祖母王氏，贈恭人。胞伯兆熊，貤贈中憲大夫、掌湖廣道御史、加五級；伯母余氏，贈恭人。胞兄紹彭，貤封奉政大夫、翰林院編修、加四級；嫂胡氏，贈宜人。

丁紹德父兆熊，貤贈修職郎、宿遷縣學教諭；母余氏，贈八品孺人。

丁緯胞兄蔭松，貤贈修職郎、直隸長垣縣學教諭；嫂陳氏，贈八品孺人。

陶兆蕙祖譜華，贈奉直大夫、布政司理問、加二級，父悦，封奉直大夫；祖母胡氏、凌氏，贈宜人，母陳氏，封宜人。

道傳學父常孚，贈儒林郎、六品頂戴、浙江試用、從九品；胞兄傳禮（一作“書”），貤贈儒林郎。

殷華父瓚，贈朝議大夫、浙江烏鎮同知、加一級，母孔氏，贈恭人；胞兄荃，貤封奉直大夫，嫂基氏，封宜人。

殷焯祖鳴桐、父丙南，贈儒林郎、州同銜；祖母蔡氏、母陳氏，贈安人。

殷兆鼇父煇，贈奉直大夫、布政司理問、加二級；母郭氏，贈宜人。

殷銈父鳳舞，贈徵仕郎、國子監典籍、加二級；母仇氏，封七品孺人。

殷兆龍父煇，贈奉政大夫、同知銜，母郭氏，贈宜人。

殷玉堂祖燧，贈奉直大夫、州同、加二級，父泰階，封奉直大夫；祖母趙氏、趙氏、湯氏，贈宜人，母王氏，封宜人。

殷綬父定生，貤贈修職郎、泰州學正；母束氏，贈孺人。

殷廷爕祖志邁、父全佾，贈儒林郎、布政司理問銜；祖母蔣氏，母趙氏、周氏，贈安人。

沙用圭曾祖元龍，貤贈中議大夫、五品頂戴、州同、加六級，祖景韶，贈中議大夫，父石安，封中議大夫；曾祖母朱氏，祖母吉氏、殷氏，母馬氏，贈淑人，卞氏，封淑人。

李永臨祖文耀，貤贈奉直大夫、五品銜、道庫大使，父玉培，贈奉直大夫；祖母郭氏，贈宜人，母王氏，封宜人。

吴鑾祖文熙，貤贈奉直大夫、光禄寺署正、加二級，父玉珩，贈奉直大夫；祖母道氏，贈宜人，母周氏，封宜人。

王紹曾父春煦，累封中憲大夫、吏部驗封司郎中。（據《尚義·王春煦傳》）

戴恒父永慶，封奉直大夫、翰林院編修，贈朝議大夫。（據《尚義·戴永慶傳》）

吴學堦祖益楨，貤贈朝議大夫、議叙鹽課司提舉、加二級，父文煦，贈朝議大夫；祖母袁氏、母包氏，贈恭人。

吴紹傳父學堦，封中憲大夫、軍功五品銜、加二級，母道氏，贈恭人；胞伯學增，貤贈中憲大夫，伯母戈氏，贈恭人。

吴紹伊父學城，封徵仕郎、光禄寺典簿銜、江寧府訓導、加二級；母袁氏，贈七品孺人。

柳森霖祖爲榴，貤贈封政大夫、同知職銜，祖母蔣氏，贈宜人；父興恩，封奉政大夫，母凌氏，贈宜人。

程鉅昌祖文理，貤贈奉直大夫、按察司經歷、加提舉銜，祖母陶氏，贈宜人；父榮華，贈奉直大夫，母臧氏，封宜人。

陳世超祖宗聯，貤贈奉直大夫、布政司理問銜、加二級，祖母孫氏，贈宜人；父功立，贈奉直大夫，母錢氏，贈宜人。

焦啓昌祖廣泰，貤封奉直大夫、布政司經歷銜、加二級，祖母吴氏，贈宜人；父大巽，封奉直大夫，母韋氏，封宜人。

王奎曾祖鼎調，貤贈中議大夫、候選郎中、四品銜、加一級，祖彦英、父步墉，贈中議大夫；曾祖母潘氏、祖母錢氏，贈淑人，母薛氏，封淑人。

袁善祖恒，贈奉政大夫、翰林院編修、加四級，父淇，封奉政大夫；祖母劉氏、母嚴氏，封宜人；胞叔治，封奉政大夫，叔母裴氏，封宜人；胞叔灝，封奉政大夫，叔母顧氏，封宜人。

郭寶新祖浚、父烺，贈奉政大夫；祖母殷氏、黄氏，母趙氏，贈宜人。

姚文馥祖輅、父璽，贈奉政大夫、五品銜；祖母陳氏、吴氏，母唐氏，贈宜人。

康鈞祖景龍，贈奉直大夫、雙月選州同、加二級，父節，封奉直大夫；祖母錢氏、母韓氏，封宜人。

陳秀鍾父楷，贈奉政大夫、同知銜、候選知縣，母茅氏，封宜人；伯父槐，貤贈奉政大夫，伯母郭氏，贈宜人。

趙芬父慶元，封儒林郎、布政司經歷；母夏氏，封安人。

錢正元祖秉吟，貤贈奉直大夫、州同、加二級，父宏謀，贈奉直大夫；祖母張氏、母程氏，贈宜人。

湯國城父文鑾，封奉直大夫、州同、加二級；母周氏，封宜人。

劉傳祺曾祖（闕），貤贈資政大夫、布政使銜、安徽徽寧池太廣兵備道；祖金錫、父禮淞，贈資政大夫。

劉成忠曾祖行芳、祖克嶷、父文定、本生父坦，贈河南南汝光道；曾祖母姚氏、祖母徐氏、母王氏，贈（闕）人，本生母張氏，贈（闕）人，張氏，封（闕）人。

吴台朗曾祖充、祖兆揚，贈山東即補道，父啓，封山東即補道；曾祖母宋氏，祖母湯氏、湯氏、樊氏、秦氏、張氏，贈（闕）人，母鄒氏，封（闕）人。

吴台壽曾祖充、祖兆揚，贈監察御史，父啓，封監察御史；曾祖母宋氏，祖母湯氏、湯氏、樊氏、秦氏、張氏，贈（闕）人，母鄒氏，封（闕）人。

韓弼元祖芬，貤贈刑部主事，父珣，封刑部主事；祖母顧氏，贈（闕）人，母尹氏，贈（闕）人，莊氏，封（闕）人。

包源培父國琳，贈奉直大夫、理問銜、加二級；母汪氏，贈宜人。

趙楫父文光，贈奉直大夫、掌山東道監察御史，母尤氏，封宜人；叔父文義，貤贈奉直大夫。

趙霖祖行立、父文光，贈奉直大夫、户部貴州司主事、加一級，祖母朱氏、范氏、丁氏，母尤氏，贈宜人；伯祖之瓚，貤贈承德郎、户部貴州司主事，伯祖母王氏，贈安人。

趙彦俞父文俊，貤贈修職郎、興化縣訓導；母（闕）氏，贈孺人。

趙彦修父文愷，貤贈修職郎、吴江縣教諭；母嚴氏，封孺人。

支豐宜祖麟，累贈中議大夫、議叙知州、加四級，祖母劉氏，贈淑人；父景山，累封中議大夫，母張氏，封淑人。

支方廉曾祖廷泰、祖麟、父景山，贈資政大夫、甘肅平慶涇道、加四級，曾祖母殷氏、祖母劉氏、母張氏，贈夫人；胞叔嵩山，貤封奉政大夫、刑部山東司郎中，叔母劉氏，贈宜人。

支昭升父方和，贈奉直大夫、候選員外郎，母李氏，封宜人；伯父方奎，贈奉直大夫，伯母陳氏，封宜人。

支清佐生母余氏，封宜人。

支昭恩生母王氏，封宜人。

支效林父景山，封奉直大夫、鹽課司提舉銜；母張氏，封宜人。

趙珮淋祖啓琇、父可純，贈奉政大夫、山東高密縣、加四級，祖母朱氏，贈宜人，母何氏，封宜人；胞兄榮衮，貤封文林郎、高密縣知縣，嫂盧氏，封七品孺人。

孫玉珮祖旭初、父懷義，封奉政大夫、同知銜；祖母陶氏、母田氏，封宜人。

邱鋭祖秉陽、父健，封奉政大夫、五品銜；祖母張氏、王氏，母項氏，贈宜人，丁氏，封宜人。

朱志顯祖世紱、父廷祐，贈奉政大夫、同知；祖母孫氏、王氏，母張氏，贈宜人。

胡燦祖文瑳，貤贈奉直大夫、光禄寺署正、加二級，祖母茅氏，贈宜人；父桐，封奉直大夫，母汪氏，封宜人。

武封：

明

茅成父祺，封東海郡公；母丁氏，封一品夫人。

茅允父福，贈都指揮使、武略將軍；母高氏，贈宜人。

魯邦父完，贈驃騎將軍、中都留守、司正留守；母孫氏，封太夫人。

國朝

法重正祖治齊、父堯章，并封武德將軍；祖母孫氏，母高氏、劉氏，并封宜人。

柳可法父映星，贈武略將軍；母錢氏、生母王氏，并封宜人。

張玉文父九有，贈武德將軍、廣東高州鎮標右營守備；母曹氏、朱氏，贈宜人。

張拓父玉文，封懷遠將軍；母李氏，封淑人。

張晟父畿，贈明威將軍；母卞氏，贈恭人，繼母陶氏，封恭人。

王文璧父進賢，贈奉政大夫；母易氏，贈宜人。

佟朝獻父浩儒，贈奉政大夫；母陳氏，贈宜人。

陳鴻父銘，贈昭武大夫。

王時敏曾祖瑞徵、祖公宰、父恕，并贈武翼大夫。

杜詢禮祖起明、父之鵬，并封武德將軍；祖母王氏、母張氏，并封宜人。

朱文元父國臣，封武信佐郎，晋武德郎，贈昭武大夫；母潘氏，封安人，晋宜人，贈恭人。

蔡鵬曾祖希周，贈武翼大夫，晋武功大夫、武顯大夫；祖翥，贈奉政大夫，晋武翼大夫、武功大夫、武顯大夫；父大紳，封奉政大夫，晋武翼大夫，贈武功大夫、武顯大夫。

趙攀龍祖汝俊、父廷宣，并贈武功將軍；祖母郭氏、母姚氏、生母鄭氏，并贈夫人。

嚴鼇父士俊，封武信佐郎，晋武德騎尉，母王氏，封安人，晋宜人；兄翀，封武德騎尉，嫂陳氏，封宜人。

蔡鸞叔洪，封武德騎尉。

蔡廷樑叔騰龍，封昭武都尉。

殷汝爲祖瓏、父光國，并贈武德騎尉、至聖陵①廟守衛、百户；祖母謝氏、母張氏，并贈宜人。（以上《嘉慶志》）

戴紱父士雄，贈武德騎尉、湖北武昌衛守備；母羅氏，封宜人。

張華父懋學，贈武德騎尉、陸營都司、大河衛守備；母韓氏，贈宜人。

高長鑫祖學連，贈武功將軍、游擊銜、加二級，父厚滋，封武功將軍；祖母道氏，封夫人，母沈氏，贈夫人，張氏、生母金氏、慈母汪氏，并封夫人。

王光治祖其連、父全福，贈武翼都尉，祖母劉氏、母許氏，贈淑人；叔祖其祥，貤贈武翼都尉，叔祖母李氏，贈淑人。

殷壤父明五，封武德騎尉、守備；母戴氏、何氏，贈宜人，朱氏，封宜人。

趙雲標曾祖本瑋、祖聯飛、父楷，贈武翼都尉、江南蘇松鎮標游擊；曾祖母吴氏、孫氏，祖母王氏、朱氏，母張氏，贈淑人，蔣氏，封淑人。胞兄雲凌，貤封昭武都尉、江南南匯營都司；嫂李氏，封恭人。

沙燮堂父瑞玉，封武德佐騎尉、守禦所千總，胞兄永清，貤封武德佐騎尉；母馬氏、嫂吉氏，封宜人。

趙雲炳胞叔榕，貤封武略騎尉、福山營千總。

顔振溶父錫鏈，贈武德騎尉、守備銜、長江水師小河汛外委；母吴氏，贈宜人，周氏，封宜人。

田錫祖九皋，貤贈武德佐騎尉、守禦所千總，父慶榮，封武德佐騎尉；祖母趙氏，贈宜人，王氏，封宜人，母蕭氏，封宜人。

殷雲龍父焯，贈武德佐騎尉、衛千總、加二級，母范氏、張氏，贈宜人；胞兄景龍，貤封武德佐騎尉，嫂邱氏，贈宜人，王氏，封宜人。

殷兆熊父煇，贈武德騎尉、三江營守備；母郭氏，贈宜人。

殷金祖武，貤贈武德佐騎尉、守禦所千總，父煦，封武德佐騎尉；祖母陳氏、母翟氏，贈宜人。

趙本祖元傑，贈武翼都尉、鹽城營游擊，祖母王氏，贈淑人，庶祖母周氏，封安人；父恒曀，封武翼都尉，母王氏，封淑人；叔父恒昞，貤封武略騎尉。

趙長壽曾祖明文，貤贈武翼都尉、都司銜、加一級，祖德周、父正廷，贈武翼都尉；曾祖母劉氏、祖母黄氏、母戴氏，并贈淑人。本生祖德坤、本生父正國，贈武義都尉、都司銜、加二級；本生祖母魏氏、殷氏，贈淑人，唐氏，封淑人，本生母郭氏，贈淑人，朱氏，封淑人。

趙雲炳曾祖本瑋、祖聯飛、父楷，贈昭武都尉、東海營都司；曾祖母吴氏、孫氏，祖母王氏、朱氏，母張氏，贈恭人，蔣氏，封恭人。

趙恩慶祖裕，貤贈宣武都尉、五品銜、候補千總、加三級，父穀，封宣武都尉；祖

① 按：“陵”，《嘉慶丹徒縣志》卷十六《選舉四・封蔭》作“林”，似不足據。

母王氏，贈恭人，母曾氏，封恭人。

趙邦城父濬，封昭武都尉、都司銜，母殷氏，贈恭人；胞叔鑑，貤封武德騎尉，叔母王氏、鄒氏，贈宜人，朱氏，封宜人；胞兄邦本，貤封昭武都尉，嫂朱氏、王氏，贈恭人，嚴氏，封恭人。

陳興霖祖永傑，貤贈武德佐騎尉、守禦所千總銜，父禮鈺，封武德佐騎尉；祖母滕氏、母胡氏，封宜人。

趙益清祖裘、父暄，封武翼都尉、署大沙汛千總、加五級；祖母唐氏、母王氏，封淑人。

蘇鳳岐祖紹明、父盛洪，贈奉直大夫、布政司理問、加二級；祖母王氏，贈宜人，母胡氏，封宜人。（文封贈，補遺。）

孫玉鳴祖悦來、父美斯，贈朝議大夫、鹽提舉銜、加二級；祖母郭氏、母馬氏，贈恭人。（同上）

蔭恤（按：《嘉慶志》此條與前“封贈”共爲一卷，總題之曰“封蔭”，惟國朝下注有“勛衛”字樣，而恩蔭、難蔭亦無區别。此次纂修厘爲二則，而蔭襲内又以恩蔭、難蔭别之。但現在以恩蔭投報者殊屬寥寥，紳宦散居，無從查訪，難蔭、贈恤則據忠義局公牘及采訪確實者分别續入。惟公牘之内有已經札發者，有未經札發者，更有僅奉到、賜襲照會而未奉到、恤典照會或奉到、恤典照會而未奉到。賜襲照會者屢經禀催訖無回覆，斯則秉筆者之所無可如何者矣。）

恩蔭：

宋

何公務子朝柱，蔭太醫院院使。

明

費閶子衍，蔭樂清知縣。

楊一清子紹芳，蔭尚寶司丞；孫元，蔭禮部主客司主事；完，蔭中書舍人；曾孫宗桐，蔭楚府長史；宗植，蔭鶴慶軍民知府。

靳貴子懋仁，蔭尚寶寺丞；孫宏，蔭尚寶卿。

范崙子如欽，蔭入監；孫紹欽，蔭官生。

華鈺子宗浹，蔭入監。

何淵子儁、儀，俱蔭太醫院院使。

魯周子政、政子勇、勇子英、英子海、海子朝、朝子完，俱襲鎮江衛左所百户；完子邦，襲揚州衛右所百户，累遷鎮江衛指揮僉事；邦子師曾、師曾子崇禮、崇禮子兆龍，俱襲前職。

國朝

魯兆龍子壽母、壽母子大成，俱襲鎮江衛指揮僉事。

張承恩子肇允，蔭拜他剌布哈番；昌元，蔭六品官，襲拜他剌布哈番。

李重耀子大章，蔭入監、考授知縣。

韓銘孫德璋，襲鎮江衛鎮撫。

李得勝子登華，蔭治中。

趙攀龍子逢恩，蔭守禦所千總。（以上俱見《嘉慶志》）①

難蔭（凡殉難情節，俱詳"忠義傳表"中。此第録職銜及死事地方）：

明

茅成（職銜闕。在蘇州陣亡），追封東海郡公，塑像祀於功臣廟。洪武元年戊申，賜鐵券，子孫世襲指揮使。（據《忠義傳》補）

茅允（職銜闕。在澤州陣亡），追封都指揮使、武略將軍，子孫世襲。子彝，由河南汝寧衛指揮使，降襲鎮江衛右所千户；彝子巽、巽子清、清子璟、璟侄繼宗、繼宗子金、金子邦寧、邦寧子世爵、世爵侄起②乾、起乾侄霞，俱襲前職。（《嘉慶志》）

史記言（河南陝州知州。死流寇之難），贈光禄少卿。子元歷，蔭錦衣衛百户。（同上）

國朝

陳梓（福建歸化縣主簿。順治乙酉禦廣賊陣亡），嘉慶八年，欽奉特旨賞給其五世孫道涵恩騎尉，世襲罔替。道涵子述忠、孫宗雅、曾孫克諧，現襲職。（增）

李琚（福建閩安鎮守備。康熙五年剿寇陣亡），奉旨賞給恤銀二百兩營葬。贈都司僉書，遣官致祭。（《康熙志》）

夏永謙（湖北當陽縣巡檢。嘉慶三年禦教匪陣亡），奉旨賞給恤銀一百兩，全祭葬銀一百兩，一次致祭銀八兩。入祀原籍昭忠祠。子孫世襲雲騎尉。（《家乘》）

戴杰（内閣供事。嘉慶十九年殉教匪之難），奉旨照知縣例賜恤，子孫世襲雲騎尉，襲次完時，給予恩騎尉罔替。子宸鉉襲職。（《家乘》）

張深（署廣東潮陽縣知縣。道光二十三年捕匪被戕），奉旨賜祭葬銀如例，入祀昭忠祠。世襲雲騎尉，襲次完時，給予恩騎尉罔替。子象極襲職。（以下新增）

張錫庚（刑部左侍郎。咸豐十一年，在浙江學政任殉粤寇之難），奉旨照尚書例賜恤，崇祀浙江昭忠祠，并敕立專祠。諭賜祭葬，予謚文貞，詔國史館立傳，蔭一子主事，世襲雲騎尉。

---

① 按：出處注原列於"李得勝子登華"條下，兹據《嘉慶丹徒縣志》卷十六《選舉四・封蔭》移於此。

② 按："起"，《嘉慶丹徒縣志》卷十六《選舉四・封蔭》作"啓"。

張恩然（錫庚子，浙江候選知縣。咸豐十年，在浙殉難），奉旨加知府銜，照道員例賜恤，世襲雲騎尉。

許烺（浙江補用道。咸豐十年，在浙陣亡），奉旨照道員例從優議恤，入祀昭忠祠，給騎都尉世職。子和生襲。

王金圖（從九品銜。咸豐十一年，在浙殉難），禮部議奏照例建坊，題名設位，入祠致祭。兵部議奏照把總經制外委例，給恤銀一百兩。吏部議奏照四品官以下陣亡例，給雲騎尉世職，襲次完時，給予恩騎尉世職罔替，奉旨依議。

宋繼昌（署甘肅隆德縣知縣。同治五年，在任殉回匪之難），奉旨加贈知府銜，賞銀一百兩，祭葬銀五百兩，世襲雲騎尉，襲次完時，給予恩騎尉罔替。

莊通（鹽課司提舉銜。咸豐三年，在揚州殉粤寇之難），兵部議奏照守禦所千總例，給恤銀二百兩。吏部議奏照四品官以下陣亡例，給予雲騎尉世職，襲次完時，給予恩騎尉罔替，奉旨依議。

唐銑（浙江候補府經歷。咸豐十一年，在浙江省城陣亡），兵部議奏照千總例，給恤銀一百五十兩。吏部議奏照四品官以下陣亡例，給雲騎尉世職，襲次完時，給予恩騎尉罔替，奉旨依議。子瑗襲。

謝承莊（藍翎，浙江候補縣丞。咸豐十年，在寧國陣亡），兵部議奏照把總經制外委例，給恤銀一百兩。吏部議奏照四品官以下陣亡例，給雲騎尉世職，襲次完時，給予恩騎尉罔替，奉旨依議。侄肇本襲。

朱龍標（浙江試用縣丞。咸豐十年，在杭州陣亡），蔭恤如前。

張林（六品藍翎，候選從九品。咸豐十一年，在江西陣亡），蔭恤如前。

陳兆元（浙江補用，從九品。咸豐十一年，在浙陣亡），蔭恤如前。子璋襲。

唐植（從九品。咸豐十一年，在浙陣亡），蔭恤如前。

曹棠、孫宗惠（并從九品，據公牘列入，事實俱無考），蔭恤如前。

高青選（豐縣教諭。咸豐八年，在任殉捻匪之難），奉旨入祀昭忠祠及本邑賢良祠，給雲騎尉世職。

朱青雲（候選縣丞。咸豐八年，在六合陣亡），奉旨從祀温紹源祠，世襲雲騎尉。

鄒全節（署浙江德清縣知縣。咸豐九年，在任禦土匪陣亡），奉旨贈知府銜，世襲雲騎尉。

王全福（議叙縣丞。咸豐十年，團練剿寇陣亡），奉旨贈四品銜，從祀昭忠祠，并敕建專祠於其鄉，世襲雲騎尉。子光治襲。

戴洪保（同知銜。咸豐十年，在溧陽定阜鎮抗賊被害），兵部議奏照守備例，給銀三百兩。吏部議奏照四品官以下陣亡例，給雲騎尉世職，襲次完時，給予恩騎尉罔替，奉旨依議。

包慶安（五品藍翎，即選訓導。咸豐十一年，在嘉定縣陣亡），兵部議奏照守禦所千總例，給恤銀二百兩。吏部議奏照四品官以下陣亡例，給雲騎尉世職，襲次完時，給予恩騎尉罔替，奉旨依議。子允寬襲。

冷純學（五品銜。咸豐十年，團練禦賊陣亡），蔭恤如前。

王寶堂（議叙九品。咸豐三年，城陷殉難），兵部議奏照把總經制外委例，給恤銀一百兩。吏部議奏照四品官以下陣亡例，給雲騎尉世職，襲次完時，給予恩騎尉罔替，奉旨依議。

唐允福（議叙八品。咸豐十年，抗賊被害），蔭恤如前。

趙景亭（議叙九品。咸豐三年，在揚州殉難），蔭恤如前。

童懋亭（議叙九品。咸豐三年，殉難），蔭恤如前。

周星聚（議叙九品。咸豐三年，殉難），蔭恤如前。

李丙原（議叙九品。咸豐六年，在揚州殉難），蔭恤如前。子鴻恩襲。

陳均（議叙九品。咸豐六年，在揚州殉難），蔭恤如前。

嚴如瑛（議叙從九品。咸豐十年，在金壇陣亡），蔭恤如前。

王溥（候選從九品。咸豐十年，團練禦賊陣亡），蔭恤如前。子增生、士珍襲。

賈泰霞（名慶雲，九品銜。咸豐十年，團練禦賊陣亡），蔭恤如前。子聯芳襲。

孫榮階（九品銜，咸豐十年，團練禦賊陣亡），蔭恤如前。

孫榮隣（九品銜。咸豐十年，團練禦賊陣亡），蔭恤如前。

孫榮阼（九品銜。咸豐十年，團練禦賊陣亡）蔭恤如前。

朱正蘭（九品銜。咸豐十年，團練禦賊陣亡），蔭恤如前。

冷友薰（從九品銜。咸豐十年，團練禦賊陣亡），蔭恤如前。

冷友賢（從九品銜。咸豐十年，團練禦賊陣亡），蔭恤如前。

李兆祥（五品，封布政司經歷銜。咸豐十一年，在海州團練禦捻陣亡），吏部議奏照四品官以下陣亡例，世襲雲騎尉，并入祀昭忠祠，奉旨依議。

張楨（浙江補用，從九品，署江山縣縣丞。咸豐十一年，在杭州殉難），吏部議照四品官以下陣亡例，世襲雲騎尉，并入祀本籍及陣亡地方府城昭忠祠，奉旨依議。

張楷（楨兄，議叙八品。咸豐十一年，在揚州殉難），蔭恤、入祀如前。

吴坪（浙江候補巡檢，署仁和縣典史。咸豐十一年，在任所殉難），吏部議照四品官以下陣亡例，世襲雲騎尉，奉旨依議。

趙壽明（議叙八品。咸豐十年，在清河縣北鄉悦來集拒賊被害）蔭如前。子鶴年襲。

張鶴壽（從九品。據公牘列入，事實無考），蔭如前。

戴崧（福建尤溪縣典史。咸豐三年，殉金錢會匪之難），贈鑾儀衛經歷，世襲雲騎尉。

張振榮（直隸州銜、知山東嶧縣。同治□①年，在任所剿捻匪陣亡），追贈道銜，世

---

① 按：年數原缺。

襲雲騎尉，建立專祠。

宋沂（增生。同治二年，在甘肅平凉府協禦回匪陣亡。家屬同死），吏部議照訓導例，從優加贈國子監學録銜，照四品官以下陣亡例，給雲騎尉世職，襲次完時，給予恩騎尉罔替，奉上諭着照所請，准其分别建祠附祀。子庚長現任河南確山縣典史，襲職。

陳兆榮（候選訓導。同治七年，在山東東昌府剿捻陣亡），奉旨加贈國子監學録銜，照四品官以下陣亡例，給雲騎尉世職，襲次完時，給予恩騎尉罔替。子瑾襲。

袁□[1]（同知銜、藍翎、知貴州安平縣。同治七年，在任所禦苗匪陣亡），世襲雲騎尉。

尹詔勳（貴州册亨州州同。事實未詳），贈知州銜，世襲雲騎尉。

支恒珍（即補員外郎。咸豐十年，在浙殉難），奉旨賜恤，加贈道銜，蔭長子入監肄業，六月期滿，以知縣注册候銓。次子雲騎尉。

楊鋆（議叙布政司經歷。咸豐三年，在揚州殉難），兵部議奏照千總例，給恤銀一百五十兩，奉旨依議。

汪元煦（前江西義寧州吏目。咸豐三年，城陷殉難），兵部議奏照把總經制外委例，給恤銀一百兩，奉旨依議。

汪焜（元煦子，議叙國子監典籍。咸豐三年，隨父殉難），恤如前。

朱正爵（從九品，原報武生。咸豐八年，在六合陣亡），恤如前。

朱佩秋（議叙從九品。咸豐十年，團練陣亡），恤如前。

喬濱（候選巡檢。咸豐十年，在寧國陣亡），恤如前。

錢藻濂（浙江候補縣丞，借補按察司司獄。咸豐十年，在浙殉難），恤如前。

吴紹裘（議叙九品。咸豐十年，抗賊殉難），恤如前。

（楊鋆以下九員似宜均有蔭襲，然未見明文。）

張增璧（議叙八品。咸豐三年，抗賊殉難），兵部議奏照把總經制外委例，給恤銀一百兩。吏部議奏照八品官殉難例，加贈布政司都事銜，蔭一子入監讀書，六月期滿，以縣主簿注册候銓，奉旨依議。

張榮生（增生。咸豐三年，在揚州罵賊殉難），吏部議奏照九品官殉難例，加贈鹽運司知事銜，蔭一子入監讀書，六月期滿，以縣主簿注册候銓，奉旨依議。

許步陽（文生。咸豐十年，抗賊登屋自投於地殉難），蔭如前。嗣孫常全承蔭。

張元鬲（議叙從九品。咸豐十年，在浙殉難），禮部議奏照例建坊，題名設位，入祠致祭。吏部議如前。

支恒慶（候選員外郎。咸豐十年，在浙陣亡），奉旨加贈道銜，蔭一子入監讀書，及歲時帶領引見，以知縣即用。

許炳（知州銜、選用縣。同治二年，在常熟軍次病故），兵部議奏照在軍立功後病

---

[1] 按：名原缺。

故例，從優照三、四品官例，給恤銀五十兩。吏部議奏加贈道銜，蔭一子州判入監讀書，子長生承蔭。

張希仲（文生。咸豐十年，殉難），給雲騎尉世職，襲次完時，無庸給予恩騎尉，子顯鼇襲。

曹世銘（文生。咸豐十年，被脅不從，絶粒死），蔭如前。嗣子學彬襲。

吴永貞、嚴保康、吴彩佩、潘薪傳（并文生），蔭均如前。

韓昌麒、陳兆駒、蔡光第（并文生），均照馬兵例，給恤銀七十兩。

嚴健斗、何麟書、王東山、嚴茂虎、吴邦統、趙慶棠、鄒錫恭、姚漣、吕源、殷德（并監生），均照馬兵例，給恤銀七十兩。

包國銓（議叙八品。道光二十二年，殉嘆寇之難。同治朝請恤），照把總經制外委例，給恤銀一百兩。

李坦（監生。道光二十二年，殉嘆寇之難。同治朝請恤），照額外外委步兵例，給恤銀七十兩。

右文職（按：文員蔭恤及葬祭銀兩均由吏、禮、兵三部議行，其入祀昭忠祠者，又有工部置造。木主之事，今僅據所見録之，未敢臆爲增入。）

夏立本（永謙孫，世襲雲騎尉，松江提標左營守備。咸豐三年，在江西陣亡），兵部議奏照守備例，給恤銀三百兩，給雲騎尉世職，襲次完時，給予恩騎尉罔替，奉旨依議。

趙慶恩（武進士，候選營守備。咸豐十年，團練陣亡），奉旨恩恤祭葬，賞加都司銜，給雲騎尉世職，襲次完時，給予恩騎尉罔替，入祀府城昭忠祠。子邦琛襲。

趙慶錫（武生，候選守禦所千總。咸豐十年，團練陣亡），奉旨恩恤祭葬，給雲騎尉世職，襲次完時，給予恩騎尉罔替，入祀府城昭忠祠。子武生邦祺襲。

趙雲璧（武舉。咸豐十年，團練陣亡），兵部議奏照千總例，給恤銀一百五十兩，給雲騎尉世職，襲次完時，給予恩騎尉罔替，奉旨依議。子金鼇襲職。

吴文鈞（都司銜，浙江杭嚴衛守備。咸豐十一年，在浙陣亡），兵部議奏照游擊例，給恤銀四百兩，加贈游擊銜，給雲騎尉世職，襲次完時，給予恩騎尉罔替。吏、禮二部議照三品官陣亡例，給全葬銀，入祀府城昭忠祠，奉旨依議。子清楨襲職。

楊鳳鳴（儘先都司。同治二年，在浙江上虞縣陣亡），禮部議奏照例建坊，題名設位，入祠致祭。兵部議奏照都司陣亡例，給恤銀三百五十兩，給雲騎尉世職，襲次完時，給予恩騎尉罔替，奉旨依議。

何錦山（參將銜，兩江督標補用游擊。同治七年，在山東德州陣亡），兵部議奏照參將例，給恤銀五百兩，給雲騎尉世職，襲次完時，給予恩騎尉罔替，奉旨依議。

孫藝（鎮江營右哨經制外委。咸豐六年，在四擺渡打仗陣亡），兵部議奏照把總經制外委例，給恤銀一百兩，給雲騎尉世職，襲次完時，給予恩騎尉罔替，奉旨依議。

李大鈞（江南提標右營守備。咸豐三年，在上海巷戰陣亡），給雲騎尉世職，恩騎尉罔替。子三江營外委宗潾襲。

童德魁（武舉，委署安徽泗州營把總。咸豐十年，在寧國剿賊陣亡），蔭如前。子家亮襲。

孔照熊（揚州營儘先守備、鈔關汛外委。同治六年，在仙女廟鎮盤禦捻首賴文光，接仗陣亡），照原職都司例，給恤銀三百五十兩，加贈都司銜，給雲騎尉世職，恩騎尉罔替。子憲炳襲。

續纂：

錢襄（候選州吏目，隨同陸路提督秦行營辦理文案。咸豐七年，在六安州木廠鋪營內抗賊被害），吏部議奏照四品官以下陣亡例，給雲騎尉世職，襲次完時，給予恩騎尉罔替。兵部議奏照把總經制外委例，給恤銀一百兩，奉旨依議。子玉珩襲。

王兆曾（議敘鹽知事，在浙江投營差遣。咸豐十一年，在浦江縣境抗賊被害），吏部議奏照四品官以下陣亡例，給雲騎尉世職，襲次完時，給予恩騎尉罔替。（右文職）

丹徒縣志卷二十四終

丹徒縣志卷二十五

人物一　南朝宋系

南朝宋系叙

舊志"國系"之名，羌無故實。劉宋一朝，雖詳見《南史》，徒邑苦無專條，數典有闕。今依舊志所載，改爲"南朝宋系"。

宋

武帝，諱裕，字德輿，小字寄奴，彭城縣綏里人。姓劉氏，漢楚元王交之二十一世孫也。彭城，楚都，故苗裔家焉。晉氏東遷，劉氏移居晉陵丹徒之京口。皇祖靖，晉東安太守。皇考翹，字顯宗，郡功曹。帝以晉哀帝興寧元年癸亥三月壬寅夜生，神光照室盡明。是夕，甘露降於墓樹。及長，雄杰有大度。身長七尺六寸，風骨奇偉，不事廉隅小節。奉繼母，以孝聞。嘗游京口竹林寺，獨卧講堂前，上有五色龍章，衆僧見之，驚以白帝。帝獨喜曰："上人無妄言。"皇考墓在丹徒之候①山，其地秦史所謂曲阿、丹徒，間有天子氣者也。時有孔恭者，妙善占墓，帝嘗與經墓，欺之曰："此墓何如?"孔恭曰："非常地也。"帝由是益自負行止。時見二小龍附翼，樵漁山澤，同侶或亦睹焉。及貴，龍形更大。帝素貧，時人莫能知，唯瑯邪王謐獨深敬焉。帝嘗負刁逵社錢三萬，經時無以還，被逵執。謐密以己錢代償，由是得釋。後伐荻新洲，見大蛇，長數丈，射之傷。明日，復至洲裏，聞有杵臼聲，往覘之，見童子數人，皆青衣，搗藥②，問其故，答曰："我王爲劉寄奴所射，合散傅之。"帝曰："王神，何不殺之?"答曰："劉寄奴，王者不死③。"帝叱之，皆散，仍收藥而返。又經客下邳逆旅，會一沙門，謂帝曰："江表當亂，安之者其在君乎?"帝先患手創，積年不愈，沙門有一黄藥，因留與帝。既而忽亡，帝以黄散傅之，其創一傅而愈。寶其餘及所得童子藥，每遇金瘡，傅之并驗。(《南史·本紀》) 武帝居在丹徒，始生之夜，有神光照室，其夕甘露降於墓樹。皇考以高祖生有奇异，名爲奇奴。皇妣既殂，養於舅氏，改爲寄奴焉。少時，誕節嗜酒。自京都還，息於逆旅，嫗曰："室内有酒，自入取之。"帝入室，飲於盎側，醉卧地。時司徒王謐有門生居在丹徒，還家，亦至此逆旅，嫗曰："劉郎在室内，可入共飲酒。"此門生入室，

---

① 按："候"，《嘉慶丹徒縣志》卷十七《人物一·國系》作"侯"。《南史》卷一《宋本紀上》亦作"候"。

② 按："搗藥"句，《南史》卷一《宋本紀上》作"於榛中搗藥"。

③ 按：《南史》卷一《宋本紀上》於"王者不死"下尚有"不可殺"句。

驚出，謂嫗曰："室内那得此异物?"嫗遽入見之，見帝已覺矣，嫗密問："向何所見?"門生曰："見有一物，五采，如蛟龍，非劉郎。"門生還以白謐，謐戒使勿言而與結厚。晉陵人車藪善相人，相帝曰："君貴不可言，願無相忘。"晉安帝義熙初，帝始康，晉亂而興霸業焉。廬江霍山常有鐘聲十二，帝將征關洛，霍山崩，有六鐘出，制度精奇，上有古文，書一百六十字。十三年七月，於嵩高廟石壇下得玉璧三十二枚、黄金一餅。漢中城固縣水際忽有雷聲，俄而岸崩，得銅鐘十二枚①。又鞏縣民宋燿得嘉禾九穗，後二年而受晉禪。(《宋書·符瑞志》)帝微時，躬耕於丹徒。及受命，耨耜之具頗有存者，皆命藏之，以留於後。及孝武大明中，壞上所居陰室，於其處起玉燭殿，與群臣觀之。床頭有土障，壁上挂葛燈籠、麻繩拂，侍中袁顗盛稱上儉素之德。(《南史·本紀》)

少帝諱義符，小字車兵，武帝長子也。母曰張夫人，晉義熙二年生帝於京口。年十歲，拜豫章公世子；宋臺建，拜宋世子。元熙元年，進爲宋太子。武帝禪立爲皇太子。永初三年五月癸亥，即皇帝位。(《南史·本紀》)

文帝諱義隆，小字車兒，武帝三子也。晉義熙三年生於京口。十一年，封彭城縣公。永初元年，封宜都郡王，位鎮西將軍、荆州刺史，加都督，時年十四。景平初，少帝廢，百官議所立。徐羡之、傅亮等備法駕奉迎，入奉皇統。元嘉元年丁酉，即位於中堂。(《南史·本紀》)

長沙景王道憐，武帝中弟。謝琰爲徐州，命爲從事史。武帝克京城，及平建鄴，道憐常留侍太后。後以軍功封新渝縣男，從武帝征廣固，所部獲慕容超，以功封竟陵縣公。江陵平，爲驃騎將軍、開府儀同三司、荆州刺史、護南蠻校尉，加都督。北府文武悉配之，徵拜司空，加都督，出鎮京口。武帝受命，遷太尉，封長沙王。永初三年薨，加贈太傅。子義欣嗣位豫州刺史，鎮壽陽，境内畏服，道不拾遺，遂爲盛藩强鎮。薨，贈開府儀同三司，謚曰成。欣弟義融，封桂陽縣侯。義融弟義宗，幼爲武帝所愛，字曰伯奴，封新渝侯。義宗弟義賓，封興安侯。義賓弟義綦，封營道侯。(《南史·宋宗室傳》)

臨川烈武王道規，字道則，武帝少弟。倜儻有大志，預謀誅桓玄。時桓弘鎮廣陵，以爲征虜中兵參軍。武帝克京城，道規亦以其日與劉毅、孟昶斬弘。玄敗走，道規與劉毅、何無忌追破之。江陵平，以起義勛，封華容縣公，累遷領護南蠻校尉、荆州刺史②，改授豫州，以疾不拜。義熙八年，薨於都。贈司徒，謚曰烈武，進封南郡公。武帝受命，追封臨川王。無子，以長沙景王第二子義慶嗣。義慶幼爲武帝所知，年十三，襲封南郡公。永初元年，襲封臨川王。元嘉中，爲丹陽尹。九年，出爲平西將軍、荆州刺史，加都督。荆州居上流之重，資實兵甲居朝廷之半，故武帝諸子遍居之。義慶以宗室令美，故特有此授。性謙虚，始至及去，鎮迎送物，并不受。在州八年，爲西土所安。改授江州，又遷南兗州刺史，并帶都督，尋即本號加開府儀同三司。性簡素，寡嗜欲，愛好文

---

① 按："十二枚"，《宋書》卷一十七《符瑞上》作"十一枚"。
② 按：《南史》卷十三《宋宗室及諸王列傳》於"荆州刺史"下尚有"加都督"職銜。

義，文詞雖不多，然足爲宗室之表。歷任無浮淫之過，招聚才學之士，遠近畢至。二十一年，薨於都下。追贈司空，謚曰康。（《南史·宋宗室傳》）

營浦侯遵考，武帝族弟。曾祖淳皇。曾祖武原令混之弟，位正員郎。祖巖海西令。父涓子，彭城内史。始武帝諸子并弱，宗室唯有遵考。及北伐平定，以并州刺史、領河東太守，鎮蒲坂。關中失守，南旋，再遷冠軍將軍。武帝初即位，封營浦縣侯。元嘉中，累遷寧蠻校尉、雍州刺史，加都督。孝武大明中，位尚書左僕射、領崇憲太僕。元徽元年卒。贈左光禄大夫、開府儀同三司，謚曰元。子琨之，爲竟陵王誕司空、主簿。誕有寶琴，左右犯其徽，罰焉。琨之諫曰："前哲以善人爲寶，未聞以琴瑟爲寶。"誕不悦。誕之叛，以爲中兵參軍，琨之曰①："忠孝不得并，琨之老父在，將安之乎？"誕殺之。後贈黄門郎，詔謝莊爲誄。（《南史·宋宗室傳》）

武帝七男：張夫人生少帝；孫修華生廬陵孝獻王義真；胡婕好生文帝；王修容生彭城王義康；袁美人生江夏文獻王義恭；孫美人生南郡王義宣；吕美人生衡陽文王義季。義真，初封桂陽縣公，永初元年，封廬陵王；義恭，元嘉元年，封江夏王；義季，元嘉元年，封衡陽王；義康，永初元年，封彭城王；義宣，元嘉元年，封竟陵王。世祖即位，改封南郡王。（《宋書》本傳）

人物二　名賢一

名賢叙

《康熙志》於"宦績"一門俱入"名臣"，《嘉慶志》别爲兩門，良是。然《通志》有"名賢"一門，以别"宦績"，而不稱"名臣"。蓋以鄉黨記載不得以臣稱也。省志且然，况邑乘乎？兹改從之。志名賢。

吴

華覈，字永先，吴郡武進人也（嘉禾三年，改丹徒爲武進）。始爲上虞尉、典農都尉。以文學入爲秘府郎，遷中書丞。蜀爲魏所并，覈詣宫門發表曰："昔衛爲翟所滅，而桓公存之。今道里長遠，不可救振，失委附之士②，弃貢獻之國。臣以草莽③竊懷不寧。陛下聖仁，恩澤遠撫。卒聞如此，必垂哀悼，謹拜表以聞。"孫皓即位，封徐陵亭侯。寶鼎二年，皓更營新宫，制度宏廣，飾以金玉，所費甚多。是時，盛夏興工，農事④并廢，覈上疏諫，不納。後遷東觀令、領右國史。覈前後陳便宜，及貢薦良能，解釋罪過，書

① 按："琨之曰"，《南史》卷十三《宋宗室及諸王列傳》作"辭曰"。

② 按："士"，《三國志》卷六十五《華覈傳》作"土"。

③ 按："莽"，《三國志》卷六十五《華覈傳》作"芥"。

④ 按："事"，《三國志》卷六十五《華覈傳》作"守"。

百餘上，皆有補益。天册元年，以微譴免。數歲卒。覈所論事章疏咸傳於世也。(《吴志》本傳)

晉

祖逖，兄納。逖字士稚①，范陽遵②人也。少孤，兄弟六人。兄該、納等并開爽，有才幹。逖輕財好俠，慷慨有節尚。每至田舍，輒稱兄意，散穀帛以賙貧乏，鄉黨宗（一作“親”）族以是重之。博覽書記，該涉古今。往來京師，見者謂逖有贊世才具。僑居陽平，年二十四，與司空劉琨俱爲司州主簿，累遷太子中舍人、豫章王從事中郎。京師大亂，逖率親黨數百家，避地淮泗，達泗口，元帝逆用爲徐州刺史，尋徵軍諮祭酒。居丹徒之京口，以逖爲奮威將軍、豫州刺史，將本流徙部③百餘家渡江，中流擊楫而誓曰：“祖逖不能清中原而復濟者，有如大江！”辭色壯烈，衆皆慨嘆。初，樊雅之據譙也，逖以力弱求助於南中郎將王含，含遣桓宣領兵助逖。逖既克譙，宣等乃去。石季龍聞而引衆圍譙，含又遣宣救逖。季龍聞宣至而退，宣遂留逖討諸屯塢未附者，由是黄河以南盡爲晉土。河上堡固，其有微功，賞不逾日。躬自儉約，勸督農桑，克己務施，不蓄資産。子弟耕耘，負擔樵薪。又收葬枯骨，爲之祭醊，百姓感悦，嘗置酒大會耆老，中坐流涕曰：“吾等老矣，更得父母，死將何恨？”乃歌曰：“幸哉遺黎免俘虜。三辰既朗遇慈父。玄酒忘勞甘瓠脯。何以咏恩歌且舞？”其得人心如此。俄卒於雍丘，時年五十六。册贈車騎將軍。逖兄納，字士言。最有操行，能清言，文義可觀。性至孝，少孤貧，常自炊爨以養母。平北將軍王敦聞之，辟爲從事中郎，累遷太子中庶子。齊王冏建義趙王倫收冏弟，北海王實及前黄門郎弘農、董祚弟艾，與冏俱起，皆將害之。納上疏救焉，并見宥。後爲中護軍、太子詹事，封晉昌公。以洛下將亂，乃避地東南。元帝作，相引爲軍諮祭酒，言之於帝曰：“自古小國猶有史官，况於大府，安可不置？”因舉王隱，稱清純亮直，學思沉敏，五經群史，多所綜悉。且好學不倦，從善如流，若使修著一代之典，褒貶與奪，誠一時之傑④也。帝以問記室參軍鍾雅，雅曰：“納所舉雖有史才，而今未能立也。”事遂停，然史官之立自納始也。温嶠以納州里父黨，敬而拜之。嶠既爲時用，盛言納有名理，除光禄大夫。卒於家。(《晉書》本傳)

刁協，協子彝。協字玄亮，渤海饒安人也。中興建，拜尚書左僕射。於時朝廷草創，憲章未立，朝臣無習舊儀者。協久在中朝，諳練舊事，凡所制度皆禀於協焉。太興初，遷尚書令，加金紫光禄大夫。協性剛悍，與物多忤，每崇上抑下，故爲王族⑤所疾。然悉力盡心，志在匡救，帝甚信任之。以奴爲兵，取將吏客使轉運，皆協所建也。及王敦構逆，上疏罪協，帝使協出督六軍，既而王師敗績，協與劉隗俱侍帝於太極東除，帝執

---

① 按：“稚”，原作“雅”。《晉書》卷六十二《祖逖傳》即作“稚”。據改。
② 按：“遵”，《晉書》卷六十二《祖逖傳》作“遒”，當是，即遒縣，治今河北淶水北。
③ 按：“部”，《晉書》卷六十二《祖逖傳》作“部曲”，此處疑脱“曲”字。
④ 按：“傑”，《晉書》卷六十二《祖逖傳》作“儁”。
⑤ 按：“族”，《晉書》卷六十九《刁協傳》作“氏”。

協、隗手，流涕嗚咽，勸令避禍，協曰："臣當守死，不敢有貳。"帝曰："今事逼矣，安可不行?"乃令給協、隗人馬，使自爲計。協行至江乘，爲人所殺，送首於敦，敦聽刁氏收葬之。敦平後，周顗、戴若思等皆被顯贈，惟協以出奔，不在其例。咸康中，協子彝上疏訟之，於是追贈本官，祭以太牢。彝字大倫，少遭家難。王敦誅後，彝斬仇人黨，以首祭父墓，詣廷尉請罪，朝廷特宥之，由是知名。歷尚書吏部郎、吴國内史，累遷北中郎將、徐兖二州刺史，假節鎮廣陵。卒於官。子逵，逵弟暢，并歷顯職。劉裕起義，斬桓修。時逵在歷陽，執劉裕參軍諸葛長民，送於桓玄。玄敗，送人破檻出，長民遂趣歷陽。逵弃城而走，爲人所執，斬於石頭。子侄皆死，刁氏遂滅。刁氏素殷富，奴客縱横，固吝山澤，爲京口之蠹。裕散其資蓄，令百姓稱力而取之，彌日不盡。時天下饑敝，編户賴之以濟焉。(《晉書》本傳)

劉惔，字真長，沛國相人也。惔少清遠，有標奇。與母任氏寓居京口，尚明帝女廬陵公主。累遷丹陽尹。爲政清整，門無雜賓。惔每奇桓温才，而知其有不臣之迹。及温爲荆州，惔言於帝曰："温不可使居形勝地，其位號常宜抑之。"勸帝自鎮上流，而己爲軍司。帝不納，又請自行，復不聽。及温伐蜀時，咸謂未易可制，惟惔以爲必克。或問其故，云以蒱博驗之，其不必得則不爲也，恐温終專制朝廷。及後，竟如其言。年三十六卒。(《晉書》本傳)

徐廣，字野民，東莞姑幕人，侍中邈之弟也。世好學，至廣尤爲精純，百家數術，無不研覽。謝玄爲兖州，辟從事。譙王恬爲鎮北，補參軍。孝武世，除秘書郎典校、秘書省增置省職，轉員外散騎侍郎，仍領校書尚書令。王珣深相欽重，舉爲祠部郎。會稽世子元顯引爲中軍參軍，遷領軍長史。桓玄輔政，以爲大將軍、文學祭酒。義熙初，奉詔撰《車服儀注》。除鎮軍諮議，領記室，封樂成侯，轉員外散騎常侍，領著作。尚書奏，宜敕廣撰成國史，於是敕廣撰集焉。遷驍騎將軍，領徐州大中正，轉正員常侍、大司農，仍令①著作如故。十二年，勒成《晉紀》，凡四十六卷，表上之，遷秘書監。初，桓玄篡位，帝出宫，廣陪列，悲動左右。及劉裕受禪，恭帝遜位，廣獨哀感，涕泗交流。謝晦見之，謂曰："徐公將無小過也。"廣收泪而言曰："君爲宋朝佐命，吾乃晉室遺老，憂喜之事，固不同時!"乃更欷歔。(《晉書》本傳)永初元年，詔除中散大夫，廣言墳墓在晉陵丹徒，又生長京口，息道玄忝宰此邑，乞隨之官，歸終桑梓。許之，贈賜甚厚。性好讀書，年過八十，猶歲讀五經一遍。永嘉②二年卒。(《南史》本傳)

劉毅，毅兄邁。毅字希樂，彭城沛人也。仕爲州從事，桓弘以爲中兵參軍。屬桓玄篡位，毅與劉裕、何無忌、魏詠之等起義兵，密謀討玄。玄既西走，裕以毅爲冠軍將軍、青州刺史，與何無忌、劉道規躡玄。玄逼帝及琅邪王西上。毅與道規及下邳太守孟懷玉等追及玄，戰於峥嶸州。毅乘風縱火，盡鋭争先，玄衆大潰。以毅爲撫軍將軍。初，毅

① 按："令"，《晉書》卷八十二《徐廣傳》作"領"，當是。

② 按："永嘉"，《南史》卷三十三《徐廣傳》作"元嘉"，當是。

丁憂在家，及義旗初興，遂墨絰從事。至是軍役漸寧，上表乞還京口以終喪禮。不許，詔以毅爲豫州刺史，以匡復功，封南平郡開國公，兼都督宣城軍事，尋轉衛將軍、開府儀同三司、江州都督。俄，進督諸軍事、荆州刺史，持節加督交、廣二州。劉裕以毅貳於己，奏之安帝，率衆討毅。毅單騎走江陵而縊。邁字伯群，少有才幹，爲殷仲堪中兵參軍。桓玄之在江陵甚豪横，曾於仲堪廳事前戲馬，以矟擬仲堪。邁時在座，謂玄曰："馬矟有餘，精理不足。"仲堪爲之失色，後爲玄所害。(《晉書》本傳)

諸葛長民，琅邪陽郡人也。有文武幹用。桓玄引爲參軍，劉裕建義與之定謀，爲揚武將軍，從裕討桓玄，以功拜輔國將軍、宣城内史。于時桓歆聚衆向歷陽，長民擊走之。封新淦縣公，以本官督淮北諸軍事，鎮山陽。義熙初，慕容超寇下邳，長民遣部將徐琰擊走之。進位使持節督青、陽①二州諸軍事、青州刺史，領晉陵太守，鎮丹徒。及何無忌爲徐道覆所害，賊乘勝逼京師，朝廷震駭，長民率衆入衛京師。裕令長民與劉毅屯於北陵，以備石頭。事平，轉督豫州、揚州之六郡諸軍事、豫州刺史，領淮南太守。及劉毅被誅，長民謀欲爲亂，猶豫未發，既而嘆曰："貧賤常思富貴，富貴必履危機②。今日欲爲丹徒布衣，豈可得也?"裕深疑之，輕舟潛至東府，伏壯士丁旿於幕，拉殺之。(《晉書》本傳)

孟昶未達時，家在京口。(《世説新語》)字彦達，平昌人。父馥，中護軍。昶矜嚴有志局，少爲王恭所知。(劉孝標《世説注》)劉裕與何無忌同舟還京口，密謀興復晉室。劉邁弟毅，家於京口，亦與無忌謀討桓玄。平昌孟昶爲青州主簿，桓弘使昶至建康。玄見而説之，謂邁曰："素士中得一尚書郎，卿與同州里，寧相識否?"邁素與昶不善，對曰："臣在京口，不聞昶有异能，惟聞父子紛紛互相贈詩耳!"玄笑而止，昶聞而恨之。既還京口，裕謂昶曰："草間常有英雄起，卿頗聞乎?"昶曰："今日英雄有誰?正當是卿耳!"於是相與合謀起兵。劉道規爲桓弘參軍，裕使毅就道規及昶於江北共殺弘。昶勸弘其日出獵，天未明，開門出獵人，昶與毅、道規數十人直入斬之，因收衆濟江，衆推裕爲盟主，總督徐州事。以昶爲長史，守京口，尋爲丹陽尹，進吏部尚書。尚書左僕射孔安國卒，昶代之。義熙五年三月，裕抗表伐南燕，朝議皆以爲不可，昶等以爲必克，勸裕行。裕乃以昶監中軍留府事。六年三月，盧循克二鎮，敗還者争言其强盛，昶等欲奉乘輿過江。裕不聽，昶恚其言不行，且以爲必敗，因請死，裕怒曰："卿且申一戰，死復何晚?"昶知裕終不用其言，乃抗表自陳，引咎以謝天下。封表畢，仰藥而死。(《資治通鑑》)(《嘉慶志》曰：劉注：孟昶，平昌人。平昌郡，屬青州。劉邁，彭城沛人。彭屬徐州。蓋二人并僑居京口，故謂之同州里。)

劉敬宣，字萬壽。(《宋書》本傳)牢之長子也。孫恩之亂，隨父征討，所向有功，爲元顯從事郎，又爲桓玄諮議參軍。牢之敗，與廣陵相高雅之俱奔慕容超。夜夢丸土而

---

① 按："陽"，《晉書》卷八十五《諸葛長民傳》作"揚"。
② 按："危機"，《晉書》卷八十五《諸葛長民傳》作"機危"。

服之，既覺，喜曰："丸者，桓也。丸既吞矣，我當復本土也。"旬日而玄敗，遂與司馬休之還京師，拜輔國將軍、晉陵太守。與諸葛長民破桓歆於芍陂，遷建威將軍、江州刺史，鎮潯①陽。又擊桓亮、苻弘於湘中，所在有功。安帝反政，徵拜冠軍將軍、宣城内史，領襄城太守。盧循反，以冠軍將軍從大軍南討。循平，遷左衛將軍、散騎常侍，又遷征虜將軍、青州刺史，尋改鎮冀州，爲其參軍司馬道賜所害。(《晉書》本傳)

宋

劉穆之，穆之中子式之、從子秀之。穆之，字道和，小字道人，東莞莒人也，世居京口。初爲琅邪府主簿，武帝克京城，從何無忌，求府主簿，無忌進穆之，帝曰："吾亦識之。"即馳召焉。從平建鄴，諸大處分，皆倉卒立定，并穆之所建，遂動見諮詢，穆之亦竭節盡誠，無所遺隱。以平桓玄功，封西華縣五等子，遷中軍護軍②司馬，加丹陽尹。帝西討劉毅，以諸葛長民監留府，疑其難獨任，留穆之輔之，加建威將軍。帝還，進前將軍。帝西伐司馬休之，中軍將軍道憐知留任，而事無大小，一決穆之，遷尚書右③僕射，領選將軍尹如故。帝北伐，留世子爲中軍將軍，監太尉留府，轉穆之左僕射，領監軍、中軍二府司④，將軍尹領選如故。甲仗五十人居東城。穆之内總朝政，外供軍旅，決斷如流，事無壅滯。義熙十三年卒。追贈開府儀同三司，重贈侍中司徒，封南昌縣侯。帝受禪，追封南康郡公，謚曰文宣。子慮之嗣，卒，子邕嗣。中子式之，字延叔，爲宣城、淮南二郡太守。從征關洛有功，封德陽縣五等侯。卒，謚曰恭。(《南史》本傳)秀之，字道寶，穆之從兄子也。世居京口。(《宋書》本傳)祖爽，山陰令；父仲道，餘姚令。秀之少孤貧，東海何承天雅相知器，以女妻之。兄欽之爲朱齡石右軍參軍，隨齡石敗没。秀之哀戚，不歡宴者十年。景平二年，除駙馬都尉。元嘉中，再爲建康令，政績有聲。孝武鎮襄陽，以爲撫軍録事參軍、襄陽令。襄陽有六門堰，良田數千頃，堰久決壞，公私廢業。孝武遣秀之修復，雍部由是大豐。後除西戎校尉、梁南秦二州刺史，加都督。漢川饑饉，秀之躬自儉約。先是漢川悉以絹爲貨，秀之限令用錢，百姓利之。遷益州刺史，以起義功，封康樂縣侯，徙丹陽尹。後爲寧蠻校尉、雍州刺史，加都督。將徵爲左僕射，會卒，贈司空。謚忠成公。(《南史》本傳)秀之弟粹之，晉陵太守。(《宋書》本傳)

檀道濟，道濟兄韶、祇。道濟，高平金鄉人也，世居京口。少孤，居喪備禮。奉兄姊，以和謹稱。武帝建義，道濟與兄韶、祇等從平京城，俱參武帝建武將軍事，累遷太尉參軍，封作唐縣男。義熙十二年，武帝北伐，所至望風降服，徑進洛陽，議者謂所獲俘囚應悉戮，以爲京觀，道濟曰："伐罪吊人，正在今日。"皆釋而遣之，於是中原感

① 按："潯"，《晉書》卷八十四《劉敬宣傳》作"尋"。
② 按："護軍"，《南史》卷十五《劉穆之傳》作"太尉"。
③ 按："右"，《南史》卷十五《劉穆之傳》作"左"。
④ 按："府司"，《南史》卷十五《劉穆之傳》作"府軍司"。

悦，歸者甚衆。長安平，以爲琅邪内史。武帝受命，以佐命功改封永修縣公，位丹陽尹、護軍將軍，出爲鎮北將軍、南兖州刺史。文帝即位，進封武陵郡公，固辭。既而使道濟西伐，事平，遷征南大將軍、開府儀同三司、江州刺史。元嘉八年，都督征討諸軍事。北略地，轉戰至濟上，全軍而返，雄名大振。還，進位司空，鎮壽陽。道濟立功前朝，威名甚重，左右腹心，并經百戰，諸子又有才氣，朝廷疑畏之。會上疾動，彭城王義康矯詔，召入祖道，收付廷尉，及子給事黄門侍郎植、司徒從事中郎粲、太子舍人混①、征北主簿承伯、秘書郎中尊②等八人，并誅。時人歌曰："可憐白浮鳩，枉殺檀江州。"道濟見收，憤怒氣盛，目光如炬。俄爾閑引飲一斛，乃脱幘投地曰："乃壞汝萬里長城！"魏人聞之，皆曰："道濟已死，吴子輩不足復憚。"自是頻歲南伐，有飲馬長江之志。二十七年，魏軍至瓜步，文帝登石頭城望，色甚憂，嘆曰："若道濟在，豈至此！"韶字令孫，以桓玄功，封邑丘縣侯，從征廣固，率所領先登，位琅邪内史，從討盧循，以功更封宜陽縣侯，拜江州刺史，以罪免。子臻（《宋書》作"緒"），字係宗，位員外郎。臻子珪，字伯玉，沅南令、安成郡丞。祗，字恭叔，與兄韶、弟道濟俱參義舉，封西昌縣侯，歷位廣陵相。義熙十年，亡命。司馬國璠兄弟自北徐州界潛得過淮，因天陰暗，夜率百許人，緣廣陵城入，叫唤直上廳事，祗被射傷股，語左右曰："賊乘暗得入，欲掩我不備，但打五鼓，懼之，曉必走矣。"賊聞鼓鳴，直謂爲曉，乃奔散。追殺百餘人。宋國初建，爲領軍，其年卒於廣陵。（《南史》本傳）

劉懷肅，懷肅弟懷敬，懷敬子真道，懷敬弟懷慎，懷慎庶子榮祖。懷肅，彭城人。宋武帝從母兄也。家世貧窶，而躬耕好學，仕晉爲費令。及聞武帝起義，弃縣來奔。義熙元年，爲輔國將軍，淮南、歷陽二郡太守。二年，又領劉毅撫軍司馬，以建義功，封東興縣侯。三年，卒。追贈左將軍。無子，弟懷慎以子蔚祖嗣，位江夏内史。懷肅次弟懷敬。初，高祖③産，而皇妣殂。孝皇帝貧薄，無由得乳，人議欲不舉帝。從母生懷敬，未期乃斷懷敬乳，而自養帝。帝以舊恩，懷敬累見寵，授至會稽太守。時以爲速，帝曰："亡姨於我恩重，此何可忘？"歷尚書金紫光禄大夫。子真道爲錢唐令。元嘉十三年，東土饑，帝遣揚州中從事④沈演之巡行所在，演之表真道有美政，上嘉之，賜穀千斛，以真道爲步兵校尉。十四年，出爲梁南秦二州刺史。十八年，氐帥揚難當侵寇漢中，真道討破之，大致克捷。以真道爲建威將軍、雍州刺史。懷敬弟懷慎，少謹慎質直，從宋武帝征討，位徐州刺史，爲政嚴猛，境内震肅。以平廣固、盧循功，封南城縣男。十二年，武帝北伐，以爲中領軍、征虜將軍，雖名位轉優，而恭恪愈至，每所之，造位任不逾己者皆束帶，門外下車，其謹退類如此。永初元年，以佐命功，封進爵爲侯，位五兵尚書，加散騎常侍、光禄大夫。景平元年，遷護軍將軍，禄賜班於宗族，家無餘財。卒，謚肅

① 按："混"，《宋書》卷四十三《檀道濟傳》作"隰"。
② 按："秘書郎中尊"，《宋書》卷四十三《檀道濟傳》作"秘書郎遵"。
③ 按："高祖"，《南史》卷十七《劉懷肅傳》作"武帝"。
④ 按："中從事"，《南史》卷十七《劉懷肅傳》作"中從事史"，是。

侯。子德願嗣。懷慎庶長子榮祖，少好騎射，爲武帝所知。及盧循攻逼，時賊乘小艦入淮拔柵。武帝宣令三軍不得輒射賊，榮祖不勝憤怒，冒禁射之，所中應弦而倒，帝亦奇焉。以戰功，參太尉軍事。從討司馬休之，彭城内史徐逵之敗没，諸將意阻①，榮祖請戰愈勵②，上乃解所著鎧授之。榮祖陷陣，身被數創。及帝北伐，轉征③西中兵參軍。水軍入河，與朱超石大破魏軍於半城。永初中，爲輔國將軍，追論半城功，賜爵都鄉侯，卒於官。（《南史》本傳）

劉粹，字道沖，沛郡蕭人也。家在京口。初爲州從事，從宋武帝平建鄴，征廣固，以功封西安縣五等侯，累遷中軍諮議參軍。盧循逼京口，文帝時年四歲，武帝使粹奉文帝鎮京口，後爲江夏相，封灄縣男。永初元年，以佐命功，改封建安縣侯。文帝即位，爲雍州刺史，加都督。元嘉三年，討謝晦。初，晦與粹善，以粹子曠之爲參軍。及受命南討，一無所顧。晦亦不害曠之，遣還。粹尋卒，曠之嗣。粹弟道濟，位益州刺史。（《南史》本傳）

向靖，字奉仁，小字彌，河内山陽人也。名與武帝祖諱同，改稱小字。世居京口。（《宋書》本傳）彌與武帝有舊，從平京城，參建武軍事，進平建鄴，以功封山陽縣五等侯。又從征廣固，討盧循，所在著績，封安南縣男。及帝受命，以佐命功，封曲江縣侯，位太子左衛率，加散騎常侍，卒於官。彌立身儉約，不營室宇，無園田商貨之業，時人稱之。子植嗣。（《南史》本傳）

虞丘進，字緣④之。少時隨謝玄討苻堅，有功，封關内侯。從宋武帝征孫恩，頻戰有功。從定建鄴，除燕國内史，封龍川縣五等侯。及盧循逼都，孟昶等議奉天子過江，進廷議，不可，面折昶等，武帝甚嘉之，除鄱陽太守。義熙九年，以前後功，封望蔡縣男。永初二年，累遷太子右衛率。卒，追論討司馬休之功，進爵爲子。（《南史》本傳）

孟懷玉，平昌安丘人也，世居京口。宋武帝東伐孫恩，以爲建武司馬，豫義旗，從平京口，定建鄴，以功封鄱陽縣五等侯。盧循逼都，以戰功爲中書諮議參軍。循平，封陽豐縣男，位江州刺史、南中郎將。（《南史》本傳）義熙十一年，丁父艱，懷玉有孝性，因抱篤疾，上表陳解，不許。又自陳弟仙客出繼喪主，唯己乃見聽，未去任，其年卒於官。追贈平南將軍。（《宋書》本傳）懷玉弟龍符驍果有膽氣，早爲武帝所知，以軍功封平昌縣五等子。從伐廣固，乘勝追奔，被圍見害。追贈青州刺史，封臨沅縣男。（《南史》本傳）

劉簡之，康祖伯父，有志幹，爲武帝所知。帝將謀興復，收集才力之士，嘗再造簡之，會有客，簡之悟其意，謂虔之曰："劉下邳再來，必當有意。既不得語，汝可試往見之。"及虔之至，帝已克京口，虔之即投義簡之，殺耕牛，會衆以赴之。位太尉諮議參

① 按："阻"，《南史》卷十七《劉懷敬傳》作"沮"。
② 按："勵"，《南史》卷十七《劉懷肅傳》作"厲"。
③ 按："征"，《南史》卷十七《劉懷肅傳》作"鎮"。
④ 按："緣"，《南史》卷十七《虞丘進傳》作"豫"。

軍。子道産，道産子延孫。(《南史》本傳)

劉延孫，道産長子。孝武初，位侍中，封東昌縣侯，屢遷尚書右僕射。大明元年，除金紫光禄大夫，領太子詹事，出爲南徐州刺史。先是，武帝遺詔：京口要地，去都邑密邇，自非宗室近戚不得居之。延孫於帝室本非同宗，不應有此授。時司空竟陵王誕爲徐州，上深相畏忌，不欲使居京口，遷之廣陵。廣陵與京口對岸，欲使腹心爲徐州，據京口以防誕，故以南徐州授延孫，而與之合族，使諸王序親。五年，徵延孫爲侍中、尚書左僕射，領護軍。延孫病，不任拜赴。卒，贈司徒，謚爲文穆。子質嗣。(《南史》本傳)

臧燾，字德仁，東莞莒人，武敬皇后兄也。少好學，善"三禮"。貧約自立，操行爲鄉里所稱。晉太元中，謝安始立國學，徐兖二州刺史謝玄舉燾爲助教，頃之，去官。以父母老、家貧，與弟熹俱弃人事，躬耕自業，約己養親者十餘年。父母喪亡，居喪六年，以毁瘠著稱。宋武帝義旗建，參右將軍何無忌軍事，隨府轉鎮南參軍。武帝鎮京口，參帝中軍軍事，入補尚書度支郎，改掌祠部，襲封高陵亭侯。武帝受命，拜太常，雖外戚貴顯，而彌自冲約，茅屋蔬飧，不改其舊。所得俸禄，與親戚共之。永初三年，致事，拜光禄大夫，加金章紫綬。卒，少帝贈左光禄大夫。長子邃，宜都太守。邃子凝之，學涉有當世才。凝之子寅，寅弟稜，後軍將軍。稜子嚴，武陵①郡守。(《南史》本傳)

沈林子，字敬士。少有大度，年數歲，隨王父在京口，王恭見而奇之，曰："此兒王子師之流也!"年十三，遇家禍，林子兄弟沉伏山澤，無所投厝，會孫恩屢出會稽，宋武帝致討，林子乃自陳情，率老弱歸罪請命，帝乃載以别船，遂盡室移京口，帝分宅給焉。林子博覽衆書，留心文義。從克京城，進平都邑，時年十八，身長七尺五寸。及帝爲揚州，辟爲從事，領建熙令，封資中縣五等侯。帝伐姚泓，加建武將軍，統軍爲前鋒，從汴入河。姚泓聞大軍至，遣僞東平公姚紹争據潼關。紹舉關右之，衆設重圍，圍林子等。林子率麾下數百人，犯其西北，紹衆小靡，乘其亂而薄之，紹乃大潰。文帝出鎮荆州，以林子爲西中郎、中兵參軍，領新興太守。文帝進號鎮西，隨府轉加建威將軍、河東太守。帝踐祚，以佐命功，封漢壽縣②伯。(《南史·沈約傳》) 林子居喪，至孝，高祖深相憂愍。頃之，有疾。上以林子孝性，不欲使哭泣减損，逼與入省，日夕撫慰，小差乃出。永初三年，薨。追贈征虜將軍，謚曰懷仁。(《宋書·自序傳》)(《嘉慶志》曰：林子祖名警，王恭鎮京口，引爲參軍，故云隨王父在京口。舊志云隨父穆夫在京口，誤也。)

梁

徐勉，字修仁。祖長宗，宋武帝霸府行參軍；父融，南昌相。勉，幼孤貧，早勵清節。年六歲，屬霖雨，家人祈霽，率爾爲文，見稱耆宿。年十八，召爲國子生，便下帷

---

① 按："陵"，《南史》卷十八《臧燾傳》作"寧"。

② 按："縣"，原脱，據《南史》卷五十七《沈約傳》補。

專學，精力無怠。祭酒王儉每稱有宰輔之量。射策甲科，起家王國侍郎，補太學博士，累遷領軍長史。天監三年，除給事、黄門侍郎、尚書吏部郎、參掌大選，遷侍中。時師方侵魏，候驛填委，勉參掌軍書，劬勞夙夜，動經數旬，乃一還家，群犬驚吠，勉嘆曰："吾憂國忘家，乃至於此！若吾亡後，亦是傳中一事。"六年，除給事中、五兵尚書，遷吏部尚書。勉居選官，彝倫有序，既閑尺牘，兼善辭令。雖文案填積，坐客充滿，應對如流，手不停筆。又該綜百氏，皆避其諱。嘗與門人夜集，客有虞暠求詹事五官，勉正色答云："今夕止可談風月，不宜及公事！"故時人咸服其無私。後爲左衛將軍，領太子中庶子，侍東宫。昭明太子尚幼，敕知宫事，太子禮之甚重。後爲太子詹事，又遷尚書右僕射，詹事如故。時人間喪事多不遵禮，朝終夕殯，相尚以速。勉上疏請宜悉依古，三日大斂，詔可其奏。又除尚書僕射、中衛將軍，勉以舊恩繼升重位，盡心奉上，知無不爲。爰自小選迄於此職，常參掌衡石，甚得士心，禁省中書①，未嘗漏泄。每有表奏，輒焚藁草。博通經史，多識前載。朝儀國典，婚冠吉凶，勉皆預圖議。初，勉受詔撰《五禮》。普通六年，功畢，表上之，詔有司案以遵行。尋加中書令。勉雖居顯職，不營產業，家無蓄積，俸禄分贍親族之貧乏者。中大通中，以疾自陳，移授特進右光禄大夫、侍中、中衛將軍，置佐史，秩②如故，增親信四十人。及卒，帝聞而流涕，即日車駕臨殯。贈右光禄大夫、開府儀同三司。皇太子亦舉哀朝堂。謚簡肅公。大同三年，故佐史尚書、左丞劉覽等詣闕陳勉行狀，請刊石紀德，即降詔，許立碑於墓。（《南史》本傳）

徐摛，字士秀，一字士績。祖憑道，宋海陵太守。父超之，梁天監初，位員外散騎常侍。摛幼好學，及長，遍覽經史，屬文好爲新變，不拘舊體。晉安王綱出戍石頭，以摛爲侍讀。王入爲皇太子，轉家令兼管記，尋帶領直。摛文體既别，春坊盡學之，"宫體"之號自斯而始。帝聞之，怒，召摛，加誚責。及見，應對明敏，辭義可觀，乃意釋。因問五經大義，次問歷代史及百家雜説，末論釋教，摛商較縱横，應答如響，帝甚加嘆异，更被親狎，寵遇日隆。領軍朱异不悦，承間白帝曰："摛年老，又愛泉石，意在一郡自養。"帝謂摛欲之，乃召摛曰："新安大好山水，任昉等并經爲之，卿爲我臨此郡。"中大通三年，遂出爲新安太守。至郡，爲政清静，教人禮義，勸課農桑。期月，風俗便改。秩滿，還，爲中庶子，除太子左衛率。及侯景攻陷臺城，時簡文居永福省，賊衆奔入，侍衛走散，莫有存者。摛獨侍立不動，徐謂景曰："侯公當以禮見，何得如此！"凶威遂折，侯景乃拜，由是常憚摛。簡文嗣位，進授左衛將軍，固辭，不拜。簡文被閉，摛不獲朝謁，因感氣疾而卒，年七十八。贈侍中、太子詹事，謚貞子。長子陵，最知名。（《南史》本傳）

王僧孺，僧孺曾祖雅晉，左光禄大夫、儀同三司；祖準之，宋司徒、左長史；父延年，員外常侍。僧孺年五歲，初讀《孝經》，問授者此書何所述，曰："論忠、孝二事。"

---

① 按："書"，《南史》卷六十《徐勉傳》作"事"，當是。

② 按："秩"，《南史》卷六十《徐勉傳》作"扶"。

僧孺曰："若爾，願常讀之。"七歲，能讀十萬言。及長，篤愛墳籍。家貧，傭書以養母，寫畢，諷誦亦了。仕齊爲太學博士，尚書僕射王晏深相賞好。晏爲丹陽尹，召補功曹，使撰《東宫新記》。司徒竟陵王子良開西邸，招文學，僧孺以善辭藻游焉。天監初，除臨川王後軍記室，待詔文德省。出爲南海太守，視事二歲，聲績有聞。詔徵將還，郡中道俗六百人詣闕請留，不許。至，拜中書郎①，領著作，復直文德省，撰《起居注》《中表簿》。遷尚書左丞，俄兼御史中丞。頃之，即真②，武帝製《春景明志詩》五百字，敕沈約以下辭人同作，帝以僧孺爲工。歷少府卿、尚書吏部郎，參大選，請謁不行。普通二年，卒。僧孺好墳籍，聚書至萬餘卷，率多异本，與沈約、任昉家書埒。少篤志精力於書，無所不睹。其文麗逸，多用新事、人所未見者，時重其富博。(《南史》本傳)

江革，字休映，濟陽考城人也。祖齊之，宋都水使者、尚書金部郎；父柔之，齊尚書倉部郎。有孝行，以母憂毁卒。革六歲便解屬文，九歲丁父艱，與弟觀同生。少孤貧，傍無師友，兄弟自相訓勖。十六喪母，以孝聞，服闋，與觀俱詣太學，補國子生。弱冠，舉南徐秀才。時豫章胡諧之行州事，王融與諧之書，令薦革，諧之方貢琅邪王汎，便以革代之。中興元年，梁武帝入石頭，令與徐勉同掌書記。建安王爲雍州刺史，以革爲征北記室參軍，帶中廬令。時魏徐州刺史元法僧降附，革被敕隨府王鎮彭城。城失守，革爲魏人所執。魏徐州刺史安豐王延明聞革才名，厚加接待。革稱脚疾，不拜。延明將害之，見革辭色嚴正，更加敬重。令革作丈八寺碑并祭彭祖文，革辭，將加捶扑，革厲色曰："江革年六十不能殺身報主，今日得死爲幸!"誓不爲人執筆。延明知不可屈，乃止。日給脱粟三升，僅餘性命。會魏帝請中山王元略反北，乃放革。還朝，除會稽郡丞，行府州事。革門生故吏家多在東，聞革應至，并賫持緣道迎候，革不受。至鎮惟資公俸，食不兼味。郡境殷廣，辭訟日數百，革分判辨析，曾無疑滯，人安吏畏，百城震恐，乃除都官尚書。將還，贈遺一無所受，送故依舊訂舫，革并不納，惟乘臺所給一舸。舸艚偏欹，不得安卧，或請濟江，徙重物以迮輕艚。革既無物，乃於西陵岸取石十餘片以實之，其清貧如此。尋監吴郡，除南中郎長史、尋陽太守，徵入爲度支尚書。好獎進閭閻，爲後生延譽，由是衣冠士子翕然歸之。謝病還家，除光禄大夫。卒，謚曰彊子。(《南史》本傳)(《嘉慶志》曰：《南史》所載濟陽諸江多至十有七人，惟《革傳》有舉南徐州秀才之文，舊志遂增入"世居京口"字以實之，不知爾時南徐州轄十六郡，惟南東海、晉陵、義興、南琅邪四郡有實土，濟陽諸郡即寄寓此四郡之中。革果爲丹徒僑居與否，不可得知也。胡三省《通鑑注》云：舉南徐州秀才者，濟陽郡亦屬南徐州也。文義最明，且江淹亦嘗舉南徐州秀才，何以置而不録？又何以處夫琅邪之王琳與蘭陵之蕭琛輩耶？特舊志相沿既久，革又從祀鄉賢，《明一統志》《江南通志》諸書皆載之，未便遽爲削去，今姑仍其舊而附論之。至革子行敏、德藻，則從闕焉。)

---

① 按："中書郎"，《南史》卷五十九《王僧孺傳》作"中書侍郎"。
② 按：《南史》卷五十九《王僧孺傳》"即真"下有"時"字，此處疑脱。

臧盾，盾字宣卿，高祖燾，宋左光禄大夫；祖潭之，左民尚書；父未甄，江夏太守。（《梁書》本傳）盾幼從徵士琅邪諸葛璩受五經，璩學徒常有數十百人，盾處其間，無所狎比，璩曰："此生王佐才也。"爲尚書中兵郎，入兼中書通事舍人。盾有孝性，嘗隨父宿直廷尉府，母劉氏在宅，夜暴亡。盾左手中指忽痛，不得寢。及旦，宅信果報凶問，其感通如此。服未終，父卒，居喪五年，不出廬户，形骸枯悴，家人不識。武帝累敕抑譬，後累遷御史中丞，性公强，甚稱職。大同二年，爲中領軍。領軍管天下兵要，監局事多。盾爲人敏贍，有風力，長於撥繁，職事甚理。卒，謚曰忠。弟厥，字獻卿，亦以幹局稱。爲晉安太守，郡居山海，常結聚逋逃，前二千石討逋不能止。厥下車宣化，凶黨皆襁負而出，自是居人復業。前後再兼中書通事舍人，卒於兼司農卿。厥前後居職所掌之局，大事及蘭臺廷尉所不能决者悉以①付厥，辨斷精明，咸得其理。子操，尚書三公郎。（《南史》本傳）

陳

徐陵，字孝穆。母臧氏嘗夢五色雲化爲鳳，集左肩上，已而誕陵。年數歲，家人携以候沙門釋寶誌，寶誌摩其頂曰："天上石麒麟也。"八歲屬文，十三通《莊》《老》義。及長，博涉史籍，縱横有口辯。父摛爲晉安王諮議，王又引陵參寧蠻府軍事。王立爲皇太子，東宫置學士，陵充其選。梁簡文帝在東宫，撰《長春殿義記》，使陵爲序，又令于少傅府述今所製《莊子義》。太清二年，兼通直散騎常侍，使魏。侯景入寇，陵父摛先在圍城之内，陵不奉家信，便蔬食布衣，若居哀恤。會齊受魏禪，梁元帝承制于江陵，復通使于齊，拘留不遣。及魏平江陵，齊送貞陽侯明爲梁嗣，乃遣陵隨還。太尉王僧辯初拒境不納明，往復致書，皆陵詞也。及明入，僧辯得陵，大喜，以爲尚書吏部郎，兼掌詔誥。陳受禪，加散騎常侍。天嘉四年，爲五兵尚書，領大著作。六年，除散騎常侍、御史中丞。時安成王頊爲司空，以帝弟之尊，權傾朝野，直兵鮑僧叡假王威風，抑塞詞訟，大臣莫敢言。陵乃奏彈之，文帝見陵服章嚴肅，若不可犯，爲斂容正坐。陵進讀奏狀。時安成王殿上侍立，仰視文帝，流汗失色。陵遣殿中郎引王下殿，自是朝廷肅然。遷吏部尚書，領大著作。陵以梁末以來，選授多失其所，於是提舉綱維，綜核名實。時有冒進求官、馳競不已者，乃爲書宣示之，衆咸服焉。及宣帝入輔，謀黜异志者，引陵預其議。廢帝即位，封建昌侯。太建中，爲尚書左僕射。朝議北侵，帝命舉元帥，衆議在淳于量，陵獨曰："不然，吴明徹家在淮左，悉彼風俗，將略人才，當今無過者。"於是争論數日不能决，都官尚書裴忌曰："臣同徐僕射。"陵應聲曰："非但明徹良將，忌即良副也！"是日，詔明徹爲大都督，令忌監軍事，遂克淮南數十州地。七年，領國子祭酒。十二年，爲中書監，領太子詹事。以年老累表求致仕，宣帝亦優②之，詔將作爲造大齋，令陵就第攝事。後主即位，遷左光禄大夫、太子少傅。至德元年，卒。陵器局深

① 按："悉以"，《南史》卷十八《臧盾傳》作"敕并"。

② 按："優"，《南史》卷六十二《徐陵傳》作"優禮"。

遠，容止可觀。性又清簡，無所營樹，俸禄與親族共之。太建中，食建昌，户户送米至水次，親戚有貧匱者皆召令取焉，數日便盡，陵家尋致乏絶。府僚怪，問其故，陵云："我有車牛衣裳可賣，餘家有可賣不?"其周給如此。目有青睛，時人以爲聰慧之相。自陳創業，文檄軍書及受禪詔策皆陵所製，爲一代文宗。亦不以矜物，未嘗詆訶作者，其於後進接引無倦。其文頗變舊體，緝裁巧密，多有新意。每一文出，好事者傳寫成誦，遂傳於周、齊，家有其本。有四子：儉、份、儀、僔。儉，一名報，幼而修立，勤學有志操。汝南周弘直重其爲人，妻之以女。梁元帝召爲尚書金部郎中，常侍宴賦詩，元帝嘆賞之，曰："徐氏之子復有文矣!"魏平江陵，還建業，累遷中書侍郎。太建初，廣州刺史歐陽紇舉兵反，宣帝令儉持節喻旨。紇見儉，盛列仗衛，言辭不恭，儉曰："吕嘉之事誠當已遠，將軍獨不見周迪、陳寶應乎?"紇默然不答，懼儉沮衆，不許入城，置儉於孤園寺。紇嘗出見儉，儉謂曰："將軍業舉事，儉須還報天子。儉之性命雖在將軍，將軍成敗不在於儉，幸不見留。"紇於是遣儉從間道馳還。宣帝乃命章昭達討紇，以儉監昭達軍。紇平，爲兼中書通事舍人。後主立，累遷尋陽内史。爲政嚴明，盜賊静息。遷散騎常侍，襲封建昌侯，入爲御史中丞。儉公平，無所阿附。尚書令江總望重一時，爲儉所劾。後主深委任焉。正①明二年，卒。份，少有父風，爲海鹽令，有政績，入爲太子洗馬。性孝弟，先陵卒。儀，少聰警，仕陳，位尚書殿中郎。陳亡，隱於錢唐之赭山。隋煬帝召爲學士，尋除著作佐郎。大業四年，卒。(《南史》本傳)

隋

鮑宏，字潤身。父機，以才學知名，仕梁，位治②書侍御史。宏七歲而孤，爲兄泉之所愛育。年十二，能屬文，嘗和湘東王繹詩，繹嗟賞不已，引爲中記室，屢遷通直散騎侍郎。江陵平，歸於周。明帝甚禮之，引爲麟趾殿學士，累遷遂伯下大夫。與杜子暉聘陳，謀伐齊，遂出兵渡江以侵齊。及定山東，除少御正，賜爵平遥縣伯，加儀同。文帝作相，奉使山南，會王謙舉兵於蜀，路次潼州，爲謙將達奚惎所執，逼送成都，竟不屈節。謙敗，馳傳入京，文帝嘉之，賜以金帶。及受禪，加開府，進爵爲公，轉利、邛二州刺史，後授均州刺史，以目疾免。卒於家。(《北史》本傳)

《嘉慶志》曰：以上名臣自吴迄隋共四十三人，於舊志頗有增改：吴華覈、晋祖逖、逖兄納、刁協、協子彝、劉惔、劉毅、毅兄邁、諸葛長民、孟昶、劉敬宣、宋劉穆之、穆之從子秀之、檀道濟、劉懷肅、劉粹、向靖、虞丘進、孟懷玉、懷玉弟龍符、劉簡之、簡之孫延孫、沈林子、梁徐摛、江革、臧盾、隋鮑宏。又原載"儒林"，今移入"名臣"五人：晋徐廣、宋臧燾、梁徐勉、王僧孺、陳徐陵，共核存三十二人。餘改入"國系"一人：劉琨之；入"宦績"四人：劉牢之、徐豁、劉道産、江德藻；入"忠義"三人：何無忌、檀憑之、劉康祖；入"儒林"二人：劉瓛、瓛弟璡；入"文苑"一人：臧嚴。

① 按："正"，《南史》卷六十二《徐陵傳》附《徐儉傳》作"禎"，當是。
② 按："治"，《北史》卷七十六《鮑宏傳》無。

共核改十一人。其時代先後、父子兄弟，訛誤悉爲訂正。

唐

馬懷素，字惟白。客江都，師事李善。貧無資，晝樵，夜輒然以讀書，遂博通經史。擢進士第，又中文學優贍科，補郿尉。積勞，遷左臺監察御史。魏元忠爲張易之構，謫嶺表。太僕崔貞慎祖道，易之怒，使人上急變，告貞慎等與元忠謀反。武后詔懷素按之，使者促迫，懷素執不從，曰："貞慎餞流人，當得罪，以爲謀反則非。"后意解，貞慎等乃免。宰相李迥秀藉易之勢，斂賕骩法，懷素劾罷之。轉禮部員外郎，以十道使黜陟江西，處決平恕。遷考功，核取實才，權貴謁請不能阿撓。擢中書舍人、内供奉，爲修文館直學士。開元初，爲户部侍郎，封常山縣公，兼昭文館學士。篤學，手未嘗廢卷。謙恭慎畏，推爲長者。玄宗詔與褚無量同爲侍讀，更日番入。既叩閤，肩輿以進。或行在遠，聽乘馬。宫中每宴見，帝自送迎以師臣禮。有詔句校秘書。是時，文籍盈漫，皆炱朽蟫斷，籤牓紛舛，懷素建白："願下紫微黄門，召宿學巨儒，就校繆缺。"又言自齊以前舊籍，王儉《七志》已詳，請采近書篇目及前志遺者，續儉《志》以藏秘府。詔可，即拜懷素秘書監。會卒，帝舉哀洛陽南城門。贈潤州刺史，謚曰文。給輿還鄉里，喪事官辦。(《唐書》本傳)

權皋，皋子德輿，德輿子璩。皋字士繇，秦州略陽人。徙潤州丹徒。擢進士第，爲臨清尉。安禄山藉其名，表爲薊尉，署幕府。皋度禄山且叛，以其猜虐不可諫，欲行，慮禍及親。天寶十四載，使獻俘京師。還，過福昌尉仲謩。謩妻，皋妹也。密約，以疾召之，謩來，皋陽喑，直視謩而瞑，謩爲盡哀，自含斂之，皋逸去，人無知者。吏以詔書還皋母，母謂實死，慟哭感行路，故禄山不之虞，歸其母。皋潛候於淇門，奉侍晝夜。南奔，客臨淮，爲驛亭保以詗北方。既渡江，而禄山反，天下聞其名，争取以爲屬。高適表試大理評事、淮南采訪判官。永王舉兵，脅士大夫，皋詭姓名以免。玄宗在蜀聞之，拜監察御史。會母喪，得風痺疾，客洪州。浙西節度使顔真卿表爲行軍司馬，召拜起居舍人，固辭，嘗曰："吾潔身亂世，以全吾志，欲持是受名耶?"李季卿爲江淮黜陟使，列其高行，以著作郎召，不就。自中原亂，士人率渡江。李華、柳識、韓洄、王定皆仰皋節，與友善。洄、定嘗評皋可爲宰輔師保，華亦以爲分天下善惡，一人而已。卒年四十六。洄等制服行哭，詔贈秘書少監。元和中，謚爲貞孝。(《唐書·卓行傳》)子德輿，字載之。七歲，居父喪，哭踊如成人。未冠，以文章稱諸儒間。韓洄黜陟河南，辟置幕府。復從江西觀察使李兼府，爲判官。杜佑、裴胄交辟之。德宗聞其材，召爲太常博士，改左補闕。貞元八年，關東、淮南、浙西州縣大水，壞廬舍，漂殺人。德輿建言宜擇群臣明識通方者持節，勞徠問人所疾苦，蠲其租入，與連帥守長講求所宜賦，帝乃遣奚陟等四人循行慰撫。裴延齡以巧倖進，判度支，德輿斥言延齡，疏奏不省。遷起居舍人，歲中兼知制誥，進中書舍人，知禮部貢舉，真拜侍郎，凡三歲，甄品詳諦，所得士相繼爲公卿宰相，取明經，初不限員。十九年，大旱。德輿因是上陳闕政，帝頗采用之。憲宗元和初，歷兵部侍郎，坐累徙太子賓客，俄還前官。會裴垍病，德輿自太常卿拜禮部尚書，同中書門下平章事。德輿善辨論，開陳古今本末以覺悟人主。爲輔相寬和，不爲察察名。李吉甫、李絳議論持异，德輿不敢輕重，罷爲本官，以檢校吏部尚書留守東都，進扶風郡公，復拜太常卿，徙刑部尚書，復檢校吏部尚書，出爲山南西道節度使。後二年，以病乞還，卒於道，年六十。贈尚書左僕射，謚曰文。德輿生三歲，知辨[①]四聲；四歲能賦詩，積思經術，無不貫綜。雖動止無外飾，其醞藉風流，自然可慕。貞元、元和間，爲搢紳羽儀云。子璩，字大圭。元和初，擢進士，歷監察御史，有美稱。時李訓挾寵，以《周易》博士在翰林。璩劾訓傾覆陰巧且亂國，不宜出入禁中，不聽。及李宗閔貶，璩屢表辨解。後訓誅，時人多璩明禍福大體，能世其家。（《唐書》本傳）

戴叔倫，字幼公。本譙國人。晉南渡，始居丹徒。八葉至宋臨湘侯明寶、明寶曾孫梁左丞暠、暠玄孫皇德州司士好問，叔倫之曾王父也。王父修譽，父昚用。（權德輿《戴容州墓志》）叔倫師事蕭穎士，爲門人冠。劉晏管鹽鐵，表主運湖南，至雲安，楊惠琳反，馳客劫之曰："歸我金幣，可緩死。"叔倫曰："身可殺，財不可奪。"乃捨之。嗣曹王皋領湖南、江西，表佐幕府。皋討李希烈，留叔倫領府事，試守撫州刺史。民歲爭灌溉，爲作均水法，俗便利之。耕餉歲廣，獄無繫囚。俄即真。期年，詔書褒美，封譙縣男，加金紫服。齊映、劉滋執政，叔[②]倫勸以"天下州縣有上、中、下、緊、望、雄、輔者，有司銓擬，皆便所私，此非爲官擇人、爲人求治之術。其尤切者，縣令、録事參軍事，此二者宜出中書、門下，無計資序限，遠近高卑，一以殿最升降，則人知勸"。映等重其言，遷容管經略使，綏徠夷落，威名流聞。其治清明仁恕，多方略，故所至稱最。德宗嘗賦《中和節詩》賜之。代還，卒於道，年五十八。（《唐書》本傳）（《嘉慶志》曰：戴叔倫爲明寶十[③]世孫，其爲丹徒土著無疑。新、舊《唐書》并云金壇人，特以叔倫墓在金壇故耳。明寶載《宋書·恩倖傳》，今入"紀聞"。）

南唐

刁彦能，字德明，上蔡人。父禮，遇亂，徙家宣州。彦能少孤，事母篤孝。家貧，無以養，乃事節度使王茂章。茂章叛吴，歸吴越，彦能以帳下當從，乃使家人扶其母俟於道左。彦能泣告茂章曰："彦能有老母在此，不能捨而從公，敢請死！"茂章哀其意，許之，乃馳還宣州。而城中已亂，彦能登城以劍招之曰："我從王府來，大軍已近，爾輩無妄動！"衆信之。稍定，義祖聞而嘉之，以爲軍校，事其子知訓於廣陵。知訓狂恣，彦能每切諫，不聽，然亦不加罪。牙將馬謙以衆擁吴主登宫門，將殺知訓，彦能從朱瑾入，手斬謙以獻，賞賚甚厚。然彦能警敏，觀知訓必敗，而人望在烈祖，心常附焉。知訓忌烈祖，數欲害之。嘗與烈祖飲酒，而伏劍士室中。彦能行酒，以爪語烈祖，烈祖悟，亟起去。又嘗從知訓宴烈祖於山光寺，復欲加害。弟知諫摘語烈祖，烈祖亦馳去。知訓取

---

① 按："辨"，《新唐書》卷一百六十五《權德輿傳》作"變"。
② 按："叔"字，原脱，兹據《新唐書》卷一百四十三《戴叔倫傳》補。
③ 按："十"，《嘉慶丹徒縣志》卷十九《名臣》作"七"。

佩刀授彦能，使追殺之。及於途，舉刀示先主，乃還，以不及告。及知訓死，義祖見彦能諫書嘆异，復使事知諫於潤州，遷裨將。烈祖代吴，入爲環衛，遷至天威軍都虞侯左衛使。金陵數大水，秦淮溢，東關尤被害。彦能請築堤，爲斗門疏導之，水患稍息。元宗嗣立，出爲饒州節度使，徙信州，又徙建州留後、撫州節度使。彦能好讀書，在鎮委任文吏，頗有治稱。好作詩，嘗與李建勳相贈答，建勳因燕見及之，元宗笑曰："殊不知彦能乃西班學士也。"性矜莊，燕居容服不少惰。時貴宴飲，或蓬首裸袒，彦能在坐，則皆肅然。保大末，卒，年六十八。子衎，事後主，爲秘書郎、集賢校理，以文翰見知，擢直清輝殿，閱中外章奏。國亡，入宋，仕至兵部郎中、直秘閣、崇文院檢討。純淡夷粹，恬於仕進。暇日鼓琴圍棋，不交人事。衎孫約，亦名士，久在三館，晚築室潤州，號藏春塢。王安石、蘇軾皆尊愛之。(《南唐書》本傳）彦能仕南唐，賜田京口，遂注籍。(《嘉慶志》引舊志)

宋

刁衎，字元賓。父彦能，仕江南，因徙昇州。後從徐知諫於潤州，樂其風土。至李氏時，爲昭武軍節度使，賜田京口，遂家焉。用蔭爲秘書郎、集賢校理。李煜嘗令直清輝殿，閱中外章奏。從煜歸，授太常寺太祝，稱疾假滿，屏居輦下者數歲。太平興國初，李昉、扈蒙在翰林，勉其出仕，因撰《聖德頌》獻之。詔復本官，出知睦州、桐廬縣，上諫刑書，再遷大理寺丞，獻文四十篇。召試，授殿中丞、通判湖州。上疏請定天下酒税額，修郡縣城隍，條約牧宰，除兩浙丁身錢，禁汴水流尸，凡五事。知婺州，遷國子博士，知光州，就改虞部員外郎，徙知廬州。真宗即位，遷比部員外郎，代還。獻所著《本説》十卷，充秘閣校理，出知潁州，入爲比部員外郎，改直秘閣，充崇文院檢討，判三司開拆司。預修《册府元龜》，加主客郎中，知湖州，轉刑部郎中，復預編修。大中祥符六年，書成，授兵部郎中，卒。衎始仕李氏，權勢甚盛。父爲藩帥，家富於財，被服飲膳極於侈靡。歸宋，以純淡夷雅知名於時。子湛、湜、渭皆登進士第。湛，刑部郎中。湜，屯田員外。渭，太常博士。湛子繹、約，天聖中并進士及第。(《京口耆舊傳》)(《嘉慶志》曰：《南唐書》稱刁彦能先世上蔡人，至彦能父禮始移居宣州，《宋史·衎傳》則直謂衎爲昇州人，張方平、刁湛《墓志》稱刁氏爲晉刁協之後。又云：彦能以勛伐賜田丹陽，衎分割質於鄉人，湛居憂，親黨請以自業，云云。據此，則刁氏固世以丹陽著望，彦能三世又以賜田在京口注籍者也，《宋史》特以衎故仕南唐，遂謂昇州人耳。《耆舊傳》所載最爲明晰，今從之。)

刁湛，先世渤海人。晉元帝紹統、建康、協預、中興四佐，位居朝首，其後爲丹陽人。祖彦能，江南昭武節度使；父衎，終尚書兵部郎中、直秘閣。湛咸平三年進士第，釋褐大理評事，屢遷通判越州，遷都官，知廬州，徙壽州，遷職方，召赴闕，授荆湖北路提點刑獄。仁宗登極，遷祠部郎中，從夔州路轉運使，遷刑部，授三司度支判官。閲歲，請舒州。到郡，以疾徙黄州。不行，請分司西京，遂歸老丹陽。湛以儒術發身，而才長於吏事。在朝參嘗録囚，其具獄當五囚重辟，湛理出四人。會京府司録缺員，政府以湛名聞，真宗指其名曰："此近嘗録囚而活人者耶？是宜此選矣。"通判越州，長吏闕，承其乏。時浙東蝗，湛齋居致精，遍禱郡祀。翌日，迅雷烈風，蝗漂溺於江湖，稼穡不害。將漕夔峽屬施州溪洞，蠻首領田彦裯、彦晏等攻破寨柵，殺吏民，燒官舍，掠公私物。遣武臣出禁旅，圖深入，益拒命，乃詔湛招輯。值彦裯死，蠻悔懼，有善意，而武臣欲自以爲功，閉隔不爲納，民告疲於調輸。會遣中使問邊事，湛密疏請罷兵，武臣内徙，以兵屬湛，湛遣裨校與蠻要約，設次於野，從親吏數人坐次中。蠻兵千餘，挺刃睢盱，湛毅然召彦晏前曰："吾丐若餘生，是屬奚爲者？"彦晏懼，揮却其衆。徐命吏引諸酋首歃血立誓，因犒飲散遣之，歡噪動於山谷。湛出於徐夫人，而不及養。國朝封贈之典，在具慶者，恩不及亡母。東封告成肆大眚，推恩妻已喪者得叙封。湛上章以請，其略云：妻以箕帚之舊，尚蒙封邑之榮；母以劬勞之恩，不及漏泉之澤。教化之本，輕重未安。朝議然之，徐夫人有高平之贈，今之朝籍，父在而封及亡母，由湛發之。昭武在江南時，以勛伐賜田丹陽，封占甚廣。秘閣素不治産，分割質於鄉人。田沃衍，耕穫者輒富饒，親黨請收以自業，湛曰："田誠美，然仕有薄禄，生事以足，奈何侵較鄉人以牟利？"焚其質劑，閭里多其義。湛既退居，諸子從官便郡，更相迎養，以致其樂，凡十六年。皇祐元年，卒，年七十有九。子繹、約，并太常博士；紓、紡，某官。（張方平《刁公墓志》）

王介，介曾孫烜。介字中甫，三衢人。中嘉祐六年直言極諫科，入四等，爲秘書丞，知静海縣，除秘閣校勘。熙寧初，王安石被召，不復辭，介寄詩曰："草廬三顧動幽蟄，蕙帳一空生曉寒。"蓋有所諷。安石後賦詩云："丈夫出處非無意，猿鶴從來自不知。"爲介發也。安石既得政，神宗轉對群臣，介進疏云："願陛下師心勿師人。"帝納之以喻安石，且以奏疏示之，安石不樂，深鬩其言。會考開封試，與劉貢父言語往復，御史劾之，罷判鼓院，歸館。知湖州，去郡，卒。官止祠部郎中。（施元之《蘇詩注》）一介子：沇之，彦允；漢之，彦周；涣之，彦昭；潙之，彦楚，皆近世名卿，家居京口。（王明清《玉照新志》）烜，字晦叔，曾祖介，徙居丹徒。烜以父植任歷監務監倉，改官議郎，知天長縣。議論英發，襟度超豁，人以比孔北海、禰正平之流。（《康熙志》）（《嘉慶志》曰：諸書并作"王介"，而《玉照新志》作"一介"。）

陳升之，字陽[1]叔，建州建陽人。孫覿《鴻慶集》：升之葬其母荆國太夫人於潤，遂家焉。[2]（《東都事略》本傳）升之，舉進士，爲校書郎，知南安縣，徙知漢陽軍，爲監察御史。張堯佐以後宫親爲三司使，升之言其不可，堯佐遂改爲宣徽使、景靈宫使，升之復言其不可，改侍御史，知雜事，拜天章閣待制、河北都轉運使，知瀛洲，遷龍圖閣直學士，知真定府，召知諫院。宰相文彦博屢乞罷政，升之等恐樞密使賈昌朝復相，乃疏其交通女謁之罪，昌朝由此亦罷。四年，遷樞密直學士，知開封府，改右諫議大夫，

---

① 按："陽"，《宋史》卷三百十二《陳升之傳》作"暘"。
② 按："孫覿《鴻慶集》"云云，《四庫》本《東都事略》卷八十《陳升之傳》未見。

拜樞密副使，以資政殿學士知定州，徙太原府。治平二年，爲陝西安撫使，復拜樞密副使，以母老，丐便郡，除觀文殿學士、尚書左丞，知越州，徙大名府，遂拜知樞密院事，與王安石同制置三司條例司。母喪，去位。終制，拜同平章事、樞密使。契丹遣蕭禧來議河東地界，理屈，卧都亭驛，不敢歸。升之曰："致饔授館有常禮，過期曲留，宜即裁抑。"禧慚沮乃行，以足疾求罷。拜鎮江軍節度使、同平章事，判揚州，封秀國公。請老，以故官致仕。卒，年六十九。贈太保、中書令，謚曰成肅。初，升之母竇娠，至季秋爲彌月，父儼善推策，得九日吉，而升之以是日生，故名從九從日，字升之。至神宗立，乃以字爲名云。（《宋史》本傳）① 升之二子閎、閦皆以父任。閎終宣義郎，無子；閦終大理評事，子憬以祖恩授承務郎，從侄鎮嗣宿州符離知縣。又升之自建來居，從子豫及禧實與俱來，禧之孫繼升之後，即鎮也，再傳而絶，他族人爲繼，又再傳而絶。今繼升之後者，禧之曾孫應岏之子箕。（《京口耆舊傳》）

沈括，字存中，吴興人。博覽古今，於書無所不通。舉進士，爲揚州司理參軍，編校昭文館書籍。熙元②間，除太子中允，爲檢正中書、刑房公事，遷集賢校理，察訪兩浙農田水利，遷太常丞，同修起居注。時亟遣中貴人籍兩河民車以爲戰備，民大驚擾，自宰執以下言不便者墻進，俱不省，括曰："車戰之利見於歷世，巫臣教吴子以車戰，遂霸中國；李進③用偏箱鹿角車以擒頡利。但古人所謂輕車者，兵車也，五御折旋，利於輕速。今之民間輜車重大，日不能④三十里，故俗謂之太平車，或可施於無事之日耳。"神宗喜，遂罷籍民車。執政曰："君以何術而立談罷此事？"括曰："聖主可以理奪，不可以言争。若車可用，其敢以爲非？"未幾，以右正言知制誥察訪河北西路，出使遼國。使還，以淮浙灾傷，爲體量安撫使，權三司使，遷翰林學士，以集賢院學士知宣州，復龍圖閣待制，知審官院，罷知青州，尋知延州，謫⑤爲均州團練副使，徙秀州，復光禄卿，分司南京。（《東都事略》本傳）括分司居潤八年，卒，年六十五。括博學善文，於天文、方志、律曆、音樂、醫藥、卜算無所不通，皆有所論著。（《宋史》本傳）

蘇頌，字子容，泉州南安人。（《宋史》本傳）父紳，葬潤州，故今爲丹徒人。（曾肇《蘇司空墓志》）頌舉進士，爲南京留守推官，杜衍一見深器之。除館閣校勘，改集賢校理，知潁州。稍遷修起居注，召試知制誥，知審刑院。時知金州，張仲宣坐枉法贓罪至死，法官援李希輔例貸死，杖而流之，頌奏曰："希輔、仲宣均爲枉法，而情有輕重。希輔知台州，受賕數百千，額外度僧。仲宣所部金坑發，檄巡檢體究，無甚利，土

① 按：所引《陳升之傳》，實見《四庫》本《東都事略》卷八十，而非《宋史》本傳。

② 按："元"，《四庫》本《東都事略》卷八十六《沈括傳》作"寧"，當是。熙寧，神宗年號（1068—1077）。

③ 按："進"，《四庫》本《東都事略》卷八十六《沈括傳》作"靖"，是。李靖（571—649），唐杰出軍事家。《舊唐書》卷六十七、《新唐書》卷九十三皆有傳。

④ 按：《四庫》本《東都事略》卷八十六《沈括傳》"不能"下有"行"字，此處或脱。

⑤ 按："謫"，《四庫》本《東都事略》卷八十六《沈括傳》作"責"。

人憚興作，以金八百①屬仲宣，不差官比校，視希輔有間矣。”神宗曰：“免杖而黥之。”頌曰：“古者刑不上大夫，仲宣五品官②貸死而黥，使與徒隸爲伍，雖其人無足矜，所重者污辱衣冠耳。”神宗從之。自是命官犯臟抵死者例不加刑。前秀州判官李定改太子中允，除監察御史裏行。宋敏求知制誥，封還詞頭。翌日，復下，頌當制，奏定不由銓考，擢授朝列，不緣御史薦置憲臺。雖朝廷急於用才，度越常格，然隳紊法制，所益者小，所損者大，未敢具草。次至李大臨，亦封還，執奏不已，於是并落知制誥，天下謂之三舍人。久之，復集賢院學士，知杭州，召修兩朝正史，權③知開封。祥符令孫（《宋史》作“李”）純有罪，頌坐失，出貶秘書監，知濠州。未幾，除知河陽，改滄州。召還，判吏部。唐制，吏部主文選，兵部主武選。神宗謂三代兩漢無文武之别，議者不知所處。頌言：“唐制吏部有三銓之法，分品秩而掌選事。今欲文武一歸吏部，則分左右曹掌之④，每選更以品秩分治。”神宗從之。於是吏部有四選之法。元祐初，爲刑部尚書，進吏部兼侍讀，遷翰林學士承旨，遂爲尚書左丞。七年，拜右僕射兼中書侍郎。頌爲相，務在奉行故事，使百官⑤奉法遵職，執事量能授任，杜絶僥倖之原，深戒疆埸之臣邀功生事。以觀文殿大學士充集禧觀使，出知揚州。紹聖中，除中太一宫使，居京口。以太子少師致仕，進太子太保。薨，年八十二。贈司空。頌天性仁厚，宇量恢廓，喜怒不形於色。雖燕居，必正衣冠，危坐無惰容。平生嗜學，自書契以來，經史、九流百家之説、圖緯、律吕、星官、算⑥法、山經、本草，無所不通。嘗議學校欲博士分經課試，諸生以行藝爲升俊之路；議舉貢欲先行實而後文藝，去彌封謄録之法，使有司參考其素行⑦。自州縣而始，庶幾復鄉貢里選之遺範，論者韙之。（《東都事略》本傳）

蔡居厚，字寬夫。熙寧御史延禧子也。延禧嘗擊吕惠卿兄弟，有直名。居厚第進士，累官吏部員外郎。大觀初，拜右正言，遷起居郎，進右諫議大夫。論東南兵政七弊，及言學宫⑧、書局皆爲要途，宜公選實學多聞之士，無使庸常之徒得以幸進。河北、河東群盜起，太原、真定守皆以不能擒捕罪去。居厚言：“將帥之才不儲養於平時，故緩急無所可用，宜令觀察使以上各舉所知。”又言：“比來從事於朝者皆姑息胥吏，吏强官弱，浸以成風，蓋輦轂之下吏習狡猾，故怯懦者有所畏，至用爲耳目，倚爲鄉導，假借色辭，過爲卑辱，浸淫及於侍從。今廟堂之上稍亦爲之，願重爲之制。”改户部侍郎，以集賢殿修撰知秦州。降羌在州者逸入京師，訴事坐失察，削職。起知滄、陳、齊三州，加徽猷閣待制，爲應天、河南尹，知東平府，復以户部侍郎召，未至。又以知青州，病，不能

---

① 按：“百”，《四庫》本《東都事略》卷八十九《蘇頌傳》作“兩”。
② 按：“五品官”，《四庫》本《東都事略》卷八十九《蘇頌傳》作“官五品”。
③ 按：“權”，《四庫》本《東都事略》卷八十九《蘇頌傳》作“擢”。
④ 按：“之”，《四庫》本《東都事略》卷八十九《蘇頌傳》作“選事”。
⑤ 按：“百官”，《四庫》本《東都事略》卷八十九《蘇頌傳》作“有司”。
⑥ 按：“算”，《四庫》本《東都事略》卷八十九《蘇頌傳》作“等”。
⑦ 按：《四庫》本《東都事略》卷八十九《蘇頌傳》此句下有“之”字。
⑧ 按：“宫”，《宋史》卷三百五十六《蔡居厚傳》作“官”。

赴，卒。(《宋史》本傳) 臨川蔡景繁，名承禧，嘗游京口，見其山川而樂之曰："吾老必歸此!"於是居厚用其遺言擇地丹徒，因家於潤，遂爲潤人也。(蘇頌《蔡承議墓志》)(《嘉慶志》曰：居厚父名承禧，蘇《集》及他書并同。《宋史》作"延禧"，蓋誤。)

曾肇，字子開。舉進士，調黄巖簿，用薦爲鄭州教授，擢崇文校書、館閣校勘，兼國子監直講、同知太常禮院，遷國史編修官，進吏部郎中。元祐初，擢起居舍人。未幾，爲中書舍人，以寶文閣待制知潁州，徙鄧、齊、陳州、應天府，入爲吏部侍郎。肇在禮院時，啓親祠北郊之議。是歲當郊，堅抗前説，既而合祭天地。乃自劾，改刑部，請不已，出知滁①州，徙江寧府。帝親政，更用舊臣，數稱肇議，禮趣入對，近貴②惡其語，出知瀛洲，與兄布易地。時方治《實録》譏訕罪，降爲滁州，復集賢殿修撰，歷泰州、海州。徽宗即位，復召爲中書舍人。日食，求言，肇具述帝旨。詔下，投匭者如織，章惇惡之，欲因事去肇，帝不聽。遷翰林學士兼侍讀。布之拜相，肇適當制國朝學士，弟草兄詔，惟韓維與肇爲衣冠榮。建中靖國元年，太史奏：日又當食。四月，肇請對，言發涕下，帝悚然順納。兄布在相位，引故事，避禁職，拜龍圖學士，提舉中太乙宫。未幾，出知陳州，歷太原、應天府、揚、定二州。崇寧初，落職。謫知和州，徙岳州，繼貶濮州團練副使，安置汀州。四年，歸潤而卒，年六十一。肇天資仁厚，容貌端嚴。自少力學，博覽經傳，爲文温潤有法。更十一州，類多善政。紹興初，謚曰文昭。子統，至左諫議大夫。(《宋史·曾鞏傳》)(按：肇，鞏弟。)

刁約，字景純。少卓越，刻苦學問。始應舉京師，與歐陽永叔、富彦國聲譽相高下。(施元之《蘇詩注》) 約，少有盛名，擢天聖八年進士，爲諸王宫教授。時南班之制未立，宗子非遇殊恩無遷官法。景祐中，宗室欲緣大禮推恩，命約草表，丞相王曾愛其文，遂有南班之授，宗室以千縑謝，不受。寶元中，入爲館閣校勘。慶曆初，與歐陽修同知太常禮院，又并爲集賢校理、管當三館秘閣。四年，坐蘇舜欽進奏院神祠飲酒事，出通判海州。皇祐中，仍以校理權吏部南曹，尋爲開封府推官。至和中，以温成后厚葬爲非，未奏疏，爲内臣所白，出提點京西刑獄、同修起居注。嘉祐初，還朝，判度支院，假太常少卿，直使館，使北歸。四年，出爲兩浙轉運使。還，判三司鹽鐵院，出提點梓州路刑獄。八年，再判鹽鐵院，還户部。治平中，出知揚州，移宣州。熙寧初，判太常寺議講讀官，當賜坐，與吕公著等合。約性篤至，急人之急甚於己私。在京師，賓客無少長，有謁必報館中，至有"走馬多羅"之誚，而實未嘗一登權要之門。同輩多躐進，而約獨四十年周旋館學，天下士皆稱之曰"刁學士"，而一時名德如范仲淹、歐陽修、司馬光、王安石、王存、蘇軾皆愛敬之。告老歸，從容里閈。年八十四，卒。兄繹，天聖二年進士，授太常博士，歷任楚蜀，最後通判揚州，卒。弟紓，字公綽，即約《使北回寄南徐二弟》詩所謂"族推公綽最温良"者。紡，字經臣，以父蔭入官，由户掾歷佐幕府。

① 按："滁"，《宋史》卷三百十九《曾肇傳》作"徐"。
② 按："近貴"，《宋史》卷三百十九《曾肇傳》作"貴近"。

（《京口耆舊傳》）約歸，作藏春塢，日游其間。蘇軾輩皆與之善，呼爲“十八丈”。（《康熙志》）

宗澤，字汝霖。系出南陽，五代之亂，其祖避地江南，居婺州義烏，世爲義烏人。元祐六年進士，調大名館陶尉。與邑令視河壖，適朝廷大開御河。隆冬，役夫僵仆於道，澤上書帥司，乞需之至。初春，從之。河成，所活甚衆。遷龍游令。民未知學，澤爲建庠序，設師儒，講論經術，風俗一變。知萊州掖縣，部使者得旨市牛黄，澤獨具狀申提舉，部使者怒，欲劾邑官，澤曰：“此澤意也。”獨書銜以上獲免。通判登州，有宗室財用田數百頃，皆不毛之地，歲輸萬餘緡，率横取於民，澤條奏除免。宣和元年，丐祠得主管南京鴻慶宫，退居東陽，結廬山谷間。會延昭倖用，訴澤改建神霄宫不當，林靈素主坐褫職，編置潤州，居丹徒。四年，夫人陳氏卒，葬丹徒京峴山，結廬龍目湖，上經郊恩就差監潤州酒税。六年，除通判巴州事。靖康元年，假宗正少卿，知磁州。磁經敵騎蹂躪，人民逃徙，不復可守。澤出俸募義勇爲固守計，不逾月而辦，加河北義兵都總管。真定陷，河北居民震恐，澤條畫邊防要策與勤王之議，并上之。斡離不寇磁州，澤以神臂弓射，走，追擊，大敗之。康王再使金，行至磁，澤力阻，勿從，因假神以留，請謁嘉應祠，夜以神馬銜車輦塞其路，王遂回相州。詔充兵馬副元帥，奪李固渡，遣壯士夜擣之，破三十餘寨。二年正月，自大名至開德，捷敵十三戰。上書康王，乞檄諸道約日進兵，又移書趙野、范訥、曾楙入援京城，無一人應。南華遇敵，敗之。敵攻開德，遣孔彦威敗之。犯濮州，遣權（邦彦）敗之。復向開德，邦彦、彦威合擊，敗之。親提所節制兵進，衛南華。躬冒矢石，大敗之。澤曰：“敵十倍於我，一戰而却，必復來。”乃暮徙軍，南華敵果至，得空營，大驚，自是不敢復出兵。澤遣兵過大溝河，襲擊屢捷。康王承制，除徽猷閣待制。聞二帝北遷，澤即提孤軍，欲徑渡河，而勤王之兵無一至者，累狀乞康王進位以定民心。建炎元年，除龍圖閣學士，知襄陽府，改知青州。七月，知開封府。到京城，首發爲敵之淵藪者誅之，盗賊屏息。八月，除延康殿大學士、京城留守，兼開封尹。上書乞回鑾益力，招巨盗王再興、李貴、王善、楊進、王大郎等兵百餘萬，悉聽命效死。秉義郎岳飛犯法，將刑，澤奇爲將材，釋罪，令復汜水，立功，補爲統領，授以陣圖，戒毋野戰。後遷飛爲統制，軍聲大振。二年正月，敵自鄭抵白沙，澤命榜示張燈，弛夜禁，密遣劉衍夜擣之，大捷。（喬行簡《宗公年譜》）二月，敵再至西京，澤遣統禦李景良、閻中立、統領郭俊民領兵趨鄭，大戰，爲敵所乘，中立死之，俊民降，景良遁去。澤捕得景良，斬首以徇。繼俊民與敵將史儀、燕人何仲祖等持書誘澤，澤斬俊民及儀，釋仲祖。（余翱《宗公行狀》）敵師復入滑，張撝請往，衆寡不敵，爲所害。澤遣王宣往援，設奇取勝，即令宣權知滑州，迎撝喪還，爲服緦麻，哭甚慟，厚恤其家。進朝奉大夫、資政殿學士，又進禦鎮江統領都元帥。三月，獲金將王策於河上，澤親釋縛，解衣與語，策感泣，盡陳敵情。召諸將議决大舉之計，泣約即日渡河。六月，起師結連諸忠義山水寨兵民，約日進發。權臣忌嫉，從中阻之。憂憤成疾，疽發於背，諸將問疾，澤曰：“成主上恢復之志，雖死無恨！”衆皆墮泪，澤嘆曰：“出師未捷身先死，長使英雄淚滿襟。”無一語及家事，但連呼“過河”者三而薨，年七十。贈觀文殿學士、通議大夫。子穎居戎幕，素得士心，都人請於朝，願以繼父任。時朝廷已命杜充留守，以穎直秘閣充留守判官。乞終喪，得請於岳飛扶柩歸，與夫人陳氏合葬於丹徒，贈謚忠簡，加贈開府儀同三司。（《年譜》）穎累官兵部郎中，孫嗣尹，朝散大夫；曾孫如圭，提轄端平，監有中、明州通判。（《康熙志》）（《嘉慶志》曰：澤居丹徒始末載喬行簡《年譜》、余翱《行狀》、曾懋《墓志》、朱子《名臣言行録》《王柏傳》。其在丹徒則有祠、有墓、有享堂，豐碑林立，文集刊布，無可疑者。乃《江南通志》因《宋史》失載，遂謂澤未嘗至京口，固爲失考。而舊志求其説，不得直謂澤祖由婺州避地至潤州，則無稽之言也。按：宗公祠墓享堂、各碑記，舊志及《嘉慶志》皆未録，今搜采之，載“輿地·墓祠”。）

陳豫，豫子機、椾。豫，字子山①。用族父升之恩，任秘書省校書郎，調開封府陽城尉，改永嘉、隴城二縣令。隴城人爲立生祠。知應天府柘城縣，改同州澄城轉運通直郎，簽書張武軍節度判官，再除提舉本路糴買，就遷提舉弓箭手。豫精壯果敢，長於斷，所莅皆有名迹。西方用兵，軍食最當務之急，官吏并緣爲盜，軍無宿儲，豫問弊，知其故，出金繒，下其估，而增穀價以受糴。未幾，負挽四面而至，芻粟告具。又請建石堡，寨旁近地數千頃，皆沃壤，可據賊衝，一壘數堡，塞其路道，使人肄耕其中，歲得粟以紓漕。詔從之，築軍，賜號威德。豫善知人，明於任使，嘗言：“御將當勿拘以文法。”杜大中者，豪縱不治繩檢。一日，抵罪，當下吏。豫惜其才，留不遣，屬鄰帥善遇之。大中提梃搏賊，勇冠一軍。韓世忠少年善鬥，數犯法，當伏誅。豫顧屬帥曰：“世忠驍悍不畏死，寇至，盍令當前斬捕自贖?”帥從之。始隸兵籍，每戰先登，梟猛將之首。建炎南渡，提孤軍戡大憝，手擒二判，威震夷狄，册封咸安王，時人方之狄武襄公云。遷中散大夫，自言於朝，久任邊將，且老矣，乞東方一郡自效，得守濟南，徙萊州，不赴。請祠，得提舉舒州靈山觀，已乃被疾，上書謝事。卒，年六十八。子機，右朝議大夫；模，右朝散大夫；桴，右奉議郎；椾，右朝請大夫，充敷文閣待制。孫岩，右登仕郎；岐，右迪功郎；岊，右承務郎；峒，右承務郎；嶧，右迪功郎。（孫覿《陳公神道碑》）豫四子，機、椾最知名。機知信州，劾秦檜妻黨王仲山，坐廢。檜死，起知楚州，將漕淮南，終知衢州。椾，爲韓世忠軍參謀，積功爲右文殿修撰、敷文閣待制。（《京口耆舊傳》）

蘇攜，字季升，丞相頌季子。丞相自開封尹知濠州，赴御史臺詔獄。攜年十三，隨至京師，衣舉子服，訴其誣於待漏院，宰相見其警敏，與語，奇之，事由是得白。用父，任爲瀛州防禦推官，調監澶州河北倉草場。徽宗立，除丹陽縣丞，行令事，徙通判廬州。中丞蔣猷薦爲御史臺主簿，遷光禄寺丞，改大宗正丞、尚書倉部郎，擢衛尉少卿，移光禄，進直龍圖閣，知明州。金人渡江，浙東西皆震，獨四明罷鄉兵，省科調，民恃以安。

① 按：“山”，《嘉慶丹徒縣志》卷十九《名臣》作“由”。

俄請奉祠歸，尋避地閩中，以墳墓在丹陽，由海道往來閩浙間者數歲。紹興初，詔權尚書刑部侍郎，上章請老，除徽猷閣待制，致仕。卒，年七十六。攜退然如不勝衣，與人言，惟恐傷之。然剛正明敏，凡事躬親，居官治民，與人交一出於誠。丹陽當東南舟車之衝，异時，高句麗入貢，吏并緣掊取，方數百里騷然。攜爲區處於未至前，既去，民不知。合肥俗喜告訐爲匿名書。攜得書於訟篋中，物色久之，悟曰："此老吏某人所爲也。"立遣人捕得之，置諸法。建炎赦至明州，戍卒數百人還，據地求卸甲錢，攜大怒叱去，而陰勒牙兵爲備，未及門，果噪而還，趨庫授甲。攜不爲動，徐擒爲首者數人，戮之，而置其餘不問。攜雖精於吏事，而未嘗一日去書不觀。有文集五卷，尤長於詩，韓駒、崔鷗以詩名者，每讀攜詩曰："蘇季升未嘗言詩也。每一篇出，高妙敷腴，吾不能及。"子孟容，右修職郎、兩浙路轉運司幹辦公事。孫茂，登仕郎。（汪藻《蘇公墓志》）

曾統，字元中。以恩補太廟齋郎。父喪，服闋。管在京編估局，改秩外補，以尚書蔣猷薦，除福建提舉常平，改東京，未赴，罷。（原注：《宋史·職官志》：建炎元年，罷提舉常平。二年，復置，旋罷。）高宗駐蹕揚州，召爲工部員外郎。南渡，除廣東提點刑獄。時隆祐太后至虔州，從衛軍潰，將傅選以萬人據郴[1]州，且趨嶺外。統遣人矯太后旨安撫之，果受命，入爲屯田員外郎。秦檜置修政局兼檢討官，統言："丞相佐天子理天下，事無不統。何局爲？"後竟罷。遷樞密檢詳諸房文字、左司員外郎，擢殿中侍御史，賜出身。首上章言："陛下即位六年間諸[2]相者七人，有一進退則自臺諫、侍從、百執事隨以升黜，適從[3]以使比周成風，公道蔽塞。"繼論宋煇交結宦官，不可尹天府，霍蠡刻薄，不可專財計。遷秘書少監，乞復史館修撰之職。遷起居郎，乞依故事直前奏事，與時相忤，出知秀、徽、饒三州。會有欲行手實法，以五等出賣户帖者，已而手實不行，但據藉高下輸錢給之，統言不可，復與時相忤，召還，除太常少卿、殿中侍御史，拜諫議大夫。論經制使，本户部之職，不必更置一司；淮南爲吴會屏蔽，宜且蠲經賦；諸路將兵恣横，宜稍還節制於州縣；臨安和買均権之數，不宜均敷於本路，皆見施行。足疾，補外，除徽猷閣待制，知婺州。卒於嚴州，年六十七。統文獻故家，藏書素多，紹興間重修國史，成書不謬，統之力爲多。（《京口耆舊傳》）（《嘉慶志》曰：統，肇之子也。曾肇八子，統最知名。）

許暘，暘子蒼野。暘，字東叔。（《嘉慶志》曰：府縣志并作"升卿"，蓋一書表，一書號也。）政和四年，以貢士釋褐福州閩縣尉，知紹興蕭山縣，舉最，遷大理寺正，兼工部郎官，權大理少卿。秦檜置大將岳飛於理必欲文致反狀，暘不可，出知南劍州，以言者輟行。家食垂一紀，卒。幼子蒼野，（《嘉慶志》曰：舊志"野"作"舒"，誤。）字子齊，以父任爲衢州龍游尉。隆興初元進士，乾道五年，中博學鴻辭科。由廣德軍教

---

① 按："郴"，原作"彬"，據《嘉慶丹徒縣志》卷十九《名臣·曾統傳》改。

② 按："諸"，《京口耆舊傳》卷二"曾布"條作"論"。

③ 按："從"，《京口耆舊傳》卷二"曾布"條作"足"。

授，除秘書省校書郎，權秘書丞、太常博士，權倉部郎官。蒼野儀容端整，論奏詳明，理宗甚器重之。（《京口耆舊傳》）（《嘉慶志》曰：岳忠武飛之被逮也，大理丞李若樸、何彦猷、大理卿薛仁輔皆言其冤，得罪去，載在《金陀粹編》《北盟會編》諸書，寺正與少卿無聞焉。意若樸等皆以罪去官，暘獨外調，故不及載耳。章穎《鄂王傳》云：獄辭出於吏手，一二寺官知其無辜，相繼以去。暘殆繼去中之一人歟?）

吴交如，字亨會。紹興十五年，進士乙科，再中法科，爲大理評事，屢遷刑部郎官，出知邵州。二弟没，乞祠歸葬。郡人惜其去，遮道置酒爲别，交如爲之飲釂，作《懷民詩》貽之，郡人刻之石。除刑部郎中，遷大理少卿，外除直秘閣、提點兩浙東路刑獄公事。未幾，召還。時朝令以法令多所牴牾，詔監司、郡守疏所見來上，設局重加定正。交如丐去，勉留之，主其事。明年，書成，復丐去。不聽，除大理卿，囹圄空，璽書嘉獎。刑部侍郎虚位，命且下，而交如病卒。交如性樂易，重義而疏於財，嘗以三千緡委丹陽孫生，秏去不問，時人服其長者。（《京口耆舊傳》）

辛次膺，字起季，萊州人。幼孤，從母依外氏王聖美於丹徒。政和二年進士第，官單父丞。屬閩寇范汝爲陷建州，宰相吕頤浩以次膺宰蒲城，遏賊衝。比至，已焚其邑，於是披荆棘，坐瓦礫中，安輯吏民，號令不煩。數月，韓世忠復建州。除審計司。餘黨范黑龍破鄰邑，閩帥張守檄次膺俟賊，平而後行。乃募鄉兵，習强弩。賊至，與之夾水而陣，矢齊發，賊奔潰，生致首領五人，餘悉宥之。擢右正言，聞韓世忠將自楚州移軍鎮江，復陳可慮者五，王倫使北請和，次膺言："今日之事，當識其詐!"秦檜在政府爲其妻兄王仲嶷叙兩官，次膺劾之。又劾知撫州王唤；唤，檜之妻兄也。章留中，次膺再論之。除直秘閣、湖南提刑。先是，湖南賊龍淵、李朝擁衆數萬，據衡之茶陵，檜匿不奏，乃以見闕處。次膺抵長沙，賊勢方張，戍將抽回，始悟檜欲陷之，即單車趨茶陵，擒賊驍將，戮之。募賊黨，賫榜招降，龍淵、李朝相繼降。奏茶陵爲軍，金好成，赦書至衡陽，次膺極陳其詐。金陷三京，次膺罷，奉祠，秦檜以其負重名，欲先移書，當稍①收用，次膺笑而不答。閲十六年，貧益甚，亡毫髪求於人。檜死，起知婺州，以足疾求去。加秘閣修撰，還郡，再召見，歷言仇怨當國，老母幾委溝壑，因奏國本未立，上改容曰："誰可?"次膺曰："知子莫若父。"上稱善，擢權給事中。孝宗即位，除御史中丞，每章疏一出，天下韙之。上方勵②精政事，次膺每以名實爲言，多所裨益，呼其官，不名。隆興改元三月，同知樞密院事。符離師捷聞，次膺手疏千言，乞持重。未幾，軍果潰。拜參知政事，以疾祈免。除資政殿學士，提舉洞霄宫。乾道六年，卒，年七十九。次膺孝友清介，立朝謇諤，仕宦五十年，無絲毫挂吏議。爲政貴清静，先德化所至，人稱其不煩。善屬文，尤工於詩。（《宋史》本傳）

何公務，字子忠。宋紹興中，累官至康州防禦使。精醫學，高宗疾，徵入侍藥，疾

① 按："稍"，原作"秩"，據《宋史》卷三百八十三《辛次膺傳》改。
② 按："勵"，《宋史》卷三百八十三《辛次膺傳》作"厲"。

愈，授德壽宫太醫院使。時秦檜執政，遂謝官，隱居京口。卒，賜葬鳳凰山。胡銓志其墓。子朝柱，襲官太醫院使。（《康熙志》）

王爚，字仲潛，一字伯晦。嘉定十三年進士。清修剛勁，不阿權勢。咸淳元年，召赴闕，同知樞密院事。二年，參知政事。三年，知樞密院事。六月，罷。恭帝即位，起爲左丞相，固辭，不許。乙亥德祐元年二月，乞罷政，不待報而去。尋召爲江東、浙西宣撫、招撫大使，置司臨安以備咨訪。賈似道蕪湖敗還，又不終母喪，疏劾其既不死忠，又不死孝。下詔切責，復言於太后曰："本朝權臣稔禍，未有如似道之烈者，搢紳草茅，疏凡屢上。陛下皆抑而不行，付人言於不恤，何以謝天下？"乃貶似道官。三月，爲左丞相，兼樞密院使，都督諸路軍馬。六月，加平章軍國事。一月，兩赴經筵，五日一朝。七月，因陳宜中不相協，詔罷平章，以少保、觀文殿大學士充醴泉觀使。避兵，求醫江上，是歲卒，葬稗沙圍。至明萬曆末，沙坍逼棺，陳永年爲遷葬山缺口，有碑。（《焦東志》）

王已①，字君文，關中人。居京口。淳祐中，登第。由淮東制置機宜，除京官。時奸相丁大全忌之，乃弃官，杜門不出者十年。復爲樞密院編修，以招撫討平衢州洞酋，就領州事。遷兵部員外郎、淮西總領。言足兵裕民數事，皆當時急務。遷右司郎中。（《康熙志》）

元

青陽夢炎，世治《春秋》學，宋末登進士第，授官時李璮以淮北地歸宋，夢炎以才選奉使至，璮兵已敗，冒鋒鏑致命而還。累遷淮東、湖北提刑，知澧峽州、常德府，權荆湖制置司事。咸淳中，忤時相意，去官。其在澧州置田二千②頃，歲取所入之半，以惠貧民，名曰義濟莊。元主聞其名，召見，賜第，晨夕獻替。官至吏部尚書、翰林學士。子奎，朝列大夫、同知臨江路總管府事；壁③，蔭授承事郎、揚州路通州判官；翼，自有傳。（《正德志》）

羅璧，字仲玉，鎮江人。父大義，爲宋將。璧官明威將軍，管軍總管，鎮上海。至元十九年，初通海道，立運糧萬户三，而以璧與朱清、張瑄爲之，乃首部漕舟由海洋抵楊村，不數十日入京師。進懷遠大將軍，管軍萬户，兼管海道運糧。二十四年，乃顔叛璧，復以漕舟至遼陽，浮海抵錦州小凌河，至廣寧，十寨諸軍賴以濟。加昭勇，升昭毅，同知淮西道宣慰司事。請兩淮荒閑之田給貧民耕墾，三年而後量收其入。從之，歲得粟數十萬斛。屢升都水監、正奉大夫，奉命括兩淮屯田，得疾，歸鎮江。卒，年六十六。（《元史》本傳）璧卒，贈護軍，追封豫章公，謚桓敏。璧喜儒術，平居對客談笑，終日不倦，以"竹溪"自號。子坤載，以父任授廣東鹽課提舉，知餘姚蘭溪。（《正德志》）

---

① 按："已"，《嘉慶丹徒縣志》卷十九《名臣·王巳傳》作"巳"。
② 按："千"，《至順鎮江志》卷十九作"十"。
③ 按："壁"，《至順鎮江志》卷十九作"璧"。

雷澤，字德卿，一字天淵，號景崖。父好問，宋上舍生，以經學傳。澤博學篤志，無書不貫。大德四年，膺賢良方正明經之薦，累官中書省左司員外郎。癸卯，山崩地震，應詔上言，多見采納。尋擢中奉大夫，出爲浙西行中書省、參知政事，既又進通奉大夫、同平章事。至大辛亥，陳八策，首言清天君，畏天命，體天德，回天變，庶民志一而和氣萃，又言君上毋獨用聰明以失委任之體。武帝皆嘉納之。未幾，以言論切直，爲當國所忌，乃三上書致政，不許。後上欲置之中書，命未下，以疾卒，年六十六。歸櫬京口，葬鴻鶴山麓。子寧一。（《家乘傳略》）

辛仲實，字仲和。至元中，辟以行省掾，有軍功，累遷至行户部尚書、兩淮都轉運使、佩虎符，歷太平路、嘉興路總管，江西等處榷茶都轉運使。（《康熙志》）

俞庸，字時中，德鄰子。初爲明道書院山長。大德中，以地震，陳《格天心召和氣九策》萬餘言，答剌罕丞相嘉之，試補户部令史，遷尚服院掾史，除從事郎、吏部考功主事，再遷尚服院都事。性倜儻，善議論，達時務，有《復辨事》若干卷藏於家。（《康熙志》）

何水，字思潔。至順庚午進士，河南洛陽知縣，以廉惠著。精醫學，時灾疫盛行，水施藥，活數萬人。至元間，伯顔罷科舉，元政亂，天變屢見，水知天下將多故，遂致仕歸，累徵不出。（《康熙志》）

《嘉慶志》曰：以上名臣自唐訖元，共四十三人，於舊志頗有增改，唐馬懷素、權皋、皋子德輿；宋刁衎、蘇頌、蔡居厚、刁約、宗澤、許暘、暘子蒼野、辛次膺、何公務、王巳；元青陽夢炎、羅壁、辛仲實、俞庸、何水。又唐增入一人：戴叔倫；南唐增入一人：刁彦能；宋增入十二人：刁湛、王介、介孫烜、陳升之、沈括、曾肇、陳豫、豫子機、楠，蘇攜、曾統、吴交如，共核存三十二人。餘改入“尚義”一人：五代尚公迺；入“宦績”五人：宋陳汝奭、張大允、陳景周、田文虎，元王昌；入“忠節”四人：宋陸秀夫、高桂、茅湘，元喜同；入“文苑”一人：元林桂發，共核改十一人。其間訛誤悉爲訂正。按：今於宋代增入一人：王爚；元代增入一人：雷澤。計三十四人。又按：此卷共計六十六人。

丹徒縣志卷二十五終

丹徒縣志卷二十六

人物三　名賢二

明

秦從龍，字元之，洛陽人。仕元，官江南行臺侍御史。兵亂，避居鎮江。徐達之攻鎮江也，太祖謂之曰："聞有秦元之者才器老成，汝當詢訪，致吾欲見意。"達下鎮江，訪得之。太祖命從子文正、甥李文忠奉金綺造其廬聘焉。從龍與其妻陳偕來，太祖自迎之於龍江。時太祖居富民家，因邀從龍與同處，朝夕訪以時事。已，即元御史臺爲府，居從龍西華門外，事無大小，悉與之謀。嘗以筆書漆簡，問答甚密，左右皆不能知。從龍生日，太祖與世子厚有贈遺，或親至其家燕飲。至正二十五年冬，從龍子澤死，請告歸。太祖出郊握手送之。尋病卒，年七十。太祖驚悼，時方督軍至鎮江，親臨哭之。厚恤其家，命有司營葬。（《明史》本傳）

滕毅，字仲弘。太祖征吴，以儒士見，留徐達麾①下，尋除起居注，命與楊訓文集古無道之君若桀紂、秦始皇、隋煬帝行事以進，曰："吾欲觀喪亂之由，以爲炯戒耳。"吴元年出爲湖廣按察使，尋召還，擢居吏部。一月，改江西省參政，卒。（《明史》本傳）六部之設始自洪武元年，鎮江滕毅首長吏部佐省臺，裁定銓除考課，諸法略具。（《明史·陳修傳》）

張勝，字理直，雲巖先生五世孫。父友人，仕元，爲淮南行省左丞。延祐中，言事被斥，隱廬州六安山。公生而穎悟，好讀書。少長，能通百家言。及壯，習騎射，武略過人。居常，慷慨有大志。至正乙未，高皇帝起於濠，公往歸焉。帝悦之，命與李善長同掌書記。吴元年平漢，擢都督僉事，屢遷都督同知。洪武丙寅，元太尉納哈出寇遼東。明年正月，帝命馮勝、傅有德、藍玉討之。公生擒元將乃剌吾，還。軍次通州，聞元兵有屯慶州者，會天大雪，公曰："乘其不備，可取也。"遂與玉帥輕騎襲之，手斬平章果來，擒其子不蘭奚。六月，擒納哈出。九月，同藍玉北伐。戊辰四月，大軍破元脱古思帖木兒於捕魚兒海，定遠侯王弼擒其次子地保奴及妃主以下百餘人，公手斬其太尉蠻子等。捷聞，加公都督。甲戌，詔公都司山東。初，帝改都尉爲都司，節制方面。至是，山東新下，特用公往。公至，撫字有恩，訓練有法，兵勤於守，民樂於耕。帝手詔嘉之。惠帝即位，連廢周湘、齊代岷諸王爲庶人。公諫，不聽。七月，靖難兵起，上疏論時事，不報；求自效，不許，遂弃官，隱京口之儒林里，築堂曰小隱，自號小隱居士。著有

① 按："麾"，《明史》卷一百三十八《陳修傳》附傳作"幕"。

《元末雜志》四卷、《甲申紀事》兩卷、《小隱堂詩集》兩卷。永樂壬辰四月卒，年八十一。（鄭傑《小隱公家傳》）

王豫，字用悦。以貢入太學，任大名府推官，擢御史。風裁凝峻，得激揚體。遷浙江巡海副使，便宜行事。斬失律者數人，聲譽赫然。進雲南左布政使，德威并著。卒於官。（《康熙志》）

譚廣，字仲宏。洪武初，起卒伍，從征金山，爲燕王①護衛百户。從成祖起兵，以百騎掠涿州，生得將校三十人。戰白溝、真定、夾河，咸有功。屢遷指揮使，留守保定，都督韓觀帥師十二萬來攻，廣以孤軍力拒四十餘日，伺間破走之。永樂九年，進大寧都指揮僉事，董建北京。既而領神機營，從北征，充驍騎將軍。十一年，練軍山西。明年，從征九龍口，爲前鋒。賊數萬憑岸，廣命挽强士射之。萬矢齊發，死者無數②。乘勝夾擊，賊大敗。論功，進都督僉事。仁宗嗣位，擢左都督，佩鎮朔將軍印，鎮宣府。宣德三年，請軍衛如郡縣例，立風雲雷雨山川社稷壇。六年，以宣府糧少，請如開平、獨石召商中鹽納粟，以足兵食。俱從之。明年，帝從户部議，令他衛軍戍宣府者悉遣還屯種。廣上言："臣所守邊一千四百餘里，敵人窺伺，竊發無時，脱有警，徵兵數百里外，勢豈能及？屯種之議，臣愚未見其可！"帝以邊卒戍守有餘，但命永樂中調戍者勿遣。正統初，朝議以脱歡雖款塞，狡謀未可測，命廣及他鎮總兵官陳懷、李謙、王彧圖上方略，廣等各上議，大要謂："邊寇出没不常，惟守禦爲上策，宜分兵扼要害，而間遣精鋭巡塞，外遇敵則量力戰，守間諜以偵之，輕兵以躡之，寇來無所得，去有所懼，則邊患可少弭。"帝納其言。六年十一月，以禦敵功，封永寧伯，禄千二百石，仍鎮宣府。八年，乞致仕，優詔不許。明年十月，召還陛見。帝憫其老，免常朝。是月卒，年八十二。謚襄毅。廣長身多力，奮迹行伍至大將，大小百餘戰，未嘗挫衄。在宣府二十年，修屯堡，嚴守備，增驛傳，又請頒給火器於各邊。將校失律，即奏請置罪，而撫士卒有恩。邊徼帖然，稱名將。嘗逞憤杖殺都司經歷，又以私憾杖百户，并爲言官所劾，置不問。既卒，吏部言非世券，授其子序指揮使。（《明史》本傳）

徐銘，字懋功。太學生，擢監察御史，有聲。永樂間，遷揚州知府。陛見，以鄰封辭。成祖優諭之。未幾，召拜兵部侍郎，後升山西右布政使，尋改左布政使。（《康熙志》）

胡清，字士澄。永樂庚子舉於鄉，任清平訓導，擢禮科都給事中，遷浙江右參政。清居諫垣，彈劾不避權貴。在浙藩禦温寇有功，朝廷賜金帛楮幣旌之。著《澹庵集》行世。子信，天順丁丑進士，由户部員外郎遷知鶴慶軍民府，修崇廟學，作養人才，士民翕然從化。鶴慶所轄千户，先與土官構隙，戍將久弗能禦，信躬詣其寨，爲陳朝廷威德，遂悦服。信詩文典雅，書法得晉人體，所著有《齊東野録》。（《康熙志》）

---

① 按："王"，《明史》卷一百五十五《譚廣傳》作"山"。《嘉慶丹徒縣志》卷二十《名臣·譚廣傳》同。
② 按："數"，《明史》卷一百五十五《譚廣傳》作"算"。

張縉，字子紳。少穎异。永樂間，舉賢良方正，詔修大典，擢侍御，扈從出口，往還二京十餘年。改授刑科都給事中。秉性剛方，一日，成祖指縉語執政曰："欲得雲南鹽法清，須此小黄門行。"縉往，厘剔積弊，廩給外一毫不染指。有中官謀受賂，事覺，縉廉得其實，密封奏聞，詔即令縉斬之。是年，還報稱旨，奬諭優异，左右貴戚由是大忌。時公當直茅蓬，適某有罪當刑，縉按其罪，不當誅，覆奏至再，忤上意，逮繫錦衣衛獄八年。縉性抗直，忌之者衆，無肯言者。忿疾而卒，上聞悼惜，謂"張縉剛烈之士，朕不過欲抑其性耳。患病在獄，何侍臣略無片言及之，竟至於死，可著正門擡出？"蓋深知其直也。病革日，寄書於家，但言君恩未報，子職無狀，死有餘辜，一語不及家事。(《家乘》)

裴俊，字永英。以諸生召赴文淵閣，修《永樂大典》，擢御史，遷湖廣按察司僉事。風裁清冽，抗志有爲。洪熙改元，按治四川，葺完棧道，行者便之。在蜀二年，居外臺七年，一如貧士。歸，有以白金贐者，堅却之。(《康熙志》)

張恂，字孔儀。本姓雷氏，高祖澤，仕元，爲江浙行省參政。父震，早孤，鞠於姑，因從其氏。恂以歲貢筮仕爲浙江都司斷事，有巨猾歲代縣輸糧南京，途次誘匿瀕河，婦女鬻他所。恂廉得實，移檄各郡盡還所鬻，而置其人於法。卒婦與富民通，因誣卒以盗。恂知其冤，適天竺寺僧爲行賂，求早具獄。恂并執訊之，卒乃免。景泰庚午，擢刑部郎中，繼授奉議大夫。有京衛指揮不孝，當死。恂憫其無兄弟，因召其母至，已年老失明，令手摩其子所荷械，大慟，不知所爲。恂令擊登聞，求復讞，得免死。其他疑獄立折，冤獄尤多所平反。以艱去任，服除，改南京刑部郎中。風裁益勵，亂者劉千斤就擒，逮上元民七十餘家，皆誣服。恂覆審，盡直其冤。進奉政大夫，加修政庶尹，年老，乞致仕。優詔免役，給廩餼。恂剛直狷介，立身行己，不欺暗室。少時，還遺金拒私奔女。母盛宜人病，吐青汁，恂嘗其味，以告醫者，其天性純孝如此。成化丙午，卒於家，時年九十。(丁璣《張公行狀》)

費誾，字廷言。年十一，爲郡庠生。成化己丑，會試第一，入翰林爲庶吉士，授編修，擢國子司業，進諭德。弘治改元，爲講官，改少詹事，兼侍讀，纂《憲廟實録》成，進詹事，兼侍讀學士，再進禮部右侍郎，卒。誾儀度魁梧，豐頤美髯。善談論，識事理，周旋世務，若無不可爲者。在國學教法有度，士子悦服。佐典大禮，宴賚有加。不七歲，五轉官。早失怙，事諸兄盡禮。作文有奇思，詩亦瀟①灑。子五，衍、衡俱郡庠生。(倪岳《費公神道碑》)

楊一清，字應寧。其先雲南安寧人，父景以化州同知致仕，携之居巴陵。少能文，以奇童薦爲翰林秀才，憲宗命内閣擇師教之。年十四，舉鄉試，登成化八年進士。父喪，葬丹徒，遂家焉。服除，授中書舍人。久之，遷山西按察僉事，以副使督學陝西。一清貌寢而性警敏，好談經濟大略。在陝八年，以其暇究邊事甚悉，入爲太常寺少卿，進南

① 按："瀟"，《嘉慶丹徒縣志》卷二十《名臣·費誾傳》作"飄"。

京太常寺卿。弘治十五年，用劉大夏薦，擢都察院左副都御史，督理陝西馬政。西番故饒馬，而仰給中國茶飲以去疾，太祖著令以蜀茶易番馬，資軍中用。久而寖弛，奸人多挾私茶闌出爲利，番馬不時至。一清嚴爲禁，盡籠茶利於官以服致諸番，番馬大集。會寇大入花馬池，帝命一清巡撫陝西，仍督馬政。甫受事，寇已退，乃選卒練兵，創平虜、紅古二城以援固原；築垣瀕河以捍靖虜。劾罷貪庸總兵武安侯鄭宏，裁鎮守中官冗費，軍紀肅然。武宗初立，寇數萬騎抵固原，總兵曹雄軍隔絶不相聞，一清帥輕騎自平涼晝夜行抵雄軍，爲之節度，多張疑兵脅寇。寇移犯隆德，一清夜發火炮，響應山谷間，寇疑大兵至，遁出塞。一清以延綏、寧夏、甘肅有警不相援，患無所統攝，請遣大臣兼領之。大夏請，即命一清總制三鎮軍務，尋進右都御史。一清建議修邊，帝可其議，大發帑金數十萬，使一清築墻，而劉瑾憾一清不附己，一清遂引疾歸。其成者在要害間僅四十里，瑾誣一清冒破邊費，逮下錦衣獄。大學士李東陽、王鏊力救得解，仍致仕歸，先後罰米六百石。安化王寘鐇反，詔起一清總制軍務，與總兵官神英西討。中官張永監其軍，未至，一清故部將仇鉞已捕執之。一清馳至鎮，宣布德意，張永旋亦至，一清與結納，相得甚歡，知永與瑾有隙，乘間扼腕，言曰："賴公力定反側，然此易除也，如國家内患何？"永曰："何謂也？"一清遂促席畫掌，作"瑾"字，永難之，曰："是家晨夕上前，枝附根據，耳目廣矣。"一清慷慨曰："公亦上信臣，討賊不付他人而付公，意可知。今功成奏捷，請間論軍事，因發瑾奸，極陳海内愁怨，懼變起心腹。上英武，必聽公誅瑾。瑾誅，公益柄用，悉矯前弊，收天下心，吕强、張承業暨公，千載三人耳！"永曰："脱不濟，奈何？"一清曰："言出於公必濟。萬一不信，公頓首據地泣，請死上前，剖心以明不妄，上必爲公動。苟得請，即行事，無須臾緩。"於是永勃然起曰："嗟乎，老奴何惜餘年不以報主哉！"竟如一清策誅瑾。永以是德一清左右之得，召還，拜户部尚書。論功，加太子少保，賜金幣，尋改吏部。一清於時政最通練，而性闊大，愛樂賢士大夫與共功名，凡爲瑾所構陷者率見甄録，朝有所知，夕即登薦，門生遍天下。嘗再帥關中，起偏裨至大將封侯者累累然，不絶饋謝，有所入，緣手即散之。大盗蹦中原，一清疏請命將調兵，前後凡數上，皆報可。盗平，加少保、太子太保，蔭錦衣百户，再推内閣，不用。用尚書靳貴，而進一清少傅、太子太傅、給事中。王昂論選法弊，指一清植私黨，帝爲謫昂，一清更申救，優旨報聞。乾清宫災，詔求直言，一清上書言：視朝太遲，享祀太慢。西内創梵宇，禁中宿邊兵。畿内皇店之害，江南織造之擾。因引疾乞歸，帝慰留之。大學士楊廷和憂去，命一清兼武英殿大學士，入參機務。張永尋得罪，罷。而義子錢寧用事。寧故善一清，有構之者，因蓄怨。會灾异，一清自劾，極陳時政，中有"狂言惑聖聽，匹夫摇國是，禁廷雜介胄之夫，京師無藩籬之托"語，譏切近倖，帝弗省。寧與江彬輩聞之，大怒，使優人於帝前爲蜚語，刺譏一清。時有考察罷官者，嗾武學生朱大周訐一清，陰事而以寧爲内主給事，御史周金、陳軾等交章劾大周，妄言請究主使。帝不聽，一清乃力請骸骨歸，賜敕褒諭，給夫廩如制。帝南征，幸一清第，樂飲兩晝夜，賦詩賡和以十數。一清從容諷止，帝遂不爲江浙行。世宗爲世子，時獻王嘗言："楚有三杰：劉大夏、李東陽及一清也，心識之。"及即位，廷臣交薦一清，乃遣官賜金幣存問，諭以宣召，期趣使有言，一清陳謝。特予一子官中書舍人。嘉靖三年十二月戊午，詔一清以少傅、太子太傅改兵部尚書左都御史，總制陝西三邊軍務。故相行邊，自一清始。温詔褒美，比之郭子儀。一清至是三爲總制，部曲皆踴躍。喜亦不剌竄西海，爲西寧、洮河害，金獻民言撫便，獨一清請剿。土魯番求貢，陳九疇欲絶之，一清則請撫。時帥諸將肄習行陣，嘗曰："無事時當如有事時提防，有事時當如無事時鎮静。"會張璁等力排費宏，御史吉棠因請還，一清、内閣給事中章僑、御史侯秩等争之。帝謫秩官，召一清爲吏部尚書、武英殿大學士。既入見，加少師，仍兼太子太傅，非故事也。亡何，《獻皇帝實録》成，加太子太師、謹身殿大學士。一清以不預纂修辭，不許。王憲奏捷推功，一清加特進左柱國、華蓋殿大學士。費宏已去，一清遂爲首輔。帝賜銀章二：曰"耆德忠正"，曰"繩愆糾違"。令密封言事，與張璁論張永前功，起爲提督團營給事中。陸粲請增築邊墻，推明一清曩時議。一清因力從臾之，帝爲發帑金，命侍郎王廷相往，然久之亦竟止。《明倫大典》成，加正一品俸。初，大禮議起，一清方家居，見張璁疏，寓書門人喬宇曰："張生此議，聖人復起，不能易也。"又勸席書早赴召，以定大議。璁等既驟顯，頗引一清。帝亦以一清老臣，恩禮加渥，免常朝日講，侍班朔望，朝參令辰。初，始入閣視事，御書和章，及金幣、牢醴之賜甚渥。所言邊事國計，大小無不傾聽。璁與桂萼既攻去費宏，意一清必援己。一清顧請召謝遷，心怨之。遷未至，璁已入内閣，多所更建。一清引故事，稍裁抑其黨，積不平，錦衣聶能遷訐璁，璁欲置之死，一清不可。璁怒，上疏陰詆一清，又嗾黄綰排之甚力。一清疏辨，言璁以能遷故排己，且傍及璁他語，因乞骸骨，帝爲兩解之。一清又因灾變，請戒飭百官和衷，復乞宥議禮諸臣罪，璁益憾。桂萼入内閣，亦不相能。一清屢求去，且言"今持論者尚紛更，臣獨主安静；尚刻核，臣獨主寬平，用是多齟齬。願避賢者路"。帝復温旨褒之。而給事中王準、陸粲發璁、萼招權納賄狀，帝立罷璁、萼，且暴其罪其黨。霍韜攘臂曰："張、桂行勢且及我！"遂上疏力攻一清，言其受張永、蕭敬賄，一清再疏辨，乞罷。帝雖慰留之，而璁復召還，韜攻益急，且言法司承一清風指，構成萼罪。帝果怒，令法司會廷臣雜議，出刑部尚書周倫於南京，以侍郎許讚代，讚乃實韜言，請削一清籍。帝令一清自陳，璁乃三上密疏，引一清贊禮功，乞賜寬假，實以堅帝意俾之去。帝果允致仕，馳驛歸，仍賜金幣。明年，璁等構朱繼宗獄，坐一清受張永弟容金錢，爲永志墓，又與容世錦衣指揮，遂落職閑住。一清大恨曰："老矣，乃爲孺子所賣！"疽發背，死。遺疏言"身被污衊，死且不瞑"。帝令釋贓罪不問。後數年，復故官。久之，贈太保，謚文襄。一清生而隱宫，貌寺人，無子。博學，善權變。尤曉暢邊事羽書，旁午一夕占十疏，悉中機宜。人或訾己，反薦揚之。惟晚與璁、萼异，爲所軋，不獲以恩禮終。然其才，一時無兩，或比之姚崇云。（《明史》本傳）

丁璣，字王①夫。幼服庭訓，明敏早悟，慨然有求道之志。年十八，領鄉薦。又四年，成化戊戌，成進士，授中書舍人。星變，應詔上封事，極論治道本末、時政得失，反覆數千言，大要以正君心爲根本，教東宫、振綱紀、正風俗、慎用人、重名器、蘇民困、理財用、飭兵備爲急務；末言方士釋老，宜斥遠。疏入，留中。久之，以同官公過謫判普安。弘治初，轉廣信，以父憂去官。服闋，授興國知州，又以母憂去。服闋，起南京儀制郎中，尋以副使提學廣東。逾年，入賀，道清遠，山水暴漲，衝舟欲覆，即闔窗端坐，一家十一人俱没。璣充養純粹，居圓運方，身不逾中人，而任道好古，崇正闢邪，群吠衆噪，不震不竦，有萬夫之勇，百煉不磨之剛。論學以内外動静交養互發爲主，同時有爲象山之學者，意殊不以爲然也。門下士多偉器，如靳貴、曹侃皆能確守師説，卓然爲名臣。（張夏《洛閩淵源録》）

靳貴，字充道。舉鄉試第一、會試第二、廷試第三人及第，授翰林院編修，選東宫講官，歷左中允諭德、太常寺少卿兼侍讀、禮部侍郎、掌翰林院事。時逆瑾咨政，嘗因事諷貴，密書京官殿最以進，貴不從。銜之。左遷光禄卿，已，復舊掌詹事府，充日講官，改吏部右侍郎，進禮部尚書。正德甲戌，進文淵閣大學士，參領機務，已，又進太子太保、户部尚書、武英殿大學士。時儲嗣未定，貴勸擇宗藩之近且賢者，置之京師以係海内人心。俟皇子誕育，仍歸藩邸，蓋人所難言者。辛未、丁丑，再主會試，告歸。二年，卒，謚文僖。武宗南巡，親臨其喪，爲文以祭。（《康熙志》）正德十年，烏思藏入貢，其使言有活佛能前知禍福，帝遣中官劉允迎之，携錦衣官百三十，衛卒及私僕隸數千人，芻糧舟車費以百萬計。紀等上言："自京師至烏思藏二萬餘里，公私繁費，不可勝言。"内閣梁儲、靳貴、楊一清皆切諫，不報。（《明史・毛紀傳》）

王濟，字汝楫。弘治壬子舉人，任餘干訓導，入爲國子助教，擢監察御史。疏陳馬政利弊甚悉。先是，江南歲以養馬解駒爲累，至有傾家鬻子者，濟請議和馬價，民免賠②償，而馬賴實用，至今便之。出判東平，歷知開州、武定。擒巨盜，升湖廣僉事。分巡郴、桂，會苗亂，擒斬千計。將論功，濟早乞休，詔即其家升湖廣參議。濟侃侃有氣節，遇事敢言。居鄉如在位，時處親族極厚，嘗置義産以贍宗人。（《康熙志》）

吴淮，字宗海，號自山。舉嘉靖癸未進士，授户部主事，改監察御史。敕清畿内勛戚食邑，持法不撓。部將郝通父子討擒薊寇，本兵攘功，淮爲白其狀，出知黄州府，上計考治行第一。三年，積穀至十餘萬。後值歲歉，發穀賑貸，全活甚衆。部使者移檄旌於家。（《康熙志》）淮知府事，簡重平恕，務以文學飭吏治，文廟樂器未備者，銷淫祠鐘鼎及佛像爲之。建號舍二十楹於東坡書院，拔兩庠諸生茂异，動者數十人謹習其中，躬自校藝，一時人才稱爲獨盛。（《黄州府志》）淮在黄州，興學校，課農桑，楚俗丕變。除略賣婦女之惡習，擒江干劫掠之盜魁。俗尚鬼信巫妖，巫謝伯恩者，假神道惑民，置

① 按："王"，《嘉慶丹徒縣志》卷二十《名臣・丁璣傳》作"玉"。
② 按："賠"，《嘉慶丹徒縣志》卷二十《名臣・王濟傳》作"倍"。

之法，投其神於江。民感念之，立廟爲像以祀。凡諸善政，載《黄州去思録》中。任四載，乞歸養。弘治庚戌十一月二十四日，卒。撫按述其懿行，上聞，從祀名宦、鄉賢兩祠。(《鄔紳傳》節略)

張集，字汝思。幼穎异。年十七，補博士弟子員。旋食餼，叔世揚，入太學，師事湛甘泉，挈集與俱，肄業南雍。授廣西馬平縣知縣。邑故凋敝，集至，均田賦，減徭役，平獄訟，撫流亡，行《吕氏鄉約》以厚民俗。捐俸薪，立學舍，以課多士。三年政行，頓成蕃庶。時嚴嵩既殺夏言，妻子流廣西，沿途備極拷虐。至粤中，上官希嚴氏旨，授意集，欲斃之，集曰："某發寒疾，五日不汗，死矣。今忤上官意，不過死。"卒善遇之，并致書前途，陰令人沿途調護，夏屬得全。時王鳳洲諸公義之，各致書道意，集亦不答其行事，剛介類如此。士民愛之如慈父母，而豪右不便，有職方王尚學陰以私憾乘間誣之。集不辨，投劾歸。卒於南越邸舍。粤西士民千里號泣，繪像祀之。(《家乘》)

鄔紳，字佩之。嘉靖癸未進士，知烏程縣。值歲饑，不俟監司報可，輒發倉賑貸。擢南京户部主事，遷員外郎、郎中。尋改禮部，出知青州府，旋改平陽、福州。所至多善政，每倉庫羨餘，輒藉充額賦以蘇民斂。擢四川按察副使。奉詔平馬羅賊，降其衆五千。諸將請殺之，紳曰："殺降，非義也！"赦而撫之。無何，謝病歸。諸降者犨金數萬爲壽，紳曰："吾義不殺降而私若輩金乎？"堅却之。歸，杜門讀書。守令時以利弊請臺使者，按郡多先剌謁紳，紳悉可否之，無所顧避。少從楊一清游，楊出入將相，重紳才，多所諮訪。居休日，角巾單衫，與鄉士大夫晨夕登臨山水，以詩文自娱。卒，年八十二。子仁卿、佐卿。(《康熙志》) 紳以户部主事司税北關清省，莅職課銀，惟主驗解，餘無所濡染。(《浙江通志》)

茅鑾，字新之。嘉靖壬辰進士，授南京户部主事，歷員外郎、郎中。始至官，軍無終歲儲，鑾嚴條約，下藩府，繩官屬逋慢豪猾侵漁。迨任滿，金溢藏庫，穀支數十年。出守平陽，改德安。民德之，爲建遺愛亭於襄陽。楚藩上變，往按得其實，置重典。陟雲南按察司副使，内艱，服闋，除陝西，擢浙江布政司右參政，告歸。卒於家。(鄔紳《茅公墓志》)

曹楝，字隆卿。嘉靖己未進士，知鄱陽縣。五年，以廉幹著，擢兵科給事中。是時，大比天下士，權要子弟常倖售。楝奏"破姑息以飭紀綱，戒徇私以明臣義"，上嘉納之。自後兩京加監臨、御史二員，自楝疏始也。又疏言："言官論事、大臣體國，若和羹然。异同乃所以相成，黨比非所以自靖。言官之無忌，益見大臣之有容；大臣之休休，乃有言官之諤諤。"蓋指冢宰楊溥也。居省垣七月，疏凡八上，以直聲著。出爲湖廣僉事，歷官浙江按察副使。卒於官。橐無留金。楝少罹父難，奮不顧身，及父冤得白，卒能顯名於獄訟。坎壈之餘，以名諫臣聞當世。(《康熙志》)

范崙，字子大。年十二，補邑諸生，旋食餼。嘉靖乙丑，成進士，知嘉興縣。兩巨室女犯大辟，爲緩頰者盈庭，竟繩以法。遷岳州同知，直指龐尚鵬按楚，劾去貪墨吏三人。湘陰令謁崙，奉黄金四十兩爲壽，崙却之曰："若諒僕非楊公耶？"他日，龐見崙，笑曰："楊公至矣！"崙乃恍然，前令爲龐所使也。升福建僉事，丁内外艱。起，除四川僉事。夷婦沙弗靖，殲其魁，遞升本省參議副使。蜀民最苦當道檄取杉板，嚴禁之。屢升雲南左布政使。白鹽等井，歲例入羨金五百兩，崙悉儲之官庫。緬甸叛，出所儲金，繕甲兵往討，不費公帑一錢。晋光禄卿，轉太常，升通政使。時礦税方行井市，獪狙結中貴告訐，指利孔惑上，崙抑不爲通。楚藩假王以賂請轉奏，露章發之。升南京工部侍郎。故事，上方器服等，咸取給留曹，崙三抗疏。得旨，減歲額之半。萬曆甲辰，升尚書。時留都不備官，崙五攝他篆，應給若流。有兩巨盗，一踞陵寢，一潜伏大内。崙以計分緩急擒之，盡其黨。丁未，卒官。贈太子太保，賜祭葬。子如欽，由庠生蔭入監。性純孝，哀毁逾禮，相繼卒。（范醇敬《范公墓志》）

李一陽，字長卿。萬曆丁丑進士，選西安令。俗好訟，建息訟亭於署旁，令訟者坐亭下熟思之，民多翻然改悔以去。擢南京浙江道御史。時海瑞復起爲僉都，約諸御史最嚴。惟一陽清峻素著，獨相引重。丁此吕追論高啓愚，命題爲附故相尚書楊巍議，此吕落職。臺、省交章劾巍，巍求去。一陽疏論此吕非誣賢，江東之等皆直言敢諫之士，巍大臣不當求去。求去，是要君也。不欲去而矯焉，是欺君也。侃侃正論，朝野韙之。南尚書劉一儒乞休，一陽請留一儒，而劾光禄少卿王某，傅某大指謂一儒不附故相，王某等皆故相腹心，罪不減陳三謨。尋一儒得留，而某某皆罷黜。承運庫采買金珠，至用銀十七萬，非故事也。一陽上疏請減，不報。已奉命巡視上江，繼巡視鳳陽倉糧。外補廣東布政右參議，分守嶺東道。升江西按察副使、饒南九兵備道。所至獎廉懲貪，貪墨吏望風解印綬去。親老陳情，格於例，遂引疾歸，年未五十也。一陽最富藏書，手不釋卷，詩亦真樸。家居二十餘年，卒，年七十有二。（談自省《李公墓志》）一陽，號復吾。任西安令，摘伏發奸。課士取實誼，黜浮華。時當丈量，躬自履畝，於田税每畝減九厘，地税每畝減三厘三毫，水淤地三畝折一畝，山荒地二畝折一畝，歲減民間税銀數千。（《衢州府志》）

劉際可，字禮卿。萬曆丁丑進士，除户部主事。初督通州草場，罷諸非制入者。奉命視楚漕，時楚糧多秕稗，不可食。際可持威重，更以義繩諸豪貴，皆懾服。持節督薊鎮糧儲，故事，委官多侵剋，遂致缺乏。際可躬與二三吏分給塞下，事竣，尚羨萬計。晋山東參政，分守東兖。在官慎刑獄，有司讞决必面折，務得其情，不得則繼以夜，至爲廢食。卒寧陽官舍。子汝弼，字思諧。官中書舍人。友于兄弟，好成就後進，有長者聲①。（《康熙志》）

笪繼良，字我箴。生之日，父鳩夢楊忠愍至其家，因名以繼盛。及萬曆辛卯，舉鄉試，父曰："吾願汝爲良臣也。"爲更今名。少與華鈺、劉觀文、徐大用、王孫雲輩結盟合社，以文章節義相勖勉。初署寧國教諭，作《廟祀禮樂諸考》，又上《黌宫六議》於學使者。遷鉛山令，講《易》鵝湖書院。守绛州，申揭祖訓，彌靈丘宗藩之哄，绛民以

① 按："有長者聲"，《嘉慶丹徒縣志》卷二十《名臣・劉際可傳》作"當世稱爲長者"。

寧。左遷上林良牧署，時魏閹勢正熾，附之者擬置祠上林，繼良執不可。尋轉順天判，攝大京兆，多所建樹①。遷工部郎，董北河，稱底績，總河都御史，請加銜，俾久任。魏、崔惡之，不報。魏忠節大中櫬過，張秋、繼良爲文吊於河干，哭甚哀。閹聞大怒，矯命以東林邪黨削籍。崇禎改元，起户部郎，首上賦役便民議，奉命監海運新太倉，核省倉儲，溢額二萬。出守汀州，值閩寇嘯聚汀之石窟岩。繼良入境，即倡義勇擊賊，一捷於冠朝，再捷於綺岡，賊遂遁。未幾，晋副使，分守河東。執政者以异己排擠，遂歸。而鎮江守印司奇即城南鶴林寺建天心書院，朔望設座，請詣講。巡撫張國維巡漕，盧世漼皆會博士弟子，從者數百人。梓有《天心説》，尤精於《易》，著《鵝湖讀易》十二卷。身忤逆閹，遭黨錮，於剥復遁臨之義三致意焉。卒，年八十一。祀汀州名宦。孫祖齡，曾孫重光。（《洛閩淵源録》）

劉觀文，字叔熙。萬曆乙未進士。輔臣沈一貫將置之首甲，欲觀文往見之，不可，遂置二甲。除開州守，有令政。居八月，丁内艱，歸。服除，赴補。見礦使恣害，乃上書數千言，陳時政得失。疏入，不報。補汝州，蠲滌煩苛，以禮法繩豪右，一州肅服。汝故無城，觀文搜贖鍰，得七千金，不期月，城成。初，觀文有友十人，交砥躬行，華鈺德夫其一也。及莅汝，遂以倡明絶學爲己任，創建二程書院，集兩學俊秀之士，課業其中，遠近學者聞風日至。適鈺司李荆州，以忤税璫被逮。過汝，觀文出郊迓之，慷慨釃酒曰："好爲之慎，無負所學。"鈺敬諾，由此抗節彌堅。歲旱，禱雨輒應。旁郡皆旱，鄉民至，奔走控監司，願得劉使君代禱，其感人如此。流民入境者墾荒田以處之，給其牛種，仿古社倉法。設粥廠十餘處以賑。時税使怙閹人勢横甚，奸民又以礦利相煽惑。觀文一切繩以法，且上章暴其罪。卓异，擢禮部主客司員外，悉却四方貢使私饋。念有司用刑之慘，上疏請寬恤刑獄，蒙特旨嘉納。尋奉璽書存問申相國時行於家，勸相國以匡時報主爲務，相國善之。請爲昏姻，謝弗就。吴撫以海賈所没四萬餘金贐行，力却之，即途。升山東提學副使，未任，得疾，告歸，年僅三十七。囊無餘金②，同年③醵金以殮。觀文少清臞，眉頰秀朗。博綜群書，議論風發，仕不廢學。所至民懷，開、汝皆立生祠。後聞其卒，率老幼聚祠中哭之。（《洛閩淵源録》）

談自省，字秀曾。性孝友，萬曆甲辰進士，授冠縣知縣，歷南吏部文選郎、湖廣參政，守鄖襄道、浙江按察使右布政、江西左布政使。卓异，升應天府尹。時逆閹魏忠賢所在建祠頌功德，閹私人有以諷自省者，自省正色以拒，閹聞大怒，嗾御史借程國祥姻婭中之，遂削奪歸。崇禎改元，復官起用，臺省薦牘數十上，俱報可。年八十，卒於里。卒之日④，有"素篤道義交，不敢干權貴"之句，江浙皆祠祀之。子兆隆，以貢仕國子監學録，有文行。（《康熙志》）

---

① 按："樹"，《嘉慶丹徒縣志》卷二十《名臣·笪繼良傳》作"竪"。
② 按："金"，《嘉慶丹徒縣志》卷二十《名臣·劉觀文傳》作"資"。
③ 按：《嘉慶丹徒縣志》卷二十《名臣·劉觀文傳》"同年"下有"生"字。
④ 按：《嘉慶丹徒縣志》卷二十《名臣·談自省傳》"卒之日"下有"賦詩一章"句。

王政新，字闇生。萬曆丙辰進士，任福清知縣，考選御史。天啓中，兩疏糾逆璫魏忠賢，語切直中竅。出巡廣西，以曹學佺私史事，罷歸，逆璫修怨及之也。崇禎改元，起原官，巡山東，轉江西布政司參政，未履任，卒。（《康熙志》）

蕭鳴美，字虞颺。天啓辛酉舉人，知淳安縣，擢御史。召對中左門，敷陳時事，上爲動容。以論枚卜，調户部主事。或勸一見要人可免，鳴美曰："某爲令不呈身求薦，今爲御史反呈身求自固耶？"在户部計贏縮，稽出入，苦心籌餉。以勞，卒於官。（《康熙志》）鳴美精《易》學，發明象數，與漳浦黄道周善。道周著《易象正》《三易洞璣》等書，鳴美著有《周易説義》行世。子懋光，邑諸生。（《家傳》）

陳觀陽，字賓之。天啓乙丑進士。祖文，寧波同知。父肖，邑諸生，授徒揚州。其徒宗孫達淫蕩不率教，肖切責之，孫達竟以砒石毒肖至死。觀陽匍伏奔號，歷三檢乃定案。案擱十五年未報部。觀陽成進士，瀝血具疏上聞，孫達始伏法。觀陽選授應天府學教授，遷南京國子監助教，升户部主事，轉吏部掌選事。在户部，時京師戒嚴。開庫索炮子，皆泥丸，上震怒，堂司官莫知所爲。觀陽抗疏稱解："炮不知何員收，炮不知何時宜，專罪臣等失察，不得株連疑似。"上意乃解。袁文焕督師城下，觀陽守安定門，夜有持大將令箭入奏機密者，觀陽曰："詐也！"良久，聲益厲，辱詈不爲動。天明，果遁去。在吏部，力清積弊，斥苞苴，謝請托，人不敢干以私。崇禎末，引疾歸。家居十餘年，年六十九卒。乾隆元年，入祀府學忠孝祠。（張鐘諧《陳吏部傳》）

蔣拱宸，字衷①赤。崇禎甲戌進士，知湖廣新化縣。新化山邑無城，拱宸爲建城，至今號蔣公城。調攸縣，殲藍山寇，又爲攸築城如新化。以憂去官，服闋，補山東益都，召入爲御史。時戚畹田氏勢正薰灼，良田沃産，多占民間，拱宸抗疏追理，貴戚爲之斂手。（《康熙志》）劾吴昌時贜私巨萬，大抵牽連延儒，而中言昌時通中官李端、王裕民，泄露機密，重賄入手，輒預揣温旨告人。給事中曹良直亦劾延儒十大罪，帝怒甚，御中左門，親鞫昌時，折其脛，無所承，怒不解。拱宸面訐其通内，使②帝察之有迹，乃下獄論死。（《明史·周延儒傳》）

《嘉慶志》曰：舊志明名臣六十八人。秦從龍、滕毅、王豫、譚廣、徐銘、胡清、裴俊、費誾、楊一清、丁璣、靳貴、王濟、吴淮、鄔紳、茅鎜、曹棟、劉際可、笪繼良、劉覲文、談自省、蕭鳴美、蔣拱宸，又增入八人：張勝、張縉、張恂、張集、范崙、李一陽、王政新、陳觀陽，共核存三十人。今改入"忠節"七人：郭任、張德、唐誠、湯應勳、沈宗玉、史記言、潘文光；入"儒林"一人：謝瑶。其餘悉歸"宦績"，非敢以私意進退，惟期名實相符，各從其類，後之覽者當能鑒别焉。

國朝

張九徵，字公選。順治乙酉鄉試第一。時科舉文猶沿明季蕪詭之習，九徵文宏雅博

---

① 按："衷"，《嘉慶丹徒縣志》卷二十《名臣·蔣拱宸傳》作"哀"。
② 按：《明史》卷三百八《奸臣列傳》"周延儒"條無"使"字。

大，爲一代模楷。丁亥，成進士。逾年，爲行人司行人。又二年，考選爲吏部文選司主事，升員外。明年，升驗封司郎中，調考功。丁外艱，歸。海寇犯鎮江，九徵與御史笪重光嬰城守禦，副將高謙、知府戴九道欲降，以兩人不便於己，將圖之。九徵與笪聞之，急下城，而門牡已啓，賊蜂①擁入。笪縋城去，九徵微服出東門，走常州，言海寇烏合易破，宜速進兵。又至浙江趣督撫嚴兵堵賊歸路。未幾，賊敗如所畫。康熙二年，補勛司郎中，調文選。明年，以河南按察司僉事出視學政。黜中牟潘岳祀典，祀明尚書鐵鉉於鄧州。增置社學，擇師教郡邑子弟，令誦《小學》《家禮》二書，辨正字體訛舛，一時風氣以變。事竣，考核爲天下第一，撫臣疏舉卓异，例得需次超遷，而九徵已不復出矣。後以博學鴻詞舉，復引疾辭。所著有《閩游草》《艾衲②亭存稿》《文陸堂文稿》，各如干卷。卒，年六十有八。子六：玉裁、玉書、玉禾、仕可、恕可、與可。（徐乾學《張公行狀》）

何應仕，字鳴瑞。順治壬辰明經廷試第一，授推官。乙未，改知永嘉，興修築長埭，爲民田利。時駐防兵以剿盜掠婦女三百餘人，白於帥，盡釋之。寇陷永嘉鄰邑，鄰邑民老弱數萬投永嘉帥，不内。又涕泣請於帥，内之，多方安厝，且設糜賑焉。寇逼城，備糧糗，庀火具，躬自荷鋤③修葺城垣，誓以死殉，指城隍廟前河曰："此吾止水也!"去官後，永嘉民圖像以祀。應仕性仁厚，撫少弟，養孤孀，視猶子如子。敦重族誼，人稱長德。年七十七，卒。子金蔺，庚戌進士。（《康熙志》）

韓豫，字如石。順治乙酉舉人，己丑進士。知山東壽張縣。時以賊黨牽繫者數千家，豫按治無罪，釋勿問。金堤屢潰，因勢疏導，省工役以數萬計，沮洳盡爲良田。以母憂去官，服闋，補山西猗氏縣。尋薦，擢吏部主事，晋文選員外郎。杜絶請謁，一滌銓選之弊。（《康熙志》）

笪重光，字在辛。順治壬辰進士，由刑部郎擢監察御史，巡按江西。時稱敏幹。居鄉，值海寇犯鎮江，與張九徵設計守禦，有功。賑恤窮困，鄉民德之。（《江南通志》）

李鏞金，字維九。順治甲午舉人，乙未進士，授户部主事，取天下户口、賦役、鹽鐵、軍興，精心辨論沿革利弊，如指諸掌，大司農倚重之。奉使督九門鹺法，理崇文税務。崇文，天下之榷總也，爲豪猾藪，縉紳、中貴、輿販絡繹，號難治，任此無不鐫職去。鏞金至，通商惠工，鋤奸察弊，輸課倍逾舊額。時軍需孔亟，鏞金以十二萬資太府，吏部紀績。值圜法大壞，更鑄滿漢新式，直省鼓鑄，一切停罷，專并寶泉局，天下錢不由京師出者，以私論重法。鏞金奉簡命任事，所鑄錢不惜銅，不愛工，體資厚而肉好適均，制作美而輪郭周備，造一錢，費一錢，無問利之多寡。歲届奏報，子不及母三十分之一，蓋私鑄由是息已。遷廣東司員外郎，掌天下兵食。會六師討滇、黔，歲需二千四

① 按："蜂"，《嘉慶丹徒縣志》卷二十《名臣·張九徵傳》作"鋒"。
② 按："衲"，《嘉慶丹徒縣志》卷二十《名臣·張九徵傳》作"納"。
③ 按："鋤"，《嘉慶丹徒縣志》卷二十《名臣·何應仕傳》作"鍤"。

百萬有奇，又海警告於東南，請檄旁午，計度支錢可一千九百萬緡耳，歲缺六百萬，而宴享、禄予、賞賚不與焉。大司農及諸曹郎皆仰屋無策，或議加賦，鏞金持之曰："民力竭矣。"或議益關税，又持之曰："是裹商足也。"或召中納，或屯田，鏞金曰："烏用此迂闊爲?"乃條議請内帑金花九十八萬，減直隸、河南、山東、山西、湖廣兵，折江南、江西、浙江歲入漕粟，開天下官鑄，計省且益五百萬。又言清弊當自近始，部掾皆奸猾吏也，受天下藩司賄，隱正雜賦無算。計令諸掾罄各省歲入之數，登之册，署名於末，漏則置以法。於是諸掾莫敢犯，計增一百萬有奇。又言罪人斯得，妻若孥其何辜?其得令以資贖，蓋爲國家籌軍食，而陰行其德如此。循禄遷郎中，例得出就職，尚書以兵餉重務，非鏞金莫副，俾任兩司事，且將題請久任。鏞金以母年高冀得外遷迎養，固辭弗受。適真定守缺，股肱劇郡也，大冢宰即故大司農知其才，乃請以鏞金出守。治五州二十七邑，地廣賦繁，而一鎮三關二十五口之將領皆資控馭。又當孔道，冠蓋羽書踵接，即食寢弗遑，大約十九在途，十一聽民事耳。鏞金敷政裕如，案牘手自裁决，無纖毫舛漏。訟獄斷决如流，各誠服去。重禮教，勸善興讓。每月之望，萃衿髦考較經術，親爲誦説。其於諸牧令裁成輔相，俾争爲循良，惟一二貪墨者鋤而去之。愛民如子，輕徭薄賦，一切征調、兵食、築堡等工役毫不以苦閭閻。鰥寡孤獨，以時賑給。於公私各費，一切減省。設防以彌盜賊，肅法以抑豪强。遇歲歉，蠲賦發粟，請於上官。賑粥恤灾，出於捐俸。在任六年，政績懋著。康熙改元，從御史請，飭天下督撫，舉賢懲不肖，以示旌别。於是畿輔薦二人，楚一人，蜀五人，粤東八人，粤西六人，下部院復議，得稱實者九人，請擢鏞金第一。奉璽書遷秩，賜蟒衣一襲。兵部尚書梁清標爲序其事。(《家傳》)

蔣寅，字敬公。順治乙未進士，授揭陽令。禦海寇有方，終任無海患。遷刑部主事，升郎中。出守廣平府，擢福建巡海道。沿海多寇警，汛守兵弁至，擒捕魚者作賊以邀功，寅盡釋之，并嚴坐兵弁罪，害以除。升山東布政司參政，丁内外艱，起補浙江參政，督漕運。漕弊莫甚於浙，寅次第悉除之。減丁饑苦，爲詳請再三，得議復。升雲南按察使，時滇民新離湯火，波及疑似，悉予開釋。如發賑、興學、恤驛站、嚴私派諸善政，人尤德之。升貴州布政使，撫苗民，宣布聖諭十六條，使喻上意。新諸葛武侯祠，集諸生弦誦其中。護巡撫印，條上利弊十餘疏，皆報可。内擢太僕卿，數月卒，年六十八。(楊雍建《蔣公墓志》)子曰廣，字坤維。邑諸生，官至江西督糧道。曰廣子宗元，字亦厚。浦江縣知縣。調元，字若梅。鎮安府知府。(《家乘》)

張玉書，字素存。性端重，寡言笑，讀書過目成誦。年十一，入縣庠第一。試卷出，士子争相傳誦。十六，舉順治丁酉鄉試。辛丑，成進士，改庶吉士。在史館十餘年，鍵户焚膏，一如寒畯。康熙丙辰，遷司業，晋侍講，歷左、右庶子。每進講，輒推廣經義，以資啓沃。轉正詹，加侍講學士。未幾，轉内閣學士，充經筵講官，掌翰林院，遷禮部侍郎。丁外艱，服闋，起刑部尚書，轉兵、禮二部。庚午六月，拜文華殿大學士，兼户部尚書。奉命視高堰河工。先是，河臣請於高堰建重堤以防淮水。至是，又請閉張莊運口，建石閘，開小河，更築遥堤。玉書往勘回奏，寢其説，上深然之。戊寅，以母憂歸。明年，上南巡，玉書迎駕。時有議開海口者，玉書奏上：河不治，雖開海口，無益。今黄水倒灌，湖水東泄，其病全在上流。上爲首肯。庚辰，服闋，補原官。玉書性慎密，先後在内閣二十年，奏牘必先焚其草而後進，忠言嘉謨，人莫得聞。辛卯，護蹕至熱河，遂以病卒於行在，時年七十。上聞訃震悼，親製挽詩以賜。贈太子太保，謚文貞。恩禮優渥，有逾常典。玉書博聞强記，朝章國故，尤所熟諳。在禮部時，詞臣某請封禪，玉書言：《書》稱舜燔柴岱宗，非封禪也。司馬相如引管仲七十二家之説，梁著作郎許懋極詆其妄。封禪不應經義，宜罷。辛丑，充會試總裁。（按：《國朝貢舉考略》：公充會試總裁是辛未科，舊云"辛丑"，誤。）所拔多宿學，《三朝國史會典》《一統志》及《明史》諸書皆領其局。尤長於制舉藝，傳稿行世，卓然爲一代宗師。初，玉書喪偶，年三十五，遂獨處一室，終其身。有文集四十卷。（李來章《張文貞公傳》）子逸少、思默。逸少，字天門。戊辰進士，改庶吉士，出知壺關縣，升秦州知州。内召授編修，升侍講①學士，督學畿輔。逸少子迪、适。适，字叔度。歷官至直隸布政使。适子冕。（《家傳》）

張鵬，字搏萬。順治辛丑進士，除内閣中書，典試山左。遷刑部主事，考選第一，授吏科給事中，升光禄少卿。歷通政司右參議，順天府丞。遷通政司通政、都察院左副都御史。巡撫山東，入爲刑部侍郎，轉户、吏二部。康熙二十七年，請營葬歸里。明年卒，年六十有三。鵬爲諫官，務持大體。先是，漢軍在任遭喪，不得回旗守制，鵬請與漢人一例，以敦孝治。請寬官役監守自盗例，自是，逾年不能償者，得免妻孥入官。辛酉春，歲饑，賑粥，春盡當止，鵬請展限，存活可萬餘人。他如纂《會典》、修《明史》，蠲江右逋賦，疏上，皆施行。撫山東，請賑濟南等郡灾，臨清倉米請改本色爲折色。青、齊間有小清河者，蜿蜒六百餘里，故道就湮，横决爲患。鵬疏請浚，復建石閘，以備旱潦蓄泄，遂爲百世之利。樂育人材，集諸生肄業白雪樓中，風氣日上。居三部，多所建白。鎮郡田没於江潮，民以逋賦被追呼，鵬言於主者，請豁免，歲計銀千七百餘兩，米、麥二千五十餘石。鵬丰貌俊偉，慷慨世務。掀髯抵掌，傾其座人。所著詩文有《寧遠集》若干卷，藏於家。（徐乾學《張公墓志》）弟鷴，字躍千。選貢，官歙縣教諭。以孝友謙謹稱。（《康熙志》）雍正三年，祀鄉賢。

王之瑚，字仲玉。康熙壬戌進士，選授臨武知縣。縣與獠峒接，選練鄉兵，以備禦，苗不敢犯。核户賦税，免浮糧五百餘石。立義學，擇師以造士。士有不能婚娶者資之，風俗丕變。行取禮部主事，升員外，授福建道監察御史。巡視西城，有士人鬻身於旗下者，爲贖還。民生利弊，屢有陳奏，《題豁坍江》一疏，尤大有造於桑梓。（《開沙志》）

張仕可，字惕存。康熙丙辰進士，除行人司行人，遷禮部主事，升郎中。以薦，改吏部文選司郎中，提督河南學政。先是，仕可父九徵視中州，學有清譽。至是，仕可復

① 按："講"，《嘉慶丹徒縣志》卷二十《名臣·張玉書傳》作"讀"。

得是缺，益奮勵，崇正學，黜浮華，謝絶請托，論者稱爲濟美云。丁内艱，服闋，分守湖南衡永郴道，鎮筸民苗不靖，撫軍委攝辰沅靖道往撫之，不兩月，苗峒三百餘寨悉歸化。時使者入境，或主剿，或主撫，仕可反復陳説，宜撫不宜剿，卒從其議。鎮兵執順苗二十七人，爲逆將斬於軍門。仕可辨其誣，歷舉其姓名、居址，苗亦出順民銀牌爲證，遂得釋。署布政使，減辰州貢丹砂歲額之半，辰人歌之。丙戌，衡州旱，因禱雨，致疾，遂卒於官，時年五十七。仕可爲文宏雅，有《家法房稿》出，頗爲藝林所推。子宏敏，字訥夫。著有《紅洲集》。（《家狀》）

徐嗣曾，字宛東，號兩松。皇上平定臺灣，圖二十功臣像於紫光閣，御製序贊，又命建生祠於其地，嗣曾皆與焉。贊曰："宣撫之任，守土安民；一應軍務，責成督臣；佐之贊之，竭慮攄勤；渡海籌疆，亦可稱勛。洵儒臣之异數也。"嗣曾，本姓楊氏。考贈公震爲後於舅氏，先循例歸宗。及貴，痛徐氏無後，奏請仍爲徐氏後，上嘉予焉。楊氏居海寧，徐氏由江寧遷丹徒，故爲丹徒人。嗣曾少孤貧，然聰穎過人，讀書目數行下。沉潛經義，爲文辭直，造古人堂奧。由進士分户部，屢遷至郎中。中間典試陝西，分校順天及武闈會試。視學陝西，所得士多一時知名者。任滿後，奏對稱旨，遂發雲南，以道員用。滇省緬匪初平，善後事宜所在多有，嗣曾至滇，每有陳啓。大吏必見施行，或即據以入告土司。刁紹文挈眷潛逃外境，制府檄嗣曾至普洱相度機宜，嗣曾曰："宣慰土司立百年矣，無故携孥負子而去。去之，故不足求去之路，必當問其之阿瓦無疑也。其遷二子來歸，自居江外，托疾遷延，彼其意實有所畏而不敢來。又隱有所恃而不即來，請羈二子，緩置典刑。姑徐之，則彼來矣。"又議宣慰故地安營與復立土司得失，嗣曾以普安駐扎茨通，地非扼要，且水土惡劣，難以久居。莫若於刁氏子孫擇立賢能，俾其世守於興滅繼絶之中，仍收以夷治夷之用，大吏深嘉納之，據奏蒙允。滇鹽墮消，逋課至十餘萬，嗣曾因查催鹽課，復具議曰："各省鹽皆商辦，滇省久屬官銷。官民交市，斷不能如商賈之平虧，短鹽斤，暗增價，直窮鋪小販視官店爲畏途，於是竈脚鹽役串帶私鹽，官店遂成虚設，至有按糧按户派銷之弊。日積月累，官民俱病。夫滇處邊遠，實難招商，惟有於官辦之中嚴定鋪銷之法，視鋪鹽地面之廣狹，定鋪户名數之多寡，納課領鹽，自行售賣。如官或短斤增價，許鋪户首告，立予嚴參，庶幾壓派永除，民私亦杜。以現在鹽額合之目前户口，有盈無絀，無憂壅滯也。"嗣曾在滇，初權臬司，旋授糧儲，繼調迤川①。己亥正月，特旨授安徽臬司。仍奏留滇省，權藩司事。旋調滇省臬司。滇臬故兼司錢局，嗣曾以刑名總匯，當一心案牘，請辭。庚子夏，上命内大臣尚書、今相國管兩廣總制，嘉勇公、福公總制滇、黔，奉命籌畫銅運章程，下司道集議諸公皆屬嗣曾起草，嗣曾議曰："運期無誤，必須多備餘銅。小民有利可圖，事易集也。滇有六廠，所出之銅例以九交官，以一通商。然官給之價不敷采煎工費，請於通商之外，每百斤增銀八錢。

① 按："川"，《嘉慶丹徒縣志》卷二十《名臣·徐嗣曾傳》作"西"，當是。迤西，明清時期，雲南西部地區之謂也。

廠力寬舒，爐户自必竭力攻采。至各小廠完繳額銅之外，聽其通商獲利，以爲采辦之資。大廠如額，小廠漸增。京運無匱，原限可復。"福公采以上聞，至今遵行焉。臺灣之役，上命福公爲大將軍，與參贊海公、鄂公、巴圖魯、侍衛章京等若干員，渡臺合勦。時嗣曾已由福建藩司升授巡撫者三年矣，福公密秉廟謨，奮勇直入，天戈所揮，賊酋立獲。仍奏令嗣曾赴軍營，商辦一切安民善後之計。於時各莊役歸者紛紛不絶，嗣曾議撫恤中仍寓稽察，其無業貧民於添建城垣時以工代賑，其山泉水甽被挖掘者悉予疏通，以興東作。蓋臺郡被難之民，彰化最重，臺灣嘉義、鳳山次之，淡水又次之，酌其輕重，給予賑糧。展賑之外，酌借籽種。嗣曾又親加察核，與福公合奏，奉硃批摺尾曰："所全活難民不少矣。又懲治臺地及通省棍徒，剔除錮弊，不遺餘力，如澎湖戍兵糾衆逞凶、拆毁民房一案，吴懷等挾嫌糾衆殺死七命一案，義民謝恭捏造僞旗、誣陷民人一案，兵丁鄭扼等殺死土娼二命一案，棍徒陳元侯糾約潘波殺命一案，營兵割用印册、冒支錢糧一案，俱盡法重懲。匪類羅漢脚等俱立置重典，更訪問各衙門蠹役，向有設立班館、私拷平民、勒索諸弊，俱確訊，擬以斬遣。"奏入，得旨嘉諭，旁注云："不謂徐嗣曾竟能如此明敏决斷，蓋平臺一役滅賊者，將軍之功；理一切軍務者，制府之績。而招逃撫順、懲奸安良，俾地方寧謐，過師如枕席，則嗣曾之力居多。"（孫士毅《福建巡撫徐公神道碑》）嗣曾吏治著於岩疆，勛名垂於竹帛，圖像在於雲、臺，褒予彰於聖製，可謂千載一時不可逢之殊遇。而丹徒、海寧無尺寸之椽以寧其居，無錙兩之蓄以贍其家，喪歸丹徒，即寄居宗祠中。竊觀古史籍所載，負經濟之大略者或不謹於細微，守尺寸之小節者或罕補於社稷。嗣曾受聖主殊恩，其所措施炳炳麟麟若此。而謹小慎微，又與小儒之溪刻自處者相類，賢者不可測乃如是。（王文治《徐公墓志》）①

魯銓，字子山。乾隆庚戌進士。嘉慶八年，銓授河南西華縣知縣。縣有張憨子者，以白蓮邪教惑衆，其迹甚詭，克日將倡衆作亂，銓偵知，親率壯勇乘夜往捕。時將寅，張正聚衆點名，旗械畢具，平明將撲城，以官捕迅疾，不及防，俱被獲。銓分别首從，訊詳正法，被脅者皆釋散之。以功超升安徽寧國府知府，丁艱回籍。服闋，改授直隸廣平府，調保定府，升清河道。嘉慶十八年九月，教匪發於都中。時直督温承惠，銓之房薦師也，宜亟往援而逡巡不進，銓促之行。温怒，以爲門生無相顧意，强帶兵往，至則匪已平，而河南滑縣教匪林清等倡亂，勢甚猖獗，畿輔震動。温於是時召見，即薦銓統理軍務，上允之，加銓布政司銜，權直隸布政使篆，統辦全省軍務。温回督任，欲報前怨，限以半月鑄炮彈十三萬，銓窘甚，乃發庫帑十三萬以應之。怨少釋，然事多掣肘，無何，賊陷直隸糧臺。温被譴入都，事乃寢。既，那彦成奉命督兵剿賊，以銓勤能倚爲左右手。銓晝夜籌餉練兵，飛挽勞頓不寢者四十二日，至冠服虱聚，不恤也。由是精竭，

① 按：《嘉慶丹徒縣志》卷二十《名臣》於卷末有按語，本志或有疏脱，兹補録："國朝名臣，舊志因成於康熙初，故所載僅數人。今分别移歸《忠節》《文苑》《宦績》，新增入《名臣》九人：張九徵、笪重光、蔣寅、寅子廣、張玉書、玉書子逸少、王之瑚、張仕可、徐嗣曾，皆内能建言，外能建業，卓卓可傳者，固不敢傅會陳編，亦不敢沉埋偉烈云。"

無疾卒，年五十四。其在籍時，好義樂善。有世族孤女爲當世豪奴謀作妾，券已成矣，銓聞之，白於官，償值毁券，認爲己女，擇配世家子，贈以嫁資。他如恤嫠賑荒，修輯志乘等事，見義必爲，靡不引爲己任。卒後鄉人思之，表其行狀。上聞，道光間，奉旨從祀本邑鄉賢祠。銓能文善書，法王夢樓。（《行狀》節略）

戴三錫，字晉藩，號羨門。乾隆丙午，舉順天鄉試。癸丑，成進士。以知縣用，署山西潞成縣，補臨縣，以治行聞。時父母年老，不能就養，乃引疾歸。不半載，父母相繼殁。嘉慶五年，服闋，赴京，奉旨發往四川。時蜀方治軍，公至，即攝營山縣。縣當四達之衝，供帳絡繹，公籌備無誤。補南充縣，攝綿州知州，擢峨邊廳撫夷通判。公在綿有惠政，去之日，父老遮道哭，請建生祠，公力却之乃已。歷攝資、眉、邛各直隸州知州，成都府通判，保寧、順慶、夔州、成都各府知府。嘉慶二十一年，公再攝邛州時，有奸民黄子賢等嘯聚亡命千人，約以州試文童日乘間發。公偵知聚謀之所，届期仍扃試如恒，密遣民壯數百突往捕，悉禽之。案具，大吏欲以軍功奏，公請戮首惡一，餘皆軍流。得旨嘉奬，時公已擢茂州知州。二十三年，擢寧遠府知府。道光元年，擢建昌兵備道。時雲南永北廳夷匪啓釁，與寧遠界一金沙江，川民騷動。公募鄉勇數百人，昕夕練習防衛。永北難民沿江就食寧遠，寧遠兵弁欲禁，不使渡江。公謂避難皆赤子，悉嫗撫之，全活數萬人。兵既息，難民感公德，不願旋，因著籍於川。時制府蔣公見公略能禦疆，仁足撫衆，牘薦甚力。其年，擢四川按察使。二年，擢江寧布政使，引避原籍，調四川布政使。三年，奉旨，戴三錫以二品頂戴署理四川總督，自是屢署成都將軍。五年，奉旨實授四川總督。公久宦蜀知蜀，民立憧好勇，教不先也。於是正書院規制，增義學三千餘區，拓考舍一千餘區，使士表其民，民化於士。又以治兵定亂須摧其機，讞獄科罪須平其衡。蜀舊多事非，時過乃發，致患禍，成即好殺喜功，不幸而激大變。七年，新都奸民楊守一等倡邪教，造妖書。公弋獲之，立正典刑。越巂生番恃險遠，時出入劫商旅，掠婦女，僉議欲加兵，公但飭吏捕狙黠者數十人治之。雲陽鹽販拒捕，守令以夥梟論，公謂“售由官肆則非私，販止十人則非夥，當以重辟過矣，惟當治拒捕罪耳”，官吏稱允。其他浚渠堰水利、禁販鬻子女、斷燈嬉侈靡、掩埋軍興死綏之骨、表彰國殤不屈之魄，凡有關於世道人心者，靡不修舉。《傳》云：“公家之利，知無不爲。”惟公有焉。七年七月，公七十壽，前期即蒙恩賚，并御書“敷猷篤慶”額。時公子於義任吏部員外，恭賫赴蜀，時人榮之。九年，内用署工部侍郎，奉命恭詣東陵、西陵，查估歲修事。十年，奉旨以原品休致。公具疏謝恩，蒙召對。上諭以居官甚好，全始全終，公免冠頓首謝。公以久宦思省丘墓，入秋，擬遄歸。即以是年七月初二日薨於京邸。奉旨加尚書銜，照尚書例賜恤。七月二十三日，遣禮部尚書湯金釗，奉賜全葬致祭銀兩，諭祭文一道。文曰：“鞠躬盡瘁，臣子之芳忠；時舉報勤，國家之盛典。爾戴三錫心性純良，才能稱職。方期遐齡，忽聞長逝，朕用悼焉。嗚呼，寵錫重壚，殊沐匪躬之報；名垂信史，允昭不朽之容。爾如有知，尚克歆享。”又奉特旨入祀名宦祠。《國史列傳》：子於義，甲戌進士，由庶吉士改吏部，升郎中。（節程恩澤《神道碑》及《家傳》）

张錫庚，字星白。文貞公來孫。(《昭忠録》作“曾孫”，誤。)自玉書父九徵至錫庚，凡七世，多名進士。錫庚登道光丙申榜，以二甲第一名改庶吉士，授編修，歷京畿道御史、順天府丞、太僕正卿，擢都察院左副都御史，督學浙江，授刑部左侍郎。粵寇陷杭州，錫庚殉難督學署中。(詳《昭忠録》，見“忠義”。)其掌京畿時，即預知粵西多盜，蓋京畿道月收天下民詞，惟粵西民多以盜殺重案入控，幾於無月不有。道光三十年，顯皇帝即位，詔内外直言，錫庚以四品卿，丁父艱，服闋。在京邸，即條陳兵防、緝盜兩事。奉旨允飭各直省嚴辦。又以新進士廷試對策：宜觀其學問經濟，不宜拘於字迹工拙；宜聽其暢所欲言，不宜狃於卷幅長短，且徒以駢文支對，徇於積習，轉掩實濟。入奏，部議韙之。前後典試陝甘、山東，屢掌棘闈事。及殉難浙江，奉旨本籍與死難地方俱建專祠，謚文貞，世襲騎都尉，詔國史館立傳。

丁紹周，字濂甫，號亦溪。道光庚子舉人，庚戌進士，改庶吉士，授編修，歷充文淵閣校理、國史館協修、實録館纂修、提調等官。咸豐乙卯，典試廣西，補詹事府右中允，遷左中允。咸豐戊午、同治壬戌，分校順天鄉試，歷掌湖廣道、京畿道御史，監試武闈，升内閣侍讀學士。乙丑，典試福建。庚午，典試四川，視學浙江。癸酉六月五日，卒於督學官署，年五十三。紹周英敏勤學，未冠，游庠，旋食餼，與其兄紹德俱有聲。自入詞館，益加奮勵，讀書恒終夕不倦。其典試粵西，差旋道經全州，值粵匪猖獗，旦夕將犯城。時軍粮不給，勢將瓦解，乃倡議偕正考官畢公道遠各捐廉助餉。次日，賊聞城中有備，遁去。士民感戴。中丞勞公崇光上其事，奉旨優叙。其居言路二載，從公恪慎，知無不言，陳奏天象，請飭修省，請恤本籍殉難紳民，特参領兵大臣勝保，皆俞允。又請裁厘金委員，議直省米捐事，雖不果行，當時韙之。其巡城竭力防務，冬夜不避雨雪，向晨治事，平章牒訴，旁午不輟。凡遇細訟，悉令和解。陳案未結，亟予清理。每曰：“案一日不結，則貪隸享利，良民被禍。拖累之家瞻望弗及，司獄者何久不決耶?”由是獄無宿訟，人交誦之。其典試閩闈，副考官丁公培鑑卒於途，獨自校閲歷三十晝夜，未嘗釋卷。揭曉列魁選者盡一時知名士。其視學浙江，即取所著《訓士約言四則》《試事須知四則》刊行各郡，按臨時復進諸生，以守分敦品相勉勖。間有不守卧碑者恒勸戒再三，士皆感悔。扃試日，一律嚴肅。嘗有《訓士》詩云：“一言爲爾諸生勖，歸誦青衿抑戒詩。”遍諭諸郡，由是終歲科兩試，士皆恪守場規。凡生童正場，終日坐堂上，自丑至酉不少息。浙東諸郡素患槍代，童場尤甚。每下馬時，必勤加告戒，嚴定《面覆章約》。覆試日，悉編坐堂號，躬自巡察，多設耳目以監之，有接談者立呵止，由是習槍代者無所售其詐。嘗曰：“號内代替甚易，試者盈千，豈能周察？余所恃以盡心者，惟此一試耳!”有文理不符者除名更换，曰：“余豈好爲刻核哉？多一僞進者即屈一真才，余不忍也!”又曰：“余少讀書，稔知場屋之苦。績學之士積數年心力争此一藝，可躁心嘗之乎?”故嘗於一卷去取反復，至夜必求允洽而後已。又曰：“閲文最忌中有定見，苟不詭理法，清奇濃淡，何所不可？斷勿以一己之好尚掩人美也。”癸酉，乃選拔之年，先期考取，紹周曰：“此科本爲高年宿學屢困場屋者，設十二年之久，一邑之廣，衹拔一士，以少年新進當之，士心焉服?”於是每拔一生，必以本歲科兩案及歷年陳案屢列高等者爲準，復詳訪相評無玷，力學有年，然後入彀榜出，士論翕然，使浙三年有“立品清正，衡校公平”之目。性儉樸，被服操履如寒儒，而慷慨好施。凡戚友告貸，無多寡，立與，無難色。遇鄉里善舉，竭力捐助（詳“尚義”）。與人無疾言厲色，而持躬端謹。平時訓子弟，以敦厚廉讓爲先，痛懲侈靡之習。少時寢饋經史古文及大家制藝，著有《浮玉山房文賦》及《蜀游草》各一編。子三：立瀛、立淦、立鈞。（梁僧寶撰《行狀》節略）光緒初，浙省人士以其行上聞，奉旨從祀通省名宦祠。

丹徒縣志卷二十六終

丹徒縣志卷二十七

人物四　宦績一

宦績敘

史無“宦績”之目，獨郡邑志有之。丹徒閥閱鼎盛，勛業炳於史乘者固已爛如，即一郡一邑往往有治行可稱，追述遺型，豈容湮没？是用編葺舊志，又廣徵碑版、志狀，厘爲二卷。志宦績。

晉

臧熹，字義和。與兄燾并好經籍。隆安初，兵革屢起，乃習騎射，志在立功名。參高祖鎮軍事，領東海太守。以建義功，封始興縣五等侯，遷建威將軍、臨海太守。郡經兵寇，百不存一。熹綏緝綱紀，招集流散，歸之者千餘家。高祖遣朱齡石伐蜀，命熹奇兵出中水，以本號領建平、巴東二郡太守。蜀將譙撫之萬餘人屯牛脾。撫之戰敗，追斬之，成都平。熹遇疾，義熙九年，卒於蜀郡。追贈光禄勛。（《宋書》本傳①）

劉牢之，字道堅。彭城人，居京口。面目驚人，沉毅多計畫。以勇應募，參謝玄軍事，領精鋭爲前鋒，號北府兵，敵人畏之。王恭鎮京口，引爲府司馬，加輔國將軍、晉陵太守，代恭爲都督兖、青、冀、幽、并、徐、揚州之晉陵軍事，鎮京口。孫恩攻陷會稽，牢之東討恩，浮海奄至京口，戰士十萬，樓船千餘。牢之在山陰，使劉裕自海鹽赴難，牢之率大衆還。裕兵不滿千人，與賊戰，破之。恩率衆鼓噪登蒜山，裕奔擊，大破之。恩聞牢之已還，乃走郁州，又爲牢之子敬宣、劉裕等所破。後爲征東將軍、會稽太守。卒，歸葬丹徒。（《康熙志》）

宋（南朝）

徐豁，字萬同。父邈，晉太子前衛。豁，宋永初初爲尚書左丞、山陰令。精練法理，爲時所推。元嘉初，爲始興太守，表陳三事，文帝嘉之，賜絹二百匹、穀一千斛。五年，徙廣州刺史，未拜，卒。（《南史》本傳）豁弟浩，散騎侍郎、鎮南將軍。何無忌請爲功曹，出補西安太守，與無忌俱爲盧循所害。（《晉書·徐邈傳》）（《嘉慶志》曰：舊志誤以豁、浩爲一人，今正之。）

劉道産，簡之子。初爲無錫令，襲爵晉安縣五等侯。元嘉三年，屢遷梁南、秦二州刺史，加都督。在州有惠化。後爲雍州刺史，領寧蠻校尉，加都督，兼襄陽太守。

① 按：《宋書》無熹傳。熹傳見《南史》卷十八《臧燾傳》附傳。

善於臨職，在雍部政績尤著。蠻夷前後叛戾不受化者并皆順服，百姓樂業，由此有《襄陽樂歌》，自道產始也。卒於官，謚曰襄侯。道產澤被西土，及喪還，諸蠻皆備縗絰，號哭追送，至於河①口。(《南史》本傳）弟道錫，元嘉中，爲巴西、梓潼二郡太守。十八年，爲氐寇所攻，道錫保城退敵。太祖嘉之，詔可冠軍諮議參軍。(《宋書》本傳）

劉損，粹族弟，字子騫，衛將軍毅從父弟也。元嘉中，歷官義興太守。東土殘飢，太祖遣揚州治中沈演之東入賑恤。以損綏撫有功，稱爲良守，官至吴郡太守，追贈太常。(《宋書·劉粹傳》）損爲吴郡太守，至昌門，便入太伯廟。時廟室頹毀，垣墻不修。損愴然曰："清塵尚可仿佛，衡宇一何摧頹!"即令修葺。(《南史》本傳）

齊

何敬叔，思澄父。齊長城令，有能名，在縣清廉，不受禮遺。夏節至，忽榜門受餉，數日中得米二千餘斛，他物稱是，悉以代貧人輸租。(《南史·文學傳》）

王沈，字彦流。歷錢唐、山陰、秣陵令，南平、長沙太守。清廉戒慎，身恒居禄，而居處日貧，死之日無宅可憩，故吏爲營棺柩。(《南史·循吏傳》）

梁

何遠，字義方。父慧炬，齊尚書郎。遠仕齊，爲奉朝請。梁武帝踐阼，封廣興男，爲後軍鄱陽王恢録事參軍，遷武昌太守。遠本倜儻，尚輕俠，至是乃折節爲吏，杜絶交游，饋遺秋毫無所受。武昌俗皆汲江水。盛夏，遠患水温，每以錢買人井寒水，不取錢者則摙水還之。車服尤敝素，器物無銅漆。江左水族甚賤，遠每食不過乾魚數片而已。然性剛嚴，吏人多以細事受鞭罰，遂爲人所訟，徵下廷尉。除名後，爲武康令，愈勵②廉節，除淫祀，正身率職，民③甚稱之。擢爲宣城太守，郡經寇抄，遠盡心綏理，復著名迹。期年，遷樹功將軍、始興内史。時泉陵侯朗④爲桂州，緣道多剽掠，入始興界，草木無所犯。遠在官，好開途巷，修葺墻屋，民居市里，城隍厩庫，所過若營家焉。田秩俸錢，皆無所取。歲暮，擇民尤窮者，充其租調，以此爲常。所至皆生爲立祠，表言政狀，武帝每優詔答焉。遠性耿介無私，曲居人間，絶請謁，不造詣。與貴賤書疏，抗禮如一。其所會遇，未嘗以顔色下人。是以多爲俗士所疾惡，其清公實爲天下第一。居數郡，見可欲，終不變其心，妻子饑寒如下貧者。其輕財好義，周人之急，言不虛妄，蓋天性也。每戲語人云："卿能得我一妄語，則謝卿以一縑。"衆共伺之，不能記也。後爲征西諮議參軍、中撫軍司馬，卒。(《南史·循吏傳》）

---

① 按："河"，《宋書》卷六十五《劉道產傳》作"沔"。

② 按："勵"，《南史》卷七十《循吏傳》作"厲"。

③ 按："民"，《南史》卷七十《循吏傳》作"人"。下同。

④ 按："朗"，原作"郎"，據《南史》卷七十《循吏傳》改。

陳

江德藻，革子，行敏弟也。好學，美風儀。性至孝友，事親盡禮，與异産昆弟居，恩惠甚篤。仕梁，爲尚書比部郎。陳武帝受禪，爲秘書監兼尚書左丞，尋以本官兼中書舍人。天嘉中，兼散騎常侍。與中書郎劉師知使齊，著《北征道里記》三卷。還，除太子中庶子，遷御史中丞。坐公事免。後自永寧縣補新喻令。政尚恩惠，頗有异績。卒於官。著《文筆》十五卷。子椿亦善屬文，位尚書右丞。(《康熙志》)

唐

陳磻石，咸通三年五月，詣闕上書言：江西、湖南溯流運糧，不濟軍師，士卒食盡則散，此宜深慮，臣有奇計以饋南軍。天子召見，磻石因奏：臣弟聽思曾任雷州刺史，家人隨海船至福建。往來大船一隻可致千石，自福建裝船，不一月至廣州，得船數十艘，便可致三萬石至廣府矣。又引劉裕海路進軍破盧循故事，執政是之，以磻石爲鹽鐵巡官，往楊子院專督海運，於是康承訓之軍皆不闕供。(《舊唐書·懿宗紀》)

宋

陳汝爽，字公武。自泉之晉江來居。景祐中，擢進士第。(《嘉慶志》曰：舊府志作“寶元元年進士”。) 嘗以文謁范仲淹，奇之，光禄卿胡楷屬仲淹擇婿，仲淹言無逾汝爽者，遂婿胡氏。爲睦州遂安令，繩豪民以法，縣大治。改秩，知眉州眉山，有能名，民歌之。時嘉州不治，部使者檄攝通判，將使正郡守。及其屬罷，汝爽至，得守過，即白使自改事；當行，即白守行之，郡大治，守與屬皆得善去。監益州交子務，益帥張方平薦通判鄆州，鄆守吴奎薦知秀州。求省墓，得知邵武軍，除知海州。歲饑，不俟報，發廩賑民，爲監司所奏，汝爽請以身坐，毋及僚屬，朝廷嘉之，置不問。母憂，去官。汝爽性恬静，自熙寧初已至太常少卿，十五年不求遷。及是，嘆曰：“仕本爲養，養不及矣，何以仕爲?”除喪，乞分司西京，遂告老，時年六十五。又十四年，乃卒。以恩封至大中大夫。子龍輔。(《京口耆舊傳》)

柳涚，慶曆六年進士，爲陝西司李參軍，以政績聞，改大理寺丞。(《京口耆舊傳》)(《嘉慶志》曰：鄭獬有《柳涚特改大理寺丞制》，今載“藝文”。)

俞康直，字之彦。父希言，始自黟縣來居。康直用從祖太尉獻卿恩，補太廟齋郎、潮陽主簿、杭州觀察推官。范仲淹爲守，以政委之。蜀山民冒鬻鹽之利，刑不能禁，請設官置場，公私便之。爲泗州軍事推官，民有盡室出游者，盜入其家，游者還，圍之，盜計窮，縱火以逃。案具，將置極典。康直以爲盡室以出，非有人，幸火而逃，非本心，得減死論。知桐城，監廣州市舶，簽書武寧軍節度判官所公事，通判睦州，皆有惠政。秩滿，奉祠。丞相韓縝以書招之，不能奪。有田在錢塘，族人擅其利。會他族訟於官，歸田於康直。康直不受，與其弟，弟曰：“吾父兄不之有，吾烏乎有之?”亦不受，卒以與族人。初奉祠，時年五十七，至八十三乃終。獻卿子希旦亦遷丹徒，以朝議大夫知澶州，卒。子向終朝請大夫秘閣修撰，提點福建路刑獄。向子長吉，載“文苑”。(《京口

者舊傳》）

葛良嗣，許州長社縣主簿，字興祖。其先處州之麗水人。興祖葬其父潤州之丹徒，故今又爲丹徒人矣。父源以尚書度支郎中終。仁宗時，度支三子當天聖、景祐間，以文有聲，赫然進士中。既而伯仲皆蚤死，獨其季在，即興祖。興祖博知多能，數舉進士，角出其上。而刻勵修潔，篤於親友，慨然欲有所爲以效於世者也。年四十餘，始以進士出仕州縣，餘十年而卒窮於無所遇以死。然興祖於仕未嘗苟，聞人疾苦，欲去之如在己。其臨視，雖細故，人不以屬耳目者，必皆致其心。興祖三男子，蘗、蘊皆有文學。蘗，許州臨潁縣主簿。蘊，鄧州穰縣主簿。蘋，尚幼。（王安石《葛興祖墓志》）

刁某，刁氏於江南爲顯姓。當李氏時，君曾祖彦能嘗節度招信軍，祖衎歸朝廷，以尚書兵部郎中直秘閣。秘閣再世不大遂，然多名人，在世議中。尚書屯田員外郎諱湜者葬丹徒，於君爲考①，故君爲丹徒人。君諱某，字某，嘗舉進士，不中，遂用祖蔭仕州縣，以尚書虞部郎中知廣德軍。歸，卒於京師。君敦厚謹飭，治内外皆嚴。子珉試將作監主簿，璹守某縣令，次玘、瓌、玠、珣爲進士。（王安石《虞部郎中刁君墓志》）（《嘉慶志》曰：《臨川集》：虞部刁君缺名，其曾、祖、父三世并缺。今據《南唐書》《宋史》諸書考補，知其先世爲彦能、衎、湜，而虞部名仍缺。子璹，見《咸淳臨安志》。今録於後。）

刁璹，於潛令。與東坡同年。東坡倅杭行縣，過之，爲賦《野翁亭》詩②，有“我來觀政問風謡，皆云吠犬足生氂”之句。今與東坡并祠浮溪之上。（《咸淳臨安志》）（《嘉慶志》曰：浮溪三賢堂祀璹與蘇軾、毛國華。國華，亦於潛令也。）

徐公武，元祐末，知青田州。舊貢黄連，征屬邑，邑非所産，民以爲病。公武力言於州而罷之。後仕至鴻臚卿。（《盧州府志》）

陳吉老，字子州。宣和中，任長興縣。時方臘作亂，陷及杭州。縣東之民亦有竊應者，吉老整卒伍禦之，民賴以安。（《湖州府志》）

蘇嘉，字景謨。蘇頌子十人，嘉、京、攜最知名。嘉熙寧中對策，力言時政之弊，直講焦千之、顔復得之喜，擢在首選。直講蘇液白執政，執政怒，千之等五人皆罪去，嘉亦罷舉。先是，英宗即位，父頌知潁州，使奉表入賀，授試將作監主簿。至是，調亳州司户。頌知婺州，從行，過杭，蘇軾爲杭倅，以書薦之。亳守楊繪稱嘉篤學有文，而沉静若愚，剛毅不可犯。繪亦厚遇之。知襄邑，丞蔡京提點公事，怒黎邑巡檢樊説，使嘉廉其過，嘉笑曰：“某乃爲人鷹犬者耶?”京意大沮。高麗入貢，敲冰進舟，中貴人陳衍督役，驅所在令佐戎服即事。嘉獨冠帶坐床，衍奏嘉慢事，詔下得釋。王沖寇西京，燕順督捕南向坐揖，客坐東西向，嘉望見不謁而出。事聞，順坐贖銅。知富陽縣，庭無留訟。除太學博士、太常博士，出通判常州。丁内外艱。值再立黨籍，奉祠凡十有八年。

① 按：“考”，《临川集》卷九十三《虞部郎中刁君墓志銘》作“皇考”。
② 按：詩題，《蘇軾詩集》卷九作《於潛令刁同年野翁亭》。

靖康元年，除黨籍，召用，而嘉已失明矣。建炎二年，避寇，卒於金壇。京，字世美。以父任爲假承務郎，歷官忠武軍節度判官。陽翟民相擊殺，獄已具，而京疑其冤。已得真殺人者，許人神之。知丹陽縣，縣有練湖，蓄水濟漕渠，歲久湮没。京因旱募民，浚湖，置斗門十數，以時豬泄，公私便之。除簽書昭慶軍節度判官廳公事。武康吏陳昱犯法，令遣吏捕輒殺之。尉自往，復拒。事聞，下監司合兵委京督捕。京請不煩兵，自至武康，諭其徒，昱遂授首。通判沂州。歸，卒。(《京口耆舊傳》)

孫藎，字道祖。政和五年，以上舍擢第，爲太平州繁昌主簿、廬州合肥丞，知饒州鄱陽縣，監在京抵當所，高密、廣平郡王府大小學教授、鼎州教授。紹興三年，監尚書六部門、權尚右郎官兼度支倉，知興化軍，知嚴州、真州、秦州①，除淮南路轉運判官兼提刑，知信州。以避親丐祠其監尚書六部門，上疏請嚴察舉之科，明黜陟之典。知嚴州，大水。聽民得預占高阜，及先具舟筏爲備，水不爲害。漕將淮南以沿江盜賊非巡尉弓兵所能制，乞下都統司分水軍二百人、將一員，往來巡捕，從之。自上饒歸，不復仕。卒，年八十一。(《京口耆舊傳》)

范如山，字南伯。邢臺人。父邦彦，鎮江通判，盡室來南。卒葬丹徒縣，遂爲縣人。如山性至孝，來南時道路多梗，通判領家人夜避土穴中，如山伏而護之。盜投戈其上，不爲動，會其徒相與疾呼，即收戈去，人以爲孝感。用蔭入仕，歷監湖州、真州酒務。張栻帥荆南，志在經理中原，以如山北土故家，辟差盧溪令，攝公安，實欲引以自近。如山治官如家，推民如子，人思之。在湖州有積俸，或勸以求田，不應。會士有舉於鄉，不能行者，即盡以所積分畀之。既病，戒其子以深衣斂，蓋始終一以儒者自處。子炎、芻。(劉宰《范大夫行述》)炎，字黄中。知晉陵縣，治績上最。真德秀帥湖南，辟主管機宜文字。子寬，字仲容。以蔭歷知餘杭縣。(《康熙志》)

楊㮄年，字茂良。世居丹徒。七歲能詩，十五精舉子業。顯仁太后壽，以布衣進《蟠桃頌》，人服其藻麗。聯姻少師榮國公錢忱之曾孫女，忱奇之，即奏官，累改宣教郎，知常州武進縣、秀州華亭縣。縣賦重，加以歲饑，民不堪命，乃蠲賦。入之無藝者，以私帑代輸。縣承提點刑獄司檄繫盜十餘，實平民，得其情，即釋之。境有黄雀，醢以媚貴要，歲百萬。㮄年至，即嚴采捕之禁。通判揚州，既受代，以母老家食累年。當國者識其意，除知真州。母喪，服闋。知台州，主武夷山冲佑觀，提舉福建市舶。告老，復奉祀，卒。㮄年事母孝，年益高，色養益謹。楊氏族大，以禮率之，四方士友②款門求見者靡不納，解衣推食，汲汲弗暇。處士陳松年能詩，有聲。㮄年哀其窮，俾自旁縣徙家，月廪給之。監南岳廟洪烈貧甚，借㮄年宅以居。母喪未葬，問須錢幾何，曰："五萬。"㮄年曰："無憂。"迨日甫定，而錢已在門矣。子思、恕。恕三舉於鄉，再仕，皆有能名。(劉宰《楊提舉行述》)

---

① 按："秦州"，《京口耆舊傳》卷二作"泰州"。
② 按："友"，原缺，據《嘉慶丹徒縣志》卷二十一《宦績·楊㮄年傳》補。

張大允，字德誠。登紹興二十一年進士，歷海門簿，知建平縣、揚州簽判兼宗丞。好學篤行，淡於勢利。（《康熙志》）

孫泝，字彦與。世居丹徒之大港鎮。幼與兄泳迫親養，竭力灌園。既乃釋襏襫，從師被服山野，且時過後學。甫入學，即欲業大經，人咸笑之。學成，四與鄉舉，擢辛未進士第，授仙居尉。邑在萬山中，水至無所泄，即匯爲一壑，故有石堰，號捍水城，久不治。泝合民力，築成之。明年，郡大水，仙居獨以堰免。縣庠教養，非尉所專，而泝以爲己任，垂滿用古禮，歌詩飲餞。於學詩辭固以謝教育，而尤推其廉，再轉丞常熟，以疾歸，卒。（劉宰《孫承直墓志》）

霍箎，字和卿。少力學，敏慧過人。年二十，首鄉貢，擢隆興進士，授揚州泰興簿，改淮南節度推官。後官以間言疏之，會調兵京口，戍山陽道。出郡下，守慮其擾，問計寮吏，咸云節推善謀。守不得已問之，箎曰："此易耳，盍以運糧爲辭，具船瓜洲，令軍士到即登舟?"夜過，守用其言，軍至山陽，人無知者。舉廉吏，召對，改知秀州嘉興縣。邑大事叢，令始至，吏欲其厭事，抱文案魚貫而進，日晏不能竟。箎識其意，令吏晨起，并抱文案立庭下，隨事裁處，饑即據案而食，吏憊，不敢弄以事。催科分期會爲三，聽民自輸，民不擾而賦入，常先諸邑。郡守督積負於諸邑，皆唯唯，箎獨不可。後諸邑坐苛斂罷，箎獨免，且以是知名。代還，進《備邊十五策》，除提轄左藏庫，遷軍器監丞。光宗立，再以急務進，除盱眙軍，屢遷成都府轉運判官，卒。箎少脱場屋，刻意爲文，尤長於詩，有集。（《京口耆舊傳》）

陳景周，字仲思。人物秀整，事親孝兄悌，廣交當世知名士。士之至京口者，必主陳氏；其散而之四方相與論京口士，必先景周。再舉於鄉，嘉定癸未，擢乙科，授迪功郎、溧陽尉，尋循修職郎。累因有在尉司者，日驅之行丐於市，景周以己米給之；相府有莊在縣，其厮役之大者曰都催，負勢爲暴，景周至即訊之，聞者慴服。大姓夤緣相莊以自給，勢尤横，人謂景周必大有忤而寂不聞。比景周死，大姓發積憤，有木者不得售，微一二寓公，幾不得殮。然後知三年間所以制其惡者非一，而了不自衒，是難能也。兄應岍，修身謹行，好學工文。（劉宰《陳修職墓志》）（《嘉慶志》曰：舊志以景周爲應岍子，及考劉宰《墓志》，乃景周兄也。舊志誤。）

田文虎，字炳叔。寶慶二年進士。自儀真徙京口，仕至樞密院檢詳，出知常州。居官極廉介，自奉甚約，妻子衣布，死之日家無餘資。（《康熙志》）

元

艾去病，字安叟。宋承信郎。元初，授西津巡檢。掩骼埋胔，以千數計；道旁病餓者給以粥藥，全活甚衆。遷金壇、溧陽、武康主簿，除承事郎、衢州路龍游縣丞，卒。子堅，試郡曹。大德丁未，歲饑疫，奉府檄，賑饑民，瘞遺骸，具著勞績。（《正德志》）

焦禮，字和之。其先高郵人，居京口。壯歲游京師，言海運之便，授進義校尉，管領海船上百户。改將仕郎、廣東鹽課、市舶副提舉。財貨淵藪，一無所取。未幾，除鹽課司副提舉。歲增課鈔萬九百錠有奇。大德中，潮州大水，且颶風。爲菑江西行省，遣禮往賑。既至潮郡，請閲實，驗有無，禮曰："民命在朝夕，待汝閲實定時，胥爲溝中瘠矣。"即命口給米六斗，小者半之，民賴全活者甚衆。(《正德志》)

王昌，字榮之。益都人。初爲鎮江路總管，府提控案牘，因注籍居焉。辟通政掾史，授通州倉監支納，歷池州建德、杭州餘姚縣尹。經理田土，前官增賦十之二，昌力辨於行省，仍復其故，民立石頌德。遷徽州路推官，再遷承直郎、婺州路東陽縣尹。卒於官。(《康熙志》)

明

顧執中，洪武六年，知建德縣，創建祀典壇場，施設有方，民不知勞。籍人户田丁之數，分爲數等。有科差，則親閲其籍，量事之輕重難易，務得其平。十夫一小牌，百夫一大牌，以櫃盛之，遇有發遣，則量數給牌；置之别櫃，以備稽考。周而復始，民無徭役不均之嘆。(《嚴州府志·名宦傳》)

余文昇，字子俊。洪武十一年，知寧波府。承前守唐蔚嚴峻之後，更以寬恕，民翕然從化。選用廉吏，敦勸農桑。嚴堂試，興水利，咸有實效。革驛船之閑冗者，以其夫户付有司别役。每坊舊設巡警鋪夫，以防盗備火。多以貧乏者充，而不逮富者，乃驗丁編排，不分役作，悉令遇夜上宿，質明則從便。舊例：民輸税糧畸零者并爲百十石，共一單，方與收納，致有包攬之弊。文昇令民自五斗以上皆自入倉，隨到即收，躬親驗視，即就倉理郡事，略無倦色。歷升工部尚書。(《四明郡志》)(《嘉慶志》曰：文昇官至尚書，而事迹可考者止此，故不入《名臣傳》。)

束清，洪武間，以人材授萬載知縣，慈愛廉明，儉以自奉。民或逋租賦，不能償者，代完之。(《明統志》)

李遜，字伯謙。洪武中，舉孝廉。知四川重慶府，爲政剛明，吏民畏憚之。(《康熙志》)

萬鵬舉，洪武間，爲萬安縣丞。廉平勤敏，有豪民劉仲賢殺鄒君瑞父子五人，匿其尸。鄒嫗執牒詣縣，以無尸證弗録。鵬舉察其冤，録之。俄有五蜂聚案，如有訴，復導往劉舍，飛集竹坡，劚之，得四尸如生，惟失童子一尸。蜂復環繞悲鳴，導至榆木下，發得童子尸身，已腐首，猶可識。乃具獄，人以爲神。(《豫章書》)

盛祥，字天瑞。永樂十六年進士，授藩府，奉祀大見信任，祥亦知無不言，裨益甚多。左遷泉州府照磨，刑部尚書魏源、侍郎何文淵交薦，知道州。以儒雅飾，吏治有惠政。境多虎，齋宿爲文，禱於鼻亭。翌日，二虎渡河去，一虎自斃於祠下，由是患息。及卒，百姓素服哭拜州門外，祀於寇萊公祠。(《正德志》)

劉忠，字良弼。永樂癸卯舉人，任興化府同知。政多平恕，人懷服之。正統末，朝廷命將征閩寇，軍次於莆。士卒買魚晡食，割而蛆見，咸噪曰："是蠱我衆矣！"共執其人告帥，帥色變，亟命斬之。忠排營門入曰："非蠱也，蛆也，請以水滌。"視已，掬飲而盡，帥悟，遂不罪。(《興化府志》)

錢寧，字思民。宣德丙午舉人，官保定府同知。發奸摘伏，事無留滯。尤篤意庠序，課其勤惰，士民咸服。尚書郭璡、胡濙薦，守河間，未報，卒。(《正德志》)

王寧，字廷章。以貢士任萊州府推官，治獄多平反，萊人德之。（《康熙志》）

費寧，字叔清。以貢士官晉州知州，屏除豪猾，善類賴之。（《康熙志》）

蔣敷，字宗德。登正統戊辰進士，歷官工部郎中，廉慎有爲，不愧古人。功業未竟而卒。（《康熙志》）

胡昇，丹徒人。以貴州戍籍領雲南甲子科鄉薦，復以明經舉入太學。昇業《春秋》，貫穿經傳，妙悟獨契。尤工於詩，觸事感興，鏗然成章。始仕爲山西都司經歷，滿九載，遷同知岳州，稱職，署郡事。聽斷多所平反，門庭如水，人不敢干以私。殁之日，囊無餘蓄。父病，刲股作糜以進，病尋愈。居喪，能執古經禮。及門之士踵相接，占高第，躋膴仕，凡十數人。（楊一清《胡公墓表》）（《嘉慶志》曰：昇官岳州同知，楊一清父景官化州同知。去任，居岳州。與昇善，以女妻昇猶子崇，允命一清受學於昇。後一清復娶昇女爲婦，一清定居京口實由此也。）

吴淵，字文静。以盛祥薦，爲諸生，補太學。知桂陽縣。正統末，貴州洞獠爲變，靖遠伯王驥檄淵部民兵剿捕，累攻賊巢。驥壯之，欲補以武職，不果。在官多治績，嘗被璽書褒异，以病歸，卒。（《康熙志》）淵知桂陽，下車禁訟察奸，均平賦役。開十八灘，民至今賴之。（《衡州府志》）

甯珍，字伯珍。登景泰甲戌進士，任兵科給事中。能直言，升浙江參議。（《康熙志》）

胡信，字宗實，清子。天順丁丑進士，官户部主事員外郎，遷知鶴慶軍。民府修崇廟學，教育人才，民皆翕然從化，多有以文學進者。鶴慶所轄千户與土官構隙十餘年，戕害甚衆，戍將弗能禦。藩府檄治之，乃躬詣其寨，爲陳朝廷威德，遂悦服。信韵度清雅，質敏貌莊。爲詩文温雅典則，書法得晉人體。（《康熙志》）

吉惠，字澤民。天順丁丑進士，授上虞知縣，遷知紹興府。爲政嚴毅，豪强屏迹，雖坐是賈禍，至今人猶稱之。（《康熙志》）①

靳瑜，字廷璧。以鎮江府學生員入南京國子監，授温州府經歷知府。周琰器之，凡督捕機宜，若征輸、水利先屬他官者悉改屬之。有千户訟民家已聘女爲妾，以賂請，瑜暴賂於衆。女卒，歸所聘。府倉例有賂，瑜獨不受，餌奸無所於宿，周益禮重。每出輒令攝篆積粟備賑，舉墜補敝，初若非攝事者。瑞安、平陽二縣界有海塘田，苦風潮。瑜築治完固，民利之，名之曰靳公塘。民有恃險拒捕者，官將處以大逆，瑜憫其愚，親莅所在譬曉之，其人感悟歸罪，家得不坐。海盗熾，以計擒其魁，餘黨遂散。後解官，家居十餘年，温人道鎮江者，必問安否。士大夫還往慶吊，若親戚然。子貴。（李東陽《靳君遷葬志》）

楊綸，字理之。由丹陽徙丹徒。成化辛丑進士。出知堂邑縣，調沂水行取。上道，聞父喪，還丹徒。月餘，竟卒。其知堂邑，積穀七千石，實預備倉，歲祲克有濟。招流民，復業者五百户。遷沂水劇縣，以治堂邑者治之，加詳焉。期月，民大治。建白六事，

① 按：此條原漏載，據《嘉慶丹徒縣志》卷二十一《宦績》補。

如均徭役，撫流人，存恤孤老，所司多采行。卒，年四十有四。（楊一清《楊君墓志》）

李時，字若時。弘治戊午舉於鄉。任鎮平知縣，積穀賑荒，全活甚衆。調德安，升真定府通判，前後以幹濟稱。曾孫一陽。（《康熙志》）

張念劬，丙戌進士。宰連城，甫下車，苦旱，禱之，果雨，民咸稱爲“隨車雨”。除逋賦，革陋弊，鋤抑豪民，平反疑獄，罷民所不便而行其便者。以丁酉九月任事，明年四月罷職，未及一期，而民心翕服。去之日，沿途具酒果，焚香叩送。是年八月，以疾卒南昌途次。連城民走相哭奠者百數十人，上官以其治行達於朝，祟祀名宦。其後丹徒令馮詠有序。（《家乘》）

達毅，字士宏。其先處州人，祖永郡教授，占籍爲丹徒人。登成化八年進士，官南京户部主事，進員外郎郎中。卓有能聲，以廉隅自持，勇於有爲①。兄穎亦領鄉薦。（《康熙志》）

許英，字世傑。湖州府武康縣丞，督諸邑征賦輸京師，以羨餘歸於官。先是，部使以他邑敝，故建白武康田賦畝加耗粟至數升補之，遂爲例。英疏於朝，始除其耗。官堤爲水所决，歲没禾稼。民償賦，有鬻妻兒者。英規畫勸相，逾月堤成，雜蒔桑楊以固其岸，水不能害。尤嚴疾惡，以計禽巨凶魏某，斃於法。盗殺商人，疑負逋者十家，官爲成獄，英得真盗，獄始釋。儒學久傾圮，乃建遷學之議，卜吉得地，出俸資爲倡，廟學一新。九年考績書最，擢直隸大名府開州判官，先一日以疾卒。（楊一清《許君墓志》）

楊琬，字元仁，號三泠。師靳文僖，文學經術名於時。正德己卯舉於鄉，應試南宫，游太學，知名士多出其門。年逾五十始就銓曹，授杭州府通判。時有中貴莅府城，民苦誅求，琬力與之抗。嘗署郡事，主鹺政，廉慎均和，商民咸悦。以侍御盧公之薦，擢知荆門州。州當孔道，民疲於供億，乃裁冗徭，抑浮費，民力頓蘇。會天子西巡，迎太后梓宫。琬預除道，繕橋梁，蓄儲峙，百務具舉，民不知役。闢象山書院以課諸生，講論經義，或至夜分不倦。巡撫項公復章薦，移知隰州，德政彌著。尋致仕，家居。與詩人結吟社，以樂天年。其事親盡孝盡禮，友兄弟，睦宗戚，惠鄉閭，罔不周至。迨彌留時，正色盥漱，冠服拖紳，端坐而逝，年六十四。（《家傳》節略，增。）

唐侃，字廷直。正德八年舉於鄉，授永豐知縣之官，不携妻子，獨與一二童僕飯蔬豆羹以居，久之，吏民信服。永豐俗，刁訟尚鬼，尤好俳優，侃禁止之。進武定州知州，會清軍籍應發遣者至萬二千人，侃曰：“武定户口三萬，是空半州也。”力争之。又有議徙州境徒駭河者，侃復言不宜朘民財填溝壑，事并得寢。章聖太后葬承天，諸内奄迫脅所過州縣吏索金錢，宣言供張不辦者死，縣吏多逃。侃置空棺旁舍中，奄迫之急，則紿至棺所，指而告之曰：“吾辦。一死，金錢不可得也。”諸奄皆愕眙，去。稍遷刑部主事，卒。初，侃少時從丁璣學，鄰女夜奔之，拒勿納，其父坐繫，侃請代，不得，藉草寢地逾歲，父獲宥，乃止。其操行貞潔，蓋性成也。（《明史·循吏傳》）（按：侃於萬曆

---

① 按：“有爲”，《嘉慶丹徒縣志》卷二十一《宦績·達毅傳》作“爲義”。

辛丑表忠祠祀，蓋侃後死於嚴氏父子之中傷也。侃，一字嘿庵，金陵鄧旭有記，見“藝文”。）

金玥，字起川。以貢任瑞州府訓導。值歲大饑，首議發粟賑之，當事者以未得請，不决。玥毅然發粟，不待報，全活饑民甚衆。改太和俗，尚形家言，積棺不葬。又生女多不舉，玥請於部使者嚴立保伍以禁之，風俗爲變。聞大吏將薦之，即上書乞休，歸。玥性狷介，非其義，千金弗顧。孝友篤至，鄉黨稱之。（《康熙志》）

劉永節，字廷守，號賓竹。居開沙，入郡爲功曹掾。嘉靖五年，謁選授巴陵典史。巴陵盜恃險洞庭，永節召諸漁人能歲輸常例錢，授方略，令迹群盜，悉捕得之，郡以肅。嘗領漕事，運官忘算軍儲三千金，瀕行如數償送平江。臨湘有著姓徐、李者，訟地二十年不决，永節承委勘諭曰：“奈何以地土久繫囹圄?”縱之歸省，感悟息訟，以地相讓。嘉靖十五年，以老致仕。（《江峰文集》，增。）

李末，嘉靖甲午舉人，選直隸真定府隆平縣知縣。縣有大盜，商民被害甚烈，設法擒捕殆盡。一切奸弊，搜剔不避勞怨，蓋古趙子都之流也。其後裔孫鏞余以大清順治十七年守恒山，隸隆平，備閱縣志，載公善政甚悉，爲請上官奏入名宦祠崇祀。（《家乘》，增。）

嚴寬，字栗夫。嘉靖十一年進士，辦事户部，疏論十餘事，忤執政。知海寧，海寧故健訟，寬廉，得其魁，按以法，風稍變。豪右負税不以時償者，輒責令自運，民得免代償之苦。遷南刑部郎，知杭州府。適歲大旱，禁毋閉糴括庫金，開海昌河，因工寓賑，人得其濟。杭多火患，爲之法以相隔别，使不延燒。桑田利重税輕，圩田利輕税重，兩均之。後年八十三，卒於家。（《康熙志》）

王廂，字朝佇①。嘉靖丁酉舉人，選授象山知縣。海寇據舟山，貧民皆依之爲亂，廂招撫以數千計。調湖廣益陽，歲大水，緩征平糶，發粟賑貸，民賴以蘇。卒於官。主簿李孟春爲治其喪，後得廂所積贖鍰二百金，馳吏賫送於途，其妻楊氏使人謝曰：“自我兩從君子宦游，未聞贖金，當爲令有也。”不受。士民祀之名宦祠。（《康熙志》）

趙宗祏，號新齋。嘉靖間，由明經選授廣西羅城縣。土官羅忠輔不靖，巡撫御史委宗祏剿撫，宗祏領數十人至其寨，示以禍福，忠輔愧悔，境内以平。條陳十二事，申之撫按，皆得行。以老乞休，歸，卒。值行鄉飲酒禮，遂崇祀鄉賢。（《家傳》）

唐鸞，貢生。任岳州府通判，以清介著名。（《康熙志》）

萬木，字若木。嘉靖丙午舉人，知左州。木自爲諸生時即以學行著，聞有司報貧生，木辭以不貧。居官清謹，俸入悉以分弟。生平一介不苟，鄉人敬信，祀鄉賢。（《康熙志》）

王燧，字時用。嘉靖丙午舉於鄉，知醴陵縣。丁憂，服除，補新喻，改贛州府教授，復知夏津縣。清介端直，以古道自持，家如寒素。（《康熙志》）

夏儒，字汝醇。嘉靖癸丑進士，知鄞縣，多惠政。築堤黄潭，决塹張村，爲鄞永利。

---

① 按：“佇”，原作“伫”，避清諱改。兹徑改，下同。

倭警至，部使者下議築城，儒以爲擾民，持不可，乃稍增葺之。而練卒積餉爲守備，慈民皆走鄞，儒開門納之，賑處得所，倭三至不敢犯。升户部主事員外郎，所得俸悉分族人。(《康熙志》)

周柱，字廷直。少遇相者，言骨相貧賤且夭，戒無讀書。柱不信，讀書愈堅，題其齋曰“傲命”。未幾，補弟子員。久之，舉嘉靖乙卯鄉試，上春官，不利。讀書焦山，夢神謂之曰：“曩相者言非妄，顧汝有隱德，以一官酬汝。今龍游有大獄，命汝往折。”比選，果得龍游。會有以奸致疑獄者，直指下柱按問，廉得狀，活三人。改贊皇、龍陽，凡三任，吏治肅清，民甚德之。(《康熙志》)

陳文，字美中。少從郡守林槐、武進唐順之，聞河洛之學。嘉靖甲子舉於鄉，丁内艱。學使者耿定向聘講學虛白堂，學者稱爲“見白先生”。選知同安縣，立徵收法，著爲令，民得不苦於耗羨。備倭有功，升鄧州知州。州連旱大歉，文設法蠲賑，歷三載，歲始熟。浚召杜陂，築州城，民賴其利。攝府事，嚴飭吏胥，盡革諸宿弊。内外肅然，庭清如水。復學田二萬七千餘畝，歲租給諸生之貧乏者。先後三任，屢折疑獄，稱神明。卒，祀寧波名宦。崇禎間，督學使者允請祀鄉賢。(袁茂英《陳先生傳》)

沈文淵，字上甫。嘉靖甲子舉人。萬曆四年，知長寧。邑當新造，城池、學校、縣署一身創始，董率勤勞，已而定里均糧、衡文作士、團兵戍守諸務漸次就理。考滿，去。卒於途。百姓哀慕之。(《長寧縣志》)

孟津，字伯通。舉人。嘉靖間，任黄岡。師事王文成公，講良知之學，動以古人自期。莅政不事嚴肅，而丰采凝然，無敢譸張者。退食，正襟危坐，雖家人不見喜愠之色。(《黄州府志》)

魯邦，字惟止，號坦庵。以八世祖周從明太祖出征有功，世襲百户，居丹徒。嘉靖三十五年，選授揚州衛右所百户。三十七年，調選軍門，征剿倭寇。三十八年三月，倭犯淮揚，邦率所部兵會參將曹克新剿捕，追至山陽陳家莊，與倭陸戰，親斬倭首。升鎮江衛左所千户。本年六月，追剿倭寇於劉莊場，賊退。又追至長沙岸，陸戰，手刃數人，賊遁入海。旋以所斬倭賊首級報中府勘合，升鎮江衛指揮僉事，授明威將軍，世襲罔替。尋升中都留守司正留守。(洪瞻祖《驃騎將軍魯公墓志》)

阮時行，字坤儀。性孝友。隆慶丁卯舉人，萬曆庚辰禮闈已中式，以同輔臣名撤去，後易名時升，謁選得上猶令，卓异。調泰和，奉母喪歸。三年，攀感哀號，未嘗入内寢。後刺瀘州，值采木使者横行邊徼，時升以一官請命，爲所中傷，羈瀘者五年，讀《易》蕭寺，著書成言。瀘老稚奔叩闕下，事得白。歸，杜門。法言端行，爲里黨所矜式。壽八十終。(《康熙志》)

茅崇本，字仲立。萬曆庚辰進士，選吉安府推官。獲巨盗，脱無辜於垂死。時江右田糧弊叢起，適下算田，令有司辟易無敢任者，大吏竟以總丈屬崇本。崇本履畝計籌，欺隱者賦之，有賦無田者豁之，犂然稱平。母老，迎養吉安。俸入不給，至不能以二簋進。遷南京刑部主事。丁母憂，過毁。又一年，卒。(李一陽《茅公墓志》)

李賓，字用吾。萬曆間選貢，任廣東封川知縣。賓少賦异才，所爲制舉藝有録其文於會闈得魁者。其治封川，見事立解，案無留牘。邑有溪流衝决，道路阻塞，賓爲築石堤數十丈，行人便之，名爲“李公堤”。暇則與士子講論文藝，市江南書籍往教之，封川之文遂丕變而近於古。(《康熙志》)

張洪典，字常卿。萬曆乙酉舉人，知葭州，補武岡。所至民感之，爲建祠立碑。升潯州府同知，祀名宦。爲人清正孝友，居家好行其德，崇祀鄉賢。(《康熙志》)

華鈺，字德夫。萬曆二十三年進士，授荆州推官。税監陳奉僕直馳府署中，鈺笞之，奉佯謝，銜之刺骨。奉所受敕止江税，乃故移之市，又倍蓰征之，稍與辨，輒毆擊破面，商賈怖匿，負擔者不敢出其途。鈺白御史嚴戢，奉益恨。奉欲榷沙市税，沙市人群起逐之。奉疑鈺之所使已，欲榷黄州團風鎮税，復爲鎮民所逐，奉又疑經歷車重任教之，遂上疏極論鈺、重任阻撓罪，并及巡按御史曹楷、襄陽知府李商耕、黄州知府趙文涣①、荆門知州高則選等數十人。帝切責楷，貶商耕等三人官，鈺、重任皆被逮，時三十七年八月也。既至下鎮撫獄訊治，俾引御史，楷、鈺堅不承，繫獄中。初李宗堯、吴寶秀皆不久即釋，帝欲痛折辱以懼之，於是鈺與馮應京、王正志等先後數十人悉長繫。廷臣論救章數上，皆不報。獄中有鳥，形類鶴而小，怪鳴則逮者至。一夕，鳥鳴甚哀，鈺起坐俟之，則應京至。居久之，語以主静窮理之學。三十八年（舊志作“三十二年”，誤）六月，長陵灾肆，赦鈺與重任，并釋爲民。家居四年，卒。天啓中，贈尚寶少卿，賜祭，録一子。(《明史》本傳)

錢邦偉，字伯英。萬曆乙酉舉人。令江西貴溪，圖菜根懸廳事中以自勵。貴溪俗溺女，邦偉令有兩女者復其徭役，俗遂革。刺山西遼州，改補湖廣茶陵州。州有大猾劉某，以資雄結旁邑，妖僧爲咒詛之術。邦偉至，移文捕僧，與劉某俱伏法。升同知青州，歷南户部郎中，出知汀州府。未一載，入覲。過家，病卒。在青州時，署郡篆有門某坐大辟，廉其冤，白之。後其子以御史巡兩淮鹽，持五千金爲壽，峻却之。子志騶。(《康熙志》)

莊鳴謙，字伯涵。萬曆丙午舉人，知武義縣。俗溺女，鳴謙至，嚴禁之。練鄉兵，嚴保甲，多善政。弟撝謙，字則甫。乙卯舉人，由績溪教諭歷官工部主事，所至皆稱職。允謙，字勞甫。深於經學。(《康熙志》)

吴起龍，字雲卿。崇禎戊辰進士，授户部主事，降理問，調應天府推官，尋轉南户部員外郎，出知撫州府。閩俗有挾仇者輒服斷腸草，既死，其黨移尸至仇家，家立破。起龍至，按尸，命反覆推驗，至數十次。檄有司設厲禁，俗遂革。閩士程坤、陳聖泰之屬爲仇陷，起龍力争之學使者，事得白，後皆顯名。升福建兵備副使，年七十五卒。(《康熙志》)

卞應聘，字任之。崇禎辛未進士，知新會縣。新會俗獷悍，多盗。應聘至，嚴保甲，

① 按：“涣”，《明史》卷二百三十七《華鈺傳》作“焕”。

練鄉兵，法行先自巨室，嚴束丞簿，職掌外不得受民間一詞。招徠蜑民數千，海境爲之肅清。（《康熙志》）

朱葵，崇禎間，以南户部郎知處州府。甌郡海寇震鄰，外省流民結寮，佃種甚多，人情洶洶。葵默運潛調，出示安撫，主客無嘩，地方以安。省科罰節，桁楊刻刑，戒以示庶僚。造浮橋，置渡田，民無病涉。連年水火迭灾，親往勘踏賑恤。凡城樓垣堡，捐資建葺一新。（《處州府志》）

王珏，字玉班。仕陜西、蘭州州判，綰兩縣篆。廉明有才，精於吏事，撫按并疏薦。明亡，未報，翩然歸里。（《康熙志》）

李承先，字幼賢。崇禎庚午武科舉人，辛未進士。先是，同兄名先俱中式庚午武舉，辛未俱不第。時重武事，懷宗親加覆試，中者多不合式，下旨切責試官，復行御選，承先乃得入選，賜進士出身。授鎮江衛百户，升署指揮都事僉書，以都指揮體統行事，鎮守中平鎮。至任，革陋習，嚴操練，軍威整肅。時流寇西下，移鎮安慶，與賊對壘，夜不解甲，以勞致疾，臨終猶呼殺賊。監軍制撫上其狀，題請優恤。（《家乘》，增。）

潘文先，字符仲。崇禎癸未歲貢，授江陰訓導，以品學節義勸諸生。乙酉八月二十三日，江陰城破，與教諭金壇馮厚敦及其妻并次子之宓俱自焚於明倫堂。（見“忠義”及《江陰縣志》）奉國朝追恤祀忠愍祠。（《家乘》，增。）

丹徒縣志卷二十七終

丹徒縣志卷二十八

人物五　宦績二

國朝

何金城，字元長。崇禎壬午舉人，國朝授安東教諭，擢西安府推官，歷升鞏昌府同知、湖州府知府。在西安日，繼前李官恣睢之後，以寬厚得民心。遇屬吏惟勉以清白，不事苛舉細過，以博名高。凡斷大獄，有可矜疑，既爲開釋，大吏俱信其誠慤，倚之如左右手。先後歷任幾三十年，卒於湖州。貧不能歸櫬，同知于琨爲斂金付少子渭，始克旋里。弟金序，順治甲午副榜貢，授盛京開原知縣，升兵部督捕主事。每理逃人，必多方開釋。開原縣治新設，事皆草創，百姓俱屬招徠，金序撫以恩信，擇其秀者，教以文藝，遂成樂土。(《康熙志》)

李金枝，年十九，食餼邑庠。順治五年，恩拔廷試第九，考授承德郎，改選浙江嘉善縣丞。長才屈於短馭，鬱鬱不得志，然循分盡職，屢著循聲，口碑載道，達於上官，畀以繁劇，七攝縣篆，催科撫字，兩得其宜。前令有以挂誤待罪獄中者三人，金枝目擊心傷，慨然引爲己任，既爲完逋負，又爲措贖鍰，以局外之身反受局中之累，卒挂吏議，去職。督撫見原，致仕歸里。屏弃人事，作江湖汗漫游，卒於家。(《府志》，增①。)

楊鼎，字象九。順治乙酉舉人，丁亥進士，授户部主事，歷遷河南司郎中。在部曹有聲，卒於官。(《家傳》節略，增。)

張玉裁，字禮存。九徵子，選拔入成均，丙午舉人，丁未一甲第二名進士及第，授翰林院編修。時政有得失，輒詣當軸者慷慨抗論，不少畏避。引掖後進，獎藉清流，户外之屨常滿。庚戌，分校禮闈，所得皆知名夙學。引疾歸，遽不起，年三十五。(《康熙志》)(《嘉慶志》曰：舊志列玉裁於《名臣傳》，似爲未允。今改入《宦績》，或疑京員功績未彰，然玉裁抱經濟才而未竟其用，其抗論時政，引掖後進，豈非績歟?)

夏沅，字臨湘。康熙丁未進士，廷試二甲一名，改庶吉士，授編修。其制舉業爲藝林傳誦。沅蚤貴，負文名，官②禁近顧，恭謹自下，略無尊倨之色。諸窮交故人皆樂與之親居，恒練習經世之務，冀有所展布。以早逝未竟其才，人皆惜之。(《康熙志》)

王際有，字書年。居鎮江之苦竹村。康熙乙酉舉人，丁亥進士，知永豐縣。土賊王來八椎剽爲患，又省帥金聲桓叛屬邑，戒嚴，際有相形勢，娖隊保石壁，居民素感德，

---

① 按："李金枝"條，《嘉慶丹徒縣志》卷二十一《宦績》原缺，兹據例補入"增"字。

② 按："官"，《嘉慶丹徒縣志》卷二十一《宦績·夏沅傳》作"宫"，

候問饋餉者輻輳。間道從譚大將軍幕府，運籌指畫，逾月，賊平。丁内外艱，服闋，補鹿邑，注誤，降秦州判，遷潞城，未莅任，緣報水灾，鎸級赴闕辦復，補涇陽。民性健悍難治，乃勸農桑，抑强暴。時與邑人陳詩説禮，以平其傲岸不馴之氣，風俗爲之一變。遷工部虞衡司主事，督撫交章以邊方乏才題留靖邊同知，擢知高州府。懸賞構盗，設以盗捕盗之法，群盗斂迹。土斷楊慎幾凶横不法，占良家婦未遂，并殺夫與三子。有司利其財，不問。際有擒楊及其黨六人，下之獄。彼恃有奥援弗懼也，潛請於督臣，出不意夜縛七人，斃於杖，由是政聲大著。特遷河南學政，飲冰茹蘗，嚴絶苞苴。試士以經爲宗，子史爲緯，又於孝子節婦以及文章行誼之可法者加意闡發。時大司空睢州張①公卒於官，力求大中丞疏請崇祀學宫，以勵臣節。自丁卯迄庚午，校士三周，復命當内升，乃格於吏議，需次歸里。囊篋蕭然，怡如也。死之日，棺衾皆取之質庫。大學士張公赴哭，嘆曰："益見公之清節也！"（章性良撰《行狀》，增②。）

李佩，康熙己未，由明經授當塗教諭，課士謹嚴，捐贈貧生膏火，倡捐修理學宫，購《廿一史》儲尊經閣，以備諸生參考。任滿，邑紳鎸石以志不忘。升廬州教授。廬俗剽悍，佩爲宣講上諭，導以禮讓，民皆向化。後調松江教授，培士氣，正士習，一如前績。（李登瀛撰《墓志》節略，增。）

趙榮昌，字美之。世居邑之大港鎮。少有膽略，康熙初，以行伍從征，恢復江西瑞臨等處有功，授把總，升千總。歲丙寅，吴逆猖獗，隨總鎮趙應魁緝賊，榮昌生擒僞知縣康永綱，授袁臨鎮守備，仍兼攝千總事。嗣又奉檄帶官兵剿三關九圖，生擒逆首李念松等多名，授中營中軍守備。又隨征廣萍鄉③等處，剿滅逆寇，叙功，升河南鄧新營都司。在任五載，盗賊屏息，軍民安堵。告歸後，年七十而終。（《家傳》節略）

張宏敏，字訥夫。仕可子。康熙乙酉，聖祖南巡，以諸生召試，高等，旋入南書房、武英殿供奉。復中甲午舉人，選授湖北孝感令。曩時差役食用及驛站夫馬草豆諸費咸取給里下，悉裁革之。署無幕友，内省文書外理。獄訟姓名事迹，經耳目一過不忘，裁决如流。夜分復巡行閭巷間，權德安郡事，六屬稱治。丙午，大水，被灾者十三州縣，漢川、沔陽尤甚。時宏敏監賑漢川，旋兼漢川事，饑民相繼來歸，求增賑者約萬人，上官以額定，艱於續報，於是悉孝感庫儲買米遍散，仍展賑一月。後竟坐虧帑失官，且籍産以償。宏敏襆被歸里，宴如也。歿後，孝感夏力恕爲之立傳。著有《雙桐軒集》六卷，丹陽賀拓庵、長洲汪退谷、張匠門、宜興儲中子皆爲之序。（檃括《雙桐軒詩集》諸序文）

何淙，字石崖。康熙壬子，拔貢生。官直隸撫寧知縣，有惠政，崇祀直隸名宦祠、本邑鄉賢祠，三舉郡賓。（《嘉慶志》）

---

① 按："張"，《嘉慶丹徒縣志》卷二十一《宦績·王際有傳》作"湯"。

② 按：《王際有傳》，《嘉慶志》已具，故不當謂"增"。

③ 按："廣萍鄉"，《嘉慶丹徒縣志》卷二十一《宦績·趙榮昌傳》作"湖廣萍鄉"。此處疑脱"湖"字。

劉上駟，字志千。邑諸生。少工詩文，善書法，兼篆隸各體。康熙四十四年，聖祖仁皇帝南巡，召試，與同邑鄔維新、范聖文同取，入内廷，供奉分館纂修。御書歲給廩俸，賜衣裘方物。正旦朝賀，賜蟒衣，隨班行禮，皆异數也。書成，議叙上駟，授四川富順知縣，振興文教，修廢舉墜，士林仰之。升湖廣安陸府同知，未行，卒。（《嘉慶志》）

鄔維新，字立凡。授廣東新寧令，有遺愛，民間至建專祠，肖像以祀。（《嘉慶志》）

范聖文，字麟書。授某縣令，悃愊無矜飾，而士民實受其惠。初，召試，諸生各撰七言律詩一章，既呈卷，鄔維新請以巨筆書“瞻天仰聖”四大字，方廣丈餘。聖文亦書“就日瞻雲”四大字，并邀恩賞拔焉。（《嘉慶志》）①

柳加恂，字民借。書法誠懸，因又號繼誠。年三十三，以歲貢授高淳縣學教諭。莅任日，即具考禮制，彙列朝祭典，著《聖廟備考》一書。是時，鄉學祭禮多不舉者，自加恂修明後，遠近皆奉爲儀則。宫墻傾圮，爲文勸修，廟貌鼎新。又作《會文啓》，集諸士講課，人皆勤學，文風丕振。性剛介好義，邑人蔣佩之家貧力學，年四十餘猶困童子試。康熙丁卯，督學按試，復被黜，貧不能歸，將赴水死。加恂見其文，特加嘆賞，招入署，指其瑕，使就法度，贈以金，勉其志，勸以勿懈。未幾，屢試皆捷，成進士，入詞林。淳邑知縣高某黷貨枉法，生員張自超等具詞赴司，發其奸。高厚怨之，持重賄囑加恂褫其冠服。加恂怒却之，義形於色，詞極峻厲。高慚而退，因并仇之，具牒上司，指爲朋比，禍幾不測。適張自超舉進士，被召入都，事乃寢。後高果以貪墨敗，由是義聲滿道路。在官八載，督撫知其名，薦擢知縣，加恂自維素性剛直，固以疾辭。去淳日，紳士奔送數十里。立去思碑於學，以志不忘云。（《家乘》，湯震撰傳，節略，增。）

劉宏緒，字述古。本姓李氏，出繼爲從母。後先世屢以戰功授爵，駐防京口。雍正己酉，順天舉人，庚戌進士，授兵部武選司主事，屢遷禮部精膳司郎中，出守西寧。西寧地接蒙古部落，士習椎魯。宏緒悉心生聚教訓，邊徼戢安②，文風亦大振。擢西寧道，時值軍興，調集飛挽，不憚勞貴，制府深倚賴之。宏緒居家孝友，讀書講學，獎勵後進，充乾隆丙辰會試同考官，得人最勝。居官無内外，始終以清慎自持。（《家狀》）

徐起巖，字飛蓼。爲諸生時，即卓然有聲庠序。雍正庚戌，成進士。官龍游令，邑被水田荒，賦缺額，起巖履畝確查，得實田地之不可復墾者八十餘頃，力請於制府，得報，盡免其賦，民以蘇。重造魚鱗册，浚城濠，築堤堰，新志乘，開義學，重建尊經閣，儲書課士。其他异績不可殫述，卒於官。（《龍游縣志》）

何樹蕚，字滄曉。雍正庚戌進士，出宰歸安縣，有聲。尤重文教，每浙江鄉試，爲同考官，所得皆知名之士。（蔣宗海撰《行狀》）

王芥園，字巖夫。雍正癸丑進士，改庶吉士，授檢討，出守宣化府，擢口北道，升

① 按：小字注“《嘉慶志》”原缺，《范聖文傳》實見《嘉慶丹徒縣志》卷二十一《宦績》，因補。

② 按：“安”，《嘉慶丹徒縣志》卷二十一《宦績·劉宏緒傳》作“寧”。

山東按察使，署布政使。芥園少孤，事節母，以孝聞。性沉篤好學，不妄交游。在詞館絶去浮華奔競之習。屢任方面，所至潔己愛民，聲績懋著。官按察使時，讞獄尤矜慎，案牘如山，必手自批閱，輒終夜不寐，遂致疾，告歸，卒於家。有一子，能文。殤，以族子繼。（《家狀》）

張學林，字念耕。邑諸生。官廣西全州知州，歷知桂林、汾州、鳳陽、開封四府，升河北道，調河陝汝道，攝臬篆者二，藩篆者一，以年老乞罷，卒於家。其在全州，變通錢法，攤征丁銀。立社學，請廣歲科試額，并得舉行。全民不知種麥，學林躬自督率，借籽種，歲以再熟。桂林僻壤，舊設書院無藏書，學林從江南購書課士。在汾州，爲文告神，誓以脂膏不染，禁革差徭及各衙門陋規，官吏望風畏服。然皆未久於任，在鳳陽最久。甫下車，即嚴游民四出之禁。委員訓諭，編立保甲，招徠開墾。募江南婦女二人，開局教婦女學織。講求水利，浚虹縣下流，以宣宿、靈、虹三州縣積潦。重建懷遠之郭陂塘、壽州安豐之芍陂塘、定遠珍珠泉之響水閘，歲溉田萬頃不等。在開封，清厘灘地，以預消訟端；捐建汜水護城堤，以杜水患河内道。專理河務，而亦兼有地方之責，條舉五事，其要如弭盜、積儲、漕糧等，皆切中時務。河、陝、汝三府州，地連秦省，最爲衝要，伏牛山蜿蜒連兩省界，尤爲宵小藏匿之所。學林與秦省會議，歲四巡山，無伏莽。兩省邊界争水、争論食鹽甚，則縣案至十餘年不結。學林至，悉平之。偃師縣奸民傅毓俊誣控張天重謀反一案，株連至五十餘人。欽差南下，學林奉委承審得實，衹反坐毓俊一人，餘并省釋。學林秉承家學，好讀書，熟於掌故，與人談論，娓娓終日不倦。居官最稱强項，而表揚潛德，獎藉後輩，孜孜惟恐不及。卒之日，家無餘財。所著有《圖東學詩》等集若干卷。弟德林，諸生，保舉賢良方正，官安東學教諭，亦以學行稱。（《家傳》）

馮爲榕，字端叔。任湖北黄安縣知縣，莅治一月，胥吏畏法。吏向侵蝕帑項數千金，詭稱民欠，立爲清厘丁銀。向有飛洒之弊，均爲改正。前令賈多男以故入案被誣，守某屬爲榕模棱具獄，爲榕曰："殺人，媚人可乎？"卒雪賈冤。子志熙，字尊典。任湖南寶慶府通判。其地豪猾，向爲盜賊窩綫。志熙至，悉斂迹。屬吏有所干請，賄以千金，不受。孫垂範，字宇儀。乙酉舉人，任貴州都匀府八寨理苗同知，能知苗民情僞，善安戢之。减苗民徭役，增夫差鹽菜口糧。曾孫錫宸，丁未進士；佩事，壬子舉人。（《家乘》）

李銓，字蕖軒。乾隆庚辰恩科舉人，令浙江長興、桐鄉諸邑。居官清慎，歷著循聲。（《嘉慶志》）

王文明，字季明。乾隆四十一年，援例以巡檢分發湖北，補廣濟縣龍坪鎮巡檢。居官勤敏公正，民皆喜就其聽斷，商賈樂業，其業鹽者梁氏、何氏至今猶感佩之。調署漢口仁義、禮智二司鎮①，爲通省極繁劇之地，商賈雲集，五方雜處，垢污藏納者不可枚舉。舊例：所轄土娼俱有陋規，犯賭博者亦必得賕始釋，因號美缺。文明至，痛加革除，

① 按："二司鎮"，《嘉慶丹徒縣志》卷二十一《宦績·王文明傳》作"二鎮"，并無"司"字。

但善爲約束，不至縱肆而已。惟嚴捕竊盜，俾貿遷者安其居。由是官聲大著，巡撫惠齡、福寧、總督畢沅皆知其能。遷潛江主簿，委署漢陽縣丞，方欲擢用而卒。（《嘉慶志》）

沈沆，字瀣含，號灝波。以進士授房山令。房隸京尹，介良涿間，爲輦道所必由，兵車協濟騾馬，時有征調，每差前數日，即將車輛人夫拘縶，民苦之，屬有差事。沆廉得其情，召諸拘縶之夫，諭之曰："爾等今以差被拘，不得以車覓衣食。今釋爾等去，至期當齊集，勿誤。"衆夫感激，克期而集，復爲詳定車數工價，杜號丁剋減。方伯永公檄通省以房令爲法，差例有正、副二道，正奉輿駕，副濟衆務。時陰雨泥濘，行者多貪走正道，時整時圮，累日不成。沆取犯禁妄行之内監榜之，人乃震慄，不敢犯。其他政令多視此。後以獄獘去官，旋復起爲福建光澤令。先是，光有冤獄，議抵非正犯，沆白大尹，大尹以獄詞已具，遽平反於前令，不便，難之。沆不肯阿大尹，指卒雪其冤。會光民有習拳勇，以指斃人，皮雖傷而骨未折者，沆成讞，大尹以前怒駁沆失入，犯父因緣爲奸，譸張騰詠，别請他尹開棺鞫驗，皮傷宛在。沆手剖其皮，質諸大尹，無辭，獄遂定。自是大尹益忌，思中傷之。閩省南平極衝難治，令是邑者十無一全。適缺出，大尹保沆調劇。沆至南平，除驛跕漏卮舊規，方欲圖治而卒。沆性孝友，能文章，有《列岫閣文集》行世。（《家乘》）

張明謙，字嘯坡，號振谷。生三歲而孤，事母以孝聞。好讀書，工時藝，引據經史如自己出。乾隆辛卯進士，改庶常散館，授户部主事，遞遷郎中，擢江西吉安府知府。明謙素有治才，吉州民俗頗刁健，獄訟繁興，率屬公正，吏不敢干以私。有上控者，細心研鞫，無不畏服。在任八年，幾致刑措。以母老，請終養歸里，猶秀才本色也。督諸後進就學，親爲長課，肄業門下者多擢高第。問字者無虚日，明謙益娓娓不倦。同鄉蔣春農倡修縣志，公正自矢引，明謙爲助左右之，不遺餘力。其淹博可以備稽考，而内省無瑕，則紳士皆受其範也。初，艱於嗣，年六十而生子，群以爲公道之報，而明謙亦下世矣。（《嘉慶志》①，萬廷蘭撰《四君傳》節略。）（以下新增）

嚴元爕，字理乾，號南岑。乾隆壬申進士，年六十始得第。秉鐸池陽，在任十年，絶夤緣，日以課生。爲本郡守寶公出辦公務，知其謹慎，托代理府事，士民均受其澤化。治六邑，七十致仕。以淡泊終其身，年八十三卒。學問極博，著有《詩律正風》行世，又著有《讀易卮言》《下學寤言》《淮海清風集》《江上詞源集》，古今詩文極富。（蔣宗海《傳》節略）又善形家言，嘗論郡城山水脉絡甚允，邑志録之。（見"輿地"）

姚丙，字東宰，號惺齋。乾隆壬申舉人，任湖北長樂縣知縣。長樂故瘠邑，丙下車拊循倍至，自奉儉約，於民無所擾。有詞訟，必剖析曲直，俾兩造俱服；有未協，必反覆訊究，一無所苟。暇則與諸耆老論民疾苦而噢咻之，凡有害於民者必嚴懲之，不少貸，曰："去莠，所以安良也。"以故邑人畏愛兼至。未逾年，移署鶴峰縣事。鶴峰，故苗疆，居萬山中。其貧瘠等長樂，丙拊循亦如之。既思所以轉移其習俗也，曰："變化氣

① 按：考《嘉慶丹徒縣志》卷二十一《宦績》，實未見《張明謙傳》，當屬下新增。

質，其惟學乎?”先是，其生童之試於州者，有主客之分，客優於主，而無所獎藉。丙試而訓之，遂增學舍，廣生徒，捐俸以爲膏火資，且爲之立課程，定甲乙，未一載，士風丕振。其民素習武事，秋冬之際，丙則率以田獵，且陰以部伍從事，明其賞罰曰：“俗悍，貴有以養之也。”親老，告養歸里。閉户讀書，不與他事，惟邑有義舉則侃侃直陳，無少偏曲。鄉黨貧乏者無不周恤，子弟可造者無不培植，凡六年。母韓、父允中相繼殁，服闋，無意服官，家居以終，年七十二。子三：長之韶，乾隆庚辰舉人，虹縣訓導；次之言，貢生；季之瑞，太學生。孫九，曾孫二十有四。（韓崶撰《家傳》節略）

何荇芳，字輝樓。乾隆甲午舉人，乙卯恩科進士，官河南濟源縣知縣，護理懷慶府知府。任濟源數載，教養兼施，士民愛戴。久之，秩滿，當遷去，送者夾道，輿不能前。大吏廉得之，遂留再任。邑紳李師舒顏其堂曰“古之循吏”。卒於官，崇祀名宦。（《家乘》節略）

趙攀龍，字雲從，號時庵。丹徒洪溪人。年十六，以乾隆壬午武科舉於鄉。癸未聯捷，以二甲六名進士欽點御前侍衛。歲辛卯，年二十有六，任江西贛州羊角營都司。州境崎嶇盤曲，多虎患，居民遷避失業。攀龍至，吏民以狀告，怒曰：“虎安敢爾!”乃帥兵勇百餘人往，分左右翼，獨下馬走入虎穴。虎吼出，攀龍大喝之，聲震林谷，虎懼伏，不能起，乃生擒之，左右皆驚拜，由是衆虎遠遁，民獲安堵。丁酉夏，州大旱，守宰循故事祈雨，攀龍獨清肅壇壝，齋宿禱之，乃大雨。是年秋，贛州歲熟，州人士至今頌之。秩滿後，累升廣東廉、欽二州參戎，捕海盗，所向有功。壬子，升授肇慶都督。其年九月，純皇帝知其忠勇，簡命以本官兼攝韶關大總戎篆。嘉慶元年，湖南苗匪侵犯辰州，大經略福忠勇公奉命平匪，檄帥所部至蘆溪會勦。於是倍道進兵，行十六晝夜，達蘆溪。越三日，與匪接戰，勝之。匪稍却。勝匪之夕，酌酒與諸將士言曰：“我輩食禄做官，妻子不耕而食，不織而衣，榮耀照人，耳目皆朝廷所賜也。今國家有事，我輩不能報國分憂，於心安乎?”諸將士皆起拜曰：“誠如將軍言!”又酌而約曰：“匪所恃者南木橋也，擊而奪之，匪必進退失據，平匪不難矣。公等肯與我拌①性命，冒矢石乎?”諸將士復起拜曰：“願如將軍令!”乃定約傳令。及期，鳴鼓列陣，怒馬獨出，爲戰士先，諸將士亦鼓噪從之。肇慶兵呼聲動天，一以當十。自辰至酉，與匪大小五六戰，逼匪至南木橋，急擊之，遂大破匪，得南木橋。橋既得，捷音馳至中軍，大經略福公遣將分道追討，并宣皇帝意，無殺降苗，匪悉平。繼是，公鎮守其地二年。嘉慶三年，始還肇慶原任。又明年，以疾解職，歸，年五十三。初，攀龍性篤摯，聰穎絶人。幼受書於其家民章先生，過目輒成誦，先生大奇之。其父來旬公素多陰德，先生卜其必貴顯。及攀龍就武，先生常怏怏不樂。繼成名，先生轉喜曰：“將相一也，他年‘功成不受爵，長揖歸田廬’，大丈夫不當如是耶?”至是，歸鄉優游田里，平居口不言兵，惟樂與父老子弟飲酒賦詩，凡十有二年，卒，年六十三。身受誥封四次，贈武功將軍。子逢恩，恩蔭武德佐騎尉。（族

① 按：“拌”，字或作“拚”，拚命，拚死。

曾孫趙元益《家傳》略）

汪廷楷，字式庵，號仰亭。乾隆丁酉舉人，以知縣分發山東。初署濱州，牧州有親兄弟構訟多年不結者，廷楷一訊即決。其母感泣，諸戚族皆悦服。先是，甫下車，其兄以重賂干請，廷楷佯應之。至是，悉以與其弟并教以友睦，衆故咸服。又歷署各廳縣事，皆有聲。丁艱，回籍，服闋。補授山東金鄉縣知縣，以童試罷考事謫戍伊犁，入將軍松筠幕，主奏稿，協修地志，教習官學。戍滿，歸。著《西行詩草》，皆入塞、出塞之作，相國阮元爲之序。卒於家。子元煇校刊之。（《〈西行詩草〉序》）

張京，字南岡。乾隆丁酉舉人。原籍丹徒。任山東諸城縣。甫莅任，遇蝗灾，旱甚。京設局，收蝗城南龍潭山，去治百餘里。禱雨輒應。京步行往禱，未返城，即大雨。明春，鄰邑無麥，獨諸城大稔，城民感德，就蘇公喜雨亭側立生祠祀之。琅琊書院久圮，京亟爲倡捐復建，延師講學，科第遂蒸蒸日上。訟獄不留，刑不濫用，竹笞不過二十，名其堂曰“問心”，楹聯云：“天不遠屋檐頭，心要在腔子裏。”爲政尚寬，然不宥奸宄，故盜賊斂迹。前令劉建尚嚴，人皆稱“劉父”“張母”云。諸城五蓮山光明寺僧富於資，妒之者誣以不軌，株累萬計。京力爲申辯，乃雪。卒以此忤上官，撤任。去時，餞送數十里不絶，并有送至省垣者。其脱靴處在東門外，生祠在喜雨亭側，立有碑記。其他自五蓮山及凡收蝗處皆有生祠。琅琊書院前有五公祠，祀蘇公軾、楊公繼盛、劉公建及張公京、周公某也。咸豐五年，王司寇琦慶爲請祀名宦祠。

陳國華，字與齡，號一泉。邑諸生。汲古嗜學，留心經世之務。佐趙公薌湖治蜀，時軍書旁午，芻糧、器械倉卒立辦。始以縣丞留川，既以知縣銓發江西。嘉慶十一年，初試安福，調臨川，補萍鄉，再調贛縣，以憂去官。道光五年，起復，署永寧、永新，補奉新，調泰和，仍回奉新，先後八任，所至有恩，平亂救荒，尤膾炙人口。其宰臨川也，龍泉會匪作亂，按察使何銑率國華往剿，師次臨江，密陳機要，謂此行不難除暴，而難安良；匪徒雖衆，非誘惑即迫脅官軍，勝則妄殺，挫則損威。約贛南道吉安府三路進兵，國華從間道襲之。忽見岩頭火起，賊反奔，而國華飛騎報捷曰：“賊巢已焚。”渠魁就縛，官軍搜獲餘黨，事平。撫部薦牘中有“剿捕悉合機宜，尤能安撫良善”之語。其宰萍鄉也，或言邑中礦出金銀，使者麇至，國華上書曰：“費多獲少，勞民傷財。”事竟得寢。治萍五年，田無廢土，市無游民，邑人共稱神君。既舉大計卓异，撫部先福升見，再舉循吏，仁宗曰：“此人劉鳳誥曾向朕前稱其賢，則平日治行可信矣。”其宰贛縣也，旱魃爲虐，國華罄所有得六千緡，請於道府急賑之。紳富感動，捐錢穀數萬，設局四城，撫恤備至，賴以存活者甚衆。永新暴雨山崩，漂没人民廬舍，浸灌城郭。國華履勘請賑，先發常平米濟之，修復城垣橋梁，勒碑紀事。泰和濱河漁艇相率爲盜，甚至溺斃人命。國華會鄰封，編次第，詳載姓名，按而稽之，其害始除。再莅奉新，士民持香迎謁曰：“還我陳使君，吾輩得生矣！”同時南昌石家紹以清廉著，邑人爲之歌曰：“南昌石，奉新陳，兩公治行如一人。百姓殷富官獨貧，但願吾侯駟馬門。”其民心愛戴如此。以積勞成疾，上書乞休，不許。未幾，增劇，端坐而逝。時道光十二年四月初三日也，年六十五。子四：長樂、長春、長吉、長清。闔邑哀慟，如失所生。國華貌魁梧，音若洪鐘。性孝友，莅贛縣，時贛州守被議，贛南道病故，繼之者未至，撫部命兼權道府篆。值其母王太夫人八十生辰，郡人稱觥慶祝，歡聲匝野，婦人女子，進謁後堂，拂袖牽衣，戀戀不捨，太夫人顧而樂之，蓋喜其能得民心也。所莅發奸摘伏，案無留牘。課書院，捐膏火，士習民風爲之丕變。其最著者，鄱陽蘇孟暘，幼習弓馬；萍鄉胡增瑞，家貧罷讀。國華招之署中，飲食教誨，厥後皆成進士。鄉人歿於江右者，爲歸其櫬；孤子女不能婚嫁者，佽助成禮二十多人。而持躬清儉，德惠在民，宜乎後起之有人矣。（劉繹撰《行狀》節略）

羅煜，字次江。任陝西洋縣典史，居心廉惠，未嘗輕笞人。前任此者歲得數千金，煜任數年乃不及十分之一。去時邑紳率士民送諸境外，爲立石焉，有拓本藏於家。（《家傳》）

袁渭鍾，字斗南，號介庵。嘉慶辛酉拔貢，朝考一等，以小京官分吏部，升考功司主事、文選司員外郎、考功司郎中，充則例館纂修，歷掌文選、考功、稽勛、驗封四司印務。京察一等，授浙江嘉興府知府。丁母艱，服闋，授廣西梧州府知府。其在嘉興，自嘉慶己卯至道光辛巳，凡三年，議修捍海塘工。塘爲浙之杭嘉湖寧紹、江蘇之蘇松常鎮九府捍海障蔽，全塘數千丈，歷三百餘年不修，日就坍塌。渭鍾從郡紳請言於中丞帥承瀛、觀察林則徐，以工程浩大請帑，必奉部駁捐款，又苦民艱，乃倡捐二千金，觀察及屬邑共集捐萬二千金，先興急修之工，其餘奏請撥銀十六萬，存鹽務生息，以半息歸帑，半息修塘。親往海上履勘，凡五次，最後隨中丞往。時當酷暑，病幾殆，旋丁艱去任。厥後歲修得濟，皆渭鍾籌度在先力也。其在梧州，自道光甲申至己丑，凡六年，修理城垣，整置避水房屋，添濟孤貧額數，立栖丐所，建育嬰堂，設拯溺埋胔局，善政厘然，皆自記鎸石。追憶浙江塘務，又繪圖製序，名公卿、名下士題跋甚衆。道光十一年九月卒。

戴屺，字已山。江蘇丹徒進士，嘉慶二十五年，由歷城知縣來任知州事。下車，修學宫，未畢，以丁憂去。道光十四年，由濱州知州再莅膠，踵前工重修學宫并文昌閣，膠西、靈山、珠山三書院；創北隅義學，與舊義學爲二。四十六年，大饑，前巡撫鍾祥檄州縣勸捐以賑。屺延紳士於明倫堂集議，情詞慷慨，民心悦服。於是邑紳孫榮豐、李允元、孫澤等各捐至六七千金，衆皆踴躍，不兩月，凡得制錢十萬餘緡。屺又預遣人赴沭陽販米糧，爲來歲民食計，并請於上官，免海估糧税，諭富民出粟平糶。分遣僚佐查城鄉户口十二萬六千餘人，設賑廠十三所，擇紳士分董其事，頒賑票爲約信，十日一散錢粟，凡五閱月閉賑。以其事上當道，乞奏請優獎。旋緣事忤巡撫，經額布劾，屺罷官，而前請亦卒不得遂。屺既罷，有虧帑，州人醵金爲屺補倉穀數千石，并資之行。先是，屺以大計卓异第一，又獲江南海盗唐巨豐，後江蘇撫臣某上其事，以七品秩起用，而屺已卒。膠人思之，立木主祀於膠西書院，與前知州朱若炳、張玉樹、愛星阿、劉文琠、李文耕稱六賢焉。（《山東膠州志》）

鄒錫純，字公眉。嘉慶戊辰舉人。道光三年，由刑部郎中擢河南、河北道。沁水自山西經武陟入河，會王屋諸山，水泛濫爲害。自濟源以下，僅恃一堤。堤費皆民出官辦，胥吏從中侵蝕，屢潰病民。錫純訪求利弊，懲蠹役，俾民自衛田廬，沁水遂不爲害。修復安昌書院，增設膏火，政聲著聞。以刑部失察事，降調江南。大吏奏委督辦高堰石工，并赴上海籌海運事宜。復至天津交卸海運糧石，召見，授淮揚道。是役也，海運船一千五百，糧以是計者百五十萬。事在國朝爲創行，無可循仿，綜理周密，大吏倚之。其任淮道，特旨毋庸迴避本省。道光四年後，高堰决，湖水弱不濟運，萬同知承紀創灌塘法，錫純贊成之。高堰之石工、土堤皆加高培寬，先事弭患，後雖洪湖盛漲，未嘗溢堤。卓异，將入都。復以失察廳員，鎸級歸里。適淮北改票鹽，總督陶澍委勘情勢，因地制宜，獨任勞怨，張舉綱目，鹽果大銷。督臣入告，將復起用，以親老不行。錫純爲人强力，任事而開敏，有深識，官比部時已群服其能。大臣奉使出必請偕往，所至直隸、山東、河南、陝西、甘肅，凡五省，而甘肅至者再焉。才高忌多，屢起屢躓，後遂絶意仕進，奉親終老，卒年六十六。（林則徐撰《墓志》節略）

鄒道林，字雲峰。由廪貢生任直隸藩庫大使，上臺嘉其能勝繁劇，卓异，升授大城縣令。大城爲衝要地，邑多豪猾，野多盗。道林下車，開誠布公，刑德兼用，風俗丕變。再授祁州知州。祁州地瘠民貧，以械鬥爲常事。道林多方勸諭，養繼以教。在官三年，俗弊盡革。性冲淡，有志歸田。去官之日，老幼乞留，脱其遺靴，懸於州門。還里後，樂善不倦，邀優獎，蓋鄒氏本饒於資，而道林尤能紹其家風者也。

張深，字叔淵，號茶農。（見“文苑·書畫”“忠義·世襲”）嘉慶庚午，鄉舉第一，考授咸安宫教習，任山東博平縣知縣。丁艱，起復，改廣東，歷任仁化、順德、增城、大埔、新寧、潮陽諸縣。所至除莠安良，民皆思之。道光二十三年，在潮陽查拿匪犯被戕。奉諭旨賜恤，照陣亡例給予雲騎尉世職，恩騎尉罔替，并祭葬銀兩。

華濬，字星來。道光壬午舉人，丙戌進士。績學工書，任直隸東明縣知縣。縣濱大河，爲燕豫孔道。舊有玉帶橋，久圮。濬至，即修之。爲治明决，有政聲，以安民清盗藪爲務。調東安縣，有孤僧被殺，而失其首。濬募鄰邑名捕，十日而凶獲。賑濟躬至遠村。有談節婦被戚族逼嫁，婦誓死不從，濬廉得實，逮逼婦者懲之，以全婦節。擢薊州知州，勸農課桑，設紡織局，興立書院，捐廉籌膏火費，設條約課士，躬親講授。州久乏鄉舉，而是科領順天解者，其書院士也。遇荒，賑請於上官，借籽糧給之，存活萬計。年四十九，卒於官。民思之，建祠於獨樂寺，後鑄像祀之。

陸獻，字彦若，號伊湄。宋忠烈公秀夫裔孫，世居丹徒鎮。道光辛巳，由國學上舍舉順天鄉榜。道光七年，隨欽使那彦成赴回疆辦善後事宜，保舉知縣，選授山東蓬萊縣令，權萊陽篆，調繁曹縣。所至興利除害，辦事實心，勸民種樹栽桑養蠶。設教織局，刊論文論詩及塾規條約各篇，士習民風爲之一變。癸巳夏，黄河堤工搶險，獨力購辦料垛，晝夜巡防三十餘日。保升知州，嗣緣案送部，揀發安徽，署合肥縣事。除暴安良，嚴緝梟匪。時海上多事，奏調浙營，隨同官軍收復上海。壬寅六月，鎮城失守，調防燕湖。上書以險要如采石及東、西梁山俱宜設伏，并籌備火攻，練勇、駕船等法，多見采納。事平，去官回籍。文東川方伯招至吴中，議勸課蠶桑，培補地方元氣，乃設局城南鶴林寺，法以無曠土游民爲正旨。（桑局，見“義舉”。）在山東，著有《山左蠶桑考》，徐樹人刺史刊入《高唐州志》。在皖江，重梓張楊園《農書》二卷及《元人蠶桑輯要》八卷。其居丹徒鎮，見横閘金門改向，不能蓄水濟漕，且挑河歲費甚巨，乃作《横閘改建議》（見“藝文”），賀耦耕制府刊入《皇朝經世文編》。卒於家，年五十八。咸豐十年，入祀山東名宦祠。著有《尊樸齋詩草》。子四：長慶、以耕、長生、堃。（《家傳》節略）

陳書曾，字心沂，號琴山。嘉慶癸酉舉人，道光壬辰進士。初任内閣中書、協辦侍讀，歷充本衙門撰文、玉牒館纂修、國史館、會典館分校等官。從扈木蘭秋獮，改官主司，歷户部貴州司員外，管理直省關税，事務紛煩，胥吏得以假手，有張姓者狡黠尤甚，立與斥革，司務肅清，勤慎素著。京察一等記名，以道員用，繼考取御史，任湖廣道監察御史，條奏訓練水師，嚴查洋貨，旨下彙議。道光乙未、丙申，分校鄉會闈，薦取李嘉綬、梁敬事、丁楚玉諸人，號爲得士。（《家傳》節略）

顔于鎬，字作周，號芑生。道光乙未三甲進士，以知縣發山西，歷任平遥、曲沃各繁劇，皆本“清”“慎”“勤”三字以自勵，事必躬親，案無留牘。尤喜培植士林，沃邑向無考棚，首先捐廉創建，餘如鄉飲、賓興、恤嫠諸善政，次第畢舉。丁未秋，平陽旱饑，翼城有奸民乘機煽誘，聚人數千，以求免徵爲名入城滋擾。郡守延鎬帶兵前往，道經沃邑，鎬告以兵勇一去恐致激變，願先以單騎往。至翼則召集曉事者，諭以禍福，事立解。其後委定此案，止戮倡首二，餘無波及，翼之人至今感頌。咸豐癸丑夏，粤寇分竄河南，歸德失守。鎬以晉豫密邇，謁當道，陳説方略。時中丞某甫到任，終日演劇，置不問，鎬斥曰：“此豈作樂時耶？”忤其意，欲登白簡司道，未允，遂以萬泉簡缺對調，復委赴陽城。陽城，危地也，距濟源賊營僅十餘里，無兵無餉，鎬乃激勵團民，誓以死守，賊不得入。一日，拔營去。官民相慶，鎬曰：“是必有詐。西路垣曲，不可忽也。”人以爲迂，鎬乃飛函知會，未及達，而賊已由此竄入，連陷臨、曲、黎、潞諸縣，蔓延直省，幾不可制。某中丞旋被逮，恒公宜亭繼任，謂之曰：“早聽君言，何至於此？曲沃是君舊治，善後一以付君。”再莅任，廣招徠，免賦税，捕土匪，寬脅從，勞心撫字，民慶再生。旋以卓异簽升，中翰恒公欲以保留任，鎬以疾力辭，决計引退。時江南賊擾，鎮城未復，適其子汝霖官四川滎經縣，乃往任所。未幾，滇匪粤賊竄擾川南，憂慮疾卒，年七十九。

趙楫，字子舟。道光壬午優貢，乙酉舉人，丙申二甲進士，改庶吉士，授編修，充本衙門撰文、奏辦院事、武英殿協修，轉山東道監察御史。巡視東城大通橋，抽查漕糧，京察一等，升户科給事中，授直隸、天津、河間兵備道。其在詞館，書法、文詞一時推重。胡文忠、曾文正皆其道義交。其在諫臺，實心任事，不苛察，亦不苛全。其觀察津門，不肯屈節於大吏，故雖地處膏腴，未半載，輒引疾歸。己亥，主試貴州。癸卯，主試四川。所取悉績學知名之士。辛丑，分校禮闈，登薦多樸老之作。辭官後，值己酉、庚戌郡大水，楫督荒政，爲紳士倡，民賴以活。大港宗子式微，爲集資置産以存主器支祠，譜系未成，力贊蕆事，居鄉大概如此。楫善書，初法歐、虞，繼參老米。榜書尺幅，得者珍之（見“書畫”）。咸豐初，避寇江北，卒。（《家傳》節略）

趙霖，字雨林，號笠農。道光辛巳舉人，壬辰進士。簽分户部，歷貴州、福建司主事，升江西司員外郎、山東司郎中，京察一等，授福建興泉永兵備道，署按察使司按察使。性强記，案牘過目不忘。嘗言成案，可上溯二十年，其無成案可循者，准駁一當於理，吏不敢欺。户部貴州司除管本省錢糧，兼管二十四關税務。凡管關有關道，有關差，關道不分滿漢，關差專用内務府旗員，而短征處分輕重較异，關道賠款不繳，罪至革職監追而止。關差監斃後則錮子以次及孫，霖以同罪异罰，未能持平，力言於漢尚書王文恪，奏請改歸一律，内府賴之。咸豐建元，派充豁免處提調，霖甫聞堂諭，立赴檔房，取道光建元案録入夾袋中，遇呈請豁免賠項者，較以准駁，無濫無苛，吏無所容其奸僞，其裨於賠累各員甚溥。派充盛京工程處，監督循例，陋規絲毫不受。隨朱文端盤查山東倉庫，整理鹾務，清而不刻，寬而不縱。文端差旋保奏，遂蒙特達之知，向例道府遺缺非中則簡，興泉永道乃衝繁難要缺，霖以遺缺補之，乃特恩也。駐札厦門，夷務叢雜，性不耐炎熱，得重腿之證，每慨然嘆曰：“吾一生心血悉耗於京曹二十年，今病若是，難爲國家宣力矣。”正擬引病乞歸。時閩撫爲中州王靖毅懿德奏請署理臬篆，於癸丑春正抵任，旋聞粤寇犯順，其母年老，抱疾避居，而霖疾亦增劇，遂陳情請終養，僑寓江北，與母先後卒。霖生平重然諾，樂赴人之急。溧陽同譜狄廣軒侍御病篤，時托以身後事，其遺孤繼殤，其配王恭人自縊以殉，霖爲之請旌，爲之立嗣，爲之嫁女於祝氏，爲之經理喪葬，勞悴經年，始終如一，曰：“吾所以報知己也。”獎掖後進如恐不及，弟子登甲乙科無數，如江陰何栻、張元灝，同里楊履泰、丁紹周、蔡逢年，尤文賦之雄者；楊鴻吉、吴台壽則以子婿而執弟子禮者也。閲文課不徇情面，凡所批勒必當於是而後已。所選《鄉會墨文的》，至今猶膾炙人口。（《家傳》節略）

趙邦彦，字綏之。道光壬辰舉人，甲辰大挑二等，選上海縣教諭。至咸豐初，上海洋商縟集，俗多華靡，優伶歌妓，錯雜其間。邦彦素樸實，至是益勵其操，虔修祀典，督課諸生，自甘苜蓿。妓館舊有陋規，邦彦莅任却不受；後又加豐，邦彦怒擲之，以母憂去任。至今滬人猶稱其品學焉。後署海門廳學，卒於官。

朱廷標，字芸齋。道光辛巳，由謄録入國史館，歷邀議叙。庚子，授福建龍巖州寧洋縣知縣。寧洋僻處，舊多命盗重案，廷標下車，即分别刑律，逐條曉諭，擒巨盗伏法，境内肅清，民歌樂利。甲辰三月八日，卒於官邸，年五十九。（杜受田撰《朱君傳略》）

朱廷杰，字省垣，號鐵臣。廷標弟。道光壬午，與弟廷彦同舉京兆試。先是，廷杰入資爲郎，任工部曹，大司空器其勤能。道光丁亥，恭辦孝穆皇后蘆殿，加級改知府，未就選，卒。廷杰性至孝，母疾，衣不解帶數月。居父憂，朝夕侍木主，三年不改。父變，舊稱孝義，廷杰克繼其志，修族譜，立文社，助族人，爲苦節請旌，凡力所能及，無不勇爲。（杜堮撰《家傳》略）

程祖潤，字雨琴。世居丹徒。原名錫書，本河南伊川後裔，入祥符縣籍，爲諸生。

道光乙未舉人，甲辰進士，以知縣發四川，歷署合州、廣安州事，補授新繁縣知縣，調補江津縣，兩充同考官。遵例入資，升道員，總辦川東防剿軍務，剿平黔寇王代周。咸豐十年，凱撤。奉旨賞戴花翎，授成綿龍茂兵備道。值滇寇逼省垣，昕夕籌防，積勞成疾，是年十二月卒，年五十六。其在新繁，政績懋著。繁田幾二千頃，其灌田來源支派甚遠，大小二十餘堰，農人每因争水構訟。祖潤令每春築修，便耕弭訟。其補復之處，親臨察勘，逐段指畫，水利乃均，訟端乃息。繁邑社穀二萬數千石，民積防饑，社首每多侵蝕。祖潤廉得之，往各社稽查，社首咸懼，填積如數，倉廒朽壞者捐廉修整，不累民費。又製鐵斗一具，以爲城鄉量穀之式，照式置官斗，多具齊其不一。又嚴禁市肆商販毋用私斗，毋空買賣，以清訟源，由是社穀均平，諸弊悉绝。繁邑向多詞訟，祖潤日判數十案，飲食於堂，至夜不倦，甫十日而前積及新案皆斷結不留。有以訟爲能者，温語開導之，遂感泣，永不構訟，故莅繁年餘，不嚴懲訟徒，不笞責鄉愚，而訟自息绝。縣學年久失修，捐廉倡之。節孝祠祭品草率，復捐廉爲祠裔倡購祭田，肅儀制，祠裔感焉。課書院，必親閲，每加改正，刻《繁江課藝》行世。又捐俸添置膏火，公退之暇，復進諸生於考棚，設帳教誨，視若子弟，勵品論文，培植寒畯，學者皆稱“雨琴先生”，若不知爲地方官也。義學向止二處，祖潤於各會館公項撥款，添設十四所，分建城鄉，聘品學優者爲館師。暇則赴查子弟功課，并刻《元程端禮》《讀書分年日程》及《朱子小學》，每學各給一部，令館師按照訓課，貧家子弟於是知書禮焉。養濟院忽被鄰火，男女窮黎號泣，即親詣撫恤，出錢米賑濟，克日修葺完竣。又憫孤貧額少，乃設法添廣多名。城鄉乞丐每遇民間婚喪，引類踵至，名曰“趕酒”，甚者滋事盜竊。祖潤憐其飢苦，令四鄉共設丐棚二十餘所，分别男女居之。令每家日出錢三文爲丐口食，晝則令丐禁止外來游丐，夜則令其護送行旅，城鄉肅然，惡俗遂革。其潛消事弊多矣，宣講聖諭十六條，必親往稽察，刊刻條約，使民觀感遵行。團練保甲，相輔而成。於保甲則實力編聯，不遺一户；於團練則令各村挑選壯丁，精製器械，遇警則跟踪追捕，并力合擒，以故盜賊不敢入境。間有竊賊，即隨時提訊，實係積匪，不少姑息；其初犯者，薄責諭以務正，或給錢令其小貿生計，化莠爲良，宵小多革焉。其於紳富概不接見，人不敢干以私。邑之鹽商、茶商向有缺額頂缺者，不令進一錢。有茶商進新茶一串，祖潤正色曰：“鹽茶商爲裕課濟食計，我何受爲?”其介節如此。其於胥役非傳唤不得進宅門，左右無所舞弊。又明定章程，凡遇詞訟不許需索，每結一案，費不得過百。文書役多有辭退者，祖潤曰：“若輩殷實，則民不聊生，書役可少，民不可受朘削也。”先是，累訟者、押錮甚多，自祖潤至，盡革其弊，民皆愛戴。迨任成綿龍茂道後，城鄉多生祀之。既卒，士民上其狀，川督崇實、學政黄倬合奏，具題禮部議覆，於咸豐十一年十二月奉旨入祀名宦祠。祖潤素性剛直廉介，居恒深究性理，篤信朱子，緼袍蔬食，居官不改儒素。好古敏求，詩法唐人，字宗魯公，人争藏之。尤善集唐，著有《妙香軒集》行世。子四：天麟、天龍、天鶚、天鴻。(《行狀》節略)

胡樹楄，字根堂。(割股事，見“孝友”。)授浙江鹽運司經歷。道光二十五年到省，奉差往桐廬關緝私，忽報海嘯，洪水陡長數丈，居民溺斃，不可數計。楄不避艱險，雇舟往救，活人數千。旋奉委籌款賑濟，水退乃畢。歷署海沙鮑郎場大使。

章烜，字藜乙。歲貢生。少與兄焯以孝友稱，品端學粹，及門常數十人。性好善，見義則竭力以赴。得脯資輒隨手施與。道光三十年，任碭山縣訓導，持己以儉，誨人以誠。月設兩課，日與諸生講論，不以寒暑倦，游其門者務各饜其意而去。逾年，因舊患哮證，引疾歸。諸生祖於郊，惘惘如有所失，至有泣下者。（《徐州府志》）

支方廉，字筠莽。由附貢生捐資辦賑出力，議叙郎中，簽分刑部山東司，兼理貴州司事。道光二十五年，銓選甘肅平慶涇道，丁内憂，回籍。服闋後，袁端敏公督兵皖豫，奏調總理戎務，帶兵克復鳳陽、臨淮各城，奉加鹽運使銜，簡任浙江温處道。咸豐十年，署杭州嘉湖道。時值浙垣甫經收復，襄辦防剿出力，奉加按察使銜。十一年冬，温處各屬髮逆竄擾，多已淪陷，奉檄馳赴本任，經浙撫王公請以温台處三鎮四協統歸節制。任事於危亡之際，徵兵籌餉，撫剿兼施，未及半載，所陷各州縣俱次第克復，乘勢進規鄰郡，台州各城一律蕩平。旋即興修學校、義倉、育嬰堂、恤嫠會各善後事宜。奉旨戴花翎，士民愛戴，各屬供奉生祠。致仕歸田，年七十六，卒於家。孫恒榮。（《家傳》節略）

張振名，字孟芳。歲貢生。授蕭縣訓導，咸豐元年履任。縣有龍城書院，田産垂廢，乃與邑令馬公籌商變價，得錢五千餘串，存典生息，以資經費，書院復興。三年春，廣西髮逆、山東捻匪以次犯境，奉檄承辦團練，不辭勞瘁，親歷各鄉，激勸忠義，四境肅然。無何，檄署碭山縣教諭。四年春，粵逆逼城，與邑令賴公及武弁等誓同生死，堅守數十日，城賴以全。是年夏，回蕭邑，任邑之瓦子口史鎮，軍營潰，捻軍撲城，號稱十萬。時城中兵不滿百，練勇止三百餘人。而城爲徐郡門户，賊所必争。振名與文武官紳督民團設法守禦，登陴巡警，晝夜不懈，賊却退。以功，擢授吴縣教諭，因勞成疾。八年春，赴任。九年三月，卒於官，年六十三。

顧敦敏，字希曾，號厚齋。道光癸卯舉人，咸豐癸丑進士，分兵部，補武庫司主事，升武選司員外郎，保送御史，坐糧廳，未及用而卒，年四十三。其初莅兵部，值粵匪猖獗，江南大亂，匪酋林灃詳犯天津，京師戒嚴，副都御史文瑞督兵駐通州。文公故嘗見敦敏，廷試卷策，舉天下形勢，瞭如指掌，詫爲奇才，因特奏隨營。敦敏料簡軍實，晝夜勤苦，復歷各鄉，規地設防，董勸團練，整齊如一。京東恃以無恐，軍務解嚴，回京以拿獲奸細功，得優叙。時江南亂未定，兵部事較繁，敦敏盡心籌畫，如在軍時。侍郎王茂蔭以伉直鳴於朝，獨折節深契之。諸曹倚辦如左右手，事無巨細，必躬親弗懈。比攖疾，猶强起詣署治事，不少輟。生平篤於交誼，凡親族因亂失業者，節省日用費，郵寄江鄉，賙其困乏。遇朋友急難，恒以身赴之，必得當然後已。父彭庚，字子由。以甲午舉人挑發山西，補寧鄉縣知縣，未莅任，卒。母戴俱好義樂施。敦敏善承先志，稱孝義焉。子衍高。（許其光撰《墓志》節略）

顧敦和，字樂齋。敦敏弟。入粟爲吏部司務，記名同知，大通橋監督。舊制，大通橋運米皆車户承運，所領官費足以自給，故人無盜心。咸豐初軍興，諸費從減，車户大困，因朋比爲奸，運米入倉率一石耗四五斗，前監督多以不職罷，視爲畏途。敦和至，爬羅剔抉，盡得其情，謂法立然後知恩，而恩不逮亦無以行法，乃優爲撫恤，以蘇其困；嚴定法程，以禁其奸。躬親省察，雖暑雨烈日，徒步往來，不少輟。及全漕運竣，倉儲所入增於舊者十餘萬石，爲向來所未有。上收實效，下無怨聲，同官咸服。然心瘁力勞，遂攖疾，屢乞解任，上官惜其才，固留之。乃復力疾視事，籌畫精詳，廢無不舉，病以益深，於同治四年六月二十一日卒於京邸。總督倉場、户部侍郎鍾公岱、宋公晉以敦和竭力奉公，因勞致疾，死於其職，如失指臂，不忍没其忠勤，合詞具奏請恤，奉俞允詔，贈知府加道銜，復以助餉，故加四級。子衍緒。（韓弼元撰《墓志》節略）

邵權，字衡堂。家貧，世習武。權少嫻騎射，乃就行伍，遇校閲，輒獲上考。補丹陽吕城汛外委，躬入盗藪，獲巨犯。咸豐三年，粤寇踞城，調赴大營，隨同圍剿。臨陳屢受傷，益奮勇，故戰輒勝。七年，城復。署本城千總。十年，金陵大營潰，蘇杭繼陷，鎮郡一孤城，當全賊之鋒。攻圍愈急，各城門壘土爲禦。大帥某潛去其土，思遁去。權巡城適至，亟率軍復壘之。督辦馮公子材聞而駭异，急馳至，見權親負磚石，重爲嘉嘆。頃，城外賊猬集，賴此得不潰。馮帥知權可倚任，派守十三門要隘。適賊圍至城下，權乃親施大炮，擊中賊酋，圍遂解，江南底定。累功賞戴花翎，以游擊儘先用，署鎮江營守備十餘年，人樂其久任。光緒四年，回金壇千總本任。五年，卒。權有至性，事繼母如所生。操行整潔，俸薪外不名一錢。一洗武員陋習，而約束營伍、防緝盗賊始終如一。其矢公奉法，兵服之；平易近人，民悦之；持己清嚴，士大夫雅重之。同治間，邑民與鄉董交釁，官往諭之，益肆。道府以權素洽於民，介之往，至則一言而解，蓋誠信深矣。子雲鴻，廩生。

吕之樸，字抱經，世居焦東吕家圩。少繼祖業，讀吏治書，精心案牘。咸豐三年，粤寇犯境。當事知其能，召佐戎幕。旋入焦山營，委造軍火，兼帶兵船，竭力攻賊，因功得知縣，賞戴花翎。嗣奉委辦糧餉，每當支絀萬狀，盡心籌畫，兵賴以安。迨江南底定，賞换花翎，加運同銜，選授雲南臨安府通海縣知縣。莅任後，奉差委解炮火軍糈。赴貴州興義府大營，留營委辦巡防，隨同剿匪，身率士卒，親冒炮石，拒守險要，晝夜勤勞，未嘗稍懈。迨興義克復，又留辦善後，撫恤灾民，堆儲倉穀。差竣叙功，歷保直隸州知州，并以知府用，委署白鹽井提舉司事。下車，即嚴定章程，破情面，剔除積弊。比强紳富商舊占貧户額滷者悉判而返之，各竈怗然。閲二十月，井中鹺政、學校及廟宇、橋梁，次第就理。解任時，井中父老攀留，不忍其去。嗣奉銅差回蘇，因積勞成疾，未及銷差，卒於鄉。其在滇，歷奉委勘昆陽海口，修挖塘壩，兼清理呈貢水利，便耕弭訟，實心從公，至今士民頌仰。生平篤志嗜古，博覽詩書，兼通堪輿、算學。工詩詞，善書畫，所過名山大川均有畫稿、詩稿（見“書畫”）。其督軍則賞罰無私，治民則恩威交用，居鄉則平易近人，蓋由寢饋於學術者深也。子四：煕、慕超、燾、承哲。

丹徒縣志卷二十八終

丹徒縣志卷二十九

人物六　忠義

忠義叙

士之讀書知有忠孝耳，猝遇世變，義毋苟免，皆稽古力也。《嘉慶志》有“忠節”一門，自何無忌至柏霄，凡録二十七人，内有宋陸忠烈秀夫，咸豐初從祀文廟，當列入“儒林”。柏霄係駐防蒙古人，其死事在康熙朝，爾時蒙古尚未移駐京口，例宜删除。其應增入者，則有徐芳、韋昂、錢密緯、錢應璜、方應武五人；應續入者，則有張鳴復、夏永謙、戴杰、張深四人。至道光壬寅、咸豐癸丑，訖同治之初，殉節諸君於傳著其事迹，復立表存其姓氏，合舊志以國難死者爲一篇。雖死之日，猶生之年矣。志忠義。

晉

何無忌，州辟從事，轉授①太學博士、鎮北將軍。劉牢之即其舅也。時鎮京口，每有大事常與參議之。會稽世子元顯子彦章封東海王，以無忌爲國中尉，加廣武將軍。桓玄害彦章於市，無忌入市慟哭而出，時人義焉。隨牢之南征桓玄，牢之將降於玄也，無忌屢諫，辭旨甚切，牢之不從，無忌乃還京口。初，劉裕嘗爲劉牢之參軍，與無忌素相親結，至是因密共圖玄。劉毅家在京口，與無忌素善，因共要毅與相推結，遂共舉義兵，襲京口。無忌僞著傳詔服，稱敕使，城中無敢動者。及玄敗走，以無忌爲輔國將軍、瑯玡内史，又與毅、道規破走玄於峥嶸洲，侍衛安帝還京師，以無忌爲會稽内史，督江東五郡軍事，持節將軍如故。義熙二年，遷都督江荆二州江夏隨義②綏安等八郡軍事，江州刺史，將軍、持節如故。以興復之功，封安城郡開國公，食邑三千户。盧循遣别帥徐道覆順流而下，舟艦皆重樓，無忌將率衆距之。長史鄧潜之諫，無忌不從，遂以舟師距之。既及賊，令强弩數百登西岸小山以邀射之，而薄於山側。俄而西風暴急，無忌所乘小艦被飄東岸，賊乘風以大艦逼之，衆遂大奔敗。無忌尚厲聲曰：“取我蘇武節來!”乃躬執以督戰。賊衆，雲集登艦者數十人。無忌辭色無撓，遂握節死之。詔贈侍中、司空，謚曰忠肅。子邕嗣。(《晉書》本傳)（按：此下夾注并係《嘉慶志》原文）

檀憑之，字慶子。少有志力，閨門邕肅，爲世所稱。從兄子韶兄弟五人皆稚弱而孤，憑之撫養若己所生。初爲會稽王驃騎行參軍，轉桓修長流參軍，領東莞太守，加寧遠將

① 按：“授”，《晉書》卷八十五《何無忌傳》無此字。

② 按：《晉書》卷八十五《何無忌傳》“隨義”下有“陽”字。此處疑有脱誤。

軍。與劉裕有州閭之舊，又數同東討，情好甚密。義旗之建，憑之與劉毅俱以私艱墨絰而赴，雖才望居毅之後，而官次及威聲過之，故裕以爲建武將軍。桓玄將皇甫敷至羅落橋，憑之與裕各領一隊而戰，軍敗，爲敷軍所害。贈冀州刺史。義熙初，詔贈散騎常侍，封曲阿縣公。（同上）

宋（南朝）

劉虔之，劉康祖之父，彭城吕人，世居京口。誕節不營産業，輕財好施。高祖西征司馬休之、魯宗之等，遣參軍檀道濟、朱超石步騎出襄陽，虔之時爲江夏相，率府郡兵力出涢城，屯三連，立橋聚糧以待。道濟等積日不至，爲宗之子軌所襲，衆寡不敵。參軍孫長庸流涕勸還軍，虔之厲色曰："我仗順伐罪，理無不克，如其不幸，命也！"戰敗見殺。追贈梁、秦二州刺史，封新庸①縣男，食邑五百户。（《宋書·劉康祖傳》）

劉康祖，便弓馬，膂力絶人，以浮蕩蒱酒爲事。每犯法，爲郡縣所録，輒夜還京口，半夕便至。明旦，守門詣府州要職，俄而建康移書録之，府州執事者并證康祖是②夕在京口，遂得無恙。孝武鎮歷陽，以爲征虜中兵參軍。既被委任，折節自修，歷南平王鑠安蠻府司馬。元嘉二十七年，魏太武帝親率大衆攻圍汝南，文帝遣諸軍救援。康祖總統爲前驅，次新蔡，攻破魏軍。轉左軍將軍。其年秋，蕭斌王玄謨、沈慶之等入河，康祖率豫州軍出許、洛，玄謨等敗歸。南平王鑠在壽陽，上慮爲魏所圍，召康祖速反。康祖回軍，未至壽陽數十里，會永昌王③以長安之衆八萬騎，與康祖相及於尉武。康祖有八千人，乃結車營而進。魏軍四面來攻，衆分爲三，且休且戰。康祖率厲將士，無不以一當百，魏軍死者大半，流血没踝，矢中頭④而死。贈益州刺史，謚曰壯。（《南史》本傳）

梁

韋昂，其先京兆杜陵人，世居京口。侯景之亂，力戰死。（按：此條據《孝友·韋鼎傳》增録。）

唐

崔善貞，當李錡爲潤州刺史時，以布衣上書闕下，暴其罪，帝械以賜錡，錡豫掘⑤大坎，至則并械瘞坎中，聞者切齒。（《唐書·叛臣傳》）

宋

張楷，先世海州朐山縣人。宅後嘗種竹十餘畝，當時稱爲"竹園張"。楷官宋殿幹。子培，尚高宗公主，官駙馬都尉。值金兵亂，同制置盜賊使王淵等，率護聖軍數十人扈

① 按："庸"，《宋書》卷五十《劉康祖傳》作"康"。新康縣，今屬湖南省。作"庸"，誤。
② 按："是"，《南史》卷十七《劉康祖傳》作"其"。
③ 按："永昌王"，《南史》卷十七《劉康祖傳》作"魏永昌王"。
④ 按："頭"，《宋書》卷五十《劉康祖傳》作"頸"。
⑤ 按："掘"，《新唐書》卷二百二十四《叛臣傳上》作"濬"。

蹕南渡，徙潤州，居果子巷。以勛戚賜田高資鎮倒羅洋、沙墩、張珏沙等處蘆場千頃，遂爲潤之丹徒人。至度宗時，李庭芝救襄陽，統制張順、張貴俱以忠節死事，立雙廟祀，襄陽仍稱曰“竹園張①”，見《宋史》。（《家乘》）（按：竹園張，今稱“北張”。）

高桂，字德芳。其先祥符人，居丹徒。登嘉熙二年進士，除廬江主簿，辟兩淮制置司參謀官，遷高郵知府，後扈從之海上，進樞密使，與陸秀夫同死於海。（舊志）

茅湘，字清叔。進士莽子，陸秀夫薦之朝，從海上，驟遷擢至兵部侍郎。湘與秀夫等奉少帝由硇州遷新會之厓山。祥興二年春，張弘範襲厓山，張世傑軍潰，厓山破，湘遂從秀夫負帝蹈海死。元祠祀秀夫於厓山，獨以湘配。（同上）

徐芳，字孔茂。官揚州都統制。父顯爲制置使，高宗朝敕守東江，乃家於潤之北湖，今東鄉洗馬池，其牧地也。寧宗朝，芳與金人戰於焦山之陰，敗之，遂駐兵於焦。理宗紹定三年，李全既反，寇揚州。趙僙夫迓趙范於鎮江，檄芳帥師分守諸門，兵不得薄城下，用宗雄武策，悉衆及鄉民數十萬列寨，圍以困之，城中糧援盡絶。十一月，全張樂於平山堂，布置築圍。范令諸門出堡寨，西攻全。全分兵鏖戰，自辰至未，芳憤甚，揮戈先陷，死之。其士卒各殊死戰，奪其尸以還。復立祠於焦山，并祀其夫人王氏。（此條據《家乘》增補）

元

張元誠，號里②庵。有謀略，善騎射。元末，擢爲福建總管、府參軍。未行，明兵至潤，元誠督卒巡城，竭力捍禦，度不能全，乃與弟元恭訣曰：“事去矣，吾必死，汝善事老母。”言未已，有雙雀飛墜於前，元恭善潛虚數占之，愕然曰：“禍已至矣！”少頃，城破，元誠死之。（《家乘》）

喜同，守鄧州，與賊戰死。子山砥行力學，工詩，任集賢學士。（舊志）

明

茅成，字安民。先世定遠人，後遷丹徒。事明太祖，屢著戰功。元至正丙午，會徐達及諸將進逼姑蘇，張士誠遣兵拒於尹山橋，敗之。又敗之於鮑魚口，遂進圍城。時成督攻婁門，率先奮擊，左脅中流矢，陣亡。太祖憫之，追封東海郡公，塑像祀於功臣廟。洪武元年戊申，賜鐵券，子孫世襲指揮使。（《家乘》）

茅允，字端明。成從弟。同事太祖，屢建奇勛。後援澤州圍，遇元兵於韓店，失利陣亡。追封都指揮使、武略將軍，子孫世襲。（同上）

郭任，丹徒人，一曰定遠人。廉慎有能。建文初，佐户部，飲食起居俱在公署。時方貶削諸藩，任言：“天下事先本後末則易成，今日儲財粟，備軍實，是何爲者？乃北討

① 按：“竹園張”，《嘉慶丹徒縣志》卷十七《忠節·張楷傳》無“張”字，不足據。又按：《宋史》四百五十《忠義五·張順傳》謂“宋闖……出重賞募死士，得三千；求將，得順與張貴，俗呼順曰‘矮張’，貴曰‘竹園張’，俱智勇。”“竹園張”，似指張貴。

② 按：“里”，《嘉慶丹徒縣志》卷十七《忠節·張元誠傳》作“果”。

周，南討湘，舍其本而末是圖，非策也。且兵貴神速，苟曠日持久，鋭氣既竭，姑息隨之，將坐自困耳。”燕王聞而惡之，兵起。任與同官盧迥主調兵食，京師失守，被擒不屈，死之。子經亦論死，少子戍廣西。（《明史》本傳）（按：《明史》：福王時贈任太子太保、户部尚書，謚清毅，《府志》云：嘉靖中，知府劉儲秀祀之鄉賢祠。兵燹以前，京口驛之右有郭侍郎祠，後增入唐公侃，稱唐、郭二公祠。）

張德，字仲敬。建文元年，以薦詔試禮部，授右軍都督府斷事，上《治安五策》曰：“守祖訓，謹用舍，安宗藩，興教化，詰戎兵。”冬，使寧夏，歸獻三邊地圖。是時，諸王盛强，朝廷以爲憂，大臣建削弱之議，德抗疏言：“古者封建，所以藩王室也。即地逾古制，宜制之以禮，不可以細人告變輒摇動宗室。”疏入，不報。德見兵部齊尚書泰曰：“燕王雄略頗類太祖，其地遼金元常用之。今以一軍屯永平，一軍屯保定，徵燕之護衛戍守遼陽，順命則已，不則移師蹙之，一北平焉能抗天下？若待其先發，河北震動，諸藩應之，南北自此裂矣。”泰深然之。亡何，燕師起。改德户科源士，使犒師。至東昌，勉將士以忠義，士皆感泣效死。居數日，與北兵遇，奮勇擊殺。會大風揚沙，日中青光如翳，師亂，北兵乘之。德馬蹶，被執見王，王曰：“是言遵祖訓、安宗藩者耶？”趣釋之，德瞋目攘臂，言曰：“天子應安宗藩，宗藩反欲危天子，縱令事成，异日何以見高皇帝於宗廟？”王怒，劍斷其臂，左右刃交下，德至死不仆，軍中咸异之，爲排墻覆其尸而去，時年四十一。無子，侄孟岳具衣冠葬之。建文帝詔議贈謚，未行。文皇即位，誅逆黨，德以陣亡死，不入籍，族得全。家人避禍，隱其事不傳。越二百七十年，其族孫九徵悉其事，乃屬南昌王猷定爲傳。（據《府志》改録）（《嘉慶志》原注：徐乾學《憺園集》曰：德明，建文時，爲户科源士，犒師東昌，遇燕兵，被執不屈，斷臂死。與《一統志》同。其稱源士，則不然。明洪武六年，改給事中爲源士。未幾，復爲給事中。至建文時久已不稱源士矣。張德明，舊志作“張德”，未詳孰是也①。）

唐誠，字養真。洪武己卯舉人，授山東德州學正。上言漢府事，有“骨肉相殘，古今極惡”之語，宣宗怒，下法司論死，籍其家。子侄俱幼稚，没入大内爲閹寺，後俱被寵遇②。（舊志）

湯應勣，字公讓。中都人，東甌襄武王曾孫也，居丹徒，號東谷。尚書周忱巡撫南畿，薦其才，授錦衣衛百户，累官都指揮僉事，充參將，守延綏。寇入，往禦之，遂被害。應勣③才性敏捷，賦詩數十韵，立就。著書百餘卷。（舊志）

沈宗玉、王世良，嘉靖三十五年，江北倭流劫至固山（按：固山，疑圖山之訛）、山北等港，無爲州同知齊恩率舟師迎戰，敗之，斬首百餘級。恩長子尚文，次子首④，

① 按：舊志、徐乾學《憺園集》俱稱“張德”，實不誤。縣志按語將“明”字屬上，成“德明”，誤甚。“明”字當屬下，作“明建文時”。

② 按：“子侄俱幼稚”以下，《嘉慶丹徒縣志》卷十七《忠節・唐誠傳》缺。

③ 按：原缺“應”字，據《嘉慶丹徒縣志》卷十七《忠節・湯應勣傳》補。

④ 按：“首”，中華書局點校本《明史紀事本末》卷五十五“沿海倭亂”條作“嵩”。

叔仲實，弟寶榮，侄慎、寅、及①良、大卿，孫嵩②俱在行間。嵩年十八，驍勇善射，獨前追賊至安港，恩等從之。伏發，恩及其家丁錢鳳等二十一人力戰，皆死之。獨嵩、慎、寅三人得脱，賊遂乘勝至金山，殺鎮江千户沈宗玉、王世良於江中。(《明紀事本末》)(原注：據《沈氏③家乘》，宗玉，嘉靖間考選軍政掌印。巡江，值倭寇犯境，宗玉駕舟衝敵，箭傷賊人，矢盡援絶，遂遇害。兵部議准世襲指揮僉事，春秋致祭。祭文内稱沈、王二公云。今按：二公祀位向在郡廟右側昭忠祠内。)

史記言，字司直。丹徒人。(丹徒，本作“當塗”，《嘉慶志》原注云：蓋沿王鴻緒《史稿》之誤。)崇禎中鄉舉，(原注：郡邑志及《開沙志》并作萬曆壬子舉人。)由長沙知縣遷知陜州。陜當賊衝，記言出私財募士，聘少室僧訓練之。八年冬十一月，流賊犯陜，記言禦之，斬數十級，生擒二十餘人。老回回憒，率數萬人攻城，不克。乘雪夜來襲，而所練士方調他郡，城遂陷。記言縱火自焚，兩僧掖之出，曰：“死此，何以自明！”乃越女墻下，賊追獲之，令降。叱曰：“有死知州，無降知州也！”遂被殺。贈光禄少卿。(《明史·忠義傳》)記言被執，漫罵，身中四矢，裂腹洞胸以死。時崇禎八年十月，事聞，贈光禄少卿，蔭子元，歷錦衣衛百户。(《開沙志》)

歐陽仕振，字懋德。世居巨溪里，邑諸生。崇禎丁丑，應賢良舉。至京師，疏言：“宜清銓曹，撤廠衛，厚親藩。閣臣不宜麻衣當國，流寇宜用合剿，毋觀望養癰。”皆深切時務。疏上，爲執政所格，忿恚累日，疾作，歿於京邸。(舊志)

錢密緯，與潘一桂齊名。崇禎末，避地湖州。城破，死之。(按：此條據“文苑”增補。)

魯兆龍，字子猶。郡廩生。襲鎮江衛指揮僉事。崇禎十七年殉節。(《家乘》)

潘文先，字符仲。以貢授江陰訓導。城陷，與金壇馮厚敦并以死殉。(舊志)

國朝

陳梓，字可材。任歸化主簿。順治乙酉八月，廣賊鍾靈秀等犯境，屯聚石珩，邑宰令梓率民兵剿捕。以諸生揭三龍佐其軍，至黄陂，賊伏突出，三龍遇害。梓奮力得脱，獎厲居民登城固守，賊傾巢至，令逸去。梓攝縣事，獨迎戰。賊勢大張，梓創重援絶，帥民兵百人、家僕十人力戰死。(《歸化縣志》)

錢應鑕，順治乙酉，爲土寇所執，不屈死之。(按：此條據“烈女·完節”條增補。)

方應武，泉州都司，順治七年陣亡。(同上，事與贈蔭俱未詳。)

李琚，字玉樹。由順治乙酉武舉人，授福建興化左衛千總。以剿山寇功，擢福州閩安鎮水師右營守備。丙申秋，寇衆二十餘萬犯福州境，琚連戰三日，斬獲甚衆，身被數

① 按：“及”，中華書局點校本《明史紀事本末》卷五十五“沿海倭亂”條作“友”。
② 按：“嵩”，中華書局點校本《明史紀事本末》卷五十五“沿海倭亂”條作“童”。
③ 按：“沈氏”，《嘉慶丹徒縣志》卷十七《忠節·沈宗玉傳》作“宗玉”。

十餘槍，遂没於陣。家五十餘人俱遇害。①（舊志）

羅明昇，南陽人。任鎮江巡江營都司。順治十六年，海寇犯鎮江，明昇駐談家洲，與瓜洲相依倚。瓜洲陷，明昇勢孤。時方盛暑，盔鎧不解者十餘日。寇衆登洲，明昇奮身陷陣，遂遇害。妾郭氏、家丁趙狗②等俱同死。洲人庠生談玫徵槁葬之。歷有靈异，立祠奉祀。康熙元年五月，兵備道胡遣官致奠，作文祭之。其子俊英勒石。康熙四十四年，聖祖仁皇帝南巡，駐蹕金山，璽書"奮勇致身"匾額賜之，命鎮海將軍馬賫奉至洲，并改建廟宇（餘見"廟宇"）。（以上除補録徐芳、韋昂、錢密緯、錢應鐄、方應武五人外，餘人及注俱見《嘉慶志》。惟張德一傳係據《府志》改録，羅明昇一傳係據《康熙志》補改録。）③

張鳴復，諸生。順治己亥，海寇犯境，被執不屈，見害。（據《嘉慶志》"列女·完節"條增補。）

夏永謙，字吉庵。京口駐防漢軍，乾隆二十八年裁歸丹徒民籍，由吏目補湖北當陽縣河溶巡檢。嘉慶三年三月，白蓮教匪犯境，永謙力禦之。十九日，偕次子存寬撲入賊隊，均戰没。妻邱氏在署聞警，率媳程氏、長子之妾陸氏、孫濤、孫澄及女孫、三姑、婢海棠、僕婦高陳氏等闔門盡節。其嗣孫立本亦於咸豐三年陣亡，另有傳。（以下新增）

戴杰，内閣供事，期滿候銓，以後進未嫻閣務，仍時入指授之。嘉慶十九年九月，教匪潛入大内爲亂，杰首先格拒，同時死者七人。杰傷尤重，仁宗睿皇帝詢知其故而哀之，謂從臣曰："使人人如杰之用心，庶司安有曠職耶？"詔以知縣例賜恤。其子尚在襁褓，賜名宸鉉，給世職。

張深，字叔淵。嘉慶戊午鄉舉第一，由教習任山東博平縣知縣，改廣東仁化等縣，大計卓异。道光二十三年，調署潮陽縣事，以查拿匪犯被戕。（餘見"文苑"）

蔣錫琛，附學生，北門外九里街人。道光二十二年壬寅六月，番舶入江，錫琛忿恨，謂其家人曰："我無尺寸之柄，不能殄滅醜虜，又何堪與此輩共立此土乎？"閱一日，不告家人潛出，投河而死。（以下《續孝烈録》）

李坦，監生。壬寅六月十四日，英寇陷城，坦以寒素未及遷避。十六日，寇入其家，

---

① 按：下脱贈賜事，兹據《嘉慶丹徒縣志》卷十七《忠節·李琚傳》補："康熙五年，恩准部臣請給銀二百兩營葬，贈都司僉書，遣官致祭。"

② 按："狗"，《嘉慶丹徒縣志》卷十七《忠節·羅明昇傳》作"哥"。

③ 按：《羅明昇傳》下，《嘉慶丹徒縣志》尚有《柏霄傳》，兹補録之："柏霄，屬京口駐防蒙古正黄旗人。康熙五十八年，出兵西藏，力戰陣亡。家奴負骸骨歸葬。子官保早卒，孫墨爾根考取繙譯筆帖試。乾隆二十八年，奉旨裁汰京口漢軍，將江寧蒙古八旗移駐，一切事宜賴其襄贊。薦擢協領掌理右司關防，後以卓异，升授江寧副都統，署京口副都統，兼攝江寧、京口將軍篆務，年五十有八卒。所屬素懷其德，合致千金爲賻，夫人白氏堅拒弗受，一時共稱感焉。"又按：《嘉慶丹徒縣志》卷十七《忠節》末有按語，兹一并補録："按：以上《忠節》二十七人，舊志不列此門，原載《名臣傳》十三人：晉何無忌、檀憑之、南朝宋劉康祖、宋陸秀夫、高桂、茅湘、元喜同、明郭任、張德、唐誠、潘文先、國朝李琚、羅明昇。今增南朝宋劉虔之、唐崔善貞、宋張楷、元張元誠、明茅成、茅允、湯應[illegible]、沈宗玉、王世良、史記言、歐陽仕振、魯兆龍、國朝陳梓、柏霄十四人。"

見其精壯，欲牽以行，坦曰："吾讀書人，明知大義，不能從汝作逆。"寇怒，横火槍擬之，坦挺身受槍而斃。

張勝義，少讀書，屢困童子試。壬寅，城陷，潛匿於家。寇之館於南門者欲得能書之士，或告勝義，勝義曰："吾生爲大清之人，死作大清之鬼，安能爲寇服役乎?"告者去。勝義服毒而死，蓋恐其事聞於外，復有强而迫之者也。死時其家人避寇於鄉。越十餘日，始殮，面目尚如生人。

王志元，里巷細民也。壬寅城陷後，潛匿不出。寇搜得之，迫令導至富家，志元答以不識，餌之以金，受而擲之。寇怒，以洋槍擊之而斃。

夏立本，字禮門。湖北當陽縣河溶巡檢，永謙嗣孫，由世襲雲騎尉，歷任松江提標左營守備。咸豐二年，粵匪犯順江西，戒嚴。奉委帶兵前往堵禦。三年，在老鼠峽地方遇賊接仗，力竭陣亡。（以下俱見《京口忠義録》，其間有采及《蘇省昭忠録》《浙省忠義録》者，悉與注明。）

戴澧，字紫蘅。歲貢生。咸豐三年癸丑二月二十二日，城陷。閲三月，自沉於江。其子敏求覓尸不得，毁卒於道。語詳《儒林傳》中。

盛登雲，郡增生。性和易。城陷後，力保學宫，屢與賊抗，賊惡而肢解之。母汪氏、妻葛氏俱投江死。

陳貴甲，監生。素有勇力。癸丑城陷後，激於義憤，持梃闖入城内，擊斃守門賊目二人。當被捡獲，駡不絶口，受害甚慘。

李溥泉，字禹卿。從九品銜。少好讀書，工行楷。性直質，寡言笑，一時名流多契重之。癸丑之歲，西信警急，溥泉命家屬奉老母避寇於城南之横山，而己獨處於家。城陷後，被脅至縣學崇聖祠，役以瑣事，憤恨不從，絶食求死。賊猶强役之，遂乘間投泮池自盡。其叔效先、兄浩及浩妻馬氏亦以不從賊令被害。弟溶、溶生母王氏皆投井死。

張永康，名煦，以字行。監生。家素貧，而慷慨好義。妻之母、舅之妻皆寡居，不能活其子女，永康并迎養焉。癸丑城陷後，具衣冠，哭辭家廟，闔家登樓自焚死。同死者爲妻周氏、子用賓、妻母周馮氏、馮氏孫福康、孫女小姑、舅之妻汪錢氏，比鄰有顧兆椿者，亦偕其母張氏、嫂張氏、妻戴氏、子德庠同焚死。

楊氏、童氏，姻親也；楊氏家城東上河街（即梳兒巷），童氏家皇祐橋。癸丑之歲，郡城告警，童以家近大營，乃移居於楊氏。城陷後，賊鳴鑼於市，令衆出降。二氏凡二十八口，於二十六日夜闔宅自焚。楊氏死者曰瑞符，曰蘭舟，曰棣華，曰文山之妻曹氏，曰瑞符之妻朱氏，暨幼孫男女四人。童氏死者曰藎臣，曰次子封五，曰長媳吴氏（一作"王氏"），曰次媳楊氏，曰孫女大姑、二姑，暨幼孫二人，六合陳姓僕婦一人。童之族，有家惠安寺巷者曰錫，三妻曰戴氏，子曰元喜，女曰大姑、二姑，聞藎臣等死，亦闔宅自焚焉。

陳國相，邑之賣卜者也。城陷後，遇賊，脅降。國相駡曰："汝輩賊耳！我雖小民，固大清數百年舊家，豈降汝狗輩者哉！"遂遇害。

王體乾，邑人。癸丑城陷後，賊掠其家。體乾與妻佘氏及三女皆大駡賊，一一縛之於柱而去，均餓死。

張榮生，字子蘭。增廣生。少敏悟，事繼母，以孝聞。長而倜儻，善辭説，能任事。寓居維揚，户外之屨常滿。癸丑二月二十三日，揚州城陷，以駡賊殉難。母何氏、子金殿、金桀、金錫、妻王氏、長媳李氏皆以脅降不從被害，女三姑亦自縊死。

曹籥，字少秋。厚重寡言，與物無忤。咸豐間，就館維揚，遂僑居焉。癸丑二月，賊陷揚州，籥偕其婦朱氏匿於複室，豫題其襟曰"丹徒縣學廩膳生員某某"，婦亦如之。五月，賊比户搜括，遂被獲，擁至運司署，賊目知爲儒生，甚敬禮，遂勸之降，且曰："我亦非廣西人，因其尊我而拜降者。吾輩極重文士，汝狀貌魁梧，文學優裕，异日富貴不可量也。"籥慷慨而言曰："爾既非老賊，即當稍知順逆，賊以無賴游民夥盜造逆，到處焚殺淫掠，民恨不生啖之。敗滅計不旋踵。爾以非賊之身附之爲惡，不智甚矣，盍自爲計仍反故鄉作良民乎?"賊拍案叱殺，籥挺身下堂，略無懼色，賊曰："此人竟不怕死，是好漢子。"復呼至前，好言撫之，且許以盡室入署，起居服食惟所欲。籥揚眉怒目，悉力唾之，賊大怒曰："妖敢爾，吾真不能斷汝頭耶?"籥駡曰："爾等之頭指日即斷，而以之恐人乎?"賊怒極，命先割其舌，而後斬之，弃尸於市。其家人潛收而瘞之。婦聞耗，晝夜號泣，勺水不納，逾數日亦死。一子被脅，不知存亡。女大姑從死城内。

汪元煦，前江西南昌府義寧州吏目，退閑後寓居維揚。癸丑城陷，謂其子順天府學附生、議叙國子監典籍焜曰："吾輩家傳詩禮，父子并受國恩。今陷賊中，當知大義，不可僥倖苟免，辱及先人。"遂相與同妾周氏、孫女大姑及幼孫，闔門服毒死。

吕孔章，候補布政使司理問，寓居揚州。癸丑城陷後，潛匿不出，同母厲氏、妻尹氏俱忍餓而死。自書於壁云："臨死不降，以身報國。"

楊鋆，議叙布政使司經歷，亦寓居揚州。城陷後，誓不從賊，深自藏匿。九月初九日，爲賊搜獲，痛駡不屈。賊縛其手足，亂刺而死。

戴杏，監生，官至聖廟掌書廳。同妻李氏、妾江氏、子炳元、榮元、女蘭英，一家六口，皆於揚州城陷後駡賊被害。家丁祁有年、孫玉同死。

郭瑗，字紹遷。少讀書，敦氣節。寄居揚州，事生母奚氏，曲盡孝道。癸丑母殁，未及葬而揚州城陷，瑗守喪不去。賊至，欲斧其棺，哀之獲免。女杏英（一作"浣芳"）、巧英（一作"浣雲"）年甫及笄，匿複壁中。閱日，爲賊搜獲，欲引以去，不從被害。瑗亦傷死，妻張氏、子洵、女夫陳功名皆雉經赴難。前一夕，瑗題壁云："我等世讀詩書，大義攸關，正在今日。有能護吾母柩者，吾必陰相之。"又有句云："此身縱落樊籠裏，大義難逃宇宙間。"瑗既死，兄玳（澹庵）、嫂李氏、子濰（一作"康齡"）、猶子澐（一作"如川"）皆仰藥死。孀嫂姚氏投井死，僕婦許姓同死。合門死者凡十二人。

鄒錫炎，寓居揚州。城陷後，賊脅之入館，托疾不行。與江寧李雲裳等糾衆，約於四月二十二日之夕登陴舉火，招官軍入城。同志者事機不密，爲賊所覺，使邏卒偵之，搜獲其投大營書，遂於是日黎明執錫炎至賊酋處，錫炎大駡賊，寸磔之，竿首城上，雲裳等亦遇害。

紀殿掄，賈於揚州，因家焉。癸丑，揚城失守，囑其子餘堂曰："我受國家覆載之恩，無可爲報，願駡賊而死，以盡愚忠。觀汝材具似有可爲，其疾避去，倘能遁出，投營自效勉，圖進取。异日手刃賊人，以其心首祭我，我雖死猶生耳。"時餘堂之婦李氏在側，慨然謂餘堂曰："我乃女流，留我無益，請先死，以絶挂念。"適賊至門，李氏遂自縊死。殿掄大駡之，被刃死。餘堂奪刀殺賊，賊麇至，餘堂知勢不敵，乃大呼曰："父死爲忠，子死爲孝，婦死爲節，自古皆有死，吾得死所矣！"受刃而死。

趙景亭，議叙九品銜。原住新河街，寄居揚州。三年二月，揚州城陷，與其子潔夫、兄子洪信俱以脅降不從見害。其孫容德、雙德、福德、子婦潔夫之妻曹氏暨女二姑、兄進之妻張氏、張氏之子婦、占夫妻蔡氏皆不屈於賊，潛匿不食而死。闔門死者凡十人。

蔣蒓湖，銀山關帝廟道士，善琴曲。癸丑歲，客揚州某觀。揚州城陷後，有獻媚者謳其能於賊，賊執之去，逼令奏技，蒓湖曰："我雖方外，亦知大義，豈能爲汝輩作伶人乎？"賊斷其舌而殺之。

李盛勳，邑西鄉之唐岡人。癸丑軍興，奉令團練，以石馬廟爲總局。廟去城三十里，其地西通句曲，南達丹陽，爲西鄉之孔道，故余軍門亦委弁防堵焉。甲寅十月，賊乘夜突至，盛勳覺之，鳴鑼拒敵，鏖戰良久，中火槍而斃。

崔大同，嘉慶己卯武舉。道光初，由福山營千總，升湖北漢陽營中軍守備，授宜昌鎮標内河水師游擊，尋擢廣東肇慶内河水師營參將。咸豐元年十一月，剿賊於西寧之地心沙，殺斃三百餘人，擒賊首關幅等二十二人，獲巨艘、軍械無算。旋赴廣西梧州會剿，再捷，奉旨賞戴花翎。既而艇匪百數十艘由戎墟連檣而下，大同揮軍奮擊，賊敗走，追擊之，轟死溺斃者數百，大獲叙功，賜號圖蘇克伊巴圖魯，擢廣州協副將。四年六月，剿賊牛欄岡，陣亡。（《蘇省昭忠録》）

屠者唐二，於咸豐六年春糾數十人欲開東門迎大軍，事泄，俱爲賊殺，投尸於河。

顔士佐，字澍臣。議叙九品。性冲淡，生平無疾言厲色。避寇於城南之駙馬莊。咸豐六年丙辰四月吉，撫軍營潰，賊縱火焚掠至莊，士佐年八十有七，嘆曰："狂寇横暴若此，何以生爲！"自投於火而死。

顔士麟，字書玉。少有逸才，不屑屑於進取。城陷後，避居城南之南莊前，授徒養母。丙辰四月，賊焚掠至莊，愛其文士，欲得之，士麟曰："我顔姓聖人之裔也，自古有殺賊之顔氏，無作賊之顔氏。爾輩捨之則捨之，否則斫之，不能從也。"賊竟斫之。

華志彬，邑西鄉華家村人。咸豐六年，總兵虎松林屯糧於其村中。四月二十七夜，賊越山來村劫糧，志彬奮勇力戰，賊怯而退。俄頃，賊衆蜂至，志彬再戰力竭，陣亡。本村華有本、西洲童大明同死。

楊寶珍，原居北門外。癸丑城陷後，避居西鄉之寶堰鎮。丙辰八月十八日，遇賊，脅至營中。是夜，密約同志被脅者數人，殺斃僞師帥陳大金一名，賊衆六名，遂疾馳至十里外，賊追及之，反身復門，力盡被害。

朱振鳳，文童，寶堰之横塘人。丙辰八月，在本村遇賊，極口駡詈，徒手奮擊，遂遇害。妻吴氏年甫二十，守節自矢。同治二年七月，亦遇害。

喬鈺壽，邑西鄉喬家門人。咸豐五年，奉提督余萬青檄設團練局於二村，招撫被脅難民千有餘人。賊偵知之，七年閏五月，突至局内，縛鈺壽及其三子治銀、治錡、治銓至金山，逼降不從，皆遇害。

高青選，道光庚子科鄉舉大挑二等，選授豐縣教諭。咸豐八年，捻逆入城，青選獨守學宫，駡賊被執，縛於明倫堂柱上，剖腹而死。

朱青雲，大港鎮人。入資爲縣丞。族兄澐，巴州吏目，投效六合。青雲以兄薦，遂同城守。咸豐八年正月，派守東城，徹夜巡警不息。城破，爲賊所獲，大駡不屈，賊釘其手足於城門，三日乃絶。(《昭忠録》)

張潤，邑人，賈於六合。咸豐八年十月二十一日，在六合之北鄉馬家集地方遇賊，脅降不從，賊欲殺之，其子良楙年十三，號呼奔救，且哭且詈，賊并殺之。

鄒全節，邑人。由浙江德清縣新市巡檢報捐知縣。咸豐七年，署寧海縣事。邑民素强悍，多擒搶勒贖獄。全節下車，即捐廉懸賞，設法擒治，時復親赴鄉村善言勸道，民以少安。九年，浙省告警。九月八日，土匪突聚衆入城，全節親帥團勇出署堵禦，且曰："爾輩何故若是？有言告我，毋妄害民。"匪蜂擁而前，衆寡不敵，遂遇害。

錢藻濂，字淡皆，號吟安。越河圩人。浙江候補縣丞，借補按察司司獄。少負异質，習舉業外，旁及經世之學，凡天文、地理、兵刑、雜家者言無不備覽。習拳勇，精六壬奇門，於醫學尤長喉科。庚申，粵賊犯越，與子智檑并遇害，全家盡歿（人數無考）。著有《吟安詩詞草》。

許焜，字石庵。道光三十年，由湖南試用從九品幫辦新寧善後事宜，拿獲羅正豪等匪十二名，收繳瑶洞槍械多件，嗣於咸豐元年查拿左家發謀逆，案内保舉升缺。是年九月，調赴廣西軍營。三年，由粵楚隨軍至金陵，屢以軍功薦升同知，留浙補用。丁巳、戊午之間，兩以軍功保舉花翎，以道員補用。焜爲人勤慎忠勇，遇事敢爲。前督辦寧國軍務提督鄭公魁士奏稱：該員督辦糧臺，統帶正勇護送餉糈，接濟困旅，親冒矢石，洵爲衝鋒冒鏑之員。又前浙江巡撫胡公興仁奏稱：該員以勞績久著，年分最深，洵爲軍務中難得之員。皆實録也。庚申三月，賊圍杭州，浙撫素聞焜名，飛檄召之。時焜緣公赴蘇，同官謂之曰："聞浙已不可爲，盍少留焉？"焜嘆曰："辭難避事，丈夫不爲！人臣效忠，奚爲擇地！"遂星夜赴難，奉委總巡，風雨登陴十數晝夜，督率巡勇，備極艱辛。二十七日，杭州城陷，在清波門城上力戰陣亡。越一年，其季弟炳又以軍營積勞病故聞。

許炳，字鑑泉。由議叙知州銜選用知縣。從兄寧國軍營襄贊軍謀，不辭勞瘁。同治元年，投效上海。有周守備禮濂者，焜之舊部也，炳知其深稔賊情，命潛至常熟，招降賊目，常、昭二縣得以反正。江南之賊勢成破竹，由此基之。蘇撫李公鴻章録功入告，方欲不次擢之，而炳因積勞於常熟軍次病故。

王全福，字錫疇。監生，議叙縣丞。邑東鄉越河圩人。少孤，以祖禮功年高，授室後，即偕婦卧祖室，以備日夕侍養。性慷慨，重言諾。友朋困乏，謀無不應。尤重士類，即他方流寓，有急必周。常時設壽生堂以施藥，歲歉則設粥廠以拯飢。嘗受貧人産，售者欺其價，衆不之直，且讓矣，或告使少待，全福曰："是産也，我不受之，誰受之者？我不受欺，誰當受欺者？"卒與重價。粤寇之復至也，全福竭家資團練以衛地方。庚申四月，賊竄諫壁鎮，全福率勇迎擊，殺賊數人，賊蜂起轉戰，力竭而死。

王溥，字芝泉。候選從九品。越河圩人。素饒膽略，常鎮道喬公松年耳其名，以諫壁團練事委之。庚申，賊竄丹陽，率本局義旅至馬陵接仗，不利，喪其團丁李全福、鄭成。閏三月，丹陽失守，鄉人驚竄。溥奬率練勇隨處彈壓，俾圩鎮居民得以從容遷徙。四月朔，賊至，與王全福等迎戰，被執，脅之降。溥駡不絶口，遂與襄理局務徐汝進、王椿年、孫文信、楊學成及團丁徐聚、張小元等同時遇害。

劉理潤，諫壁鎮人。監生，貤封刑部主事。自咸豐八年辦諫壁團練，有勞績。十年四月朔，賊竄諫壁，理潤率衆迎擊，爲賊所困，左右衝突，奪路而回，賊追及之，脅降不從，駡不絶口而死。其僕蔣文從死。(《昭忠録》)

潘薪傳，諸生。辛豐鎮人。方賊之陷丹陽也，居人遷徙一空，家人勸其暫避，薪傳曰："儒者當知臨難不苟免之義，天數已定，避將何爲？"四月，賊至，脅降，薪傳叱之曰："爾知我爲何如人？豈肯從汝作逆者耶？"賊舉刃擬之，薪傳曰："爾輩之所能者殺人耳，我視死如歸，爾將奈我何！"遂遇害。

張淦，丹陽縣諸生，世居丹徒鎮。避寇，移居丹陽之珥陵。庚申四月，同三弟景植、次子承熾并以駡賊被害。四弟景棣、長子承勳、弟婦朱氏均投珥陵河死。

王紀昌，越河人。咸豐十年四月，賊至其家，母戚氏抗賊被害。紀昌與其子智剛奮勇力救，殺賊數人，父子同時遇害。

韓文瀚，字仰蘇。邑諸生。避寇小闕。庚申四月，聞賊既陷丹陽，太息而謂家人曰："金陵大營保至今日，復敗壞至此，此中固有數焉。我與若等何必與數争乎？吾志已决，若等臨難可勿猶疑！"家人咸唯唯無難色。俄而賊至，妻嚴氏、弟婦樊氏相繼投塘。樊之幼子玉保猶在襁褓，亦偕溺死。賊入瀚室，見其軀幹雄偉，言語不凡，且絶無畏避意，乃勸其附從，許以僞職，瀚從容言曰："人不知忠孝，何以立於天地之間。我自鎮城失陷以來志已早定，今日之死不負初心，汝等毋復多言誘我。"賊遂殺之。

汪正坤，字永成。辛豐鎮人。咸豐間募壯丁三百人，佐築鎮江、江寧濠壘。張總統國樑見其筋力甚健，督工甚勤，命在辛豐團練保衛，稽察奸人，數年之内查獲逆探多名，保舉藍翎五品職銜。庚申，金陵大營失守，潰卒土匪乘亂擾民。正坤率領丁勇在處彈壓。四月一日，遇賊於何達里，適有曩時逃去逆探，指謂賊目曰："辛豐之專擒吾探者此人也。"圍之數重，與幼子族衆均被擒，賊訊之曰："擒吾探多人者，即爾乎？"正坤曰："然吾奉命稽察奸人，未能擒盡殺絶耳。"賊怒，醢之。幼子大銓，年十七矣，賊欲降之，叱曰："汝殺吾父，仇不共天，又可降乎！"其族衆十餘人皆不願降，遂均遇害。

蔡長第，花山灣人。庚申四月朔日，遇賊於丹徒鎮，持刀與鬥，寡不敵衆，爲賊所擒，挾之偕走，中途復奪賊刀，殺賊二人，砍傷二人，旋爲群賊所害。

吕源，字渭濱。監生。北鄉千棵柳人。性迂直，見染世俗，習者輒訕誚之。訓蒙爲生，旁及地理、星命之學。蔬布自甘，年逾七十，尚强健。庚申，賊至其家，源與論大義，一賊唯唯，一賊牽之行，源自投河中，語愈激，遂遇害。

丁紹先，邑人。與妻闞氏奉老母避寇辛豐。庚申四月，賊擾辛豐，欲殺其母。紹先及氏極力救護，母獲免，夫婦同時遇害。

殷德監生，殷瑞讓，俱黄墟村人。庚申四月，德協同村衆在馬迹山南與賊接戰，兩敗賊兵。初三日，賊衆大至，村人驚潰，德負母吴氏以逃。越日，遇賊於途，母子同時遇害。瑞讓父老病，卧床蓐不起。賊至，衆驚竄，瑞讓守父不去，亦於是日被害。

王錦，監生，邑東鄉古竹里人。庚申歲，賊窺伺東鄉，錦與其村人約曰："凡我士民正當於此時見立身之大節，不可先爲走避，任賊猖獗，以負國恩。"遂與王文禕、王長槐等率衆禦之。四月三日，生擒賊目一人，長槐死之。是晚又獲賊探二人，防守益力。翌日，大雨。雨止，而賊突至村，人潰散。錦與文禕迎戰大駡，遂同遇害。

張廣瀚、廣濟，邑東鄉北劉莊人。父曰發，别字春山，素有聲於鄉曲。庚申之歲，團練壯丁，矢志殺賊。四月三日，賊衆大至，團丁潰散，賊以利刃砍發首，廣瀚等奮力前救，發以獲免，兄弟遂同遇害。

龔華漢，字錦江。從八品銜。邑東北角里人。少業儒，識大義。庚申，賊據辛豐。四月朔日，華漢率同義民數千佐剿賊於南吕村東，力誅數賊。翌日，復戰，擒獲賊目陸真琮等五名暨馬四匹。初四日，又率衆往擊賊，分兩路夾圍，義民盡喪。華漢猶握獾叉稓一賊洞脅乃死。同死者有華漢族人有良、振周、振麟、統道。

錢乃裕，家邑之古通巷，賈於常郡。癸丑之亂，因移居焉。庚申四月，賊圍常州，常人集民兵禦之。乃裕爲甲長，督率家人及居民協守廣化門。猶子曰銘先，中炮死。初六日，城陷。乃裕同弟乃崑俱力戰陣亡，母馬氏、妾徐氏、孀妹劉錢氏、孀女張錢氏及張氏子昌齡均縱火自焚。（此傳《昭忠録》采入"常州流寓"）

趙慶恩，字文波。居大港鎮。幼好騎射，年十八舉於鄉。弱冠，成武進士，候選守備。咸豐三年，郡城戒嚴，請當事完守備，不聽。未幾，城陷。十年庚申，金陵大營潰後，三月二十九日，丹陽失守。慶恩拔劍自誓曰："吾不與賊兩立也！"時從弟濬募勇禦賊，慶恩與焉。從兄慶錫、從子邦祺、邦和佐之，晝則遠出巡邏，夜則守隘達旦。是時，賊焰方張，四面焚掠，勢已逼近大港。四月七日，慶恩夜懸武帝像，焚香默禱，命二童子磨槍刃如雪。及曉，大霧漫天。賊驟至，喊聲震野，慶恩持槍出戰，左右擊之，賊衆披靡，遂馳入陣，力猛槍折，賊從後擊之，血淋漓滿衣袖，猶徒手擒數賊。良久，乃踣。既絶，怒目握拳，作攫拿狀，賊望見之，皆避去。（《昭忠録》）

趙慶錫，字康甫。大港鎮人。慶恩之從兄也。幼習騎射，弱冠，入武庠。隨父某營游擊，任久深悉戰法。子邦祺、邦和同歲補武生。邦和性慷直，慶錫愛之。會弟濬募勇守禦，慶錫父子咸與焉。是時，賊數掠丹徒東鄉。慶錫率二子腰刀帕首，怒馬出戰，常至數十里外。賊衆，不敢驟進。四月八日，賊冒霧突至，勇丁首尾不能顧，戰於鎮之小橋。賊飛刃傷慶錫，邦和砍入陣，殺數十人，賊還擊之。邦和左右翼蔽慶錫，體無完膚，屹立不少動，父子遂同歿於陣。慶錫守禦所把總，加千總銜。邦和京口營守兵，賞六品軍功頂戴。是日，武生趙斌、趙得臣、趙雲鸞首先陷陣，殺賊酋數人，皆血戰死。福山鎮中營藍翎把總楊霖等六人同日戰死。（同上）慶錫之族曰雲璧，武舉人，亦於是日同子其英在本鄉擊賊，遇害。

朱正蘭九品銜、朱正馨監生、民人朱鳳科等，皆先賢文公裔也，居東鄉之儒里（即朱張圩）。族姓繁衍，爲丹徒巨族。咸豐三年，賊陷郡城。設局華山，保衛鄉里，推朱氏總其事，盟於文公祠，誓不降賊。與丹陽、武進各鄉及江北之太平洲，聲勢連絡，賊不敢肆。十年春三月，丹陽失守，徒邑各村團練壯丁，扼徒、陽往來要道，遮賊，俾不獲逞。四月八日，賊由辛豐、黄墟等處分道撲東鄉。朱氏與賊戰於張港口。時大霧漫天，賊伏四起，烟焰障天，衆皆潰。朱氏及他族陣亡者數百人，受傷者七十八人。賊遂繞道至丹陽。十一年，賊於儒里大張僞示，威脅利誘，無日不至，而朱氏屹然不移。且其地逼近太平洲，江面最窄，爲江北門户。洲人遥爲聲援，大吏加之鼓勵，以故防守益嚴。賊又懸千金賞購朱氏，紳董訖不爲動。是歲九月，賊乃大肆焚掠，祠宇村莊皆燼，朱氏戰死者不下百人。既而賊大股回丹陽，留僞頂天侯熊飛虎踞村北之觀音庵，計將渡江。朱氏在洲者糾合壯士百餘人，於十月之二十八日夜分渡江，潛至其地，奪門突入，殺二十餘人，執飛虎，臠割之。是夜鬥死者又十八人（當作“十六人”），前後朱氏以戰死者凡百九十六人，婦女四十四人。（節改《昭忠録》）

朱正源，文童，儒里人。家赤貧。性廉介，不苟求取。庚申三月，丹陽失守，正源率民團拒賊。四月八日，賊至。衆皆潰，正源計保祖塋，急赴墓所，賊脅降之，不從，曰：“畢命於先人墓旁，死得其所矣。”遂遇害。

朱壽林，監生，亦儒里人。賊至日，扶父匿田間，賊欲殺其父，壽林挺身直前曰：“勿驚吾父，殺我可也。”以身翼蔽其父，遂見殺，父由是得免。

趙蓉鏡，監生，東鄉人。與賊戰於張港口，賊伏起，衆大亂，蓉鏡遂歿於陣。子培庚衝入賊隊救父，不及，殺數人而死。

徐萬青，字良甫。少爲府吏，性謹慎，遇物無忤。後充户書，管操江事，吏滿歸農，避寇東鄉。庚申四月，在華山畿遇賊，欲褫其衣搜索財物，萬青曰：“吾曹可殺不可辱，我有妻在，欲同死。小有金帛，任汝取携可也。”遂引賊至其居，謂其繼妻楊氏曰：“死當得所，今日可謂白首同歸矣。”相與指賊大駡，賊亂刃交下，夫婦同時被害。

解爲均，字正陽。監生，以醫名。庚申，賊竄東鄉，爲均携二子顯蘭、顯蕙遇賊於姚家橋。賊知爲醫，欲脅之行，爲均詈之；令坐肩輿，又詈之，遂遇害。擄二子至無錫，顯蘭四日不飲食，賊怒，殺之。顯蕙乘間逃出。

茅引年，邑諸生。咸慶之子，年十八，偕母及妹、大姑避寇於東鄉之石橋頭。庚申四月，賊突至，扶母、妹出奔，遇賊於塗，母、妹驚懼，并投於塘。引年負母至岸，賊欲殺其母，引年左右障之，遂遇害。母獲免，而大姑竟溺死。

李瑞年，字筱村。邑之東鄉人。有膂力，以文童爲本村團長。庚申四月七日，率衆迎戰，至黄墟，手斃長髮二名。瑞父老且病，避寇，居陽邑之經山。瑞不忍捨，趨而就養。翌日，賊至，與鬥，不利，死之。

徐信元，邑東鄉姚家橋北徐村人。素有膽略，遇事敢爲，爲鄉黨所推重。賊東竄日，姚家橋二十四村公舉信元耆董民團。四月八日，率衆禦賊，力戰而死。

蔣焕，候選不積班巡檢。丹徒鎮人。庚申四月，避寇埤城，團練民兵禦賊，居民藉以無恐。初八日，賊大至，戰甫交，民團潰散。焕獨深入賊隊，竭力巷戰，手刃數人，傷中要害，被執，剖腹而死。妻李氏、女、愛姑皆投河盡節。

蔡源，源從弟廷祥，并監生。家世習武，原居北門外花山灣。避寇東鄉之葛村。賊寇東鄉之日，源已年邁，遇賊，以杖擊其首，流血被其面，賊殺之。廷祥疾奪賊槍，直刺賊腹。子長增揮刀力助，斃賊數人。賊衆擁至，遂同遇害。方長增之見執也，賊目愛其勇壯，縛令從行，長增大駡不屈，乃殺之。其母裘氏亦以駡賊被害。

邱連貴，字雲衢。邑東鄉石橋村人。素以孝聞。庚申之亂，弃妻子，負老父東山疾行，賊追及之，欲殺其父而脅之降。連貴哀免其父不得，遂指賊而駡曰："逆賊殺吾耄父，是吾不共戴天之仇也，猶欲强吾從汝乎！"奮身擊賊，賊并殺之。家人覓得其尸，兩手拳舉，猶作擊賊狀云。

薛元書，邑東鄉薛家港人。庚申四月，賊竄東鄉。元書助其鄰人渡江，甫登舟，賊已大至，鄰挽與同渡，以兄未渡，不忍獨生，復回覓之，遂遇害。

趙春陽，監生，邑東鄉小大港人。與子彭庚率村衆拒賊，春陽傷，彭庚竭力救護，以背受刃，大駡不屈，父子同時遇害。大橋頭有趙大章者，春陽之同族也，亦與其子一清率村衆拒賊，大章遇害之際，一清亦抱父受刃而死。

盧明貴，邑東鄉盧家村人。遇賊，脅降。明貴告有老母，不能相隨，賊殺之。明貴少孤貧，終身不娶，奉母以居，竭力孝養，人皆賢之。母聞其被害，亦投水死。

蘇元洪，邑東鄉邵家坨人。庚申之亂，賊執其父盛昌，元洪力救不克，遂同遇害。

朱源，文童，朱張圩人。賊竄東鄉，源語人曰："我必死，然必殺賊而死於祖墓，乃不虚死。"賊至，則握利刃潛於墓側，遇賊躍出，砍斃長髮二人，遂遇害。

曹士銘，字輔廷。邑諸生。性至孝，城陷後，奉母避居西鄉烏莊山中。庚申四月，遇賊，脅降，即求死。母止之，遂被脅至江陰。自顧文弱，終不得出，乃絶食而死。

陳勝雲，邑西鄉之豐城村人。庚申，爲賊所脅，令看守擄脅婦女。勝雲陰縱之，己亦逸去，復爲賊獲，榜掠備至，剖其腹而焚之。

范修永，丹徒鎮人。年十五，庚申四月，爲賊脅至江陰，不食求死。賊好語慰之，被以美服，修永寸裂之，跳擲駡詈而死。

蔣采寬，邑南鄉之沿街村人。庚申四月，遇賊，持鋤奮擊，不勝賊衆，自投於水。

賊愛其膽力，挽起脅降，不從，被害。

王明堂，文童。邑西鄉之上黨村人。庚申七月，遇賊於東庫山，脅降，不從，罵賊而死。山故多獸，越十餘日，家人覓得其尸，竟無恙。其妻吴氏亦於是年拒賊被害。

吴邦統，監生，邑西鄉高莊人。庚申之亂，賊至其村，邦統罵賊而死。其子國鎮奔救不及，抛石擊傷賊首，賊殺之。

鄒錫恭，字恪齋。監生。郡城陷後，移家金壇。咸豐六年丙辰，賊圍金壇。錫恭年七十四，憤甚，親率其子增芳、猶子增長充民兵，登城協守。及圍解，錫恭憊甚，由是寢疾，眠食須人。庚申，金壇再困，義民相率登城，而錫恭年已七十八矣，增芳、增長以侍疾故將不出。錫恭怒曰："汝輩不出，我且先死！"不得已乃出。及城陷，遂同死於戰。賊入錫恭家，錫恭卧罵之，被數槍而死。孫同弟從死。增芳婦萬氏、女、大姑聞城陷，先自縊死。

魯鎔，字陶山。監生。亦於城陷後避居金壇，及庚申之亂，同子長治罵賊被害。子婦王氏、鮑氏、幼孫元順、百順、孫女喜姑、從孫女巧姑俱投劉家衖大塘死。

殷維國，邑東鄉大闕村人。辛酉二月，賊掠其村且宿焉。維國素勇烈，糾壯士二十餘人，黑夜潛往賊所，將盡殲之，以衆寡不敵，見執。維國大罵不屈，賊殺而焚之。

周伯猷，越河圩人。辛酉二月，避寇江濱。賊逼近，遂投江死。其尸倒流入河，及其家門而止，見者异之。

唐鉉，字輔臣。至聖廟賫奏廳，避寇海州之板浦場。咸豐十一年辛酉，遇捻，脅降，不從。割其左耳，鉉大罵匪；復以火遍烙其身，投水而死。繼室李氏潛身蘆葦中，聞難出救，被創，守尸五日，俟殮畢，自縊死。子鶴笙亦死。

李肇祥，布政司經歷銜、五品封員。避寇海州之中正疃。辛酉五月，捻匪竄擾州境，肇祥會練剿捕，力竭陣亡。

張錫庚，字星白。由都察院左副都御史視學浙江，旋授刑部左侍郎。所取士多才俊，嘗曰："吾望其爲儒林傳中人，不止以科第期之也。"十一年夏，金華失守，寧、紹繼陷，杭州殆甚。時代者未至，或勸錫庚歸印，巡撫移疾去，錫庚不可。賊圍城，大吏分門守禦，錫庚亦晝夜巡督，衣不解帶。城中糧匱，煮豆以食，繼之以土。一日，腹大泄，不能出户。候補道某知其困也，饋米一石。米未罄而城陷，或勸之走，錫庚曰："吾大臣也，不可以辱國。且吾年逾六十，官階二品，尚何求乎？"遂自縊於廳事。賊入署，嘆曰："忠臣也！"棺斂而出之城外。杭人某竊其柩，及巡撫王有齡、總兵文瑞柩至上海，江蘇巡撫薛公焕爲易棺成禮。時逾二月，面如生。杭之初陷也，錫庚長子候選知縣恩然殉難，家人死者數人。錫庚居恒鬱鬱，及奉命勘王有齡與在籍副都御史王履謙互糾狀，因語其門人曰："時事如此，而大臣競修私怨，置國事於不問，吾恐死亡無日矣！"獄未竟而賊至，錫庚死，年六十一。（《浙江忠義録》，餘見"名賢"。）

包楨，官浙江會稽縣典史。辛酉九月，賊圍紹興，楨奉知府廖宗元檄，協同守城。二十九日，城陷。賊蟻附而上，楨身受重傷，家丁包忠救之歸署，公服坐堂皇，賊至，

踞案以器擊賊首，群賊攢刃之，剖其腹而死。（同上）

吴文鈞，都司銜，官浙江杭嚴衛守備。辛酉十一月，杭州城陷，文鈞帶兵苦戰，力竭陣亡。妻周氏、女鳳英、門丁楊春同時殉難。

包慶安，字頌平。幼穎悟。兄慶元卒，年甫八齡，能爲文以祭之。十八，入府庠。繼而城陷，嘆曰："始余爲舉子業，冀可顯親，不幸身際時艱，獨不可以報國者，榮親耶?"乃循例報捐訓導，投營自效。總兵熊岐山移師上海，邀與同往，資以文案，奏保五品藍翎。同治元年，佐參將周某守嘉定，兵單援絶，遂殁於陣。

高大文，邑西鄉之西王莊人。同治元年壬戌，賊掠其村，大文正言止之，賊焚其居，投之於火。其子道清聞難，奔回救父，賊亦殺之。

宋沂，字静涵。增廣生。禔躬謹飭，不作慷慨激烈之舉，而極重言諾。與人處誠慤不欺，同學者多樂與之游。其從兄繼昌以鄉舉揀發甘肅，署古浪縣事，沂護其家屬之任，暫寓平涼。同治二年三月，回匪圍平涼，平涼守察其勤慎，委令協同守城。沂既受委，晝夜登陴，巡督不懈，凡五閱月，面目支離，有以非其職守勸之去者，沂曰："吾既奉委守城，即與官斯土者無异，當視城爲存亡耳。"八月，城陷，猶殺賊數人，力竭陣亡。妻鄒氏、子庚鑑、庚祺、女蘭貞俱投井死。繼昌家屬亦同時殉難。姓氏俱列表中。越二年，繼昌亦在隆德縣任内殉難。

張名第，由候補府照磨署浙江開化縣丞。同治三年八月二十日，奉檄下鄉籌辦軍米。中途遇賊，丁役均被裹脅。名第大駡不屈，賊曳之行至六社。懸崖壁立，大河中横，岸陡徑窄，賊分隊魚貫行。名第伺間躍入河，河深甚，賊以長矛俯刺，不能及，乃舍之去。越三日，得其尸，知縣方業崇斂之如禮。（《浙江忠義録》）

宋繼昌，字鶴汀。咸豐辛亥，順天恩科舉人。丁巳，揀發甘肅，歷署古浪、金縣知縣。同治四年，委署隆德縣事。時值回匪猖獗，隆德正當其衝，奉委者多畏縮辭避。繼昌獨毅然以往，至則兵餉俱乏，乃練勇堅守。明年三月，賊大至，城遂陷。繼昌操刃與拒，受重傷而斃，其從死者姓氏亦具列表中。

陳兆榮，字椿堂。與弟兆元并精擊刺之術。由廪生報捐訓導。咸豐間，萬君青藜視學浙江，延入學幕，以其勇也。萬解任後，浙人聘爲武教師。既而總兵郭松林聘往山東剿寇。同治七年三月，在東昌府追剿捻逆陣亡。兆元以浙江補用從九品偕子文童大聯、婿從九品唐植亦於咸豐十一年十一月在杭州帶勇巷戰遇害。兆元母柳氏、妻唐氏、弟婦嚴氏、柳氏、植妻陳氏皆同時投井殉難。

擄民葉姓釘賊，所用炮門通書"大帥進兵"，賊覺，殺三人。其名與死事年月，傳者失之。

附録（按：《嘉慶志》"婦女節烈"條下有"雖非本邑人而烈死在丹徒者，例得備書之"語。兵興以來，員弁烈死於徒邑者蓋多矣。兹援舊例，録其見於載記者數人而附於末以别之。後凡稱"附録"者仿此。）

楊發春，四川撫邊屯人。年十八，投撫邊營爲兵。咸豐二年，從懋屬五營劉統領赴湖北剿賊。十月，大破賊營於洪山。發春斬賊酋及餘賊多級，賞六品軍功。三年二月，從攻江南之七橋瓮城，破賊壘數十。發春斬其酋二級，獲旗幟、甲杖，賞五品頂戴。從攻高淳，克之。叙功，以外委儘先拔補。四年，率克勇攻剿鎮江。三月二十五日，戰於城外之東岳廟，力竭陣亡。（《昭忠録》）

易培南，湖南人。爲粤賊所獲，詭其姓曰楊。咸豐四年，隨賊守金山。志在殺賊，遣人來營，上書投誠，先送其眷屬爲質。城中逆首吴如哮覺其謀，會培南以事入城，遂執之，極刑考問。培南扳其左右數人，皆賊之心腹也。八月六日，與培南同受分尸之禍，年二十有六。（卞乃譝《隨軍紀聞》）

劉廷鍈，都司銜（後改捐文職，保舉候選道），廣東潮州人。勇而足智。咸豐三年，粤寇據鎮江。六月十三日，賊於城垣開暗門出，賊縱火，焚鄧紹良七營。紹良退守丹陽，經廷鍈同參將站住督帶潮勇馳援，賊退入城。十五、十七等日，賊擾丹徒鎮，復爲廷鍈擊退，遂帶潮勇逼城爲壘，賊不敢南向者二年。廷鍈戰死，賊乃猖獗。（《粤寇紀略》）（按：廷鍈於咸豐五年與賊戰於城西之東岳廟，中槍死。其子守正六品軍功捐職縣丞，先於四年攻城，中槍殞命。）

吉爾杭阿，奇特拉氏，滿洲鑲黄旗人。咸豐三年，由工部郎中以道員揀發江蘇，尋署按察使。會青浦周立春反，連陷青浦、川沙、南匯、嘉定。不數日，上海粤匪劉麗川反，幫辦軍務許乃釗自金陵大營統兵剿之，檄公與主事劉存厚從征。存厚先驅至之夕，克青浦。公繼至，同克復南匯、川沙、嘉定，擒立春，進攻上海。逾年，乃釗罷。公先已授常鎮道，擢布政使，就擢巡撫，代乃釗督師。五年正月朔，克之，誅劉麗川。捷聞，賞頭品頂戴。法施善，巴圖魯名號。是時，江寧、揚州、鎮江皆爲賊據，文宗顯皇帝命公移師攻鎮江，幫辦軍務，遂駐軍京峴山，與欽差大臣向公榮合力攻剿，戰輒有功。六年春，鎮江賊結連瓜洲賊，竄入高資，公曰："攻堅不如斷糧，野戰不如扼要。高資，賊糧道也。"令江寧知府劉存厚扼之於烟墩山，賊大恐。四月，率衆數萬，盡鋭犯我營。存厚被圍，知縣松壽鹽、知事張翊國皆戰死。公所統不及萬人，或説之曰："賊護糧而來，生死所繫，其鋒不可當，盍姑撤此營？鎮江賊喜於得食，必不我迫也。"公曰："吾以一部郎，不數年致位開府，國恩厚矣。一戰而捷，絶其糧道，可以制賊死命。臨難縱敵，吾不爲也！"遂率親兵馳往救之。抵烟墩山，登高瞭望，中槍卒。存厚翼其尸，突圍而出，不克，亦死之。京口副都統綳闊已戰脱矣，泣曰："吾與吉公同入，公死，我何忍獨生！"遂自投於江。事聞，給一等輕車都尉世職，敕殉難地方建專祠祀之，謚曰勇烈。餘賜恤有差。（《昭忠録》）（按：中丞屯軍小九華山，其烟墩山係總兵虎嵩林屯扎。被圍時，中丞帥劉公往救之。勢急，中丞自戕。劉翼其尸，不得出，乃潛瘞濠塹中，歸營而死。綳公則於是春戰敗投江死。見鎮江府知府李仲良《金山吉公祠碑記》，與録小有异同，附識於此。）

周兆熊，字輔臣。四川成都人。官副將。性慈惠，喜聲詩，有古儒將風。粤賊之踞鎮江也，撫軍吉爾杭阿屯小九華山，總兵余萬青屯京峴山，兩軍東西相望，爲犄角勢。兆熊率所部守城西破岡子，當賊衝。咸豐六年四月二十八日，吉軍潰，賊犯兆熊營，圍數匝。兆熊遣裨將詣金陵向帥營求援，已與賊相持五日，擊殺過當。會水道斷絶，軍士渴死者相繼，賊攻益急。兆熊度援軍不及待，乃布火藥於帳下，具衣冠危坐，藏火繩衣袖間，命一卒彈琵琶，調久不和，兆熊笑曰："爾心亂矣！"乃從容手自揮弦，賊疑，不敢進。久之，覘知虚實，遂擁而入，兆熊縱火自焚，一營皆燼，賊衆先入者亦隨殪焉。時五月五日也。事聞，恤贈武功將軍，謚曰果愍。賊既破其營，翌日，趨京峴山，將合圍矣。會向帥遣總兵張公國樑率師至，戰於山下，大敗之，賊抄東陽遁去，南路郡邑悉賴以全。方兆熊之遣求援也，裨將謂公顔色當不至被禍，兆熊笑曰："臣之死忠，國之不幸而臣之幸也，豈有顔色或异者？子有老母宜亟往。"裨將嘆息，泣數行下，遂躍馬突圍而出。裨將姓蘇名如松。（見《京江忠義録》。此傳采入《蘇省昭忠録》。）

富陞，字新芝。京都正黄旗蒙古人。樸質寡言，温恭御下。任河南南陽鎮總兵官。咸豐十一年二月初六日，督隊攻城南華村賊壘，深入賊巢，受創甚重，仍力戰不少挫，爲賊中要害而亡，時年四十有三。同治改元，正月四日，賊攻鎮城，自晨及夜，挾雲梯數百，薄城而上。忽見大將統萬餘人蜂擁而至，賊望見，大驚曰："富公來矣！"乃遁去。有自賊中逃出者傳其事云。（《京江忠義録》）

楊靖，四川成都人。藍翎同知銜，候選通判。隨提督楊鼎勳剿賊江蘇、福建等省，身受槍傷。同治四年八月，傷病齊發，卒於鎮江軍次營。委候選主簿劉慶齡斂而葬之。靖子鄉舉楊宜治，因久不得父書，於同治七年試禮部後，遍歷江淮訪求音耗，既知其卒於鎮江，泣求葬所，則荒冢累累，無可辨識，呼天泣禱，露宿冢畔者數月，或告曰："劉知之。"因蹤迹得劉，拜懇同詣其地，審證明確，禀縣啓驗棺，前和鄉貫名氏硃書燦然，於是始得扶櫬回籍，而仍窆其衣冠於舊穴。經爵閣直隸總督李公鴻章奏，楊靖剿賊，受傷在營，病故，正軍務倥偬之時，槁葬荒山，歸骨無日，洵爲可憫。其子楊宜治萬里尋親，數年訪獲，尤爲誠孝可嘉。請照同知軍營立功後病故例，從優議恤。事聞，加贈道員，權鎮江府事。趙公佑宸爲記其崖略，立石於陽彭山左墓前。

張攀龍，江寧人。以參將爲艇師統帶官，駐焦山上下。甚愛民，嘗言"民斷不敢侮兵，故民受兵侮，赴轅控愬，往往得直"。後升瓜洲營副將、水軍都督。會佛感洲民團潰敗，陸路不之救，民投江死者無算。攀龍欲救之，左右諫曰："非將軍職内事也。"攀龍曰："民何分於水陸哉？"不及易裝，一躍登岸，從者數人，疾馳向賊，賊退，獲賊馬，乘之以追。越河，賊大隊至，遂遇害。攀龍能詩，有《長江紀實詩》若干首，述由楚及金陵大軍事甚詳。（卞小雅《從軍筆記》）

丹徒縣志卷二十九終

丹徒縣志卷三十

人物七　忠義表

國朝道光二十二年壬寅，西洋㖿咭唎犯境，六月十四日，城陷。殉難忠義士民表：

自盡	火焚	鬥詈被害	抗拒被戕	抗拒被戕
蔣錫琛（文生，投江死，有傳） 笪應祥（同妻投河死） 周祥齡 郭元年（并投井死） 劉與皆 徐子舟 紀成龍（并投水死） 馮錫椵 程　鐸（并仰藥死） 包立名 盛之近（并自縊死） 李　玉（墜樓死） 宋孚吉（觸石死） 金　蕭 王爲光 孫直襄 鮑湝生（監生，即汝楫） 劉太初（以上閉户不食死）	李遐齡 李長齡 李廷樑 李廷擢①（廷樑、廷擢并以救父。遐齡叔長齡不克，同死於火，原報《孝子傳》，列“孝友”） 李履平 張定基 張岷川 張　元 王盛吉 王盛儀 王良玉 夏正裕 趙大龍 韋秉茂 裴元貞 錢國順 謝吉人 秋　澄 林　梓	張寶文 何在鎔 任以孚 朱　禮 畢　勳 顏鳴臯 程友芳 陳殿貴 龍成化 席嘉奎 張元鼎 王智雄 左　傑	程庭梓 邵　堂 王春森 陳大同 劉書田 臧雙桂 范家先（以上俱以救親被害，原報《孝子傳》，列“孝友”） 金　銓 金　鑑 龔自芳 龔自馨 顏文學 宋集賢 何覲廷 王廷甫 陸鈞聲 張巳山 盛霽堂 洪汝金 吉公發	程　墉 程　匯 張　林 張　萬 賀承家 賀承宗 衛保皆 洪映奎 盧立勳 林端住 周　鈴 倪萬才 華廷寶 陳鳳祥 嚴明高 步聖孔 祝大齡 石松齡 黃士楷 于　泰 陳　鎮 劉朝（闕）
			李　坦（監生，有傳） 王志元（有傳）	張勝意（有傳） 包國銓（八品銜，傳見“孝友”）
			右四人，原録未載，後於同治十二年由采訪忠義局補報請	

右除補録四人，餘九十二人俱見《丹徒孝烈録》。（按：《録》中間有避寇在外，因病身故，而當時訛傳殉難，因而誤入者，今俱查明削之。）

① 按：“擢”，疑作“櫂”。

道光二十三年十月二十日，奉旨令該巡撫轉飭該地方官將殉難士民於本邑忠義孝弟祠内設位致祭，并題名於石碑，俾得流傳永久（後附祀昭忠祠）。咸豐、同治兩朝例同。又同治八年，奏准各省陣亡官員及兵丁入祀各昭忠祠；又光緒二年，奏准凡各省兵團士女被戕殉難、舉報無人、姓名莫考者，於各省昭忠祠之左序添立總牌一座，上題某省某府屬湮没未報陣亡團丁。忠魂之總位右序添立總牌一座，上題某省某府屬湮没未報殉難士民。忠魂之總位并於各省貞烈祠之中龕添立總牌一座，上題某省某府屬湮没未報殉難婦女貞魂之總位。

咸豐三年癸丑，迄同治三年甲子，粤寇擾亂郡城，及在他郡省殉難忠義士民表（甲子以後，在他郡省殉難及死於捻匪、回匪之難者并附）：

陣亡	自戕	駡不從賊被害	抗賊被害	抗賊被害
陳貴甲（監生，擊賊被害，有傳。《蘇省昭忠録》，在十年） 吴瑞芝（同鄉民與賊戰死） 詹乃柏（在丹徒鎮戰死） 裔有宏（在儀徵戰死） 夏立本（松江左營守備，在九江陣亡） 錢大昌 吴大順（并鎮江營守兵，陣亡）	戴　澧（歲貢生，投江死，有傳） 戴敏求（求父澧尸不得，毁卒於道） 莊拭曾（投江死） 李溥泉（從九品，投泮池死，有傳） 金渭源（暨妻滕氏） 尹静安 田　榜（暨妻吴氏及幼子焜） 高厚增 以上投塘 顧連生（暨妻張氏） 顧桂生（暨妻周氏） 尹見五 李　溶（同母王氏） 崔順發 周　治（議叙九品） 凌文桃（暨妻謝氏） 嚴維吉 凌庚年（議叙八品） 張　樹（監生，暨妻陳氏，并在揚州殉難）	王鳴鶴（暨妻李氏） 王　棟（暨子烈） 王　烈 王體乾（暨家屬，有傳） 錢以德（議叙八品，暨妻張氏） 錢曰俊（暨妻王氏） 李　松（暨子蘭生、孫明懷及家屬） 李蘭生（監生） 李明懷 嚴如全（暨子天喜） 嚴天喜 嚴建斗（監生） 張開泰（鹽提舉銜） 張國華 顏士珩（軍功六品） 顏錫斌 陳國相（有傳） 陳康齡 何仲玉（至聖廟屯田廳，暨家屬，有傳） 柳觀晉（文童，公牘作“武童”） 杜銘榮 宋家翰	王東山（監生） 王子和（暨子隆慶及家屬） 王隆慶 王裕庭 王德純 王楚江 王小堂 王德寶 王鳳祥 王儀彩 王上福 王啓發 王寶堂（議叙九品） 張增璧（議叙八品） 張永輝（暨家屬） 張孝仁（暨家屬） 張獻廷 張小樓 張承瑩 張承杰 張春生 張　文 張用中 張康山 張鐵匠 錢明珍 錢文壽 錢文德 錢正隆 錢明貴 錢明興	韓兆福（監生，暨妻張氏） 韓長景 笪世俊（監生） 笪門兒 李兆恒（文童，暨妻吴氏） 李兆奎（暨妻吴氏） 戴守權 戴　平 沈烈揚 沈卓才 茅全德 茅　五 於有仁 於有德 真傳炘 真傳仁 葉生慶（暨子福元） 葉福元 湯元掌 湯學貴（暨妻任氏） 竇廣有 竇廣德 左大富 左大元 任士高（暨幼女） 任大狗 霍前發 霍前順 薛正壽
附録				
姚　珍（江寧人，鎮江營右哨千總，在京峴山打仗陣亡）				

以上投井

李壽民(暨妻王氏及二子)
李二元
李三元
李承祖
徐古堂
徐　濳
徐明德
張光五
張　山
鄭素齋(暨子長壽及家屬)
鄭長壽
茅壽徵(暨妻錢氏)
管永和
胡　鋐
沈厚滋(監生)
田殿倫
閻鑑堂
朱大麻
夏志純(在揚州殉難)

以上投河

童藎臣(暨子封五及家屬八口,與楊氏合傳)
童封五
童錫三(暨子元喜及家屬三口,傳附童藎臣)
童元喜
楊蘭舟(暨子棣華,有傳)
楊棣華
楊瑞符(暨家屬六口)
張永康(監生,暨子用賓及家屬,有傳)
張用賓
顧兆椿(暨子德祥及家屬五口,與張永康合傳)
凌庚順(暨母張氏)
毛天禄
汪　溶
唐　升
張榮生(增生,暨子金殿、金棨、金錫及家屬,有傳)(以下在揚州殉難)
張金殿
張金棨
張金錫
張桂芳(文童)
張廷選
張晉藩
戴　杏(監生,聖廟掌書廳,暨二子炳元、棨元及家屬,有傳)
戴炳元
戴棨元
戴鎮寶
戴聯寶
戴杏子
袁廷贊(文生)
袁正進(合家同死)
袁秀馥
紀殿掄(暨子餘堂,有傳)
眭同年
眭　慶(俱文童)
李恒清(從九品,同妻姚氏)
曹　簵(廪監生,有傳)
楊　鋆(議叙布政司經歷,有傳)
劉祝三
臧椿桂(文童)
蕭鼎和(義僕)
原文照(在漢陽殉難)
蔣蒓湖(銀山關帝廟道士,有傳)

以上罵賊被害

錢明壽
錢學安
錢電子
錢如子
錢乃曾
錢　楷
孫名儒
孫　烺
孫堯佐
孫大霞
孫啓高
孫順福
孫廷福
孫廷富
孫德章
蔣士泰(從九品)
蔣士福(暨家屬)
蔣培元
蔣幹明
蔣洪福
蔣綬五(暨家屬)
蔣十洲
蔣冠兒
蔣　淦
徐有德
徐家起
徐舜臣
徐宏明
徐永泰
徐永成
徐永春
徐永萬
滕國本
滕立生
滕士習
滕履泰
滕履安
滕耀亭
滕西堂
滕士珍(暨家屬)
莊　通(鹽提舉銜)
莊學連
莊文林
莊國久
莊文福
莊乾通
薛六保
萬　璞
萬　瑜
趙兆林
趙大元(暨妻何氏)
蔡廣恒
蔡麻子
殷長子
殷絲架
華金魁
華玉成
尹問亭(監生)
尹文聘
宋成錦
宋其金
何貴福
何麟書(監生,妻姚氏同死)
何文玉(監生)
何汝均(文童)
盛登雲(增生,有傳)
居黻書(布政司理問銜)
劉盛元
卞洪發
羅克昌
丁少卿
傅子信
程　桐
吉　慶
毛七旬
孔兆發
胡連貴
康韻中
許士昌
蘇正舉
陸有福
夏得發
商達壽
潘正才
畢紅兒
唐耕莘
宗大年
環治高
陶洪昭

<table>
<tr>
<td></td>
<td>顧德祥
周福康（傳附張允康）
真傳煜

以上自焚

李大智（暨妻張氏）
李大忻（同母左氏及弟大恒）
李大恒
李玉齋（同妻王氏）
李成復
謝文英（文童，暨家屬）
謝文燾（暨子福齡及家屬）
謝福齡
王順徵（暨妻張氏）
王兆麟（同母茅氏）
張秉和（醫學）
張啓海
吴　煦
吴松年
楊培茂
馬長春（同母茅氏）
童基德（武童，同母楊氏）
沈玉瑞
耿步鼇
江和譁（議敘八品）
何金萱（暨妻林氏）
陳爲善（暨妻李氏）
嚴皆吉
周漢臺（暨妻徐氏）
（以下在揚州殉難）</td>
<td>李效先
李　浩（從九品銜，二李傳附李溥泉）
李大林
李文斗
李春泉
錢乃康
錢日敏
錢正興
劉元成
劉文高
劉炳貴
朱成龍（武生，計誘殺賊，被鋸死）
朱文印
朱兆元
張勝發
張寶經
孫聚英
孫六宜
步自福
步自壽
潘兆瑞
潘裕生
馮遇春（謀通官軍破城，事泄，被害）
林壽先
顏士璋
嚴明昆
趙繼良
柳日章
楊學能
周德源
吴映台
洪　庚
包子千
何蓼舟
馬美春
王廷輔
章榮貴
孟長生
倪文瑞
董　璧（同母劉氏）</td>
<td>莊　霞
金德喜
金德源
金德明
金德賢
金文貴
金有元
朱德川
朱正賢
朱太棠
朱汝南
朱汝發
朱老五
吴學璽
吴士祥
吴象奎
吴定夫
吴正泰
吴耕餘（母、妻子、女皆投井）
周楚生（暨妻吴氏）
周序昭（暨家屬）
周星聚（議敘九品）
周耀堂
周祥發
周　陸
陳天錫
陳　龍
陳志榮
陳五兒
陳慎山
陳廣才
陳支衍
葛錦學
葛錦德
葛朝文
葛德兒
葛　四
楊在新
楊恒泰
楊尊端
楊興才
楊同子
高子仙</td>
<td>李可亭（元壇宫道士）
僧朱明
張政智（布政司理問銜）
（以下在揚州殉難）
張振鏻（文生，同妻某氏及子大沅）
張大沅
張以智
張巨源
張鴻越
張鴻義
張正名
張　煦（議敘八品，同妻、妹）
王子文（暨妻劉氏、子興隆）
王興隆
王　醇
嚴保均
嚴茂虎
嚴治祥
金起書（暨弟起元、起高）
金起元
金起高
凌庚鳳（從九品，暨弟庚長）
凌庚長
孫玉波
孫啓彪
戴連德
戴聯慶
賀壽南（同妻凌氏）
賀致祥
夏志能
夏志存
莊文元
史松岩
石　錦
茅元科
徐暨堂
周雨香</td>
</tr>
</table>

周　珍（同母李氏）
周笠庵
郭　洵（傳附郭瑗）
陳琮璜（傳見“孝友”）
陳功名（傳附郭瑗）
潘壽徵（同母裴氏、妹四人并死）
孫盈之
祝純良

以上自縊

張瑞泰（同母楊氏）
孫景江
錢之中（暨妻蔡氏）
郭　玳（暨子溎、任澐及家屬，傳附郭瑗）
（以下在揚州殉難）
郭　溎
郭　澐
汪元煦（江西義寧州吏目，暨子焜及家屬，有傳）
汪　焜（順天府學附生，議叙國子監典籍）

以上服毒

高鈺田

自刎

薛象韶
薛　蓮
薛大官
趙裕文
趙禮經（監生）
郭懋林
郭謹之
李光華
李西園
馬鳴岡

茅成科
胡正銓
許霞鶴
趙景亭（從九品，暨子潔夫、任洪信，有傳）
（以下在揚州殉難）
趙潔夫
趙洪信
趙宏泰
趙宏成（暨子大官及家屬）
趙大官
趙宏信
趙維訓
周元本（暨任增壽及家屬）
周增壽
周撫園（暨妻張氏）
鄒錫炎（謀通官軍破城，事泄，被害。有傳）
朱龍銜
嚴維財
祁有年
孫　玉
嚴增榮（原名溱）
郭理堂（二俱在九江殉難）
葉士宏（暨幼子，在儀徵殉難）

以上脅降不從被害

高金生（同母、妹）
高德榮
高二官
高振聲
姚成書
姚春園
姚經畬
姚誠齋
姚　三
包筆節
包良貴
包家誠
包廷鑑
包裕壽
凌京富
凌京貴
凌守元
凌紅兒
秦德華（暨子正萬）
秦正萬
秦啓順
秦九兒
尤　樑（從九品銜）
尤瑞蘭
尤琢之
馬士蕙
馬慶祥
馬六子
范東陽（暨妻苗氏）
范大林
范元才
鄭醴泉
鄭明高
鄭榮先
嚴恒齋
嚴汝舟
嚴舜舉
汪德善
汪兆榮
汪兆和
童文溥
童懋亭（議叙九品）
童　二

郭　瑗（暨家屬，有傳）
談廣源（奉祀生）
鄭志道
朱洪裕
沈寶書
陳星南
楊檢亭
宋　鼎（監生，同妻吴氏）
戴　崧（福建尤溪典史，在任殉金錢會匪之難）

以上抗賊被害

包國壽（從九品）
楊紫山
李　淦
嚴　某（廩生，嚴洵子）
郭　某
袁　某

右附録咸豐二年，在江西殉難者

	馬長益 余景春(暨妻蔡氏) 余景泉 顔崇暉 朱文沂 尹馥亭 王步瀛 吴向葵 唐相臣 張　愹 (以下在揚州殉難) 張　恂 張裕昌 張　杰 夏洪修 夏霞舒 夏掄元 巫明棖 巫明棟 巫明橋 趙容德 趙雙德 趙福德 楊瑞堂("瑞",一作"端") 楊普橋 嚴治綱 嚴五九 滕國英 滕世禄(文童) 林衡齋 曾允興 湯永齡 孫文學 晏藝之 沈啓盛 宜士貴 吕孔章(候補理問,暨家屬,有傳) 吴蔭椿 柳　焕 茅積庵 鄒炳增 許蕙治 金鈺銓			
	以上不食死			
右咸豐三年(咸豐二年附見)				

<table>
<tr><td>陳厚恒
陳開高
陳開玉
陳開義
陳開宜
陳啓倫
段國照
段香兒
金樹寶
楊國玉
華尊明
戴榮慶
萬成林
陸發林
龔成福
湯天福</td><td>陳宗根
李　境</td><td>許宏學
畢萬和</td><td rowspan="6">羅志信
孫廣遠
孫廣德</td><td rowspan="6">曹世卿（在湖北漢口鎮殉難）</td></tr>
<tr><td>以上在高資隨官軍打仗陣亡</td><td>以上投河</td><td>流寓</td></tr>
<tr><td>李盛勳（西鄉團練董，拒賊陣亡）
胡正隆（鎮江營守兵，在本邑陣亡）
金士榮（江寧人，軍功六品，鎮江營馬兵，在東門外陣亡）
崔大同（廣西副將，有傳）</td><td></td><td>易培南（有傳）</td></tr>
<tr><td>附録</td><td></td><td>并脅降不從被害</td></tr>
<tr><td>楊發春（外委，有傳）</td><td></td><td></td></tr>
<tr><td colspan="5">右咸豐四年</td></tr>
</table>

金啓謂 金永明 金永安 金永常 金永益 金永和 金加明 金春生 繆承冬 繆承富 魏承喜 魏廷彝 巫國法 楊尊祥 曹廣壽		唐九齡（罵賊被害） 劉加祥（脅擄不從被害）	徐英興 徐加壽 徐加朋 徐加玉 王學功 王杏春 王士倬 潘德海 潘宏猷 潘宏彩 劉成山 劉廷杓（監生） 卞高泉 張爲金 孫久文 沈文修 余有德 吴起界	高隆壽 汪金國 陳明昌 錢學榮
以上在高資隨官軍打仗陣亡				
丁蓉齋（鎮江營守兵，陣亡）				
右咸豐五年				
孫　藝（鎮江營右哨經制，外委。在四擺渡打仗陣亡） 朱厚仁 朱天來 朱明達 朱啓昌 王廣生 王廣仁 王太山 王榮和 王濟和 繆永燦 繆家華 楊登清 楊登貴 楊尊福 劉春華 劉榮遠 劉玉全 金加寬 金萬寶 魏元麒 何玉海	李蘭祥（議叙布經歷） 嚴文著 何鴻譽（句容籍佾生，暨妻戴氏，在句容殉難） 以上投塘 貢盛祺 鄭治恒（在揚州殉難） 以上投河 顏士佐（投火自焚，有傳） 楊宗伯（議叙九品，暨妻何氏，在揚州自縊） 王家督（在揚州不食死） 戴　桐（在揚州自盡，見《昭忠録》）	顏士麟（有傳） 楊大銓 朱振鳳 顧榮發（四并文童） 盧宏朗 茅桂亭 孫蔚文 方榮悦 蔡明湖 張培遠 盛鳴興 洪元懷 陳　均（議叙九品，在揚州殉難） 以上罵賊被害 吴永貞（文生） 李丙原（議叙九品，俱在揚州脅降不從被害）	張聚川 張子富 吕嘉德（暨妻李氏） 錢伯仁（暨妻張氏） 凌克昌 劉心禄 傅秉其 茅森林（五品銜，候選縣丞） 吴蘭堦（五品銜，候選從九。二并在九華山大營殉難） 唐　二（有傳）	張　忱（文童，在金壇殉難） 胡蔭禄（增生） （以下在揚州殉難） 劉恒鳴 邱立山 鄭治道 楊秉禮（暨妻何氏） 戴上林 戴晏林 包德培（文童） 附録 郭　象（江寧文童，在九華山殉難）

唐　二 喬世加 段伯廣 李　桂 周正喜 陳朝禮 僧淨學				
以上隨官軍在高資打仗陣亡				
張廣聚 張廣恒 殷大彭 戴廣信 王鳳城(從九品,并在九華山陣亡。"城",一作"誠") 陳　元(鎮江營守兵) 吴學潤(在京峴山陣亡) 華志彬(有傳) 華有本 童大明(傳并附華志彬) 歐陽壽長 歐陽裕福 歐陽儒英 歐陽至德				
以上團練禦賊陣亡				
楊寶珍(殺賊被害,有傳)				
附録				
吉爾杭阿(江蘇巡撫) 周兆熊(副將,俱有傳) 綳　闊(京口副都統) 劉存厚(江寧府知府,傳俱附吉爾杭阿)				
右咸豐六年				

<table>
<tr><td>李加增（鎮江營藍翎戰兵，在下蜀街陣亡）
崔常義
顧榮全
秦起發（六品軍功，并鎮江營守兵）</td><td></td><td>喬玉壽（暨三子，有傳）
喬治鋃
喬治錡
喬治銓
李本初
劉元寶（均脅降不從被害）</td><td></td><td></td></tr>
<tr><td colspan="5">右咸豐七年</td></tr>
<tr><td>錢　松（後幫旗丁，同子某）
魯三多（武生，俱在揚州與賊戰死）
朱青雲（候選縣丞，有傳）
朱廷槐（候選衛千總）
朱正爵（武生。三俱在六合與賊戰死）
吴　沅（五品銜，候選從九品①，在寧國府灣沚鎮陣亡）</td><td>宋汝功
嚴恩生（文童，暨家屬）
張遐齡（俱在揚州投河死）
張　銘
朱志信
朱長齡（俱在高郵遇捻匪投河死）
林祖偉（文童，在揚州自縊）</td><td>茅乃大（在揚州駡賊被害）
莊弟郊（在六合救母駡賊被害）
吴仲和
吴巽承
劉玉曾
程吉安（俱在揚州脅降不從被害）
茅乃繩（在高郵遇捻不從被害）</td><td></td><td>宋　浩
宋　洵
戴　焜
沈定城（俱在揚州殉難）
邵永泉（在江浦殉難）
朱景鏞（在蕪湖殉難）
高青選（豐縣教諭，在任殉捻匪之難，有傳）</td></tr>
<tr><td colspan="5">右咸豐八年</td></tr>
<tr><td>吴朝棟（五品藍翎，候選從九品，在浦口營陣亡）
鄒全節（署浙江德清縣知縣，在任禦土匪陣亡，有傳）</td><td>張子箴
張朝綬（俱在高郵投河死）
牟　錡（暨妻許氏及子正和）
牟正和（俱在揚州投河死）</td><td></td><td></td><td>袁毓麟（山東候補按察司照磨，奉委偵探軍情，遇匪不屈，被害）</td></tr>
<tr><td colspan="5">右咸豐九年</td></tr>
</table>

① 按："品"字原缺，據下吴朝棟小字注補。

趙慶恩（武進士，候選守備，有傳）
趙慶錫（武生，千總銜，有傳）
趙邦和（武生，軍功六品，慶錫子）
趙　斌
趙得臣
趙雲鸞（俱武生，傳附趙慶錫）
趙雲璧（武舉，暨子其英，傳附趙慶錫）
趙其英
趙蓉鏡（武生，暨子培庚，有傳）
趙培庚
王全福（即錫疇，監生，議敘縣丞，有傳）
王　溥（候選從九品）
劉理潤（監生，貤封刑部主事，有傳）
劉錦雲
殷　德（監生，有傳）
殷兆奎（監生）
汪正坤（五品藍翎，暨子大銓，有傳）
汪大銓
李　瑞（文童，有傳）
朱佩秋（議敘九品）
龔華漢（文童，八品銜，有傳）
蔣　焕（候選巡檢，有傳）
解達梅
吴榮繡
潘崇發

以上力戰身亡

環治勤
環治坤
戴鴻吉（母楊氏同死）
孫克榮
武瑞亭
趙國安（妻解氏同死）
王　鳴

以上投江

黃汝霖
黃錦華
黃錦標
黃和尚
張應祥
張遐齡
吕　源（監生，有傳）
陶瀛川
曹德培
戴岐臺
王茂齡
徐　元
湯學潤（文童）
周伯猷（監生，拒賊兵潰）
符　大
吴紹成
殷啓雲
韓玉保
劉連庚
孫輝祖（暨二子德貞、道貞及家屬）
（以下在丹陽殉難）
孫德貞
孫道貞
張景棣（暨侄承勳）
張承勳（傳并附張淦）
劉曉生
劉逃生

吴彩佩（文生）
吴邦統（監生，暨子國鎮，有傳）
吴國鎮
趙　祥
趙渭川（二俱監生）
趙雲義
趙恒足（暨妻陶氏）
王湘浦
王紹隆（監生）
王永功
解爲均（暨子顯蘭，有傳）
解顯蘭
張萬春（武生，有傳）
張汝標（監生）
江德基
江德恩
潘薪傳（文生，有傳）
何文瑛
陳宗亮
楊學仕（支解）
陸長松
殷　霖（文生）
徐萬青（府吏，暨妻楊氏，有傳）
賈正球（有傳）
戴裔彬
劉道學
莊士清
厲鳳棲
周志高（監生，五品銜）
嚴廷栻（監生）
辛高統（破腹死）
魯　鎔（監生，暨子長治及家屬，有傳）
魯長治
汪文溶（文童。三并在金壇殉難）

趙　炳（監生）
趙春霖（監生，《昭忠録》作“春林”）
趙炳焕
趙元壽
趙魁芳
趙士傑
趙鳳文
趙明鶴
趙春陽
趙志儒（暨子錫成）
趙錫成
趙錫禮
趙懷英
趙永義
趙采蔚
趙大蘭
趙聖保
趙明良
趙瑞祥
趙培元
趙長洪（妻王氏同死）
趙　珍
趙　才
趙大成
趙玉錦
趙　元
趙子芳
趙方起
趙恒祥
趙恒德
趙元明
趙才高
趙長庚
趙其善
趙廣國
趙錦秀
趙錦山
趙雲連
趙子聖
趙正錦
殷仰如
殷笏如（并監生）

馮起鵬（暨妻陳氏）
馮湧成
馮湧方
馮金福
姚　漣（監生）
姚子英
姚棣華
邱東山
邱連貴（救父遇害，有傳）
邱小老官
何蘭池
何永亨
何蕙楨
蕭景標
蕭禄士
蕭其華
韋旺林
韋八兒
韋九兒
唐允福（議敘八品）
唐明錦
唐耀邦
劉錫麟
劉文福
劉　七
賈景元
賈連高
孫鶴庚
孫耀鼎
周兆新（監生，同妻暨子召南）
周　鑑
茅　棋
茅引年（有傳）
丁京洪（暨妻關氏）
丁紹先（暨妻關氏，有傳）
真　焕（監生，同母蔡氏、子傳炳）
真傳炳
蔣開元（祖母李氏同死）

蔡　源
蔡廷祥(源弟,并監生)
蔡長增(廷祥子,合傳)
蔡長第(有傳)
劉學漢
劉正斌
王紀昌
王智綱(紀昌子,合傳)
趙立廉(武生)
朱　源(文童,有傳)
蔣采寬(有傳)
胡象乾(從九品)
徐德明
戴恒通
薛國楠
孫潤之
何宏明
支恒慶(候選員外郎,在杭州殉難)

以上殺賊陣亡

趙春陽(監生,暨子彭庚)
趙彭庚(文童)
趙大章(暨子一清)
趙一清(四趙合傳)
趙錫華
楊寶玉(從九品)
楊瑞楨(監生)
楊　銀
蔣明錦(業儒)
蔣福春
陳善述(文生)
高士淮(議叙八品)
陳學貞
周占魁
王廷蘭(三俱在江陰殉難)
周元福(同母及家屬)
周耕莘(俱在清河殉難)
張炳如
(以下在杭州殉難)
張元暠(議叙九品,暨家屬)
范守鈞(隨外祖張元暠及妹)

以上投河

劉珍貴(同母暨妻及子連庚)
劉連庚
劉兆年(吏員)
陳學賢
陳美恭
李本端(文童,暨妻曹氏、子善元)
李善元
趙恒樹(戰傷)
趙元壽
胡　湛(丹徒鎮人)
曹世功(文童)
吴錫甫
凌　浚
歐陽柏春
馬　城(議叙八品)
韋華文
蕭景範(暨妻趙氏)
唐志宏
鮑懋春(在金壇殉難)

以上投塘

韓應昌(文生)
韓鴻吉
韓鴻祥
鄧汝霖(文童)
張　淦(文生,暨弟景植、次子承熾,在丹陽殉難,有傳)
張景植
張承熾
張裕之(在丹陽罵賊凌遲死)

流寓

王麗堂(祖籍直隸)

以上罵賊被害

歐陽珀(監生)
歐陽壽
歐陽永
歐陽明啓
歐陽敖茂
歐陽福年
歐陽裕周
歐陽庚發
歐陽富春
歐陽明秀
歐陽彭年
歐陽榮壽
歐陽盛富
歐陽百喜
歐陽法壽
歐陽泰清
張希仲(文生)
張雲槎
張德盛
張志國
張啓順
倪　準
倪　治
倪　鼎
倪　炳
倪盛富
陳勝雲(有傳)
陳　詩
陳盛海
陳　明
王明堂(文童,有傳)
殷静如
殷子興
殷瑞讓(護父被害,與殷德合傳)
殷永文
殷啓元
殷大文
殷啓明
殷鳳庭
殷泮選
殷榮壽
殷喜壽
殷肫肫
殷秀林
殷　平
張廣瀚
張廣濟(兄弟俱以救父被害,有傳)
張德沚(《昭忠録》作“德正”)
張萬瀛
張步瀛
張守清
張大韶(文童)
張蕙蘭(文童)
張春山(暨二子龍二、虎二)
張龍二
張虎二
張應貞(“應”,一作“英”)
張大徵
張蔚雲
張德三
陳元文
陳仁和
陳義泰
陳汝占
陳隆魁
陳發年
陳仁伍
陳耀廷
陳同富
陳加寶
陳登甲
陳　三
王宗喜
蔣泰霞(從九品)
顧立德
顧　福(同母貫氏)
蔡廷上(暨幼孫)
曹子瑤(議叙八品,軍功五品銜)
宜邦彦
羅永謂
袁星斗
陸志佩
楊彭生
錢成德
薛元書(有傳)
宋魯藻
向朝文
艾大禎
余福齡
祝其順
夏長志
焦明高
高五兒
林長泰
聶大昌
沈文杏(職員)
魏　三
戈　雍
鄭霖安
僧鶴洲
劉萬柏(暨弟萬榕、萬桐)
(以下在丹陽殉難)
劉萬榕
劉萬桐
丁　城(文生,暨家屬)
顔錫祺
滿　福
何錫綬(候選州同,同子行可)
何行可
(以下俱在金壇殉難)
戴以輝(軍功六品,暨幼子女)
戴以玫

黎紹武（二并武生）
朱正源（文童，有傳）
朱長齡
王允功（武童）
殷　森（監生）
殷　坦（理問銜）
韋紹忠
趙梅林
（以下六人係京口營守兵，在大港陣亡）
趙得勝
於萬木
何　海
劉大順
蔣邦俊
張松元（鎮江營守兵，在丹陽陣亡）

以上拒賊陣亡

鄒錫恭（監生，暨子增芳、侄增長、孫同弟，在金壇拒賊陣亡，有傳）
鄒增芳（監生）
鄒增長
鄒同弟
嚴如瑛（從九品銜，在金壇陣亡）
茅　榮（五品銜，候選縣丞，在清江浦陣亡）
尹邦興（六品軍功，在江寧陣亡）
謝承莊（藍翎，候補浙江縣丞）
喬　灝（候補巡檢，并防堵寧國巷戰陣亡）
張　樫（五品藍翎，試用湖北府經歷，在寧國迎敵陣亡）
吴立魁（軍功六品）
張恩然（錫庚子，候補直隸知縣，暨家屬，在浙江杭州殉難，傳附錫庚）
支恒珍（即補員外郎，在杭州殉難）

以上自縊

曹世銘（文生，有傳）
范修永（有傳，二并脅至江陰，不食死）
張昌齡（同母自焚死，見《錢乃裕傳》）
陳朝龍（暨妻徐氏，爲賊焚死）
胡　湛（住城内，暨妻宋氏及子雙兒、女、二姑、三姑）
胡雙兒
徐松源（暨妻李氏。三俱服毒死）
嚴春泉（在金壇墜城死）
許步陽（文生，登屋避賊，賊逼降之，自投於地而死）
王志璜
王志盛
邵嘉琪
邵嘉連
邵思三
魏儒春
魏學鉅
魏方愚
魏方蕙
蘇盛昌
蘇元洪（盛昌子，有傳）
姚　珍（監生）
姚允佑
戴　沂（天文生）
戴厚仁
李　濤
李長治
江有吉
江廣德
朱受霖
朱　隆
段紹基
段仲壽
陶儒雅（妻邵氏及二子俱投江死）
陶　燮
孫蜀江
孫廣佩
楊正發
楊名有
趙長鉉
韓文瀚（文生，有傳）
柳恩涵
凌克昌（并文童）
吴文杏
解　堃（并監生）
薛　培（從九品銜）
莊　鴻
盧明貴（有傳）
馬傳才
印其信
尹新甫
殷文瀾
劉道源
王英畋
王富春
王禹門
王士元
王壽隆
王雙連
王扣春
王大朝
王元政
王朋朋
田恒祥
田盛隆
田永貴
田廣萬
田恒盛
田秀林
田大周
田同庚（《昭忠録》作"月庚"）
田秋子
田春華
田德禮
李仁近（暨子文德）
李文德
李尚珍
李仁達
李照陽（護母被害）
李文福
李同勳（監生）
李　庚（文童，暨妻吴氏及弟銑）
李　銑
李祥明
吴月林
吴瑞齡
吴兆順
吴兆蕃
吴紹裘（議敘九品）
吴秉悦
吴炳悦
吴廷華
吴廷春
吴錫爵
吴發松
戴長發（文生）
戴　福（軍功六品）
趙行恕（暨子立坤）
趙立坤
陳世華（佾生）
唐位中（乾元觀道士）
戴洪保（同知銜。"洪"，一作"鴻"）
陳世全（并在溧陽殉難）
田恒純（在淮安抗匪殉難）
徐　墉（在海州抗匪殉難）
喬　濱（議敘九品，在宣城殉難）
朱錫山（在常州殉難）
鄒湘官（在無錫殉難，母嚴氏同死）
夏　鍾（在蘇州殉難）
錢藻濂（浙江候補縣丞，借補按察司司獄，在任殉難，有傳）
錢智檽（藻濂子，赴浙省親中途被害）

流寓

馬裕貴
馬裕龍
馬裕財
朱元亮（俱江都人）
戴嘉魁（六合人）

傅禮隆(在江寧九洑洲陣亡) 錢乃裕(暨弟乃崑、侄曰銘,在常州協守陣亡,有傳) 錢乃崑 錢曰銘 趙式祖(宜興劉河營左哨千總) 尹有珍(劉河守兵,并接仗陣亡) 陳順昌 喬　禮 李德高 江連達 姚長發 周長富 童　二 丁勝萬(并拒賊常州慶安陣亡) 王保平 胡遇春(并拒賊金山衛陣亡) 王盛隆 湯兆順(并拒賊金匱羊尖陣亡) 孫國榮(拒賊江陰陣亡) 許　焬(留浙補用道,有傳) 唐　銑(浙江布政司經歷,有傳) 朱龍標(浙江試用縣丞) 丁立生(議叙八品,并在杭州陣亡) 楊　淦(都司銜,在長興縣陣亡。長興,公牘作“上虞”) 流寓		翟發高 何大卿 盛長祥 丁立名 陸元德 許尚華 蔡鶴高 姚文銓(文童) 顧　福(二俱在丹陽殉難) 蕭長齡 姚乃第(俱在溧陽殉難) 盧宏遐(在常州殉難) 葉廷杞(在太倉州殉難) 以上脅降不從被害	戴　彝 戴　棫(文童) 戴廷棟 戴以咸 戴至巽 朱桂亭(議叙八品) 朱秉魯(議叙九品) 朱壽林(監生,救父被害,有傳) 朱萬澐 朱貴齡 朱茂先 朱廷復 徐毓鳳 徐文元 徐鳳翥 徐正發 徐慶泰 徐忠昭 嚴保康(文生) 嚴維明 嚴天才(暨妻何氏及幼子女) 嚴良贊	

<table>
<tr><td>左吉孚(監生,原籍桐城,暨子芝齡,在江寧三汊河陣亡)
左芝齡</td><td></td><td></td><td></td><td></td></tr>
<tr><td>附録</td><td></td><td></td><td></td><td></td></tr>
<tr><td>楊　霖(福山鎮中營藍翎把總,在大港鎮陣亡)</td><td></td><td></td><td></td><td></td></tr>
<tr><td colspan="5">右咸豐十年</td></tr>
<tr><td>朱正蘭(從九品銜)
朱正馨(監生,合傳)
朱正喬
朱正志
朱正嘉
朱正鈞
朱正元
朱正邦
朱鳳科
朱汝廉
朱汝龍
朱汝山
朱汝達
朱汝安
朱秀魁
朱士南
朱士鶴
朱士揚
朱景瑤
朱田禄
朱信方
朱文方
朱長長
朱龍年
朱協廣
朱名泰
朱保三
朱因禄
朱因松
朱熙成
朱熙順
朱悦生
朱用貴
朱照發</td><td>楊萬庚
楊萬年
楊萬青
楊裕庚
楊宏庚
楊錦裕
楊錦太
楊在昭
楊在位
楊松元
楊福元
楊法元
楊明元
楊兆元
楊扣元
楊巧元
楊送林
楊揣林
楊陽林
楊尚林
楊竹高
楊發高
楊希高
楊庚二
楊榮二
楊春二
楊四二
楊海二
楊裕春
楊桂法
楊扣法
楊彩法
楊高乃
楊書乃
楊鎖乃
楊士明</td><td>賈泰霞(捐名“慶雲”,從九品銜)
賈汝瓚
賈以鶴
賈景春
賈萬松
賈春江
賈德初
賈西和
賈兆道
賈向元
賈有根
賈雙和
賈順禄
賈昌華
賈彩南
賈有廷
賈正松
賈祥盛
賈泰禮
賈周德
賈昌明
賈雙丁
賈法二
賈高二
賈兆安
賈兆有
賈兆武
賈惠二
賈鳳乃
賈秋乃
賈四九
賈連子
賈高明
賈有連
賈文連</td><td>唐貽壽
唐登俊
唐才高
唐斯成
唐斯春
唐全榮
唐全有
唐盛禮
唐紹愷
唐登耀
唐貽泰
唐紹貴
唐紹紀
唐紹祥
唐繼高
唐全懋
唐才明
陳三元
陳五元
陳綏年
陳恪榮
陳晉富
陳　龍
陳學貴
陳學政
陳學泰
陳雙喜
歐陽敬祖
歐陽嚴壽
歐陽禄齡
歐陽起秀
歐陽祝三
歐陽錦壽
歐陽時法
歐陽松山
歐陽燦</td><td>虞鉅蘭
虞鉅鼎
虞可基
虞培基
李耀倫
李耀亭
戴盈大
戴春元
戴　昭
岳明德
岳明廣
徐汝進(職監)
徐　聚
王椿年
楊學成
李全福
張小元
鄭　成
孫文信(徐汝進以下八人并見《王溥傳》)
蔣　文(見《劉理潤傳》)
徐信元(有傳)
徐祝祥
滕衡銓(監生)
袁三元
湯道寬
何繞喜
孔廣成
馬如龍
胡宗富
丁壽伢
許大年
陸　五
印　達</td></tr>
</table>

朱晉朋
朱泰蘭
朱名顯
朱符松
朱符忠
朱符廣
朱符庚
朱逢山
朱繼保
朱鳳奎
朱朋志
朱春山
朱順來
朱予蕩
朱鼈愛
朱杏愛
朱壽林
朱鳴忠
朱白二
朱祥盛
朱順虎
朱榮高
朱榮華
朱鳴琪
朱雙發
朱雙雙
朱在福
朱允芳
朱瑞廷
朱協宏
朱名玉
朱連山
朱發成
朱林書
朱良諒
朱志耀
朱夢麟
朱愷揚
朱愷榮
朱愷元
朱愷全
朱愷林
朱愷政
朱長松
朱順明
朱海明
朱予庚
朱鳴順

楊兆榮
楊惠松
楊天賜
楊希春
楊慶福
楊網鼈
楊九用
姚錦章
姚錦泮
姚錦萬
姚錦權
姚錦明
姚錦賢
姚錦佑
姚錦橐
姚錦理
姚錦耀
姚錦成
姚錦敖
姚有仁
姚有煌
姚有鑑
姚有成
姚浩鑑
姚浩禮
姚浩萬
姚壽崑
姚壽根
姚嘉鑑
姚嘉瑞
姚嘉級
姚嘉書
姚永泰
姚斯泰
姚鶴年
姚景壽
姚維貞
姚楚魁
姚信高
姚押高
姚桂小
姚三小
吴學明
吴學和
吴學舟
吴學欽
吴學惠
吴學順

賈西苟
賈穿苟
冷純學（五品銜，監生）
冷友薰
冷友賢（并從九品銜）
冷友彩
冷友忠
冷慶安
冷慶標
冷慶照
冷慶煌
冷慶禄
冷純暘
冷純球
冷純琇
冷昌桓
冷昌鈵
冷昌隆
冷昌友
冷昌蘭
冷昌陽
冷昌煦
冷祖盛
冷發盛
冷史元
冷松元
冷西林
冷西二
冷高榮
冷順龍
冷美松
孫榮階
孫榮阼
孫榮鄰（并從九品銜）
孫榮良
孫榮浩
孫榮雙
孫榮賢
孫榮隍
孫榮興
孫銓章
孫銓錫
孫銓坤
孫銓法
孫銓俊

王　錦（監生，有傳）
王文禕
王宏美
王長槐（并附《王錦傳》）
王廣文
王洪仁
王鳳聲
王士賓
劉鶴年
劉發年
劉發武
劉發義
劉長春
劉長壽
劉洪南
劉彭慶
陶玉潤
陶玉順
陶玉臺
陶玉金
陶迺錦
陶之驥
陶其慶
陶芝茂
宗繩義
宗繩綬
宗繩玉
宗其悌
宗其學
宗來英
宗順英
嚴益楠（鳴金擊賊，爲賊焚死）
嚴學益
嚴宗猷
嚴秉貴
嚴發模
嚴發雲
嚴學易
周錫剛
周錫五
周錫古
周錫求
周錫修
周錫成
周大禮

徐秉元
糜宗令
楊明耀
楊明正
楊明科
楊明義
楊明志
楊廷蘭
楊廷淦
楊廷璽
楊廷萬
楊友廣
楊友超
楊繼龍
楊龍龍
楊慶敖
楊克昌
楊再柏
楊義蘭
楊發春
楊文彬
楊玉春
楊喜珍
王珍乃
王高年
王鳳高
王徐牛
趙祥元
趙兆慶
趙連愛
趙堂堂
唐秀成
唐學成
唐臘狗
唐雙高
舒錦文
舒鼎桂
舒鼎仁
邵巧英
邵福山
陳文焕
陳子超
賈增焕
賈增煜
莊安乃
謝珍乃
周洪高

朱福成 朱福高 朱鼇明 朱悦明 朱萬松 朱兆科 朱虎保 朱修德 朱福元 朱明發 朱榮發 朱兆熊 朱祖庚 朱發榮 朱貴榮	吴學慶 吴學惟 吴學源 吴學開 吴家瑚 吴家連 吴家璜 吴家令 吴家廷 吴家元 吴洪照 吴彩緍 吴彩尚 吴有志 吴寬智 吴高元	孫銓德 孫紹英（監生） 孫秩然（文童） 孫傳謹 孫經元 孫從瑞 孫增和 孫　柏 孫繼松	張錦柏 張定玉 張學存 張計松 張安明 張允和 龔有良 龔振周 龔佩麟 龔統道 李迪祥 李洪猷 李吉祥 李章猷	
續録				
李祥明 李祥梧 李祥智	李本勳 李道勳 李宏勳 李立勳 李明勳 李慶勳	李壽勳 李宗勳 李保勳 李增勳 李玉勳 李鍾勳	李明猷 李安猷 李雙猷 李何猷 李通猷 李潤猷	李祥永 李亨永 李龍永 李琇永 李明信 李明遠 李明崇
右咸豐十年各鄉團練陣亡義民表				
祝文奎（一作"文魁"） 殷維國（俱擊賊陣亡。維國有傳） 李肇祥（五品，封布政司經歷銜。在海州團練陣亡，有傳） 徐忠明（外委加六品銜，在寧國陣亡） 張　林（六品藍翎，候選從九品。在江西營剿賊陣亡） 馬文林（在上海陣亡）	王伯齡（暨子鎔文） 王鎔文 徐兆銓（暨妻孫氏） 徐祥發 裴　寅 陸志富 張宏錦 顧尊祖 周伯猷（有傳） 以上投江 魏宏成（《昭忠録》作"宏臣"）	趙慶棠（監生） 趙在禮（住魏家岡） 陳耀昌 陳鳳岡 池茂寶（武童，支解死） 殷令寶 徐兆豐 孫樹勳 劉學先 王士和 朱開桂 以上罵賊被害 丁其芳	趙士英 趙信昇（暨弟正安） 趙正安 趙在禮（住大港） 趙遐明 趙錫成 趙士棟 趙承霖 趙　隆 趙瑞庚 趙正玉 趙鴻良 高楚江（暨妻周氏及子五九） 高五九 高桂林	劉中盈 徐錦貴 紀學本 成大發 舒秉寬 尹得富 吕汝興 賈增高 孔照霞 戴右齡 仲南龍 魏成學 林有年 曹成裕 龔彩相 陳輅文 殷連壽

吴文鈞（都司銜，浙江杭嚴衛守備） （以下在浙江陣亡） 陳兆元（浙江補用，從九品。暨弟兆駒、子大聯、婿唐植） 陳兆駒（附生，"駒"，一作"煦"） 陳大聯（文童） 唐　植（從九品，傳并附陳兆榮） 李彭澤 趙甲庚（并軍功六品）	王家福（同母笪氏） 王　闢（暨妻張氏） 馬傳杞 僧端本 唐　鉉（聖廟賁奏廳，暨妻李氏、子鶴笙。在海州殉難，有傳） 唐鶴笙（州同銜）	丁其達 丁茂明 吴國華 吴家源 吴家旺 周學堯（暨幼子） 周通元 楊茂全 劉朝品 蕭啓鼇 葉大德 時　峰（支解死） 王金圖（從九品，在浙被戕）	高爲林 王慎華 王德玉 王大成 王萬全 孫廷秀（文童） 孫仁貴（暨幼子） 孫錫瑶 嚴秉樹（《昭忠録》作"秉村"） 嚴世禄 張　椿（議叙九品） 張世禄 賈林乃 賈汝旭 歐陽禄 歐陽克華	蔡國英（名金福） 楊善徵（并監生，俱在海州板浦場抗匪殉難） 蔡光第（文生，在豐縣抗匪殉難） 張　楷（議叙八品，妻支氏及弟楨等同在杭州殉難） 張　楨（浙江補用，從九品，署江山縣縣丞。妻袁氏、子恩璜、恩璘、女、大姑同死） 張恩璜 張恩璘 吴　坪（浙江候補巡檢，署仁和典史） 包　楨（浙江會稽縣典史。二并在任殉難） 楊　春（吴文鈞家丁） 鍾　和
附録	以上投水	以上脅降不從被害		
富　陞（河南南陽總兵，有傳） 張金全（都司）	凌正佳（文童） 黎寅萬 仇宏科 嚴　澐（在鎮陽關殉難） 張錫庚（左副都御史，在浙江學政任所殉難，有傳）			
	以上自縊			
右咸豐十一年				
朱瑞林（監生） 朱士龍 朱繼高 朱錦元 朱信順 朱海銘 朱扣子 朱敏元 朱鳴德 朱繼龍 朱福如 朱鼎二 朱因在 朱通希 朱爰貴 朱七字 朱居柱 朱順名 朱友林 朱馨廣	朱盛忠 朱泰發 朱功懋 朱於彩 朱録文 朱福壽 朱汝道 朱守松 朱錦春 朱符仁 朱符英 朱逢忠 朱逢義 朱逢爵 朱逢昌 朱逢仁 朱逢福 朱東海 朱士璜 朱長明	朱逢林 朱逢發 朱逢順 朱符金 朱符廷 朱符文 朱汝漢 朱昌愛 朱　考 朱成林 朱泰安 朱問機 朱連高 朱　旦 朱鉤愛 朱雙苟		

朱德廣 朱榮朋 朱鳴和 朱鳴瑚 朱年保 朱士南 朱士揚 朱盛發 朱東齡 朱兆餘 朱兆發 朱聲滋 朱聲餘 朱法文 朱萃廷 朱萃建 朱汝英 朱汝順 朱汝春 朱小雅 朱廷檢 朱馨柯 朱昌龍 朱迎達 朱盛桐	朱鳴壽 朱全龍 朱馨元 朱善廉 朱德於 朱孟松 朱榮庚 朱偉孝 朱榮連 朱寧俊 朱成喜 朱可佩 朱鳴順 朱允材 朱高乃 朱敖乃 朱泰有 朱悦高 朱近朋 朱錦南 朱在庚 朱福兒 朱臘狗			

右咸豐十一年朱張圩團練陣亡義民表

李秉直（文童，擊賊被害） 包慶安（附貢生，五品藍翎，即選訓導。在嘉定縣陣亡，有傳） 徐復祥 （以下七名在上海隨官軍擊賊陣亡） 陳　得 高錦標 丁壽林 李大鴻 趙金榮 甯達夫 李得義（在青浦陣亡）	翟發玉（暨妻潘氏） 翟順元 王留珍 謝大海 李啓全 陳小元 嚴立幹 林榮魁 以上投江 翟　燦（投塘） 歐陽印堂 陳國良（并自縊） 高大文（暨子道清） 高道清（并焚死，有傳）	歐陽鶴皋 歐陽爕理 歐陽允隆 鄧振芹 劉臘哥 丁　山 陳之寶（支解死） 周大正 羅廷楫（文生，在淮安府遇捻匪殉難） 以上脅降不從被害	殷樹仁 殷樹榮 殷啓順 殷鳳樓 吴家才 吴家裕 吴家眉 趙在發 趙連科 趙廣仁 周大福 周大春 周景祥 錢揚名 錢仲義 蔣鳴山 蔣瑞龍 陳信昌 陳信聚 賈五元 賈兆廷	徐大禄 任　洪 邵扣元 田秀春 戴泰來 朱本楨 盧宏源 李啓良 唐斯茂 王敏忠 程　松（同知銜） 蔡孔福（九品銜。二俱在阜寧抗匪殉難）

右同治元年

許　炳(知州銜選用縣，在軍次病故。傳附許烺) 張振榮(直隸州銜，山東嶧縣知縣，在任遇捻陣亡) 宋　沂(增生，在甘肅平凉府陣亡，家屬俱死，有傳) 金田玉(外委，在吴江縣萬頃橋陣亡) 李玉田(外委，在吴江縣萬頃橋陣亡) 劉寶祥(在金山衛陣亡)	陳寬惠(《昭忠録》作"寬德") 陳士元(《昭忠録》作"世元") 王四兒 趙少連 以上投江 張希載(監生，自縊死) 宋庚祺(宋沂子) 宋　經(署甘肅古浪縣知縣，宋繼昌侄，并在甘肅平凉府投井死)	姚平章 姚堯夫(文童，并駡賊被害) 歐陽友楠 歐陽高年 歐陽榮秀 歐陽明福 孫廣元 祝順林 王志寬 趙　坤 徐永年 以上脅降不從被害	趙邦瑞 趙行禮 趙以義 范從虎 范元坤 范長福 張定本 張大炳 張大宏 賈發根 賈有富 賈達元 陳恭德 陳寬瑞	巫國臣(暨妻馮氏) 金有貴 歐陽德高 殷鳳朝 賈孝祥 李大勳(五品藍翎) 何蕙安 曹成鶴 吴家賓 顧彭林(在安徽省城殉難)
右同治二年				
張燕起(隨官軍攻白兔賊營陣亡) 胡得勝(擬保把總，在常州陣亡) 楊鳳鳴(儘先都司，在浙江長興縣陣亡。長興，公牘作"上虞")	徐明德(投江) 張名第(浙江候補府照磨，署開化縣縣丞，被脅不從，投江死。有傳)	孫俊聯(駡賊被害) 張鳳輝(脅降不從被害)	李洪勳 李寶勳 李高勳 李國勳 李(闕)永 李喜永 李瑞永 李松永 李璜永 李生永 李英昌 李光猷 李譜猷 李義猷 李書猷 李元猷	李明義 李明愷 李明普 李明榮 李國祥 李永貴 徐秉生 徐宗運 劉學道 劉廣德 賈增福 賈二松 王士裕 趙顯德 盧景芳 徐　明
右同治三年				
張　楹(花翎都司銜，候選衛守備，在廣東嘉應州剿賊陣亡) 附録				

<table>
<tr><td>楊　靖（藍翎同知銜，候選通判，有傳）</td><td></td><td></td><td></td><td></td></tr>
<tr><td colspan="5">右同治四年</td></tr>
<tr><td></td><td></td><td>宋繼昌（署甘肅隆德縣知縣，同妻魯氏、妾某氏及弟克昌之子喜保、女、二姑親魯慶成，并在任罵賊被戕，有傳）
宋喜保
魯慶成</td><td></td><td></td></tr>
<tr><td colspan="5">右同治五年</td></tr>
<tr><td>陳兆榮（候選訓導，在山東東昌府剿捻陣亡，有傳）
何錦山（參將銜、兩江督標補用游擊，在山東德州剿捻陣亡）
袁　□①（藍翎同知銜，貴州安平縣知縣，禦苗匪陣亡）</td><td></td><td></td><td></td><td></td></tr>
<tr><td colspan="5">右同治七年</td></tr>
<tr><td>尹　桐（布理問銜，浙江補用縣丞。在浙禦賊陣亡）
李祥麟（六品藍翎，候選從九品）
童德魁（把總）
盧金科（六品軍功，武生）</td><td rowspan="2">趙壽明（議叙八品）
張鶴壽（從九品銜，外婦女二人）</td><td rowspan="2">吴　雙
吴三瑞
吴四保（《昭忠録》作“大保”）
吴小保
趙榮標（武生，議叙八品）
趙金發
陳駱文
蘇春林
蘇長榮</td><td rowspan="2">曹　棠（從九品銜，一門殉難，共十人）
曹子元
曹子椿
曹子喜
曹子愚
陳　升
陳　貴
王　順
倪　元
田　成（陳升以下并曹氏家丁）</td><td rowspan="2">倪發榮
倪容順
倪正元（一門殉難三人，外婦女二人）
朱萬元
朱押林
朱　松（一門殉難三人）
趙麒麟
趙發白
趙永運
何桂芳（文童）</td></tr>
<tr><td>附録</td></tr>
</table>

① 按：名原缺。

鮑昌齡(四川人,副將銜參將。在鎮陣亡,入祀鎮江府城昭忠祠)		王克己 閔文英 沈玉瑞 解如棟 解廣富 解循忠	孫宗惠(從九品,一門殉難,共六人,外婦女七人) 孫覲元 孫覲美 孫覲熙 孫遇秉 劉　榮(孫氏僕)	何桂芬 張洪兒 徐竹匠 蔡培春 龔鍾茂 章必元 柳炳泰(文童)
右據公牘補入,其年月、事實、殉難地方均未審				

按:粤寇之禍,江南之一大亂也。而吾邑爲尤甚,自咸豐癸丑以至丁巳,又自庚申迄乎同治甲子,十年之間,皆賊蹂躪之日。城鄉男婦以義死者不可數計,加以捻匪之縱横、回民之殘賊,邑人遭難而於他省者亦不可數計。兹表僅據《京江忠義録》及《蘇省昭忠録》諸已蒙旌恤者録之,其未經報局及采訪不得者應俟續增。又兩《録》之中有非死於寇而誤報者,有本爲一人而名字兩見者,考得其實,均從删削,《列女志》中"義烈表"同。

續纂

朱大鏞 朱乙元 朱相文(并咸豐十年率衆禦賊被害)	戴含章(咸豐三年,合家男婦十餘口在揚州投河盡節,名氏未詳)	朱鐘福(咸豐十年,救母駡賊被害) 張　潤(咸豐八年,同子良楙在六合遇賊脅降不從被害) 張良楙(救父被害,有傳)	朱士謙(咸豐十一年,抗賊被害) 朱士巧 朱舉鵬 朱旅儉 朱旅讓(并同治元年抗賊被害)	朱士蘭 朱士庚 朱舉臯 朱舉瓚 朱旅仁(并同治三年抗賊被害) 朱舉端(咸豐十年,在常郡被害)
右十八名均於光緒五年彙請旌恤				
張振鏻 李恒清(并見咸豐三年) 李蘭祥(見咸豐六年)	高士淮 丁立生 何錫綬(并見咸豐十年)	趙甲庚(見咸豐十一年) 羅廷楫(見同治元年) 李大勳(見同治二年)		
右九員已見前表,因奉忠義局行查履歷,尚未奏請旌恤				
何錫仁(五品銜,議叙鹽知事。咸豐十年,隨張總統在丹陽戰没,待請旌恤)				

丹徒縣志卷三十終